热烈庆祝

中国共产党成立九十周年

济南年鉴

JINAN YEARBOOK

2011

济南市人民政府主办

济南市史志办公室编

济南出版社出版

图书在版编目(CIP)数据

济南年鉴.2011/济南市史志办公室编.—济南:济南出版社,2011.9
ISBN 978-7-5488-0325-6

Ⅰ.①济… Ⅱ.①济… Ⅲ.①济南市-2011-年鉴 Ⅳ.①Z525.21

中国版本图书馆CIP数据核字(2011)第188078号

责任编辑 朱 琦
封面设计 宋 悌 赵萌萌

出版者 济南出版社(济南市二环南路1号)
网 址 http://www.jnpub.com
印刷者 东港安全印刷股份有限公司
发行者 济南出版社
版 次 2011年9月第1版
印 次 2011年9月第1次印刷
开 本 889×1194毫米 1/16
印 张 26 插页 64
字 数 950千字
印 数 1-3000册
定 价 188.00元

(如有印装问题,请与承印厂联系调换)

编辑说明

一、《济南年鉴》是济南市人民政府主办的信息密集的综合性资料工具书，自1989年起每年编辑出版一册。旨在较全面、系统、翔实地反映济南市政治、经济、文化、社会诸方面的基本面貌和社会主义现代化建设中出现的新进展、新情况、新问题，为各行各业提供咨询服务，为各级领导提供决策依据，为续修地方志储备资料，同时也为国内外各方人士了解、研究济南起媒介作用。

二、《济南年鉴》采用分类编辑法。主体内容划分为栏目、分目、条目3个层次。栏目为大的单元，其下按类别，同时照顾到现行的管理体制设置分目。每个分目下列若干条目。条目为年鉴内容的基本单位，其标题用黑体字外加【】表示。为方便读者检索，在正文后设置综合性主题索引。

三、《济南年鉴》（2011），系创刊以来的第二十三册。正文设25个栏目：（1）特载；（2）大事记；（3）济南概貌；（4）政党·政协·人民团体；（5）政权·政务；（6）治安·司法；（7）军事；（8）经济综合与管理；（9）经济开发园区；（10）工业·信息产业；（11）农业；（12）商贸·旅游；（13）财税·金融；（14）交通·邮电；（15）城乡建设·环境保护；（16）教育；（17）科学；（18）文化；（19）卫生·体育；（20）社会生活；（21）区县；（22）人物；（23）政策法规选编；（24）统计资料；（25）附录。卷首安排反映济南风光、各行各业发展成就和活动的彩色照片。

四、本册年鉴主要记述2010年度济南市行政区域内的事情，资料截止日期为2010年12月31日。为完整地反映某项事物的全貌，对2011年元旦至本册年鉴书稿发排前出现的结果，亦作了适当记述；对在本年鉴首次得以记载的行业、事业或工作，其历史情况也作了简要回溯。

五、本年鉴使用的“济南市”“全市”和“济南地区”概念，范围为历下、市中、槐荫、天桥、历城、长清6区和章丘、平阴、济阳、商河4县（市）。“市区”概念，范围系指济南市所辖的上述6区。

六、本年鉴的条目由济南市直各部门、各县（市）区和有关的中央、省驻济单位负责撰写，均经过各自单位领导人的审阅。有关的综合性统计数据，与市统计部门公布的数据进行了校核。为示负责，作者署名于条目或分目之后的括号内，各单位的审稿人员列名单于卷首。

七、本年鉴的“统计资料”栏目，由济南市统计局整理供稿。由于统计口径的缘故，某些数据与有关业务部门使用的可能不尽一致，采用时请予注意。

八、《济南年鉴》（2011）是集体协作的结晶，有关单位和个人为本年鉴的编辑出版给予了大力支持、付出了辛勤劳动，在此一并表示感谢。

九、由于水平所限，本册年鉴的纰漏与不足在所难免，恳请广大读者批评指正，以使《济南年鉴》的质量不断提高。

2011年9月

《济南年鉴》（2011）

主　　审　张建国

主　　编　巩宪群

副 主 编　杜　平　李吉祥　朱佩峰　綦延辉　杜加臣

编辑部主任　郭建群

编　　辑（以姓氏笔画为序）

丁爱军　刁文菁　王　炜　王　洋

王　群　代戈红　孙　广　宋高峰

张　阳　张超强　李国宇　陈　蕾

庞新华　宣　涛　胡健美　夏　兵

郭建群　高江娜　景国富　董殿勋

路玉增

彩页设计　孙　广

封面设计　宋　悌　赵萌萌

地图编绘　济南市规划局

撰稿单位审稿人员

（以姓氏笔画为序）

丁保国	丁济生	孔　杰	尹　波	王　平
王　军	王　刚	王万春	王永平	王永金
王立旭	王利民	王宏志	王建敏	王铁志
王皋翔	王淑铭	王新文	王嘉岳	王嘉振
王镇宝	文东河	方明甲	韦　平	田德昌
印　东	邢建亚	朱玉明	朱传东	朱荣清
任　健	任卫涛	任建新	刘　勤	刘　鹏
刘广生	刘西安	刘学东	刘建民	刘桂祯
刘魏巍	华　巍	孙　博	孙竹兮	孙宝占
孙建民	孙积港	杜　平	李　玉	李　刚
李　峰	李　涛	李　敏	李玉明	李四灵
李兴家	李经发	李慎生	李福军	杨全海
杨庆绪	杨佩钦	杨学英	杨学胜	杨金山
肖　阳	吴玉明	吴远潮	吴绣红	邹宏图
宋玉国	宋道勇	宋新生	冷俊义	张　利
张　鹏	张子礼	张仁君	张立学	张苏华
张连岭	张体伦	张树振	张洪先	张振民
张爱军	张淋生	张越江	张鲁生	陈宁宁
陈安教	陈淑平	邵立洪	武兆军	范钦键
林　军	周卫东	周书章	庞金良	於济建
郑应德	郑金松	房玉萍	赵　杰	赵启民
赵居安	侯　林	宫玉玲	宫德勇	高　冰
郭凤楼	郭世金	郭连新	郭金豹	陶孝武
黄　明	黄　荣	崔　刚	崔大庸	崔金燕
崔春荣	梁启辉	葛林平	葛春林	董　旋
董怀敏	蒋晓光	韩　伟	韩　英	韩　磊
韩明东	韩胜喜	韩晓光	程立杰	傅文森
舒　婕	谢兆村	雷爱国	魏玉良	

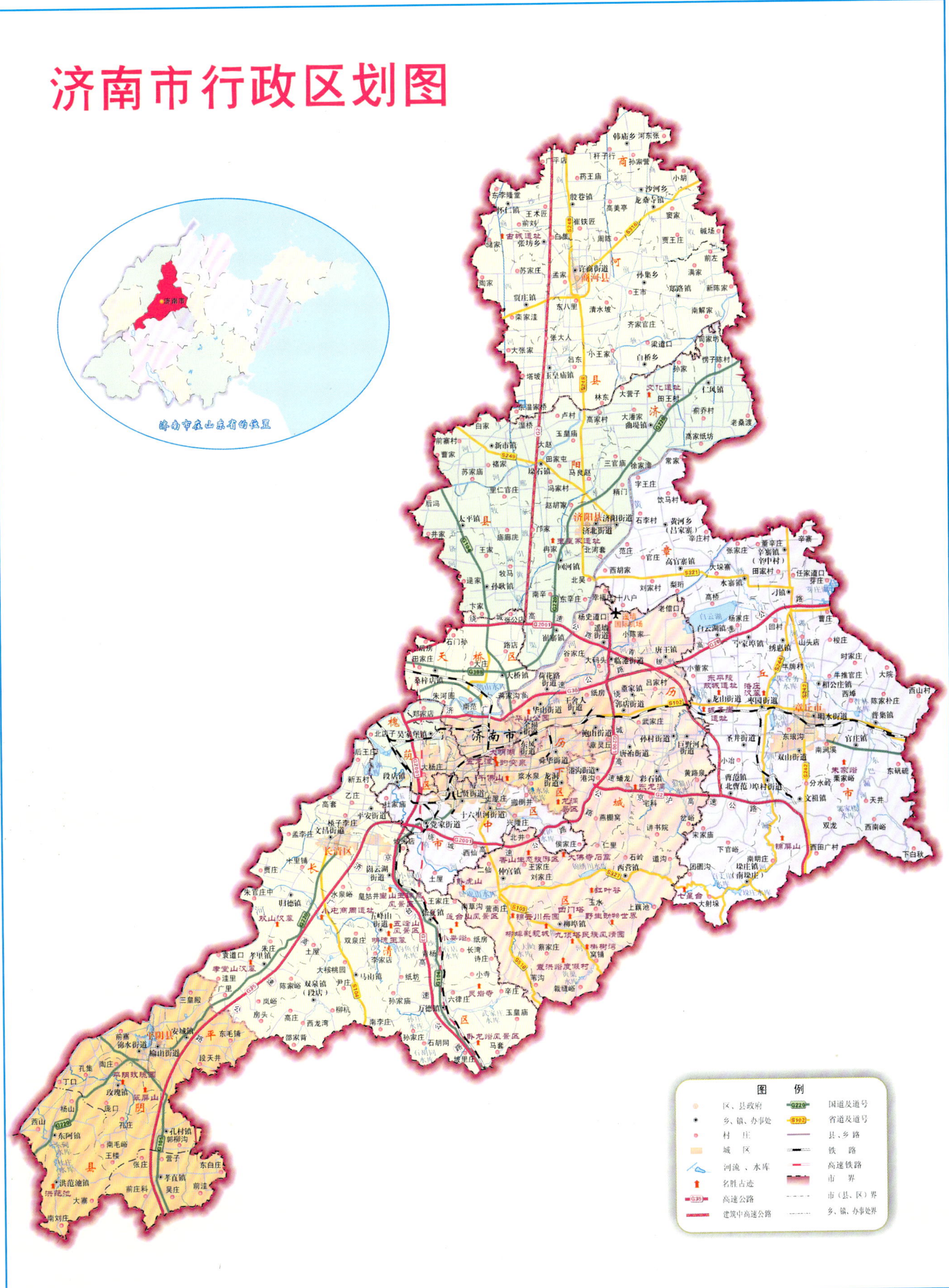

济南市规划局提供

济南市勘察测绘研究院编制

CRH380B-6219L
济南跨入
高铁时代
济南西站

京沪高速铁路济南西站是京沪高速铁路 5 个始发站点之一。济南西站停靠的动车达 150 趟，其中至北京、上海的分别多达 62 趟（51 趟 G 字头、11 趟 D 字头）和 63 趟（56 趟 G 字头、7 趟 D 字头）。济南西客站综合客运枢纽工程功能定位为：满足旅客在公路与铁路间的“零换乘”需求；快速客运与普通客运相结合；以短途客运为主，以长途客运为辅，兼顾旅游客运；具备城市公交和出租车换乘功能的综合性客运枢纽。济南西客站综合客运枢纽项目总投资 5.5 亿元，设计日发送旅客 3 万人次。

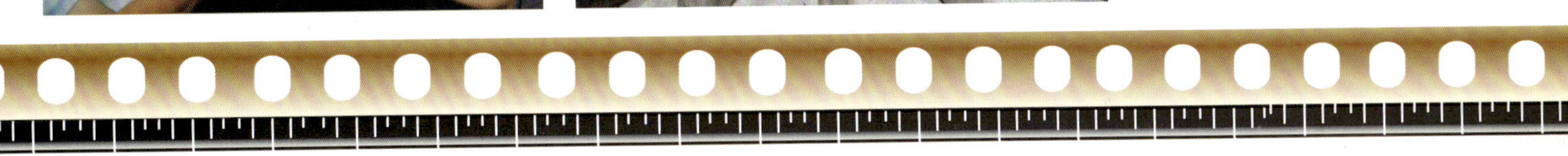

喜迎建党

９０年来，我们党团结带领人民在中国这片古老的土地上，书写了人类发展史上惊天地、泣鬼神的壮丽史诗，集中体现为完成和推进了三件大事。

第一件大事，我们党紧紧依靠人民完成了新民主主义革命，实现了民族独立、人民解放。经过北伐战争、土地革命战争、抗日战争、解放战争，党和人民进行２８年浴血奋战，打败日本帝国主义侵略，推翻国民党反动统治，建立了中华人民共和国。

第二件大事，我们党紧紧依靠人民完成了社会主义革命，确立了社会主义基本制度。

第三件大事，我们党紧紧依靠人民进行了改革开放新的伟大革命，开创、坚持、发展了中国特色社会主义。

（摘自胡锦涛同志在庆祝中国共产党成立90周年大会上的讲话）

济南市庆祝中国共产党成立90周年大会召开 （袁鹏 摄）

庆祝建党90周年济南市大型诗歌朗诵比赛 （陈长礼 摄）

九十周年

商河县举办庆祝建党90周年红歌会 （市委组织部供稿）

嘹亮的红歌声响彻英雄山的上空 （黄中明 摄）

市委党校举行纪念建党90周年座谈会 （市委党校供稿）

长清区归德镇庆祝建党90周年书画展 （市委组织部供稿）

2月13日，省委书记、省人大常委会主任姜异康走访慰问节日期间坚守岗位的干部职工，向大家恭贺新春。

（袁鹏　摄）

1月21日，省委副书记、省长姜大明到商河县走访慰问困难群众和老党员，并送上慰问金和慰问品。

（袁鹏　摄）

2011 年 3 月 24 日，省委常委、市委书记焉荣竹到商河县调研“深入基层、服务群众”主题活动开展情况，并到许商街道后十亩村走访慰问困难群众。 （袁鹏 摄）

8月3日，市委副书记、市长张建国（中）察看市中区六里山街道办事处社区卫生服务中心。
（市政府办公厅供稿）

2011年4月18日，市人大常委会主任雷建国（中）在槐荫区南辛街道调研社区服务工作开展情况。（市人大常委会办公厅供稿）

4月12日，市政协主席徐长玉（中）视察环保工作。（市政协办公厅供稿）

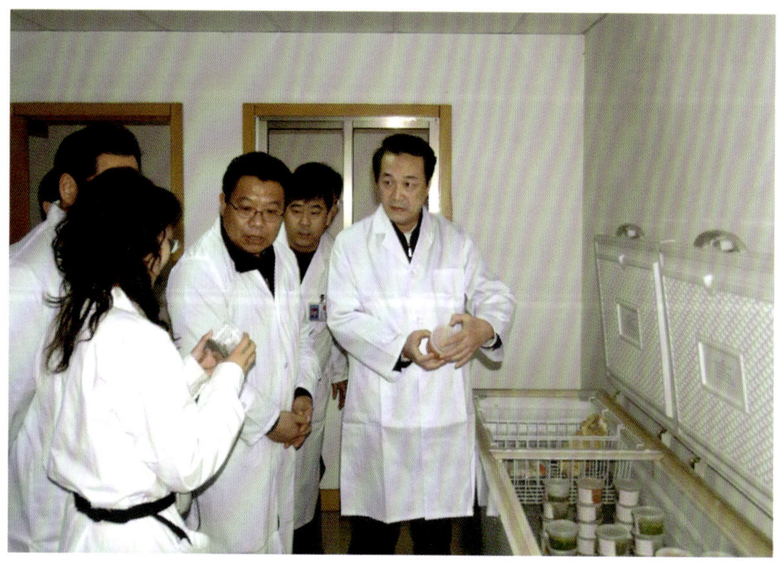

3月23日，市委副书记殷鲁谦（右）在市农业质量检测中心听取有关情况汇报。（市委办公厅供稿）

市中区社区基层党支部授牌仪式　（市委组织部供稿）

槐荫区开展楼院长杂谈活动，征求党员群众对换届选举工作的意见建议　（市委组织部供稿）

平阴县第一个村级党委孝直村党委成立　（市委组织部供稿）

加强党的执政能力建设

——开展“深入基层

派出所民警雨中救助受困群众 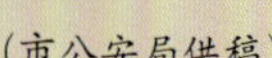（市公安局供稿）

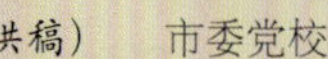市委党校开展项目参与式教学等活动 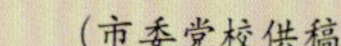（市委党校供稿）

市检察院举办《防微杜渐，警钟长鸣》警示教育展览（市检察院供稿）

市民参与“法庭开放日”活动（市法院供稿）

先进性建设

服务群众”主题活动

① 公安机关开展金盾护学行动（市公安局　供稿）
② 市中区杆石桥街道党员中心户开展活动（市委组织部供稿）
③ 市委党校深入基层调查研究（市委党校　供稿）
④ 开展便民法律咨询服务（市司法局　供稿）

12345热线受理大厅 （市政府办公厅供稿）

济南市委、市政府贯彻落实科学发展观，践行以人为本、执政为民理念，努力建设廉洁高效的阳光型、服务型、法治型政府。通过市民服务热线、市审批中心、市政府信息中心、济南公共资源交易中心合作，实现了市民诉求"一话通"、行政审批"一门通"、电子政务"一网通"和公共资源"一场通"的互联互动、资源共享，提高了行政效率，为市民办事提供了极大便利。

济南市政府网上办事项目论证会 （市政府办公厅供稿）

第八开标厅拍卖活动现场 （市政府办公厅供稿）

行政审批中心 （市政府办公厅供稿）

焉荣竹同志批示

“开门写报告”这个活动开展得好！自2007年市政府举办这个活动以来，活动组织不断规范，参与范围不断扩大，建议质量不断提高，形成了从收集、办理到反馈的一整套工作机制，为畅通民意诉求，打造阳光政府，推进科学民主决策作了有益探索，市民和社会各界反响很好。希望同志们认真总结四年来的经验，进一步广开言路、整合资源、打造平台，建立倾听民声、反映民意、集中民智的长效机制，并着力在解决群众关心的热点难点问题上下功夫，为推动省会现代化建设发挥更大作用。

山东省委常委、济南市委书记

二〇一一年一月七日

张建国同志批示

“开门写报告”活动开展以来，广大市民和社会各界热情参与，提出了大批有价值的意见建议，为推进政府科学决策、民主决策注入了新的活力。希望各级各部门立足科学发展和执政为民的高度，把这些意见建议的处理与反馈作为改善民生、为民服务的重要举措，组织专门力量，拿出切实措施，集中力量解决好群众反映突出的民生问题，切实让市民的意见建议落到实处。市政府督查室要切实督促部门认真抓好落实，尽快向社会各界反馈处理意见。

济南市委副书记、市长

二〇一一年一月十日

2007年济南在国内首开开门写报告的先例，通过拓展智慧平台，借力发展，借脑聚智。通过媒体（济南日报等党报、齐鲁晚报等媒体）、网络（市政府网、舜网）、电话（12345市民服务热线）向社会广泛征集意见建议。2007年征集意见建议157条，2008年征集9000条，2009年17595条，2010年26887条。对征集的意见建议，主要采取四种处理方式：“群众有呼声、上级有要求、目前能办到”的，最大限度地吸纳进《政府工作报告》；进入下一年为民办实事；选编成册，全市各级各部门领导同志参阅；评选优秀建议，进行奖励。开门写报告的举措，在更好地代表民意、集中民智、反映民情方面发挥了积极作用，增强了政府决策的透明度和公众参与度，受到社会各界的普遍好评，已成为政府畅通民意诉求、促进科学决策的优质服务品牌。

第八开标厅拍卖活动现场　　（市政府办公厅供稿）

“开门写报告”建议办理情况通报暨优秀建议颁奖会
（市政府办公厅供稿）

“我为《政府工作报告》建言献策”活动新闻发布会
（市政府办公厅供稿）

辉煌"十一五"

——经济综合实力显著增强。全市生产总值达到3910.8亿元。地方财政一般预算收入达到266.1亿元。全社会固定资产投资五年累计完成7226.6亿元。社会消费品零售总额达到1725.5亿元。

——经济发展方式加快转变。三次产业比例由7.3：45.9：46.8调整为5.5：41.9：52.6。工业强市战略深入实施，培育形成汽车、电子信息、机械装备三个千亿产业。服务业增加值达到2058.2亿元，现代服务业占服务业增加值的比重达到44.6%。高新技术产业产值占规模以上工业总产值比重达到41.5%。

——城市功能形象明显改善。东部新区、西部新区、滨河新区规划建设和老城区改造提升全面启动，奥体中心、园博园投入使用，小清河综合治理一期、大明湖扩建改造、护城河通航及绕城高速北环线、济阳黄河大桥、二环东路改造等城市基础设施项目全面竣工。市区泉群保持常年喷涌，古城区、商埠区得到有效保护，城市特色更加凸显。

——改革开放步伐加快推进。国企改革进展顺利，非公有制经济比重提高到42.6%。资本市场加快发展，市域上市公司达到26家、股票28只。招商引资成效显著，累计招商引资3677亿元，其中实际到账外资37.5亿美元，新引进世界500强企业16家。外贸增长方式加快转变，出口达到40.6亿美元。

——城乡区域发展更趋协调。坚持城乡统筹，大力推进城市化进程，城市化率由56%提高到65%。加大支农惠农政策力度，市级财政累计"三农"支出65.9亿元。新农村建设"十大行动"顺利实施，农村生产生活条件显著改善。县域经济加快发展，占全市生产总值的比重达到53%。高新区生产总值达到276.8亿元。

——社会民生建设全面加强。城市居民人均可支配收入和农民人均纯收入分别达到25321元和8903元。住房保障体系初步建立，惠及18.3万人的棚户区改造全面推进，筹建廉租住房6074套，向7339户家庭发放廉租住房补贴6110万元，启动6个公共租赁住房项目建设。启动实施"泉城学者"建设工程和"5150引才计划"，各类人才总量达120万人。市级财政投入151亿元，连续三年为民办实事33件。（摘自2011年政府工作报告）

济南市生产总值（单位：亿元）

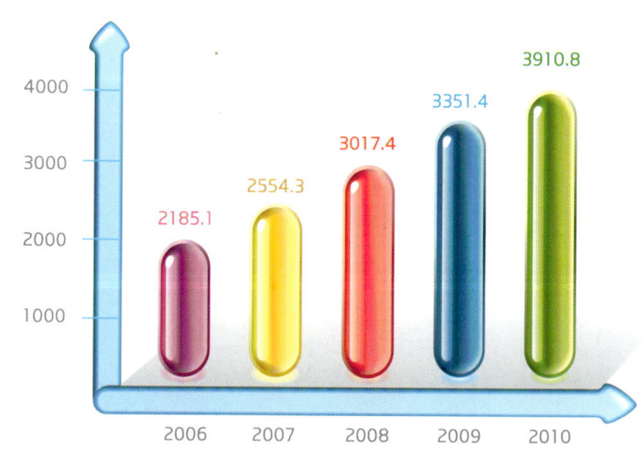

规模以上工业主营业务收入、规模以上工业增加值（单位：亿元）

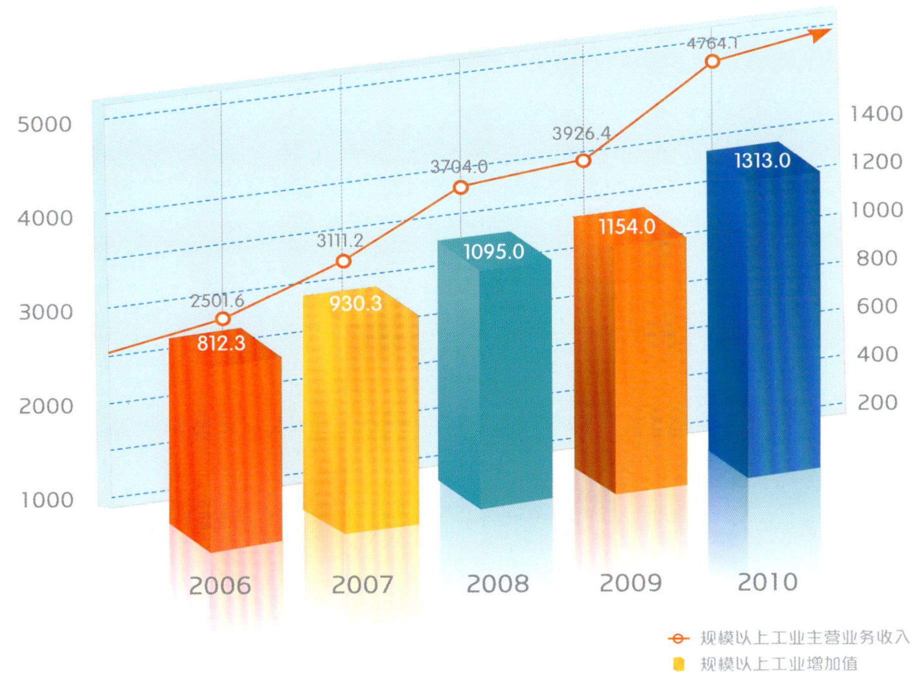

粮食总产量（单位：万吨）

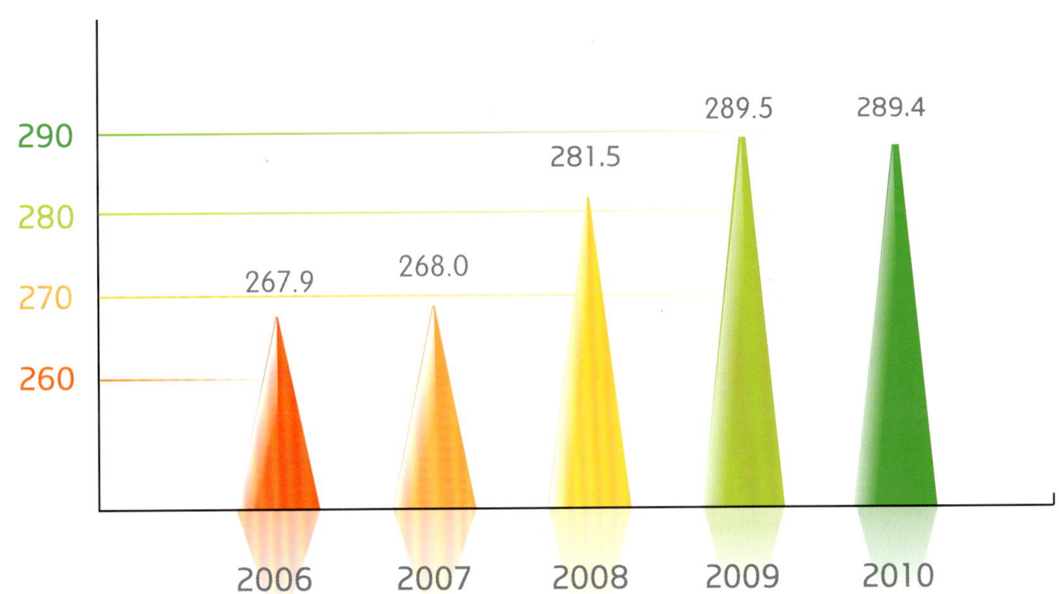

三产比例

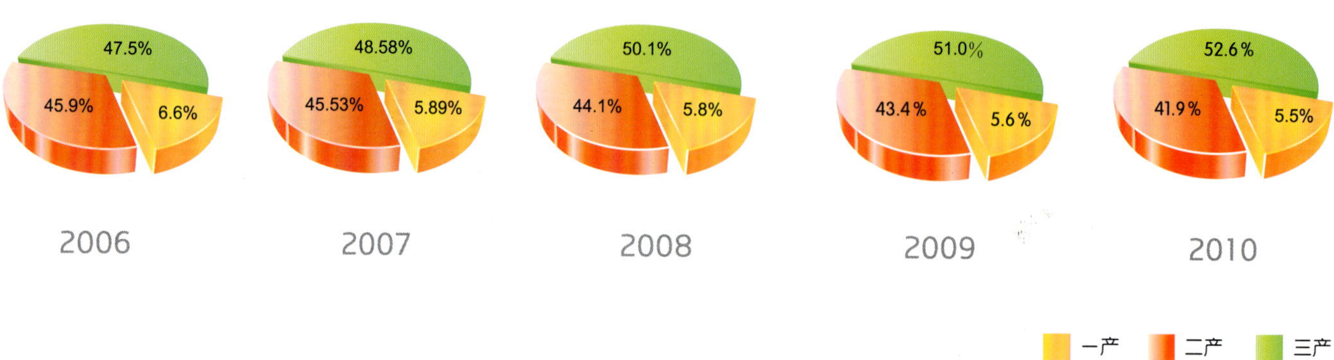

城市居民收入（单位：元）

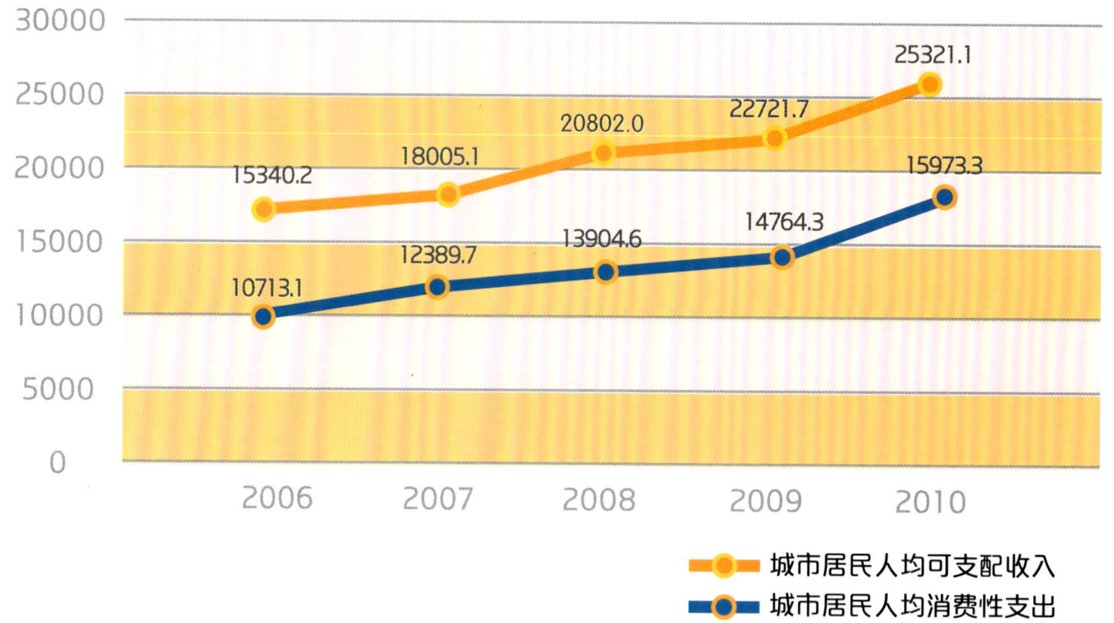

农村居民人均纯收入（单位：元）

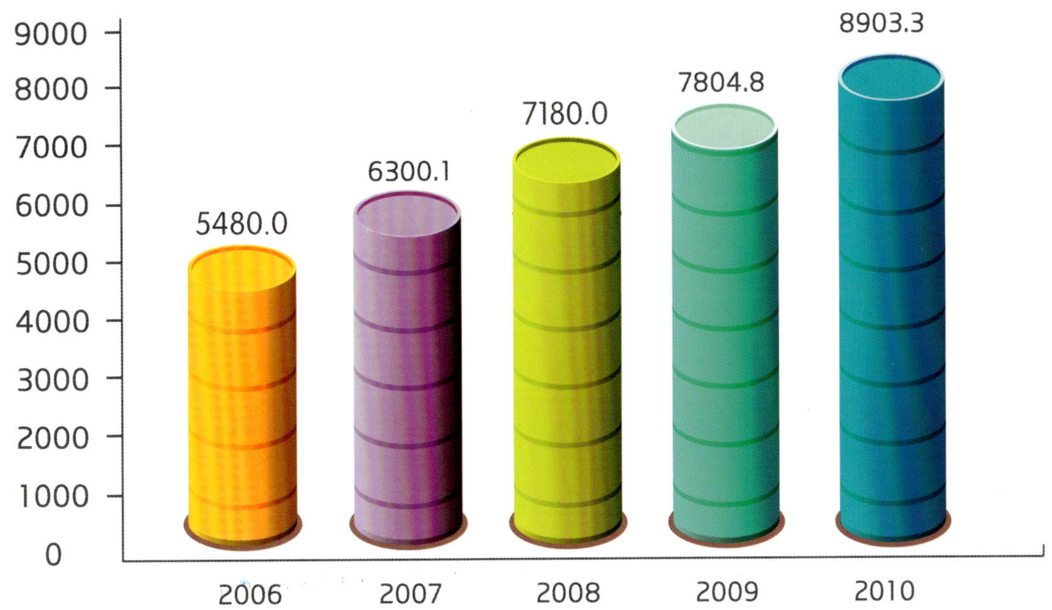

全市基本养老保险、基本医疗保险、失业保险、工伤保险、生育保险参保人数（单位：万人）

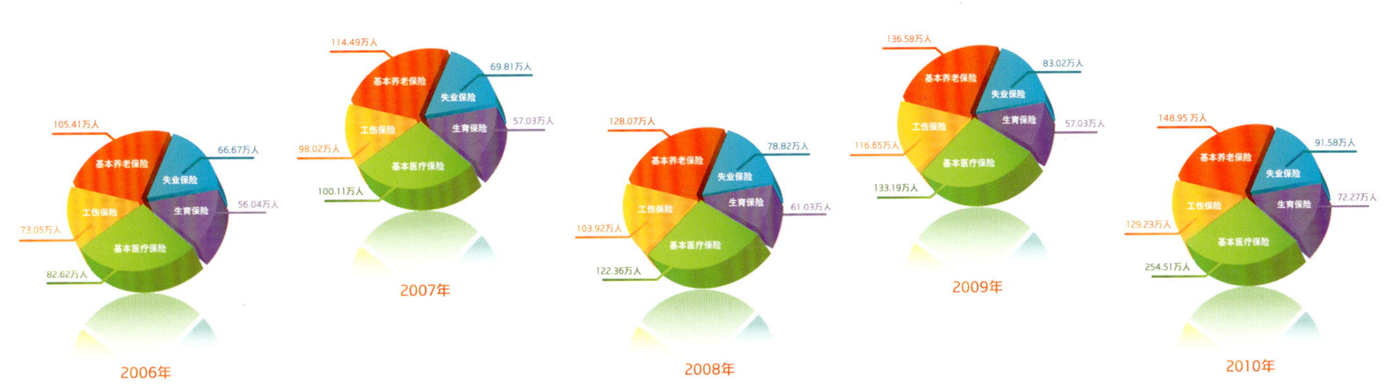

展望

指导思想

高举中国特色社会主义伟大旗帜，以邓小平理论和“三个代表”重要思想为指导，深入贯彻落实科学发展观，坚持以科学发展为主题，牢牢把握加快转变经济发展方式这一主线，紧紧围绕“拓展城市发展空间、打造现代产业体系”两大重点，加快推进经济转型、城市转型、社会转型“三个转型”，大力实施新型城市化、新型工业化、创新驱动和富民惠民四大战略，着力实现优化经济结构、加快社会建设、提升城市品位、保护生态环境、深化改革开放五大突破，努力打造实力济南、魅力济南、宜居济南，全面建设更高水平的小康社会，建成与山东经济文化强省相适应的现代化省会城市。

基本原则

——坚持率先发展

——坚持转型发展

——坚持创新发展

——坚持民生优先

——坚持绿色发展

——坚持改革开放

“十二五”

发展目标

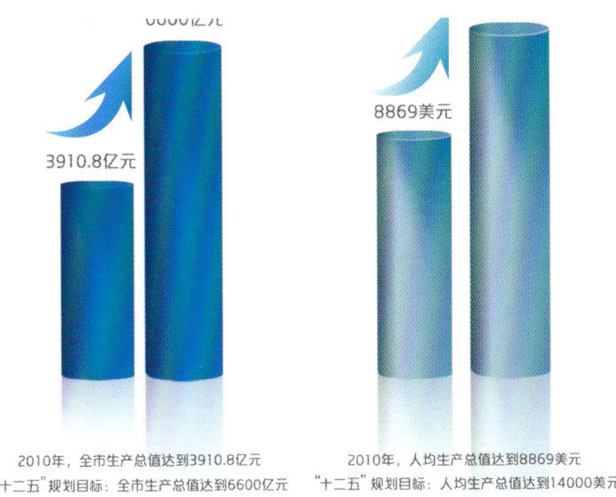

2010年，全市生产总值达到3910.8亿元
“十二五”规划目标：全市生产总值达到6600亿元
2010年，人均生产总值达到8869美元
“十二五”规划目标：人均生产总值达到14000美元

——综合实力显著增强。国民经济继续保持平稳较快增长，全市生产总值达到6600亿元，年均增长11%，人均生产总值达到14000美元。地方财政一般预算收入达到490亿元，年均增长13%。社会消费品零售总额达到3450亿元，年均增长15%。固定资产投资五年累计14600亿元，年均增长15%。

——经济结构调整优化。居民消费率稳步提高，投资结构继续优化。先进制造业、现代服务业、现代农业加快发展，三次产业比例调整为4 : 38 : 58，初步形成现代产业体系。对外贸易稳步增长，外贸出口达到70亿美元，年均增长12%，实际到账外资五年累计70亿美元。民营经济加快发展，非公有制经济比重达到50%以上。

——创新型城市基本建成。自主创新能力显著提升，科技进步贡献率达到65%，研究与试验发展经费占生产总值比重达到2.65%，高新技术产业产值占规模以上工业总产值比重达到52%，争取新增国家级企业技术中心、实验室、工程（技术）研究中心15个。制度创新取得突破，社会主义市场经济体制更加完善。

——城市功能跨越提升。新区开发、老城提升全面突破，中心城建成区面积达到400平方公里、人口410万人。现代化基础设施体系基本形成，城市功能形象品位显著提升。正常降水条件下泉群保持持续喷涌，泉城特色更加凸显。城乡一体化发展步伐加快，城市化率提高到75%，县域经济比重达到56%。

——生态环境优美宜居。节能减排继续推进，单位生产总值能耗、二氧化碳排放和主要污染物排放进一步下降，基本形成节约能源资源和保护生态环境的产业结构、增长方式、消费模式。生态建设继续加强，人居环境明显改善，全市森林覆盖率达到35%，建成区绿化覆盖率达到40%。

2010年，城市居民人均可支配收入达到25321元
“十二五”规划目标：城市居民人均可支配收入达到43000元
2010年，农民人均纯收入达到8903元
“十二五”规划目标：农民人均纯收入达到15000元

——社会发展更加和谐。人民生活更加富裕，城市居民人均可支配收入和农民人均纯收入分别达到43000元和15000元，年均增长11%。就业和社会保障水平显著提高，基本实现全民享有社会保障。社会事业发展加快，教育、卫生、文化、体育等公共服务体系更加完善。平安创建扎实推进，市民综合素质和社会文明程度大幅提升。

实施四大战略　打造实力济南

实施新型城市化战略

提升城市化水平，不仅仅是提升城市形象，更应体现整个城市的综合发展质量。济南市大力推进老城区改造提升，高标准、高起点抓好新区开发建设，全面增强中心城市在促进区域和城乡一体化发展中的辐射带动作用，使经济发展质量、社会和谐程度、人才科技含量等有更大提升。

市中区魏家庄片区棚户改造　（王峰　摄）

二环东路高架路　（王峰　摄）

魅力济南　宜居济南

“岱青海蓝”省会文化艺术中心位于西客站片区核心区，总建设规模约50万平方米，2013年第十届中国艺术节将在这里举办。省会文化艺术中心由著名建筑设计大师、国家大剧院主创设计师保罗·安德鲁领衔设计，“岱青海蓝”的设计理念，体现了齐鲁大地依山临海的人文与地理风貌，与“东荷西柳”奥体场馆遥相呼应，展现出泉城济南沉稳灵秀的文化特色。

恒隆广场

喜来登五星级大酒店 （孙广 摄）

万达广场 （孙广 摄）

空港之夜 （王亮朝 摄）

实施新型工业化战略

坚持以高端高质高效为主攻方向，突出抓好优势骨干企业培育、大项目建设和招商引资工作，努力形成服务经济主体带动、高新技术产业和先进制造业强力支撑的现代产业体系。

鲁能电工电气高新产业园开工 （袁鹏　摄）

车架纵梁柔性制造成套生产线的研制 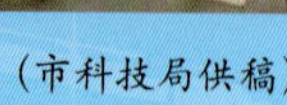 （市科技局供稿）

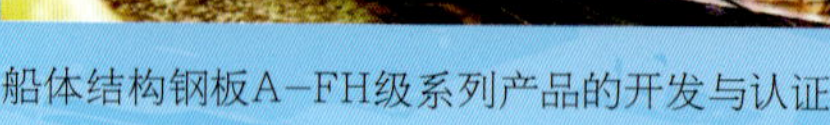

船体结构钢板A－FH级系列产品的开发与认证 （市科技局供稿）

国家科技重大专项——为上汽通用汽车公司生产的全自动大型快速双臂冲压线
（二机床有限公司供稿）

北车风电首台风力发电机组成功下线 （袁鹏 摄）

力诺科技园1.6MWP太阳能光伏电站 （力诺集团供稿）

实施创新驱动战略

注重发挥科技人才集聚优势，进一步加大自主创新投入，创新体制机制，加快建设“科技强市”、“人才强市”，为转方式调结构促发展提供有力支撑。

浪潮（济南）光电子产业园正式奠基开工　（袁鹏　摄）

启动中国软件名城创建试点工作　（谢永亮　摄）

8月17日，全市人才工作会议召开　（市委组织部供稿）

① “十一五”科技成就展 （中创集团供稿）
② 第五届中国（济南）国际信息技术博览会开幕 （黄中明 摄）
③ 中创软件工程股份有限公司 （中创集团供稿）

实施富民惠民战略

发展的目的就是要让人民群众得到更多实惠。市委、市政府牢固树立群众观点，坚持思想上尊重群众、感情上贴近群众、工作上依靠群众，从群众中汲取智慧和力量，切实做好新形势下的群众工作，确保“十二五”时期的目标任务得到全面落实。

开展土壤监测，指导农民科学抗旱　　（市农业局供稿）

医务人员在为环卫女工测量血压　　（黄中明　摄）

西瓜销售摊点地图　　（市城管局供稿）

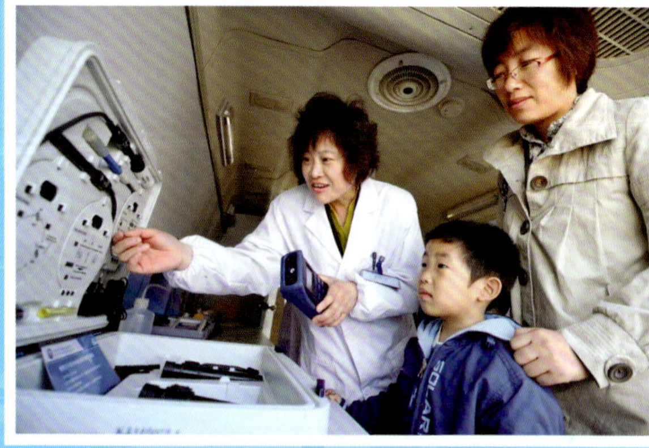

供排水检测中心的工作人员向市民介绍水质监测工作　　（崔健　摄）

林下养鸭　（市林业局供稿）

"创意农业"富农民　（陈长礼　摄）

水土保持经济林 硕果累累　（市水利局供稿）

"创意农业"富农民　（陈长礼　摄）

"创意农业"富农民　（陈长礼　摄）

邢家渡 （市水利局供稿）

丰收

丰收 （王亮朝 摄）

腊山分洪工程 （市水利局供稿）

丰收 （王亮朝 摄）

水库截流 （市水利局供稿）

落实惠农政策
推进新农村建设

（王亮朝 摄）

护林员巡视山林 （市林业局供稿）

防治路林病虫害 （市林业局供稿）

黄巢水库成为南部山区新的生态景观 （市水利局供稿）

森林消防队巡护山林 （市林业局供稿）

府学文庙

位于济南大明湖畔的府学文庙创建于宋熙宁年间（公元1068~1077年），历史上曾数次被毁又数次重修。明洪武二年（公元1369年）重建，成化十九年（公元1483年）拓建，后又经数代重修，到明朝末年，建筑布局已臻于完善。清代对文庙的修葺不断，但基本保持了明朝文庙的规模和建筑布局。府学文庙占地北至明湖路，西至贡院墙根街，南至南门，北至曲水亭街。济南府学文庙，是我国现存重要的府级文庙，是济南市最大的单体古建筑。

文庙的格局从南到北，依次为南门、中规中矩亭、棂星门、大小泮池、屏门、戟门（俗称大成门）、大成殿、东西廊庑、明伦堂、尊经阁等主要建筑。文庙修复工程自2005年9月10日开工，2010年9月29日竣工开放。

①小泮池和戟门（崔健 摄）
②棂星门（崔健 摄）
③尊经阁（孙广 摄）
④济南文庙靓妆迎客（王锋 摄）

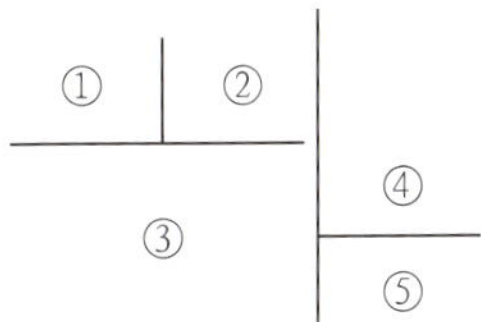

① 畅饮清泉 （王　峰　摄）
② 清泉石上流 （王　峰　摄）
③ 泉水的节日 （曹丽君　摄）
④ 戏泉觅欢乐 （王　峰　摄）
⑤ 泉水浴场 （陈长礼　摄）

解放阁 （常德宝 摄）

五龙潭 （常德宝 摄）

红叶谷 （贺鸿道 摄）

特 载

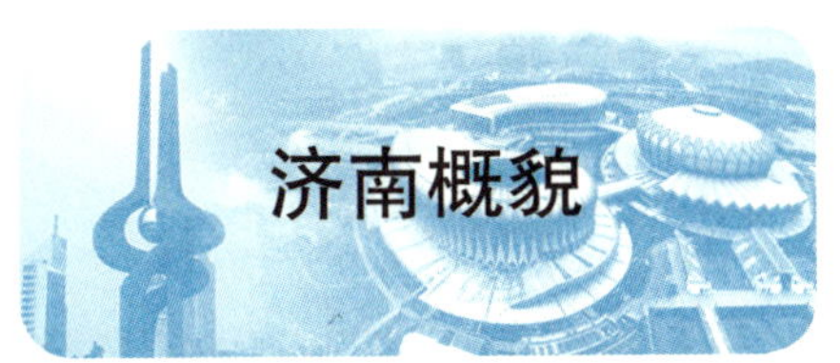

政党・政协・人民团体

政权·政务

治安·司法

军　事

经济综合与管理

经济开发园区

农　业

交通・邮电

城乡建设·环境保护

教　育

科　学

文化

卫生·体育

社会生活

区 县

人 物

政策法规选编

统计资料

附 录

CONTENTS

Special Excerpts

Chronicles of Events

General Introduction

Party · Political Consultative Conference · Mass Organization

Regime · Government

Public Security and Law General Introduction

Military Affairs

Miscellaneous Economy and Economy Management

Economic Development Zones

Industry · Information Industry

Agriculture

Commerce · Tourism

Revenue · Tax · Finance

Transportation · Posts and Telecommunications

Urban and Rural Construction · Environment Protection

Education

Science

Culture

Sanitation・Sports

Social Life

Districts and Counties

Figures

Selected Policies and Regulations

Statistics

Appendix

政府工作报告

——2011年2月21日济南市第十四届人民代表大会第四次会议

济南市市长　张建国

各位代表：

现在，我代表市人民政府向大会报告工作，请连同《济南市国民经济和社会发展第十二个五年规划纲要（草案）》一并审议，并请各位政协委员和其他列席人员提出意见。

一、"十一五"时期省会现代化建设取得新的成就

"十一五"时期的五年，是我市发展史上极不平凡的五年。在中共济南市委的坚强领导下，市政府与全市人民一起，以科学发展观为统领，按照"维护省城稳定、发展省会经济、建设美丽泉城"的总体思路，解放思想，提升境界，抢抓机遇，积极作为，在克服困难中推进省会经济社会发展不断取得新成就。2010年，全市生产总值达到3910.8亿元，比"十五"末翻一番，年均增长13.9%；地方财政一般预算收入266.1亿元，是"十五"末的2.5倍，年均增长20.2%；社会消费品零售总额达到1725.5亿元，是"十五"末的2.1倍，年均增长16.4%；全社会固定资产投资累计完成7226.6亿元，是"十五"时期的2.6倍，年均增长18%。全面完成"十一五"规划确定的目标任务。

（一）发展方式加快转变。认真贯彻落实国家和省应对国际金融危机的决策部署，制定实施了扩内需促增长、加快发展方式转变的一系列政策措施，全市经济持续平稳向好。产业结构发生积极变化，三次产业比例由"十五"末7.3∶45.9∶46.8调整为5.5∶41.9∶52.6。现代服务业占服务业比重达到44.6%，比"十五"末提高2.8个百分点，金融、信息、旅游产业年均增长超过20%，会展业发展加快。工业结构优化提升，形成交通装备、电子信息、机械装备3个过千亿元的主导产业，高新技术产业产值跨上2千亿元新台阶，占工业总产值的比重达到41.5%，比"十五"末提高11.4个百分点；新信息、新能源、生物医药、高端装备制造等战略性新兴产业加快发展。投资结构不断优化，着力增加交通、能源、农业、水利、社会民生、高新技术、现代服务业等领域投资。2010年，现代服务业和技术改造投资分别增长25%和47.8%；民间投资增长30.6%，占全部投资的比重提高5个百分点。创新驱动能力增强，深入开展国家知识产权工作示范城市、国家创新型城市、中国软件名城等试点工作，综合性国家高技术产业基地、国家创新药物孵化基地和国家综合性新药研发技术大平台建设加快推进。五年来，新增市级以上企业技术中心110家、工程技术中心133家、创新型企业104家，专利四项指标居全省首位。高新区各项经济指标大幅增长，在全国排名明显前移。节能减排成效明显，五年来，淘汰落后水泥产能240万吨，完成任务目标的148%；淘汰落后炼钢产能150万吨、落后炼铁产能83万吨，完成任务目标的100%；关停小火电40.2万千瓦，完成任务目标的104%；削减化学需氧量3.01万吨、二氧化硫4.44万吨，全面完成"十一五"节能减排目标。

（二）城市发展跨越提升。把推进城市规划建设管理作为扩内需、调结构、惠民生的重要抓手，抢抓筹办第十一届全国运动会和第七届国际园林花卉博览会的重大机遇，拓展发展空间，打造发展载体，提升了城市功能形象。五年来累计投入2000亿元，比"十五"时期翻一番。完成新一轮城市总体规划、土地利用和矿产资源总体规划修编，实现中心城区控规全覆盖，城乡规划体系基本形成。全面推进老城区改造提升，突出抓好棚户区、城中村和危旧简易楼改造。启动三大新区建设，东部新区奥体文博片区初具规模，西部新区西客站片区建设全面展开，滨河新区小清河综合整治工程扎实推进，16个城市综合体招商建设顺利，拉开了城市发展新框架。奥体中心"一

场三馆”、园博园荣获中国建设工程最高奖。京沪高铁济南段铺轨完工，济菏高速、绕城大北环、北园快速路、二环东路高架、济阳和建邦黄河大桥等工程竣工。建成“两横三纵”快速公交网，城市公共交通年客运量达到8.64亿人次。五年来累计投入131亿元加强市政“四供两排”设施建设，是“十五”时期的2.9倍。升级改造67个供水低压片区管网，完成济西应急供水一期工程，新建及改建热源厂13座、污水处理厂7座。济南电网完成投资107.7亿元，供电能力达到450万千瓦，比“十五”末提高70%。大明湖扩建改造完成，护城河全线通航，趵突泉连续7年喷涌，泉城特色更加突出。启动国家森林城市创建活动，城市绿化覆盖率达37%。持续推进城市环境综合整治，实施城市绿化、美化、净化、亮化工程，开展城管“十大行动、百件实事”活动，以“八乱”治理为抓手，有效化解了一大批城市管理难点问题，完成108座破损山体治理，市区空气质量逐步改善。

（三）“三农”建设步伐加快。五年来，市级财政“三农”支出65.9亿元，是“十五”时期的3倍，加大了支农惠农政策力度。2010年粮食总产289.4万吨，连续8年丰产丰收。建设都市农业园区和特色品牌基地77个，规模以上农业龙头企业达到350家，农产品质量安全水平提升。新农村建设“十大行动”全面完成，基本实现村村通油（水泥）路、通客车、通有线电视和新农合全覆盖，自来水入村率超过95%，五保对象集中供养率达到75.8%。完成38个小城镇建设任务，启动农村整村改造迁建项目326个，新建农村住房16.4万户、改造危房2.6万户。实施农村扶贫开发项目210个，基本消除年纯收入1000元以下的绝对贫困人口。“百库除险”工程全面完成，治理水土流失4.2万公顷，发展节水灌溉1.266万公顷。防治美国白蛾、秸秆利用禁烧工作成效显著，重大动物疫病防控扎实有效。章丘连续6年跻身全国中小城市科学发展百强市，商河等县经济社会和城区建设发生新变化。

（四）改善民生成效显著。坚持把保障和改善民生作为根本出发点和落脚点，全市人民在改革发展中得到更多实惠。生活水平明显提高，2010年城市居民人均可支配收入和农民人均纯收入分别达到25321元和8903元，年均增长13.3%和13.1%。居民消费价格总水平上涨2.1%。采取积极政策促进就业，五年来，新增城镇就业67.8万人，农村富余劳动力转移就业88.8万人次，城镇登记失业率控制在4%以内。加快推进社会保障体系建设，市财政五年投入社保资金83.4亿元，是“十五”时期的2倍。企业退休养老金从“十五”末月均782元提高到1520元，城乡低保实现应保尽保，新型农村养老保险参保人数达到82万，农民工参加医疗、工伤保险人数达到37.2万和54万。启动38个集中片区和34个零星片区棚户区改造，开工建设安置房290万平方米，解决了6万户18.3万困难群众住房问题，一大批长期居住在低矮潮湿环境的群众生活条件得到改善。启动沁园新居等6个公共租赁住房项目，总建筑面积140万平方米，向7339户家庭发放廉租住房补贴6110万元。市级财政投入151亿元，连续3年完成为民办实事33件。

（五）社会事业全面加强。人才强市战略深入实施，推进“5150引才计划”，引进海内外高层次人才99人，16人进入“新世纪百千万人才工程”，高技能人才队伍建设得到加强。优化教育资源配置，推进幼儿园标准化建设和中小学校舍安全工程，努力解决外来务工子女入学难问题，对农村困难学生和涉农专业学生实行免学费政策，全市普及高中阶段教育。医疗卫生事业成效显著，认真落实国家基本药物制度，推进卫生监督体制改革，在全省率先实施“惠民医疗工程”，新农合政府补助标准达到每人每年120元。实施“卫生强基工程”，建成2366个标准化村卫生室和252所城市社区卫生服务中心（站），有效防控甲型流感等重大疫情疫病。努力稳定低生育水平，人口自然增长率控制在2.78‰以内。繁荣发展文化事业和文化产业，启动“3810”工程，完成60个乡镇综合文化站及3400个农家书屋建设。成功举办第五届中国京剧艺术节和首届中国非物质文化遗产博览会，府学文庙修缮工程竣工，公共博物馆免费开放，创作推出《天下泉城》等一批优秀作品。圆满完成第十一届全国运动会济南主赛区各项筹办工作，充分展示了省会现代化建设成就和济南人民团结奋斗、争创一流的精神风貌。我市运动员在北京奥运会、广州亚运会、全运会等大型比赛中获金牌79枚，实现历史新突破。新闻出版、广播电视、社会科学、民族宗教、档案史志、妇女儿童、老龄、残疾人、地震、气象等工作取得新成绩。

（六）改革开放继续深化。扎实推进重点领域和关键环节改革，经济发展动力活力不断增强。市、县、镇（乡）三级机构改革顺利完成，审批制度改革不断深入。深化政府资金、行政事业资产管理和投融资体制改革，整合集中17项财政专项资金，98户市级行政事业单位资产统一运营管理，市公共资源交易平台建成运行。国有企业改革取得重要进展，非公经济比重达到42.6%。

粮食流通体制改革全面完成。开放型经济深入发展，累计实际到账外资37.5亿美元、进出口总额302.9亿美元，是“十五”时期的2.8倍和2.6倍，其中机电产品、高新技术产品出口占比分别达到61.8%和11.8%，比“十五”末提高27.3和8.3个百分点。累计完成对外承包和劳务合作营业额52.3亿美元。服务外包成为外向型经济发展新亮点，占全省比重40%以上。外事、侨务、对台工作取得新成绩，缔结友好合作城市关系17对，开通济南至大阪包机、台北直航，口岸设施功能不断完善。

（七）和谐社会创新发展。深入推进平安济南建设，重点加强社会矛盾化解、社会管理创新、公正廉洁执法，强化四级信访网络和维稳工作制度建设，认真协调处理群众信访问题。依法打击各类违法犯罪活动，加强交通消防安全管理，社会治安形势总体平稳，应急管理体系不断健全。深入开展专项整治活动，安全生产形势基本稳定。税收征管和纳税服务、产品质量和食品药品监管、工商管理服务都实现新的提升。广泛开展“迎全运、讲文明、树新风”等精神文明创建活动，涌现出泉城义工、贴心民政、阳光大姐等一批全国有影响的知名品牌和郑承镇、刘振华、刘延宝等先进道德模范，历下、市中、槐荫、章丘荣膺国家、省级和谐社区建设示范单位，我市在全国公共文明指数测评中位次大幅前移。国防教育和双拥共建成效显著，荣获双拥模范城六连冠。积极支持慈善事业发展。圆满完成擂鼓镇、北川县城灾后重建和对口援藏、援疆、帮扶重庆的各项任务。

（八）政府建设扎实推进。加快法治政府建设，坚持依法行政、科学民主决策，深入推进政务公开，积极推行重大决策公示、评估和听证制度，“五五”普法任务全面完成。自觉接受市人大及其常委会监督和政协民主监督，五年来办理人大代表建议1808件、政协委员提案2526件。加快服务型政府建设，提高行政效能，网上办事扎实推进，大力精简行政审批项目，市级行政审批由436项减少到93项，压减审批环节236个、办理时限1332个工作日，废止政府规章15件、规范性文件105件。建立行政执法电子监察系统，梳理规范了4326项处罚事项。推进采购代理机构竞争制度和电子化政府采购平台建设，五年来节约资金11.1亿元。连续四年面向市民和社会各界开展“我为《政府工作报告》建言献策”活动，开通12345市民服务热线，开展“下基层、解难题、办实事”“执政为民、廉洁高效”和“创先争优”活动。注重从源头上预防和治理腐败，强化科技防腐，组建公共资源交易服务中心，为工程招投标、土地交易、产权交易、医药采购等提供统一的交易平台。加强监察审计监督，严格领导干部经济责任审计，节约资金11亿元。支持纪检监察和司法机关依法依纪查处腐败案件，五年来全市共处理机关工作人员319名，廉政建设不断加强。

各位代表！五年来的巨大变化，凝聚着全市人民的智慧和汗水。面对国际金融危机冲击和经济社会转型发展的复杂局面，我们同心同德，攻坚克难，不断取得新的成绩。这些成绩极大地增强了全市人民建设美好家园的自豪感和自信心，激励我们在建设现代化省会城市的道路上阔步前进。五年来的发展和进步，是中央和省委、省政府高度重视、亲切关怀的结果，是市委科学决策、正确领导的结果，是全市方方面面团结一致、共同努力的结果。在这里，我代表市政府，向给予政府工作大力支持的各级人大代表、政协委员，各民主党派、工商联、无党派人士和全体市民，向关心支持地方工作的人民解放军驻济部队、武警部队官兵和中央、省驻济单位、高校科研院所，向为济南发展作出贡献的港澳台同胞、海外侨胞、国内外朋友，向来济兴业的广大投资者和外来务工人员，表示崇高的敬意和衷心的感谢！

各位代表！五年来，全市经济社会繁荣发展，诸多领域取得了历史性突破，积累了弥足珍贵的经验。一是坚持深入贯彻落实科学发展观，着力转变发展理念，在保持经济平稳较快发展中不断提升城市整体素质。二是坚持解放思想，提升境界，着力创新思路，优化环境，改善服务，以思想境界大提升推动各项事业大发展。三是坚持以人为本、民生优先，全力为民办实事、办好事，让人民群众更好地分享改革发展成果。四是坚持城市建设与经济社会发展相结合，拓展发展空间、提升功能品位，为培育现代产业、发展社会事业、保障改善民生提供支撑条件。五是坚持用改革创新的办法解决发展中的问题，构建有利于科学发展的体制机制，为经济社会发展提供强大动力。这些深刻体会，需要在今后工作中继续坚持和发扬。

各位代表，在总结成绩的同时，也要清醒地看到，我们仍然面临许多制约科学发展的深层次矛盾和问题。主要是：经济综合实力不够强，发展质量效益还不高；经济结构性矛盾比较突出，城乡区域发展仍不协调；资源环境制约加剧，节能减排和生态环境建设面临更多考验；社会建设任务繁重，公共服务水平需要提高，在收入分配、社会保障、教育、医疗、住房等方面有许多问题亟待解决；各级领导干部驾驭科学发展的能力有待增强，思想境界有待进一步提升，政府自身建设、廉政建设还需大力加强。我们要高度重视这些问题，努力加以解决。

二、关于《济南市国民经济和社会发展第十二个五年规划纲要（草案）》的说明

“十二五”时期是全面建设小康社会的关键时期，是深化改革开放、加快转变经济发展方式的攻坚阶段，是我市实现跨越发展的重要战略机遇期。面对新的形势和任务，我们必须进一步解放思想、提升境界，精心谋划发展思路，主动应对环境变化，奋发有为，科学发展，力争经过5年努力，使我市经济结构更加优化，创新优势更加突出，城市功能更加完善，生态环境更加优美，社会发展更加和谐，努力打造实力济南、魅力济南、宜居济南，基本建成与山东经济文化强省相适应的现代化省会城市。

中共济南市委九届九次会议通过了《关于制定济南市国民经济和社会发展第十二个五年规划的建议》，提出了未来五年国民经济社会发展的奋斗目标、指导方针和主要任务。根据《建议》的精神，市政府制定了《济南市国民经济和社会发展第十二个五年规划纲要（草案）》，已提请大会审查。下面，我就几个问题作简要说明。

（一）“十二五”规划《纲要（草案）》的编制过程和特点

市政府于2009年12月正式启动规划编制工作，组织有关部门、科研机构和各方面专家，对“十二五”时期经济社会发展的重大问题开展专题研究，对规划进行咨询论证。面向社会开展为“十二五”规划建言献策活动，人大代表、政协委员及社会各界提出了许多建议。《纲要（草案）》的编制过程，是发扬民主、集思广益、科学决策的过程。《纲要（草案）》力求反

映经济社会发展的新形势、新特点和新要求，体现战略性和政策性，并明确政府的工作重点和责任。在指标设置上，强化科学性、导向性和约束性，调整完善了转方式、调结构的指标体系，增加了资源环境、民生改善等方面约束性指标。在规划实施上，突出内生增长和要素保障，强化重大项目支撑，注重健全完善规划实施机制。

（二）“十二五”时期经济社会发展的指导思想和主要目标

在全面总结“十一五”时期发展成果、客观分析国际国内形势基础上，《纲要（草案）》明确提出以科学发展为主题，牢牢把握加快转变经济发展方式这一主线，紧紧围绕“拓展城市发展空间、打造现代产业体系”的工作思路，加快推进经济转型、城市转型、社会转型，大力实施新型城市化、新型工业化、创新驱动和富民惠民战略，着力实现优化经济结构、加强社会建设、提升城市品位、保护生态环境、深化改革开放的新突破，全面建设更高水平的小康社会。《纲要（草案）》提出了“十二五”时期经济社会发展的主要目标，这些目标既与全面建成小康社会的目标相衔接，又反映了发展的阶段性特征和要求。

一是关于经济增长速度问题。《纲要（草案）》提出，今后五年生产总值年均增长 11%。这个目标比“十一五”低，主要是综合考虑各方面因素，根据需要和可能提出的。“十二五”期间要始终保持经济平稳较快发展，把发展作为解决一切问题的前提和基础，实施扩大内需方针，加快形成消费、投资、出口协调拉动经济增长新格局。既要保持经济平稳较快发展，又要为加快经济发展方式转变和经济结构调整留有空间，把发展建立在经济结构优化、质量效益提升、资源消耗下降的基础上，正确处理速度和质量、效益的关系。这个目标是积极的，经过努力是可以实现的。

二是关于加快经济发展方式转变问题。针对资源环境压力日益加大和提高自主创新能力的需要，《纲要（草案）》增加了二氧化碳排放量、万元工业增加值用水量、氮氧化物排放量、耕地保有量、基本农田保护面积等约束性指标。这些指标体现了建设资源节约型、环境友好型社会的要求，是全面协调可持续发展的需要，是现实和长远利益的需要，必须保证完成。

三是关于改善民生问题。“十二五”期间人民生活水平提高要与经济发展同步，把保障和改善民生作为根本出发点和落脚点，加快推进基本公共服务均等化。《纲要（草案）》提出，城市居民人均可支配收入和农民人均纯收入年均增长 11%，15 岁以上人口平均受教育年限提高到 12 年，千人医疗机构床位数达到 5.8 床等，这些指标事关广大人民群众切身利益，是转方式、扩内需的重要内容，我们必须以更大的决心和力度取得新的进展。

（三）“十二五”时期的战略重点和主要任务

《纲要（草案）》对“十二五”时期全市经济、社会、生态、文化建设和改革开放等方面作出全面部署，提出了明确的任务目标和政策措施。

一是加快推进新型城市化。“十二五”时期，我市将进入城市化快速发展的新阶段。《纲要（草案）》提出，城市化率达到 75%，坚持走集约化城市发展道路，把增创经济社会发展空间、促进区域协调发展、形成主体功能区作为“十二五”工作重点。做大做强中心城市，加快规模膨胀和功能提升，推进老城区和东部新区、西部新区、滨河新区规划建设，构建“一城三区”城市发展格局。坚持以工促农、以城带乡、城乡统筹，优化城镇发展格局，积极推进北跨发展，壮大县域经济，实施统筹城乡发展七大工程，提升新农村建设水平。发挥省会辐射带动作用，打造省会城市群经济圈。

二是打造现代产业体系。《纲要（草案）》提出了“54321”的发展思路，三次产业比例调整到 4:38:58。把服务业打造成省会首位经济，是省委、省政府提出的工作要求，也是我市转方式调结构必须抓好的关键环节。构建五大区域性服务业中心是服务业加快发展的战略任务，培育四大战略性新兴产业是抢占经济科技制高点的重要举措，我们有基础、有优势、有潜力，必须抓住机遇，有所作为。

三是建设国家创新型城市。2010 年我市被确定为国家创新型城市试点，担负着在全国先行先试的重要任务。《纲要（草案）》对此提出了明确目标和具体部署，主要是完善区域创新体系，建设国家综合性高技术产业基地，加强创新平台、园区建设，启动一批重大科技专项，培育一批优势产业集群，加强人才队伍建设。

四是进一步深化改革开放。《纲要（草案）》根据“十二五”时期面临的新形势，对推进重点领域和关键环节改革作出了全面部署，努力形成有利于转变经济发展方式、促进全面协调可持续发展的体制机制。按照统筹发展和对外开放的要求，实施更加积极主动的开放战略，扩大对内对外开放，构建开放型经济体系。

五是建设生态文明城市。面对日益严重的资源环境问题，必须加快构建资源节约、环境友好的生产方式和消费模式，增强可持续发展能力。《纲要（草案）》提出了明确的任务和措施，规划了五个生态功能区、创建国家森林城市“十大工程”和济南市水系生态环境区域布局，制定了加强节能降耗、推进资源节约及削减污染物排放等约束性指标，强调要制定实施低碳经济发展规划。我们必须以高度的紧迫感责任感做好这些工作，努力打造水清、天蓝、树绿、气爽的生态文明城市。

六是促进社会和谐稳定。改善民生是科学发展观的根本要求。“十二五”时期必须加大力度，在改善民生和构建和谐社会方面取得更大进展。《纲要（草案）》提出加快构建民生改善八大体系，推进城乡、区域、群体间基本公共服务均等化，加强公共安全建设，加强社会主义民主政治建设和文化建设，完善社会管理体制。经过五年努力，使我们的社会更加和谐，让人民群众生活得更加富裕美好！

三、2011 年经济社会发展的主要任务

2011 年是中国共产党成立 90 周年，也是“十二五”时期开局之年，更是加快转变经济发展方式、保持经济平稳较快发展的关键一年。从宏观经济形势看，国际金融危机深层次影响依然存在，不稳定不确定因素仍然较多，改革进入攻坚时期，开放面临新的情况，稳增长、调结构、抗通胀、保民生压力很大。对我市来说，城市化和新型工业化加快推进，产业转型升级正孕育着新的突破，经济社会已进入转型发展的关键时期。我们既面临难得的历史机遇，也面临诸多可以预见和难以预见的风险。我们要清醒把握形势，积极应对各种困难和挑战，奋发有为地推进省会改革开放和现代化建设。

2011 年全市经济社会发展的总体要求是：深入贯彻落实科学发展观，突出科学发展这一主题，把握加快转变经济发展方式这条主线，按照“拓展城市发展空间，打造现代产业体系”的工作思路，实施新型城市化、新型工业化、创新驱动、富民惠民四大战略，着力调结构、稳物价、保民生、促改革，保持经济平稳较快发展和社会和谐稳定。

2011 年经济社会发展主要预期目标是：生产总值增长 12%，地方财政一般预算收入增长 15%，固定资产投资增长 18%，社会消费品零售总额增长 16%。服务业增加值增长 13.5%，规模以上工业增加值增长 12%，高新技术产业产值比重提高 2 个百分点。外贸出口增长 12%，实际到账外资增长 10%。城市居民人均可支配收入、农民人均纯收入均增长 12%，居民消费价格总水平涨幅控制在 4% 左右，城镇登记失业率控制在 4% 以内，人口自然增长率控制在 5‰以内。完成省政府下达的年度节能减排目标任务。

（一）保持经济平稳健康运行。完善消费增长机制，保持投资合理适度增长，增强经济发展的协调性和内生动力。一是增强居民消费能力。提高政府改善民生和社会事业支出比重，增加对城镇低收入群体和农民的补贴，适时提高最低工资标准，适当增加职工工资收入。继续实施家电下乡、以旧换新政策，做好建材下乡试点工作。培育消费热点，鼓励扩大新能源汽车等节能环保型产品消费，发展旅游、健身、教育、家政、文化娱乐等服务型消费业态。营造便利、安全、放心的消费环境，深入开展“满意消费惠万家”和诚信商贸企业创建活动，改造提升一批特色商业街，构建 5 ~ 8 分钟便民消费服务圈。推进农产品进城、万村千乡市场工程和大型连锁超市与农产品质量安全示范区对接。二是提高投资质量和效益。做好“十二五”前期投资项目衔接工作，抓好投资结构调整，把信贷资金更多投向实体经济特别是“三农”和中小企业。发挥重大项目对转方式调结构的支撑引领作用，加快推进一批重点项目建设，积极争取财政资金、信贷资金支持，鼓励扩大民间投资。严格执行用地、节能、环保等准入标准，严禁投资产能过剩行业。三是保持物价基本稳定。适当增加重要农副产品储备，稳定主要农产品、基本生活必需品和重要生产资料的生产和供应，强化农产品产运销衔接，提高粮食、食用油应急保障能力。建立完善消费品生产、流通、消费信息监测、预警和发布制度，严肃查处恶意炒作、哄抬价格、串通涨价等不法行为。

（二）推动服务业加快发展。积极推进国家服务业综合改革试点，加快构建信息服务、商贸物流、金融服务、文化旅游、商务会展五大区域性服务业中心，服务业增加值占生产总值的比重提高 1 个百分点以上。一是抓投入。千方百计扩大服务业投资，完善服务业发展激励机制，用好专项引导资金，强化财税金融支持，引导更多社会资本投向服务领域，集中抓好一批技术含量高、市场前景好的服务业大项目。二是抓优势产业。信息服务业以“数字泉城”、中国软件名城建设为抓手，加强信息基础设施建设，加快推进三网融合，大力发展软件服务外包，打造浪潮、中创和国家动漫产业基地等一批信息服务业重点企业和园区。商贸物流业围绕打造全国性商贸物流中心城市，科学系统规划传统商贸流通业布局，推进一批重点物流园区建设，扶持重点商贸企业加快发展。金融服务业以促进区域金融中心建设为核心，积极引进金融机构，加快发展新型金融机构，大力发展金融要素市场，构建良好的金融生态环境，防范金融风险。文化旅游业以培育特色、创建品牌为重点，完善设施，整合资源，加快发展现代传媒、文化旅游等七大文化产业，推动 30 个文化产业重点园（街）区建设，打造“天下泉城”旅游品牌。商务会展业坚持专业化、社会化和市场化方向，加快发展财务、法律、咨询和产权交易等新兴服务业。商贸餐饮业、农村服务业、社区服务业要落实好有关政策意见，突出发展重点，提高规模水平。三是抓载体。市中、历下、天桥、槐荫、长清、历城、章丘等 7 个重点城区在扩张规模、优化结构的基础上率先发展，服务业比重提高 2 个百分点以上，其他县区提高 1 个百分点以上。增强齐鲁软件园、泉城路商业集聚区等 30 个重点园区的集聚力和带动力，扶持 100 家重点企业做大做强。优化服务业发展环境，完善统计监测，健全考核体系。

（三）促进工业优化升级。坚定不移地把工业作为转方式调结构的重点，推进主导产业高端化、新兴产业规模化、传统产业升级优化，加快淘汰落后产能，提升核心竞争力。一是培育战略性新兴产业。启动综合性国家高技术产业基地核心区规划建设，打造“一城三区四基地”空间发展格局。围绕加快新信息、新能源及节能环保、新医药及生物、高端装备制造四大新兴产业发展，加大政策和资金扶持，加快项目培育和引进，集中突破一批制约产业发展的关键核心技术。发挥国家信息通信国际创新园、齐鲁软件园的优势，发展物联网、云计算和高端软件产业，抓好千万亿次超级计算机、量子通信技术、卫星通信项目。扶持以光热光伏、风电装备、垃圾发电综合利用为重点的太阳能、风能、生物质能项目开发利用，发展以生物疫苗、作物育种、酶制剂为重点的生物医药、生物农业、生物制造产业，提升以数控机床、压力机等产品为重点的高端装备制

造业。二是加快传统产业改造提升。突出抓好冶金、石化、食品、建材、轻工等产业技术改造，做优做强重卡、轿车、摩托车和高端柴油机等机械装备产业，加快技术、产品、经营管理和营销模式创新。实施重点技术改造项目计划，加快174个调整振兴重点项目建设，确保技术改造投资占全市工业投资70%以上。三是加强园区载体建设。继续支持高新区加快发展，努力打造全国一流的自主创新核心区、高层次人才集聚区、战略性新兴产业和先进制造业发展示范区。增强8个省级开发区承载带动能力，强化项目引进，提升产业层次。四是提升自主创新能力。深入开展关键技术和共性技术研究，加强科技服务体系和科技资源共享平台建设，实施重大科技专项和专利、品牌、商标、标准战略，培育一批重点品牌企业和中国驰名商标。全市各级企业技术中心、工程技术研究中心达400家以上，培育150家创新型企业和500家成长型科技企业。抓好企业家队伍建设。

（四）统筹新农村建设工作。坚持以工促农、以城带乡，启动统筹城乡发展七大工程。一是大力发展都市型、城郊型现代农业。实施6亿斤粮食增产规划和蔬菜、畜牧、种苗、林果花卉四大产业振兴规划。打造绕城都市农业圈、南部山区生态观光农业带、中部平原特色精品农业带、黄北设施高效农业带，建设提升60个都市农业园区和40个特色品牌基地。抓好"菜篮子"工程，健全重大动物疫病防控、标准化生产、市场准入等六大体系，打造"农产品质量安全放心城市"品牌。二是拓展农民增收渠道。发展农产品加工流通业和农村家庭工副业，提高非农收入比重。强化农村劳动力技能培训，加快农民转移就业，增加工资性收入。落实好强农惠农政策，深化政策性农业保险试点，增加转移性收入。推进产业扶贫开发，实现6万贫困人口人均增收1100元。三是提升农村基础设施承载力。把农田水利作为农村基础设施建设的重点，大幅增加水利投入，突出抓好水毁工程修复及重点中小河道治理、山洪地质灾害防治、易灾地区生态环境综合治理等防洪薄弱环节建设。实施绣江河、土马河、大寺河、北大沙河等7条中小河流治理，抓好8000公顷易灾地区生态环境综合治理，解决15万人饮水安全问题。推进国家森林城市创建，重点抓好荒山绿化、退耕还林、平原风沙治理、水系生态绿化工程，完成造林13000公顷。加强农业气象服务、农村防灾减灾工作和黄河堤防建设。四是推进农村发展体制改革。加快乡（镇）农村土地流转服务中心建设，扶持15家市级示范中心，发展多种形式的适度规模经营。五是发展壮大县域经济。推动市内工业向县域转移，落实好继续支持商河加快发展的15条措施，加大远郊县与中心区对接力度，加快实施县域村镇体系规划，统筹安排农村旧村改造工作，抓好中心城镇建设。六是全力抗旱夺丰收。针对去冬今春特大旱情，把抗旱夺丰收作为当前最重要、最紧迫的任务，动员群众和社会力量，强化保障措施，加大资金投入，搞好抗旱工程建设，保障抗旱物资供应，合理调度水资源，科学组织春季农田管理，确保人畜饮水安全和农业生产顺利进行。

（五）提升城市建设水平。更加注重城市载体功能和产业统筹发展，更加注重突出城市特色、文化内涵和生态绿化建设，塑造现代化省会城市新形象。一是优化提升老城区。以释放发展空间、提升功能形象为重点，抓好棚户区、城中村和危旧简易楼群改造，积极稳妥地推进明府城、商埠区等重点区域的保护改造。二是加快建设三大新区。东部新区加快奥体文博、贤文、汉峪、唐冶等片区开发建设，推进服务外包基地、孙村高端产业区建设，完善市政配套设施，强化政务服务、体育休闲、商务办公功能。西部新区以京沪高铁济南西客站建成使用为契机，完成综合客运枢纽工程建设，加快核心区、济西湿地生态区、大学科技园、经济开发区等片区开发。滨河新区全面完成小清河综合治理二期工程，启动泺口、北湖、华山、新东站等片区规划建设。加快推进16个城市综合体建设，打造一批代表省会形象和品位的地标性建筑。三是强化城市基础设施建设。积极推动省会城市群城际轨道交通规划建设，规划建设长清黄河大桥、济齐黄河大桥、泺口穿黄隧道、石济客专黄河公铁大桥等重大基础设施，开工建设济商、青兰等高速公路，完成国道220线平阴段改建。完善中心城区路网结构，加快市内快速公交规划，实施二环西路高架、张庄路、刘长山路等20条道路建设改造。优化支路微循环体系，优先发展公共交通，构筑快速路网、智能交通系统，突出解决好交通拥堵问题。加强市政公用设施建设，实施济西二期供水工程和东区水厂建设，加大老城区供水、供电、供气、供热设施改造建设。完善城市安全保障体系，健全城市排水防洪系统，加大对防火、防震、气象等设施的投入，加强管沟等地下空间管理及集约化利用。四是加强城市景观建设和环境综合整治。抓好名泉保护利用，加快实施南部生态功能区保护工作，规划并统筹解决好城市生产、生活用水问题。实施市容环境专项整治，抓好拆除违章、户外广告、乱倒渣土、城乡环境、铁路沿线等综合整治，解决占道经营、开放式小区管理等热点问题，加快污水和垃圾处理厂、停车场等公共设施建设，推进城乡环卫一体化建设，提升环卫保洁、市政管护、集贸市场管理水平。

（六）推进节能减排和环境保护。树立绿色、低碳发展理念，加快构建资源节约、环境友好的生产方式和消费模式。一是狠抓节能降耗。强化源头控制，突出抓好钢铁、水泥、电力、化工等重点行业以及建筑、交通、公共机构等重点领域的节能降耗，大力推广节能技术、产品和装备，支持激励低碳技术研究应用，继续做好淘汰落后产能的各项工作。二是强化环境保护。以生态城市建设为抓手，严格执行环境准入和排污许可制度，倡导绿色消费和低碳生活方式。深入推进扬尘、机动车、建筑工地、小烟囱污染治理，实施重点企业脱硫设施再提高工程，突出抓好城区大气污染防治。加强水系生态建设，加大饮用水源地专项整治力度，加快十六里河、南大槐树沟等市区8条重点河道截污整治，确保小清河水质指标达到省里下达的化学需氧量和氨氮排放标准。严查各类环境违法行为，强化对57家市控污染源重点监管，实现省控重点企业排放达标率98%以上，确保完成主要污染物总量减排年度目标任务。统筹城乡污染防治，加快县城、乡镇污水处理设施建设，控制农村面源污染，提高农作物秸秆综合利用水平。三是强化资源节约和综合利用。大力发展循环经济，积极推行绿色生产和清洁生产，在重点行业、领域和产业园区开展循环经济试点，搞好工业、建筑、城市生活垃圾等废弃资源综合利用，力争工业固体废物综合利用率达到95%以上。积极推进分质供水工程，加大中水回用、污水再生利用和雨洪水利用。四是强化责任考核。严格落实节能减排目标管理责任制，明确各县（市）区、各部门和重点企业的责任，加强指导，强化督查，确保不折不扣地完成省里下达的节能减排任务。

（七）切实保障改善民生。今年政府财政支出新增部分重点用于保障改善民生。一是千方百计促进就业。实施就业优先发展战略，多渠道开发就业岗位，加大技能教育培训力度，积极推动以创业带动就业，重点做好高校毕业生、农村转移劳动力、城镇就业困难人员就业工作。建立健全统一规范的人力资源市场，完善城乡平等就业长效机制。新增城镇就业10万人、农村劳动力转移就业5.2万人、援助就业困难人员1.2万人。二是完善社会保障体系。进一步扩大社会保险覆盖面，市级财政投入2.2亿元，实现新型农村社会养老保险全市280万适龄人员全覆盖。市级财政投入2.1亿元，把新农合政府补助标准提高到每人每年200元。全市人均基本公共卫生服务经费标准由15元提高到25元。完善城镇居民养老保险制度，进一步提高医疗、失业、工伤和生育保险统筹层次，城镇基本医疗保险实现市级统筹。提高企业退休人员养老金水平，月人均普遍增加160元。提高失业保险金标准，扩大工伤保险适用和认定范围，调整工伤人员伤残津贴、护理费和供养亲属抚恤金标准。建立城乡低保和农村五保供养标准自然增长机制，实现我市城乡低保、五保供养标准与经济社会发展水平同步增长。保证集中和分散抚养孤儿每月基本生活费分别不低于1000元和600元。继续提高企业最低工资标准，两个档次分别提高到1100元和950元，比去年平均增长16.4%。健全社会救助和保障标准与物价上涨挂钩的联动机制，落实好优抚对象、低保对象、农村五保对象、家庭困难学生临时价格补贴政策，保证困难群体基本生活需要。扶持慈善事业发展，健全教育、医疗等专项救助制度，加快发展社会养老服务，大力培育以社区为依托的居家养老服务模式，建设市级养老服务中心。加快建立残疾人社会保障和服务体系，保障妇女儿童合法权益。加强计划生育服务工作，深入开展计生“基层基础建设落实年”活动，抓好全国流动人口基本公共服务均等化试点，稳定低生育水平。三是推进住房保障体系建设。调整保障性住房供给结构，全年保障性住房建设达到3万套以上，其中新建公共租赁住房2.3万套以上，提供2000套以上廉租住房，全面完成农房建设改造任务。四是制定实施《济南市中长期教育改革与发展规划纲要》。切实办好学前教育，实施幼儿园标准化建设工程，新建50所公办幼儿园。继续优化中小学布局，推进中小学校舍安全工程，规范城区新建居住区教育设施配套建设。重视提高中小学生身体素质，切实减轻课业负担。完善高中和职业教育，加快技师学院建设，完善提升章丘高等职业教育基地，扩大中等职业教育免费范围，加大农村教育投入，积极争创国家级重点职业学校和国家级示范中等职业学校。进一步提高全市大中专、中小学生均拨款水平，将农村初中和小学的人均公用经费补助标准、寄宿生生活补助标准分别提高100元和250元。五是加快发展文化体育事业。以筹办第十届中国艺术节为契机，加快省会文化艺术中心等重大文化设施建设，今后三年投资5600万元进一步完善基层文化服务设施。继续实施“文化精品工程”，开展文化惠民八大主题行动，培育健康的网络文化。大力开展全民健身活动，逐步推动文化体育设施免费开放。在前三年为民办实事基础上，今年继续扎实办好10件实事。

（八）深化改革扩大开放。推进重点领域改革取得新突破。一是继续深化国有企业改革。推动市属国有资产战略重组，逐步实现市属经营性国有资产集中统一监管，健全国有资本经营预算制度。加强对非公有制企业的服务和扶持。二是加快医药卫生体制改革。深入开展公立医疗机构改革，扩大基本药物制度实施范围，研究制定乡村医生补偿机制，推进卫生强基工程，提高传染病预防和救治能力，提高中医药服务能力。三是加快文化体制改革。推进经营性文化事业单位转企改制和整合重组，创新公共文化服务运行机制。四是推进要素市场改革。健全公用事业价格形成机制，稳步实施资源性产品价格和环保收费改革。引导行业协会中介服务社会化、经营运作市场化。加强投融资平台改革与管理。深化机关后勤服务社会化改革。

进一步提高对外开放水平。一是培育对外贸易发展优势。继续稳定和拓展外需，推进加工贸易转型升级，优化对外贸易结构，提高自主知识产权和高技术含量、高附加值、高效益商品出口比重，扶持出口重点行业、重点市场、重点商品和重点企业。优化进口结构，扩大进口规模。大力发展服务贸易，加快发展服务外包产业。二是提高招商引资质量。积极承接国际国内产业转移，提高利用外资水平，引进国际知名企业来济设立地区总部、制造基地、研发中心、采购中心和服务外包基地，大力引进和培育海内外高层次、高技能人才。三是扩大对外交流合作。加快“走出去”步伐，引导企业有序发展境外投资、工程承包和外派劳务。深化友城交流，促进城市间合作发展。四是加强口岸建设。加快济南国际机场指廊建设，增加国际航班密度，筹建济南铁路口岸，推进济南综合保税区建设，实施大通关工程。

（九）维护社会和谐稳定。创新社会管理机制，营造平安稳定的社会环境，服务和保障省会建设发展。一是推进平安济南建设。启动“六五”普法规划，深化社会治安秩序专项整治，加快动态立体防控体系建设。健全社会稳定风险评估机制，完善领导干部定期接访、下访制度，深入开展矛盾纠纷排查化解。加强公正廉洁执法和执法规范化建设，扩大法律援助覆盖面，保障弱势群体合法权益。二是强化基层基础建设。加强村、居和社区建设，健全服务设施，完善便民网络，探索管理新模式。三是高度重视公共安全。加大投入，健全应急体系，做好地震和极端天气等自然灾害预警防范，强化地下管网、公共避灾场所和人防工程建设管理。加强安全生产监管，深化矿山、道路交通、建筑施工、危险化学品、烟花爆竹、人员密集场所消防安全等专项整治，推进安全社区、安全校园建设。强化公共卫生和食品药品安全监管，做好疫情防控工作。四是加强精神文明建设。继续开展“爱泉城、讲文明、树新风、创品牌”六项文明工程，做好社会志愿服务工作，促进精神文明创建常态化、科学化、制度化。加强民族团结和宗教工作，完善双拥优抚安置服务保障体系，努力推动全国双拥模范城建设。

（十）加强服务型政府建设。全面完成今年和“十二五”规划目标任务，必须进一步改革创新，努力建设人民满意的服务型政府。一是深入转变政府职能。强化社会管理和公共服务，深化行政审批制度改革，完善网上审批和电子监察系统，简化程序，提高效率，优化环境。强化行政问责和效能监察，健全绩效评价考核体系，提高政府公信力和执行力。二是坚持依法科学民主决策。全面推进依法行政，自觉接受市人大及其常委会监督和政协民主监督。健全群众参与、专家咨询和政府决策相结合的决策机制，加大决策跟踪反馈和责任追究。加强网上政府和市民服务热线建设，完善信息公开和新闻发布制度。三是深入推进作风转变。牢固树立群众观点，畅通社情民意反映渠道，建立健全问政于民、问需于民、问计于民的长效机制。大力精简会议和文件，弘扬求真务实的作风，深入基层、深入实际，察实情、出实招、办实事、求实效，把为民造福的工作紧紧抓在手上，把促进发展的任务坚决落到实处。四是加强政府反腐倡廉建设。全面落实党风廉政建设责任制，强化惩治和预防腐败体系建设。加强对各级公务员队伍的教育和监督，提高拒腐防变的能力。严格落实领导干部廉洁自律各项规定，加大查办违纪违法案件工作力度，严肃查处腐败分子。加强对中央和省、市重大决策部署执行情况的监督检查，强化政府投资项目的审计监督和行政监察，严格领导干部经济责任审计。推进专项治理工作，继续深化工程建设领域突出问题和“小金库”专项治理，开展庆典、研讨会、论坛过多过滥问题和公务用车问题专项治理。推进廉政文化建设，营造风清气正、干事创业的良好氛围。

各位代表！未来五年是我市深入推进科学发展、全面建设小康社会的重要战略机遇期。让我们更加紧密地团结在以胡锦涛同志为总书记的党中央周围，高举中国特色社会主义伟大旗帜，深入贯彻落实科学发展观，在中共济南市委的坚强领导下，解放思想，提升境界，开拓进取，真抓实干，为全面实现济南市国民经济和社会发展第十二个五年规划和全面建设小康社会宏伟目标而努力奋斗！

责任校对　郭建群

大事记

2010年济南市大事记

1月

4日 高铁济南段标志性工程——京沪高铁黄河特大桥钢桁梁架设完工。

△《济南日报》报道，济南市被科技部授予“全国科技进步考核先进城市”称号，历下、市中、历城、章丘、平阴五县（市）区获“全国科技进步考核先进县（市）”称号。这是济南市连续四次获该科技领域的最高荣誉。

5日 绿地·普利中心项目奠基。

△长清区归德镇唐李村卫生室乡村医生唐友泉获卫生部“全国优秀乡村医生”称号，成为济南市2009年度唯一获此称号的乡村医生。

6日 《济南日报》报道，近日，槐荫区南辛庄街道办事处被评为全国社区和谐邻里建设示范街道，是济南市唯一获此称号的街道办事处。

7日 第十一届全运会济南赛区档案移交仪式在龙奥大厦举行。

△《济南日报》报道，近日，“我的兄弟姐妹”·东方道迩白领就业基地揭牌暨残疾人上岗仪式在东方道迩济南分公司举行，是济南市首个残疾人高科技就业基地。

10日 在全国科技工作会议上，科技部宣布济南等20个城市（区）为全国首批国家创新型试点城市（区）。

11日 2009年度国家科学技术奖励大会举行，浪潮等国内7家行业龙头企业获2009年度国家科技进步奖“企业技术创新工程奖”，浪潮“天梭TS30000高端商用服务器系统”获国家科技进步二等奖。浪潮成为计算机领域唯一包揽技术产品奖与企业奖的企业。

12日 省暨济南市“情暖万家”工程慈善救助特困群众项目仪式在历城区举行。

△济南市召开紧急会议，安排部署低温冰冻天气防范应对工作。

△济南市低碳经济战略规划研究项目启动。

△《济南日报》报道，章丘物价部门近日获“全国价格监管服务先进集体”称号，是济南市唯一获此称号的单位。

17～20日 政协济南市第十二届委员会第三次会议举行。会议通过政协第十二届济南市委员会第三次会议政治决议等。

18～22日 济南市第十四届人民代表大会第三次会议举行。会议补选宋新生为济南市中级人民法院院长，补选冯宏、李巍、胡少平、徐长林为济南市人大常委会委员。表决通过济南市第十四届人民代表大会第三次会议关于济南市人民政府工作报告的决议等。

19日 市委副书记、市长张建国会见日本NEC软件株式会社社长古道义成一行。

22日 总投资达60亿元的济钢集团绿色产业园项目入驻高新区签约。

25日 国信证券落户济南。

△《济南日报》报道，槐荫区被评为全国农村留守流动儿童工作示范区，是济南市唯一获得此称号的县（市）区。

28日 济南市首批引进海内外高层次人才签约仪式举行，9名海内外高层次人才与济南市签约，同时被授予“泉城特聘专家”称号。

2月

1日 济南市人民政府与华润集团有限公司战略合作协议签字仪式举行。

2日 中共济南市纪委九届七次全体会议召开。

△济南市现代农业“百花奖”颁奖仪式暨济南市首届农民春节联欢晚会举行。

△济南时报总编辑、泉城义工志愿服务联络站站长李国强当选“2009年度中国社工人物”。

2～3日 2009～2010年全国跳水明星系列赛济南站比赛在济南奥体中心游泳馆举行。

4日 济南市妇联“阳光大姐”中国驰名商标授牌暨千名优秀家庭服务员表彰大会召开。

5日 济南市2010年文化科技卫生“三下乡”集中日活动在平阴县平阴镇举行。

8日 中共中央政治局委员、国务院副总理张德江来济南检查安全生产工作。

10日 《济南日报》报道，日前，世界500强企业汉拿空调（济南）有限公司落户高新区。

13日 由山东省杂技演艺有限公司

推出的《试比天高》杂技节目亮相虎年央视春晚。

20日 市委副书记、市长张建国会见波兰IT公司考马克集团董事长菲历皮亚克一行，重点介绍了济南市IT产业的现状及发展趋势，并对双方企业的合作表示支持。

25日 由巡警、交警、特警、武警等警种和派出所民警、保安队员联合参与的济南公安多警联合巡逻警务机制启动。

△济南阳光大姐服务中心主任卓长立获"全国三八红旗手标兵"称号。

27日 "济南市公共文化走进新农村"系列活动启动。

3月

1日 《济南日报》报道，日前济南市曲艺团参赛的3个曲艺作品，在2010年河南宝丰马街书会曲艺邀请赛中获1个一等奖、2个二等奖。

2日 全球最大的硅材料供应商——美国美亦美兮电子材料公司和力诺光伏集团签署战略合作协议，双方将就包括硅片—电池片—组件—系统在内的光伏产业链开展紧密合作。

3日 济南华强高端信息服务业基地项目开工。

3日 市委常委、副市长陈先运会见以日本和歌山县副知事下宏为团长的日本和歌山县庆祝济南—大阪通航友好交流代表团，双方就促进航班的开通和两地在诸多领域的交流与合作进行深入探讨。

4日 济南市第一条全路段LED照明示范工程在济南经济开发区开源路正式亮相。

5日 济南市各界妇女纪念"三八"国际劳动妇女节100周年大会召开，表彰在济南市经济社会发展中涌现出的妇女先进集体和先进个人。

△济南市小清河滨河新区——徐李片区项目签约。

△济南市文化产业发展专项资金扶持项目签约。全市13个项目获得首批文化产业发展专项资金扶持。

6日 由济南市红十字会和济南广播电视台联合开办的大型公益节目《红十字在行动》正式开播。是山东省唯一一档致力于弘扬红十字精神、倡导互助互爱的公益救助节目。

8日 济南市中级人民法院被全国妇联、全国维护妇女儿童权益暨平安家庭创建协调组联合授予"全国维护妇女儿童权益先进集体"称号。

9日 济南市人民政府与中国石油化工集团公司发展战略合作框架协议在北京签署。

△省委常委、市委书记焉荣竹会见以韩国LG电子副社长申其燮为团长的经贸代表团。

△力诺瑞特被评为国家"引进国外智力成果示范推广单位"，成为国内太阳能行业唯一获此称号的企业。

11日 济南市中级人民法院刑事审判科技法庭投入使用。

13日 济南市第二生活垃圾综合处理厂焚烧发电项目及卫生填埋项目在济阳县孙耿镇高家村同时开工。

14日 民政部"贴心民政"专题调研组来济南市调研"贴心民政"品牌创建工作。

17日 济南市市区首个城中村改造建设项目——位于二环西路和张庄路交汇处的后屯村改造项目启动。

18日 中国重汽集团向济南市捐赠10辆价值共500万元的多功能环卫车。

19日 天桥法院设在无影山街道办事处的人民陪审员法律服务站成立。这一做法为全国首创。

△《济南日报》报道，历城二中建成全国首个中学生太阳能实验室。

21日 中国兵器装备集团公司轻骑产业园奠基仪式在济南高新区举行。

△由《济南时报》主办的2009年度济南市"城市面孔"十大人物颁奖典礼举行。辛安等当选为2009年度济南市"城市面孔"十大人物。

△济南市小辛庄小学在全国第28届头脑创新思维（DI）大赛上获得团体一等奖，取得进军国际大赛的入场券。

22日 中海—九曲城市综合体项目奠基。

22～31日 省委常委、市委书记焉荣竹率领济南城市发展交流团赴台湾访问。期间，举办"2010济南城市建设与发展说明会"等一系列推介说明活动，会见国民党荣誉主席连战、海基会董事长江丙坤等多位政商界知名人士。共签订合作协议12项，合同金额24750万美元，达成合作意向23项，金额达265700万美元。

23日 山东省暨济南市放心农资下乡进村现场咨询活动在济阳县曲堤镇举行。

25日 全国农产品加工创业基地落户长清。由南湖玉露有机茶基地和山东农业大学共同开发，为全国纬度最高的茶叶种植生产区。

26日 全国人大常委会副委员长、全国妇联主席陈至立率领全国人大常委会妇女权益保障法执法检查组到济南阳光大姐服务有限责任公司视察"阳光大姐"质量管理工作。

26～28日 第九届国际公共安全产品暨山东公安科技强警成果展览会举行。

27日 FLL机器人中国公开赛在皇亭体育馆举行。来自全国18个省、直辖市的800余名中小学生参加比赛。

30日 市政府与济南大学服务济南行动计划对接工作签字仪式举行。

△市委副书记、市长张建国会见台湾国泰金控董事长蔡宏图一行。

△《济南日报》报道，济南育英中学代表队在全球DI大赛韩国邀请赛中获得大赛中我国唯一一个初中组一等奖。

△《济南日报》报道，济阳县回河镇被农业部列为全国蔬菜标准园创建镇。

31日 济南市决定在全市窗口服务行业、各级机关和街道社区服务机构开展"微笑服务"活动。

31日至4月20日 新中国成立以来济南市第二次大规模公交线网信息客

流调查进行。

4月

1日 民政部调研济南市“社区十分钟生活服务圈”、“阳光民生救助”和农村“双十”社区建设情况。

1～3日 第三届中国（济南）国际太阳能利用大会暨展览会举行，展览面积2万平方米，展会规模超过1000个国际标准展位，确立“太阳能展”全国第一展的地位。

2日 省委常委、市委书记焉荣竹会见台湾台北世界贸易中心董事长王志刚一行。

3日 驻济全国人大代表视察山东蓝翔高级技工学校。

6～9日 由中国国际人才交流协会与济南市人民政府联合主办的济南市水系生态建设论坛举行。

7日 省委常委、市委书记焉荣竹会见台湾基隆市议会议长黄景泰率领的参访团一行。

△中央党校第47期省部级“转变经济方式与经济结构调整”研究专题班课题组到济南市调研。

8日 市人大常委会与台湾基隆市议会参访团进行座谈交流，并签署《推进交流合作关系协议》。

△济南市优秀年轻干部赴乡镇、街道和市重点工程挂职锻炼欢送会召开。

10日 省暨济南市治爆缉枪专项行动集中宣传周启动日活动在泉城广场举行。

11日 济南市首家“流动科普大学”在市中区成立。

△《济南日报》报道，济南市公安局历下公安分局甸柳新村派出所被公安部命名为“全国公安机关爱民模范集体”，是济南市公安机关唯一获此称号的单位。

13日 中国日报网与市委外宣办主管的“天下泉城”网站实现链接，并建立长期合作伙伴关系。

△山东省公安厅在济南市公安局召开现场会，向全省公安机关推广“济南公安服务在线”经验。

△中国职业安全健康协会（全国安全社区促进中心）举行全国安全社区济南支持中心揭牌仪式，宣布槐荫区为“全国安全社区济南支持中心”。

△《济南日报》报道，市中区、历下区被命名为“全国家长学校教育实验区”，市中区家庭教育指导中心同时成立。

14～16日 以印度尼西亚诗都阿佐市议长达武·苏特瑞斯诺为团长的代表团来济南市访问。市人大常委会主任徐华东，市委常委、副市长陈先运分别会见了代表团。

15日 市委副书记、市长张建国会见奥地利驻华大使赛迪科一行。

△市委副书记、市长张建国会见香港华润集团有限公司董事长宋林一行。

16日 北车风电有限公司首台1.5兆瓦发电机组成功下线。同日，北车风电分别与济南市、吉林省松原市、福建省泉州市、山东省荣成市和国华能源投资有限公司签订开发、建设、运营合作协议。

17日 全国首所“孔子文化主题校园”落户济南第十三中学。

18日 《济南日报》报道，济南市槐荫中学代表队与西安体院队组成的国家队在2010年澳大利亚青少年金属地掷球公开赛中获团体冠军。

19～28日 市人大常委会主任徐华东率济南市人大参访团到台湾进行交流。

20日 市委副书记、市长张建国会见日本郡是株式会社社长平田弘一行。

△济南市侨联商会成立。

21日 市委、市人大常委会、市政府、市政协、市纪委、济南警备区机关党员干部为青海玉树地震灾区捐款。

22日 山东省暨济南市侵权盗版及非法出版物集中销毁活动在槐荫区华联广场举行，共销毁各类盗版音像制品、计算机软件、电子出版物及非法书刊80余万件。

23日 济南市“书香泉城”全民阅读暨全民终身学习宣传周活动启动。

24日 中央党校“济南机关党建工作创新”研讨会在济南市召开。

27日 山东电力集团公司与济南市政府签订电动汽车充电设施建设战略合作协议，济南市电动汽车充电设施建设全面启动。

△山东省（商河）海峡两岸温泉产业合作区在商河县揭牌。

28日 大明湖超然楼向公众开放。

△重新修建后的明湖居开业。

28日至5月3日 台湾台南妇女精英参访团一行来济南参加台南—济南文化交流周及两地妇女精英交流活动。

29日 鲁能电工电气高新产业园开工奠基仪式在济南高新区举行。

△日照银行济南分行开业。

5月

1日 《济南市企业民主管理条例》施行。

3日 济南市首次举行“五三”防空袭演习。

5日 中国国民党荣誉主席连战率台湾参访团抵达济南。省委常委、市委书记焉荣竹，省委常委、宣传部长李群，市委副书记、市长张建国，市人大常委会主任徐华东，市政协主席徐长玉参加欢迎宴会。

△全国政协副主席、全国工商联主席黄孟复率调研组来济南市调研指导工作。

6日 公安部交管局在济南市举行仪式，将济南市公安局交警支队历下大队奥运片区中队龙鼎大道岗命名为“李洪振文明执法示范岗”。这是全国交警系统第一次以交警姓名命名示范岗，也是山东省唯一获此称号的交通岗。

△济南市2010年“打造现代产业体系”银企合作暨信贷政策发布会召开。驻济部分银行与企业现场签约，签约总额约计230亿元。

7日 济南市科学发展观与城乡规划报告会举行。住房和城乡建设部副部长仇保兴作城乡规划学术报告。

8日 第七届中国（济南）国际园林花卉博览会闭幕。

10～14日 市委副书记、市长张建国率济南市经贸代表团在香港参加2010（香港）山东周活动，共签约合同项目16个，总投资额91.4亿美元。

1～16日 中共中央政治局委员、全国政协副主席王刚率领全国政协常委视察团在山东省视察调研加快经济发展方式转变、推进经济结构调整、进一步推动经济社会又好又快发展情况。

12～20日 市委副书记、市长张建国率济南市友好经贸代表团赴澳大利亚、新西兰进行友好访问和经贸洽谈。

13日 中国重汽集团冷却和空调零部件的供应商——德国独资企业贝洱（济南）热系统有限公司开业典礼在济南高新区重汽工业园举行。

△南水北调东线东湖水库工程开工。

14日 济南市残联“送岗位下乡”启动仪式暨残疾人专场招聘会在历城区仲宫镇举行。

15日 “二建·融基之夜”冬奥健儿大型冰上表演暨济南奥体中心冰场启动仪式在济南奥体中心体育馆举行。

△由济南市教育学会、台湾华夏文化交流协会共同举办的“和谐中华·首届海峡两岸经典文化推广会演”在台湾台中市举行。

17日 由济南市人民政府主办的“济南电子信息产业说明会”在台湾高雄举行。

△历下公安分局智远派出所驻历城区人民法院警务室成立，是全省首个派驻法院警务室。

△《济南日报》报道，章丘市在全国铸造业年会暨中国国际铸造博览会上被中国铸造协会授予“中国铸造之乡”称号。

19日 《济南日报》报道，全市法院系统首个具有综合功能的“执行大厅”亮相平阴法院。

21日 山东省首家“网上法院”——市中区法院“网上法院”开始试运行。

22～23日 由全国人大常委会副委员长、民建中央主席陈昌智，全国政协副主席、民进中央常务副主席罗富和率领的国家特邀国土资源监察专员考察团，来济南市考察农村土地整治工作。

25日 济南口岸台胞签注点启动仪式在济南国际机场举行。

26日 济南市历下区燕山办事处燕子山社区被国家人社部命名为首批全国充分就业示范社区。

27日 济南变压器集团股份有限公司新厂落成仪式举行。

28日 天津银行济南分行开业。

29日 童心飞扬——济南市城乡少年儿童庆“六一”联欢会暨第十一届少年儿童七项技能大赛颁奖典礼在市青少年宫举行。

30日 阳光下的花朵——济南市各界庆“六一”联欢会暨第17届小名士颁奖典礼在济南电视台举行。

31日 省委常委、市委书记焉荣竹会见台湾华新丽华集团董事长焦佑伦一行。

6月

1日 济南市西部第一个综合性体育中心——槐荫区体育活动中心开工建设。

2日 市中区泺源街道党工委“红旗楼道党支部”挂牌仪式在普利街社区举行。

△《济南日报》报道，历城区鲁商小额贷款股份有限公司日前成立，是济南市第一家股份制小额贷款公司。

4日 市委副书记、市长张建国会见松下电器产业株式会社PAVC社高级副总裁宫田贺生一行。

5日 全国政协副主席李金华到中车集团济南车辆有限公司调研。

△省委常委、市委书记焉荣竹会见台湾知名人士郑逢时一行。

7日 济南市应急管理培训基地在市行政学院成立。

8日 市委副书记、市长张建国会见美国摩根大通集团亚太区董事总经理、中国综合公司及企业投资主席、中国投资银行副主席龚方雄一行。

△“济南（北京）服务外包说明会”在北京外国专家大厦举办。

9日 济南市首家区级光荣院在天桥区大桥镇成立。

10日 济南市城市管道燃气特许经营权授权仪式举行。市市政公用事业局与济南港华燃气有限公司、山东济华燃气有限公司签订特许经营协议书，两家企业分别获得济南市东部和西部30年的管道燃气特许经营权。

△济南市道德模范基层巡讲启动仪式暨首场报告会在历城区东风街道办事处祝甸社区举行。

11日 槐荫法院“诉讼与非诉讼联调中心”成立，是济南市法院系统首个“诉非联调中心”。

12日 济南高新控股集团与中国中建设计集团战略合作签约仪式举行。省委常委、市委书记焉荣竹会见中国建筑工程总公司董事长、党组书记、中国建筑股份有限公司总裁易军，并共同出席签约仪式。

△省暨济南市妇联、经信委、文明办、节能办联合举办的“节能·低碳家庭社区在行动”宣传周活动启动。

△依托市工商联的中共济南市委非公有制经济组织工作委员会成立。

13日 由中央文明办、民政部、全国妇联指导，中国志愿服务基金会主办，济南市文明委等承办的“关爱空巢老人志愿服务行动”在市中区舜玉公园广场启动。

14日 以“我读书、我快乐”为主题的济南市首届青少年读书节在济南市青少年宫开幕。

17日 国际劳工组织职业安全健康专家考察槐荫区“中国大陆第一个‘国际安全区’”工作开展情况。

△“元首针织杯”2010年全国青年游泳锦标赛开幕式在济南奥林匹克体育中心游泳馆举行。同时，国家体育总局游泳运动管理中心确定济南奥体中心游

泳馆为“国家游泳队济南奥体中心训练基地”。

18 日 济南滨河新区城市发展高峰论坛暨第六届中国地产金融年会齐鲁峰会举行。

18 ~ 20 日 第四届中国生物产业大会在济南舜耕国际会展中心举行。中国生物产业大会暨生物领域国家高技术产业化示范工程授牌仪式 18 日举行。全国人大常委会副委员长桑国卫和省市领导出席开幕式。

18 ~ 24 日 以市政协主席徐长玉为团长的济南市友好经贸代表团抵达友好城市美国萨克拉门托市进行友好访问和经贸洽谈，出席济南市与萨克拉门托市结好 25 周年庆祝活动。

19 日 济南城建集团挂牌成立。

19 ~ 20 日 全国人大常委会副委员长、中国科学院院长路甬祥到济南考察指导工作。

20 日 济南裕兴化工有限责任公司钛白粉项目投产暨济南新材料产业基地揭牌、济南化工产业园区铁路专用线工程竣工通车仪式在济南化工产业园举行。

△《济南日报》报道，济南市被全国五好文明家庭创建活动协调小组命名为全国创建学习型家庭示范市。

22 日 济南市关工委在北京举行的纪念中国关工委成立 20 周年暨全国关心下一代工作表彰大会上被授予“全国关心下一代工作先进集体”称号。

24 日 济南市人大常委会和部分驻济全国人大代表视察济南市公交工作。

△以市政协主席徐长玉为团长的济南市友好经贸代表团抵达加拿大里贾纳市进行友好访问和经贸洽谈，推进济南市与里贾纳市的文化交流和经贸联系。

△济南市首个网络党支部成立。

26 日 市委、市政府举行仪式，欢迎济南市第五批完成任务归来的援藏干部。

△济南市楹联艺术家协会成立。

28 日 省委常委、市委书记焉荣竹会见台湾高雄市议会议长庄启旺率领的参访团一行。

29 日 市委副书记、市长张建国会见花旗集团亚太区首席执行官卓曦文一行。

△济南市首家社区党员议事会在七里山成立。

7 月

1 日 中国共产党济南市第九届委员会第八次全体会议举行，深入学习贯彻中央关于加快经济发展方式转变的决策部署和省委九届十次全会精神，审议通过《中共济南市委、济南市人民政府关于加快经济发展方式转变的实施意见》。省委常委、市委书记焉荣竹讲话，市委副书记、市长张建国就经济形势和转方式调结构的重点任务讲了意见。

3 ~ 5 日 以“美丽地球、和谐家园”为主题的 2010 中国（济南）国际儿童联欢节在市青少年宫举行，来自 8 个国家和地区的 100 多名少年儿童参加。

3 ~ 11 日 中国·山东首届钢琴文化展在市博物馆举行。

4 日 《济南日报》报道，济南市首家文化联络站在天桥区工人新村北村街道办毕家洼西社区挂牌成立。

5 日 槐荫区振兴街地区新社会组织联谊会成立。

8 日 济南市首个“院士（专家）工作站”落户市政公用局供排水监测中心。

10 日 济南市舜文化研究会成立。

12 日 “济南·基隆友谊树”植树仪式在济南园博园台湾园举行。市人大常委会主任徐华东、台湾基隆市议会议长黄景泰参加仪式，为“济南·基隆友谊树”纪念牌揭牌,并共同栽种“友谊树”。

△泺源大街历山路口至杆石桥路口两侧绿化带里设置的 244 台咪表开始试运行。

△《济南日报》报道，市中区在广州召开的全国 2010 年城市社区科普工作座谈会议上被中国科协确定为全国 6 个“社区科普益民计划”试点之一，是全国唯一的县（区）级科协试点单位。

13 日 市委副书记、市长张建国会见日本山口市市长渡边纯忠、日本驻青岛总领事斋藤法雄、山口市议会议长野村干男以及山口市友好城市 25 周年访问团一行。

△市人大常委会主任徐华东会见以日本山口市市长渡边纯忠为团长、市议会议长野村干男为副团长的山口市友好城市 25 周年访问团一行。

14 日 济南市纺织服装行业协会针纺织品服装市场专业委员会成立。

15 日 《济南日报》报道，济南市公安机关开展为期 100 天的“净风 1 号”行动，严打“黄赌毒”违法犯罪活动。

16 日 济南市政府与山东高速集团有限公司战略合作框架协议签字仪式举行。

20 日 2010 中国（济南）—马来西亚商务论坛暨贸易投资洽谈会在济南举办。市委副书记、市长张建国会见中国—马来西亚联合商务理事会联合主席敦·穆萨·希塔姆一行。

△济南市“讲文明、树新风”志愿服务活动启动仪式举行，千人文明出行奖励活动在市内五区同时展开。

21 日 《济南日报》报道，注册资本金 800 万美元，由英国洛克利投资集团与山东鲁信投资控股集团公司合资设立的济南市首家外资创业投资公司——山东洛克利鲁信创业投资有限公司落户高新区。

22 日 济南首家城市候机楼启用。

△济南市首家区级讲师团——天桥区委讲师团成立。

23 日 第十届中国艺术节济南市筹委会第一次全体会议召开。

△济南直飞台中的首个客运包机航班在济南国际机场起飞，标志着济南至台中航线正式开通。

25 日 《济南日报》报道，山东省首家豆制品专业合作社在济南市长清区双泉镇成立。

26 日 天桥区政府与山东黄金集团合作开发济南鹊山龙湖项目签约。

△济南市首个由社会力量兴办的消

防站——公安消防支队鲁能领秀城消防站开始执勤。

△《济南日报》报道，济南市槐荫区青少年宫小白鸽合唱团在绍兴举行的第六届世界合唱比赛上获银奖。

28日 《济南日报》报道，济南概伦电子科技有限公司在济南高新区国家信息通信国际创新园成立。

29日 济南市首家社区“残疾人俱乐部”在槐荫区振兴街街道丁字山社区成立。

30日 市委副书记、市长张建国会见IBM全球副总裁兼大中华区政府与公共事业部总经理范宇一行。

31日 全国人大常委会副委员长华建敏率领全国人大常委会调研组来济南市就企业技术改造和科技创新开展专题调研。

8月

2日 前驻法大使、外交学院原院长、国际展览局名誉主席吴建民到济南演讲，与广大听众探讨中国日益崛起的背景以及崛起后的国民心态等问题。

△《济南日报》报道，天桥公安分局在长途汽车总站附近设立济南市首个“流动警务室”。

△《济南日报》报道，济南市胜利大街小学学生焦晨泰的发明作品“反光式太阳能热水器”在山西省太原市举行的全国第七届宋庆龄少年儿童发明大赛上获得全国十佳金奖，是山东省唯一金奖。

3～4日 全国人大常委会副委员长、农工党中央主席桑国卫率农工党中央调研组到济南市考察调研国家基本药物制度基层试点情况。

4日 省委常委、市委书记焉荣竹会见日本永旺梦乐城株式会社社长村上教行一行。

△市委副书记、市长张建国会见日本山口县知事二井关成率领的山口县友好访问团一行。

△济南12345市民服务热线短信平台开通（试运营），标志着山东省首家电话、短信、网络三位一体的24小时市民诉求受理平台建成。

4～8日 第七届CSBA全国初中女子篮球锦标赛在天桥区文体中心体育馆举行。

5日 济南首幅盲人导游图——《济南市泉城广场盲人导游图》安装完成。

5～8日 2010年全国田径锦标赛暨亚运选拔赛在济南奥林匹克体育中心举行。

6日 济南市首个风电项目——大唐平阴风电场一期工程在平阴县安城乡奠基。

8日 《济南日报》报道，历城区郭店镇中心小学代表队在江苏泰州中学举行的第四届中国青少年创意大赛上获得小学组团体总冠军。

10～11日 全国省（区、市）双拥办主任会议暨拥军工作社会化现场经验交流会在济南市召开。

11日 市委副书记、市长张建国会见台湾三功集团主席、中国国民党中央评议委员会主席团主席谢修平一行。

12日 山东大学、共青团济南市委学生实践基地揭牌仪式在市青少年宫举行。这是济南市首家共青团高校联名实践基地。

14日 2010年济南生源高校毕业生就业见习专场招聘会在市人才市场举行。

15日 《济南日报》报道，国家粮食局油脂工程技术研究中心营市街粮油科普基地落户槐荫，是全国第一家设立在社区群众身边的粮油科普知识宣传教育基地。

16日 东吴证券股份有限公司济南营业部落户槐荫区振兴街。

22日 空军济南机场迁建工程开工典礼举行，标志着省城西部崛起驶入快车道。

25日 济南市工商联直属会员商会成立。

25～28日 济南市党政代表团赴广州参加两市缔结友好城市签约仪式，考察广州市经济社会发展情况。

30日 济南高校毕业生就业促进专场招聘会在市人才市场举行。

31日 济南市保障性安居工程（公共租赁住房）项目集中启动仪式在高新区沁园新居项目现场举行，标志着济南市公共租赁住房试点工作拉开帷幕。

△济南师范天桥附属学校揭牌。

9月

1日 空军济南机场土地交接仪式举行。

△山东省第一支专职校园保安督察队在济南天桥保安公司成立。

2日 市委副书记、市长张建国会见美国AMD公司中国区政府及教育行业总监齐鸣等知名企业负责人。

△2010中国百名IT青年精英论坛在济南开幕。

△济南市农村住房建设暨城中村改造和保障性住房项目推介会召开，是济南市首次公开推介农村住房建设项目。

△航天软件园（济南）揭牌仪式举行。

3～5日 第五届中国（济南）国际信息技术博览会暨第六届中国·济南高校、科研院所科技成果和专利技术展示交易会在济南国际会展中心举行。共有境内外企业657家参展，展览总面积5万平方米，参会的世界500强企业12家。达成交易17800多项，交易额近10亿元。

△已连续举办9届的中国（济南）国际旅交会和连续举办5届的青岛亚太国际旅游博览会合并后的第一个展会——2010中国山东（济南）国际旅交会在舜耕国际会展中心举行。广东、重庆、辽宁、山东和韩国、新加坡、古巴等地的政府管理部门和企业参展。

4日 《济南日报》报道，济南市首家农村群众诉求联调中心近日在槐荫区吴家堡镇成立。

7日 济南公安新浪微博群开通，是全国首个市属公安微博群。

8日 驻济全国人大代表调研繁荣发展济南市现代服务业情况。

△济南明湖居演艺有限公司揭牌仪

式举行。

9～20日 省委常委、市委书记焉荣竹带领市直有关部门、企业负责人，先后对荷兰、波兰和德国进行考察访问，期间举办一系列推介说明活动，会见多位政商界知名人士，走访友好城市。共推动经贸合作项目12个，引进外资额3亿多美元。

10日 济南市首个棚改片区文体中心——天桥区茂新棚改片区文体中心奠基。

12日 北京银行济南分行开业。

13日 市委副书记、市长张建国会见泰国正大集团董事长、中国侨商会会长谢国民一行。

14日 市委副书记、市长张建国会见香港商报总编辑陈锡添一行。

17日 主题为“济南西部新城与新城市化”的首届21世纪城市发展论坛在济南举行。

△济南大学初等教育学院成立。

△“济南·厦门投资合作说明会”在福建省厦门市举行。

18日 “济南·泉州投资合作说明会”在福建省泉州市举行。

20日 “2010全球经济透析与中国经济展望金融论坛”在济南市举行。

20～21日 第七届中国公民道德论坛在济南举行。

23日 趵突泉地下水位升至30.01米，创1966年以来最高水位记录。

25～29日 第三届全国急救中心急救技能大赛在济南举行。

26日 市委副书记、市长张建国会见美国空中快车公司董事长丹尼斯一行。

27日 市委副书记、市长张建国会见由澳大利亚郡德勒普市市长特洛伊·佩卡德率领的郡德勒普市友好代表团一行。

△济南市2010年度“泉城友谊奖”颁奖仪式举行。中国重汽集团聘请的外国专家莱因哈特·莫瑟尔获奖。

△莱商银行济南分行开业。

27～30日 第三届山东文化产业博览交易会举行。主会场济南现场签约85个项目，投资总额1383.57亿元人民币、6亿元港币，融资总额361亿元人民币。

28日 市委副书记、市长张建国会见微软大中华区副总裁孙建东一行。

△市人大常委会主任徐华东会见由澳大利亚郡德勒普市市长特洛伊·佩卡德率领的郡德勒普市友好代表团一行。

△济南府学文庙重修工程竣工试开放。

29日 山东省法院系统首家慈善工作站——济南法院慈善工作站成立。

30日 百花公园改造提升工程竣工，向社会免费开放。

10月

1～7日 首届济南“台湾美食节”举行。

8日 济南市首个县级保障性住房工程在平阴县锦东新区动工建设。

10～12日 2010年秋季全国糖酒商品交易会在济南国际会展中心举行。成交总额达201.43亿元，创历届糖酒会历史新高。

11日 高新区孙村新区彩虹湖公园开园，是济南市第一个利用民营资金建设的生态公园。

13日 济南城市发展研究中心成立。

13～15日 “挑战与回应：中国近现代城市开放——周馥与济南自开商埠后的城市发展国际学术研讨会”在济南召开。

14日 市人大常委会主任徐华东会见美国萨克拉门托市议员史蒂夫·科恩率领的萨克拉门托市友好代表团一行。

15～17日 2010中国（济南）国际卡车暨零部件展览会在济南国际会展中心举行。

15～18日 首届中国非物质文化遗产博览会在舜耕国际会展中心举行。共吸引全国各地622个非物质文化遗产保护项目参展。达成合作意向签约项目505个，签约投资总额达432亿元。

18日 济南市农业科学研究院成立。

20日 第七届全国中小学藏书票大赛在济南历元学校举行。济南市9名中小学生获得金奖。

△山东省首个国际生态学校落户济南市舜耕中学。

21日 市委副书记、市长张建国会见由香港贸易发展局总裁林天福带领的香港经贸代表团一行。

△省会文化艺术中心破土动工。

△济南市市中区人民法院被最高人民法院确定为全国100家“司法公开示范法院”之一。

22～26日 由济南市人民政府和香港贸易发展局联合主办的香港时尚购物展举行。

23日 中国邮政与美国地平线集团公司联手打造的“百全”连锁超市山东首家直营店在章丘市高官寨镇开业。

25日 省委常委、市委书记焉荣竹会见美国安达高公司董事长、安利公司董事会主席史提夫·温安洛一行。

△济南市政府与微软（中国）有限公司签署为期3年的战略合作备忘录，双方结为战略合作伙伴。微软将在济南设立分公司，与济南市在IT、服务外包、云计算、人才培养等方面展开战略合作。省委常委、市委书记焉荣竹，市委副书记、市长张建国，微软全球资深副总裁、大中华区董事长兼首席执行官梁念坚出席签约仪式。

26日 由济南市政府、商务部投资促进事务局联合主办的2010济南（上海）跨国公司合作推介会在上海举行。

27～29日 由国际路联（IRF）主办，中国公路学会、省交通运输厅承办的第二届世界农村公路大会在济南市举行。

28日 济南市公共资源交易中心启用，济南公共资源交易网同时开通。

△省委常委、市委书记焉荣竹，市委副书记、市长张建国会见来济南市参加鲁台经贸文化交流周暨2010山东台湾名品博览会的台北世界贸易中心董事长王志刚一行。

△市委副书记、市长张建国会见加拿大里贾纳市市长派特·菲亚柯率领的友好代表团一行。

29日 中国孔子基金会专程到济南为光明街小学学校授牌。光明街小学成为全国首所孔子文化主题小学。

△济南服务外包比较优势（上海）说明会举行。

△《济南日报》报道，在近日召开的中国中小城市科学发展评价体系研究成果发布暨第七届中国中小城市科学发展高峰论坛上，章丘市囊括全部四个奖项，首次实现“大满贯”：2010年度中国中小城市科学发展百强县市第38位、中国十佳“两型”中小城市第5位、中国最具投资潜力中小城市百强县市第8位；同时，跻身中国最具区域带动力中小城市百强县市。

30日 山东省、济南市和济阳县三级防控重大动物疫病指挥部重大动物疫情应急演练在济阳县联合举行。

11月

1日 零时起，全国第六次人口普查入户登记工作展开。济南市5万多名普查指导员和普查员深入居民家中开展人口普查登记。

2日 省委常委、市委书记焉荣竹会见瑞典沃尔沃建筑设备公司高级副总裁、首席技术官安德斯·拉尔森。

△沃尔沃建筑设备中国技术中心项目在济南高新技术产业开发区启动，是沃尔沃建筑设备在中国设立的首个产品与技术中心，也是济南市第一家世界500强企业设立的国家级研发中心。

6日 国务委员、公安部部长孟建柱到济南基层公安机关调研加强执法规范化建设情况。

7日 “重大新药创制”国家科技重大专项——国家综合性新药研发技术大平台和国家创新药物孵化基地开工奠基仪式在济南高新区举行。

9日 全国人大常委会副委员长韩启德带领全国人大常委会节约能源法执法检查组到济南检查指导工作。

11日 济南市企业文化促进会成立。

12日 山东红帆低碳高新技术工业园项目在济南高新区开工。

△市委决策研究专家智库成立。

△微软2010年政府用户高峰论坛在济南举行。

14日 济南仲裁委员会商务仲裁中心成立。

16日 山东北药中信医药有限公司成立揭牌暨现代医药物流中心奠基仪式在济南槐荫工业园区举行。

△全国政协副主席、全国文联主席孙家正在济南调研指导工作。

17日 首款“济南造”中高级轿车——帝豪EC8系在山东上市。

△济南市政府与山东省商业集团有限公司签订战略合作框架协议。

19日 济南市最大的城市综合体——济南魏家庄万达广场开业。

20日 市委副书记、市长张建国会见台湾华新丽华集团董事长焦佑伦一行。

△中国2010年上海世博会山东馆移交协议签字仪式举行。山东馆移交给济南并落户园博园。

21日 市市政公用局与中国物联网研究发展中心、山东泰华电讯签订中国物联网战略合作协议书，济南成为“感知市政”物联网应用示范城市。

23日 由济南高新技术产业开发区承办的国际生物医药与区域经济建设论坛召开。

24日 第六届海洽会济南市引进第三批高层次人才项目签约仪式举行，并向高层次人才颁发“泉城特聘专家”证书。59名高层次人才与济南市签约。

△《济南日报》报道，市政府近日连续召开会议，就认真贯彻落实国务院关于稳定消费价格总水平、保障群众基本生活进行专题部署。

25日 济南二机床铸造有限公司平阴基地竣工投产。

29日 《济南日报》报道，在第八届中国果菜产业发展论坛暨果菜产业发展经验交流大会上，章丘市被命名为“中国果菜十强县市”和“中国绿色果菜之乡”。

30日 济南市首家大学生创业孵化基地在济阳县六福国际商业广场成立。

12月

1日 《济南日报》报道，国家发改委批复认定济南为“综合性国家高技术产业基地”。济南市成为全国第八个综合性国家高技术产业基地。

2日 齐鲁外包城首批项目暨5150高层次人才基地开工。

△公安部、住房和城乡建设部在济南市举行2008～2009年济南市实施畅通工程模范管理城市授牌仪式。济南市成为全国达到模范（一等）管理水平的7个省会城市之一。

3日 市委党校、市行政学院、市社会主义学院新校区建设奠基。

△济南市启明星幼儿园成立，是山东省首家智障儿童幼儿园。

△《济南日报》报道，我国首个由国家科技部批准的新能源科技成果转化示范基地落户济南。

6～7日 中国共产党济南市第九届委员会第九次全体会议举行。深入学习贯彻党的十七届五中全会和省委九届十一次全会精神，听取和讨论市委常委会工作报告，审议通过《中共济南市委关于制定济南市国民经济和社会发展第十二个五年规划的建议》。

7日 《济南日报》报道，在“2010中国城市榜——全球网民推荐的中国旅游城市”网络评选活动中，济南入选中国最具特色的十大旅游城市。

8日 中国第一辆重型汽车诞生50周年暨中国重汽改革重组10周年成就展在济南市启动。中共中央政治局常委、全国人大常委会委员长吴邦国发来贺信。

△市政府与中国农业发展银行山东省分行签订《关于支持济南市统筹城乡发展战略合作协议》。

△《济南日报》报道，中共济南市

委召开党外人士座谈会，就《中共济南市委关于制定济南市国民经济和社会发展第十二个五年规划的建议（征求意见稿）》听取市各民主党派、工商联负责人和无党派人士代表的意见和建议。

10日 济南市委、市政府对口支援北川（擂鼓镇）灾后恢复重建总结表彰大会召开，对在援川工作中表现突出的集体和个人进行表彰。

13日 山东济南—重庆武隆扶贫协作暨武隆县投资环境推介会在济南市举行。

13～19日 第12届国际机器人奥林匹克竞赛在澳大利亚黄金海岸举行。济南育文中学学生魏齐和张世龙夺得两块金牌。

14日 市委副书记、市长张建国会见由台湾基隆市市长张通荣率领的基隆市政府参访团一行。

△市人大常委会主任徐华东会见由台湾基隆市市长张通荣率领的基隆市政府参访团一行。

16日 全国首家服务外包知识产权维权援助工作站——济南市服务外包知识产权维权援助工作站开始运行。

17日 《济南日报》报道，济南奥体中心“一场三馆”获中国建筑工程和土木工程最高奖鲁班奖（国家优质工程）、詹天佑大奖。

17～19日 中共中央政治局常委、全国政协主席贾庆林在山东调研。

18日 济南到台北新航线正式首航。

△省委常委、市委书记焉荣竹会见华特迪士尼公司执行副总裁兼大中华区行政总裁张志忠一行。

△《济南日报》报道，济阳县民政局被民政部授予“全国农村五保供养工作先进单位”称号，是济南市唯一获此称号的单位。

19日 市委副书记、市长张建国会见台湾长荣航空公司总经理郑光远率领的台北—济南新航线首航团一行。

△中山公园东棚改项目土地熟化协议三方签约仪式举行。

20日 济南市首批10家集维权、科教、服务等六大功能于一体的“党建带妇建”活动场所“妇女之家”在历下区成立。

21日 济南建邦黄河大桥正式通车。

△中海油山东化学工程有限责任公司成立暨入驻济南高新区签字仪式举行。

23日 省委常委、市委书记焉荣竹，市委副书记、市长张建国会见壳牌中国集团主席林浩光一行。

△省委常委、市委书记焉荣竹会见台湾耐斯集团总裁陈哲芳一行。

△济南市高层次人才迎新座谈会暨首批“济南企业英才”命名表彰会召开，并为首批26名“济南企业英才”颁发证书。

△济南市首家红十字会博爱工作站在槐荫区南辛庄街道办成立。

27日 中国（济南）城市管理高峰论坛举行。

28日 驻鲁中直机关全国人大代表、驻省直机关全国人大代表、解放军驻山东部队全国人大代表、驻济全国人大代表到济南市视察指导工作。

△济南市唯一的国家级试点地区章丘市新型农村社会养老保险试点启动仪式举行。

29日 护城河通航工程竣工。

30日 南水北调东线山东段干线主体工程全面开工仪式在历城区遥墙镇济南以东输水明渠段工程现场进行。

31日 济南文艺评论家协会成立。

（刘世萍　刘　茜）

责任编校　郭建群

济南概貌

地理·历史

【地理概况】 1. 位置面积。济南位于山东省中部，地理位置介于北纬36°01′~37°32′，东经116°11′~117°44′，南依泰山，北跨黄河，地处鲁中南低山丘陵与鲁西北冲积平原的交接带上，地势南高北低。地形可分为三带：北部临黄带，中部山前平原带，南部丘陵山区带。济南是中国东部沿海经济大省——山东省的省会，全省政治、经济、文化、科技、教育和金融中心，重要的交通枢纽。四周与德州、滨州、淄博、莱芜、泰安、聊城等市相邻。总面积8177平方公里，市区面积3257平方公里。

2. 自然条件。①地质。北部为济阳坳陷、淄博—茌平坳陷，南部为鲁中隆起。地层南老北新，南部以古生界灰岩为主，北部以新生界黄土及砂砾沉积岩为主。岩层呈向北倾斜的单斜构造，三组断裂切成块状，奠定了济南的构造基础。②地形。地势南高北低，依次为低山丘陵、山前倾斜平原和黄河冲积平原。③气候。济南属于暖温带大陆性季风气候区，四季分明，日照充分，年平均气温13.6℃，1月最冷，平均气温−1.9℃，7月气温最高，平均气温27.0℃。年平均降水量614.0mm。④水文。济南市河流分属黄河、小清河、海河三大水系。湖泊有大明湖、白云湖等。山区北麓有众多泉群出露，仅市区就有趵突泉、黑虎泉、五龙潭、珍珠泉四大泉群。

3. 自然资源。①土地资源。全市土地资源总面积8154平方公里，山地丘陵3000多平方公里，平原5000平方公里。全市有棕壤、褐土、潮土、沙姜黑土、水稻土、风砂土6个土类。其中，以棕壤、褐土两大土类为主。②矿产资源。主要有煤、石油、天然气、铁、地热和建筑材料等。③当地水资源15.9亿立方米，可利用量14.7亿立方米。④生物资源。有植物149科，1175种和变种。陆栖野生动物211种。 （年鉴编辑部）

【年度气候概况】 全年气温正常，降水正常，日照偏少；年内降水时空分布不均，主要集中在夏季，其中，7、8月降水量558.5mm，占全年降水量的73%，

济南市2010年全市各月平均气温（℃）

项目＼时间	1月	2月	3月	4月	5月	6月	7月	8月	9月	10月	11月	12月	年
气　温	−2.3	1.7	5.6	11.8	21.5	25.4	28.1	25.1	21.1	14.7	8.8	1.6	13.6
距　平	−0.4	0.8	−1.5	−3.2	0.9	−0.2	1.1	−0.5	0.1	−0.2	1.9	1.2	0.0

济南市2010年全市各月平均降水量(mm)

项目＼时间	1月	2月	3月	4月	5月	6月	7月	8月	9月	10月	11月	12月	年
降水量	4.4	14.4	13.1	11.6	29.3	63.6	132.1	426.4	61.5	4.0	−	1.9	762.2
距　平	−0.3	6.6	−0.1	−14.4	−16.0	−15.5	−52.9	285.2	8.3	−33.0	−14.9	−4.7	148.2
距平%	6	85	−1	−55	−35	−20	−29	202	16	−89	−100	−71	24

济南市2010年全市各月平均日照时数（小时）

项目＼时间	1月	2月	3月	4月	5月	6月	7月	8月	9月	10月	11月	12月	年
日　照	177.4	111.5	165.4	214.6	264.1	207.4	180.5	116.5	139.8	207.5	207.0	207.2	2198.9
距　平	13.8	−63.2	−42.5	−25.6	−0.1	−46.3	−27.1	−106.2	−76.3	16.3	34.2	40.7	−282.2

夏季多暴雨、造成洪涝灾害；进入9月份以后，降水持续偏少，其中11月全市无降水，造成部分农田旱情持续。综合分析2010年的气候年景为平年。（注：以下数据均来自济南、章丘国家基本气象站和商河、长清、平阴、济阳国家气象观测站）

1. 气温。全年（1～12月）全市平均气温为13.6℃，于常年持平，较2009年低0.3℃。最冷月出现在1月，月平均气温为−2.3℃；最热月出现在7月，月平均气温为28.1℃。年极端最低气温为−18.1℃，出现在1月5日（商河）；年极端最高气温为39.6℃，出现在7月6日（济阳）。全年≥0℃的积温为4979.3℃，较常年少97.9℃，较2009年少152.0℃。冬季各地出现寒冷日数（−14.9℃≤日最低气温≤−10.0℃）在4～19天之间；商河、济阳严寒日数（日最低气温≤−15.0℃）分别为3天、2天，其余各地未出现。夏季各地出现炎热日数（35.0℃≤日最高气温≤39.9℃）在11～17天之间；各地均未出现酷暑日数（日最高气温≥40.0℃）。

2. 降水。全年（1～12月）全市平均降水量为762.2mm，较常年多148.2mm，多24%；较2009年多38.3mm。年内降水时空分布极不均匀，各县（市）区年降水量在643.2（济阳）～838.3mm（长清）之间；降水主要集中在夏季，夏季降水量622.1mm，占全年降水量的82%，冬季降水量最少，只有23.2mm，仅占全年降水量的3%。

3. 日照时数。全年（1～12月）全市平均日照时数为2198.9小时，较常年少282.2小时，较2009年少56.0小时。各站年日照时数，商河最多，为2462.7小时；章丘最少，仅为1945.3小时。

4. 霜与无霜期。2010年终霜最早出现在2月4日，最晚出现在4月15日，全市平均出现在3月23日，较常年早11天，较2009年早12天。初霜最早出现在10月27日，最晚出现在2011年1月4日，全市平均出现在11月11日，较常年晚17天，较2009年晚9天。无霜期最长为333天，最短为194天，全市平均为236天，较常年多32天，较2009年多26天。

5. 气候异常情况。年内旬或月气温、降水量、日照时数多时段、多县（市）区出现极值改写，为济南市或该县（市）区自1951年有气象记录以来历史同期极大或极小值。

6. 四季情况。按照气候学划分四季的标准，济南市2009年10月30日日平均气温降至10℃以下进入冬季；2010年4月17日日平均气温回升到10℃以上进入春季；6月8日日平均气温回升到22℃以上进入夏季；8月23日日平均气温降至22℃以下进入秋季；10月25日气温降至10℃以下进入冬季。冬季最长，为169天；夏季次之，76天；秋季63天；春季最短，为52天。体现了济南四季分明的特点。（毛晓平）

【主要气候事件及其影响】 主要有干旱、冰雹、大风、大雾、暴雨洪涝、寒潮、雷电、霜冻等自然灾害。造成灾害的主要有大风、暴雨洪涝、雷电、冰雹、干旱等。致使农作物减产甚至绝产，人员伤亡，房屋倒塌损坏，道路、桥涵被冲毁，电力、通讯设施被毁坏。

1. 大风。4月26日，受冷涡横槽的影响，济南所辖县（市）区均出现大风天气。自15：14（长清）开始至17：34（章丘）结束，极大风速在19.2米/秒（章丘）～24.5米/秒（市区）之间，济阳受灾严重。造成大棚、小拱棚、房屋等倒塌、损坏。

2. 暴雨。年内降水分布严重不均，主要集中在夏季7、8月，降水持续时间短，雨量大，特别是8月，连续出现大范围降水，且雨量大。暴雨造成农作物受灾，房屋倒塌，道路、桥梁、农用设施被冲毁，部分通信线路、供电线路、交通设施遭到不同程度损坏，更因房屋倒塌造成人员伤亡，严重影响农作物的生长发育与人民生活。

7月19日凌晨到夜间，受副热带高压边缘西南暖湿气流和低涡切变线的共同影响，济南出现暴雨过程，降雨分布极不均匀，全市平均过程降雨量59.0mm，市区平均降雨量45.5mm，全市最大降雨量168.0mm，出现在商河的怀仁自动站。这次暴雨造成商河县受灾严重，其中因房屋倒塌造成1人死亡，2人受伤。

8月8日~14日，受副热带高压边缘西南暖湿气流和西风槽共同影响，8日夜间到14日济南连阴雨天气，其中8日夜间至9日出现了大雨、局部大暴雨天气过程，雨量分布极不均匀，长清9日、商河10日分别降大暴雨。8日到14日全市平均降水量133.8mm，其中，商河210.9mm，长清199.6mm，平阴124.5mm，章丘123.6mm，市区84.9mm，济阳59.0mm。这次连阴雨天气造成局部地区出现积水，排水不畅的地块出现内涝，其中长清区的张夏镇、孝里镇、马山镇、归德镇、万德镇、双泉乡、文昌街道办事处和商河县的贾庄等乡镇受灾严重。

8月19~20日，受副热带高压边缘西南暖湿气流和低层切变线的共同影响，8月19~26日全市出现连续降水，其中19日凌晨到20日早晨，出现暴雨、局部大暴雨过程，并伴有雷电，雨量分布极不均匀。19日0点至20日8点全市平均降雨量78.8mm，市区平均降雨量104.5mm，全市最大降雨量169.6mm，出现在市区龟山观测站，全市有35个站点雨量超过100mm，市区有10个站点雨量超过100mm。受暴雨影响，长清区、商河县、历城区、章丘市受灾严重。其中8月20日下午6时许，章丘市文祖镇三德范西村一村民在村外遭雷击身亡。

9月7日，长清区8点到19点出现了暴雨，局部大暴雨。其中，长清测站83.1mm，崮山115.0mm，城关53mm。长清区崮山受灾严重。

3. 雷击。受低涡及横槽影响，6月22日夜间23时商河县出现雷雨天气。商河县白桥乡某村民家遭雷击，瓦房屋顶及家中电器全部烧毁。

4. 大风冰雹。6月17日17时38分

至夜间，平阴县受强对流天气影响，出现大风、冰雹天气，偏北风 25.0 米 / 秒，降水量 45.4mm，冰雹直径 8mm。全县农作物和经济作物受灾较为严重。

5. 干旱。年内春季由于季内降水持续偏少，山地、丘陵等无水浇条件的地块出现轻旱。

进入 10 月份，降水持续偏少，10~12 月仅济阳、商河出现一次有效降水过程，11 月全市无降水，造成墒情下降，农田出现轻旱，部分农田旱情持续发展，出现重旱。

6. 大雾。济南各季均有大雾天气出现，致使境内高速公路封闭，进、出航班延误或取消。

7. 寒潮。10 月 24~27 日、11 月 13~15 日，济南市分别出现寒潮天气，持续时间短、回暖快，对农业影响不大；但气温骤降会造成心脑血管疾病、感冒等疾病的增加。

8. 积雪与道路结冰。2 月 10 日夜间中到大雪和 2 月 28 日至 3 月 1 日大到暴雪过程，均出现积雪和道路结冰，致使境内高速公路全部封闭，影响交通，引发多起交通事故。 （毛晓平）

【历史概况】 济南是国务院公布的历史文化名城。因地处古四渎之一“济水”（故道为今黄河所据）之南而得名。据考古发掘资料，远在 9000 年前的新石器时代早期，已有先民在此繁衍生息。距今 4000 ~ 4500 年前以磨光黑陶为特征的“龙山文化”，系因 1928 年首次发现于济南东郊龙山镇而被命名。夏代，龙山镇城子崖一带建有较大规模的城市。商周时代，济南为古谭国（东方方国，都城在今城子崖、平陵城一带）地。春秋战国时代，济南属齐国，称“泺”“鞍”“历下”等邑，为齐国西南边陲重镇。秦代，地属济北郡（郡治博阳，即今泰安）。

西汉始置济南郡，郡治东平陵（今济南市章丘平陵城）。汉文帝十六年（前 164 年），设济南国，首府东平陵。前 154 年，废济南国，复置济南郡。汉武帝时，济南郡辖东平陵、历城等 14 县，属青州刺史部。东汉建武十七年（41 年），济南郡复称济南国，辖 14 县，后改辖 10 县。

魏晋南北朝时期，朝代屡屡更替，济南先后为魏、西晋、后赵、前燕、前秦、后燕、南燕、东晋、刘宋、北魏、东魏、北齐、北周辖境，置郡置国，变化频繁。其间，济南郡治于西晋永嘉末年（313 年前）从平陵(即东平陵)迁至历城。从此，今济南市区成为历代郡国、州府的行政中心。刘宋元嘉九年（432 年）在济南郡侨置冀州，济南为州、郡两级治所。北魏皇兴三年（469 年),改侨冀州为齐州，辖济南郡、东魏郡、太原郡等 6 郡 35 县。

隋开皇三年（583 年）撤郡并县，齐州仍治济南，辖历城等 10 县。大业三年（607 年）齐州改称齐郡。唐朝建立后，复称齐州，辖历城、章丘、长清等 6 县。唐中叶天宝年间，齐州曾一度改称临淄郡、济南郡。五代时期，仍称齐州，先后为梁、唐、晋、汉、周的辖境。

北宋，齐州先后属京东路和京东东路。政和六年（1116 年），齐州升为济南府，辖历城、章丘、长清等 5 县。建炎二年（1128 年）后，被金朝所据，仍为济南府，辖 7 县，属山东东路。其间，曾一度为原济南知府刘豫建立的伪齐辖境。元初，改为济南路，直隶于中央中书省。至元二年（1265 年），辖棣州、滨州 2 州及历城、章丘、济阳、商河等 11 县。金元时期，济南先后为金山东东西路提刑司、元山东东西道肃政廉访司治所，是山东地区的监察中心。

明初，复称济南府，辖泰安、德州、武定、滨州 4 州及历城、章丘、长清、济阳、商河等 26 县。洪武九年(1376 年)，山东最高行政机关“承宣布政使司”由青州迁至济南，济南成为山东省会，全省政治、军事、经济、文化中心，全国重要的中心城市之一。清初，沿明朝建置。雍正二年（1724 年）、十二年（1734 年）调整区划，济南府改辖德州和历城、章丘、长清、济阳等 1 州 15 县。

民国初年，撤销济南府，置岱北道，辖 27 县。1914 年岱北道改称济南道，辖县未变。1925 年改辖历城、章丘、长清、济阳等 10 县。1929 年 7 月，析历城县城厢及其四郊，正式设立济南市。时济南市面积 175 平方公里，人口 40 余万。1948 年 9 月，中国人民解放军华东野战军解放济南，设立济南特别市。1949 年 5 月复称济南市。

中华人民共和国建立后，经历了漫长的原始、奴隶、封建社会的济南，开始进入社会主义新时代。1958 年，历城县划归济南市。其后，章丘、长清县于 1978 年，平阴县于 1985 年，济阳、商河县于 1990 年陆续划归济南市管辖。1994 年 2 月，济南市被正式确定为副省级城市，现辖 6 区 4 县（市）。

济南历史悠长，人才辈出。属今济南市籍的历史名人主要有：中国传统医学的杰出代表、战国时代神医“扁鹊”（本名秦越人），中国古代阴阳五行学说的创始人、战国思想家邹衍，口授今义《尚书》28 篇于世的汉代学者伏生，请缨出使南越、为祖国统一事业作出贡献的汉代外交家终军，隋末农民大起义的起义军领袖杜伏威、辅公祏，唐朝开国功臣、一代名相房玄龄、名将秦琼，中国古代三大求法高僧之一唐人义净（俗名张文明），宋代有中华词坛“婉约派”代表李清照、“豪放派”代表辛弃疾，金元散曲家张养浩、杜仁杰，宋、辽、金三部正史的总裁官张起岩，明代文坛前“七子”之一边贡、后“七子”之一李攀龙，明《宝剑记》等剧的作者、戏曲家李开先，明万历年间文学为一时之冠的内阁大学士于慎行，清经学家张尔岐，清《四库全书》主要编纂人、藏书家周永年，古文献学家、清《玉函山房辑佚书》的纂辑人马国翰，近代民族实业家、“祥”字号商业的代表人物孟洛川等。 （朱佩峰）

政区·人口·民族

【行政区划】 济南市辖历下区、市中区、槐荫区、天桥区、历城区、长清区、章丘市、平阴县、济阳县、商河县，设86个街道、55个乡镇（6个乡、49个镇）。

历下区辖14个街道，分别是：大明湖街道、千佛山街道、燕山街道、泉城路街道、趵突泉街道、东关街道、解放路街道、建筑新村街道、文化东路街道、甸柳新村街道、姚家街道、智远街道、龙洞街道、舜华路街道。

市中区辖17个街道，分别是：泺源街道、杆石桥街道、魏家庄街道、大观园街道、四里村街道、六里山街道、七里山街道、二七新村街道、舜玉路街道、舜耕街道、王官庄街道、七贤街道、白马山街道、十六里河街道、兴隆街道、党家街道、陡沟街道。

槐荫区辖12个街道、2个镇，分别是：西市场街道、五里沟街道、道德街街道、营市街街道、青年公园街道、中大槐树街道、振兴街街道、南辛庄街道、段店北路街道、匡山街道、张庄路街道、美里湖街道，段店镇、吴家堡镇。

天桥区辖13个街道、2个镇，分别是：无影山街道、堤口路街道、宝华街街道、工人新村南村街道、工人新村北村街道、官扎营街道、北坦街道、天桥东街街道、纬北路街道、制锦市街道、北园街道、泺口街道、药山街道，大桥镇、桑梓店镇。

历城区辖15个街道、6个镇，分别是：洪家楼街道、山大路街道、东风街道、全福街道、孙村街道、巨野河街道、华山街道、荷花路街道、王舍人街道、鲍山街道、郭店街道、唐冶街道、港沟街道、遥墙街道、临港街道，唐王镇、董家镇、仲宫镇、彩石镇、柳埠镇、西营镇。

长清区辖4个街道、6个镇，分别是：文昌街道、平安街道、崮云湖街道、五峰山街道，归德镇、张夏镇、孝里镇、马山镇、万德镇、双泉镇。

章丘市辖6个街道、13个镇、1个乡，分别是：明水街道、双山街道、龙山街道、枣园街道、埠村街道、圣井街道，水寨镇、刁镇、绣惠镇、相公庄镇、文祖镇、垛庄镇、高官寨镇、白云湖镇、宁家埠镇、曹范镇、普集镇、官庄镇、辛寨镇，黄河乡。

平阴县辖2个街道、6个镇，分别是：榆山街道、锦水街道，洪范池镇、东阿镇、孔村镇、孝直镇、玫瑰镇、安城镇。

济阳县辖2个街道、8个镇，分别是：济阳街道、济北街道，回河镇、曲堤镇、仁风镇、垛石镇、孙耿镇、太平镇、崔寨镇、新市镇。

商河县辖1个街道、6个镇、5个乡，分别是：许商街道，玉皇庙镇、龙桑寺镇、贾庄镇、殷巷镇、郑路镇、怀仁镇，韩庙乡、张坊乡、孙集乡、沙河乡、白桥乡。

（陈尚军）

【人口】 人口数量保持低速均衡增长。2010年末户籍总人口604.1万人，增长1.34‰。全年人口出生率11.13‰，上升1.74个千分点；人口死亡率8.35‰，上升1.57个千分点。人口自然增长率2.78‰，上升0.17个千分点。人口机械增长率下降2.35‰。（邢良海）

【民族】 济南市共有56个民族：汉族 回族 蒙古族 藏族 苗族 维吾尔族 彝族 壮族 布依族 白族 朝鲜族 侗族 哈尼族 哈萨克族 满族 土家族 瑶族 达斡尔族 东乡族 高山族 景颇族 柯尔克孜族 拉祜族 纳西族 畲族 傣族 黎族 傈僳族 仫佬族 羌族 水族 土族 佤族 阿昌族 布朗族 毛南族 普米族 撒拉族 塔吉克族 锡伯族 仡佬族 保安族 德昂族 俄罗斯族 鄂温克族 京族 怒族 乌孜别克族 裕固族 独龙族 鄂伦春族 赫哲族 基诺族 珞巴族 门巴族 塔塔尔族。汉族人口占大多数，其他民族人数较少。

（市统计局）

2010年国民经济和社会发展综述

全市完成生产总值3910.8亿元，比上年增长12.7%。其中第一产业增加值215.2亿元，增长4.8%；第二产业增加值1637.4亿元，增长11%；第三产业增加值2058.2亿元，增长14.9%。三次产业结构由上年的5.6:42.9:51.5调整为5.5:41.9:52.6。

1. 农业和农村经济稳定发展。全年粮食播种面积701.1万亩，增长0.9%；总产量达到289.4万吨，粮食生产连续8年保持丰产丰收。蔬菜产量601.4万吨，增长1.7%；肉类、禽蛋、奶类产量分别达到38.1、36、31.2万吨，分别增长1.2%、0.4%、3.5%；水产品产量4.3万吨，增长2.9%。完成造林面积19.3万亩，其中荒山造林8.9万亩，森林覆盖率达到30%。

农业产业化水平不断提高。规模以上农业龙头企业达到350家，比上年新增50家，其中过亿元企业45家；农民专业合作社2658家，新增305家；55%的农户纳入了农业产业化经营范畴。农业机械化总动力509.7万千瓦，增长4.9%。全市各类畜牧业规模化小区（场）达到747处。

新农村建设加快推进。新农村建设“十大行动”全面完成，“十一五”期间各级财政投入90.7亿元，完成38个小城镇的规划建设、46所乡镇卫生院和2366个村卫生室的改造建设，自来水入村率超过95%，基本实现村村通公路。完成6座大中型水库、123座小型水库除险加固。建成大中型沼气工程445处，户用沼气池18.4万户。农村市场体系不断完善，改造建设市级配送中心2个、县级配送中心12个、标准化农家店4832个，新建农产品批发市场7个。

2. 工业经济实力进一步增强。完成全部工业增加值1352.4亿元，增长10.7%。规模以上工业企业达到2288家，实现增加值1313亿元，增长14.4%；主营业务收入4764.1亿元，增长21.3%；利税515.9亿元，增长12%；利润262.9亿元，增长12.4%。企业亏损面11.3%，扩大0.9个百分点；亏损企业亏损额12.4亿元，增加48.9%。重点产业稳定增长。交通装备制造业增长34%，机械装备制造业增长17.2%，石油化工业增长15.8%，食品药品业增长13.1%。主营业务收入过亿元企业达到741家，其中过10亿元企业49家，分别增加63家和11家。

工业结构不断优化。全年完成工业投资667.3亿元，增长23.2%，其中技术改造投入537亿元，增长47.8%。入选综合性国家高技术产业基地，高新技术产业企业达到511家，其中总产值过亿元企业207家，增加9家；实现高新技术产业产值2064亿元，增长30.7%，占规模以上工业总产值的比重为41.5%，提高2个百分点。新信息、新能源、生物医药、高端装备制造等战略性新兴产业规模不断壮大。节能减排成效明显。拆除水泥立窑生产线3条，关停小火电机组25.7万千瓦，小清河、徒骇河出境断面化学需氧量COD、氨氮浓度达到省考核标准，全面完成省下达的“十一五”节能减排任务目标。

园区承载能力增强。济南出口加工区及8家省级经济开发区规模以上工业企业达到591家，占全市规模以上工业企业的25.8%，同比提高1.7个百分点。实现工业增加值288.8亿元，增长12.6%；实现利税116.8亿元，增长14.9%。高新技术产业开发区保持较快发展，实现生产总值276.8亿元，增长23.5%；地方一般预算财政收入13.1亿元，增长45.7%；固定资产投资211.7亿元，增长42.6%；外贸出口4.78亿元，增长30.6%。

3.服务业加快发展。入选国家服务业综合改革试点，全年实现服务业增加值2058.2亿元，增长14.9%，占全市生产总值的比重达到52.6%。现代服务业增加值918.1亿元，增长12.5%，占服务业的比重为44.6%。

重点产业发展较快。金融业实现增加值288.3亿元，增长16.9%。年末各类保险承保额16802亿元，增长36.8%；保险业务收入突破百亿元，达到122.3亿元，增长29.3%;保险业务支出43.8亿元，下降5.4%。股票基金交易成交总量7865.7亿元，增长6.5%；国债交易量98.7亿元，增长57.8%。房地产业实现增加值204.4亿元，增长14.8%。房屋施工面积2363.5万平方米，增长10.9%；房屋新开工面积971.8万平方米，增长92.6%；竣工面积245.8万平方米，下降47.4%；商品房销售面积531.5万平方米，增长20.5%；商品房销售额332.6亿元，增长54%。入选“中国十大旅游城市”，全年接待国内外游客3388.3万人次，增长19.2%；实现旅游总收入313.8亿元，增长22.4%。物流相关产业实现营业收入2370.8亿元，增长24.1%。入选“中国软件名城”创建试点城市，软件业服务业收入590亿元，增长35.6%。举办会展137场，直接营业收入3.17亿元，增长26.8%。

交通、通讯健康发展。全市公路通车里程1.16万公里（含村级公路），增长2.3%，其中高级次高级路面里程1.12万公里，增长3.4%。民用汽车拥有量80.7万辆，增长22.5%。公交线路长度4012公里，线路209条。邮电通信业营业收入63.8亿元，增长14.7%。固定电话用户数213.3万户，下降10%；移动电话用户数857.6万户，增长47.3%；宽带网用户数117.3万户，增长10.8%。

4.消费需求进一步扩大。实现社会消费品零售总额1725.5亿元，增长18.7%，其中城镇社会消费品零售额1557.4亿元，增长18.7%。限额以上批发和零售业、住宿和餐饮业单位1526家，实现零售额717.3亿元，增长23.7%。粮油、食品、饮料、烟酒类零售额100.3亿元，增长23.8%；服装、鞋帽、纺织品类61亿元，增长26.4%；家用电器和音像器材类38.9亿元，增长29.3%；汽车类187.8亿元，增长22.5%；石油及制品类120.3亿元，增长21.8%。“家电下乡”销售33万台（件），增长63.2%；销售额7.5亿元，增长95.9%。

物价水平温和上涨。居民消费价格上涨2.1%，其中食品类、烟酒及用品类、医疗保健和个人用品类、居住类分别上涨7.3%、4.3%、3.4%、2%，衣着类、家庭设备用品及维修服务类、交通和通讯类、娱乐教育文化用品及服务类分别下降4.3%、0.3%、2.1%、0.5%。工业品出厂价格上涨4.7%，其中生产资料出厂价格上涨5%，生活资料出厂价格上涨3.2%。原材料、燃料、动力购进价格上涨9.9%。

5.固定资产投资稳定增长。完成全社会固定资产投资1987.4亿元，增长20.1%。第一产业完成投资68.1亿元，增长11.9%；第二产业投资677.3亿元，增长22.1%；第三产业投资1242亿元，增长19.4%。能源交通等重点领域投资力度加大。基础设施投资471.1亿元，增长9.3%。其中能源投资84.8亿元，增长56.2%；交通运输投资129.6亿元，增长23.3%。房地产开发投资484.5亿元，增长45.7%，其中住宅投资364.6亿元，增长42.7%。

城市建设成效显著。城市建成区面积达到347平方公里，城市绿化覆盖率37%，人均公共绿地面积11平方米。老城区改造提升和三大新区开发建设加快推进。实施了棚户区、城中村和危旧简易楼群三大改造，恒隆广场、华强广场等项目进展顺利，万达广场投入使用，护城河全线通航，泉水保持常年喷涌。省博物馆和档案馆新馆、黄金时代广场等重点项目竣工，奥体文博片区初具规模；西客站站房主体完工，大剧院、济西湿地公园一期等重点项目开工建设；小清河综合治理二期工程扎实推进。城市基础设施不断完善，京沪高铁济南段铺轨竣工，建邦黄河大桥建成通车，德大铁路济南段开工建设，完成黑虎泉西路、文化东路等市政道路建设维护，济西应急供水一期工程和28个供水低压片区管网升级改造完工，新建及改建热源厂9座、污水处理厂4座。

6.对外贸易继续恢复性增长。全年进出口总值74.1亿美元，增长31%，其中进口33.6亿美元，增长28.6%；出口40.5亿美元，增长33.1%。出口产品结构进一步优化,机电产品出口25.3亿美元，增长30%；高新技术产品出口4.74亿美元，增长1.1倍。新签外商投资项目87个，实现合同外资额12.1亿美元，增长10.5%；实际到账外资10.4亿美元，增长6.1%。共签订对外承包和劳务合作合同金额34.5亿美元，增长2.7%；完成营业额15.1亿美元。服务外包保持强劲发展势头，离岸执行额2.28亿美元，增长90%。新设境外企业30家。对外直接投资1.57亿美元，增长37.2%。

7. 自主创新能力增强。入选创建国家创新型城市试点。全年专利申请总量15519件，增长13.3%，其中发明专利申请量3432件，增长14.4%。专利授权量9593件，增长50.1%，其中发明专利授权量1260件，增长51.4%。实施各类科技计划1274项，大型精密复合冲压成型机床创新平台等近20个项目被列为国家重大重点专项。创新平台建设更加完善。全年新认定国家级企业技术中心2家、省级企业技术中心7家；市级以上企业技术中心达204家。新认定省级工程技术研究中心24家，国家级特色产业基地2家，省级软件工程技术研究中心6家。

8. 财政金融运行态势良好。财政收入持续快速增长。实现地域财政收入1145.1亿元，增长39.3%；地方财政一般预算收入266.1亿元，增长26.6%。其中税收收入209.1亿元，增长26.8%，比重达到78.6%。财政支出结构不断优化，地方财政一般预算支出336.8亿元，增长29.6%，对新农村建设、民生保障、社会事业等投入力度进一步加大。金融形势保持稳定。年末金融机构本外币各项存款余额7601.9亿元，较年初增加1179.2亿元；本外币各项贷款余额7035亿元，较年初增加834.4亿元。全年金融机构现金收入7402.9亿元，增长11.8%；现金支出7282.2亿元，增长12%;货币净回笼120.7亿元，下降2%。

9. 社会事业全面推进。教育、卫生、文化、体育事业健康发展。年末各类学校在校学生144.74万人，增长1.5%；专任教师8.29万人，下降0.1%，普通高校34所，招生15.5万人。学龄儿童入学率100%，小学毕业生升学率100%。卫生事业发展良好。拥有卫生机构5086个，其中医院196个；卫生机构床位3.2万张，其中医院床位2.5万张；各类卫生技术人员3.94万人；每千人拥有病床5.3张，每千人拥有执业医师2.9人。文化事业协调发展。拥有各种艺术表演团体14个，文化馆（站）及群众艺术馆145个，博物馆11个，档案馆14个，公共图书馆12个。全年出版报纸16.8亿份，各类杂志0.7亿册，图书2.4亿册。有线广播电视用户151.6万户，其中数字电视用户32.3万户，增长264.5%。体育事业取得新成果。济南运动员在省级以上比赛中获金牌416枚、银牌141枚，其中在世界级比赛中获金牌15枚、银牌6枚、铜牌3枚。举办较大规模全民健身活动100余次，参与人数达60万人次。

人口数量保持低速均衡增长。年末户籍总人口604.1万人，增长1.34‰。人口自然增长率2.78‰，上升0.17个千分点。城市居民人均可支配收入25321.1元，增长11.4%；农民人均纯收入8903.3元，增长14.3%。

就业和社会保障工作取得新进展。年末全市从业人员380万人，其中第二产业、第三产业从业人员分别占33%和42%，新增城镇就业15万，城镇登记失业率3.84%。全市城镇职工基本养老保险参保人数149万人，增加12.4万人；城镇基本医疗保险参保人数254.5万人，增加21.3万人；失业保险参保人数91.6万人，增加8.6万人。社会保障力度加大。享受城镇最低生活保障的城镇居民2.7万户、6万人，发放最低生活保障金及各类补贴1.6亿元；享受农村最低生活保障的农村居民4.7万户、8万人，发放最低生活保障金及各类补贴0.74亿元。保障性住房建设加快推进。完成棚户区拆迁建筑面积80万平方米，安置房建设竣工70万平方米、新开工80万平方米。开工建设经济适用住房35万平方米，完成实物配租1493套，开工建设公共租赁住房3500套，向4262户家庭发放廉租住房租赁补贴1841万元。 （高　华）

2月8日，中共中央政治局委员、国务院副总理张德江到中国重汽章丘工业园和济南炼油厂，视察企业安全生产、消防队伍及装备情况。省市领导姜异康、姜大明、王军民、焉荣竹、王敏、张建国、孙晓刚、申长友、马纯济、张宗祥陪同视察。

3月26日，全国人大常委会副委员长、全国妇联主席陈至立率领全国人大常委会妇女权益保障法执法检查组，到济南阳光大姐服务有限责任公司视察企业管理工作。省市领导高新亭、时立军、刘善鹏陪同视察。

4月6~8日，全国政协副主席张榕明到济南调研民建自身建设和职教社有关情况。市领导王可敏陪同调研。

4月21~22日，国务委员兼国务院秘书长马凯到济南出席全国部分省市事业单位改革暨山东省事业单位改革座谈会，并视察济南奥体中心、齐鲁软件园、泉水游览景观带和大明湖扩建改造工程。省市领导姜异康、姜大明、焉荣竹、王敏、张建国、孙晓刚陪同视察。

5月5日，全国政协副主席、全国工商联主席黄孟复率领调研组到中国重汽章丘工业园和浪潮集团孙村产业园，调研济南市企业实施“走出去”战略情况。省市领导张传林、王乃静、徐长玉、申长友陪同调研。

5月14日，全国政协副主席、中央统战部部长杜青林到济南调研和谐寺观教堂创建活动。省市领导焉荣竹、李玉妹、李群、徐长玉、孙晓刚陪同调研。

5月15~16日，中共中央政治局委员、全国政协副主席王刚率领全国政协常委视察团，到济南视察章丘绣惠镇太平村、中国重汽集团章丘工业园、齐鲁软件园、东方道迩数字数据技术（北京）有限公司济南分公司。省市领导姜异康、姜大明、刘伟、王军民、焉荣竹、王敏、徐长玉、孙晓刚陪同视察。

5 月 22~23 日，全国人大常委会副委员长、民建中央主席陈昌智，全国政协副主席、民进中央常务副主席罗富和率领国家特邀国土资源监察专员考察团，到济南考察农村土地整治工作。省市领导崔曰臣、才利民、栗甲、徐长玉、王良、刘善鹏、王世敦陪同考察。

6 月 5 日，全国政协副主席李金华到济南调研，察看中车集团济南车辆有限公司和齐鲁软件园。省市领导齐乃贵、徐长玉、苏树伟陪同调研。

6 月 18 日，全国人大常委会副委员长、农工党中央主席桑国卫到济南出席第四届中国生物产业大会暨生物领域国家高技术产业化示范工程授牌仪式。

6 月 19~20 日，全国人大常委会副委员长、中国科学院院长路甬祥到济南出席中国机械工程学会常务理事扩大会议和“中国创新论坛之走进山东”开幕式，并考察济南二机床集团有限公司、齐鲁软件园、山东信息通讯技术研究院。省市领导鲍志强、李兆前、刘善鹏、张泽、苏树伟陪同考察。

7 月 31 日，全国人大常委会副委员长华建敏率领全国人大常委会调研组，到中国重汽集团济南桥箱有限公司和浪潮集团有限公司，调研企业技术改造和科技创新开展情况。省市领导姜异康、王军民、鲍志强、张建国、徐华东、马纯济、牟陆阳陪同调研。

8 月 3~4 日，全国人大常委会副委员长、农工党中央主席桑国卫率领农工党中央调研组到济南调研基本药物制度基层试点工作。省市领导温孚江、王新陆、殷鲁谦、雷杰、牟陆阳陪同调研。

10 月 8 日，全国政协副主席何厚铧率领澳门特别行政区全国政协考察团到济南考察泉水景观带和大明湖改扩建工程。省市领导李德强、王世敦陪同考察。

11 月 6 日，国务委员、公安部部长孟建柱到济南调研加强执法规范化建设工作，察看济南市公安局交警支队潘庄中队、历城分局刑警大队、港沟派出所、历下分局战训基地，并慰问一线公安民警。省市领导姜异康、姜大明、刘伟、焉荣竹、柏继民、郭兆信、张建国、吴鹏飞、刘杰陪同调研。

11 月 9 日，全国人大常委会副委员长韩启德率领全国人大常委会节约能源法执法检查组到济南检查节约能源法实施情况。省市领导鲍志强、徐华东参加活动。

11 月 16 日，全国政协副主席、全国文联主席孙家政到济南出席山东博物馆、档案馆新馆开馆仪式。

12 月 18~19 日，中共中央政治局常委、全国政协主席贾庆林到济南视察，察看中国重汽集团济南商用车有限公司和大明湖改扩建工程现场，强调要深入贯彻落实十七届五中全会和中央经济工作会议精神，以科学发展为主题，以加快转变经济发展方式为主线，广泛凝聚各方面的智慧和力量，统筹推进工业化、城镇化、农业现代化，促进经济平稳较快发展和社会和谐稳定，以优异成绩迎接建党 90 周年。省市领导姜异康、姜大明、刘伟、焉荣竹、王敏、张建国、徐长玉、孙晓刚、马纯济分别陪同考察。

（王　勋）

中共济南市委及所属工作部门

中国共产党济南市第九届委员会

书　记　焉荣竹

副书记　张建国　殷鲁谦

常　委　焉荣竹　张建国　殷鲁谦
王　良　李家政　雷　杰（女）
王以才　孙晓刚　陈先运
徐学武　王成波　申长友
谭延伟　晋争鸣

委　员（按姓氏笔画为序）
丁瑞云　马纯济　王　良
王　辉　王以才　王成波
王建军　孔　杰　申长友
田　庄　毕筱奇　朱玉臣[*]
朱红方　朱新海　刘善鹏
齐建中　许　强　孙晓刚
孙积港　孙瑞祥[*]　苏树伟
苏维泉　李华贤　李好臣
李胜利　李宽端　李家政
杨庆林　时文进　邹世平
宋玉国　张　辉　张才奎
张宗祥　张建国　张海波
张新文　陈先运　陈延河
孟祥桓　赵文朝　姜　涛
晋争鸣　徐长玉　徐长林
徐明梅（女）　徐学武
殷鲁谦　凌安中　焉荣竹
覃俊文　雷杰（女）
雷天太　谭延伟

候补委员（按选举得票多少为序）
邱云章　魏　篁　王宏炜
王新文　孟庆斌　冯光文
孙明明　杨学英（女，回族）
贾堂宏　孙竹兮　陈小莉（女）

市委秘书长、副秘书长、工作部门负责人

秘书长　孙晓刚

副秘书长　陈　荣（女）　赵克祥
任建新　谢圣仁　董海涛
张福俭　李德珉[*]
芦　苇（女）　丁　力

市委办公厅

主　任　任建新（兼）

副主任　丁　力[*]　曲　虹（女）
朱传东　姜　震　于晓奎
孙义俊

市委保密委员会办公室（市政府保密局）

主　任（局　长）王　晔（女）

副主任（副局长）刘安乐　王皋翔

市委督查室

主　任　张景欣

副主任　周卫东　李　锋

市委、市政府信访局

局　长　董海涛（兼）

副局长　米俊伟（回族）　苏秀英（女）
於济建　杨明安　王世华

[*]示 2010 年内离职，下同。

王世民
市委农村工作办公室
主　任　时文进
副主任　张树振　王申宁
档案局（馆）
党组书记、局（馆）长　赵启民
副局（馆）长　张建中　裴　良
祁莉红（女）
王文琴（女）
副馆长　王笑荣（女）
舜耕山庄
党委书记、总经理　朱传东（兼）
副总经理　郑　军（聘）　白　谦（聘）
李传秦（聘）　何元清（聘）
市委政策研究室
主　任　张福俭（兼）
副主任　王立旭　张崇顺　郭东法
石　玮
市委组织部
部　长　徐学武
常务副部长　李好臣
副部长　王　平　李继民
蒋晓光　王拥华（女）
姜　杰
党员干部现代远程教育中心
主　任　蒋晓光（兼）
副主任　刘西波
市委老干部局
局　长　李继民（兼）
副局长　贾相春　崔　宏（女）　谷博军
隋志勇
市委宣传部
部　长　谭延伟
常务副部长　凌安中
副部长　李图滨　刘　溪
彭寿谦　周鸿雁
精神文明建设办公室
主　任　李图滨（兼）
副主任　朱兴林　任卫涛　张凤泽*
市委统一战线工作部
部　长　杨庆林（兼）
常务副部长　李素华（女）
副部长　李光明　韩明东
王亚托
市委政法委员会
书　记　李家政
常务副书记　张成武
副书记　李国忠　赵力军
赵　杰
社会治安综合治理委员会办公室
主　任　李国忠
副主任　秦伟明　王　宏
法学会
名誉会长　李家政（兼）
会　长　赵力军（兼）
常务副会长兼秘书长　刘笑萍（女）
市机构编制委员会办公室
主　任　董建武
副主任　商汉博　张立学　许建勇
市委市直机关工作委员会
书　记　孙晓刚（兼）*　孙积港
常务副书记　徐明梅（女）*
副书记　万秀水　高宝继　周　成
市委台湾工作办公室（市政府台湾事务办公室）
主　任　李元东
副主任　谢爱民（女）　李兆兵　张端武
罗国金
市委巡视一组
组　长　丛培军
市委巡视二组
组　长　扈书乘
市委教育工作委员会
书　记　陈东生
副书记　刘向伟*　胡晓卉
市委济南高新技术产业开发区工作委员会
书　记　苏树伟
副书记　马玉星　王晓军
市委党校
校　长　焉荣竹（兼）
党委书记、常务副校长　宋玉国
副校长　王华起　李吉祥*　耿耀贤
刘晓钟
市行政学院
党委书记、院长　宋玉国
副院长　王华起　李吉祥*　耿耀贤
刘晓钟　张　萍（女）
市社会主义学院
党委书记、院长　宋玉国
副院长　王华起　李吉祥*　耿耀贤
刘晓钟　王瑞云
市委党史研究室
主　任　岳绍红
副主任　刘春明（女）*　闫以功
杨学胜
市老龄工作委员会办公室
党组书记、主任　于　敏（女）*
韦　平
副主任　秦利民*　张良华
济南老年人大学
校　长　徐同胜
副校长　牛海征（女）　李晓钟　周坤三
济南日报报业集团
党委书记、董事长　周长风*　孙元文
党委副书记、总编辑　肖国防
副总编辑　张　柯　金志福*　刘　勇
尹　波　李光明　马　凯
总经理　张　楠
市非公有制经济组织党工委
书　记　李光明
副书记　姜　杰　葛春林　张　鹏
市社会经济党工委
书　记　张苏华（女）
副书记　姜　杰　姜玉民

（市委组织部）

济南市局以上单位党委（党组）

人大常委会党组
书　记　徐华东
副书记　马纯济　刘善鹏
人民政府党组
书　记　张建国
副书记　王　良　陈先运
政协济南市委员会党组
书　记　徐长玉
副书记　王世敦
中级人民法院党组
书　记　宋新生
副书记　王旭光　严祥龙
人民检察院党组
书　记　郭鲁生
副书记　张鲁生
总工会党组
书　记　王以才
副书记　朱守华

共青团济南市委党组
书　记　孔　杰
妇女联合会党组
书　记　祖爱民（女）
副书记　初黎华（女）
科学技术协会党组
书　记　商敬工（女）
文学艺术界联合会党组
书　记　杨炳云* 邹卫平
副书记　邹卫平* 丁济生
归国华侨联合会党组
书　记　吴玉明
社会科学界联合会党组
书　记　王　军
残疾人联合会党组
书　记　刘书笙
工商业联合会党组
书　记　李光明
计划生育协会党组
书　记　王玉玲（女）
人大常委会机关党组
书　记　朱新海
副书记　毕明明
市政府办公厅党组
书　记　许　强
副书记　李吉乾
发展和改革委员会党组
书　记　齐家滨
经济和信息化委员会党委
书　记　杨　军
副书记　王宏志
济南职业学院党委
书　记　陈小莉（女）
副书记　王小平　路名良
济南工程职业技术学院党委
书　记　张慧青（女）
副书记　许传海
科学技术局党组
书　记　冯光文
公安局党委
书　记　刘　杰
副书记　郭心敬
民政局党委
书　记　张苏华（女）
副书记　翟旭东

司法局党组
书　记　龚秋水* 毛华铭
济南监狱党委
书　记　金新勋* 刘永浩
副书记　时克生
财政局党委
书　记　纪宝华
政府投融资管理中心（市国有资产运营有限公司）党委
书　记　赵明奎
人力资源和社会保障局党委
书　记　王　平
副书记　董建武　王毓华（女）贾　杰　郑志友
技师学院党委
书　记　韩道亮
副书记　车向东
国土资源局党组
书　记　刘西安
规划局党委
书　记　王新文
副书记　姜连忠
城乡建设委员会党委
书　记　田　庄
副书记　刘西平*
城市管理局（城市管理行政执法局、城市管理行政执法总队）党委
书　记　宋永祥
副书记　马　平　田德昌
环境保护局党组
书　记　张　利（女）
副书记　李守海
交通运输局党委
书　记　孙明明
副书记　高　铠
水利局党组
书　记　孟庆斌* 张曰良
副书记　王　璞（女）
农业局党组
书　记　赵玉海
副书记　于兆刚
林业局党组
书　记　王兆永* 孙君涛
商务局党委
书　记　史同伟

副书记　张　明　李明军
文化广电新闻出版局（文化市场综合行政执法局）党委
书　记　刘程华
副书记　王建华
卫生局党委
书　记　贾堂宏
副书记　朱兴利
中心医院党委
书　记　高　萍（女）
副书记　马效恩
食品药品监督管理局党委
书　记　靳　磊
副书记　奚　晨
体育局党委
书　记　初　伟
人口和计划生育委员会党组
书　记　卞允斗* 徐明梅
审计局党组
书　记　孙竹兮
统计局党组
书　记　王祯祥
副书记　高　军* 商　伟
安全生产监督局党组
书　记　傅志清
副书记　李　涛
民族宗教事务局党组
书　记　杨学英（女，回族）
旅游局党委
书　记　王建国* 王铁志
副书记　接素梅
粮食局党委
书　记　李会宝
副书记　韩浩峰
市人民政府外事办公室党组
书　记　李忠学* 李　敏（女）
副书记　李　敏（女）*
市人民政府国有资产监督管理委员会党委
书　记　王嘉振
副书记　陈迎军
市人民政府研究室党组
书　记　邢建亚
市人民政府侨务办公室党组
书　记　王晓霞（女）

副书记　苏　峰（女）
市人民政府法制办公室党组
书　记　张传堂
人民防空办公室党组
书　记　张建国
副书记　郑金松
市人民政府金融工作办公室党组
书　记　胡晓蒙
住房保障和房产管理局党委
书　记　高立文
副书记　丁　宁
物价局党组
书　记　孙建民
工商行政管理局党委
书　记　王宏炜
副书记　曹　鸣
质量技术监督局党委
书　记　于界平
副书记　杨玉龙
市级机关事务管理局党组
书　记　蒋向波
市政公用事业局党委
书　记　贾玉良
副书记　雷卫国
城市园林绿化局党委
书　记　韩晓光
副书记　李心宏
畜牧兽医局党组
书　记　高辅卿
副书记　方明甲
地震局党组
书　记　杜贻合
市政府资金结算中心党组
书　记　张永华（女）
副书记　张淋生
城市建设投融资管理中心（城市建设投资有限责任公司）党委
书　记　顾建军
副书记　王继东
旧城改造投融资管理中心（旧城改造投资运营有限公司）党委
书　记　王　欣
副书记　杨庆绪
西区投融资管理中心（西区建设投资有限公司）党委
书　记　王迪生
小清河开发建设投融资管理中心（小清河开发建设投资有限公司）党委
书　记　李洪海
副书记　宋卫东
住房公积金管理中心党组
书　记　万　里
供销合作社党委
书　记　孔　放
副书记　刘　华
中国国际贸易促进委员会济南市分会（中国国际商会济南商会）党组
书　记　李玉明
济南仲裁委员会办公室党组
书　记　王新民
史志办公室党组
书　记　王历历（女）*　李吉祥
济南社会科学院党组
书　记　韩圣喜
副书记　马军远
济南广播电视台党委
书　记　张　锋
副书记　崔　刚
社会经济调查局党组
书　记　王祯祥
副书记　高　军*　商　伟
政协机关党组
书　记　陈亚建
副书记　李　涛　卞升云
济南大学党委
书　记　范跃进
副书记　程　新　李　军*　张金丽（女）　朱德强
国家安全局党委
书　记　张怀仁
副书记　李　建　车　勇
国家税务局党组
书　记　张德志
地方税务局党委
书　记　张志明
副书记　罗　蓉（女）
气象局党组
书　记　任　健
副书记　吕淑琳（女）
济南出入境检验检疫局党组
书　记　苗振国*　邵立洪
济南海关党组
书　记　刘魏巍（女）
济南黄河河务局党组
书　记　李传顺
国家统计局济南调查队党组
书　记　王祯祥
副书记　高　军*　商　伟
烟草专卖局（公司）党委
书　记　王永平
副书记　崔爱民*
济南供电公司党委
书　记　刘云厚
副书记　马士林*　张凡华
邮政局党委
书　记　颜承俊
副书记　梁启辉
中国联合网络通信集团有限公司济南市分公司党委
书　记　刘新民
副书记　张春辉
中国电信股份有限公司济南市分公司党委
书　记　魏　波*　刘守志
山东移动通信有限责任公司济南分公司党委
书　记　邓兰艾
副书记　马端杰
人民银行济南分行营业管理部党委
书　记　李建文*　陈好孟
齐鲁银行股份有限公司党委
书　记　邱云章
副书记　郭　涛　王洪业
农业发展银行山东省分行营业部党委
书　记　石寿江
中国银行济南市分行党委
书　记　李　光
工商银行山东省分行营业部党委
书　记　王跃民
农业银行山东省分行营业部党委
书　记　娄　群
副书记　陈贵江*　娄　群*　王旭光
中国人民财产保险股份有限公司济南市分公司党委
书　记　何　晓

中国人寿保险股份有限公司济南市分公司党委
书 记 刘子强
中国太平洋财产保险股份有限公司济南中心支公司党委
书 记 黄从双
中国太平洋人寿保险股份有限公司济南中心支公司党委
书 记 李 哲
省石油集团济南总公司党委
书 记 青 川* 康 星
（市委组织部）

中共济南市纪律检查委员会及所属工作部门

中共济南市纪律检查委员会
书 记 王成波
副书记 李华贤 高新临 孙 博
常 委 王成波 李华贤 高新临
孙 博 吴兴金 丁 远(女)
范立山 李晓磊 苏 涛
秘书长 孙 博
委 员（按姓氏笔画为序）
丁 远（女）
于 红（女，回族）
于振滨 王 平 王 诚
王 建 王伟元 王成波
王嘉振 朱兴利 刘吉利
刘西安 江 涛 阴 波
纪宝华 孙 博 孙战宇
苏 涛 李大江 李广贤
李华贤 李俊英（女）
李素华（女） 李继民
李晓磊 杨全海 吴兴金
宋胜玉 张 利（女）
张 锋 张玉兰（女）
张成武 张怀仁 陈 敏
陈迎军 范立山 官春生
赵玉海 耿建新 徐长玉
徐庆海 高新临 陶廷俊
龚秋水 董宝珂 董建武
窦 虎
济南市监察局
局 长 李华贤
副局长 吴兴金 丁 毅 范立山
李晓磊
中共济南市纪委、市监察局工作部门
办公厅
主 任 高 利
监察综合室
主 任 贾 砚
研究室
主 任 苏 涛
干部室
主 任 张元胜* 魏莉萍（女）
宣传教育室
主 任 刘海峰
案件审理室
主 任 鞠小虹（女）
案件申诉复查室
主 任 李树平
政策法规室
主 任 （缺）
信访室（市国家行政机关工作人员违法违纪举报中心）
主 任 田兰英（女）* 王志兵
党风廉政建设室
主 任 李 庆
市人民政府纠正部门和行业不正之风办公室（市纪委、市监察局纠风室）
主 任 张伟力*（缺）
执法监察室
主 任 李晓磊
行政效能监察室
主 任 李开刚
案件监督管理室
主 任 刘金光
第一案件检查室
主 任 赵 新
第二案件检查室
主 任 李敬德
第三案件检查室
主 任 高月志
市委巡视工作办公室
主 任 （缺）

市纪委归口派驻机构

市纪委、市监察局派驻第一纪检组、监察室
组 长、主 任 李振国
副组长、副主任 李新年（女）*
冯勋业 刘永刚
市纪委、市监察局派驻第二纪检组、监察室
组 长、主 任 王志刚
副组长、副主任 涂永祥 芦 青
市纪委、市监察局派驻第三纪检组、监察室
组 长、主 任 官春生
副组长、副主任 胡桂芝（女）
邱鲁军 沙卫平
市纪委、市监察局派驻第四纪检组、监察室
组 长、主 任 李大江
副组长、副主任 李炳锋* 刘友祯
刘岐山
市纪委、市监察局派驻第五纪检组、监察室
组 长、主 任 董宝珂
副组长、副主任 郭忠青 张传建
牛力强*

市纪委个别派驻机构

市委市直机关纪工委
书 记 张爱华（女）
市纪委驻市法院纪检组
组 长 张玉兰（女）
市纪委驻市检察院纪检组
组 长 田钦友
市纪委驻市政府办公厅纪检组
组 长 张德萍（女）
市纪委驻市发改委纪检组
组 长 孙忠琴（女）
市经济和信息化委员会纪委
书 记 贾乾水
市教育纪工委
书 记 陈 敏
市公安局纪委
书 记 王伟元* 张伟力
市民政局纪委
书 记 郑玉岭
市纪委驻司法局纪检组
组 长 李放鸣
市财政局纪委
书 记 董国瑞
市人力资源和社会保障局纪委
书 记 王均平（女）

市纪委驻市国土资源局纪检组
组　长　杨照军
市规划局纪委
书　记　侯运富
市城乡建设委员会纪委
书　记　张洪跃
市城市管理局纪委
书　记　李俊英（女）
市交通运输局纪委
书　记　尹希芳
市纪委驻市水利局纪检组
组　长　张贵芳（女）
市纪委驻市农业局纪检组
组　长　闻建强
市文化广电新闻出版局纪委
书　记　魏莉萍（女）* 郭尚兰（女）
市卫生局纪委
书　记　郭传军
市食品药品监督管理局纪委
书　记　王远堂
市体育局纪委
书　记　陈泽清
市国资委纪委
书　记　王　军（女）
市市政公用事业局纪委
书　记　李新年（女）
市城市园林绿化局纪委
书　记　李炳锋
济南广播电视台纪委
书　记　赵西云
市工商局纪委
书　记　曹　鸣
市质量技术监督局纪委
书　记　张元胜

（市纪委）

济南市第十四届人民代表大会常委会、专门委员会及所属工作部门

市人大常委会
主　任　徐华东
副主任　马纯济　刘善鹏　陈延河*
牟陆阳　段青英（女）
秘书长　朱新海
委　员　（按姓氏笔画为序）
于晓玉（女，回族）
王　玉　王伯芝　王　忠
王建文　王　辉　王锡宏
邓兰艾　孔　杰　冯　宏（女）
毕玉平　毕明明　朱守华
伊啸扬　刘元刚　刘　民
刘　浩　刘　燕　闫继红（女）
李令虎　李全福（回）
李好臣　李　巍（女）
邱云章　余毅民　宋志健
初黎华（女）　张卫星
张正辉　张利生　张伯礼
张忠泉　张参平　胡少平
胡培芝　荣　义（女）
赵业坤　商敬工（女）
韩子奎　裴金生　魏　篁
副秘书长　毕明明　刘　民　王历历
张　鹏　王永金　鹿中华
法制委员会
主任委员　牟陆阳
副主任委员　张参平　伊啸扬
冯　宏（女）
教育科学文化卫生委员会
主任委员　牟陆阳
副主任委员　刘元刚　刘　浩
内务司法委员会
主任委员　刘善鹏
副主任委员　裴金生　张利生
民族侨务外事委员会
主任委员　段青英（女）
副主任委员　闫继红（女）　王建文
城乡建设环境保护委员会
主任委员　陈延河*
副主任委员　王　辉　李令虎　张忠泉
财政经济委员会
主任委员　刘善鹏
副主任委员　魏　篁　胡培芝　余毅民
张伯礼　徐长林
农村经济委员会
主任委员　陈延河*
副主任委员　韩子奎　荣　义（女）
宋志健
代表资格审查委员会
主任委员　朱新海
副主任委员　李好臣　张伯礼
李　巍（女）
办公厅
主　任　毕明明
副主任　鹿中华*　刘延道
严立群（女）　孙贵民
研究室
主　任　刘　民
副主任　赵静海　袁　磊
人事代表工作室
主　任　李　巍（女）
副主任　张海昕（女）　吕洪涛
法制工作室
主　任　冯　宏（女）
副主任　冯福瑞　张　瑞
教育科学文化卫生工作室
主　任　刘　浩
副主任　杜　萍（女）　诸葛利
内务司法工作室
主　任　裴金生
副主任　唐淑英　金丽霞
民族侨务外事工作室
主　任　闫继红（女）
副主任　秦　旭
城乡建设环境保护工作室
主　任　张忠泉
副主任　吕涌波
财政经济工作室
主　任　余毅民
副主任　徐明昌　滕　静（女）
农村经济工作室
主　任　宋志健
副主任　于炳生

（市人大常委会办公厅）

济南市人民政府及各工作部门、市属副局级以上机关事业单位

市　长　张建国
副市长　王　良　陈先运　申长友
张宗祥　邹世平　赵文朝
齐建中　巩宪群（女）
秘书长　许　强
副秘书长　李吉乾　曹　桦　王宏伟
张　伟　贾永利　杜　平
孙元文*　邢建亚　蒋向波
张鲁军　史同伟*　林书宏
孙法星　邸永光

市政府办公厅
主　任　李吉乾（兼）
副主任　曹　军　刘芹明
　　王宇清（女）陈立新（女）
　　孙义洪　张海灵　朱玉明
应急管理办公室（市政府总值班室）
主　任　杜　平（兼）
副主任　蒋友和
调查研究室（由市政府办公厅管理）
主　任　邢建亚（兼）
副主任　陈福竹　孔　炘　刘春贵
　　高　岐
行政审批服务中心
主　任　贾永利（兼）
副主任　黄敦文*　段明心　刘龙宝
　　安纪文
驻北京办事处
主　任　王宏伟（兼）
副主任　孔建国　刘加启*　许立强
督查室（市民服务热线办公室）
主　任　孙元文*　张鲁军（兼）
副主任　赵国均　张玲华（女）田　兵
△接待办公室
主　任　孙义洪
△驻上海（厦门）办事处
主　任　李兆兵
△驻广州办事处
主　任　姜桂龙*　孙凤鸣
△驻青岛办事处（驻烟台办事处）
主　任　于剑波
△打击走私办公室
主　任　赵云华
△信息中心
主　任　项　军
发展和改革委员会
主　任　齐家滨
副主任　孟繁银*　张曰良*　许继春
　　谭丽萍（女）*　尹清忠
　　倪志纯　李经发　李　勇
总经济师　唐晓群
△重大项目办公室（重大建设项目稽查办公室）
主　任　姬　峰
△规划与经济研究室（国防动员委员会国民经济动员办公室）
主　任　陈革才
△南部山区管理办公室
主　任　王玉杰
△市服务业办公室
主　任　于治义
物价局
局　长　孙建民
副局长　许彦林*　张际水　徐　文
　　李　智
经济和信息化委员会
主　任　王宏志
副主任　孙赤一*　张广勇　赵炳跃
　　郑宝玺*　黄　杰　刘　鹏
　　姜　华　唐　忠　李淑玲(女)
总工程师 郭衍友
△经济运行局（市政府煤电油气运保障办公室）
局　长　傅建民
△离退休干部局
局　长　（缺）
△市人民政府节约能源办公室
主　任　张洪山
△市煤炭工业局
局　长　张广勇（兼）
△市中小企业发展办公室
主　任（缺）
△市无线电管理办公室
主　任　李　雪
△市节能监察支队
支队长　戚桂林
教育局（与中共济南市委教育工作委员会合署）
局　长　陈东生
副局长　张克明　胡晓卉（女）*
　　朋　星　李宪辰*　杨全海
　　黄祖杰　王春光　任泽焕
　　刘　堃
市政府教育督导室
主任督学　张克明（兼）
副主任督学　孟凡海　马爱玲（女）*
　　王学东
科学技术局
局　长　冯光文
副局长　郑应德　朱路明
　　马淑民（女，回族）　马素刚
总工程师　刘德志
市创新性城市建设推进委员会办公室
主　任　冯光文（兼）
副主任　于修永*　陈启璋
△知识产权局
局　长　闫循民
地震局
局　长　杜贻合
副局长　从京彬　张　勇　郭世金
公安局
局　　长　刘　杰
政治委员　郭心敬
副政治委员　王克泉*　亓　铎
副　局　长　王　健　鲁德和　李建华*
　　徐春华　王伟元　何志惠
　　吴德清
督　察　长　程绍春
政治部主任　亓　铎*　梁恺军
△交通警察支队
支队长　鲁德和（兼）
政　委　陈　刚
△刑警支队
支队长　孙连和
政　委　李德庆
△特警支队
支队长　常宏鸣
政　委　李德庆*　郑岐周
△巡警支队
支队长　宋新生
政　委　杨毅力
△指挥部
主　任　何志惠*　韩　磊
△国内安全保卫支队
支队长　张新华
政　委　宋自力
△经济犯罪侦察支队
支队长　刘　岐
政　委　于国庆
△治安警察支队
支队长　王建华
政　委　张仁骏
△监所管理支队
支队长　王永滨
政　委　刘国勤*　张　卫
△济南人民警察职业培训学院

△示比委办局低半格单位，下同。

院　长　冯玉良
政　委　从建华
△公安局直属支队
支队长　宋焕中
△高新技术产业开发区分局
局　长　黄文玉
政　委　傅　文
△历下区分局
局　长　韩　磊* 贾延昭
政　委　肖全安*
△市中区分局
局　长　王宗岩
政　委　林　永
△槐荫区分局
局　长　伊世金
政　委　肖　军
△天桥区分局
局　长　窦庆福
政　委　从　威
△历城区分局
局　长　程绍春* 云廷华
政　委　冯本光
△长清区分局
局　长　刘　刚
政　委　刘文泉*
民政局
局　长　张苏华（女）
副局长　翟旭东　赵湘尧
　　　　杨忠礼* 杜红波
拥军优属拥军爱民工作领导小组办公室
主　任　张苏华（女）（兼）
副主任　成文元
△民间组织管理局
局　长　姜玉民
司法局
局　长　龚秋水* 毛华铭
副局长　李良坤　栗端常　高太宗
　　　　刘永浩* 肖　阳　王翠香（女）
政治部主任　周　瑛
△公证处
主　任　于翠红（女）
△劳动教养工作管理所
所　长　刘敦臣
政　委　李业福
济南监狱
监狱长　金新勋* 刘永浩
政　委　李良坤（兼）
财政局
局　长　徐长林* 纪宝华
副局长　王　勇　张永华（女）
　　　　王　毅　刘大坤　林　军
总会计师　王玉柱
△市财政国库支付局
主　任　李　磊
△非税收入管理局
局　长　车夕奇
△农业综合开发办公室
主　任　陈思斌
人力资源和社会保障局
局　长　王　平
副局长　董建武　王毓华（女）
　　　　贾　杰　郑志友　郭连新
　　　　黄厚安　姚德武　窦进科
　　　　阳银安　徐卫民　于培金
　　　　田占德
△劳动就业办公室
主　任　贾　杰
△技师学院
院　长　车向东
△公务员局
局　长　黄厚安
△外国专家局
局　长　张　宾
△人才服务局
局　长　高文波
△社会事业单位社会保险办公室
主　任　杨荣远*
△职工医疗保险保险管理办公室
主　任　于晓辰
△劳动保障监察支队
支队长　宋传勇
△劳动人事争议仲裁院
院　长　杨富基
国土资源局
局　长　刘西安
副局长　从支水　刘兴文　许瑞波
　　　　胡维武　张修文
　　　　付　英（女）　刘　霞（女）
总工程师　郑继凤（女）
△征地办公室
主　任　许宗生
△土地储备交易中心
主　任　马振海
△国土资源执法监察支队
支队长　魏忠俊
规划局（城市规划委员会办公室）
局　长　王新文
副局长　金德岭（回族）
　　　　姜连忠　吕　杰　张立图
　　　　王秀波　刘　卫
总工程师　（缺）
总规划师　姜连忠（兼）
△市城乡规划编制研究中心
主　任　（缺）
△市规划局高新技术开发区分局
局　长　林海铭
建设委员会
主　任　田　庄
副主任　王迪生　杜绪德　李洪海
　　　　谭少军　刘胜凯　季　良
　　　　王国富　武兆军
总工程师　辛培勤
总经济师　盖　敏（女）
△济南机场建设办公室
主　任　王国富（兼）
市政公用事业局（由市建设委员会管理）
局　长　贾玉良
副局长　郭　森　孙文国　李　刚
　　　　宋永祥* 刘允秋　韩永军
　　　　罗卫东
总工程师　孙文国* 修春海
△供热管理办公室
主　任　刘伟亮
城市园林绿化局（名泉保护委员会办公室）
局　长　韩晓光
副局长　李心宏　吕剑平　杨德海
　　　　刘建东　潘大波
房产管理局
局　长　高立文
副局长　郭作峰　王志勇　贾延和
　　　　姜秀杰（女）李胜伟　宋道勇
城市管理局（市城市管理行政执法局）
局　长　宋永祥
副局长　吕灿华　宋焕中　王照亮

姜晓波　孔艺成　韩其俭
胥嘉印　黄爱民
环境保护局
局　长　张　利（女）
副局长　李守海　赵基平　范立洪*
荀建国　侯翠荣（女）
总工程师　侯翠荣（女）*秦立华
△环境监察支队
支队长　翟立哲
△高新技术产业开发区分局
局　长　王东海
交通运输局
局　长　孙明明
副局长　王　琳　陈业华　张云远
郑鲁伟（女）　孙志刚　薛兴海
△交通战备办公室
主　任　宫德勇（回族）
△交通运输管理办公室
主　任　刘　志
△公路管理局
局　长　孙志刚
水利局
局　长　孟庆斌*　张曰良
副局长　王　璞（女）　张体伦
何茂超　李诚让
总工程师　巩振茂
南水北调工程建设管理局
局　长　雷印安
副局长　李广华　李百全
农业局
局　长　赵玉海
副局长　王可敏*于兆刚　刘连儒
樊庆光　李建生　张仁君
刘善义
总农艺师　王奉光
总经济师　赵玉堂
△扶贫开发办公室（农业资源区划办公室）
主　任　席玉坤
林业局
局　长　李景全
副局长　侯　林　刘仁发　韩先林
张清春　商光彦
总工程师　郑兆亮
商务局
局　长　史同伟
副局长　张　明　李明军　逄金柱
王家云　张　欣
舒　婕（女，满族）　曲国华
张传林　蒋东风　闫　珂
张　娟（女）　李　宏*
总经济师　梁晓旭
△离退休干部局
局　长　柳晓波*胡吉忠
文化广电新闻出版局
局　长　刘程华
副局长　司庆福　李向明　刘空军
崔大庸　沈承俊　刘成俐(女)
张慧芝（女）　鲍立军　刘兆元
△文物局
局　长　崔大庸
广播电视台
台　长　张　锋
副台长　马维加　曹　进　许　莉(女)
马　利（女）
总编辑　崔　刚
文化市场综合行政执法局
局　长　王建华
副局长　韦　平*　陈海燕*　罗明军
孙亮市　靳　磊
卫生局
局　长　贾堂宏
副局长　马继任　朱兴利*
董　旋（女）　宫露霞（女）*
马效恩　马其江　张继勇
翟永平
△中医管理局
局　长　房泽国
△爱国卫生运动委员会办公室
主　任　欧阳贵庭
体育局
局　长　初　伟
副局长　张　庸*王忠山　徐保新
葛林平　刘雅涵（女）
△奥林匹克体育中心
主　任　张忠明
人口和计划生育委员会
主　任　卞允斗*　徐明梅（女）
副主任　宋英杰（女）　相开禹
袁巨生　张振民
审计局
局　长　纪宝华*孙竹兮
副局长　毕永晔（女）　唐　军
吕思修　丁晓玲（女，回族）
许利群（女）*
总审计师　刘继强*　仪红军
△经济责任审计办公室
主　任　李　明*　张传堂
统计局
局　长　王祯祥
副局长　郭金豹　陈志荣　苑子建
崔瑞宁（女）
总统计师　蔡精辉
社会经济调查局
局　长　高　军
副局长　商　伟　吕永琳　王广俊
△统计执法监察支队
支队长　刘东涛
安全生产监督管理局（安全生产应急救援指挥中心）
局　长　付志清
副局长　李　涛　吕宜涛　徐建中
周晓冬　常英俊
△安全生产监察支队
支队长　赵福森
民族宗教事务局
局　长　杨学英（女，回族）
副局长　彭林堂（回族）　刘东方
旅游局
局　长　王建国*　王铁志
副局长　接素梅（女）　张广宇
杜及胜　方连庆
粮食局
局　长　李会宝
副局长　闫忠民　张爱军　贾立春
张国平
国有资产监督管理委员会
主　任　王嘉振
副主任　侯秉山　汲佩德　孙世会
崔刚伟　杨厚友　齐春明
△离退休干部局
局　长　董　黎
法制办公室
主　任　张传堂
副主任　陈广平（女）　赵居安

金融工作办公室
主　任　胡晓蒙
副主任　肖明才* 范钦键　郦　弘
　　　　李文峰
外事办公室
主　任　李　敏（女）
副主任　高　斌　刘艳秋（女）展　锐
侨务办公室
主　任　王晓霞（女）
副主任　田来远* 张胜利*
　　　　苏　峰（女）刘学东　赵子龙
人民防空办公室（民防局）
主　任　张建国
副主任　郑金松　李四恩* 张鲁玉
　　　　刘建伟
济南高新技术产业开发区管理委员会
主　任　苏树伟
副主任　马玉星　王晓军　徐　群
　　　　吕建涛　崔志强　黄元俭
国家信息通信国际创新园管委会
主　任　苏树伟
副主任　徐　群　闫怀冰　谭　光
济南住房公积金管理中心
主　任　万　里
副主任　徐评云　李　侃　王建敏
畜牧兽医局
局　长　高辅卿
副局长　方明甲　孙世平　张荣频
　　　　韩剑侠
总兽医师　付良玉
总畜牧师　崔统一
史志办公室
主　任　袁淑玲（女）* 李吉祥
副主任　李明亮* 朱佩峰　綦延辉
中国国际贸易促进委员会济南市分会（中国国际商会济南商会）
会　长　李玉明
副会长　张　静（女）王　钟　侯雪峰
供销合作社
主　任　孔　放
副主任　张国松　冷俊义　潘东华*
　　　　毛广仁　何惠玲（女）刘景涛
　　　　石宁红
政府资金结算中心
主　任　张永华（女）
副主任　张淋生　李传亮　李建国
　　　　苗兴臣
总会计师　潘荣庆
市级机关事务管理局
局　长　蒋向波
副局长　徐建强　朱传振　王　伟
　　　　周　新　顾克祥* 宋爱军（女）
　　　　徐　毅
△行政事业资产管理办公室
主　任　董怀敏
社会科学院
院　长　韩圣喜
副院长　马军远　张华松　王国庆
旧城改造投融资管理中心（旧城改造投资运营公司）
主　任　王　欣
副主任　周宝成　高　烈　杨庆绪
总工程师　秦光强
总会计师　侯端云（女）
西区投融资管理中心（西区建设投资有限公司）
主　任　王迪生
副主任　魏　军　吴建光　王金廷
　　　　李全生　刘　英　张海平
城市建设投融资管理中心
主　任　顾建军
副主任　王继东　张爱东　赵裕富
　　　　董文湖
总会计师　（缺）
总经济师　（缺）
总工程师　武　伟
政府投融资管理中心
主　任　赵明奎
副主任　王　营　鞠维亚
总会计师　吴绣红（女）
小清河开发建设投融资管理中心
主　任　李洪海
副主任　宋卫东　史向中　安玉坤
　　　　高　冰
总工程师　黄　蓓（女）
总会计师　范天云
中心医院（市卫生局所属）
院　长　马效恩
副院长　郭农建　宋林杰　姜　勇
　　　　苏国海
仲裁委员会办公室
主　任　王新民
副主任　魏玉良　刘昌国
济南职业学院
院　长　王小平
副院长　杨　明（女）宋哲东
　　　　王志文（女）杨长军　石万鹏
济南工程职业技术学院
院　长　许传海
副院长　吴士明　于显坤　申培轩
（市委组织部　市人社局）

双重管理机关

工商行政管理局
局　长　王宏炜
副局长　徐善庆　陈立智　王建森
　　　　葛春林　杨先杰
总经济师　孙建忠
△企业注册局
局　长　李建国
△公平交易局
局　长　邱　锐
△高新技术产业开发区分局
局　长　薛新中
地方税务局
局　长　张志明
副局长　罗　蓉（女）　张吉茂
　　　　王建刚　王利民　王先进
总经济师　王利民* 郭志东
△征收局
局　长　刘增军
△稽查局
局　长　王先进* 刘　荣
△高新技术开发区分局
局　长　刘庆才* 牟　新
气象局
局　长　任　健
副局长　吕淑琳（女）周　军　杨志利
食品药品监督管理局
局　长　靳　磊
副局长　宋尔良* 刘桂祯　姜德喜
　　　　李学林　衣光军
质量技术监督局
局　长　于界平
副局长　丁正罡　刘金祥　王光明

王万春
总工程师 王万春* 邢兆辉
（市委组织部 市人社局）

垂直管理机关

国家税务局
局 长 张德志
副局长 商 鹏 王建新
王嘉岳（女） 张世海*
总经济师 任 红（女）
总会计师 王洪龙
济南海关
关 长 刘魏巍（女）
副关长 丁根生 姜 建 魏培军
济南出入境检验检疫局
局 长 苗振国* 邵立洪
副局长 原永兰 尹 明*
邮政局
局 长 梁启辉
副局长 姜 峰 王冬生 刘 焱（女）
烟草专卖局（烟草有限公司）
局 长（总经理）王永平
副局长 齐义良* 何东升* 赵 强
副总经理 苏 欣 高 萍（女）
郭秀云
黄河河务局
局 长 李传顺
副局长 王玉华 王春迎
刘广生 杨旭临
总工程师 李 明
（市委组织部 市人社局）

济南市中级人民法院

院 长 宋新生
副院长 王旭光 严祥龙 李学诚
王秀新 仲维威 刘延杰
（市委政法委）

济南市人民检察院

检察长 郭鲁生
副检察长 张鲁生 王金鹏
吴秀云（女） 谭 勇
范 芸（女）
杨增胜
（市委政法委）

政协第十二届济南市委员会及工作部门

主 席 徐长玉
副主席 王世敦 王可敏 刘子栋*
高元坤* 杨庆林 胡占平
刘少玲（女） 崔大庸
秘书长 陈亚建
常务委员（按姓氏笔画为序）
丁 毅 于 剑 万其凯
马黎明 王传礼 王传秋
王兆永 王安东 王束玫（女）
王宏炜 王建森 卞升云
卞允斗 邓相超 石俊英（女）
田 洁（女） 申大忠（土家族）
付志清 冯光文 冯建民
兰 剑 邢丽萍（女） 朱宝林
朱铭泉 任建新 华 巍
刘化民 刘克俭（女）
刘沂珍（女） 刘 枫
刘若平（女） 刘春华
刘海萍（女） 刘梦海 刘新民
安利国 许 群 牟国营
孙竹兮 孙金厂 远 宏
杨炳云 杨素群（女）
杨 捷（女） 李中赋
李玉贞（女） 李吉乾 李忠学
李图滨 李 建（回族）
李素华（女） 李 涛 李景全
李肇元 吴建军 邹卫平
宋玉国 初 伟 张文亮
张立柱 张成如 张成武
张红星 张连合 张怀成
张 波 张春辉 张钦时
张家起 陈吟挥（女）
苗振国 苑书福 罗金美（女）
岳鲁宁（女） 金 星
金德岭（回族） 赵家军
段 林 姜小真 姚桂琴（女）
袁大川 徐天祥 徐宏伟
徐思民 钱道书 高新临
唐一林 桑海莉（女）
黄 波（女）黄 荣（女）
黄淑玲（女）曹临春（女）
崔安远（回族） 隋建明
葛志明 蒋 君 谢建明
臧 浩 樊 琦（女）
潘洪兰（女） 穆洪民
副秘书长 李 涛 卞升云 张 俊
李慎生 郭海华
武桂荣（女） 王传礼
聂爱华（女） 朋 星
樊兆民 李景全
办公厅
主 任 李 涛（兼）
副主任 杨克周 李学进 刘英峰
翟宏国 丁 伟
研究室
主 任 李慎生（兼）
副主任 乔 谦
提案委员会
主 任 王树福
副主任（按姓氏笔画为序）
万其凯 付志清 冯建民
朱宝林 张爱国 胡桂敏（女）
高肖玉（女） 鲁德和
经济科技委员会
主 任 齐振虎
副主任（按姓氏笔画为序）
于界平 王兆永 王传秋
王宏炜 冯光文 宋玉国
张玉峰 赵玉海 侯秀峰
阎桂森
人口资源环境委员会
主 任 孔祥雨
副主任（按姓氏笔画为序）
卞允斗 李中赋 李传顺
李景全 张 俊 赵荣海
贾玉良 郭延海
社会文教委员会（社会法制委员会）
主 任 赵忠诚
副主任（按姓氏笔画为序）
王培铭 王淑铭 张 岩（女）
张成武 张继勇 张国英
张鲁生 段 伟 彭林堂
台港澳侨和外事委员会
主 任 司志坤
副主任（按姓氏笔画为序）
于 剑 王晓霞（女）
李择红（女） 李忠学 苗振国

周玉萍（女） 赵铁锁 黄立仁
黄 荣（女） 谢建明

文史资料委员会
主 任 黎 越（女）
副主任（按姓氏笔画为序）
刘若平（女） 李图滨 李胜军
李继民 郭 涛 宿 霞（女）

（市政协办公厅）

民主党派

中国国民党革命委员会济南市第六届委员会
主任委员 王伯之
副主任委员 聂爱华（女）
丁 毅 臧 浩
驻会领导 张乃仁*
秘书长 杨金山

中国民主同盟济南市第十一届委员会
主任委员 崔大庸
副主任委员 安利国
王锡宏 曹临春（女）
潘洪兰（女） 张怀成
秘书长 朱荣清

中国民主促进会济南市第八届委员会
主任委员 金德岭
副主任委员 朋 星 张卫星
邓相超 刘海萍（女）
黄 明
秘书长 黄 明（兼）

中国民主建国会济南市第十一届委员会
主任委员 王可敏
副主任委员 郇起鸿 邢乐成
王建森 刘 燕 王传秋
秘书长 丁保国

中国农工民主党济南市第九届委员会
主任委员 刘子栋*
副主任委员 周振安 王 玉
李肇元 姚桂琴（女）
段 林
秘书长 张连岭

致公党济南市第四届委员会
主任委员 赵家军
副主任委员 樊兆民 黄 荣（女）
毕玉平 刘作宗
秘书长 黄 荣（女）（兼）*
张元玺

九三学社济南市第九届委员会
名誉主任委员 季韵音（女）
名誉副主任委员 赵洪太
杨永诚 张秀民
主任委员 刘梦海
副主任委员 李景全 段青英（女）
田 洁 刘化民 牟国营
秘书长 陈宁宁

（各民主党派）

人民团体

济南市总工会第十五届委员会
主 席 王以才
常务副主席 朱守华
副主席 董福茂* 张红星
于 虹（女） 郑学光
经费审查委员会主任 徐其东

共青团济南市第十五届委员会
书 记 孔 杰
副书记 黄 波（女）
赵 毅（女） 刘天东

济南市妇女联合会第十二届执委会
主 席 祖爱民（女）
副主席 初黎华（女） 李玉贞（女）*
刘 勤（女） 刘继珍（女）

济南市工商业联合会第十二届执委会
主 席 高元坤*
副主席 李光明 赵万里 郝继新
张 鹏 靖淑兰 唐一林
张立柱 于 剑 于晓玉
张 波 马述杰 邢介平
杨 涛 许 健 李胜军
张崇良 凌沛学 黄淑玲
程 平 谢建明
秘书长 孙立玉

济南总商会
会 长 高元坤*
副会长 赵万里 李大伟 郝继新
吴炳新 孔祥存 李小军
陈建煌 于宏昌 王瑞友
冯承强 刘合军 李汉典
荆书典 黄益治 张建溪
夏三忠 翟世兰 王 琳
程克红
秘书长 孙立玉

济南市科学技术协会第七届委员会
主 席 商敬工（女）
副主席 李中赋 尹红光（女）
张洪先 韩 平

济南市社会科学界联合会第四届委员会
主 席 谭延伟
副主席 王 军 陈居忠 孙黎海

济南市文学艺术界联合会第五届委员会
主 席 邹卫平
专职副主席 杨炳云* 丁济生
王振范 韦辛夷
兼职副主席 邓宝金（女）
沈承俊 张 柯
马 利（女） 孙凤文
丁小秋 刘玉栋
杜 华（女） 慈建国
秘书长 赵文明

济南市归国华侨联合会第七届委员会
主 席 吴玉明
副主席 孙连发 赵国群 刘统玉
秘书长 孙连发（兼）

济南市台湾同胞联谊会第六届理事会
名誉会长 高锦松
会 长 高锦松* 吴远潮
副会长 杨永诚* 张振声*
吴远潮* 李培源
聂爱华（女） 袁大川
张 玲（女）
秘书长 陈建文

济南市残疾人联合会第五届执行理事会
理事长 刘书笙
副理事长 孟晓琴（女）*
李玉萍（女） 张恒臣
张振生*
刘曰泉 程立杰

济南市红十字会
会 长 邹世平（兼）
常务副会长 马继任
副会长 袁淑玲（女） 孙宝占
秘书长 刘成海

（各人民团体）

济南警备区

司 令 员 胡少平（大校）
政治委员 晋争鸣（大校）
副司令员 王学东（大校）*
王晓清（大校）崔振林（上校）
副政治委员 夏之平（大校）
何作俊（大校）
任 强（大校）
孙一军（大校）*
参 谋 长 许胜廷（大校）*
崔春荣（大校）
政治部主任 何学民（大校）
后勤部部长 刘智源（上校）

（济南警备区）

武警济南市支队

支 队 长 蔡言强（大校）*
李 杰（上校）
第一政治委员 刘 杰（兼）
政治委员 郭英福（大校）
副支队长 刘在雷（上校）
冯树旗（上校）
徐继华（上校）
副政治委员 徐 军（上校）
参 谋 长 王 琦（中校）
政治部主任 李四灵（上校）
后勤部部长 刘 锋（中校）

（武警济南市支队）

责任编校 郭建群 王 洋

政党·政协·人民团体

中共济南市委员会

【中共济南市委员会】 中共济南市委员会有委员53人，候补委员11人；常委会由14人组成，设书记1人，副书记2人。辖各级党委（党组）1190个，党总支1555个，党支部17490个。共有党员415633名。其中预备党员9924名，占2.4%；女党员95387名，占22.9%；少数民族党员5649名，占1.4%。1921年7月至1949年9月入党的4895名，占1.2%；1949年10月至1966年4月入党的34676名，占8.3%；1966年5月至1976年10月入党的61509名，占14.8%；1976年11月至2002年10月入党的219118名，占52.7%；2002年11月以后入党的95435名，占23.0%。35岁以下的80648名，占19.4%；36岁至54岁的166514名，占40.1%；55岁以上的168471名，占40.5%。大专以上文化程度的166048名，占40.0%；高中（中专）文化程度的113136名，占27.2%；初中以下文化程度的136449名，占32.8%。公有经济单位在岗职工党员140205名，占33.7%；非公有经济单位在岗职工26236名，占6.3%；农牧渔民119984名，占28.9%；离退休人员96815名，占23.3%；其他人员32393名，占7.8%。（徐　蓓）

【中共济南市委九届八次全体会议】 中国共产党济南市第九届委员会第八次全体会议，于7月1日在济南举行。出席会议的有市委委员47人，市委候补委员11人。市纪委常委和有关方面负责人列席会议。会议由市委常委主持。

全委会深入学习贯彻中央关于加快经济发展方式转变的决策部署和省委九届十次全会精神，审议通过《中共济南市委、济南市人民政府关于加快经济发展方式转变的实施意见》。省委常委、市委书记焉荣竹对加快经济发展方式转变、调整优化经济结构提出明确要求。市委副书记、市长张建国就当前经济形势和转方式调结构的重点任务讲了意见。

全委会一致认为，加快经济发展方式转变是深入贯彻落实科学发展观的重要目标和战略举措。全市各级各部门要全面把握加快经济发展方式转变的重大意义、目标任务、基本要求和工作重点，切实把思想认识高度统一到中央和省委的决策部署上来，把力量凝聚到加快转方式调结构、促进经济社会又好又快发展上来。要正确把握济南市发展的阶段性特征，把资源消耗少、生态环境好、质量效益高作为转变经济发展方式的主攻方向，坚持在发展中转方式调结构，坚持工业化与城市化融合发展，坚持以人为本，努力创造让人民群众满意的长效政绩。

全委会审议通过了《中共济南市委、济南市人民政府关于加快经济发展方式转变的实施意见》，从十一个方面对加快经济发展方式转变作出了部署。①加快经济发展方式转变的总体要求和主要目标；②充分发挥省会综合优势，把服务业打造成为济南市的首位经济；③推进工业结构优化升级，建设先进制造业基地；④积极发展现代农业，提高农业发展质量和水平；⑤大力推进自主创新，加快创建国家创新型城市；⑥坚持扩大有效需求，促进投资消费出口协调增长；⑦实施新型城市化战略，拓展城乡发展空间；⑧强化能源资源节约利用和环境保护，建设生态文明城市；⑨着力保障和改善民生，促进经济社会协调发展；⑩加快推进体制机制创新，增强发展的动力；⑪加强组织领导，狠抓工作落实。

全委会指出，当前，济南正处在城市建设跨越提升、经济发展转型升级、社会事业全面突破的关键时期。加快经济发展方式转变总的要求是：全面贯彻党的十七大和十七届三中、四中全会精神，深入贯彻落实科学发展观，切实把转变经济发展方式作为推动科学发展的重要目标和战略举措，按照“拓展城市发展空间、打造现代产业体系”的思路，积极作为、科学务实，发挥优势、突出重点，着力在促进产业优化升级、做大做强中心城市、提高自主创新能力、加强节能减排和生态建设、保障改善民生等方面实施重点突破，推动转方式、调结构、促增长、惠民生、保稳定各项工作取得重大进展，不失时机地把省会现代化建设提高到一个新水平。

全委会要求，全市各级各部门和广大党员干部要突出重点，抓住关键，集中精力在转方式调结构促发展上实施突破。一是突出经济转型升级，在做强主导产业集群、打造现代产业体系上取得重大进展。以高端高质高效为主攻方向，做优一产、做强二产、做大三产，努力形成服务经济主体带动、高新技术产业和先进制造业强力支撑、现代农业突破发展的高层次产业结构。二是突出城市跨越提升，在做大做强中心城市、增强区域带动能力上取得重大进展。把推进城市化进程作为扩大内需的战略重点和调整经济结构的重要抓手，加快做大做强中心城区，大力推进城乡一体化，积极推动济南都市圈联动发展。三是突出实施创新驱动，在提高自主创新能力、增强核心竞争力上取得重大进展。以创建国家创新型城市为抓手，把自主创新作为转方式调结构的主要推动力，激活创新主体，实施重大专项，完善创新体系，强化智力支撑，大幅度提高科技进步对经济增长的贡献率。四是突出强化节能减排，在发展循环经济、绿色经济、低碳经济上取得重大进展。强力推进节能减排，高度重视生态建设，大力倡导生态文明观念和绿色消费模式，努力形成有利于资源节约、环境友好的产业结构、生产方式和消费模式。五是突出保障改善民生，在促进增收富民、加快社会事业发展上取得重大进展。牢固确立经济发展的效益导向，高度重视财源建设，千方百计提高居民收入，健全完善公共财政体系，加快发展社会事业，全力维护社会稳定，努力实现更高质量、更好效益、更多实惠的发展。

全委会强调，加快经济发展方式转变，必须创新体制机制。要突破改革难点，加快推进行政管理体制改革，积极推进要素市场改革，继续深化国有企业改革。要完善政策保障体系，适应转方式调结构的新要求，进一步完善财税、产业、环保、土地等方面政策措施，形成推进又好又快发展的利益导向。要完善政绩考核评价机制，加大对服务业发展、战略新兴产业培植、城市化进程、财源建设、社会事业发展等方面的考核力度。

全委会强调，加快经济发展方式转变，必须加强领导、狠抓落实。要解放思想、提升境界，增强机遇意识，提升发展境界，勇于攻坚克难，努力争创一流业绩。要统筹兼顾、分类指导，因地制宜，因势利导，努力走符合各自实际的发展路子。要转变作风、狠抓落实，大兴求真务实之风，建立健全责任制，深入开展创先争优活动，确保转方式调结构各项任务落到实处、见到实效。

全委会指出，2010 年以来，全市经济企稳回升态势不断巩固，主要指标持续向好。但当前经济运行还面临许多不确定、不稳定因素，要始终保持清醒头脑，牢牢把握工作主动权，切实把工作做细做好，确保全面完成全年各项目标任务。做好当前经济工作，要着力推动省会服务业跨越发展，加快建设高端高质高效现代工业体系，加快发展城郊型、都市型农业；大力推进城市化进程，加强基础设施支撑，提升城市管理水平；切实保障和改善民生，确保为民 12 件实事全部落实。

全委会审议并通过了关于追认中共济南市委常务委员会给予孙瑞祥留党察看两年处分的决定。

全委会号召，全市各级党组织和广大党员干部，要更加紧密地团结在以胡锦涛同志为总书记的党中央周围，深入贯彻落实科学发展观，以高度的政治责任感和历史使命感，加快经济发展方式转变，扎实做好当前各项工作，努力为省会现代化建设作出新的更大贡献。

（王　勋）

【中共济南市委九届九次全体会议】 中国共产党济南市第九届委员会第九次全体会议，于 12 月 6～7 日在济南举行。出席会议的有市委委员 45 人，市委候补委员 9 人。市纪委常委、有关方面负责人、市第九次党代会代表中的部分基层人员和专家列席会议。会议由市委常委主持。

全委会深入学习贯彻党的十七届五中全会和省委九届十一次全会精神，听取和讨论了市委常委会工作报告，审议通过了《中共济南市委关于制定济南市国民经济和社会发展第十二个五年规划的建议》。省委常委、市委书记焉荣竹讲话。市委副书记、市长张建国就《中共济南市委关于制定济南市国民经济和社会发展第十二个五年规划的建议（讨论稿）》作说明。

全委会一致认为，党的十七届五中全会是在我国即将完成“十一五”规划、进入全面建设小康社会的关键时期召开的一次重要会议，对于继续抓住用好重要战略机遇期，推进中国特色社会主义伟大事业，具有十分重大的意义。省委九届十一次全会认真贯彻落实十七届五中全会精神，对推进“十二五”时期山东经济社会发展进行了全面部署。全市各级党组织和广大党员干部要把学习贯彻十七届五中全会和省委九届十一次全会精神作为当前和今后一个时期的重要政治任务，深刻领会、把握实质，不断深化对一系列重大问题的认识，切实把思想认识高度统一到中央和省委的部署要求上来。要认清大局大势，进一步增强机遇意识和忧患意识；要突出主题主线，进一步明确“十二五”发展的战略取向；要把握目标任务，进一步坚定全面建设小康社会的信心和决心，努力保持和巩固省会建设发展的强劲势头。

全委会充分肯定了市委常委会 2010 年以来的工作。一致认为，面对极其复杂的国内外形势，市委常委会坚持以邓小平理论和“三个代表”重要思想为指导，深入贯彻落实科学发展观，全面落实中央和省委的各项决策部署，按照“拓展城市发展空间、打造现代产业体系”的思路，团结带领全市各级党组织和广大党员干部群众，抢抓机遇，积极作为，着力推动解放思想、提升境界，着力加快经济发展方式转变，着力突破中心城区和城乡一体化进程，着力做好思想政治领域工作，着力保障和改善民生，着力加强和改进党的建设，全市经济回升向好的态势不断巩固，各项工作都取得了新的重要进展。

全委会高度评价了“十一五”时期济南市经济社会发展取得的重大成就。一致认为，“十一五”时期是济南发展史上很不寻常、很不平凡的五年。全市经济持续快速增长，综合经济实力大幅提升，经济发展方式加快转变，创新型城市建设积极推进，城市功能形象显著提升，改革开放迈出新的步伐，城乡区域协调发展，社会事业全面进步，人民生活不断改善，成功举办了第十一届全运会和第七届国际园博会，圆满完成了“十一五”规划确定的主要目标任务。五年来经济社会发展的成功实践，为“十二五”及更长时期的发展奠定了坚实基础，积累了丰富经验。

全委会深入分析了今后一个时期经济社会发展面临的新形势。强调“十二五”时期，是济南市经济发展转型升级、城市建设跨越提升、社会事业全面突破的关键时期，既面临难得的发展机遇和有利条件，也面对诸多可以预见和难以预见的风险挑战。对照省会城市应有的地位，发展不充分仍然是济南面临的主要矛盾，加快科学发展仍然是首要任务。全市党员干部必须始终保持清醒的头脑，科学分析发展的新形势新任务，立足当前，着眼长远，更加自觉地走科学发展、跨越发展之路，奋力开拓更好更快发展的美好前景。

全委会指出，制定“十二五”规划，必须高举中国特色社会主义伟大旗帜，以邓小平理论和“三个代表”重要思想为指导，深入贯彻落实科学发展观，以科学发展为主题，以加快转变经济发展方式为主线，进一步深化完善“拓展城市发展空间、打造现代产业体系”的总体思路，大力实施新型城市化、新型工业化、创新驱动、富民惠民四大战略，努力打造实力济南、魅力济南、宜居济南，全面建设更高水平的小康社会，基本建成与山东经济文化强省相适应的现代化省会城市。全委会综合考虑未来发展趋势和各方面条件，提出了“十二五”时期经济社会发展的主要目标：综合实力明显增强，经济结构不断优化，创新型城市基本建成，城市功能形象显著提升，生态环境优美宜居，社会发展更加和谐。

全委会提出了转方式、调结构、促发展的任务措施。强调要实施新型城市化战略，拓展城市发展空间，提升城市综合功能，促进城乡共同繁荣，加强南部生态功能区保护与建设，推动省会城市群经济圈联动发展，全面增强省会城市的聚集带动服务功能。要调整优化产业结构，加快发展服务业，积极培育战略性新兴产业，大力发展现代都市农业，形成服务经济主体带动、高新技术产业和先进制造业强力支撑、现代农业突破发展的现代产业体系。要加快创新型城市建设，完善区域创新体系，构筑自主创新高地，造就高素质人才队伍，进入全国创新型城市先进行列。

全委会指出，要全面加快社会事业发展，着力保障和改善民生。努力促进就业，合理调整收入分配关系；健全社会保障体系，提高基本公共服务水平；优先发展教育事业，加快医疗卫生事业改革发展；全面做好人口与计划生育工作，加强和创新社会管理；妥善处理人民内部矛盾，高度重视信访工作，维护社会和谐稳定。要加快文化强市建设，打造泉城特色文化品牌，提高市民文明素质，推进文化改革创新，发展壮大文化产业，提升城市文化软实力。要推进生态文明建设，强化节能降耗，促进资源节约，发展循环经济，加强环境保护，建设生态城市，走生产发展、生活富裕、生态良好的文明发展道路。

全委会指出，完成“十二五”时期发展任务，必须以更大决心和勇气加大改革攻坚力度，提升开放型经济水平，不断增强经济社会发展活力。要全面推进各领域改革，进一步深化行政管理体制改革、所有制结构改革、农村综合改革，加强市场体系建设，加快形成充满活力、富有效率、更加开放、有利于科学发展的体制机制。要扩大对内对外开放，优化对外贸易结构，提高招商引资质量，加强对外交流和区域经济合作。

全委会强调，党的领导是实现“十二五”时期经济社会发展目标的根本保证。要进一步加强党的执政能力建设和先进性建设，不断提高推动科学发展、促进社会和谐的本领，发展社会主义民主政治，做好新形势下的群众工作，充分发挥基层党组织战斗堡垒作用和党员先锋模范作用。要加强反腐倡廉建设，大力弘扬求真务实精神，切实改进工作作风，以优良党风凝聚党心民心，以实实在在的政绩取信于民。

全委会研究部署了当前的重点工作。强调要围绕促进经济平稳较快发展，加强经济运行调节，加快推进项目建设，加大要素保障力度，抓紧抓好节能减排，认真做好财政增收节支工作，确保全面完成和超额完成全年各项目标任务。要进一步落实各项改善民生的政策措施，高度重视做好困难群众生产生活工作。要切实抓好安全生产、食品药品监管和消防安全，不断巩固和谐稳定的工作基础。

全委会号召，全市各级党组织和广大党员干部，要在中央和省委的坚强领导下，认真学习贯彻党的十七大和十七届五中全会精神，深入贯彻落实科学发展观，解放思想、提升境界，抢抓机遇、开拓创新，不断开创省会现代化建设的新局面，奋力谱写加快科学发展、建设美好济南的新篇章！（王　勋）

【督查工作】 全年共开展决策督查工作161项（实地督查56项，催报督查105项），形成督查报告161期，其中，督查专报106期，呈阅件55期，市委领导11人次在8期督查报告、4人次在4期呈阅件上作出批示。办理领导批示件255件。其中，省领导批示16件、市领导批件239件，形成办理情况反馈报告86期，市委领导批示22人次。向省委督查室报送《督查专报》32期，被省采用16期，采用量和采用率均居全省第一位。

1.围绕中心，突出重点，全力推进决策部署落实。突出中央和省、市委重要决策部署的贯彻落实这一主线，着力提升决策督查为全市经济社会发展服务的针对性和实效性。①把握重点，抓好决策分解落实和督查立项。把落实市委常委会年度工作要点作为决策督查工作的总抓手，对市委常委会工作要点逐项进行分解立项，确定6个方面、105项内容，逐一落实责任单位和责任人，实行台账式管理。围绕落实市委、市政府《关于加快经济发展方式转变的实施意见》、省委书记姜异康调研济南市城市规划建设管理工作重要讲话精神、全市经济工作会议精神，研究制定《分工落实方案》，明确责任领导、责任单位、工作要求和督促落实机制。针对市委阶段性工作重点，对全市经济社会发展具有宏观指导意义的重要工作安排，如创建国家创新型城市、推进城市综合体建设、开展“双违”治理等重点工作随时进行督查立项，有效推进市委重要决策落实。②创新方法，提升决策督查效能。坚持以科学理论、科学方法、科学手段指导、改进、丰富督查工作。对重点工作、重点项目实行“一抓到底”的“直通车”式督查；对涉及不同部门、行业的工作实行联合督查；对关系全局和长远的工作，实行跟踪督查。围绕落实“项目推进年”活动任务，对全市220个重点项目进展情况实行定期调度，及时掌握工程进展中出现的问题，按照领导分工有针对性地反馈项目具体进展情况，有效促进了重点项目建设有序推进。为保持对违法违章建设查处的高压态势，坚持对各县（市）区拆除违法违章建筑情况一周一调度、两周一通报。在此基础上，对全市违法违章建设整治工作开展专项督查，推进了全市“双违”拆除工作的开展。把督查调研作为完善决策和推动决策落实的重要手段，对城市综合体建设、工业化与城镇化相融合、推进产业结构调整、创建国家创新型城市等重点课题，协调有关部门开展联合督查调研，形成了一批调研成果，为领导科学决策发挥了参谋助手作用。③拓宽空间，延伸督查为决策服务领域。探索服务领导决策与服务基层、服务群众的有机结合，把为民办12件实事落实情况、就业再就业、社会保障体系建设、困难群众生产生活安排情况等纳入督查视野，列入定期调度内容，与市直部门和县（市）区督查部门联合，深入乡镇、街办和村（居）、社区实地察看现场，走访干部群众，掌握第一手资料，督促县（市）区和市直部门为群众解难题、办实事。探索督促落实与总结经验、推广典型的有机结合，及时总结基层落实上级精神、创新工作实践的典型经验，做好向中办督查室和省委督查部门报送专报工作，济南市推进转方式调结构、创建创新型城市、发展文化产业等重点工作及部分县（市）区等16份经验材料被省委办公厅《督查工作》和《督查专报》刊发，发挥了宣传济南工作、提升省会形象的积极作用。

2. 真督实查，注重实效，提高专项查办水平。按照快、准、实的工作要求，加大专项查办力度，确保领导批示精神的落实。①跟踪督办，对难点问题抓住不放。加大对依法整治违法违章建设工作的督查力度，实地督查10余次、暗访4次，并留存了大量第一手影像资料。形成《督查专报》《办理情况反馈》共10篇，推进查违、拆违、控违工作取得阶段性成果。②实地督办，发挥以点带面作用。围绕推进小清河治理及新区开发建设，以落实领导批示为抓手，通过多次实地督查及座谈，全面翔实地掌握了小清河综合治理工程建设及成效、滨河新区规划策划和沿岸片区开发情况等。针对一时制约工程进展的拆迁、违建、配套等难点问题，向市领导提出多项具体建议。市委领导多次在反馈材料上作出批示，并责成市有关部门认真研究，进一步加大支持力度，有力推动综合整治工程开展。③协调督办，形成督查工作合力。对于协调难度大、推进力度不够的问题，积极发挥协调作用，共同推进问题解决。如根据省委常委、市委书记焉荣竹关于解决居民房产证办理难问题的指示精神，进行督查调研，分别与各有关部门分析工作情况，探讨问题症结，提出有针对性的意见建议，得到领导的重要批示，为推进这一关系民生利益的重要问题的解决发挥了积极作用。

3. 拓展服务职能，优化省会发展环境。发挥督查部门为驻济单位和人大代表、政协委员服务职能，以优化省会经济社会发展环境为目标，以服务对象满意为标准，积极搞好服务督查。①做好向驻济单位征求意见工作。为更好地服务驻济单位，1月和7月向所负责的99家驻济单位发函征求意见，23家单位提出具体意见建议33条，涉及30家承办单位。在分类梳理的基础上，积极协调调度有关部门限期解决，对涉及多个部门的问题，市委督查室牵头共同研究解决方案。通过努力，意见建议已基本解决。②积极做好人大建议、政协提案办理工作。督促协调党群机关人大建议、政协提案办理工作，市十四届人大三次会议期间，协调配合4个市级党群机关承办人大代表建议10件，均按时限答复完毕。市政协十二届三次会议期间，12个市级党群机关共收到提案69件、意见2件，均在规定时限内办理完毕，面复率100%，满意率和基本满意率100%。市委督查室连续四年被市政协评为政协提案承办工作先进单位。（于兴亮）

【组织工作】 各级组织部门围绕中心、服务大局，改革创新、狠抓落实，为省会科学发展选干部、配班子，建队伍、聚人才，抓基层、打基础，各项工作取得新成效，为加快转方式调结构、推进省会经济社会又好又快发展提供了有力保证。

1. 扎实开展深入学习实践科学发展观活动和“执政为民、廉洁高效”教育活动。抓好深入学习实践科学发展观活动，在巩固扩大第一批学习实践活动成果的基础上，继续抓好第二批学习实践活动，建立健全促进科学发展的长效机制，基本实现“党员干部受教育、科学发展上水平、人民群众得实惠”的目标要求，党员群众满意度99.93%。组织开展为期3个月的“执政为民、廉洁高效”集中教育活动，精心组织了解放思想、提升境界等8项主题活动，着力解决党员干部思想境界高不高、宗旨意识强不强、工作作风实不实等5个方面的突出问题。各级领导干部思想观念、精神境界、工作作风明显转变，为推动科学发展、服务广大群众、促进社会和谐提供了强大动力。

2. 统筹抓好干部教育管理。制定了加强全市党政领导班子建设的实施意见和党政后备干部队伍建设规划。认真做好领导班子调整充实工作，注重加强党政正职的选拔配备，进一步优化领导班子结构，增强整体功能。对县（市）区党政正职后备干部进行补充调整。选调86名优秀高校毕业生到基层工作。引入竞争机制，完成第六批援藏干部选拔工作。围绕市委中心任务，认真抓好23个主体班次，举办15个专题培训班，组织64名市直部门一把手到浙江大学进行培训，选派38名中青年干部到美国学习深造，全市统筹调训干部5000余人次。在试点基础上，推行自主选学和在线学习。采取“四个一批”方式，选派169名市直机关干部到基层一线、重点工程、信访部门和关键岗位挂职锻炼。

3. 加大改革创新和推进力度。制定贯彻落实干部人事制度改革规划纲要的实施意见，以规范干部提名、完善差额选任、加大竞争性选拔力度为突破口，不断深化干部人事制度改革。实施市委全委会推荐意向性人选试行办法、市管领导干部二次会议推荐试行办法、加强对领导干部德的考察意见等12项制度，促进干部选拔任用工作的科学化、规范化。以多种竞争性方式选拔市和县（市）区管干部148名，其中，以公开推荐方式选拔30名乡镇（街道）党政正职，以联合公选方式选拔41名处科级领导干部，以公开推荐提名、差额选拔方式选任2名县（区）委书记和2名县长，公开选拔了部分乡镇（街道）党政领导班子成员。进一步完善科学发展考核与领导班子、领导干部考核相结合的综合考核评价机制，建立干部实绩档案，对各县（市）区和市直各部门（单位）进行年度考核和半年考核，综合考核工作的针对性、导向性更加鲜明。济南市综合考核工作被评为全省组织工作创新奖。

4. 突出抓好四项监督制度的落实。采取多种方式，认真抓好四项监督制度的学习宣传，全市组织6.8万余名党员干部进行答卷测试。制定实施市直部门党委（党组）书记履行干部选拔任用工作职责离任检查办法，对14名党委（党组）书记进行离任检查。认真落实领导干部有关事项报告、干部监督预警等制度，进一步加大从严管理干部力度。“科学规范和有效监督县（市）区委书记用人行为”试点工作取得新成果。深入开展拉票贿选买官卖官专项治理、干部选拔任用工作民主评议等7项行动，开通市县两级12380举报网站，进一步加大案件查处力度。配合纪检机关扎实做好巡视工作。

5. 加大高层次人才引进力度。编制中长期人才发展规划，提出51项人才队伍建设主要任务、7项重要人才政策和10项重点人才工程。加大高层次人才引进力度，组织实施“百千万引才工程”，突出抓好“5150引才计划”，在国外设立6个人才联络处，开工建设高层次人才创新创业基地。已引进99名高层次创新创业人才，其中4人入选中央“千人计划”。围绕解决重大技术难题，对第二批“泉城学者”进行表彰，对第三批“泉城学者”项目实行公开招标。开展“泉城企业家培养提升工程”和“名家带学”活动，首次评选表彰26名“济南企业英才”。继续抓好高技能人才培养、农村实用人才队伍建设，命名表彰首批10个创新团队和20名双带示范标兵。全市人才队伍的规模、结构发生明显变化，整体素质有了新提升。

6. 扎实推进创先争优。深入组织开展创先争优、争做泉城先锋活动，实行“双述、双诺、双评”，开展领导干部点评活动，在全社会形成学习先进、争当先进、赶超先进的良好风气。强化党建工作责任制落实，认真开展县乡党委书记抓基层党建专项述职，制定实施基层党建工作综合评价体系，立项实施11个基层党建创新项目，取得明显成效。每年争取市财政4300万元专项资金用于农村党组织书记基本报酬，全部实现“一卡通”按月发放，新建改建活动场所1232个。新选聘99名高校毕业生到村任职，一批大学生村官逐步成长起来。对218个难点村、后进村进行集中整治，多数实现了转化升级。城乡携手共建活动落实帮扶资金3亿多元、项目3676个。实施社区党建“四化”（即网格化覆盖、信息化管理、亲情化服务、制度化保障）建设，社区党建科学化水平进一步提高。围绕破解“两新”组织党建难题，成立市县两级非公有制经济组织党工委和社会组织党工委。制定党代会代表任期制实施细则及配套制度。开展远程教育站点管理示范乡镇（街道）创建活动，推进教学资源建设“十百千工程”，功能和作用得到进一步发挥。广大基层党组织和党员在推动科学发展、促进社会和谐中发挥了战斗堡垒和先锋模范作用。

（毕博浩）

【组织指导全市开展执政为民、廉洁高效集中教育活动】 自3月初到5月底，组织全市乡镇（街道）以上机关和广大党员干部开展“执政为民、廉洁高效”集中教育活动，活动分解放思想、提升境界，查摆剖析、解决问题，总结提高、建章立制三个阶段，突出解放思想、提升境界。通过集体学习、专题辅导、开展讨论等形式，引导党员干部理清发展思路、明确工作重点、增强发展共识。突出换位体验、深入群众，组织机关干部通过“集中体验周”“换位体验日”等形式，深入基层单位和生产一线体验基层情况、感受群众疾苦，进一步弘扬优良作风。突出提速提效、优化服务，深入开展“机关效能建设月”活动，改进工作方式方法，转变工作作风，进一步加强机关效能建设。突出对照查摆、解决问题，深入开展“四对照四查摆”，认真查摆剖析思想境界、宗旨意识、工作作风、服务效率等方面问题，制定改进措施限期整改，市直98个单位共提出承办事项688件，其中通过市级主要媒体向社会公开承诺重点事项141件，各级领导干部查摆解决各类突出问题5800个，为群众办实事好事12110件，进一步推动了经济社会又好又快发展。

（刘振强）

【加强领导班子和干部队伍建设】 坚持

以贯彻落实科学发展观为重点，紧紧围绕市委“转方式、调结构、促增长、惠民生、保稳定”中心工作，加强对市直部门领导班子结构的动态分析，对关系民生、工作任务重、干部缺职的部门领导班子进行重点考虑，选派精干力量充实领导班子，不断提高领导班子的整体合力。针对部分市直部门正职到龄的情况，注重选拔政治上强、具有领导科学发展能力、能够驾驭全局、善于抓班子带队伍、民主作风好、清正廉洁的优秀干部担任“一把手”，得到市领导和广大干部群众认可。坚持德才兼备、以德为先用人导向，改进干部考察工作，制定《关于进一步加强对领导干部德考察评价工作的实施意见（试行）》，把对德的考察作为选拔任用干部的必经程序和经常性考察的重要内容，《人民日报党建周刊》对该做法进行了报道。加强干部队伍宏观管理，制定《关于进一步加强全市党政领导班子建设的实施意见》，会同人力资源社会保障部门积极推进《公务员法》组织实施，注重解决公务员登记过程中的遗留问题，对事业单位公务员登记材料进行全面审查。健全完善后备干部管理工作，制定《2010~2020 年全市党政领导班子后备干部队伍建设规划》，对县（市）区党政正职后备干部进行补充调整。制定《市直部门（单位）中层干部轮岗交流工作暂行办法》，推动市直部门中层干部队伍素质的提高和作风的转变，加快优秀干部特别是年轻干部成长步伐。

（赵德洲　王玉跃　毛玫红　刘泽涛）

【加大干部人事制度改革创新和推进力度】 围绕提高干部选拔任用工作公信度，稳步推进干部人事制度改革，制定《市委关于进一步深化干部人事制度改革的实施意见》，提出下一步深化改革的工作思路和需要重点突破的 16 项改革项目。进一步规范完善干部推荐提名制度，建立以“变少数人为多数人、一轮为多轮、等额为差额、无竞争为竞争性”为主要内容的干部推荐提名新机制。年内，采取公开推荐提名、二次会议推荐、两轮择优推荐、多轮遴推、差额推荐提名、竞争性推荐提名等方式，选拔市管领导干部 120 多人次。其中，采取公开推荐提名、差额选拔的办法选任平阴县委书记、县长，采取差额推荐提名的方式选拔 38 名市管干部。加大公开选拔、竞争上岗、公推竞职等竞争性选拔干部的力度，以竞争性方式选拔市和县（市）区管干部 148 名，其中，以公开推荐方式选拔 30 名乡镇（街道）党政正职，以联合公选方式选拔 41 名处科级领导干部。进一步改进干部考察工作，全面推行差额考察制度，实行干部推荐考察信息预告和考察对象公示制度。进一步规范完善讨论决定程序，在市、县（市）区全面推行常委会讨论决定干部前“五人小组”共同酝酿制度、党政正职全委会票决制、常委会研究干部票决制。围绕干部选拔任用提名、推荐、考察、酝酿、讨论决定等环节存在的突出问题，制定市委全委会推荐意向性人选试行办法等 12 项制度办法。

（韩家国　王玉跃　毛玫红）

【加强干部教育培训和实践锻炼】 按照“专题研究、短期培训、小班教学”的原则，加大对党校主体班次管理力度，逐步做到分类别分专题培训。全年举办党校主体班次 23 个，专题班次 15 个，境外培训班次 2 个，专题讲座 3 个，培训学员 5000 余人。围绕提高领导干部的思维创新能力和领导力，组织 64 名市直部门“一把手”到浙江大学进行专题培训。探索培训新形式新方法，中青班采取一周军训、一周党性锻炼、一周革命传统教育、一周社会实践、一周高校培训“五个一周”教学模式，主体班次实行学员上讲台、互动教学、观摩教学、案例教学和体验式教学。在试点基础上，推行自主选学和在线学习。着眼健全完善在基层培养干部、在一线锻炼干部的年轻干部培养选拔链，进一步强化干部实践锻炼，选派优秀年轻干部到基层一线、重点工程、关键岗位、高等院校挂职锻炼和培养深造。年内，从市直部门选派 75 人赴乡镇、街道办事处挂职，20 人赴西客站、小清河等市重点工程挂职，30 人到信访一线挂职，60 人到 8 个县（市）区 28 个村挂任村党组织书记或副书记，既有效拓展了优秀年轻干部的培养锻炼途径，又有力保障了基层和重点工作的顺利推进，取得了加强基层工作和锻炼培养干部的双重效果。

（徐维林　赵德洲）

【完善科学发展综合考核评价工作机制】 紧扣科学发展主题，调整完善考核指标体系。将经济建设由原来的 320 分调整为 340 分，将社会建设由 300 分调整为 280 分，进一步突出各地科学发展实效，同时，增加了“党管武装工作”和“双拥工作”两项考核指标，强化了政治建设内容。注重发挥民意导向，不断创新考核办法。县（市）区群众满意度调查和市直部门（单位）基层和群众评价注重听取市政府市民服务热线办公室和市行政审批服务中心的意见，推动各级各部门树立以人为本、执政为民的理念，切实增强考核的民意导向。年中对各县（市）区和部分市直部门（单位）重点工作、重点项目进展情况进行检查，年底组织开展年度全市科学发展综合考核。强化考核结果运用，充分发挥考核导向作用。把科学发展考核与领导班子、领导干部考核相结合，重点考核干部的工作实绩。注重将考核结果与领导班子建设和干部选拔使用挂钩，建立干部工作实绩档案，对连续两年考核优秀、成绩突出的进行提拔重用，对考核结果较差的进行诫勉谈话或组织调整。与精神激励和物质奖励挂钩，对 2009 年度科学发展综合考核中成绩突出的 6 个县（市）区和 34 个市直部门（单位）进行表彰奖励。新华社、光明日报、经济日报、大众日报对济南市科学发展综合考核有关做法进行了宣传报道。“济南市探索建立科学发展考核与干部考核相统一的考核评价机制”获山东组工创新奖。

（高　嵩）

【落实干部选拔任用四项监督制度】 全市各级领导批示 209 次，对学习贯彻工作提出要求。各级党委（党组）召开相关会议332次，组织专题学习236次，制定学习贯彻实施方案、下发相关文件通知231个。各级组织部门为全市机关党员干部、村（居）支部书记发放四项监督制度单行本近7万册，做到人手一份；组织闭卷测试60次，7000多名机关干部参加考试；组织专题培训班150次，参加培训人数近2万人。同时，通过报纸、网络、电视等形式对四项监督制度相关内容进行大力宣传。在全省率先制定《关于市直部门（单位）党委（党组）书记履行干部选拔任用工作职责离任检查的实施办法（试行）》和《关于开展干部选拔任用工作"一报告两评议"的实施办法（试行）》等配套制度，率先开展对所有有用人权的市直部门（单位）党委（党组）书记的离任检查，在全市114个单位和部门中开展"一报告两评议"工作，确保四项监督制度落到实处。

（李志勇）

【引进海内外高层次人才】 启动实施"百千万引才工程"，用5年时间，面向海内外，分"百、千、万"3个层面引进万余名高层次人才，其中重点实施"百"层次的"5150引才计划"。制定出台《人才居住证暂行办法》《引进人才绿色通道实施细则》《引才专项资金管理暂行办法》等具体措施，健全完善海内外高层次人才引进、激励、管理、服务制度。拓宽引才渠道，组织3个代表团分赴欧洲、美加、日韩开展引才推介活动，成功举办9场留学人员创新创业恳谈会暨"5150引才计划"推介会，600余名海外留学人员、专家学者参加活动；在法兰克福、巴黎、硅谷、纽约、多伦多、大阪等地设立6个"中国济南海外人才联络处"，与美国华人工商促进会、加拿大专业人士协会、中国留日同学总会、韩中文化协会等30多家海外商会侨团建立协作机制，为济南市海外引才搭建平台。加强载体建设，济南高新区入选省首批海外高层次人才创新创业基地。深化高层次人才服务，开通绿色通道，配备创业助理，为引进人才在出入境管理、户籍办理、工商税务、子女入学等方面，提供全方位、全过程的优质服务。截至年底，全市共引进3批"5150"高层次人才99人，其中，4人入选国家"千人计划"，13人入选省"万人计划"第一层次，73人带成果带资金来济创业，获政府扶持资金9300多万元，并被授予"泉城特聘专家"称号。

（许盈盈）

【统筹推进重点人才工程建设】 8月，《济南市中长期人才发展规划纲要（2010~2020年）》颁布。规划提出实施十项重大人才工程，即高层次人才引进工程、"泉城学者"建设工程、泉城企业家培养提升工程、创新团队建设工程、创业人才扶持工程、"济南名士"打造工程、高技能人才提升工程、现代农业人才开发工程、社会工作人才发展工程、泉城人才环境优化工程。济南立足省会优势，以实施重点人才工程为抓手，坚持市内外、省内外、国内外一起抓，为服务省会科学发展凝聚大批优秀人才。拔尖人才"龙头"工程。继续组织拔尖人才赴澳大利亚开展创新能力提升培训；召开高层次人才迎春茶话会和迎新座谈会，深入开展健康查体、赠阅报纸、赠送生日蛋糕、休假疗养等"七个一"服务活动，让专家感受到党的关心和温暖。"泉城学者"建设工程。市委、市政府表彰了第二批"泉城学者"，并给予5万元的个人奖励，对通过验收的6个项目给予540万元资金扶持；确定了第三批"泉城学者"建设工程9个中标单位。创新团队建设工程。表彰首批10个优秀创新团队，市财政给予优秀创新团队每年30万元资助，连续支持4年。高技能人才培养提升工程。开展首席技师选拔推荐工作，评选产生第四批首席技师50名；大力推广"首席技师工作站"做法，全年新增首席技师工作站9家；继续实施"泉城金蓝领"培训，全年新增高技能人才2.63万人。农村优秀实用人才"双带示范标兵"争创工程。开展"双带示范标兵"选拔工作，新认定表彰20名第二批农村实用人才"双带示范标兵"；继续开展"阳光培训"工程、"农村劳动力职业技能培训""农村富余劳动力转移培训"等活动，全年培养农民技术员3000多人，培训"绿色证书"学员2万多人，农业实用技术培训8万多人，农村劳动力转移培训近2万人。社会工作"和谐使者"创建工程。推进政府购买社工服务，出资51万元，购买专业社工服务岗位17个。此外，为实施人才强市战略，激励广大企业家干事创业，4月上旬，下发《"济南企业英才"选拔管理暂行办法》，开展"济南企业英才"选拔工作。在个人申报、单位推荐的基础上，经评审委员会评选、市人才工作领导小组审定，确定马纯济等26名企业家为首批"济南企业英才"。

（刘泽涛　许盈盈）

【开展创先争优、争做泉城先锋活动】 自4月始，以推动科学发展、构建和谐济南为主题，以争做泉城先锋为载体，以创建泉城先锋党组织、争当泉城先锋共产党员为主要内容，组织全市党的基层组织和党员开展创先争优、争做泉城先锋活动。整个活动持续到党的十八大召开前，分三个时段进行，年内主要开展第一时段有关工作。活动期间，坚持注重加强组织领导、注重突出实践特色、注重贯彻群众路线、注重强化基层基础、注重搞好宣传引导，紧紧围绕"转方式、调结构、促增长、惠民生、保稳定"中心任务，采取公开承诺、领导点评等方式，组织引导基层党组织和广大党员在推动科学发展、促进社会和谐、服务人民群众、加强基层组织的实践中建功立业。

（刘振强）

【开展基层组织建设"创新发展年"活动】 为巩固深化基层组织建设年活动成果，推动全市基层党建工作创新发展，确定2010年为全市基层组织建设创新发展年。注重强化各级党委抓党建的责任和意识，积极推进基层党建创新项目化管理工作，制定下发《关于建立体现科学发展观要求的基层党建工作综合评价体系的意见》，使党建工作有抓手、有考核、有评比，促进了全市基层党建工作上台阶、上水平。针对城市社区党的建设和居民群众需求，确定了社区党建着力加强“网格化覆盖、信息化管理、亲情化服务、制度化保障”的“四化”建设工作思路，街道社区党建工作科学化水平进一步提升。加大农村、社区党组织办公场所等问题的解决力度，全市新建1232个村级组织办公场所，房屋建筑总面积达10.6万余平方米，实现了村级组织活动场所全覆盖，社区办公服务用房平均面积达到300平方米以上。切实抓好村干部补贴报酬落实，全市村党组织书记基本报酬全部实现“一卡通”按月发放。成立非公有制经济组织、社会组织党工委,健全完善“属地”+“行业”的党建工作管理体制，指导非公有制经济组织和社会组织开展党建工作。进一步强化城乡结对帮扶措施，重点在帮助发展村集体经济、增加农民收入、加强基层组织建设上下功夫，自2008年6月始,市、县两级参加共建的925个部门(单位)共协调落实帮扶资金30526.41万元，落实帮扶项目3676个，解决群众关心关注的问题3290多个，874个共建村面貌发生不同程度变化,实现了“一年起步，二年初见成效”的目标。鼓励大学生“村官”自主创业,建立5个大学生“村官”创业基地，安排有专长、想创业的大学生“村官”到基地创业，实现经济效益和社会效益双丰收。全市基层党组织的创造力、凝聚力、战斗力进一步增强，切实发挥了推动发展、服务群众、凝聚人心、促进和谐的作用。（徐　蓓）

【开展远程教育站点管理示范乡镇（街道）创建活动】 3月，在全市开展党员干部现代远程教育示范乡镇（街道）创建活动。各县（市）区以创建活动为契机，对照创建标准，从薄弱环节入手“补短”，抓好站点综合整治，谋划一些具有本地特色的活动载体，丰富创建活动。章丘市、市中区、商河县设计了“一创双争”“旗舰站点”和“创一流站点、争做优秀管理员”等活动载体，立足本职扎实开展创建活动；平阴县、历下区制定了《党员干部现代远程教育工作规范》和《管理员守则、设备管理使用制度、学习收看制度》，确保站点的管理、教学统一规范；槐荫区开展了“六个一”活动,天桥区实施了“教学活动品牌工程”；历城区开展“三进六送”“双学双促”等主题活动，组织技术培训30余期，培训人员2000余人次，发放农业科技技术资料2000份，有效解决了农民群众的技术保障问题；济阳县、长清区丰富培训方式，“点、线、面”结合抓好培训工作。全市涌现出各类学用典型村、户1万多个，2万多名农村党员干部掌握了一门以上实用技术。其中，历城区仲宫镇刘家村党支部书记张务平、长清区文昌街道华新社区党支部书记张同新等10名学用典型入选全省齐鲁乡村之星。根据标准条件，经实地考核验收，章丘市双山街道办事处等15个乡镇（街道）被评为全市党员干部现代远程教育示范乡镇（街道）。（李红兵）

【加强理论研究和舆论宣传工作】 针对新形势下党的建设和组织工作中出现的新情况新问题，大力加强理论研究工作，对党建领域有关重大和重要问题进行深入调研，形成了《以街道社区党组织为平台推进非公有制经济组织和社会组织党建问题研究报告》《关于在干部选拔任用中“既坚持群众公认，又不简单以票取人”问题研究》等研究成果，获组织工作全国重点课题调研成果优秀奖、山东省组织工作调研创新成果二等奖和山东省组织工作调研创新成果三等奖。加大组织工作创新奖评选表彰力度，对各单位申报的32项创新成果，采取网络初评、评审小组复评、部领导审定等方式进行认真评选，“历下区探索实行‘一基两化’社工人才队伍建设模式”等6项成果评为“2010年度济南组织工作创新奖”。大力加强舆论宣传工作，重点对干部人事制度改革、干部监督四项制度和人才工作等进行集中宣传，总结宣传济阳县委组织部干部科原科长袁冬青等先进典型，为积极推进组织工作创新发展营造了良好的环境和氛围。（韩家国）

2010年度济南组织工作创新奖

历下区探索实行“一基两化”社工人才队伍建设模式

市中区探索建立“135”工作模式，提高社区党建科学化水平

章丘市发挥远程教育网络平台优势，提升党员干部教育培训水平

天桥区关于党代表任期制的探索与实践

市公安局探索建立全警绩效考核体系

槐荫区推行“学习研究实践创新一体化”下派工作机制，提高在基层一线培养锻炼年轻干部工作实效

【市机构编制委员会办公室单设】 2009年12月23日，省委办公厅、省政府办公厅印发《济南市人民政府机构改革方案》，明确原与市人事局合署的市编委办公室单独设置，既是市委工作部门，也是市政府工作部门，列入市委机构序列，负责全市行政管理体制和机构改革以及机构编制的日常管理工作。内设综合处（组织人事处）、政策法规处、行政机构编制处、事业机构编制处、监督检查处、市事业单位登记管理局（副局级）。2010年4月12日，设立济南市机构编制电子政务中心，为市编委办公室所属财政拨款正处级事业单位。

（刘鹏飞　索　正）

【机构改革】 1.市县政府机构改革工作。3月底,市政府部门、部门管理机构、8个政府直属事业单位的“三定”规定定稿，4月16日前由市政府办公厅印发实施。改革后,市政府设置工作部门42个、部门管理机构2个（市公务员局、市政府口岸办公室），不再划分组成部门、直属特设机构、办事机构。本次改革，市政府部门共取消、下放、转移职责52项，加强宏观调控、环境保护、住房保障、促进就业、安全生产及食品药品安全监管等关系国计民生的职责56项。同时，结合市政府部门“三定”和职能调整，对14个部门的122家事业单位通过调整隶属关系、整建制划转等形式进行调整

划转；对市公共客运管理中心等24家事业单位，根据主管部门行政职能的调整情况，进行相应调整理顺。

6月底，10个县（市）区共244个部门、26个参照公务员法管理事业单位的“三定”规定全部印发实施。改革后，县（市）区政府工作部门在22～24个之间设置，均不突破山东省规定的机构限额，不再设置部门管理机构。县（市）区政府各部门共增加或划入职责243项，加强职责267项，取消或划出职责96项。同时，对承担行政职能的事业单位，结合这次机构改革，按照政事分开的原则进行清理和规范，各县（市）区共撤销事业单位211个（其中涉及调整行政职能事业单位74个），新建93个，净减少118个。

2. 乡镇机构改革工作。10月召开全市会议进行动员部署，11月初，正式批准印发了各县（市）区乡镇机构改革方案。济南市对现有55个乡镇全部进行改革，并将由乡镇改建的、涉农任务较重的22个街道办事处，经县（市）区党委、政府同意，一并纳入改革，11月底完成改革任务。改革的主要内容与成效体现在四个方面：一是转变乡镇政府职能。推动乡镇转变抓经济的角色和方式，强化其社会管理和公共服务职能。重点建立健全乡镇农业技术推广、动植物疫病防控、农产品质量监管等公共服务体系，明确了相关机构承担的职责；加大对各类农村经济组织的培育扶持力度。二是创新乡镇基层管理体制。适度扩大乡镇行政管理权限，加大对乡镇的财政支持力度，依法界定县（市）区、乡镇两级政府的职责，调整完善乡镇工作考核机制。完善乡镇与上级派驻机构相互支持、协调配合的工作机制和条块结合、以乡镇为主的管理体制。三是规范乡镇行政事业机构设置。改革后，全市55个乡镇中，一类乡镇11个，二类乡镇40个，三类乡镇4个；列入改革范围的22个街道办事处，一类街道办事处6个，二类街道办事处15个，三类街道办事处1个。①综合设置乡镇党政工作机构。一、二、三类乡镇行政机构统一设置党政办公室、经济发展办公室（挂安全生产监督管理办公室牌子）、社会事务办公室（挂人口和计划生育办公室牌子）、社会稳定办公室（挂社会治安综合治理办公室牌子）；一类乡镇增设村镇建设管理办公室。②整合乡镇事业站所。一、二、三类乡镇事业单位统一设置财政所、计划生育服务站、文化服务中心、农业综合服务中心、人力资源社会保障服务中心；一类乡镇增设经济发展中心。③规范街道办事处机构设置。对由乡镇改建的街道办事处，在体制、机制和机构设置上体现城镇化和城市化方向，设置专门承担城镇建设、城市管理和相关服务职责的机构。区别区和县（市）所辖街道办事处的不同情况，确定县（市）所辖街道办事处参照一类乡镇设置5个党政工作机构和6个财政拨款事业单位；区所辖街道办事处与城区其他街道办事处机构设置进行平衡，统一设置党工委办公室（挂行政办公室牌子）、社会事务科、城市管理科、经济发展科、政法科（挂社会治安综合治理办公室牌子）、计划生育科6个行政内设机构，统一设置社区服务中心（挂人力资源社会保障服务中心牌子）、财政所、文化服务中心、计划生育服务站、城市管理服务中心、经济发展中心6个财政拨款事业单位。四是严格控制人员编制和领导职数。根据乡镇分类情况，严格按照乡镇行政编制不得突破上级核定的编制总额、事业编制不得突破现有规模的要求核定乡镇人员编制，并严格核定领导职数和鼓励交叉任职。改革后，全市55个乡镇共核定行政编制2168名，比改革前减少15名；核定事业编制2114名，比改革前减少115名；核定乡镇领导职数447名，比改革前减少48名。纳入改革范围的22个街道办事处共核定行政编制746名，事业编制839名，领导职数181名。

（刘鹏飞　索　正）

【机构编制管理】 对机构编制工作的重要基础数据、基本情况，全面采集、实时更新。对县（市）区事业机构编制基础数据进行核查核实。加强机构编制实名制管理和机构编制统计，摸清全市机构编制、实有人员情况和存在问题。坚持控制总量，盘活存量，对机构编制事项进行动态调整，全年共审理调整机构编制事项50余项。加强县（市）区纪检监察机构，建立县（市）区信访事项复查复核工作机构，调整全市司法所管理体制。调整六区食品药品监督管理机构的管理体制，完成三县一市食品药品监督管理机构移交工作。加强机构编制监督检查，完善12310举报电话受理办法，畅通举报渠道，协调10个县（市）区全部开通举报专用电话。对市直16个部门所属34个事业单位进行例行检查，还在全市开展机构编制管理法规政策执行情况专项检查。全年共为市直机关事业单位3600余名人员办理入（减）编手续。依法进行事业单位登记管理，推进网上登记，加强日常监管。加强机构编制信息宣传与调研工作，推动机构编制网站建设。全年编发《济南机构编制信息》17期，有120余篇信息宣传稿件分别在中央编办网站和省、市媒体及刊物上发表。

（刘鹏飞　索　正）

【老干部工作】 至年底，济南市共有离休干部8232人。其中，享受副省部级单项医疗待遇4人，曾担任过或享受地厅、副地厅级待遇的236人，曾担任过或享受县处、副县处级待遇的4047人，科级及以下的离休干部3945人；1937年7月6日前参加革命工作的2人，1937年7月7日至1945年9月2日前参加工作的1512人，1945年9月3日至1949年9月30日前参加工作的6718人；属于行政单位的1931人，事业单位的2360人，企业单位的3941人。全市离休干部的平均年龄为81.6岁。

1. 从政治上关心老干部，离退休干部党支部建设和思想政治建设取得新成效。①落实老干部的政治待遇。1月，市委、市政府召开全市春节慰问老干部暨情况通报会。各市委常委和副市长分头走访看望了市级老同志及遗属、老红军。

全市各级各部门坚持情况通报、走访慰问、参加重要会议和重大活动、参观考察等制度，确保老干部政治待遇的落实。②加强离退休干部党支部建设。通报表彰全市60个“五好”离退休干部党支部，组织开展离退休干部“两项建设”工作观摩活动，组成专题调研组调研部分基层单位党支部，更新全市离退休干部党支部信息库。③做好离退休干部的思想政治工作。建立全市离退休干部党支部学习资料影像库，为老干部订阅老年报刊4万余份，配合市委老干部党校举办全市离退休干部党支部书记培训班和全市离退休干部党员形势报告会。④认真做好易地安置和军队移交地方离休干部服务管理工作。3月，走访安置在省内外的离休干部；落实军休干部相关待遇，“八一”前对军休干部和遗属进行走访，军休干部服务管理工作水平进一步提升。

2. 提高老干部的生活水平。①提高离休干部“三个机制”的保障水平。为市属部分困难事业单位离休干部发放规范补贴与节日补贴；11月，解决了市属企业和机关事业单位离休干部离休费不平衡问题。多数县（市）区健全完善了离休干部“三个机制”，提高离休干部生活补贴标准，形成离休干部生活待遇同步增长的长效机制。②做好离休干部的医疗保障工作。对全市市属企业离休干部定点医疗机构的医药费支出、医疗服务情况进行检查，解决市属单位离休干部就医转诊后个人垫支医药费报销不及时的问题。市委组织部、市委老干部局等五部门联合下发《关于调整保健类别和范围的通知》，为3000余名保健干部提高了医疗待遇，完成离休干部及保健干部查体工作。督促指导部分县（市）区完善离休干部医疗办法，提高医药费定额标准，保障离休干部就医的需要。③做好市属企业移交到所在区县管理的离休干部服务管理工作。检查县（市）区及高新区接收的市属破产、改制企业离休干部的服务管理工作。④开展特困救助工作。根据《济南市离休干部及遗属特殊困难专项救助办法》的规定，为32名确需救助的离休干部及遗属发放救助资金，对生活比较困难的30名离休干部及遗属进行走访，对有关单位上报申请救助的76户离休干部及遗属逐户进行家访。⑤做好老干部信访工作。深入基层，加强信访调研力度，通过召开老干部座谈会、深入老干部家中走访等形式，认真做好解疑释惑、疏导化解等工作，解决了部分企业离休干部生活待遇问题。全年，共受理老干部各类来信来访56件次，处结率达到98%。

3. 离退休干部服务管理工作。市委组织部、老干部局，市民政局联合下发《关于依托社区做好离休干部服务管理工作的实施意见》，为2742名离休干部安装“贴心一键通”服务器的服务终端，救助急症离休干部66人次、为离休干部联系上门家政服务5000余人次。市委老干部局与市妇联“阳光大姐”家政服务中心协调，为市级老同志发放了服务券，提供家庭保洁等服务；组织89名市级老同志及家属赴日照进行了健康疗养；为市级老同志及时办理游园证年检换证手续。章丘市建立离休干部亲情服务基金；平阴县在县城各银行网点和医疗部门开通了“离休干部优先”窗口，并协调旅游部门将县城内七处旅游景点免费对离休干部开放。

4. 发挥离退休干部作用。围绕全市“转方式、调结构、促增长、惠民生、保稳定”的中心任务，各级老干部工作部门以建言献策、老年社团、“六组三员”队伍等多种平台，组织老干部积极发挥作用。据统计，全市2万余名离退休干部在不同领域发挥着自己的政治优势、经验优势和技术优势，产生了良好的经济效益和社会效益。

5. 老干部学习活动阵地建设。①老年教育事业。加强对全市各级老年大学的工作指导，开展集中调研活动，全市有6所县级老年大学被评为省级老年大学示范校。市老年大学不断扩大办学规模，新增教学班20个，学员编排的节目多次在中央台文艺、戏曲频道播出，并参与省、市组织的多项大型活动，展示老年人的风采。②老干部活动中心基础设施建设。各县（市）区不断加大投资力度，改造扩建老干部活动中心，基础设施得到较大改善。各级老干部活动中心发挥老干部活动的主阵地作用，举办各种文体活动，丰富离退休干部的晚年生活。③干休所服务管理。全市各干休所根据“双高期”老干部的需求，创新服务方式、拓宽服务渠道、深化服务措施，全心全意为老干部搞好服务。市干休所争取资金，整修道路及院内健身娱乐设施，开展“以所为家，把老干部当亲人”的亲情服务活动。

各级老干部工作部门共向中组部、省委老干部局报送征文和调研报告80余篇，中组部《老干部工作情况交流》第18期宣传推广了济南市依托社区资源做好离休干部服务管理工作的经验。办好《金色夕阳》电视栏目、《泉城老干部》杂志、济南市老干部工作信息网，营造浓厚的尊老、爱老、敬老社会氛围。年内，市委老干部局获全省老干部工作政策业务知识竞赛优秀组织奖。（刘利祥）

【巡视工作】1. 巡视6个县区。先后巡视历下、市中、槐荫、天桥和济阳、商河。巡视期间，听取县区党委、政府及有关单位工作情况汇报170余次；与干部个别谈话1600余人，列席县区党委、政府重要会议和活动35次，实地考察社区、乡村、基层站所、乡镇卫生院、敬老院等160余家，召开座谈会22次，收集各种意见建议1700余条。向市委呈报巡视工作报告8件，巡视专报4件，要件专报1件，巡视工作简报19期，班子和干部个人情况6件。向市委、市政府有关领导和部门提出工作建议12条，向被巡视单位书面反馈意见建议50条。其中《历下区实施“五位一体”工作机制，打造高效财税经济强区》《商河县委认真实践民主集中制，有效促进经济社会又好又快发展》《关于加强城市配套设施建设和规划落实工作的建议》三件专报，被省委常委、市委书记焉荣竹批示进入市委决策。

2. 组织开展对8个市直部门巡视情况的"回头看"。通过听取工作情况汇报、与班子成员个别交谈、查阅文件资料、实地察看等方式，对市市政公用事业局、市质监局、市农业局、市水利局、市规划局、原市外经贸局、原市广播电视局和原市文化局8个单位开展巡视情况"回头看"，了解巡视建议整改落实情况、取得的实际效果和面临的新情况、新问题，形成对8个部门巡视"回头看"情况专题报告，报市委有关领导，促进巡视建议的整改落实。

3. 巡视工作取得经验和实效。①工作重点更加突出。监督检查贯彻落实科学发展观情况、领导班子及其成员谋划推进经济社会发展情况、领导班子及其成员作风建设情况，有针对性地提出意见建议。②工作方法更加完善。综合运用听取汇报、受理信访、查阅资料、民主测评、实地考察等方法，深入到与被巡视单位联系紧密的部门、基层单位和服务对象征求意见、核查情况；积极运用现代信息技术和手段，研究互联网舆情，关注社会热点，拓宽了解情况的范围和渠道。各方面信息相互补充、相互印证，更加便于巡视机构全面准确地掌握情况、发现问题，对发现问题的处理也更加及时有效，特别对一些重要问题和线索，及时向有关部门通报反映，并督促处理。③工作程序更加规范。从巡视前的准备到巡视情况的反馈，从巡视报告的起草到文件资料的归档、移交等，都做到有章可循。④巡视成果在干部选拔任用工作中得到充分运用。更加重视了解被巡视单位领导班子及领导干部和优秀年轻干部情况，对每个单位的巡视结束后，形成专门书面材料及时报送市委组织部。市委组织部每次研究调整市管领导班子和领导干部之前，凡涉及已巡视和正在巡视单位的人选，均书面征求巡视组的意见，并作为重要的参考依据。⑤推动被巡视单位各项工作。巡视工作在社会上的影响和作用越来越大，各被巡视单位负责人及广大党员干部主动配合的意识越发强烈，形成组织开展巡视监督、自觉接受巡视监督、有效推动工作的强大合力。（马国胜）

【宣传思想工作】 1. 学习型党组织建设开局良好。全面推进创建学习型党组织工作，广泛开展"两带一创"（领导干部、领导班子带头学习、带动学习，争创学习型党组织）主题学习活动。市委下发《关于推进全市学习型党组织建设的实施意见》，成立济南市建设学习型党组织工作协调小组，制定下发《济南市学习型党组织建设工作考核办法》《关于在全市深入开展"两带一创"主题学习活动的通知》，召开全市推进学习型党组织建设工作电视电话会议和建设学习型党组织工作座谈会，全面推进学习型党组织建设工作。举行市委理论学习中心组报告会和党委中心组学习秘书培训班，开设"天下泉城"大讲堂，举办学习贯彻党的十七届五中全会精神理论骨干培训班，成立学习党的十七届五中全会精神宣讲团，天桥、市中和长清区成立讲师团，全市组织宣讲报告2000多场次，听众30万多人次。市属新闻媒体总结推出了一批学习型党组织建设的先进典型和创新经验，成立济南城市发展研究中心，编制《济南市哲学社会科学"十二五"发展规划》，完成研究课题85项。

2. 舆论导向把握正确有力。围绕中央重大决策部署和省市委中心工作，精心策划主题宣传活动，做好重大活动的宣传报道，营造经济社会平稳较快发展的良好舆论氛围。健全完善对上发稿机制，强化新闻例会、新闻发布管理和突发事件新闻应急处置工作，在中央、省主要新闻媒体发稿300多篇，举办新闻发布会160多场。加强网络媒体建设管理，做大做强网络正面宣传，舆情信息服务决策的质量和水平进一步提高。

3. 文化改革发展全面推进。组建市文化广电新闻出版局、市文化市场综合行政执法局和济南广播电视台，完成济南市杂技团、济南演出公司转企改制，成立了济南明湖居演艺有限公司。济南人民广播电台、济南电视台市场份额跃居全国省会台首位。全市电影票房收入1.5亿元，比上年增长45%，完成有线电视数字化转换30万户。召开全市文艺精品创作生产工作会议，组织首届"泉城文艺奖"评选，评出"艺术突出贡献奖"3名、文学创作奖21件、艺术作品奖58件。《济南宣传》改版《泉城瞭望》，《济南社会科学》恢复刊名。省会文化艺术中心开工建设，府学文庙修复开放，秦琼祠、明湖美术馆建成开放。新建农家书屋1800家，农村公益电影放映6万多场。召开全市文化产业发展大会，出台《关于加快文化产业振兴发展的意见》，培育形成了一批文化骨干企业和文化名牌产品。

4. 全国公共文明指数测评取得好成绩。大力开展"爱泉城、讲文明、树新风、创品牌"活动，实施市民素质提升、公共文明推进、微笑服务品牌创建、未成年人思想道德建设深化、志愿服务深化、乡风文明建设等6项文明推进工程，组建"济南市道德模范基层巡讲团"，市民文明素质和城市文明程度有力提升，全国公共文明指数测评成绩在15个副省级城市中排名第6位。开展"微笑服务"经验交流、集中宣传、评选等活动，广泛开展"关爱空巢老人志愿服务行动"，设立志愿服务基金100万元，成立390个志愿服务工作站，志愿者已达38.3万余人，泉城义工入选全国宣传思想文化工作案例选编。在首次全国未成年人思想道德工作测评中，济南市在15个副省级城市中位列第9位。广泛开展城乡结对共建行动，128家市属以上文明单位（机关）与帮扶村签订共建协议。

5. 城市形象进一步提升。在东方卫视、广东卫视投放济南城市形象宣传片，组织济南城市形象传播战略研究，拍摄《名士济南》并在济南电视台各频道连续播出，创办中英双语栏目《天下泉城》，开通"天下泉城"网站，实现了与中国日报网的链接，内容覆盖了160个国家和地区。《走向世界·天下泉城》发行范围扩展到全球64个国家、地区和220多所孔子学院。与韩国水原市、法国雷恩市和捷克等地开展文化交流活动，在加拿大新城市电视台和美国斯科拉电视台播放城市形象宣传片，“天下泉城”品牌影响力明显提高。

6. 成功举办系列文化会展活动。成功承办第三届山东文博会、首届中国非物质文化遗产博览会，举办第七届中国公民道德论坛、“21世纪城市发展论坛——济南西部新城与新城市化”“挑战与回应：中国近现代城市开放——周馥与济南自开商埠后的城市发展”国际学术研讨会、2010中国城市榜——中国旅游城市发展峰会。文博会吸引1000多家政府组团、企业和机构参展，参观人数达120万人次。非遗博览会现场签约达2.25亿元，在2010中国城市榜——中国旅游城市发展峰会上，济南成功入围“全球网民推荐的中国十佳旅游城市”。

7. 能力建设年活动深入开展。举办新闻记者编辑、新闻发言人、舆情信息员培训班，组织记者节宣誓和整治虚假新闻集中教育活动，圆满完成市文联第五次代表大会换届工作，编制《济南市中长期宣传文化人才发展规划》《“济南名士”打造工程实施方案》和《济南市文化旅游人才开发意见》，宣传文化干部队伍整体素质和能力明显增强。

（王来勇　韩　亮）

【编制济南市哲学社会科学“十二五”（2011~2015年）发展规划】 为进一步繁荣发展济南市哲学社会科学事业，根据《济南市国民经济和社会发展第十二个五年规划纲要》精神，编制《济南市哲学社会科学“十二五”发展规划》，对“十二五”时期济南市哲学社会科学发展的指导思想、主要任务、保障措施进行安排部署。这是济南市首次将哲学社会科学规划列入全市规划纲要，为繁荣发展济南市哲学社会科学工作奠定良好基础。（于　蕾）

【举办21世纪城市发展论坛】 为贯彻落实市委、市政府“拓展城市发展空间，打造现代产业体系”的总体工作部署，紧密结合济南新城规划建设实际，对新城规划建设进行前瞻性研究，市委宣传部、市规划局、市西区投融资管理中心、济南日报报业集团等单位，于9月17日联合举办了“21世纪城市发展论坛”。论坛以“济南西部新城与新城市化”为主题，以“引领幸福生活、延伸城市文脉、倡导新城市化运动”为宗旨，通过高层专家演讲和对话论坛，深入诠释了新城市化的内涵，为济南西部新城建设建言献策。（于　蕾）

【举办中国近现代城市开放国际学术研讨会】 为弘扬济南商埠文化，理清泉城文脉，探讨中国近现代城市开放的历史，10月13日，市委宣传部、山东师范大学共同举办了“挑战与回应：中国近现代城市开放——周馥与济南自开商埠后的城市发展国际学术研讨会”。会议以“回溯开埠历史、激活泉城文脉、追思先辈功业、共商城市发展”为主题，以济南自开商埠为个案，邀请来自美国、韩国及全国各地的专家学者60余人，围绕中国近现代城市开放、周馥及相关历史人物、济南自开商埠、济南城市发展4个专题展开学术讨论，对于发掘济南城市历史文化资源，扩大济南国际知名度，推进济南城市发展研究具有重要意义。“济南城市发展研究中心”同时揭牌。

（于　蕾）

【编辑出版《加快科学发展建设美好济南——2010年度济南市哲学社会科学规划项目优秀成果集》】 2010年，济南市哲学社会科学工作将济南市社科规划项目申报范围扩大到驻济高等院校、研究机构，充分整合省市社科研究资源，提高了社科研究的层次和水平。为充分推广好、利用好这些成果，从全年完成的89项社科规划项目中，评选出30篇优秀研究报告，编辑出版了《加快科学发展建设美好济南——2010年度济南市哲学社会科学规划项目优秀成果集》。全书对2010年度济南市经济发展和社会建设过程中取得的成绩、存在的问题进行了认真思考和深入分析，并提出了针对性很强的对策建议，为市委、市政府科学决策提供有力的理论参考和智力支持。（于　蕾）

【全市首家区级讲师团成立】 7月22日，天桥区委讲师团成立，是济南市首家区级讲师团。天桥区委讲师团由33名区直相关部门领导干部及业务骨干、区委党校专职教师、先进基层群众代表、驻区单位专家学者组成。天桥区委讲师团将围绕“转方式、调结构、惠民生、促增长、保稳定”的工作要求，对基层广大党员干部群众广泛开展理论教育、形势政策宣传教育。讲师团确定了《怎么看就业难》《居民自治与社区和谐发展》等44个宣讲课题，涵盖理论与政策、形势与任务、道德与文明、科技与法制、热点与难点等版块，并建立了专门的考核、激励和反馈机制，对主讲人讲课内容、讲授效果、授课技巧、课件制作等评分，据此进行动态调整。

（袁桂兰）

【“天下泉城”大讲堂开讲第一课】 10月28日，“天下泉城大讲堂”启动。这是中共济南市委宣传部、中共济南市委讲师团为深化学习宣传贯彻党的十七届五中全会精神，进一步推进中国特色社会主义理论普及化、大众化，更好地围绕中心、服务大局，推动全市经济社会发展，在借鉴学习外地成功经验基础上建立的理论宣讲品牌。由市委宣传部、市委讲师团举办的全市学习党的十七届五中全会精神理论骨干培训班同时开班，这是“天下泉城大讲堂”的第一堂课。“天下泉城大讲堂”坚持贴近实际、贴近生活、贴近群众原则，紧紧围绕理论热点、政策重点、改革难点、民生焦点等内容开展宣讲，统一思想、凝心聚力，把全市广大党员干部群众的思想统一到党的路线方针政策上来，为顺利实施“十二五”规划、加快科学发展、建设美好济南、服务泉城人民作出应有的贡献。（袁桂兰）

【《道德之光——济南市公民道德建设经验汇编》出版】 为全面总结和进一步加强、改进济南市公民道德和社会主义核心价值体系建设工作，在第七届中国公民道德论坛举办之际，中共济南市委宣传部编辑的《道德之光——济南市公民道德建设经验汇编》出版。全书共分三个部分："道德建设经验篇"集中展示全市各级各部门、各行各业加强公民道德建设的生动实践和丰硕成果，"道德模范风采录"采撷全市各条战线涌现出的道德模范，"公民道德专家谈"为省市社科专家学者对公民道德和社会主义核心价值体系建设进行的理论分析和思考。

（江 海 阮怀勤）

【表彰思想政治工作优秀企业和企业优秀思想政治工作者】 5月，山东省委宣传部、省委组织部、省经信委、省国资委、省总工会对2008~2009年度山东省思想政治工作十佳企业、山东省十佳企业思想政治工作者、山东省思想政治工作优秀企业、山东省优秀企业思想政治工作者进行表彰。7月，市委宣传部、市委组织部、市经信委、市国资委、市总工会对2008~2009年度济南市思想政治工作优秀企业、济南市优秀企业思想政治工作者进行表彰。

山东省思想政治工作十佳企业

中国重型汽车集团有限公司

山东省十佳企业思想政治工作者

薛兴海 济南市公交公司党委书记、总经理

山东省思想政治工作优秀企业

山东钢铁济钢集团有限公司
中国重型汽车集团有限公司
山东三箭置业集团有限公司
济南二机床集团有限公司
济南城建工程公司
济南趵突泉酿酒有限责任公司

山东省优秀企业思想政治工作者

孙丕恕 浪潮集团党委书记、董事长兼CEO
石 峰 中国石化股份公司济南炼化分公司党委副书记、纪委书记、工会主席
肖 英 山东电建二公司党委书记
王玉琴 济南百货大观集团党委书记、董事长
周学军 济阳县农村信用合作联社党委副书记、主任
李茂年 济南华联商厦集团股份有限公司董事长、党委书记兼总裁
袁红卫 济南港华燃气有限公司党委副书记、纪委书记、副总经理

济南市思想政治工作优秀企业

济南供电公司
济南四建（集团）有限责任公司
济南金钟电子衡器股份有限公司
济南市公共交通总公司
济南热力有限公司
山东中烟工业公司济南卷烟厂
中国重汽集团济南桥箱有限公司
山钢集团济钢球墨铸铁管有限公司
济南国际园博园管理处
山东金德利集团槐荫快餐连锁有限责任公司
济南金曰公路工程有限公司
济南市勘察测绘研究院
山东电力建设第二工程公司
中国工商银行股份有限公司山东省分行营业部
山东百脉泉酒业有限公司
章丘市城市建设综合开发公司
济南黄河特钢有限责任公司
济阳县农村信用合作联社
济南今朝酒业有限公司
济南科技市场
济南聚丰德有限责任公司
济南华联商厦集团股份有限公司
济南天建房地产开发有限公司
中国联合网络通信有限公司济南市长清区分公司

济南市优秀企业思想政治工作者

张才奎 山东山水水泥集团有限公司党委书记、董事长
白宗海 济南建设设备安装有限责任公司党委书记、董事长、总经理
张增福 济南大易造纸有限公司党委书记
赵东云 济南市公共交通总公司企业文化部部长
陈卫斌 济南热电有限公司政工部部长
闫文善 中国重汽集团部件制造部底盘零件加工部党支部书记
张永禄 中国重汽卡车公司设备动力厂党委书记
董金武 山钢集团济钢党委组织部长
张光群 泉城公园党总支副书记
马丽霞 济南儿童医院党委书记、院长
王心明 济南市房屋建设综合开发集团工会主席
李如珍 济南第一粮库党总支书记、主任
李君强 济南金曰公路工程有限公司董事长、总经理
任宪鲁 广友集团党委书记
颜承俊 济南市邮政局党委书记
焦念憎 济南市清源水务有限责任公司党委书记
许宝智 舜耕山庄工会主席、党办主任
李 昊 济南供电公司政工处副处长
崔爱民 济南市烟草专卖局（公司）党委副书记、纪委书记
张春辉 中国联合网络通信有限公司济南市分公司总经理、党委副书记
崔 毅 济南市规划设计研究院副院长
周海原 山东中烟工业公司济南卷烟厂组织人事处处长
侯树忠 山东黄台发电厂副总政工师
曹文颖 中国石化济南炼化分公司党委宣传部副部长
方庆新 山东佳宝集团总部机关党支部书记、人力资委员会副经理

王明忠 齐鲁银行股份有限公司行管保卫部副总经理
吕东丽 济南市新华书店经理助理
冯怀禄 新时代（济南）民爆科技产业有限公司党委书记、董事长
李津堂 中国工商银行股份有限公司山东省分行营业部党委宣传部部长
郭彦超 山东明水大化集团明泉化肥厂厂长
孙源平 章丘市种业集团总经理、书记
楚绪涛 平阴县自来水公司经理
黄天送 济南达利食品厂厂长
骆淑静 商河县供电公司干事
王京宝 历下区委宣传部主任科员
王密琴 市中区民营经济服务局党委副书记、纪委书记
王利民 济南华强市政工程有限责任公司高级工程师
魏　玲 济南大建房地产开发有限公司工会主席
冉凡金 历城区交通局政工科科长
曹德忠 长清区自来水服务中心主任

（江　海　阮怀勤）

【2010 年度影响济南文化事件和文化人物评选】 12 月 7 日，2010 年度影响济南文化事件和文化人物评选活动启动。通过社会动员、推荐评选、社会公示等各个阶段的工作，最终评出 2010 年度影响济南文化事件 10 件、文化人物 10 名。

2010 年度影响济南的文化事件

迎办“十艺节”省会文化艺术中心开工建设
中国首届非物质文化遗产博览会在济南举行
山东博物馆新馆开馆
明湖居成为传承“曲山艺海”文化底蕴新亮点
“天下泉城”成为济南城市文化新名片
济南市文化产业发展大会召开
《粉墨》上演近三年，同地演出五百余场
济南护城河全线通航，泉水文化涌出新亮点
府学文庙修缮开放
济南获评“全球网民推荐中国十佳旅游城市”

2010 年度影响济南的文化人物

魏　新 《百家讲坛》最年轻的“坛主”
孙镇业 著名山东快书艺术家
欧阳中石 著名书法家
刘卫东 世博演艺公司董事长
曾　毅 著名摄影家
张　泉 世纪金榜董事长
罗晓静 第六届中国曲艺牡丹奖表演奖获得者
宋秋雁、崔苇 著名编剧
张　淳 左右当代艺术馆艺术总监
高世德 济南市豫剧团团长

（李英涛　范立振）

【电视剧《玫瑰园里的老少爷们》在央视播出】 11 月 10 日，由中共济南市委宣传部、中共平阴县委、平阴县人民政府和济南市文化艺术界联合会等联合拍摄的《玫瑰园里的老少爷们儿》在中央电视台电视剧频道开始播出。该剧以大学生下基层，推进社会主义新农村建设为背景，以当代社会普遍关注的大学生就业创业问题为主线，展现了新一代大学生丰富多样的人生选择。该剧全部取景于平阴县，从题材、剧名到内容、场景，全方位展现了平阴的乡风民俗、人文环境、自然景观、特色物产。12 月 30 日，电视剧《玫瑰园里的老少爷们》研讨会在平阴召开，省内知名文艺评论家就该剧的主题把握、创作风格、故事情节、人物刻画等进行了深入研讨。一致认为：该剧集艺术性、观赏性和主题性于一体，是全方位、多角度展示平阴新形象的精品力作。《玫瑰园里的老少爷们儿》以大学生村官作为主题，在乡土题材电视剧中加入了很多浪漫唯美的元素，着力刻画了一群老少爷们以自己的方式去寻找生活中的位置，展现了新一代农民对未来美好生活的开掘与向往。该剧已在央视 8 套、山东卫视、辽宁卫视播出。（李英涛　范立振）

【文化演艺市场活跃】 营业性演出场次创出历史新高。12 月，周华健演唱会、郎朗钢琴新年音乐会、那英世界巡演济南站、白俄罗斯芭蕾舞剧《天鹅湖》等大型演出活动密集举行。周末及节假日，市属文艺院团在珍珠泉礼堂、明湖居、宝贝剧场等演出场所定点定时进行杂技、曲艺、儿童剧等演出。以金海岸、西部酒城等演艺新场所为代表的新娱乐模式，呈现出良好发展态势。市属艺术院团共完成各类演出 2000 场，收入 800 万元，观众 80 余万人次。其中，市歌舞剧院“都市实验剧场”创排的首部小剧场话剧《画皮》演出 20 余场；第二届亲子剧节演出 14 场次；明湖居曲艺专场演出 218 场；市杂技团京剧意象杂技《粉墨》累计演出 500 场，观众 35 万人，创全市院团在同一地点演出场次新纪录。

（李英涛　范立振）

【举办第三届山东文化产业博览交易会】 9 月 27~30 日，第三届山东文化产业博览交易会举办。济南主会场设立 8 个展馆 7 个交易区，展览总面积达 8.5 万平方米，比上届增加 30%；宣传推介文化产业项目 1376 个，投资总额达 4841 亿元，融资总额达 2704 亿元；现场签约 85 个项目，97 个项目达成投资意向；现场交易额和订货总额超过 10 亿元。济南会场共吸引 1000 多家政府组团、企业和机构参展，还首次吸引了北京等 9 家外省展团和日、韩展团参展，参观人数高达 120 万人次，超过了前两届文博会的总和。新华社、人民日报、中央电视台、中新社以及香港文汇报、香港大公报、香港商报等媒体都对文博会作了报道。

（张新志　孟琳琳）

【扶持文化产业项目】 全年全市文化产业扶持资金额度达 2100 万元。本着“统筹规划、科学评审、择优扶持、专款专用”的原则，根据《关于公开征集 2010 年度济南市文化产业发展专项资金扶持项目的公告》精神，面向社会公开征集文化产业项目 152 个，经专家评审、实地考察等严格审批程序，最终确定给予涉及动漫游戏、数字服务、文化演艺等

方面的34个项目专项资金重点扶持。被扶持项目均符合国家政策、市场前景良好、优势明显，具有一定的示范和带动作用。（张新志 孟琳琳）

【获评全球网民推荐中国十佳旅游城市】在国务院新闻办公室、国家旅游局指导，中国国际广播电台主办的“2010中国城市榜——全球网民推荐的中国旅游城市”评选活动中，济南被评为中国十佳旅游城市。此次活动共吸引全国80多个城市参与，经过8个月的激烈角逐，济南脱颖而出，成功入围“2010中国城市榜——全球网民推荐的中国旅游城市”前10名。其他入围的9个城市分别为哈尔滨、杭州、黄山、喀什、丽江、洛阳、三亚、苏州和西安。（李鸣镝）

【《走向世界·天下泉城》首发式举行】1月29日上午，由济南市人民政府新闻办公室、走向世界杂志社主办，《走向世界·天下泉城》编辑部承办的《走向世界·天下泉城》首发式暨新闻发布会在泉城大酒店隆重举行。《走向世界·天下泉城》的前身《走向世界·品味济南》创刊于2006年4月，2010年1月正式更名为《走向世界·天下泉城》。杂志内容和版式进行了重要调整，从原来以文化、生活为主，转向以新闻时评、专题报道、财经观察、文化视界、高端访谈、休闲娱乐为主；扩大发行范围并通过邮局系统向全国读者征订。（李鸣镝）

【“天下泉城”网站开通】2月7日，济南“天下泉城”对外宣传门户网站开通，是山东省第一个多语种外宣门户网站。“天下泉城”网站由市委宣传部授权，市委外宣办、市网络文化办公室对宣传内容、宣传业务进行指导，济南市外宣工作领导小组成员单位协办，委托“天下泉城”网站编辑部承办。“天下泉城”网站立足济南特色、突出泉城概念，坚持国际视野、尊重海外受众习俗。该网站与中国日报网、15个济南国际友好城市网站、国内省会城市和副省级城市以及省内城市外宣网站链接。（李鸣镝）

【济南市文化交流中心成立】3月，济南市文化交流中心成立。该中心是从事综合性民间交流的全国性、非营利性、具有社团法人资格的组织，主要业务范围包括：开展国内外新闻、文化、艺术等方面的交流与合作；与各国、各地区的机构团体、专家学者和知名人士建立交流与合作关系；在国内外开展有关会议、演出展览、参观访问和不同形式的文化推介活动。（李鸣镝）

【中英双语电视栏目《天下泉城》开播】山东省第一档中英双语电视栏目——《天下泉城》，自7月11日中午12时在济南电视台新闻频道首播。《天下泉城》栏目时长15分钟，栏目内容涉及新闻荟萃、深度时评、高端访谈和专题报道，主要版块有新闻汇、下午茶、新泉城、老济南、看天下等。（李鸣镝）

【《名士济南》首映式举行】参见“文化·广播电视”分目〖大型人文电视片《名士济南》摄制完成并连续播出〗

【精神文明建设工作概况】1. 公共文明建设。在2010年全国公共文明指数测评中，济南市在15个副省级城市中排名第6位，测评成绩较上年有大幅提高。探索建立“党委统一领导、党政群齐抓共管、文明委组织协调、有关部门各负其责、全社会共同参与”的公共文明指数迎评工作机制，并在此基础上建立市、区、街道三级协调有效的工作网络，形成公共文明建设的强大合力。建立公共文明建设推进机制，制定并实施济南市公共文明指数测评体系，在市内六区和部分行业进行了2次公共文明指数测评，面向社会公布测评结果，测评成为公共文明建设宣传教育、督促落实和社会动员的过程。成立公共文明建设督导组织，强化任务的落实和问题整改。以整体推进公共文明建设水平为目标，各级各部门开展环境卫生、交通秩序、网吧管理、校园周边环境、市内长途汽车站管理、占道经营等大力度整治行动。各区分别开展“公共文明指数大提升活动”“公共文明指数达标推进行动”“公共文明建设百日行动”等。市城管、园林等部门集中开展环境卫生综合整治提升行动，市文明办、交警支队等部门启动了为期三年的“文明交通行动计划”，倡导六大文明交通行为、摒弃六大交通陋习，建设文明交通城市。市文明办开展“千人文明出行奖励活动”，对“红灯止步”和“礼让斑马线”的文明市民、司机进行奖励，公共环境、公共秩序逐步改善。

2. 市民文明素质教育。依托市民学校、社区居民论坛等阵地，广泛开展文明礼仪专题培训，创新宣传教育手段，对市民进行文明理念塑造和文明礼仪普及专题教育，引导市民在参与活动中受教育、改陋习，逐步养成文明行为和良好习惯。开展“书香泉城”全民阅读活动，组织全民阅读进家庭、进社区、进乡村、进企业、进机关、进校园“六进”活动。组织开展中华经典诵读活动，在山东省“诵读经典，爱我中华”活动大赛中，济南市选送的《李清照名篇朗诵》和《辛弃疾·破阵子》两个诵读表演节目分获一、二等奖。在全市启动“邻里节”活动，构建新型人际关系、培育文明行为习惯，建设文明和谐新社区。广泛开展“道德模范基层巡讲”活动，营造学先进、赶先进、争先进的良好氛围。在中央文明办组织的“我推荐、我评议身边好人”活动中，济南市有12名“身边好人”入围中国好人榜。组织开展“我们的节日”主题文化活动，在春节、元宵节、清明节、端午节、七夕节、重阳节期间组织开展一系列精彩纷呈、有深刻教育意义的主题文化和志愿服务活动，营造了喜庆热烈、欢乐祥和的节日氛围。开展各种形式的“讲文明树新风”社区教育宣传实践活动，市民对家园的归属感和认同感显著增强。

3. “微笑服务”品牌创建活动。大力构建和谐服务环境，“微笑服务”品牌创建活动活跃深入，向行业、机关、社区延伸。加强“微笑服务”制度化建设，开展“微笑服务”示范、承诺、规范化建设。组织开展“微笑服务”进基层、进社区等宣传实践活动，在各行业、各系统、各单位积极开展“微笑使者”“微笑之星”评选活动，联合开展“微笑服务窗口”“微笑服务之星”“文明服务窗口”等创建评选表彰活动，营造“微笑服务”活动浓厚氛围。市公交总公司“温馨公交”、济南机场“温馨空港”、市民政局“贴心民政”、市城管局“满意城管”等众多品牌创建活动活跃，知名度和影响力不断扩大。组织开展窗口行业文明指数测评，对公交、出租汽车、长途汽车站、民航机场、银行、邮政等22个直接面向群众、服务群众的窗口服务行业（单位）进行文明指数测评，有效推动了服务环境、服务形象、服务程序、服务内容、服务标准、服务效率“六提升”。加强对“微笑服务”活动的督导。采取问卷调查、街头随访、现场暗访、征求意见等方式，开展“微笑服务社会满意度调查”测评工作，测评结果纳入城市公共文明指数测评项目，并通过新闻媒体进行公布。

4. 志愿服务工作。①开展“关爱空巢老人志愿服务行动”。募集志愿服务基金130万元，建立工作台账。按照就近就便的原则，以低龄老年志愿者为主，其他专业志愿者为辅，采取“一对一”“一对多”或“多对一”的服务模式，扎实有效地为空巢老人提供生活照料、健康保健、心理抚慰、应急救助、法律援助、文体活动等志愿服务。②开展“讲文明 树新风”志愿服务活动。广泛动员社区居民、学生、企业员工、青年志愿者开展文明礼仪志愿服务活动、文明交通志愿服务活动、关爱空巢老人志愿服务活动、清洁公共卫生志愿服务活动、文明旅游环境创建志愿服务活动、“低碳生活进万家”志愿服务活动、“绿网”志愿服务活动等七大志愿服务活动。在市内5区409个社区中成立了390个志愿服务工作站，占社区总数的95%。全市注册志愿者38.3万余人，占城区人口总数的11%。③组织开展敬老爱老“六个一”志愿服务活动。从老年人的实际需要出发，以“讲文明 树新风”为主题，从家政服务、心理抚慰、养生保健、文体健身等着手，开展一次家政服务、一次节日慰问、一次医疗义诊、一次心理辅导、一次户外健身、一次文娱活动等6项志愿服务活动。

5. 未成年人思想道德建设工作。召开全市未成年人思想道德建设经验交流会，深入开展社会文化环境净化，集中开展网吧专项整治，荧屏声频净化，出版物市场净化，校园周边环境整治，网络、手机环境净化等5类专项行动，积极营造有利于未成年人健康成长的社会文化环境。积极参加全省“放飞梦想”绿色手机文化创作传播活动，获短信类作品一、二等奖及优秀奖，彩信类作品一、二、三等奖，短剧类作品优秀奖，市文明办被评为优秀组织工作奖。继续深化“做一个有道德的人”主题教育实践活动，组织开展“做文明有礼中国人——网上签名寄语”活动，“做一个有道德的人”逐步成为广大未成年人的自觉追求。在全国未成年人思想道德建设工作测评中，济南市在副省级城市中列第9位。

6. 乡风文明建设。以城乡共建为抓手，农村精神文明建设再上新水平。召开全市农村精神文明建设工作经验交流会，组织开展城乡结对共建行动，全市128家省、市级文明先进单位与村庄结对，签订“城乡牵手，文明共建”协议书，针对农村实际和农民关心的热点、难点问题，开展农村环境卫生整治、清洁能源建设等各种形式的共建行动，为农村提供更多更实惠帮扶，改善农村人居环境和农民生活水平。开展文明生态村创建，制订下发《关于进一步加强文明生态村建设工作的意见》，成立全市文明生态村创建领导小组，修订完善《济南市文明生态村测评标准》。实施以绿化工程、推广农村改厕工程、阳光工程和沼气池建设、环境卫生综合整治等为重点内容的生态文明建设活动。至年底，全市有500个村庄达到市级文明生态村标准，占全市农村总数的11%。

7. 舆论宣传。全市各类新闻媒体积极发挥自身特点和优势，紧密结合全市精神文明建设、未成年人思想道德建设、社会主义荣辱观教育、市民文明素质教育、学习宣传道德模范等主题，开辟专题、专栏、专版等，综合运用消息、通讯、评论、图片等方式，进行多层次、全方位的宣传报道，褒奖文明行为，曝光不文明现象。拍摄了“文明赢得尊重”“道德给人力量”等4集系列公益广告宣传片，在济南电视台高密度播放，并在公交车、户外电视屏、群众集会活动中反复播出。联合移动、联通、电信等部门，向全市手机、小灵通用户发送文明短信，引导市民说文明话、办文明事、做文明人。在交通路口、主干道、广场、车站等重要部位，设置户外大型公益广告牌，营造浓厚舆论氛围，形成正面宣传强势，促进了济南市公共文明建设。

（迟蕾　朱宁）

【在全国公共文明指数测评中取得好成绩】 7~9月，中央文明办委托国家统计局对全国117个城市（区）的公共文明指数和未成年人思想道德建设工作进行测评。公共文明指数测评主要包括公共环境、公共秩序、公益行动、公共关系和重点工作五项内容，采取实地暗访、问卷调查和材料审核三种形式，由调查员深入主干道、主要交通路口、居民社区、商业街、公园、广场、车站等公共场所进行暗访，对城市环境、秩序及市民行为进行实地考察；采取抽样方法随机选取一定数量的社区居民进行入户调查；通过审核材料考察中央文明委部署的重点工作。11月9日，《人民日报》等中央媒体公布了排名靠前的城市名单，济南公共文明指数测评得分83.96分，在15个副省级城市中排名第6位，在30个省会、副省级城市中排名第7位。在同时进行的未成年人思想道德建设工作测评中也取得好成绩，得分90.15分，在副省级城市中列第9位，省会、副省级城市中列第13位。（迟蕾　朱宁）

【"我们的节日"主题文化活动蓬勃开展】围绕建设社会主义核心价值体系，以中华传统节日——春节、清明节、端午节、中秋节等节日为重点，广泛开展"我们的节日"主题文化活动。结合节日不同特点，充分挖掘传统节日蕴含的丰富道德内涵，把"我们的节日"主题活动与群众性精神文明创建、青少年思想道德建设、志愿服务活动结合起来，广泛发动各县（市）区、市直有关部门及景区景点，组织开展形式多样的群众性中华经典诵读、节日民俗活动和文化娱乐活动，引导人们认知传统、尊重传统、弘扬传统，增进爱党、爱国、爱社会主义情感，在全社会唱响共产党好、社会主义好、改革开放好、伟大祖国好、各族人民好的时代主旋律。同时，各类市属新闻媒体通过设立专题专栏、专门网页，以新闻报道、言论评论、专家访谈、公益广告、讨论互动等形式，加大对"我们的节日"宣传报道力度，不断扩大覆盖面和影响力，及时报道广大人民群众的过节心得，积极营造尊重民族传统节日、热爱民族传统节日、参与民族传统节日的浓厚氛围。（迟蕾 朱宁）

【"城乡牵手，文明共建"活动有新进展】自2009年"城乡牵手，文明共建"活动开展以来，全市组织128家文明单位和村庄签订共建协议。着重在解放思想，提高农民文明素质上共建；在普及科学知识，推广先进技术上共建；在移风易俗，倡树社会道德新风上共建；在开展环境整治，绿化美化家园上共建；在活跃文化生活，满足农民文化需求上共建；在扶贫济困，帮助农村弱势群体积极脱贫上共建；在拓宽信息渠道，促进农业生产和农民致富上共建。各单位共提供支援折合人民币1000余万元，为农村建设提供了很大帮助，有效地促进了农民思想道德素质和农村文明程度的提升。（迟蕾 朱宁）

【文明交通行动成效显著】济南市开展"文明践行我带头、文明单位在行动"活动，组织398个文明单位（机关）28800余名志愿者在全市291个路口协助交警执勤，宣传文明交通，劝阻不文明交通行为和违章行为，提高了公共文明建设水平，提升了城市文明形象。市文明办、交警支队、济南电视台联合开展"千人文明出行奖励活动"，在市内五区主要路口寻找"红灯止步文明市民"（遇红灯第一位止步行人）和"礼让斑马线文明司机"，对其进行现场奖励，每人一次奖励雨伞一把，共计奖励1000人。

（迟蕾 朱宁）

【统战工作】1.以深入开展树立和践行社会主义核心价值体系活动为主线，筑牢多党合作的思想政治基础。组织统一战线广大成员认真学习贯彻十七届四中、五中全会精神，举办政治理论学习班92个、座谈会93个，近8000人次参加学习和座谈。通过组织观看《民主之澜》《黄炎培》等影视作品，召开专题报告会，举办征文、大讨论、演讲比赛等形式，进一步坚定统一战线广大成员走中国特色社会主义道路、坚持中国特色社会主义理论体系的理想信念。筹备成立济南市非公有制经济组织党工委，各县（市）区全部成立非公有制经济组织党工委并积极向社区基层延伸。在坚持开展非公有制企业文明单位创建活动和优秀建设者评选表彰活动的基础上，开展"创先争优、争做泉城兴业先锋"活动，促进了公有制经济组织党建工作的深入开展。

2.坚持围绕中心发挥优势，服务科学发展。①支持和引导党外人士发挥智力优势，围绕大局建言献策。印发《中共济南市委同市各民主党派无党派人士政治协商的实施意见》，重大问题同民主党派协商通报制度进一步健全和完善。市委市政府召开协商会、通报会和座谈会10次，开展视察和情况通报活动5次，广泛听取民主党派、无党派人士的意见建议。坚持民主党派、工商联参政议政工作协调调度机制和联合调研机制，举办市级民主党派参政议政专题报告会，加大对党外人士参政议政的引导和支持力度。党外人士以人大议案、政协提案、政协大会发言等形式提出意见、建议921件，在党委、政府的民主决策、科学决策中发挥了重要作用。②着眼改善民生、服务社会，广泛开展各类社会公益活动。引导统一战线成员发挥资源优势，广泛开展送医、送药、送科技下乡、"作家、音乐家进校园"等活动160余次。引导非公有制经济人士积极响应中央统战部开展的回报社会感恩行动，先后捐资130万元，帮扶老革命、老党员、老模范2200余人。组织121家民营企业参加"民营企业招聘周"活动，帮助近千人实现就业。玉树地震发生后，全市各级统战部门及统一战线广大成员迅速行动起来，为灾区捐款1770多万元。③支持和引导非公有制经济健康发展。市工商联成立直属会员商会，并与有关金融机构签订3亿元授信额度，为会员企业提供融资支持。开展"优才计划"，建立"高校毕业生人才资源库"，开辟企业用工新平台。开展中小企业管理提升工程和"名家带学"活动，进一步提高民营企业科学管理水平。积极组织企业参加国内外重大经贸交流活动，建立工商联系统招商引资项目库，增强会员企业引进引办的针对性和实效性。④努力促进社会和谐。坚持统战、公安、宗教工作部门联席会议制度，了解宗教领域新变化新特点，确保宗教活动规范有序。发挥协调关系、化解矛盾的优势，认真做好宗教界代表人士的思想工作，妥善处置城市建设中涉及少数民族群众和宗教活动场所拆迁安置等敏感问题，维护民族宗教领域的和谐稳定。

3.开展"基层统战工作基础建设年"活动，不断提高基层统战工作科学化水平。举办4期乡镇（街道）统战干部培训班，对全市基层统战干部全部轮训一遍，进一步提高基层统战干部的能力水平；年内组织活动情况交流推动会1次、经验交流会3次，编发《济南统战信息》双基建设年活动专刊25期，组成调研督导组赴县（市）区调研督导2次，加强对活动的指导与协调。全市各乡镇（街道）的统战工作着力于健全工作网络、完善制度机制、强化工作阵地，提高规范化水平。乡镇（街道）普遍建立党委统一领导的统战工作协调机制，明确由党委副书记分管统战工作；全市144个乡镇（街道）共配备专兼职统战委员、统战干事210人，聘请村居（社区）统战工作联络员3105名；建立健全各类基层统战工作制度124项，建成统战工作办公室（统战工作站）和统战成员活动室193个，配备办公和活动设施，为工作开展创造条件。历下区委统战部等4个县、区委统战部，文化东路街道党工委等5个街道（社区）党工委，冯洁等4名基层统战干部，被评为全省基层统战工作基础建设先进单位和先进个人。

4.以加强调查研究为着力点，加强党外代表人士队伍建设。组成3个调研组，历时2个月，赴10个县（市）区和高新区、11个市直部门、2所市属高校开展调研，形成有关党外代表人士队伍建设情况调研报告8篇。将统一战线教育培训纳入全市干部教育培训的总体规划，制定下发《2010年全市统一战线干部教育培训意见》，举办“全市党外干部培训班”“市工商联常委、执委进修班”等4期党外代表人士培训班。重视加强党外后备干部队伍建设，通过选派到乡镇（街道）、市重点工程挂职锻炼和外出学习考察等形式，促进党外干部丰富阅历、增长才干。坚持党外知识分子工作联系点和联络员制度，继续开展“爱泉城、建良言、作贡献”主题活动，加强对济南留学人员联谊会的工作指导。市海外联谊会换届，领导班子完成新老交替。

年内，济南市委统战部获中央统战部信息工作二等奖（第一名），省委统战部信息工作一等奖，全省统战理论调研宣传“四新工程”先进单位，4项成果在全省统战理论调研宣传“四新工程”优秀成果评比中获奖。（孙洪成）

【政法综治工作】1.化解社会矛盾，维稳工作水平提升。政法综治部门有效发挥排查化解社会矛盾的“牵头”和“抓总”职能，积极组织、指导督促各级各部门大力化解社会矛盾，构建人民调解、行政调解、司法调解三位一体的大调解工作体系，形成全市上下联手化解社会矛盾的强大合力。全市共排查出各类矛盾纠纷31528件，调处30923件，调处成功率达98.1%；预防民转刑案件327起，防止群体性事件91起。以有效化解跨地区、跨部门和行业性、专业性较强的矛盾纠纷为重点，初步总结推广在县区一级建立地区性人民调解委员会的经验做法，搭建化解社会矛盾的新平台。全市地区性人民调解委员会建立11类133个专业性、行业性调解工作室，调处各类矛盾纠纷1455起，涉及金额5548万元。对包括京沪高铁西客站拆迁、城市四大片区改造等90多个（项）可能引发影响社会稳定的重大决策和重点建设项目进行社会稳定风险评估，使重大不安定因素预警率达到100%。全市进京上访起数、人数同比下降30.5%和20.3%，到省集体上访起数、人数同比下降34.3%和46.3%，到市集体上访起数、人数同比下降36.3%和37.8%。大力加强安保工作，强化国家安全和反恐怖、反渗透、反破坏、反邪教斗争措施，圆满完成上海世博会、广州亚运会、文博会、糖酒会等219项大型活动的安全保卫和122次重大警卫任务，确保省会的政治稳定。

2.创新社会管理，治安工作水平提升。着力创新流动人口、特殊人群、虚拟社会的服务管理新模式，服务群众、管理社会的能力进一步提高。年内新登记暂住流动人口86万人，暂住流动人口办证率达到90%以上，对全市167万暂住流动人口基本实现规范管理和有效管理。健全完善对刑释解教人员的安置帮教机制，积极推进社区矫正工作，有效预防和减少重新违法犯罪。有针对性地组织开展严打整治集中行动，进一步加大对严重暴力犯罪、多发性侵财犯罪的打击力度，着力加强幼儿园、学校等重点部位的安全防范工作，以城中村、城乡结合部等治安混乱部位为重点，深入开展“十项重点整治行动”，促进社会治安形势的持续稳定好转。全市刑事发案上升的态势得到有效遏制并出现下降拐点；抢劫、抢夺等严重影响群众安全感的多发性侵财案件同比分别下降30.5%和26%；交通事故发生起数、死亡和受伤人数、直接经济损失同比分别下降17.5%、10.1%、19.3%和5.3%；没有发生重大安全事故和较大火灾事故。全市社会治安局势保持平稳，市民群众安全感达到96.2%。

3. 加强公正廉洁执法，执法公信力提升。市委政法委大力加强党的执法监督工作，积极探索建立包括综合考核、业务考核、日常考核、群众满意度测评和社会评价等五项重点内容的公正司法考评体系，对政法各部门的执法工作进行全面考评。深入开展执法办案“零信访、零投诉、零违纪”活动，全面加强和推进执法规范化建设。全市涉及执法办案的群众有效投诉同比下降11.3%，涉法涉诉信访案件结案率同比上升9.8%。按照构建“大教育、大培训”体系的要求，进一步完善执法培训工作机制。年内举办2期公正廉洁执法培训班，培训政法部门县处级干部100余人。

4. 牢固树立中心意识，服务发展的水平提升。市委政法委制定服务和保障省会经济社会发展的意见；市法院制定为加快经济发展方式转变提供司法保障和服务的20条措施，部署开展“擦亮窗口”活动；市检察院设立与12345政务热线联动的“民生检察热线”；市公安局制定“创新社会管理、服务保障民生”18条措施；市司法局开展“法律援助便民服务”主题活动，组建律师、公证等专门法律服务团，为国家重点建设项目和涉及民生项目提供法律咨询论证和法律服务；市民政局深化“贴心民政”服务品牌创建活动等。

5.推进法制宣传，普法教育和法学研究水平提升。全面完成“五五”普法规划，顺利实施“六五”普法规划，“法律六进”、依法治市和普法依法治理工作深入推进。市法学会举办以“公正廉洁执法，维护公平正义”为主题的第三届济南都市圈法治论坛，圆满完成部级法学研究课题，法学理论研究取得丰硕成果；新成立金融证券法学研究会、侵权责任法学研究会和监所管理学研究会，进一步拓展法学研究的领域。在全社会大力弘扬见义勇为精神，年内表彰奖励市级见义勇为先进分子 15 人。

6. 落实保障措施，政法队伍建设水平提升。开展创先争优活动，推广 23 个先进集体和个人的典型经验，促进政法队伍建设。全面实施文化育警战略，成立全市政法系统文学艺术体育联合会，编辑出版《荷风》杂志，吸纳和培养政法文艺人才，满足政法干警的精神文化需求。（王宏 王文 李国才）

【市政法系统文学艺术体育联合会成立】 6 月 29 日，市政法系统文学艺术体育联合会成立。该会是由热爱文学、艺术、体育事业并具有一定专长的政法干警和武警官兵自愿组成的群众性团体组织。下设美术书法家协会、摄影家协会、音乐舞蹈戏剧家协会、作家协会、乒乓球协会、游泳协会等专业协会。通过组织开展具有政法特色的文学、艺术、体育活动和理论研究，展示政法文化建设成果和水平，反映政法干警昂扬向上的精神风貌，推动政法文化的发展繁荣。至年底，入会的政法干警和武警官兵 2200 多人。（周曙光）

【政策研究工作】 全年共完成各类文稿 519 篇，共计 192 万余字。其中市委领导重要讲话 57 篇，市委文件 20 件，各类调研讲话、向中央和省委的汇报等其他综合材料 181 篇。编发《决策参考》39 期，《济南政研》32 期，《济南通讯》12 期；在省级以上报刊发表文章 45 篇，其中国家级报刊 11 篇。

1. 政研工作。①重要文稿起草。市委重要文件的起草，主要有：《中共济南市委常委会 2010 年工作要点》《中共济南市委关于 2009 年度工作情况报告》《中共济南市委关于对省委常委工作的意见建议》《中共济南市委关于学习贯彻全省转方式调结构现场观摩会精神的情况报告》等。市委领导重要讲话稿的起草，主要有：省委常委、市委书记焉荣竹在参加党的十七届五中全会、省委九届十一次全会讨论时和在省委常委民主生活会、全省经济工作会议上的发言，以及在市委九届八次全会、市委九届九次全会、市委常委（扩大）会议、市纪委九届七次全体会议、全市经济工作会议、全市科技奖励暨创建国家创新型城市动员大会上的讲话等。市委领导交办的其他综合材料，主要有：《中共济南市委济南市人民政府关于转变经济发展方式情况汇报》《济南市党政考察团赴松原、长春、沈阳三市学习考察报告》等。②调查研究。全年共编发供市领导参阅的《决策参考》39 期，领导批示 27 期 37 人次。其中《关于加快城市综合建设的几点建议》《关于发展济南夜经济的思考和建议》《关于加强济台文化创意产业交流合作的几点建议》《市农行拟加大新农村建设投入亟需我市搭建良好平台》等多篇调研报告得到市委主要领导批示。编发《济南政研》32 期，领导批示 6 期 12 人次。其中《以强化服务推动创先争优——关于济南市公共交通总公司的调查与思考》等得到市委主要领导批示。③党刊编辑。编发《济南通讯》12 期 120 多万字，刊发稿件 290 余篇，选编大事记 200 条，精选刊发图片 270 余幅，在全国同类城市党刊和全省党刊中保持了先进水平。在山东省期刊协会第三次会员代表大会上，《济南通讯》当选为常务理事单位。

2. 重大课题调研。围绕“拓展城市发展空间、打造现代产业体系”的总体要求和“转方式、调结构、促增长、惠民生、保稳定”的重点任务，精心策划和集中开展了一批重大课题调研，内容涉及“十二五”发展战略、城市规划建设管理、现代产业体系构建、城乡统筹发展、干部队伍建设等重点领域，形成了一批有价值、有新意、有分量的调研报告，市委主要领导作出重要批示，给予充分肯定。在实施重大课题调研过程中，充分调动各方面力量合力攻坚，全市共有 30 多个市直部门单位和部分县市区参与调研，山东大学、省社科院等驻济高校、科研院所的数十位专家学者给予指导。注重把调研成果转化为市委、市政府的工作思路和政策措施，发挥对实际工作的指导作用。重大课题调研结束后，市委专门召开重大课题调研总结暨成果转化会议，推动调研成果进领导讲话、进发展规划、进工作决策。在市委理论学习中心组读书会上，这批调研报告被作为参阅材料印发，报告中提出的“都市化战略”“创新驱动战略”“十大千亿产业”“现代都市农业”“全域济南”和“五个转变”统筹规划理念等，引起领导的关注。在市委市政府《关于加快经济发展方式转变的实施意见》、市委《关于制定济南市国民经济和社会发展第十二个五年规划的建议》等重要文件以及市委主要领导在市委九届九次全会、全市经济工作会议等重要讲话中，调研报告提出的新观点、新思路、新举措，都得到充分体现，进入市委市政府的重要决策。

3. 市委专家智库建设。为发挥高端人才优势，全面提高决策研究水平，受市委委托，市委政策研究室筹备成立了市委决策研究专家智库，来自驻济高校、科研机构的 15 名知名教授学者成为首批智库成员。11 月 12 日，专家智库成立并举行济南市“十二五”规划纲要咨询论证会议，智库专家结合各自专业特长，对“十二五”时期济南市建设发展的总体思路、发展目标、战略重点，进行深入探讨，提出一系列富有见地的意见建议。决策研究专家智库的成立，推动了政研工作的重大创新，标志着济南市拥有了一支高层次的决策服务团队。

年内，撰写的一些调研文稿被中央和省级报刊刊用。其中，《打造现代产业体系、拓展城市发展空间》《努力创造人民满意的长效政绩》《学以致用坚定不移加快经济发展方式转变》《长沙和济南的赛跑：城市竞争全解码》《以强化服务推动创先争优——关于济南市公共交通总公司的调查与思考》《在科学发展中让群众得到更多实惠》《抓重大课题调研、促成果转化运用》《文化成为促发展惠民生的动力源泉》《加强权力制约监督、推进国企惩防体系建设》《孝直镇加快推进大村制和农村新型社区建设的经验值得借鉴》《济南市委政研室以创先争优活动为动力努力推动大有作为的党委政研工作》《以农民满意为最高准则——平阴县孝直镇建设农村新型社区调查》《推进“四个结合”构建省会经济发展新格局》等调研成果分别在《求是》、新华社《内参选编》、中央党校《学习时报》《瞭望》、人民网、中央政研室《学习与研究》、文化部《中国文化报》、中纪委研究室“研究之窗”网站、《中国新农村建设》、中直党建网、新华社《山东参考》《山东通讯》等中央、省级党报党刊媒体发表。《抓重大课题调研促成果转化运用》和《站在新起点实现新发展，以改革创新精神探索办好党刊新路子》在全国城市党刊研究会第19届年会上被评为一等奖，《围绕建设高素质干部队伍进一步强化干部人事制度改革》被评为2010年度山东省优秀党建调研课题。《济南工商以队伍建设提升监管服务》《山水集团在全国水泥市场“严冬”中逆势发展》《把支援救灾恢复重建作为重大政治任务完成》《正大集团欲来我市投资，加快项目落地需政策支持》《关于我市“城中村”情况的调查》等12篇文稿分获全省党委政研系统优秀调研成果一、二、三等奖。《济南通讯》在第三届山东省出版物综合质量评估中被评为“优秀”等次，成为全省唯一获省优“三连冠”的城市党刊；在第19届“全国城市党刊年会”上被评为“全国城市优秀党刊”。

（田鲁艺 鞠 浩 吴书君）

【信访工作】 全市县（市）区以上党委、政府共受理群众来信来访9352件次，比上年下降0.12%，其中来信6224件，同比上升1.02%，来访3128件，同比下降2.31%。来信来访中，建议类占3.49%，同比下降0.79个百分点；检举揭发类占10.62%，同比下降0.64个百分点；申诉类占8.54%，同比上升3.27个百分点；求决类占73.82%，同比下降2.23个百分点；其他类占3.54%。

1. 畅通信访渠道解决群众合理诉求。①开展领导干部接访活动。各级各部门采取定期接访、预约接访、带案下访等多种形式，进一步加大领导干部公开接访活动工作力度，提高领导干部公开接访的针对性、有效性。全年市、县两级领导干部公开接待群众1000余批，大部分问题得到解决。②推进“绿色邮政”和网上信访。引导群众由走访向“网”访、“信”访转变，由向领导个人反映向专门投诉机构反映转变。通过“绿色邮政”渠道的人民来信，全部免收邮寄费用，对群众通过网络提出的问题，及时快捷地受理、答复。绿色邮政及网上来信占到总量的85%。③提升来访接待水平。认真做好信访事项的登记、转送、交办、督办等各个环节，落实首问、首办负责制、分工办理制、限时落实制、及时督查制，按照“谁接待、谁处理、谁督办”原则，做到“一条龙”服务，全程跟踪，一抓到底。④完善信访复查复核规章制度，破解信访事项终结难的课题，促进案结事了、息诉罢访。全年共受理复查复核案件111件，复查案件85件。

2. 扎实做好基础工作。①推进社会稳定风险评估化解工作。召开现场经验交流会对基层单位的先进经验做法进行重点推广，制定备案规程，将稳定风险评估工作向宽领域、深层次拓展。②优化市、县（市）区、乡镇（街道）、村居和市、市直部门、下属企事业单位、车间班组四级信访组织网络建设，重点抓好乡镇（街道）、村（居）和市直部门及下属企事业单位、车间班组的“纵横两条线”基层信访网络建设，已建成“四级领导小组、四级专兼职干部队伍”的信访组织网络体系。③超前排查处置矛盾纠纷。坚持排查内容由一般性排查向重点排查转移，力量使用由分散开展向集中统一转移，排查机制由单事单议向综合施策转移，排查原则由经常性排查与集中排查相结合、信息汇集与分析研判相结合，力争使矛盾纠纷发现得早、化解得了、处理得好，把矛盾纠纷化解在基层、把隐患消除在萌芽状态，做到“小事不出村、大事不出镇、矛盾不上交”。

3. 完善信访工作机制。制定《济南市重大事项社会稳定风险评估化解备案规程》《市领导接访组织工作暂行办法》《济南市处理网上信访暂行办法》《济南市“精细化”办信细则》《关于规范投诉事项办理工作的意见》《济南市信访事项复查复核规程（试行）》《济南市信访事项听证办法（试行）》《济南市信访事项终结认定暂行办法》等多项规章制度，完善源头预防、基层基础建设、排查化解、受理办理、接访下访、督查督办、复查复核、非访处置、应急管理、责任追究等10项长效工作机制，形成各方面统筹兼顾、各环节紧密衔接的信访工作制度体系。

4. 坚持信访督查督办。①推进信访积案化解。制定《关于进一步深入推进积案化解活动的意见》。全年召开信访综合督导会议26次，重点个案协调会议132次，进一步消减信访积案存量。②加大信访问题专项资金投入力度。争取上级拨付信访专项资金，市级添加配套资金，各县（市）区全部跟进，用以解决重点疑难信访问题。③扎实抓好上级交办、领导批办案件的督查工作。对上级交办的各类重点信访事项，市信访局采取局领导督办、督查专员督办、督查处室督办和业务处室督办“四位一体”的大督查和大督办格局，一事一方案，一周一调度，做到事事有结果、件件有回音。

5. 强化信访信息宣传。开展新修订的《信访条例》实施5周年集中宣传教育活动，发放各类宣传资料10多万份，摆放宣传图板500多个，悬挂宣传条幅400多条，济南电视台、《济南日报》都进行了专题报道。总结推广章丘市接访大厅、市国资委职工诉求综合调处工作站、槐荫区信访局与群工办联合办公等先进典型或经验做法。国家、省有关刊物刊发推广济南市信访工作经验的优秀稿件10余篇。

6.加强干部队伍建设。结合“执政为民、廉洁高效”集中教育活动,提出“五心服务”要求,即:实行党员服务承诺,让群众放心;实施案件公开办理,让群众安心;实行首接负责制,让群众省心;倡导“五个一”服务,让群众舒心;开展特困群体重点服务,与群众贴心。组织“走出机关察实情、走进基层办实事”和“假如我是一名信访群众”等换位体验活动。年内收到群众寄送的感谢信40余封,锦旗25面。（向进武）

【保密工作】1.保密管理工作。广泛开展党政机关保密工作综合检查,推动保密措施落实到位。全市各级保密组织开展保密检查295次,发现解决问题208个;市保密局抽查86个机关单位的计算机、移动存储介质598台(个),书面反馈抽查结果并督促整改。组织涉密机关和单位对涉密载体清理情况、政府信息公开保密审查、互联网信息、网络窃密泄密防范工作、电脑远程操控类产品采购使用保密情况、机构改革及部门搬迁保密工作等进行检查,清理涉密文件资料和移动存储介质4770份(个),销毁涉密存储介质600多个;抽查机关单位的政府信息公开门户网站和互联网站108个、信息2.6万条,抽查计算机和移动存储介质366台(个),及时发现消除泄密隐患。开展清理取缔涉密文件资料非法交易活动和地理信息市场专项整治工作,抽查旧书旧货交易市场摊点、再生资源集散场所和地理信息服务单位152个,抽查交易网站和网上书店829家、交易资料信息2万余条,依法追缴一批标密图书资料。市保密局对全市83个党政机关保密制度建设情况进行检查指导并提出改进建议;完善执法程序,规范执法细节,制定并启用济南市保密行政处罚执法文书。完成定密统计年报,对全市产生的国家秘密事项进行汇总分析,保密管理工作重点更加明确。完成国家秘密载体定点复制单位检查和年审、受限制人员保密管理专项督导、武器装备科研生产单位保密资格认证初审和司法考试、公务员考试、执业兽医资格考试、高考等国家统一考试保密管理指导服务;对7家机关单位涉密和内部网络建设方案进行指导和论证。对77份文件资料进行密级鉴定,督导有关部门对严重违规人员进行责任追究。

2.保密宣传教育。全市机关单位共开展以《保密法》学习宣传为重点的保密教育活动303次,受教育人数总计34万余人次。各机关单位认真学习落实市委保密委《致各机关单位保密委主任的一封信》精神,77个机关单位成立了《保密法》学习宣传领导小组,结合本地区本单位实际,制定学习宣传工作方案,明确职责分工;93%的机关单位通过召开专题会议、举办培训班、发放宣传手册、举办保密展览、在新闻媒体开设专栏等方式,广泛组织学习新修订《保密法》活动。党校主体班次保密教育计划和公务员、选调生、军转干部保密教育计划全面落实。市和县(市)区委党校举办保密教育培训班31次,受教育4020人,培训次数和人数同比分别增长181%和224%。各级保密部门举办保密工作培训班17次,培训领导干部、涉密人员和保密干部3550余人;派员到40多个机关单位宣讲保密知识53场次;组织征订保密工作书籍、挂图19880册(套);印发泄密事件通报和保密知识专辑;推动保密教育片放映活动,27家机关单位组织960余人观看保密教育片。组织全市保密承诺书签订人员知识竞赛,签订承诺书的117个机关单位12183人参加学习和答题。市保密局组织研制保密宣传计算机屏保程序并投入试用,印制《保密工作手册》,将保密常识辑入其中,发给全市机关、单位保密干部学习使用。

3.保密技术管理技术防范。贯彻落实国家关于防范手机窃密泄密、信息系统和信息设备使用保密管理有关规定,对计算机信息系统保密管理制度落实情况进行自查,发现问题及时整改纠正。组织开展全市保密科技“十一五”发展规划总结验收,研究提出制定保密科技“十二五”发展规划的意见建议。积极推动计算机非法外联监控系统建设,加强动态管理,157个机关单位、2126台计算机安装了监控软件,全市实现违规外联监控的计算机达万余台,市直单位违规外联监控覆盖面保持100%。全市116个机关单位、19082台计算机、4849个存储介质实现登记备案和统一标识。有35个机关单位新配技防设备80项,投入资金同比增加64%。市保密工作部门对保密技术检查设备进行升级更新,对县(市)区保密技术装备的配备加强了指导推动。市保密工作部门开展市级领导办公环境保密检查,为全市重要会议活动和机关单位提供保密技术指导和服务227次。对废旧物资交易市场和网站检查,未发现本市机关、单位涉密载体流入废旧物资交易市场现象。

4.保密队伍建设进一步加强。针对政府机构改革后机关单位人员变化情况,对市直机关单位保密组织进行重新登记分析,推动保密组织建设与机构改革同步进行,机关单位保密组织人员到位率保持100%。通过调整保密工作协作组、重申协作组任务职责、编发协作组工作通讯录、指导协作组开展活动等措施,推动保密组织和工作措施落实到位。举办保密干部培训班(会)5期,培训保密干部450余人次,保密干部业务素质进一步提高。

年内,市委保密办、市保密局被评为全省保密系统先进集体、全省地理信息市场专项整治工作先进集体、全省保密承诺书签订人员知识竞赛活动先进集体。（朱小俐）

【党校工作】1.培训范围扩展,培训力度加大。全年共举办各级各类班次22种、32期,培训干部1462人,培训班次种类、期数为历年最多。党校班次培训范围从市管领导干部、处级干部、乡镇干部向基层扩展到村居干部、社区干部,行政学院举办班次由往年2期增加到 3 期，社会主义学院首次举办党外干部进修班、统战宗教干部进修班。根据市政府应急办的要求，将应急管理培训纳入主体班课堂，并连续举办 3 期维护社会政治稳定干部培训班。干部业余函授教育毕业学员 2472 名，其中研究生学员 100 名，本科学员 1457 名，专科学员 915 名；完成研究生招生 65 人，本科续读班 639 人。

2. 坚持深化教学改革，提高教学质量。①教学布局进一步完善，教学内容更具针对性。紧扣市委“拓展城市发展空间、打造现代产业体系”的总体部署和济南经济社会发展的新形势，设置“济南经济社会发展问题研究”等教学单元，使培训更加贴近市委要求，贴近经济社会发展实际。举办 3 个讲坛，将培训过程变成研究解决问题的过程，增强培训效果。专家讲坛：由中央部委、著名高校和科研院所专家学者、知名企业家等特聘教授和客座教授，举办专题讲座；领导干部讲坛：邀请市领导和市直部门负责人为学员介绍济南经济社会发展情况；学员讲坛：由学员之间相互交流情况，提出贯彻中央和省、市委政策精神、推动工作的办法和措施。②改进教学方式，教学方法更具互动性。在广泛应用案例式、情景模拟式、研讨式、现场体验式等现代教学方法的基础上，首次以优化济南软环境为主题在市管领导干部班、中青年后备干部班、乡镇干部班等多个班次开发采用项目参与式教学，《学习时报》等媒体对这一全新教学方法进行了报道。③创新培训模式，增强学员自我培训学习的能力。实施“三个一周”培训，即一周的拓展训练和军训，一周到革命老区接受革命传统教育和体验式学习，一周社会调研，提升学员学习、研究、实践、创新能力。

3. 着眼理论创新和解决实际问题，科学研究、决策咨询更加注重协调发展。市情研究成果丰富，为济南经济社会发展服务有新突破。积极承担市委下达的调研任务，顺利完成《加快转变发展观念问题研究》工作。编印《领导参阅》12 期，《济南市建设发展现代都市农业课题研究报告》《创新社区管理体制，推进和谐社区建设——康桥社区“五位一体”管理模式的实践与启示》《关于进一步优化济南市发展软环境的几点意见》《关于济南市软件产业发展的研究报告》等研究报告，得到市领导的肯定性批示，为市委市政府提供决策服务水平进一步提升。全年共取得科研成果 222 篇，其中国家级 19 篇，省级和副省级 154 篇，著作及论文集 13 部。有 27 项课题获准立项，其中，省部级课题 10 项，包括省社科课题 2 项，全国党校系统调研课题 2 项，中央社会主义学院招标课题 1 项，中央社会主义学院课题 5 项；市级课题 17 项，包括全省党校系统课题 5 项，济南市社科课题 12 项。获省部级奖 5 项，包括省社科优秀成果三等奖 2 项，全国党校系统社科优秀成果二等奖 2 项、三等奖 1 项。获市级奖 28 项，包括全省党校系统社科奖 6 项，并获得全省党校系统优秀科研工作组织奖；全市社科优秀成果奖 22 项，其中一等奖 2 项，二等奖 3 项，三等奖 1 项。

4.12 月 3 日市委党校新校区奠基。新校区位于济南市历城区港沟镇神武村旅游路以北、玉泉山南麓，规划用地 20 多公顷，投资 6 亿多元，总建筑规模 11 万平方米，同期培训规模达到 1000 人。新校区规划有主楼、教学楼、会议中心和学员楼、学员餐厅、学术交流中心、体育馆等七大建筑群楼，校区容积率 0.5，校区建筑密度 17.3%，校区绿化率 65%。新校区建成后，将成为培训功能完备的一流干部培训基地。（李永生）

【党史工作】1. 地方党史研究。3 月，完成 40 万字的《中共济南历史（1949.10~1978.12）》第二稿的印刷，并在一定范围内征求意见。11 月，在查阅市委常委会、书记办公会以及市政府常务会议等相关资料 800 余卷的基础上，基本完成该书第三稿的修订工作。完成全国人大常委会原副委员长姜春云任济南市委书记期间的工作访谈——《改革创新，振兴济南》初稿，共计 18 万字，并在一定范围内征求意见。完成省委党史研究室下达的《山东省依法治省战略的提出与实施》《〈惩治和预防腐败体系实施纲要〉在山东的贯彻落实》《省委在文化建设方面的重大决策及其影响》《文化强省建设战略的提出及具体实践》《新时期山东体育事业的发展现状与前瞻》5 个专题研究任务和总计近 30 万字《济南抗战时期人口伤亡和财产损失大事记》A、B 卷及其简本的编写工作；《济南共产党早期组织成立探源》入选“全国纪念中国共产党早期党组织成立 90 周年学术论文集”。年内编辑出版了 4 期《济南党史研究》，每期约 10 万字、印量 2000 册，连续被评为华东地区优秀党史期刊。

2. 党史宣传教育。8 月，市委党史研究室与市党史学会联合组织全市“纪念抗日战争胜利 65 周年”征文活动，评选出一等奖 5 篇、二等奖 10 篇、三等奖 15 篇、优秀奖 7 篇。7 月，在市委局域网开通“中共济南历史在线”服务系统。该系统设有“中共党史”“山东党史”“济南党史”“领袖著作”“名人传记”“电子图书”“资料检索”等栏目，收录电子党史书籍 2 万余册，供读者在线阅读和下载。与济南电视台联合拍摄的 6 集文献纪录片《南下》，被评为山东广播电视优秀作品一等奖。

3. 革命遗址普查。成立济南市革命遗址普查工作领导小组，制定普查工作实施方案。经过 3 个月的实地勘查测量、大量查阅档案文献、广泛调查走访和科学印证核实，全市共普查出革命遗址 90 处，其他遗址 8 处。查清了每处革命遗址的名称、地址、面积、建筑样式及材质、形成时间、利用时间、历史由来、使用状况、保存状况、陈列物品、管理权属以及遗址周边环境等信息，并在此基础上形成汇总报表和档案材料。

2010 年 1 月，市委党史研究室被市直机关工委评为创建“机关党员先锋号”先进单位；5 月，被市精神文明建设委员会评为“城乡牵手、文明共建”先进单位；6 月，被市直机关集中教育活动领导小组评为“执政为民、廉洁高效”先进单位；11月，被省委党史研究室评为全省党史系统先进集体；12月，被省精神文明建设委员会评为省级文明机关。

（赵百世）

【市委市直机关工委工作】 1.“执政为民、廉洁高效”集中教育活动。市委决定在全市乡镇、街道以上领导班子和领导干部中广泛开展为期3个月的“执政为民、廉洁高效”集中教育活动，市直机关100个单位的集中教育活动由工委具体负责。在活动过程中，市委提出了“四项基本要求”和“八项重点工作”，工委结合机关实际提出了“九项规定工作”，并成立七个巡视督导组，加强对市直机关集中教育活动的督促和指导。各单位坚持把查摆解决问题放在突出位置，通过召开专题民主生活会、组织生活会等形式，开展“四对照四查摆”活动，查摆在思想、工作、作风、生活等方面存在的突出问题，分析原因，有针对性地采取措施加以解决。在此基础上，积极建立完善活动的长效机制，各单位共废止政策制度134项，修改完善1336项，新出台520项。利用各类新闻媒体和活动简报，及时宣传报道各单位活动动态、经验做法和先进典型。其中，编发活动简报90期，在各类媒体报道80余篇。各单位从基层一线和窗口单位发现、培养、推荐先进集体和个人，工委通过召开经验交流会等形式积极进行宣传推广，并在“七一”前夕进行表彰。

2. 创先争优活动。自6月始，在市直机关组织开展以“推动科学发展、构建和谐济南、市直机关做表率”为主题的创先争优活动。教育引导基层党组织和广大党员立足本职创先进、着眼平时争优秀、推动工作上水平。围绕全市中心工作和部门中心任务，围绕转变机关作风、保障改善民生开展，围绕加强基层组织建设、激发党员生机活力，将创先争优活动与促进中心任务的完成结合起来，与出台便民利民措施结合起来，与加强机关党的建设结合起来。将突出实践特色、解决实际问题作为创先争优活动的重要抓手，将推动科学发展、促进社会和谐、服务人民群众、加强基层组织的具体成果作为检验争先创优活动成效的根本标准，认真查摆解决存在的突出问题，努力转变作风、提高效率，优化环境、提高效能，廉洁勤政、遵纪守法。在市直机关大力推行“双诺、双述、双评”制度，围绕争做“服务先锋”，顺利完成党组织设岗、党员认岗等环节的工作。在市直机关窗口服务行业广泛开展“擦亮窗口、服务群众”主题活动，进一步提高服务水平和服务质量。将创先争优活动与评选、复查省市级文明机关结合起来，从市直部门推荐评选出新增省级文明机关（单位）12个，复查合格省级文明机关33个，新增数量创历史新高。

3. 机关基层党组织建设。组织市直各单位认真学习贯彻中央修订下发的《中国共产党党和国家机关基层组织工作条例》，研究制定具体实施办法。制订《关于推进市直机关学习型党组织建设的实施意见》。以学习贯彻党的十七届五中全会精神为主题，先后举办市直机关党务干部、纪检干部和群团干部培训班，牵头组织开展“书香泉城，全民阅读进机关”系列活动。市直机关全年共组织集中学习3140余场（次）、专题辅导654场（次）、党课报告955次。③机关党务干部队伍建设。以提高素质、优化结构为重点，以优化组织设置、调整充实党务干部为突破口，大力加强市直机关党务干部队伍建设。全年35个基层党组织及时进行新建、改建和换届选举，调整充实党务干部18人。加强对机构改革单位机关党组织设置工作的督促落实，指导督促7个单位建立党组织，并按《条例》规定配齐配强党务干部。举办2期入党积极分子培训班，对462名入党积极分子进行党的基本知识培训和形势任务教育。坚持发展党员工作十项制度，保证新发展党员的质量。全年共预审新党员253名，预备党员转正49人。

4. 机关党建理论研究。4月，中央党校“济南机关党建工作创新”研讨会在济南举行，市直机关工委作《坚持改革创新，构建科学体系，努力推动机关党建走前头》报告，报告分别在《中直党建》2010年第5期、中央党校《学习时报》第541期上刊发。市直工委牵头负责全国党建研究会机关专委会2010年度第三课题组“机关党组织服务中心、建设队伍发挥作用”课题研究。9月，举办该研究课题的研讨会，铁道部等4个中央部委，北京等15个省、自治区、直辖市和新疆建设兵团，沈阳等10个副省级城市，共30个单位的机关党（工）委、66位代表参加会议。举办全市党建研究会机关专委会2010年度机关党建工作研讨会。调整了专委会部分人事安排，健全了机关党建研究机构，并评选表彰了2010年度机关党建工作优秀研究成果。其中，天桥工委和市中工委的论文分获全省机关优秀调研成果一、二等奖，市委党史研究室等10个单位的论文被评为全市机关党建优秀论文。

5. 机关党风廉政建设。在纪检监察派驻机构实行统一管理后，市直机关纪工委、监察室负责联系工委等46个未统一管理部门（单位）及所属系统的纪检监察工作。纪工委制定了《关于加强市直机关党风廉政建设和反腐败工作的实施意见》，召开市直机关纪检监察工作会议，理顺工作关系、明确工作职责。下发《廉政准则》学习手册，严格执行8个方面禁止、52条不准的具体要求。制定《关于加强市直机关廉政文化建设的实施意见》，指导各单位将廉政文化建设打造成“亮点”工程。坚持从严执纪，处结违纪违法案件2起、开除党籍2人，处理信访件6起。对已审结的案件材料，及时组卷，归档管理，并利用查处的典型案件对机关党员干部进行警示教育。

6. 机关群团工作。①群众性文体活动。“七一”前夕，举办“泉城情·先锋颂”市直机关庆七一歌咏比赛，市直机关77个单位组成70支代表队参加比赛。举办市直机关首届羽毛球比赛，66支代表队、近500名运动员进行了560多场比赛；参加全国劲酒杯第一届羽毛球比赛，获得总决赛团体冠军。“五四”前夕，组织开展“贯彻落实党的十七届四中全会精神”和“让青春在执政为民中闪光”演讲比赛活动，并在《济南共青团》设置优秀征文选登专栏。②评先树优。推荐表彰1个省富民兴鲁先进集体，1名省富民兴鲁先进个人，1个单位获市职业道德建设“十佳单位”，6个单位获市“工人先锋号”称号。妇女工委推荐表彰1个全国级巾帼文明岗，与市妇联联合表彰10个市级巾帼文明岗。推荐泉城十大杰出青年2名，济南市杰出青年岗位操作/技术创新能手2名，其他各类市级以上先进典型23个。③积极维护群众权益。组织开展“送温暖、献爱心”活动，集中救助46个单位的123名困难党员干部职工。组织22名劳模查体与外出疗（休）养，与市总工会一起为9名全国劳模过生日。建立市直机关交友平台，设置网上交流QQ群，并在“七夕”前夕组织交友平台启动仪式和联谊会，为解决机关干部及子女婚姻交友问题提供点对点、心贴心的服务。（曲振腾）

【中共济南市纪律检查委员会】中共济南市纪律检查委员会共有委员47人，其中，常委9人。合署办公的中共济南市纪律检查委员会、济南市监察局机关内设18个厅、室，1个机关党委、1个离退休干部工作处，1个廉政教育中心（事业）、1个信息中心（事业）；5个归口派驻机构，29个个别派驻机构。在职人员197人。

【市纪委九届七次全体会议】2月2日，市纪委九届七次全体会议召开。会议传达学习总书记胡锦涛重要讲话精神和十七届中央纪委五次全会、省纪委九届六次全会精神。市委常委、市纪委书记王成波代表市纪委常委会作工作报告，回顾总结2009年全市党风廉政建设和反腐败工作。省委常委、市委书记焉荣竹讲话要求：①认真学习贯彻中央纪委和省纪委全会精神，把思想统一到中央和省委反腐倡廉建设部署上来。②突出重点，抓住关键，加快推进反腐倡廉建设的科学化、规范化。③切实加强对反腐倡廉建设各项工作的领导。

市纪委委员、市监察局副局长、市委巡视组组长，市纪委监察局机关各室（厅）主任、副局级干部，县（市）区纪委书记、监察局局长，市纪委监察局各归口派驻纪检组组长、副组长，个别派驻机构负责人，市直有关部门、单位纪委书记（纪检组长）或分管负责人，共160多人参加会议。下午大会扩大到市委常委，市人大常委会主任、党员副主任，市政府党员副市长，市政协主席、党员副主席，市法院院长，市检察院检察长，市人大常委会、市政府、市政协的秘书长，市直各部门、单位、企业的党委（党组）书记，共300多人参加会议。

【检查督促重大决策的贯彻落实】检查督促节能减排和环境保护、保障和改善民生等中央、省、市重大决策的落实，加强责任分解、跟踪督察、风险防范。检查督促规范和节约用地政策措施的落实，清查89宗违法用地，给予30名非法占地责任人党纪政纪处分。专项检查2009年全市38.6亿元拆迁补偿资金落实情况，责令未落实补偿的7780万元限期整改到位。专项治理工程建设领域突出问题，排查工程建设项目587个，整改问题880个。督促依法整治违法违章建设，推动全市拆除违法违章建筑5731处，面积101.9万平方米。围绕落实中央和省市扩内需促增长政策，共组织6轮集中检查，检查项目264个，发现问题203个，通报突出问题73个。

【加强对领导干部的教育监督】组织开展“执政为民，廉洁高效”集中教育活动，邀请中国纪检监察报社社长李本刚作专题辅导，2.6万多名党员领导干部参加《廉政准则》知识考试。深化警示教育，市和县（市）区进一步办好《警示教育专刊》；组织7500余人次到济南监狱接受教育。广泛开展廉政文化创建活动，向党员干部发送廉政短信6.8万余条；开展“丹青颂清廉”廉政文化主题笔会；在公用电脑上安装廉政屏保；建立廉政文化示范点373个、文化墙235处、宣传栏2113个；在新闻媒体和130多处公共场所做廉政公益广告。巡视6个县（市）区，为市委、市政府提供建设性意见建议13条。为2246个拟提拔干部和评先创优单位出具廉政意见，否决41个单位和个人评先创优提名。审计287名领导干部经济责任，查处违规资金2.5亿元。开展“信访监督年”活动，函询、谈话87名处级以上领导干部，澄清93名干部受到的错告、诬告问题。检查考核各级领导班子落实党风廉政建设责任制情况，满意度有新的提高。

【解决群众反映的突出问题】落实药品招标新政策，58家县以上公立医疗机构参加省药品网上集中采购，采购金额7.15亿元，让利2.18亿余元。压缩因公出国（境）、公务用车、公务接待经费1992.3万元，查处个别出国团组违规问题。专项清查强农惠农资金，查处截留、挪用、克扣资金396万元。专项清理“小金库”，组织1236个社会团体和国有及国有控股企业自查自纠。加强农村基层党风廉政建设，制定《关于开展创建农村基层党风廉政建设示范村活动的实施细则》，共建立示范村217个，整治难点村36个。有90.2%的乡镇实行村级会计委托代理。推动10个近郊村（居）改革集体产权制度。积极推进阳光民生救助体系建设，初步形成市、县、乡、村上下联动、齐抓共管的阳光民生救助网络。开展民主评议行风，市、县、乡、基层站所和窗口单位四级联动，3次开展广场评议活动，51个重点部门的主要负责人现场解决问题2100多个，评议结果列入领导班子科学发展综合考核评价体系，逐步构建起多方参评、多元评价、多级互动和重用结果、重视整改的“3+2”行风民主评议模式。济南市的这一做法在国务院纠风办召开的会议上作了介绍，中央纪委网站、《中国监察》予以刊登，全省反腐倡廉建设创新大会进行了推广。

【依纪依法安全文明办案】 建设启用1.01万平方米标准化办案场所。采取多种形式，排查办案安全隐患，完善办案工作流程和协作配合等制度。强化“两规”全程看护措施，加强办案人员和陪护队伍建设。完善审理案件的受理、审核监督、提前介入、审理谈话等程序，保证处分决定执行到位，案件审理的审核把关和监督制约作用进一步发挥，自办案件连续8年实现“零申诉”。注重发挥办案的治本功能，对重大案件深入剖析，查找制度、管理等方面的漏洞，提出从源头上防治腐败的措施。全市纪检监察机关共受理信访举报4685件（次），比上年下降5.4%。立查案件470件，大要案161件，分别比上年上升2.6%和3.2%；结案472件，处分495人；为国家和集体挽回经济损失1.1亿多元。

【提高行政效能】 推动建立公共资源交易中心，整合工程项目招投标、土地使用权及矿产权出让、药品集中招标和医疗器械采购等专业平台，实行交易受理登记、信息发布咨询、专家中介选取、电子监察监控等“八个统一”。10月底启动运营，至年底，进场交易项目258个，成交（中标）额63.67亿元。围绕提高行政效能和服务质量，开展明察暗访，行政问责76人，通报23家单位；市和部分县区制作察访纪实专题片，组织安排各单位观看，举一反三，认真整改。规范涉企执法检查，制定《关于规范对企业行政执法检查行为的意见》，建立备案登记制度，及时通报损害发展环境的违规行为。建立健全12345市民服务热线督查机制和四级服务体系，受理来电来信105万余件，办结率和回复率分别达到97%和100%。济南市服务热线打造24小时不下班服务型政府的做法，在全省群众工作会议上作经验介绍。

【惩防体系建设成效显著】 制定惩防体系建设《市直单位任务分工推进时间表》；组织召开经验交流会，定期编发简报，总结推广经验；强化调度检查，督导工作落实；以创新推动工作开展，制定《关于在全市开展廉政风险防范管理工作的实施意见（试行）》，加强廉政风险防范管理。济南市“强化措施、狠抓落实，深入推进惩防体系建设”的经验，在全国反腐倡廉建设创新经验交流会上交流，中央纪委惩防办编发2期专刊介绍济南经验，省委办公厅向全省作推介，省纪委主要领导作批示。10月25日，中央纪委副书记黄树贤来济视察期间给予高度评价。

【开展反腐倡廉“制度创新年”活动】 6～12月，在全市组织开展反腐倡廉“制度创新年”活动。市委、市政府健全领导体制和工作机制，制定活动实施方案，明确指导思想、目标要求，细化任务分工。整个活动分动员部署、创新制度、检查总结三个阶段进行。活动中，各级各部门按照“建立健全惩防体系各项制度、制约和监督权力、提高制度执行力”的要求，结合实际，制定落实方案，细化目标要求，明确推进措施，全面开展反腐倡廉制度创新。市委制定《市委常委会任用干部票决制办法（试行）》，推行任用干部常委会票决制。制定《市委巡视工作实施办法（试行）》，进一步明确巡视机构设置、职责，规范工作程序。完善领导干部廉洁自律制度，印发《市纪委、市监察局关于严格禁止领导干部大办婚丧喜庆事宜和借机敛财的暂行规定》。积极推进派驻工作规范化，制定出台《派驻机构干部管理工作暂行办法》《派驻机构业务工作管理暂行办法》等13件法规制度。结合年度科学发展综合考核工作，研究制定《关于在科学发展综合考核中反腐倡廉指标扣分暂行办法》，将落实党风廉政建设责任制工作情况量化细化，对县（市）区和市直部门领导班子及市管干部落实责任制工作情况进行考核。全市各级各部门共制定反腐倡廉法规制度230余件，废止184项。

【科技防腐工作】 运用现有网络和现代信息技术，以电子化形式监察市县（市、区）两级行政审批、行政执法、公共资源交易等。市县两级党委政府统一领导、纪检监察机关组织协调、责任单位积极参与。制定《关于运用现代科技手段预防腐败工作的实施意见》和指导方案，建立实施每周例会、定期报告、检查考核和信息通报制度。各单位业务系统与电子监察系统统筹推进，已有业务系统按照标准升级改造，各子系统的监察点和监察流程统一设计，保证电子监察系统和业务系统的紧密对接和镶入。建立行政审批、行政处罚事项数据库，更新和完善行政执法人员数据库，编制各部门行政处罚业务流程图。截至年底，公共资金监管业务系统和电子监察系统试运行；行政审批业务系统和电子监察系统模拟运行，涵盖36个部门的170小项审批事项、67项服务事项；公共资源交易业务系统正式运行；反腐舆情、廉政教育纪检监察内部网络等业务系统初步运行。

【加强县级纪检监察机关建设】 从班子建设、机构设置、人员编制、职级待遇、决策参与、经费保障、装备设施等方面，加强县（市）区纪检监察机关建设。10个县（市）区纪委常委均按正科（正处）级配备，均增设干部室；除派驻机构外，增加编制99个，平均每个县（市）区纪委总编制数达34.6个。顺利完成县级纪检监察派驻机构统一管理改革，10个县（市）区纪委共设立归口派驻机构40个，个别派驻机构137个。

（华淑美）

政协济南市委员会

【中国人民政治协商会议第十二届济南市委员会】 2008年1月换届产生，由30个界别组成，任期5年。截至年底，共有委员585名，其中常委101名。市政协十二届委员会下设办公厅、研究室和提案、经济科技、人口资源环境、社会文教（社会法制）、台港澳侨和外事、文史资料6个专门委员会。机关行政编制65人。

为充分发挥界别优势和作用，召开全市政协界别工作座谈会，专题探讨开展好界别活动的方式方法，制定《关于委员界别活动组开展工作的意见》。21个界别活动组全年采取调研视察、学习交流、辅导讲座等形式，共开展界别活动50余次，参加委员1100余人次，提出意见、建议近百条，促成了鸿腾集团、佳怡物流集团等多个投资项目在商河落地，总投资额6亿多元。与市人大常委会联合，围绕《济南市户外广告管理条例》《济南市妇女权益保障若干规定》开展立法前协商活动。协助市委办公厅、市政府办公厅制定印发了《关于办理政协建议案的工作程序》，受到全国政协和省委、省政协的关注与好评。出台提案审查工作细则，重新修订关于加强全市政协宣传工作、社情民意信息工作的意见，健全委员履职情况统计、考核与表彰等经常性工作制度。

【政协第十二届济南市委员会第三次会议】 1月17～20日在舜耕会堂召开，应出席委员585人，实到556人。中共济南市委、市人大常委会、市政府、市纪委、济南警备区、市中级人民法院、市人民检察院的领导应邀出席会议。市政协往届主席、副主席，市级有关民主党派、工商联负责人应邀参加会议。

市政协副主席王世敦主持大会开幕式；市政协主席徐长玉、副主席王可敏代表政协第十二届济南市委员会常务委员会，分别作常委会工作报告和提案工作报告。审议通过了市政协常委会工作报告和提案工作报告，对市政协过去一年的工作给予积极评价，并对新形势下如何推动人民政协事业实现新发展提出意见和建议。会议期间，与会委员列席济南市第十四届人民代表大会第三次会议，在讨论政府工作报告时，委员们对市政府2009年的工作给予充分肯定，对报告提出的济南市2010年经济社会发展的工作重点，尤其是围绕“拓展城市发展空间、打造现代产业体系”的要求和“转方式、调结构、促增长、惠民生、保稳定”的重点工作，一致表示赞同和拥护，对完成报告提出的任务目标充满信心。委员们还通过小组讨论、大会发言和书写提案等形式，围绕全市经济社会发展问题提出意见和建议。会议还通过了大会决议等事项。

【常委会会议】 **市政协十二届十一次常委会议** 1月8日举行。会议审议通过了市政协常委会工作报告（草案）、提案工作报告（草案）和报告人；审议通过了常务委员会2010年工作要点；审议通过了关于召开政协第十二届济南市委员会第三次会议的有关事项；书面审议了市政协各专门委员会2009年工作报告；书面通报了市发改委等部门办理落实市政协有关建议案的情况。会议还审议通过了有关人事事项。

市政协十二届十二次常委会议 1月14日举行。会议审议通过了有关人事事项。

市政协十二届十三次常委会议 1月19日举行。会议听取了关于市政协十二届三次会议情况的综合汇报；审议并原则通过了政协第十二届济南市委员会第三次会议政治决议（草案）、关于常务委员会工作报告的决议（草案）、关于常务委员会提案工作报告的决议（草案）；审议并原则通过了政协第十二届济南市委员会提案委员会关于市政协十二届三次会议提案审查情况的报告（草案）。

市政协十二届十四次常委会议 3月18日举行。会议传达学习了十一届全国人大三次会议和全国政协十一届三次会议精神。

市政协十二届十五次常委会议 7月9日举行。会议传达学习了市委九届八次全体会议精神；听取了市委常委、副市长陈先运关于全市上半年经济运行情况的通报；审议通过了《关于促进我市城市综合体与城市交通及基础设施协调发展的建议案》；审议通过了《关于加强我市基层农业科技推广体系建设的建议案》。

市政协十二届十六次常委会议 10月26日举行。会议听取了中共济南市委办公厅、市政府办公厅关于2010年政协提案办理情况的通报；审议通过了《关于加快我市公共文化服务体系建设的建议案》；审议通过了《关于我市新兴能源产业基地建设的建议案》。

市政协十二届十七次常委会议 12月10日举行。会议传达学习了中共十七届五中全会精神、中共山东省委九届十一次全会精神和中共济南市委九届九次全会精神；传达学习了全国政协十一届十一次常委会议、省政协十届十五次常委会议精神；听取了市委副书记、市长张建国关于济南市“十二五”规划纲要编制情况的通报。

【市政协第二十八期暑期读书会】 7月26~31日举行。市政协主席会议组成人员，往届主席，担任本届委员的上一届主席会议组成人员，副秘书长，驻会常委，市政协各专委会主任，市级各民主党派、工商联和侨联、台联负责人，各县（市）区政协主要负责人等共计50余人参加读书会。期间，学员们通过自学与集中辅导相结合、学习与研讨相结合等方式，认真学习中共中央和省、市委关于加快经济发展方式转变的重大决策部署和市委九届八次全体会议精神；听取了山东师范大学历史文化学院院长王克奇教授关于“传统道德文化与民族价值观”专题讲座；召开各县（市）区政协主席座谈会和党外人士座谈会；市委副书记、市长张建国到会看望学员，通报全市经济社会发展情况并讲话；市政协主席徐长玉作总结讲话。

【2010济南政协发展论坛】 9月3日举行。论坛的主题是省会文化建设。邀请驻济大专院校、科研院所的专家学者和部分委员，通过分析现状、研究问题，结合济南实际提出对策建议。市政协第二十八期暑期读书会与会人员，市委常委、宣传部部长谭延伟，副市长巩宪群等参加了论坛，中央和省、市有关新闻媒体对论坛情况进行了广泛报道。

【调研视察活动】 市政协紧紧围绕市委、市政府中心工作，着重就全市优势产业集群配套发展情况、拓展城市发展空间、实施国家基本药物制度、推进新型农村社会养老保险及推进城乡一体化发展等6个课题，开展专题议政活动。围绕"十一五"有关任务目标和"十二五"规划编制中的一些重要问题，如经济发展软环境建设、住宅产业化发展、森林城市和水系生态建设、教育改革与发展等问题，组织开展各种调研视察、咨询论证活动，共提出《关于我市新兴能源产业基地建设的建议案》《关于加快我市公共文化服务体系建设的建议案》等12份建议案和调研报告，为市委、市政府科学决策、民主决策提供了参考。

【民主监督工作】 市政协积极探索发挥民主监督作用的新途径，组织100多名委员从提案办理的制度、程序和实效等方面，首次面对面地对78家党政部门的提案办理工作进行民主评议；市政协全年共收集整理社情民意信息80余条，编辑近30条以《济南社情民意》形式报送，其中关于大力发展物流产业、健全企业安全生产市场化机制、建立重大灾害保险制度、峨眉山公园重建等信息，得到全国政协、省政协和市委、市政府的重视与采纳；组织200多名委员分别参加全市科学发展综合考核活动，参加数字电视收视维护费、燃气价格调整听证会，担任有关司法部门和行政执法部门的特邀监督员，丰富民主监督的内容，增强民主监督的实效。

【办理委员提案】 自市政协十二届三次会议以来共征集各类提案630件，经审查立案603件。其中委员个人提案453件，联名提案79件，各民主党派、有关人民团体提案61件，界别提案6件，政协专门委员会提案4件。内容涉及经济科技方面的105件，城市建设与管理方面的266件，教文卫体方面的107件，社会和法制方面的114件，其他方面11件。中共济南市委、市政府高度重视提案工作。市政府召开常务会议，首次对政协提案办理工作进行专题研究部署；各承办单位不断完善工作制度，认真研究，协调办理。截至12月底，所有立案提案全部办复。

【对外联谊】 市政协年内接待了来自韩国、白俄罗斯等国家和港澳台地区的朋友；引介从事碳晶平面发热材料研究与应用的高科技企业济南盛乐嘉电器科技有限公司与济阳洽谈选址扩建厂房项目；考察济北工业园北区等地块，与有关部门进行洽谈；引介台湾客人来济考察洽谈投资兴建医疗机构项目。

【文史资料征编】 市政协年内编辑、出版4期《济南文史》杂志，发表稿件40余万字、图片120多幅；继续推进《新济南亲历亲见亲闻》的征编工作；启动《山东区域文化通览·济南卷》的编纂工作；与各县（市）区政协、市妇联、市教育局联合出版《济南区域文史存珍》《巾帼风采》《教育春秋》等"三亲"史料；从2009年"法因数控杯·'我和祖国'庆祝新中国成立60周年有奖征文"活动所征文稿中，选取125篇优秀文章结集出版《我和祖国》。

（乔 谦 陈文忠 张 婧）

民主党派和工商联

【中国国民党革命委员会济南市委员会】 1.自身建设。①思想建设。制定并下发《民革济南市委关于开展"学习和践行社会主义核心价值体系"的意见》，7月，与省民革联合举办"学习和践行社会主义核心价值体系"辅导报告会，多途径、多渠道、多角度为党员提供学习、交流、展示的平台，增强活动的实效性、针对性、互动性。民革济南市委被民革中央授予"民革地市级组织思想宣传工作先进集体"和"学习践行社会主义核心价值体系先进组织"称号。②组织建设。年内发展新党员28名，全部为大学以上学历或中级以上职称，平均年龄37.8岁，其中博士1人，硕士以上学历占7%，高级以上职称占25%，具有民革特色或具有一定政治安排、社会安排的占65%以上。民革历城区总支、历城支部先后成立。至年底，民革市委共有党员453人，总支5个，支部25个。八中支部被民革中央授予"民革全国基层工作先进组织"称号，张乃仁获"民革全国基层工作先进个人"称号，聂爱华获"民革全国优秀女党员"称号。17名基层党员获"山东省优秀女党员"称号，45人获"民革山东省优秀党员"称号。

2.参政议政。年初，在市政协十二届三次会议上，民革市委共提交大会口头发言1件，书面发言5件，集体提案8件。其中2件提案由分管副市长批示，3件提案纳入市政府决策，2件提案在新闻媒体上摘要刊登，《继续保持投资强劲势头，推动省会建设发展再上新水平》的提案被确定为政协主席重点督办提案。主委班子成员多次参加市委市政府召开的民主协商会、意见征求会、情况通报会及座谈会，就济南市"十二五"规划、党风廉政建设、民政事业发展情况等发表意见、提出建议。主委王伯之任组长的市级各民主党派联合调研组，围绕济南市城市基础设施投融资机制建设展开联合调研，形成调研报告和政协大会发言稿。党员中的人大代表、政协委员及各级特邀监察员，积极参加人大、政府和政协组织的视察、检查、调研、座谈活动，为济南经济和社会发展建言献策。

3. 社会服务。年内，民革济南市委作为民革北方城市旅游风光摄影展的承办单位，先后在济南、广州举办“民革北方城市第八届旅游风光摄影展”。民革中央《团结报》头版以《小照片成就社会活动新品牌》对此进行报道。4 月，民革济南市委参加济南市直机关组织开展的向玉树地震灾区捐款活动，机关全体工作人员捐款 1700 元。8 月，民革济南市委机关全体工作人员参加“情系舟曲”爱心捐款，共捐款 3200 元。

4. 促进祖国统一工作。4 月，应台湾基隆市议会邀请，主委王伯之随市人大参访团到台湾进行为期 8 天的交流，并拜访了中国国民党副主席、中国台商发展协会理事长蒋孝严先生。6 月，与市台办召开座谈会，就驻济台商的现状、济台合作前景等问题进行调研。9 月，民革济南市委举办中秋台属联谊活动，组织部分台属和老党员游览百脉泉。

（毕殿增）

【中国民主同盟济南市委员会】 1. 自身建设。①树立和践行社会主义核心价值体系教育活动。年初，安排部署社会主义核心价值体系学习教育活动。充分发挥济南盟讯、济南民盟网站宣传阵地作用，宣传新时期盟内的先进人物和先进事迹，营造争当社会主义核心价值体系实践者的良好氛围。7 月，举办社会主义核心价值体系专题辅导报告，围绕学习与践行社会主义核心价值体系，转变思路与方式，促进盟务工作新发展进行研讨与部署；教师节期间，盟市委结合纪念市民盟援建薄弱初中学习辅导团成立 15 周年，宣讲辅导团的感人事迹，在新的历史时期学习与践行社会主义核心价值体系。②组织建设。5 月，7 名盟员参加市委统战部举办的“济南市党外干部进修班”;8 月，盟市委举办暑期读书班，盟市委委员、各基层组织负责人共计 100 余人参加；10 月，8 名盟员参加济南市民主党派基层组织负责人培训班；全年共考察发展盟员 42 人。截至年底全市共有 6 个基层委员会、3 个总支、66 个支部（小组），盟员 1052 人。③开展活力支部建设活动。提出活力支部建设活动与参政议政社会服务相结合，与时事政治学习活动相结合，与后备干部队伍建设相结合。各基层组织切实加强支部建设，创新工作内容与形式，充分发挥自身特色优势，多渠道多形式履行职能，服务社会，产生了良好的社会影响。

2. 参政议政。①在年初召开的市政协十届三次会议上，民盟济南市委作了题为《关于促进我市二环路及北园高架路两侧产业发展的建议》的大会发言，提交《关于保障城市河道景观用水的建议》《关于加强农村环境保护工作的建议》《关于政府投资项目实行代建制的建议》《强化社区矫正制度建设》等 7 件提案。② 3 月，盟市委领导参加市委统战部举办的参政议政专题报告会；4 月，参加济南市党外人士情况通报会，听取市政府办公厅“执政为民、廉洁高效”集中教育活动情况的通报，参观市行政审批中心、12345 市民服务热线；11 月，参加党外人士视察济南市检察工作活动，参观检察发展简史展和预防职务犯罪警示教育展；民盟、民革界别政协委员围绕济南市历史文化遗存的保护利用、促进职业教育发展等问题开展视察调研活动。6 月，召开参政议政座谈会，认真总结 2009 年提案及社情民意反映工作，对参与提案者进行表彰。重点围绕《在城市化进程中强化措施、均衡配置，推动我市基础教育公平发展》《在城市化进程中存在的问题和建议》两个课题开展调研，到市教育局、市规划局、槐荫区政府、西客站片区等地实地调研。③社情民意信息工作常态化。加强社情民意信息反映工作，开展日常性的参政议政工作。同时引导、帮助有热情有能力的新成员积极参与。收集整理《提高农民素质，培育新型农民》《关于加强城市管理工作的几点做法》等社情民意信息 20 余篇，上报省民盟、市政协和市委统战部。

3. 社会服务。5 月，盟市委妇委会在全市盟员中倡议开展“亲情拥抱福宝宝”活动，给社会福利院孤残儿童送去亲情与关爱。青海玉树地震发生后，全市盟员积极向灾区捐款，奉献爱心。各基层组织发挥优势，开展形式多样的社会服务活动。济南铁路支部和口腔医院支部联合赴章丘市开展送“法律、医疗、书画”下乡活动；民盟济南职业学院总支发起大学生“成就职业梦想”就业援助行动；天桥区律师支部与天桥区堤口路街道 8 个社区牵手举办“律师进社区”活动；民盟市中区机关支部向社区残疾人发放“爱心盲杖”等。（李少杰）

【中国民主建国会济南市委员会】 1. 自身建设。①思想建设。学习贯彻中共十七届五中全会精神，开展学习型参政党组织建设活动，努力践行社会主义核心价值体系。邀请省委党校副校长李永清教授作“建设学习型党组织，践行社会主义核心价值体系”专题辅导报告。各基层组织也开展了内容丰富、形式多样、富有实效的主题学习活动。举办以“弘扬民建优良传统、努力践行社会主义核心价值体系”为主题的演讲比赛。开展“服务年”活动，帮助会员企业解决发展中的实际问题。围绕民建中央“建会 65 年来自身建设的基本经验”重点课题，组织骨干会员开展理论研究，撰写了《从济南民建“基层组织建设年”活动成效谈如何加强民主党派基层组织建设》等理论文章 7 篇，其中，会员刘岩论文《强本固基，建设高素质的参政党》获民建中央 2010 年重点理论研究课题优秀成果二等奖。在民建山东省委 2010 年度新闻宣传工作评选活动中，被评为 2010 年度新闻宣传工作先进单位，有 2 篇稿件获新闻宣传优秀作品奖。②组织建设。全年发展会员 47 名，平均年龄 39.2 岁。具有大专以上学历的占到 98%，其中，研究生 5 名，具有中高级职称的 13 名。对 19 个老支部进行“撤、并、合”，成立了机械行业、轻工行业和商贸行业支部。基层组织从原来的39个精减至23个，减少了41%，形成6个总支及17个直属支部的基层组织架构。加强后备干部队伍建设，为各级组织储备人才，为2011年换届工作打下坚实基础。市中区总支被评为全国先进基层组织，会员王琳、刘岩被评为全国先进个人；天桥区总支等6个基层组织和于毅等18名会员被评选为全省先进基层组织和先进个人。槐荫区总支等11个基层组织、企业委员会等3个专委会、丁守林等96名会员受到市委会的表彰。

2. 参政议政。领导班子成员及会员中的各级人大代表、政协委员、特邀监察员多次参加市委、市政府、市政协召开的协商会、通报会、座谈会及各类视察活动。在市委、市政府高层协商会提出的有关“十二五”规划的建议和政府工作报告征求意见活动中，民建关于济南市北跨发展、省会城市圈建设、增加农民经营性转移性收入的建议被采纳。在市人大十四届三次会议上，会员代表提交建议10件。在市政协十二届三次会议上，提交集体提案12件，个人提案21件，并以《调整结构，优化布局，实现工业强市》为题作大会发言。12件集体提案全部得到市政府答复并给予积极落实。《疏导结合，搞好马路市场整治》的提案，确定为政协主席重点督办提案。各区总支在年初召开的区“两会”上共提交建议、提案49件，其中有20件进入党政决策。全年征集社情民意22件，经整理筛选后向市政协报送7件，向省民建报送2件。

3. 社会服务。西南5省特大干旱、玉树地震等自然灾害后，各基层组织和广大会员通过“思源·甘泉”行动及各种方式和渠道，共向干旱和地震灾区累计捐款240余万元。5月，与山东省青少年活动中心、济南市希望工程办公室、视周刊等多家单位联合举办“火柴天堂”圆梦行动大型公益活动，积极为贫困孩子捐款捐物。12月，市委会与中国孔子基金会、济南市女企业家协会、会员企业山东胶东人家大酒店等多家单位，联合举办“天使之翼”慈善之夜公益活动，共筹资30余万元，全部捐赠济南市福利院和育园中学。历下区总支开展“送法进社区”“捐书助学”和“资助贫困儿童”等系列公益活动；市中区总支在扶贫助学、捐资救助和慈善一日捐等社会公益活动中，捐款、捐物近43万元；槐荫区总支举办法律咨询会，为企业和个人进行法律咨询服务；历城区总支组织部分会员向西营敬老院捐赠面粉；章丘支部会员向辛寨卫生院捐助价值8万元的医疗设备。积极开展招商引资工作，据不完全统计，全年以会员为主招商引资5亿多元。会员企业新安置就业人员近千人。（宋华珂）

【中国民主促进会济南市委员会】 1. 参政议政。①市委会主要领导先后10次参加市委、市政府和市委统战部组织召开的协商会、通报会、座谈会，就市政府工作报告、市“十二五”规划建议、市有关领导人选等问题参与政治协商，就济南市经济、文化和社会发展等提出意见和建议。市委会还重视和鼓励各级组织和会员积极参加各级党委、政府、人大、政协组织的视察、调研、督办、考评，广泛参与媒体主办的“政务面对面”“民生直通车”、市政府12345市民服务热线，举办公益讲座、参加各类访谈等。②年初在各级人大、政协会议上共提交建议、提案167件，涵盖教育、文化、经济、农业、城建等各个领域，其中多件集体和个人建议、提案得到市领导批示或被列为重点督办提案。市委会提交市政协十二届三次会议集体提案10件，并做《借全运会成功举办之势，提升济南城市文化品牌》的市政协大会发言。③年初就“解读两会、聚焦民生、关注热点”整理编印4万多字的《2010年度议政调研参考资料》，确定“大力发展都市农业”“以承办第十一届中国艺术节为契机，提升城市文化品位”和“推进家庭建设”3项主题调研，组建了3个调研小组。此外还确定《关于推动和振兴济南吕剧戏曲文化事业持续发展的建议》等25个调研选题，到农村、企业、社区、学校、外地等展开调研，最终形成《科学规划、对接融合、完善体系，促进我市都市农业全面发展》等11项集体提案。

2. 自身建设。①思想建设。市委会成立理论研究小组，申报民进中央2010年度招标课题《社会主义核心价值体系与民进的实践研究》，积极参加民进中央举办的学习《六个“为什么”》有奖征答活动。各总支、支部以集中学习、参加培训、考察调研、自学研讨等形式，深入开展学习活动。民进机关也采写了介绍民进十三中支部先进经验的报道《众手浇开民进花》，刊登在《济南统战》《山东民进》，民进中央网站予以转载。《联合日报》《山东商报》《齐鲁晚报》、齐鲁电视台、山东教育电视台、舜网、“天下泉城”网站等诸多媒体对市民进的工作进行多次报道。民进济南市委被民进中央授予“民进全国先进地方组织”称号；在省、市表彰中，济南历下区总支等15个基层组织获省民进“先进基层组织”称号；108名会员被评为市民进先进会员。②组织建设。全年共发展会员30人，其中，硕士3人，中高级以上职称22人，主界别外9人。至年底，全市有会员711人，其中在职会员463人，占65.1%。界别情况为，教育界505人，占71%；文化、新闻出版65人，占9.1%；科技医卫47人，占6.6%；其他92人，占12.9%。会员中有各级人大代表、政协委员74人次，占10.4%；有12人担任副处级以上政府实职。槐荫支部会员张薏被评为“泉城十大杰出青年”。

3. 社会服务。开展“好作品献给青少年——2010年济南市作家、音乐家进校园”系列活动，为“济南市作家、音乐家进校园示范基地”和“作家书架”揭牌，向学校赠送图书并举行文艺联欢。活动共向学校捐赠书籍5000余册，千名师生直接参与活动。继续做好与西营学校的教育教学共建工作。将“济南市流动青少年宫”引进西营学校，送教送课到西营学校，捐赠图书千余册。广大会员心系贫困地区、困难群体和灾区群众，共捐款1万余元；会内书画家多次参加书画赈灾、义卖。年内，市民进举办公益活动27次，捐书1万余册，价值10余万元；捐赠书画作品110件；安置下岗职工95人，累计培训230人次，减免培训费用8万余元。对市区的10余处文化墙进行明察暗访，就文化墙的保护和作用的发挥提出建议。前往济南市青少年宫和山东大智考试培训学校视察指导工作。三八妇女节期间，组织部分女会员到章丘市双山实验幼儿园慰问教师，向小朋友赠送玩具。会员招商引资近5亿元，为济南市经济社会发展作出积极贡献。（王洪伟）

【中国农工民主党济南市委会】1. 自身建设。①思想建设。学习贯彻中共十七届四中、五中全会精神、科学发展观、社会主义核心价值体系等。开展“中国特色社会主义理论”主题教育活动。举办“社会主义核心价值体系”学习班，邀请中共济南市委党校教授王爱军作题为《社会主义核心价值体系与思想道德建设》的辅导报告。举办“农工党济南市委纪念农工党建党80周年书画、摄影作品展”，选送11幅作品参加“农工党山东省委纪念农工党建党80周年图片、书画展”，3幅优秀作品参加在厦门召开的全国副省级城市书画展，获优秀作品奖。7月30日，在农工党山东省委召开的纪念农工党建党80周年大会上，市委会推荐的8个基层组织、35名党员被评为先进基层组织和优秀党员。响应农工党中央关于开展“在广州惠州建邓演达纪念园”的捐款活动的号召，组织农工党员捐款12000元。举办以新阶层代表人士为主的“农工党济南市委第二届经济论坛”，论坛共收到发言材料10余篇。②组织建设。根据农工党中央《关于进一步做好组织发展工作的若干意见》精神，农工党组织发展界别增加环境保护和人口资源领域的代表性人士。年内，发展党员21人。21名新党员中，医药卫生界7人，占33.3%；政府机关2人，占9.5%；新阶层代表人士9人，占42.9%；平均年龄37.8岁。撤销市直综合支部，新成立市属一、二、三支部。成立建设行业支部和槐荫区综合支部。至年底，市委会共有农工党员657人，下设天桥、市中、槐荫、历下、历城5个区总支，33个基层支部。

2. 参政议政。年初，在市政协十二届三次会议上，副主委姚桂琴作题为《关于加大我市城区地下空间资源开发管理力度的建议》的大会发言，市委会提交了《关于促进我市慈善事业发展的建议》《关于加快推广我市自然养猪法、提高畜产品质量的建议》《关于加强我市主城区污水收集系统建设的建议》《关于政府推动居民小区成立业主委员会、规范小区管理的建议》和《关于成立医疗纠纷调解委员会，创新医疗纠纷处理机制的建议》等6件集体提案。各级人大代表、政协委员就医药卫生、城市管理、文化建设、农业问题、环境保护、社会保障等方面提出30余件提案。在中共济南市委、市政府及有关部门组织的情况通报会、民主协商会和座谈会上，市委会领导班子成员在调查研究的基础上，就济南市统筹城乡建设、医疗卫生事业改革等重大问题提出意见建议。在深入调研、广泛交流的基础上，形成了《关于进一步加强我市精神卫生工作的建议》《关于推进我市实施国家基本药物制度的建议》《关于加快我市农村垃圾治理的建议》《关于我市加快发展品牌经济的建议》《发展装备制造业，提升济南经济实力》《规划城市色彩、提升泉城形象》《关于修建第二条东西方向高架快速路的建议》等7件集体提案。

3. 社会服务。6月4日，市委会在定点帮扶乡镇卫生院——长清孝里镇卫生院举办第三届“中国环境与健康宣传周”活动，农工党员中的部分医疗专家、法律工作者利用孝里镇大集，为广大农民朋友义诊服务400余人次，接受法律咨询30余人次，发放“中国环境与健康宣传周”宣传册200余册，张贴“中国环境与健康宣传周”宣传画10余张。市属3支部为3名贫困中学生捐资3000元。青海玉树地震后，全市农工党各级组织和广大农工党员累计捐款近2万元。

（邢介叁）

【中国致公党济南市委员会】1. 参政议政。①市委会领导7次参加济南市党外人士座谈会、情况通报会及视察活动，就《中共济南市委关于制定济南市国民经济和社会发展第十二个五年规划的建议（征求意见稿）》以及济南市民政事业、检察事业、法院事业、“执政为民、廉洁高效”集中教育活动等提出有针对性的意见和建议。②年初，市委会向市政协十二届三次会议提交大会发言1件、书面发言1件、集体提案6件，其中《关于大力发展战略性新兴产业，加快向创新型经济转型的建议》被评为市政协优秀提案，其建议内容被市政府纳入正在编制的“十二五”规划中；《积极推动省会城市群经济圈发展的建议》被市政府编制《济南市都市圈规划》时予以借鉴和采纳。党员中的人大代表、政协委员在各级人大、政协会议上提出议案、提案、建议57件。市委会申报并完成致公党山东省委会调研课题，独立完成的《关于加快发展我省低碳经济的建议》等2篇调研报告被省委会采用作为党派提案提交省政协十届三次全会。③加强和完善社情民意信息工作，组织党员围绕“十二五”规划编制、校园安全防护、新农村建设等问题提出意见建议，《农村宅基地利用问题与对策》等信息被致公党中央采用。

2. 自身建设。①思想建设。开展树立和践行社会主义核心价值体系活动，组织党员学习先进人物事迹材料，号召基层组织和党员学先进、赶先进、超先进。组织党员收看《民主之澜》《黄炎培》等电视剧，学习和传承民主党派老一辈的优良传统。编印《济南致公》2期，《济南致公简讯》4期。《中国致公》、致公党中央网站、《山东致公》、济南统战信息等选用信息报道20余次（篇）。②组织建设。对高新区、历城区支部班子进行充实，新建市中区总支部和律师会计师支部。全年新发展党员19人，其中博士5人，硕士3人，大学文化9人，高级职称10人，中级职称4人。截至年底，市委会下辖总支部4个，支部10个，党员286人。省立医院支部被致公党中央表彰为先进集体。天桥区支部、历城区支部被致公党山东省委表彰为先进集体，聂鸿立等20名党员被致公党山东省委表彰为优秀党员。

3. 海外联谊。市委会热情接待来自美国、日本、加拿大、泰国、台湾等国家和地区的客人和党员亲属10余人，参与接待国际洪门中华总会2010年齐鲁文化参访团的客人。市"五侨"部门联合开展侨情调研、招商引资、接待来访、归侨侨眷迎春联谊等活动。市委会领导在春节、中秋节前夕走访慰问部分老归侨侨眷。槐荫区支部与区侨联联合成立旨在为侨界人士服务的"侨界心理健康咨询服务中心"，并联合举办"侨界救护知识讲座"，深受归侨侨眷欢迎。成员积极参与招商引资，年内完成千万元以上招商引资项目2个。闫薇被致公党中央表彰为海外联络工作先进个人。

4. 社会服务。"六一"儿童节前夕，社会服务工作委员会组织党员赴长清区张夏镇中心小学开展爱心捐助活动，向该校捐赠价值约计2万元的图书和文具用品。市委会联合市侨办两赴商河县韩庙乡开展"侨爱工程——送岗下乡"和"侨爱工程——送书下乡"捐赠活动，捐赠价值1万余元的图书。全市党员积极参加为玉树地震灾区组织的捐款捐物活动，党员袁武杰捐献价值约30万元的药品。市委会医疗卫生专家讲师团组织庞在英等7名专家赴历城区，对180余名基层临床专业技术人员进行培训。师范学校支部为长清区5所小学近150名教师举办教师礼仪讲座。天桥区支部联合天桥区总工会、市渣土办，向天桥区23名特困职工发放2.3万元的救助金。广大党员在本职岗位上勤奋工作，做出了突出成绩。赵家军被评为山东省医学领军人才，获"国家科学技术进步二等奖""中国中西医结合学会科学技术奖二等奖"和"中华医学科技奖二等奖"；许罂琼获山东省富民兴鲁劳动奖章；毕玉平被表彰为山东省留学人员回国创业先进个人；周长鹏被评为全省司法系统先进个人并记三等功；张才擎获"山东省卫生厅科技进步一等奖""山东省卫生厅自然科学科技进步二等奖"和"山东省教育厅自然科学科技进步一等奖"；和桂玲获"山东省科学技术进步二等奖"和国家专利1项；李成获"山东省科学技术进步三等奖"和"山东省软科学三等奖"；彭玉红负责承办的"第四届全民终身学习宣传周"获国家教育部优秀组织奖。

（张贵军）

【九三学社济南市委员会】1. 参政议政。①社市委主要领导先后参加和列席中共济南市委"十二五规划征求意见"座谈会等各类通报会、座谈会等，及时了解济南市的中心任务及各项工作。②社市委联合市林业局，撰写的《让森林走进城市，让城市拥抱森林》调研报告，作为市政协十二届三次全会上的大会发言，受到了市委、市政府的高度重视。在《关于创建国家森林城市，建设森林泉城的意见》和《济南市城市森林建设总体规划纲要》中，大量采纳了九三学社提出的建议。年初，在市政协十二届四次全会上，社市委提交《关注饮水安全，润泽农家百姓——加强农村饮水安全管理，推进我市新农村建设》和《关于加快促进我市中小企业创新能力的建议》等7件集体提案。③加强与政府各部门的交流。把与政府对口联系工作经常化、制度化。制定《九三学社济南市委关于进一步加强与政府对口联系的意见》，明确了对口联系主要内容和形式。社市委承担的项目《快速提高济南市公共交通分担率的管理策略研究》获济南市科技进步三等奖，《进出口动物源性食品中重金属污染的防控管理研究》成果达到国际先进水平。④深入开展专题调研。到济阳县调研大棚蔬菜的相关生产技术，到山东佳怡物流公司和山东三箭置业集团有限公司，调研生产性服务业和房地产业的发展状况。就软课题项目《进出口动物源性食品中重金属污染的防控管理研究》到济南市出入境检验检疫局进行调研。就《加强农村饮水安全，推进新农村建设》课题，到水利局和三庆集团开展调研。

2. 自身建设。①思想建设。树立和践行社会主义核心价值体系。举办"九三学社济南市委社会主义核心价值体系理论学习班"，听取山东省委党校张友谊教授的报告。征集树立和践行社会主义核心价值体系论文，共收到各基层组织及个人的文章10余篇，部分优秀论文在刊物和网站上发表。由社市委组织撰写的论文《我国民主党派在公共政策过程中的民主监督研究》，成为社中央参政党理论研究中标课题。学习贯彻中共十七届五中全会精神，邀请中共山东省委党校王立新教授作主题报告。全年出版《九三济南简讯》10期；《济南九三》2期；利用网站刊登通知、报道等各类文章40余篇；在《济南日报》等各大主流宣传媒体上发表文章30余篇。社市委获九三学社山东省委2009年度"宣传工作先进集体二等奖"和"网站信息工作先进集体二等奖"。②组织建设。年内，发展成员22名。至年底，有九三学社社员454名。其中具有高级职称的有256人，占社员总数的56.4%，社员平均年龄53.9岁。届别分布：科技界235人，占总数的51.8%；医药卫生界72人，占总数的15.9%；高等教育界12人，占总数的2.7%；政府机关56人，占总数的12.3%；其他79人，占总数17.4%。现有基层组织22个，其中基层委员会5个，支社17个。2010年槐荫区基层委员会获"社中央优秀基层组织"称号。

3. 社会服务。盛夏时节，九三学社济南市委举办"为西客站建设者送清凉"的社会服务活动，向西客站建设者捐赠了3000斤西瓜、100斤绿豆和风油精、按摩乳、霍香正气水等防暑降温药品。部分九三学社医务界成员还为西客站建设工人进行义诊。社市委被九三学社中央委员会授予"全国社会服务工作先进

集体”称号。（程　亮）

【济南市工商业联合会】1. 思想政治工作。①加强学习培训，提升非公有制经济人士政治素质。通过举办座谈会、培训班和专题会等多种形式，认真组织非公有制经济人士学习贯彻中共中央总书记胡锦涛“三个有更大作为”重要讲话和国务院新“非公经济36条”精神，学习贯彻全国、全省思想政治工作经验交流会和省市促进民营经济发展工作会议精神，使参训企业家坚定信念、开拓视野、增长才干、提高素质，自觉探索实现“三个有更大作为”的新思路、新途径和新举措。②加强宣传，为民营企业发展营造良好氛围。加强与市主流新闻媒体合作，重点宣传“三个有更大作为”、全国全省思想政治工作会议精神、第三届泉城优秀社会主义事业建设者事迹。组织20余家民营企业在主要省、市级媒体进行集中展示，宣传在转方式、调结构中的先进典型。③教育引导民营企业积极承担社会责任。10月，由市工商联直属商会主办的“感恩行动”启动。圣泉集团及全体员工为首批176名生活困难的“三老”人员每人每月捐助现金500元和保健食品，活动暂定3年，捐助总额达320万元。全市工商联系统已落实该项捐助资金近700万元。进一步引导发动非公经济人士参与各项公益慈善事业。全市各级工商联组织通过各种形式、载体，引导会员企业积极参与抗震救灾、扶老助残、扶危济困等活动。会员企业捐款捐物达1770万元。同时积极支援新农村建设，投资捐资达6000多万元。

2. 参政议政。①围绕大局和工商联创新职能作深入调研。形成调研报告4篇，其中《关于基层工商联组织创新和转变职能问题的调查与思考》被中共中央统战部《调研参考》采用并获得省委统战部调研成果一等奖，《抓住转方式、调结构有利时机，促进民营企业科学发展》在市委召开的参政议政工作座谈会上得到好评。②拓宽参政议政渠道，建立“市长—企业直通车”制度。组织工商联界别政协委员和部分民营企业家代表召开专题座谈会，就济南市经济社会和民营企业的发展情况以及政府政策支持等问题同市领导座谈交流。③做好政协大会的发言和提案工作。在市政协十二届三次会议上，共提交团体提案5个，大会发言2个。其中《以城市综合体建设为引擎，强力推进省会经济发展和现代化建设》的大会发言，得到市委领导的重视和关注。《关于开设“政协视窗”专栏的建议》被评为优秀提案，并被确定为政协主席督办提案。

3. 经济服务工作。①成立直属会员商会。直属会员商会由企业家担任会长和商会各项主要职务，并聘请公安、税务、工商、经信委、商务局等11个政府部门负责人任顾问，进一步密切政府与企业的联系。②引导企业切入新兴产业领域，实现助推落后地区和“转调”结合。积极引导有实力的民营企业到商河投资，利用商河特有资源，寻找企业新的增长点，并以此助推商河经济发展。3月，组织30多位民营企业家，专程赴商河县考察温泉开发利用、现代农业科技示范园和物流基地等项目。多家民企确定在商河投资新兴产业，总投资达6亿多元。③加强银企合作，促进民企融资。全市各级工商联组织加强与银行等金融机构的交流合作，举办各种银企见面会20余次，并与银行合作开展小额贷款业务和速贷通业务，为急需资金的中小企业解决小额贷款130多次，共计9700多万元。创新融资新模式，引导各行业商会、直属商会、异地商会，采取“抱团取暖”的方式，发挥商会的整体作用和影响力，挑选优质灵活的银行作为合作伙伴，最终形成与齐鲁银行的全面合作，并为会员开展无担保、无抵押的信用贷款业务。齐鲁银行共为全市工商联系统及各类商会授信14.2亿元，实际发放贷款7.5亿元。④开展招聘活动，缓解社会就业压力。围绕大学生就业难和企业求才难这一社会矛盾问题，与团市委合作开展“优才计划”。依托市创业中心，建立“高校毕业生人才资源库”，免费向用人单位开展毕业生就业推荐、委托招聘、岗前培训、政策咨询等服务，搭建起毕业生和企业双向选择的桥梁。组织121家民营企业参加“2010年民营企业招聘周”活动，帮助近千人实现就业。⑤加强经贸交流和对外联络。组织50多家会员企业分别参加第六届新疆喀什·中亚南亚商品交易会、吉林省经贸交流洽谈会等8次国内外经贸活动，达成项目意向20多个。向会员企业详细介绍重庆的各项优惠政策，帮助企业寻找投资对接项目，签订投资意向书12.8亿元。加强与港澳台地区和国内外工商社团及工商经济界的联系。组织12名企业家到台湾进行经贸考察，接待国内外商会、社团来访20余批次。商会及会员共引进、合办项目55个，引进市外资金12亿元。

4. 非公党建工作。①健全机构，全面推进基层党工委机构建设。济南市、10个县（市）区和高新区全部成立了非公有制经济组织党工委，非公党建机构正向街道社区一级延伸，天桥区、历下区多数街道社区建立非公经济组织党建机构。②坚持分类指导，加强非公有制经济组织党组织组建工作。根据非公企业的不同规模和党员分布特点，采取抓大、带中、促小、聚散、填空等多项措施，优化组织设置。全市有4个党委、31个支部直接归属区级非公有制经济党工委管理，党员总数300多名。创新平台，依托大型市场，先后组建6个基层党组织。③以创先争优活动促进非公经济组织党建。在全市非公经济组织党组织和党员中开展“创先争优、争做泉城兴业先锋”活动。设立联系点制度，积极指导协助县区党工委和非公有制企业开展活动。如天桥区非公党工委开展了“红色号角”活动，被新华网列为全国百个创先争优活动典型案例进行宣传推广。开展大型市场的“创先争优”和“党员示范店”挂牌活动。济南泺口旧机动车交易市场、济南红星美凯龙家居生活广场等6家大型市场和企业聚集地均设立党员示范店。

5. 组织建设工作。①会员队伍稳

步发展、结构改善。新发展会员500多家，全市有会员10382个。其中企业会员4498个，占会员总数的43%。在新发展的会员中，注重吸收科技型、新兴服务业企业入会，特别是加大了在文化创意、新能源、环保等新兴产业和社会中介机构中发展会员的力度，使会员结构有了明显改善。②领导班子建设不断加强。进一步建立健全领导班子议事制度，形成分工明确、责任到位、科学高效的工作机制。进一步加强执常委队伍建设，各级工商联组织中兼职副主席和常委的作用得到较好发挥，班子凝聚力和活力进一步增强。③基层和行业组织建设积极推进。全市乡镇、街办的建会率达100%，新建县区级行业商会6家，县区级行业商会25家。市工商联作为主管部门，指导济南温岭商会、济南聊城商会、济南临沂商会、济南梁山商会等4家异地商会成立，并帮助他们开展各具特色的商会活动。（何亚宁）

【济南市总工会】 市总工会辖11个县（市）区总工会、24个局（公司）工会和15个大企业工会。全市有基层工会组织17625个，涵盖法人单位91865个。建会单位职工2182900人，其中，女职工794884人；工会会员2143048人，其中，女会员782942人。工会专职工作人员11642人，兼职工作人员33990人。市总工会机关内设11个部室，编制64人，下属7个事业单位和1个企业。

1. 在推动经济发展方式转变中积极作为。市总工会制定《关于充分发挥工会组织作用推动加快经济发展方式转变的意见》，开展“转方式、调结构、促增长”建功立业竞赛活动。至年底，全市工会开展重点工程、重点工作建功立业竞赛334项，参赛职工76万人；职业技能竞赛230项，参赛职工25万人；提出节能减排合理化建议12万条，采纳4.5万条，创造价值6亿元。弘扬工人阶级伟大品格，以创建“工人先锋号”活动为载体，评先树优、促进发展。五一前夕，隆重召开济南市庆祝五一国际劳动节暨五一劳动奖状（章）工人先锋号命名表彰大会。全市各级工会组织多种形式的劳模座谈会、报告会280场次，唱响“工人伟大、劳动光荣”主旋律，为加快经济发展方式转变凝聚了强大精神力量。

2. 全面推进职工素质提升工程。市总工会与市委宣传部、市文明办联合开展“书香泉城”全民阅读活动，倡导职工树立终身学习的理念，将“创建学习型组织，争做知识型职工”活动继续引向深入。联合市委宣传部、市文明办、市经信委以职业道德建设“双十佳”评选表彰活动为抓手，引导职工提高职业道德意识，陶冶职业道德情操，实践职业道德规范。推进职工教育示范点建设，建成全国职工教育培训基地示范点4个，全国职工教育培训基地优秀示范点1个，济南市工会女职工培训学校被全国总工会评为全国首批“女职工培训示范学校”。积极推进“职工书屋”建设，全市累计建起职工书屋180家，市总工会被全国总工会授予“职工书屋建设”优秀组织奖。

3. 推动厂务公开民主管理向纵深发展。《济南市企业民主管理条例》（以下简称《条例》）于5月1日施行。各级工会采取多种形式，学习宣传贯彻《条例》，共举办专题培训班50期，印发单行本8000册，培训各级党政干部、基层工会干部、职工代表3000人。发挥市厂务公开民主管理领导小组的作用，完善厂务公开民主管理督察和考核办法，分解落实工作任务，加强协调配合、工作指导和监督检查，健全完善工作机制。国有企业改制重组过程中的民主管理工作得到进一步加强，企业改制重组兼并破产和职工安置方案坚持提交职代会审议或通过。加强区域性（行业性）职代会制度建设，提高非公有制企业职代会建制率和覆盖面，使非公有制企业职工的民主权利和劳动经济权益得到有效保障。截至年底，全市国有、集体及控股企业职代会和厂务公开民主管理建制率分别达到98.2%、97.6%；规模以上非公有制企业职代会和厂务公开民主管理建制率分别达到94.2%、97.1%；事业单位职代会和厂务公开民主管理建制率分别达到93.4%、94.2%。

4. 深化和谐企业创建活动。不断拓展创建活动的范围，由劳动关系和谐向全面建设和谐企业拓展，由企业向具备条件的事业单位拓展，由职工劳动经济权益向激励职工全面发展拓展。坚持“促进企业发展、维护职工权益”的企业工会工作原则，以规模以上企业为重点，以要约协商为手段，提高工资集体协商建制率和覆盖面。全市有10708家企业建立集体合同制度，建制率达到91%；有5600家企业进行工资集体协商、签订工资集体协议，建制率达到48%。及时总结、推广创建活动的先进经验和典型，59家“2009年度济南市劳动关系和谐企业（单位）”受表彰，42家单位和53名单位主要负责人被授予济南市五一劳动奖状（章）。市总工会获“全省创建劳动关系和谐企业工作先进单位”称号，并在全国总工会、省总工会深入推进创建劳动关系和谐企业活动经验交流会上作经验介绍。

5. 扎实推进基层工会组织建设。市委制定《关于加强新形势下党建带群团建工作的意见》，以党建带工建、工建服务党建的党工共建创先争优活动不断深入。开展“广普查、深组建、全覆盖”集中建会行动，全市新建基层工会2350个，新增会员157756人，分别比上年增长了15.4%和7.95%。制定《关于开展工会规范化建设活动的实施意见（试行）》，一手抓组建、一手抓规范，90%的县（市）区、局（公司）、大企业工会和76%的乡镇、街道工会达到了规范化标准；25人以上基层工会规范化达标率达到68%。

6. 扩大帮扶工作品牌影响力。继续实施“工字号”工程，培植“工字号”基地318个，安置城镇人员就业7916人。

开展“农民工援助行动”，共援助72531名农民工，市总工会保障部被评为全国工会“千万农民工援助行动”先进单位。在元旦春节期间送温暖活动中，各级工会筹集慰问款物共计1120余万元，慰问困难企业267家，困难职工13429人，困难劳模1060户，农民工1387人。开展“金秋助学”和“英才助飞”活动，与省总工会联合开展专项资助农民工子女上学活动，共筹集资金129.6万元，资助980名特困职工家庭和困难农民工家庭子女。做好小额（借）贷款工作，发放小额贴息贷款220万元、小额借款58万元，帮扶70余名下岗失业人员、返乡农民工、失地农民和困难职工实现自主创业。继续开展职工互助保障活动，共救助626人次，支出救助金167.7万元。切实做好职工信访工作，为156名特困职工提供免费法律援助服务。

7. 推动工会自身建设。工会经费地税代收取得阶段性成果，市政府、省总、省市地税部门批复同意济南地区工会经费由地税部门代收。健全完善财务审批制度，加强预决算管理和重点系统的经费审计，市总经审会在全省经审工作规范化建设考核中达到A级标准。制定工会企事业单位资产处置有关规定，建立健全市及县（市）区总工会资产管理档案、独立账号和网络统计系统，初步实现工会资产的动态监管。

【乡镇工会建制取得突破】 抓住新一轮乡镇机构改革这一有利时机，积极沟通协调，提请市委、市政府在《关于进一步深化乡镇机构改革的实施意见》中，对工会等群团机构设置及人员配备问题提出明确要求，使这一影响基层工会作用发挥的难点问题在全省率先得到解决。截至年底，济南市4个县区的乡镇工会由党政副职兼任工会主席并配备了专职工会干部，其他县区也在积极推动落实。省总工会领导对这一做法给予肯定，并要求在全省工会推广济南经验。

（卢召民）

共青团济南市委员会

【共青团济南市委员会】 年末，团市委有委员39人，机关下设9个部室，编制38人。下属济南市志愿者工作指导中心、济南市团校（青年学院）、济南市青少年宫3个县级事业单位。全市共有基层团委668个，团总支688个，团支部7389个；专职团干部3500余名，团员326717名，少先队员65万余名。2010年团市委系统共获得省级以上荣誉221项，被团省委授予“红旗团委”称号。

1. 加强团的基层组织建设和基层工作。①推动县乡团委集中换届，配齐配强基层团委领导班子。建立换届工作台账，实行周调度、月总结制度，确保换届工作健康顺利进行。新当选区县团委书记4人、副书记6人，新当选乡镇团委书记53人、副书记96人，编制外副书记23人。结合团委换届，采取选配编制外副书记等组织格局创新办法，打破行业、身份、年龄等局限，采取编制内、外和专、兼职结合的方式，吸收各方面优秀青年充实团的乡镇、街道团（工）委班子。经过换届，全市区县、乡镇、街道团委的班子健全率、干部配备力量、开展工作的环境实现了质的提高。②抓好“两新”组织（新经济组织和新社会组织）团建，不断扩大团组织覆盖面。成立全市基层团建工作领导小组，在全市范围内开展“两新”组织团建调研。有效整合青联、学联、青企协、青年文明号、双能手等工作资源，在“两新”组织建团中发挥积极作用。全年新建“两新”团组织1173个，选取其中50个规模大、社会知名度高、条件成熟的“两新”组织进行重点建设，使其组织健全和工作活跃。③开展“百个团务规范化示范点”建设，提升全市团建工作整体水平。把团务规范化建设作为提升基层团建工作水平的抓手，制定《关于加强基层团组织规范化建设的通知》和《基层团组织规范化建设实施细则》，为基层团组织建设提供政策指导。全年建成团务规范化示范点105个，全部配齐了团的制度、基础团务档案、团旗、团徽，团组织外部形象和工作条件明显改善。④实施“千名团干部轮训”工程，提高团干部队伍整体素质。制定下发《2010年全市团干部教育培训计划》，启动“千名团干部轮训”工程。按照“分级培训、分类实施、各负其责、全面覆盖”的原则，创新培训模式、精选培训内容，全年举办各级各类培训班18期，培训各级各类团干部1322人次。其中与市委组织部联合举办全市携手共建新农村村级团组织负责人培训班，对80名重点村团组织负责人进行免费培训。

2. 扎实做好青年就业创业工作。①开展青年就业创业技能培训。将见习基地工作纳入劳动部门促进就业创业整体规划，新建见习基地55家，新增见习岗位6710个。大力推进帮农、助农系列活动，开展共青团春季培训行动和进城青年农民工“订单式”培训，培训6400余人次。联合省农信社济南办事处、济南市科技局开展“送金融知识下乡”“农村科技特派员创业行动”等活动，培养农村青年科技特派员19名，帮扶青年农民专业合作社16个，建立农村青年科技培训基地2个，培训农村青年科技创业带头人60名，重点推广农村实用技术和科技项目7项，开展科技下乡活动21场，服务农村青年3000余人次。举办“城市经济与青春创业”论坛、“助你踏上成功路”培训等大型公益培训活动；与蓝翔技校合作，免费为200名农村青年提供实用技能培训活动。②加大创业扶持力度。“青年就业创业直通车”坚持每月开展活动，累计开展25次，提供就业岗位1634个，小额贷款数量及人数同比增长15%，贷款回收率达到100%，带动500多人就业。举办济南市第二届青年就业创业推介会，吸引近70家省内外企业进行现场招聘，提供工作岗位6000多个。深化“青春建功新农村——百千万农村青年创业计划”，落实创业项目457项，核定贷款额度6218万元，累计发放贷款额度5429万元，带动农村就业人数1511人。

3. 推进教育引导青少年工作。①加强青少年理想信念教育。召开纪念五四运动91周年大会，通过泉城各界青年代表座谈会等活动，促使广大青少年深刻理解五四精神及其时代内涵。推进“与祖国共奋进，与济南同发展”主题教育实践活动，开展“争当四个好少年”主题教育活动以及“一人一瓶水，爱心送旱区”、感恩教育、中华诗文诵读和才艺培养等活动。组织开展“泉城十大杰出青年”“济南市十佳（优秀）少先队员”等先模评选活动，以青少年典型评选为抓手，发挥先进典型示范作用，引导青少年健康成长，努力成才。围绕创建国家森林城市，深入开展“保护母亲河”行动，加大青少年生态环保阵地建设力度，在青少年中倡导绿色、低碳生活方式。商河县青年林、平阴圣母山青少年绿化基地被命名为第六批省级青少年绿化基地，争取绿化资金18万元。②全面推进青年分类引导工作。结合不同类别青年群体的思想特点、语言习惯和沟通方式，切实加强对大学生、企业青年、进城务工青年、农村青年的分类引导。通过大样本、深入扎实的调研，研究制定《济南市青年分类引导工作方案》。在全市各县（市）区、大企业确定青年分类引导试点130余个，市、县（市）区两级团干部分别确定青年分类引导联系点，定期开展工作。商河县玉皇庙街道被确定为团中央农村青年引导试点单位，济南保安服务总公司被确定为团省委进城务工青年引导试点单位。联合有关单位举办“历史的选择”读书会、“大红鹰集体婚礼”等各类青年文化活动近百场，吸引数十万名青年广泛参与。

4. 青少年维权工作。开展“共青团与人大代表、政协委员面对面”活动，在青联中组建青少年权益工作组，进一步扩大与人大、政协委员的联系渠道，提高维权工作影响力。实施共青团“青春助学”行动，不断加大救助贫困学生和捐建希望小学力度。全年募集捐款过百万元，救助贫困学生450余人，希望小学立项2所，援建希望图书室4个。推进预防青少年违法犯罪工作，加大“未成年人零犯罪社区”建设力度，深化优秀“青少年维权岗”创建活动，青少年成长的社会环境不断优化。深入实施“为了明天——预防青少年违法犯罪工程”，启动“预防青少年违法犯罪先进街道（乡镇）”“关爱明天，普法先行——百案释法进校园”“济南市青少年自护教育季”等活动。发挥“五老”作用，大力建设“五老”网吧义务监督员队伍，健全监督员巡查日志等规章制度。全市“五老”网吧义务监督员近2000人，监督注册网吧1147个，基本实现对全市网吧监督的全覆盖。

5. 深化团的各项品牌活动。实施“青工技能振兴计划”，以“双能手”评选和青年创新创效活动为抓手，推进青年技能人才培养工作。开展全市市级“青年文明号”大检查工作，对不符合《济南市青年文明号管理办法》相关规定的近200家市级青年文明号给予取消称号和摘牌处理。举办2010中国百名IT青年精英论坛。开展大中专学生素质拓展计划、“第三届大学生科技文化艺术节”和“三下乡”社会实践活动，进一步丰富校园文化，促进素质教育发展。

6. 做好全运会志愿服务成果转化工作。开展以“志愿济南和谐先锋”为主题的志愿服务活动，不断推进志愿者队伍建设、志愿服务项目体系建设和阵地建设。志愿者队伍不断扩大，注册志愿者人数为38.35万人。初步建立济南市志愿服务项目库，实现志愿者、服务项目和服务对象的有效衔接。首批“城市志愿者文明服务岗”固定岗亭在泉城广场建成启用，促进志愿服务常态化发展。为亚运会、IT精英论坛、信博会、华交会、文博会、非物质文化遗产博览会等大型展会和大型活动提供志愿服务，派出志愿者1500余人，提供近7万小时志愿服务。组织志愿者以“一助一”“多助一”等形式定期服务于社区的孤、老、残、弱群体，重点开展“青春助力——共青团关爱农民工子女志愿服务行动”，在五四青年节、六一儿童节和“12·5”国际志愿者日开展集中服务活动。建立关爱农民工子女志愿服务站200处，服务队200个，服务项目420个，结成帮扶对子9206余对，为农民工子女免费放映励志电影近百场。完成《〈拥抱全运志愿济南〉——第十一届全运会济南赛区志愿者工作掠影》画册和《泉城新名片》宣传片的制作。成立济南市志愿服务理论研究专家团，整理出版《志愿服务与和谐济南建设》。2名志愿者获第八届中国青年志愿者优秀个人，“志愿济南和谐先锋”济南市城市志愿者文明服务岗活动获第八届中国青年志愿者优秀项目奖。

7. 发挥团的外围组织作用。青年统战工作取得新突破，团市委统战联络部被纳入市委统战部直接调度的重点部门，多次接待日本、越南等青年代表团来济访问参观。完成市青企协换届工作，进一步壮大省会青年企业家队伍。市关工委连续四次获“全国关心下一代工作先进集体”称号。青年学院扎实推进青少年理论研究工作，建立特邀研究员队伍，举办培训班4期，培训团干部近600人。青少年宫围绕提升教学质量，打造“专业、公益、阵地、师资、社团”五大品牌，社会影响力不断扩大。携手共建社会主义新农村活动。加大援建工作力度，全年筹措援建资金6万元、水利设施建设资金15万元、各类设备器材20多万元、农业科技图书2000册。

【2010中国百名IT青年精英论坛】 9月2日，由共青团中央、工业和信息化部、山东省人民政府、全国青联、济南市人民政府共同主办的2010中国百名IT青年精英论坛在济南开幕。与会IT青年精英从产业发展角度出发，密切结合国家经济发展战略，紧紧围绕“信息推动经济转型”，展开广泛交流和深入探讨。论坛活动包括2010中国软件与信息服务业外包发展论坛、IC青年精英论坛、制造业信息化软件发展论坛、2010年云计

算发展论坛、“IT 青年精英进校园”等。

（王　宪）

济南市妇女联合会

【济南市妇女联合会】 市妇联辖县（市）区妇联 11 个，乡镇（街道办事处）妇联 143 个，社区妇联 438 个，基层村（居）妇代会 4599 个；市直及部门妇委会 251 个，市民主党派妇委会 7 个；团体会员 14113 个。市妇联机关设行政处室 7 个，编制 31 人。下属单位 2 个：济南市妇女儿童活动中心和济南阳光大姐服务有限责任公司。

1. 着眼促增长，统筹城乡助推妇女发展。①围绕谋发展、促增长，不断深化巾帼建功、双学双比竞赛活动，在城区以“让微笑更美、让服务更优、让窗口更亮”为主题，在农村以巾帼新农民大课堂为载体，引领广大妇女在各行各业创先争优。扎实推进“巾帼科技泉城行”活动，充分发挥“巾帼创业示范基地”带动作用，积极参与现代农业发展，促进妇女增收致富。积极争取妇女小额担保贷款政策倾斜，贷款最高额度由 5 万元提高到 8 万元，受益范围由城镇妇女拓展到农村妇女。大力推进“信贷助推农村妇女创业行动”，共为城乡妇女协调解决信贷 1.8 亿元，扶持 1183 名妇女实现创业。②围绕转方式、调结构，着力为女性人才特别是高层次女性人才成长提供服务，举办第十二期女中青年干部培训班，建立市女企业家协会培训基地，举办首届“科学发展、女性机遇、社会责任”主题论坛，组织女企业家赴台湾参加“鲁台妇女经贸论坛”，举办济南台南文化交流周及两地妇女精英交流活动，充分发挥女性高层次人才在转方式、调结构中的作用。③围绕繁荣发展家庭服务业，加快阳光大姐产业化推进步伐，建立健全企业社会责任和标准化管理体系，不断拓展服务领域、扩大服务规模、提升服务水平。阳光大姐成为全国家庭服务业唯一中国驰名商标，母婴生活护理员标准获中国标准创新贡献奖，挂牌成立了全国家庭服务业首个首席技师工作站，典型经验被国务院办公厅《专报》、全国妇联《妇女工作交流》刊发，中共中央政治局委员、国务委员、国务院妇女儿童工作委员会主任刘延东，全国妇联副主席、党组书记、书记处第一书记宋秀岩和省长姜大明分别作出批示，给予充分肯定。

2. 着眼惠民生，整合资源积极帮难解困。①大力促进妇女就业创业。充分发挥阳光大姐等载体作用，积极承接政府家政服务培训工程，继续把解决妇女尤其是生活困难、就业困难的妇女就业问题置于重要位置，着力加以推进。阳光大姐共培训妇女 19876 人，安置妇女就业 36711 人，为 91364 户家庭提供了服务，为家政服务员创造收入 9702.9 万元，同比分别增长 28.2％、68.3％、30.5％和 38.6％。通过召开助推女大学生就业创业现场会，成立泉城巾帼就业创业导师团，建立巾帼就业创业培训、见习、示范基地，举办创业培训班和创业项目推介会，推动建立校企合作促进就业创业长效机制，使创业带动就业的倍增效应日益凸显。②扎实推进农村妇女“两癌”检查项目实施。广泛开展“粉红义工”爱心行、科普知识进社区活动，扎实做好“两癌”检查项目的宣传培训和协调调度工作，在卫生等部门的大力推进下，全市已完成宫颈癌、乳腺癌免费检查 43 万人，居全国前列。③积极开展帮难解困、扶贫助学行动。筹集资金 303.74 万元，帮扶贫困妇女 2462 名，资助春蕾女童 1721 人，对 2555 名女初、高中毕业生进行免费实用技术培训，新建留守流动儿童活动站 5 处，建成启用成长驿站“快乐吧”和“英才助飞”助学活动社会实践基地，成立阳光大姐慈善工作站。

3. 着眼保稳定，履职尽责维护妇女权益。①推进妇女和儿童“两纲”实施。加强男女平等基本国策和“两纲”的再宣传、再教育、再发动，协调政府相关部门强化职能，邀请人大、政协视察调研，不断加大“两纲”重点、难点指标的攻坚力度，2001 ~ 2010 年济南市妇女儿童发展纲要主要目标基本实现。②不断强化信访维权。完善信访接待、法律援助、社会救助等维权服务，积极发展基层维权阵地，创新维权载体，拓展维权渠道，济南市 9 个维权工作品牌被《山东妇联系统基层维权案例汇编》收录，居全省第一。努力提升维权热线服务水平，12338 妇女维权热线实现从市级到 11 个县（市）区的全覆盖，接访、处访力度进一步加大，信访秩序和制度进

5 月，市妇女儿童活动中心少儿民族乐团赴韩国巡回演出。（市妇联供稿）

一步规范。接待信访1018件，处结率100%。市妇联获“全国维护妇女儿童权益先进集体”称号，被市委、市政府评为信访工作先进单位。③努力优化发展环境。加大《妇女权益保障法》《未成年人保护法》等法律法规的宣传贯彻力度，形成了政府支持、妇联牵头、社会参与、齐抓共管的工作格局。《济南市妇女权益保障若干规定》已经市十四届人大常委会第25次会议审议通过。全国人大常委会副委员长、全国妇联主席陈至立来山东检查妇女权益保障法执法情况时，对济南市的妇女维权工作给予充分肯定。

4. 着眼创和谐，发挥优势弘扬文明新风。①围绕宣扬妇运精神，以“三八”节百年庆典为契机，精心策划形式多样、内容丰富、特色鲜明的系列纪念活动。通过宣传全国“三八”红旗手标兵卓长立、70年山东妇女杰出人物刘振华、山东省优秀女村官高淑贞和60年济南妇女杰出人物等一批先进典型，制作《百年巾帼，世纪芳华》专题片，编纂出版《巾帼风采》一书，举办“三八”专场演出，组织女书画家现场创作等，将最鲜活、最感人、最富有妇运精神的人物、作品集中呈现出来，发挥示范效应，有力弘扬了百年妇运精神。市妇联被评为全国妇女舆论宣传阵地建设先进单位。②围绕文明城市创建，以“创和谐家庭、建美丽泉城”主题活动为统领，抓住第七届全国道德论坛在济南举办的契机，以公民道德40则为内容，广泛开展五好文明家庭、书香家庭、平安家庭、美德在农家等特色家庭创建活动，努力提升家庭成员文明素质。济南市被评为全国学习型家庭创建示范市，675个五好文明家庭和“五个好”家庭成员受到全国和省、市表彰。大力实施“节能·低碳，家庭社区行动”，以“低碳家庭·时尚生活”为主题，引领广大家庭共建绿色生活环境。市妇联获“山东省实施节能减排家庭社区行动先进单位”称号。③围绕加强未成年人思想道德建设，广泛开展“共沐书香，亲子读书”征文、演讲比赛和家庭道德教育宣传实践月活动，组织少儿民族乐团赴韩国巡回演出，联合有关部门综合运用教育、法律、行政和技术等手段，广泛开展净化社会文化环境行动，积极参与“家庭护卫行动”，专题开展农村留守儿童成长问题及对策研究，推进未成年人思想道德建设。市妇联在全市未成年人思想道德建设经验交流会上作典型发言。

5. 着眼强基础，创先争优加强自身建设。在政府机构改革中，确保乡镇机构改革中妇联的组织设置和人员配备，调整组建了3个市直系统妇委会。大力开展妇联基层组织示范创建活动，有2个镇办妇联、22个社区妇联、28个村妇代会被命名为全国级示范点。加快村（社区）妇女之家规范化建设，建立妇女之家5035个。不断完善妇联执委、代表联系制度，妇联执委、代表在推进妇女儿童事业发展中的作用得到进一步发挥。

【《巾帼风采》出版发行】 10月，由市妇联、市政协文史资料委员会联合编撰的《巾帼风采》一书出版发行。该书记录了新中国成立以来济南市工业、农业、科技、教育、文化、卫生、公安、政法、新闻、体育等各条战线上46名知名人士、杰出女性的奋斗足迹和成长历程，充分展现了泉城妇女自立自强、勤劳勇敢、奋发进取的精神风貌和时代风采，集中体现了泉城妇女的重要作用。该书不仅填补了济南妇女史料征集的空白，为妇女工作与文史资料工作相结合做出了有益探索，也是对“三八”国际劳动妇女节100周年的最好纪念。

（吕晓琳）

济南市归国华侨联合会

【济南市归国华侨联合会】 1. 服务经济建设。建立济南市侨联商会，延长了侨联服务中心工作的手臂，搭建了服务侨企的平台。举办投资合作说明会，引荐福建汇侨投资发展有限公司与长清区签订大柿子园城中村改造项目，总投资35亿元人民币。赴闽、台两个地区招商，推介项目40余个，达成投资意向3个。邀请意大利华侨陈田忠、香港马泰华侨华人联合会会长骆汉生等6批次的侨商来济参观考察，达成多项合作意向。7月，济南市两名侨界专家孔庆忠、冯献忠获得2010年度中国侨界贡献奖，两名专家赴京参加了第三届新侨创新成果交流会，其中驻济侨资企业蓝金生物工程公司孔庆忠博士作大会交流发言。

2. 服务侨界群众。①开展春节期间走访慰问活动。共走访市属6个县区100多户归侨侨眷、老侨领和老党员。中国侨联主席林军、省侨联主席梁波、市委常委王以才等走访看望困难归侨，送去慰问金、慰问品价值6万余元。②开展“侨联示范社区”创建活动。历下、市中、槐荫、天桥4个区均成立了“侨联示范社区”。市侨联还拿出专项经费扶持，进一步完善示范社区的基础设施建设，为社区组织开展活动提供保障。③编印《归侨名录》。为全面掌握全市归侨基本情况、记录归侨光辉业绩、完善济南市侨史资料，市侨联组织编印《归侨名录》一书。该书收录济南市1978年底以前回国的归侨和少数上世纪80年代朝鲜归侨的基本信息，计4万余字。④协调侨商捐资助学。举办第六届陈吟挥奖学金发放仪式，为平阴县希望小学部分品学兼优的特困学生颁发1万元奖学金和助学金。11月，由荷兰华人林太找、林太松兄弟二人捐资30万元扩建的济阳县回河镇林柯侨心小学落成。落成典礼仪式上，荷兰侨商周山川代表荷兰摄影协会为学校捐赠1万元的爱心款。儿童节前夕，林太找还专程赴林柯侨心小学看望师生，并为该校师生送去价值1.5万元的教学和学习用品。12月，市侨联商会副会长刘运智捐助20万元人民币，用于建设仲宫镇穆家小学。这是侨商捐建的第五所侨心小学。⑤参与“英才助飞”活动。市侨联在“英才助飞”活动中，持续资助侨界4名贫困大学生，每年为

11 月，林柯侨心小学落成。（市侨联供稿）

他们每人提供 2000 元的助学金。暑期，市侨联联系驻济侨企为受助对象提供了 10 个社会实践岗位。

3. 联络联谊。组织“有乐同响——乐动时代”大型公益活动，活动参与者山东弘扬文化创意传播发展有限公司推出全新的“动游”概念，开创了全新的“乐动时代”。开展“红歌走进外企”系列大型公益活动，山东中石油洁能有限公司等多家侨资、外资企业参加。开展侨界青年“心系泉城展风采”“百侨低碳绿色植树”“侨界特色厨艺展示”活动，宣传低碳绿色经济，以实际行动回报社会。开展“春踏青、夏消暑、秋赏月、冬品茗”、海归专家学者参观园博园和高新片区重点企业、驻济归侨侨眷自费台湾游、全市侨界学习侨眷苏春祥等活动。

4. 参政议政。在年初召开的市政协十二届三次会议上，侨联界委员共提交提案 11 件。侨联界张武委员《关于加强我市会展业发展的建议》被评为市政协十二届二次会议优秀提案，在大会上受到表彰。市侨联提出关于做大做强济南市动漫游戏产业的建议，以此作为推动转变经济增长方式、优化产业结构的着力点，得到与会委员较高评价。

【济南市侨联商会成立】 4 月 20 日，济南市侨联商会成立。济南市侨联商会是市侨联根据《中华全国归国华侨联合会章程》有关规定设立的一个会员团体，旨在拓展招商、聚商平台，推动侨资侨属企业创新发展，维护侨商合法权益。商会成立仪式上，推荐吴玉明、谢硕文、陈汉才、李建清为会长，还推荐产生 28 名在济南投资发展的知名侨资企业负责人作为商会副会长。

【投资合作说明会举办】 9 月 17 ~ 19 日，市侨联会同市招商办、市发改委等部门，赴厦门和泉州举办投资合作说明会，来自融汇集团、汇侨集团、禧福集团、七匹狼集团、福马食品及鸿星尔克公司等 120 余家闽商参加推介活动，签订合作协议项目 8 个，投资额度近 210 亿元人民币。招商会结束后，由市侨联引荐的福建汇侨投资发展有限公司与长清区签订了大柿子园城中村改造项目，总投资 35 亿元人民币。

（王金波）

责任编校　郭建群

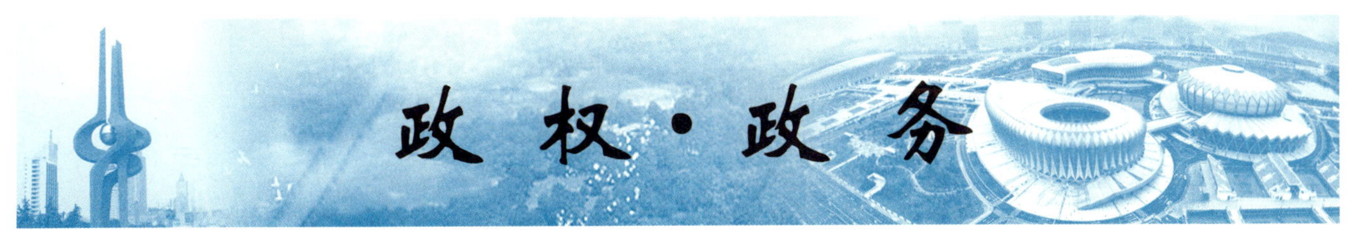

济南市人民代表大会

【济南市第十四届人民代表大会】 济南市第十四届人民代表大会于2008年1月换届产生，代表名额504名。各选举单位分别召开人民代表大会、军人代表大会，采取差额选举、无记名投票的方式，选举出市十四届人民代表大会代表493名，空额11名。其中工人、农民及其他劳动者164名，占33.3%；干部191名，占38.7%；知识分子83名，占16.8%；民主党派和无党派人士41名，占8.3%；解放军11名，占2.2%；归侨3名，占0.6%。市十四届人民代表大会三次会议以来，市人大代表调离3名，补选7名。市十四届人大四次会议实有代表497名，空额7名。2010年底，市十四届人大常委会实有组成人员48名，其中主任1名，副主任5名，秘书长1名，委员41名。 （王会磊）

【济南市第十四届人民代表大会第三次会议】 济南市第十四届人民代表大会第三次会议于1月18～22日，在山东会堂举行。应到代表493名，实到代表479名。会议听取和审议市长张建国所作的市人民政府工作报告；审议关于济南市2009年国民经济和社会发展计划执行情况与2010年计划草案的报告、关于济南市2009年预算执行情况和2010年预算草案的报告；听取和审议市人大常委会主任徐华东所作的市人大常委会工作报告，市中级人民法院代院长宋新生所作的市中级人民法院工作报告，市人民检察院检察长郭鲁生所作的市人民检察院工作报告。会议通过了上述报告，并分别作出相应决议。会议选举宋新生为济南市中级人民法院院长；补选冯宏、李巍、胡少平、徐长林为济南市第十四届人民代表大会常务委员会委员。本次会议共收到代表提出的议案18件，根据《中华人民共和国地方各级人民代表大会和地方各级人民政府组织法》关于议案处理的规定，经市人大有关专门委员会审议，大会主席团决定均作为代表的建议、批评和意见，由市人大常委会办事机构交有关机关或组织研究处理。会后，由市人大常委会有关部门加强协调督办，及时将办理结果向代表作出答复。

（王益华）

【常委会会议】 全年共举行了10次常委会。

市十四届人大常委会第十七次会议 1月11日举行。会议听取和审议市人大常委会关于济南市第十四届人民代表大会第三次会议筹备情况的报告，审议并通过济南市第十四届人民代表大会第三次会议议程（草案），济南市第十四届人民代表大会第三次会议主席团、秘书长名单（草案），济南市第十四届人民代表大会常务委员会代表资格审查委员会关于补选代表的代表资格审查报告，关于罢免潘杰山东省第十一届人民代表大会代表职务的决议，审议决定济南市第十四届人民代表大会第三次会议列席人员名单，审议并原则通过济南市人大常委会工作报告稿，投票表决人事任免事项。

市十四届人大常委会第十八次会议 1月14日举行。会议听取审议并表决通过市十四届人大常委会代表资格审查委员会关于终止陈延河市十四届人大代表职务的报告，市十四届人大常委会主任会议关于罢免刘子栋山东省第十一届人民代表大会代表职务的议案，表决通过市十四届人大常委会代表资格审查委员会关于市十四届人民代表大会代表资格的审查报告。

市十四届人大常委会第十九次会议 3月24日举行。会议传达十一届全国人大三次会议精神，听取并审议市政府关于济南市2008年度市级预算执行和其他财政收支审计查出问题整改情况的报告，审议并表决通过人事事项。

关于济南市2008年度市级预算执行和其他财政收支审计查出问题整改情况，常委会组成人员认为，市政府对2008年度预算执行审计查出问题十分重视，各有关方面对照审计报告，深入分析问题原因，积极从制度上改进工作，堵塞漏洞，审计查出问题整改完成率达98%，整改效果显著。会议建议，市政府及有关部门要继续加大审计监督力度，对各项重点资金实施跟踪监督，确保财政资金安全高效使用。对整改中建立的新制度、新措施，要狠抓落实，依法规范财政收支，防止问题重复发生。要严肃责任追究，今后对审计查出的恶意侵占财政资金的问题，必须从严惩处，依法追究有关人员的法律责任，维护正常财经秩序。

市十四届人大常委会第二十次会议 5月20日举行。会议听取并审议市政府关于全市规划工作情况的报告，关于废止《济南市划拨土地使用权管理办法》的议案，会议通过人事任免事项。

关于全市规划工作情况的报告，常委会组成人员审议认为，近年来，市政府及规划部门坚持以科学发展观统领省会规划工作，自觉服务发展大局，突出规划服务和规划管理两个重点，为“维护省城稳定，发展省会经济，建设美丽泉城”作出突出贡献。对今后工作，常委会组成人员建议：（一）加快村庄规划编制步伐，理顺村庄建设管理机制。（二）切实落实《南部山区保护与发展规划》，抓好南部山区生态资源保护。（三）坚决维护规划的权威性、严肃性，不断加强对城乡规划实施的监督管理。（四）加强宣传工作，引导全社会支持城乡规划建设。

市十四届人大常委会第二十一次会议 6月25日举行。会议听取和审议市人大常委会执法检查组关于检查济南市贯彻实施《中华人民共和国消防法》情况的报告和贯彻实施《中华人民共和国公路法》《济南市农村公路管理条例》情况的报告。会议通过人事任免事项。

关于市人大常委会执法检查组检查全市贯彻实施《中华人民共和国消防法》情况，常委会组成人员审议认为，近年来，市政府及公安消防部门健全监督检查和考核奖惩机制，把政府领导责任、部门监管责任、单位主体责任、公民参与责任逐步落到实处；加强消防监督管理工作，积极开展火灾隐患专项整治活动；加快消防基础设施建设，努力提高抵御火灾能力；加强专业队伍、专业保障和专业能力建设，着力打造公安消防铁军。存在的问题和不足：一是社会消防责任尚未全面落实。一些单位对承担的消防安全责任认识不足，消防安全管理不到位。二是《消防法》的宣传教育不够深入。面向社会公众的消防知识培训还不广泛，全民消防安全意识和自防自救能力有待进一步提高。三是消防设施建设、经费保障达不到国家标准。少数消防站达不到消防站建设最低标准，市政消火栓设置数量严重不足，老城区欠账较多，新城区道路建设与消火栓建设不同步。各县（市）区消防业务费普遍没有达到基本支出保障标准。四是社会面火灾隐患依然存在。建筑工地普遍使用易燃材料搭建工棚，建筑工程未经消防验收擅自投用的问题仍然存在，教育培训场所火灾隐患不容忽视，一些大型市场存在防火分区不符合要求、自动消防设施老化等问题。对今后工作，常委会组成人员建议：一是加大宣传教育力度，全面增强全民消防安全意识。二是加大消防执法力度，切实加强火灾隐患整治工作。三是加大消防资金投入，努力推进公共消防基础设施建设。

关于市人大常委会执法检查组检查济南市贯彻实施《中华人民共和国公路法》《济南市农村公路管理条例》工作情况，常委会组成人员认为，近年来，济南市各级政府及交通运输部门大力营造法制环境，统筹城乡公路发展，坚持建养并重、有路必养，着力优化和完善公路交通网络。常委会组成人员指出，要认真研究解决《公路法》和《济南市农村公路管理条例》实施中存在的地方配套措施落实难，制约干线公路改建计划实施，农村公路养护资金投入不足、制约管理养护工作健康发展，公路综合整治和路政执法难度较大、制约路域环境改善提升等问题。在今后工作中，各级各部门要进一步解放思想、提升境界，增强依法履职的责任意识，坚持建养并重，努力提升公路建设管理水平，进一步加大路政执法力度，积极消除公路安全隐患，切实保障《公路法》和《济南市农村公路管理条例》的深入贯彻实施。

市十四届人大常委会第二十二次会议 7月30日举行。会议听取审议市政府关于2010年上半年国民经济和社会发展计划执行情况的报告，关于2009年市级决算草案和2010年上半年预算执行情况的报告，关于2010年地方政府债券收支安排及市级预算调整方案的报告，关于2009年度市级预算执行和其他财政收支情况的审计工作报告，关于济南高新区产业发展情况的报告，关于全市畜牧兽医工作情况的报告，市人大财经委员会关于济南市2009年市级决算草案的审查报告，初次审议《济南市妇女权益保障若干规定（草案）》，审议通过人事任免事项。

关于2010年上半年国民经济和社会发展计划执行情况，常委会组成人员审议认为，今年以来全市上下坚持以“拓展城市发展空间、打造现代产业体系”为主线，全力推进转方式、调结构、促增长、惠民生、保稳定重点工作，经济回升向好基础进一步巩固，经济运行质量进一步提高，主要经济指标较好地完成计划进度。对今后工作，常委会组成人员建议，要继续关注经济运行中的不确定因素，加快推进结构调整，积极转变经济增长方式，大力打造现代产业体系；要继续保持投资稳定增长，努力扩大消费需求，着力推进重点项目建设进度；要高度关注社会民生，做好就业再就业工作，深化医疗卫生体制改革，大力推进基本公共卫生服务均等化；要认真做好“十二五”规划编制工作，按时间进度，搞好科学论证，确保规划编制质量。

关于济南市2009年市级决算草案和2010年上半年预算执行情况，常委会组成人员审议认为，2009年市政府及财税部门认真执行积极的财政政策，紧紧围绕“四保”中心任务，有效应对国际金融危机和各种增支减收因素影响，积极加强财源建设，财政收入稳定增长；坚持有保有压，进一步优化支出结构，全力保障“三农”、民生等重点开支，大力推进各项社会事业发展。2009年预算执行中存在的主要问题是：财政增收基础还不稳固，收支矛盾仍较突出；有些部门预算编制不够完整，财政资金闲置、沉淀数额较大；国库集中支付管理制度需要加以完善，项目管理和绩效评价机制有待进一步健全。常委会组成人员建议，政府及财税部门要进一步规范部门预算编制，加强科学预测和论证，提高预算资金到项目率；强化综合预算编制力度，认真解决预算资金沉淀、闲置等问题。采取有力措施，推进转方式、调结构，发展现代产业，壮大财源基础。切实加强公共财政建设，大力支持各项社会事业发展。加强行政支出管理，大力节减一般性开支。进一步强化政府性资金支出管理，规范财政投资行为，健全完善预算支出绩效评价机制。积极推进政府采购制度改革，严格控制临时性采购，努力降低采购成本，提高工作效率。规范各项资金使用管理，加强跟踪审计，严格问责制度，从根本上解决屡审屡犯问题。对下一步工作，常委会组成人员建议，下半年要继续围绕预算安排，依法治税理财，优化收入质量，加强支出管理，合理配置财政资源，确保完成市十四届人大三次会议批准的预算任务。

关于济南市2009年度市级预算执行和其他财政收支情况，常委会组成人员建议市政府及有关部门高度重视审计查出的预算执行问题，坚持从加强制度建设和完善体制机制入手，切实搞好整改，注重从源头上杜绝预算执行中的违规违纪问题。要建立完善整改跟踪制度，强化监督检查，确保整改工作取得实效。并按照有关法律规定，将全面整改情况及时向市人大常委会报告。

关于2010年地方政府债券收支安排及市级预算调整方案，常委会组成人员审议认为，2010年市级预算的调整符合《预算法》规定，市级债券资金分配使用符合国家有关地方政府债券使用规定。建议市政府及有关部门加强对债券资金使用的监督管理，确保其安全运行、高效使用。要健全地方政府债务管理体制，落实偿债责任，完善偿债准备金机制，切实增强偿债能力，维护政府信誉。

关于高新区产业发展情况，常委会组成人员在肯定高新区能够在应对危机中，逆势发展，取得显著成绩的同时，常委会组成人员也指出存在的问题和不足，主要表现在：经济总量不够大，对全市经济发展的贡献还比较低；龙头企业相对较少，产业规模较小、关联度低，尤其是新上企业和项目对工业增长的支撑拉动作用不足，同时新兴产业布局也有待进一步优化；产业层次还不够高，企业高端研发能力仍然偏弱，核心竞争力不够强，人才科技优势也没有得到充分发挥；加之区内综合配套能力薄弱，现代服务业尚待完善，在一定程度上影响了全区产业升级及经济社会的发展。对今后工作，常委会组成人员建议：一是要发挥优势，积极谋划和推进“十二五”高新区的产业发展。二是要进一步提高创新能力，推动高新区形成特色鲜明的产业集群。三是要围绕“转方式、调结构”，大力推进高新区战略性新兴产业发展。四是要大力实施人才强区战略，为高新区产业的发展提供人才资源和智力支持。五是要进一步加大贯彻实施《济南高新技术产业开发区条例》的力度，创造一流的发展环境。

关于全市畜牧兽医工作情况，常委会组成人员审议指出，畜牧业发展还存在一些亟待破解的矛盾和难题，主要是：畜牧业发展的长效投入机制尚未建立，基础设施仍较落后，用地难、资金难、技术推广难等矛盾比较突出；畜牧标准化产业化发展仍显滞后，分散经营、粗放管理的畜牧生产现状仍较普遍，具有一定规模和带动效应的加工龙头企业数量少，综合竞争优势不明显，中介组织指导生产、引导销售等服务功能不够完善；县乡兽医体制改革发展不平衡，基层畜牧兽医推广体系还不够健全，特别是村级工作人员待遇低、工作条件差、手段落后，不能适应畜牧业发展和重大动物疫病防控等工作需要；缺乏与国家保护畜牧业发展法律、法规相配套的地方性法规、规章，对外地畜产品进入济南市场也没有相应的监管手段，给促进畜牧业发展、保证畜产品质量安全带来一定困难。因此，常委会组成人员建议：（一）充分认识发展现代畜牧业的重要意义，促进畜牧业健康协调发展。（二）制定完善发展规划，引领畜牧业科学发展。（三）进一步增加资金投入，不断强化政策的引导扶持力度。（四）加强综合生产能力建设，加快现代畜牧业发展步伐。大力推行标准化生产，促进产业化经营，促进科技成果的研究、应用和推广。（五）加强法制建设，为畜牧业发展和畜产品质量安全保驾护航。

市十四届人大常委会第二十三次会议 9月28日举行。会议听取审议市政府关于外事工作情况的报告，市法院关于商事审判工作情况的报告，市检察院关于反渎职侵权工作情况的报告，市人大常委会代表资格审查委员会关于补选的市十四届人民代表大会代表资格的审查报告，关于提请补选出席山东省第十一届人民代表大会代表的说明；审议通过《济南市户外广告设置管理条例》；审议通过人事任免事项。

关于全市外事工作情况，常委会组成人员指出，外事工作还存在对济南国际化发展战略研究不够、基层外事工作发展不平衡和基础工作相对薄弱、服务“两个大局”的能力和水平需进一步提高、外事人才队伍建设需不断加强等一些不相适应和需要解决的问题。对此，常委会组成人员建议：（一）进一步提高对加强和改进新时期外事工作重要意义的认识。（二）进一步围绕全市中心工作和对外开放，不断深化新时期外事工作。（三）进一步强化措施，落实加强和改进新时期外事工作的各项要求。（四）进一步加强领导，协调解决全市外事工作面临的突出困难和问题。

关于市法院商事审判工作情况，常委会组成人员审议指出存在的困难和不足：一是案多人少的矛盾在商事审判工作中较为突出。二是新类型案件增多，案件审理难度加大。三是审判队伍的综合办案能力面临新挑战。对今后工作，常委会组成人员建议：一是进一步强化能动司法意识，充分发挥商事审判的职能作用。二是进一步加强商事审判队伍建设，提高队伍整体素质。三是进一步健全商事审判管理机制，提高办案质量和效率。四是进一步加强商事审判规律的研究，确保法律适用的统一。

关于市检察院反渎职侵权工作情况，常委会组成人员审议指出存在的困难和不足：一是宣传工作不够深入。二是案件发现难、取证难、处理难的问题仍然存在。三是犯罪预防工作的系统性需要加强。四是队伍的专业化建设还有不足。对今后工作，常委会组成人员建议：一是进一步加大反渎职侵权工作的宣传力度。二是进一步加大查办渎职侵权犯罪案件的工作力度。三是进一步加强反渎职侵权队伍建设。

市十四届人大常委会第二十四次会议 10月27日举行。会议听取审议市政府关于全市工业经济发展情况的报告；听取审议并表决通过关于废止《济南市私营企业管理规定》等两件地方性法规的决定和关于修改《济南市城镇企业职工基本养老保险条例》等23件地方性法规的决定。审议通过人事任免事项。

关于全市工业经济发展情况，常委会组成人员指出，当前经济形势错综复杂、不确定因素较多，要高度重视工业生产和效益增幅逐月回落、生产要素瓶颈制约、工业投入力度放缓、节能降耗形势严峻等困难、矛盾和问题，采取积极措施，重点抓好以下工作：一要结合研究制定“十二五”工业和信息化发展规划，以转方式调结构为主线，进一步理清发展思路，科学合理地搞好产业布局调整，集聚优势资源，提高创新能力，切实把产业化与信息化、工业化与城市化推进相融合，走新型工业化道路，促进工业经济科学发展、可持续发展。二要加大工业投入力度，进一步优化投资结构，重点扶持企业加快技术改造、新产品开发和高新技术产业化。依靠政策导向，大力开展招商引资，启动扩大民间融资，拓宽投融资渠道，增强工业经济发展后劲。进一步强化政府服务协调职能，搞好工业项目储备，规范投资管理，落实重大项目推进保障措施，改善投资环境，确保工业项目如期建设投产。三要大力推进自主创新，依靠科技进步推动工业增长方式转变，加快培育一批集研发、设计、制造一体的创新型企业，促进科技与工业经济的紧密结合。大力实施品牌战略，研究制定品牌经济开发计划，提升企业品牌影响力和市场竞争力。严格落实节能降耗责任制，全面加强节能管理，对重点用能企业强化监督检查，区别不同情况，有保有压，促进企业加强技术改造，积极淘汰落后产能，确保完成“十一五”规划确定的各项约束性指标。四要切实加强对工业运行的监测调度，密切关注市场形势，准确把握国家新出台的各项宏观调控政策，进一步完善常态预警机制。积极转变政府管理职能，加强行业协会建设，改进对企业管理的方式方法，帮助企业解决好发展中的困难和问题，促进工业经济平稳健康发展。

市十四届人大常委会第二十五次会议 11月25日举行。会议听取审议市政府关于市十四届人大三次会议以来代表建议办理情况的报告，市政府关于加快全市文化发展及第十届中国艺术节有关筹备工作情况的报告，关于全市义务教育均衡发展情况的报告，关于小清河议案办理情况的报告，市人大法制委员会关于《济南市妇女权益保障若干规定（草案）》审议结果的报告，表决通过了《济南市妇女权益保障若干规定》。审议市法院、市人大常委会人事代表工作室关于市十四届人大三次会议以来代表建议办理情况的书面报告。

关于加快全市文化发展及第十届中国艺术节有关筹备工作情况，常委会组成人员对全市文化发展及“十艺节”有关筹备工作取得的成绩给予充分肯定。为进一步做好全市文化发展及“十艺节”有关筹备工作，常委会组成人员建议：一要抢抓机遇，加快公共文化设施建设，健全完善市、县、乡、村四级公共文化服务体系。二要搞好组织策划，整合资源，努力打造精品力作。三要发挥市场机制配置资源的基础性作用，加大政策扶持力度，推进文化产业快速发展。四要加大宣传力度，加强协调配合，努力营造健康向上的良好社会氛围。

关于全市义务教育均衡发展情况，常委会组成人员同意这个报告，同时就全市义务教育均衡发展提出如下意见和建议：一是按照《义务教育法》要求，将推进均衡发展作为“十二五”教育改革与发展的重要任务，继续加大对教育投入的力度。二是以提高教育质量、促进内涵发展为重点，推进义务教育均衡发展。三是推进体制机制创新，为义务教育均衡发展提供长远保障。四是营造良好的社会舆论氛围。

市十四届人大常委会第二十六次会议 12月21日举行。会议听取审议市政府关于济南市国民经济和社会发展第十二个五年规划纲要编制情况的报告，审议并表决通过了关于召开济南市第十四届人民代表大会第四次会议的决定。

关于济南市国民经济和社会发展第十二个五年规划纲要编制情况，常委会组成人员认为，“十二五”规划纲要（讨论稿）认真贯彻了党的十七届五中全会精神，积极体现了市委九届九次全委会要求，发展思路清晰，战略重点明确，内容比较全面；提出的主要目标和重点任务综合考虑了未来的发展趋势和各方面条件，符合济南实际；制定的各项保障措施是积极的、切实可行的。常委会组成人员指出，“十二五”规划要突出可持续发展原则，并在相关章节中注意量化和体现这一理念。关于扶持“三农”发展方面，要明确提出构建都市型现代农业产业体系，进一步突出支农、惠农、强农政策措施，增加农业投入，加强农林水和农村基础设施重点建设，加大城乡统筹力度，平等解决农民公共交通、饮水、生活保障等具体差别问题，让广大农民群众共享改革发展成果。关于工业产业发展方面，要针对面临的主要难题，坚持把工业作为转方式调结构的主要方面，加大投入力度，加快调整步伐，集聚优势资源，提升创新能力，壮大主导产业，科学合理地搞好工业产业的优化升级；积极推进工业园区建设，坚持科学有序、错位发展、优势互补、资源共享，突出园区特色，增强对工业经济发展的拉动力和贡献率；大力实施品牌战略，依靠政策引导，鼓励企业创新争优，提升企业品牌影响力和产品竞争力。关于城市规划建设方面，要坚持“东拓、西进、南控、北跨、中疏”的发展思路，更加重视“北跨”和“南控”，加快“北跨”的实施力度，严格“南控”的监督管理，同时及时制定有关“南控”的补偿措施，扶持山区群众发展生产、改善生活。要进一步明确划分城市格局，认真执行城市发展总体规划，规范开发秩序，控制开发强度，努力形成集约高效和可持续的国土空间开发格局。要认真研究解决交通拥堵问题，加快推进市区交通便捷化，增强城市承载能力。关于发展社会事业方面，要加大财政保障力度，强化公共设施建设，健全完善城乡社会保障体系，努力实现基本公共服务均等化。

（王益华）

【执法检查】 5月17～26日，市人大常委会对济南市贯彻执行《中华人民共和国消防法》（以下简称《消防法》）的情况进行执法检查。检查组听取了市政府关于贯彻实施《消防法》情况的汇报，实地察看了部分单位消防装备建设和消防工作情况。检查强调，随着经济社会的发展和城市建设的推进，消防工作也面临许多新情况、新问题，消防安全形势依然严峻。各级政府要坚持以科学发展观为统领，深入贯彻实施《消防法》，坚持“预防为主、防消结合”方针，依法健全社会化多元责任体系，积极增加公共消防投入，切实提高公民消防安全素质，全面增强应急救援能力，坚决遏制重特大火灾事故发生，为保障社会和谐稳定、经济平稳较快发展、促进民生不断改善创造良好消防安全环境。检查结束后，检查组向市人大常委会提交专项执法检查报告，市十四届人大常委会第二十一次会议审议，并将审议意见转发市政府相关部门整改落实。8月3日，市人大常委会办公厅和内务司法工作室召开执法检查报告审议意见交办会，要求报送书面整改报告并提交市人大常委会第二十四次会议。12月3日，市人大常委会执法检查组对落实《消防法》执法检查报告审议意见情况进行跟踪检查。检查组实地察看部分单位整改情况，听取市政府落实整改工作情况汇报并进行座谈。检查组提出，在“政府统一领导、部门依法监督、单位全面负责、公民积极参与”的消防工作大格局下，各责任主体都要以科学发展观为统领，坚持“预防为主、防消结合”的方针，深入推进《消防法》的贯彻落实。各级政府要积极增加公共消防投入，进一步加强消防装备和设施建设，在群防群治的基础上依靠科技力量加强消防工作。要大力加强消防队伍建设，全面提高应急救援能力，不断适应消防形势的变化。要依法强化落实一把手领导责任，切实增强自防自救能力。采取各种有效措施，扎实推进火灾隐患排查整治工作，坚决预防和遏制重特大火灾事故的发生，为社会和谐稳定和经济社会发展营造良好的消防安全环境。检查结束后，市人大常委会办公厅印发了《市人大常委会检查落实消防法执法检查报告审议意见情况纪要》并送交市政府相关部门。

5月，市人大常委会对济南市贯彻实施《中华人民共和国公路法》《济南市农村公路管理条例》情况进行执法检查，通过听取汇报、座谈讨论、实地察看等形式，听取了部分市直部门、县（市）区政府、交通、公路管理部门和街道、镇村等基层单位的意见建议。6月25日，执法检查组向常委会第二十一次会议报告执法检查情况。检查认为，全市各级政府及交通运输部门高度重视“一法一条例”贯彻实施工作，坚持以科学发展观为指导，统筹城乡公路发展，不断加强公路建设管理和养护。认真组织法律法规宣传教育，大力营造法制环境，全面加快公路建设步伐，着力优化和完善公路交通网络，切实加强公路管理养护，努力提升管理服务水平，依法强化路政管理，全力保障公路安全畅通，有力地保障和促进了省会经济社会又好又快发展。存在的主要问题有：地方配套措施落实不够到位，制约干线公路改建计划实施；农村公路养护资金投入不足，制约管理养护工作健康发展；公路综合整治和路政执法难度较大，制约路域环境改善提升等。建议：进一步解放思想提升境界，充分认识公路建设管理养护工作的重要性，不断增强依法履职的责任意识；坚持建养并重的原则，研究探索新机制新路子，努力提升公路建设管理养护水平；加大路政执法力度，强化公路安全监管力度，积极消除公路安全隐患；进一步加强宣传教育，切实保障“一法一条例”深入贯彻实施，努力营造爱路、护路的环境氛围。

（焦　健　朱贺之）

【人事任免】 市人大常委会共任免市政府组成人员、市人大常委会办事机构和工作机构工作人员、市中级人民法院、市人民检察院工作人员105人（次）。

1月11日，市人大常委会第十七次会议决定任命：王宏志为济南市经济和信息化委员会主任；纪宝华为济南市财政局局长；王平为济南市人力资源和社会保障局局长；田庄为济南市城乡建设委员会主任；宋永祥为济南市城市管理局（济南市城市管理行政执法局）局长；孙明明为济南市交通运输局局长；史同伟为济南市商务局局长；刘程华为济南市文化广电新闻出版局局长；王建华为济南市文化市场综合行政执法局局长；靳磊为济南市食品药品监督管理局局长；孙竹兮为济南市审计局局长；王嘉振为济南市人民政府国有资产监督管理委员会主任；邢建亚为济南市人民政府研究室主任；王晓霞为济南市人民政府侨务办公室主任；张传堂为济南市人民政府法制办公室主任；张建国为济南市人民防空办公室主任；胡晓蒙为济南市人民政府金融工作办公室主任；高立文为济南市住房保障和房产管理局局长；孙建民为济南市物价局局长。

决定免去：徐长林的济南市财政局局长职务；纪宝华的济南市审计局局长职务。

任命：仲维威、刘延杰为济南市中级人民法院副院长；部业福、郑士刚为济南市中级人民法院审判员。范芸、杨增胜为济南市人民检察院副检察长；张和平为济南市人民检察院检察委员会委员。

免去：焦广振的济南市中级人民法院审判委员会委员、审判员职务；孙永一的济南市中级人民法院立案庭庭长职务；张江涛的济南市中级人民法院民事审判第二庭庭长职务。

决定：罢免潘杰的山东省第十一届人民代表大会代表职务。

1月14日，市人大常委会第十八次会议决定：罢免刘子栋的山东省第十一届人民代表大会代表职务。确认陈延河的济南市第十四届人民代表大会代表资格终止。陈延河的济南市第十四届人民代表大会常务委员会副主任、济南市第十四届人民代表大会城乡建设环境保护委员会主任委员、济南市第十四届人民代表大会农村经济委员会主任委员职务相应撤销。

2月11日，市人大常委会第四十次主任会议任命：袁磊为济南市人大常委会研究室副主任；吕洪涛为济南市人大常委会人事代表工作室副主任；张瑞为济南市人大常委会法制工作室副主任；金丽霞为济南市人大常委会内务司法工作室副主任。

免去：鹿中华的济南市人大常委会办公厅副主任职务。

3月24日，市人大常委会第十九次会议任命：冯宏为济南市第十四届人民代表大会法制委员会副主任委员；徐长林为济南市第十四届人民代表大会财政经济委员会副主任委员；鹿中华为济南市人大常委会副秘书长。胡友明为济南市中级人民法院立案庭庭长；刘学宽为济南市中级人民法院民事审判第二庭庭长；杨华、翟勇、刘彦亭、林瑞国、何方军、姜平海、陈金照、佟淑芹、辛丕华、王云春、高希亮、李文实为济南市中级人民法院审判员。于联军为济南市人民检察院检察委员会委员、检察员。

免去：刘学宽的济南市中级人民法院民事审判第三庭副庭长职务；鹿利平的济南市中级人民法院民事审判第一庭副庭长职务；张兴发的济南市中级人民法院审判员职务。曲立春的济南市人民检察院检察委员会委员、检察员职务。

批准接受：于联军辞去市中区人民检察院检察长职务；刘春辞去商河县人民检察院检察长职务。

批准任命：刘春为市中区人民检察院检察长；曲立春为商河县人民检察院检察长。

通过：李巍为济南市第十四届人民代表大会常务委员会代表资格审查委员会副主任委员。

5月20日，市人大常委会第二十次会议决定任命：王铁志为济南市旅游局局长。

决定免去：王建国的济南市旅游局局长职务。

任命：胡友明、李志忠、刘学宽、毕惠岩、邢景明、孙中华、韩刚、冯媛为济南市中级人民法院审判委员会委员；张威力为济南市中级人民法院审判委员会委员、刑事审判第一庭庭长。赵性雨、周进、郝小川、姜寿纯为济南市人民检察院检察员。

免去：吴利军的济南市中级人民法院刑事审判第一庭庭长职务；张威力的济南市中级人民法院刑事审判第二庭副庭长职务；郭尚兰的济南市中级人民法院审判员职务。

7月30日，市人大常委会第二十二次会议任命：周雷、王媛、景科、潘连振、杨凯、刘爱云、赵业华、汲长凯、赵双民、景立忠为济南市人民检察院检察员；刘晓林、韩建华为济南高新技术产业开发区人民检察院检察员；颜炳岱、宋希山为济南市城郊地区人民检察院检察员。

免去：刘洪新、刘建新、徐建和的济南市人民检察院检察员职务；孙宝岩的济南市城郊地区人民检察院检察员职务。

9月28日，市人大常委会第二十三次会议选举：王培印为山东省第十一届人民代表大会代表。

决定任命：徐明梅为济南市人口和计划生育委员会主任。

决定免去：卞允斗的济南市人口和计划生育委员会主任职务。

任命：王历历为济南市人大常委会副秘书长。

10月27日，市人大常委会第二十四次会议决定任命：毛华铭为济南市司法局局长。

决定免去：龚秋水的济南市司法局局长职务。　（季伟新）

【立法工作】 市人大常委会共制定、修改、废止法规28件，其中制定2件，修改23件，废止3件。

1. 为加强企业民主管理，保障职工依法行使民主权利，维护职工的合法权益，构建和谐劳动关系，促进企业科学发展，根据宪法和有关法律、法规，结合济南实际，2009年11月20日济南市第十四届人民代表大会常务委员会第十五次会议审议通过了《济南市企业民主管理条例》，并经2010年3月31日山东省第十一届人民代表大会常务委员会第十六次会议批准。该法规自2010年5月1日起施行。

2.《济南市人民代表大会常务委员会关于废止〈济南市划拨土地使用权管理办法〉的决定》于5月20日经济南市第十四届人民代表大会常务委员会第二十次会议审议通过，并于7月30日经山东省第十一届人民代表大会常务委员会第十八次会议批准，自公布之日起施行。

3. 为加强户外广告设置管理，规范户外广告设置行为，维护相关权利人的合法权益，保护城市景观风貌，根据《中华人民共和国广告法》《城市市容和环境卫生管理条例》等法律、法规规定，结合济南实际，9月28日济南市第十四届人民代表大会常务委员会第二十三次会议审议通过了《济南市户外广告设置管理条例》。该法规经11月25日山东省第十一届人民代表大会常务委员会第二十次会议批准，自2011年3月1日起施行。1999年济南市人民代表大会常务委员会颁布施行的《济南市城市市容管理条例》中有关户外广告设置管理的规定，自本条例施行之日起停止执行。

4. 为确保 2010 年形成中国特色社会主义法律体系，按照全国人大常委会的要求，对济南市现行有效的 78 件地方性法规集中开展清理工作，重点解决现行法规中与上位法不一致、与经济社会发展不相适应、法规规定之间不相协调等方面问题。经清理，10 月 27 日济南市第十四届人民代表大会常务委员会第二十四次会议审议通过了关于废止《济南市私营企业管理规定》《济南市国有企业法定代表人离任经济责任审计监督条例》等两件地方性法规的决定和关于修改《济南市城镇企业职工基本养老保险条例》等 23 件地方性法规的决定。11 月 25 日山东省第十一届人民代表大会常务委员会第二十次会议批准了废止和修改有关法规的决定。

5. 按照《山东省各级人民代表大会常务委员会规范性文件备案审查规定》和《济南市各级人民代表大会常务委员会规范性文件备案审查工作规则》的要求，2010 年度济南市人民政府向济南市人大常委会报送规范性文件备案 27 件，其中政府规章 5 件，其他规范性文件 22 件。（法制工作室）

【代表工作】 围绕全市中心工作，将“落实科学发展观，我为泉城做贡献”主题活动深化为“争先创优，履职为民”。强化代表履职学习，组织代表小组召集人到省内部分城市学习考察。组织开展驻济全国、省人大代表和市人大代表开展年中专题调研、会前集中视察活动，形成报告 70 余篇。指导代表小组开展活动，全市各级代表小组共开展活动 180 余次，提出意见建议 80 余条。组织召开全市县乡人大代表述职工作现场观摩会，各县（市）区均开展此项工作，4000 余名县乡代表完成述职。组织代表 700 余人次参加执法检查、行风测评、招考面试等社会活动。（王会磊）

【代表建议办理】 市十四届人大三次会议期间，代表们认真履行法律赋予的职责，围绕全市中心工作和群众普遍关心的热点问题，对济南市经济社会发展各方面工作提出建议、批评和意见 329 件（含议案转作建议办理的 18 件），内容涉及济南市经济和社会发展的各个方面，充分反映全市广大人民群众的愿望和呼声，对推进全市各项工作具有较高价值。在各方共同努力下，这些建议均在法定期限内办理完毕并答复代表。被采纳的建议中，问题已经解决的 142 件，占总数的 43.2%；正在解决和列入计划准备解决的 155 件，占总数的 47.1%；因客观条件限制，暂时无法解决的 26 件，占总数的 7.9%；代表所提建议留作有关单位工作参考的 6 件，占总数的 1.8%。闭会期间代表们提出建议 32 件，均办理完毕并答复代表。总的来看，建议落实率比往年有所提高，面复率保持在 90%，代表满意率和基本满意率达到 98%，一批群众关心的热点、难点问题均得到解决和落实。（尹相华）

济南市人民政府

【济南市人民政府】 济南市人民政府设市长 1 人，副市长 8 人，市政府特邀咨询 2 人，秘书长 1 人，副秘书长 14 人。市政府设置机构 45 个，其中工作部门 42 个，部门管理机构 2 个，派出机构 1 个（高新区）。

市政府全年共发文 42 件。按类别分：经济管理类 8 件，计划类 2 件，城乡建设类 6 件，关注民生类 2 件，服务业类 1 件，农业类 1 件，林业类 1 件，水利类 1 件，公安类 1 件，人事类 6 件，劳动类 2 件，民政类 1 件，文化类 1 件，科技类 2 件，行政事务类 5 件，其他 2 件。市政府办公厅发文 102 件。按类别分：经济管理类 8 件，城乡建设类 2 件，关注民生类 1 件，交通类 2 件，农业类 2 件，林业类 1 件，水利类 2 件，公安类 1 件，人事类 5 件，劳动类 1 件，民政类 1 件，财政类 3 件，金融类 2 件，文化类 1 件，卫生类 2 件，监察类 1 件，行政事务类 10 件，文秘工作类 1 件，机构类 50 件，其他 6 件。（刘念成）

【重要决策决定】 1 月 25 日，市政府印发《济南市人民政府关于全面推进集体林权制度改革的实施意见》。《意见》指出，要大力实施以生态建设为主的林业发展战略，依法明晰产权，放活经营权，落实处置权，确保收益权，最大限度地调动广大农民群众及社会力量造林、育林、护林的积极性，逐步建立起产权归属明晰、经营主体到位、流转程序规范、监管服务有效、责权利相统一的现代集体林权制度，实现资源增长、农民增收、生态良好、林区和谐的目标。

2 月 23 日，市政府印发《济南市人民政府关于印发济南市创建国家创新型城市若干政策的通知》，从加大自主创新投入、支持企业提高自主创新能力、加快重大自主创新成果转化和优势产业创新发展、支持科技创新基地和平台建设、支持创新人才培养和引进等方面制定了 21 条政策措施，全力营造自主创新环境，加快国家创新型试点城市建设。

5 月 24 日，市政府印发《济南市人民政府关于印发济南市人才居住证实施暂行办法的通知》。根据办法，自 7 月 1 日起，符合条件的非济南户籍的海内外人才来济南市创业发展，可获得人才居住证，在资金申报、社会保险、子女就读、资质认定等方面享受与市民同等待遇，还可按规定在济南市缴存和使用住房公积金购买自有住房，离开济南时可办理公积金账户存储余额转移手续。

8 月 13 日，市政府印发《济南市人民政府关于进一步加强和规范公共资源交易管理的意见》。《意见》指出，为规范全市公共资源交易活动，从源头上预防和治理腐败，推进法治、廉洁、高效、服务型政府建设，要进一步加强和规范我市公共资源交易管理工作。要按照“济南特色，全国一流”的目标和“统一平台、资源共享，分类交易、全程监督，整合流程、规范高效”的思路，整合分散的建设工程交易、政府采购、土地交易及产权交易等专业平台，建立全市统一的公共资源交易平台。要整合交易流程，严格市场监管，提供高效服务，方便市场主体，加快形成全市统一、有序、规范的公共资源交易诚信体系和市场秩序。

9 月 21 日，市政府印发《济南市人民政府关于开展公共租赁住房试点工作的意见》。《意见》指出，开展公共租赁住房试点工作是完善住房供应体系、培育住房租赁市场、满足城市中等偏下收入家庭基本住房需求的重要举措，要以逐步满足城市中等偏下收入家庭及其他特殊群体的基本住房需求为目标，积极探索和创新公共租赁住房建设和运营机制，把发展公共租赁住房与保障和改善民生、促进城市发展、提升城市综合竞争力、构建和谐社会结合起来，以主城区建设为重点，加快推进公共租赁住房建设，完善住房保障体系，满足不同保障对象需求。

10 月 28 日，市政府印发《济南市人民政府印发关于加快服务业跨越发展的若干政策的通知》，提出放宽市场准入、加强财税和价格政策支持、支持重点载体建设、保障土地供应、深化改革开放、强化人才支撑等 29 条加快服务业跨越发展的政策措施，并要求市有关部门研究制定加快服务业发展的具体配套措施。

12 月 27 日，市政府印发《济南市人民政府关于加快战略性新兴产业发展的意见》，提出济南市战略性新兴产业发展的主要目标、发展重点和政策措施，指出要将加快战略性新兴产业发展作为转方式调结构的重要推动力，优先培植新一代信息技术、新能源、生物医药、高端装备制造业等四大战略性新兴产业，努力将济南市建设成为产业规模雄厚、特色优势突出的全国重要战略性新兴产业基地。　（刘念成）

【市政府全体（扩大）会议】 1 月 9 日，市政府召开第五次全体（扩大）会议，讨论并原则通过将《政府工作报告》提交市第十四届人大三次会议审议。市委副书记、市长张建国主持会议，并就做好当前工作提出要求。他指出，各级各部门认真学习贯彻党的十七大和十七届三中、四中全会及中央、省、市经济工作会议精神，科学判断形势，把握宏观取向，明确工作重点，在新的起点上推动全市经济社会更好更快发展。当前要突出抓好农业生产、经济运行调节、重大项目策划储备和开工建设、低收入群体和困难群众救济救助、安全生产和社会稳定及政府机构改革等各项重点工作，为确保完成全年各项目标任务奠定坚实基础。　（刘念成）

【调研信息】 全年完成政府工作报告及市长、副市长讲话等综合文稿 2160 篇 650 万字。起草审修新闻稿件、政府文件及其他综合文稿 426 篇，计 695 万字。开展专题调研 58 次，形成调研报告 65 篇，领导批示率和采用率达到 98%。市政府研究室开展战略性新兴产业、低碳经济研究等 10 个重点课题调研活动，完成“蚁族”聚居区大学毕业生生活状况、郑州新区考察等市领导交办的调研课题 14 个，撰写调研报告 33 篇、专报 29 篇，37 万字，编发《供参阅》26 期。《济南市知识产权战略研究》获济南市科技进步二等奖，有 5 篇调研报告被省政府《决策参阅》刊发。跟踪研究 12345 热线发展规律和经验特点，撰写的调研报告先后在省、市刊发，《打造 24 小时不下班的服务型政府》调研报告被国务院研究室刊用。

进一步完善借脑聚智、民主开放的决策服务体系，继续开展“我为《政府工作报告》建言献策”活动，通过济南政府网、12345 市民服务热线等 4 家市级媒体和齐鲁晚报、山东商报、生活日报等省级媒体，征集意见建议 11 大类 26887 条。整合各类决策服务资源，加快构建开放式决策服务格局。制定下发《济南市人民政府关于进一步加强调查研究工作的意见》，强化对全市政府系统调研工作指导。

编发各类信息 594 期 7000 条，市领导批示 121 条；上报省政府信息被采用 175 条，省政府领导批示 7 条，综合得分 911 分，居全省第一位；上报国务院办公厅信息被采用 32 条，国务院领导批示 12 条，综合得分 83 分，居全国副省级城市和省会城市第三位。进一步拓宽信息采集和发布渠道，新编发《政府网情》11 期。　（魏　杰　刘念成）

【政务督查】 政府督查室全年督办市政

4 月 13 日，市政府研究室在金刚纂村劈山开路现场上党课。　（市政府研究室供稿）

府常务会议、市政府专题会议确定事项18项，督办《政府工作报告》、为民办12件实事等专项工作53项，办理省、市领导批示事项92件。办理省、市建议、提案978件，满意和基本满意率达到99%以上。协调服务全国、省、市人大代表、政协委员视察检查活动和市人大、市政协各类会议60余次。开展联合督查、现场督查22次，编发《济南政务督查》32期，编发济政办督字文件13个，通过报纸、电视等新闻媒体报道政务督查事项47篇（次），形成各种文字材料25万余字。（刘念成）

【12345市民服务热线】进一步完善体制机制，拓展服务功能，加快资源整合，规范办理流程，严格办理时限，热线服务水平全面提升，充分发挥了“民生直通车、发展助推器、行风监测仪、决策信息源、形象代言人”作用。全年受理市民来电（来信）105万件，短信1万余条，日均受理诉求近3000件，日均通话时长超过180小时，办结率97%、回复率100%，为市领导提供社情民意信息365篇，各类专报159期。“一话通”工作经验在全省群众工作会议上作介绍，国务院研究室和省委政研室、省政府研究室来济进行调研总结。热线获得省巾帼文明岗、市机关党员先锋号、市五一劳动奖章等称号。（刘念成）

【电子政务】推进政府信息公开，组织市政府各部门和县（市）区编制13类信息公开目录，建立统一的政府信息公开平台，全年发布各类政务信息20万余条，文字量9500万多字，图片4万多幅，日均访问量近10万余次。设立《济南政府网政府廉政专栏》，成为廉政教育、政务公开、社会监督的新平台。提升网上办事服务功能，整合68个部门网站4000余条办事指南、1500项表格下载、80余项网上受理服务内容，建立涉及36个部门862项服务事项的场景式服务栏目。完善网上互动机制，累计组织政民互动125期，回答网民提问近万条，市长信箱接收公众来信1万余件，及时处理率达到97%。《济南政府网》在全国地级以上城市政府网站中绩效排名第五、在省会城市中排名第三。（刘念成）

【行政审批服务】有36个部门进驻市审批中心，占部门总数的78.2%，进厅审批事项170项，占全市审批事项的76.9%。实施行政审批“三减一规范”（减少审批事项、减少办事环节、减少行政事业收费和规范中介机构行为），减少审批环节236个，梳理优化流程441个，压减工作日228个，能实行“一门通”审批的事项达到97.9%。创新审批服务方式，实行项目联审联办和全程无偿代办，全年代办企业设立、变更、审检、年检等业务160余件，完成重点项目联审联办98件。积极推进网上审批及电子监察系统建设，网上审批系统平台正式应用。（刘念成）

【公共资源交易】按照“统一平台、资源共享，分类交易、全程监督，整合流程、规范高效”的思路，整合分散设置的建设工程、政府采购、土地出让、产权交易等专业平台，建立集中统一的公共资源交易平台。10月28日，市公共资源交易中心启用。通过精心组织、规范服务、高效运作、严格监管，交易规模不断扩大，业务范围不断拓展。至年底建设工程、政府采购、土地出让、产权交易、水利建设、户外广告等进场交易项目达379个，中标金额164.5亿元，对规范公共资源交易行为、推进反腐倡廉发挥了重要作用。（刘念成）

【应急管理工作】1.做好政务值班工作，提高信息报告效率。下发《关于进一步加强政务值班和突发事件信息报告工作的通知》，推进政务值班工作规范化建设，提高信息报送效率和质量。及时掌握和报告相关重大情况和动态，认真办理向省政府应急办和市政府领导报送的紧急重要事项。应急办接听来电13000余次，运转承办各类文件、电报等7000余次，填报《重要来宾报告单》《各县（市）区政府和政府各部门主要负责人出差（出访）、休假报告单》等1300余件，协同市信访局工作人员填制《市政府每日门前群众上访情况》300余件，积极协调接访单位40余个，整理编发值班报告50余期，接报各类突发事件信息50余件，未发生一起漏接错报事件。节假日期间，各级各部门严格实行“日报告”和“零报告”制度，落实值班工作责任制，有效保障了各类信息的及时传递和突发事件的高效处置。

2.加强应急能力建设，提升突发事件应对处置水平。①完善预警机制，提高防范能力。各级各有关部门坚持预防为主的原则，不断健全完善监测预警机制，及时分析易发突发事件的形势、趋势及成因，开展各类风险隐患排查整改工作。下发《关于做好汛期气象灾害预警信号发布工作的通知》，进一步规范突发事件预警信息发布流程，适当降低预警信息应发级别，形成长效机制，实现早预警、早报告、早处置的要求。年内下发防高温、防大风、防降温、防汛等紧急通知32项，从源头上防范突发事件带来的不利影响。②加强预案管理，完善预案体系。以编制修订专项预案为重点，突出强化预案的实际效用，加强预案体系建设和管理。应急办协调防汛、市政公用、经信、城管等相关部门，对《济南市防汛应急预案》进行重新修订，印发《济南市内河防汛应急预案》，初步完成《济南市燃气安全事件应急预案》《济南市处置电网大面积停电事件应急预案》《济南市冬季清雪除冰应急预案》等多部市级专项预案的修订审核工作。协调公安、交通运输、济南机场、山东高速集团等单位制定《济南市极端天气机场滞留旅客安全服务保障工作方案》。加强对应急预案演练工作的指导，有针对性地组织有关单位开展森林火灾、抗震抢险、消防疏散、城市防汛、危化品泄漏抢险、药品安全等应急预案演练70余次。③强化队伍建设，增强救援能力。在组建市应急救援支队基础上，重点推进全市基层应急队伍建设。对全市各级各类应急救援力量及装备情况进行初步摸底调查，进一步调整强化防汛抗旱、抗震救灾、市政工程、环境保护、医疗卫生等专业救援抢险队伍和企事业单位专兼职应急队伍，全市应急队伍救援力量显著增强。④健全应急机制，提高处置效率。通过召开新闻通气会和各类突发事件应对处置紧密层单位联席会议，完善与新闻媒体及各级、各部门之间的应急联动机制。妥善应对处置“2·10”大雪、“6·17”强降雨、“8·20”东外环山体滑坡、“8·26”燃气泄漏、“11·10”燃气调压站火灾、“12·1”段店汽配城火灾等30余起突发事件，应对处置各类突发事件效率不断提高。

3. 深化应急宣教培训，提高应急能力和防范意识。依托市委党校建立济南市应急管理培训基地，积极举办各级各部门应急管理干部培训班。全年编发《应急管理工作动态》30余期，刊发稿件150余篇，其中在《山东省应急管理工作动态》刊发稿件28篇。年初下发《关于进一步加强应急管理宣教培训工作的通知》，对各级各部门宣教培训成果进行量化计分，加强宣教力度，创新宣传形式。建设开通济南市人民政府应急管理网。下发《关于开展应急管理示范点建设的通知》，在全市建立起一批覆盖社区、乡村、企业、学校以及其他不同类型基层组织的应急管理示范点，推动应急管理工作向基层延伸。（荆兆山）

【政府法制工作】 1. 加强依法行政的规划协调和督促检查。落实依法行政报告制度，组织各县（市）区政府、市直部门向市政府呈报2010年度依法行政工作报告。制定下发《2010年度全市推进依法行政工作考核意见》，将依法行政纳入各级各部门科学发展综合考评体系，明确考核工作的指导思想、考核指标和评查标准。年底组织开展全市依法行政考核，考核结果纳入市考评办科学发展综合考核指标，有力推进了基层依法行政。济南市人民政府和济南市政府法制办均被山东省政府评为2010年度“全省依法行政先进单位”。

2. 加强行政执法监督。启动行政执法电子监察系统建设，全部市级行政处罚均实行网上办案，接受实时、动态网上监督。对现行市级行政处罚事项进行梳理和规范，确定继续实施的2864项，取消或暂缓实施的109项，下放县（市）区执行的151项，调整为日常监管措施的190项；印发《济南市行政处罚执法文书格式文本（试行）》，规范和统一行政执法文书，完善行政处罚程序；对40个执法部门的4033名执法人员进行资格审验，并对989名执法人员进行法律知识抽测。会同市监察局重点规范涉企执法行为，明确规定对企业进行执法检查的，必须制定年度计划，报市法制办、监察局备案后实施。

3. 做好政府立法和规章清理工作。科学编制2010年政府立法计划，保证土地征收、粮食流通、电力管理等事关全市经济社会发展大局的立法项目及时出台。全年市政府颁布《济南市土地征收管理办法》《济南市粮食流通管理办法》两部政府规章，起草《济南市电力管理条例（修订草案）》，并提交市人大常委会审议。对现行有效的96件政府规章进行清理，确定继续实施33件、修改47件、废止16件，进一步完善政府规章体系。

4. 创新开展行政复议工作。根据省政府确定济南市为行政复议委员会试点改革城市的要求，推进行政复议委员会试点改革，积极做好成立市政府行政复议委员会、开展相对集中立案权等各项准备工作，完善机构设置，提高复议立案及应诉、案件审查的专业性和规范性。畅通复议渠道，设立立案集中受理大厅，完善网上申请、法律咨询等便民措施；提高复议办案水平，坚持复议案件集体讨论制度；创新办案方式，加大调解力度，调解和解结案率稳步提高。全年共办理复议案件135件，受理123件、不予受理12件；代表市政府参加行政应诉23件、省政府复议1件，有效化解了行政矛盾，促进了社会和谐。

5. 严格规范性文件审查和备案管理。全年共审查规范性文件197件，向市人大和省政府备案58件。清理61个部门的698个文件，保留593件、废止105件。建立目录季报制度，加强与县（市）区的联系，提高备案审查效率。实行审查备案检核制度和承办人负责制，依法管理规范性文件。

6. 开展法制研究、宣传和培训工作。结合工作实践，开展地方立法评估机制、我国行政复议制度改革、行政指导制度实践、规范性文件制发程序、行政裁量权细化和规范等课题研究，形成指导性调研报告。加强宣传载体和阵地建设。编辑发行《济南政府法制》4期、《政府法制信息》11期，宣传依法行政工作的重点和法治政府建设的亮点。按照“高效、规范、科学”的原则，改版充实法制办网站，及时发布政府法制工作信息。建立政府法制信息联络员队伍，市法制办报送信息被国务院法制办网站选用220余条、省政府法制办网站选用230余条。组织3期共368人的全市行政执法和复议应诉人员资格培训班，结合培训考试，完善资格证件申领和年审制。

（刘洪涛　张　楠）

【仲裁工作】 全年受理仲裁案件709件，比上年增长20%；涉案标的额11.9亿元，增长20%；按期结案率达90%以上，增长31%。年内获全省依法行政工作先进单位、全省依法行政宣传工作先进集体称号。

1. 加大宣传力度。设置《仲裁与社会》栏目编辑室，在《济南日报》《齐鲁晚报》《济南时报》《生活日报》等报刊开辟专栏，系统介绍仲裁知识。加强济南仲裁网站建设，完成升级改造，实时更新网站内容，增加网站信息量；发放《仲裁服务指南》等宣传材料，让人们了解仲裁、认同仲裁、选择仲裁。与济南12345市民服务热线联动，按照“一号对外、集中受理、分类处置、统一协调、部门联动、限时办理”的运行机制，发挥多种语言接听、三方通话、电话转接、网络转办等功能，提供有针对性的仲裁服务。年内接听咨询电话600多个。与商务局联合举办“外商服务月”活动，召开部分行业协会负责人座谈会、工业系统行业协会仲裁发展工作座谈会、济南市外商投资企业仲裁服务座谈会以及律师界仲裁服务座谈会。举办“2010中国济南建筑房地产发展与风险防范论坛”和仲裁法律服务咨询活动，与山东经济学院法学院、济南市律师协会联合承办“律师与仲裁专题报告会”，提高了济南仲裁在社会各界的知名度和影响力。

2. 规范办案流程。自主研发仲裁案件信息管理系统，对仲裁案件实行微机化管理，对仲裁案件的每一个程序都设定严格的办案时限，逾期的，微机自动提示，分管领导及时督办。制订仲裁办案秘书工作规范和仲裁员办案规范。实行案件评议制度，所有裁决案件均需经过业务办公会议研究，使办案置于有效监督之下，办案质量和效率得到保障。

3. 启动仲裁制度进企业、进行业、进社区活动。至年底，济南仲裁办已成立长清分会、食品行业仲裁中心、商务仲裁中心，章丘分会、医疗事故赔偿仲裁中心、交通事故赔偿仲裁中心等机构网络也在积极筹建中。在重点企业实行联系点制度，确定100家大中型企业为仲裁主要服务对象，有针对性地提供仲裁法律服务，防范企业经营风险。通过在城区外的县（市）区设立分会，在市直有关部门和重点行业设立仲裁中心，在大型企业设立联络处，建立健全仲裁办、仲裁分会、仲裁中心、仲裁联络处相关联的“四级机构服务网络”。

（邓　鑫）

【创建“贴心民政”服务品牌】 1.“贴心民政”服务品牌创建工作全面推进。天桥区“五位一体”社区管理服务体制创新、平阴县“村（居）民政强基工程”、济阳县农村公益性祠堂建设等一大批惠及面广、工作基础好、有发展潜力的服务子品牌不断涌现，历城区阳光民生救助平台、长清区低保听证家园品牌进一步发展提升。开展“村（居）民政强基工程”，推广平阴县村（居）民政助理员经验做法。围绕群众和社会各界关注的热点、难点问题，深化政务公开和政务服务，开展7次“走进民政看民生”、5次“民政局长现场办公日”、5次“局长在线答疑”等活动，办理12345市民热线724件、回访满意率93%，办理人大代表建议、政协提案44件，解决或落实社会各界反映问题1033件（次）。及时受理群众来信来访280件（次），办结率98%，群众满意率96%以上。举办3期“贴心民政”论坛，邀请有关领导、专家学者作专题讲座。4月2日，《打造“贴心民政”服务品牌的探索与实践》调研文章获全国民政政策理论研究二等奖，并在全国民政论坛上作发言；2篇调研文章获省民政厅政策理论研究征文二等奖，1篇获三等奖。继续推进民政信息化建设，加强对城乡低保、优抚安置等民政各项业务的数据收集整理，为构建“数字化、信息化、专业化”民政打下良好基础。

2. 加强民政系统行风建设。开展行风示范单位创建活动，建立完善行风建设标准。济南革命烈士陵园等13个窗口单位被省民政厅授予“全省民政系统行风建设示范单位”称号。制定《党风廉政建设责任制实施细则》，以制度规范约束党员领导干部从政行为，做到分工明确、责任落实。严格执行“收支两条线”规定，加强经费预算管理和对预算执行情况的监督。重要物资的购买，一律实行政府采购；在民政基础设施建设项目上，一律实行公开招标、阳光操作，加强跟踪监督，打造“廉洁工程”“放心工程”。

3. 民政基础设施建设稳步推进。作为为民办12件实事之一的儿童福利院工程全面完工。民政部部长李立国对济南市大力实施儿童福利机构蓝天计划所做的扎实工作给予充分肯定。山东济南养老服务中心正在办理立项手续，市精神病院病房楼和优抚医院完成立项。救灾仓库项目进入立项程序。（陈尚军）

【农村基层政权建设】 深入推进基层村务公开民主管理规范化建设和难点、重点村治理工作，与纪委、组织等部门联合开展村务公开民主管理检查，通过听、访、查、看四种方式，提高基层村务公开民主管理工作水平，推出济阳县“立体互动”村务公开民主管理模式。评选一批模范村委会主任和居委会主任，发挥典型示范作用。举办全市新村民委员会组织法培训班，确保第九届村委会、第七届居委会换届选举依法有序进行。章丘市在农村社区建设中推广“双十服务在社区”子品牌，通过建设10支服务队伍、搭建10个服务平台（生产、维修、卫生、治安、调解、帮扶、文艺、体育、普法、宣传），使城市服务资源延伸到农村，有效推进了农村社区建设。

（陈尚军）

【社区建设】 ①健全社区管理机制。9月，制定《关于加强社区居委会成员队伍建设的意见》，加强社区居委会队伍建设，逐步建立候选人考试推荐机制、考评管理机制、岗位补贴考核机制、教育培训机制和激励约束等机制。制定《关于在全市推行“五位一体”社区管理服务模式的意见（试行）》。5月21日，在天桥区召开现场会，推广“五位一体”社区管理服务模式，明确社区党组织、社区居委会、社区服务站、业主委员会、物业服务企业等的责任和义务，物业服务企业、业主委员会等社区组织成员可以依法参加选举或义务聘为社区居委会主任助理，探索出解决高档封闭式社区内各类组织职能交叉、管理服务难以协调等问题的途径。②提升社区建设和服务水平。按照“居居有特色，居居有品牌，居居有亮点”的总体要求，打造30个精品社区和农村100个村精品社区。农村社区覆盖面扩大，章丘市通过民政部“全国农村社区建设全覆盖”评估验收。不断强化社区服务功能，开展“社区十分钟生活服务圈”星级评定活动，评选出一星级社区5个、二星级社区8个、三星级社区6个。③社区服务水平明显提高。联合市文明办在全市开展“邻里节”活动，有效促进了社区和谐。举办全市首届“社区红歌会”，数万人在英雄山纪念碑前唱响红歌。推广“贴心一键通”助老服务项目，并与 120、12345 等实现联动，全市用户达到 4000 多户，挽救老人生命 177 例。1 月 17 日，在泉城广场举行“贴心保姆一键通”大型公益助老仪式。4 月 11 日，启动“济南市助老服务社区行”大型公益活动。（陈尚军）

【行政区划与地名管理】 局部区域区划调整 6 次，涉及 5 个县（市）区、11 个乡镇，其中，历城区撤销华山镇、王舍人镇、郭店镇、港沟镇和遥墙镇，设立华山、荷花路、王舍人、鲍山、郭店、唐冶、港沟、遥墙、临港等 9 个街道办事处；平阴县撤销平阴镇，设立榆山、锦水 2 个街道办事处，撤销安城乡，设立安城镇；长清区撤销双泉乡，设立双泉镇；章丘市撤销官庄乡、辛寨乡，设立官庄镇、辛寨镇；济阳县撤销新市乡，设立新市镇。开展“平安边界”创建活动。6 月 3 日，联合山东商报、济南现代房地产开发有限公司共同举办“外海杯”行政区域界线法规有奖知识竞赛。

拓展地名信息化服务。8 月，“济南市区划地名边界线三位一体信息系统”和地名网站集群系统投入使用，新增 4500 余个地名查询点，在全市建立立体式、多渠道的地名查询服务平台。开展地名文化保护活动，8 月 5 日至 9 月 5 日，以“地名文化保护与建设”为主题，面向社会征集论文 189 篇，图片近 200 张。9 月 5 ~ 6 日，举办首届“济南地名文化论坛”。11 月，《济南市地名图集》出版发行。（陈尚军）

【社会组织管理】 成立市级社会组织 55 家（其中，社团 20 家，民办非企业单位 35 家），变更（注销、撤销）社会组织 140 家。开展分层次、区别化年检，推出“两年优秀免检一年”的奖励政策，对年检中存在不履行变更手续、公务员兼职等问题的 34 家社团予以整改。开展全市社会团体“小金库”专项治理工作，通过动员部署、自查自纠、重点检查、整改落实 4 个阶段工作，规范了社团财务行为。5 月 28 日，联合市文联，组织相关协会的 30 余位知名作家、美术家、书法家、摄影家，开展“文艺家走进民政看民政”采风创作活动。9 月 11 日，在泉城广场举办济南市首届社会组织活动成果展，127 家社会组织参展。开展新社会组织学习实践科学发展观活动，对先进社会组织进行表彰。加强社会组织党建工作，指导全市社会组织开展“创先争优、争做泉城先锋”活动。全市建立社会组织党组织 306 个，占社会组织总数的 10% 以上。2 月 26 日，市民政局被民政部表彰为全国社会组织深入学习实践科学发展观活动指导工作先进单位。（陈尚军）

【退役士兵接收安置】 接收退役士兵 4600 名，其中城镇退役士兵 2047 名，转业士官 450 人。联合山东蓝翔技校建立全市退役士兵技能培训基地，开展城乡“一体化”职业技能培训，探索订单式下达计划、定向式进行培训、定位式安置工作的“一条龙”服务新方式，培训退役士兵 2400 余名，其中农村退役士兵 1700 余名。城镇退役士兵事业单位安置工作，继续实行档案考核与文化考试相结合的“双考”安置，对 133 个事业单位编制岗位，做到安置计划、双考成绩、安置结果“三公开”。提高退役士兵自谋职业一次性补助金标准，义务兵自谋职业金由 2 万元提高到 3.1 万元，士官由 3 万元提高到 5.2 万元，自谋职业率提高 20% 左右。（陈尚军）

【军队离退休干部安置和管理】 接收安置军队离退休干部 181 名。开展“贴心民政，温馨军休”品牌创建活动，认真落实军休干部两项待遇，努力为军休干部办实事、解难题，服务管理社会化稳步推进。各军休单位与社区和驻地单位签订共建协议，开展共驻共建活动，解决军休干部活动服务设施不足和军休干部奉献社会平台欠缺的问题。（陈尚军）

【优抚工作】 全年共发放各类抚恤补助金 1.31 亿元，发放在乡抗日老战士一次性抚恤金 189 万元，发放城乡义务兵家庭优待金 1300 多万元。历下区、市中区、槐荫区将优抚对象全部纳入城镇职工基本医疗保险，其他有农村优抚对象的县（市）区全部实施《参加新型农村合作医疗优抚对象门诊慢性病保障工作实施办法》。全市为优抚对象缴纳参保（合）费 845.6 万元，发放门诊补助 342 万元。优抚对象享受医疗减免 262.6 万元、“新农合”住院补助 1944 万元、大病救助 162.5 万元。联合山东施尔明眼科医院开展“光明献功臣”活动，为全市优抚对象进行免费眼科检查，并为 66 名优抚对象实施免费眼科手术。开展“功臣安居行动”，投入 484.2 万元，帮助 354 户优抚对象修建房屋 1102 间。协调房管部门，将 5300 多名城镇优抚对象全部纳入住房保障范围，符合条件的优先优惠享受经济适用房和廉租房待遇。开展优抚对象轮流休养，242 名优抚对象分别到省厅三个疗养院休养，同比增长 47%。市和各县（市）区光荣院、乡镇休养院集中供养孤老优抚对象 151 人，轮流休养优抚对象 470 多人次。扎实开展“十个一”特别关爱行动，走访各类优抚对象 1.3 万户，发放慰问金 296 万元，发放各类慰问品价值 243 万元，救助困难优抚对象 1724 户，发放救助金、救助品总计约 62 万元；召开各类优抚对象座谈会 128 场（次），为义务兵家庭、烈属发放及更换光荣牌 3900 多块，发放各类专题年画、春联 42100 多幅。（陈尚军）

【民政事业单位管理】 济南革命烈士陵园（济南战役纪念馆）接待观众 114207 人次，播放全景画 675 场，讲解 960 场次。3 月 29 日，联合《齐鲁晚报》发起“为济南战役牺牲烈士寻亲”系列报道活动，同时联合舜网发起“为济南战役牺牲烈士寻亲”活动，并开通寻亲热线电话，公布济南战役纪念馆网址，为广大烈士家属寻亲。“烈属寻亲直通车”寻亲热线接待来人来电 500 多人次，为 6 位烈士找到了安葬地。围绕抗美援朝胜利 60 周年纪念活动，组织开展入队、入团、入党、入伍宣誓等各种纪念活动40余场。

济南市社会福利院接收入院儿童弃婴120余名，孤残儿童手术康复达到22名，总人数达到278名。以“亲亲妈妈”服务品牌创建为重点，积极开展亲情化服务，人性化管理的优质服务。

济南市救助管理站全年接待求助10032人次。全年巡回救助出动车辆120余台次，行驶里程达10000公里以上，救助2126人次。12345市民热线转接案件29起，办结29起。满意率99.8%。

济南市社区服务中心在全市深入推广“贴心一键通”电子保姆。全年“贴心一键通”接听用户来电30000余次，为用户提供各类生活服务8000余次，成功救助老人177例，提供上门维护服务300余次。 （陈尚军）

【史志工作】 1.地方志编修工作。推进二轮修志。4月，召开全市史志工作会议，对续修济南市志编纂工作方案做出调整，将下限由2005年调整至2010年，并对市志编纂工作做出新部署。会后，调整修志工作计划和市志篇目设置，对修志承编单位与撰稿人员进行重新登记，进一步健全修志工作网络。拟订修志工作规程和市志编纂规划，探索修志工作的制度化、程序化和规范化。自6月开始，相继召开济南市志政协群团编修协作组、经济综合管理协作组、城建协作组、政法军事协作组业务座谈会及现场经验交流会，进一步落实撰稿任务，引导学习先进修志承编单位经验，征求篇目框架意见，促进分志编纂工作有序开展。与市法院、市公安局、市经信委、市环保局、济南铁路分局、市农业局、市发改委、市公交总公司等单位进行座谈研讨，有针对性地进行业务指导。截至年底，大部分单位处于资料收集或初稿撰写阶段，修志工作稳步推进。

推动指导县（市）区志和部门志、专业志的编修。3月，《章丘市志（1986～2005）》被省政府办公厅评为全省优秀市县级志书，获2009年度全省史志系统“八个一优秀”奖。《济阳县志》（1983～2003）志稿初审完成。《历城区志》《历下区志》《长清区志》《商河县志》初稿基本完成。按时完成省史志办部署的《山东省历史地图集·济南》（经济卷、政治卷、自然卷、社会卷）、《山东省汶川特大地震救助援建志·济南》《中华人民共和国第十一届运动会志》（济南赛区）的审核校对和撰稿任务。《济南军事志》进入印刷出版程序，《孙耿镇志》于9月出版，《济南公安志（1986～2010）》编纂工作启动，《济南外事大事记（1978～2009）》编纂完成。

3月，全面启动《济南市汶川特大地震救助援建志》的编纂工作。相继召开编写人员培训会议和工作调度会议，进一步明确编写任务和要求。截至年底，上篇基本完成初稿的编写、修改，下篇完成组稿。

2.年鉴编纂工作。《济南年鉴（2010）》顺利出版，光盘一并制作完成。2010卷全面反映举办第十一届全运会（济南赛区）、第七届园博会等工作亮点，充分彰显济南市的大事、特事、新事，全面反映经济社会发展、城市建设和精神文明建设等新成就和新面貌，突出资料性与思想性。全书110多万字，彩色画页60余码。在完成《济南年鉴》编纂工作的同时，指导县（市）区年鉴编纂也取得新进展。《天桥年鉴（2004～2009）》出版发行；《章丘年鉴（2006～2010）》《商河年鉴（2007～2010）》编纂启动；《平阴年鉴（2004～2009）》编纂全面展开，初稿已完成。

3.方志馆建设管理。市方志馆积极拓展丰富馆藏资料，交换购买地情书籍，书库馆藏数量达14000余册，馆藏种类300多种；资料室藏地情资料书4670册、工具书407册。其中包括《续修高雄市志》（12册）、《重修台湾省通志》（10本）、《台湾全志》（32册）、《金门县志》（12册）等一批台湾志书。方志馆加强对馆藏书籍管理，调整规范馆藏布局，按时进库查看湿度、温度，及时采取有效措施解决馆藏中发现的问题。书籍管理录入系统有序进行，已完成书库馆藏录入近千册。电子图书资源的开发利用，方便了社会各界读志用志，为史志工作服务政府、服务社会创造了更加直接的条件。

县（市）区方志室建设紧张开展。历下、章丘、平阴、槐荫、长清的方志室建设工作已完成，天桥在区图书馆中辟出地方史志、地情专区，纳入天桥区大文化建设范畴。其他县区的方志室建设也已在积极争取中。

4.信息化建设。地情网站更新及时，运转平稳。注重突出行业特点与地方特色，不断更新动态栏目，采集整理地情资料和历史图片，充实、丰富、完善各栏目内容，充分利用网站平台积极宣传本系统、本单位的工作业绩，扩大影响力，提高知名度。

5.史志队伍建设。继续实施2009～2013年修志人员业务培训五年规划，全年举办两期史志业务培训班，全市史志系统和市直有关部门的志、鉴编修人员共90余人参加学习培训。培训班邀请中国地方志指导小组办公室张英聘、河南省地方史志办公室王卫明、江西省《高安市志》主编戴佳臻和江苏省地方志办公室陈华等史志专家为大家授课。采取专家讲授与课堂讨论相结合的方式，既满足培训学员的求知需要，又调动大家的积极性，使全体学员在轻松活泼的氛围中获得新认识、新提高，在业务水平上实现新突破。 （胡健美）

【济南铁路局以合同书形式落实市志稿编写工作】 济南铁路局积极探索志稿编纂工作新模式，与撰写人员签订《编纂任务承包合同书》，对合同双方的权利、义务、违约责任及志稿完成时间、志稿质量标准等进行约定，为完成《济南市志》所承编部分的编纂工作提供有力保障。以签订承包合同书方式落实《济南市志》稿编写工作的做法，对市志其他承编单位的志书编纂工作具有较强的示范借鉴意义。 （胡健美）

【《济南公安志（1948～1985）》获山东省公安厅公安理论成果二等奖】 济

南市公安局编纂出版的《济南公安志（1948～1985）》获得山东省公安厅公安理论成果二等奖（一等奖空缺）。这是济南第一部专门记述济南人民公安历史发展的专志。全面记述了济南解放至1985年公安战线的战斗历程，记载了公安机关在各个时期为巩固新生革命政权、保卫社会主义改造和社会主义建设、保障改革开放和社会主义现代化建设、保护人民生命财产安全、为全市人民创造良好社会治安秩序和营造良好发展环境所做的不懈努力，真实客观地记录了济南公安发展变化的历史变迁，是济南人民公安事业从无到有、从弱到强发展的缩影。（胡健美）

【《济南公安年鉴（2010）》出版】 8月，济南市公安局建局60多年来的第一部年鉴——《济南公安年鉴（2010）》出版。这是一部集中反映济南市公安工作和队伍建设的年度综合年鉴，标志着济南市公安史志工作步入规范化轨道。《济南公安年鉴（2010）》突出部门、警种特色，真实记载了2009年全市各项公安工作和取得的丰硕成果，集中展示了全市公安机关完成全运安保任务，维护省城治安稳定的工作业绩和体现出的精神风貌，是一部全面了解济南公安工作和队伍建设的权威性工具书。（胡健美）

【平阴县第一部村志——《孝直村志》出版发行】 见“区县·平阴县”分目

【《孙耿镇志》出版发行】见“区县·济阳县”分目

【《济南年鉴（2008）》在全国地方志系统第二届年鉴评奖中获特等奖】 11月，《济南年鉴（2008）》在全国地方志系统第二届年鉴评奖中获特等奖。《济南年鉴》创刊于1989年。20多年来，不断完善和调整年鉴的框架结构，使其达到科学化和规范化；开拓多元化供稿渠道，丰富年鉴内容，加大信息密度；精心编排彩页，使年鉴做到图文并茂；改进装帧设计，增加视觉美感。2008年，是济南年鉴创刊20周年，正值济南解放60周年、改革开放30周年，《济南年鉴（2008）》在彩页和正文部分通过多种形式突出反映了有关内容，在装帧设计上也体现了喜庆色彩。（胡健美）

【济南市史志系统学习优秀志书业务技能大赛举行】 8月31日，济南市史志系统学习优秀志书业务技能大赛在龙奥大厦举行。此次大赛是济南市史志系统开展“学习优秀志书活动”进入验收阶段的一项重要内容。济南市史志办和10个县（市）区史志办推选出的12名优秀选手参加了比赛。比赛分为理论评介文章和课件讲解两部分。参赛选手分别对《丰南县续志》《邗江县志》《周村区志》进行点评，围绕志书的体例设置、内容记述、资料行文、装帧版式，尤其是特色和优长进行了深入研讨和评述，同时对志书存在的不足阐明了理由和观点。比赛产生一等奖3名、二等奖4名、三等奖5名。济南市选拔出的3名一等奖获得者在之后的东营赛区选拔赛上全部进入全省总决赛，其中2名选手在全省总决赛中获得一等奖，1名获得三等奖。（胡健美）

【两岸四地史志文化研讨会在济南召开】 10月19日，以“弘扬中华优秀传统文化，促进地方史志学术交流”为主题的两岸四地史志文化研讨会在济南舜耕山庄开幕。研讨会由济南市人民政府和山东省地方史志办公室联合主办，济南市史志办公室承办，为期3天，来自台湾、香港、澳门地区及大陆各地的史志文化专家学者，以及山东省和济南市史志系统有关人员70余人参加会议。研讨会上，诸位地方史志专家、学者围绕儒家文化与地方志的发展，地方志资料的搜集与整理，谱牒研究与地方志的关系，地方志功能的演进与现代志书编纂创新，其他学科对地方志的渗透和影响，现代修志方式方法探讨，口述、实物资料与地方志的编纂，志书索引的编制等议题发言。（胡健美）

【市级机关事务管理】 1. 推进行政事业资产管理制度改革。完善委托管理和授权运营机制，积极创造条件，加快解决历史遗留问题，资产接收、划转过户、整合、处置各项工作进入攻坚阶段。全年实现资产处置收益3.3亿元。因旧城改造需要，对18万多平方米的资产以政府收储的方式进行拆迁，虽然减少了5亿多元的收益，但有力支持了全市棚户区改造和城市功能形象提升。

2. 后勤服务社会化运营取得新成效。会务接待坚持高标准、严要求，承接各类会议500余次，参会人数5万余人，满意度100%。引进第二家餐饮公司，形成有效竞争机制，在物价涨幅较大的情况下，保持了服务质量和价格的相对稳定。引进报纸投递、通讯等商务服务单位，配套服务体系进一步完善。积极配合做好龙奥区域社会治安综合治理工作，及时协调有关单位做好信访维稳工作，提高突发性事件和群体性事件应急处置能力，全年无安全责任事故发生。

3. 重点统建统管项目全面完成。充分发挥统建统管优势，全面完成市检察院专业技术综合楼、市纪委廉政教育基地两个重点项目的建设任务，质量好、进度快、造价低，实现了建筑工程施工、设施设备安装、管线铺设、环境综合整治同步完成、一步到位的目标。按期完成市公共资源交易中心、市人大常委会、市政协会议室和部分划转房屋的维修改造任务。市应急指挥平台、反恐指挥中心、公安指挥中心项目于12月8日开工建设。

4. 节约型机关建设取得初步成效。成立市公共机构节能办公室，对市直机关主要办公场所的电梯进行节能改造，节电率达20%，每年可节约用电11万度。开发建设了龙奥大厦能耗监测管理平台，实现对用能情况的实时监控。认真分析能耗统计数据，基本完成全市公共机构水、电、油三项能耗定额标准的编制工作，全市公共机构节能管理监督体系初步形成。对全市公共机构节能情况进行监督检查，在全省公共机构节能考核中被评为优秀等次，连续3年完成公共机构节能5%的目标任务。

5. 公务用车“五统三定”管理制度全面实行。加强车辆编制管理，实行公车统一购置，对公车实行跨部门调配，实行拍卖和报废相结合的处置方式，将“三定”服务纳入政府采购范围，盘活资源，提高利用率。单车价格平均下降20%，商业保险费降低8%，交强险费降低4%，维修价格比市场平均价低10%～15%，加油价格每升比市场零售价低0.1元。全年节约财政资金500余万元。

6. 充分发挥政府集中采购的规模优势和政策功能。加大节能环保、自主创新设备和产品的采购比重，支持高新技术产业和战略性新兴产业发展，同等条件下优先采购节能环保、自主创新设备和产品，从源头上降低机关资产购建成本，推进节约型机关建设。扎实开展“规范有序服务年”活动，全面推行分段式采购，建成启用电子采购、电子监察、电子政务三大系统，将政府集中采购纳入全市公共资源交易平台，采购规范化水平进一步提升，全年完成预算采购6.04亿元，实际支出5.09亿元，节约财政资金9500万元。　（张文浩）

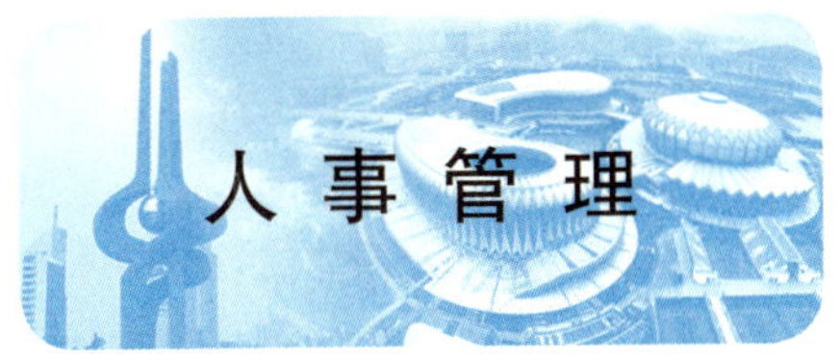

【机关事业单位人事管理】 按照依法管理、科学管理要求，严格规范调配工作，保障机关事业单位人员的合理流动和配置。①坚持并完善公务员凡进必考和事业单位公开招聘制度，全市面向社会考录公务员577名，市属事业单位公开招聘工作人员376名，机关事业单位人员的学历、年龄和专业结构进一步优化。坚持面向基层，着力探索建立来自一线的公务员队伍培养选拔链，先后为济南市委组织部、市纪委、市编办等市直机关录用有基层工作经历人员，全市录用有基层工作经历人员比例超过60%。②依法加强公务员队伍建设，规范日常登记管理，基本完成政府系统参照公务员法管理事业单位人员的登记工作。全年为707名公务员和33名参照管理人员办理了登记手续，对2163人的公务员登记表进行重新审批，完成全市森林公安机构33人的考核考试过渡登记工作。③改进和提高培训工作的针对性、实效性，强化初任和任职培训。全年举办3期156名处级公务员任职培训班，完成368名新录用公务员初任培训班和山东省人社厅下达的公务员调训任务，组织完成3万多名公务员公共管理素质能力考试和6名市、县机关事业单位人员到新加坡和香港参加相关培训。④扎实推进事业单位岗位管理改革。全市3000多个事业单位的岗位核准工作基本完成，初步建立起因事设岗、按岗聘用、合同管理的新机制。深化职称制度改革，全面推行事业单位按岗申报和差额预申报制度。已核准的382个市直事业单位中有70%的单位和91%的人员完成首次专业技术岗位聘用，其中正高级513人，副高级3835人，中级7705，初级17940人。⑤推进部分事业单位绩效工资制度改革。市及各县（市）区均兑现了义务教育学校教师的绩效工资，公共卫生和基层医疗卫生事业单位的绩效工资实施工作顺利启动。⑥坚持并完善考试考核安置办法，按照“均衡承担，总量控制，重点充实，分类设定”的原则适度调控安置去向，市直、政法和县（市）区安置任务各按约1/3承担。年内接收军转干部422人，安置到机关、参公岗位288人，占68%，全额事业107人，占25%，其余27人均安置到差额或效益较好的自收自支事业单位。自主择业军转干部管理服务手段和水平不断提升。完成43名自主择业军转干部的报到和接收安置工作，发放由中央财政支付的退役金6811.51万元；人均月退役金4679.52元，最高8113.00元，最低3303.64元。对市区内享受住房补贴自主择业军转干部，逐人进行住房补贴的晋级晋档调整，套改后人均604元/月，地方财政全年共支付住房补贴840.4万元。⑦严肃考风考纪，规范考试管理。全年共组织各类考试60场、11万多人次，实现“零失误”“零投诉”。⑧推进机关事业单位综合信息管理系统建设，工资福利、岗位管理、人事计划、公开招聘、人员增减等5项业务全部实现信息化，管理水平和质量明显提高。

【人才队伍建设】 完善高层次人才申报、评审、认定等配套办法，开辟人才引进绿色通道，出台人才居住证制度，大力推进“5150”引才计划和“百千万”人才引进工程，全年签约引进99名高层次人才，其中院士1名，国家“千人计划”4名、省“万人计划”11名。坚持以高端急需为取向，引进国外智力，实施引智项目29项，引进外国专家115人次，争取国家引智经费170万元，有2名外国专家获国家友谊奖和齐鲁友谊奖。全年执行出国（境）培训项目18项，派出人员215人。积极推进留学人员创业园区建设，留学创业人员企业190家，聚集留学人员1700多人，在孵高科技项目400余项，其中近100个项目达到国内或国际领先水平。承办第六届“海洽会”，引进人才和签约项目数量居全省第一。加强高层次专家推荐选拔工作，全市管理期内的省有突出贡献的中青年专家13名，享受国务院特殊津贴专家110名。博士后工作站9家，在站博士后29人。8月30日，人力资源和社会保障部、全国博士后管理委员会批准济南市供排水监测中心、济南重工股份有限公司设立博士后科研工作站。建立健全高技能人才培养培训和多元化评价体系，新增9个首席技师工作站，深入推进技工院校改革，实施新技师培养计划、社会紧缺职业工种培训计划，打造“泉城金蓝领”培训品牌。全年完成市属技工院校招生1.06万人，新增高技能人才2.63万人，新选拔50名首席技师和100名突出贡献技师。提升职业能力鉴定质量，在山东省首家通过国家人力资源和社会保障部

“质量管理体系”认定、第一家获得国家题库运行管理机构授牌。

公共人力资源服务平台建设。对“中国济南人才网”进行改版升级，形成网络市场与场地市场并重的人才招聘服务新格局。依托“中国济南人才网”，开通高层次人才网上申报服务系统，方便海内外高层次人才来济创新创业。建立人才供求信息分析发布机制，不断完善高校毕业生就业指导平台。进一步细分招聘市场，完善公益招聘平台。全年举办各类场地及网络人才招聘会 49 场，进场招聘单位 3567 家，提供就业岗位 4.2 万余个。

（王　东）

华侨事务

【概况】侨务工作突出“亲侨聚力，建设泉城”一条主线，积极搭建引资引智和为侨服务平台，着力推进大华商大项目、引进海外高层次人才、地方涉侨政策法规建设三项重点，深化品牌活动、项目对接、载体建设、侨企服务、双爱工程、社区侨务 6 项基础工作，构建吸引海外侨胞的人才高地、创业热土、和谐家园。全年联络重点华商实业家、知名侨领 96 位，华人商会、科技团体 66 家，引进海外经贸、科技团组 43 个，引荐 168 位海外高层次专业人才来济科技交流与合作，对接引资引智重点项目 25 个，为济南企事业单位对接商贸客户 201 家。协调服务重点侨资企业 122 家，扶持 10 家来济进行科技创业企业。发动侨界捐赠公益事业 3800 万元。扶贫帮困归侨侨眷 143 户，全市“侨心热线”接待来电 816 人次。受理侨务信访 85 件，办结率 97%。

1. 落实“5150 引才计划”，助推人才高地建设。①多渠道向海外宣传济南创业环境。充分发挥“三支人才队伍”和“海学会”作用，通过美国旅美科技协会、加拿大中国专业人士协会等 25 家华侨华人科技团体，向社团所属会员近 3000 人次推介引才优惠政策。向海外发布企业所需创新领军人才岗位 59 个。《星岛日报》《世界日报》等 16 家海外主流华文媒体集中报道济南吸引海外高层次和紧缺人才的方针政策。年内有 79 人报名来济创业。②首次在海外建立三家人才引进联络处。发挥海外联络广泛优势，与国外 40 多家华侨专业团体密切合作，建立人才信息库。遴选美国华源科技协会、中国旅美科技协会、加拿大中国专业人士协会 3 家华侨华人科技社团作为合作对象，分别设立济南（硅谷）、济南（纽约）、济南（多伦多）3 家人才引进联络处，搭建起济南市与海外华侨华人智力资源长期合作交流的桥梁，为举办境内外项目人才洽谈会提供便利，初步建立起海外人才互动合作长效机制。③海外人才来济创新创业掀起新热潮。年内有来自世界各地 200 多个创新创业人才团队来济南申请“5150”创业扶持，在全市第三批引进的 59 名高层次人才中，有 23 位海外来济创新创业人才是市侨办引荐的。

2. 围绕打造现代产业体系，海外联络和引进大华商大项目工作取得新进展。①深度涵养侨务资源。3 次组团出访东南亚、美、加、荷、法等国家和地区，拜访华商，推介济南。参加国侨办第五届华侨华人社团大会、华侨华人游世博、香港甬港联谊会等重大侨务活动。邀请出席第五届世界华侨华人社团联谊大会的近 40 位海外侨领来济参加重点合作项目及名优产品推介会。接待国侨办国庆嘉宾团一行 36 人来济参观考察。引荐美国摩根大通亚太区总裁、荷兰商会、意大利华商会等 16 批侨商侨领来济考察。②完善项目推进协调服务机制。注重与专业招商部门经常性合作，共同研究海外华商寻求战略投资、产业转移与“转方式、调结构”的结合点，遴选一批重点项目，联合向海外推介。建立重点项目定期沟通研究机制，适时更新《重点跟踪项目表》，与专业部门交流配合，共同推进项目进展。③促成一批华商大项目。重点跟踪泰国正大集团现代化养殖基地、印尼金峰集团“长青城”城市综合体，加拿大环球生物化学公司汽车锂电池技术合作等 41 个项目；推进实质性在谈农业、综合体项目 3 个，促成马来西亚百盛集团在泉城路建设购物中心等协议项目 6 个，促成菲律宾上好佳集团投资 1250 万美元建设食品基地、国药控股天润公司建设现代医药物流中心、海瑞特生物工程公司建设酶解植物纤维酒精生产线、金鸿润化工科技公司开发可降解地膜、泰国中华总商会陆地联盟进口重汽集团 100 辆重型卡车合同等落地项目 7 个。全市侨务系统引进侨资 2.18 亿美元。

3. 力抓政策机制创新，为侨商侨企和创业团队服务水平进一步提高。①努力解决驻济侨商侨企生产生活中突出困难。与市金融办等部门协作，组织驻济侨商与银行、担保公司召开“银侨洽谈会”3 次，5 家金融机构与济南市侨商会分别签署《银侨战略合作协议书》，搭建起银行和侨企间常态化合作平台，探索为中小侨企提供集中授信、信用评级、资产评估、贷款担保等“一条龙”服务。年内有多家金融机构针对中小侨企特点推出“短、频、快”信贷产品和新型质押方式，与 23 家侨资企业达成合作意向。一批信用良好的侨资企业获得 6000 余万元融资贷款。深入园区重点侨资企业调查摸底，采取帮助企业开拓国际国内市场、抓创业载体建设、协调落实各项扶持政策等服务措施，为侨商侨企办实事 122 件次。妥善处理侨商投诉 8 件次。引导侨商参与重点项目工程建设，成功推动侨资企业山东豪克投资有限公司重组设立“山东三塑”公司及香港南益集团投资天桥区旧城改造项目。7 家侨资企业入选“山东省明星侨资企业”称号。②为海外来济创新创业高层次人才和创业团队服务。对海外来济高层次人才和创业团队，从项目论证、征地用工、开拓市场、引荐客户，到租房安家、子女入学、买车办证、协调政府部门等多方面关心帮助。将国侨办等部委和省市有关文件汇编成册送到100多家华侨华人创业企业，引导企业积极争取政府在引导型资金、创业启动资金、个人所得税专项补贴、安家补贴等方面的扶持。对首批引进的“5150”创新创业人才和13家创业团队在企业宣传、选址用地、招工用工等方面进行重点帮扶。倡议成立“济南华侨华人创新创业协作联盟”。面向来济创业高端人才，提供申报项目、政策解读、创业指南、居住证办理、生活居住、维护权益全程服务。山东大学特聘教授、长江学者、海外专家王兴利，济南戈尔特西斯有限公司总裁郭建峰，分别以其从事的生命干细胞研究和金融服务外包项目，成为济南市首批入选国家“千人计划”的海外人才；胡卉、李文宝等一大批来济创业的海外人才，分别获得省市两级引才计划资金政策扶持。③开展海外人才创业载体等专题调研。会同市人大民侨外委等多部门，到高新区留学人员创业园等全市十大园区载体进行调研，提出建议意见。参与市人大调研组，起草《济南市加强海外高层次人才创新创业基地建设》调研报告。推动制定《济南市人才居住证暂行办法》，解决来济创业的海外人才在资金申报、社会保险、子女就读、资质认定等方面身份凭证问题。市侨办集中为15名海外来济华侨华人办理“济南人才居住证”。

4. 实施“侨爱工程”。开展“侨爱工程——百侨助百村”活动。指导各县(市)区侨办协调乡镇政府和规划部门，精选当地学校、卫生院、乡村公路以及农产品加工等项目，收集编印全市《“百侨助百村”项目手册》，积极引导侨商侨胞以投资双赢、整村开发、扶贫公益、智力支持等形式，参与新农村建设。充分利用举办“华交会”品牌活动、侨务出访、接待海外侨团、参加各种涉侨会议等机会进行宣传，引起国侨办重视。年内，海外侨胞捐建商河赵寨小学、章丘鹁鸽崖小学、福泰小学、济阳回河镇中心小学。设立贫困侨眷教育助学金等一批“侨爱”项目，发动侨界捐赠公益事业3800万元。侨界人士“送岗下乡”“送科技下乡”，为商河县韩庙乡和济阳县回河镇70余个村庄的村民提供100多个城市用工岗位，为韩庙乡中学捐赠价值1万余元图书。

5. 实施“关爱工程”。全年“侨心热线”接待华侨华人、归侨侨眷来电816人次，咨询解答侨胞侨眷疑难问题470件，协调相关部门办理创业、工作、生活具体事宜170余件。全年受理侨务信访85件，办结率97%。全年举办涉侨知识讲座8次，编印发放“侨心热线服务指南”10000余份。六里山街道办事处被国侨办授予“侨法宣传角”称号，济南市国侨办“侨法宣传角”增至5处。办理归侨侨眷证24个，受理三侨考生身份认定16人。扶贫帮困150户，为困难归侨侨眷发放生活困难补贴、大病救助金、慰问金、慰问品30.25万元；为市区90余名老归侨免费健康查体。全市结对帮扶150户，开展志愿者服务360次。以推介宜业宜居文化泉城为重点，在省以上报刊媒体发稿75篇，海外华文媒体发稿23篇。增派2名华文教师赴国外执教。邀请10名海外侨胞子女参加国侨办组织的“海外华裔青少年夏令营”活动。从全市选拔15名中小学语文教师充实市级外派教师储备库，7名入选山东省外派教师储备库，在国务院侨办备案择机外派。

【举办第五届“华交会”】 9月13～15日，第五届华商企业科技创新合作交流会在济南市举行。来自27个国家和地区的420余位华侨华人工商界、科技界人士和600余位国内政府部门、高校、科研单位、企业界人士参加活动。“华交会”期间，举办了齐鲁发展论坛、现代农业发展论坛及项目洽谈推介会、城市综合体建设与华商商业模式创新论坛及项目推介会、服务外包暨进出口产品推介洽谈会、中外创新项目推介洽谈会暨项目签约仪式、园区考察参观等一系列活动。共签订合作意向、协议签约项目26个，总投资15亿美元，其中利用外资7亿美元。

【举办第四届“海创会”】 4月16～25日，为吸引海外华侨华人高层次人才来济创新创业，市侨办组团赴美国、加拿大举办硅谷、纽约、多伦多3场海外人才创新创业恳谈暨项目交流推介会，宣传推介“5150”引才计划，招揽高层次专业人才。吸引340多名海外高层次人才到会交流，签订创业合作协议、意向96项。全年引进高层次人才99名，其中海外华人42名。推荐海外来济创业人才郭建峰、王兴利入选国家“千人计划”。

（隋云峰）

【概况】 1. 济台两地高层互访交流再创新高。3月22～31日，省委常委、市委书记焉荣竹率济南市城市发展交流团赴台交流考察。焉荣竹先后会见国民党荣誉主席连战、海基会董事长江丙坤和台北世贸中心董事长王志刚、鸿海集团董事长郭台铭等20多位政商界重要人士。在台期间，交流团举办了“济南城市建设与发展说明会”“济南高雄产业合作交流会”等重要交流活动，共签订合作协议12项，合同金额24750万美元；达成合作意向23项，金额达265700万美元。4月29日，市人大常委会主任徐华东率济南市人大参访团赴台参访交流，同基隆市“议会”共同举办济南—基隆城市合作发展研讨会，达成多个合作项目。市委常委、市中区委书记雷杰、副市长张宗祥也先后带领济南市城区服务业交流团、济南市经贸合作交流团赴台参访交流。

5月5日，中国国民党荣誉主席连战和夫人连方瑀等率台湾参访团访问济南，高度评价济南市经济社会发展取得的成就，愿积极推动济台双方在更多领域相互合作，实现互利共赢，共创美好未来。4月和6月，以议长黄景泰为团长的基隆市议会参访团、以议长庄启旺为团长的高雄市议会参访团先后来济南市参访交流；12 月，基隆市市长张通荣率领包括基隆市全部 7 个区区长在内的政府参访团来济南市参访交流，密切了两市的友好关系。在经济领域，台湾工业总会、电机电子同业公会和台北世贸中心、国泰金控、华新丽华集团、和协海峡信用担保有限公司、太平洋建设集团等台湾有重要影响的行业公会和上市上柜企业也先后来济南市考察交流。济台两地高层之间良好的沟通交流，增进了解、加深了感情，为两地经贸文化等领域合作交流奠定了坚实的基础。

2. 推进以城市建设和现代服务业为重点的经贸交流合作。组织济南市城市发展交流团、济南市城区服务业交流团、济南经贸合作交流考察团赴台交流参访，通过举办“济南城市建设与发展说明会”，推介西部新城、东部新区、小清河两岸等城市规划建设的重点区域。台湾华新丽华集团西客站项目、和协海峡信用担保有限公司华东总部大楼项目均已进入实质性谈判阶段。举办“济台双城文创、资服业者座谈会”、首届海峡两岸温泉产业论坛等经贸交流活动；邀请台湾生技产业经贸协会近 30 位岛内生物产业领军人物参加在济南市举办的第四届生物产业大会；利用山东台湾名品博览会所带来的拉动效应，积极推动台湾精品街、台湾美食城项目；围绕济南市区域物流中心建设，积极促成润泰集团投资建设物流中心，济台经贸交流合作呈现出领域宽、潜力大、重点突出的良好发展势头。年内新批台资项目 17 个，增资项目 12 个，投资总额 7595.51 万美元，合同台资额 7072 万美元，实际利用台资 5676.14 万美元。

3. 济台各领域各层次交流频繁。年内来济南考察观光台胞 15000 人次，来济南参访交流台湾团组 72 批 1430 人次，应邀赴台交流团组 86 批 649 人次，是济南市赴台批次和人数最多的一年。济南市与台北县、高雄市、基隆市等建立较密切的互动联系，推动一批文化、经贸交流合作项目的落实。市人大与基隆市议会签署《推进交流合作关系协议》。台北县五大总工会理事长来济并与市总工会达成协议，为开展更全面深入的交流合作打下基础。邀请基隆市啄木鸟合唱团、台南妇女精英才艺展示交流团等团组来访，签署合作协议、意向 15 项。发挥济南市文化教育优势，以儒家文化交流为纽带，举办以祭孔仪式、中华文化经典考试为主要内容的“和谐中华 · 第一届海峡两岸经典文化推广会演”，吸引了海峡两岸 15000 余名青少年共同参与。举办以“弘扬中华文化，研习儒家思想，提高学生素质和技能”为主题的第七届“齐鲁风 · 两岸情”优秀中学生夏令营，组织开展孔子文化进课堂、中学校长研讨会、职业技能观摩、两岸学子联谊等交流活动，进一步增强了台湾青少年的文化认同和民族认同。济南市组织的多项活动被国台办列为重点交流项目，其中 5 项活动获国台办经费资助、2 项活动评为全省十大涉台活动、1 项活动评为全省优秀涉台活动、11 项活动评为全省优秀对台交流项目。

4. 城市知名度与涉台服务水平得到提升。邀请岛内媒体来济南市采访，积极推动入岛宣传。济南人民广播电台与海峡之声广播电台合作，现场直播鲁台经贸文化交流周暨 2010 山东台湾名品博览会开幕式，台湾客家广播网 8 家调频广播共同在岛内转播，台湾听众首次直接听到了来自济南的声音。台湾《中国时报》、中天电视等媒体对济南市赴台参访活动进行报道，在黄金时段滚动播放《天下泉城》济南城市形象宣传片，引起岛内民众的积极反响和好评。下发《济南市人民政府关于促进台商投资与台资企业发展的意见》，为支持台资企业更好更快发展提供政策保障。努力做好台商权益保障工作，召开全市台商代表座谈会，听取台商意见和建议。开通“12345 台胞服务热线”，使 12345 热线成为连结市政府与广大台胞台商的桥梁。全年受理台商投诉协调案件 21 起，全部办结。及时妥善调处济南大润发和信益陶瓷两起情况复杂、影响重大的台商投诉案件，得到国台办领导的高度评价，并被国台办作为经验批转全国。台湾同胞济南空港落地签证工作顺利实施，济南市已相继与台北、花莲、台中三个城市通航。12 月 18 日，台湾长荣航空公司开通了台北至济南往返航线，这是济南市首次引进的台湾地区航空公司。充分发挥台资企业协会、台属联谊会服务台胞台商的作用，妥善解决和处理台属遗产继承、房屋拆迁、土地、经济合同纠纷和寻亲等问题，为台胞个人医疗服务、子女就学、驾照考取和换领等提供优质服务。

（赵立成）

【鲁台经贸文化交流周暨 2010 山东台湾名品博览会在济举办】 10 月 28 ～ 31 日，鲁台经贸文化交流周暨 2010 山东台湾名品博览会在济南举办。台湾名品博览会被誉为“两岸最大规模经贸交流平台”，台北世界贸易中心董事长王志刚、台湾“财政部”常务次长许志坚、台新国际商业银行董事长吴东亮等台湾知名人士和台湾 500 多家企业、2000 多名台商来济参会。活动期间，济台两地共同举办企业合作论坛和商贸流通、城市建设、金融、高新技术、医药健康、农业食品等六大产业对接恳谈会，达成合作协议、意向 8 项，总投资 3.65 亿美元。其中，台湾医健会达成了在济南市中心医院投资设立“台湾医师专区”、台方注资济南市中心医院 MRI 项目、创办“济南台湾育成产学研联盟创业中心”、设立“两岸重点临床试验医院”等多个专业合作项目。台湾名品博览会是本次交流周活动的一大亮点，共设 1050 个展位，500 余家来自台湾的参展商、近 2 万种产品参展，吸引了省内外近 40 万人次观展，采购额达 28 亿元，许多展品在博览会前两天即被抢购一空，使台商直接感受到济南市消费市场的吸引力。

（赵立成）

【济南市台湾同胞联谊会】 全市共有台籍同胞 87 户、119 人，其中高山族同胞 20 户、27 人，回台定居台胞 12 人；济南地区去台人员亲属（简称台属）4000 余户、计 2 万余人。市台联所辖县（市）区及山东大学、济南大学、济南铁路局台属或台侨属联谊会共13个。

1. 宣传教育工作。1月，以“牢牢把握两岸关系和平发展为主题”，组织理事和住济台胞台属学习中共中央总书记胡锦涛“12·31”重要讲话精神，把学习实践社会主义核心价值体系与贯彻“寄希望于台湾人民”的方针结合起来，与台联工作的自身任务结合起来，自觉将学习成果转化为促进科学发展、维护和平统一的实际行动。2月，组织台胞代表参加山东省台联迎春座谈会，听取和学习2010年对台工作会议、全国台联八届三次理事会议精神。10月，市台联举办第五期中青年台胞台属骨干培训班，台联理事和中青年台胞台属骨干40多人参加培训。培训期间，学员们听取了“济南市经济社会发展概况与展望”和“如何发挥自身优势，进一步做好台湾人民工作”专题讲座，当前海峡两岸互动及“五都选举”等岛内热点情况的介绍。组织学员参观章丘市台湾工业园，实地了解岛内企业在济发展情况，使大家深刻体会到中央对台政策为两岸同胞带来的福祉。利用《济南台联工作》和《台情调研》，宣传党的各项惠台政策和两岸互动情况，适时报道台联工作和活动，并对《济南台联工作》进行全新改版，在栏目设定、内容编排、版面印刷上进行精心策划，提高了刊物的整体质量，达到了宣传党的政策、传递乡亲情谊、探讨工作途径、交流工作经验、报道台海形势、介绍宝岛风情的良好效果。全年编发《济南台联工作》4期，《台情调研》6期。

2. 联谊服务工作。①关注民生送关怀。6月，在定期走访中得知台胞林某某因单位改革转制，其本人劳动关系一直没有得到落实，市台联协调槐荫区劳动部门为其妥善解决。5月，为2名符合条件的台籍考生做好中考加分工作。9月，为赴台定居人员孔庆云出具相关证明，使其顺利领取退休养老金。市中区台联积极帮助台湾老人张继梦找到失散60多年的亲人；历城区台联为台商子女解决入学问题；济阳县台联帮助探亲台胞联系办理住院手续。年内共为台胞台属台商办实事39件次，做到了事事有回音、件件有落实。在做好服务工作的同时，坚持开展“送温暖、送健康”活动。4月，组织部分台胞到同济健康中心进行体检，并依据体检报告提出保健方法和建议。对老台胞和生活困难台胞，建立个人档案和电话联系制度，定期询问其生活及身体情况，到医院探望慰问因病住院台胞；年底还为60岁以上台胞、台属订阅《健康指南》杂志。②走访慰问送温暖。在春节和中秋节期间，走访看望老台胞、台胞遗属、困难台胞及台属，送去节日的祝福和慰问品；市中区、章丘市台联还为本地区20余户特困台胞台属送去节日慰问金。全年共走访慰问台胞台属家庭50余户。③联谊活动丰富多彩。6月，组织全市台胞少年儿童，参观山东省科技馆。9月，在大明湖畔举办“迎中秋话团圆”联谊活动，40多位台胞台属、台商台生代表参加。重阳节期间，组织部分老台胞台属游览红叶谷。

3. 对台交流交往。1月，台湾基隆市啄木鸟合唱团应邀来济进行文化艺术交流访问，台胞台属1000多人观看演出。6月，市台联首次赴台交流访问。在台期间，考察团拜会台湾华侨救国联合总会，参观台湾佳庆建设开发公司等多家企业，看望从济南回台定居的台胞林宝谊。向台湾朋友详细介绍济南市作为省会城市的经济和社会发展情况，就进一步加强交流合作达成意向。7月，“龙脉相传 青春中华”全国台联台胞青年千人夏令营山东省分营在济南开营，来自岛内的51名学生来济参观访问。活动期间，台湾青年参观了趵突泉、黄河风景区、大明湖，同山东省中医药大学的师生进行座谈、联欢，充分感受了泉城济南的魅力。

4. 参政议政。组织引导广大台胞台属政协委员和人大代表，在城市建设和经济发展方面，特别是人民群众普遍关心、迫切需要解决的热点、难点，涉及民生的问题，深入调查研究，积极建言献策。在全市台胞台属中开展提案征集活动，全年共收到有深度、有价值的意见建议18项，人大、政协议案提案10件，其中张玲、韩晗等委员在市政协十二届三次会议上提交的《关于立法禁止中小学生带手机进校园的建议》和《关于社区医院加强设施及提高医师水平的建议》等提案，引起各级领导的关注和重视。

（张　丰）

【概况】全年共有各类团组382批1700人次出访，接待外国客人295批3100人次，其中包括印尼前总统梅加瓦蒂、密克罗尼西亚副总统阿利克等重要党宾、国宾32批310人次。

1. 服务“转方式、调结构”。把高层出访作为外事工作服务转方式、调结构的主要抓手，全年共有21批市级以上领导出访，共达成经贸合作项目49个，合同协议资金总额达96.6亿美元。在推动友城间多领域交流合作方面取得显著成果，推动了“百千万引才工程”“5150引才计划”以及转方式、调结构的深入发展。举办“中日韩三城市·三大学国际环保研讨会”。保持与中国驻外使馆和外国驻华使馆的经常性联系，承办外交部、德国驻华使馆发起的中德签证座谈会，疏通和拓宽了济南市企业对德合作渠道。通过民间友好关系渠道，与韩国仁川国际交流中心、日本日中经济交流协会和日本日雕株式会社等10多个民间友好团体的联系与合作进一步展开，促成了温泉开发利用、萤火虫繁殖等一批合作项目。

2. 深化和巩固友城间多领域合作。接待了友城澳大利亚郡德勒普市、日本山口市等10多位议长和市长来访。澳大利亚郡德勒普市市长特洛伊·佩卡德访济促进了两市在园林、商业领域的合作；济南市与加拿大里贾纳市签署《关于为加拿大里贾纳市驻济南经贸联络办公室提供办公场所的意向书》，里贾纳市长派特·菲亚柯访济加强了两市教育、体育领域的交流。组织来访的国外团组参加会谈、参观12345市民服务热线、奥体中心及大明湖东扩等工程，宣传了济南市的发展成就。推介“济南国际友好城市奖学金”留学生项目，吸引韩国和佛得角等国家42名大学生来济免费研修汉语；协助济南大学、市教育局在国外建立孔子学院和孔子学堂。积极开拓对外交往新渠道，与印度尼西亚释都阿佐市、波兰什切青市签署建立友好城市关系意向书，与德国雷根斯堡市和荷兰奈梅亨市初步建立友好合作关系。

坚持把与友城周年庆祝活动作为项目品牌进行经营。值济南市与日本山口市、美国萨克拉门托市结好25周年之际，双方开展了一系列多方齐参与、市民为主体、促进友城生命力持续发展的主题活动。日本山口市政府和市民代表团55人来访，双方在园博园山口园举行两市结好25周年友好植树仪式，山口市民表演了精彩的文艺节目，共同召开两市旅游交流推介会，为友好交往注入新活力。市政协主席徐长玉在美与美国萨克拉门托市市长共同出席济南与萨克拉门托结好25周年庆祝仪式，签署《济南—萨克拉门托结好25周年友好会谈备忘录》。萨克拉门托市议员史蒂夫·科恩访济，共同推动萨市与济南大学、市青少年宫的交流与合作，市青少年宫学生代表团赴萨市参加了为期15天的夏季交响乐培训等。

3. 创建和打造外事品牌，提高济南国际影响。自2006年以来，济南市已举办5届国际儿童联欢节，共有22个国家和地区的700多名代表参加活动。活动先后围绕“同一蓝天，欢乐童年”“和谐世界，欢乐童年”“共享奥运，欢乐童年”等主题，通过举办摄影展、体育互动、校园结对等形式，加强了各国青少年的交流，展示了齐鲁泉城文化，为和谐世界建设作出贡献。7月，举办2010中国（济南）国际儿童联欢节，活动突出文化交流和“美丽地球，和谐家园”主题，受到一致好评，得到各参与城市的广泛赞誉。

4. 提高科学管理和统筹协调能力。坚持“计划报批、量化管理”制度，坚持对因公出访团组“有保有压”，共取消不合理团组22批102人次，调整团组22批11人次。通过实行团长负责制、派员单位负责人问责制、出访承诺书制度、出访效益评估制，以及举办3期因公出国专办员培训班，严肃外事纪律，预防违规事件的发生。开展制止党政干部公款出国（境）旅游专项治理工作，促进党风廉政建设，为因公出国管理工作的常态化、机制化奠定良好基础。建立公安等部门参与的涉外信息共享协作机制，认真做好日本TBS电视台及朝日电视台等外国记者来济采访管理服务工作，妥善处置德国公民交通肇事和朝鲜公民在济死亡等一批涉外案件。

5. 拓展外事为民服务领域。创新公共服务理念，强化服务功能，提高服务效率，努力为社会和市民提供更加便捷贴心的公众服务。①服务手段更加完备。自2007年获得因公护照颁发、签证自办和赴港澳通行证签发权限以来，共为794个团组办理各类证照2674本。年内又获得外交部授予的领事认证自办权，通过加强与日、韩驻青岛领馆联系，济南市获得了赴日、韩因私签证代办权，全年共办理领事认证、因私签证2700余份，外事工作自主权、服务社会手段得到新的扩大和丰富。②上门服务更加主动。利用外事资源，优化服务手段。利用APEC商务旅行卡自由出入15个APEC经济体成员国、3年多次往返免签、通关快捷的特点，主动到企业宣传和推介，共为力诺、圣泉等15家企业人员及相关公务人员103人办理了该卡，为企业“走出去”提供绿色通道。③涉外服务更有成效。编发《外国人在济服务手册》，及时在济南外事网站发布服务信息，与市政府12345市民服务热线联动开设外语专线，实现为全市民众服务的全覆盖。

6. 努力为党委政府当好参谋助手。年内完成调研文章37篇，市领导对《金融危机背景下济南市与亚洲地区合作方向的建议》等3篇文章作出重要批示，为国际金融危机影响下济南市开展对日、澳合作提供参考。《地方外事管理与开放型经济战略关系研究》等外事调研成果分别获得省软科学一等奖、市社科优秀成果一等奖等多个奖项。向各级各类报刊、杂志报送稿件159件，采用率达80%。编印《济南外事》《外事信息》刊物共16期，为市主要领导提供外事动态参考。网站访问总量突破17万次，向社会提供了众多的外事资讯。

【外事往来】 全年共派出各类出访团组382批1700人次，其中市级领导带队21批134人次。接待来济参观访问、洽谈贸易、技术交流的外国客人295批3100人次。

来访：

1月13～15日，以印度尼西亚穆斯林基金协会主任哈米·瓦赫尼安托为团长的印尼东爪哇省教育代表团一行20人访问济南。在济期间，代表团与济南大学进行座谈，就教师交流计划、研修生学习计划进行深入了解，双方就印尼毕业生赴济南大学研修“对外汉语”课程、济南大学派遣优秀教师赴印尼进行短期教学指导等达成合作意向。代表团还参观了历城区双语实验学校、历下区燕山中学，双方就建立友好校际关系和教师交流等合作事宜进行商谈。

1月19日，以日本NEC软件株式会社社长古道义成为团长的代表团一行7人访问济南。在济期间，代表团参加了NEC软件（济南）有限公司成立5周年纪念活动，并就在济南扩展新业务等事宜与有关部门进行接触商谈。

1月29日，以韩国新任驻华大使柳佑益为团长的韩国驻华使馆代表团一行8人访问济南。在济期间，代表团参观考察了济南市的园林建设和城市面貌，对济南市近年来取得的经济社会发展成就予以充分肯定。柳佑益表示韩国大使馆将一如既往地发挥桥梁纽带作用，促进韩国与济南市在各领域的交流合作。

2月20日，波兰IT公司考马克集团董事长菲历皮亚克一行2人访问济南。

在济期间，代表团参观了浪潮集团，并与其达成合资在济成立软件公司的合作意向。

2月23日，应山东省邀请，以日本自治体国际化协会北京事务所所长绪方俊则为团长的第九届中日地方交流研讨会考察团一行3人访问济南。在济期间，代表团与山东省初步商定举办第九届中日地方交流促进研讨会的时间和地点。代表团还参观了高新区齐鲁软件园及动漫基地，考察了济南科明、奇麟笔动画等动漫企业。

3月3日，以日本和歌山县副知事下宏为团长的日本和歌山县庆祝济南—大阪通航友好交流代表团一行16人访问济南。在济期间，代表团参加了济南—大阪定期航班首航仪式。

3月9日，以韩国LG电子副社长申其燮为团长的经贸代表团一行2人访问济南。在济期间，代表团考察了浪潮集团，双方就LG电子与浪潮集团的合作事宜进行洽谈。

3月24日，以日本山口县地域振兴部观光交流课课长村田泰为团长的日本山口县观光交流促进团一行6人访问济南。在济期间，代表团访问了济南市老年大学、实验中学、外国语学校、第五中学等单位，就济南市老年人赴日观光交流、中学生赴日修学旅行等事宜进行商谈并达成交流意向，推动了济南市与山口县在旅游领域的交流与合作。

3月29日，韩国仁川富光福利社团法人韩中文化艺术交流团一行120人访问济南。在济期间，代表团与济南老年大学老年人艺术团联合举行了文艺演出活动，双方老年人同台献艺，演出了中国京剧《龙凤呈祥》、韩国传统舞蹈《四物游戏》等歌舞戏曲节目。

4月13～18日，荷兰海尔德兰省代省长范海琳率政府及经贸代表团一行41人访问山东，其中15～16日访问济南。在济期间，代表团考察了力诺集团和济钢集团，随行的荷兰KEMA能源服务集团代表霍然和杨娜访问了济南热电有限公司，与公司探讨在清洁煤技术、气体减排、提高能效和煤粉处理等能源管理方面合作的可行性，并参观了厂房设备。

4月14日，日本驻青岛总领馆首席领事下地富雄一行2人访问济南。在济期间，代表团与市外办和市经信委进行座谈，了解济南市对日交往基本情况，济南市重大外事活动安排及信博会等有关情况，并与两部门就下一步合作方向进行探讨。

4月14～15日，奥地利驻华大使赛迪科一行25人访问济南。在济期间，赛迪科参加了中奥合资公司华泰保尔灌溉设备工程有限公司10周年庆典暨新厂区启用仪式，并为奥地利企业在环保、医疗、职业培训、教育等领域寻找投资机会，进一步拓宽奥地利与济南市的经贸合作领域，并促进各方面的交流合作。

4月14～16日，以印度尼西亚诗都阿佐市议会议长达武·苏特瑞斯诺为团长的代表团一行13人访问济南。在济期间，代表团与济南市签署建立友好合作城市关系意向书，与市外办进行工作会谈，考察12345市民服务热线大厅及现场接线情况，参观济南锅炉集团、力诺集团，洽谈引进济南锅炉集团垃圾焚烧发电技术设备在诗都阿佐市建立小型发电站项目，并就进一步加强与力诺集团在太阳能利用和光伏发电等领域的交流与合作进行探讨。

4月20日，以日本郡是株式会社社长平田弘为团长的郡是株式会社代表团一行6人访问济南。在济期间，平田弘社长出席郡是株式会社与济南元首针织股份有限公司合作企业冠世公司董事会会议。

4月20～21日，以马来西亚丁加奴州务大臣阿末赛益为团长的代表团一行5人访问山东。在济期间，代表团就济钢与马来西亚东钢集团的合作事宜进行深入商讨，还参观了奥体中心体育场，并考察市政建设，了解济南城市建设和经济社会发展取得的成就。

4月21日，华盛顿邮报记者贺安雷访问济南，采访济南市30年发展变化。在济期间，贺安雷参观考察了西客站规划、长清大学城、园博园、高新区齐鲁软件园、奥体中心场馆、大明湖东区等。

4月24～26日，韩中女性交流协会会长河暎爱一行6人访问济南。在济期间，代表团参加了“中日韩民间友好交流研讨会”，中日韩三国代表围绕如何发挥民间团体优势，推动三国间友好往来等工作，特别是经贸、环保、文化等领域的合作展开深入研讨，并对未来交流计划进行协商。

4月25日，日本日中经济交流协会理事长渡部宣则和日本萤光友好协会事务局长池田治访问济南。在济期间，代表团与市友协、市园林局、第七届中国（济南）园林花卉博览会管委会等部门进行座谈，双方就萤火虫的虫卵及幼虫繁殖所需条件、萤火虫生存所需食物链条等问题进行探讨，并就派遣人员赴日学习萤火虫养殖培训的具体实施细则达成共识。

4月30日至5月2日，以日本国会参议院财政金融委员长大石正光为团长的日本国会参议院代表团一行18人访问山东，其中5月2日访问济南。在济期间，代表团参观考察了大明湖东扩工程等，了解济南的历史文化底蕴和取得的经济社会发展成就。

5月3日，纳米比亚纳米布十字角投资有限公司常务董事拉麦克访问济南。在济期间，拉麦克与省经信委、省盐业总公司、阳光集团等有关部门和企业就济南与纳米比亚开展经贸合作进行座谈，并与市外办就开展友好交流等事宜进行商谈，双方一致同意保持密切联系，进一步推进友好交流与合作。

5月10～11日，日本日雕株式会社社长津户一一行3人访问济南。在济期间，代表团赴泉城公园就中日友好书法作品展示设施进行实地考察，并赴商河考察现代农业科技示范园以及温泉研发基地。代表团还考察了由津户一于2008年捐资修建的商河县郑路镇褚集中日友好小学，与该校部分师生进行座谈，了解小学的运行现状以及下一步发展规划情况，并就办学遇到的实际困难和学生的经济情况等问题与校方进行沟通。

5 月 11 日，以日本自治化国际协会北京事务所副所长新井达广为团长的第九届中日地方交流研讨会第三次协商考察团一行 4 人访问济南。在济期间，代表团考察了济南高新区齐鲁软件园，确定了第九届中日地方政府交流促进研讨会在济南的参观内容和路线。

5 月 15 ～ 29 日，日本 TBS 电视台记者来济采访在华行医 70 余年的日本医师山崎宏。现年 102 岁的山崎宏 72 年前来到中国，一直从事医务工作。此次采访，旨在通过拍摄山崎宏工作、生活及与患者交流的情景，向社会广泛宣传人类和平的重要性。

5 月 17 日，以日本山口县国际课贸易班长田平隆为团长的山口县国际课代表团一行 3 人访问济南。在济期间，代表团与市外办进行友好会谈，双方一致同意进一步巩固友好关系，推动友好交流与合作的发展。

5 月 27 日，白俄罗斯维捷布斯克州副州长奥・谢・马茨凯维奇一行 13 人访问山东。在济期间，代表团举办白俄罗斯维捷布斯克州山东采购洽谈会，参观了中白高科技园，积极推动山东省与维捷布斯克州的经贸合作及济南市与该州首府维捷布斯克市的友城关系。

5 月 28 日，由外交部领事司主办，济南市外办承办的中德签证工作座谈会在济南召开，外交部领事司、德国驻华使领馆官员和国家部委、中央直属企业、全国各省（市）外办相关负责人共约 40 家单位 70 余人参加会议。座谈会上，与会人员围绕如何优化赴德签证流程、方便中方官员及企业等更加便捷办理相关手续等内容进行广泛交流，达成一定共识。代表们还实地考察了中国重汽集团济南商用车有限公司章丘工业园区。

6 月 4 日，以日本松下 PAVC 社高级副总裁宫田贺生为团长的松下电器产业株式会社代表团一行 6 人访问济南。在济期间，代表团参加了山东松下董事会并就松下电器在济南的事业发展与有关方面进行交流。

6 月 29 日，以花旗集团亚太区首席执行官卓曦文为团长的金融考察代表团一行 7 人访问济南。在济期间，代表团考察了济南市的金融发展环境，为在济设立分支机构或与济南地方金融机构进行战略合作进行调研。

7 月 2 ～ 6 日，日本新潟市儿童代表团一行 13 人和韩国大田市儿童代表团一行 10 人访问济南，参加中国（济南）国际儿童联欢节。在济期间，代表团观看书画摄影展及中国文化展示，进行体育交流，与天桥区汇文实验中学进行校园结对，参观考察名胜古迹和市容市貌。

7 月 12 ～ 14 日，以日本驻青岛总领事斋藤法雄为团长的总领事馆代表团一行 3 人访问济南。在济期间，代表团参加了山口市与济南市结好 25 周年庆祝宴会和友好植树仪式等庆祝活动。

7 月 30 日，以日中经济贸易中心理事长、大阪府日中友好协会副会长青木俊一郎为团长的日本大阪府青少年代表团一行 39 人访问济南。在济期间，代表团与济南市第十一中学开展文艺演出、一对一的家庭访问等活动，并参观了济南的名胜古迹。

8 月 3 日，日本驻青岛总领事斋藤法雄访问济南。在济期间，斋藤法雄向驻济日籍友好人士山崎宏颁发“日本外务大臣表彰奖”。该奖是日本外务省给予的最高荣誉，代表日本政府表彰其为中日友好关系作出的努力和贡献。

8 月 3 ～ 5 日，由日本自治体国际化协会北京事务所主办，中国外交部外事管理司协办，山东省外办、山东省旅游局承办的第九届中日地方交流促进研讨会在济召开，来自国内各省市及日本的共 150 名代表参加会议。在济期间，与会代表参加了济南市组织安排的 3D 展示、中日旅游文化交流展等活动，考察了齐鲁软件园、动漫基地科明数码技术公司、海水科技公司等企业。

8 月 4 日，应山东省邀请，以日本山口县知事二井关成为团长的友好代表团一行 5 人访问济南。在济期间，双方就济南市与日本在经贸、文化、旅游等方面的交流与合作进行探讨，一致认为济南—大阪直航的开通和日本对华签证条件的放宽，为双方的合作带来了机遇，应以此为契机，推动济南与日本山口的各领域合作不断深入发展。

8 月 4 日，以日本永旺梦乐城株式会社社长村上教行为团长的永旺集团代表团一行 6 人访问济南。在济期间，代表团考察了济南市的投资环境，为在济南设立山东区域总部，建设 2~3 家大型购物中心项目进行调研。

8 月 23 日，应山东省邀请，以巴西奥萨斯科市副市长法伊萨奥・吉利为团长、奥萨斯克市国际关系局局长奥尔多・罗卡为副团长的政府代表团一行 9 人访问济南。在济期间，代表团考察了高新区，就高新区的规划设计等领域寻求交流与合作，参观了城市规划、信息技术、贸易供应、通讯技术和信息领域的多家企业。

9 月 2 日，应外交部邀请，密克罗尼西亚副总统阿利克一行 6 人访问济南。在济期间，代表团重点考察了章丘，听取章丘市的情况介绍，参观考察章丘市绣惠镇玉米高产创建基地和大葱基地，就济南与密克罗尼西亚在渔业、农业、新能源和贸易等领域的交流与合作进行深入探讨。

9 月 26 日，美国空中快车公司董事长丹尼斯一行 5 人访问济南。在济期间，代表团与市发改委、市规划局和市轨道办进行座谈，介绍该公司空中公共汽车技术，探讨与济南市进行公共交通建设合作的可行性。

9 月 27 日，应外交学会邀请，印度尼西亚民主斗争党总主席、前总统梅加瓦蒂一行 18 人访问济南。在济期间，代表团参观了大明湖东扩工程等，对济南的城市建设给予高度评价。梅加瓦蒂希望通过双方进一步加强沟通和了解，在强化双方经济、贸易、科技、文化、旅游等领域的交流与合作的基础上，不断扩大合作领域，取得更丰硕的成果。

10 月 12 日，以韩国昌原市政府环境局长郑秀勋为团长的昌原市政府代表团一行 4 人访问济南，参加“中日韩三城市·三大学国际环保研讨会”。

10月18～20日，“2010年中国城市榜”中国旅游城市发展峰会在济南举办。世界旅游旅行组织、亚太旅游组织以及国务院新闻办公室、国家旅游局和旅游业、文化界、传媒界等有关领导与专家，“2010中国城市榜·全球网民推荐的中国旅游城市”前20强城市分管旅游的市领导，国内外60余家知名媒体参加本次会议。

10月25日，美国安达高公司董事长、安利公司董事会主席史提夫·温安洛一行5人访问济南。在济期间，代表团开展了一系列商务考察，并捐资100万元在济西国家湿地公园设立“安利碳之梦体验馆”。

10月28日，以日本国际经济人才开发中心专务理事篠原辉为团长的友好代表团访问济南，就在长清区建设“中日合作现代生态农业示范园”有关事宜进行考察。在济期间，代表团与长清区政府进行洽谈，现场察看马山镇、归德镇及文昌街道办事处的多块农地。双方一致同意积极推动该项目进展。示范园建成后，将引进日本先进的现代生物科技，种植和养殖日本先进农业品种，生产无抗生素、无农药残留的有机蔬菜、肉类产品，打造国内、国际循环农业示范园的一流品牌。

10月29日，奥地利上奥州常务副州长黑泽尔、奥地利驻华大使公使施泰纳等一行3人访问济南。在济期间，代表团考察了中国重汽集团、济南钢铁集团，参观了龙奥大厦城市规划展厅、济南公交公司公共交通和新能源汽车展厅，对济南的城市规划、基础设施建设以及公共交通发展等情况进行深入了解。

11月2日，瑞典沃尔沃建筑设备公司高级副总裁、首席技术官安德斯·拉尔森访问济南。在济期间，安德斯·拉尔森出席了沃尔沃建筑设备中国技术中心项目办公室揭牌仪式，考察了沃尔沃建筑设备公司中国技术中心项目筹备工作进展情况。

11月11日，法国外交部欧瑞和戴·川·坎迪斯两位评估官员在布列塔尼大区驻山东代表柯妮·莫寒陪同下访问济南。在济期间，评估官员对济南—雷恩两市交流情况进行评估，听取市外办、市教育局及部分学校的建设性意见，并与市外办进行座谈，双方回顾了济南市与雷恩市的友城发展情况，希望在中法两国政府的支持下，大力开展实质性交流，拓展文化、科技领域的合作。

11月16～18日，以印度尼西亚东爪哇省区域发展规划局社区处主任宇尼阿提为团长的扶贫考察团一行26人访问济南。在济期间，考察团与市农业局扶贫办进行座谈，学习济南市在扶贫方面的先进经验，了解济南关于划分贫困的标准与标志、扶贫项目预算制度、扶贫对策等问题，并就政府扶持产业开发、改善农民生活条件、农民培训等问题进行探讨。

11月18日，应外交学会邀请，泰国前总理差瓦利一行7人访问济南，考察高新技术产业。在济期间，代表团实地考察了高新区，与管委会举行座谈，了解高新区发展情况，尤其是对软件企业的扶持政策，并参观了齐鲁软件园展厅、技术平台。

11月16～20日，日本和歌山县残疾人事业交流团一行21人访问山东。其中，19日访问济南。在济期间，代表团与济南市就推进残疾人事业的合作以及进一步发展和歌山县、和歌山市与济南市的友好关系进行商讨和交流。

11月18～22日，应山东省邀请，印度卡邦上议院议长D.H.肖卡拉默迪一行10人访问山东。其中，18~19日访问济南。在济期间，代表团考察了高新技术产业开发区和齐鲁软件园，高度评价济南市的经济社会发展成就。

11月25日，山东鲁能恩翼帕瓦电机有限公司总经理富士卓司访问济南，参加“中国·山东第六届海内外高端人才交流暨技术项目洽谈会”。富士卓司获海洽会“齐鲁友谊奖”。

11月30~12月1日，荷兰荷中友好协会副主席胡福义访问济南。在济期间，胡福义与市领导就进一步加强济南市与荷兰友好交往交换了意见，与市商务局、规划局就投资合作事宜进行座谈，并参观考察济南市主要房地产楼盘。

12月2～6日，以越南劳动联合总会机关工会主席杜玉贤为团长的越南司局级党政干部考察团一行27人访问山东，到济南、曲阜、淄博等地考察民营企业、合资企业、新农村建设等，其中3日访问济南。在济期间，代表团考察了高新技术产业开发区齐鲁软件园，了解济南市的经济社会发展成就。

12月17日，山东法语联盟济南校长石帝一行2人拜访市外办。双方回顾了近年来济南市与雷恩市友城交流取得的主要成绩，对2011年有关交流项目进行展望。石帝通报了2011年山东法语联盟拟与法国雷恩市合作推动的音乐、戏剧以及舞蹈交流项目。双方一致同意将尽快就有关细节进行沟通，为法方寻找济南市具体项目的艺术团体对接伙伴。

出访：

2月1日，市委常委、副市长陈先运率市外办、商务局和口岸办等部门负责人走访日本驻青岛总领事馆和韩国驻青岛总领事馆，分别与斋藤法雄总领事、俞载贤总领事进行会谈。两国总领馆对金融危机冲击下济南市给予在济日韩企业的关照表示感谢，并将与济南市加强联系，进一步保持友好互信关系，努力促进济南市与日韩的交流合作。

3月10日，济南大学国际教育交流学院拜会了佛得角共和国驻华大使儒利奥·塞萨尔·弗莱雷·德莫赖斯。双方就设立佛得角留学生来华奖学金、开办孔子课堂及科学技术合作等方面进行初步探讨与沟通，并达成初步合作意向。

4月16～25日，以市委副书记殷鲁谦为团长的济南市引才代表团一行11人赴美国、加拿大访问。访问期间，代表团先后在硅谷、纽约、多伦多举办3场海外人才创新创业恳谈暨“5150”引才计划推介会，分别设立济南（硅谷）、济南（纽约）、济南（多伦多）人才联络处。代表团共签订海外高层次人才来济创新创业协议95项，其中创业协议62项、创新协议33项,签订来济创业团队2个，并与济南市第二批研究确定引进的8名海外高层次人才签订正式引进协议。代表团到美国圣何塞市进行友好访问，与圣何塞市议会议员朱感生就双方经济友好协作城市事宜进行深入交流。此外，代表团还与中国驻旧金山、纽约、多伦多总领馆总领事，以及22家商会侨团进行会晤交流。

4月25～5月4日，以市委常委、副市长陈先运为团长的济南市经贸代表团一行9人赴美国、加拿大访问。访问期间，代表团拜访了美国思科公司、网迅公司、塞伯乐投资公司、微软总部、纽约州中小企业发展中心总署，拜访了加拿大思微福特公司、维多利亚教育集团，并分别在美国硅谷和加拿大多伦多各举办一场济南投资推介说明洽谈会。

5月10～19日，以市委常委、副市长申长友为团长的济南有轨电车考察团一行6人赴法国、西班牙访问。访问期间，代表团考察了法国阿尔斯通公司有轨电车生产线，与有关技术及商务人员进行详细探讨，并与政府主管官员及运营商进行座谈和交流。代表团还与波尔多市交通局、波尔多市公交枢纽中心、西班牙巴塞罗那市规划局进行座谈。

5月29～6月6日，以市政协副主席胡占平为团长的科技代表团一行6人赴加拿大、美国访问，考察两国在新能源领域的先进技术。在美国期间，代表团与桑赛德太阳能公司就该公司在济南晟朗能源科技有限公司投资高科技光伏项目进行洽谈，并参观太阳能项目基地。在加拿大期间，代表团考察了光伏产业和高科技园区，就引进先进技术达成合作意向。

8月11～16日，济南园博园管理处组派的济南萤火虫养殖培训团一行3人访问日本山口县下关市。访问期间，代表团学习了萤火虫饲育方面的技术知识并进行实地考察。日本前首相安倍晋三专程赴实验室看望，并对济南市专门派员学习萤火虫饲育技术、重视生态环境保护的做法予以肯定。

8月30日，第十二届中日韩友好城市大会在日本长崎召开。济南市代表团一行5人参加会议。大会期间，代表团积极与各友好团体进行交流，宣传山东省和济南市的社会经济发展情况及招商引资项目，发放各类宣传册和招商引资项目册100余份，并与部分与会代表就拓宽交流领域、加强区域间经济合作进行广泛交流和深入探讨。

11月4～9日，济南市友协代表团一行4人访问韩国，参加2010韩中日国际交流论坛。在论坛上，市友协代表作了题为“推动民间友好交往，增进世界人民友谊”的发言，并与日韩两国就国际交流领域中共同关心的话题进行讨论，相互借鉴有益的经验和做法。

11月21～12月2日,以市委常委、副市长陈先运为团长的经贸旅游推介团一行10人赴南非、埃及和阿联酋访问。访问期间，代表团参加了2010第三十一届中东（迪拜）BIG5国际博览会和第九届沙迦中国商品交易会，拜会了埃及企业家协会并向其推介济南出口商品和旅游资源，举行了济南（南非）经贸旅游推介会。

【友好城市交往】 与16个友好城市保持密切联系并开展了多层次、多领域的交流与合作，全年共向友城派出各类团组19批129人次，接待友城来访重要团组37批436人次。

来访：

1月19～21日，韩国水原市书法家总联合会会长金炳学、副会长车基东访问济南。在济期间，济南市书法家协会与水原市书法家总联合会签署《济南市与水原市中韩书法交流协议书》。市外办、市文联相关负责人与金炳学会长就两市书法交流事宜进行商谈，双方商定了第八届中韩书法交流展的时间。

2月22日，以法国雷恩市圣马丁中学校长让·雷诺·吉博尔为团长的教育代表团一行70人访问济南。在济期间，代表团访问了友好学校济南一中，两校师生进行了体育比赛、文艺联欢等互动交流，法国学生还到中国学生家庭体验生活。随团来访的雷恩—济南友协副会长奥内尔·米歇尔参观考察了济南大学旅游学院，并就雷恩市美食代表团访济事宜详细洽谈。米歇尔还与市外办就落实两市2010年合作交流计划进行讨论。

3月2日，来自韩国水原市和大田市5所大学的10名大学生抵达济南，成为获得“2010济南市国际友好城市来华学习奖学金项目”的首批学生。这些学生将在济南大学进行为期半年或一年的免学费中文研修。3月3日下午，入学仪式在济南大学举行，韩国学生代表表示将努力学习中文，广泛深入地了解济南，努力成为中韩交流的友好使者。

3月2～6日，以日本和歌山市青年会议所顾问中勇人为团长的和歌山市青年企业家代表团一行7人乘坐济南—大阪首航航班访问济南。在济期间，代表团与市青联、市青年企业家协会、市教育局进行座谈交流，考察高新区齐鲁软件园及园内企业，就济南市青联与和歌山市青年会议所结为友好协会事宜达成一致；就委托济南市企业生产汽车零部件、制作幼儿园宣传片和孔子《论语》水墨动画片进行洽谈，并就开展物业管理合作和在济设立中日合资幼儿园事宜达成初步意向。随团来访的和歌山县日中友好协会还提出与济南市友协缔结友好友协的意向，并希望济南市派遣6名老人看护人员赴和歌山市从事老人看护工作。

3月30～4月3日，以日本和歌山市议会日中友好议员联盟会长井口弘为团长的和歌山市议会经贸旅游考察团一行5人访问济南。在济期间，代表团与市外办就建立济南市—和歌山市经济观光交流中心达成初步合作意向，与市商务局、市旅游局和济南市国际交流中心就济南市经贸旅游、外事服务情况等事宜进行座谈，实地考察济南市及周边的旅游资源。双方商定将以刚刚开通的济南—大阪直航为契机，进一步推动贸易投资及旅游等方面的交流与合作。

4月25～27日，以日本和歌山市社会福利法人柠檬会理事长前田效多郎为团长的和歌山市中日合作幼儿园项目考察团一行3人访问济南。在济期间，代表团实地考察了历下区卓雅・大风车幼儿园，并与市教育局和幼儿园方面就设立幼儿园的合作方式等具体事宜进行商谈。双方表示将继续开展一系列考察和交流活动，推进合作设立幼儿园事宜。

5月3～7日，芬兰万达市副市长艾琳娜率教育代表团一行21人访问济南。在济期间，万达市约基瓦尔西小学与洪家楼小学签署建立友好学校协议书。代表团还参观访问了济南二中、济钢高中和洪家楼小学，与学校师生开展打篮球、踢毽球、《论语》经典诵读等一系列丰富多彩的友好交流活动。

5月8～12日，以法国雷恩—济南友协副会长米歇尔・奥内尔为团长的雷恩市路易斯・贵友职业学校师生代表团一行28人访问济南。在济期间，代表团与济南大学师生进行为期4天的校际交流。法国师生在济南大学酒店管理学院学习了菊花鱼、蔬菜雕刻、水饺制作等厨艺，观摩了中国传统的杯花和盘花口布折叠技艺。法国路易・古鲁职业高中与济南大学签订建立长期合作交流的意向书，并举办法餐厨艺展示活动。

5月11日，以日本和歌山市议会日中友好议员联盟会长井口弘为团长的和歌山市市民观光交流团一行10人访问济南。这是自2010年3月济南与日本大阪开通直航后首批来访的市民团组。在济期间，代表团考察了济南市及周边的旅游资源，并表示回国后将在和歌山市加强对济南市旅游资源的宣传推介，推动更多的和歌山市民来济观光旅游。

5月20～22日，以日本和歌山市青年会议所理事长西广真治为团长的和歌山市青年会议所代表团一行8人访问济南。在济期间，代表团与济南市青年联合会会谈，双方一致同意进一步加强济南市青联与和歌山市青年会议所的友好交流，在经贸、教育、文化、青少年等领域扎实推进合作。代表团还与山师附小以及卓雅・大风车幼儿园洽谈，商定将尽快考察确定幼儿园园址。

5月25～28日，韩国水原市青少年培养财团理事长严翼寿一行3人访问济南。在济期间，代表团与市外办、团市委会谈，与市青少年宫进行工作交流，实地考察少年宫的场馆设施建设，参观少年宫跆拳道教室，手工艺术教室等，并签署《济南市青少年宫和水原青少年文化中心关于青少年国际交流事业的协议》，商定以对等合作的形式每年开展中韩青少年相互访问、文化艺术交流、教师交流和展示会等活动，通过文化、教育、艺术等多方面的交流，增进双方间的友好关系。代表团还参观了奥体中心运动场馆、园博园水原公园等。

5月25～6月1日，以日本和歌山市商工会议所计划和发展室室长田光穗为团长的和歌山市旅游代表团一行7人访问济南。在济期间，代表团参加了济南市举办的园博会城市文化周相关活动，在园博园举办了和歌山市旅游特产展，宣传推介和歌山市的文化、旅游和特产。

5月28～29日，以韩国水原市环境事业所所长李相浩为团长的水原市市民代表团一行8人访问济南。在济期间，代表团考察了济南市市政建设和名胜古迹，了解济南的历史文化底蕴和经济社会发展成就。

6月9～10日，以色列环达通公司首席执行官艾松、爱开普公司总经理阿士克那兹等一行3人访问济南。在济期间，代表团与高新区就济南市高新区大型购物中心项目列入环达通公司2010年市场规划问题洽谈，并达成尽快签署合作协议的意向。代表团还考察了商务用地周边经济情况和房地产情况。

6月11～15日，以韩国水原市书法家总联合会会长金炳学为团长的水原书法交流代表团一行12人访问济南。在济期间，代表团参加了在山东省图书馆举办的“第八届中韩书法交流展”，并就两市书法交流等问题与市外办、市文联座谈，参加了“中韩书法家公益笔会”。

7月1～8日，以色列卡法萨巴市儿童代表团一行6人访问济南，参加中国（济南）国际儿童联欢节。在济期间，代表团观看了书画摄影展及中国文化展示，进行体育交流，与天桥区汇文实验中学进行校园结对，参观考察了名胜古迹和市容市貌。

7月2～6日，澳大利亚郡德勒普市青少年代表团一行16人、日本和歌山市儿童代表团一行16人、芬兰万达市青少年代表团一行6人、韩国水原市儿童代表团一行10人、美国萨克拉门托市青少年代表团一行19人、佛得角儿童代表团一行4人、德国奥格斯堡市青少年代表团一行11人访问济南，参加中国（济南）国际儿童联欢节。在济期间，代表团观看了书画摄影展及中国文化展示，进行了体育交流，参加了校园结对活动，参观考察了名胜古迹和市容市貌。

7月5日，日本和歌山市大永事业株式会社社长南方猛访问济南。在济期间，南方猛与市商务局座谈，双方就促进济南市与大永事业株式会社经贸合作事宜进行探讨。

7月12～14日，为庆祝济南市与日本山口市缔结友好城市25周年，以山口市市长渡边纯忠为团长、市议会议长野村干男为副团长的山口市友好代表团一行55人访问济南。在济期间，举行了由两市市长共同参加的结好25周年庆祝宴会，在园博园山口园举行两市结好25周年友好植树仪式，山口市市民表演了传统民俗节目，举办了两市旅游交流推介会，并就山口市与济南外国语学校建立友好学校等事宜达成初步意向。

9月2～5日，以山口市汤田温泉旅馆协同组合理事、观光委员长吉村正则为团长的山口市旅交会参展团一行3人访问济南。在济期间，代表团参加了2010中国山东（济南）国际旅游交易会，并在会场设置山口市展位，通过图片展示、宣传册发放、现场解答等方式向济南市民及旅游界相关人士宣传推介山口市的特色旅游资源。

9月14日，来自韩国水原市和大田

市的22名留学生抵达济南，开始在济南大学为期一年的免学费汉语研修学习。在市外办和济南大学的积极推动下，济南大学以减免学费的优惠政策，面向济南市友好城市和友好合作城市招收留学生进行中文研修，这是济南市自2009年实施国际友城奖学金项目以来，接收的第二批来自韩国的留学生。

9月26～28日，澳大利亚郡德勒普市市长特洛伊·佩卡德率友好代表团一行7人访问济南。在济期间，代表团与市商务局和城管局就垃圾处理和城市规划进行座谈，初步探讨合作的可能性。代表团还考察了济南市12345市民服务热线，参观了园博园、济南九中和奥体中心。

10月12～15日，以山口市环境部次长儿玉达哉为团长的山口市代表团一行4人访问济南,参加“中日韩三城市·三大学国际环保研讨会”。

10月13～17日，为庆祝济南市与美国萨克拉门托市缔结友好城市25周年，以美国萨克拉门托市议员史蒂夫·科恩为团长的萨市友好代表团一行19人访问济南。在济期间，加州州立大学萨克拉门托分校代表同济南大学就签署《友好校际关系备忘录》进行会谈，萨市友协与市外办座谈，探讨两市的交往计划，科恩议员与友城关系创始人之一的米勒夫人一起接受了济南电视台的专访。代表团还参观考察了园博园、龙奥大厦、奥体中心等地。

10月27日，佛得角高等教育、科技和文化部部长费尔南达·马克斯及佛得角驻华大使儒利奥·德莫赖斯一行5人访问济南。在济期间，代表团考察了济南大学并就济南市国际友城奖学金项目进行座谈。佛得角有2名学生参加了此奖学金项目，正在济南大学就读本科课程。马克斯对该项目合作给予肯定和赞扬，表示将积极推动项目发展。双方还就在佛得角大学建立孔子学堂、加强大学间教师交流、在济南大学举办佛得角推介演讲等事宜进行协商并达成共识。

10月27～29日，加拿大里贾纳市市长派特·菲亚柯率友好代表团一行6人访问济南。在济期间，代表团参观了济南大学，双方就里贾纳大学同济南大学联合办学、互派交流学生及济南大学的外国留学生项目进行交流。菲亚柯邀请济南市代表团赴里贾纳市参加2011年庆祝里贾纳大学与山东大学结好30周年活动及2012年庆祝两市结好25周年典礼。代表团还考察了改扩建后的环城公园及大明湖新区，了解济南市经济社会新的发展成就。

11月9～10日，英国考文垂市商会主席道格·斯基雷斯率代表团一行3人访问济南。在济期间，代表团考察了济南重工集团并探讨两市在机械设计制造行业的合作可能性。代表团还与市外办商谈了2011年两市交流计划。

11月9～11日，德国奥格斯堡市霍尔拜因高中师生一行28人访问济南。在济期间，代表团与友好学校山东省实验中学进行了音乐演出等文艺节目的互动交流，与市外办、市教育局座谈。

12月2日，日本和歌山市和济经济联合会会长西广真治率团一行4人访问济南。在济期间，代表团与市外办、市青联举行座谈，双方商讨了和济经济联合会与济南市青联进一步开展友好交流的有关情况，并就该联合会会员在济开展企业合作事宜达成初步意向。

12月7日，在山东大学研修的日本山口大学综合企划部企划担当中井智明等一行3人拜会市外办，与市外办座谈，了解济南市经济社会发展情况以及济南市和山口市的交流概况，探讨进一步推动山口大学与市外办友好交流事宜。

出访：

3月4～15日，以市委常委、组织部部长徐学武为团长的政府代表团一行6人赴法国、意大利、德国访问。代表团在巴黎、罗马、法兰克福分别举办留学人员创新创业恳谈会暨济南“5150”计划推介会系列活动，发布新能源、新材料、生物医药等各类创新领军人才岗位59个，有28人分别与济南高新开发区和二机床集团、浪潮集团、力诺集团等相关企业签订创新创业协议书，其中多数具有博士学位，并且有在国外创办公司或在知名企业、科研院所、院校任职的经历。代表团与全欧华人专业协会联合会、全法留学人员团体联合会签署合作协议，设立巴黎、法兰克福两个海外人才联络处。代表团还访问了法国雷恩市，会见了雷恩市新任市长，双方商定以两市高新技术开发区合作为平台，开展科技、人才、经贸等多方位的交流和紧密合作。

3月25～30日，由济南十二中和济南十九中学生组成的中国济南少年篮球代表团一行15人,赴法国雷恩市参加“第26届欧帕斯国际少年篮球联赛”。在雷恩期间，代表团共参加6场比赛，获得了荣誉奖杯及“来自最遥远国度友谊奖”。国家级电视台“法国3台”和市级电视台“帕斯电视台”分别采访了中国济南队小队员。比赛间隙，代表团还参观了帕斯市设有中文教学的初中学校圣·吉博尔中学。

5月10~19日，市外办组派的友好代表团一行4人赴法国、土耳其访问。访问期间，代表团拜会了雷恩市副市长罗斯琳娜·乐弗朗索瓦，考察了雷恩市高新区，与雷恩市高新区在信息技术、生物制药和装备制造等领域达成初步合作意向，并邀请雷恩市高新区参加济南市9月举办的信博会。代表团与雷恩市园林、外事部门会谈，就参加10月雷恩市举办济南市“水与公园”项目展览的桔亭进行实地考察。代表团还拜会了土耳其马尔马里斯市市长阿里·阿卡，递交两市建立友好城市关系意向书，考察了马尔马里斯市“济南园”的建设地址，提交了“济南园”设计方案。

5月12～20日，以市委副书记、市长张建国为团长的济南市友好经贸代表团一行10人赴澳大利亚、新西兰访问。在澳大利亚郡德勒普市期间，代表团与郡德勒普市签署友好会谈备忘录，考察即将在郡德勒普市建设的国际文化公园中的“济南园”拟建园址，以及伊迪斯·科文大学、伍德维尔高中、米斯老年护理中心、西海岸职业培训学院等。在悉尼期间，代表团参加了2010中国济南（悉尼）对外经贸合作项目推介会，举行济南澳洲合作项目签约仪式。拜会了澳大利亚新南威尔士州州长克里斯汀娜·科尼利，就扩大合作进行交流，与新南威尔士州产业与投资部座谈，重点了解新州在矿产开发、技术引进等领域对外合作的情况。代表团还与澳洲联邦银行首席执行官诺里斯会谈，出席齐鲁银行与澳洲联邦银行深化合作框架协议签约仪式，考察了皮克赫斯特老年护理中心、悉尼奥林匹克太阳能村、悉尼循环水处理厂等。在惠灵顿市、奥克兰市期间，代表团先后与新西兰艾狄士公司和恒天然公司举行工作会谈，推动了农牧场建设、奶制品加工等领域的合作项目。会见惠灵顿市市长凯莉·普林德佳斯特，了解惠灵顿市经济社会发展情况及市政府在城市规划、政务管理等方面的经验。

6月17～28日，以市政协主席徐长玉为团长的济南市友好经贸考察团一行5人赴美国、加拿大、香港访问。访问期间，代表团出席了萨克拉门托市举办的两市结好25周年庆祝活动，与萨克拉门托市签署《济南—萨克拉门托结好25周年友好会谈备忘录》，参观加州州立大学萨克拉门托分校，与该校就教育项目合作进行会谈；与加州议会就加州的立法机构、议员席位、任期等问题进行交流；与济南—萨克拉门托友好城市协会主席刘朝辉商讨政府代表团交流、大学合作、青少年交流等两市未来交流计划。代表团还与里贾纳市市长帕特·菲亚柯市长会谈，就推动设立经贸联络办公室、城市森林建设等合作事宜达成共识，与里贾纳市里贾纳商会、萨斯喀彻温省贸易与出口公司以及当地企业等10余家单位座谈，就促进两市在外包、投资、建立合资企业等领域的交流与合作事宜进行探讨。济南市经济和信息化委员会与里贾纳经济地区发展部签署《关于为加拿大里贾纳市驻济南经贸联络办公室提供办公场所的意向书》。

7月8～23日，作为庆祝济南市与美国萨克拉门托市结好25周年的重要内容，由市外办与市青少年宫共同选派的8名青少年与1名带队老师组成的青少年交响乐团赴萨克拉门托市访问。访问期间，代表团参加了为期15天的夏季交响乐培训，与萨克拉门托市青少年及寄宿家庭互动交流，切磋技艺。

8月23～28日，商河县组派温泉开发综合利用考察团一行5人赴日本山口市访问。访问期间，代表团拜会了山口市市长渡边纯忠，与山口市政府观光课、国际课、山口汤田温泉旅馆协会、山口观光协会就温泉开发综合利用进行座谈，考察了山口市常盘温泉旅馆和市内公用温泉设施。

9月5～14日，济南市教育局组派的济南教育友好代表团一行6人赴俄罗斯下诺夫哥罗德市和芬兰万达市访问。在下诺夫哥罗德市期间，代表团参观了该市第六十七语言学校、国立语言大学，拜会了副市长比斯巴洛娃，教育局、国际关系局等部门，参加了济南市外国语学校与下诺夫哥罗德第六十七语言学校建立友好校际关系签字仪式。在万达市期间，代表团参观了赫尔辛格中学、瓦斯克沃里中学、劳拉高等职业技术学院、维里亚职业学院等学校，参加了万达市举办的中国中秋节庆祝活动。拜会了万达市市长巴亚宁、副市长艾琳娜、对外联络部及创新中心主任丽特娃，中国驻芬兰使馆政务参赞马强、文化参赞黄爱萍。

9月9～18日，以市人大常委会副主任刘善鹏为团长的济南市人大友好代表团一行6人赴俄罗斯和英国访问。在下诺夫哥罗德市期间，代表团与下诺夫哥罗德市市长维·耶·布拉维诺夫会谈，并向其转交济南市市长张建国关于庆祝下诺夫哥罗德市建市789周年的贺信和纪念品，参加了下诺夫哥罗德市建立789周年系列庆祝活动，参观该市城市历史图片展和自然历史博物馆，与该市国际关系局会谈。在伦敦期间，拜访了伦敦金融城、渣打银行和汇丰银行，促进了与英国金融界的交流与合作。

9月9～19日，以省委常委、市委书记焉荣竹为团长的济南友好代表团一行6人赴荷兰、波兰、德国访问。在荷兰期间，代表团与荷兰经济事务部企业创新司司长博格坎普就双方经贸方面的合作进行交流，并听取荷兰地铁隧道工程、房地产等方面发展情况的介绍；访问了友好合作城市奈梅亨市，参观了奈梅亨拉得邦大学、恩智浦半导体公司，并与常务副市长波特·基尼就两市正式建立友好城市关系事宜进行探讨。在波兰期间，代表团考察了环达通大型购物中心，并与环达通公司总裁阿什克那日就在济南高新区投资建立大型购物中心和国际公寓项目进行座谈；访问了波兰什切青市，与什切青市市长克里斯特克就双方建立友好城市关系事宜进行座谈，并签署建立友好城市关系意向书，参观了波铁集团什切青铁路货运工厂，参加了北车集团与波铁货运集团合资公司筹备处揭牌剪彩仪式。在德国期间，代表团访问了友好城市奥格斯堡市，与库尔特·格里布市长会谈，签署友好会谈备忘录；参观奥格斯堡大学、库卡机器人公司及奥格斯堡养老院，与欧司朗公司、大陆集团、曼集团、沃尔沃建筑设备集团、英飞凌公司等就相关项目合作进行座谈；与巴伐利亚州联邦与欧洲事务部长米勒进行座谈，应邀参加慕尼黑副市长为中国代表团举行的欢迎宴会，参加了慕尼黑啤酒节开幕式。

9月21～26日，济南实验初中组派的济南市初中生交流访问团一行16人赴日本和歌山市访问。访问期间，代表团与和歌山市纪伊初中和该校学生家庭进行互动交流，参观和歌山县立自然博物馆，体验和歌山传统捕鱼活动。

10月7～10日，济南市高新区组派的济南市经贸代表团一行4人赴韩国水原市访问。访问期间，代表团参加“国际友好城市进出口企业洽谈会”，洽谈会上，济南市3家企业与水原市8家企业初步达成合作意向。

10月7～12日，市政府新闻办公室组派的济南市友好代表团一行6人赴韩国水原市访问。访问期间，代表团拜会水原市市长廉泰英、议长姜长奉，就两市在新闻记者交流、文化艺术交流以及园林合作等事宜进行洽谈。代表团还参加了第四十七届华城文化节、友好城市进出口企业洽谈会、中韩饮食文化节等活动，考察了水原环境事业所等。

10月17～26日，以高新区管委会主任苏树伟为团长的经贸代表团一行6人赴以色列卡法萨巴市访问。访问期间，代表团与卡市副市长特维卡·特扎法蒂、友好城市委员会主席亚伯拉罕·申范进行座谈，就两市2011年的交流与合作进行探讨。代表团还拜访了凯丹集团、爱开普公司，就高新区大型购物中心项目进行洽谈。

10月24～11月2日，以市委常委、宣传部长谭延伟为团长的济南市宣传文化代表团一行6人赴法国、捷克访问。在法国期间，代表团拜会了友好城市雷恩市副市长罗斯琳娜·乐弗朗索瓦、副市长若刚，并与两位副市长、雷恩市文化局、雷恩—济南友好协会会谈，就促进济南与雷恩文化交流、扩大文化合作达成共识，出席“济南水与公园”大型展览开幕式，考察了雷恩市城市建设，并就雷恩市随着城市扩张而进行旧区保护与新城建设方面的经验进行交流。代表团还在巴黎大区访问了欧拜赫维里耶市，与副市长克里斯汀会谈，考察了欧拜赫维里耶市“文化实验室”、法国蓬皮杜文化中心等文化设施。在捷克期间，代表团在布拉格与福伯斯文化公司总裁马克会谈，双方就开展两地在玻璃建筑艺术、文化团体互访等文化交流交换意见，参观了布拉格阿德扎斯特文化中心，听取文化中心举办“捷克建筑史展览”的情况介绍。

12月5～8日，以济南大学校长程新为团长的教育代表团一行3人赴法国雷恩市访问。访问期间，代表团拜会了雷恩市副市长罗斯琳娜·乐弗朗索瓦，与法国雷恩第二大学校长马克·贡塔尔就师生互派、项目交流等具体合作事宜进行交流，并与雷恩第一大学商讨材料学科专业教学、科研、共同招收并培养研究生等相关交流合作项目。代表团还参观了布列塔尼地区孔子学院并拜会院长白思杰。

12月10～18日，以济南大学党委书记范跃进为团长的教育代表团一行3人赴美国加利福尼亚州访问。访问期间，代表团拜会了加州州立萨克拉门托分校校长亚历山大·冈萨雷斯，双方就两校建立友好合作关系、开展全方位合作与交流达成一致，并共同签署两校合作备忘录。代表团还与萨市议员史蒂夫·科恩、济南—萨市友协主席刘朝晖进行交流。

12月13～16日，作为“济南—雷恩三年青少年交流”项目的重要内容，济南大学酒店管理学院和外国语学院师生代表团一行9人赴法国雷恩市访问。访问期间，代表团拜会了雷恩市副市长罗斯琳娜·乐弗朗索瓦，进行了鲁菜菜品和面点制作工艺以及中餐摆台展示，参观了布列塔尼大区四星级温泉酒店，现场观摩并亲身体验法式糕点和巧克力制作，并在法国普通家庭体验生活。

【举办中日韩三城市·三大学国际环保研讨会】 中日韩三城市·三大学国际研讨会，是2008年由韩国昌原市首先倡议举办，分别在昌原市和山口市举行两届。为加强环保交流与合作，改善地区环境质量，促进城市经济社会可持续发展，各方协商确定2010年在济南市举办第三届中日韩三城市·三大学国际环保研讨会，主题为“环境保护与可持续发展”。

10月12～15日，由济南市政府主办、市环保局和市外办承办的“中日韩三城市·三大学国际环保研讨会”在济南召开。济南市、山东大学、日本山口市、山口大学、韩国昌原市、昌原大学等六方参加了此次国际研讨会。会议期间，与会代表分别就有关环境保护的问题进行主题演讲和学术报告，就加强环保领域的交流与合作，为促进生态城市建设提供先进经验和前沿理论。参会代表还访问了山东大学环境科学与工程学院，考察了光大水务（济南）第二污水处理厂，充分肯定济南市在环保等领域取得的成绩。

（李　璐　张志国　程　路）

责任编校　郭建群

治安·司法

公安

【概况】1. 执法规范化建设。坚持把信息化应用与执法规范化建设相结合，有效提升公安机关执法能力、执法公信力和群众满意度，全国公安机关执法规范化建设座谈会在济南召开，推广济南的经验做法。历下公安分局被授予“全国公安机关执法示范单位”称号，市公安局和6个基层单位被授予“全省公安机关执法示范单位”称号。夯实执法主体根基。在外部，依靠现场评警仪和互联网“评警系统”，使市民的评价、网民的“拍砖”影响辐射民警的执法行为。在内部，以全员培训为主，特色培训为辅，全力培育“高精尖”执法骨干。强化执法精细化管理。在全市基层所队进行办公、办案、服务和生活等4个功能区划建设，编纂完成《执法管理规范汇编》，建立具体明确、便于操作的执法标准体系，打造民警规范执法的“立体空间”。做强执法信息化支撑。将信息化手段运用到执法的各个环节和流程中，所有行政、刑事案件实行网上审核、审批，所有法律文书实行网上制作打印，重要执法活动和重点执法环节全部实现同步录音录像；建设开发全警绩效考核、执法考评、涉案财物、督察报备、现场管理等5个系统，打造具有济南公安特色的“可听可视、可控可查、可考可究”的执法流程管理新模式，实现执法活动的“全程控制、提速增效、刚性制约、惠民乐群”。

2. 维护社会政治稳定。强力推进“大情报”系统建设，健全三级情报信息网络，整合公安内部和社会行业信息2亿余条；健全相关工作规范和流程，探索出一套行之有效、灵活智能的网上作战法，重大事件预警率保持100%。严密防范、严厉打击境内外敌对势力、敌对分子的捣乱、破坏活动，妥善处置、化解多起境内外敌对分子的造势活动。健全维稳处突工作机制，制定4项应急处突工作规范，维稳处突工作走上制度化、规范化轨道。

3. 严厉打击各类违法犯罪活动。坚持“打击是主业，防范是基础”，将打击犯罪、保障人民生命财产安全作为第一要务，既破大案又破小案。全年共立刑事案件53290起、同比下降12.6%，破获刑事案件36260起、抓获刑事作案成员11400人；抢劫、抢夺、盗窃等多发性侵财案件同比分别下降27.8%、12.8%和10.1%；命案现案破案率达99.1%，总破案率达108.3%，特别是及时侦破了“9·11”出租车司机被枪杀、杭州“2000·11·4”重大杀人案等一批有影响的大要案和积案，抓获公安部A级逃犯马明泽等一批重大逃犯；扎实开展“社会治安十项整治行动”，“净风”“净网”和“金盾护学”等民安行动深得民心；实施多警联合巡逻勤务机制，提高群众“见警率”和民警“管事率”，党政机关、金融网点等要害部位实现“零发案”。

4. 安全生产形势保持平稳。圆满完成文博会、糖酒会等229项大型商贸文体活动和122次重大警卫任务的安全保卫工作，确保绝对安全、万无一失。推行爆破工程“一站式”审批模式，强化对爆破工程施工资质、技术力量、安全措施的审查；实行废旧弹药等爆炸危险品销毁市场化运作，鉴定、收缴、销毁废旧炮（炸）弹337枚（发）。加强对交通、消防的安全监管，交通、火灾事故各项指标继续保持稳定。开展停车诱导管理系统建设，在14个开放式小区实行交通微循环组织模式，交通管理工作被公安部、住建部评定为“畅通工程”一等管理水平。坚持以构筑社会消防安全“防火墙”工程为主线，扎实开展火灾隐患排查整治工作，全国深入推进构筑社会消防安全“防火墙”工程、全面提高社会单位“四个能力”现场会在济南召开。

5. 社会管理创新能力实现新突破。实施“集约化情报指挥、信息化高端应用、安全化绿色网络、社会化治安管控、人性化户政管理、畅通化和谐交通、便民化外事管理、规范化执法建设、网络化便民服务、绩效化全警考核”等十大社会管理创新工程，着力破解当前社会管理中存在的源头性、基础性问题。制定《创新社会管理和服务保障民生18条措施》，推行治安案件和交通事故人民调解员制度，在基层所队普遍建立警民联调室，实施摩托车带牌销售模式，开展居民小区交通“微循环”试点，设立台胞口岸签注点，采取重大工程消防审批“一对一”跟踪服务，解决外地旅客无有效证件入住难等问题。12345市民服务热线办复率、满意率均达100%。做大做强“济南公安服务在线”这一服务民生品牌，经改版扩容、服务升级，群众网上办理业务已达10类99项。全年为群众在线办理预选机动车号牌36117个、挂牌26082个,办理二代证申请1011人,申办出国、港澳和台湾申请等出入境业务2510件,在线答复咨询14297件。

年内,有51个集体和458名民警记一、二、三等功,174个集体和1848名个人受到党委政府和上级公安机关表彰,市公安局被省政府记集体一等功,被评为全省市级优秀公安局,济南援疆特警队立集体一等功,历下分局甸柳新村派出所被授予"全国公安机关爱民模范集体"称号。

【市公安局工作执法规范化建设经验在全国推广】 全市公安机关践行"理性、平和、文明、规范"的执法理念,确立"以信息化助推执法规范化、以执法规范化引领三项建设、以三项建设带动全面工作"的思路,将信息化融入执法活动、执法场所和执法环节,坚持执法领域全覆盖、执法场所全链接、执法流程全贯通,实现执法活动的"全程控制、提速增效、刚性制约、惠民乐群",公安机关执法能力、执法公信力全面提升。11月5～6日,公安部在济南市召开全国公安机关执法规范化建设工作座谈会,推广市公安局执法规范化建设经验。国务委员、公安部部长孟建柱出席会议并作重要讲话。会议期间,与会代表分别到历下分局、监管支队、消防支队奥体中心消防站、交警支队潘庄中队、历城分局刑警大队、港沟派出所、市中分局舜耕派出所等基层单位,实地考察执法规范化建设情况。市公安局作《以信息化助推执法规范化建设深入发展》的典型发言,市中分局社区民警顾晓红、槐荫分局专职法制员王利代表基层民警作汇报发言。

【"金盾护学"行动确保校园绝对安全】 按照"防患未然、严密防范,从严从紧、确保安全"的工作思路,深入排查影响校园安全的各类不安定因素,检查学校、幼儿园3064所,发现安全隐患2027条,落实整改措施2018条;加大对校园周边流动人口、暂住人口和出租房、中小旅店、网吧、娱乐服务场所等复杂部位的治安管理力度,先后检查整顿校园周边重点场所、部位4807处;积极构建校园安全勤务机制,落实高峰时段民警护学"助学岗"制度,将校园及周边地区纳入民警每日巡逻的必巡点、必停点,在124个有条件的校园内部设立了"警务工作室"和"治安岗亭",确保中小学、幼儿园在校师生的安全。建立公安教育"三级会商"制度和"一校一警"联系制度,向全市中小学派驻法制副校长或法制教导员4007名,协助教育部门完善细化各项处突方案。开展安全宣传教育活动1700余次,组织指导校园举办防袭击、防火灾等演练活动千余次,参加演练人数近100万人次,提高了师生的法制意识、防范意识和自我保护能力。

【社会治安环境"十项整治"深得民心】 自年初始,开展社会矛盾化解和涉法上访案件、重点单位和要害部位、流动人口和出租房屋、治爆缉枪和危化物品、公共娱乐场所和特种行业、违法养犬、校园及周边和治安混乱地区、网络环境、交通秩序、消防安全等十项社会治安整治行动。特别是坚持对"黄赌毒"犯罪"零容忍",扎实开展"净风"行动,查处、整改、取缔违规经营场所143家,抓获涉嫌"黄赌毒"违法犯罪嫌疑人9309人;在全市开展网吧管理"净网"行动,查处违法经营网吧295家,联合有关部门取缔黑网吧53家,强力查处网吧违法、违规行为,构筑起青少年健康成长的"绿色安全屏障"。

【推进公安"大情报"系统建设】 按照"大胆探索、勇于创新,走在前列、创出经验"的要求,以重点人管控和重大事件预警研判两个重点应用为突破口和切入点,推进公安"大情报"系统建设与应用。组建专业情报队伍,在市局成立情报信息中心,在各分、县(市)局和有关警种组建专职情报局研判队伍,在派出所建立兼职情报研判力量,健全三级情报信息网络;加强警务数据资源整合,整合人口、旅馆、网吧、监管、车驾管及通讯、房产、工商等信息2亿余条,完善"大情报"平台功能;健全工作规范和流程,探索出一套行之有效、灵活智能的网上作战法。"大情报"系统建成以来,核实重点人员3.6万人次,核实线索3926条,管控重点人员8086人次,抓获逃犯1056名。在公安部组织的对全国118个地(市)级公安机关"大情报"平台联动应用实地测试中,济南市公安局是山东省唯一获得满分的市级公安机关。

【消防安全"四个能力"建设经验在全国推广】 按照构筑社会消防安全"防火墙"工程的要求,坚持政府主导、标本兼治、宣传引导的工作思想,大力强化以检查消除火灾隐患、组织扑救初起火灾、组织人员疏散逃生、消防宣传教育培训为内容的"四个能力"建设。11月16日,公安部在济南召开全国深入推进构筑社会消防安全"防火墙"工程、全面提高社会单位"四个能力"现场会,学习推广市消防部门的经验做法。会议期间,与会代表从城区1018个消防安全重点单位中随机抽取73个进行实地检查。这种将一个城市的重点单位全部向会议代表开放,进行随机抽取检查的方式,在全国尚属首次。抽查的73家社会单位,均做到了消防设施标识化、防火检查巡查常态化、重点部位警示化、培训演练全员化,各岗位人员"四个能力"全部达标。

【城市道路交通管理工作被评定为"一等管理水平"】 全市公安交警部门按照"科学规划、科学组织、科学管理"的要求,积极参与国家重大建设项目交通规划,全力开展停车诱导管理系统建设,完成112个路口的渠化改造,在14个开放式小区道路探索实行交通微循环组织模式,提高路网通行能力;组织"迎亚运、创文明、保平安"交通秩序专项整治活动，严厉查处各类交通违法行为108.1万起，行政拘留无证、醉酒驾驶6142人次，酒后驾驶、大货车违法行驶、无证驾驶等严重违法行为得到有效遏制，全市道路交通基本保持安全畅通。11月9日，公安部、住建部下发《关于济南等6城市道路交通管理等级评价结果的通知》，评定济南市城市道路交通管理工作达到“一等管理水平”。

【全时流动警务多警联合巡逻机制效果显著】 在全面总结“全时流动警务”机制经验的基础上，进一步挖掘警务资源，整合街面警力，将巡警、交警、特警、武警等警种和派出所民警、保安队员，纳入统一的巡逻防控体系，建立“多警联合巡逻”勤务机制，构建具有济南特色的城市治安防控体系。各警种落实责任、分片包干，密切配合、通力协作，构建起以巡警为骨干的道路干线巡控网，武警、特警多警协作的要害部位巡控网，以社区民警、群防群治为主的社区巡控网和以单位保安力量为主的单位内保网，全市社会治安动态防控能力和水平进一步提升。通过巡逻现场抓获违法犯罪嫌疑人数同比提高20%以上，抢劫、抢夺、盗窃等可防性案件发案同比分别下降27.8%、12.8%和10.1%，全市党政首脑机关和金融网点等重点要害部位实现“零发案”，市民安全感和对公安机关满意率进一步提升。

【建立在线和现场评警系统】 依托互联网开通“在线评警系统”，为群众提供全天候的网上评警平台，群众可随时、随地、自由、自主地评价公安工作和公安民警。在腾讯网注册了基层派出所社区服务QQ群，将全市807名社区民警的姓名、照片、手机号码、QQ号等在互联网上公开，打造“网上社区警务”平台。在新浪网、腾讯网实名注册“济南公安微博”，在新浪网建立全国首家市级公安机关“微博群”。新浪、腾讯微博注册粉丝超过130万，市民、网民与济南公安的交流互动渠道更透明、更畅通、更便捷。学习借鉴社会窗口服务单位的做法，在派出所、车管所等服务窗口单位设立“现场评警系统”，通过群众当场按“键”评价的方式，收集群众意见，掌控窗口服务情况，提升窗口服务质量。全市103个公安业务窗口安装现场评价器321台，汇总整改群众意见建议1780余条。

【济南特警被命名为“全国公安特警示范队”】 济南特警队自成立以来，坚持闻警即动、快速反应、攻坚克难、顽强奋战，在维稳处突、打击犯罪、抢险救灾、服务群众等方面做了大量卓有成效的工作。济南特警队发扬特别能吃苦、特别能战斗、特别守纪律、特别能奉献的“济南特警精神”，在多次长时间、跨区域集中统一行动中，圆满完成处置拉萨“3·14”事件、乌鲁木齐“7·5”事件、四川汶川抗震救灾等重大任务。济南公安特警队成为一支具有特殊技能、拥有特殊装备、能够快速反应、可以整建制跨区域调动执行攻坚克难任务的精锐力量，是济南公安维护稳定的主力军和“王牌”。1月27日，公安部发布《关于命名首批“全国公安特警示范队”的决定》，市公安局特警支队被公安部命名为首批10个“全国公安特警示范队”之一。

【赴青海地震灾区执行灾害救援任务】 4月14日，青海省玉树藏族自治州玉树县发生7.1级地震。灾害发生后，市公安消防部门紧急调集40名经验丰富的消防特勤官兵成立应急救援队，携带4条搜救犬和300余件（套）专业救援器材装备以及3000余件矿泉水、食品、药品和医疗器械，于15日零时20分乘专机赶赴青海地震灾区执行灾害救援任务。在青海抗震救灾期间，救援队全体官兵共行程7500多公里，努力克服高寒缺氧、水土不服、工作量大等不利因素，转战救援现场80余处，房屋300余间，深度挖掘废墟10处，救助重伤灾民1人，抢救灾区群众物品价值3万余元，出色完成结古镇烈士陵园救援、玉树县第三小学救援、结古镇文化公园民居救援、结古镇西航村民居救援等一大批急难险重救援任务。

【《济南公安志（1948–1985）》获山东省公安厅公安理论成果二等奖】 见“政权·政务”栏目“济南市人民政府”分目

【《济南公安年鉴（2010）》出版】 见“政权·政务”栏目“济南市人民政府”分目

【“9·11”持枪抢劫杀害出租车司机案】 9月11日凌晨，二环东路与山大南路交叉口北侧高架桥下，一名出租车司机被枪杀在车内。案发后，市公安局立即抽调精干警力成立专案组，开展案件侦破工作。专案组民警通过调取现场及沿途监控录像，发现一名男子具有重大作案嫌疑，并初步确定了犯罪嫌疑人可能的落脚点。通过对重点区域进行逐户排查，发动群众检举和提供线索。9月15日晚，据群众反映，张某与录像中的男子极为相似，并见过张在家中用钢管、钢珠、电锯等物品制作过枪支。专案组随即对张某的活动轨迹进行全方位严密布控。9月17日下午，民警将正在章丘市某网吧上网的张某抓获。张某对9月11日凌晨1时许，持自制枪支抢劫杀害出租车司机的犯罪行为供认不讳。

【章丘“12·12”爆炸案】 12月12日晚，章丘市王家寨村一辆汽车上发生爆炸，致使车上1名8岁儿童死亡、2人受伤。案发后，市公安局立即启动爆炸案件应急处置预案，抽调警力成立专案组，连夜开展现场勘查、走访排查和信息追查工作。民警经过细致勘查检验，在案发现场提取物证，并确定“以物找人”的工作思路。12月14日，经详细排查，发现章丘市相公镇大魏李村人董某某有重大嫌疑。民警迅速传唤审查该犯罪嫌疑人，其供述了作案动机和过程：该犯罪嫌疑人因工作不顺、不善经营，对社会产生强烈不满情绪，遂使用电池、礼花弹、钢珠等制作了爆炸装置，于12月12日晚放置在百脉泉公园广场东侧花坛附近，意图制造事端。被害人出于好奇将爆炸装置拿至车内，引发爆炸。15日凌晨，民警将该犯罪嫌疑人存放在汽车后备厢内准备再次制造爆炸案的爆炸装置成功拆除，消除了重大安全隐患。

（林　妍）

审　判

【概况】 1. 发挥职能，为科学发展提供司法保障。新收各类案件65864件，审（执）结66866件（含旧存），同比分别增加2.4%和1.28%；结案标的额126.56亿元，结案率101.52%，与上年基本持平；未结案件下降18%。其中，中院审（执）结各类案件7420件；结案率101.58%，同比上升2.67个百分点。

刑事审判。审结一审刑事案件3111件，同比下降3.84%，判处罪犯5358人，同比上升3.6%。在判决生效的4558人中，判处5年以上有期徒刑直至死刑的860人，占18.87%，同比上升1.84个百分点。审结杀人、绑架、抢劫等严重暴力犯罪，黑社会性质组织犯罪以及盗窃、抢夺、诈骗等多发性侵财犯罪案件394件，判处罪犯422人；依法严惩经济犯罪，维护经济秩序，审结非法吸收公众存款、虚开增值税发票、生产销售伪劣产品等破坏市场经济秩序犯罪案件168件，判处罪犯386人，挽回经济损失8593.91万元；审结贪污、贿赂、渎职犯罪案件99件，判处罪犯193人，其中原为县处级以上公务人员的26人。最高法院对中院一审判处死刑案件的核准率为100%。对1819名罪行较轻、不致再危害社会的被告人，依法判处缓刑或免予刑事处罚；对认真接受改造、确有悔改或立功表现的4242名罪犯，依法裁定减刑或假释。积极参与社会治安综合治理，开展法制宣传活动96次，提出司法建议847条；协助有关方面认真搞好对被判处缓刑、管制、免予刑事处罚人员和刑满释放人员的帮教，共同推进社区矫正工作；高度重视少年司法工作，贯彻“教育、感化、挽救”方针，切实保护未成年人合法权益。

商事审判。中院密切关注宏观经济政策出现的新变化，及时分析审判领域出现的新情况，提出24条针对性措施，加大依法调节经济关系、维护经济秩序的力度。审结一审商事案件20384件，结案标的额50.23亿元。审结借款、买卖、担保、股权转让、企业改制、公司解散等各类案件15616件。审结全国首起“纸黄金”买卖合同纠纷、申请强制清算等一批具有较大社会影响的新型、敏感案件。审慎受理、稳妥推进企业破产案件，审结5件，完成10家企业破产财产变现工作。制定保障企业自主创新20条意见，完善知识产权民事、行政、刑事案件“三审合一”新机制，加大对自主创新品牌、基础前沿领域和核心关键技术的知识产权司法保护力度，保障科教兴国战略的实施，审结专利、商标、著作权、植物新品种、科技成果转化等知识产权案件454件，同比上升14.94%。主动服务农村改革发展，确保支农惠农政策的落实，审结农村土地承包、流转，农资产品质量纠纷以及拉动内需政策落实中发生的涉农案件190件。加强涉外、涉港澳台审判工作，平等保护各类市场主体合法权益，推动对外开放和外向型经济的发展，审结该类案件13件。加强与港澳台地区的司法协助，促进大陆与台湾地区、港澳地区经贸交往持续健康发展。

民事审判。审结一审民事案件20495件，同比上升15.44%。其中，审结离婚、赡养、抚养等婚姻家庭案件9674件。审结宅基地、相邻权、物业管理、房屋租赁等案件1133件。审结因交通事故、医疗损害、产品质量、环境污染等引发的侵权责任案件5372件，向社会公布10件典型侵权案例。开展送法进军营、进校园活动，切实提高公民的权利保护意识。审结劳动争议案件1410件。一审民商事案件调解、撤诉结案率达到73.66%，同比提高3.84个百分点。加大调解工作力度，妥善处理了多起积怨较深、涉及人数较多的劳动争议、人身损害和商品房买卖案件，避免了群体性事件的发生。

行政审判。审结一审行政诉讼案件871件，同比上升11.95%。其中，维护、支持行政机关具体行政行为的286件；撤销或变更具体行政行为、支持行政相对人诉讼请求的117件；裁定管辖等程序审案件94件。经协调原告主动撤诉和被告改变具体行政行为后原告撤诉的374件，占42.94%，同比上升5.28个百分点。加强与行政机关的联络沟通，建立行政诉讼、行政复议工作联席会议和行政执法过错责任追究工作联席会议制度，发布行政审判白皮书，提出司法建议等，促进行政执法水平的提高。严格执行《国家赔偿法》，审结国家赔偿案件8件。

涉诉信访和审判监督工作。坚持领导干部包案督办、预约接访、带案下访制度，不断加强窗口建设，改进工作作风，做到有诉必理、有访必接、有信必复。提高办案质量，强化判后答疑，完善突发性、敏感性事件预警机制及紧急处置预案，从源头上预防涉诉信访的发生。加强信访法规宣传教育，进一步规范信访秩序，引导群众理性表达诉求。开展集中清理涉诉信访积案活动，帮助516名信访当事人解决了低保、医疗、生产生活方面的实际困难。全市法院信访总量明显下降，年内处理人民来信714件次，接待人民来访1865人次，信访率3.87%，同比分别下降52.02%、26.69%和2.28%；成功化解165件进京重复访案件。审结再审案件318件，占一、二审结案总数的0.63%。其中，维持原判的占31.13%，改判和发回重审的占35.85%，经调解达成协议的占27.67%，终结诉讼的占5.35%。在审结的检察机关提起抗诉的72件案件中，维持原判的占33.33%，改判和发回重审的占29.17%，经调解达成协议的占30.56%，终结诉讼的占6.94%。

执行工作。执结各类案件15708件，

标的额52.85亿元。制定《济南市执行联动机制实施方案》，明确31个成员单位的职责，促进形成执行合力。针对被执行人难找、执行财产难查问题，用足用好执行措施，提高实际执行率。全年督办执行、指定执行、提级执行案件195件；在加强说服教育的基础上，试行限制高消费、限制出境、公开曝光等执行方法，敦促4604名被执行人履行法定义务；对374名有能力但逃避执行、抗拒执行的被执行人依法予以制裁，化解执行阻力；对1472件案件依法强制执行，维护法律权威。加大对赡养费、抚养费、农民工工资、劳动争议等民生案件的执行力度，执结上述案件2393件，执行到位款2024万元。注重和谐执行，特别是对涉及企业发展、民生利益和社会稳定的案件，坚持慎重处置原则，讲究执行方式方法，促成1841件案件中的债权人与债务人达成和解协议。

2. 司法为民，依法保障和改善民生。全市法院坚持把满足人民群众的司法需求作为工作的出发点和落脚点，把司法的人民性体现在便民服务的细节中，落实到审判执行的全过程。集中开展“擦亮窗口”主题活动，40个立案大厅和人民法庭面貌明显改观；集中举办“法庭开放日”活动，人民法庭和立案大厅全部向公众开放，1500余名群众走进法庭，零距离接触审判机关；市区的人民法庭举办“法庭夜市”，郊县的人民法庭开展“赶法律大集”，共完成问卷调查728份，发放便民联系卡2000余张，向群众提供法律咨询3000余人次，发放宣传资料4000余份，利用节假日、午休和晚上时间开庭316次；组织法官2000余人次深入企业、村居征求意见，帮助解决实际问题256个。深入推进便民诉讼网络建设，建立便民联系点26个，聘请司法联络员397人，依托便民联系点深入开展巡回审判，审结发生在乡村的婚姻家庭、相邻权纠纷等案件829件。认真执行司法救助制度，年内为经济确有困难的案件当事人缓减免诉讼费461.75万元，同比增加56.2%；为特困申请执行人发放救助资金195.46万元。

3. 求实创新，完善工作机制。制定《构建预防化解涉诉矛盾纠纷一体化工作机制的意见》《行政诉讼、行政复议工作联席会议制度》《行政执法过错责任追究工作联席会议制度》，完善审判、队伍、行政“三位一体”的管理模式。发挥机关民主管理组织的作用，探索依靠群众民主管理的方法。实行要情专报制度，强化对重大、敏感案件和重点事项的督办工作，全年督办重点案件332件，比上年增加46.9%。规范公开选择专业机构与拍卖机构活动，为235件对外委托案件随机抽取专业机构与拍卖机构，杜绝暗箱操作。强化人民陪审员工作，增加具有一定法律知识背景的陪审员比重，建立人民陪审员退出机制，人民陪审员全年参与审判案件10523件，同比上升55.5%。中院成立审判管理办公室，加强流程节点控制和质效管理，促进审判、执行工作规范运行。通过强化管理，全市法院司法水平不断提高，一、二审服判息诉率达到99.36%，同比上升0.12个百分点。

4. 重心下移，夯实法院工作根基。中院着重从宏观指导、审判监督、班子协管、队伍培训、考核奖惩等方面，切实履行对基层法院的监督指导职责。基层法院上诉率和申诉率同比分别下降0.15和0.09个百分点，审判质量和效率有新的提升。依托12345市民服务热线对基层法院工作进行社会考核评价，考核工作更加公开公正。积极争取党委、政府及有关部门领导的支持，在充实审判力量、落实干部职级、支持依法履行职责、加强经费保障等方面，为基层解决实际困难。各基层法院结合自身实际，相继推出能动司法服务社区（村居）、网上法院、一村一法官、人民陪审员法律服务站以及“六位一体”化解矛盾新模式等举措，实现各项工作的创新发展。

5. 接受监督，确保法院工作健康发展。自觉接受人大及其常委会和人大代表的监督。9月，就商事审判工作向市人大常委会作专题报告。高度重视人大常委会督办案件以及人大代表建议和政协委员提案的办理，加强督办反馈，提升办理成效，全年办结50件。“两会”期间，对人大代表提出的健全立案大厅功能、加大执行工作力度、方便人民群众诉讼等6件建议，全部办理完毕并进行反馈。切实加强代表联络工作，邀请人大代表、政协委员视察座谈、旁听案件审理69批971人次。全市法院还主动向政府、政协通报工作，加强与有关部门的联系沟通，积极争取社会各界对法院工作的理解和

7月16日，长清区人民法院车载流动法庭深入农村开展巡回审判。（市法院供稿）

支持。

年内，中院受到省、市主要领导的批示肯定21次。中院机关连续7年被评为“省级文明机关”，全市法院有160个集体、215名个人受到市级以上表彰。《人民法院报》8次在头版头条报道济南法院的经验做法。全市法院结案率、调撤率、服判息诉率、上诉申诉率、发回改判率、上访率等主要业务指标全面向好，司法公信力和法院队伍形象进一步提升。

【开展司法巡查活动】 4～6月，济南市中级人民法院在全市法院开展司法巡查活动，对纪律作风建设、重点工作推进和安保措施落实等情况进行集中巡查。活动采取集中巡查与随机巡查相结合、明察与暗访相结合的方式，组织74人次，巡查单位（部门）80个次，督办案件192起、事项60件，提出工作建议41条。

【通报“十例典型侵权案件”】 6月30日，济南市中级人民法院举办贯彻实施《中华人民共和国侵权责任法》宣传月活动，并向社会公布济南两级法院近三年来审判并生效的具有典型性、代表性、指导性的“十例典型侵权案件”。

此次通报的十例典型侵权案件是：①王某、徐某诉济南某广告公司、济南某汽车租赁公司道路交通事故人身损害赔偿纠纷案；②郭某诉李某、某保险公司道路交通事故人身损害赔偿纠纷案；③丰某诉某路桥公司、某管理局地面施工损害赔偿纠纷案；④李某等人诉广东中山某公司产品质量损害赔偿纠纷案；⑤王某诉某医院医疗损害赔偿纠纷案；⑥郑某诉宁波某制衣公司、吴某悬挂物塌落损害赔偿纠纷案；⑦侯某某诉张某某人身损害赔偿纠纷案；⑧马某某诉王某饲养动物致人损害赔偿纠纷案；⑨马某某诉罗某某及其父母、陈某某及其父母、刘某某及其父母、某小学人身损害赔偿纠纷案；⑩陈某诉苏某雇员受害赔偿纠纷案。

【开展“公正廉洁为民好法官”评选活动】 12月，市委宣传部、市委政法委、市总工会、市中级人民法院、济南日报报业集团联合举办“公正廉洁为民好法官”评选活动。通过单位推荐、公示候选对象、投票评选、组织考察等程序，评选出“公正廉洁为民好法官”20名，其中“公正廉洁为民十佳法官”10名，并由市总工会按程序授予“五一劳动奖章”、由市中级法院记个人三等功；“公正廉洁为民优秀法官”10名，并由市中级法院予以嘉奖。有13人获“公正廉洁为民好法官”提名奖。

公正廉洁为民十佳法官

孙晓博（女） 历下区人民法院民事审判第二庭审判员
赵冬梅（女） 槐荫区人民法院立案一庭副庭长
张　艳（女） 天桥区人民法院民事审判第三庭庭长
窦希梅（女） 历城区人民法院华山法庭副庭长
李明君 平阴县人民法院执行工作局局长
王　卉（女） 济阳县人民法院民事审判第二庭审判员
王　茜（女） 高新区人民法院民事审判庭审判员
孙维民 市中级人民法院刑事审判第一庭副庭长
刘军生 市中级人民法院民事审判第三庭审判长
陈　平 市中级人民法院民事审判第五庭审判长

公正廉洁为民优秀法官
（10名）

邵兴波 市中区人民法院立案庭庭长
侯　永 长清区人民法院民事审判第三庭副庭长
王　云（女） 章丘市人民法院民事审判第二庭审判员
王长青（女） 商河县人民法院行政审判庭副庭长
杨广银 市中级人民法院立案庭助理审判员
孙红岩（女） 市中级人民法院民事审判第一庭审判长
于文诚 市中级人民法院民事审判第二庭副庭长
戴利军 市中级人民法院民事审判第四庭审判员
孙宝林 市中级人民法院审判监督庭审判长
乔绪晓 市中级人民法院执行工作局执行第二庭执行长

“公正廉洁为民好法官”提名奖
（13名）

滕艳军 历下区人民法院姚家法庭助理审判员
吕　青（女） 市中区人民法院刑事审判庭副庭长
朱振菊（女） 槐荫区人民法院刑事审判庭副庭长
刘元禄 天桥区人民法院北园法庭副庭长
李延义 历城区人民法院执行工作局局长助理
张　鑫（女） 长清区人民法院刑事审判庭庭长
靳先香（女） 章丘市人民法院民事审判第四庭审判员
孟广军 平阴县人民法院审委会专职委员、立案庭庭长
杨名峰 济阳县人民法院曲堤法庭副庭长
赵雷鸣 商河县人民法院刑事审判庭副庭长
毕庶惠（女） 市中级人民法院刑事审判第二庭审判长
张极峰 市中级人民法院行政审判庭审判长
刘忠东 市中级人民法院执行工作局执行第二庭助理审判员

【依托12345市民服务热线进行民意调查】 12月，市中级人民法院依托12345

市民服务热线，对基层法院工作进行社会评价考核。在为期10天的民意调查活动中，市法院在全市随机抽取市民参与调查，听取各辖区党政部门负责人、人大代表、政协委员、律师、法律工作者以及案件当事人等社会各界对11个基层法院全年工作的综合评价，并将调查结果作为考核和评价工作的重要指标。

【五区联审“10·28”案】 5月6日，天桥区、历下区、市中区、槐荫区、历城区法院对“10·28”济正非法吸收公众存款罪案进行公开宣判。

法院审理查明，自2001年至2007年10月间，山东省济正保健品有限公司（原为山东省济怀保健品有限公司）以销售保健品为名，采取184元为一个计算单位，每三个月为一个周期，到期如继续购买原合同同等金额的保健品则返还全部本金及高额利息，如到期不再购买保健品，则扣留一部分本金，也不支付利息的手段，面向社会公众32112人非法吸收存款2410394686.74元，案发前，已返还本金430049772.78元，未返还本金1980344913.96元。高道炎等87名被告人作为济正公司的主管人员或直接责任人员，积极参与济正公司非法吸收公众存款活动。

被告单位济正公司的行为构成非法吸收公众存款罪；在单位犯罪中，高道炎等84名济正公司人员亦构成非法吸收公众存款罪。被告人赵丽华构成非法吸收公众存款罪、故意销毁会计凭证罪；被告人吴霞构成故意销毁会计凭证罪；被告人范誉钧、范雨东构成掩饰、隐瞒犯罪所得罪。依法判处山东省济正保健品有限公司（简称济正公司）判处罚金5000万元；分别以非法吸收公众存款罪，故意销毁会计凭证罪，掩饰、隐瞒犯罪所得罪判处高道炎等87名被告人从1年6个月到10年6个月不等的有期徒刑（其中，判处缓刑71人），并处5万元到45万元不等的罚金。

【审判郝宝忠等24人涉黑案】 5月14日，槐荫区法院对郝宝忠等24人涉黑案作出一审宣判。

法院审理查明：①组织、领导黑社会性质组织罪。2004~2008年，被告人郝宝忠结交刑满释放和社会闲杂人员，涉足济南建筑行业土石方工程和拆迁工程。2005年10月，郝宝忠承包济南某房地产开发有限公司高郝中达工程分公司（以下称高郝中达分公司）。为实施违法犯罪活动，称霸一方，被告人郝宝忠陆续发展组织成员，逐渐形成以其为组织者、领导者，以被告人赵某、田某等人为骨干成员，以被告人龚某某、耿某某等为成员的相对稳定的犯罪组织，在济南市建筑土石方和拆迁行业形成非法控制。②敲诈勒索罪。2007年5月至9月，郝宝忠等被告人先后敲诈岳某等人16.4万元。③非法拘禁罪。被告人郝宝忠因某拆迁工程未中标迁怒于扈某，2007年夏，被告人陈某根据郝宝忠的要求，强行将扈某带至高郝中达分公司，用手铐将扈某铐在楼梯扶手上，非法拘禁达5个小时，并进行殴打。④寻衅滋事罪。2007年11月4日，李某到某建筑工地喊挖掘机司机加油，在附近的被告人郝宝忠认为是在骂他，带领陈某、田某某殴打李某，致李某被打掉两颗牙齿。另查明，2007年12月14日，被告人郝宝忠纠集苏某、蒋某某等人驾车到章丘市某镇张某的石料厂，要求收回苏某、蒋某某转让的石料厂，以董某放炮砸坏其汽车为由，将董某打伤。⑤强迫交易罪。2006年5月，被告人郝宝忠要求与马某合作拆迁某厂房，马某慑于郝宝忠在拆迁行业的坏名声，怕招惹麻烦，遂将此工程转让给郝宝忠。郝宝忠将工程转让后获利20万元。另查明，2007年7月，王某承包某地税局办公大楼拆除工程，郝宝忠等人通过谩骂、殴打工地工人等手段，迫使王某同意与其共同拆迁，工程完工后获利1.6余万元。⑥聚众斗殴罪。被告人郝宝忠等人得知某公司旧设备拆除招标，于2006年5月18日带领20余人，携带镐把、砍刀等工具到达招标现场，通过威胁、恐吓其他竞标人员，逼他人放弃竞标。在此过程中，与张某等人发生冲突，互相追撵砍打，导致此次招标流拍。另查明，被告人郝宝忠承包某建筑工程，某村部分村民阻挠工地施工，2008年1月20日，郝宝忠纠集30余人持镐把、砍刀等凶器赶到建筑工地，威胁恐吓施工村民，双方欲斗殴时，被公安人员及时制止。⑦非法持有枪支罪。被告人郝宝忠将1支双管猎枪藏匿于其经营的高郝中达分公司内。经鉴定，该枪系以火药为动力的制式双管猎枪，能够正常发射12发猎枪弹，具有较强的杀伤力。

被告人郝宝忠组织、领导黑社会性质组织和敲诈勒索、非法拘禁、寻衅滋事、强迫交易、聚众斗殴、非法持有枪支的事实清楚，证据确实、充分，已分别构成上述罪名。依法判处被告人郝宝忠有期徒刑15年6个月，并处罚金人民币10万元；其他23名被告人分别被判处有期徒刑19年至1年缓刑1年不等的刑罚。

【2010年十大知识产权案件】 1.北京网尚公司制止网吧侵犯信息网络传播权纠纷案。原告北京网尚文化传播有限公司享有我国台湾电视连续剧《福气又安康》在大陆地区的信息网络传播权并对侵犯该权利的行为享有诉讼的权利。原告认为被告济南某网吧未经许可，擅自在其网吧内传播该电视剧作品构成侵权，遂提起诉讼。法院经审理认为，被告侵犯了原告的信息网络传播权，判决被告立即停止对涉案电视剧的侵权并赔偿原告经济损失4000元。本案涉及对我国台湾地区影视作品著作权的认定、网吧著作权侵权民事责任的承担问题。原告提供了在台湾经过公证的涉案作品DVD、作品权利转让合同等，上述涉台公证经过了北京公证协会审核，其权利能够认定。被告通过服务器在其网吧内传播涉案作品，又不能提供任何合法来源证据，构成侵权。本案的裁判明确了对涉台影视作品著作权的认定程序及标准，明确了网吧在传播影视作品时对其

著作权的审核义务和范围，对网吧业的规范发展具有积极意义。

2.“紫荆花”图文组合商标侵权纠纷案。原告河北某商标代理有限公司系“紫荆花”图文组合商标的持有人，该商标核定保护的项目为医院、保健、疗养院等。原告认为被告山东某医院的字号突出使用“紫荆花”文字进行宣传和经营，遂提起商标侵权诉讼。一审法院经审理认为，被告虽然使用“紫荆花”三个汉字，但其使用时配有医用十字标志加和平鸽图形，与涉案商标图形不一致，不会产生相关公众的误认，遂驳回原告的诉讼请求。原告不服一审判决提起上诉，经二审法院调解，双方签订商标永久性转让协议书，原告将涉案商标有偿转让给被告，双方最终以撤诉和解方式结案。诉讼是知识产权保护的手段，实现诉讼双方的“双赢”才是知识产权审判的最佳效果。虽然本案的双方当事人对“紫荆花”标识的使用是否构成商标侵权尚存争议，但由被告医院使用“紫荆花”商标，实现其字号、商标这两个商业标识的一致，将更有利于被告的经营发展。法院抓住这个切入点加强调解工作，最终使双方当事人和解，赋予了“紫荆花”商标应有的商业价值，实现了案件审理法律效果与社会效果的有机统一。

3. 苏荷酒吧“苏荷”商标维权、制止不正当竞争案。“品牌战略”系现代企业经营的核心理念之一，品牌对企业意味着生存和发展，品牌的经营发展过程往往与维权诉讼行为相伴相生。原告于2003年始创苏荷酒吧，“苏荷”（SOHO）一词源自美国纽约“休斯顿街以南”（South of Houston Street）的英文缩写。2006年，原告依法取得“苏荷”文字的注册商标专用权，并将“SOHO”标识一起组合使用。苏荷酒吧已在全国开设了众多分店，成为国内具有一定影响力的酒吧连锁企业。2010年，原告发现被告济南某酒吧将“苏之荷”作为其酒吧字号使用，在酒吧的门头招牌、装饰装潢、设施物品上突出使用“苏荷”字样，并以全国连锁品牌的名义进行广告宣传，遂诉诸法院，要求被告停止侵犯商标专用权和不正当竞争行为，并赔偿经济损失100万元。案件审理中，双方围绕“苏荷”商标的显著性、“SOHO”标识的专有权、苏荷酒吧的知名度等问题展开了激烈的诉辩。为平衡不同地域服务企业的竞争关系和同一地域同类行业的良性发展，经法院反复调解，双方当事人在相关权利的归属与损失赔偿的数额上达成和解。

4. 山东奥太电气有限公司逆变焊接设备专利维权案。专利制度的设立，旨在保护科技成果所有权人的利益，鼓励发明创造，促进科学技术进步和创新。尤其在当前促进经济发展方式加快转变的形势要求下，应当加大对具有自主知识产权的关键核心技术的司法保护力度，促进高新技术产业与新兴产业发展。济南法院审理了大量专利侵权纠纷案件，有效制裁了各类专利侵权行为，依法维护了专利权人的合法权益。如山东奥太电气有限公司诉被告济南某电焊机有限公司侵犯专利权纠纷一案，原告系国内知名的高端逆变焊接设备制造企业，拥有60余项系列专利技术，许多产品是国家重点新产品。而被告近年来一直生产、销售侵犯原告享有专利权的电焊机产品，挤占了原告的市场份额，扰乱了市场秩序。原告遂诉至法院，请求判令被告停止侵权并赔偿损失。案件审理过程中，在对诉讼的结果和风险经法院释明后，被告主动要求和解，同意立即停止侵权行为并赔偿原告经济损失17万元。

5.“铠甲勇士”系列玩具外观设计专利维权案。原告广东奥飞动漫文化股份有限公司投资拍摄了52集电视剧《铠甲勇士》，其依托该电视剧奠定的良好声誉创作了“铠甲勇士”系列玩具，为包括“玩具刀（烈焰）”在内的多项玩具申请了对应的大量外观设计专利。原告在山东省内起诉多家玩具经销商，要求被告对其销售侵权产品的行为承担赔偿责任。法院经审理认为，被告销售的产品落入了原告外观设计专利权的保护范围，构成了对原告专利权的侵犯。由于被告未提供所售侵权产品有合法来源的证据，判令赔偿原告经济损失7000元。济南法院受理的该原告诉讼维权的关联案件达53件，如何合理确定侵权赔偿尺度，是处理此类知识产权关联案件的关键所在。这批关联案件涉及的侵权责任最终承担者是在全省各地各商场租赁柜台的诸多个体经营者，这些小商小贩对合法来源把关不严，多数会因诉讼证据的欠缺承担败诉责任。为兼顾利益平衡，法院进行了突破专利法规定的一万元法定赔偿最低标准的司法裁判尝试，在一万元以下合理地确定了此类关联案件统一的赔偿标准。

6.“全稳定立方相氧化锆晶体纤维的制备方法”专利申请权属案。山东大学承担了晶体材料国家重点实验室专项课题组，围绕氧化锆晶体纤维等课题开展了一系列科研活动。侯某当时在山东大学攻读材料学专业博士学位，作为课题组的组长参与了科研活动。在科研取得的相关专利上侯某被署名为发明人，并成为与山东大学相关合作企业绍兴某公司的股东。2009年侯某到济南某大学任教，其亦将在合作公司的股权转让。2009年济南某大学就“全稳定立方相氧化锆晶体纤维的制备方法”提出发明专利申请。山东大学和绍兴某公司遂作为共同原告提起诉讼，请求法院判令上述专利申请权归两原告所有。法院经审理认为，依照两原告的约定，合作期间所形成的技术成果归两原告共有。该专利申请技术属于侯某执行两原告合作任务所完成的职务发明创造，依约应归两原告共有。侯某将涉案专利申请技术提供给济南某大学并由其提出专利申请不当，应予纠正。法院最终判决涉案发明专利的申请权归两原告共同所有。本案涉及职务发明的确认问题。科技人员及在职攻读学位人员常常活跃于多个工作单位或科研团队，在适用上述法律规定时应贯彻“最密切联系原则”，即争议的技术标的与哪个团体联系最紧密，该技术标的就归该单位。侯某作为山东大学在职博士研究生和绍兴某公司的股东及董事，两原告单位成为侯某临时工作单位，侯某在此期间的职务发明创造专利申请权应归属两原告单位。

7. 邱某系列发明专利维权案。原告邱某为“一种砼填充用空腔模壳构件”等一系列发明专利的专利权人。2009年7月，原告认为被告山东某建设集团总公司一施工项目同时侵犯其7个专利权，遂提起7个专利侵权诉讼案件。法院经审理认为，发明或者实用新型专利权的保护范围以其权利要求的内容为准，说明书及附图可以用于解释权利要求。就被告所使用的技术分别与专利技术和现有技术比较，被告所使用的技术方案所包括的技术特征或者全部为现有技术，或者与原告的专利技术不同，遂驳回原告的全部诉讼请求。专利侵权判断的原则就是以专利技术方案为标准审查被控技术或产品，看被控技术或产品是否完全再现了专利技术方案中全部的必要技术特征。同时为保护公众的利益，法律赋予被控侵权人现有技术抗辩的权利，将被控技术或产品与现有技术进行比对，以合理平衡专利权人和社会公众的合法权益，防止专利权的滥用。

8.“浚97-1”玉米植物新品种权利害关系人维权案。加强植物新品种的知识产权保护，对于激励农业科技创新，推动现代农业经营方式的转变，促进农业发展具有重要的推动作用。在植物新品种的司法保护中，在充分保护品种权人合法权益的同时，也要充分保障品种权的利害关系人依法维护自身利益。浚县农业科学研究所为“浚97-1”玉米植物新品种的品种权人，2003年6月，原告北京德农种业有限公司、合肥丰乐种业股份有限公司、山西屯玉种业科技股份有限公司、河南省太行玉米种业有限公司等4家种业公司从品种权人处获得“浚97-1”玉米植物新品种的独占实施权。2010年5月，作为品种权利害关系人的4原告发现被告山东某种业股份有限公司生产、销售的名称为“鲁玉14”的玉米种子构成侵权，遂诉诸法院，要求被告停止侵权行为并赔偿经济损失。本案经法院调解，双方当事人最终和解。

9. 科亿尔数码公司申请诉前证据保全系列案。科亿尔数码科技（上海）有限公司系Corel画图软件著作权人，其认为济南市多家广告设计公司擅自使用其软件的行为构成侵权，申请法院进行诉前证据保全。法院经审查认为，申请人科亿尔数码公司的申请符合有关法律规定，遂裁定对各被申请人采取诉前证据保全措施，并立即予以执行。诉前证据保全是知识产权诉讼特有的诉前措施之一，为知识产权权利人提供了有效的诉前救济途径。通过法院诉前证据保全，固定了侵权的证据，使申请人胜诉的可能性大大增强，也为案件的及时处理提供了条件。科亿尔数码公司申请诉前证据保全系列案中，有两起案件在诉前达成和解，其余的12起案件在申请人起诉后达成和解，达到了案结事了的良好社会效果。

10. 某市器械厂不服专利行政处理决定行政诉讼案。王某认为某市器械厂生产的“连续注射器”侵犯了其“连续注射器注射量调节装置”实用新型专利权，请求某市知识产权局行政处理。被告被某市知识产权局认定侵权成立，并作出专利纠纷处理决定书。某市器械厂不服该处理决定，遂作为原告以某市知识产权局为被告，向法院提起知识产权行政诉讼，请求撤销被告的专利纠纷处理决定。法院经审理认为，被告立案受理专利纠纷、取证固定被控侵权行为、作出处理决定，系在修改后的《专利法》《专利法实施细则》施行之后，应当适用修改后的法律、法规。而被告所作的处理决定，适用修改前的法律、法规，违反了法律适用的基本原则，应为适用法律、法规错误。法院最终判决撤销被告作出的专利纠纷处理决定，限被告重新作出具体行政行为。该案系济南法院推行知识产权“三审合一”改革试点工作以来审理的第一起知识产权行政纠纷案件。知识产权民事、刑事、行政案件统一归由法院的知识产权审判庭审理，对于保证知识产权案件适用法律上的相对统一性，提高诉讼效率，提升知识产权司法保护的能力、水平和公信力具有积极的推动作用。知识产权行政案件的审理，必须遵循行政审判的基本准则，在此前提下只是对知识产权技术的侵权比对有所审理侧重。本案亦遵循行政审判对具体行政行为的程序、事实认定及法律适用等方面的合法性进行全面审查的审判原则，在发现行政机关适用法律、法规错误后，依法撤销了具体行政行为。

（陈俊海　尚　磊）

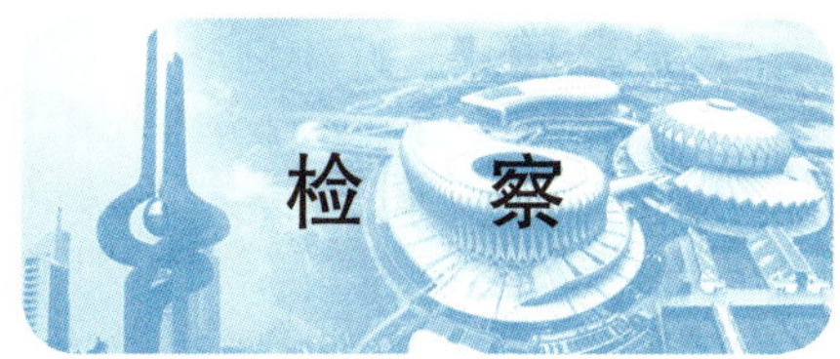

【概况】 1. 以高境界引领检察工作。开展“服务经济平稳较快发展”调研活动，全市各级检察院根据省会经济转型升级、城市建设跨越提升的要求，注重对知识产权、高新技术，重点项目、重点工程，土地资源、生态环境，市场秩序、技术人才的司法保护。教育检察人员正确理解大局的内涵，既坚决克服就案办案、机械执法的倾向，又防止以大局为借口，不严格执法、损害法律的统一正确实施的倾向，努力实现执行法律与执行政策、履行职责与促进发展、法律效果与社会效果的统一。开展下基层、到农村“换位体验”活动，亲身感受普通百姓的喜忧甘苦，打牢做好群众工作的感情基础。把维护人民利益作为工作的出发点和落脚点，打击侵害民生民利的犯罪活动，加强对民生问题的法律监督，满足人民群众的司法诉求。把做好群众工作贯穿执法办案全过程，坚持为民执法、公正执法、和谐执法。办好民生检察热线，市检察院和各基层检察院均与“市民热线”建立联动机制，并在基层设立150多个联络点。全年接听群众来电4600多个，办理维权救助事项200多件，解决一批群众关心的问题，树立人民检察为人民的良好形象。树立符合科学发展的政绩观，从服务大局的实效上、满足群众的司法需求上、维护公平正义的作为上看政绩。坚持改革创新与求真务实相统一，正确处理业务建设与队伍建设、近期工作与远期目标、抓基础与上水平的关系，营造干事创业、开拓创新的良好氛围。

2. 维护省会稳定，化解社会矛盾。始终保持对严重刑事犯罪的高压态势，开展打黑除恶、打击“两抢一盗”专项行动，严惩暴力犯罪、多发性侵财犯罪、破坏市场经济秩序犯罪，增强人民群众的安全感。对敏感复杂案件的批捕、起诉工作，提前介入，引导侦查取证。从快批捕起诉周某报复杀害医务人员案、张某抢劫杀害出租车司机案等社会影响较大的案件，取得良好效果。严厉打击破坏金融管理秩序、破坏环境资源、侵犯知识产权等新类型案件。从快批捕起诉郭某、刘某等7人伪造金融票证、骗取银行资金案，维护了金融管理秩序。办理涉众型经济犯罪案件，依法掌握好宽严尺度，确保矛盾得到化解、局面得到控制。全面推行逮捕必要性审查、附条件不起诉、轻微刑事案件快速办理、刑事案件被害人救助等机制，努力修复被损坏的社会关系。积极推行未成年人品行调查、分案起诉、回访帮教等制度，保障涉案未成年人的合法权益。建立检调对接、刑事和解工作机制，加强释法说理、心理疏导，对因亲友邻里纠纷引发的轻微刑事案件，和解处理310人，减少社会对抗。历城区检察院在刑事附带民事案件和解工作中，建立第三方参与机制，委托人民调解员就民事部分进行调解，增强了调解工作的公信力。落实风险预警评估机制，及早预判，在最短时间内化解矛盾。完善涉检信访工作机制，落实检察长接访、首办责任制、下访巡访等制度，集中开展涉农信访、积案排查等活动，对排查出的涉检信访案件，逐一落实包案措施，全部做到息诉罢访。全年接待群众来访1437人次，受理群众来信1254件次。平阴县检察院组织44名检察人员，利用业余时间进村入户，零距离服务群众，调处各类纠纷198件，从源头上化解矛盾。

3. 查办和预防职务犯罪，推进反腐败斗争和党风廉政建设。立查职务犯罪案件234人。其中，贪污贿赂案件181人，渎职侵权案件53人；大案126件，副处级以上要案27人，大要案比例为82.4%。查办了省检察院指定管辖的菏泽市政协原副主席朱某某受贿案，省物价局价格检查局原副局长牛某某受贿案，槐荫区原副区长李某某受贿案，济南日报印刷厂原副厂长张某贪污案等一批案件，昭示了党和政府惩治腐败的决心。通过办案，共为国家和集体挽回直接经济损失3000余万元。严厉惩处破坏发展环境、侵害群众利益的职务犯罪。围绕城市化战略的实施，立查工程建设领域职务犯罪80人；围绕服务和保障民生，立查教育医疗、社会保障、环境资源等领域职务犯罪38人；围绕维护市场经济秩序，立查商业贿赂犯罪36人；围绕保护国有资产安全，立查国有企业人员职务犯罪53人。对京沪高铁、滨河新区28个拆迁村的土地补偿账目，进行拉网式检查，查办了吴家堡镇原副书记徐某某等8人贪污、挪用补偿款案。商河县检察院查处县水务局原副局长张某某利用主管农田灌溉工程、“村村通”自来水工程的职务便利，采取虚构工程、收入不入账等手段，贪污公款39.4万元，收受承包商贿赂53万元，严重侵害群众利益案。提高办案质量和效果。严把初查、立案、取证、结案等环节，加快推进诉讼进度，起诉职务犯罪212人，已判决193人，全部是有罪判决，其中判处5年以上有期徒刑57人。山东天源资产投资管理公司原董事长孙某某、中铁十四局铁城工贸公司原总经理张某某等4人，一审被判处无期徒刑。介入“一城三区”建设中的58个重点工程，开展同步预防，提供预防咨询1100次，行贿档案查询2025次，组织预防调查127次，提出预防检察建议117件。

4. 发挥监督职能，促进社会公平正义。监督公安机关立案95人，监督撤案60件。依法不批捕760人，不起诉33人；追捕59人，追诉51人。加强对刑罚执行的监督，依法纠正减刑、假释、保外就医和监管活动中各类违法行为。强化民事行政审判监督，市检察院提出民事行政抗诉65件，提请省检察院抗诉27件，法院共审结72件，改判、发回重审21件，调解22件。市检察院提出刑事抗诉41件，法院已审结33件，改判、发回重审15件，裁定再审5件。完善行政执法与刑事司法相衔接制度，加强对社区矫正工作的法律监督，协助做好对刑释解教人员等特殊人群的管理，不断强化检察机关的社会服务功能。积极参与、支持、鼓励社会管理创新，同时对创新措施实施跟进监督，防止以创新为名、损害群众利益。积极参与社会性问题的综合治理，对事关全局的社会管理问题，及时进行分析、研判，向党委政府和有关部门提出建议50余件，促进了社会管理水平的提高。为保障城市建设有序发展，从违法建筑项目能够取得房产登记手续的不正常现象入手，深挖背后的腐败问题，查办房管系统违规办理初始登记手续、违法颁发商品房预售许可证等渎职案件13人，维护了城市规划的严肃性和房地产市场的管理秩序。加强检察机关内部监督，提高执法公信力。以执法办案和队伍管理为重点，深入推进规范化建设，严格执行纪检监察人员跟踪办案、“一案三卡”、执法档案等措施，认真执行自侦案件同步录音录像和审查逮捕权上提一级的规定，促进了公正廉洁执法。推行“阳光检务”，设立检务公开大厅和服务窗口，开展检察开放日等活动，增强检察工作的透明度。落实人民监督员制度，将职务犯罪嫌疑人不服逮捕决定等案件26件33人，全部纳入人民监督员监督程序。

【基层民生检察服务热线市民服务热线联动】 7月，济南市各县（市）区市民服务热线与基层民生检察服务热线全面联动。各基层检察院负责办理市检察院交办的关于市民服务热线通报或者要求检察机关协助处理的群众诉求。各基层检察院热线办公室受理的，属于市民服务热线职责范围内的群众诉求，应当及时向本辖区市民服务热线办公室通报，同时上报市检察院热线办公室。对本辖区市民服务热线办公室通报的或者要求检察机关协助处理的群众诉求，各基层检察院热线办要及时向市院热线办报告，并依法行使检察机关职权予以协助。市检察院96699民生检察服务热线与12345市民服务热线联动以来，接听12345移交的群众求助、举报和反映问题的电话700余人次，为群众提供法律咨询500余人次，受理职务犯罪举报线索40余件；向12345移送辖外群众诉求、求助的电话360余人次，共同协调处理实际问题30余件。

（胡林泉）

【概况】 1.为经济社会发展服务。深入开展济南都市圈、企业改革、大型贸易交流、重大建设项目等专项法律服务活动。组织开展省暨济南市便民法律咨询服务、律师周六法律援助奉献日、“公证进社区进校园”“便民利民法律援助惠民生”、基层法律服务“三服务”等活动，加强了12348专线与12345市民服务热线的联动，取得了良好社会效果。指派律师到省、市信访部门值班接访，强化公证质量管理预防纠纷，开展司法鉴定行业“讲诚信、创品牌、树形象”活动，在维护群众合法权益、促进司法公正中发挥了重要作用。完成国家司法考试济南考区7122名考生的报名考试工作。办理各类法律援助案件4198件，办理公证事项71440件，办理律师法律服务事项81000件、基层法律服务事项20808件、司法鉴定委托案件12639件，12348专线解答群众法律咨询电话80956件次，分别比2009年增长5%、40%、14%、10%。全年律师业务收费2.45亿元，公证业务收费2367万元，分别较2009年增长15%、14.6%。

2.加强司法行政基层基础工作。下发《关于调整司法所管理体制的通知》，有9个县区完成理顺司法所管理体制工作。济南市历下地区人民调解委员会成立，历下、历城、市中、天桥、槐荫、长清等成立了交通事故损害赔偿人民调解工作室，人民调解与司法调解、行政调解联动工作出现新局面。开展人民调解专项攻坚活动，完成了参与校园周边环境整治、世博会安保等任务。全市各级人民调解组织共调解各类矛盾纠纷32060件，调解成功率96.4%，履约率95.1%，其中，防止“民转刑”案件359起，防止群体性事件407起；接受社区服刑人员3596人，解除矫正2020人，现有社区服刑人员1576人；全市共接受刑释解教人员5586人，已衔接5436人，衔接率达到97%，安置率达88%。

3.“五五”普法和法治创建工作。紧紧围绕中心工作，不断创新形式，扎实开展法制宣传教育，完成“五五”普法规划和“四五”依法治市纲要确定的任务，在全省“五五”普法检查验收工作中取得优异成绩。“法律六进”活动不断深化，推进法治城市、法治县（市）区创建工作，历城区、章丘市被全国普法办授予首批“全国法治县（市、区）创建活动先进单位”称号。开展《公证法》颁布五周年、《人民调解法》宣传活动，为实施《公证法》《人民调解法》营造了浓厚舆论氛围。

4.推进监管教育改造工作。严格落实安全责任、安全制度和安全防范措施，确保监所持续安全稳定。加大法制教育、心理矫治和职业技能培训力度，济南监狱实行“5+1+1”教育改造模式，市劳教所不断深化三种管理模式，232名罪犯获得劳动部门颁发的职业资格证书，154名罪犯参加了201科次的自学考试，市劳教所实施就业“直通车”工程，19名劳教人员与3家企业签订了就业意向书。拟定《济南监狱体制改革实施方案》，监狱体制改革进入攻坚破题阶段。济南监狱“十一五”狱政设施改造规划基本完成。

【市法律援助中心建立大学生法律援助教学实践基地】 为进一步发挥大学生法律援助志愿者投身法律援助工作的积极作用，保护弱势群体合法权益，促进社会矛盾化解，维护社会稳定，7月15日，市法律援助中心与山东政法学院联合成立大学生法律援助教学实践基地。按照双方签订的《协议书》，市法律援助中心将定期为学院在校大学生提供安排学习实践机会，组织学生参与法律援助公益事务，为法学院校培养适应现代需求的人才提供良好的教学实践平台。至年底，有20人进入基地实践。

【开通解教人员就业“直通车”】 10月31日，解教人员就业“直通车”正式启动，由市劳教所与社会相关企业直接挂钩，作为企业的技工培训基地，根据企业的需求培训相应的熟练技工，企业作为市劳教所解教人员就业安置基地，吸纳符合企业要求的解教人员出所后直接到企业参加工作，实现了解教人员就业安置无缝对接。启动仪式上，19名劳教人员与三家企业签订了用工协议，解教后可以直接到企业参加工作。

（侯启福）

责任编校　郭建群

军事

济南警备区

【概况】 1. 以提高核心军事能力为根本的军事斗争准备有新推进。落实"双五"战备日制度，组织军事斗争准备检验评估，修订完善战备方案计划，组织处置突发事件网上指挥演练，进一步规范全区战备秩序。严格按纲施训，集中10天组织机关干部进行军事理论、战术标图、体能强化训练。参加山东省基层武装部部长比武竞赛，获团体总分第一名。严密保障某机步师演习过境机动，组织预备役舟桥团快速动员演练、高新区民兵双25高炮分队实弹演习，参加战区陆军防空部队"单元合成"演练，开展防空袭课目演练、冬季野营训练，民兵预备役部队核心军事能力不断增强。

2. 以推动融合发展为动力的国防后备力量建设有新突破。开展民兵预备役基层达标建设，部分县（市、区）水、电、气、暖抢修分队建立民兵应急分队。完成新兵征集任务，大专以上学历占33.5%。把党管武装工作纳入市、县（市、区）两级科学发展综合考评体系，组织考核县（市、区）党管武装工作，促进了党管武装工作落实。协调济南市用60个事业编指标解决随军家属安置问题。

3. 以贯彻条令条例为抓手的依法治军、从严治军有新成效。广泛开展"学法规、用法规、守法规""条令月"等活动，集中进行"崇尚军人荣誉、维护军队形象"教育整顿活动，突出抓好车辆事故防范、兵员管理、信息安全保密，加大民兵装备仓库安全检查整治力度，提高了部队正规化建设水平。制定《加强职工队伍教育管理的意见》，解决职工教育管理难的问题。

4. 以增强保障能力为重点的后勤和装备建设有新提高。强化预算意识，加大财务监督审计力度，规范财经管理秩序。经济适用住房建设、干休所二期改造工程进展顺利，投入500万元改造警备区招待所，专项清理不合理住房49套，联合地方部门开展军品市场整治活动，服务保障作用不断增强。在省军区后勤工作岗位练兵比武中，获会计核算第一名。警备区被军区评为"文明卫生军营"。开展军民通用装备和技术保障力量试点工作，装备动员机构规范化建设和技术保障力量配套建设日趋规范。完成34.12吨民兵报废弹药调运销毁任务。

【征兵工作】 按照"一季征兵，全年准备"的工作思路，针对适龄青年基数下降、升学率提高、就业形势好转给兵员征集带来的影响，年初警备区召开2010年高学历青年应征入伍工作交流部署会，把征兵工作细化到全年，抓好每项任务落实。2月，组织座谈会11次，寄发慰问信3000余封，走访慰问参军家庭5000余户，发放征兵宣传册和预征联系卡7000余份。

兵役登记工作从6月20日开始，9月底结束，共登记22952人，全市确定预征对象9226名。高学历青年征集仍然是征兵工作的重要部分，利用大学学期

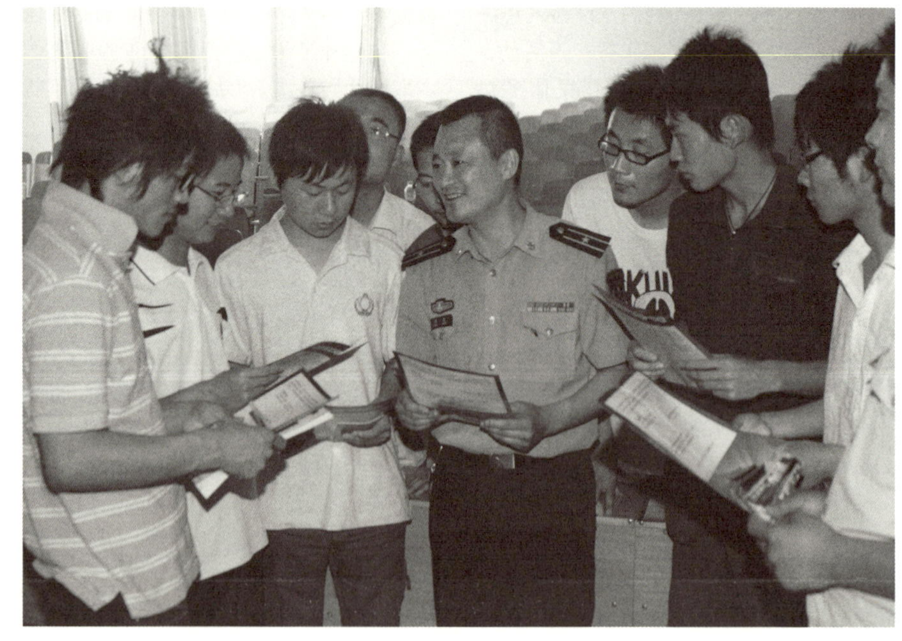

5月25日，人武干部到山东商业职业技术学院进行大学生网上预征宣传。（济南警备区供稿）

结束、学生即将毕业的时机，组织召开高校应届毕业生入伍预征工作座谈会，制定高校应届毕业生征集工作措施和办法，协调高校通过热线、网络、标语、手册等方式搞好宣传，激发大学生应征报名的热情。全市大学生报名5897人。

新兵征集工作自10月10日开始，举办政审、体检、征兵业务三期培训班，培训骨干516人，为征兵工作打下坚实基础。济南市、各县（市、区）分别成立以政府主要领导为组长的征兵工作领导小组，各级抽调326人组建征兵办公室，财政、教育、公安、卫生、民政等部门，与兵役机关密切配合，在人力、物力、财力上给予有力支持。利用宣传车、标语、电台、报刊、网络等传媒手段，进行宣传发动。地方宣传、交通等部门，在1300辆公交车、6000余辆出租车上，滚动播放征兵政策、标语口号，扩大征兵宣传覆盖面。针对适龄青年不愿报名进西藏服兵役问题，下发《关于做好2010年进藏兵员征集工作的通知》，规定：进西藏服现役的义务兵优待金增加到每人每年16000元；退伍安置全部享受城镇退伍士兵待遇，参加退役士兵事业单位考试，档案分统一加20分；选择自谋职业的进藏退伍义务兵、士官，自谋职业金增加1倍。征兵工作至12月31日结束，所征新兵大专以上学历占33.5%，政治、文化、身体素质均符合征集要求。

【基层武装部部长比武竞赛】 7月26日，警备区在预备役舟桥团组织济南市基层武装部部长比武竞赛。10个县（市、区）各有4人参赛，比武内容包括应知应会知识、轻武器分解结合（手枪、步枪、冲锋枪）、手榴弹投掷（投准、投远）、“四会”教学、体能（引体向上、仰卧起坐、3000米跑）。经过激烈角逐，涌现出一大批先进单位和个人，济南市政府、警备区对获得名次的单位和个人进行表彰。8月，警备区组织训练尖子在军区综合训练基地进行为期1个月的强化集中训练，选拔13人组成代表队，于9月6～9日参加省军区组织的全省基层武装部部长比武，取得团体总分第一名的优异成绩。长清区文昌街道李现军、市中区四里村街道臧长春、商河县玉皇庙镇刘占虎分别获得个人总分第一、三、五名，郭海滨、郝湛德、邓庆、方金亮、赵连伟5人分别获得单项名次。

（张宗超　史本波）

武警济南市支队

【概况】 1. 开展培育当代革命军人核心价值观主题教育，做党和人民忠诚卫士的理想信念更加坚定。规范载体运用，开展“深知兵、真爱兵”活动，做好法律和心理服务工作，确保官兵思想稳定和道德纯洁。开办警营电视台，抓好购书、读书活动，举办各种文体活动，丰富官兵业余文化生活。紧贴中心做好任务中政治工作，有效发挥了服务保障作用。

2. 完成中心任务。坚持党委议中心、抓中心，做好经常性执勤工作，深入开展隐患专项治理。推动武警执勤正规化建设进程。监狱AB门建设实现“两警”共同把守、分段负责、双检联控的管理新模式。认真抓好新训、勤训轮换，举办参谋业务、狙击手、特战分队骨干和教练员集训，打牢部队遂行任务能力基础。购置反恐装备器材，建立反恐研修室和特种装备室。

3. 基层建设。组织党委机关和基层干部参加《基层建设纲要》网上培训，支队获武警部队政治部“学《纲要》、知《纲要》、用《纲要》”知识竞赛“优秀组织奖”。修订完善《支队按纲考评实施办法》，严密组织季度考评和“双争”活动，争先创优意识显著增强。组织到其他先进单位参观学习，开展“全面建设学成武、执勤工作学四中队”活动，不断提升基层整体建设质量。采取常委包大队，营以上干部挂钩中队的办法，抓好经常性的考察帮建，促进基层建设的全面发展。

4. 部队管理教育严格有序。开展“条令学习月”活动，组织“每日一题”学习，通过会前提问、组织“条令知识百题问答”等形式，督促大家学用、背记条令，各级运用条令抓规范的意识进一步增强。每月集中2天时间，对驾驶员进行安全行车教育，设立车辆安全行驶警示牌，签订干部驾驶自购车辆安全责任书；投资50余万元，在全省部队率先安装车辆门禁系统，全年行车190余万公里安全无事故；管好用好指纹门禁系统，确保枪弹绝对安全；开展“刹酗酒、严纪律、保安全”教育整顿，杜绝各类问题的发生。

5. 后勤综合保障作用发挥明显。突出保中心保生活，抓好后勤战备建设，完善处突、反恐、抢险救灾等后勤保障计划，构建警地一体联合保障模式。组织检验性演练，保持较高的战备状态。积极筹备行政消耗性经费改革试点，加强经费管理，推行公务卡结算改革，加大检查和审计力度，超预算、超标准、超范围开支等问题得到有效治理。召开伙食精细化管理现场会，按标准经费精心调剂伙食，官兵满意率达到95%。

6. 参加地方抢险。8月20日，支队出动兵力260余名，车辆12台，完成京沪铁路下行线468+400至430段铁路路基坍塌紧急抢险任务。12月9日，支队紧急出动130名兵力，车辆6台，完成济南市党家庄九顶山山林大火灭火任务。

（高　莉）

人民防空

【概况】 1. 人防工程建设。①马鞍山路人防工程投入使用。该工程总建筑面积3.5万平方米，包括修建全民健身广场、道路拓宽改造、绿化及广场改造、修建地下停车场和地下人防工程等4个方面，是济南市地下空间开发利用的典范性工程。②大众广场人防工程完成人防所有工作，全面转入地下商业装修阶段。

③审查图纸面积1177万多平方米，其中人防图纸94家，面积83万多平方米。④对全市11家防护设备定点企业进行检查，加大对生产、销售和服务等环节的监管力度，确保人防工程的质量。⑤完善人防规划。编制“十二五”人防工程建设规划，规划投资56亿元，建设人防工程面积128万平方米。编制11个片区人防工程修建性详细规划，规划建设人防工程20万平方米。

2. 指挥通信建设。①加强人口疏散体系建设。拟制《济南市人口疏散方案》，加强疏散地域、疏散基地和疏散点的疏散体系建设，在社区、村建设疏散组织网络、成立志愿者队伍。完成城区居委会与郊区村之间的对接，在城区和郊区村之间初步完成户与户的对接试点。人防数据库建成，依托军网建设了视频会议系统。②人防教育向纵深发展。推进人防教育进社区、进党校、进机关、进企事业单位，全市260多个社区开展了人防教育。平阴、天桥建成人防教育宣传一条街。③防空防灾演练。结合“五三”警报试鸣，在历下区组织400多人参与演练，包括防空应急准备、防空警报信号发放、居民疏散行动、战地医疗救护、消除空袭后果、消防灭火等科目。④加强群众防空组织建设。完成人防专业队的编组和造册登记，组建机动通信保障专业队，参加济南警备区组织的防空演习，完成演习赋予的各项任务。

3. 平战结合。①经济效益明显提高。新增人防工程开发利用面积10万多平方米，平战结合收入完成3000多万元，新建人防工程进入收获期，呈现良性循环状态。全市平战结合营业额14.5亿元，利税8000多万元，提供就业岗位近3.1万个。②开辟经四路人防商城、英雄山人防商城、马鞍山银座广场人防店、旅游路富禧肥牛等4个便民避暑纳凉点，开放面积8.2万平方米，增设座椅、电视、休闲读物，免费提供饮用水。③安全生产工作。开展“安全生产月”“防火墙”工程、“反恐怖保平安”、防火防汛等各项工作，组织各类检查或抽查30多次，实现全年安全无事故目标。

4. 人防执法工作。全年质监结建防空地下室180个单体，人防建筑面积130万平方米，竣工验收并备案单体人防工程32家，建筑面积15万平方米，追缴易地建设费270万元，确保防空地下室的建设质量。

5. 宣传教育。配合“五三”警报试鸣、人防重点工程建设等重大活动，开展宣传教育工作。全年共发表各类稿件68篇，其中国家级6篇，省级50篇，市级12篇，制作全面反映济南人防发展成就的电视宣传片《人防融城》。

【五三警报试鸣】 5月3日，进行1999年恢复防空警报试鸣制度以来的防空防灾警报第12次试鸣。启用拥有现代化的指挥通信设备的大型地下指挥所作为指挥中心；配合防空防灾警报试鸣，山东物业管理专修学院的师生、历下区人民医院的医护人员和消防官兵同时进行城市防空袭演习；移动警报车首次参与到济南市的防空防灾警报试鸣活动中，在济南市的主要路段巡游并鸣放警报。

【获全国人防先进城市称号】 10月26日，在北京召开的第六次全国人防工作会议上，济南市被评为全国人防先进城市。济南市人防工作以工程建设为突破口，按照国家关于“把人防建设纳入到国民经济社会发展计划之中，纳入到城市总体规划之中”的要求，坚持“两建同步”（人防建设与城市建设同步协调发展），规划结建工程，加快提升城市防护能力。坚持规划先行，科学规划，合理布局，全市工程总量逐年递增，人均占有人防工程量居全国先进水平。大型人防平战结合工程建设步伐加快，经十一路、马鞍山路、大众广场、槐荫广场和泉星广场等5个大型人防平战结合工程开工建设。总体上提升了济南市的防护能力，还提升了城市环境水平，缓解了周边交通压力，节约了土地资源，培植了新的税收增长点，为社会提供了就业岗位。

（王玉金）

责任编校　郭建群

发展和改革工作

【概况】1. 加强发展研究工作，为市委、市政府当好参谋助手。①做好“十二五”规划编制工作。成立市发改委“十二五”规划编制领导小组和工作小组，定期组织召开全市“十二五”规划编制工作领导小组会议，协调推进专项规划、区域规划和县（市）区规划编制工作。开通“济南‘十二五’规划网”，与市委宣传部、济南日报报业集团联合开展“我为‘十二五’规划建言献策”有奖征文活动，广泛征求社会各界意见。完成 11 项重大课题研究，起草“十二五”规划基本思路和规划纲要初稿。市委九届九次全会通过《关于制定济南市国民经济和社会发展第十二个五年规划的建议》，经市十四届人大四次会议审议通过《济南市国民经济和社会发展第十二个五年规划纲要》。②做好年度计划编制下达。起草完成济南市 2010 年国民经济和社会发展计划报告草案，经市十四届人大三次会议审议通过后，报请市政府下发，同时编制下发各专项计划。③加强经济运行监测预测。研究苗头性、倾向性问题，正确判断和把握经济走势，多次向市委、市人大、市政府汇报经济社会发展形势，及时提出促进经济平稳较快发展的对策建议，为市委、市政府科学决策提供依据。④组织开展重大问题研究。代市委、市政府起草《关于加快经济发展方式转变的实施意见》，研究提出 11 个方面 48 条具体措施；起草《关于加快战略性新兴产业发展的意见》，报市政府下发实施；牵头市国土、水利、农业等部门，研究拟定《关于加强全市水系生态建设的实施意见》，由市委办公厅、市政府办公厅转发实施。组织开展财源结构、城市化发展、济南都市圈城际铁路建设等重大课题调研活动，形成一批重要研究成果。

2. 抓好重点项目建设，促进固定资产投资稳定增长。①组织开展“项目推进年”活动。报请市委、市政府下发《关于在全市继续开展“项目推进年”活动的通知》，筛选确定 220 个重点建设项目和 15 个重点前期工作项目。定期调度重点项目进度，分析制约因素，提出工作建议，220 个重点建设项目进展顺利，完成投资 669 亿元。②加强新增中央投资项目的监督管理。配合中央和省检查组做好项目督察和问题整改落实，6 批新增中央投资项目累计完成投资 21 亿元。③抓好项目建设资金筹措。按照中央和山东省确定的投资方向，会同有关部门做好项目筛选、申报工作，全年共上报项目 126 个，争取中央、省财政资金 5.6 亿元。招商引资工作取得新进展，组织开展美国、加拿大、新加坡及港台地区等招商活动，做好签约项目的跟踪服务，全年共引进市外资金 925 亿元。④加强项目建设管理和服务。做好行政审批中心窗口工作，严格执行首问负责、一次性告知、限时办结等 5 项工作制度，落实好重大建设项目绿色通道制度，协同推进固定资产投资项目代办工作，不断提升服务质量和水平。制定《济南市发展改革系统开展工程建设领域突出问题专项治理工作实施方案》和《济南市规范工程建设项目决策行为和招标投标活动工作实施方案》，做好工程建设领域突出问题专项治理工作。

3. 加快经济结构调整，推进现代产业体系建设。①加快发展现代农业。围绕“城郊型”“都市型”农业发展，策划筛选项目，增强农业和农村经济发展后劲。会同有关部门实施新增 6 亿斤粮食产能规划，重大水利工程、病险水库除险加固、大型灌区续建配套和节水改造、小型水库建设、水土保持等 16 类 64 个项目共争取中央、山东省财政资金 2.69 亿元。②推进能源结构调整和重大交通基础设施建设。加快推进力诺太阳能发电、大唐平阴风力发电、圣泉生物质热电等新能源项目，做好新能源汽车示范推广试点工作，提前完成“十一五”时期全市电源点建设“上大压小”约束性任务指标。加快推进重大交通基础设施建设，建邦黄河大桥建成通车，京沪高铁济南段竣工，德大铁路济南段开工建设。结合石济客专和济南高速规划建设，策划公铁两用黄河大桥项目，获得国家发改委核准。③推进自主创新和战略性新兴产业发展。通过申请，济南市被批准为创建国家创新型城市试点和综合性国家高技术产业基地，研究制定创建国家创新型城市和加快战略性新兴产业发展的意见、规划等文件。向省发改委上报 38 个重点战略性新兴产业项目，新认定国家级企业技术中心 2 家，新增省级工程实验室 1 家。组织召开第四届中国生物产业大会。④推进服务业加快发展。

组织召开全市服务业发展工作会议，入选国家首批服务业综合改革试点，出台服务业综合改革试点实施方案和加快服务业跨越发展的若干政策，服务业发展环境进一步优化。济南金融商务中心区、高新技术创业服务中心、山大路科技商务区、济南零点物流港等4个园区新增为省重点服务业园区，西客站文化会展中心、济南金融商务中心区等22个项目列为省重点服务业建设项目，落实各级服务业引导资金3300万元。

4. 围绕保障和改善民生，推进社会事业加快发展。①会同有关部门做好2010年为民办12件实事的落实工作，定期调度办实事进展。②做好社会事业项目资金争取落实工作。争取上级对全市社会事业发展的资金支持，为16个社会事业项目争取新增中央投资4282万元。③做好社会事业建设项目管理与服务。争取省发改委批复省会文化艺术中心大剧院项目，推进中小学校校舍安全工程、有线数字电视整体转换、市养老服务中心、市卫校新校区等一批重点项目建设。④推进医药卫生体制改革。加强与国家和省的工作衔接，准确把握政策信息，研究提出济南市深化医药卫生体制改革相关政策，筹备召开全市深化医药卫生体制改革工作会议，加快推进基本药物制度实施等相关工作。⑤推进保障性住房建设。会同相关部门研究制定济南市2010年经济适用住房计划，对全市36个村庄整合改造总体策划方案进行会审并提出意见，并逐一检查落实全市农村住房建设完成情况。

5. 发挥综合协调职能，抓好各项事关全局的重点工作。①推进经济体制改革。加强对全市改革的总体指导和综合协调，定期调度全市各项改革进展情况。会同相关部门研究提出加快推进行业协会改革与发展的实施意见，初步形成行业协会承接政府有关职能办法等文件。协调做好章丘市省级综合改革试点工作，加快章丘市农村现代金融制度改革试点工作，推进设立村镇银行、专业贷款公司、小额贷款公司、农村资金互助社等新型农村金融组织。②完成援川工作任务。擂鼓镇和北川新县城13个援建项目完成总投资8.94亿元，农村永久性住房建设完成。市援川办被省委、省政府授予“山东省对口支援北川灾后恢复重建工作先进集体”称号，擂鼓镇工作指挥部获“全国五一劳动奖状”。③做好对口支援和经济合作工作。筹备召开支持商河加快发展现场办公会，研究提出继续支持商河加快发展的15项政策措施，协调落实到位各类支持资金1.7亿元。协助做好第五批和第六批援藏干部交接工作，会同白朗县研究确定第六批援藏工作思路和重点援建项目。继续做好帮扶成武县、忠县、武隆县等工作，组织参加中国东西部合作与投资贸易洽谈会、“重庆—山东周”、第六届“喀交会”等重要经贸洽谈活动。④做好南部山区管理工作。研究编制济南泉域南部山区水源涵养生态功能保护区建设规划，拟定《济南市南部山区建设项目管理（暂行）办法》，继续推进南部山区产业政策研究工作。（高　华）

【经济体制改革】 1. 行政管理体制改革取得新突破。市县政府机构改革顺利完成。重点对工业与信息化、人力资源和社会保障、交通运输、文化、商务、医疗和药品等领域的职能和机构进行整合优化，在探索实行职能有机统一的大部门体制方面迈出实质性步伐。改革后，市政府设置工作部门42个，不再划分组成部门、直属特设机构、办事机构等，统称为政府工作部门，设置部门管理机构2个；县（市）区政府机构统称为工作部门，不再设立部门管理机构。市政府部门共取消、下放、转移职责52项，加强宏观调控、环境保护等关系国计民生的职责56项。推进公共资源交易制度改革，成立济南公共资源交易中心，推进形成统一、有序、规范的公共资源交易诚信体系和市场秩序。事业单位改革取得成效。岗位管理制度改革进展顺利。全市3000多个事业单位的岗位核准工作基本完成，在核准的382个市直事业单位中有65%的单位和86%的人员完成首次聘用；各县（市）区有317个事业单位完成首次竞聘，占总数的10%。职称制度改革不断深化，率先实行事业单位按岗申报和差额预申报制度。推进义务教育学校绩效工资的平稳顺利实施，基本实现义务教育学校绩效工资的第一步目标。各县（市）区均按照不低于当地公务员平均工资水平的标准，兑现义务教育学校教师的绩效工资。

2. 推进财政体制改革。部门预算改革不断完善。完善公用经费定额管理办法和综合预算管理办法，增强预算编制的公开透明度和预算执行的约束力。国库集中支付改革继续推进。实行国库集中支付改革单位246家，实现政府资金沉淀国库最大化的既定方针。非税收支两条线改革继续深化。健全非税收入征管体制，成立专门的征管机构；所有政府非税收入实行票款分离或罚缴分离制度，实现收入与部门支出完全脱钩；将非税收入纳入综合预算，提高资金的使用效率。规范政府采购管理改革。规范政府采购行为，推进“采管分离”改革。深入公务卡改革，基本完成市本级公务卡改革推广工作。

3. 深化农村改革。农村土地有序流转。全市农村土地流转面积达到36万亩，涉及农户5万余户。各项强农惠农政策得到落实，共发放各类政策性补贴5.3亿元。小麦政策性农业保险试点工作进展顺利，完成承保面积达119万亩，为农民规避生产风险发挥作用。集体林权制度改革进展顺利。市政府出台《关于全面推进集体林权制度改革的实施意见》和《济南市集体林权制度改革工作方案》，各县（市）区也出台林改意见及实施方案，进一步明确操作规程，细化具体措施。各县（市）区进行实地勘界确权，全市确权发证林地面积141万亩，占全市集体林地总面积的90.4%。推进建设用地增减挂钩，支持农房建设。印发《关于做好城乡建设用地增减挂钩推进农村住房建设与危房改造工作的通知》，确定从县（市）调剂到市区内的用地指标，有力地支持农村住房建设与危房改造工作开展。

4. 优化经济结构。国有企业改革取得新进展。出台《关于市属企业国有产权改革若干问题的试行规定的补充规定》，完善市属企业改革发展资金的筹集、加快土地资产盘活、妥善安置职工的相关政策。基本完成华诚元首等12户困难企业破产终结工作，困难企业改革攻坚工作取得突破性成果；推进济南变压器集团公司、济南人民商场、济南机床一厂等企业的战略重组工作。改善非公有制经济发展环境。出台《关于鼓励和支持民间投资促进民营经济发展的意见》，凡允许国有资本和外资进入的领域，一律对民营资本开放。支持民营资本进入公共服务领域和投资社会事业；鼓励民营资本参与国有、集体企业的改组、改制，允许民营企业参股地方金融机构和金融组织。改善民营资本投资环境，民企与国企享有平等价格权利。

5. 资本市场健康发展。企业融资进程加快。积成电子在深交所中小板上市，融资5.5亿元；银座股份增发再融资12.13亿元；山东高速短期融资券10亿元。桑乐太阳能、山东出版集团、世纪金榜等10余家企业引进战略投资或风险投资资金超过6亿元。全市区域内上市公司总数26家，股票28只，融资总额达496亿元。章丘鼓风机、冶金设计院、山东绿霸化工等5家企业在山东证监局报备辅导，其中章丘鼓风机上报中国证监会。健全金融组织体系。日照银行、天津银行、浙商银行、北京银行、莱商银行济南分行，国信证券、东北证券2家证券营业部，国信期货1家期货营业部，海尔纽约人寿、英大泰和财险、浙商财险和招商信诺保险4家保险公司先后开业。新型金融组织快速发育。历城区鲁商、章丘市恒通、市中区汇金小额贷款公司开业，全市小额贷款公司总数达到6家。

6. 创新型城市建设。政策环境不断优化，出台《济南市提高自主创新能力加快创新型城市建设若干政策实施细则》，完善创新型城市建设的政策体系。全国第八个综合性国家高技术产业基地落户济南市，为高技术产业结构升级奠定基础。加大科技计划管理改革力度。对市级科技计划项目继续实行省外异地专家评审，并将全部事务性工作委托异地中介机构实施，参加异地评审的项目达985项。开展产学研合作创新。实施“高校院所自主创新计划”专项，安排专项资金近800万元，支持驻济高校科研院所开展自主创新研究；新设立“济南市优秀创新团队计划”，每个入选的创新团队会获得连续4年每年30万元的支持。

7. 推进教育体制改革。健全义务教育经费保障机制。全年共免除城市19.3万余人义务教育阶段学生杂费，拨付免杂费资金5488万元；农村中小学生均公用经费拨款严格按照不低于市定最低标准执行。实施农村义务教育阶段为学生提供免费教科书政策，免除农村义务教育阶段学生作业本费。落实好家庭经济困难寄宿生生活费补助政策，全年拨付资金490余万元。推进基础教育均衡发展，保障学生公平接受教育的权利。启动外来务工子女定点学校教学条件升级工程，改善定点学校办学条件，新增外来务工子女定点学校两所，使定点学校总数达40所，分布更趋合理，全市外来务工子女接受义务教育的入学率为100%，外出务工人员留守子女入学率100%。重视和加强特殊教育，启动全市聋童集中就读工作。

8. 医疗卫生体制改革。①提高新农合保障水平。乡镇、村覆盖率保持在100%，新农合年人均筹资达130元，参合率99.98%。各县（市）区均实现新农合门诊统筹和住院统筹，参合农民在县域内定点医疗机构就诊全部实现自主选择和即时报销。在商河县开展提高农村儿童重大疾病医疗保障水平试点工作。②实施国家基本药物制度。历下区、市中区、槐荫区、天桥区和章丘市等5个区（市）政府举办的83所社区卫生服务机构、22所乡镇卫生院先行实施基本药物制度。③基层医疗卫生服务体系建设成效显著，全市统一规划的农村46所乡镇卫生院改貌建设和2366个村卫生室标准化建设任务完成。④基本公共卫生服务朝着均等化目标迈进。疾病预防控制工作成效显著，启动实施9类国家基本公共卫生服务项目。6项重大公共卫生服务项目同步推进。⑤公立医院改革稳妥推进。开展临床路径、电子病历、全程护理试点，在公立医院推行人事代理、合同聘用、职称评聘、按劳分配等人事分配制度改革。

9. 文化体制改革加快推进。理顺文化行政管理体制机制，组建市文化广电新闻出版局，将原市文化局、市广播电视局、市新闻出版局行政职能，整体划入市文化广电新闻出版局，实现“三局合一”；实现综合执法，组建市文化市场综合行政执法局；实现“局台分开”，组建济南广播电视台。推进文艺院团改革。完成济南市杂技团、济南演出公司转企改制。深化公益性文化事业改革，济南日报报业集团、济南市图书馆等单位通过单位人事、收入分配和社会保障制度改革，激发发展活力。组建济南明湖居演艺有限公司，引导传统艺术院团走向市场，探索院团改革新途径。

10. 社会保障体系不断完善。新农保试点工作进展顺利。天桥区综合参保率由51.84%提至93.3%，其中45岁以上人员参保率达到98.8%。全市城镇居民医保参保人数超过100万人，居全省前列。公共卫生和基层医疗卫生事业单位的绩效工资制度改革正式启动。加强社会救助。城市低保标准由330元提高到360元，平均标准由去年的301元提高到330元；农村低保标准由年人均不低于1200元提高到1320元，平均标准由去年的1389元提高到1541元。农村五保方面，集中供养标准由每人每年2700元提高到2800元；分散供养标准由每人每年1700元提高到1800元。另外，还建立大学新生教育救助、城乡居民临时救助和城乡医疗救助制度。 （王　卫）

【固定资产投资】 全年完成全社会固定

资产投资1987.4亿元，增长20.1%。其中，一产投资68.1亿元，增长11.9%；二产投资677.3亿元，增长22.1%；三产投资1242亿元，增长19.4%。三次产业投资比例调整为3.4:34.1:62.5。以服务业投资为主导的产业投资结构比较明显，现代服务业投资877.1亿元，同比增长25%，占全社会投资的44.1%。工业投资667.3亿元，增长23.2%，其中技术改造投资537亿元，增长47.8%。全市规模以上单位累计到位资金2235.3亿元，增长22.3%。其中自筹资金1555.5亿元，增长24.9%；国内贷款246.8亿元，下降2.1%；到位各级预算内资金77.6亿元，利用外资20亿元；其他资金335.4亿元。

民间投资增长较快。落实国家、省、市出台的鼓励和促进民间投资的政策措施，民间投资发展环境不断优化，全年累计完成民间投资1217.3亿元，同比增长30.6%，高于全社会投资增幅10.5个百分点，占全社会投资的比重达到61.3%。

扩大内需项目效果明显。在国家下达的6批扩大内需中央投资计划中，累计安排济南市项目281个，中央资金8亿元。其中191个项目完成投资计划。扩大内需，中央投资加快全市农村基础设施、社会事业和城市基础设施建设步伐。天和新居、天保新居投入使用，提供廉租住房735套；建成农村公路203公里，发展农村户用沼气1.3万余户，解决27万农村人口饮水安全问题；实施一批基层卫生教育建设项目，改善基层就医和办学条件。

城市建设力度加大，推进三大新区建设。实施奥体文博片区姚家安置房等项目，章灵片区完成土地征用、安置房工程设计等前期工作；西客站站前配套设施、安置房工程、市政道路工程、腊山河综合治理工程按计划推进，济西湿地公园一期工程、刘长山路西延长线工程、济南大剧院项目开工，大学科技园第三安置区、西客站站前南北综合体等项目进行前期手续报批；开展小清河综合治理二期工程，沿河周边地块开发节奏加快，部分地块完成土地出让，华山片区土地摸底调查结束，完成概念性规划初稿。老城改造提升步伐加快。明府城片区保护改造完成苗家巷片区招拍挂前各项手续，武岳庙历史建筑保护批复立项，恒隆广场、中海国际社区等综合体项目加快推进。

城乡居民住房建设取得新进展。天成新居项目主体完工，八里桥新居项目进行桩基施工，清河新居、小辛庄廉租住房项目进行前期工作。全市启动38个集中片区和34个零星片区的改造，拆迁建筑面积430万平方米，开工建设安置房290万平方米。农村住房建设与危房改造工作顺利推进，公共租赁住房建设集中启动。房地产开发投资保持平稳增长态势，全年完成房地产开发投资484.5亿元，增长45.7%，占全社会投资的24.4%。

“项目推进年”活动进展有序。全市确定235个重点推进项目，其中重点建设项目220个，年内完成投资669亿元。济南钢铁股份有限公司4号高炉工程、济南二机床集团有限公司数控机床铸件及机加工、山东海达通汽车零部件有限公司年产100万件汽车散热器等17个项目竣工。重点前期工作项目15个。城市快速轨道交通工程、济南城际铁路等项目规划编制工作取得阶段性成果，市委党校迁建项目前期工作基本完成，华山片区综合开发项目加快推进土地整理熟化。（王　炜）

【省重点建设项目】 全年济南市列入省重点建设项目5个，分别为润华汽车服务园、济南市环城河通航工程、济南西客站配套工程、小清河综合治理工程、济南市第二生活垃圾综合处理厂（焚烧发电厂）。5个项目总投资345.9亿元，年度计划投资59.1亿元，全年累计到位资金70.1亿元，累计完成投资65.9亿元，占年度计划投资的111.43%。小清河综合治理工程和西客站配套工程2个项目获得中央和省资金支持，其中小清河综合治理工程新增中央投资0.2亿元，省调控资金3.6亿元；西客站片区安置区一区建设工程获得省调控资金2.4亿元。

（刘广祥）

【购置消防装备项目获奥地利政府贷款支持】 市发改委向国家发改委申报利用奥地利政府贷款购置消防装备项目，项目总投资10357万元，列入国家发改委2010年利用外国政府贷款备选项目规划，并获得奥地利政府贷款1000万欧元（折合人民币8780万元），贷款主要用于市公安消防支队购置高水平消防车辆和救援器材，提高消防装备水平。

（马　亮）

【社会事业项目争取新增中央投资4282万元】 全年共向国家发改委集中申报16个社会事业项目，项目计划总投资9649万元，落实到位新增中央投资4282万元，占计划总投资的44.4%。其中医疗卫生项目13个，落实到位新增中央投资2242万元；教育项目3个，落实到位新增中央投资2040万元。（武素琴）

【“儿童保护体系与网络建设”济南试点项目完成】 由济南市发改委牵头的“儿童保护体系与网络建设”试点项目，经过5年的组织实施，通过联合国儿童基金会专家组的终审评估。联合国儿童基金会、国家发改委城市和小城镇改革发展中心联合授予市发改委“儿童保护体系与网络建设项目特别贡献单位”奖牌，并颁发证书。（武素琴）

【医药卫生体制改革】 按照国家和省、市关于深化医药卫生体制改革的部署，推进基本医疗保障、基本药物制度、基层医疗卫生体系、基本公共卫生服务和公立医院改革等5项重点改革工作。全市80%以上的县（市）区实施国家基本药物制度，每门诊人次药费水平下降35%。实施9类国家基本公共卫生服务项目和6项重大公共卫生服务项目。

（武素琴）

【德大铁路济南段开工】 7月，德大铁路济南段正式启动建设，项目概算投资10亿元。德大（德州—大家洼）铁路是德龙烟铁路组成部分，全省铁路规划“四纵四横”的主要“一横”，途径济南市商河县，并规划建设商河站，项目建成后对推动商河县经济社会发展具有重要意义。（参见“区县·商河县”分目〖德龙烟铁路济南段开建〗） （李　刚）

【京沪高铁济南段铺轨竣工】 10月，京沪高速铁路济南段贯通，京沪高速铁路济南段境内线路全长98.8公里，其中正线60.5公里，联络线38.3公里，京沪高速铁路济南段铺轨竣工为全线正式通车奠定基础。 （李　刚）

【济南建邦黄河大桥建成通车】 12月21日，济南建邦黄河大桥建成通车。大桥位于济南市天桥区，南北分别与二环西路、国道309连接，全长5272米。该桥是济南市第五座跨黄河大桥，主桥为中央索面三塔斜拉桥，大桥按国家双向六车道一级公路标准建设，标准路基宽度32米，设计时速为80公里。大桥建成通车有助于突破黄河两岸交通瓶颈，增强济南市辐射带动能力。 （李　刚）

【关停小火电机组】 按照市政府与省政府签订的《山东省“十一五”关停小火电机组责任书》要求，“十一五”期间济南市需完成关停40万千瓦小火电机组任务。截至9月，关停黄台电厂、琅沟电厂小火电机组40.2万千瓦，提前完成“十一五”关停小火电机组任务。

（边家奎）

【新能源发电项目】 为构建稳定、经济、清洁的能源体系，济南市加快推进新能源发电项目建设。截至年底，大唐平阴一期、大唐长清一期风电项目获得核准开工，力诺1.6兆瓦太阳能发电项目投入运行，第二生活垃圾综合处理厂（总装机36兆瓦）生物质发电项目进入设备安装调试阶段。 （边家奎）

【济南市获批创建国家创新型城市试点】 1月6日，国家发改委下发《关于推进国家创新型城市试点工作的通知》，批复济南市申报的创建国家创新型城市总体方案。列入创建国家创新型城市试点，对争取国家在政策、项目、资金等方面的支持，优化创新发展环境，推动由要素驱动向创新驱动转变具有重大意义。2月24日，召开全市创建国家创新型城市动员大会，颁布《中共济南市委 济南市政府关于创建国家创新型城市的意见》《济南市创建国家创新型城市试点发展规划》《济南市创建国家创新型城市若干政策》等一系列文件。 （焦　然）

【济南市获批综合性国家高技术产业基地】 11月，国家发改委正式批复济南市为综合性国家高技术产业基地，成为全国第8个综合性国家高技术产业基地。综合性国家高技术产业基地是在信息、生物、航空航天、新材料、新能源等高技术产业领域，对高技术产业发展和区域经济发展具有支撑、示范和带动功能的特色高技术产业集聚区。 （焦　然）

【举办第四届中国生物产业大会】 6月18～20日，第四届中国生物产业大会在济南舜耕国际会展中心举办。会议期间举办国家高技术产业化示范工程授牌仪式、重大项目签约仪式、高层论坛、专题论坛等22项活动，汇集并发布生物技术研究成果项目、企业需求项目800余个，现场签约的项目29个，总投资金额近240亿元。 （焦　然）

民营经济

【概况】 全市中小企业保持平稳较快发展势头。全市规模以上工业中小企业实现增加值872亿元，增长15%；主营业务收入2864亿元，增长16%；实现利税362亿元，增长9%。全市规模以上中小企业达2270家，占全市规模以上企业的99.2%，各项主要经济指标增速均高于全市平均水平。

【加大民营企业扶持力度】 10月11日，全市促进民营经济发展现场会暨表彰大会召开，会议决定在以下几方面加大对民营企业的扶持力度：①加快产业结构调整。鼓励民营企业投身三次产业及所有能够发挥自身人才、市场、技术等优势的新兴产业。加快培育和发展带动力强、辐射面广的民营骨干企业，做好一批过50亿元特色中小产业集群发展规划，建立落后产能退出机制，支持民营企业提升改造、转型发展。②扩大民间投资。提升民间投资在社会总投资中的比重。清理、整合和规范涉及民间投资管理的行政审批事项和涉企收费。公开市场准入标准和优惠扶持政策，凡国家法律法规和政策没有明令禁止的领域，都要鼓励和引导民间资本进入。③提高自主创新能力。加快完善民营企业自主创新配套政策，在企业技术中心认定、技术创新资金、工业设计奖励项目安排等方面，向民营企业倾斜。利用好科技型中小企业创新发展专项资金，鼓励民营企业加大研发投入，参与重大科技计划项目和关键领域联合攻关。引导民营企业树立商标意识，注册商标和争创省著名商标、中国驰名商标，重点培植100家名牌产品民营企业。把管理优秀的民营企业和管理创新成果，纳入各级表彰奖励范围。④加大政策扶持。鼓励支持金融机构创新金融产品和服务方式，提高民营企业贷款规模和比重，加快发展各类投资基金和小额贷款公司，支持民营企业探索信托融资、债转股等新型融资模式。对民营企业依法应有偿使用的土地，可适当缩短出让年限或采取租赁方式。⑤实施人才培训工程。组织实施中小企业成长培训工程，力争每年培训中小企业各类经营管理人员1万人次以上。⑥建立健全服务体系。完善以企业、经营者、中介机构为主体，以信用登记、信用征集、信用评估和信用发布为主要内容的信用制度，规范中小企业信用评价体系。力诺集团股份有限公司等100家企业被评为济南市先进民营企业，李汉典等100名企业家被评为济南市民营企业先进个人。

【表彰中小企业信用体系建设优秀部门】 市经信委与人民银行济南营管部在全市联合组织开展中小企业信用体系建设业务竞赛活动。各县（市）区中小企业主管部门以促进中小企业融资为目标，以劳动竞赛促业务工作，推进各项工作措施；驻济各金融机构坚持“以用促征、重在应用”的思路和理念，优化信贷结构，不断加大对中小企业的信贷支持力度，各项工作取得明显成效。两家单位联合对各县（市）区中小企业主管部门和驻济各金融机构进行表彰。

【中小企业社会化服务体系建设】 济南市推动融资担保、诚信评价、人才培训、信息平台、法律服务和行业协会六大服务体系建设，中小企业社会化服务体系建设稳步推进。①涌现出一批为中小企业提供设计、研发、检测、新技术推广等全方位服务的公共平台，如山大路电子商务公共服务平台、建筑工程及建材检测公共服务平台、历城区物流公共服务平台等。②培训机构建设在整合中得到规范提升，建设省级企业实训基地 79 家。全年培训中小企业各类人员超过 1 万人次。③中小企业网络系统覆盖全市。全市 10 个县（市）区全部建立中小企业分网，形成全覆盖的信息网络公共服务平台。④初步构建中小企业政策、法律咨询服务平台，开展面向中小企业的维权服务，帮助中小企业建立健全企业法律顾问制度和法律风险防控机制。

【中小企业担保行业发展加快】 截至年底，在济南市工商注册登记的融资性担保公司共 76 家，注册资金达到 35 亿元，其中过亿元的 14 家，在全省首批 34 家规范型担保公司中，济南市有 7 家，占全省的 20%；涌现出鑫海、银联、润通、天元、永信、市中小企业担保中心等一批实力较强、运作规范、信用较高的担保公司。累计担保融资超过 200 亿元。全市有 566 人通过担保资格考试。

【中小企业过桥资金启动】 借助济南市财政部门设立的 1 亿元“过桥资金”，全年共为山东海澜天韵文化发展有限公司、山东豪特太阳能有限公司等企业发放过桥资金，总金额达 730 万元，既支持企业发展又安全顺利收回资金，为促进济南市中小企业快速发展搭建起一个金色桥梁。

【中小企业产业集群聚集作用显现】 支撑作用不断增强。全市销售收入过 50 亿元的中小企业产业集群达到 11 个，其销售收入达到 1953 亿元，占全市中小企业的 71%。特色产业乡镇发展良好。全市省级特色产业乡镇达到 8 家，其中上年新增 3 家，三家乡镇的特色产业收入达到 113 亿元，利税 11.3 亿元。部分特色产业收入占整个乡镇收入 80% 以上。技术创新力度不断加大。济南市产业集群内拥有国家级技术中心 7 个，省级技术中心 23 个，市级技术中心 50 个；国家级驰名商标10个，省级34个，市级23个。

【银企战略合作】 11 月 11 日，济南市支持中小企业产业集群发展签约仪式在山东大厦举行。市经信委与建行山东省分行济南经管部负责人签署合作备忘录，建设银行拿出 30 亿元支持济南市中小企业产业集群发展。9 个县（市）区经信局与建行各区支行负责人、高新区科技经济发展局与建行高新区支行签署合作计划书。浪潮集团、齐鲁宏业纺织集团、圣泉集团等 20 个中小企业产业集群龙头企业负责人参加签约仪式。

【中小企业信息化和工业化融合有新进展】 全年有 7000 多户中小企业享受到信息化服务。参加 26 场信息化体验活动，有 200 多户成长型企业的骨干得到培训。4 家企业进入全省百强民营企业，最具发展潜力的成长型企业有 20 家（全省 70 家），占全省的 28.5%，有 6 家企业被评为省级管理创新优秀企业，有 24 个成果被评为省级企业管理现代化创新成果和优秀应用成果。

12 月 15 日，市经信委与济南联通联合举行济南市中小企业信息化战略合作暨联通信息化应用成果巡展启动仪式，各县（市）区经信委相关负责人及 40 多家中小企业代表参加启动仪式。启动仪式上，济南市经信委与济南联通签订中小企业信息化战略合作协议，济南中小企业使用联通信息化业务，不仅能享受量身打造的贴心服务，还享受特别优惠。

（刘　毅）

国有资产管理

【概况】 1. 加快发展方式转变和产业产品结构调整，提高监管企业经济运行质量。①主要经济指标继续保持“四升一降”的良好局面。截至年底，监管企业资产总额 261.64 亿元，同比增长 10.15%；所有者权益 40.87 亿元，同比增长 11.95%；利润总额 5.15 亿元，同比增长 40.25%；增加值 26.28 亿元，同比增长 4.85%；资产负债率 84.38%，同比降低 0.25%，连续三年保持“四升一降”的良好发展态势。二机床集团、重工股份、金钟衡器公司、省建设机械股份等企业继续保持平稳较快增长；一建、三箭、四建、建安设备公司等企业，完成产值、实现利税同比呈现两位数增长；大易造纸、小鸭集团、蔬菜集团等盘活现有资源，化解历史债务，各项经营指标逐步向好，同比大幅减亏。②企业投入不断加大。全年共实施投资项目 19 项，完成投资 10.3 亿元。其中，二机床集团投资 2.5 亿元的“大型数控机床制造能力提升”和投资近 4 亿元的数控机床铸件及机加工项目、济变集团投资 4.5 亿元的 750 千伏迁建改造项目等，全部完成并投入使用。传统产业升级转移工程开工建设，齐鲁化纤纺织工业园等重点拟建项目，前期准备顺利。一大批重点项目建成投产，每年新增销售收入 24.45 亿元，利税 3 亿元。③企业技术创新进一步增强。共实施科技开发项目 59 项，完成 40 项，其中新产品37项，新技术3项。全系统建成博士后科研工作站2家，企业技术中心12个，国家名牌产品4个，省名牌产品7个。二机床数控闭式四点多连杆压力机、高速数控落地铣镗床，济变集团节能型干式变压器、元首针织公司新型环保小浴比溢流染色机、重工股份双进双出磨、金钟衡器公司数字传感器、省建设机械股份沥青搅拌站、大易造纸喷墨打印相纸等众多名牌产品，构筑起市属国有经济的高端产业体系。40个科技开发项目的完成，每年实现销售收入36亿元，利税8.1亿元。

2. 深化国企改革，困难企业攻坚取得突破性进展。①完成12户困难企业破产退出任务。研究出台《关于市属企业国有产权改革若干问题的试行规定的补充规定》《市政府关于加快推进市属企业破产清算有关问题的会议纪要》等文件，破解破产企业资金筹集、资产变现、内债清偿等难题。建立企业改革联系点制度，对12户企业分别派出指导组，进行破产工作的具体指导督查，与法院、规划、土地、房管等部门沟通协调，并坚持一周一调度，半月一交流，有力推动改革攻坚工作。在各指导组、控股公司、华诚元首集团和破产企业广大干部职工的共同努力下，按期完成12户企业改革攻坚任务。推进其他企业破产工作，超额完成济南天利服装厂、济南双丰纺织有限公司等7户企业破产退出。全年共召开50多次调度会，拨付安置职工以及解决遗留问题资金近4亿元，拍卖变现破产财产4.4亿元，安置职工2.7万余人。利用1年的时间解决程序内企业长达15年不能终结的难题。②企业内部管理有新提升。二机床集团坚持技术改造与管理提升相结合，加大技改投入，加强过程控制，强化项目管理，增强企业抵御风险的能力。三箭集团组建资产投资公司，开辟新的经营领域。省建设机械股份、建安设备公司、金钟衡器公司、澳利集团等企业推进流程再造，有效整合资源，企业竞争优势不断加强。③资本运作、资产重组取得新成效。加大破产企业土地资产变现力度，组织8户企业申报10亿元的集合债券，为市属企业改革发展提供资金支持累计3.3亿元。举办济南市国有企业项目招商推介会，达成合作意向20多个，协议资金近30亿元。对一些小而散、主业不突出且无主导产品的企业进行改制，完成济南华鲁饲料、山东澳利苗木等4户企业国有股转让。在资产重组上充分发挥国有产权“酵母”的作用，引增量，盘存量，放大国有资本。济变集团与中国西电集团、省建设机械股份与山推股份的战略重组签署协议。济变集团与西电集团增资扩股协议，引进资金5亿元，优化济变集团的资产、产品和市场结构。

3. 惠民生保稳定，和谐企业建设取得新成效。①惠民制度进一步落实。将改革专项资金的80%用于解决涉及职工切身利益的困难救助、退休、就医、安置等四大难题。制定专门文件，规范工作流程，建立帮扶救助台账，实行帮扶资金使用公示制度。全年共筹措资金8000余万元解决职工困难，全系统困难企业实现帮扶资金全到位、养老保险全保障、医疗保障全覆盖、改制企业职工内债全清偿。各企业不断加大改善民生的力度，大易造纸、齐鲁化纤集团，拿出一定资金解决职工水、电、天然气等生活难题。省建设机械股份、建安设备公司、小鸭集团、蔬菜集团等企业，在企业经营好转的情况下增加职工收入，改善职工生活，做到发展成果与职工共享。②构建大信访工作格局。以创建“和谐企业”为目标，针对不同企业特点，分别建立职工诉求调处型、群众工作型、综合治理型3种模式的工作站。通过构建上下联动、左右协调、运转高效、综合施治的大信访、大稳定、大调处工作格局和长效机制，实现由被动保稳定向主动创稳定的转变。全系统信访总量同比批次下降68.79%，人次下降85.2%。

4. 完善国资监管体系，国资监管科学化水平不断提高。①落实国资经营责任。对监管企业实施全方位、全覆盖责任目标管理。对盈利企业、亏损企业，以及非年薪制的企业进行分类考核，使业绩考核更加精细化、更具可操作性。加大行业对标工作，提高考核工作的导向性和针对性，充分体现“重业绩、讲回报、强激励、硬约束、全覆盖”的特点。强化财务信息统计及经济活动分析工作，掌握国有企业的经济运行情况，按季召开监管企业经济运行调度会，将全年任务分解到日常工作中，通过分析研究，找准问题，有效地推进各项工作，确保全年目标任务的实现。加强企业投资监管，修订《投资管理办法》，成立专家组，对企业重点投资项目进行可行性论证，提高项目决策的科学化水平。②加强国资监管基础管理。构建国资监管风险防控体系，先后修订完善产权交易、改制流程、投资项目审批、清产核资、领导人员管理、监事会监督等47项风险防控制度，指导企业有效防范决策风险、经营风险、财务风险和法律风险，最大限度地防止国有资产流失。完善产权管理制度体系，参与市政府公共资源交易平台筹建，配合交易流程整合、完善产权管理工作流程，实现产权管理工作的制度化、公开化和标准化。强化外派监事会职能，完成年度监督检查工作，加大对改制资产和对外投资资金的监督力度，抓好监督检查成果的落实和运用，同时做到监督与服务相结合，为企业做好服务，履行出资人职责，维护所有者的权益。③县（市）区开展国资监管工作。市中区、天桥区抓好机关制度化建设，制定出台二十余项机关工作制度，确保各项工作有章可循规范化运作。高新区对现有资产进行有效整合，组建高新控股集团，承担起经营高新区国有资产的任务。章丘市完成章丘市电力实业公司整体划转工作。平阴县相继对平阴县饮食服务公司、浩大水泥厂等13家企业进行股份制改造。通过努力，各县（市）区区属企业的改革改制取得突破性进展，国有资本结构日趋合理。

（王福民　秦家鼎）

国土资源管理

【概况】1. 保障发展用地。贯彻国家宏观调控政策和用地政策，争取部、省用地倾斜和支持，落实用地计划指标 22094 亩，坚持统筹兼顾、有保有压，共上报国务院和省政府批准建设用地29199亩，实施征地 19160 亩，依法做好征地补偿安置，保障“一城三区”（老城区、东部新区、西部新区、滨河新区）规划建设和一批重点工程、重点项目用地。稳妥推进城乡建设用地增减挂钩试点，报省政府批准实施挂钩项目 8440 亩，组织验收 5300 亩，有力地支持农村住房建设和危房改造。县、乡两级土地利用总体规划全部审批完毕。

2. 严格耕地保护。市、县、乡、村四级层层签订耕地保护目标责任书，严格落实占补平衡、动态监测和考核奖惩措施，全市 549 万亩耕地（其中基本农田 480 万亩）得到有效保护。落实补充耕地 21300 亩。高标准建成商河县白桥乡和长清区归德镇共 4 万亩基本农田保护示范区，在项目区同步实施田、水、路、林、村、房综合改造，改善当地生产生活条件。开展土地整理复垦开发，完成验收各级项目 14 万亩，新增耕地 2.5 万亩，超额完成山东省下达的年度新增耕地任务。经批准启动 5 个省级土地综合整治项目，总面积 25.6 万亩。

3. 加大土地供应。制定发布 2010 年度土地供应计划，全市供应土地 37075 亩，其中划拨 11767 亩，出让 25308 亩，出让土地总价款 234.6 亿元；市本级供应土地 22987 亩，其中划拨 8702 亩，出让 14285 亩，出让土地总价款 208.1 亿元。围绕三大新区建设和老城改造提升，做好土地收购储备，市本级共收（回）购土地 3254 亩，通过市场重新配置，提高用地效益和水平。组织开展国有建设用地使用权出让合同专项清理和房地产用地专项整治，完成国有土地级别和基准地价更新以及 10 个开发园区集约用地评价成果更新。

4. 执法监察工作。建立健全市、县、乡三级土地执法监管网络，完善违法用地发现机制、拆除机制、联合办案机制，保持土地执法高压态势。开展 2009 年度覆盖全市的土地卫片执法检查，形成政府牵头、部门联动、跟踪督导的强大阵势，强力推进各项整改措施，全市违法占用耕地面积比例为 5.15%，其中市本级 4.17%，4 个县（市）7.13%，顺利通过检查验收。配合国家土地督察济南局开展土地例行督察，全市土地利用和管理获督查组高度评价。加强重点矿区巡查监控，依法拆除非法采石点 18 个。办结国土资源信访事项 167 件，调查处理 12345 热线转办事项 342 件。

5. 提升地籍管理。规范土地登记发证服务，推进地籍档案电子化管理，办理国有土地登记发证 628 宗，面积 6.47 万亩；商品房和房改房土地登记发证 3408 宗；农村集体土地所有权确权登记发证 5203 宗；土地抵押登记 411 宗，帮助企业以土地融资 351 亿元。推进第二次土地调查，农村土地调查、城镇土地调查和村庄地籍调查、基本农田和耕地后备资源调查全部完成。开展年度土地变更调查，保证二次调查成果的现势性。

6. 加强矿产管理。新一轮矿产资源总体规划通过省政府批准，推进矿产资源整合，通过关、停、并、转等手段，全市矿山企业减少到 272 家，累计压减率超过 50%，矿山布局和集约化开采水平大幅提升。落实矿产资源有偿使用制度，严格矿费征收管理，共征收矿产资源补偿费 2897 万元、采矿权价款 1780 万元。完成矿业权实地核查和矿产资源储量利用调查。严密防范超层越界开采行为，推行矿山企业井下人员定位系统，促进矿山安全生产。

7. 强化地勘管理。推进第一批 58 座破损山体治理评审工作，完成第二批 50 座破损山体治理任务，治理破损面积 414 万平方米，有效改善地质生态环境。落实地质灾害监测、巡查、预警预报、群测群防等制度，完成历下区燕翅山、长清区梨枣峪、历城区阁老村和天桥区药山等重点防治工程。对汛期发生的 7 起小型山体垮塌、崩塌，及时启动预案赶赴现场组织抢险，均未造成人员伤亡。组织征收矿山地质环境治理保证金 7300 万元。制定废弃矿井治理规划，开展城市地质调查。

8. 推进制度建设。围绕推进国土资源依法行政，加强制度建设。修订市政府 204 号令，颁布施行《济南市土地征收管理办法》；以市政府名义印发《济南市市区宅基地审批管理规定》，联合财政、审计部门出台《关于规范国有建设用地出让成本结算工作的意见》，规范棚户区改造中经营性用地土地熟化和挂牌出让办法，制定《济南市市区国有建设用地使用权挂牌出让细则》，出台国有建设用地开竣工申报制度、国有储备用地登记发证制度和土地出让金补缴办法，制定以增减挂钩促进农房建设的相关政策。

【土地督察】7～8 月，国家土地督察济南局根据国家土地总督察安排，对济南市开展土地例行督察，重点检查 2009 年度耕地保护情况、建设用地审批和登记情况、土地卫片执法检查情况、土地供应和利用情况、土地调控政策执行情况、土地税费收缴使用情况等 6 个方面。7 月 19 日，国家土地督察济南局召开例行督察动员大会。按照先内业后外业、先市本级后县（市）的顺序，督察组通过审查用地卷宗、实地核查用地现场、走访调研、组织座谈等方式，对济南市 2009 年度土地利用管理情况进行检查。8 月 27 日，督察组向济南市政府通报例行督察情况，指出需要整改的有关问题，11 月 26 日，国家土地督察济南局下发《例行督察意见书》。为落实整改意见，市政府成立整改工作机构，多次召开整改工作协调会议，研究整改措施，调度整改情况，并组成联合督导组，对 10 个县（市）区和高新区整改情况进行督导检查，确保各项整改工作落实到位。12

月31日，市政府将整改情况报告国家土地督察济南局。

（梁国庆）

【概况】 全市物价部门履行价格调控、改革、监督、服务等职能，各项工作取得明显成效。

1. 保持价格总水平基本稳定。下半年，部分商品特别是蔬菜等生活必需品价格明显上涨，对广大市民特别是对低收入群众影响较大。市物价部门落实国务院、省政府稳定物价的要求，及时会同有关部门代市政府起草贯彻实施意见，制定7项21条政策措施，多措并举，多方联动，使主要生活必需品价格趋于稳定。截至12月底，市区农贸市场24种蔬菜平均零售价格回落至每公斤3.32元，较上年同期下降16.58%。

2. 价格改革稳妥推进。围绕促进节能减排，牵头开展高耗能企业整治工作，落实差别电价政策。围绕促进调整产业结构，实施扶持服务业发展的价费政策，继续执行降低、暂停征收部分涉企收费的政策。抓住有利时机，修改完善出租车运油气价格联动机制，并实施加收燃料附加费的措施；适时调整非居民生活用管道燃气价格和车用天然气价格；经依法听证调整有线数字电视基本收视维护费、居民生活用管道燃气价格；出台济南市城市集中供热计量价格试行办法，实施非居民蒸汽煤热价格联动，调整非居民蒸汽销售价格和采暖价格。

3. 加强民生价格工作。针对下半年物价较快上涨的情况，向市政府提出启动物价上涨与生活补贴发放联动机制的建议，被市政府采纳。全市向困难群众发放一次性价格补贴2163.31万元，有18.7万人受益。加强医药价格监管，审核降低集中招标采购的2780个规格品种的药品零售价格，平均降价幅度7.2%；配合全市基本药物制度试点工作，分3批向社会公布过渡期基本药物最高采购限价，共涉及3800余个规格品种，平均降价幅度20%左右。深化价格服务进万家活动，打造民心工程，取得良好的效果。

4. 规范和加强价格执法。规范行政执法，细化行政处罚自由裁量权，完善案审委员会制度，制定价格行政执法规范、价格行政执法工作程序等制度。组织开展电价、医疗收费、教育收费等专项检查以及元旦、春节等节日市场巡查，并围绕稳定农副产品价格，重点检查经营者恶意囤积、哄抬价格、变相涨价以及合谋涨价、串通涨价等违法行为。全年共依法查处价格违法案件290件，实施经济制裁613万元。加强价格举报工作，共受理各类价格咨询和举报3677件。

5. 基础性工作取得新进展。为推进城市建设管理，对城市基础设施配套费、物业服务收费管理办法、停车场收费管理办法进行调研并广泛开展民意调查。开展农产品成本调查和定价成本监审，先后完成粮食、蔬菜等20多项农产品成本调查和城市燃气、垃圾处理等10多项成本监审项目。加强价格监测分析和预警预报，完善监测信息发布机制，价格监测服务决策、引导预期的能力得到加强。开展价格鉴定、认证工作，全年受理各类涉案财物价格鉴定业务8935件，涉案价值近2亿元。价格协会、价格事务、行政审批大厅窗口、价格理论研究等工作也取得新的成绩。

【居民消费价格呈现持续攀升态势】 全年济南市居民消费价格总水平上涨2.1%，涨幅比上年增加1.8个百分点，运行趋势与全国、全省一致，涨幅低于全国1.2个百分点。

分类别看，食品类、烟酒及用品类、医疗保健和个人用品类、居住类价格是拉动居民消费价格上涨的主要因素，同比分别上涨7.3%、4.3%、3.4%和2.0%；食品价格是消费品价格指数持续攀升的主因，食品类中蔬菜、干鲜瓜果类、粮食类、干豆类、调味品类商品价格均涨幅较大。同比下降的类别有衣着类下降4.3%，交通和通讯类下降2.1%，娱乐教育用品及服务类下降0.5%，家庭设备及服务类下降0.3%。

分月度看，1～9月全市居民消费价格温和上涨，分别较上年同期上涨1.4%、1.8%、1.2%、1.4%、2.3%、1.3%，1.7%、2.0%和2.1%，各月居民消费价格涨幅最高与最低之间相差1.1个百分点，整体升势稳定。10月居民消费价格同比上涨2.8%，其中食品价格上涨9.6%。11月居民消费价格同比上涨3.7%，同比涨幅较上月扩大0.9个百分点，为25个月以来新高，其中食品价格上涨12%。12月居民消费价格同比上涨3.7%，同比涨幅与上月持平，其中食品价格上涨11.1%，涨幅较上月回落0.9%。

【应对市场价格较快上涨】 对市场价格特别是涉及民生的重要商品价格波动，市物价部门高度关注，快速反应，研究应对。①加强价格监测预警工作。实施价格监测日报告制度，组织监测人员深入各大超市和集贸市场，跟踪监测分析重要商品和服务价格的市场供求和价格运行情况，及时向市委、市政府和有关部门提供，为上级价格决策当好参谋。②加大市场监管力度。围绕规范价格秩序、稳定市场物价，把稳定农副产品市场价格作为价格监督检查的重点，统一部署，集中力量，重点检查经营者不按规定要求执行价格干预措施以及散布谣言、串通涨价、囤积居奇、哄抬价格、缺斤短两等严重扰乱市场秩序的价格违法行为。加强价格举报工作，受理并及时查处侵害群众权益、扰乱价格秩序的各类不正当价格行为。③暂停出台政府调价项目。暂停出台政府定价的调价项目，加强对各县（市）、区政府调价项目的管理。④抓好规范收费各项规定的落实。加大对重要农副产品在生产、运输及流通环节过程中各项收费的监管和清理工作，最大限度降低收费标准，对违规收费坚决查处，最大限度降低销售成本。⑤围绕启动对低收入群体的价格联动补贴机制进行研究。针对从10月开始的食用农产品价格较快上涨的情况，对启动价格联动补贴机制进行专题研究，提出发放一次性价格补贴，以缓解物价上涨对低收入群体生活的影响。⑥草拟稳定市场物价的通知。会同有关部门进行研究，提出济南市的贯彻意见，制定7项21条政策措施。⑦加强价格政策和价格信息的解读和发布工作，合理引导市场预期。定期和不定期地在主流媒体上发布重点商品生产、供应、价格等信息，以及国家保供稳价的有关政策规定，引导公众理性认识价格形势，防止一些不切实际、容易提高通胀预期的流言和传言蔓延，正确引导市场预期。

【调整有线数字电视基本收视维护费】 8月30日，市物价局组织召开价格听证会，对调整有线数字电视基本收视维护费的必要性和可行性进行公开听证。这次听证会共聘请听证会参加人25名，实到24名。听证会上，各位参加人就调整有线数字电视基本收视维护费的听证方案及有关问题发表意见和建议。普遍认为推行数字电视整体转换是一件有利于社会发展、提升城市发展水平、提高人民群众生活质量的好事，相应调整有线数字电视基本收视维护费也是必要的，但也有不同意见。在表示支持调整有线数字电视基本收视维护费的同时，参加人围绕提交听证的调价方案及整体转换后的有线电视服务等问题提出一些意见和建议，主要集中在应合理控制调价幅度、增加中间的收视选择方案、降低副终端收费标准、取消保留频道的收费以及应将免费频道和有偿服务项目予以明确、保障有线数字电视服务质量等方面。

市物价局将听证会参加人提出的意见和建议进行汇总，对听证方案进行调整和完善，听证会参加人提出的降低主终端电视收费标准、对副终端收费适当少收、收看8套模拟信号电视节目应当免费等方面的意见均被采纳。市物价局下发《关于调整我市有线数字电视基本收视维护费的通知》。9月29日，市委宣传部、市物价局等单位联合召开新闻发布会，公布济南市有线数字电视基本收视维护费标准调价方案，并通报对听证会参加人主要意见的采纳情况及理由。

【调整城市居民生活用管道燃气价格】 11月9日，市物价局组织召开价格听证会，对调整城市居民生活用管道燃气价格的必要性和可行性进行公开听证。这次听证会共聘请听证会参加人26名，实到25名。在听证会上，各位参加人就调整城市居民生活用管道燃气价格的听证方案及有关问题发表意见和建议。多数参加人表示理解和支持对济南市城市居民生活用管道燃气价格进行调整，认为适当提高城市居民生活用管道燃气价格，是按照国家资源价格改革的总体部署和政策要求，应对燃气上游价格上涨的需要，有利于缓解燃气经营企业因购气成本增加而带来的成本压力，保障燃气经营企业的正常生产经营，保障全市供气安全。也有的参加人鉴于当前物价上涨较快等情况提出少调、不调或者晚调的建议。另外，听证会参加人还就合理控制调价幅度、完善天然气价格形成机制和对低收入群体的补贴机制、加大对城市燃气等公用事业行业的支持力度以及燃气经营企业加强管理、降低成本、提高服务质量和水平等方面提出意见和建议。

市物价局将听证会参加人提出的意见和建议进行汇总，采纳多数听证会参加人建议的第二套调价方案，即：城市居民生活用管道天然气承担门站价格平均上调每立方米0.30元，由每立方米2.40元调整为2.70元，上调幅度12.5%。市物价局下发《关于调整城市居民生活用管道燃气销售价格的通知》，并通过新闻媒体公布对听证会参加人主要意见的采纳情况及理由等有关情况。调整后的价格自11月20日起执行。

（唐富强　王艳玮）

工商行政管理

【概况】 市工商行政管理局紧紧围绕全市“转方式、调结构、促增长、惠民生、保稳定”中心工作，提素质增效能，推进基层建设年活动，各项工作取得新的进展。

1. 转方式惠民生，促进全市经济发展方式转变。①推出“四项二十二条”新措施，在放宽准入、专属支持、贴身服务、转换机制等方面优化服务。将省局企业大走访大回访活动常态化，为企业解决实际问题136项。做好股权出质登记工作，出质股权总额达7.96亿元，扶持、协助企业上市融资发展。实行市场主体信息月汇总、季分析、年报告，开展特定行业专项分析，为政府调控决策提供依据。帮扶下岗失业人员、残疾人等就业再就业6600余人次，督促企业参保新增2300余户，参保职工达8200余人。联合相关部门赴福建泉州等地招商引资，签订合作项目7个，协议签约金额202.89亿元。开展民营经济调研，着手组建专门机构，制定全市民营经济发展“十二五”规划。②以济南市获得全国首批国家商标战略实施示范城市为契机，牵头召开全市实施商标战略促进大会，联合快速推进商标战略实施。引导和帮扶各类市场主体强化商标注册，争创中国驰名和省、市著名商标。全市新增注册商标6700余件，新增地理标志9件，新增逐一国家注册或马德里体系商标6件，新增山东省著名商标38件、中国驰名商标9件，总量位次前移。推进新农村建设，支持农村发展二、三产业，加强对农业合同事前、事中和事后行政指导；探索农民专业合作社新的组织形式，促进农业产业化经营，拓宽农民就业增收渠道。全市农民专业合作社累计2658家，出资总额29.29亿元。③开展流通环节食品安全放心乡镇（社区）创建活动，推进食品安全在线监管，为

1217家食品批发和零售企业安装电子监管系统。发挥流通环节商品质量快速检测作用，坚持每周分析、每周报告，检测各类商品2314个批次，撤柜下架各类食品3100余公斤。坚持12315热线人工延时值守，受理处结咨询申诉举报5.3万件，加强与12345市民服务热线高效对接，及时分流、督办和回复转办件1007件。组织拉网式检查和专项治理，开展打击侵犯知识产权和制售假冒伪劣商品专项行动。加强秋季全国糖酒商品交易会市场监管，提供资讯和便民服务10100余次。充分发挥广告自动化监测中心作用，实施行政指导和预警750余起，查办广告案件357起。推进治理商业贿赂工作，开展“拒绝传销，建设平安校园（社区、村）”主题活动，济南市打击传销区域分类管理级别由二类地区降为三类地区。

2. 解难题提效能，加大服务转方式闯关力度。①建立商标电子监管服务系统，使商标数据导入、商标分配认领、商标培育库管理、驰名著名商标争创等全部实现信息化。在实现网上名称核准、登记、年检、信息查询的基础上，推广“工商E线通”，有效防范“两虚一逃”（虚报注册资金、虚假出资和抽逃资金）等违法行为。拓展执法办案机制改革成果，完善以公平交易局为主的执法大队、区域中队和专业中队，整合执法力量、明晰执法权限，有效应对复杂局面和急难险重任务。②下放事权，将注册资本200万元以下企业登记注册和广告发布内容审核授权委托各分局。拓展12315热线功能，打造“一号通”，使12315在承担消费维权工作的同时，成为整肃队伍的“监督热线”、帮助失业人员再就业的“爱心”热线和个私企业的“维权热线”。对全市270处商品交易市场实施信用分类监管，广友茶城等12处市场被授予省级规范化文明诚信市场。健全区域经济监管服务责任制考评标准，细化区域经济监管服务职责，强化对农村集市、城郊偏远地区等的监管力度，加强动态考核和竞争激励，有效推进任务型向履职型转变。③调研和借鉴先进地市局经验，制定网络商品交易监管服务工作细则，研发登记注册、业务审核、网络搜索、日常监管等4大功能30项模块。接待网络营业登记咨询900余人次，查办网络案件12起。组织防范系统性区域性执法风险专题研究，通过发动系统上下攻关、聘请专家智囊团论证、组织相关人员会商等多种形式，从防范准入风险、责任追究、程序违法等多个方面入手，以风险来源、表现形式、关联程度等多方视角划线，分门别类建立防控和应对措施。查找系统性区域性执法风险213个，洞察风险隐患78项，制定防范措施626条，努力将执法风险降到最低程度。着眼提高制度执行力，整理编制《济南市工商系统制度汇编》《基层工商所规范化建设手册》和《工商行政管理岗位说明书》，对全系统20个部门108个岗位进行梳理。

【企业登记注册管理】 1. 内资企业。截至12月5日，全市实有内资企业14293户，同比减少3.90%；注册资本880.13亿元，同比增长11.16%。其中，国有企业2603户，同比下降7.03%，注册资金80.93亿元，同比下降3.22%；集体企业2613户，同比下降9.53%，注册资金51.53亿元，同比下降8.55%；股份合作企业570户，同比下降5.47%，注册资金20.42亿元，同比增长6.29%；公司8431户，同比下降0.79%，注册资本726.65亿元，同比增长15.01%；其他企业76户，同比下降17.39%，注册资金0.6亿元，同比下降18.92%。全市新登记内资企业631户，同比下降14.27%，新增注册资本（金）50.19亿元，同比增长45.06%。

2. 私营企业。截至12月5日，全市实有私营企业60533户，同比增长10.05%；注册资本（金）774.68亿元，同比增长27.95%；从业人员538819人，同比增长1.4%。其中，独资企业6634户，同比下降13.79%，出资金额16.85亿元，同比下降9.65%；合伙企业131户，同比下降3.68%，注册资金0.6亿元，同比增长13.21%；有限责任公司53711户，同比增长13.94%，注册资本745.46亿元，同比增长29.04%；股份有限公司57户，同比增长67.65%，注册资本11.78亿元，同比增长37.46%。

全市新登记私营企业11658户，同比增长11.89%；新增注册资本（金）123.53亿元，同比增长57.16%；新增从业人员76778人，同比增长9.04%；新登记股份有限公司6户，注册资本3.85亿元。

3. 个体工商业。截至12月5日，全市累计实有个体工商户172037户，出资金额92.49亿元，同比增长5.74%、41.59%。从业人员403409人，同比增长44.56%。全市新登记个体工商户43571户，同比下降25.42%；新增资金数额24.19亿元，同比增长3.17%；新增从业人员94079人，同比下降18.67%。

4. 农民专业合作。截至12月5日，全市累计登记农民专业合作社2658户，同比增长32.17%；出资总额29.29亿元，同比增长63.54%；成员总数34726人，同比增长55.59%。

新登记农民专业合作社651户，同比下降29.24%；新增出资总额10.06亿元，同比增长1.51%；新增成员总数12204人，同比增长27.06%。新登记的农民专业合作社，仍主要集中在传统的农业优势产业，其中种植业338户，养殖业251户，农产品销售274户。出资总额1000万元以上的13户，同比增长225%。

5. 外商投资企业。截至12月5日，全市实有外商投资企业1591户，同比增长1.21%，其中法人企业691户，分支机构900户。投资总额710922.24万美元，注册资本499114.24万美元，外方认缴额397380.98万美元，实收资本396723.95万美元，同比分别增长25.82%、25.91%、27.22%、18.28%。投资总额1000万美元以上的外商投资企业141户，其中5000万美元以上的28户，同比分别增长11.0%、86.7%。外国（地区）在济境内从事经营活动1户。

截至12月5日，全市新登记外商投

资企业 182 户，同比增长 30.00%，其中法人企业 70 户，分支机构 112 户。投资总额 122930.47 万美元，注册资本 71787.73 万美元，外方认缴额 62061.87 万美元，同比分别增长 228.73%、220.71%、199.72%。投资总额 1000 万美元以上的 17 户，其中 5000 万美元以上的 9 户，同比分别增长 112.50%、350.00%。

【消费者权益保护】 1. 查处侵害消费者权益案件。查处侵害消费者权益案件总数共计 699 件，涉及案件总值 51.6 万元。查处侵害消费者权益案件中 697 件为商品消费案件，2 件为服务消费案件。

处理涉及销售商品不符合保障人身、财产安全要求案件 42 件；涉及在商品中掺杂掺假、以假充真、以次充好或以不合格商品冒充合格商品案件 25 件；涉及销售的商品应检验、检疫而未检验、检疫或伪造检验、检疫结果案件 10 件；涉及生产国家明令淘汰商品或销售失效、变质商品 8 件；涉及伪造商品产地、伪造或冒用他人厂名、厂址，伪造或冒用认证标志、名优标志等质量标志案件 6 件；其他案件 608 件。

全市共查处制售假冒伪劣商品案件 183 件，案件总值 93.03 万元。其中，违反产品质量法规的案件 88 件，违反消费者权益保护法规 36 件，违反商标法规 6 件，违反其他法律法规案件 53 件。

2. 流通领域食品安全监管。全年共立案查处流通领域食品安全案件 758 件，食品安全案件总值 75.51 万元，罚没款金额共计 112.12 万元，较上年同期大幅增加。涉及案件数量较为集中的商品为包装食品类，合计 638 件，较上年同期增加 31.82%；散装食品类，合计 103 件，较上年同期降低 56.17%。进行食品安全快速检测 923 次，包括集贸市场 356 次、超市 431 次、专业市场 30 次、专卖店 105 次、小商铺 1 次。抽检合计 1924 组，不合格 36 组。食品安全快速检测重点为肉类、蔬菜类及其制品、干货等，其中以肉类及其制品类抽检样数最多，达 629 组。检测显示水产品类不合格率 7.2%、干货类不合格率 5.25%、蔬菜类不合格率 1.51%、其他食品类不合格率 7.35%，其余各类产品合格率均为 100%。共抽检流通领域商品样品总组数 301 组。商品质量监测结果显示：合格样品数 288 组，不合格样品数 13 组。被监测对象均为超市。抽查的商品类别全部为烟酒饮料食品粮食类，分别为奶制品、肉类及其制品、月饼、食用油脂、调味品（烹调佐料）。

3.12315 申诉举报。12315 申诉举报指挥中心共受理各类消费咨询、申诉、举报 101951 件，其中咨询 95228 件，申诉 6328 件，举报 395 件，申诉举报处结率 100%，共为消费者挽回经济损失 351.76 万元。在受理的 6328 件消费申诉案件中，商品消费申诉 4358 件，服务消费申诉 1970 件。

【公平交易执法】 公平交易执法部门共查办各类经济违法违章案件 235 件，全部为普通程序案件。采取“突出宣传、打防并举”的打传思路和“加强指导、强化自律”的直销监管措施。加大打击力度，保持高压态势，结合执法办案体制机制的改革，在各分局设立专司打传工作的专业执法中队，并加强培训与指导，做到“能发现、会查办、善处置”。完善打传工作流程，通过受理转办、督办跟进、信息录入等，形成统一指挥、区域协作的快速反应机制，突出大要案件查处。不断加大打传宣传力度，与市社会治安综合治理办公室联合开展“拒绝传销，建设平安校园”主题宣传年活动。精心编写京剧小品、新歌歌词，打传小品，采取走进校园主动宣传的方式，用形象生动的语言、诙谐幽默的表演，引导广大在校学生认清传销的违法犯罪性质、欺诈本质和严重危害，履行社会责任，自觉抵制传销。先后在济南大学、山东工艺美院、山东师范大学、山东协和职业技术学院举办多场宣传演出和专题讲座，发放宣传资料，加强行政指导，提出“规范化动态分类监管”的直销管理新模式，通过在直销企业设立联络员，建立直销企业管理档案及《直销企业咨询（举报）台账》，实行约谈制度等，加强对辖区内 13 家设立分支机构的直销企业的政策引导、行政指导和教育督导，指导直销企业严格自律，强化企业内部管理和诚信守法经营，规范直销市场。直销企业现有市级分支机构 1 个，服务网点 9 个，直销培训员 6 人，直销员 11559 人。

【广告、商标管理】 1. 广告监管。开展“整治互联网低俗之风专项行动”和“整治手机低俗之风专项行动”，围绕“亚运会”“糖酒会”等重大活动开展对户外、印刷品、店堂等广告的集中整治。虚假违法广告案件数量有所减少，各级工商机关共查处违法广告案件 231 件，同比减少 99 件，下降 30%。

2. 商标管理。全市共查处各类商标违法案件 470 件，同比增加 9 件。其中，查处商标一般违法案件 10 件，案值 112.29 万元，同比增加 102.18 万元；查处商标侵权假冒案件 460 件，同比增加 9 件，案值 228.53 万元，同比减少 208.67 万元。全市工商机关注重加强与外商投资企业的联系沟通，结合打击知识产权违法和假冒伪劣违法行动，定期对一些大型商场、超市和涉外商品专卖店进行检查，并以侵犯服装、家用电器、化妆品等涉外商标为重点，加大对涉外商标的保护力度，共查处侵犯港澳台和外国商标注册人权益案件 49 件，同比增加 13 件，案值 36.88 万元，减少 69.39 万元。下发《关于推行商标监管服务系统的通知》和《关于印发济南市商标监管服务系统操作规范（试行）的通知》两个规范性文件，出台建设商标监管服务系统的《四项制度》及驰（著）名商标培育标准（试行），发放《致商标持有人的一封信》。开展世博会标志专用权的保护行动。以食品、驰名和涉外商标等为重点，严厉打击侵犯注册商标专用权行为，净化市场秩序。

【推行“王梅工作法”】 全市工商系统

推行“王梅工作法”。王梅是济南市工商行政管理局长清分局黄河工商所的一名注册员，她从事企业注册登记工作14年来，坚持以服务大局为中心，以服务对象满意为标准，用心用情服务，主动换位思考，总结归纳出“一笑、二讲、三心、四规范、五个一样”的窗口服务法，得到总局、省局的充分肯定。实践中，王梅又对工作理念、工作准则和工作流程进行细化，提出“树立一个工作理念”（即：用心用情，换位思考，注重细节，规范高效）、坚持“100-1＝0”的工作准则（即100次满意的服务是应该做到的，而一次不满意服务给工商形象造成的损害将无法补救）、落实四个工作流程（班前准备一净、二查、三到位；监管服务一个微笑、两个主动、三个一样；工作效能一快、二准、三规范；班后整理一清、二整、三记录）的工作方法，并将其命名为“王梅工作法”，这是全省工商系统第一个以个人名字命名的工作方法。通过推行“王梅工作法”，工商登记管理工作实现规范化、制度化、常态化、标准化，使登记管理工作发生三个转变：登记服务理念实现由粗放型到精细化转变，登记服务方式由任务型向帮扶型转变，登记服务质量由常态型向高效型转变。

（翟玉红）

第四届济南市著名商标名单（55件）

序号	申请人	商标	核定商品 / 服务
01	山东航空集团有限公司	图形	空中运输
02	济南康雅薄膜有限公司	康雅及图形	包装用塑料膜
03	山东中豪大酒店	图形	饭店
04	济南派克森美容用品公司	派克森	美容院；理发店
05	山东华诚九羚服装有限公司	九羚	羊毛衫
06	山东鲁西南风味楼酒店管理有限公司	鲁西南风味楼	餐馆
07	山东善者文化传媒有限公司	齐鲁八达及图	计算机软硬件的开发、销售
08	山东众森建材科技有限公司	众森 ZHONGSEN	水泥用化学添加剂
09	济南市市中区饮食公司草包包子铺	草包	包子
10	济南垚林建材有限公司	垚林及图	石料粘合剂；非金属建筑材料
11	济南园林开发建设集团有限公司	图形	工程勘察设计、施工、咨询
12	济南新峨嵋实业有限公司	济峨及图	耐火材料
13	济南新思维装饰材料有限公司	思尔雅	铝塑复合板
14	济南银丰硅制品有限公司	银丰及图	硅、工业硅
15	山东金德利集团快餐连锁有限公司	金德利民	餐厅；饭店；快餐馆
16	济南赛英立德电子科技有限公司	赛英立德	电开关；传感器
17	济南市天桥区金荷花园大酒店	金荷花园及图	饭店
18	山东佳诚家具有限公司	图形	家具
19	济南重卡至尊润滑油有限公司	重卡领袖	车用润滑油；工业用润滑油；防冻液；润滑脂
20	济南鑫贝西生物技术有限公司	BIOBASE	医疗器械和仪器；医疗分析仪器；易用测试仪
21	济南锅炉集团有限公司	济锅及图	锅炉（非机器部件）；空气加热器；蒸发器
22	山东东方农药科技实业公司	东冠	农药
23	济南汉磁生物科技有限公司	汉磁	医疗器械和仪器；
24	济南希尔康印务有限公司	希尔康	印刷；纸张加工

续表

序号	申请人	商标	核定商品 / 服务
25	济南重工股份有限公司	济重及图	球磨机
26	山东耀华玻璃有限公司	山耀	建筑玻璃
27	济南鲁新新型建材有限公司	鲁新	高炉矿渣粉
28	济南市历城区合成塑料包装厂	张合成及图	防水包装物
29	济南九顶塔民族风情旅游度假区有限公司	九顶塔民族风情园及图	公共游乐场
30	济南市历城区港沟镇冶河村核桃协会	冶河香玲及图	核桃
31	山东爱书人音像图书有限公司	图形	录像带、唱片、图书出租出售
32	济南维尔康食品有限公司	Welcome 及图	肉；猪肉制品
33	山东海立信商贸有限公司	海立信及图	海参（非活）
34	山东省种子有限责任公司	鲁种及图	农作物种子
35	山东璟华标志服厂	彩域及图	服装
36	山东泰华电讯有限责任公司	图形	数据处理设备
37	新时代（济南）民爆科技产业有限公司	鲁泉及图	炸药
38	山东天力干燥设备有限公司	科院天力	干燥设备
39	济南百信达工贸有限公司	百信达及图	锅炉部件（非机器部件）
40	济南宝马家居有限公司	方氏及图	家具；沙发
41	章丘市龙腾水泥机械制造有限公司	龙重及图	采矿选矿用机器设备、粉碎机、选矿设备
42	济南康纯食用油有限公司	康纯	花生油
43	章丘市辛寨乡丰辛农产品基地	丰辛	新鲜蔬菜（芹菜）
44	章丘市绣惠镇种子站	绣惠及图	新鲜蔬菜（大葱）
45	章丘市锦屏山农业开发有限公司	锦屏山及图	豆、谷
46	济南利民制药有限责任公司	明水泉及图	西 药
47	济南恒升工程机械有限公司	图形	起重机、升降设备、混凝土搅拌机（机器）
48	济南市福利胶辊厂	福力	胶辊
49	济南绿安食品有限公司	Green Anole	猪肉食品
50	济南重棒食品有限公司	酷嗑	加工过的瓜子
51	济南银鹏建筑材料有限公司	银鹏及图	水性铝粉铝膏；铝粉
52	济南乡村绿洲园林绿化有限公司	乡村绿洲	植物
53	齐鲁宏业纺织集团有限公司	齐鲁宏业	坯布
54	山东力诺新材料有限公司	蓝 e 光韵	太阳能集热管、太阳能热水器
55	商河县玉皇庙镇瓦西村黑皮冬瓜种植协会	瓦西	新鲜蔬菜（冬瓜）

【概况】全市质监系统以“质量提升”为主线，履行各项职能，在推进省会现代化建设中发挥作用。

1. 质量管理。开展“质量兴县（市、区）”活动，实施名牌战略，提高企业质量管理水平，提升济南市产品市场竞争力。新增山东名牌17个，省服务名牌9个，省优质产品生产基地2个。组织全市管理体系认证和食品、农产品认证专项检查，检查企业275家，证书321个，机构48个，对全市512家工业产品生产许可证企业进行年审，规范认证市场。

2. 产品质量监督。全年完成定期监督检验2506批次，委托检验10166批次。其中，对737家企业992批次产品进行抽检，批次合格率99.09%，较上年提高1.2个百分点。组织烟花爆竹、抗震救灾物资、饰品有毒有害物质等监督检查，对家具、危化品、家电等9大类249家企业的493批次产品进行市级专项抽查，合格率为93.1%。国家、山东省监督抽查济南市24类85家企业92个批次产品，平均合格率83.22%，较上年提高2.11个百分点。

3. 计量管理。全年检定强制检定计量器具19万台（件），检定校准、修理其他各类计量器具21.4万余台（件）。以能源计量为重点，组成12支能源计量服务队深入“百家用能重点企业”，推广计量节能技术措施，26家企业建立能源计量信息平台系统，4家重点企业通过“山东省能源计量标杆示范企业”验收，3家重点用能企业通过计量确认，5家企业的7个产品通过节能认证。加强涉及民生的计量监督，开展供热计量、加油机、汽车衡、出租车计价器、夏粮收购用计量器具、能效标识、农资计量等专项检查和治理，其中检查化肥种子117批次，农资销售单位86家，夏粮收购企业161家，再用计量器具137台。组织22家企业创建市级诚信计量单位，7家企业获得“山东省诚信计量示范单位”称号。全年考核各类计量标准120余项，审核发放计量制造许可证11家、计量专项授权2家，培训计量检定员58人。

4. 标准化管理。全年新增企业标准备案170项，登记198项。截至12月底，代码数据总量121684个，有效数据84950个，年检总量73703个，年检率60.5%。新增商品条码注册成员154个，续展340家，续展率74.6%。完善济南市农业标准化体系，批准发布14项济南市推荐性农业地方规范。济阳县润达肉牛养殖、历城区唐王无公害蔬菜、历城锦绣园林果种植3个项目通过全国第6批农业标准化示范区考核验收，章丘鲍芹列入全国第7批农业标准化示范区。服务业标准化体系建设得到国家标准委关注和支持，济南12345市民服务热线被确定为全国服务标准化试点单位，6家单位列为省级服务标准化试点单位。5月，国家标准委员会在济南“阳光大姐”家政服务中心召开全国服务标准化现场会，推广济南市家政标准化经验。

5. 食品生产监管。全年完成各类食品检验6238批次，其中对全市530家食品生产企业进行两次定期监督检验，完成1514批次检验，合格率86.28%，较上年提高2.61个百分点；安排发证检验337批次，合格率95%；组织食品专项检验309批次，合格率94.82%，针对乳制品、乳粉三聚氰胺检验84批次，全部合格；接受委托检验4078批次，合格率91.54%。对不合格食品及时跟进监管，督促企业整改，杜绝不合格产品流入市场，整改合格率100%；在全省食品抽查中，济南市合格率86.9%，列17市第一位。落实国务院食品安全整顿方案，把落实企业主体责任作为加强食品安全监管的主要措施，对全市700余家食品生产企业、小作坊宣传贯彻《食品生产加工企业落实质量安全主体责任监督检查规定》，开展食品质量安全评价活动，及时发现食品生产中的问题，省质监局组织召开“济南市食品生产加工企业落实质量安全主体责任”现场会，向全省质监系统和食品加工企业推广济南质监局、济南佳宝公司经验。

6. 特种设备安全监察。开展全市“安全生产基层基础年”活动，制定《济南市质量技术监督系统特种设备安全监督管理实施意见》，对压力管道问题、冶金起重机、土锅炉、游艺机等安全隐患问题进行专项整治，对特种设备生产企业进行监督检查，先后出动检查人员1076人次，检查使用单位1868家、生产企业25家，查处各类隐患288处，拆除非法锅炉2台，确保全市特种设备的安全运行。利用RFID技术加强特种设备管理，车用气瓶、工业气瓶和公共场所电梯全部加贴电子标签进行网上监督，开展工业燃煤锅炉能效测试工作，推动全市12家锅炉使用单位开展锅炉房安全与节能管理达标。全年检验锅炉、电梯等特种设备突破7.6万台，较上年增加2.1万台；检验各类气瓶65.8万只，各类特种设备周期检验率保持在99.5%以上，对问题设备及时下达安全监察指令书，查处违法行为为206起，实现隐患查处率100%。

7. 稽查办案。全年济南市质监系统共办理行政案件807起，其中立案查处640起，现场处罚167起；上缴国库罚没款1213余万元，涉案产品货值2150余万元，为社会挽回经济损失1560余万元。

全年组织36项专项整治和执法检查，针对乳制品、面粉增白剂、啤酒、煤炭、摩托车、汽车零配件、石油液化气、一次性生活用纸、食用塑料包装制品、电线电缆等群众关注的民生产品问题进行拉网式执法检查；针对消费者反映集中的非法拼装、翻新报废汽车行为进行专项执法取缔行动，开展加油站计量器具、建材市场、能效标志专项执法检查，净化市场。其中，针对长清和章丘压力容器、塔式起重机存在区域产品质量问题进行整治，治理后16家压力容器、25家塔式起重机、施工升降机主机生产企业在产业规模、产品质量上都有较大提高，形成辐射配套企业达到150余家的产业集群，促进当地经济发展。在全国“家电下乡质量行”活动中，加强家电下乡产品质量和售后服务明察暗访，及时查处违法行为，保证中央惠农政策落到实处。开展的“进百村、入百户、抽百样”活动，完成抽样83个，查办29起农资违法案件，维护农民的切身利益。

【两家企业、两人获山东省省长质量奖】 12月28日，第二届山东省省长质量奖颁奖，表彰10个获得山东省省长质量奖的企业和5名个人。中国重型汽车集团有限公司、九阳股份有限公司获得山东省省长质量奖企业奖项，济南阳光大姐服务有限责任公司总经理卓长立、浪潮集团有限公司董事长孙丕恕获个人奖项。

山东省省长质量奖是省政府设立的最高荣誉奖项，由省政府和省长审定批准、表彰和奖励，授予质量管理绩效显著、质量水平全国领先、为山东省经济作出突出贡献的优秀企业和个人。

【公布第四届济南名牌产品和第一届济南市服务名牌】 4月16日，济南市名牌产品评审委员会根据《济南市名牌产品评价管理办法（试行）》的规定审定，经市政府同意向社会公布，新增济南名牌产品71个、首届济南市服务名牌46家。

新认定的59家企业71个济南名牌产品，在市场占有一定份额和知名度，在同类产品中具有质量和品牌优势，受到消费者的好评。此次济南名牌产品评价工作重点关注有发展潜力的中小成长型企业，评价过程注意与济南特色产业集群相结合，产品行业分布比较合理，围绕济南市创建“中国软件名城”和“动漫泉城”的目标，首次将软件动漫类产品纳入评价范围。软件动漫类产品达到26个。济南市首批服务名牌46家单位涵盖金融服务、商贸流通、旅游服务、工业售后、文化医疗、交通物流等服务行业，综合实力都排在省或市同行业的前列，具有一定的知名度。

截至12月，全市共有中国名牌产品17个、山东省名牌产品129个、济南市名牌产品161个，山东省服务名牌36家、济南市服务名牌46家。

【开展“提升质量降废减损”活动】 市质监局、市经信委、市总工会联合行动，在全市270家市级以上名牌产品生产企业中开展“提升质量、降废减损”活动。4月开始，各企业以生产加工现场为重点，QC小组（质量管理小组）为单位，开展质量竞赛活动，加强内部管理和持续改进产品质量，减少质量损失，提高产品质量和效益。全市1200个QC小组参加活动，80%的企业质量损失率、不良品率平均下降0.3个百分点。

【筹建国家网络软件产品质量监督检验中心】 6月30日，国家质检总局《关于同意筹建国家网络软件产品质量监督检验中心（山东）的批复》，同意济南市筹建国家网络软件产品质量监督检验中心。市政府在9月6日研究决定，成立以副市长张宗祥为组长的国家软件质检中心筹建工作领导小组，由市质量技术监督局负责具体筹建工作，拟成立具有独立法人地位的国家软件质检中心，依托开发区齐鲁软件园的现有检测设备和实验室开展工作。国家级软件质量监督检验中心按照国际检测和校准实验室能力以及要求进行建设，经国家质量检验检疫总局授权后，除承担国家监督检验任务外，同时以第三方公正检验测试机构的优势，为全国软件网路开发、应用行业服务。

【工业标准化提升企业自主创新能力】 继续推行创新型城市建设对工业标准化的奖励政策，济南市企业参与18项国家标准、1项行业标准制定，国家标准委员会批准济南趵突泉酿酒有限公司承担全国白酒标准化技术委员会芝麻香型白酒分技术委员会秘书处工作，新增12家企业16个产品采用国际标准或国外先进标准。8家企业开展标准化良好行为试点，建立完善标准化体系，济南柴油机股份有限公司、济南圣泉股份有限公司通过国家4A级标准化良好行为企业验收，实现济南市国家级标准化良好行为企业零的突破，4家企业通过山东省3A级验收。

【首次设立首席检测师】 根据《济南市质量技术监督系统首席检测师（CTO）选拔管理暂行办法》，济南市质监局选拔授予4人为济南市质监系统首席检测师。首席检测师是质监系统从事专职检验检测技术工作的专业技术岗位一线的拔尖人才，实行这一制度是为了充分发挥济南市计量检测、质量检验、特种设备检验、食品检验中高层次专业领军人才在各领域技术创新和业务管理中的重要作用，为质监工作打下良好的专业人员队伍基础。

【12365质监投诉热线】 12365是质监系统受理消费者投诉、质量申诉受理、业务咨询服务的窗口，是质监系统联系社会、服务社会的信息桥梁和纽带。以把12365建成质监指挥平台为目标，加强全系统“热线”的协同配合工作，市质监局稽查局、各分局快速联动，热线的功能和作用得到充分发挥。截至12月底，共接听市民拨打12365质监热线12711人次，接听有效电话11796件，受理业务咨询11100件，受理举报和产品质量申诉案件467起，涉案货值590余万元，为消费者挽回经济损失450余万元，案件处结率达100%，市民满意率99%，受理处结率和市民满意率稳步上升，获得2010年度济南市五一劳动奖状。

（郭培刚）

第四届济南名牌产品名单

序号	企业名称	产品名称	商标
1	山东中创软件工程股份有限公司	银行信贷风险管理系统软件	中创 CVICSE
2	山东中创软件工程股份有限公司	ETC 不停车收费系统软件	中创 CVICSE
3	山东中创软件商用中间件股份有限公司	网页防篡改系统软件	中创 InforGuard
4	山东中创软件商用中间件股份有限公司	集成化中间件套件产品	中创 InforSuite
5	山东中孚信息产业股份有限公司	网络安全保密管理检查工具	中孚
6	济南大陆机电股份有限公司	大陆数字化电厂热效率优化分析系统	大陆图形
7	山东山大华天软件公司	三维 CAD/CAM 软件	SINOVATION
8	山东正元地理信息工程有限责任公司	正元综合管网信息管理系统软件	正元
9	山东万博科技股份有限公司	万博新型农村合作医疗管理信息系统 V1.0	万博
10	济南迪生电子电气有限公司	10KV 无功自动补偿系统	迪生
11	济南银泉科技有限公司	银泉 NP 虚拟化软件	银泉
12	山东康威通信技术有限公司	CON-TECH 智能实时监控维护软件系统	Canwell
13	山东鲁电电气集团有限公司	鲁电电压无功综合控制系统	鲁电（图形）
14	济南科明数码技术有限公司	互联网在线展示系统	科明视景
15	济南时代智囊科技发展有限公司	时代智囊教育软件	时代智囊
16	济南易柏广告传媒有限公司	对战平台软件	易柏
17	山东世博华创动漫传媒有限公司	动画电子配音配乐应用软件	世博华创
18	济南馨漫园动漫文化发展有限公司	动漫衍生品	馨漫园
19	山东东方天健广告有限公司	《月球》《长安街》	东方天健
20	济南美联科贸公司	手机动漫	动漫风
21	济南呀咔咔动画发展有限公司	《泰山》	呀咔咔
22	山东沃土天人形象策划有限公司	看动画学绘画	沃土天人
23	济南长川希望软件有限公司	希望之星酒店管理系统	长川
24	山东弘扬文化创意传播发展股份有限公司	疯狂吉他、拯救者、昆仑牌	弘扬创意
25	济南海水科技有限公司	三维数字电影《少年岳飞》	海水游戏动漫
26	济南奇麟笔动画艺术有限公司	《少年孙子》《瑞麟麒麒》《泉城兔子王》	奇麟笔
27	济南市长清计算机应用公司	可燃 / 有毒气体报警器	ROBOT/ 罗伯特
28	山东鲁电电气集团有限公司	低压无功功率补偿装置	鲁电（图形）
29	山东鲁电电气集团有限公司	智能电表箱	鲁电（图形）
30	山东广联电子有限公司	GL-128、GL-128I 多路电话计费机	广联

续表 1

序号	企业名称	产品名称	商标
31	山东广联电子有限公司	HA6128（1）TDI（CID）、HA6128（2）TDI（CID）智能公用电话机	广联
32	济南东奥自控技术有限公司	TG 多级缸	DAWN
33	山东天力干燥设备有限公司	间接换热干燥装置	科院天力
34	山东丰汇设备技术有限公司	FZQ1380-2200 型塔式起重机	（图形）
35	山东明龙建筑机械有限公司	QTZ 型 160 及以下塔式起重机	明龙
36	山东环冠科技有限公司	袋式除尘器	环冠
37	山东环冠科技有限公司	多管除尘器	环冠
38	济南高新华能气动液压有限公司	TKJ2 缓行器气缸	GXHN
39	济南高新华能气动液压有限公司	E*C 系列、QGBZ 系列气缸	GXHN
40	济南高新华能气动液压有限公司	K 系列电控气动换向阀	GXHN
41	济南迪亚实业有限责任公司	整体橱柜	迪芬尼
42	济南蜜蜂笔业有限公司	铅笔	蜜蜂（图形）
43	济南金拓亨机械制造有限责任公司	园网浓缩机	金拓亨
44	济南惠农玫瑰花精油有限公司	玫瑰精油	馥莱尔
45	济南蓝天阳光新能源有限公司	太阳能热水器	天为
46	济南黄猫木业有限公司	细木工板	黄猫
47	山东华塑建材有限公司	未增塑聚氯乙烯（PVC-U）塑料门窗	鲁宏
48	济南兴隆涂料有限公司	内外墙乳胶漆	星龙
49	济南泉鑫暖通设备厂	散热器	泉中鑫
50	济南新佳涂料有限公司	内外墙乳胶漆	新佳金蓝鸟
51	山东华迪建筑科技有限公司	混凝土外加剂	华迪
52	济南圣泉集团股份有限公司	铸造用树脂（酚脲烷树脂、碱性酚醛树脂）	圣泉（图形）
53	济南圣泉集团股份有限公司	砂型铸造用涂料	圣泉（图形）
54	济南圣泉集团股份有限公司	发热保温冒口套	圣泉（图形）
55	山东晋煤日月化工有限公司	苯胺	白云湖
56	山东晋煤日月化工有限公司	工业过氧化氢	白云湖
57	山东晋煤日月化工有限公司	工业甲醇	白云湖
58	山东晋煤明水化工集团有限公司	三聚氰胺	明泉（图形）
59	山东晋煤明水化工集团有限公司	六次甲基四胺	明泉（图形）
60	山东荣元粮油有限公司	小麦粉	荣元

续表 2

序号	企业名称	产品名称	商标
61	济南泉娃饮用水有限公司	瓶（桶）装饮用水	泉娃
62	济南日月泉矿泉水有限责任公司	瓶（桶）装饮用水	潜能
63	济南金粮面粉有限公司	小麦粉	大明湖
64	济南玫瑰酒业有限公司	玫花露酒	玫城春
65	济南川蜜食品有限责任公司	玫瑰花系列川蜜月饼	川蜜
66	济南缘芳玫瑰生物科技开发中心	玫瑰酱	芳蕾
67	山东福胶集团济南东方保健品有限公司	即食阿胶	福胶
68	济阳稍门传昆黄河大米加工厂	大米	稍门
69	济南万方碳素有限责任公司	铝电解用预焙阳极	方泽
70	济南长虹高科技复合管有限责任公司	衬胶复合管	泰山虹
71	济南德昌制衣有限公司	服装	铭装靓饰

（郭培刚）

第一届济南市服务名牌名单

序号	企业名称	服务品牌	服务项目
1	国家开发银行山东省分行	国发行	金融服务
2	上海浦东发展银行济南分行	浦发银行	金融服务
3	中信银行济南分行	中信银行	金融服务
4	兴业银行济南分行	兴业银行	金融服务
5	恒丰银行济南分行	恒丰银行	金融服务
6	深圳发展银行济南分行	深发行	金融服务
7	中国平安财产保险股份有限公司山东分公司	中国平安	保险服务
8	中国人民财产有限公司济南市分公司	财产保险	保险服务
9	中国太平洋财产保险股份有限公司济南中心支公司	太平洋保险	保险服务
10	济南国信旅行社有限公司	国信旅游 快乐旅程	旅游、会议服务
11	济南东方国际旅行社有限公司	东方国旅	旅游、会议服务
12	济南新干线旅行社有限公司	风光无限	国内旅游服务
13	济南市七星台风景区	七星台	旅游接待服务
14	济南动物园管理处	济南动物园	动物展示、科普教育
15	济南金象山旅游发展有限公司	金象山	旅游接待服务
16	山东嘉和明珠餐饮有限公司	嘉和明珠	餐饮客房及会务

续表 1

序号	企业名称	服务品牌	服务项目
17	济南军区联勤宾馆	联勤宾馆	餐饮客房
18	济南名优小吃城	名优小吃城	餐饮客房
19	济南军区军需物资油料干部培训中心（青龙山庄）	青龙山庄	餐饮客房
20	济南雅悦酒店有限公司	雅悦酒店	餐饮客房
21	山东天发舜和商务酒店有限公司	天发舜和	餐饮客房
22	山东鸿腾三馆商务酒店有限公司	鸿 腾	餐饮客房
23	济南华滨环联实业有限公司	华滨环联	餐饮客房
24	章丘市民泰泓园生态园林有限公司	小江南	餐饮
25	山东金得利集团快餐连锁配送有限公司	金得利民	餐饮配送
26	济南科技市场有限公司	济南科技市场有限公司 JINAN SCIENCE AND TECHNOLOGY MARKET CO.,LTD.	市场综合管理服务
27	济南茶叶批发市场有限公司	图形标识	市场综合管理服务
28	济南泺口服装有限公司	泺口	市场综合管理服务
29	济南晨安商贸有限公司	晨光安防	市场综合管理服务
30	济南漱玉平民大药房有限公司	漱玉平民	药品连锁销售
31	山东锦秀源实业有限公司	锦绣川	果、蔬连锁
32	济南市槐荫人民医院	槐荫人民医院	医疗服务
33	济南市儿童医院	关爱儿童	医疗服务
34	济南市天桥区文化馆	天桥区文化馆	文化服务
35	济南新视觉传艺培训学校	新视觉传艺	动漫制作外包培训
36	山东世纪金榜书业有限公司	SHIJIJINBANG®	图书编辑
37	济南铁路局济南客运段	泉韵	列车服务
38	山东九州通医药有限公司	九州通	医药物流服务
39	济南零点物流港有限公司		物流服务
40	山东泉胜国际物流大市场有限公司	泉胜	物流、仓储服务
41	济南热电有限公司	情暖万家	发电供暖服务
42	山东中实易通集团有限公司	中实易通	发电厂基建调试服务
43	积成电子股份有限公司	积成	智能配电网自动化系统服务
44	山东旅科信息有限公司	旅科	呼叫业务、信息服务
45	深圳中航物业管理济南分公司	CPM	物业管理服务
46	济南清泉家具有限公司	QQZS	装饰服务

（郭培刚）

食品药品监督管理

【概况】 全市食品药品监管系统开展食品药品安全专项整治，加强依法行政和监管能力建设。全市药械安全形势稳中向好，药品评价性抽验合格率达到98.4%，较上年提高9个百分点；餐饮和保健食品、化妆品监管工作起步扎实，开局良好。

1. 履行餐饮和保化监管新职能。先后开展学校食堂、建筑工地、一次性塑料餐盒等3项专项整治和食用油脂、一次性筷子、糖酒会餐饮服务、问题乳粉清查等6项专项检查。共检查餐饮服务单位2116家，立案查处10家，其中取缔无证经营3家。开展餐饮服务环节重大食品安全事故应急处置演练，完成糖酒会、非遗博览会、文博会等19项重大活动餐饮安全保障任务。在搞好调查摸底的基础上，对全市在产的30家保健食品化妆品生产企业进行检查，建立全部176个产品、82家保健食品批准证书持有企业、46家保化生产企业和部分连锁经营企业基础数据库。对省局委托的46个保健食品样品试制现场进行核查。对23家单位32个保健食品品种进行再注册。

2. 加强药品日常监督管理工作。完成46家药品生产企业1587个药品批准文号的再注册资料审核上报，品种数量占全省的四分之一；换发药品生产许可证60家，有3家企业因不具备条件未予换发。完成43家医疗机构1416个制剂品种再注册资料审核上报，品种数量占全省的三分之一；换发医院制剂许可证37家，有3家因不具备条件未予换发。监督指导19家药品生产企业通过GMP认证，对81个药品注册现场进行核查，对13家高风险企业继续实行驻厂监督。对10家高风险医疗器械生产企业进行针对性检查。为40家药品批发企业换发经营许可证，有2家因不具备条件未予换发。为754家零售药店换发经营许可证，同时注销110家。完成78家药品批发企业、450家药品零售企业GSP认证工作。对174家药店进行GSP认证跟踪检查，收回12家药店的GSP证书。在全市医疗机构中开展文明诚信药房创建活动，有121家药房被授予文明诚信药房称号。按照全品种覆盖、全过程监控、全项目检验的要求，加强基本药质量监管，生产、配送、使用、监督抽验、不良反应监测等5个环节的日常监督覆盖面均达到100%。对济南市生产的246种基本药物进行工艺处方核查，推进15家基本药物生产企业和129家批发企业实施电子监管工作。

3. 依法行政。推进地方立法，出台《济南市医疗器械使用管理若干规定》，为加强用械环节监管，保障用械安全提供法律依据。推进网上审批，共办理各类行政审批事项1997项，按时办结、群众满意率达100%，审批窗口被市审批中心、市文明办联合授予“文明服务窗口”称号。教育中心全年举办医药行业从业人员培训班46期，培训人员5200多人(次)。

【开展药品安全专项整治活动】 相继查处省外某公司非法经营药品案、魏某等人非法经营“双瓜糖安胶囊”案以及刘某等人非法生产、邮寄“虫草清肺咳喘康”假药案等大案要案和冰红茶冒充人血白蛋白、假冒排毒养颜胶囊、七层透骨贴等非药品冒充药品违法行为。全系统出动执法人员3万多人次，检查涉药单位1万余家次，查处各类违法案件1166件，其中制售假劣药品案件373件，捣毁制假售假窝点1个，取缔无证经营19个，涉嫌犯罪移交司法机关1起，涉案总值140.68万元。开展为期一个月的违法药品广告专项整治行动，对39家经营违法广告药品较多的药店负责人进行约谈，对3种严重违法广告药品采取在济南辖区内暂停销售行政强制措施，对20种药品违法广告进行公开曝光。通过治理，济南市药品广告秩序明显好转，市级平面媒体的药品违法广告减少80%以上；药店自律意识明显增强，群众投诉举报明显减少。加大药品抽验力度和药械不良反应（事件）监测力度，全年完成药品抽验2181批，其中评价性抽验955批，不合格率1.57%，比上年下降9个百分点；日常监督抽验1226批，不合格率14.19%，比上年下降5个百分点。全市共报告药品不良反应病例10926例，比上年增加2761例，其中新的、严重的报告2653例，占报告总数的24.29%；共报告可疑医疗器械不良事件3471例，比上年增加2114例。

【推动全市医药经济发展】 全市规模以上医药工业实现主营收入117.52亿元，同比增加15.82%；利税28.82亿，增长22.47%；利润21.27亿，增长23.77%。全市药品零售连锁总部发展到37家，连锁门店达到608家，连锁门店总数占全市药店的29.44%。漱玉平民医药零售连锁有限公司经营门店过百个，销售收入过5亿元，进入全国同行业30强。山东大舜医药物流有限公司等5家企业被省局确定为药品现代物流试点单位、5个药品物流配送中心项目被列入省现代物流业振兴规划。济南中信与央企华润集团旗下的北京医药股份有限公司进行股权合作，组建山东北药中信医药有限公司，实现销售收入36.5亿元，在全省名列前茅。为加快产业发展，在继续实施零售药店网上审批的基础上，在全省率先实现“一类医疗器械”审批业务网上办理，平均办结时限缩短一半以上。

【信息化建设】 2010年下半年，在一期项目完善的基础上，开展食品药品监管信息工程二期建设，对二期需求进行多方位学习考察，派专人会同技术人员深入基层开展调研，撰写数十万字的需求调研报告，形成建设方案，并通过由省、市信息产业主管部门主持的专家论证。市药监局信息化项目获济南市科技进步二等奖，政务外网连续三年被评为济南市优秀政务网站。

食品药品监管信息一期工程覆盖6区3县1市，实现辖区的全覆盖。①实现对重点涉药单位的远程动态监控。将重点药品生产、经营、使用单位纳入该系统，形成一个庞大的全市药品、医疗器械进销存等信息数据库。②实现对涉药单位的精细化监管。系统根据标准自动判定企业诚信等级；药品抽样全部进入数据库，迅速识别验证样品是否重复；对涉药单位建立综合监管电子档案，全方位地展示每个涉药单位的历史变更情况、专业人员情况、监督检查情况、违法广告情况以及药品抽验情况等，监管更全面和精细。③实现网上办案，规范执法行为。提供全部规定文书的标准模板和历史模板，对案件的举报受理、案件交办、调查取证、案件合议、案件审核、行政处罚等环节做出严格的流程控制，有效规范办案行为和办案程序。有关负责人可随时掌握属下的案件办理情况，依据权限查阅电子案卷，对案件情况进行实时和全程监督。④实现在线审批。实现区县局初审、审批大厅受理、市局审批的三级联动审批机制。申请人可足不出户在市局外网网站进行相关审批材料的在线填报，并通过网站获知审批状态和结果，提高行政效率，为管理相对人提供方便。⑤实现市县两级联网，信息资源共享。通过网络连通，市局向各单位制发公文，以及各单位上报公文，除涉密件和特别需要外一律从网上传输，不再印发纸质文件，公文传送时间由原来的一到两天缩短到几分钟。系统中对各单位的内外网发布实行权限管理，各处室、各直属单位可以根据分配的权限直接向内外网发布信息，在保障信息安全的同时，提高了信息的时效。使各类监管信息及时共享和互动，形成全系统的协同机制。

（张　斌）

安全生产监督管理

【概况】 全市共发生各类安全事故1451起，死亡306人，与上年同比起数减少231起，下降13.7%；死亡人数减少6人，下降1.9%，未发生重大及以上事故。完成省政府安委会下达的各类安全事故死亡人数控制指标，安全生产形势基本保持稳定。

1. 落实安全生产责任。落实政府监管责任和企业主体责任，是做好安全生产工作的前提和保障。各级各部门不断完善安全生产一把手负责和班子成员“一岗双责”的领导责任体系，把每名领导干部纳入责任体系之中，形成人人肩上有责任、人人手中抓落实的局面。强化企业主体责任，推动企业安全生产投入保障责任、隐患治理责任和应急保障责任的有效落实。探索推进基层安全生产工作的长效机制，在逐级签订安全生产目标管理责任书的基础上，层层签订《安全生产目标管理责任书》和《安全生产目标管理承诺书》。将落实安全生产责任融入到“百日安全大检查”专项督查、打击非法违法生产经营建设行为专项督查及安全生产目标责任考核中，加大考核得分权重，促进安全生产责任落实。各县（市）区也把强化安全生产目标责任管理，作为做好安全生产工作的突破口，抓住落实责任这一关键环节不放松，构建横到边、纵到底的基层责任落实格局。

2. 开展“安全生产基层基础年”活动。2010年是“安全生产基层基础年”，也是全市安全生产工作抓基层打基础的关键一年。各级各部门各单位开展4次集中行动，共检查各类企业单位11000余家，查处整改各类事故隐患1万多件（次）。3890多家重点企业自查隐患17438项，整改17275项，列入隐患治理163项，确保“两节”“两会”、汛期及冬季安全生产形势持续平稳。按照“统筹规划、突出重点、讲求实效、稳步推进”的原则，开展安全标准化工作。6家大中型矿山企业和50家小型矿山企业分别达到三级以上和五级以上标准化水平；6家危化（危险化学品）企业通过二级安全标准化复评验收；11家危化企业达到三级安全标准化，企业本质安全水平进一步提升。以创建安全生产基层基础工作先进县（市）区、先进企业和安全社区、安全标准化示范园区为内容，开展“四个创建”活动。全市23个街道办和乡镇向全国安全社区促进中心递交创建申请，并完成注册备案。通过“四个创建”活动的开展，拓展全市安全发展的社会基础。

3. 优化安全生产环境。采取“打”“防”结合的方法，开展严厉打击非法违法生产经营建设行为专项行动。各级、各部门按照“谁监管，谁负责；谁发证，谁负责”的原则，集中力量、集中时间，开展全覆盖、无缝隙的专项行动。共查破非法生产经营烟花爆竹案件58起，查处涉案人员63名，刑事拘留10名、行政拘留39名，收缴各种烟花爆竹11780箱件，吊销、暂扣《烟花爆竹经营（零售）许可证》74个；查获客车超员111起、超速行驶860辆；立案查处特种设备违法行为206起，依法注销67家危化企业的《安全生产许可证》和《危险化学品经营许可证》，有效减少因违法非法生产造成的各类生产安全事故。执行安全生产许可标准，严格执行“三同时”（同时设计、同时施工、同时投产使用）制度，完善许可程序，严厉打击不经许可擅自生产经营的各类非法行为。检查冶金、建材等行业建设项目113个，对不符合“三同时”规定的57个重点项目，责令限期整改并进行跟踪督导提高行业准入门槛。

4. 重点领域隐患排查治理。①矿山和冶金领域：加强地下矿山冲击地压、矿体稳定性、塌陷区的检查监控，加大对井下排水、通风、供电、提升和运输设备的监督检查。开展地下矿山诊断性安全大检查和冶金企业煤气安全专项检查，及时排查消除事故隐患。②危险化学品领域：对全市化工、医药行业开展设备设施安全专项检查，加强对剧毒化学品和重点危险化学品的生产、经营、储存及使用的监管。督导25家危化企业投入800多万元，完成化工企业自动化控制与安全联锁技术改造。③烟花爆竹领域：开展烟花爆竹百日安全专项行动，开展“拉网式”大检查。调动村支书、村委会主任、包片民警等的积极性，加强对烟花爆竹生产、经营、运输和燃放的监督检查。④道路交通领域：严厉打击无证驾驶、酒后驾驶、超速、超载、货运机动车载人等各种交通违法行为。加快国省道四车道以上公路中央隔离设施建设，对17处“黑点”路段进行整改。开展联合执法活动，排查客运企业重点车辆1400余辆。⑤消防安全领域：开展多批次消防安全大检查。共检查治理766家单位，其中高层建筑187家、地下公共建筑39家、其他设有人员密集场所的建筑362家。⑥建筑施工领域：采取长期整治与专项检查相结合的办法，依法严厉打击各类建筑工程无许可私自施工、建设单位违法转包分包项目、违章指挥、违规作业等行为。各有关部门加大民用爆破、压力容器、森林防火等方面的管控力度，确保重点领域安全生产形势平稳。

5.提高全民安全生产意识和技能。围绕“安全发展，预防为主”的活动主题，开展第9个安全月活动。组织全市8千家企事业单位70余万职工，开展百万职工安全生产法律法规和应急知识答题活动，举办书画摄影大赛，“安全伴我行”演讲比赛等。济南市被中共中央宣传部、国家安监总局等6个部门联合授予“2010年全国安全生产月活动优秀单位”称号。不断创新安全培训考核机制，提高安全培训质量。全年共培训企业主要负责人、安全管理人员和特种作业人员41986人次，同比增长21.8%和11.3%。组织20余家农民工就业定点培训机构，针对农民工安全意识差、安全素质低的特点开展订单式培训。

6.提升应急保障水平。筹建市应急救援指挥中心，投入200余万元对全市应急救援信息化指挥平台进行升级改造，开通3G终端服务系统。对全市1064家企事业单位进行安全基础数据采集，采集数据13万条，充实重点监管企业基本信息数据库。加大应急救援预案管理，组织高危行业应急救援预案编制培训班，培训各类重点监管企业365家。启动安全生产责任保险，制定《济南市安全生产责任保险试点工作实施方案》，有力地提高企业抵御安全风险的能力。加强应急救援队伍建设，组建各类应急救援队伍231支，专业应急救援队员人数达到3200余人。组织各类生产安全事故应急救援演练280余次，参演人员15.8万人次。

（张　磊　马金阁）

【概况】全市统计系统努力致力于打造科学统计、和谐统计、透明统计、清廉统计，各项工作取得新的成果。

1.统计数据指标体系更加科学。围绕全市中心工作，形成以国家调查数据为主体的联系济南实际、具有地方特点的数据指标体系。在完成国家部署的各项统计调查任务的同时，强化对中心任务、重点领域、重点工作的统计监测。继续实施新农村建设十大工程统计监测；开展220个市级重点推进项目的月度监测，建立16个城市综合体月度监测；完善棚户区改造集中片区月度统计监测；进行房地产新政对房地产企业影响等调查；组织开展省级开发区固定资产投资月度动态统计监测；调整《济南市服务业统计调查制度》，建立《软件和信息服务业统计报表制度》；关注社会民生统计，完成“社会发展水平综合评价、妇女儿童两纲监测”工作、月度劳动力变动调查、环境统计上报工作，开展文化产业统计，实现文化产业网上直报，联合宣传部编辑《济南文化产业统计概览》；完成2010秋季全国糖酒会的统计监测等。加强社情民意调查工作，完成落实科学发展观“群众满意度调查”“行风评议”“文明指数监测”等工作，为党委、政府评价地区发展和部门工作，提供第一手资料。

2.统计数据质量控制体系更加严谨。始终把数据质量放在核心地位，坚持“四不一实”（不唯上、不唯表、不跟风、不攀比、只唯实）的统计数据质量理念，不断强化以“不出假数、真实可信、准确完整”为主要内容的统计职业道德教育。完善统计数据质量评估控制办法，加大利用金融、财税、供电、交通等相关数据对生产总值的评估审核力度，完善信息产业、文化产业、工业园区统计监测工作，尝试新的收入法工业增加值核算办法，通过定期抽查、重点检查、数据评估等措施，数据质量得到不断提升。加强对县市区统计工作试行量化考核，制定《济南市县市区统计工作综合考评办法》，促进县（市）区工作的提升。加强基层基础规范化建设，提高源头数据质量，把统计规范化建设从乡镇统计站向企事业单位延伸，部署《规模以上工业企业基础工作规范》，统计台账登录率达到100%，达到格式、内容、标准和要求的“四统一”。按照“准、全、活”的要求，强化名录库动态管理，提高名录库建设维护水平。强化“三上”企业网上直报工作，并作为重要指标纳入县区和专业考核。顺利完成城镇住户大样本轮换、月度劳动力调查样本轮换和农村住户、粮食、畜牧、能源等4大样本轮换工作，提高样本的科学性、代表性。

3.统计产品生产体系更加完善。邀请部分专家共同举办第三届“坚持科学统计，服务科学发展”论坛，形成系列论文并编纂成书；定期召开进度经济形势分析会，做好信息报送工作。全年局队共撰写统计信息、分析313篇，领导参阅件96篇，其中《关于积极推进济南市现代农业发展的探讨》等9篇信息分析得到市委、市政府主要领导批示。完善经济运行情况每月通报、经济社会发展重大情况快速反应和社会热点问题专项调查等制度，服务决策更加规范到位。加强政府统计信息公开工作，定期召开新闻发布会，及时更新济南统计门户网站信息，办好《济南日报》的“统计专版”。利用“世界统计日”开展济南统计开放日活动，利用电视“政务面对面”、广播“政务热线”、齐鲁晚报“读者热线”、舜网访谈等，加强与民众的沟通，推进政府统计公开透明。对省会城市交流网、副省级城市交流网等5大交流网络及时加载、维护，努力做好数据交换和资料交流。

4.加强统计法制保障。以新《统计法》和《统计违法违纪行为处分规定》颁布实施为契机，结合“五五”普法规划、统计执法大检查和第六次人口普查，开展统计法制建设年活动。组织开展统计“五五”普法检查验收，编制“六五”普法规划，在全市统计法学习宣传的基础上，联合济南市电视台举办统计法电视知识竞赛。部门统计规范工作取得进展，出台《济南市部门统计工作管理办法》，组织召开加强部门统计工作专题会议。按照国家统计局的统一部署，开展部门统计调查项目清理工作，共清理出部门统计报表982份。通过清理，基本摸清济南市部门统计调查项目情况，为解决调查项目中存在的指标重复、统计标准不规范等问题打下基础，对非法、违规的统计调查项目依法予以取消和纠正，部门统计调查得到有效规范。开展《济南市统计管理条例》的立法调研，列入市人大、市法制办2010年立法调研项目。出台《统计执法检查工作办法》等规范性文件。统计执法大检查取得成果，共检查单位5143家，立案查处案件60个，对违规单位进行严肃处理，有效规范统计行为，优化统计环境。

5.统计信息化建设迈上新台阶。加大信息化建设投入，在局机关基本实现每人“一机一本”基础上，对计算机硬件资源进行整合。购置行为审计及流量控制设备、防火墙防病毒模块，提高统计内网的安全性。加大创新研发力度，结合全国第六次人口普查，研发摸底和快速汇总程序、光电录入汇总和逻辑编审汇总程序，提高普查工作效率。研制完成《济南市统计继续教育网上报名系统》和《济南市统计执法管理系统》，有效提高网上办公水平。继续组织市局队和县（市）区干部职工参加全国专业技术人员计算机应用能力考试。

（孙夕良）

【第六次全国人口普查】 第六次人口普查是国务院部署的重大国情国力调查，市政府成立由市领导任组长、24个部门参加的第六次人口普查领导小组，普查经费、普查人员、责任管理、工作条件得到较好地落实。利用各种形式宣传人口普查的重要意义，形成“纵到底、横到边”的宣传网络。制定督查抽查工作制度，出台《责任目标考核办法》，制定《突发事件应急预案》，采取定期调度、随机抽查、及时通报并与考核结果挂钩等办法，严格督查抽查，保证人口普查数据质量。

济南市第六次人口普查工作完成前期准备和现场登记阶段的工作。普查共划分5102个普查区、27812个普查小区、615个虚拟普查小区，共抽调各级普查机构工作人员和普查员、普查指导员53130人。登记普查对象246万户，登记人口846万人。入户登记全部完成，数据处理等后续工作有序展开，人口普查取得阶段性成果。

（郭　威）

【部门统计调查项目清理】 为贯彻落实《中华人民共和国统计法》和《统计违法违纪行为处分规定》，市统计局从9月起，利用4个月的时间，分4批对全市64家政府部门2010年统计调查项目逐一进行清理，部门统计规范化得到长足进步。

8月10日，市政府主持召开全市加强部门统计工作会议，专项部署全市部门统计调查项目清理工作。会议印发《济南市部门统计工作管理办法》《济南市部门统计工作规范化建设标准》和《济南市地方统计调查项目管理工作流程（试行）》等相关文件。市统计局通过搭建全市部门统计工作网络、研发济南市地方统计调查项目网上审批系统、开展集中审核、专人跟进开展“一对一”式服务、抽取部分镇（办）和“三上”（规模以上工业企业、限额以上批发零售住宿餐饮企业、资质以内的建筑业企业和房地产开发企业）企业协助填写《济南市2010年度在用各类报表明细表》、逐一发送清理情况确认函等一系列措施，确保工作顺利有序开展。通过这次清查工作，共清理出报表982份，其中，需取缔的报表16份，需国家、省、市统计局规范的报表共527份。

（张媛媛）

【统计执法大检查】 6月初，国家统计局、监察部、司法部联合下发《关于联合开展统计法和统计违法违纪行为处分规定贯彻执行情况大检查的通知》。按照国家和全省的统一部署，济南市启动全市统计执法大检查，经过4个月的工作，全市共检查单位5143家，立案60件、结案34件。

济南市分3个层次周密部署、突出重点、强势推进。①各级政府及部门带头做好自查自纠工作，印发《济南市部门统计管理办法》《济南市部门统计规范化评分标准》和《济南市部门统计管理工作手册》，确保部门统计自查工作有章可循。②统计机构内部做好自查自纠工作，充分查摆问题。市局队利用近1个月的时间，采取座谈、听汇报、实地检查等形式，对全市10个县（市）区和高新区，22个街道办（镇）及270家（个）企业（项目）进行抽查。③宣传发动企业做好自查自纠工作，对全市5143家“三上”及重点项目单位进行书面执法检查。济南市采取多种措施，确保执法大检查取得实效。开设统计执法大检查专栏，登载《济南日报》统计执法大检查专刊，编印《统计执法大检查工作简报》，规范书面执法检查程序和文书，建立统计执法大检查卷宗库，启用统计执法数据库管理系统。

（李　婷）

【举办第一个“世界统计日”暨济南统计开放日活动】 联合国确定10月20日为“世界统计日”，主题是：“庆祝官方统计的众多成就”，以及服务、诚信和专业精神等核心价值。国家统计局决定于9月20日至10月20日在全国统计系统内开展以“统计和您在一起”“走向公开透明的中国统计”为主题的系列纪念活动，并把每年的9月20日确定为“中国统计开放日”。济南市统计局和国家统计局济南调查队把10月20日作为济南统计开放日，力求通过不断地努力，推动“坚持科学统计，服务科学发展，建设公开、透明、诚信的济南统计”。活动分座谈和观摩两个部分。（于培刚）

【城市居民最低生活保障线调查】城市低保工作是我国社会保障体系的重要组成部分，是维护和保障困难群体基本生存权的一项根本措施。做好城市居民低保工作，对维护社会稳定，促进经济和社会事业健康发展起着至关重要的作用。为了解济南市低收入家庭的基本特征、生活状况和低保工作面临的问题，为党委、政府及有关部门稳步推进低保工作提供决策依据，根据国家《城市居民最低生活保障条例》和《济南市城市居民最低生活保障线实施办法》的有关要求，市统计局会同国家统计局济南调查队暨市社会经济调查局对市区居民生活状况进行入户问卷调查。调查总体范围限定为济南市5区（未含长清区）非农业居民家庭。样本的选取严格按照国家抽样调查方案的要求，采用二阶段抽样的方法，即调查的小样本是在一次性大样本调查的8000户居民家庭中再按收入水平等距抽选出的500户居民家庭，占市区非农业居民家庭总数的1‰，样本均匀分布在市区40个街道办事处80个居委会中，具有很强的代表性。为保证调查质量，通过回访对原始调查记录进行抽样审核，对调查的各项指标数值进行逻辑性、技术性审核，并与国家调查点经常性记账户的调查资料和相关统计资料进行对比验证。

在参照国家统计局《城市居民最低生活保障线的测定》等有关资料的基础上进行测算，同时重点考虑全市的物价上涨因素和公共服务项目价格调整对居民生活的影响。济南市统计局、国家统计局济南调查队建议将济南市城市非农业居民2010年最低生活保障标准提高到360元。据测算，将补贴标准提高到360元，恩格尔系数达到51%左右，这些家庭才能贴近温饱型家庭标准。提高低保标准，增加低保家庭收入，有利于提高低收入家庭生活质量。（房　建）

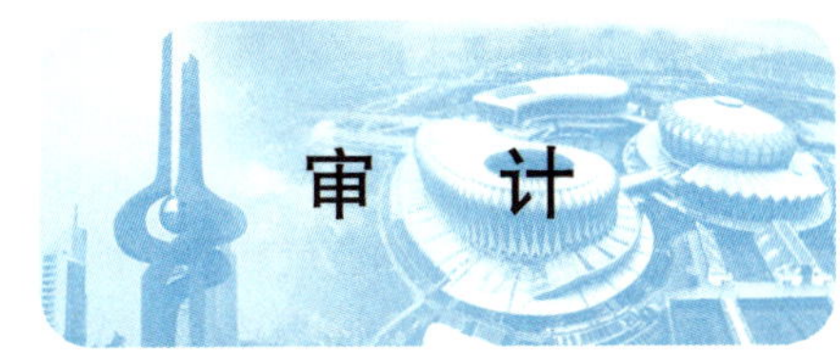

【概况】全年完成审计或审计调查项目72个，查处各类违规金额4.07亿元，管理不规范金额197.43亿元，上缴财政资金2.51亿元；向司法、纪检监察机关移送案件线索3起。“济南市市容卫生管理局预算执行及其他财政财务收支情况审计项目”“济南市槐荫区人民政府财政决算及其他财政收支情况审计项目”获全省优秀审计项目。

1. 服务财政体制改革和公共财政体系建设。在市财政局等14个市级预算执行部门及所属39个二、三级预算单位预算执行审计中，重点揭示国库集中支付制度、政府采购体制改革、部门综合预算改革、非税收入管理体制改革等方面存在的问题；开展“扩大内需新增投资项目”等14项专项审计或审计调查，揭示分配、管理、使用及效益方面存在的问题。审计整改工作取得实效，促进有关部门建章立制50项。

2. 服务民生项目和政府重点工程建设。组织开展奥体中心、园博园、大明湖综合治理、二环东路、擂鼓镇和北川新县城建设项目竣工决算审计。在棚户区拆迁改造审计中，查出217户以虚假资料骗取最低保障住房问题，及时向市政府提出“对享受住房最低保障政策的拆迁户进行全面复核”等建议。跟踪中央新增调控项目257个，审计总投资6.96亿元，确保项目、资金审计覆盖率100%。

3. 服务领导干部管理和反腐倡廉建设。开展部门、单位经济责任审计，稳步推进党委、政府主要负责人同步审计。对26个部门、单位的27名领导干部进行经济责任审计，查出违规资金1.54亿元，管理不规范资金91.04亿元。对平阴、济阳、历下、天桥4县区党政主要负责人进行同步经济责任审计。出台《济南市经济责任审计项目管理办法》，为提高经济责任审计工作制度化、规范化奠定坚实基础。

4. 服务政府宏观决策和和谐社会建设。年内提交审计专题报告、综合报告和信息268篇，被各级批示采用116篇。服务企业发展，出台《济南市审计局关于与市属国有及国有控股企业建立工作联系点的意见》，与济南二机床集团有限公司等建立经常性联系点，帮助企业破解相关难题。

【第十一届全运会济南赛区组委会财务收支情况审计调查】2009年9月至2010年6月，对济南赛区组委会截至2010年5月31日财务收支情况和重要事项收支情况进行专项审计调查。济南赛区组委会收入总额36028.81万元，其中：十一运会组委会拨入5629.78万元，市财政拨入13287.20万元，借款4000.00万元，赞助收入10514.87万元（其中：货币资金1450.07万元、实物6065.41万元、劳务2999.39万元），参赛费收入1435.71万元，门票收入910.20万元，资产处置及其他收入251.05万元。支出总额33416.64万元，其中食宿费4619.48万元、交通费956.81万元、酬金及补助和奖励1711.99万元、办公费4090.43万元、招待费386.94万元、资产购置4923.89万元、活动及场地设备租赁1676.91万元、运营费2747.14万元、赞助物资支出6797.90万元、其他4245.15万元、后续待结算支出1260万元。结余2612.17万元，其中，货币资金345.27万元、赞助物资2266.90万元（含盘盈物资1.35万元）。发现的主要问题：酬金、补助发放环节存在疏漏，部分工作人员有多发、重领现象；市场开发积极性较高，但开发成果管理粗放；财务管理制度较健全，但制度执行相对滞后；资金支出程序较完善，但未充分关注其效益性。针对上述问题，审计机关提出建议：总结济南赛区组委会运行过程中在财务管理、物资采购、市场开发及资产配置等方面的经验和不足，研究制定济南市大型活动财务及物资管理办法，为举办各类大型活动提供管理依据。加强预算管理的约束性，提高资金的使用效益，在举办各类大型活动时强化对支出规模和标准的控制，提高资金的使用效益。做好资产、物资的后续管理和移交工作，通过调拨、捐赠、拍卖等多种形式妥善处理好剩余物资，以获得最大的社会效益和经济效益，继续坚持节俭原则，加强对后续支出的管理。

【济南市公共交通总公司亏损情况审计调查】 1～4月，对济南市公共交通总公司2007～2009年的经营及亏损情况进行审计调查。市公交公司资产总额166127.47万元，负债总额127229.16万元，净资产总额38898.31万元，有公交营运车辆4051部，出租车600余部，营运线路187条，运营线路总长3383.5公里。日营运行驶里程达54万公里，日均接送乘客230万人次。2007～2009年分别完成营运行驶里程16540万公里、18210万公里和19060万公里，实现营运收入56569万元、61537.52万元和64321.15万元，补贴前亏损分别为14116.05万元、26415.47万元和39926.54万元，市财政（含中央财政）三年拨付亏损补贴13235万元、燃油补贴29826万元以及其他补贴165万元（不含事业费返还、购车补助以及其他专项资金）。2009年12月31日，累计亏损挂账40749.29万元。亏损原因为低价格票价政策、成本支出逐年增加、因承担社会公益性责任减少经营收入和BRT线路运营亏损严重。针对上述问题，审计机关提出4项建议：尽快制定出台优先发展城市公共交通的意见；建立和完善公交企业成本费用评估及核算机制；建立健全票价管理机制和调整机制，适当进行票价改革和票价调整；加强管理，内部挖潜增效。

【市级国有土地使用权出让金征管及使用效益情况审计调查】 2～4月，对市级2007～2009年国有土地使用权出让金征收、管理及使用效益情况进行专项审计调查。本次审计调查涉及市国土资源局、市财政局、市城市建设投资有限公司等7个市直部门和单位，并对高新区、历城区财政局、林业局和西营镇、彩石镇、孙村镇等11个基层单位进行延伸审计调查。审计调查资金总额416.72亿元，发现违规资金支出14.38亿元，占支出总额的4.06%。2007～2009年，市级实现国有土地使用权出让金收入4167278万元，分别为1103415万元、1280278万元、1783585万元。支出(拨付)3544180万元（市级支出3242044万元，拨付下级302136万元）。其中征地和拆迁补偿支出2218501万元，土地开发支出28645万元，城市建设支出766017万元，补助被征地农民支出5409万元，土地出让业务费支出4787万元，廉租住房支出32309万元,其他支出186376万元。2009年末累计结存697041万元。发现的主要问题：①土地出让金征收管理方面的问题：部分土地出让金未及时足额征收，多征收未退土地出让金，通过“过渡户”交纳土地出让金，执行国家房地产用地新规不够到位，土地出让中存在违约现象，土地出让金征收程序和制度建设不够规范和完善。②土地出让金使用方面的问题：挤占挪用土地出让金，部分土地出让金沉淀、闲置，储备土地利用率较低，少计提国有土地收益基金。究其原因：严格执行规定的意识比较淡薄，违规成本较低；把关不严，不具备出让条件的土地仍进行出让；政策调整滞后，严格执行规定意识不够强；前期准备工作不够充分，影响财政资金使用效益。审计机关提出4项建议：强化征收管理力度，不断提高征管水平；规范资金使用范围，提高资金使用效益；加强部门协作配合，实行土地出让信息共享；建立健全规章制度，使土地出让收支管理走向制度化、规范化。

【教育专项资金管理使用及效益情况审计调查】 2～4月，对市教育专项资金2008～2009年投入、管理、使用及效益情况进行专项审计调查。调查涉及市教育局及13个下属单位，济阳、平阴、商河3个县级财政和教育部门，共涉及教育专项资金8.45亿元（含中央及省级专项资金9046.46万元）。违规问题涉及金额2795万元，占教育专项资金总额的3.31%。发现的主要问题：政策规定不具体，影响教育费附加资金的使用效益。高中助学金发放比例过于统一，致使有的家庭不困难的学生得到了助学金。农村义务保障经费的使用存在较多问题。部分县（市）区应配套教育教学仪器资金不到位。农村中小学和特殊教育学校仪器更新工程未完成年度计划，造成项目资金闲置。出借款项较多，影响资金使用效益。部分校园仍在违规收取高额择校费。究其原因：《济南市教育费附加管理（暂行）办法》出台后，没有及时根据运作的实际情况进行修改完善。对农村义务教育保障资金的监督管理不到位，导致部分农村学校资金使用不规范问题发生。个别县（市）级财力不足和对教育配套资金认识不足，导致部分仪器配套资金不到位。审计机关提出加强对教育费附加资金支出管理的制度建设，加强普通高中政府助学金管理，加强对农村义务教育保障资金的财务管理,加强对教育配套资金的管理4项建议。

【机构改革撤并单位财务和资产清查审计调查】 3月，对市机构改革撤并单位（截至2009年12月31日）财务和资产进行专项清查审计。调查涉及政府机构改革的14个单位，完成财务和资产清查审计并出具审计报告的有12个单位。12个单位账面显示资产合计89110.57万元，单位清查填报数88163.68万元，审计审核认定数90159.70万元，比单位自查填报数增加1996.02万元。其中，固定资产账面显示33351.04万元，单位自查填报数为32404.14万元，审计认定34425.21万元，比单位自查填报数增加2021.07万元。负债账面显示21457.58万元，单位自查填报数21457.58万元，审计认定数21454.04万元，比单位自查填报数减少3.54万元。净资产账面显示67653.00万元，单位自查填报66706.11万元，审计认定68705.66万元，比单位自查数增加1999.55万元。发现的主要问题：未经批准擅自处置资产，造成账实不符。房改的宿舍未及时核销，虚增单位固定资产。专项设备、办公楼未及时入账，账外资产数额巨大。因以前年度机构改革未进行资产清理造成大批资产有账无物。往来款项清理不及时，未真实反映单位的财务状况。提出审计建议：按照“防止流失，兼顾实际”的原则，建议财政部门以本次资产清理审计为依据，在规定权限内对资产损益进行处理；加强财务管理，强化内部约束，督促清理往来账款；运用“资产动态管理系统”，规范资产管理行为；加强财务与资产管理人员培训，提高队伍素质；关于市城管局两宗土地的问题，建议产权单位采取有力措施，继续抓好清查落实工作，并将结果报告市政府机构改革机关事务处置领导小组。

【济南市住房公积金归集管理使用及绩效情况专项审计】 3～4月，对济南市住房公积金管理中心负责管理运作的住房公积金2007～2009年度归集、管理使用及其绩效情况进行专项审计，涉及公积金中心及电力、济钢分中心3个单位。审计就公积金的归集、提取、贷款、收益管理及分配以及财务核算、资产管理等环节分别进行审核。3个年度市住房公积金归集122.72亿元，支取57.84亿元，累计缴存余额157.23亿元；发放住房公积金贷款36699人次，放贷金额总计88.25亿元，收回贷款本金28.15亿元；取得增值收益3.91亿元，增值收益分配3.91亿元，其中提取管理费用0.79亿元，占增值收益的20.29%，提取城市廉租住房建设补充资金3.12亿元，占增值收益的79.71%。发现的主要问题：①住房公积金归集方面存在的问题：已办理缴存登记的单位欠缴住房公积金，部分人员重复开户并在两个住房公积金账户同时缴纳公积金，市直财政统发工资的机关事业单位执行的公积金缴存比例偏低。②住房公积金贷款方面存在的问题：公积金中心及委托经办行审核把关不严，致使有关人员通过造假骗取公积金贷款；公积金贷款存在超过个人最高贷款限额和最长贷款期限超过贷款人的可贷期限情况；部分利用公积金贷款购买商品房行为没有实行网上销售和在线签订买卖合同。③住房公积金资金管理方面存在的问题：超范围委托银行办理公积金业务，部分资金被分散储存到各行委托贷款账户中，影响资金的安全和保值增值。④会计核算及其他方面存在的问题：公积金中心及两个分中心未按规定设置职工个人公积金归集辅助账；住房公积金归集管理基础信息不规范。审计机关提出建议：①贯彻落实国务院《住房公积金管理条例》，建立有效工作机制，依法管理和督促各单位及时办理住房公积金缴存登记，提高公积金制度覆盖率。②加强公积金贷款和支取风险管理，确保资金安全。③以公积金中心为管理主体，规范银行委托制，确保资金的安全和保值增值。④加强对分中心的统一管理，统一业务管理系统，统一会计核算制度和会计核算软件，统一建立职工明细账。⑤加强对住房公积金和廉租房建设补充资金的监督和管理。⑥完善数据库系统，加强信息数据管理。

【市级矿产资源补偿费征管及使用效益情况审计调查】 4月，对市级2007～2009年矿产资源补偿费征收、管理及使用效益情况进行审计调查。调查主要涉及市国土资源局、市财政局及市钢城矿业有限责任公司、市国土资源局长清分局等部分缴费单位和项目实施单位。2007～2009年市级缴纳矿产资源补偿费的企业18家，征缴矿产资源补偿费共计6266.65万元，其中2007年1401.71万元，2008年2446.58万元，2009年2418.36万元。市财政、国土资源管理等部门安排矿产资源建设和补贴项目34个，计划投资总额2093.61万元。截至4月底，完工项目22个，在建8个，未实施4个。发现的主要问题：部分资金未及时安排使用；在“西营镇阁老村山体不稳定斜坡受威胁人员搬迁”等两个项目中，区级项目配套资金不到位；未经批准变更项目实施内容；项目管理不够规范；日常监管不够到位，对单位缴费情况检查不够及时，未严格执行申报制度。究其原因：①认识不到位，严格执行规定的意识不够强。②仓促申报，项目前期准备工作不够充分。③征管力量不足，缺乏有效的监督检查机制。④区级财力比较困难，如实申报的意识比较淡薄。审计机关提出4项建议：①统一认识，增强执行规定的自觉性；②充实人员，不断加大矿产资源补偿费征管力度；③强化管理，努力提高资金使用效益；④完善措施，做好征管基础工作。

【济南市新型农村合作医疗基金管理使用情况专项审计调查】 6～7月，对市新型农村合作医疗基金2008年至2010年5月的筹集、管理、使用情况进行专项审计调查。2008～2010年，农村居民参合率分别达到97.95%、98.75%、99.33%，财政投入分别为24917万元、25932万元、27293万元。其中，2008年基金支出20015.88万元，受益人群322.93万人（次）；2009年基金支出33170.77万元，受益人群393.28万人（次）；2010年1～5月基金支出15871.59万元，受益人群195.68万人（次）。发现的主要问题：①政策执行中存在的问题：县（市）区补偿方案差异较大，农村居民享受待遇不公平；农村居民重复参合参保，财政重复配套资金；新农合补偿政策与公共卫生项目补偿政策在执行中未有效衔接，至少多支付新农合基金264.72万元；新农合制度与农村医疗救助制度脱节，没有形成整体保障合力。②新农合基金筹集、管理环节存在的问题：个别县区多收取农民参合款，新农合基金缺口较大，结余基金层层沉淀以及部分县（市）区未按规定提取风险准备金。审计机关提出5项建议：加强制度建设，依靠法制管理；统一补偿方案，提高统筹层次；实现资源共享，形成保障合力；加强队伍建设，提高人员素质；加速信息化进程，提升管理水平。

【济南日报报业集团经营绩效情况审计调查】7～9月，结合财务收支审计，对济南日报报业集团经营绩效情况进行审计调查。集团下属“五报”（济南日报、济南时报、都市女报、当代健康报、人口导报）和大型新闻综合网站——舜网，拥有员工1468人。调查显示：2009年实现营业收入20725.19万元、利润580.71万元，其中“五报”发行9142.83万份，发行收入5379.24万元、广告收入14192.32万元；经审计调整后，收入总额22477.32万元、利润580.71万元；截至2009年末，资产40652.04万元，负债31897.63万元，所有者权益8754.41万元。发现的主要问题：集团化运作未凸现规模效益，效益增长缓慢且方式单一，可持续发展后劲不足。集团多元化经营效益不尽如人意，公司运作有待规范。党报发行市场空间有限，扩大发行难度大。舜网公司经济效益不明显，有待进一步做大做强。财务管理体制和内部控制水平亟待理顺和提高。提出审计建议：以文化产业体制改革为契机，加快日报集团产权制度改革，尽快成为真正市场主体；加大财政投入，做大做强舜网；加强人才队伍建设；建立现代化财务管理和核算体系；加大对党报扶持力度。

【市级以上土地开发整理资金投入和使用效益情况审计调查】7～10月，对2007～2009年市级以上土地开发整理项目实施、管理和资金的投入、使用效益情况进行专项审计调查。调查涉及市级和章丘、平阴、长清3个县（市）、区的财政和国土等部门8个，并对10个乡镇、18个自然村和12户农户进行延伸审计调查。审计调查项目23个，占计划安排项目总数的52.3%；审计调查资金总额69960.8万元，占项目计划投资额的68.5%；审计查出各类违规和管理不规范问题金额11588.45万元，占审计调查资金总额的16.56%。①2007～2009年，市级以上投资土地开发整理项目44个，计划投资总额103702.7万元。其中国家级项目3个，计划投资总额5842.2万元；省级项目2个，计划投资总额4568.1万元；市级项目39个，计划投资总额93292.4万元。截至2009年底，上述项目完工11个，在建25个，未实施8个；市国土资源局收到项目资金60858.3万元，拨出资金57973.4万元，结存资金2884.9万元。②2007～2009年，章丘、平阴、长清3个县（市）、区市级以上投资土地开发整理项目26个，计划投资总额64497.6万元。其中章丘市6个，计划投资总额19691.5万元；平阴县14个，计划投资总额23095万元；长清区6个，计划投资总额21711.1万元。截至2009年底，上述项目完工7个，在建14个，未实施5个；到位资金44145.6万元，拨出34505.1万元，结存资金20093.8万元（含2007年初结存10453.3万元）。发现的主要问题：滞留和闲置项目资金，部分项目资金未如期发挥效益，项目未按计划实施，未严格执行项目招投标的有关规定，项目后期管护有待加强，项目和资金管理制度不够健全和完善。究其原因：认识不到位，严格执行规定的意识不够强；可行性研究不够，项目前期准备工作不够细致、充分；项目管理不够细致，土地开发整理工作缺乏统一协调管理机制；制度建设重视不够，项目后期管护机制不够健全和完善。提出审计建议：提高认识，增强执行有关规定的自觉性；加强项目管理，确保项目按计划实施；强化资金管理，努力提高资金使用效益；健全项目管理机制，探索项目后期管护的有效形式；建立健全管理制度，使项目和资金管理走向制度化、规范化。

【司法行政工作情况审计调查】8月，结合济南市司法局原局长的经济责任审计，对市司法行政工作情况进行专项审计调查。发现的主要问题：①狱政设施建设滞后，债务包袱沉重。狱内设施陈旧，存在安全隐患；生产设施性能老化，不利于在押犯人的改造；债务沉重，严重制约监狱企业的长远发展。②体制改革不到位，运行机制未理顺。监企不分，制约监管改造工作的良性发展；市公证处体制改革不彻底，公证业务开展受到不利影响；劳教所机构设置尚需完善。③资金投入不平衡，专项资金管理尚存不足。专项经费分布不均，增长缓慢；部分县区法律援助经费投入偏低；犯人、劳教人员专项经费面临支出压力。④狱所一线民警工作艰辛，条件艰苦。⑤人员结构不合理，部分工作发展受到限制。⑥相关制度不完善，部分工作开展有待规范。审计机关提出4项建议：建立科学的资金投入增长机制，改善司法行政工作资金不足的现状；改善体制机制、优化人员结构，促进司法行政工作的良性发展；关注一线民警的工作现状，健全减压机制；完善相关制度，理顺运行程序。

【济南齐鲁化纤集团有限责任公司现状及发展情况审计调查】8～10月，对济南齐鲁化纤集团有限责任公司经营现状及发展情况进行审计调查。2007年至2010年6月期间，化纤集团及下属企业资金流入合计40643.43万元，包括政府性资金流入17385.41万元；自营资金收入合计23258.02万元，主要来源是出让土地及下属企业股权收入等，用于下属企业职工安置费、工资及日常开支等。至2010年6月末，化纤集团银行存款余额2915.99万元。发现的问题：①化纤集团本身没有经营收入来源，且大部分下属企业停止主业经营，无力承担集团运营费用，集团日常支出仅靠出售资产和股权维持，如果不谋求发展，集团本身会面临生存问题。②化纤集团下属企业中，除筹建中的齐鲁化纺和尚能维持的绿地商城外，其他企业均停止主业经营，亏损严重，机器设备长期闲置，仅靠出租收入维持，长此以往，不但无法发展壮大，生存也会成为问题。③化纤集团现有在职及离退休职工近两万人，经企业测算，整个化纤集团欠职工工资、各项保险等内债总数额较大，解决职工的生存生活是政府和企业面临的核心问题。④化纤集团下属企业金融债务和一般债务较重，债权人可能随时查封拍卖企业资产，如现有资产无法保全，整个化纤集团会难以维继，也会丧失发展的最后资源。⑤化纤集团及下属各企业均有部分留守人员维持运转，这些人员收入相对较低，面临较大的生活压力和社会压力。审计机关提出4项建议：加快工作进度，尽早进入破产程序；成立由市领导牵头，相关部门参加的破产及发展领导机构；搭建工商业发展平台；参与出让土地开发。

【市本级政府性债务专项审计调查】9～10月，对市本级（含开发区）政府性债务规模、结构、资金投向、管理现状等情况进行审计调查。调查涉及市财政局、市市政公用事业局、市国有资产运营有限公司、市城市建设投资有限公司、市旧城改造投资运营有限公司、市西区建设投资有限公司、市小清河开发建设投资有限公司、市龙奥资产运营有限责任公司、市东信开发建设有限公司等部门、单位，并对其中5个融资平台进行延伸审计。发现的主要问题：政府性债务规模增长较快，偿债风险不断加大；融资平台的企业化、市场化建设仍需加强；政府性债务监督管理制度仍需完善。究其原因：①近几年城市建设、旧城改造、重大公共设施项目建设投资较大。②成立的融资平台，均以融资、建设为主要目的，政府划定区域注入土地，并以土地出让金作为还贷来源，自求平衡，在当时的宏观经济形势和政策背景下，通过提供政府融资担保，能够实现融资和建设功能，融资平台往往忽略自身的企业化、市场化建设。③对政府性债务的计划和管理仍处于债务主管部门及融资平台的层面，政府性债务的举借规划、偿债（还贷）准备金制度的建立及规模、债务的风险和预警管理等缺乏统一规划和刚性要求。针对上述问题，审计机关提出合理确定政府性债务规模，控制债务风险；做大做强融资平台，充分发挥其自主经营承担举债融资的作用；加快政府性债务管理法制化建设步伐3项建议。

【济南市文化广电新闻出版局下属“六院团”财务收支情况审计调查】11月，对市文化广电新闻出版局下属的市杂技团、济南市曲艺团、济南市儿童艺术剧院、济南市歌舞剧院、济南市吕剧院、济南市京剧院（以下简称“六院团”）财务收支情况进行审计调查。2010年10月31日账面显示：资产合计3375.85万元，其中银行存款618万元，负债合计584.74万元，净资产合计3522.23万元。2009年1月至2010年10月收入总额7780.33万元（2009年4944.48万元、2010年1～10月2835.85万元），支出总额8666.91万元。审计机关提出“六院团”要加强资产管理及规范核算；市文广新局要加强对下属院团的财务监督和指导；相关部门对“六院团”离退休人员的两项补贴的发放给予高度重视，采取有力措施予以保障到位3项建议。

（白俊国　韩　磊）

责任编校　王　洋

经济开发园区

济南高新技术开发区

【概况】 全年实现地区生产总值275.1亿元，同比增长23.9%，其中第二产业增加值192.6亿元，增长20.2%；第三产业增加值82.5亿元，增长32.5%。规模以上工业企业实现主营业务收入595亿元，增长23.7%；利税99.5亿元，增长28.1%。实现全部税收收入92.7亿元，增长35.4%，其中国税收入66.9亿元，增长31.3%；地税收入25.8亿元，增长42.8%。实现地方财政一般预算收入13.1亿元，增长45.7%。

新引进各类项目223个，其中投资过亿元项目20个，共引进市外资金116.8亿元，增长45.7%。新开工建设项目464个，开工建设面积347.4万平方米；竣工建设项目201个，竣工建筑面积197.4万平方米。吉利汽车、青年汽车、重汽工业园、北车风电园等一批大项目已经竣工或部分竣工。全年完成全社会固定资产投资211.7亿元，同比增长42.6%，其中工业投入129.4亿元，增长51.2%，第三产业投资完成82.3亿元，增长33.2%。

全年实现高新技术产业产值404.4亿元，同比增长30.2%，占规模以上工业总产值的67.23%。全年共获得各类科技立项166项，争取无偿资助资金8088万元；专利申请1109项，获得专利授权576项；高新技术企业130家，占全市总数的44.7%；新认定“双软”企业19家，累计达到125家，有6家入选全国软件收入百强企业；新引进服务外包企业13家，累计达到53家，合同执行额1.4亿美元；新引进游戏动漫企业10家，累计达到45家，完成动漫制作9000分钟。被认定为全省10个高层次人才创新创业基地之一，86人列入市“5150”计划，占全市的87%；11人被列入省“万人计划”第一层次，占全市的91.7%；4人被列入国家“千人计划”，占全市的100%。倾力打造创新能力强、产业配套完善的“中国药谷”，开工建设了重大新药创制国家科技重大专项——国家综合性新药研发技术大平台和国家创新药物孵化基地。

加强行政审批中心建设，完善“一站式”服务制度，实行集中办理制和全程代理制，在确保重大项目顺利落地建设的同时，完成了第一批121个有遗留问题项目的手续完善工作，培育和发展拟上市企业14家，其中已报山东证监局备案辅导的4家；培育和发展拟海外上市企业10家；有15家企业完成“新三板”的券商内核。1月22日，积成电子股份有限公司在深交所上市，智能电网自动化系统产业化项目总投资7.8亿元。12月，山东创博在美国纳斯达克发行上市，共募集资金2000万美元，上市市值超过2亿美元。开放型经济深入发展，全年全区实际利用外资2.1亿美元，增长33.8%；出口创汇4.78亿美元，增长30.6%。济南出口加工区在全国62个国家级出口加工区中的综合排名由第37位上升到26位，保税物流业务达到3.2亿美元，综合保税区创建工作取得实质性进展。

全年投入基础设施配套资金15亿元，中心区、孙村新区、出口加工区的道路和“四供两排”设施不断完善，基础配套能力有了较大提高。齐鲁外包城、总部基地和金融商贸中心、会展中心、出口加工区创新创业基地、孙村商贸城五大城市综合体建设速度不断加快，开工建设面积达到200多万平方米，完成投入近70亿元。全年空气质量二级以上天数达标率为82.6%，道路保洁率达到98%，垃圾无害化处理率达到100%。全区绿化、亮化、美化水平有了新的提升。

【项目引进】 全年共引进223个项目，其中投资过亿元的项目20个。

1月7日，美国Ultimus公司与济南确信软件技术有限公司合作成立安码（中国）流程研发中心签约仪式举行。Ultimus公司是一家占据全球BPM（业务流程管理）软件市场份额首位的美国公司，已帮助包括100多家年收入超过十亿美元公司在内的许多世界知名企业导入BPM，注册资本超过100万美元，有员工500多名，全球有18个分公司，客户群遍及80个国家和地区，拥有多达16国语言版本产品以及广及全球的顾问服务团队。济南确信软件技术有限公司是山东确信信息产业股份有限公司的控股子公司，2008年4月与Ultimus公司建立战略合作关系，成为Ultimus公司在华东地区的核心战略合作伙伴。

1月10日，中铁十局科研大厦启用仪式在高新区怡科产业基地举行。作为世界五百强企业的中铁十局，是中国中铁集团的重要成员，是一家以工程承包为主的跨国经营、跨行业经营的多功能大型企业集团。中铁十局科研大厦从2007年5月开工建设,建筑高度58.2米，项目总建筑面积38000多平方米。

1月15日，山东齐鲁电机制造有限公司入区签约仪式举行。项目总投资12.74亿元，占地40.8公顷，建筑面积16.2万平方米，在孙村片区建设采用世界一流水平的法国阿尔斯通技术的年产100～300兆瓦级汽轮发电机组生产项目。

1月19日，济南润恒软件公司开业仪式暨首批CMMI（能力成熟度模型集成）认证企业签约仪式在齐鲁软件园举行。该公司是一家专业从事CMMI咨询服务的公司，也是山东省首家开展CMMI认证的企业。济南市现有软件服务企业近1000家，而通过CMM/CMMI的只有25家。美国外包商关于“CMM3级以下软件企业免谈”的软件外包需求，已成为制约济南市服务外包和软件出口的瓶颈。该公司的成立有力地推动济南市企业进行CMMI认证工作，提升软件企业实力，并促进济南市软件外包产业的发展。

1月22日，济钢集团绿色产业园项目入驻高新区签约仪式举行。济钢集团绿色产业园是济钢集团在整合置换孙村新区9个零星地块基础上建设的非钢产业项目，总投资60亿元，建设钢材深加工和电气自动化两大项目基地。

2月11日，高新区与中国重汽集团举行签约仪式，中国重汽集团整车和配件保税物流及制造出口基地项目入驻高新区。项目充分利用出口加工区的保税物流等功能政策进行整车及零部件的进出口。

3月5日，久兆新能源科技有限公司投资的磷酸铁锂材料及磷酸铁锂动力电池组生产项目落户济南高新区。项目总投资7亿元，建设总部基地和生产经营基地，形成从材料到电池生产的新能源产业链，力争做到国内行业第一品牌，成为全市乃至全省新材料、新能源行业的又一亮点。磷酸铁锂动力电池组是国家“863”高科技发展计划重点支持和鼓励发展的项目，是国际上积极推广的节能环保新材料电池，广泛应用于交通动力、大型储能设备和军事领域。

3月21日，中国兵器装备集团轻骑产业园在孙村新区开工。项目整体规划用地73.33公顷，整合济南轻骑、轻骑铃木、轻骑发动机三大项目入园发展，一期工程总投资7.68亿元。

4月9日，世界晶体振荡器巨头美国百利通半导体公司石英振荡器新厂——山东百利通亚陶科技有限公司启用仪式举行。山东百利通亚陶科技有限公司是国家信息通信国际创新园成立后引进的首个重大外资项目。新厂投资金额达3000万美元，研发生产世界领先的晶体模块系列产品。该公司5条生产线已投入试运行。

4月15日，山东华泰保尔灌溉设备工程有限公司开业10周年暨新厂启用庆典仪式在孙村新区举行。2000年5月，华泰保尔灌溉设备工程有限公司在济南高新区正式成立，主要从事节水灌溉设备专业生产，由济南高新控股集团有限公司、山东水利物资管理站与奥地利保尔灌溉及泵工程公司、迪拜Sino控股有限公司合资兴建。此次正式启用的新厂，主要用于生产卷盘式喷灌机、水处理设备和开发新产品。

4月17日，山东省冶金设计院和山东鲁电电气集团举行科技战略合作签约仪式。山东省冶金设计院是一家拥有多项节能减排核心技术，具备规划、设计、总承包1000万吨级综合钢铁项目的工程技术公司，尤其在节能减排绿色技术的创新与应用方面具有较高水平。山东鲁电电气集团是全国规模最大的无功补偿装置生产企业，是国家科技部认定的高新技术企业，在电力节能设备的研发生产上居全国领先地位。

4月29日，鲁能集团公司济南电工电气高新产业园在孙村新区开工奠基。该产业园成为促进鲁能集团电工电气产品研发制造和结构优化调整的重要基地，特别是有利于在产品研发、制造环节加强与居世界技术前沿的日本AE和美国GE等企业的强强联合，大力强化科技创新，提高科技含量，努力适应低碳经济、清洁能源和智能电网发展的更高需求。

6月12日，高新控股集团与中国中建设计集团举行战略合作签约仪式。济南高新控股集团是济南高新区管委会投资的国有独资公司，主要承担园区开发、基础设施建设、区域保障、投融资和资产管理等任务；中国中建设计集团是世界500强企业中国建筑股份有限公司的全资子公司，主营业务范围包括城乡规划设计、投资策划、大型公共建筑设计、工程监理、工程总承包等，具有丰富的工程管理经验。双方在项目前期策划规划、施工图设计、成本预算管理及项目计划、工程组织实施、售后服务等方面展开合作。

7月22日，济南概伦电子科技有限公司成立仪式在国家信息通信国际创新园举行。济南概伦电子科技有限公司是以电子设计自动化（EDA）软件开发为主导，集EDA软件建设、仿真、电路验证等产品研发、销售和服务为一体的高科技企业。公司总部设在国家信息通信国际创新园。概伦公司的前身美国普拉普斯公司，自2007年成立到2009年底，累计营业额超过2300万美元，累计盈利超过700万美元，其客户包括全球主要集成电路厂商。

8月31日，济南市保障性安居工程（公共租赁住房）项目集中启动仪式在高新区沁园新居项目现场举行。标志着济南市公共租赁住房试点工作正式拉开帷幕。济南市计划启动建设2.3万套公共租赁住房。此次同时启动的6个公共租赁住房项目，包括沁园新居、文庄新居、雅居花苑、龙泉花园、清雅居、乐天居，是济南市第一批开工的公共租赁住房项目，分布在市内4个行政区域内，总建筑面积近140万平方米，总投资约56亿元。其中，高新区公共租赁住房总投资12亿元，总建筑面积40万平方米，可解决2万人的住房需求，工程分三期进行建设。本次举行奠基启动仪式的是一期工程，总投资1亿元，占地1.4公顷，可解决1750人的住房需求。

9月16日，积成电子股份有限公司智能电网自动化系统产业化项目在孙村新区开工奠基。积成电子股份有限公司是国家重点高新技术企业、国家规划布局内的重点软件企业，现拥有员工700余名，年销售收入超过3亿元，在电力自动化、城市公用事业自动化技术方面位居全国领先水平。

9月19日，济南聚成添富投资有限公司暨济南聚成利群实业有限公司、济南聚成瑞天机电制造有限公司焊割自动化设备及光伏逆变器项目在高新区孙村新区开工。济南聚成利群实业有限公司是一家注册资金2000万元，致力于发展焊割自动化设备及光伏逆变器产品的研发、生产与销售的企业。其焊割自动化设备及光伏逆变器项目总投资1.5亿元，新增固定资产投资约1.22亿元，占地3.33万平方米，总建筑面积3.4万平方米。项目竣工后可年产各种焊割自动化设备400台（套），各种容量规格的光伏逆变器3000台(套)，年销售收入约为2亿元，利税达1000万元。

9月19日，山东低碳高新技术工业园项目进区协议签约仪式举行，山东红帆能源科技有限公司同时揭牌。山东红帆能源在济南高新区投资建设山东总部和低碳高新技术工业园项目，总投资约30亿元。其中，一期项目总投资12亿元，主要建设4条信息化智能型节能抽油机生产线；二期项目总投资约18亿元。11月12日，山东红帆低碳高新技术工业园项目在高新区开工。此次开工的一期工程总投资12亿元，厂房及配套建筑规模约25万平方米，建设周期为12个月，主要建设石油节能装备生产线、智能化计量仪表生产线、石油装备智能控制系统生产线等。

10月11日，孙村新区彩虹湖公园正式开园。彩虹湖公园于上年12月10日开工建设，公园南北长约700米，东西宽约450米，总占地面积约31公顷，自投资金4000多万元，充分利用雨水、中水资源，依托植物造景。园区内清除渣土、石方30多万立方米；建设游园道路3710米，总面积28000平方米；各种形式的广场17个，面积达35000平方米；种植苗木近300种，30多万株。

10月15日，由山东宝雅新能源汽车股份公司与市公安局联合研制的全国首辆电动警务指挥车在济南高新区正式下线并推向市场，填补了我国绿色环保警务指挥车装备的空白。高新区抓住山东省建设“济南都市圈新能源汽车基地”和“济南都市圈新能源汽车示范城市”的机遇，支持宝雅新能源汽车在出口加工区建立生产中心，形成年产5万辆外销电动汽车的规模。

11月3日，沃尔沃建筑设备中国技术中心项目在济南高新技术产业开发区正式启动，这是沃尔沃建筑设备在中国设立的首个产品与技术中心，也是济南市第一家世界500强企业设立的国家级研发中心。沃尔沃建筑设备是世界500强沃尔沃集团的全资子公司，是全球领先的建筑设备制造商之一。

11月7日，“重大新药创制”国家科技重大专项——国家综合性新药研发技术大平台和国家创新药物孵化基地开工奠基仪式在高新区举行，力争到“十二五”末，引进国家级平台转化项目100项，引进孵化企业200家，完成科技成果转化1000项，生物医药产业实现年销售收入300亿元。“一平台、一基地”规划总建筑面积29万平方米，总投资12亿元。

12月2日，齐鲁外包城首批项目暨5150高层次人才基地举行开工仪式。齐鲁外包城占地24.87公顷，总建筑面积210万平方米，是在依托齐鲁软件园50万平方米建成面积基础上再规划建设160万平方米。该项目总投资80亿元，建设13栋高档写字楼和配套公寓，是济南市重点建设的16个城市综合体之一。5150高层次人才基地是齐鲁外包城的一期启动项目，总占地面积4.22公顷，规划建筑面积22万平方米，总投资7亿元。

12月20日，由高新控股集团有限公司主办的“诚启美好未来”品牌发布会在济南举行。高新控股集团自2007年初组建运营，是济南高新区管委会的国有独资公司。集团注册资本10亿元人民币，下辖10家直属企业，17家参控股公司，涉及航空、电子、生物制药、石油、金融、公共事业等多个领域。截至年底，高新控股集团累计实现销售收入76亿元，实现利税11.7亿元，总资产达到135亿元。

12月21日，中海油山东化学工程有限责任公司成立暨入驻济南高新区签字仪式举行。由中国海洋石油总公司投资5亿多元的新办公楼已在高新区完成选址。中海油山东化工有限责任公司由山东省化工规划设计院改制而成。山东省化工规划设计院始建于1958年，1999年整体划入中央企业集团，2006年并入中海油，2008年划归海洋石油工程股份有限公司管理。

【重大工业项目开工投产】 3月5日，利星行集团山东省济南市工业地产项目开工。该项目总投资1000万美元，占地2.93公顷，建筑面积25000平方米，主要销售卡特比勒工程机械、奔驰乘用车。年销量达3000辆，可实现年销售收入20亿元，利税5000万元。

4月16日，北车风电有限公司首台1.5亿兆瓦发电机组在孙村新区下线，北车风电项目已由工程建设阶段转向全面生产阶段。北车风电产业园自2009年9月4日在济南高新区孙村新区奠基以来，基本完成总建筑面积近11万平方米的厂房建设和中国最大最先进的风机全功率试验中心建设，并实现了技术研发、基本建设、产品试制。

5月13日，德国独资企业贝洱（济南）热系统有限公司在济南高新区重汽工业园开业，德国贝洱成为中国重汽集团冷却和空调零部件供应商。2009年，贝洱集团在济南投资1200万美元，成立了第一家独资公司，贝洱（济南）热系统有限公司可年产空调模块13万台。

5月28日，曼胡默尔滤清器（济南）有限公司开业。该公司是德国曼胡默尔集团的独资子公司，投资400万欧元，主要为中国重汽提供滤清器的配套服务，是中国重汽的又一战略合作伙伴。

11月17日，首款“济南造”中高级轿车——帝豪EC8系在山东上市。此次上市的车型共有2.0L、2.4L两个排量10款车型，售价在10.58万元至15.98万元之间，打破了国产自主品牌10万元的价格“天花板”。帝豪EC8系的上市不仅进一步巩固和提升了吉利帝豪品牌的形象，开创了自主品牌在中国汽车市场的新格局，还实现了济南轿车生产零的突破，对济南市加快产业结构调整、发展省会经济具有积极推动作用。

【济南国际会展中心承办项目】 9月3～5日，第五届中国（济南）国际信息技术博览会暨第六届中国·济南高校、科研院所科技成果和专利技术展示交易会在济南国际会展中心举办，共有境内外企业657家参展，安排展台435个，折合标准展位2000个，展览总面积5万平方米,参会的世界500强企业达12家。展会达成交易累计17800多项，交易额近10亿元。

10月10日，由中国糖业酒类集团公司主办、济南市人民政府承办的秋季全国糖酒商品交易会，在济南国际会展中心开幕。糖酒会实现了展览面积超过10万平方米、参展客商超过10万人的目标。本届糖酒会交易额突破100亿元。

（徐金峰　徐兰婷）

省级开发园区

【园区建设】 全市省级经济开发区和出口加工区实现国内生产总值1167亿元，同比增长8%；工业增加值367亿元，同比增长11%；税收收入73.7亿元，同比增长14.6%；财政收入19.6亿元，同比增长8%；实际利用外资完成3.18亿美元，同比基本持平；实现出口7.3亿美元，同比增长37%。新设利用外资千万美元以上项目9个。

（李辉阳）

【山东省明水经济开发区】 全年实现销售收入672亿元，同比增长32.7%；完成工业增加值174.3亿元，同比增长5.4%；实现利税57.9亿元，同比增长37.2%；实现利润35.4亿元，同比增长35.2%。年内，获得国家级新型工业化产业示范基地、国家级先进机械制造业特色产业基地、山东省最佳投资园区、山东省知识产权园区等称号。

1. 发展规划更加科学全面。制定土地利用修编规划，为开发区的长远发展留足空间。根据各产业对生产要素、生产环境的不同需要，制定产业布局规划，引导产业集聚发展。聘请山东大学、省科学院等相关领域的专家教授，组织编制开发区“十二五”高新技术产业发展规划。该规划涉及电子信息、生物与医药、航空技术、新材料技术、新能源及节能技术、先进制造技术、高新技术改造传统产业等七大领域。

2. 招商选资迈上新台阶。招商引资工作在围绕拉长四大主导产业链条，做大主导产业集群的同时，重点突出新兴产业和现代服务业招商。全年新签约项目80个，合同投资额235亿元，实际到位资金165亿元，其中单体投资最大的签约项目是重汽德国曼项目，总投资达30亿元。已具备会审条件的项目12个，在谈储备重点项目20个，为项目建设的持续进行提供保证。从签约项目和在谈项目来看，既有涉及交通装备产业的合肥动益汽车配件项目，也有涉及化工产业的美国杜邦和巴德士化工项目，还有提升壮大传统优势产业的济南华锐铁路机械、山东锋润工具、LS集团电气产业园、中联同力电气等项目。国家阻燃制剂与阻燃制品、山东昊月树脂等项目的入区发展，进一步壮大了济南市的新材料产业；河北钢铁集团钢材加工配送中心、山东载信物流等项目的落地发展，有力地推动产业结构调整升级。

3. 项目建设实现新的突破。开发区继续实施“三个十”重点工程。项目总投资90亿元，全部投产达效后可实现销售收入214亿元，税收16.5亿元。先后有联合制罐、重汽客车、宜和食品等8个在建、扩建项目竣工投产，新增销售收入56.3亿元，利税3.1亿元，为工业经济发展注入新的活力；有海尔压缩机、重弹长力、华凌电缆18个项目正在加快建设，建成投产后，可新增销售收入90亿元，利税8.5亿元，为园区经济快速增长奠定了基础。

4. 园区环境持续改善提升。累计投资2326万元，实施圣井11号路东延、14号路南延等道路建设及龙枣工业园道路维修工程，改善园区交通条件；投资79万元，实施银鹭与传媒学院的雨污分流工程和园区的排水、排污管网建设，发展环境得到进一步改善。积极配合大华集团专用供电线路建设、循环水利用工程，架设线塔73处，移植各类苗木3万余株、绿篱1000平方米，并实施汛前管道清淤和美国白蛾防治工作。完成土地利用规划、化工园总体规划、产业布局规划、2010年工程建设规划设计及第二污水处理厂工程设计审查工作。同时在绿化、道路、路灯、执法、保洁等5个方面实施园区综合整治。

5. 科技创新迈出新步伐。坚持把科技创新作为转方式、调结构的核心支撑，推动经济发展走内涵增长的道路。启动国家级新型工业化产业示范基地、省级创新型示范园区、山东省海外高层次人才创业基地的申报工作。并被山东省知识产权局批准为“山东省知识产权园区”。组织申报1项山东省重大科技专项、6项济南市科技计划项目。共协调省、济南市争取各类无偿支持资金360万元。可研发新产品8种，实现科技成果10项，获得自主知识产权20余件，这些项目的顺利实施，充分显现科技创新是实现转方式、调结构促增长的重要手段。高新技术企业的支撑作用日益明显，开发区高新技术企业个数达到65家，比上年增加27家，高新技术企业的销售收

入占到全区的60%以上。开发区正逐步走上靠科技提升内涵，靠创新挖掘潜力的发展轨道。（崔　雨）

【济南济北经济开发区】 全区入园企业共有380家，规模以上企业103家，其中新增17家，规模以上工业总产值126亿元，规模以上企业增加值31.55亿元，同比增长24.6%；规模以上企业利税13.9亿元，同比增长22.37%。开发区先后获得山东省最佳投资园区、市发展园区经济先进单位、市经济和信息化工作先进单位、全市先进省级经济开发区等称号，在全省145家省级开发区综合发展排名中位居第18位，行政管理效能位居第2位。

1. 突出招商选资，产业结构明显提升。按照“扩大规模、拓宽领域、优化结构、提高质量”的思路，围绕园区资源优势、产业优势，全年开发区入园项目21个，其中过亿元项目9个，过20亿元项目3个，过百亿元的项目1个，合同引资额207.5亿元。帝华电梯、陕西石羊房地产、亘源电力、高新华能、康辉彩印、上好佳食品等项目的引进，进一步拉长了产业链条，提高了产业集聚效应，促进了产业结构优化升级。

2. 优化发展环境，园区建设提速增效。①项目安置进度加快。在工作中，坚持公平、公正原则，严格执行相关政策，清点补偿兑付工作日趋规范、严谨、高效。全年清点土地400余公顷，完成清障260公顷，有效确保了济南包装纸厂、远达彩印、华尔康生物等8个项目顺利投产，帝华房产、帝华电梯、旺旺A3牛奶生产线等8个重点项目开工建设。②园区管理力度加大。筹划组建了经济发展局，对园区经济运行情况进行全面调查摸底，对区内企业的资产总额、产值、利税等情况建档备案，加强运行监测，避免数据瞒报、漏报，提升了统计数据服务开发区决策的应用水平。同时，全面监督企业建设投资、达产达效、利税贡献承诺兑现情况，及时消除企业监管和税收征收等方面的漏洞和真空。③土地整合成绩突出。成立了土地清理小组，对区内土地资源进行调查摸底，对不同性质的闲置厂房、闲置土地逐一分析论证。加大政府引导力度，发挥市场配置作用，对占而未用、长期不开工建设项目，项目占地多用地少、不能达到建设要求的企业进行集中清理。通过嫁接、合作、调剂、转让等方式，把闲置、半闲置和低效利用土地向优质项目转移配置，成功收回广源发、万荣医药、瑞东环保科技384亩企业用地，实现了土地的高效集约利用。

3. 加强财源建设，财政收入稳步增长。始终坚持“依托优势，明确目标，扶持引导，发展壮大，稳固骨干”的财源建设模式，不断拓展和培植财源，努力提高管税意识，多措并举开源节流，全年完成地方财政收入1.42亿元，比上年增长40%，其中国税收入4216万元，地税收入9978万元。（王　超）

【济南临港经济开发区】 开发区突出抓好“基础设施建设、欧洲工业园建设、温泉片区开发、现代物流产业发展”4个重点，全年实现区域生产总值31.4亿元，地方财政一般预算收入10599万元，规模以上工业增加值21.5亿元，利税12.5亿元，实际利用外资2000万美元，新增规模以上工业企业12家，达到了54家。

1. 重点项目建设取得新突破。以实现大发展、推动大跨越为目标，深入开展“项目服务年”活动，严格实行项目领导责任包挂、项目跟踪服务等制度，加快推进重点项目建设。德国大陆汽车电子有限公司、东港安全印刷股份有限公司、宏景电子公司等13个项目竣工投产；温泉小镇、春鹏工业园、山东华伟发展有限公司等多个项目正在积极建设。

2. 招商引资取得新成效。立足空港新城建设目标和产业定位，积极调整招商策略，创新招商方式，由先进制造业招商向先进制造业与三产服务业招商并重转变。开发区先后举行两次大规模的项目集中签约活动，引进上海一方房地产有限公司、北京科爱工贸有限公司等30个项目，总投资60.61亿元，其中三产服务项目13个，总投资52.31亿元，三产服务业项目占招商引资比重大幅增加。

3. 基础设施不断完善。按照城市道路建设标准，全力实施“四纵五横”道路工程，完成温泉路、分洪河路、大张路西段等工程，温泉路西段、马家西路、机场路部分路段提升改造工程正在实施。

4. 服务水平不断提高。深入研究市场发展环境，为企业提供各类咨询服务，促进产学研合作，加快企业膨胀发展。维维乳业有限公司、弗斯特公司、莱钢钢结构公司等多家企业实现增资扩股或技改；山东龙腾实业公司与山东建筑大学合作设立了山东建筑大学设计研究院龙腾分院、山东建筑大学教学实践基地、山东建筑大学社会实践基地和木构建筑研究所，创造了校企之间科研、人才与资源、市场优势互补的典范。（张　扬）

【山东商河经济开发区】 全区共有企业115家，规模以上企业68家，全年完成固定资产投资123260万元，规模以上企业实现增加值158068万元；实现销售收入527255万元；实现工业利税48216万元；实现出口3139万美元。

1. 重点加快园区建设。商河经济开发区积极推进园区环境综合整治，重点加强园区绿化、污水处理厂及管网建设等工作，着力打造绿色生态园区。全年重点建设项目5个，总投资5870万元。其中科源街综合整治工程、晟朗西路建设、农场职工住宅楼及配套建设已完成，污水处理厂已投入使用，力源街西延线已完成工程量的60%。尤其是科源街综合整治全长4900米，整个工程涉及企业门口及各路口整治、绿化带更新、主路路面挖补、路沿石及人行道板更换等小项，对沿路企业、商铺外立面、装修色调进行了统一安排。

2. 完善园区管理。随着园区基础建设不断加强，功能配套日益完善，园区已从“以建为主”上升到“建管并重”的阶段。①健全完善相关管理制度。为加强对园区总体规划的实施，规范项目规划和建设，保证工程质量及施工安全，促进园区和谐、健康、有序发展，商河县经济开发区编制出台了《山东商河经济开发区规划建设管理办法》《山东商河经济开发区市政设施建设管理办法》《山东商河经济开发区市政管理行政执法处罚细则》等规范性文件，制定开发区规划建设流程、厂区规划建设要求。②提高园区管理水平。对开发区范围内的各类工程建设、施工管理、市政设施管理、污水排放管理、园林绿化管理、市容管理、环境卫生管理等进行了明确详细的规定。

3. 项目建设稳步推进。①采取有力措施，积极推进项目建设，重点推进大项目建设。重点通过定期座谈、不定期走访，及时了解企业的生产状况、建设进度、生产经营或建设中遇到的困难和问题，同时提供平台加强区内企业间的沟通和联系，以便于掌握信息，搞好服务。层层建立岗位目标管理责任制，保证工作落实到位。形成有效的激励机制，提倡一线工作法，一抓到底、落实到位。落实工作人员包企业、包项目制度，将重点工作、任务层层分解，逐一落实，为在建项目创造良好有序的建设环境。②实施大企业和重大项目直通车服务制度，制定重点项目绿色通道服务办法。专门成立晟朗能源推进领导小组，对项目进展情况、存在问题、遇到困难每周汇总上报，及时解决，促其加快建设进度。

4. 招商引资注重质量。注重引进项目的质量与效益，严禁"三高"（高物耗、高能耗、高污染）项目入驻。重点引进三产服务项目、高新技术项目、制造业项目。（商河经济开发区）

【山东平阴工业园区】 全区规模以上工业企业实现销售收入70亿元，工业增加值20亿元，利税10亿元，分别比上年增长21%、25%和38%。

1. 重点项目建设取得新进展。引进玛钢8万吨球铁管件、元首针织、汇九精锻齿轮、铸诚钢结构、银河电气碳素及电气研发中心等项目15个，合同利用资金13.8亿元，实际到位内资6.2亿元，利用外资731万美元。安排重点项目21个，新建车间20万平方米，完成投资14.5亿元。11个技改项目完成投资8亿元，项目达产后可新增销售收入16亿元、工业增加值6亿元、利税2亿元。二机床铸件加工、格蓝天然气压缩机、银河电气、鸿德橡塑、玛钢研发中心等项目现已建成投产，泰德包装、鸿瑞二期、迪生电子电容器等项目进展顺利。到"十一五"末，园区共入驻企业83家，固定资产累计投资37亿元，安置就业2万多人。

2. 主导产业发展初具规模。积极实施产业集群战略，围绕大项目——产业链——产业集群——产业基地的基本框架，以产业为纽带，以配套促聚集，大力实施上下游产品衔接，培植关联度紧密的产业链。县城片区，形成以齐发药业、鲁西化工、鸿瑞化工为主的医药化工产业集群，以伊利乳业、阿胶制品、董老大食品、玫瑰花加工为主的食品加工产业集群，以玛钢管件、摩托车配件、压缩机、锅炉管系、钢管等为主的机械装备产业集群。安城片区，形成以山水水泥制品为主的新型水泥建材产业集群。孝直片区，形成以机械加工为主的装备制造产业集群。"十一五"期间，四大主导产业在园区经济发展比例达到85%以上，占据了主导发展地位。

3. 载体建设取得新成效。积极拓展发展空间，提高承载能力，初步形成"一园三区"的布局结构。中心片区向玫瑰镇延伸拓展6平方公里，控制范围达到10平方公里。依托山水集团规划建设安城东区，依托孝直镇驻地规划建设孝直南区，园区总规划控制范围达到50平方公里，为招商选资和项目落地提供空间支持。完成基础设施投入5000万元，重点实施供水、供电、供气（汽）、道路以及新安置项目的场地整平等工程，完成玫瑰片区西区道路框架和33万平方米土地整平前期规划测绘工作，为二机床、玫瑰片区架设改造3条35千伏供电线路，为迪生电子、玫瑰片区铺设供热、供气管线，为玛钢8万吨球铁管件项目进行场地整平。片区改造取得新突破，园区办事处旧村改造投资8000万元，开工建设住房701户，建筑面积7.5万平方米，已拆迁293户、拆迁5.76万平方米，主体完工4.5万平方米，已回迁243户，腾空土地17万平方米。到"十一五"末，完成基础设施投资1.55亿元，新修道路14.5平方公里，埋设排水管道，道路两侧实施绿化、亮化和美化。完成伊利、机床二厂两个35千伏线路架设及变电站建设，改造迁移线路11公里。完成管道铺设16公里，其中供热管道5公里，供水管道5公里，天然气管道6公里。新修排洪、排污管道5公里，建设污水泵站一处。相继完成机床二厂、玛钢科技园、泰德包装、鸿瑞化工及鸿德橡塑项目土地整平77万平方米，土石方200万立方米。东区、南区投资800万元，扎起了"二纵三横"的道路框架，新修道路8公里。（李秀芝　于瑞东　张　红）

【济南槐荫工业园区】 全区全年完成固定资产投资13.4亿元；实现规模以上工业企业增加值13亿元，销售收入56亿元，利润8亿元，利税9亿元；实际利用外资837.5万美元；实现税收4.1831亿元；地方财政收入1.0406亿元，迈入"亿元园区"行列。

1. 园区重点项目稳步推进。①建成项目逐渐产生效益。山东九阳生产基地和物流配送中心项目投资基本完成，三大功能区均已建设完毕，其中配件中心、物流中心已经全部投入使用，步入正常生产和经营；总投资9200万元的星火科技园项目已完成并投入使用。②在建项目有重大突破。项目总投资约3.16亿元，占地11.53公顷的北药中信医药生产与物流基地项目已举行开工奠基仪式；星火公司的轮式装载机项目进展顺利，已生产样机3台，价值480万元；投资1.67亿元、改造规模为20万立方米/日的泓泉水质改造项目，于12月1日开工奠基，改造完成后出水可达到国家最新《生活饮用水卫生标准》；原寰宇汽车超市得到有效盘活，建设占地4万平方米的汽车配件城，主营汽车及配件经营、仓储物流和维修等，引进业户200余家；与山东送变电工程公司合作投资10亿元的送变电总部基地建设项目签约，主要为公司总部提供指挥调度、管理、生产、培训、济南区域的物资储运、电网应急救援、抢修、保障等为一体的中心建设。

2. 旧村改造不断加快。依据小清河治理规划，结合美里新居二期工程，实施新沙村旧村改造，计划与市小清河投融资公司合作建设小高层楼房14栋，建筑面积约14.5万平方米。西沙村旧村改造总体策划方案已经市旧村（居）改造领导小组批准，利用西沙旧村址及村东土地约12公顷，建设住宅楼20栋，建筑面积约35万平方米，其中4公顷农用地转用申请已上报国土部审批。拟借助西客站片区建设及南水北调、小清河综合治理工程等实施的南沙旧村改造，计划在可利用的6.67公顷建设用地上，建设高层住宅10栋，建筑面积约14万平方米；为配合“京沪高铁”建设，对美里村实施整村迁移的美里欣城安置项目进展顺利，新村建设已完成18万平方米，部分村民已入住新居。

3. 基础设施和园区发展环境不断得到改善。总投资6000余万元的美里路拓宽改造工程全部完成，美里路全长2.5公里、宽50米、双向6车道，共铺设管线2.4万米，投入绿化资金200余万元，建设高标准LED路灯138盏。投入700余万元对老区内的新沙北路和粟山路进行高标准提升，修整路面，实施绿化；完成了以西外环路为主线，以西沙、南沙、新沙三个片区为主战场的“一线三片”城市环境综合整治，清理建筑渣土、整治占道经营，重修绿地等，为辖区工商业户和广大居民群众创造更加优美的生产和生活环境。同步加大巡查力度，对辖区内违章建筑和违法用地进行严查严控，共拆除违章建筑1000余平方米。

（李雨霏）

责任编校　王　洋

工业·信息产业

综述

【工业概况】 全市国有及年销售收入500万元以上非国有工业企业（以下称规模以上企业）2288个，比上年增加135个。规模以上企业按隶属关系分，中央企业40个，省属企业63个，市属企业151个，县（市）区属企业157个，乡镇属企业18个，其他企业1859个；按轻重工业分，轻工业企业735个，重工业企业1553个；按企业登记注册类型分，国有企业78个，集体企业100个，股份合作企业19个，股份制企业1475个，外商及港、澳、台商投资企业233个，其他企业383个；按企业规模分，大型企业18个，中型企业195个。在规模以上企业中，营业收入过亿元企业741个，同比增加64家；亏损企业259个，同比增加8.82%。全市规模以上工业企业资产合计3811.38亿元，同比增加26.9%；负债合计2321.60亿元，同比增加30.36%；工业流动资产合计2156.74亿元，同比增长30.21%。

1. 工业经济平稳增长。全年完成生产总值3910.80亿元，比上年增长12.7%；全部工业增加值1352.4亿元，增长10.7%。全市规模以上工业累计完成工业增加值1313亿元，同比增长14.4%。

2. 企业效益向好趋势增强。规模以上工业主营业务收入4764.1亿元，比上年增长21.3%；实现利税515.9亿元，增长12%；实现利润262.9亿元，增长12.4%。企业亏损面11.3%，提高0.9个百分点；亏损企业亏损额12.4亿元，增长48.9%。

3. 工业经济结构优化提升。产业结构发生变化，三次产业增加值比例由5.60:42.91:51.49调整为5.50:41.87:52.63。产品结构趋向优化，在规模以上重点工业产品中，全年产量增长的占60.1%，提高8.2个百分点。高新技术产值占规模以上工业比重达41.5%，比年初提高2.03个百分点；交通装备、机械装备、电子信息三大主导产业营业收入均首次突破千亿元，占工业比重超过55%，比年初提高4.5个百分点。

4. 工业投资增长较快。全社会固定资产投资1987.4亿元，比上年增长20.1%；工业投资667.3亿元，比上年增长23.2%，高于全社会固定资产投资增幅3.1个百分点，占全社会固定资产投资的33.6%。其中高新技术产业投资181.9亿元，增长24.5%。在建工业投资项目1645个，增加199个。千万元及以上项目1011个，完成投资565.3亿元，占工业投资比重的83.5%。

5. 技术进步成效显著。全市开发新产品、新技术1500项，同比增长近100项，技术中心新产品销售比率达到35%以上，370个项目列入2010年山东省技术创新项目计划。年末高新技术产业企业511家，其中年工业总产值过亿元企业207家，增加9家。高新技术产业产值2063.9亿元，增长30.7%。新一代信息技术、高端装备制造、生物医药、新能源等战略性新兴产业发展加快。

6. 支柱行业稳定增长。全市六大产业集群实现工业增加值1001.3亿元，首次突破千亿元大关，增长14.3%，占规模以上工业的比重达76.3%，提高0.2个百分点。其中，交通装备增长34.0%，机械装备制造增长17.2%，石油化工增长15.8%，食品药品增长13.1%。全年主营业务收入过亿元企业741家，其中过10亿元企业49家，分别增加63家和11家。

7. 推进信息化建设。全市信息产业实现业务收入突破1000亿元，增长16%，其中软件与信息服务业销售收入590亿元，增长35.6%，利润和利税同比分别增长27.1%和21.5%。全市软件外包销售收入2.01亿美元，同比增长100%。全市移动电话用户891万户，同比增长53%，互联网宽带用户117万户，增长16%。政府、社会、工业、农村等各领域信息化建设不断深化，信息化对企业效益增长的贡献率超过25%。

8. 园区承载能力增强。济南出口加工区及8家省级经济开发区年末规模以上工业企业591家，占全市规模以上工业企业的比重为25.8%，提高1.7个百分点；全年工业增加值288.8亿元，增长12.6%，占全市规模以上工业企业的22.0%，提高2.7个百分点；实现利税总额116.8亿元，增长14.9%，占全市规模以上工业企业的22.6%，提高1.8个百分点。

9. 规模以下工业生产稳步增长。全市规模以下工业总产值320.29亿元，同比增长15%。其中，工业企业总产值246.48亿元，增长15%，个体工业总产值73.81亿元，增长12%。全市规模以下工业企业实现利润总额4484万元，增长

16%，上缴税金 2577 万元，增长 10%。全年全市规模以下工业单位 3.55 万个，其中企业个数为 1.19 万个，个体工业个数为 2.35 万个，与同期保持持平。

10. 节能减排成效显著。全年全市万元 GDP 能耗为 0.9978 吨标准煤，同比下降 4.21%，顺利完成“十一五”降低 22% 的任务目标；全年全市规模以上工业增长单位能耗 1.40 吨标准煤，同比下降 6.83%，“十一五”累计下降 32.2%。重点行业和企业单位综合能耗逐年降低，完成规模以上工业节能任务。全市化学需氧量和二氧化硫排放总量完成省政府下达的控制计划，比“十五”末分别消减 18% 和 10.9%；工业固体废物综合利用率为 96%，比“十五”末提高 1.4 个百分点。全年关停 10 家落后产能企业，关停并拆除 3 条水泥立窑生产线。

【技术创新】 全市开展国家知识产权工作示范城市、国家创新型城市、中国软件名城等试点工作，综合性国家高技术产业基地、国家创新药物孵化基地和国家综合性新药研发技术大平台建设加快推进，创新活力加速释放。

1. 创新驱动作用增强。①创新平台建设更加完善。全市新认定国家级企业技术中心 2 家、省级企业技术中心 7 家、市级企业技术中心 20 家，承担省企业技术中心创新能力建设项目 2 项。年末市级以上企业技术中心达 204 家（其中国家级 13 家、省级 48 家）。新认定省级工程技术研究中心 24 家，省级以上工程技术研究中心达到 109 家（其中国家级 2 家，省级 107 家）；新认定国家级特色产业（成果转化）基地 2 家，总数达 9 家；新增省级软件工程技术研究中心 6 家，总数达 25 家。国家级产业技术创新战略联盟 4 家；新建产学研基地 8 个，总数达到 66 个。济南市创新总指数为 28.61，高于全国平均水平 6.13 个百分点。高新区各项经济指标大幅增长，在全国排名明显前移。鼓励引导企业开展技术创新，370 个项目入选省技术创新项目计划，新下达科技计划项目 674 项，获省级以上科技奖励 225 项。新增高新技术企业 59 家，总数达到 293 家。结构层次和创新能力明显提升，高新技术产值比重达到 41.5%，比年初提高 2 个百分点。技改投入 537 亿元、增长 47.8%，增幅居全省首位。②政策资金扶持力度持续增强。市经信委对 7 家 2010 年认定的省级企业技术中心进行表彰，拨付补助资金 700 万元。新认定的 20 个市级企业技术中心拨付补助资金 200 万元。争取国家和山东省专项资金扶持，从工信部科技重大专项、省创新能力建设、省工业设计中心、行业技术中心、工业设计优秀产品等方面累计争取资金 4000 余万元。企业享受财政专项扶持资金 1100 万元，11 个项目获技术创新资金 200 万元。③强化自主创新。全年专利申请总量 15519 件，增长 13.3%，其中发明专利申请量 3432 件，增长 14.4%。专利授权量 9593 件，增长 50.1%，其中发明专利授权量 1260 件，增长 51.4%。实施各类科技计划 1274 项，增长 18.0%，其中“核高基”（核心电子器件、高端通用芯片及基础软件产品）、大型精密复合冲压成型机床创新平台等近 20 个项目被列为国家重大重点专项。产品结构调整步伐明显加快，截至年底，全市开发新产品、新技术 1500 项，同比增长近 100 项，技术中心新产品销售比率达到 35% 以上。370 个项目列入 2010 年山东省技术创新项目计划。

2. 新兴产业发展上新台阶。全市围绕形成“一个战略目标、三个区域层次、五个支撑产业”的总体发展格局，初步形成以信息、新能源、生物、新材料、高端装备制造等优势产业为主导的具有区域特色优势的新兴产业集群，和以高新区为龙头，济北开发区、济南经济开发区、明水开发区、临港开发区等一批省级经济技术开发区为载体的新兴产业发展格局。①新兴产业快速发展。全年实现规模以上高新技术产业产值 2064.0 亿元，同比增长 30.73%，高新产业比重位居全省前列。全市拥有规模以上新技术、新材料、新能源“三新”战略性新兴产业制造业企业 268 家，其中产值过 10 亿元 5 家；完成工业总产值 485.1 亿元，占全市的 9.8%。②特色产业优势明显。在五大新兴产业领域拥有重汽、浪潮、齐鲁制药、力诺、山东圣泉、二机床等一批龙头骨干企业，在信息产业领域，济南 IT 产业位居全国第六位，拥有软件国家高技术产业基地、中国服务外包基地、软件出口创新基地、国家动漫产业基地，拥有全国唯一的国家信息通信国际创新园，是 3 个中国软件名城之一，齐鲁软件园属国内十大软件园，浪潮集团名列国内 IT 综合实力企业第二位。在新能源产业领域，济南市太阳能产品的生产规模和市场占有率稳居全国第一位，形成世界级太阳能热利用产业聚集区。在生物医药技术与制药、数控机床、汽车电子、服务器、软件、有机高分子材料、氟制品等领域拥有一大批名、优、特产品。在生物产业领域，济南拥有“国家重大新药创制平台”和“国家级创新药物孵化基地”2 个国家级平台，成为山东省生物医药产业最大的生产研发基地。在新材料产业领域，初步形成以有机高分子材料、半导体照明材料、氟材料等产品为核心的产业体系，拥有亚洲产量最大的济南圣泉集团树脂生产基地和国内最完整的氟制品产业链条。在高端装备制造业领域，锻压设备及专用数控机床生产跻身世界前 5 位，国内市场占有率达到 80%；大功率柴油机、数字变电设备、万能试验机等位居国内市场第一位；在汽车装备和汽车电子行业，重汽集团位居全国重卡行业之首并进入世界重卡企业前 3 位。

3. 创新成果转化成效显著。①创新水平明显提升，创新能力显著增强。“十一五”期间，全市开发新技术、新产品 5000 多项，申请专利近 6 万件，新产品贡献率达到 33% 以上；企业技术中心的研发投入占主营业务收入比重一直保持在 3% 以上。②创新资源日趋丰富，创新机制环境不断优化。国家软件产业基地、国家信息通信国际创新园、中国服务外包基地城市、软件出口创新基地、国家动漫产业发展基地、中日IT桥梁工程师交流示范基地落户济南市。③创新合作模式，深入产学研合作。全市规模以上企业中有80%以上都至少与一家高校建立产学研合作关系。实施“泉城学者”建设工程，围绕全市经济社会发展，以解决企业发展中的重大、关键性难题为目标，面向全国的高校、科研院所和企事业单位公开招标，招贤纳才。实施济南大学服务济南行动计划，推进济南大学联系百家企业工程。

【结构调整】 1. 调结构保增长成效显著。全面落实中央和山东省应对国际金融危机的决策部署，贯彻实施一系列保增长、扩内需政策措施。落实产业调整振兴规划和战略性新兴产业规划意见，开展“项目推进年”活动，以项目建设促结构调整，加快发展方式转变步伐，结构调整取得显著成效。三次产业增加值比例由5.60:42.91:51.49调整为5.50:41.87:52.63。全年新开工项目1235个，竣工项目1096个。高新技术产业企业511家，其中年工业总产值过亿元企业207家，增加9家；高新技术产业产值2063.9亿元，增长30.7%。新一代信息技术、高端装备制造、生物医药、新能源等战略性新兴产业发展加快。中小企业和非公有制经济保持健康平稳发展态势。全市非公有制规模以上企业1946户，其主营业务收入、利润、利税分别同比增长24.08%、30.73%、26.90%。全市实现进出口总值74.10亿美元，增长31%，实际到账外资10.40亿美元，增长6.1%。①工业投资增长平稳。全市完成规模以上工业固定资产投资667.3亿元，超出年初预定计划17.3亿元，同比增长23.2%，工业投资占全社会投资比重33.6%，高出上年同期0.9个百分点。其中，中央及省属企业共完成工业固定资产投资135.8亿元，同比增长22.1%，占总投资额的20.3%；市属及市属以下工业企业共完成投资531.6亿元，同比增长23.4%，占总投资额的79.7%。②技术改造投资稳居全省前列。累计完成技术改造投资537亿元，同比增长47.8%。绝对值位居全省第5位，增幅位列全省第1位。占全部工业固定资产投资的80.5%，占全社会固定资产投资的27%。③六大支柱产业完成投资情况良好。全市制造业完成投资575.4亿元，占工业固定资产投资的86.2%。高新技术产业完成投资181.9亿元，同比增长24.5%，占工业固定资产投资的27.3%。六大支柱产业共完成投资472.9亿元，同比增长20.1%，占全市工业投资的70.9%。其中，机械制造行业和交通装备行业分别同比增长48.1%和13.5%，

2. 加快推进项目建设。贯彻“拓展城市发展空间、构建现代产业体系”战略部署，配合城市综合体建设，开展“重点项目推进年”活动。①省“双百工程”重点产品结构调整项目进展顺利。全年列入省“双百工程”计划的重点产品结构调整项目共计20项，总投资26.7亿元，累计完成投资20.62亿元，首批启动的5个项目，总投资5.29亿元，累计完成投资4.56亿元，占计划的86.07%，其中，累计竣工投产3个项目，年可新增销售收入16.35亿元，利润2.13亿元，税金0.52亿元；第二批启动的9个项目，总投资14.47亿元，累计完成投资10.58亿元，占计划的73.1%，其中，累计竣工投产3个项目，年可新增销售收入4.62亿元，利润0.41亿元，税金0.31亿元；第三批启动的6个项目，总投资6.94亿元，累计完成投资5.78亿元，占计划的83.3%。②新开工项目和竣工项目大幅增加，为“十二五”起步奠定基础。全年新开工项目1278个，同比增加260个。中国石油集团济柴动力总厂JC15、26/32发动机产能建设，济南热电有限公司热源厂扩建工程及管网节能改造工程，山东鲁能电工电气有限公司高新产业园大型变压器及电抗器项目，浪潮集团LED产业化项目，山东明水经济开发区管委会排水及污水处理工程等投资10亿元以上项目开工建设，共计完成投资30.4亿元。③竣工项目投产达产顺利，提供经济发展增量。2009年竣工的项目，特别是60个过亿元项目，为2010年工业经济提供380亿元的增量。主要是：青年汽车、吉利汽车轿车、裕兴化工厂扩建改造10万吨/年钛白粉、重汽重型汽车盘式制动器建设、明水化工产品结构调整节能综合改造、变压器集团大型电力及特种变压器、宝世达新型电机、抽油泵生产线电力设备厂500千伏变压器产品库房建设及设备购置、中石化济南分公司90万吨/年催化汽油吸附脱硫装置和120万吨/年延迟焦化装置配套完善改造、济钢链篦机回转窑工程、安达刹车片生产、九阳5万吨豆料、金钟衡器电子衡器、玫德玛钢球铁二期等项目。

3. 拓展融资渠道支持技术改造。落实国家宏观调控政策，向国家工信部和省经信委争取国家、省级项目和资金支持。全年落实项目和资金政策支持17亿元，通过多种形式向驻济商业性银行推介，争取银行支持贷款21.3亿元；向国家工信部、省经信委，争取更多的项目列入中央预算内投资计划，电子信息、新材料、新能源汽车、高端装备制造等企业的18个项目落实中央预算内资金4315万元；市经信委组织列入省政府转方式调结构1000个重点技术改造项目中115个项目的资金申报工作，落实新兴产业和重点行业发展专项27项，资金额度925万元，重点产品结构调整专项2项，一年期无息贷款1000万元；增值税抵扣情况良好，全年增值税累计抵扣33.99亿元（不含省电力公司在本市以外投资抵扣金额为17.43亿元），抵扣企业20857户次，其中，12月抵扣4.98亿元，抵扣企业2157户。抵扣税额和户次的稳步提升，有效地减轻企业税负，促进企业技术进步、产业结构调整和经济发展方式的转变；市经信委制定《工业和信息化等专项资金内部统筹管理暂行办法》，与市财政局联合下发4个专项资金的管理办法和申报指南。共安排4个专项资金使用财政预算内资金19300万元并全部到位；借助市财政部门设立的1亿元过桥资金，全年共为山东海澜天韵文化发展有限公司、山东豪特太阳能有限公司

等中小企业发放过桥资金，总金额730万元；中小企业担保行业发展加快，截至年底，在市工商局注册登记的融资性担保公司共76家，注册资金达到35亿元，其中过亿元的14家，在全省首批34家规范型担保公司中，济南市有7家，占全省的20%；涌现出鑫海、银联、润通、天元、永信、市中小企业担保中心等一批实力较强、运作规范、信用较高的担保公司。累计担保融资超过200亿元。全市有566人通过担保资格考试；企业上市融资水平不断提高，抗风险能力不断增强，全市区域内上市公司26家，股票28只，融资总额495.9亿元。证券交易量从2005年1806.5亿元上升到2010年9620.7亿元，增加额为7814.2亿元，其中，股票及基金交易额为7865.7亿元，国债交易额为98.7亿元。全市软件企业上市公司达到9家。

4. 完成“十一五”期间工业技改投资目标。5年共计完成工业投资2405亿元，完成技改投资1599.3亿元，占工业固定资产投资的67%。截至“十一五”末，全市规模以上企业达到2288家，规模以上工业企业实现销售收入4650亿元，年均增长16.8%，工业经济保持平稳较快发展。①技改投资稳步增长。“十一五”期间共完成工业固定资产投资2405亿元，是“十五”期间的2.5倍，年均增长13.7%。完成技改投资1599.3亿元，占工业固定资产投资的67%；利用外资51.7亿元，占全部工业投资的2.2%；使用银行贷款147.7亿元，占全部工业投资的6.2%；企业自有资金投入2251亿元，占全部工业投资的94.3%。技术改造投资对全市工业投资的贡献逐年提升，全市技改投资所占比重由2005年的67%提高到2010年的75%。②提升装备水平。“十一五”期间技术改造提高了济南市企业工艺水平和生产装备能力，90%以上的企业均在产品结构调整、增强优势产品竞争能力、提高工艺装备水平等方面实施相应的技术改造项目，共引进国外先进生产线380条，建成国内先进生产线1155条，引进国外先进设备及检测仪器3545台（套），更新国产设备3万多台（套），新增和改造厂房建筑面积1300多万平方米。通过引进、消化、创新、改造，提升全市的工业装备水平。③提高产品产能和技术水平。通过“十一五”期间的技术改造，全市各类工业产品水平和产能得到提高。重汽集团重型汽车产销突破18万辆，成为全国最大的重型汽车产业基地；济钢集团钢产量超过1050万吨，跻身全国八大钢铁企业行列；中石化济南分公司原油加工能力达到500万吨，跨入全国二类石化企业行列；山水集团在香港联交所上市，巩固全国第二大水泥制造企业的地位。④企业综合实力增强。截至年底，全市规模以上企业达到2288家，比“十五”末期净增618家；培育形成一批具有知名品牌和核心竞争力的大型骨干企业，以带动全市工业整体提升为目标。主营业务收入过亿元企业677家，较“十五”末增加374家。过10亿元企业37家，10亿~50亿元企业31家，50亿~100亿元企业2家，过百亿元企业5家。企业从业人员42.1万人，比2005年增加1.2万人。“十一五”期间，济南市工业经济保持较快增长。全市规模以上工业完成增加值1313亿元，比“十五”末增长80%，年均增长12.7%，占全市GDP的34.7%；主营业务收入4650亿元，增长117%，年均增长16.8%；利税510亿元，增长108.5%。⑤产业结构日趋合理。“十一五”期间，基本形成主导产业、新兴产业和传统产业梯次推进的产业发展新格局。全年冶金钢铁、交通装备、电子信息、石油化工、机械装备和食品药品六大产业集群实现主营业务收入3940亿元，占规模以上工业的比重达89.5%，成为全市工业发展的主要支撑。其中，交通装备、机械装备、电子信息等三大主导产业占规模以上工业的比重达53.2%，比“十五”末提高9个百分点，主导产品继续保持较强的市场竞争力。新能源、新材料、生物医药等新兴产业年均增幅超过25%，成为新的经济增长点。钢铁、化工、食品、建材等传统产业70%以上的工艺、技术装备达到国内先进水平。高新技术企业完成总产值1850亿元，比“十五”末增长173.6%；高新技术产业产值占规模以上工业总产值的41.5%，提高10个百分点。

5. 出台工业和信息化十二五发展规划。按照“拓展城市发展空间，打造现代产业体系”的总体思路，结合全市工业和信息化发展实际，编制以“十二五”工业和信息化发展规划为总体规划，以10个县（市）区工业和信息化发展规划及节能、循环经济、现代物流、中小企业、工业产业、信息服务业等20个专项规划及重大项目建设、规划指标体系为支撑的“十二五”规划体系。

【节能降耗】1. 节能减排成效显著。全年全市万元GDP能耗为0.9978吨标准煤，同比下降4.21%，顺利完成“十一五”降低22%的任务目标；全年全市规模以上工业增长单位能耗1.40吨标准煤，同比下降6.83%，“十一五”累计下降32.2%。重点行业和企业单位综合能耗逐年降低。严控“两高一资”（高耗能、高污染、资源性）项目，坚决淘汰落后产能，对34家企业实行预警调控，减少能耗64万吨标准煤。全年关停10家落后产能企业，关停并拆除3条水泥立窑生产线，产能30万吨，关停黄台电厂5号、6号和章丘琅沟电厂2号、3号机组，生产能力25.7万千瓦，提前超额完成“十一五”淘汰落后产能任务。推进建筑、交通、公共机构三大领域节能，43家企业通过清洁生产审核验收；开展建筑垃圾、废旧机械、办公用品、电子产品等资源综合利用，工业固体废物综合利用率为96%，垃圾填埋气发电装机容量达3500千瓦。全市化学需氧量和二氧化硫排放总量完成省政府下达的控制计划，全面完成“十一五”节能减排和淘汰落后产能任务目标。

2. 节能技术创新加速推进。①申报一批重大节能示范项目。全市上报国家项目3批，共计12个，项目总投资119899.3万元。其中申报“2010年节能技术改造财政奖励备选项目”3个，总投资13245万元；申报“2010年中央预算内投资节能备选项目”5个，总投资38620万元；申报“资源节约和环境保护2011年中央预算内投资备选”项目4个，总投资68034.3万元。上报“2010年全省工业转方式调结构节能200项项目”11个，总投资10.27亿元；上报国家工信部组织的“十二五”国家鼓励发展的重大节能技术装备23个；上报2010年合同能源管理财政奖励项目29项，项目总投资20057.18万元，年实现节能量58988.49吨标准煤。②众多项目获得国家、省创新扶持资金。山东水龙王集团获得国家第四批资源节约和环境保护支持资金210万元；富美科技、力诺瑞特获得省节能突出贡献企业称号，各获得奖励100万元；中国重汽等4家企业获得省节能先进企业称号，6个项目获得省优秀节能成果。25户企业获市节能专项资金支持，支持资金770万元。13个合同能源管理公司获得国家发改委备案，为以后在更大范围参与节能技术改造争取国家支持奠定基础。③推广节能新技术新产品。信博会期间举办“信息技术助推节能减排”供需对接会，海内外8家知名IT企业介绍信息化和工业化融合经验，推介信息技术助推节能减排的解决方案和建设目标，30多家企业参加交流对接；济南市柴油机厂、富强动力、北车风电、爱普置信、力诺等8户企业参加第三届中国（太原）国际能源产业博览会，集中展示节能变压器、太阳能、风力发电、发动机再制造等新产品与新技术。

3.强化节能监督管理。①强化节能降耗领导机制。以市政府、市经信委、市节能办名义以及与有关部门联合，共制定70个节能降耗方面的政策文件。分解全年节能任务目标，与各县（市）区、100户重点企业和15个市直部门签订节能目标责任书，形成“双目标责任制”。按照省节能办的要求在全市重点工业用能单位，开展节能自愿协议试点工作。全年共有19户企业签订节能自愿协议，可节约标准煤21.06万吨，减排二氧化碳27.15万吨。成立济南市节能减排和淘汰落后工作指挥部（济政办字[2010]52号），市直36个部门为成员单位，分成7个工作组，对“十一五”的任务集中进行攻关。市经信委节能办与积成电子有限公司联合开发“济南市节能管理综合信息系统”和“重点用能单位节能管理系统”软件，并在各县（市）区、有关部门、50户重点用能单位安装该软件。实施月报制度，随时掌握重点用能企业的用能情况，提高企业节能管理的水平。组织开展能源管理体系建设试点。济南市中国石化济南分公司、济南庚辰钢铁有限公司、山东黄台火力发电厂被确定为全省2010年能源管理体系建设试点企业。7月1日至10月15日，省节能减排工作审计组完成对济南市发电供热企业节能减排工作的审计。②实施节能降耗预警调控。市经信委节能办会同统计部门制定《2010年济南市节能降耗预警调控实施方案》，根据省节能减排指挥部的要求和济南市实际，相继启动全市节能降耗预警调控一级和二级实施方案。③加大节能监察力度。依法实施节能监察。济南市节能监察支队对百户重点用能企业和50家非生产重点用能单位进行日常监察，共下达限期整改通知书17份，节能监察建议书8份，节能监察意见书3份。查处并监督销毁16家单位的280台国家明令淘汰的用能设备，逐一落实38户重点用能单位的2505台在用高耗能落后机电设备淘汰计划。开展专项监察，节能支队先后组织43家工业重点用能单位执行能耗限额标准情况的专项检查，对50户公共建筑和公共机构开展年度用电计划完成情况、全市装饰性景观性照明用电情况、夏季节电、百户重点用能单位“十一五”节能目标完成情况预考核、家用电器能效标识实施情况等六次大的专项监察。扩大节能监察范围，在对济南市百户重点工业用能单位做好节能监管的同时，把对非工业重点用能的监察范围由50户扩大到80户，并将交通行业节能监察纳入正常工作范围。在重点非生产用能单位中推行能源审计工作，有30家单位提交能源审计报告。对未列入市重点用能单位但年耗能超过5000吨标煤的26户工业企业进行用能和节能情况调研和检查，为确定“十二五”期间重点用能单位提供依据。在全省建立节能管理与节能监察综合信息系统，实施市以上监管重点用能企业耗能动态网上报送制度，及时掌握能源消耗、节能目标完成情况，做好数据分析，形成从能耗数据收集、分析到异常情况跟踪督察及现场监察的立体工作机制。全市500多名企业负责人和节能管理人员参加不同内容的节能法律法规或专业能力培训，济南市配合山东省启动能源管理师培训工作，有90余名企业节能管理人员取得能源管理师资格证书。

4.推进循环经济发展。①循环经济持续发展。济南市推出济钢、复强动力、埠村煤矿、佳宝乳业、济南圣泉、富美科技等一批循环经济典型。济钢集团有限公司的钢渣综合利用工程，山东富美科技公司的500万只环保激光硒鼓再制造工程，济南圣泉集团股份有限公司的玉米芯、秸秆综合利用生产木糖、木糖醇联产阿拉伯糖工程被评为山东省循环经济示范工程。②实施清洁生产。为推动全市清洁生产工作的开展，召开济南市清洁生产表彰动员会，贯彻《国家循环经济促进法》和《山东省清洁生产促进条例》，实施清洁生产审核。全市涉及钢铁、有色铸造机械、建材、商场、酒店、宾馆、医院、大专院校等行业的43家企业，按照清洁生产审核规定的7个阶段35步骤的程序和要求，完成清洁生产审核阶段性工作。③资源综合利用水平不断提高。工业固体废弃物利用率达到95%以上，全市经过省市认定的资源综合利用企业达到44家，利用工业固体废弃物266万吨，实现资源综合利用产品销售收入21.16亿元；企业享受资源综合利用增值税、所得税减免优惠约6500万元。济钢、山水、埠矿、十方公司等余热余压、煤矸石、煤泥发电装机容量达到80多万千瓦，回收利用可燃气体20亿立方米，垃圾填埋气发电装机容量达到 3500 千瓦。④再生资源回收工作取得成效。探索机电产品再制造循环经济模式，推进济南发动机再制造基地建设，济南复强动力公司形成再制造发动机 2 万台的生产能力。推进办公设备再制造基地建设，富美科技有限公司形成年生产环保激光硒鼓 500 万只的成产能力。支持再生资源回收利用企业的发展。济南新天地再生资源有限公司是专门从事废旧家电及电子产品的回收处理企业。为减少环境污染，支持鼓励企业的发展，推动各级机关、事业单位、国有企业等用财政资金购买的家用电器及微机、复印机、传真机、打印机等电子产品以及行政执法部门罚没的、需销毁的、涉及保密的电子产品统一交由经过备案的济南新天地再生资源公司统一处理。市经信委同市城乡建委、市财政局、市环保局、市城管局、市市政公用局等部门制定《关于推动全市建筑垃圾综合利用工作的实施意见》。⑤加快推进环保产业发展。贯彻执行《山东省人民政府关于加快节能环保产业发展的实施意见》，重点扶持节能环保产业，形成循环流化床锅炉、智能节电器、水处理设备等产业。按照《财政部、国家税务总局、国家发改委环境保护设备企业所得税优惠目录》的要求，确认 10 家企业 21 种环境保护专用产品，企业享受所得税优惠 300 多万元。⑥推进循环经济试点、示范。济南市推进循环经济“678”工程，重点培育 6 个循环经济型县（市）区、7 个循环经济型园区、80 家循环经济型企业，形成煤矿—煤矸石、煤泥—电力—水泥建材产业链；电厂—粉煤灰、脱硫石膏—建材、水泥产业链；冶炼废渣—钢渣微粉—建材产品产业链；农业秸秆—糠醛—深加工产品产业链；糠醛废渣—锅炉燃料—电力产业链；余热、余压—电力产业链；化工废气—化工产品等较成熟的循环经济产业链。

5. 加强节能宣传。①开展活动，加强宣传。启动省暨济南市节能宣传周活动。6 月 12 日，省暨济南市“节能、低碳家庭社区行动”宣传周活动启动仪式在槐荫华联广场进行。活动期间举办节能减排宣传展览，社区居民代表向全省家庭发出创建节能、低碳家庭的倡议。利用各种形式广泛宣传全市企业、部门等落实节能减排的经验做法，介绍节能降耗的知识。制定《济南市 2010 年财政补贴高效照明产品推广工作实施方案》，召开专门会议进行部署。完成推广紧凑型荧光灯 50 万只、T8 和 T5 型荧光灯各 1.5 万只的任务。“十一五”期间，电、水、油耗分别下降 2500 万度、130 万方、360 万升，节约经费 4000 余万元。通过加大宣传力度，全民节能降耗意识不断提高。②组织开展节能减排交流合作。9 月 4 日，第五届信博会“信息技术助推节能减排”供需对接会在济南举行，来自台湾、上海、济南的企业进行交流。9 月 16 ~ 18 日，“2010 山东节能减排新技术新产品展洽会”在德州市太阳谷举行，济南市的 12 家企业参加展洽会。其中，豪特太阳能、大陆机电和澳华新能源进行特装展示。金洲科瑞、豪特等企业参加 2010 山东节能减排新技术新产品推介会，受到与会企业和客商的关注和好评。11 户企业参加“中日节能环保合作论坛”。16 户企业参加“美国—山东工业能效研洽会”，汇集 20 多家企业的 20 多个拟合作项目，在研洽会上进行对接洽谈，达成多项合作意向。在省政府 7 月召开的全省节能降耗考核表彰奖励大会上，济南市被授予全省节能降耗优秀单位，并获奖励 50 万元。

（范　路）

信息产业

【概况】 1. 信息化建设取得突破。①信息化和工业化融合初见成效。济南市被省政府正式确定为首批 6 个山东省两化融合试验城市之一，根据山东省的部署，编制《济南市创建信息化与工业化融合试验区实施方案》，方案确定在济南市 6 大产业集群（交通装备、电子信息、冶金钢铁、石油化工、机械装备、食品饮料）中的 50 家重点企业，推广新信息技术在产品研发设计、生产过程、企业管理、市场营销、人力资源开发、新型业态培育、企业技术改造等 7 个环节的应用；以中国重汽、法因数控、二机床、济南重工等离散型生产企业为示范，在产品研发设计环节，推广应用三维计算机辅助设计（CAD）、并行设计、运动仿真、虚拟制造等技术，实现设计研发的数字化；以中国石化济南分公司、山东钢铁（济钢）、山东山水集团、晋煤明水化工等连续型生产企业为示范，在生产过程环节，推广制造执行系统（MES）、集散控制系统（DCS）、智能传感等技术，实现生产过程的自动化；以浪潮、九阳等管理创新型企业为示范，在企业管理环节，推广基于商业智能的新型企业资源规划（ERP）、供应链管理（SCM）等系统，以及基于新一代互联网的动态联盟等模式，改造管理流程，实现企业运营管理的协同化；以佳宝乳业、福胶集团、玫德铸造等外向型生产企业为示范，在市场营销环节，推广多网异构融合、射频识别（RFID）和物联网等技术、产品，优化企业采购销售流程，提高产品可追溯性，实现市场营销的网络化；以浪潮集团、中创软件、积成电子等人才密集型企业为示范，在人力资源开发环节，采用可视化、网络化、交互式等便捷教育手段，加强新信息、先进制造、新信息与先进制造集成等技术的培训，实现人才的信息化；以盖家沟物流、佳怡物流、零点物流等新兴服务业企业为示范，在新型业态培育环节，发展现代物流、软件服务外包、数字媒体等新型业态，实现产业发展的多元化；以济钢、重汽、二机床、山水、济南热电、黄台电厂、章丘东风煤炭等资源消耗型生产企业为示范，在企业技术改造环节，推广清洁生产、安全生产、新信息与先进制造集成技术，实现技术的现代化；以济南市重点园区公共服务平台、济南市农业服务平台、山东邦尼电子商务平台为支撑，完善企业服务体系，提升政府服务意识；

发挥济南省会城市 IT 产业优势，建设“两化融合”服务支撑体系。建设以浪潮 ERP、中创中间件、华天 CAD、中孚信息安全产品为代表的服务支撑体系，建立 IT 企业与传统企业联络平台，完善“两化融合”建设的服务平台体系。②节能减排信息化、农村信息化工作受到国家表彰。二机床、山水集团成为山东省信息技术应用中心，济钢、重汽、二机床被工信部树为两化融合促进节能减排试点示范企业称号。推进农业和农村信息化建设，全市建成一个网站群、两大共享平台（网控中心平台和数据中心平台）、开通三大主网站（山东金农信息网、中国农业书店和山东农业市场网）、实现市、县、乡、村四级联动信息服务；开展“信息化下乡”活动，采取信息服务大篷车流动培训、电脑下乡、信息化应用体验和农村信息化培训教材发放等方式进行农村信息化建设宣传；搭建农民培训平台，在章丘普集镇、市中陡沟办事处的 2 个国家级综合信息化服务培训中心推动下，普及信息化基础知识，全年培训农民 2000 余人；建设农村综合信息服务站，市中陡沟村被工信部评为“农村综合信息服务站”先进单位。③在全省推广一卡通。城市一卡通成为第一个覆盖全省的便民卡，累计发卡 50 多万张，日交易额 80 万元，安装 POS 机 1 万多台，一卡缴费包括公交、高速公路、出租、公园、统一银座、通信等范围，签约商户 1000 多家。④开展新一代信息技术推广应用。推动物联网在城市管理等典型领域的应用，基于物联网的路灯节能系统开始建设，年节电量 1 亿度。

2. 软件和信息服务业实现跨越式发展。推进中国软件名城、数字泉城建设，全年全市实现软件业务收入 610 亿元，同比增长 40.2%，总量占全省的 70%，居全省首位，在全国副省级城市排名前移 2 位，列居第 4 位。①软件出口占全省主导地位。全市软件外包企业 50 多家，软件外包企业投资环境不断向好，继瑞典沃尔沃研发中心和美国优创等公司之后，东方道迩、大连华信等公司落户齐鲁软件园，软件外包出口增速保持在 50% 以上。全年软件外包业务出口通关额超过 2 亿美元，主要外包企业的人员增长速度达到 30%。齐鲁软件园支持具有产业规模、品牌优势和出口前景的企业发挥软件外包出口优势，培育一批具有国际竞争力的软件出口企业，聚集近 50 家 BPO（商务流程外包）、IPO（首次公开募股）出口企业。②信息服务业发展势头旺盛。电子信息传输服务业稳定发展。济南是全国省会城市中第一个完成精品宽带改造的城市，全市精品宽带楼宇覆盖 90% 以上，户均接入能力达到 100M，光纤零距离进村（速率 4M 以上）覆盖全部行政村的 50%。全市通信光缆总长度达到 63.4 万芯公里，互联网网站 3.8 万家。山大路科技商务区规模和交易额居副省级城市同类商务区前列，为长江以北仅次于中关村的第二大电子信息产品交易市场，有业户近 3000 家，从业人员 3.2 万人，逐渐形成以 IT 技术服务、营销为主，系统集成、信息化工程建设与咨询服务业为辅的产业格局；数字内容产业逐渐形成规模。截至年底，全市动漫游戏企业 182 家，动画片年制作能力超过 18000 分钟，实现产值 20 亿元人民币。主要涵盖动漫制作、网络游戏研发运营、衍生品业和人才培训等领域，初步形成创意、设计、生产、销售、开发一体化的产业链条，高新区山东动漫游戏产业基地、槐荫区齐鲁动漫游戏产业基地、长清区动漫游戏研发基地和交易市场各具特色，形成东、中、西点式集聚，带状发展的格局。济南市动漫游戏企业以动漫协会为支撑，组织企业抱团发展，参加信博会、文博会，参展企业达到 30 家，展位面积累计达到 6800 平方米。③软件企业蓬勃发展。截至年底，全市软件和信息服务业企业超过 1000 家。13 家企业被认定为国家软件产业基地骨干软件企业，5 家企业入围国家规划布局内重点软件企业、5 家企业入围全国软件百强企业阵列，浪潮、中创两家企业再次入选“2010 年中国自主品牌软件产品十强”，自主品牌软件产品上榜企业数位居全国省会城市之首。中创软件、浪潮软件、浪潮通软 3 家企业入选全国 30 家最大规模独立开发软件企业。浪潮信息、浪潮软件、浪潮国际、银泉科技、山大华特、普联软件、法因数控、积成电子和创博亚太 9 家软件企业上市。截至年底，济南市通过认定的软件企业达 422 家，获得各级计算机信息系统集成资质认证的企业 84 家，通过 CMMI 认证的企业 34 家，通过 ISO27001 信息安全认证的企业 6 家。全年济南市共获得工信部“核高基”专项、电子基金等项目 21 个，争取中央财政资金 1.65 亿元；争取省信息产业发展专项资金对济南软件的重点支持，增设软件名城建设专项，支持超过 4000 万元。在第六届南京软博会上，济南市齐鲁软件园等国内 6 大软件园区获工信部认定的“国家软件与信息服务公共服务示范平台”称号。齐鲁软件园有入园企业 800 余家，经科技部认定的骨干企业 11 家，销售收入过亿元企业 12 家。23 家企业通过 CMM/CMMI 认证，拥有自主知识产权的软件产品 1000 余种，从业人员达 5 万多人。齐鲁软件园投资 10 多亿，建成孵化器 23 万平方，规划并帮助企业兴建研发基地 27 万平方米、产业小区 32 万平方米、电子产品生产基地 40 万平方米、人才培养基地 16 万平方米、配套设施 80 万平方米，为广大软件企业打造优良的创新创业环境。全年济南市齐鲁软件园、历下软件园和长清软件园先后入驻软件企业 36 家，注册资金达 2.16 亿元。④软件产品丰富多样。全市形成中间件软件、行业应用软件、信息安全软件、嵌入式软件、软件出口外包、动漫游戏等 6 大领域 2000 多种产品。截至年底，登记软件产品 2055 个，具有自主知识产权的软件产品占到 95% 以上。为提升软件企业的核心竞争力，共享“核高基”成果，济南市选择首批 10 家企业，使用中创中间件提升企业研发水平和能力，探索软件企业走工业化、规模化发展的新模式。⑤创新应用模式取得新突破。齐鲁软件园软件公共技术支撑平台，为中小软件企业科研开发、软件测试和质量控制提供国内先进的公共技术开发环境。微软、IBM、SUN、美国德州仪器等跨国公司在齐鲁软件园建立国内一流的开放实验室，为软件企业孵化和高端产品研发发挥作用。济南市浪潮集团高效能服务器和存储技术实验室被认定为国家企业重点实验室；山东中创软件工程股份有限公司与浪潮信息产业股份有限公司被认定为863成果转化基地；中创中间件和浪潮楼上平台等项目都先后获得国家产业基金支持，5个项目入选国家“核高基”专项，获得中央、省财政资金约2.65亿元。全市建成各类相关重点实验室54个，各类企业技术中心85家，各类工程技术研究中心75家，省级软件工程技术中心24家。⑥人才培养和引进取得进展。根据软件外包企业对中高端人才的需求和日本IT业退休工程师的现状，济南提出聘请日本IT业退休工程师到济南工作的设想。国家工信部和国家外国专家局批准在济南建设全国唯一的“中日IT桥梁工程师交流示范基地”，并予以授牌。5月27日，在日本东京举办“中日IT桥梁工程师交流示范基地”日本工作站揭牌仪式暨媒体说明会。9月4日，在第五届信博会期间举办的桥梁工程师合作签约仪式上，中日IT桥梁工程师交流示范基地办公室、济南软件企业、来自日韩的10位桥梁工程师签署三方协议，加盟中日IT桥梁工程师交流示范基地。基地拥有签约桥梁工程师50余名，并初步建成100余人的桥梁工程师数据库和公共服务平台。⑦部、省、市共建中国软件名城取得突破。2月23日，济南市颁发《中共济南市委济南市人民政府关于创建中国软件名城的意见》和《济南市人民政府关于印发济南市创建中国软件名城若干政策的通知》两个文件。6月2～4日，市经信委组织重点园区和企业制作的声、光、电一体的“济南—中国软件名城”展台，亮相2010年第十四届中国国际软件博览会。11月12日，在工信部、中国软件行业协会等主办的2010中国（盐城）工业软件发展高峰会上，市经信委获2010年度中国工业软件政府推进奖。12月8日，工信部软件服务业司、省经信委、市人民政府在济南共同召开部省市协同推进“中国软件名城创建试点工作协商会议”。在协商会议期间，举行自主创新国产中间件济南市首批示范应用企业签约仪式，市经信委、中创软件分别与十家自主创新国产中间件示范应用企业签订三方协议。

3. 电子信息制造业发展迅速。电子产品制造业延续2009年下半年的企稳回升态势，营业收入、重点产品生产、经济效益均呈现恢复性增长。全市电子产品制造业全年实现销售收入295.83亿元，同比增长14.38%，实现利润12.22亿元，同比增长34.40%，实现利税21.22亿元，同比增长27.19%。①举办第五届信博会。9月3～5日，市政府举办第五届中国（济南）国际信息技术博览会暨第六届中国·济南高校、科研院所科技成果和专利技术展示交易会。共有境内外657家单位参展，包括世界500强企业12家，国内信息百强企业22家，安排展台435个，折合标准展位2000个。吸引6700多位客商和代表参展参会，参观人数突破20万人次，专业观众3.5万人。美国POWER集团、E5，日本NEC、日立情报，台湾昱盛和北京三甫灵狐等行业龙头企业落户济南，累计投资达20亿元人民币。本届信博会同时组织举办6场供需对接会，签订投资合作项目70个，总投资额269.75亿元，比上届增长46%，涉及数字城市、工业技改、信息技术、新能源等多个领域。②加强对全市重点项目的推进力度。推动济南华强信息产业高端服务业基地项目的规划与建设；加大印刷线路板企业的招商工作，推动济阳印刷线路板基地建设；推动RFID、地理信息产业联盟建设，加强RFID产业基地和山东省地理信息产业园建设，促进新兴产业发展；支持济南晶恒6英寸功率半导体芯片生产线项目建设，促进济南市IGBT、MOSFET等电力电子高端业务发展；推动电动汽车充电站、新能源用高性能模块化逆变电源等重点项目进度，为全社会节能减排提供支撑。③加强合作交流。在台湾高雄举办“济南电子信息产业说明会”，举办“2010济南（上海）跨国公司合作推介会”，全方位推介济南市电子信息产业发展情况和电子信息产业发展规划，促成台湾电电公会和软体协会2个代表团30余家企业参加信博会展览、对接会。

4. 城市信息基础设施和网络安全稳步推进。全年电信主营业务收入57.2亿元，同比增长15%；全市移动电话用户857.6万户，同比增长47.3%；互联网宽带用户117.3万户，同比增长10.8%；互联网站3.8万家。完成精品宽带网络改造工程，覆盖市区和县城驻地100%楼宇（20M以上），光纤进村（4M以上）覆盖全部行政村，互联网出口带宽超过400G；3G网络覆盖市区和县城驻地，机场、车站、广场、星级宾馆等重点区域实现无线宽带上网。全市基本建成覆盖城乡的信息高速公路体系，成为全国重要的通信枢纽和信息中心城市。全市交通枢纽、高速公路、机场、景区、星级宾馆及大型活动场所通信网络质量显著提高；建成国家五星级互联网数据中心，机房通过310G出口带宽直连国家核心骨干网，承载着中央电视台、新浪、搜狐、腾讯等600多家著名的企事业单位网站系统。组建济南市网络与信息安全协调小组，统筹协调跨部门网络与信息安全工作，形成网络与信息安全部门间协同配合机制。开展信息安全检查和培训工作，按照国家和省经信委等部门的要求，组织开展全市政府系统网络与信息安全培训和检查活动，在42个政府工作部门和10个直属事业单位对信息系统安全进行自查、整改的基础上，抽查重点部门的信息系统，并对各部门信息系统、服务器、终端、网络设备、安全设备、防护措施等基本情况进行综合分析。在全市和各部门组织的培训活动中有2000余人接受各种层次的安全培训，增强安全意识和安全防范技能。

（范　路）

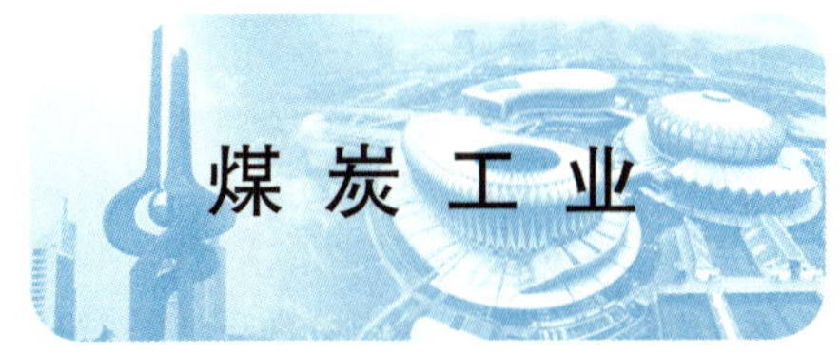

煤炭工业

【概况】截至年底，全市共有煤矿16处，均属地方国有，总核定生产能力245万吨/年。全年生产原煤203.71万吨，实现销售收入8.69亿元，利税3.1亿元，利润总额2.13亿元。全市煤矿实现全年安全生产无事故的目标。

注重现场管理，促进安全生产。①开展“安全生产基层基础年”活动，强化煤矿基础管理，不断强化安全生产责任。制定《济南市煤矿“安全生产基层基础年”工作实施方案》，强化企业安全主体责任，整体提升煤矿安全基础管理水平。全市16处矿井有7处达到安全质量标准化一级矿井标准，9处达到二级标准。②注重管理创新，优化生产布局。为加强煤矿生产布局管理，组织专业技术人员对全市煤矿开拓布局情况进行审查，形成《济南市煤矿优化开拓布局合力集中生产的审查意见》。指导煤矿解决系统复杂、生产环节多、用人多的问题，严防超强度、超能力、超定员生产，提高煤矿生产的技术含量和安全保障水平，保证采掘工作正常接续。③开展“安全生产月”活动，对全市煤矿进行专项督查。推进“安全生产基层基础年”的各项工作，坚决遏制3人及以上事故，确保全市煤矿安全生产形势持续稳定。结合全市煤矿实际，制定下发《济南市煤矿2010年“安全生产月”活动方案》，各级开展安全生产监督检查，共排查出存在问题152条，提出处理意见、建议94条，排查隐患140条（其中A级3条、B级33条、C级104条），事故隐患整改率达到97%以上。④依靠科技进步，加快技术创新，为煤矿安全生产提供科技支撑。市煤矿先后与相关科研院校进行合作，坚持“科技兴煤、科技兴安”战略。加强对各项费用提取使用情况的监督管理，建立相关专项费用提取使用情况审计制度，督促煤矿企业采取多种措施筹集资金，加大投入，确保科技、装备和安全生产需要。⑤完善煤矿应急救援预案，加强预案演练，提升煤矿的应急处置能力。对全市煤矿应急救援预案进行审核，对部分结构不完整、针对性不强的预案进行修改、补充和完善，并督促煤矿加强预案演练，通过桌面推演、实战模拟演练等不同形式的预案演练，解决各部门、单位之间的协同配合等问题；加强与气象、防汛等部门的联系沟通，及时掌握汛情水情预警预报信息，凡出现橙色预警以上大雨、暴雨、冰雹等灾难性天气，各煤矿执行停产撤人制度，不打任何折扣，凡该停产撤人而没有停产撤人的，当做事故来对待，依法严肃查处。⑥开展安全专项整治，强化安全执法检查。针对煤矿“一通三防”（一通：矿山有完善的通风系统；三防：防煤尘、防火、防瓦斯爆炸）、防治水、机电运输、火工品和放炮管理等专业，制订具体方案，组织开展专项整治。对存在的技术难题，组织专家进行会诊，提出针对性措施意见，对专项整治中发现存在安全隐患和问题且技术措施落实不到位的，责令停产整顿，确保安全开采。落实执法责任制，加大执法处罚力度，特别把矿领导带班下井、“三超”、违法违规生产和从业人员安全培训等作为执法检查的重点，突出重点时段的安全执法检查。

加强教育培训，提高职工队伍整体素质。按照有关规定，严格执行从业人员准入资格制度，加强重要岗位人员的任职资格管理，强化新工人和新入矿人员的岗前安全培训，完善激励考核办法，提高采矿、地质、机电等关键岗位技术人员的待遇，形成吸引人才、留住人才和使用人才的良性机制。严格执行国家节假日制度，优化生产组织管理，推行采掘一线“四六”工作制（每班工作6小时，每日4班轮换）和周五工作制，减轻职工劳动强度，集中搞好矿井停产检修，确保系统完好和正常运行。依法规范劳动用工管理，严禁井下采掘工程“以包代管”，做好为职工缴纳工伤保险和人身意外伤害保险等工作，稳定职工队伍，提高煤矿安全保障程度。

（李迺锋）

电力工业

【电力生产】全年累计完成发电量47.74亿千瓦时，综合供电煤耗完成323.15克/千瓦时，综合厂用电率完成5.97%，全年完成销售收入15.60亿元。

1.“上大压小”（上大发电机组，关停小发电机组）热电联产工程开展“大干100天”等活动，制定《工程进度奖励办法》《发现缺陷奖励办法》等制度，充分调动起各参建单位的积极性。加强质量监督控制，从生产抽调50余名生产经验丰富的职工，成立金属监督、阀门监督、通流间隙监督、防腐监督、保温监督、空预器漏风率监督等多个专业工作组，进行全过程监督，使影响机组指标的关键问题得到控制。开展生产准备工作，生产人员从设备安装阶段就提前介入现场，熟悉系统和设备，监督安装质量，审核调试大纲，编制运行规程和反事故措施。严把调试质量关，确保单体试运、分部试运、整套试运达到优良标准。

2.开展季节性安全大检查和各类专项活动，不断强化“一日一查一通报”日常监督制度，全年共下发安全文明生产整改通知单1620条，并全部完成整改，形成隐患排查和反违章的长效机制。狠抓应急体系建设，制定各级应急预案116项，组建抢险队伍13支，开展保单机运行、全厂停电、防洪度汛等反事故演练，提高突发事件处置能力。全年共组织2400人次参与各类安全考试和培训，开展“外包工程安全管理年”活动。截至年底，全厂实现连续安全生产1184天。

3.狠抓设备可靠性管理，完成7号、8号机组C级检修任务，7号、8号机组等效可用系数同比分别提高6.16%和1.83%，8号机组从2009年10月D修后实现安全运行1年。不断加强运行管理，严格执行重大操作人员到位制度和风险分析制度，推进7号、8号机组全能培训。执行抢发、稳发、满发措施，努力提高机组运行负荷率，确保全年发电任务的完成。全年7号、8号机组负荷率同比提高2.37%，机组利用小时数完成6102小时，比山东公司统调电厂平均高249小时；全年完成发电量43.83亿千瓦时，同比多发电2.3亿千瓦时。

4. 争取电量计划，科学制定营销策略，全年共争取奖励电量0.29亿千瓦时；实施内部替代7.48亿千瓦时；实施外部转让3.85亿千瓦时，取得替代收益1553万元，实现发电效益最大化。拓展融资渠道，在保障企业资金需求的同时，努力降低财务费用，全年财务费用比预算值节约231万元；严格预算管理，严控费用支出，全年4项费用比预算值节约979万元。开拓新的供应渠道，使供煤线路从单一路局发展到多路局发运的局面，有效降低供应风险。加大催交催运力度，全年累计进煤231.65万吨，满足发电、供热和新机试运的需要。准确把握煤炭形势，超前谋划储煤工作，充分利用8、9月煤源相对多、煤价相对低的时机，大幅提高煤炭库存12.7万吨，较11月标煤采购单价节省成本1000余万元。加强燃料接卸、存放、掺配、上煤等环节的管理，月均场损率控制在0.4%以内。严把入厂、入炉煤质关和计量关，加大亏吨、亏卡索赔力度，全年共扣矸、扣水18000余吨，处理掺杂使假来煤2600余车，减少企业利益损失。开展设备治理、节能评估、运行方式优化等工作，7号机组以86.6分的成绩通过集团公司两型企业验收。加大设备节能改造力度，在7号、8号机组检修过程中，落实节能导则和西安研究院评估报告中的系统优化方案，高标准完成预热器漏风治理、炉顶密封、阀门内漏治理、高低压加热器更换、送风机和脱硫增压风机电机变频改造等项目。仅送风机、增压风机变频改造项目年可节电约1100万千瓦时。开展小指标竞赛，实施运行参数压红线运行、公用系统节能降耗运行方式优化和机组启停及大修节能控制，有力促进各项指标的持续优化。加强环保设施运行维护，保证环保设施可靠运行，通过国家环保部二氧化硫减排总量核查。全年全厂综合供电煤耗累计完成323.15克/千瓦时，同比降低10.34克/千瓦时；综合厂用电率累计完成5.97%，同比降低0.21个百分点。在2009～2010年供暖季，电厂完成供热任务，被市政府授予“供热突出贡献单位”称号，该供热季对外供热量478万吉焦。在2010～2011年供暖季，电厂超前谋划，及早行动，提前完成设备检修消缺、管网改造优化、煤炭储备、人员培训等各个方面工作，如期实现对外供热。加大供热市场开发力度，全年完成新开户面积402万平方米；推进东部管网和隔压站建设。 （任 寒）

【电力供应】 供电公司全年售电量完成213.09亿千瓦时，同比增长22.15%；全社会用电量完成245.03亿千瓦时，同比增长12.51%。供电可靠率完成99.96%，居全国省会城市前列；实现安全生产无事故，为全市经济社会发展创造良好的供电环境。

始终把安全生产和电力可靠供应放在首位，开展安全生产大检查、“三个不发生”百日安全活动，应对“1·20”和“2·28”灾害天气冲击，有效化解济南市大面积停电风险。加强客户用电安全管理，开展高危及重要客户用电管理评价工作，指导客户及时消除安全隐患。开展电网迎峰度夏和防汛工作，严格执行济南市迎峰度夏有序用电工作方案，加强电网调度，开展输变电设备、线路的特巡和隐患排查整改，在电网负荷连创历史新高（夏季电网最高负荷414万千瓦，同比增长20.8%）的情况下，确保全市电力的安全可靠供应。

坚持电网发展适度超前的原则，推进1000千伏济南特高压、500千伏彩石、章丘输变电工程前期工作，提升济南电网受电能力。配合市发改委、市规划局编制完成《济南市“十二五”电力发展规划暨远景展望》。落实市政府与山东电力集团公司2010年电网建设项目对接会谈纪要，与各县（市）区政府就区域电网发展进行沟通对接，全年完成新建、改造110千伏及以上输变电工程9项，新增变电容量114.3万千伏安，建成线路长度159公里。开展配电管理提升活动，综合治理88条10千伏线路、133个低压区、372公里电缆沟，公司获“全国供电可靠性金牌企业”称号。根据全市经济发展规划和产业布局，“十一五”期间，在国家电网公司和山东电力集团公司的特别支持下，济南电网共投资107.7亿元，电网供电能力提高70%。

服务济南市重点项目建设，实施绿色通道制度，推进西客站、小清河片区、京沪高铁等重点项目建设。启动“彩虹工程”百日提升行动，成立“电力彩虹服务队”，为广大电力客户提供个性化服务。推进居民用电“一户一表”建设改造，全年接收新建与改造居民用电“一户一表”10.38万户。针对客户需求，向社会推出存折代扣电费、电话委托交费等8种交费方式，打造“十分钟”电力缴费服务圈。召开客户关系委员暨行风监督员会议，加强与社会各界的交流沟通，真诚接受监督。落实各项保电工作措施，完成省、市“两会”、中高考、国庆等重要保电任务。公司在全市行风测评中获公共服务类和综合排名双第一。

为确保济南市如期完成“十一五”节能减排目标，公司配合政府主管部门，开展高耗能企业优惠电价清理等一系列工作。支持电动汽车产业发展，按照市政府与山东电力集团公司签订的《电动汽车充电设施建设战略合作协议》，完成英贤等5座充电站及50个交流充电桩的建设任务。 （王 芳）

【概况】全市装备制造业规模以上企业970家，从业人员17.8万人，完成工业增加值500亿元，同比增长20%；主营业务收入2100亿元，同比增长21%；利税195亿元，同比增长18%。拥有国家级技术中心7家、省级技术中心25家，省级以上工程技术中心12家，中国、山东名牌产品分别为5个和18个。

【28项省技术创新项目通过鉴定验收】1月，济南二机床承担的2009年山东省技术创新计划项目：XHV2525×120桥式五轴联动高速数控龙门镗铣加工中心、LS2-1000数控闭式双点多连杆压力机、XKV2755×120五轴联动龙门移动镗铣床、LS4-2250A数控闭式四点多连杆压力机等28项新产品全部通过山东省科技厅和山东省经信委的鉴定验收。

【750千伏变压器研制成功】山东省首台750千伏变压器在山东电力设备制造有限公司研制成功。该变压器一次性通过试验，各项技术指标达到国内先进水平。公司成为全国第四家、全省第一家研制出750千伏变压器的企业。我国运行中的超高压输变电线路主要以330千伏和500千伏为主，750千伏输变电线路和特高压输电为发展方向。750千伏变压器的研制成功，为山东省引入内蒙古、山西等能源基地的来电做好准备。

【中国重汽集团与德国曼集团合作项目落户章丘】2月26日，中国重汽集团与德国曼集团举行签约仪式，合作开发载重汽车整车及车载发动机。项目总投资30亿元，占地2000亩，新建厂房80万平方米，项目投产后可增8万辆载重汽车零部件和整车生产能力，年产值200亿元以上。德国曼集团始建于1758年，是全球第三大重型卡车制造商。

【中国重汽两项目获2009年度中国汽车工业科技进步奖】4月24日，2009年度“中国汽车工业科学技术奖”颁奖暨“中国汽车工业科学技术奖”设奖20周年纪念大会在北京人民大会堂新闻厅召开。中国重汽集团“低速牵引汽车制造技术”获中国汽车工业科学技术二等奖，“WD615国III（EGR）系列柴油机”获中国汽车工业科学技术三等奖。

【高端数控锻压机械成套装备产业化基地建设】3月20日，济南铸造锻压机械研究所举行济南铸造锻压机械研究所有限公司揭牌暨高端数控锻压机械成套装备产业化基地奠基仪式。基地占地面积10余万平方米，总投资2亿元，建设4座联合厂房及办公配套设施，总建筑面积5.4万平方米，购置一批关键加工设备。主要生产汽车纵梁柔性生产线、数控板材开卷校平剪切生产线和大型数控辗环机等。

【济柴中标国内最大垃圾气发电项目】4月2日，济柴动力总厂3台1000千瓦垃圾填埋气体发电机组中标北京市朝阳区高安屯卫生填埋场填埋气体利用工程项目，打破国外大功率机组在垃圾填埋气体发电领域的垄断。北京市朝阳区高安屯卫生填埋场垃圾填埋气体发电项目总装机容量3兆瓦，是国内最大的垃圾填埋气体发电项目。济柴中标的是该项目的第四期工程，其前期工程一直采用进口机组。按照合同内容，济柴负责该项目的设备供货、安装、调试总包工程。

【开建世界顶级发动机建设项目】9月，济柴动力总厂JC15、26/32发动机建设项目开工，这两项产品吸收和借鉴国际内燃机行业发展的最新成果，其动力性、经济性、可靠性、安全性、排放指标均达到内燃机设计世界顶级水平。

JC15型发动机作为国产自主品牌轻型钻机用动力装备，可完全替代同类型进口发动机，满足轻型钻机、油田机械、移动电站、工程机械、重型卡车、船舶等市场对动力机的需要。26/32型发动机作为中国自主品牌中高速最大功率动力装备，可用于海洋钻井平台、西气东输管网、地下储气库压气站、远洋舰船主辅机、中大型电站等领域。

【济南沃德获中国内燃机零部件行业排头兵企业称号】11月28日，经中国内燃机工业协会、中国工业报社评定，济南沃德汽车零部件有限公司获中国内燃机零部件行业排头兵企业称号。济南沃德是中国规模最大的专业生产和销售汽车发动机气门和气门挺杆的企业，是全国百家最佳汽车零部件制造商之一，生产的山河牌气门是中国质量协会用户委员会评定的首届全国100种用户满意产品之一。主导产品覆盖重、中、轻、微、轿等全部车型，每年开发新产品几十种，公司气门和气门挺杆的实际年产量始终位居国内同行业第一位。

（李晨生）

【与中石化签署发展战略合作框架协议】3月9日，济南市与中石化在北京签署发展战略合作框架协议。根据协议，中石化在济南建设重质润滑油——光亮油项目。重质润滑油广泛应用于重型机械设备，是涉及国计民生重要机械装备生产、运转的基础性产品。由于这种油品对原油品质要求高，生产工艺复杂，在国内市场上非常稀缺，每年有5到6万吨供应依赖进口。根据协议，中石化把投资近9亿元的重质润滑油——光亮油生产基地等一批项目放在济南发展，济南市对中石化投资的项目，在规划定点、环境和安全影响评价、消防审批等方面给予支持和协助，并支持中石化在济南发展成品油营销网络。

【160万吨/年柴油加氢精制装置建设开工】9月28日，中石化济南炼油厂举行

160万吨/年柴油加氢精制装置项目开工典礼。柴油加氢精制及其配套装置共投资4亿多元，计划工期11个月，公司主要承担柴油加氢装置的施工任务，这是一套多种易燃易爆介质、压力高的装置，安装部分的主要工作量有：钢结构894吨,反应器1台/310吨,塔3台/185吨,换热器16台/319吨，换热器28台/507吨，空冷器34台/238吨；压缩机组3台/224吨；机泵26台/70吨；加热炉2台/780吨，余热回收1套/290吨，衬里653立方；工艺管道16.96千米，工艺阀门2691个；电气接地5.65千米，电气设备173台，电缆125.5千米，照明380套；仪表设备1920台,仪表阀门1240个，控制电缆110千米，仪表配管30千米。

【举行危化品重特大生产事故演练】 8月6日，山东省危化品重特大生产事故演练在中石化济南炼油厂举行。此次演练是由省政府、市政府和济南炼化联合组织的地企联动综合应急演练，整个演练分为企业现场演练和指挥演练两部分，按三个阶段进行。第一阶段是事故应急处置报告程序推演，模拟济南炼化油品车间原油罐底根部焊缝破裂，油品大量泄漏引发火灾，造成8人重伤，企业启动应急预案，并按规定程序逐级上报至省政府应急办；第二阶段是企业实战演练，在逐级上报的同时，企业组织救援力量实行自救；第三阶段是组织省级指挥演练，成立现场救援组、伤员救治组、环境监测组、社会稳定组、电力保障组、通讯保障组以及宣传组、专家组、后勤保障组等9个救援小组，各组提出相应的工作措施并开展救援。

【裕兴化工10万吨金红石项目投产】 6月20日，济南裕兴化工有限责任公司10万吨/年金红石型钛白粉项目投产暨济南新材料产业基地揭牌仪式在济南化工产业园区举行。裕兴钛白粉项目一期工程总投资约17亿元，同步建设10万吨/年金红石型钛白粉生产装置、专用铁路货运站等26个子项工程，年可实现销售收入30亿元、利税3亿元。

（姜延智）

【概况】 市食品行业规模以上企业234家，从业人员26万人，实现销售收入624亿元，比上年增长19.8%，实现利税65亿元,比上年增长21%,实现利润32亿元，比上年增长24%。销售收入过亿元的企业有26家，过10亿元的有11家，过50亿元的有2家。全市食品工业形成农副产品加工、食品制造、饮料制造和烟草制造共4大门类、19个中类、42个小类、7000余个花色品种的生产体系。产品拥有国家级名牌3种，中国驰名商标3个，山东省著名商标32个，济南市著名商标35个。市食品工业协会被山东省民政厅评为山东省先进社会组织。

【成立市食品行业仲裁中心】 9月26日，济南食品行业仲裁中心挂牌成立，为解决全市食品行业的经济纠纷找到一种高效、快捷的方式。仲裁实行专家断案，一裁终局制度，不但快速及时地解决纠纷，而且能保护当事人的商业秘密，有利于维护双方当事人的利益，为全市食品工业经济发展提供良好的环境。

【市食品工业协会海洋食品专业委员会成立】 8月18日，市食品工业协会海洋食品专业委员会成立。首届理事会由山东金鲁源食品公司、济南渤海参行、山东康悦堂经贸公司、鲁宝源鲜海参批发中心、兰色海域食品公司6家企业组成。选举山东金鲁源食品公司总经理李宝叶为专业委员会第一届理事长，渤海参行总经理王东为副理事长。

【市食品工业协会乳品专业委员会成立】 12月29日，市食品工业协会乳品专业委员会成立。首届理事会由济南佳宝乳业有限公司、山东兴牛乳业有限公司、山东旺旺食品有限公司、济南伊利乳业有限公司、山东高速生物工程有限公司、济南维维乳业有限公司6个乳制品企业组成。选举济南佳宝乳业有限公司总裁李胜伟为专业委员会第一届理事长，山东兴牛乳业有限公司总经理孙健全为副理事长。

【市食品工业协会专家委员会增补专家】 3月19日，召开市食品工业协会专家委员会工作会议，会议增补杜卫东、许金芳、李敬龙等4名专家为专家委员会成员，专家委员会成员达到20名。市食品工业协会专家委员会成立于2009年2月20日，其成员由驻济南高校院所的专家教授、政府科技专家、食品生产龙头企业的技术专家组成，市食品工业协会副秘书长刘庆年当选为专业委员会首届主任。

【组织召开第二届产学研合作签约会议】 6月25日，市食品工业协会、市食品行业生产力促进中心与市生产力促进中心联合召开（第二届）食品行业产学研合作暨科技成果转化对接会，会上济南市食品工业协会与山东省农科院等大学院校签订全面技术合作协议，5家食品企业分别与高校院所签订建立产学研基地的协议，12家食品企业与6家高校院所签订12项科技成果转化协议，协议金额达600万元。

【组织首席技师和突出贡献技师评选】 由市食品工业协会推荐，经市人力资源和社会保障局批准，济南趵突泉酿酒有限责任公司王寿杰、济南佳宝乳业有限公司李光华被评为济南市首席技师；济南群康食品有限公司王丽、济南佳宝乳业有限公司阎至馨、济南市益康食品厂有限公司解金英被评为济南市突出贡献技师。济南趵突泉酿酒有限责任公司赵书学、济南华鲁食品有限公司刘克胜评为山东省首席技师。截至年底，全市食品行业有省市级首席技师共8名，突出贡献技师4名。

【举办产品感官质量鉴评活动会】 市食品工业协会和市消费者协会联合组织专家对本地企业生产的产品举办一系列的感官质量鉴评活动。5月27日，开展对粽子感官质量鉴评活动，山东金乔食品厂等6家企业24个品种参加鉴评，有13种粽子被评为年度精品粽子，10种粽子被评为年度优质粽子；6月18日，开展对冷食感官质量鉴评活动，群康食品有限公司等6家企业17个品种参评，有11种产品获年度精品称号，6种产品获年度优质品称号；7月13日，开展对海参质量鉴评活动，有5个企业11个品种海参参评，其中5种海参获年度精品海参称号，6种海参获年度优质海参称号；8月6日，开展对馅料质量感官鉴评活动，有4个企业14个品种参评，其中9个品种获年度精品称号，5个品种获年度优质品称号；8月22日，开展对月饼感官质量鉴评活动，有14个企业34个月饼品种参加鉴评，其中26个品种获年度精品称号， 7个品种获年度优质品称号；8月24日，开展对白酒感官质量鉴评活动，有9个企业24个品种参加鉴评，其中17个品种获年度精品称号，6个品种获年度优质品称号。

2010年度济南市食品行业先进企业
（排名不分先后）

山东中烟工业有限责任公司济南卷烟厂
济南维尔康食品有限公司
济南佳宝乳业有限公司
济南趵突泉酿酒有限责任公司
济南民天面粉有限责任公司
济南群康食品有限公司
山东百脉泉酒业有限公司
旺旺集团山东总厂
济南德馨斋食品有限公司
济南普利思矿泉水有限公司
济南市益康食品厂有限公司
济南华鲁食品有限公司
山东董老大食品有限公司
山东秦老太食品有限公司
济南野风酥食品有限公司
济南华盛食品有限责任公司
山东朝阳食品有限公司
山东稻香园食品有限公司
山东金乔食品厂
山东兴牛乳业有限公司
济南晶荣食品有限公司
山东鲁芳斋食品有限公司
济南今朝酒业有限公司
济南裕龙酒业有限公司
济南御泉酿酒有限公司
济南张夏酿酒有限公司
山东金德利集团快餐连锁配送有限责任公司
山东金德利集团市中快餐连锁有限责任公司
山东金德利集团历下快餐连锁有限责任公司
山东金鲁源食品有限公司
济南大三惠实业有限公司
济南旭升宝利来食品有限公司
济南卡秋莎食品有限公司
济南川蜜食品有限责任公司
济南飞龙食品有限公司
济南嘉兴园食品有限公司
济南佳禾食品有限公司
济南威尔玛商贸有限公司
济南贝克汉邦食品科技有限公司
济南君乐乳业食品有限公司
济南圣康食品有限公司
济南艺新康利来食品有限公司
济南圣水冷食厂
济南金王食品有限公司
济南金谷源商贸有限公司
济南市天桥天泰机械制造厂
济南金诺安康生物科技有限公司
济南新思达机械有限公司
济南渤海参行
济南趵突泉饮品有限公司
济南海右食品科技有限公司
济南市中顺昌冷饮厂
济南恒龙酒业有限公司
济南药王谷生物科技有限公司
山东锦绣源实业有限公司

（朱延明 郭凤楼）

集团公司选介

【济钢集团有限公司】 济钢集团有限公司（以下简称济钢）在册职工总数33045人，主业在册20004人，其中股份公司职工18334人。具有高级专业技术职务1022人，中级2480人，初级2448人；全公司设备总台数29019台（套），装机总容量177.77万千瓦。主要生产设备有120吨转炉3座、210吨转炉1座，1750立方米高炉3座、3200立方米高炉1座，LF精炼设备3套，VD精炼设备1套，小型材、中型材、中板、中厚板、冷轧薄板、镀锌彩涂板、热轧板生产线各1套，燃气—蒸汽联合循环发电机组13套，资产总额464亿元。钢铁主业产品以中板、中厚板、热轧薄板、冷轧薄板为主。非钢产业主要有机械加工与制造、冶金建设、工业气体、现代物流、新型建材、冶金炉料（辅料）、钢结构加工、电气自动化、商业贸易、球墨铸铁管及铸件、房地产开发等产业。

全年生产钢802.2万吨、铁842.4万吨、钢材844.4万吨，比上年分别提高7.4%、7.8%、11.4%；出口产品58.6万吨，创汇4.2亿美元，全年进出口总额14.1亿美元，比上年分别提高45.4%、73.8%、70%；全年利用余热余能发电31亿千瓦时，比上年提高8.9%；实现销售收入360亿元，比上年提高28.2%。与2009年相比，物资采购环节由于铁矿石、煤炭、电等价格上涨增加成本43亿元，钢材价格提高增加收益35.6亿元，在两项相抵后增支减利高达7.56亿元的情况下，按年初口径实现利润3.8亿元，同比增长82.7%。

6月，4300毫米新厚板产线1号加热炉出钢，并一次轧制成功；8月4日，大高炉开炉，标志着济钢“十一五”重点项目全线贯通，在短时间内实现稳定顺行、快速通过“三体系”扩展认证；10月4日，大转炉实现“一键式”炼钢。

自主开发的新钢轧产线MES同步投入运行；11月，4300毫米产线认证产品全部完成国家或第三方现场审核，获得特种设备材料制造用“锅炉和压力容器用钢板”“X80级压力管道制管专用钢板”“十国船级社造船用板及海洋平台用钢板”等生产许可证书。

济钢打造“产品+服务”销售模式，将有形产品和无形服务有机结合起来，在为用户提供满意产品的同时，通过延伸技术、管理方面的服务，使济钢变成下游用户的生产准备车间和采购部，实现与重点客户多角度全方位合作，建立相互依存、共赢的体制。济钢与三一重机开展战略合作，帮助其解决快速发展中能力不足的矛盾。济钢与山东重工、济南二机床、五征等企业开展结构件焊接加工、物流、仓储等方面的合作，延伸产业链发展。

面对产品质量危机，济钢瞄准产品质量缺陷，全流程导入六西格玛管理，开展质量技术攻关，经过100天的努力，实现主导产品改判率和质量损失降低30%的攻坚战目标，质量损失总降低额达到3000多万元。优化提升产品结构，成立产品结构优化提升工作小组和市场前线指挥部，动态优化和调整品种结构，增加结构收益。创立“无效比、有效比、高效比、特效比”概念，以此为杠杆，强化考核，引导生产厂生产高效、高端、特色产品，提高满足顾客个性化需求的能力。年底主导产品中板、厚板的高效比、有效比达到99.3%，曾是公司效益“洼地”的热轧薄板高效比、有效比达到83.72%，冷轧板高效比、有效比达到62.58%。产品盈利能力提高，市场竞争力明显增强。严把进厂原燃料质量关，利用举报信、网上、电话举报等，严厉惩处掺杂使假的供货商。通过严把入口，有效解决进厂原燃料存在的质量问题。按照扣款追溯标准，全年追溯采购损失1.46亿元。济钢重建在行业内生产成本低优势，8～12月，各月总成本降低率分别达到1.65%、2.02%、2.85%、3.13%和3.37%。济钢生铁成本在行业成本的排名不断上升，11月生铁成本行业排序提升到第12位，低于行业平均成本；1～11月累计生铁成本行业排名第21位，较上年的40位，前进19位。济钢推行阳光采购，按照“信息全部公开、做好资质认定、低价中标”的原则，开展公开招标，增加透明度，堵塞漏洞。全年降低设备、备件和材料采购成本1.9亿元，降低率16%。自三季度开始，对耐材、合金、辅料推行“先招标后试验”的采购新模式，实施网上公开招标，引入社会供应资源，开展充分竞争，采购价格平均下降24%，共降低采购成本8235万元。紧盯市场，抢抓机会效益，全年国内原燃料采购累计创造机会效益1.6亿多元、降低进口矿采购费用1.74亿元。（陈双玲）

【中国重型汽车集团有限公司】 中国重汽全年累计产销汽车21.88万辆，同比增长75.01%，其中重卡199635辆，同比增长60.06%；实现销售收入805亿元，同比增长47.12%；实现利税45亿元，同比增长37.91%；实现利润35亿元，同比增长49.52%；实现工业增加值88.23亿元，同比增长50.19%；出口整车14530辆，同比增长79.89%；出口创汇3.92亿美元，同比增长37.77%，企业继续保持健康快速发展势头。

1.国内营销工作。工程用车如自卸车、水泥搅拌车继续保持绝对优势地位，全年销售自卸车10.14万辆，同比增长56.96%。发展公路用车专营网络和配件网络，全年共新建立公路用车专营网络135家，销售公路用车5.73万辆，同比增长44.26%。加大对改装网络的管理工作力度，及时出台《改装单位周转车管理办法》，缩短终端用户的产品交付期，调动改装网络的积极性。充分发挥中国重汽改装公司的区域优势和协同作用，提升公司产品的竞争优势。推进销售信贷业务，拥有销售信贷业务合作单位80余家，整车销售信贷业务突破3000辆。

2.“走出去”战略。在产品销售地和有市场潜力的区域和国家设立24个销售分部，常驻国外销售人员106人，在全球49个国家建立销售、配件和服务网点。推进海外KD项目建设，伊朗KD项目进入正常运行生产状态。研究制定海外销售工作人员职级浮动管理办法，调动海外营销团队的工作积极性。全年出口整车1.45万辆，保持全国重卡行业出口第一名。

3.提高产品技术水平。对70吨矿山霸王进行技术改进提升，推向市场后显现出主导中国大吨位矿山自卸的趋势，成为公司新的增长点。根据市场需求，对牵引车特别是对各平台6×4牵引车的车架及前悬架进行有效提升改进，使牵引车的鞍座高度降至1.3米以内。设计开发金王子牵引车和豪运产品新前脸，对HOWO8×4自卸车进行配置优化，自重降为9.5吨，更加适应市场需求。对主要总成部件进行技术提升，其中12L—380马力天然气发动机等产品的研发工作进入最后试验阶段。

4.产品质量管理工作。制定七项质量提升制度，设置质量责任工程师岗位，完善质量管理控制流程。对三大总成（发动机、变速箱、车桥）的主要零部件以及关键零部件实施生产流水号管理，并进入信息化的质量档案，增强产品售后质量的可追溯性。与曼公司合作，对多家制造单位进行工厂审核，提出整改建议120余项，对制造单位的生产质量管理水平的提高起到促进作用。加强售后服务作业指导工作，对服务网络中的重点检测设备进行推广，提高产品售后服务水平。产品质量管理取得新进步，首次获得“山东省省长质量奖”。

5.推行精益化管理活动。8月18日，召开“持续推行精益化管理、全面提升管理水平”经验交流现场会，制定精益化管理新的目标和要求，开展一系列有亮点和特色的精益化管理活动，对整个集团公司特别是生产单位工作促进作用明显。按照精益化管理的要求，加大风险防范力度，充分发挥信访和案件查处的作用，严厉查处质量事故。开展效能监察工作，强化企业内部管理，创造经济效益。

6. 与曼公司合作项目进展顺利。曼公司派出多名专家到中国重汽任职或给予技术支持，促进双方合作项目的实施，整个项目进展顺利。TGA 驾驶室的冲压设备、焊装线及模具按照进度计划推进；D08 发动机主要设备签订采购合同；D20/D26 发动机的自制件设备开始陆续到厂。

7. 重组工作取得进展。按照汽车产业调整和振兴规划，根据公司自身发展战略需要，中国重汽有选择地开展收购重组工作。新加入中国重汽的湖北华威公司在生产经营中表现优异。9 月 28 日，实施对成都王牌的收购重组，该项目是集团公司首次对整车类企业进行重组，有利于提高重汽产品对云、贵、川、渝等西南部地区的辐射能力。11 月 6 日，福建海西公司成立，使公司产品布局更加科学合理，区域产品竞争力得到增强。

（李 跃）

【力诺集团股份有限公司】 1. 力诺集团科技创新取得突破。2 月 22 日，市委、市政府公布《关于 2009 年度全市科技进步暨创新型城市建设工作的表彰决定》，力诺集团多个项目获奖："一种太阳能保温材料的生产方法"获得唯一一个发明专利一等奖；力诺集团被认定为国家火炬计划济南太阳能特色产业基地；力诺牌太阳能电池获得山东省著名商标；力诺新材料的 GB/T24767-2009《太阳能重力热管》和力诺瑞特的 GB/T23888-2009《家用太阳能热水系统控制器》同时获得国家标准制定奖。7 月 21 日，力诺中温太阳能真空集热管（器）通过中国工程院院士杜祥宛、黄其励、倪维斗等专家组的鉴定；首创钛、铝双靶磁控反应溅射技术，实现较高温度下高真空的保持等多项工艺技术创新；研发适合于中温管性能的测试装置和测试方法；建成中温全玻璃真空太阳集热管生产线，实现从玻璃窑炉拉管到包装的自动生产。中温太阳能集热器首创在 150℃的新型竖单排等三种集热器；新型表面涂覆技术解决铜 U 型管抗氧化难题；研发中温全玻璃真空管太阳能集热器效率测试系统和测试方法。

2. 重点项目成果丰硕。3 月 21 日，我国首条"全玻璃真空太阳集热管"全自动生产线在在力诺集团章丘基地建成投产。整个生产过程全部实现毛管连线、自动接尾、自动在线清洗、连续镀膜、自动点焊、自动打卡与装管、自动封口、自动在线排气、自动烤消、自动装箱、自动包装和自动码垛等，产品在各工序的交接同步实现自动传送。5 月 21 日，力诺集团日喀则 10 兆瓦光伏并网发电项目在日喀则破土动工。项目设计使用寿命为 20 年，总发电量可达到 4 亿多度，相当于节省标准煤 16 多万吨，减排二氧化碳 36 万吨。9 月 10 日，力诺集团阳光科技园 1.6 兆瓦屋顶太阳能光伏电站并网发电，电站位于力诺永宁制药公司车间房顶上，是国家第一批太阳能光电建筑应用示范项目，也是山东省首座、江北第一座太阳能屋顶光伏电站。电站发电容量为 1.6 兆瓦，每年能发电 180 万千瓦时，相当于每年节约煤炭 630 多吨，减排二氧化碳 1245 吨，减排二氧化硫 30 吨。9 月 15 日，力诺光热中高温集热技术产业化基地奠基仪式于力诺阳光科技园举行，共包括以下 4 个项目：年产 500 万支中温集热管项目、100 兆瓦高温太阳能真空发电管项目、无阻传导 Ag3.2W 热管集热器项目、力诺（国家级）太阳能研究院。9 月 15 日，力诺光伏 100 兆瓦多晶硅电池片生产线在力诺光伏集团二号厂区建成启动，力诺电池片生产由单晶硅扩展到多晶硅。二号厂区总投资近 3.5 亿元，装备 4 条多晶硅生产线，设计产能为 100 兆瓦。

3. 加快国际化步伐。3 月 2 日，力诺集团与全球最大的硅材料供应商美国 MEMC 签署战略合作协议，双方在包括硅片——电池片——组件——系统在内的光伏产业链开展更紧密合作；3 月 8 日，力诺光伏并网发电系统出口日本，开启力诺光伏与日本北海物流签订的 54 千瓦光伏电站建设项目；8 月 9 日，力诺集团与德国 JSJ 公司签署战略合作协议，双方在特种玻璃熔窑设计、熔制技术、玻璃机械和实验室方面开展合作。

4. 深化科研院校合作。7 月 18 日，力诺集团与上海交通大学安泰经济与管理学院签署战略合作协议书，双方在高端人才培养、教学基地建设、学历学位教育，以及学术交流、项目管理咨询、设立科研基金等方面进行全方位合作，建立紧密型和长期战略合作关系；10 月 24 日，力诺瑞特与上海交通大学共建太阳能研究院签字暨揭牌仪式在上海市青浦工业园区举办，研究院在太阳能热水利用领域进行核心技术升级与改造，重点在热能利用领域包括太阳能空调制冷技术、太阳能工业加热与干燥技术、太阳能海水淡化技术、太阳能热发电技术等领域进行技术攻关及大规模产业化推广，提出将太阳能热能应用从技术研发层面延伸到产业化推广层面。上海市青浦区将"力诺瑞特、上海交大太阳能研究院"列入工业园区成立 15 周年典型项目；12 月 17 日，力诺药业集团与山东建筑大学生物工程专业举行校企合作签约仪式，双方就生物制药产业加强产、学、研的合作，重点突出科研项目开发、技术改造及人才培养。（靳文娟）

【山东中创软件工程股份有限公司】 山东中创软件工程股份有限公司（以下简称"中创软件"）创立于 1991 年，是我国领先的软件产品供应商、解决方案提供商和 IT 服务提供商，是国家规划布局内重点软件企业、国家 863 成果产业化基地、中国软件欧美出口工程 A 级示范企业、中国软件行业信用评价 AAA 级企业。市场领域遍布全国 30 多个省市区，以及北美、欧洲、澳洲和东南亚地区，是全国交通领域、金融信贷风险管理领域第一信息化服务商，在税务、物流信息化领域和物联网应用领域居于国家第一梯队。年内获中国软件行业协会评出的"最佳技术创新奖""中间件信赖产品奖"和"最佳外包服务奖"等奖项。

年内中创软件承担的"核高基"专项中间件项目课题取得阶段性成果：建立国产中间件标准与规范 21 项，申请专利43项，建成包含31项中间件技术参考实现的共享资源池，发起成立四方国件中间件产业技术创新战略联盟，推动中间件产业资源的整合及协调，促进国产中间件技术和产业的发展。中创软件承担的“核高基”专项入选“十一五”国家重大科技成就展。中创中间件产品广泛应用于金融、交通、农业、航天航空、电力、教育、通信、林业、税务、物流、邮政等国家重点行业和关键领域信息化建设。（中创软件）

【山东佳宝集团有限公司】 山东佳宝集团有限公司成立于1996年6月，系国家农业产业化重点龙头企业和济南市“五十强”骨干企业。集团下设两个全资子公司——济南佳宝乳业有限公司、济南维尔康食品有限公司，“佳宝”“维尔康”均为国家名牌。

维尔康肉类水产批发市场经营规模上新台阶，全年交易量200万吨，交易额260亿元。在国家商务部全国城市农贸中心联合会（即中国农产品批发市场协会）举办的2010年度全国农产品批发市场百强排名活动中，维尔康肉类水产批发市场获得2010年度全国农产品批发市场综合百强排名第二名，全国水产品批发市场二十强第一名，全国肉禽蛋批发市场二十强第一名。维尔康肉类水产批发市场，是国家农业部定点市场和国家商务部生活必需品重点监测市场，市场经营面积20余万平方米，经营业户750余家，拥有冷库6座，总容量12万吨，冷藏能力居全国同行业首位，是全国最大的肉类水产品集散地批发市场。

9月21日，由山东省质量技术监督局主办的全省落实食品企业主体责任现场会，在集团所属济南佳宝乳业有限公司召开。会议介绍了济南佳宝乳业有限公司落实主体责任的典型做法，现场观摩济南佳宝乳业有限公司的质量保证体系和生产现场。

9月27日，集团所属济南维尔康食品有限公司新建3万吨冷库正式启用，总投资达6000多万元，总建筑面积3万多平方米，地上4层，冷藏储存容量3万吨。维尔康公司冷库储存总吨位达12万吨，名列全国同行业首位。（张巨恒）

【山东齐鲁电机制造有限公司】 齐鲁电机制造有限公司，建于1958年，位于济南高新技术开发区，占地面积43万平方米，共有员工1423人，是专门从事发电设备研发制造的骨干企业，是山东省、济南市“高新技术企业”，拥有自营进出口权。自1989年起引进ABB公司（后改为阿尔斯通公司）设计制造技术，三大主导产品汽轮机、发电机和电动机年生产能力分别达到200万千瓦、800万千瓦和30万千瓦。全年实现销售收入11.2亿元、利税1.19亿元，连续7年年均销售收入在10亿元、利润在1亿元以上，在全国发电机行业列三大动力之后居第4位，资产总额达24亿元。

公司拥有国家级企业技术开发中心，多次入选中国机械500强、山东省机械工业百强，33万千瓦空内冷汽轮发电机安全平稳运行，受到用户认可，并通过国家级鉴定，年内获山东省工业设计优秀产品、山东省产学研展洽会金奖产品等称号；15万、6万千瓦高压单缸双抽汽轮发电机组被列入山东省重点领域首台套技术装备名单；“齐鲁”牌汽轮发电机连续14年保持山东名牌产品称号，公司产品遍布全国31个省、市、自治区，空冷汽轮发电机市场占有率连年达30%左右；中标晨鸣集团7台汽轮发电机组2亿多元的合同大单。清洁高效汽轮发电机组生产建设项目进展顺利，项目建设周期3年。（孙 菁）

【济南卷烟厂】 济南卷烟厂是山东中烟工业有限责任公司的直属卷烟生产厂，始建于1928年，是山东烟草最早实现质量、环境、职业健康安全管理体系“三证一认”的工业企业、全国4家定点雪茄烟生产企业之一、山东省质量管理奖第1名获得者、4A级信用等级企业。内设21个部门和3个车间、1个雪茄烟制造中心。拥有13条硬盒生产线，11条软盒生产线，6条高速卷包生产线。新厂区占地74.23公顷，建设项目总建筑面积16.61万平方米，年生产能力达125万箱以上。

1. 卷烟生产。建立适应市场需求的新型生产模式，实行产量预报制度，建立成品库存预警机制，提高生产组织系统快速响应市场的能力，各月度计划完成率均为100%。实现“红金龙（软精品）”“云烟（紫）”品牌的落地制丝，完成各1万箱的合作生产任务。雪茄烟生产规模化，“将军（潘萨）”“将军（3G）”深受消费者青睐。加强与公司有关部门的对口衔接，满足外商订单需求。通过400余项次工艺指标测评、5次全过程工艺质量管理测评和《工艺汇编》的编制、落实等工作，强化工艺研究和控制，使产品过程质量控制始终保持良好状态。贯彻落实《山东中烟工业公司卷烟产品质量提升方案》，开展“质量月”“我为质量提升献一计”群众性质量管理活动、省内17市地市场走访调查等工作。

2. 技术保障。10月20日，易地技术改造一期项目通过国家烟草专卖局总体验收，6万平方米的烟叶醇化库建设项目正式启动，完成规划建设论证、设计招标、监理单位招标、施工图设计、施工总承包单位招标、5万立方米土方处理等工作。科研生产指挥中心项目开始启动。加强备件库存管理，备品备件库存总额、周转率和领用率均完成省工业公司定额标准。利用节假日进行4次停产检修，确保设备性能完好和产品质量稳定，企业被评为山东省2010年度设备管理先进单位。设计完成并启动生产现场信息展现分析系统。完成生产保障库设备安装调试，新建库存量可达14592箱成品卷烟的自动化物流系统投入运行。强化烟叶仓储及熏蒸杀虫监督管理，保证烟叶的养护质量和储存安全。规范各级能源检测设施，完成部分节能照明、LED、节电器和谐波器的安装，节电效果明显。强化集中生产，提高设备利用率，降低能源消耗，万元产值能耗20.55千克标煤，同比降低1.52千克标煤，降幅6.88%。清洁生产审核通过省经信委、省环保厅的双重验收。

3.基础管理。开展创优、对标工作，优秀卷烟工厂10项指标达标9项，完成“确保8项”的目标要求。开展定额标准数据试套，完成各项定额标准草案并论证发布。加强绩效考核，各部门内部二次绩效考核分配全部启动。完善企业三级创新管理组织体系，全年评出获奖创新成果122项、优秀合理化建议100项；创新成果《MAX70接装机扇形齿轮组弹性圆柱销拆装工具的设计与应用》获得全国创新成果评审三等奖、山东省职工优秀技术创新成果一等奖；QC成果《研制造纸法薄片烟块自动松散装置》获行业一等奖；“尖尖角”“火炬”QC小组获“全国优秀质量管理小组”称号。通过国家烟草专卖局“五五”普法验收。以食品安全和消防安全为重点，以后勤管理（服务）手册为抓手，加强后勤工作的规范化、痕迹化管理，企业被评为济南市高新区2010年度食品安全先进单位、济南市2010年度花园式单位。逐级签订《2010年安全生产管理目标责任书》，坚持领导值班、中层管理人员值班和安全管理人员节日期间24小时值班制度。开展冬季防火安全专项检查、相关方临时驻地冬季安全生产专项检查和烟叶仓储冬季防火等专项检查。企业被省政府评为山东省安全生产先进单位，被省卫生厅授予“山东省职业卫生示范企业”称号，安全保卫处被省公安厅授予集体二等功。

4.营销工作。拟定并实施《济南卷烟厂大营销工作方案》及各项支持方案。设立市场处，确定市场处的部门职责。建立实行厂级领导与济南市六区三县一市销区的联系点制度。工商联合召开鲁产卷烟品牌培育会议，每月召开工商联席会议，举办泉城烟草青年论坛等活动，推进工商干部任职交流，为鲁产卷烟品牌培育搭建交流与合作的平台。启动济南卷烟零售户“感悟泰山”活动，组织零售户参观交流1500余人次。全年济南区域销售鲁产卷烟12.71万箱。

（郭　勇）

责任编校　王　洋

农业

农村工作综述

【概况】“十一五”期间，市委、市政府始终把解决“三农”问题放在重中之重位置，连续五年以一号文件全面部署农村工作，制定了推进济南市农村改革发展的实施意见，坚持统筹城乡发展方略，大力实施新农村建设“十大行动”，不断深化农村综合配套改革，社会主义新农村建设取得显著成绩。

1. 农业农村经济稳定增长。2010年，全市农业增加值达到215.17亿元，比2005年增长62.5%；农产品产量增加、质量优化，粮食、棉花、油料总产量分别达289.4万吨、2.9万吨、5.9万吨，蔬菜、水果总产量分别达601.4万吨、47.4万吨，肉类、奶类、水产品产量分别达38.1万吨、31.2万吨、4.3万吨。都市型农业加快发展，集中打造34个特色品牌基地和43个都市农业园区，推出6大类60个观光休闲农业精品项目，基地建成面积达到100万亩（约6.7万公顷）。农业产业化步伐加快，规模以上农业龙头企业达到350家，农民专业合作社达到2658家，建成农产品批发市场187个。

2. 农民收入和生活水平持续提升。2010年全市农民人均纯收入达到8903.3元，比2005年增长85%。农民非农产业收入增速加快，工资性收入占农民人均纯收入的比重达到46.3%，比2005年增长8个百分点。农民生活消费支出稳步提高，消费结构不断优化，2010年全市农村居民人均生活消费支出5406.6元，比2005年增长86%，农村居民恩格尔系数由39.1%下降到33.6%。

3. 农村基础设施和生态环境明显改善。小城镇建设有序推进，完成38个小城镇建设任务，实现小城镇面貌和功能双改善。全市建制村通沥青（水泥）公路率和村内主干街道沥青（水泥）路面硬化率分别达到99.7%和96.3%。加强水利工程建设，腊山分洪、南水北调济南段建设稳步实施，6座大中型水库除险加固工程基本完成，126座病险小型水库除险加固任务全面完成，18条小流域治理顺利实施，农田水利基本建设取得积极进展，5年来累计投入9.5亿元，有效解决了172万人饮水安全问题，自来水入村率达到95%以上。农村清洁能源利用步伐加快，农村户用沼气池达到18万户，沼气工程达413处，年处理粪污300余万吨，培植生态富民典型村300多个。生态环境建设力度不断加大，全市森林覆盖率达到30%。

4. 农村社会事业加快发展。全市75所乡镇（街道）卫生院进行了改扩建，完成村卫生室标准化建设2366个，新型农村合作医疗参合农民323.71万余人，参合率达99.98%，筹资水平达到人均130元；全面落实农村义务教育经费保障机制，农村中小学教师工资实现县域内统一、足额发放，全面推进农村中小学“211”工程，农村学校办学条件不断改善；全市77处敬老院全部建成，达到省级敬老院标准。低保标准提高到每人每年1320元，五保集中供养标准提高到每人每年2800元，分散供养标准提高到每人每年1800元，启动新型农村社会养老保险试点，1万多名农民领到了基础养老金；新建产地农产品批发市场7个，改造建设标准化农家店4832个，农家店商品配送率达到50%以上；完成60个乡镇文化站建设，40%的行政村建起文化大院。

5. 农村改革深入推进。农村土地承包经营权流转进一步加快，集体林权制度改革在试点的基础上全面推开，综合配套改革试点、集体产权制度改革试点等工作积极开展，推进新农村建设领导体制和工作机制逐步完善，农村发展活力不断增强。

6. 农村社会更加和谐。农村基层民主不断扩大，村民自治制度更加完善，社会管理体系进一步完善。农民思想道德建设稳步推进，群众性精神文明创建活动深入开展，农民素质和农村文明程度显著提高。全市涌现出各级文明村镇1600多个，文明户和五好家庭20多万个，好媳妇、好婆婆10余万名。

2010年主要农产品产量

产品名称	单位	产品产量	比上年 ±%
粮食	万吨	289.4	--
棉花	万吨	2.9	-7.7
油料	万吨	5.9	-3.2
水果	万吨	47.4	2.6
蔬菜	万吨	601.4	1.7
肉类	万吨	38.1	1.2
禽蛋	万吨	36.0	0.4
奶类	万吨	31.2	3.5
水产品	万吨	4.3	2.9

（周胜宇　刘方洲）

【都市型、城郊型“两型”农业建设】 按照近抓园区、远抓基地的思路，坚持高端高质高效发展方向，深入实施特色品牌战略，在扩规模、提档次、充内涵、打品牌上下功夫，重点扶持建设77个都市农业园区和特色品牌基地。全市基地核心区面积超过0.37万公顷，辐射带动8万公顷，园区规划建设面积约0.67万公顷，全市高效特色农业竞相发展的格局初步形成。休闲观光农业成为增创农业发展新优势的重要引擎，全年接待游客1100万人次，实现综合收入22亿元，“泉城乡村乐”成为深受广大市民青睐的知名品牌。（李　建）

【农业产业化经营】 按照壮龙头、建基地、活机制、促增收的整体要求，坚持生产基地、龙头企业、合作社、农产品市场“四位一体”整体推进。出台农业龙头企业认定等7个管理办法，新增规模以上农业龙头企业50家，累计达到350家，带动种植业基地12.1万公顷，覆盖农户51万户；新增农民专业合作社651家，累计达到2658家，其中示范社160家；各类农产品专业批发市场发展到187处；农超对接、现代农业成果展等成为开拓农产品市场、加快农民增收、促进“菜园子”与“菜篮子”有效对接的重要平台，全市55%的农户纳入产业化经营范畴。（李　建）

【农业科技推广能力建设】 以实施“双三六”工程为抓手，深化农业科技推广能力建设，着力抓好队伍建设、平台搭建、转化应用和农民培训，基本建立起适应现代农业发展的新型农技推广体系。调整聘任17名农业专家，市县乡三级专家团队进一步壮大。市农科院挂牌成立，中草药、马铃薯等农业科技示范培训中心建成运行。重点筛选实施25个双推项目，引进推广新品种136个、新技术78项、新机具18（种类）台套，小麦高产攻关创建创下亩产681.6公斤的全市历史新纪录。开通“农事通”短信平台，10万农户免费享受到快捷实用的农业信息服务。培训基层农业技术员200名、农民辅导员600名，农业科技工作开创新局面。（李　建）

【农产品质量监管】 出台《关于进一步加强农产品质量安全工作的意见》，协调建立农产品质量联席会议机制，大力强化投入品管理、标准化生产、检验监测等6大体系建设，农产品质量安全水平不断提升。全面推行农药市场准入备案制度，依法严厉打击禁用限用农药经营使用行为，查处没收违规产品5000公斤。大力推进市县“两级”和基地企业市场“三层”农产品质量监测机构建设，完成样品检测38000例。制定农业地方标准14项，累计推广各级标准280多项，标准化生产基地累计超过150万亩（10万公顷），带动认证农业“三品”162个、地理标志农产品5个，总量分别达到596个和10个。以此为基础，着力打造了鲍家芹菜、张而草莓等一批知名农产品品牌。（李　建）

【农业基础条件改善】 进一步加强农业基础设施和装备建设，农业可持续发展能力得到巩固和提升。争取省和国家农业投入项目16个，投资总额8000余万元。全年建成户用沼气2万余户，建设完善沼气基层服务网点200处、大中小型沼气工程30处。实施产业扶贫项目50余个，11万低收入农民受益，人均增收1300元，全面完成3年扶贫规划。农机化水平显著提高，全市补贴购置各类农机具8884台（套），农机总动力达到510万千瓦，农机化水平达87%，同比提高5个百分点。农作物秸秆综合利用率达91%，提高3个百分点。推广测土配方施肥约万公顷，节本增效1.5亿元。新建病虫害专业化防治队伍40支，重大农业植物疫情阻截带建设趋于完善，有效保障了农业生产安全。（李　建）

【农业体制机制创新】 认真落实各项强农惠农政策，着力破解发展难题和瓶颈制约。全年落实粮食直补、农资综合补贴、良种补贴和购机补贴资金4.57亿元。政策性农业保险试点工作取得积极成效，协调种植业理赔资金1599万元，帮助农民有效减轻了灾害损失。抓好市县乡村四级农村土地流转服务平台建设，农村土地流转面积达到2.4万公顷，同比增加0.5万公顷。6个县（市）区基层农技推广体系改革与建设全面铺开，基层农技推广能力加快提升。以开展种子执法年活动为契机，深化“绿剑护农”行动，查获假冒伪劣农资产品50多吨，有效维护了农民的合法权益。（李　建）

【农业机械化概况】 全市农机总动力达到510万千瓦，农机总值达到28.9亿元，分别比2009年增长2.4%和2.6%。在农机补贴政策的大力推动下，全市农机装备水平进一步提高，农机装备结构进一步优化，特别是中央、省、市各级补贴力度的继续加大，为农机化带来了良好发展机遇。联合收获机达到7567台，增长11.4%，其中小麦联合收获机达到5026台，新增222台，玉米联合收获机达到2541台，新增550台，玉米机收率达到72.8%，实现较大飞跃，成为全省首批基本实现玉米生产机械化的地市之一；机耕面积35.6万公顷，机播面积约42万公顷，机收面积32.8万公顷，分别比2009年增长2.3%、4.6%和7.2%。大中型拖拉机保有量达到17952台，配套机具保有量达到27958台（套），同时小型拖拉机数量进一步萎缩，比例进一步趋于合理。不仅在主要农作物机械的发展上有了很大提高，在保护性耕作、设施农业机械化、经济作物机械化等方面也有了很大的突破。同时，农机合作社达到58家，比上年翻了两番多，农机服务体系日趋完善，服务功能不断增强，全年实现农机经营总收入17亿元，比上年增加8.3%。

1. 农作物秸秆综合利用工作成效显著，秸秆综合利用长效机制初步建立。秸秆利用工作再上新台阶。共产生农作秸秆约42.5万公顷，秸秆综合利用总量38.7万公顷，综合利用率达91%，同比增加三个百分点。其中，机械化还田面积约 26.1 万公顷，秸秆青贮 2.6 万公顷，通过发展秸秆养殖食用菌、秸秆压块等秸秆综合利用技术，消化秸秆 8.6 万公顷。济南国际机场、主要高速公路两侧及济南城市周边等重点区域，秸秆综合利用率达 95%，基本杜绝了秸秆焚烧现象。秸秆利用意识已经深入人心，秸秆利用技术日趋成熟。

2. 购机补贴工作卓有成效。全年中央、省、市共安排购机补贴资金 5447.98 万元（含省财政直管县商河县 1060 万元）。共补贴各种农机具 8884 台套，受益农民 4506 户。其中，对大型拖拉机、玉米联合收获机及小麦免耕播种机进行了重点补贴，分别为 1175 台、642 台和 158 台。通过购机补贴，直接带动农民投资农业机械 1.5 亿元，拉动了全市农机工业的发展。

3. 平阴农用航空服务站执行飞防任务。平阴农用航空服务站于 5 月 22 日开始执行平阴、长清林区飞防任务，之后，对菏泽、潍坊等地执行了飞防灭蛾任务，总飞防面积达 100 万亩（约 6.7 万公顷）以上，是上年的 10 倍，占今年全省飞机灭蛾计划的三分之一。

4. 农机专业合作社成为全国示范点。历城区促农农机专业合作社于 7 月 4 日被农业部确定为全国农机专业合作社示范点。促农农机专业合作社成立于 2009 年 6 月 10 日，注册资金 65 万元，入社社员 10 户。促农农机专业合作社完成作业面积约 0.07 万公顷，实现作业收入 90 万元。（乔庆勇　吴　岳）

【观光休闲农业】 全市观光休闲农业接待人次超过 1100 万，实现综合收入约 22 亿元，安置就业人员 3.2 万人。①赏花型观光休闲农业。先后举办历城春季赏花节、胜源梨花文化节等各类赏花活动 26 次，接待游客 310 万人次，实现综合收入 5 亿余元。②采摘型观光休闲农业。先后举办张而草莓文化节、王家峪大樱桃采摘节等各类农产品采摘活动 44 次，采摘各类农产品 1 亿多公斤，接待人次超过 215 万，实现综合收入 14 亿元。③垂钓型观光休闲农业。相继建成长香源休闲垂钓中心、黄河湾生态园等休闲垂钓基地 20 处，接待游客 26 万人次，垂钓销售各类水产品 365 万公斤，实现综合收入 1 亿元。④农家乐型观光休闲农业。全市 138 家具有一定规模、特色鲜明、管理规范的农家乐，已接待游客 460 万人次，实现综合收入 2 亿多元。

（李　建）

【生态富民行动】 全市加快推进生态富民行动，建成生态富民重点村 100 个，提升完善生态富民示范村 200 个，新建户用沼气池 20379 户，安装太阳能热水器达 1.2 万户。建成区域化服务组织 15 处，新建基层沼气服务网点 100 处，完善沼气服务网点 200 处，推行沼气合同化服务近 5 万户。新建大型沼气工程项目 2 处、中小型沼气工程 77 处，全市单池容积在 50 立方米以上的各类沼气工程达 445 处，总容积达 2.8 万立方米，年处理粪污 300 余万吨，年产沼气 200 多万立方米。重点扶持了 10 处循环农业示范基地推行“三沼”综合利用项目，全市“一棚一池”“三位一体”“畜一沼一果（菜）”等生态农业模式推广面积达 1 万公顷。（李　建）

【农村扶贫开发】 2010 年是落实 3 年扶贫开发任务的最后一年，是全面落实产业扶贫“扩规模、提水平、上档次、出亮点”要求的丰收年。全年产业扶贫项目共计下拨资金 3000 万元，覆盖 232 个村、28465 户、11.08 万低收入人口。发展优质干鲜果 1828 公顷，新建设施冬暖大棚1565个，发展中药材约243.33公顷；新建、改造生态池藕约 16.7 公顷，设施食用菌开沟 7 条，加固土洞 460 条，生产菌种 10 万公斤；新建獭兔窝 8000 个，订购獭兔 12000 只，饲养种鸡 1000 只，孵化鸡苗 8 万只；新建布艺加工房 1 处、加工房 12 间；累计新修生产路 49.4 公里，打深水井 3 眼，新建风力提水机 12 座、蓄水池 98 座，新修生产桥涵、塘坝等 4 座，埋设管道，进行畜牧、林果技能培训等。项目总投资 1.2 亿元，实现经济总收入 1.8 亿元，纯收入 9800 万元，低收入人口人均增收 1300 元。

（李　建）

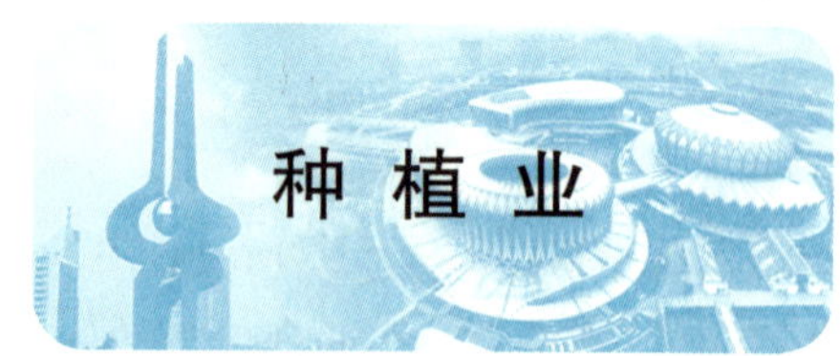

【粮食生产政策性保障】 全市共落实粮食直补、农资综合补贴资金 3.24 亿元；小麦良种补贴约 24.2 万公顷，补贴资金 3632.6 万元，玉米良种补贴约 25 万公顷，补贴资金 3744.9 万元，水稻良种补贴面积约 0.67 万公顷，补贴资金 150.5 万元；政策性农业保险工作积极推进，共承保各类农作物约 14 万公顷（小麦约 7.95 万公顷，玉米约 5.75 万公顷，棉花约 0.3 万公顷），收取农民保费 17.66 万元，理赔金额共计 1654.66 万元，对建立新型农业防灾减灾机制起到有力推动作用。

（李永伟）

【蔬菜生产】 蔬菜生产克服低温霜冻、大风、暴雨等自然灾害影响，依然取得了良好效益。全年蔬菜播种面积约 11.1 万公顷，比上年同期增加约 0.13 万公顷，增长 0.7%；总产量 760 万吨，与上年基本持平。全市新增设施蔬菜栽培面积 600 余公顷。全市蔬菜价格平均增长近 30% 左右，总产值达到 83.4 亿元，增长 1.7 亿，实现农民人均增收 50 元。

（李永伟　李　建）

【棉花生产】 全市棉花播种面积约 2.6 万公顷，比上年减少约 0.05 万公顷，其中纯春棉约 2.1 万公顷，套春棉约 0.5 万公顷。地膜覆盖棉面积约 2.34 万公顷。机播面积约2.33万公顷。因灾绝产约0.05 万公顷，收获面积约 2.55 万公顷，比上年减少 0.12 万公顷，减 4.5%。全市单产 77.1 公斤，比上年减少 2.5 公斤，总产 2.95 万吨，比上年减少 7.5%。单产降低的主要原因是灾害性气候影响。籽棉平均收购价 11.8 元 / 公斤，比上年同期增 4 元左右。植棉亩纯收益 1148.7 元，比小麦、玉米合计亩纯收益 948 元多 200.7 元。

（张甲生　李　建）

2010 年全市种植业基本情况

项目	播种面积（万公顷）		总产量（万吨）		单产（千克/亩）	
	数额	比上年增减	数额	比上年增减	数额	比上年增减
农作物播种总面积	62.09	0.24				
一、粮食作物	46.74	0.40	289.43	持平	412.8	3.6
1. 夏粮（小麦）	21.64	0.28	126.32	3.51	389.2	5.9
2. 秋粮	25.10	0.12	163.11	−3.55	433.2	−11.6
（1）稻谷	0.87		6.44			
（2）玉米	20.84	0.32	139.83	−2.66	447.2	−15.7
（3）谷子	0.63	持平	2.36	持平	249.1	持平
（4）高粱	0.10	持平	0.26	持平	165.1	持平
（5）豆类	1.14	−0.05	3.49	−0.18	203.5	−1.5
（6）薯类	1.50	−0.11	10.70	−0.52	474.1	10.5
二、油料作物	1.57	−0.05	5.91	0.16	250.7	1.2
三、棉花	2.55	−0.12	2.95	−0.23	77.1	−2.5
四、蔬菜	11.06	−0.07	671.94	持平		

（李永伟）

【特色品牌基地建设】 把现代农业特色品牌基地建设作为加快“两型”农业建设的主要工作，全力推进，基地建设成效明显。全市品牌基地发展到 34 个，涵盖 8 大主导产业，其中原有基地 24 个，新增加基地 10 个，核心区建设面积新增约 433 公顷。全年品牌基地建设市级专项扶持资金近 1400 万元，比上年新增 400 万元。预计基地销售主导农产品数量 33 亿公斤，主导产品销售金额 50 亿元，基地核心区总增收入 8.5 亿元，带动农民总增收 52 亿元。（李　建）

【都市农业园区建设】 都市园区实现新跨越，建成 43 家园区，其中重点园区 15 个，新建园区 18 个，提升园区 10 个。园区建设在建设思路、建设标准、建设规模、建设创意等方面不断提高，形成了一批有功能、有特色、有创意、有融合、有潜力的园区，呈现出良好发展势头和前景。园区数量大幅增长，总数达到 50 余家，总规划面积近 10 万亩（约 0.67 万公顷），土地流转总面积 5 万余亩（约 0.33 万公顷），1000 亩（约 67 公顷）以上的近 20 家。园区规划总投资 15.7 亿元，2010 年投资 6 亿元。新建智能温室 500 余亩（约 33 公顷）、高标准冬暖棚 800 亩（约 53 公顷）、大拱棚 1500 余亩（100 公顷）。全年都市农业园区参观游览人数达到 60 余万人，经营收入近 6000 万元。（李　建）

渔　业

【概况】 渔业经济平稳较快发展，渔业经济总产值 5.8 亿元，比上年同期增长 5.52%；渔业生产规模不断扩大，渔业养殖面积 6782 公顷，水产品总量 4.3 万吨，分别比上年同期增长 1%、4.8%。在养殖模式方面，其中池塘养殖 5017 公顷，湖泊养殖 140 公顷，水库养殖 1563 公顷，河沟养殖 62 公顷。在养殖品种方面，草鱼养殖 15478 吨，鲤鱼 14253 吨，鲢鱼 5439 吨，鳙鱼 2581 吨，鲫鱼 2226 吨，鲶鱼 484 吨，观赏鱼 60.5 万尾。

渔业产业结构持续优化。名优水产品养殖、生态渔业、休闲观光渔业等“三支柱”产业规模分别达到 0.3 万公顷、约 0.43 万公顷、0.2 万公顷，分别增长 8%、5%、7%。市淡水养殖科学研究所新引进娃娃鱼、鲥鱼、斑点鳟鲑等名优品种养殖，试验养殖成功。商河县贾庄利用地热水资源养殖罗非鱼及南美白对虾，产量分别达到 5 万尾、3 吨。

渔业产品质量稳步提升。年内先后组织召开两次水产品质量安全专题会议，制定“关于加强济南市水产品质量安全工作的意见”和实施方案，水产品质量安全管理工作有效开展。在培训宣传方面，在商河县实施科技入户示范培训工程，累计培训渔民 1000 人次，发放宣传培训材料 2000 余份。在水产品质量检测体系建设方面，投资 25 万元，完成平阴、槐荫、长清等地 3 个水生动物病害测报及远程诊断点的装备。在执法检查方面，4 ~ 5 月份开展水产苗种专项整治行动，共检查水产苗种生产企业 5 家，完善了档案数据库管理及“五项制度、两项登记”制度，开展两次养殖生产环节执法检查，检查养殖生产企业及养殖户等共 213 家。在质量安全抽检方面，配合农业部及省厅完成 7 个批次共 80 个样品的取样任务（其中农业部抽 5 批次 63 个样），合格率达到 97.5%；抽检苗种 10 个样品，合格率 100%。市局自行抽检 40 个样，合格率 98.1%，均比上年有明显提高。

渔业品牌效应逐步显现。年内新成立渔业专业合作社 4 家，新认证无公害水产品 24 个，全市无公害水产品认证达到 43 个。建设了槐荫郑家店省级标准化渔业生产示范基地 200 公顷。市淡水养殖科学研究所新建 1600 平方米工厂化名优苗种培育温室并投入使用，配套建设的1020米深水井顺利出水，出水温度28℃。历城区唐王渔场繁育龙凤锦鲤苗种30万尾，培育优质高档龙凤锦鲤4822万尾，完成了“龙凤锦鲤人工繁育与养殖技术研究”项目，同时试养宝石鲈1000尾，养殖成活率98%以上，100g个体经过6个月养殖平均规格达到400g以上。章丘白云湖特种水产养殖有限公司8月29日在济南金都大酒店举办“白云湖”牌生态甲鱼品牌推介会，30多家餐饮、销售企业及20多家媒体参加，极大提升了章丘甲鱼品牌。9月10～12日在济南海鲜大市场成功举办首届中国(济南)国际海参文化节，这次海参文化节由济南市人民政府、山东省海洋与渔业厅联合举办，国内外海参生产、销售企业500多家参加，文化节期间海参交易额达到30亿元。

渔业执法管理水平不断提高。开展了渔政执法年活动，先后开展了水产苗种专项执法、渔业安全生产月、水生野生保护动物科普宣传月、水产品质量专项整治等一系列活动，采取“上下联动、部门联合”的方式，进一步推动水生野生动物保护日常检查机制，同时开展春、秋季专项集中整治，累计发放水生野生保护动物经营利用许可证112本，水生野生动物经营利用许可制度逐步推进。

(崔迎松)

【概况】全市畜牧兽医系统以发展具有省会特色的现代畜牧业为目标，以“发展、保护、监管”为主线，大力实施高端、高质、高效畜牧业发展战略，不断调整优化产业结构，加快转变畜牧业发展方式，全市畜牧产业化、标准化水平不断提高，动物疫病防控能力显著增强，畜产品质量安全水平明显提升。全市生猪存栏248.23万头，同比增长6.3%；牛存栏93.2万头，与上年持平，其中奶牛15.74万头，增长12.27%；羊存栏174.91万头，与上年持平；家禽存栏4202.82万只，增长0.63%。全市肉蛋奶总产量达129.01万吨，畜牧业总产值达109.1亿元，同比分别增长7.75%和8.47%，“十一五”规划预期发展目标全面超额完成。2010年，市畜牧兽医局被评为省级文明单位。

纵观“十一五”，济南市畜牧兽医工作亮点纷呈。畜牧业综合生产能力不断增强，畜产品总量大幅增长，肉蛋奶产量分别比2005年增长33%、12.8%、186%。标准化规模养殖加速发展，生猪、奶牛规模养殖比重分别比2005年提高22个和30个百分点。良种繁育体系不断完善，以繁育场、改良站为支撑，检测中心为保障的畜禽良种繁育体系基本形成。区域优势进一步显现，生猪、蛋鸡和奶牛优势产业基地发展到近百家。质量安全水平明显提高，兽药、饲料产品质量抽检合格率连年提高，生鲜乳三聚氰胺检测合格率100%。重大动物疫病防控成效显著，重大动物疫病防控体系逐步建立健全，无疫区建设进展顺利，未发生重大动物疫病和畜产品安全事件。

产业结构布局不断优化升级。围绕肉、蛋、奶三大产业体系建设，积极推进优势畜产品区域布局。在稳定发展食粮畜禽的同时，突出发展以奶牛为重点的节粮型食草畜禽，食粮食草畜禽比重趋于合理，畜禽品种结构和畜牧业生产结构进一步优化，布局合理、特色鲜明、规模适度、设施完善的现代畜牧业产业体系正逐步形成。奶业已成为全市畜牧业发展最快的产业和最大的亮点，12月全省现代奶业项目现场会在济南召开，标志着济南市奶业在全省奶业的领先地位得到进一步巩固和提升。

标准化规模养殖再上新台阶。围绕发展无公害、绿色、有机畜产品，大力推进标准化生产。积极落实各项扶持政策，加快畜产品质量认证，全市新认证无公害、绿色畜产品基地3处，全市畜牧业标准化基地已发展到50余处，其中，国家和省级标准化生产基地33处。同时，坚持资源化、减量化、无害化原则，大力推广节能减排和无害化处理技术，144家规模养殖场(小区)粪便污染物实现了达标排放，节约型、生态型、循环型畜牧业发展取得新成效。

动物疫病防控扎实有效。春季和秋季集中免疫工作分别于4月中旬和10月底全部完成。全市全年共使用疫苗8743.1万毫升(头份)，禽流感、口蹄疫、猪瘟、猪蓝耳病等动物疫病免疫密度始终保持在100%，确保了畜禽始终处于有效保护状态。

质量安全水平稳步提升。据市监测中心实验室监测，全年兽药检测合格率达85%，饲料产品质量合格率达92%，均比上年有所提升；养殖环节未检出违禁药物和兽药残留。全年畜产品检测总合格率达100%，在国家重点抽检的36个城市中排名第一。

【畜产品抽检合格率36城市排名第一】2010年，农业部对济南市畜产品质量安全共进行了4次例行监测，在生猪屠宰场、批发市场和农贸市场以及超市等场所共抽取猪尿、猪肝、牛肉、羊肉、禽肉和禽蛋等畜产品样品160个，地域涵盖10个县(市)区，监测项目为“瘦肉精”、磺胺类药物、三聚氰胺等有毒有害物残留。经检验，所有样品均符合国家规定，抽检合格率100%，在全国36个城市中排名第一。

【执业兽医资格考试全面展开】为全面贯彻《动物防疫法》《国务院关于推进兽医管理体制改革的若干意见》和《执业兽医管理办法》，深化兽医管理体制改革，全面推进执业兽医制度建设，今年农业部将在全国开展执业兽医资格考试，济南市也是首次组织执业兽医资格考试工作。

执业兽医资格考试是对兽医从业人员的一种准入考试，是国家级公开考试。目的是评价兽医从业人员是否具备执业所需的专业知识、技能水平和职业道德，是兽医制度改革的重要内容之一。按照《执业兽医管理办法》，今后只有取得执业兽医资格证，并在当地兽医主管部门注册后，方可从事动物诊疗活动。在2009年吉林等5个省区试点的基础上，年内在全国展开。

【济南市畜产品质量安全监测中心通过实验室资质认定】根据《中华人民共和国计量法》《实验室和检测机构资质认定管理办法》《中华人民共和国农产品质量安全法》《农产品质量安全检测机构考核办法》等相关规定，10月30～31日，省质监局和省畜牧兽医局分别委派评审组对济南市畜产品质量安全监测中心实验室进行现场评审。省质监局委派的评审组进行实验室资质认定复评审和扩项评审，省畜牧兽医局委派的评审组进行了畜产品质量监督检验测试机构审查认可首次评审。评审组认为：监测中心在机构与人员、质量体系、仪器设备、检测工作、记录与报告、设施与环境等方面，符合认证要求，申请承检的15类产品和307个参数具备了按相关标准进行检测的能力，同意通过资质认定复审、扩项评审和畜产品质量监督检验测试机构考核现场评审。在全省地市级检测机构中，济南市畜产品质量安全监测中心第一个通过评审。

【山东省第四届暨济南市第二届种猪拍卖会】6月17日，山东省第四届暨济南市第二届种猪拍卖会在济南市畜牧技术推广站举办。本次拍卖会是由省畜牧兽医局和省畜牧协会主办，省畜牧站和济南市畜牧技术推广站联合承办的第一次单一畜种专业拍卖会。省发改委、省畜牧兽医局、济南市财政局、畜牧兽医局等单位领导和全省十七地市畜牧局、种猪改良站及有关养殖企业、兽药饲料加工企业、畜牧机械生产销售企业、技术人员等3000多人参加会议。最后对测定的14头种公猪进行了拍卖和展销，共拍得21.8万元，最高一头达3.24万元。拍卖会鼓舞了养猪企业和兽药、饲料企业的自信心，对振兴萎靡的养猪业具有重要作用。

【济南绿安食品有限责任公司生猪产品获无公害产品产地认证】年内，济南绿安食品有限公司顺利通过山东省无公害畜产品产地认定委员会检查验收，获得无公害畜产品产地认证。

济南绿安食品有限责任公司2005年通过了“ISO9001：2000质量管理体系认证”，屠宰场按照国际食品行业的HACCP标准建设，执行全新工艺流程。为保证屠宰生猪的质量，绿安公司从源头上抓起，投资2000万元，建成了占地约13.3公顷的济南绿环托佩克种猪场，存栏托佩克祖代种猪835头，父母代种猪1500头，每年可向社会提供优良父母代种猪7000头，优质育肥猪10000头。在商品猪饲养环节，积极推行清洁健康养殖模式，建设19栋自然养猪法育肥猪舍，存栏生猪4000多头，实行全封闭式管理，严格饲料及饲料添加剂、兽药等投入品管理，杜绝违禁饲料添加剂和兽药的购进和使用，养殖废弃物全部采取无害化处理，为无公害生猪生产提供了有力保障。2008年“绿安”商标在国家工商局注册，是市级“农业产业化重点龙头企业”“守合同重信用企业”。

【《济南市高致病性禽流感防控关键技术应用研究与推广》项目顺利通过验收鉴定】12月23日，济南市科技局特聘7名省内知名专家组成验收鉴定委员会，对济南市动物疫病预防与控制中心承担的《济南市高致病性禽流感防控关键技术应用研究与推广》项目进行了验收鉴定。验收鉴定委员会听取了课题组的汇报，审查了相关资料，经过质询答疑，认为该项目紧密结合济南市重大动物疫病防控的实际需要，选题针对性强，技术路线正确，资料齐全，数据可信，达到了同类研究国内领先水平。

《济南市高致病性禽流感防控关键技术应用研究与推广》项目课题组采取试验、示范、推广相结合的技术路线，经过两年的研究推广与应用，完善了高致病性禽流感免疫技术规范，制定出适合济南地区的高致病性禽流感免疫程序，筛选出临床诊断、血凝抑制试验(HI)和荧光RT-PCR检测方法相结合的诊断方法，建立起全市的高致病性禽流感快速诊断体系和禽类制品中高致病性禽流感快速检测技术，总结形成了综合配套的高致病性禽流感防控技术，提高了济南市高致病性禽流感的防控能力。

【全省现代奶业项目工作会议在济南召开】12月27～28日，全省现代奶业项目工作会议在济南召开。与会人员实地参观了山东奥克斯生物技术有限公司、山东兴牛乳业有限公司、山东遥墙农牧业科技有限发展公司、旺旺集团山东总厂和济阳县润达奶牛养殖场等5个济南市现代奶业项目建设现场。平阴、历城、济阳、长清四县区被确定为2010年度全省现代奶业项目实施县，占全省15个项目县的四分之一强，项目连续实施三年，年度项目计划投资11359万元，其中，省级以上财政资金3000万元、市级财政资金600万元、县级财政资金2400万元、项目单位自筹资金5339万元。截至2009年底，全省奶牛存栏101万头，产量236万吨，占全国总量的7%，居第四位。

（付良玉　于　洋）

林果业

【概况】2010年，全市林业系统始终把林业建设放在改善泉城生态环境、建设生态文明的战略位置，坚持“生态优先、产业支撑、文化引领”的发展思路，全面推进现代林业发展，不断深化林业改革，大幅提高城乡绿化水平，林业建设取得显著成效。全市共完成造林面积1.36万公顷；新建完善农田林网1.16万公顷，其中新建约0.57万公顷；新育苗约0.15万公顷；果品产量57.9万吨，各项指标均超额完成任务。截至年底，全市有林地面积达到19.04万公顷；林木蓄积量达到966.5万立方米；森林覆盖率达到30%。

【森林城市建设稳步推进】 2月26日，市委、市政府召开全市林业工作暨创建国家森林城市动员大会，成立由市委副书记、市长张建国任组长的创建工作领导小组。出台了《关于创建国家森林城市建设森林泉城的意见》和《济南市城市森林建设总体规划纲要》。规划布局为“一核、两区、三带、四极”，力争用5~8年的时间，新增有林地100万亩（约6.7公顷），森林覆盖率达到35%以上；中心城旧城片区人均公共绿地达到7平方米以上；生态建设指标均达到或超过国家森林城市评价标准。重点实施城镇绿化提升工程、南部山区营造林工程、北部平原风沙治理工程等10大工程。市林业局牵头组织的林业重点工程取得阶段性成效。

1. 南部山区营造林工程。在南部山区精心组织实施荒山造林、退耕还林和疏林改造为主的营造林工程，进一步增加南部山区的森林资源，提高泉水涵养补给能力，推进山区经济社会快速、健康、协调发展，全市共完成荒山造林约0.6万公顷。

2. 北部平原风沙治理工程。坚持植树造林，重点绿化治理沙化土地，完善和建设农田林网，利用四旁隙地营造围村林，构建平原防风固沙的生态屏障。全市完成风沙治理造林约0.2万公顷，新建完善农田林网约1.13万公顷。

3. 水系生态绿化工程。在河流、渠道、水库和湖泊周边组织开展植树造林，实现了绿化、美化，提升了环境承载能力，完成水系生态绿化0.25万公顷。

4. 湿地恢复与保护建设工程。济西湿地、平阴玫瑰湖、商河大沙河和济阳澄波湖4处湿地公园，通过省林业局组织的专家组评审，正式批准为省级湿地公园。济西湿地公园和平阴玫瑰湖湿地公园完成国家级湿地公园总体规划的论证、国家林业局专家组的现场考察评审等工作，批准为国家湿地公园建设试点。

5. 现代林业示范园区建设工程。利用高新区巨野河办事处原煤矿采空区，规划建设集休闲、娱乐、科普教育、科研生产于一体的综合生态景观园区。示范园一期工程规划已经完成，并与济南市高新区巨野河办事处等相关单位签订了土地租赁合同。

6. 林业产业化推进工程。制订完成《济南市林果苗木花卉产业振兴规划》，狠抓干鲜果品、林木种苗花卉、速生丰产林、森林资源综合利用，加快发展林业产业。，全市完成退耕还林约0.29万公顷，新发展林下产业0.22万公顷，新上林产品加工企业88家。

【森林资源保护】 1. 美国白蛾防治。全市上下按照统一部署、统一时间、统一行动、统一用药的要求，抓住美国白蛾成虫羽化期、卵期、幼虫危害期和老熟幼虫下树化蛹期4个关键环节，在全市范围内建立起了纵向贯通、横向衔接、责任明确的全覆盖无缝隙的防治体系，形成机防、人防、空防，全方位、立体式的防治格局，取得了防治工作的新胜利。据统计，全市共动用各类防治器械1.12万余台，喷洒生物药剂326吨，药物防治面积达219.9万亩次（其中飞防156架次，作业面积2.4万公顷），释放白蛾周氏啮小蜂60余亿只，生物防治面积3.3万公顷，有虫株率控制在0.1%以下。

2. 森林防火工作。2009 ~ 2010年度森林防火工作，在全国气候极端异常、森林火灾高发的严峻形势下，有效遏制了山火频发势头，把森林火灾起数和林木损失降到最低。全市共接到山火报警110多次，共发生一般森林火灾12起，森林火灾受害率仅为0.02‰，保证了全市未发生较大森林火灾和人员伤亡事故。

3. 林业执法工作。加强教育宣传。以开展“五五”普法教育活动为契机，大力加强林业法律法规的宣传工作力度，努力营造人人学法、懂法、守法，爱林、造林、护林的良好社会氛围。强化林业执法队伍建设。全市各级林业部门建立了林政、森林公安、森保、种苗、林业法制等执法机构，进一步加强森林公安队伍建设，基本实现“规范机构设置、规范编制管理、规范执法执勤、规范行为举止、规范职务序列”的“三定”（定机构、定职能、定编制）标准，做到了严格执法，公正执法，廉洁执法，文明执法。开展专项打击活动。在全市范围内相继开展“春季行动”“冬季行动”和征占用林地清理整顿大检查工作。全市共出动执法人员800余次，查处林业案件274起，行政处罚221人次，向公安机关移交林业刑事案件14起；移交林业治安案件2起。加强森林资源监管。严格执行森林采伐限额和凭证采伐制度，加强林地征占用管理，建立动态巡查和监督举报制度，严格执行林地占补平衡制度，加强木材运输及经营加工管理。

【集体林权制度改革】 按照省委、省政府统一部署，全市集体林权制度改革工作全面展开。全市集体林权制度改革工作进展顺利，处在林权登记发证阶段。全市10个县（市）区和济南高新区的94个乡镇（街道）办，有4246个村成立了集体林改工作机构并进行了调查摸底，全市在集体林改范围内的集体林地面积10.4万公顷，其中公益林约9.41万公顷；有林改任务的2085个村制定了工作方案，并依法公开进行了民主表决；共审查原承包合同10338份，其中认可合同9669份；受理林权申请登记3777宗林地、面积3.5万公顷，已实地勘界林地3761宗、面积约3.4万公顷；调处林权纠纷51起；全市已确权发证林地面积9.4万公顷，占林改范围内集体林地总面积的90.4%。

（王　翀）

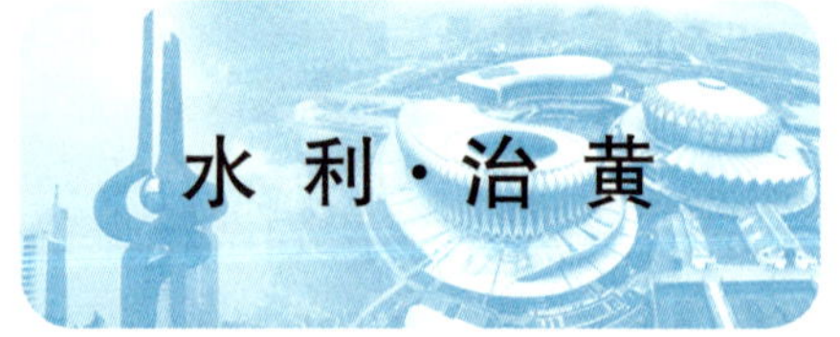

水利·治黄

【水利事业概况】 全市水利事业呈现蓬勃发展的良好势头。农村饮水安全工程取得显著成效。按照“农村供水城市化、城乡供水一体化”的目标，圆满完成了国家拉动内需饮水安全计划、农村学校师生饮水安全项目及山区农村自来水提升工程建设任务，新增农村安全饮水人口 20.89 万人，超额完成年度计划。农村自来水入村率达到 95% 以上，入户率达到 83% 以上，有 26 个乡（镇、街道办）整建制完成任务。济南市水利局继续保持全国文明单位、全国水利文明单位、全国水利系统先进集体、全省水利系统文明单位、省（市）级文明机关等称号。

完成病险水库除险加固工程既定目标。按照省政府三年基本完成列入国家计划的病险水库除险加固任务的要求，实施的崮头、杜张、垛庄、卧虎山、杏林、钓鱼台等 6 座大中型和 126 座小型病险水库加固治理完成竣工验收，部分完成了投入使用验收，提前完成阶段目标。本轮病险水库除险加固是济南市近 50 年来治理最彻底的一次，极大地提高了水库调洪兴利能力，治理后的水库在汛期防汛工作中发挥出了巨大的作用。

大型灌区节水改造工程进展顺利。按照水利部提出的“以节水增效为中心，依靠科技进步，通过综合措施提高灌溉水的利用率和水分生产效率，实现灌区水资源的可持续利用”的总体目标，抓住国家拉动内需的机遇，加快了全市 4 座大型引黄灌区续建配套与节水改造步伐。田山灌区已累计完成投资 9100 万元，完成一二级电灌站主体工程更新改造和部分分干、支渠配套工程；陈孟圈灌区节水改造项目 10 月通过省级验收；胡家岸灌区 3 年完成投资 4100 万元，衬砌渠道 10 公里，新建改建建筑物 38 座；邢家渡灌区完成投资 1.6 亿元，完成总干渠衬砌 33.6 公里。

南水北调东线济南段工程扎实推进。济南市境内南水北调工程分为济平干渠段、市区段、明渠段和东湖水库工程 4 部分，干线长度 151 公里，水库设计库容 5377 万立方米，工程总投资 64 亿元。济平干渠于 10 月通过完工验收，成为国家南水北调工程第一个全线开工、第一个发挥效益、第一个通过验收的单元工程；市区段工程扎实推进，完成投资 17.7 亿元，占总投资的 65%；明渠段征迁工作全面启动，地面附着物补偿方案已通过评审，补偿资金兑付及附着物清除工作紧张有序地进行；东湖水库的征迁任务全面完成。各项工程的顺利实施，为完成国家和省要求的“主体工程 2012 年底完成、东线 2013 年全线通水”目标奠定了良好的基础。

腊山分洪工程强力攻坚。腊山分洪工程是全市城市防洪工程体系的重要组成部分，是小清河满足百年一遇防洪标准的必要措施。工程全线长 16.85 公里，总投资 6.83 亿元，占地 64 公顷。一期工程建设基本完成，工程已完成投资近 5 亿元。

东联供水工程效益明显。东联供水工程是全市第一个市场化运作的大型供水项目，一期济钢供水已经全部建成，日供水达到 5.5 万吨，为水源置换、节水保泉发挥了重要作用。

农田水利基本建设稳步推进。治理小流域 20 余条，治理面积 86 平方公里，南部山区生态状况得到明显提高。积极实施节水灌溉示范项目、末级渠系改造、雨水积蓄、小水源建设、河道清淤治理等小型农田水利基本建设，为农业增产、农民增收和社会主义新农村建设提供了有力保障。完成各类小农水工程 3800 余项，完成投资 9.5 亿元，完成土石方 5200 万立方米，新增有效灌溉面积约 0.23 万公顷，发展节水灌溉 0.8 万公顷，超额完成计划任务。

小农水重点县建设进展顺利。济阳县小型农田水利重点县 2009 年度项目于 2010 年 5 月底竣工，建成新市镇现代化灌排渠系示范片 0.6 万公顷和太平镇高效节水灌溉项目约 0.05 万公顷，在全省绩效考评中被评为优秀（全省 9 个优秀、10 个良好、2 个合格），享受到 2010 年度省以上补助资金 1800 万元的最高额度。章丘、平阴、商河等 3 个县（市）通过竞标列入第二批计划。

水利执法能力进一步增强。加大水资源、水工程和水土保持监察执法力度。全面开展综合执法工作，全年出动执法人员 859 人次，组织水资源执法行动 291 次，其中受理、查处 12345 举报案件 195 件，并邀请济南电视台、济南日报等多家媒体进行跟踪报道，取得了很好的执法效果。认真贯彻实施水土保持法规，不断加大水土保持执法力度，对市区及周边地区 23 个建设项目进行现场执法检查 80 余人次，在此基础上，对 6 家单位下达限期编（补）报水土保持方案通知书。在水工程保护方面，配合相关管理单位对卧虎山水库工程迁占阻挠案及西许村破坏围堤案、玉符河采沙案、狼猫山水库水源危害案等水事违法案件依法进行了查处。加大封井保泉工作力度。积极采取有效措施，加强对自备井的取水管理和具备正常公共供水条件的单位自备井的封闭工作，力保泉水持续喷涌。面对春季严峻的保泉形势，按照市政府的保泉工作部署，围绕保泉大局积极开展工作，联合市城管执法局、园林局、市水业集团等部门对市区内 79 家使用自备井的单位进行检查。根据调查情况，经与有关部门和单位充分协商，把 12 家通取水单位列入封井计划。先后对已具备封井条件的山东省环保学校、人民日报山东印务中心等 7 家单位的 9 眼深层自备井进行封闭（其中填埋 3 眼，拆除设备 6 眼）。同时，加大违法取水查处力度，封闭浅层井 100 余眼。

水资源管理水平稳步提高。编制完成《济南市水资源调查与评价》《济南市节水型建设规划》《济南市保泉行动实施效果后评估》项目，水资源专项规划得到进一步完善。落实最严格水资源管理制度，逐步建立控制指标体系。8 月份编制下发《济南市最严格水资源管理制度建设实施方案》，积极开展落实济南市实行用水总量控制的一系列工作。初步完成《济南市地下水位警戒线划定》《济南市工程可供水量警戒线划定》等工作，分别对列入《山东省重要大型、特大型地下水水源地一览表》的济南东郊——城区水源地、明水水源地、济西水源地划定了三级警戒水位线，对卧虎山水库划定了三级警戒水位线，为各水源地实行预警管理奠定了基础。实现全市水源地统一管理。1 月 25 日，市政府召开专题会议，确定锦绣川水库和狼猫山水库由原来的历城区管理划转为济南市管理，实现了全市水源地的统一管理。

为了查明长清——孝里铺水源地的水文地质条件及近年来发生的变化，重新验算并评价长孝水源地岩溶水资源，让济南市人民饮用到优质岩溶地下水，同时又能保持济南市四大泉群正常喷涌，组织开展济南市长清——孝里铺水源地开发建设工作，实施长孝水源地抽水试验工程，完成《济南市长孝水源地抽水试验工程可行性研究报告》的编制并通过专家评审，并报送发改委批复立项。完成水源地拟征土地范围内的地形图测绘工作，投资约300万元，完成曹楼四眼井的钻探及单井抽水试验。

节水型社会建设进展顺利。继续推广以喷、滴、管灌为主要形式的高标准节水工程和智能卡等先进管理模式，进一步发挥节水灌溉精品园项目的带动和示范效应，大力推进高效节水灌溉示范项目的实施，有效促进了全市农业节水技术的推广和应用。积极推广济钢集团节水降耗、发展循环经济的经验，搞好企业水平衡测试。充分利用“3·22”世界水日、“中国水周”宣传活动等有利时机，积极开展节水活动进社区、进校园，节水器具进万家等活动，有效增强了群众的节水意识。 （魏 巍）

【防汛抗旱工作】 防汛抗旱工作成效显著。2010年，济南市极端天气事件频繁发生，防汛形势复杂而严峻，部分地区遭受了较为严重的洪涝灾害。全市累计降雨量665.4毫米，较常年偏多，降雨主要集中在8月份，达356.7毫米，占全年总降雨量的54%。全市182座大中小型水库蓄水量偏多，其中汛期10座大中型水库4座溢流，172座小型水库24座溢流。小清河出现12次较大洪水过程；海河流域发生了1964年以来最大洪水，徒骇河营子闸出现了历史最高水位。面对严峻的防汛形势，市防指扎实做好各项防汛工作，实现了“水库不垮坝、河道不决口、内涝少成灾、城市保安全”的总体要求。完善并落实了以行政首长负责制为核心的各项防汛责任制，实现了横到边、纵到底的责任体系网格化。加强防洪工程体系建设，加大在建工程的管理力度，为确保防洪安全提供了工程基础。按照“防大汛、抗大洪、抢大险、救大灾”的要求，对全市防汛应急预案和内河防汛应急预案进行修订完善，并组织各相关单位结合工程实际对大中型水库、河道防汛应急预案进行修订完善，重点加强对监测、预警预报、通信联络、防护抢险、人员转移安置、救灾等部分的修订完善，建立完善洪涝灾害应急相应、水利工程出险应急响应工作机制，增强了预案的实用性和可操作性。为进一步提高防汛抢险队伍的应急实战能力，6月10日，在历城区徐家场水库进行水库防汛群众安全转移实战演练。该项演练是济南市规模较大、程序齐全、部门联动专演的第一次，演练内容包括信息报送、专家会商、决策指挥、预警预报、组织动员、群众转移、应急救护、群众安置等应急处置程序和步骤。通过演练，系统熟悉了群众安全转移的各项程序，掌握了转移过程中各种情况的应急处置要领，充分检验了预案的实用性和可操作性。加强和完善防汛信息化系统建设，在全省水利系统率先建成防汛高清远程视频会商中心，并指导10个县（市）区建成高标准的防汛指挥调度分中心，实现了省、市与各县（市）区的高清视频会商互联，大大提高了防汛指挥调度的效率和水平。汛期加强科学调度和应急情况处置。在防汛调度过程中，统筹考虑，把握全市一盘棋，强化部门联动，密切军地关系。积极与省防办、省海河流域管理局及省南水北调管理局的沟通协调，确保了徒骇河、德惠新河及济阳、商河的防洪安全，最大限度地减少了济阳、商河、平阴和长清的农田涝灾损失。11月，市水利局、章丘市水务局、济阳县水务局、商河县水务局被省政府表彰为全省防汛抗洪先进集体。抗旱方面，多渠道、多方位积极与省市黄河河务部门协调，适时增大引黄水量，保障春季灌溉水源。适时修订《济南市抗旱应急预案》，补充细化抗旱应急响应措施，并专门制定《济南市抗旱应急工作机制》，为应对各级旱情，合理调度水源，保障农业城市供水，最大限度地减少旱灾损失，提供了技术保障。

（范里静）

【水利普查工作】 按照国家、省水利普查办的统一安排部署，全市水利普查工作全面展开。本次水利普查作为新中国成立以来的第一次全国水利普查，受到了市政府的高度重视，成立了副市长赵文朝任组长，市发改委、统计局、财政局、国土局等14个部门分管负责人为成员的市水利普查领导小组。各县（市）区也按照要求成立了水利普查领导小组。市水利普查领导小组办公室确定了34名水利普查工作人员。全市组建了普查指导员627人，普查员4780人，共计5407人（其中水利行业866人、非水利行业4541人）的水利普查队伍。全市各级水利普查机构均设置了固定的办公场所，共落实水利普查专项经费近2200万元，其中市级水利普查工作专项经费1000万元，县（市）区级水利普查专项经费1200万元；编制了《济南市第一次水利普查实施方案》，建立了全市水利普查信息网络；组织21人参加全国水利普查工作培训、200人参加全省水利普查工作培训，开展了市、县（市）区级水利普查培训工作。完成了全市水利普查台账建设名录，全市共确认各类调查对象3025个，其中灌区106个、工业企业852家、建筑业及第三产业837家，居民生活用水户1000户、公共供水企业51家，规模化养殖场135家，河湖调取水口44个。各单位用水台账工作都逐一落实了责任人，用水户按规定记录。同时，按照技术规定完成河湖名录确认工作，共确认河流58条、区间流域河流4条、湖泊4个。本次水利普查对于全面查清全市江河湖泊和水利工程的基本情况，系统掌握江河湖泊开发治理保护状况，摸清经济社会用水状况，了解水利行业能力建设情况，建立全市基础水信息平台，为国民经济社会发展提供可靠的基础水信息支撑和

保障有着极其重要的意义。（刘启武）

【黄河治理概况】 全年黄河流域降水量较少。黄河下游仅在小浪底水库调水调沙期间出现过一次较大洪水过程。山东省全年黄河来水量261.7亿立方米，较历年平均值偏少27.9%；济南市泺口站水量227.8亿立方米，较历年平均值偏少33.8%。年内，济南河段没有发生较大险情。黄河第十次调水调沙自6月18日开始，至7月10日结束，历时23天。济南市最大洪水流量出现在7月7日16时18分，为4370立方米每秒，相应水位30.83米，4000立方米每秒以上流量仅维持12个小时。此次调水调沙，济南河段河势基本平稳，未出现较大险情。

防汛工作。按照黄河防总和山东省、济南市防指的统一部署，以防御建国以来最大洪水为目标，全面做好各项基础性备汛工作，确保了济南市防洪安全。全面落实以行政首长负责制为核心的各项责任制。全市逐级签订《防汛责任书》406份，各级领导干部检查、认领防汛责任段200人次，行政领导包黄河防洪工程100人。各县（市）区河务局，将班坝责任制、查险抢险责任制、水位观测责任制等进行调整，并落实到了每位运行观测人员。对全市群众防守力量进行部署。全市共落实群众防汛队伍18万余人，其中一线队伍4.34万人、二线队伍2.7万人、三线队伍2.5万人，预备队8.5万人。培训各类防汛队伍2.96万人，其中群众一线队伍2.82万人，黄河专业队伍900余人。按照国家、社会团体和群众三结合的原则，全面落实了防汛料物。对国家常备防汛物资进行了全面检查，做到了账实相符、管打管用，对社会团体和群众备料进行登记造册，挂牌号料。全市共落实石料28.09万立方米，麻料137吨，柳秸料9253.1万公斤，铅丝402.4吨，绳类16.35吨，软楔1.44万个，木桩28.3万根，编织袋26.11万条，麻袋14.53万条，编制布4000平方米，沙石料2000立方米，救生衣2430件，发电机组551千瓦，照明设备77台、950千瓦，冲锋舟2艘，防汛车辆6000辆，雨具7.41万件，棉衣被9.4万件等。进一步修订完善防洪预案、险点险段抢险方案、机动抢险队抢险方案等，使其更加切合实际。加强防汛抢险技术交流。召开济南黄河防办主任会议和防汛抢险技术交流会。开展抢险技术培训月活动，全面提升抢险队伍的抢险技能。圆满完成第十次调水调沙生产运行任务。制定预案，对滩区串沟进行封堵，确保滩区不进水；加强浮桥管理，及时拆除19座浮桥。调水调沙期间，及时抢护险情3处，抢险用石2068.6立方米。

实施最严格的河道管理。完成7个县（市）区黄河派出所建设任务，全面开展联合执法工作，有效遏制了水事违法行为，保证了防洪工程安全。全年共查处各类水事案件12起，违法违规行为92起，其中立案6起，结案率达100%。继续巩固河道清障和浮桥整顿治理成果。重点对河道阻水片林种植、浮桥码头填垫、在建大桥项目施工等进行督促检查。制止并清除河道内种植阻水片林3起，清除违章植树300余株。加强非防洪工程建设项目的管理。建立河道建设项目运行管理档案，预筹度汛措施和方案。严格水行政许可程序。全年受理非防洪工程建设项目许可3项，没有发生擅自建设及侵占河道的违章情况。加大水法规宣传力度。在"世界水日""中国水周"期间，集中开展水法规宣传活动。"五五"普法验收工作圆满完成，济南河务局先后通过水利部、黄委、省河务局和济南市验收。

实施最严格的水资源管理，维护正常的水调秩序。实施最严格的水资源管理，依法对黄河水资源进行科学调度，严格执行上级引水指令，加强水量调度监督检查，强化引水控制，杜绝违规引水现象，维护正常的水调秩序。深入开展供水调研，掌握辖区内用水发展趋势，促进"两水分供"工作的稳步开展。全年累计引黄供水5.41亿立方米，同比增长6.6%。其中非农业供水2.66亿立方米，同比增长7.1%；农业供水2.75亿立方米。东联供水项目实现向济钢供水1804万立方米。

防洪工程建设与管理。在建防洪工程为济阳放淤固堤和天桥、济阳堤防道路工程。设计及批复工程长度57.77公里，批复概算4371.71万元。年内各项建设任务均按时完成，并通过了省局竣工验收。济南河务局被黄委评为黄河防洪工程优秀项目法人。平阴县黄河滩区村台配套设施建设已全部完成。移民搬迁计划搬迁群众2535户，完成搬迁1025户。

工程管理工作以确保防洪工程完整和提高抗洪强度为重点，进一步强化规范管理、精细管理、科学管理和依法管理意识。全年共完成维修养护土方37.93万立方米，石方6.47万立方米，完成投资3804.75万元。①对2009年度维修养护项目进行年度验收。②开展工程管理范围内违章事项专项整治，共清理违章建筑3373平方米，农作物种植约1.1公顷。③成功承办山东省水系生态建设启动仪式暨全民义务植树活动。④积极开展植树绿化活动，全年共栽植各类树株7.19万株，完成计划的138.34%，完成投资281.12万元，被省绿化委员会授予山东省绿化奖章。⑤美国白蛾防治工作成效显著，共防治树株191.54万株，投入资金327.46万元，维护了济南黄河的生态安全。⑥扎实推进工程管理示范工程创建活动，杨庄引黄闸被评为黄委示范工程，平阴河务局张洼控导、历城河务局盖家沟险工被评为省局示范工程。

通过强化管理，工程管理水平有了较大提高，济阳河务局被水利部评为全国水利工程管理体制改革工作先进集体，槐荫河务局在黄委"十一五"工程管理检查中获总分第一名。全局有9个单位（部门）分别被黄委、省局评为"十一五"期间工程管理先进单位或先进集体。（孙　凡）

【黄河公安派出所全部建成】 2009年10月29日，山东省机构编制委员会办公室、山东省公安厅、山东河务局联合下发《关于理顺黄河公安管理体制的通知》，确定山东沿黄28个县（市、区）公安局（分局）各设立1个治安派出所。按照高起点规划、高标准建设的原则，扎实开展派出所基础设施及装备建设等工作。截至2010年6月30日，济南市平阴县、长清区、槐荫区、天桥区、历城区、章丘市、济阳县7个黄河公安派出所已全部建成，到位民警28人，协警18人，共投资428.6万元。黄河公安派出所是黄河河道管理执法能力的重要组成部分，肩负着保护黄河防洪工程，维护合法水事秩序的重任。在维护正常河道管理秩序，处置重大水事案件、水事活动中发挥着重要作用。（孙 凡）

【济南百里黄河风景区免费向济南市民开放】 为使黄河生态功能区的社会效益得以更好地发挥，自4月3日起，济南百里黄河风景区免费向济南市民开放，为广大市民提供一个亲近黄河、认识黄河、了解黄河的好去处。该风景区地处济南市北部，以黄河河道为主线，以黄河标准化堤防工程为依托，中心景区与济南市主城区相对应，总长度14公里。是济南河务局按照黄委提出的“三口（郑州花园口、开封柳园口、济南泺口）”规划要求，在确保黄河防洪安全的前提下，实施建设和管理的。该风景区于2003年被评为“国家水利风景区”，2009年晋升为国家级AAA级旅游景区，2010年被评为“山东省十大旅游景区”之一。景区内人文、生态景观兼备，种植有银杏、红叶李、雪松、紫薇、芙蓉树等花木；建有黄河神兽、九烈士纪念碑、山东济南黄河标准化堤防工程荣获鲁班奖记事碑等石刻小品；还有功德碑林、中日友好林、解放军青年林及“泺口黄河爱国主义教育基地”等景点。（孙 凡）

【山东水系生态建设在济南黄河启动】 3月22日，山东省水系生态建设启动仪式暨全民义务植树活动在济南黄河历城华山段淤背区举行，拉开了旨在保护水质安全的水系生态建设序幕。

山东省水系生态建设规划总体布局为黄河、海河、大汶河、小清河、南四湖、沂沭河、潍河大沽河和半岛水系流域等八大汇水区域，重点突出“四带三区两湖一环”。加快实施水系造林绿化、水系湿地保护与修复、水系水土保持、水系农业面源污染控制、水系破损山体治理、水系环境综合治理等六大工程，经过5～10年努力，使全省水系基本实现绿化、净化、美化，生态环境明显改善，环境承载力显著提高，逐步构建起完善的水系生态保护体系。

山东省和济南市领导，济南军区、济南军区空军和省军区、武警山东总队首长，省和济南市有关部门单位负责同志，省绿化委员会成员单位负责同志，部分驻济外国专家，部队官兵及济南河务局机关干部职工等1000多人参加了活动。

（孙 凡）

责任编校 宣 涛

商贸服务业综述

【商贸概况】 2010年是济南市建立内外贸统一管理运行的“大商务”体制的第一年，全市商务系统积极统筹两个市场、两种资源，加快内外贸融合，创新工作思路，破解发展难题，建设“开放商务、民生商务”工作取得新进展，市商务局被授予省级文明单位称号。

消费品市场平稳较快发展。全市实现社会消费品零售总额1725.5亿元，居全省第2位，同比增长18.7%，高于全国和全省平均增幅0.3个和0.1个百分点。

对外贸易呈现恢复性较快增长。全年实现进出口总额74.1亿美元，居全省第6位，同比增长31%。其中出口40.55亿美元，居全省第5位，比上年前进1位，增长33.1%，高于全省平均水平2个百分点。

利用外资实现新突破。实际使用外资首次突破10亿元，达到10.4亿美元，居全省第3位，同比增长6.1%；合同外资12.1亿美元，增长33%。

“走出去”增长迅速。全年新签对外承包工程、劳务合作合同额25.7亿美元，居全省第2位，完成营业额15亿美元，居全省第2位；外派劳务9109人，居全省第2位；新批境外投资项目30个，居全省第5位，中方协议投资额1.57亿美元，居全省第4位。

1. 加快市场流通体系建设，着力优化消费环境，“民生商务”建设成效显著。

落实消费政策，居民消费潜力进一步释放。认真落实国家和省市扩大内需特别是扩大消费的政策措施，广泛开展“满意消费惠万家”“佳节购物月”活动，丰富繁荣节假日市场。汽车、家电下乡和以旧换新工作强势推进，全市家电类、汽车类分别实现零售额38.9亿元、187.8亿元，分别增长29.3%和22.5%。其中销售家电下乡产品33万台（件），实现销售额7.5亿元，同比分别增长70%和105%，家电下乡工作开展以来已累计销售产品59.3万台（件），50万农户受益；累计回收旧家电、汽车100.1万台（件），销售汽车、家电以旧换新产品88.74万台（件），销售额39.23亿元。

积极推进城乡市场体系建设，综合服务能力进一步增强。“万村千乡市场工程”和“市场拓展行动”深入发展，农村市场体系建设取得新成效。全年改造建设标准化农家店792个、配送中心6个，营销网络实现销售额65.8亿元，增长22.3%。截至年底，全市已累计建成农家店4832个，其中日用品店3901家，行政村覆盖率达85.7%，商品配送率达60%以上。全国百强市场和年交易额10亿元以上的商品市场达到11个，交易总额363.6亿元。积极推进“农超对接”工作，全市大中型连锁超市、便民小超市，都设立“农超对接”鲜活农产品专区（柜），全年“农超对接”的销售额达10亿元，流通环节少、成本低的优势初步显现。城市社区服务体系建设取得新进展。社区便民放心菜工程成效明显，全年计划建设社区菜市场39处，实际完成45处，工程实施以来已建成社区菜市场95处，总建筑面积22.9万平方米，摊位1.3万个，安置就业2万多人，服务城区200多万人口。商业示范社区创建活动扎实推进，分别新建社区便利店、家政服务机构、早餐经营网点100家、102个和55个，完成家政服务员培训1.78万人。再生资源回收体系建设取得积极进展。济南泰康、燕喜堂等6家企业被商务部认定为“中华老字号”。内贸特种行业规范发展。拍卖、直销、旧货、融资租赁、酒类流通、医药流通、成品油经营、物流配送和电子商务等特殊行业和现代流通方式发展进一步规范。全年拍卖业举办拍卖会975场，成交额217.5亿元；省商业集团、济南华联电子商务平台运行良好；大润发、银座、华联等大型商贸企业区域性配送中心建设顺利推进，自营配送率进一步提高；电视购物增长四成以上。

加快推动商贸流通结构调整优化，发展后劲进一步提升。全市限额以上商贸流通企业达到1784家，新增413家，其中主营业务收入过亿元的企业达到183家。25个建设面积逾10000平方米的商贸流通项目竣工开业，总投资86.6亿元，建设面积106.4万平方米。特色商业街建设试点工作正式启动，重点商品交易市场提升改造工作稳步推进。特色餐饮业发展迅速，齐鲁国际美食广场、净雅八一店等一批餐饮项目建成开业；全面启动中国绿色饭店和国家级酒家创建工作，4家企业被评为国家级白金五钻、五钻级酒家，5家企业被评为中国绿色饭店，济南市成为拥有餐饮企业顶级国家品牌最多的城市；成功举办第六届济南名优小吃节。连锁经营快速发展，11 家重点连锁经营企业实现销售收入 374 亿元，同比增长 26%，连锁网点达到 1801 个。会展业对经济的拉动作用日益突出，全市共举办展会 137 场，拉动相关行业收入 141 亿元；2010 年秋季全国糖酒会实现成交额 201.43 亿元，创糖酒会历史新高，拉动全市相关产业收入 38.2 亿元。

着力增强市场监测调控能力，发展环境进一步改善。市场监测调控能力明显增强。全市纳入商务部市场检测的样本企业达到 171 家，涉及 10 大行业、7 种业态、16 大类商品、60 多个商品品种，市场监测能力进一步增强，继续保持全国先进水平和全省领先地位。坚持节日、重要时期和突发事件的市场巡查和分析报告制度，强化应急物资储备体系建设。继续做好猪肉、食糖、食盐等常规储备和土豆等季节性储备；调整落实常规物资（商品）储备；明确应急商品重点联系企业，构建起企业代储、实物储备和社会储备三位一体的应急物资储备体系，进一步增强市场应急反应和处置能力。积极推动市场监管公共服务体系建设。设置生猪屠宰、以旧换新等便民咨询投诉电话，全年共接听各类咨询电话 3000 多次，处置 12345 热线和各类投诉 400 余次。严厉打击侵犯知识产权和制售假冒伪劣商品行为；加强酒类、肉类等流通领域的食品安全工作，在 4 家定点屠宰场安装监控终端设备，定点屠宰生猪产品合格率、病害猪无害化处理率 100%；加大煤炭、成品油经营、报废车拆解和特许经营行业的监管力度，维护市场经营秩序。

2. 统筹深化外经外贸工作，“引进来”“走出去”步伐稳健，“开放商务”建设成果丰硕。

境内外招商活动成果丰硕，利用外资质量和水平明显提高。先后到澳新、美加、欧洲及港台地区招商，取得丰硕成果，同时全力做好招商项目策划包装、对接恳谈、跟踪协调和无偿代办等服务，推动了通用电气、大陆汽车、沃尔玛、沃尔沃等一大批重大外资项目落户，进入济南市的全球 500 强企业达到 40 家。金融类招商引资实现新突破，安固保险、洛克利鲁信创投、华泰租赁、国融（国际）融资租赁等一批金融机构相继落户济南，其中，洛克利鲁信创业投资有限公司是山东省第一家有外资背景的创投基金公司。房地产项目到位外资 1.47 亿美元，重汽集团两个项目增资 1.1 亿美元。

拓市场调结构成效明显，外经外贸实现协调较快发展。积极组织中小企业参加广交会、华交会、乌洽会和美、日、欧等境内外知名展会，引导企业开拓国际市场。帮助企业解决流动资金不足的问题，出口信用保险增长 33%，推动了外贸出口增长。全市有出口实绩企业达到 816 家，新增 40 家；出口过千万美元的企业 62 家，增加 25 家，实现出口额 16.2 亿美元，占全市总量的 40%，拉动全市出口增长 15 个百分点，济钢、重汽等 7 家企业出口过亿美元。开拓国际市场成效显著，出口国家和地区达到 177 个，新增 13 个；对东南亚、中近东、南北美、独联体及东欧等新兴市场出口增速均在 50% 以上。出口产品结构进一步优化，有 7 大类重点出口商品增速在 30% 以上，高新技术、机电产品出口和农产品出口分别增长 108.2%、30% 和 45.8%，一般贸易增长 52.3%。省级经济开发区和出口加工区带动能力进一步增强，全年实现出口同比增长 55%。企业“走出去”卓有成效，民营企业成为“走出去”的生力军，出口额增长 71.6%，境外投资项目数量占全市的“半壁江山”，达到 55%。

服务外包高速发展，国际高端服务外包产业已具雏形。积极培育载体和骨干企业，拓展服务领域，延长产业链条，推动集聚发展，把服务外包业逐步打造成济南的国际高端服务产业。全市服务外包企业达到 200 家，新增 50 家；实现离岸外包执行额 2.28 亿美元，增长 90%，培训服务外包适用人才 1.1 万人。服务外包招商工作取得新成效，分别在美国、加拿大和北京、上海开展服务外包招商活动，与微软、赛伯乐等国际知名企业达成一批服务外包投资项目。全市服务外包产业聚集效应明显，长清数字创意外包产业园建成投入使用，有近 20 家企业入驻；浪潮集团连续 4 年入选全球外包 100 强，4 家企业入选国内外包成长百强企业；软件开发、数据处理、研发设计、动漫创意等优势产业聚集效应明显；服务外包培训机构及有关配套服务企业快速增加，产业链条不断延长。

【济南位列 2010 年度全国流动展会举办城市第七位】 12 月 28 日，《中国贸易报》刊登的《流动展逐渐固定，“香饽饽”难再邀约》一文对 2010 年度全国 39 个流动展举办城市的调查排名中，济南因 2010 年秋季全国糖酒会的成功举办而从二三线会展城市中脱颖而出，在流动展承办城市中排名全国前十位，位列北京、上海、成都、南京、深圳、重庆之后的第七位。

【台湾电电公会再次将济南评为“极力推荐城市”】 台湾电电公会在完成“2010 年中国大陆地区投资环境与风险调查”后，再次将济南评为“极力推荐城市”。该项调查每年进行一次，从城市竞争力、投资环境力、投资风险度、台商推荐度 4 个方面，共 63 项指标，逐项赋分，最后计算出最终的“城市综合实力”排名。调查样本城市共 100 个，评估结果分为极力推荐、值得推荐、勉予推荐、暂不推荐四级，对台湾企业投资大陆各地具有导向作用，被两岸台商所看重。济南市自 2006 年获评“极力推荐城市”后，连续三年被评为“值得推荐城市”。

【济南列 2010 年福布斯中国大陆最佳商业城市排行榜第二十二位】 全球财经媒体《福布斯》中文版第七次推出中国大陆最佳商业城市排行榜，济南位居第二十二位。2010 年榜单主要参考人才指数、城市规模指数、消费力指数、客运指数、货运指数、经营成本指数、经济活力指数、创新指数等八大指标，全面衡量中国大陆城市的商业环境。

【与微软（中国）有限公司结为战略合作伙伴】 10月25日,市政府与微软（中国）有限公司在舜耕山庄签署为期3年的战略合作备忘录，双方结为战略合作伙伴。微软将在济南设立分公司，与济南市在IT、服务外包、云计算、人才培养等方面展开战略合作。11月12日，微软2010年政府用户高峰论坛在济南举行，来自全国各地政府部门及相关机构200余人参加大会，该论坛是落实双方签订的全面战略合作备忘录的具体行动之一。

【美国通用公司落户济南】 7月5日，全球500强企业美国通用公司落户高新区。通用电气（中国）公司与鲁能集团、中国电力科学院合资设立的山东鲁能电子有限公司，总投资7.65亿元人民币，注册资本3.7亿元人民币，主要从事智能电表的终端产品和系统集成及其他元器件、软件和附属产品的开发生产加工等业务。

【沃尔沃建筑设备中国技术中心项目启动】 11月2日，沃尔沃建筑设备中国技术中心项目在济南高新技术产业开发区启动。这是沃尔沃建筑设备在中国设立的首个产品与技术中心，也是济南市第一家世界500强企业设立的国家级研发中心。

【服务外包维权站揭牌】 12月16日，济南市服务外包知识产权维权援助工作站正式揭牌，在全国为第一家。该工作站是在中国（济南）知识产权维权援助中心基础上，由市商务局、市知识产权局联合设立的，为服务外包企业提供知识产权培训、信息服务、咨询、宣传、专利申请、维权援助等方面服务的机构。

（李辉阳）

国内贸易

【粮食产业发展】 全年全市粮食系统实现销售收入16.59亿元，同比增长17%；实现利润2386万元，同比增长3%，国有粮食经济保持平稳较快发展的良好态势。

1. 粮食购销。从2006年开始实施“退城进郊、资源整合”战略，积极推进粮库基础建设，从根本上改变了济南市仓储管理工作的落后局面。“十一五”时期累计投资1.84亿元,完成征地37.2公顷，新建仓容25万吨，全市有效仓容达到97.16万吨，初步形成规模适当、设施先进、管理规范、调控有力的地方储备粮管理新格局，为执行粮食收购任务、保护种粮农民利益、落实国家调控政策搭建了广阔平台。2010年，第二粮库现代粮食物流项目顺利通过中央扩大内需检查组验收，第三粮库迁建项目如期竣工，北山粮库资源整合工作顺利推进，第一粮库迁建项目列入全省粮食综合物流园区、鲁中跨省粮食物流节点重点建设项目规划。全市地方粮食储备体系进一步健全完善，储备结构日趋优化合理，粮食轮换有效服务政府调控，仓储管理队伍建设成效明显。组织开展全市粮食库存检查，济南市代表全省顺利通过全国复查。第一粮库和第二粮库荣获“山东省规范化管理示范库”，第一粮库在全国粮油仓储企业规范化管理活动中获得“全国粮油仓储企业规范化管理先进企业”称号。随着粮食购销市场竞争加剧，国有粮食购销企业在认真执行国家粮食储备任务的基础上，创新服务方式，参与市场竞争，稳妥开展多种经营，增强创收能力，取得良好的经济效益。全年全市国有粮食收储企业完成粮食购销101.4万吨，实现利润1088万元，连续五年持续稳步增长。

2. 粮食加工。以济南民天面粉公司为代表的济南粮食加工企业，加快产业结构调整，延伸产业链条，在行业产能普遍过剩的困境中走出了一条“以面粉生产带动食品产业、以食品产业促进面粉生产”的特色发展之路，面粉、食品、杂粮三大产业呈现齐头并进、共同发展的态势。民天公司依托省级技术开发中心、省级工程技术研究中心的科研优势，坚持应用性研发的思路，开发专用产品，拓展高端客户，实现了粮油食品的高品

济南第二粮库库区一景 （市粮食局供稿）

质、高附加值、高回报。全年累计投入科研经费 125 万元，新上先进设备 25 台套，完成技术改造 7 项，推出新产品 12 个，科技进步对企业贡献率逐年增长。民天公司在获得“中国名牌”和“农业产业化国家重点龙头企业”称号后，又相继获得“全国首批放心粮油示范加工企业”“全国粮食系统先进集体”等称号，“民天”大米获“山东名牌”，“民天”商标获“山东省著名商标”，企业知名度和影响力进一步提升。

3. 粮食供应。以金德利为龙头的粮食供应企业日益成为政府联系群众、服务群众的重要窗口。实施“集团化”和“品牌化”发展战略 5 年来，金德利集团坚持大众化市场定位，实行跨区域连锁经营，不断探索城市粮食零售业经营新模式，努力打造居民主食消费的主渠道，牢牢占据济南快餐市场的龙头地位。集团努力克服旧城改造网点流失、店面租金上涨较快等不利因素，市场开发速度、质量、效益实现新突破，新开门店 19 家，改造提升 20 家，基本实现市区、城郊和附近县市的全覆盖，使金德利网点总数达到 157 家。2010 年实现销售收入 3.9 亿元，同比增长 8.21%；实现利税 4844.93 万元，同比增长 11.21%。中心厨房在规模、档次、作用发挥上实现质的飞跃。金德利集团各子公司累计投入近 600 万元对中心厨房进行改造提升，使建设总面积达到 5500 平方米，设备 200 台套，配送品种 130 余个，全年配送额 1.25 亿元。同时，新建 5 个集食品化验、产品研发功能于一体的食品质量检测室，对包括原材物料、半成品、成品在内的 5 大类、256 个品种、32 项指标具备了检验检测能力，为粮油质量建立了安全屏障。金德利集团投资 200 万元成功建成一条集米饭生产、菜品加工、套餐分装于一体、日供餐能力 3 万份的现代化中央厨房生产线，填补了全市团膳供应的市场空白，成为济南市大型活动指定供餐单位。自 9 月投产以来，成功为糖酒会、台商会供餐 3 万余份，并成为部分重点中学和大型单位的营养套餐供应商。金德利集团为市民生活提供方便的同时，也解决了 2000 多名原国营粮店职工的就业和 1000 多名离退休职工的养老问题，还吸纳了 2000 余名社会剩余劳动力再就业。年内，金德利集团再次入选“中国中式快餐企业 50 强”，并获得“全国放心粮油进农村进社区先进单位”“中国阳光早餐奖”等国家级荣誉。联合国人权理事会粮食权特别报告员一行 5 人参观考察了金德利中心厨房和快餐店，对济南市创新城市粮油供应模式、推动粮食流通产业发展、保障公民粮食消费安全的经验做法给予了充分肯定。

4. 军粮供应。严格执行军粮供应政策，军粮质量合格率和部队满意率连续多年保持 100%。在做好主业的基础上，积极适应部队后勤保障社会化改革的新要求，为部队供应桶装食用油和小杂粮等放心粮油产品，受到部队官兵好评。2009 年“全省社会化双拥现场会”和 2010 年“全国省区市双拥办主任会议及社会化拥军现场经验交流会”都将济南军供列为参观现场，为济南市争创全国双拥模范城七连冠作出了贡献。军供中心被评为“全国军粮供应工作先进单位”。

5. 县域粮食经济。各县（市）区粮食局结合自身实际研究制定粮食产业发展规划，努力探索各具特色的县域粮食经济发展之路，并取得积极成效。县域粮食骨干企业发展到 25 家，全年实现工业产值 2.95 亿元，占全市粮油工业总产值的 45%。（怀　震）

【粮食宏观调控】 1. 全市粮食市场流通活跃、平稳有序。全市夏粮总产 126.3 万吨，秋粮总产 163.1 万吨，连续 8 年丰收。认真做好预产分析，科学指导粮食收购，广设收粮库点掌握调控粮源，粮食市场保持购销两旺、平稳有序的良好局面，社会粮食库存同步增长，粮食安全基础更加稳固。切实加强政策性粮食销售和出库检查工作，杜绝“转圈粮”、设置障碍阻挠出库等违法违规问题，确保政策性粮食购销工作执行纪律严格、操作规范。扎实开展全市社会粮食、食用植物油及油料供需平衡调查，重新调整核定 300 个农户、321 个城镇居民粮情、油情固定调查点，实地调研掌握全市粮食生产成本和农民种粮收益基本情况，为政府决策、企业经营和公众消费提供基本依据和参考。

2. 粮食行政许可公开透明、便民高效。依据《山东省粮食收购管理办法》，依法为符合条件的企业办理《粮食收购经营许可证》，同时在“济南粮食网”定期更新公示，接受社会监督。开通网上办理快捷通道，主动将审批时限由 15 个工作日压缩为 7 个工作日，方便广大经营粮食业户办理业务。全年共为 298 家社会粮食经营企业办理许可证，其中社会非国有企业 209 家。

3. 特殊时期保供稳价工作扎实有效。加大社会粮食统计和市场监测预警工作力度，完善粮食应急保障体系建设，认真分析购销形势，正确引导市场预期，督促粮食经营企业履行最高最低库存量标准，有效保证了全市保供稳价工作平稳进行。同时，充分发挥国有粮食企业市场主渠道作用，认真落实国家粮食质价政策，带头维护粮食市场秩序；引导大型粮食加工企业科学安排生产，保持合理库存，在适当时机加大粮油市场投放力度；指导快餐、食品供应企业加快网点建设，推进工业化、标准化生产，确保粮油销售不脱销、不断档。

（怀　震）

【粮食流通监督检查】 加快粮食行政管理职能转变，扎实推进粮食流通管理，维护了粮食流通秩序，保护了粮食生产者、消费者的利益。

各级粮食行政管理部门累计开展各类监督检查活动 320 次，出动人员 1288 人次，处理案件 62 例，责令改正 53 例，行政处罚 9 例，罚款 1.56 万元，未出现 1 例行政复议和行政诉讼案例。夏粮、秋粮收购期间，集中市、县两级粮食行政执法、质量检测和信息统计力量，深入 6 个县（市）区，针对粮食经营业户从事粮食收购、储存、销售、加工、运输活动和政策性用粮购销，开展落实粮食政策和执行统计制度的监督检查活动，维护了正常的粮食收购市场秩序。

以贯彻落实《粮食流通管理条例》为契机，加快推进地方粮食立法工作，努力促进粮食流通管理迈上法制化轨道。11月，《济南市粮食流通管理办法》经市政府讨论通过，并于2011年1月1日正式实施，在地方粮食立法工作中走在了全省前列。

开展创建活动，全市粮食部门的执法能力和执法水平得到整体提升，粮食执法工作实现制度化、规范化、科学化的积极转变，历城区、商河县、长清区3个单位被评为全省粮食执法规范化示范区和示范县。（怀　震）

【盐业概况】 盐业系统继续深化食盐专营，加强行业管理，强化盐政执法，调整产品结构，大力开展非盐商品经贸和物业开发业务，实行市县一体化和信息化管理，降本增效，提升管控水平，保障食盐安全和市场供应，全行业继续保持稳定健康发展的良好势头，全市各类盐销量再创新高，超额完成各项任务指标。

全年各类盐的销售总量为93169吨，同比增加6455吨，增幅7.4%。其中食盐64805吨，同比增加2892吨，增幅4.7%，完成全年任务的122%；小工业盐28364吨，同比增加3563吨，增幅14.4%，完成全年任务的139%。食盐中的小包装食盐销量26920吨，同比增加1127吨，增幅4.4%，完成全年任务的118%。其中纸塑盐20709吨，同比增加1885吨，增幅10%；多品种盐205吨，二者销量占小包装食盐销量的77.7%。全市实现销售总额1.39亿元，同比增加1296万元；实现利润743万元，比上年略有增加；上缴税金1014万元，同比增加204万元。

1. 稳步推进全市经营管理一体化，企业管理水平进一步提高。制定出台《济南盐业经营管理一体化实施方案》，原食盐配送中心、盐业经营管理处、多品种盐公司的人员和职能并入新成立的济南盐业配送中心，统筹全市盐业购销、仓储和配送管理。成立资金管理中心，在进一步强化全面预算管理的同时，实行资金收支两条线管理，提高内控水平和资金运作效率。加强信息化建设，请专业信息公司设计了符合盐业实际的财务和业务信息化管理软件，增加两台服务器，并分别安装财务和业务一体化管理软件，在全市盐业系统各直属单位安装了20个财务操作终端和30个业务操作终端，请专家对全市盐业财务、业务人员进行系统的信息化、一体化管理知识培训。全市盐业信息化和一体化管理水平的提升，使市局能够即时掌控全市购销存情况和财务收支情况，企业经营管理水平迈上新的台阶。

2. 加强销售网络建设，完善配送服务，销量持续增加，企业效益和职工收入同步增长。各分公司通过划分责任片区，配送服务直达销售终端，强化对零售网点的掌控。历城和章丘分公司通过提高直送率，小包装盐特别是纸塑盐销量大幅增加，历城分公司小包装盐同比增加436吨，增幅9.6%，其中纸塑盐增加695吨，增幅24%；章丘分公司小包装盐同比增加400吨，增幅8.6%，其中纸塑盐增加453吨，增幅11.8%。长清分公司对诚信度较高、有条件的大客户尽量采取直运的办法，减少装卸等环节，节省运输费用，提高配送效率。市中区公司利用消除碘缺乏病目标县级考核验收的契机，及时解决工作中的问题，网点建设进一步规范。槐荫和天桥分公司不断强化服务，制订服务工作细则，每周进行市场走访和客户巡访，保证了食盐销量的稳步增长，槐荫分公司的小包装销量同比增加386吨，增幅16.8%。根据市政府出台的关于融雪剂的使用规定，与城管执法局召开联席会议，确定由盐业公司对融雪剂进行统一经营管理，既维护了盐业市场秩序，又增加了经营品种和销售额。2010年，食盐出厂价格上涨，盐业系统在消化掉购进成本220多万元的同时，做到了利润不下降，收入不减少。全市盐业在岗职工平均年收入达到36051元，比上年人均增加2221元。

3. 积极履行社会责任，确保盐业市场稳定供应。充分利用政府财政贴息资金，积极做好食盐储备的落实工作。配送中心等单位加大购进和仓储，强化库区和配送车辆的安全管理，切实保障全市盐业市场供应，进一步提高应急保障能力。在保证碘盐充足供应的同时，认真做好无碘食盐市场供应工作，在全市设置无碘食盐供应网点214个，满足了特需人群的生活需求。10月下旬，市内部分地区出现食盐抢购现象，市盐务局及时向上级报告情况，并采取果断措施，加大调运，充实库存，加班加点配送，强化市场管理，保证了市场供应不脱销不断档。同时，利用各种新闻媒体，加强正面引导，稳定市场信心，食盐抢购苗头得到迅速控制和化解，保障了食盐市场供应稳定和安全。

4. 强化盐政管理，维护良好的盐业市场秩序。深入开展碘缺乏危害知识和盐业法规知识宣传，全力打造“阳光盐政、文明监管”的盐政执法形象。盐政部门调整工作思路，改进工作方法，进一步加大与公安等部门的联合执法力度，相继查办了一批大案要案，有力维护了正常的盐业市场秩序。认真组织开展各种专项整治行动，相继开展了元旦、春节期间食盐安全专项治理行动，全市腌制用盐、小工业用盐及其他用盐专项大检查，全市盐业市场集中整治百日会战行动等，确保专项行动的针对性和有效性，取得显著效果。在全市抽调精兵强将组建盐政直属大队，并以直属大队为龙头，协调章丘、济阳、长清等各分局的盐政执法力量，加大对在途盐产品的监管力度。在日常执法工作中，深入用盐单位、食盐零售网点、农村社区，从关心群众“盐罐子”入手，送法上门，实现盐政执法与宣传服务有机结合。全市全年共查办各类涉盐案件2008起，查缴私盐619吨，罚款131万元，其中直属大队办案881起，查缴私盐299吨，罚款97万元；共打掉23个制假窝点（团伙），刑拘5人，判刑7人，查办案件数量和罚款数额均创历史新高。在10月份召开的全省打击涉盐违法犯罪工作总结表彰会上，济南市盐务局被评为先进单位，并作典型发言。

5. 加快推进转方式调结构步伐，全面提高市场竞争力。成立经贸公司，统筹管理全市的非盐商品经贸业务，相继与郎酒集团、泰山集团、古贝春集团、奇强公司等多家公司签订合作协议，充分利用遍布城乡的营销网络、直达终端的配送渠道以及长期建立起来的良好行业信誉，大力开拓城乡市场。新成立的经贸公司，既负责规划、统筹、组织全市非盐经贸业务的开展，又完全以市场竞争主体进行经营送销，取得了良好业绩。济阳分公司充分利用商务部“万村千乡”工程这一平台，积极争取政策支持，建设了2000平方米的物流配送中心仓库，与600多家农家店签订配送协议，并于8月30日举行物流配送中心启动仪式，当天销售非盐商品40余万元。章丘分公司积极与蒙牛乳业有限公司等大企业合作，大力开拓多种经营，每辆食盐配送车都搭配上公司经营的非盐商品，全年非商品销售额突破300万元。年内，全市非盐商品已包括酒水、调味品、洗化用品和食品等四大系列近200个品种，销售额达到800万元，比上年同期增加230万元，实现毛利120万元。

（吴孟强）

【烟草专卖】 济南市烟草专卖局（济南烟草有限公司）下辖市中区、历下区、槐荫区、天桥区、历城区、长清区、章丘市、平阴县、济阳县、商河县10个县级烟草专卖局（营销部），共有在职职工1141人。全年共销售卷烟138.29亿支，同比增长7.61%；实现税利119820万元，同比增长33.83%；查处涉烟违法案件3088起，查处涉烟违法案件案值1108.27万元。

围绕国家烟草专卖局提出的品牌发展战略规划，突出重点，夯实基础，卷烟经营保持良好的增长态势。提出并坚持“峰谷投放”“超市投放”等经营理念，把握各层次消费者需求差异，动态调整货源投放策略，满足市场需求的能力明显提高。加大品牌培育力度，加强与重点工业企业协同营销，引入、培育“7匹狼（通泰）”“7匹狼（通仙）”“红双喜”（晶派）、“中华5000”等全国知名品牌，卷烟销售结构进一步优化。重组卷烟营销中心，设立营销分部，优化工作流程，开发婚庆、团购、会议等重点市场，着力推进营销服务向消费者延伸。深入实施零售户致富工程和零售户培训工程，全面推进零售户自律小组建设，启动网上订货，优化卷烟配送线路，实施3G视频管理，卷烟销售网络不断完善，营销基层基础得到加强。

坚持向专卖要市场、要销量、要结构、要效益，不断加大专卖监督管理力度，市场控制力和净化水平显著提高。主动争取地方党委、政府的领导和有关部门的支持配合，建立全方位、多层次的工作沟通与协作机制，执法环境不断优化。根据市场动态和节假日、季节特点，适时开展各类集中整治专项行动，彻底根治辖区内违法经营的名烟名酒店、礼品回收店等重点不法经营户，严防重点区域制假反弹。严厉打击制售假烟网络，破除11起达到公安部、国家局标准的网络案件，打假破网水平进一步提高。坚持“关注民生、方便消费”的原则，科学合理布局，组织实施“拓荒工程”，消除市场管理空白点。加快推进专卖管理与控制体系建设，专卖基础管理精细化水平明显提升。（周 倩）

【石油供应】 济南石油分公司全年销售汽油96.08万吨，超额完成年度任务指标。被中国石化集团公司评为“中国石化油品销售企业三基样板单位”，被省石油公司评为“先进市公司”、被济南市国税、地税局评为“A级纳税先进单位”。

1. 经营质量不断提高，盈利能力和适应市场能力显著增强。①进一步加强经营质量分析，增强把握经营管理的主动性。坚持“周、月经营质量分析会议”制度，不断改革会议形式，注重实效，对做好经营管理工作发挥更重要的指导作用。②做好资源的组织协调工作，保证市场有序供应。制定保供预案，加大与省公司、炼油厂的沟通力度，采取“油库油罐输满”“加油站高库存运作”“跨区配送”等措施，确保资源供应到位。建立销售日报制度，对进销存等相关信息进行及时调度，合理安排好加油站配送、油库直销、小额配送三者间的出库进度。再次启用东郊油库，实现了济南市区域内油库全品种油品发货，缩短了配送时间，提高了资源到位率，满足客户多重需求，有效保障了油品供应。③努力做大直分销业务，不断提高终端市场占有率。强化基础管理，加强对客户的动态管理，客户维护稳步提升，直销客户达到380家，分销客户达到138家，同比增加38家。成功开发魏桥创业集团有限公司为直销客户，为此获得集团公司颁发的“大客户开发奖”。④积极开展加油站非油品业务。明确职责范围、目标任务，建立健全各项管理制度。逐步扩大和完善精品店、百万元店等大店的建设，已完成15个百万元店。加强员工业务知识培训，聘请厂家讲师进行营销培训4批、262人次，分3批对片区相关人员243人次进行海信操作系统培训。重点抓住烟草的销售，新办烟草专卖证62个，总数达到116个。⑤稳步推进润滑油、燃料油和天然气的销售。积极调度资源，及时组织适销品种，广泛开展灵活多样的营销策略，努力开发市场，落实绩效考核政策，充分发挥广大员工的积极性。全年润滑油销量0.47万吨，燃料油销售8.83万吨，天然气销售331万立方。

2. 网络建设稳步推进，网点建设取得突破性进展。积极协调政府相关部门，在落实“拆一建一”政策的同时，抢抓有利位置，增建网点。维护企业声誉，积极开展打假维权工作，采取法律手段对假冒、仿冒中石化标志的加油站开展打假维权，全年共发现并取缔侵权加油站7座。

3. 强化内部管理，不断提高企业管理水平。在全省年终评比中，公司的财务、安全、数质量等单项管理均被评为先进。①加强对油品数量质量工作的管理。全年为加油站配发200把量油尺、1350个取样瓶；对油库20块流量计进行半年强检，对11部新进油罐车编制罐车容积表，得到市计量所的认可并出具合格证书；多次向济南质检中心、周村质检中心送检油样120余个。②有效推进现代化科技管理手段的应用。完成主干网和片区网络的升级工作，片区由ADSL拨号提升为SDH光纤专线，网络速度、便捷性和安全性得到大幅提升。对市区78座加油站安装视频监控，确保加油站安全经营。完成充值卡MIS系统升级，升级后的充值卡既可给加油卡充值，也可在海信POS系统上刷卡消费非油品。试行加油机检维修系统，共检测维修加油机故障1471个。落实巡查制度，全年抽检加油站60余座，巡检40余座，共计解决各类故障1318次。③加大检查监督力度，保证企业有序规范经营。成立督查办公室，规范《加油机检验记录》《加油站进油核对单》《内部加油卡使用管理台账》的填写，加大督查力度和范围，落实奖惩制度，严肃经营纪律，净化经营环境。

4. 继续深化改革，企业体制不断完善。制定《济南石油分公司2010年机构设置及编制定员方案》，对公司各单位、部室编制进行定岗定编，精简机构设置，提高工作效率。根据加油站加油量、IC卡发卡量和非油品销售等情况对各片区及加油站进行重新定员，进一步优化劳动定员，提高投资回报率。加强对薪酬分配考核的监督、检查力度，有效控制人工成本。明确管理机关与经营一线薪酬联动考核，采用"动态定员，动态考核"的方式，调动一线员工的工作积极性。根据经营管理及财务收支情况，较大幅度地提高了一线员工的薪酬。

5. 强化安全意识，落实安全责任。及时调整安全委员会等6个安全管理组织，逐级签订"安全生产目标责任书"和"安全承诺书"，认真落实"十大禁令"和"安全生产纪律"。定期召开安全工作专题会议，先后转发、下发安全管理文件、通知120余个，并督促执行到位。制定《安全检查考核奖惩办法》，共查出并及时处理各类问题和隐患1081项，同时依据考评结果进行奖惩。认真执行和规范安全台账制度，进一步细化加油站设备管理"四定"分配表，健全设备技术档案和维护记录。严格履行施工项目安全管理手续，保证整改效果和效率，进一步完善加油站突发事件处置预案并加强演练。年内，被省公司评为"2010年度安全管理先进单位"。 （经理办）

供销合作商业

【概况】 市供销社系统全年实现销售收入52.3亿元，较上年同期增长14.2%；实现利税7442万元，较上年同期增长40.3%；完成基本建设投入4710万元，新建、改造各类经营设施4.6万平方米，较上年增长14.3%。截至年底，全系统资产总额19.6亿元，负债15.3亿元，净资产4.3亿元，在册职工8390人。

市供销社系统（含县、市、区供销社）全年完成基本建设投入3100万元，新建和改造各类经营设施3万平方米，供应各类化肥87.83万标准吨、农药2500吨，较上年同期分别增长了40%和30%。

截至年底，各县（市）区供销社资产总额15.3亿元，负债11.8亿元，净资产3.5亿元，在册职工7258人。

市供销社系统所属12家直属企业，主要涉及农业生产资料、再生资源、茶叶、文化用品、资产管理、烟花爆竹等经营领域。全年完成基本建设投入1600万元，新建和改造经营设施1.6万平方米。截至年底，直属企业资产总额4.2亿元，负债3.5亿元，净资产0.7亿元，在册职工1134人。

1. 推进农村现代经营服务体系建设。市供销社围绕构建农村现代经营服务体系，重点推动农资、日用消费品、农产品经营服务体系和农村合作经济组织建设。

农资经营服务体系建设。全系统共建成农资连锁配送中心7个，全年发展农资直营店60个，新建、改造农资经营网点320个。推进农资经营创新，大力开展化肥直供。截至年底，加盟化肥直供的网点共968个，年化肥直供22.5万标准吨，占全系统化肥销量的30%。全年完成农资销售额9.96亿元，同比增长20.4%，化肥、农药销售量分别占市场需求量的73%和60%，进一步巩固了农资供应主渠道地位。

日用品连锁经营体系建设。全年建成日用品配送中心3个，建成500平方米以上的大中型超市10个，完成325个日用品经营网点的建设改造。全市乡镇、办事处驻地均有供销社大中型超市，日用品经营网络覆盖了全市行政村（居）的一半，全年日用品销售收入16.17亿元，同比增长29.8%，约占全市农村日用品销售总额的1/3。

农产品经营服务体系建设。全年规范和组建农产品交易市场4个，兴办农民专业合作经济组织11个，组织农民建立绿色和无公害农产品基地7个，较好地发挥了供销社推动农村合作经济组织发展、参与农业产业化经营的作用。同时，继续推动农村社区综合服务中心试点建设，全年建成符合标准化要求的农村社区综合服务中心4个。至年底，全市共建成符合标准化要求的农村社区综合服务中心54个，进一步提升了供销社综合服务功能。

全系统农村工作取得较好成绩，章丘、济阳被列为"全国县级供销社网络建设重点支持县市"；章丘被列为"全省供销社系统农村现代经营体系建设考察学习基地"；济阳、商河被省社列为日用品流通网络建设启动县；共有24个基层社列入全省"全面建设"首批启动单位。

2. 再生资源回收体系建设初见成效。3月31日，市政府办公厅下发《关于加快全市再生资源回收体系建设的通知》，5月5日，市政府召开第一次再生资源回收体系建设领导小组会议，进一步推动再生资源回收体系建设。截至年底,共改造和建设社区回收站(点)55个;规范整合再生资源分拣中心3个,新建废纸分拣中心1个;筹建废旧物资集散交易市场1个;对全市1000多个再生资源经营者进行备案登记,推动了体系建设健康发展。

3. 市场建设稳步推进。茶叶批发市场在连续5年累计投资6000万元的基础上,年内投资230万元,完成“聚茗阁”增层等建设项目。市场的经营收入、利税又有新提高,年内完成交易额13.5亿元,实现营业收入1840万元,利税990万元,保持了企业平稳较快发展的良好势头。英雄山文化市场年内投资90万元,改扩建营业面积500平方米;投资60万元,完成大型青花瓷壁画“山水泉城”的制作,进一步提升了市场文化品位,被济南市文化体制改革和文化产业发展工作领导小组评为“全市发展文化产业20佳企业”,全年实现交易额9亿元,实现营业收入1250万元,利税450万元。在11月召开的全国总社企业工作会议上,茶叶市场、文化市场双双入围“全国供销合作社系统百强企业”。

4. 自身建设不断加强。市属企业深入开展双增双节活动,加强企业内部核算,促进优化资产结构,实现了社有资产的保值增值,企业效益和职工收入都有了新的提高。截至年底,系统资产负债率达80%,市属企业在岗职工收入、下岗职工生活费较上年同期分别增长了11.9%和10.5%,企业运行和管理状况进一步好转。

【颁布《关于全面推进供销合作社改革发展的实施意见》】 12月9日,市政府下发《关于全面推进供销合作社改革发展的实施意见》,明确了新形势下全面推进供销社改革发展的目标任务、重点工作、政策措施。

总体思路是:坚持以科学发展观为指导,坚持为农服务宗旨,坚持社会主义市场经济改革方向,坚持合作制基本原则,加快发展方式转变,推动经营、服务和组织创新,切实发挥供销合作社联系农民和联结城乡市场的纽带作用,在发展农村现代流通、促进农村合作经济发展、完善农业社会化服务方面发挥积极作用。

主要目标是:力争“十二五”期间,基本建成以重要农资商品、农村日用消费品、农副产品经营和再生资源回收体系为重点的现代经营服务体系,做大做强一批供销合作社社有企业,进一步健全基层组织体系,拓宽经营服务领域,基本实现农村经营服务网络全覆盖,为统筹城乡经济社会发展作出新的贡献。

主要任务是:①继续推进农村现代日用品流通网络建设。支持供销合作社培育壮大日用消费品连锁骨干企业,加快传统经营网络改造升级,加强区域物流配送中心、连锁超市和便利店等零售终端建设,尽快形成以配送公司为龙头,直营店为骨干,加盟店参与的农村现代日用品连锁经营体系,构建便利实惠、安全放心的消费环境。②大力推进新型农业生产资料经营服务体系建设。支持供销合作社发展新型农业生产资料经营业务,加快推进农资连锁经营,发展统一配送、统一价格、统一标志、统一服务的农资放心店;简化经营环节,大力推广配送中心对农户的化肥直供。③全面推进农产品经营服务体系建设。支持供销合作社创新农产品流通方式,加强“农超”对接。支持供销合作社围绕主要农副产品和特色农业,参与领办或依托农民专业合作经济组织建设农产品标准化生产示范基地,推进农产品标准化生产、品牌化经营。支持供销合作社发挥联合优势,培育农产品经营加工龙头企业,发展农产品批发交易市场,增强仓储运输、冷链物流能力。④加快推进再生资源回收体系建设。着眼于发展循环经济,鼓励供销合作社参与再生资源回收体系建设。支持供销合作社再生资源经营企业发挥传统优势,扩展再生资源回收经营业务,加快建设专业化分拣中心、区域集散交易市场和综合利用处理基地,合理布局社区和村镇回收网点,构建符合环保要求,集回收、加工、综合利用处理一体化的区域性再生资源经营网络。⑤扎实推进农村社区综合服务中心建设。制定全市农村社区综合服务中心建设中、长期规划和年度目标,按照“政府引导、供销合作社主办、多方参与、市场运作”的原则,在继续完善试点建设的基础上,进一步支持供销合作社建设主体多元、功能完备、便民实用的农村社区综合服务中心,大力推进公共服务向农村延伸。

重点工作是:①深化县及县以上供销合作社改革。市、县(市、区)供销合作社要认真履行服务、指导和协调等职能,大力推进农村现代经营服务体系建设。市、县(市)区供销合作社机关在严格核定人员的情况下,所需经费列入同级财政预算,符合条件的按规定程序批准后参照公务员法管理。②进一步加强基层社建设。积极探索和推行多种有效形式,调整建制,优化布局,盘活资产,加强管理,全面推进基层供销合作社发展。改造重组原有基层社,建设壮大一批辐射带动能力强的骨干基层社。③加快社有企业发展。县及县以上供销合作社要加快发展壮大日用品、农产品、农业生产资料、再生资源等公司,根据市场需要,积极恢复传统业务,同时开辟新的服务领域,向符合国家产业政策、市场前景良好的行业延伸。④推进联合发展。支持各级供销合作社加强系统内部合作,联合各类经济组织,加快发展区域性经营服务网络,构建新时期供销合作社经营体系。重视发挥供销合作社有关行业协会、农村合作经济组织联合会、农产品经纪人协会的作用,完善农村合作经济组织服务体系,为农民专业合作搭建服务平台。

(孙 铮)

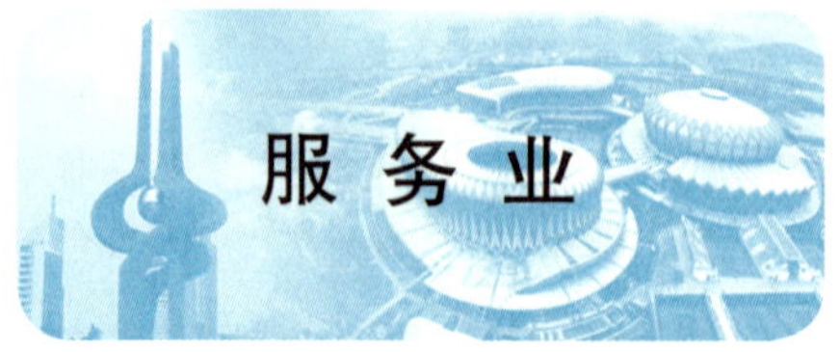

【全国糖酒商品交易会】 10月5～12

日，由中国糖业酒类集团公司主办、济南市人民政府承办的2010年秋季全国糖酒商品交易会在济举办。本届糖酒会成交额创历届新高，达到201.43亿元；会展规模刷新济南纪录，展览面积达到13万平方米，折合国际标准展位5600个，参展参会观众达30万人次以上；拉动经济效益明显，全市相关产业增收38.2亿元；社会效益显著，提升了城市知名度，政府公共服务和公共管理能力进一步提高；国际化程度、专业化水平进一步提高，20多个国家和地区的厂商踊跃参展，众多国际知名品牌竞相展示；文化品位达到新境界，葡萄酒高端论坛、侍酒艺术表演向国内观众展示了红酒文化的独特魅力。本届糖酒会实现了创办“富有创意、富有成效、互利共赢的经济盛会和文化盛会”的目标。（李辉阳）

【济南国际会展中心承办项目】 见“经济开发园区·济南高新技术开发区”分目

【最大城市综合体万达广场开业】 11月19日，济南市最大城市综合体万达广场正式开业。万达广场总建筑面积约100万平方米，总投资60亿，包括大型购物中心、五星级酒店、甲级写字楼、高档住宅等，是一个综合性的现代化商业中心。

（李辉阳）

【两家酒店获国家级白金五钻酒家称号】 10月，鱼翅皇宫大酒店、天外山庄大酒店在设施设备、管理水平、菜品质量和安全卫生等方面，达到国家《酒家酒店分级定级规定》标准，通过全国酒家酒店评定委员会组织的现场评审，获得首批全国餐饮业国家白金五钻级酒家顶级品牌。全国首批命名的国家白金五钻级酒家共有6家。（李辉阳）

【济南舜耕山庄集团】 济南舜耕山庄集团全年实现营业收入23103万元，同比增收2764.3万元，同比增长13.59%，经营利润有较大增长，向管理要效益取得实效。

1. 综合实力得到认可，获首届“中国饭店金星奖”。“中国饭店金星奖”是我国饭店业30年来首次评选的最高荣誉奖项。本届评选全国共有100家饭店获奖，其中山东有7家饭店榜上有名。

2. 店庆25周年系列活动圆满结束。为庆祝舜耕山庄建成25周年，邀请著名学者、书法家欧阳中石先生为店庆题写“舜耕诞庆、天惠年新”，并书写丈六巨作《泉城颂》。组织开展为期一个月的“读一本书”有奖征文活动、组织一次全员培训、开展一次知识竞赛、策划一系列酬宾促销活动、举办一次以“爱我舜耕”为主题的摄影比赛、安排一场电影招待会、组织一场文艺汇演的“七个一”系列庆祝活动，提高了员工的凝聚力和荣誉感，密切了与宾客的关系。

3. 宾馆设施进一步完善。投入近千万元继续更新改造宾馆基础设施设备，改造二区客房30间（套）、改建大堂吧等经营设施；扩建变电室、增容迁移变压器等供电设施；新建员工食堂、员工活动室等服务保障设施；建成拱北楼并投入使用。拱北楼建筑面积近1万平方米，是集会议、写字间等经营设施及锅炉房、洗衣房、职工食堂等配套保障设施于一体的综合楼。

4. 服务标准化工作取得新进展。全面推行服务标准化绩效百分考核，舜耕山庄作为副主任委员和秘书长单位成为山东省服务标准化技术委员会鲁菜分技术委员会工作基地。集团服务标准化国家级试点准备工作进展顺利，年底进入验收冲刺阶段。

5. 顺利完成对舜华园写字间的收购工作。6月，顺利完成对舜华园写字间的收购工作，收购后会所写字间新增面积近万平方米，土地使用权面积增加4200平方米。（高　群）

对外及港澳台经济贸易

【利用外资实现新突破】 全市新批外商投资项目87个，同比增长17.6%；实际使用外资首次突破10亿美元，达到10.4亿美元，居全省第3位，同比增长6.1%；合同外资12.1亿美元，增长33%。

1. 按合作方式分析：合同外资中，合资企业新批项目25个，金额13716万美元，占11.3%；合作企业新批项目2个，金额30492万美元，占25.2%；独资企业新批项目59个，金额75627万美元，占62.6%；外商投资股份制企业金额1068万美元，占0.9%。实际外资中，合资企业36889万美元，占35.5%；独资企业66232万美元，占63.7%；合作企业14万美元，外商投资股份制企业金额876万美元，占0.8%。

2. 按产业分析：87个新批项目中，属第一产业的6个，合同金额3115万美元，占总额的2.6%；属第二产业的23个，合同金额37646万美元，占总额的31.1%；属第三产业的58个，合同金额80142万美元，占总额的66.3%。实际外资中，第一产业698万美元，占总额的0.7%；第二产业41324万美元，占总额的39.7%；第三产业61989万美元，占总额的59.6%，其中房地产业合同外资15768万美元。

3. 按外资来源国别地区分析：合同外资中，亚洲114392万美元，占94.6%，其中香港地区103236万美元，台湾地区3350万美元；欧洲6217万美元，占5.1%，其中法国1300万美元；拉丁美洲−6296万美元，英属维尔京群岛3782万美元；北美洲7197万美元，占6%，其中美国3344万美元。实际外资中，亚洲87466万美元，占84.1%，其中香港地区81456万美元，占78.3%；欧洲1258万美元，占1.2%，其中德国892万美元；拉丁美洲2423万美元，占2.3%，英属维尔京群岛2385万美元，占2.29%；

北美洲 11484 万美元，占 11%，其中百慕大 1000 万美元，占 1%，

4. 按板块分析：县（市）区新批项目 57 个，合同外资 90722.1 万美元，占全市的 75%；实际外资 83010 万美元，占全市的 79.8%。高新区新批项目 30 个，合同外资 30180.9 万美元，占全市的 25%；实际外资 21001 万美元，占全市的 20.2%。（李辉阳）

【对外贸易呈现恢复性增长】 全市全年实现进出口总额 74.1 亿美元，居全省第 6 位，同比增长 31%。其中：出口 40.55 亿美元，居全省第 5 位，比上年前进 1 位，增长 33.1%，高于全省平均水平 2 个百分点。出口主要特点：①机电和高新技术产品出口占主导。机电产品出口 25.27 亿美元，同比增长 30%，占比重 62.3%；高新技术产品出口 4.74 亿美元，同比增长 108.2%，占比重 11.7%。②出口市场主要集中在东盟、日韩、欧盟、美国等传统市场，南亚、南美、中近东等新兴市场增长较快。③从贸易结构看，一般贸易出口占比 72%，增长 52.3%；内资企业出口占比 68%，三资企业出口占比 32%。

（李辉阳）

【"走出去"增长迅速】 全年新签对外承包工程、劳务合作合同额 25.7 亿美元，居全省第 2 位；完成营业额 15 亿美元，居全省第 2 位；外派劳务 9109 人，居全省第 2 位；新批境外投资项目 30 个，居全省第 5 位，中方协议投资额 1.57 亿美元，居全省第 4 位。主要特点：

1. 对外承包工程继续保持平稳发展。省电建、中铁十四局、四建等境外开工项目进展顺利，全年带动出口超过 4 亿美元。民营企业开拓国际承包工程市场的步伐加快，共有 4 家民营企业申请对外承包工程经营资格，其中 3 家已获批准，创造了自 2000 年以来年度申请和获批经营资格企业数量的最高纪录。

2. 对外劳务合作业务拓展取得成效。中、高端劳务市场开拓取得成效，山东国立公司的新加坡幼儿教师、山东欣荣公司的日本茶艺师等项目已达成初步合作意向。深度拓展日本、韩国传统劳务市场取得进展。全年新签对日本劳务合作项目 306 份，同比增长 64%；韩国水协中央会重新确认 12 家我国对韩国近海渔工派遣经营公司名单，山东国立公司成功入围，成为全市第一家入选的企业。

3. 境外投资继续保持快速发展。民营企业"走出去"步伐加快，民营企业全年申办境外投资项目 16 个，占境外投资企业家数的 53%，成为对外投资合作的主力军。境外投资质量明显提高，境外企业经营状况良好，境内投资主体大幅增资以扩大经营，境外企业增资成为常态。投资领域呈现多元化趋势，涉及机械、建材、地址勘查、医药、房地产、纺织等多个领域。（李辉阳）

【国际贸易促进工作】 市贸促会着力做好发展会展经济、招商引资和开拓国际市场三项重点工作，在促进贸易、促进投资等方面取得显著成绩。

1. 会展工作开创新局面。举办或参与组织会展项目 21 个，其中，第七届中国—马来西亚商务理事会会议、2010 中国（济南）—马来西亚商务论坛暨贸易投资洽谈会、鲁台经贸文化交流周暨 2010 山东台湾名品博览会等国家和省、市重点项目成效显著、影响广泛，累计展览面积 12.2 万平方米，参展参会观众约 100 万人次，现场交易 36.03 亿元，意向成交 34.73 亿元。

2. 招商引资取得新成绩。引进项目投资和意向 2 个，在谈项目 6 个。深入开展调查研究，收集成熟招商引资项目 28 个。大力组织开展"外宣年"活动，先后与 51 家国外、境外商务机构联系接触。顺利完成"济南国际贸促网"改版，网站被评为 2010 年度全市政府系统优秀网站。

3. 开拓国际市场实现新突破。加强业务指导、培训和交流，帮助企业找准产业优势，破解外贸出口瓶颈。继续暂停部分项目收费，在全市外贸出口触底回暖的关键时期，为企业减负。新增注册企业 108 家，办理原产地证明书等各类商业文件 4671 份。其中，一般原产地证明书 3998 份，认证涉外单据 102 份，国际商事证明书 434 份，代办领事认证 135 份，代办 ATA 单证册 2 份。引领企业赴境外参展参会，完成 28 个出国参展项目，促成出口 1527 万美元，意向协议额 2820 万美元，现场接待客户 1426 人。

4. 国际联络打开新渠道。举办中国—东盟自由贸易区零关税政策宣讲会，赴北京、昆明、哈尔滨、成都等地参加高规格经贸活动十余次。与蒙古全国工商协会商谈签订友好协议，与巴基斯坦木尔坦商会、乌克兰哈尔科夫华商会、日本贸易振兴公社在纠纷调解、商务考察等方面深入开展合作。加强与境外客商的直接联系，帮助西班牙、俄罗斯等国外公司在济寻找合作伙伴。

5. 系统建设呈现新气象。顺利召开第三届会员代表大会，总结近十年的工作，确定未来五年的工作思路，产生新一届领导机构和领导班子，审议通过《中国国际贸易促进委员会济南市分会章程》和《中国国际商会济南商会章程》。印制《纪念画册》，编印《会员企业通讯录》，从会员管理等方面，进一步规范济南国际商会运作模式。推动贸促支会加快发展，促进系统内部资源共享和业务协作。争取中国贸促会支持，在商河县增设原产地证明书代办点。编印《济南贸促通讯》5 期、2600 份，并完成刊物改版升级的各项准备。贸促系统自身建设不断加强，市贸促会人员编制由 25 人增至 40 人（含 3 名工勤人员），10 个县（市）区全部设立隶属政府直接管理的贸促支会，其中，章丘、平阴、济阳、商河、历下、市中、天桥、历城等 8 家支会成为独立机构。（赵常昭）

【鲁台经贸文化交流周暨 2010 山东台湾名品博览会】 10 月 28 ~ 31 日，由山东省人民政府、台北世界贸易中心主办，济南市人民政府、山东省台湾事务办公室、山东省商务厅、山东省贸促会承办的鲁台经贸文化交流周暨 2010 山东台湾

名品博览会在济举办。博览会设9大展区、1050个展位，2万多种商品，450家企业约2500名台商参展，且90%以上来自台湾本土。展会参观人数约40万人次，其中专业买家2.5万人，成交额4.1亿美元。济南市签约台资项目8个，合同、协议台资额3.65亿美元。（参见“政权·政务”栏目“台湾事务”分目）（赵常昭）

【2010香港时尚购物展】10月22～26日，由济南市人民政府与香港贸发局合办的香港时尚购物展在舜耕国际会展中心举办。此次展会是历年来在济举办的最大规模香港品牌展销活动，200多家香港公司、300多个品牌汇聚泉城，吸引约25万名消费者进场参观、购物，现场销售额约5000万元。参展商品包括时装、配饰、珠宝、钟表、化妆品、食品、礼品以及家庭用品等。（赵常昭）

【2010中国（济南）国际卡车暨零部件展览会】10月15～17日，2010中国（济南）国际卡车暨零部件展览会在济南国际会展中心举办。参展企业101家，室内展区面积6000平方米，其中特装500平方米，室外整车展区面积20000平方米。中国重汽、北汽福田等18家整车生产企业的121辆整车参展。整车签订销售合同2100多万元，意向协议8400多万元，现场销售560多万元。零部件签订销售合同200多万元，意向协议3200多万元。到会专业观众2574人，其中，有9个国家和地区的客商来济洽谈。（赵常昭）

【2010中国（济南）儿童产业国际博览会】5月29～31日，2010中国（济南）儿童产业国际博览会在舜耕国际会展中心举办。展会面积8000平方米，展位280个，参展厂商130多家，累计接待观众约8万人次，现场销售1300万元，签订意向协议5700多万元。作为济南市重点扶持发展的展览项目，展会自2006年以来连续举办5届，在业内影响广泛，至本届已经完全实现市场化运作。（赵常昭）

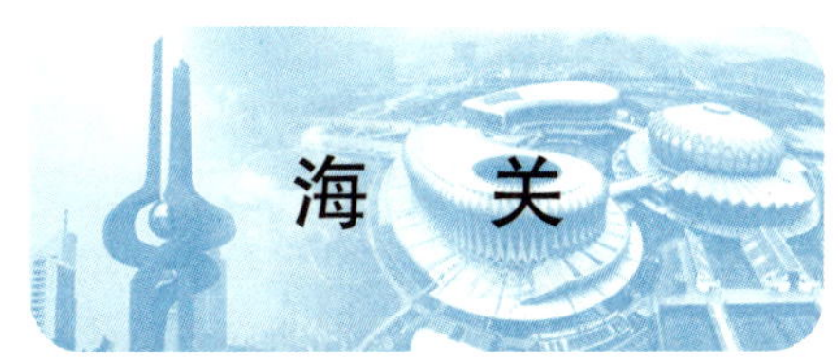

【概况】济南海关全年实现税收入库17.03亿元，同比增长34.94%，取得了近5年连创历史新高的佳绩。监管进出口货物410.3万吨，货值24.9亿美元，分别增长9%和63%；审结报关单3.13万份，增长26%，创历史新高；监管进出境人员15.3万人次，增长39%，进出境航班1556架次，增长23%。监管出入境邮递物品90.7万件，邮政快件29.6万件，分别增长31%和29%。备案加工贸易手册616本，增长22%，加工贸易实际进出口总值4.1亿美元，增长19.5%。

1. 稳步推进大监管体系建设。初步确定改革方案，完成“三查合一”（海关稽查、减免税核查和保税中后期核查实行统一归口管理）等重要阶段性工作，主要业务保持量与质同步提升的良好势头。①综合治税成效显著。税收入库和征管质量均取得历史性突破。加强对主要税源企业、税源商品的调研，重视重点税源企业税收流向监控，深挖税收潜力，全年新增税源企业纳税超过4亿元。加强与口岸海关的协调联系，确保属地应税进口货物通关渠道畅通。推广进出口商品预归类工作制度，加大对特殊定价方式、特殊监管区域、许可证管理商品等重点商品及低价商品的审价和补税力度，完成归类补税470万元，增长15倍。加强审单查验作业辅助系统应用，完善现场接单部门自我抽核机制，初步建立原产地业务管理模式，申报管理更加规范。加大减免税审核力度，对于适用条目不符的4个减免税项目不予受理，避免误免税款600余万元。②进一步强化实际监管。建成启用济南海关二级视频监控指挥中心，“物流信息、物流影像、物流实体”三位一体的物流监控模式初步构建。着力提高查验工作中风险布控的针对性和常态化，进一步规范出境快件监管。加大旅检工作信息化建设，全面应用旅客舱单系统和旅客通关系统。积极开展“世博会”安保专项行动，通过举行毒品查缉实战演练、文物监管座谈会等手段，提高了现场对毒品和文物的监管和处置能力。广泛解释宣传政策法规，完善应急机制，妥善处置敏感事件，确保通关秩序稳定。加大知识产权保护力度，共查获涉嫌侵权货物37宗。③税收保全作用进一步发挥。认真落实“宽严相济”政策，坚持打击走私法律效果、社会效果与政治效果的统一，全面完成各项缉私任务。刑事执法成果突出，全年刑事立案5起，案值8163.5万元，涉税880.4万元。行政执法取得突破，共行政立案63起，审结65起，罚没入库993.6万元。落实侦审分离、查审分离，严格执行双人作业、集体审议、三级审批和案件审委会等制度，办案质量稳步提升。刑事诉讼成功率与行政执行率均为100%。④进一步严密保税监管。以深加工结转料件、边角料和残次品为重点，加强对企业的下厂核查，及时发现和处置业务风险，提高了核销申报质量。全面推广加工贸易银行保证金台账电子化联网管理，办理电子化台账手册402份。开展保税仓库清理整顿，加强物流监控和过程管理，保税仓库管理更加规范。支持太古飞机保税仓库由寄售维修型变更为公用型，促进了辖区航空维修业发展。⑤重视职能作用发挥。密切关注宏观经济运行态势和辖区进出口动态，着力提高统计分析报告质量，辅助决策和社会服务作用有效发挥。风险管理部门围绕主要税源商品和重点企业开展风险分析，风险管理效能进一步提升。风险分析稽查占比达83.3%，风险布控率为23.47%，布控有效率为18.19%，实体有效率达到6.17%。⑥进一步提升稽查和企管水平。围绕伪报归类、低报价格、骗取出口退税3个涉税渠道开展专项稽查和贸易调查，稽查追补税12起，稽查补税入库682万元，查发问题率达到76%。严格执行企业分类标准和审批程序，落实AA类企业监控制度和《客户联络员工作规程》，严格操作时限，提高了审批效率。共办理新企业注册登记 419 家，调整企业管理类别 24 家。加强企业主体资格管理，认真落实与缉私部门案件查处联系配合办法，强化对报关单位、报关员的管理，完成立案 13 起。⑦业务内控工作成果显著。巩固并深化一线执行控制、职能控制和专门控制的内控格局，复核业务数据 11.2 万条，核查业务单证 4.8 万票，发现并纠正不规范问题 42 个，发布业务预警和质疑 61 条，提出整改建议 73 条；加大《海关廉政风险预警处置系统》的应用力度，发布《执法监督处置单》132 份，有效率达 70%；组织《海关货物查验记录单》自查，涉及各类查验单 869 份，初步发现和整改了一批不规范问题。

2. 支持地方经济发展成效明显。①深化通关改革，打造更高效、更便捷通关环境。主动适应经济发展和企业需求，不断巩固和深化“区域通关”改革，成功开通与上海口岸的区域通关业务，初步形成“京津沪”区域通关网络，进一步降低了济南企业物流成本。在关区率先开通与前湾港之间的内陆直通监管模式，同时再造通关监管流程，简化监管手续，为济南无水保税港建设奠定坚实基础。②实施个性服务，支持辖区重点产业做大做强。积极配合政府开展推进济南综合保税区申建的相关工作，加强现有优惠举措整合，为辖区重点产业制定个性化监管服务方案。积极支持重汽集团整车和配件保税物流及制造出口基地项目建设，协助引入魏桥纺织等大型企业在出口加工区开展保税物流业务，全年保税物流总值 3.2 亿美元，增长 10 倍。加大服务力度，完善监管预案，保证济南至大阪、新加坡、台中等新航线的顺利开通。支持济南市展会经济发展，为台湾名品博览会、香港时尚展等重要会展活动，做好设立专用旅检通道和专用通关窗口等配套服务。加大软件外包支持力度，助推济南“中国服务外包示范城市”建设，举办国际服务外包保税监管政策宣讲会，提供软件通关“一站式”服务，全年监管软件出口价值 2730 万美元，增长 58%。主动加大政策扶持力度，促成中国重汽集团获批山东省首家外资研发中心。③积极开展海关政务公开和对外宣传，营造和谐执法环境。以外贸骨干企业和新兴产业为重点开展现场调研，与地方相关部门联合召开东盟自由贸易区政策说明会等政策宣传活动，支持地方外向型经济拓展发展空间。共走访考察企业 15 家，帮助企业解决困难问题 32 项。通过建设“济南海关网上服务大厅”和在业务现场设立电子信息屏、公告板等设施主动公开海关职业纪律、业务咨询以及举报投诉渠道等信息。充分利用“世界知识产权日”“海关法制宣传日”等时机，采取电视报刊、宣传海报、上街咨询、组织座谈等多种形式，集中宣传介绍海关执法的政策法规、工作程序。（贺　娟）

【概况】 全年共检验检疫出入境货物 10213 批，货值 11.46 亿美元，同比分别增长 11.46% 和 26.33%；检疫查验出入境人员 150399 人次，同比增长 37.09%。

1. 深入开展“质量提升年”活动。成立局活动领导小组和活动办公室，制定详细的实施方案，明确工作目标、实施步骤、具体工作内容和完成时限、责任部门，并建立组织、协调、保障、督查机制。扎实推进“质量提升服务进万企”“三个一百工程”建设、“质检邀您看企业，食品安全大家行”“窗口建设和证单质量提升”等各项主题活动。将 13 种纺织品服装和汽车、摩托车作为重点敏感商品纳入重点工业产品解读范围，收集近 20 个国家的检测项目和技术要求，帮助企业梳理产品质量控制关键点，促进 1.09 亿美元的纺织品服装顺利出口。健全信息报送体系和相应的责任制度，主动向地方政府有关部门通报活动情况，制作宣传展板，加大政务公开力度，加强对外宣传。经过近一年的工作，“质量提升年”活动取得初步成效，检验检疫监管有效性、出口企业管理水平和产品质量明显提升，未出现因产品质量问题被国外通报的情况。

2. 促进工业品出口成效显著。针对济南地区工业品出口的特点，积极推进分类管理，完成 108 家出口工业产品企业的分类评定工作，并结合产品风险等级情况，改进工作方式，简化手续，最大限度提高验放效率。特别是通过加强和企业的沟通，建立帮扶机制，有力地推动了工业品出口的恢复性增长。全年累计出口工业品 10.75 亿美元，同比增长 27.16%。进一步发挥国家级铅笔检测重点实验室的作用，帮助铅笔生产企业研发适销对路的产品，提高出口产品的国际竞争力，全年共有价值 1409 万美元的铅笔出口，同比增长 33.68%。大力扶持具有自主知识产权产品和新产品出口，确保济南产“吉利”轿车首次出口意大利，山东宝雅新能源汽车有限公司新能源汽车首次出口美国和墨西哥。

3. 积极促进食品农产品出口。扎实构筑以“源头备案、过程监管、抽查验证”为主要内容的出口食品农产品质量安全三道防线，按期完成出口食品安全风险评价定级工作。指导 2 家企业新获卫生注册备案资格，为 4 家食品农产品出口企业开展全方位技术咨询。认真落实与槐荫区人民政府出口洋葱示范监管区合作备忘录，在受生长期气候变化影响导致出口受阻的情况下，采取有力措施，确保 1.2 万吨、359 万美元洋葱顺利出口日本，并帮助企业成功打入加拿大市场。

4. 努力促进对外贸易便利化。出台并认真落实促进济南经济发展转方式、调结构的 17 条措施。积极推进企业质量诚信体系建设，认真推行出入境检验检疫直通放行模式，落实“绿色通道”等各项优惠措施。积极指导出口企业提高各类优惠原产地证书利用率，年内签发各类原产地证书 9213 份、签证金额 4.61 亿美元，同比增长 30%。针对小家电出口成倍增长的情况，根据企业类别及产品风险程度，及时调整监管模式，加快出口验放速度，促进13.6万台、510万美元豆浆机顺利出口，同比分别增长115.87%和138.32%。

5. 多举措服务会展经济。认真做好山东台湾名品博览会的检验检疫监管工作，针对参展台商较多、展品种类繁杂、且大多涉及食品安全的情况，成立专门领导和工作机构，通过编印服务指南、提前进驻现场办公，参加联席会议等方式，确保有关问题及时解决；出台简化受理报检手续、全天候服务等措施，给予台湾嘉宾和参展商便捷服务；在展会现场，对食品、水果、花卉等存在检疫风险的展区采取展品备案和不间断现场巡查，确保不出现问题；根据展品可能开展的检测项目情况，提前做好相关准备工作，确保快速检测及时参展；加强后续监管，及时对展会产生的垃圾和废弃物进行集中除害处理，对展后复出境的参展商品，迅速按规定办理退运手续。

6. 口岸核心能力进一步增强。成立局口岸核心能力建设领导小组，总结济南机场创建"国际卫生机场"的成功经验，细化工作方案。对照口岸卫生检疫核心能力建设基本标准，开展全面自查。认真落实口岸核生化恐怖因子监测技术方案要求，加强突发公共卫生事件应急培训及演练，进一步完善工作预案，补充配备硬件设施。

【进出口商品检验鉴定监管】 共检验进出口商品8633批、货值10.75亿美元，同比分别增长9.56%和27.16%。其中检验进口商品1270批、货值2.35亿美元，同比分别增长18.58%和14.44%。进口商品合格1245批、货值2.29亿美元，同比分别增长17.90%和13.37%；不合格25批、货值662万美元，不合格率为2.82%。检验出口商品7363批、货值8.40亿美元，合格率为99.96%；不合格3批、货值165万美元，不合格率为0.04%。完成出境危险货物包装鉴定和出境一般货物包装鉴定538万件，同比增长19.73%。签发出入境检验检疫证单14785份，同比增长4.84%，其中进出口商品通关单9467份，同比增长12.8%。签发一般原产地证书3092份、1.16亿美元，同比分别增长6.92%和0.1%；签发普惠制原产地证书5284份、1.78亿美元，同比分别增长20.28%和27.14%；签发亚太贸易协定原产地证书903份、3877万美元，同比分别增长11.62%和29.1%；签发中国—东盟自由贸易区原产地证书1388份、9222万美元，同比分别增长78.41%和258.97%。

【进出境动植物检疫】 共检疫进出境动植物及其产品814批、货值4087万美元，同比分别增长14.01%和2.38%。其中检疫进境动植物及其产品97批、货值911万美元，同比分别增长27.63%和6.55%；检疫出境动植物及其产品717批、货值3176万美元，同比分别增长12.38%和1.24%。检疫进境集装箱542标箱，同比增长708.96%，全部进行了卫生除害处理。检疫进出境货物木质包装2861批、102762件，同比分别增长24.93%和61.42%，其中检疫进境货物木质包装2030批、44336件，从中截获有害生物24批。从空港进境旅客携带物中截获禁止进境物509批，同比增长73.13%。

【国境卫生检疫】 共检疫查验出入境人员150399人次，同比增长37.09%。其中，出境74950人次、入境75449人次，同比分别增长31.46%和31.87%。健康体检和传染病监测11533人次，同比增长13.76%，检出各类疾病3607例，检出率为31.28%；实施预防接种17410人次，同比增长35.56%。检疫出入境飞机1486架次，同比增长17.1%，其中出境741架次、入境745架次，卫生消毒处理出入境飞机745架次。

对出入境食品、化妆品实施卫生检验监督556批、货值1633万美元，同比分别增长45.17%和36.85%。其中出境409批、货值1133万美元，同比分别增长41.52%和20.02%；入境157批、货值500万美元，同比分别增长67.02%和100%。

【农产品检测】 山东出入境检验检疫局农产品检测济南分中心共计完成检测任务5398批、55076个样品、138010项次，同比分别增长13.5%、25.2%和26.8%，业务量全省系统居第三位。其中，食品农产品检测5015批、20271个样品、33625项次，同比分别增长14.1%、6.8%和6.4%，阳性结果检出58批次，检出率为1.16%；工业品检测383批、34805个样品、104385项次，同比分别增长5.8%、39.1%和5.7%，从260批、约7.08万吨进口棉花中检出不合格97批，批次不合格率37.3%。参加FAPAS（英国分析实验室能力验证）、CNCA（中国国家认证认可监督管理委员会）和CNAS（中国合格评定国家认可委员会）近20项能力验证，均取得满意结果。保健中心质量管理体系顺利通过CQC现场复评审，并在国家质检总局组织的监督考核中取得良好成绩。积极应对国外预警通报和技术壁垒，提高应急快速反应能力，新开发农兽药残留检测项目85个。1项科研成果被评为山东省科技进步二等奖。3项科研课题通过省局立项，1项被省局推荐国家质检总局立项。4项科研课题结题待鉴定，2台铅笔检测设备申报国家专利。

（侯玉栋　马金刚）

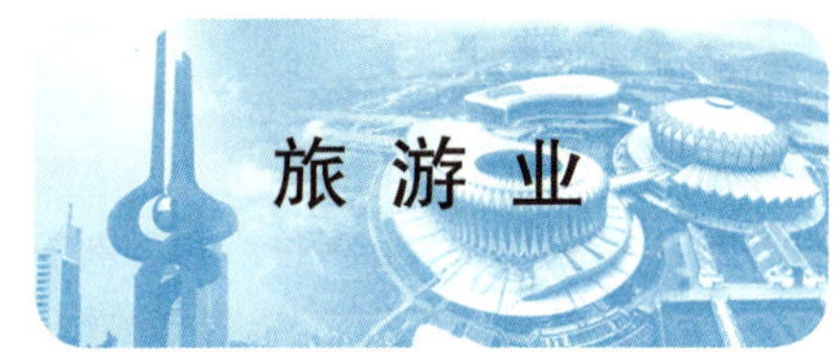

旅游业

【概况】 全市旅游企业品牌化、连锁化、集团化发展迅速，市场主体进一步发展壮大，旅游产业功能全面提升。全年接待旅游者3388.34万人次，实现旅游总收入313.82亿元，分别比上年增长19.24%和22.35%。其中入境人数23.10万人次，旅游创汇11354.4万美元，同比分别增长23.53%和21.9%。

1. 推进旅游业战略发展定位，营造旅游发展大环境。召开"依托大城建发展大旅游建设区域性旅游中心"专家论坛。邀请国内知名专家学者和市直相关部门负责人探讨区域性文化旅游中心的定位、内涵和建设问题。论坛将济南旅游业发展定位为打造区域性旅游枢纽中心城市，建设门户型、枢纽型的旅游集散地、经济体和服务中心。功能是辐射带动山东西部城市群，发扬光大齐鲁文化，推动做大做强山东省会都市圈，拉动服务业快速增长。充分发挥旅游规划的战略指导功能，编制全市“十二五”旅游发展规划，并首次将其融入全市社会经济发展总体规划和城市建设总体规划，逐步把旅游规划和资源开发纳入科学化、规范化、法制化轨道。

2. 创新营销方式，强化城市旅游推介力度。积极实施“天下泉城”品牌战略，加大城市形象推介力度。创新营销方式，加强核心泉水旅游产品推介，国内外客源市场持续扩大。①抓住上海世博会举办的有利契机，加大媒体宣传和广告投放力度。在中央电视台、凤凰卫视、东方卫视投放“观世博、游泉城”广告，在《新京报》《旅游世界》《天下泉城》等杂志登载旅游广告，开辟“观世博、游山东、逛泉城”专栏。组织旅游企业在企业网站和各类媒体进行旅游宣传。②积极开展事件营销，加强核心“泉水游”产品推介和营销。十一黄金周前，省、市旅游局策划启动“畅游济南72名泉赢大奖活动”，吸引大批游客游览72名泉，进一步树立了“天下泉城”的旅游形象；9月24日，市文明办、市旅游局、市园林局和《济南时报》联合推出“与泉水同行”大型主题公益活动，9月28日开通“赏泉直通车”；十一黄金周期间，选拔百名“泉水使者”，在趵突泉、泉城广场等地举行万人签名活动。同时，在省会都市圈内投放泉水游广告，组织全省17地市媒体组成“泉水游采风团”，向全省大力推介济南独特的旅游资源，极大提升了“济南泉水甲天下”的影响力，仅全国各网站关注此活动的点击量就达500万次之多。③创新举办特色旅游节会活动。在1月1日至2月28日集中开展“好客山东贺年会、泉城济南新春游”活动，围绕元旦、春节、元宵节3个重要节点，推出“贺年宴”“贺年礼”“贺年游”“贺年乐”四大系列100多项旅游产品和优惠措施，开展美陈设计大赛、“贺年会之最”、摄影大赛三大活动，带动旅游及相关产业的发展。9月3～5日，成功举办2010中国山东（济南）国际旅游交易会，由原来的以展为主变为展卖结合，使具有10年历史的展会实现华丽转身，成为省内最具规模和影响的“旅展”。④增开济南至台北的航班。增加了该航线运力，方便了台湾游客来济观光旅游。

3. 加强重点旅游项目建设，提升旅游产业竞争力。①全市在建重点旅游项目25个，总投资约380亿元，重点有鹊山龙湖、济西湿地、澄波湖、商河温泉小镇、小清河整治工程、明府城保护工程、西客站文化会展中心、恒隆广场、银座商业中心等项目。拟建重点旅游项目19个，总投资约500亿元，重点有华山历史文化公园、解放阁片区工程、香格里拉五星级酒店、希尔曼旅游度假区、朱家峪旅游度假区等项目。②不断推进旅游业与工业、农业融合发展，积极创建省级工农业旅游示范点、省级旅游强镇和旅游特色村。全年完成园博园、九顶塔、金象山等3家4A级景区和3家3A级景区、1家2A级景区的创建和申报工作。推进大观园建设山东省旅游商品中心，泺口服装城商贸中心、齐鲁鞋城品牌港被省旅游局命名为首批山东省金牌购物商店。③积极开发“二日游”“三日游”旅游产品。整合泉水、民俗、齐鲁美食、滑雪、温泉、养心养生等资源，创意策划了“合家欢”家庭二日游系列套餐。针对不同家庭组合和消费特点，设计了悠活二人行、温馨三人行、孝心四人行、合家欢五人行4个“两日游”主题线路，涵盖步游泉城、船游泉城、宗教文化、旅游演艺、齐鲁美食等济南最具特色的旅游项目。④抓住全运会后城市功能形象全面提升的机遇，整合优化全运旅游资源和文化遗产，组织开发都市之旅、文化之旅以及全运会后新济南、省会城市群旅游圈之旅等20余条特色旅游线路，取得良好成效。

4. 扶持壮大旅游企业，旅游企业连锁化、集团化发展迅速。①为加速旅游企业集团化发展进程，省工商局和省旅游局联合出台文件，减免银座旅游集团、交运旅游集团所辖旅行社在省内开设分社的注册资本金和质量保证金，支持山东旅游有限公司在鲁商所辖商场、超市开展“旅行社进超市”活动。积极推进山东高速集团、济南市公交总公司成立旅游集团，取得较大进展。②旅游企业网络化建设加速发展。全市旅行社在外地开设的分社已超过60家，本地酒店连锁化发展势头良好，形成银座佳悦、银座佳驿、舜和商务等连锁品牌。③扶持发展品牌旅游企业，壮大旅游市场主体。开展“十佳”旅游企业评选和“二十强”旅行社评选活动，通过各类媒体广泛推介，树立旅游企业品牌形象，取得显著成效。山东高速国际旅游有限公司、山东旅游有限公司、山东嘉华国际旅行社有限公司3家旅行社进入全国“百强”出境旅行社。

5. 加强旅游人才建设，全方位提升旅游服务质量。组织开展旅游饭店服务技能大赛、旅游饭店节能减排知识竞赛、导游大赛选拔赛等活动，推进旅游人力资源开发。积极创新培训内容，强化培训实效。全年累计举办培训班19个，培训从业人员近14000人次，同比增长7.2%。积极开展“旅游服务质量提升年”活动，全面落实“好客山东”旅游标准，推进服务标准化、制度化、规范化建设，打造泉城旅游服务品牌。加强旅游诚信建设，开展“诚信旅游示范单位”评选活动，在全市旅行社统一使用“旅游品质电子监控保障系统”。开展旅游特别讲解员试点活动，聘请离退休老专家、老教师在观光车和芙蓉街片区为游客提供讲解服务，受到游客欢迎。联合旅游、工商、公安、质检、安监、物价、卫生等部门，采取综合整顿和专项整治相结合，明察与暗访相结合、日常检查与集中检查相结合、突出重点检查和企业自查相结合等监管方式，全面整治旅游市场。全年共检查旅游企业174家次，导游员600余人次，查处违规案件56起，罚没金额22万元。共接听旅游咨询和投诉电话800余个，有效投诉80起，正式立案31起，处结率100%，协调理赔金额共计5.4万元。通过一系列举措，全市旅游服务质量提升显著。在全国50个城市旅游服务质量满意度测评中，济南市排名两个季度提升了14位。

【济南—台北旅游包机直航开通】 8月初，市旅游局赴台湾桃园市访问长荣航空公司总部，并签署框架性合作协议。12月18日，济南—台北旅游包机首航。此次开通的济南—台北新航线为每周一班，航线运力增长78%，周运送游客达到570人次，降低了台湾游客来济南观光旅游的时间和经济成本。截至年底，济南已相继与台北、花莲、台中等3个城市通航。除济南—花莲航班为不定期旅游包机外，济南—台北、济南—台中航班已增加至每周4班，济台旅游更加方便。

【畅游济南七十二名泉赢大奖活动】“畅游济南七十二名泉赢大奖活动”是山东省旅游局和济南市旅游局为扩大济南泉水旅游的知名度，打造“好客山东·天下泉城”旅游品牌，把握济南地下水位创44年最高纪录、七十二泉齐涌的有利契机开展的一次事件营销活动。活动自9月1日始，历时4个月，共有15094名普通游客和507名团队游客注册参与，涉及12个国家和地区以及国内所有省市自治区。其中66.03%的普通游客和88.95%的团队游客来自省外，还有193名境外游客注册参与。17家电视媒体、33家报纸媒体和316家网络媒体对活动给予关注报道，在百度上可搜索到相关新闻18600条，网络点击率超过500万次。活动期间济南市共接待游客逾1400万人次，仅十一黄金周就接待游客539万人，泉城济南的知名度和美誉度大幅提升。

【中国旅游城市发展峰会】 10月19日，由中国国际广播电台和济南市人民政府联合主办的“中国旅游城市发展峰会”在济召开，此次峰会是“2010中国城市榜——全球网民推荐的中国旅游城市”活动的重要组成部分。济南市是20个入围城市中唯一在会上演讲的城市，中国国际广播电台国际在线网站联合优酷网、激动网等多家网站进行全程视频直播，用61种语言，向世界60多个国家和地区进行报道，世界32家主流媒体到现场进行报道，极大提升了济南市的国际影响力，为进入全球网民推荐的“中国十大旅游城市”营造了有利氛围。

【入选“中国十大旅游城市”】 12月28日，在人民大会堂“2010中国网民最关注的十大旅游城市和景区评选”颁奖典礼上，济南成功入围“2010中国城市榜——全球网民推荐的中国旅游城市”前十名。该网络评选活动是由国务院新闻办公室和国家旅游局指导，中国国际广播电台国际在线网站主办的，旨在为中国城市搭建一个向海外推广的平台，提升中国城市在全球的影响力。活动共吸引全球564万人次参与，其中来自外文网站的投票数521张，济南累计得票139万张。（参见“政党·证协·人民团体”栏目“中共济南市委员会”分目〖获评全球网民推荐中国十佳旅游城市〗条）

（罗 涛）

责任编校 张 阳

【概况】 全年财政工作紧紧围绕“转方式、调结构、促增长、惠民生、保稳定”的中心任务，依法科学理财，保障民生支出，细化改革管理，提升服务水平，加强廉政建设，各项工作取得良好成效，全面实现年度任务目标，推动了全市经济社会转型发展。

财政收入完成情况：全市一般预算收入完成266.1314亿元，完成预算的113.05%，比预算235.4154亿元超收30.7160亿元，比上年210.1923亿元增收55.9391亿元，增长26.61%。其中，税收收入209.1318亿元，比上年164.9064亿元增收44.2254亿元，增长26.82%；非税收入56.9996亿元，比上年45.2859亿元增收11.7137亿元，增长25.87%。税收比重78.58%，比上年78.46%提高0.12个百分点。

大地域收入情况：预算内大地域收入完成1145.0832亿元，比上年821.8875亿元增收323.1957亿元，增长39.32%。其中，税收完成512.4132亿元，比上年415.3248亿元增收97.0884亿元，增长23.38%；非税收入完成632.6700亿元，比上年406.5627亿元增收226.1073亿元，增长55.61%。

一般预算支出完成情况：全市一般预算支出336.8151亿元，比上年259.9178亿元增支76.8973亿元，增长29.59%。其中，市本级一般预算支出124.9343亿元，比上年106.6303亿元增支18.3040亿元，增长17.17%；县区级一般预算支出211.8808亿元，比上年153.2875亿元增支58.5933亿元，增长38.22%。 （陈思斌　黄锡锋）

【财政增收节支】 1. 积极开展财源建设工作。大力培植财源，梳理整合产业引导资金，将已设立的专项资金，整合为“科技创新”“商贸服务业发展”“工业经济发展”等5大类17项产业引导资金。年内共安排资金5.4亿元，采取财政贴息、以奖代补、投资入股、融资引导等形式，集中财力办大事，推动企业自主创新，支持现代服务业和战略性新兴产业发展，促进传统工业优化提升，鼓励园区经济、中小企业和县域经济发展，培植壮大了财源。

2. 切实加强收入组织调度。始终把财政增收作为第一工作目标，及时调度组织收入，强化非税收入征管，加大契税、耕地占用税征管和清理检查力度，调整城镇土地使用税应税等级，保证地方税种收入的稳定增长。加大对财政收入的调度和分析，随时掌握财政收入入库动态，定期形成收入分析报告，并及时报市领导，为领导决策提供重要参考。

3. 严控行政经费开支。进一步压缩行政公用经费，从严控制出国、购车等经费开支，全年市级单位日常公用经费在年初预算的基础上继续压缩5%，共压缩1790万元，完成经费压缩指标。积极开展地方行政成本测算工作，为进一步降低行政运行成本，推行预算公开奠定了基础。 （陈思斌　黄锡锋）

【加强宏观调控】 认真贯彻落实国家扩大投资和消费的宏观经济政策，充分发挥财政政策和资金的引导拉动作用，落实地方配套资金，支持城乡基础设施重点项目建设，完善城市发展环境，促进节能减排，推进企业改革改制和结构调整。

1. 全面贯彻中央扩内需政策。配合市相关部门争取中央和省重大基础设施建设项目，确保相关配套资金按时足额到位。全年新增中央投资2.86亿元、地方政府投资4.98亿元，引导社会资金200多亿元，有力地促进了城乡基础设施建设和社会事业发展。落实提高城乡居民收入水平和消费能力的财税政策，兑付家电汽车摩托车下乡、以旧换新补贴资金4.17亿元，直接拉动居民消费51亿元。

2. 全力支持城市发展空间拓展。按照全市城建计划安排，投入44.69亿元，支持东部新区、西部新城、小清河两岸和棚户区改造；投入15.84亿元，用于道路建设、截污及防汛设施建设等市政公共基础设施建设；投入11.7亿元用于大明湖综合整治和森林公园、百花公园、济西湿地等园林建设；投入5.77亿元，用于支持高新区、历下区、天桥区等园区产业发展；通过完善城市基础设施建设，不断拓展省会城市发展空间，带动民间资本投资，增强经济增长的内生动力。

3. 积极促进节能减排和国有企业改革改制。支出9183万元，对企业节能技术开发和淘汰高耗能落后设备进行奖励，以促进节能减排和生态环保建设。投入1亿元支持国有企业改革改制，为济南煤气用具厂等12户企业终结了破产清算程序，支付6017万元用于困难企业职工救助和欠缴养老金垫付，为重工股份公司提供5000万元临时周转借款，解决了该公司历史遗留债务问题。

（陈思斌 黄锡锋）

【保障和改善民生】 加大资金和政策支持力度，继续以养老、医疗、住房、教育、科技、文化及公用事业等关系民生的热点问题为保障重点，逐步完善覆盖全市城乡居民的社会保障体系。

1. 支持医药卫生体制改革深化。加大投入，统筹兼顾，切实保障改革的资金需求。继续扩大城乡基本医保覆盖面，将各级政府对城镇居民医保和新农合的补助标准提高到年人均120元；保障国家基本药物制度在基层卫生机构启动，减轻群众看病负担；继续对达标村卫生室进行补助，改善基层就医条件；保障全市9项基本公共卫生服务和6项重大公共卫生服务项目的实施，建立健全基层医疗卫生服务体系。

2. 继续完善城乡养老体系。确保企业离休人员养老金的及时足额发放，并将取暖补贴标准提高到1100元；支持新型农村养老保险试点，使23.96万名符合条件的农村老人受益；支持建立孤儿福利保障制度；促进残疾人和老龄事业发展，为符合条件的7600名90周岁以上老年人发放生活补贴。提高城乡低保和农村五保供养标准，积极应对物价上涨，紧急筹措资金2163万元，为低收入家庭发放一次性价格补贴；拨付资金5.5亿元，用于困难企业军转干部解困、农村老党员及涉军群体的补贴发放和待遇保障。

3. 支持保障性住房建设。按照市委、市政府提出的为全市低收入家庭提供不少于1000套实物配租房源的工作任务，多渠道筹措廉租住房资金，积极推进廉租住房建设。全年共拨付廉租住房保障资金1.3亿元，用于为城市低收入家庭发放廉租住房补贴和进行廉租住房购建，推进天和、天保、天成、八里桥4个廉租住房建设项目和收购配建棚户区安置房源，共提供廉租住房实物配租房1493套。投入5.5亿元用于农村住房建设与危房改造的“奖补”和“启动”支出，改善农村居民住房条件和生活环境，促进了城乡统筹发展。

4. 确保重点社会事业健康发展。加大资金投入力度，完善相关经费保障机制，落实各项奖扶政策，确保教育、科技、文化、体育、计生、公用等社会事业健康协调发展。投入1.212亿元，实现城乡义务教育免杂费政策全覆盖。拨付经费2487万元，提高农村中小学生均公用经费补助标准。多渠道筹集资金2.74亿元，支持实施校舍安全、教学仪器更新和211工程，改善农村学生就学条件。安排专项经费1630万元，推进中小学“班班通”工程。完善科技进步与创新型城市建设经费保障机制，拨付专项经费5370万元，加大对创新城市建设项目的奖励力度。安排应用技术研究与开发资金1.04亿元，支持企业和高校自主创新计划和项目。安排资金2120万元，支持文化产业和基层文化事业快速发展。大力支持体育系统新建场馆的设备购置和配套设施建设，促进体育事业全面发展。

5. 支持社会公用事业发展。为确保供热企业的煤炭储备和居民冬季供暖，借款2亿元，支持两家主要热源厂煤炭储备，同时安排2000万元应急供热补助资金。多渠道筹措资金2.35亿元，保障济西应急供水、低压片区居民供水工程建设。将公交亏损补贴由5900万元调整到1亿元，并设立公交发展专项资金5000万元，保证全市公共交通的正常运转。

（陈思斌 黄锡锋）

【继续推动城乡统筹协调发展】 继续推进新农村建设“十大行动”，加大财政支农惠农力度，大力支持“城郊型、都市型”农业发展，促进农村生产生活基础设施建设。

全年支持“三农”资金财政累计支出33.6249亿元。其中用于新农村建设“十大行动”支出27.2058亿元（市本级11.6153亿元、争取省以上12.3807亿元、县以下配套3.2098亿元），占“十一五”期间计划投资额63.8848亿元的43%。其他用于支持三农的资金支出6.4191亿元（市本级3.2225亿元、争取省以上3.1587亿元、县以下配套379.66万元），占“十一五”期间计划投资额21.2499亿元的30%。

1. 新农村建设“十大行动”财政支出具体情况。农民增收行动支出139724万元，城镇建设行动支出4200万元，道路畅通行动支出9235万元，饮水安全行动支出20853万元，生态富民行动支出4860万元，造林绿化行动支出10846万元，医疗惠民行动支出25412万元，教育振兴行动支出47454万元，弱势保障行动支出6317万元，市场拓展行动支出1036万元。

2. 其他用于支持“三农”的资金具体情况。土地整理复垦经费投入7967万元，在乡复员军人医疗补助投入3102.50万元，建国前老党员生活补贴投入365.06万元，技能扶贫投入429.21万元，基本农田保护投入5295万元，农产品质量安全检测建设投入100万元，电影“2131”工程投入792万元，农村计划生育补助投入3058万元，保障、激励性转移支付投入1.55亿元，家电、汽车、摩托车下乡补助投入20660万元，农村医疗救助投入600.95万元，村卫生室建设投入1286.21万元，政策性农业保险投入734.85万元。（陈思斌 黄锡锋）

【确保社会和谐稳定】 1. 加大基本支出保障力度。及时安排各项业务资金，全年安排人员及公用经费12.8509亿元，有效解决部门经费不足、开支不平衡的问题，规范部门经费开支渠道，保障部门正常运转需要。

2. 加大社会稳定保障力度。围绕维护社会稳定，安排市级政法专项资金约18770万元，积极支持实施金盾工程，增加办公办案经费，大力支持普法宣传，安置帮教工作，法律援助及信访、反邪教等工作，促进社会环境的和谐稳定和人民群众的安居乐业。

3. 大力支持基层政权建设。全力保

障村党支部书记报酬补贴。与市委组织部联合出台2010年全市村党支部书记报酬市级补助资金分配方案，安排专项资金4300万元，解决了全市村党支部书记的基本报酬、基本养老保险和离任村党支部书记生活补贴。支持农村村级组织活动场所建设，安排专项资金1000万元，对全市712个村级组织活动场所进行新建、改建和扩建等，强化了党在农村的执政基础。

4. 落实就业政策。扩大失业保险基金支出范围用于支持就业；按时拨付专项资金，强化支出管理，落实“三支一扶”计划、就业困难人员补贴和公共就业服务体系建设所需资金；延长“援企稳岗”政策，共为企业减负5.7亿元。

（陈思斌　黄锡锋）

【财政改革与监管】 按照公共财政的要求，不断深化财政改革管理，通过规范制度建设，完善信息系统网络载体，推进体制创新，强化监督和绩效考核等手段，推进财政管理更加科学化、规范化和精细化。

深化综合预算管理改革。健全预算管理体系，进一步加强一般预算与国有资本经营预算、基金预算、社会保险基金预算的统筹管理，逐步建立完整统一的政府综合预算，改进项目支出预算审核机制，细化项目支出预算编制，完善公用经费定额管理办法。推进国库集中支付改革。全市已实行国库集中支付改革的单位有246家，基本实现“将纳入资金结算中心管理的单位率先纳入国库集中支付改革”的初步目标。加强政府债务管理，安排5亿元的偿债准备金，用于建立城建投融资债务偿还长效机制。按“谁负债谁偿还”的原则，落实债务还款责任和还款来源，进一步推动投融资管理体制改革。继续推进政府采购管理制度改革，扩大政府采购范围和规模，将公共工程纳入政府采购监管范围。按照管采分离原则，建立严格的政府采购预算编制和审核制度，提高政府采购预算的编制质量。继续加强政府采购制度体系建设，完善各项采购规章制度，并强化计划管理，降低采购成本。

积极开展部门预算编制执行情况专项检查，继续实施“小金库”专项治理。开展科技防腐工作，建立和完善国库集中支付系统、国有资产管理系统、政府采购电子平台系统、社会保障资金管理系统、住房公积金管理系统、扶贫资金管理系统、救灾资金管理系统等，运用先进科技手段，对权力运行进行监督制约。规范投资评审工作，全市共完成工程概、预、结、决算及专项资金等各类评审项目280个，评审资金总值17.03亿元，审定值15.74亿元，审减1.29亿元，审减率8%。

（陈思斌　黄锡锋）

【政府公物仓建成并投入使用】 根据市政府指示精神，政府公物仓于2010年10月建成并投入使用。公物仓建在奥体中心地下停车场B区，面积约10000平方米，居全国市级政府公物仓之首。该仓分为办公家具区、办公设备区、公务用车停放区、贵重物品存放区、罚没物资存放区、办公家具整理区、办公设备整理区和备用区等8个功能区域。政府公物仓的建成使用，对市级行政事业单位闲置资产、执法部门罚没资产和省会城市举办全国性的大型文体活动善后资产等，实施统一管理、统一调配、统一处置，有效解决了行政事业单位资产管理分散、综合利用率低下、不能有效使用造成重复购置等问题。公物仓已接受十一运会资产和政府办公区域整合搬迁闲置资产90000件、约3200万元，对“首届中国非物质文化遗产博览会”等大型活动开展了资产借用、调拨等业务活动，节约财政资金近100万元，同时将闲置的663万元资产无偿调拨县（市）、区中小学校，取得了良好的社会效益。

（陈思斌　黄锡锋）

【组织机构调整】 根据济编发[2010]6号文件精神，市农业综合开发办公室划转市财政局管理；根据济编发[2010]35号文件精神，市工资发放管理中心更名为市财政国库支付局。

（陈思斌　黄锡锋）

【政府资金集中结算统一核算】 政府资金结算中心全年共为306个结算单位设立会计账套421个，编制会计报表45993份，受理结算业务97753笔，审核原始凭证116万张，核算资金282.52亿元，提示不合理会计事项71笔，拒付违规业务28笔、2695.86万元，装订会计凭证7390册。办公用品集中采购与供应方面，共办理领用业务6500笔，完成供应金额6600万元。

1. 完善集中结算统一核算制度，提高会计核算水平，充分发挥监督职能。①修订《政府资金集中结算统一核算业务规范》（以下简称《业务规范》）。《业务规范》由政府资金结算中心组织编写，成稿于2007年，从结算依据、审核方法、会计核算、特殊事项处理等方面对结算业务进行规范，是指导政府资金集中结算工作的重要资料，是具体业务工作中必备的工具书、教科书。随着国库集中支付制度的实施及我国财经法律法规和财务制度的变化，原有的《业务规范》已不能完全适用。2010年结算中心决定对其进行审核、修订。从6月起，结算中心开始组织业务骨干实施修订工作，共组织讨论20次，查阅了近200种文件资料，重新编排层次，规范文字，对不适用内容进行重新编写，对审核程序、审核规范做出更详尽、更明确的讲解，更新、完善了依据的法律、法规，增设必要章节，最终形成27万字的新版《业务规范》，并已交付印刷。②规范结算单位开户程序。随着全市政府机构改革方案的出台，新设、撤并单位开户销户集中增加，为规范和简化单位银行账户开户程序、提高工作效率、向结算单位提供更加快捷高效的服务，结算中心设计了《结算单位开设银行账户审批表》，规范结算中心内部审批程序；同时在征集各进驻银行意见的基础上，编写《结算单位开设银行账户简明程序》，明确开户程序、所需资料等。既有效规范了结算单位开户的各项工作和手续，为各单位节省了时间，又便于结算中心管理。年内共有12家单位应用新的开户程序办理了开户手续。③规范处理业务中的特殊事项。通过开展内部审计、发放调查问卷、召开内部业务分析会等多种方式，收集、归纳、总结业务工作和制度执行中遇到的特殊情况和疑难问题，对于不能确定处理意见的特殊事项提交特殊事项审议会议。年内共召开由监察局、财政局、审计局、人社局、结算中心参加的特殊事项审议会议两次，分别对参加十一届全运会有关工作的人员发放奖金和补贴问题、全市科学发展综合考核奖金发放问题、差旅费管理办法执行过程中遇到的具体问题等议题进行审议，明确处理办法，既保证了结算单位工作的正常进行，又确保了相关制度的规范执行。

2. 实施专项审计调查，完善集中结算与国库集中支付相结合的政府资金管理制度。结算中心与市财政局、市审计局联合开展专项审计调查，结算中心内部审计人员根据前期调研情况选取重点单位进行抽查，以资金走向为线索，重点检查零余额账户、基本户、备用金账户、现金和支票的使用和管理情况，检查对象涉及结算单位、结算组及代理银行。采取查阅被检查单位管理制度、检查会计资料和进行数据统计分析等方法查找存在的问题，并通过积极与结算单位、结算组和代理银行沟通交流，充分掌握各类信息，全面了解管理现状，共发现6方面、10类问题。在此基础上，深入分析产生问题的原因，最终归纳为预算编制执行不够细致规范、内部管理制度不健全、业务流程设置不够科学、现金使用监管不够严格、集中结算监督有待进一步加强、部分单位对改革认识不到位6类，并提出完善制度、加快信息系统建设、提高预算编制执行水平、加强监督制约力度4项改进措施。专项审计调查结束后，结算中心积极协调财政局、审计局，共同推进各项改进措施。12月1日，召开由结算中心、财政局、审计局参加的专题会议，通报了审计调查实施情况，讨论了审计调查情况上报途径、改进措施实施办法等。专项审计调查的实施，为正确评价国库授权支付运行质量，完善两项制度相结合的管理制度提供了保障。

3. 强化监督管理，提高办公用品超市监督服务水平。①做好办公用品超市供应商政府采购工作。结算中心根据上年超市供应情况和新一年的超市建设要求，在充分调研的基础上，制订2010年超市供应采购计划，报经市财政局批准并通过市政府采购中心组织采购了2010年度供应商，组织召开超市管理工作会议，总结讲评超市供应管理工作情况，提出进一步做好超市供应工作的具体要求，并与各供应商签订供应合同和廉政公约。②较好地完成供应商商品报价审核确定工作。按照供应商最终报价和承诺优惠幅度，通过市场价格检测、横向比价确定合理最低价格，作为超市供应最高限价。③强化供应过程中合同执行情况的监督管理工作。全年抽查送货验收单15700张，对违反合同范围供应和超最高限价供应的现象及时进行纠正和处理。开展每周市场商品行情调查活动，全年开展市场调查活动40多次，监测商品2100多种，及时了解和掌握市场商品价格行情，调查中对超市供应商品存在的价格问题及时给予纠正。全年供应商品质量合格率达到97%以上，价格合格率达到96%以上。④广泛开展征求意见活动。向各结算单位发出公开征求意见函，广泛征求单位对超市工作的意见和建议，有70多个单位反馈了意见，绝大多数单位对超市的供应服务管理工作给予充分肯定，同时提出意见和建议，结算中心对此进行认真梳理，分别提出不同处理意见，并将处理结果及时向意见单位进行反馈和说明。 （张　瑾）

【政府投融资管理】 政府投融资管理中心以保障全市重点建设资金供应为目标，以控制政府债务风险为主线，深入推进政府投融资改革，取得良好的工作成绩。被授予“济南市精神文明单位”“‘执政为民 廉洁高效’集中教育活动先进单位”称号。

1. 攻坚克难，完成年度业务目标。年初，为防止经济过热和财政风险，国家将地方政府融资平台列为清理规范的主要目标，从信贷上切断资金供应，从政策上收紧要求。全市融资业务大幅下降，但是还贷压力不减，政府投融资平台发展遇到前所未有的压力。面对困难，政府投融资管理中心主动采取措施，层层抓落实，有力推动了各项业务良好发展。全年投放城建资金1656400万元，组织政府平台归还城建贷款本息1186456万元，债务履约率连续64个月保持100%；全面完成扶持商河发展年度任务，“温泉国际”项目全面开工；完成齐鲁银行增持股权报备审批手续，发挥大股东作用，推进齐鲁银行法人治理结构完善和风险防控体系建设；对“统一会计核算体系”和“统计评价体系”进行整合与完善，完成了两个项目的投入产出测算。

2. 规范政府投融资平台业务，探讨可持续发展模式。①按照国务院及国家一系列规范平台投融资业务的要求，明确责任，组织、协调各平台进行自查、整改，圆满完成任务。②在自查、整顿过程中，积极完善信用结构，最大限度地争取银行的政策支持，为全市投融资平台争取有利政策。在原来信贷评级的基础上，争取到国开行、工行总行批准，将济南市列为全省唯一重点支持城建类贷款城市，农业银行也将济南市的信贷营销业务由省行上调至总行房贷部，为全市城建融资打下良好基础。③围绕“转方式、调结构”，为实现可持续发展目标，积极研究新形势下政府投融资平台的发展方向，学习、借鉴先进城市经验，谋求加快改革步伐。

3. 加强风险防范，提高债务管理水平。在保证项目建设资金供应的同时，注重风险防控，做好债务平衡账，加大对防范政府债务风险问题的分析研究。①重视政府债务风险管理，加强风险管理研究。与市政府研究室合作完成题为“关于化解城市建设政府投资风险”的课题调研。在《关于济南市城建债务风险分析报告》中，有针对性地提出控制风险的对策建议，得到市政府主要领导的充分肯定，为化解债务风险和推动政府投融资的健康发展发挥了很好的指导作用。②及时向市委、市政府及相关部门报告债务管理、存量及到期偿付情况。每月定期向市主要领导及政府投融资领导小组成员报送《政府投融资运行统计月报》和《政府投融资工作月报》，对全市政府投融资的资金来源、资金使用、债务规模分类、各单位运行情况等，进行系统分析，及时提供相关信息，供领导参考决策。③在资金使用上，对项目审批、资金运行、内部控制等各个环节加强管理，从源头上防范政府风险，规范调度安排资金的投放程序，加快资金支付速度，减少资金沉淀，提高资金使用效益。在落实还款措施上，及早协调，科学调度。全年共归还银行本息1186456万元，连续64个月政府项下银行债务履约率达到100%。④规范使用省调控资金。加强资金贷后审计、监督管理，确保省调控资金管理的科学规范有效。截至年底，全市省调控资金240762万元已全部发放完毕，累计按期归还利息13096万元。

4. 支持商河发展，积极推进“商河温泉服务业基地”项目建设。在前期投入建设了清源湖水库、清源湖水厂、商河热源厂及其他城市基础设施的基础上，根据市委、市政府《关于加快商河县发展现场办公会议纪要》精神以及市委、市政府加快商河发展帮扶措施的要求，加快“商河温泉服务业基地”项目的建设进度，积极推进首批开工的温泉国际会议中心、温泉度假村、员工宿舍等设施建设。

5. 股权管理工作取得新进展。及时做好国有股权投资收益的回收工作，最大限度保全国有资本投资收益。利用处置不良资产的经验和资源优势，处置中银二期项目资产并按照市委、市政府控股齐鲁银行的重大战略决策，继续完善商业银行持股工作，规范办理了相关手续，全面完成了市委、市政府确定的控股齐鲁银行的战略任务，成为齐鲁银行第一股东。

6. 结对平阴南刘村，携手共建社会主义新农村。贯彻全市城乡互帮互助携手共建社会主义新农村活动要求，按照结对帮扶平阴南刘村三年工作规划安排，继续推进各项帮扶工作。①根据村民生产生活实际，对中心上年自筹资金援建的村民文化大院进行充实完善。②协助南刘村做好小流域综合治理项目的申报工作。该项目为南刘庄村争取到市财政资金15万元，为该村农业结构调整和可持续发展提供了必要条件。③协助南刘村完成1700米的村内道路硬化及亮化工程及自来水集中供水管道铺设工程，大大解决了村民行路难、吃水难的老问题。④协助该村被列为“平阴县农村新型社区建设村”。该项目已进入前期摸底调查阶段，它的实施将极大改善南刘村村民生产、生活条件，同时也为该村建设社会主义新农村奠定坚实基础。

（刘恩勇　王琮琮）

【商河温泉国际项目开工】 11月25日，商河温泉国际项目在济南市商河县举行开工奠基仪式。该项目是由市政府投融资管理中心与商河县共同规划建设的集产业发展与新城建设为一体的大型综合性项目，项目依托商河县地热资源优势，承担着实现“温泉旅游度假为主的生态宜居城市”职能和带动城市新区发展的双重使命。作为省、市重点服务业建设项目，项目建成后，将解决商河县经济社会发展基础薄弱的瓶颈，促进当地产业结构调整，使商河经济迎来第一产业向第三产业的跨越发展。（参见“区县·商河县”分目）

（刘恩勇　王琮琮）

【省调控资金管理】 省调控资金是2009年省委、省政府为贯彻落实中央关于扩大内需、促进经济平稳较快增长的政策措施，根据山东省政府与农业银行、工商银行、中国银行等国有大型商业银行签订的战略合作协议，由省政府确定的融资公司履行银行贷款手续，向有关银行借入再转贷，用于省政府确定的重点项目使用的长期贷款。根据市政府安排，济南市政府投融资管理中心作为济南市的承接平台，统一承接省调控资金的发放工作。截至2010年2月已将收到的第一批、第二批、第三批、第五批省调控资金共240762万元全部发放完毕，用于支持全市农业、民生、节能减排和环保、基础设施、技术改造等产业。

（刘恩勇　王琮琮）

【化解城市建设政府投资风险课题调研】 为防范城建债务风险，更好更快推进城市建设发展，2010年上半年市政府研究室与市政府投融资管理中心成立联合调研组，积极衔接市级各投融资平台、财政、金融办等部门和市内各区，形成《关于济南市城建债务风险分析报告》，全面分析城建债务风险，坚持“举债有方、用债有效、管债有规、偿债有责”的思路，有针对性地提出政府债务风险防控和规范融资平台建设的对策建议，为全面贯彻落实国务院关于加强地方政府融资平台公司管理有关问题的通知精神，完善投融资体制、机制建设，发挥了积极作用。

（刘恩勇　王琮）

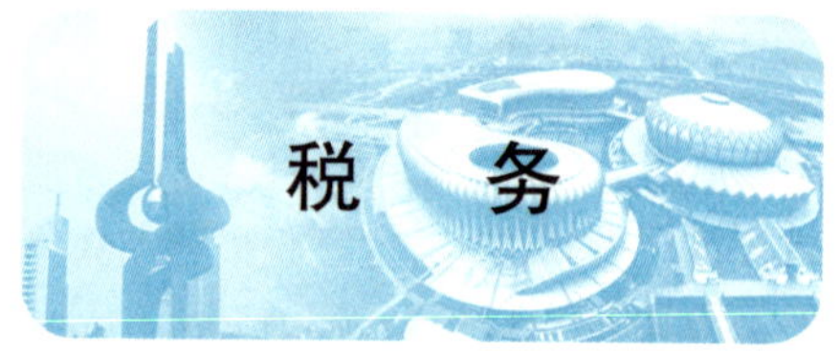

税　务

【国税征管】 市国家税务局以组织收入为中心，做好现代纳税服务体系和税源专业化管理体系建设工作，强化岗位风险控制和执行力建设，进一步提高管理和服务效能，各项工作都取得新进展。

1. 强化组织收入。全年完成全口径税收收入309.87亿元，首次突破300亿大关，同比增长19.27%，增收50.01亿元；国内税收完成294.63亿元，同比增长18.37%，增收45.73亿元。

分收入级次统计，中央级收入完成244.35亿元，同比增长18.87%，增收38.80亿元；省级收入完成13.79亿元，同比增长40.44%，增收3.97亿元；市以下级收入完成51.74亿元，同比增长16.40%，增收7.29亿元。市以下级收入中，市本级收入完成22.78亿元，同比增长13.94%，增收2.79亿元；区县级收入完成28.96亿元，同比增长18.41%，增收4.50亿元。

分税种统计，增值税完成123.05亿元，同比增长9.8%，增收10.98亿元；消费税完成63.85亿元，同比增长12.52%，增收7.11亿元；企业所得税完成93.01亿元，同比增长35.88%，增收24.56亿元；储蓄存款利息个人所得税完成0.25亿元，同比下降76.44%，减收0.81亿元；车辆购置税完成14.47亿元，同比增长36.69%，增收3.88亿元；海关代征增值税和消费税完成15.24亿元，同比增长39.65%，增收4.33亿元。

全年兑现各项结构性减税优惠和税收减免101.2亿元，同比增长23.8%，增加19.48亿元。其中，办理高新技术、民政福利企业、资源综合利用等税收优惠31.7亿元，办理出口退（免）税23.4亿元；落实固定资产抵扣等增值税转型政策43.8亿元；落实暂免征收储蓄存款利息个人所得税0.8亿元；落实1.6升排量及以下车辆购置税税率7.5%政策，惠及纳税人1.5亿元。

2. 创新征管机制。①税源专业化管理取得突破。梳理业务流程，推行调查审批、日常管理、评估检查“三集中、三分离”制度，对发票管理等涉税调查事项实行专业管理，对重点税源企业等开展专业评估，在专业化管理上取得实质性突破。按照税源属性，实施分级分类管理，对大企业、重点税源企业实行进驻管理和层级管理；对中小企业实施分行业管理；对个体税收实行社会化综合治理。②征管基础有效夯实。修订征管档案管理办法，制定工作流程及操作模板，加强基础档案管理。组织编写《税收征管岗责体系及业务流程》，制作了涉及12个国民行业的税收管理指引，管理规范化水平显著提高。圆满完成普通发票简并票种、换版工作，新版发票10月份顺利上线。③税种管理水平切实提高。强化固定资产抵扣监控分析，抵扣税额同比增长181.38%。开展汽柴油产品生产销售情况调查，加强石脑油消费税免税管理。强化所得税经济税收监控分析，所得税汇算清缴面达到100%。针对低税负企业、零申报企业等开展纳税评估，入库税款2.98亿元。规范退税岗位流程操作模板，抽查企业资料743户，有效防范了骗税行为。改进车辆购置税预约服务方式，继续落实小排量车优惠政策，优惠车辆增长14.73%。

3. 完善服务体系。①服务信息化手段更加完备。整合网上办税、12366热线和服务厅窗口等资源，建成一体化综合服务平台，通过数字认证、影像处理等技术减少报表资料，有效减轻了纳税人负担。完善1576个功能模块，实现对所有业务流程的全员、全程覆盖。②服务规范化水平切实提高。落实办税厅服务规范，实现了服务标准“九统一”。加强硬件建设，健全服务设施，整合服务厅窗口功能。召开现场交流会，确定纳税服务示范点、样板厅，以点带面推动全面提升。③涉税权益服务显著增强。举办“征纳互信、泉城共进”赠报、“国税知识大讲堂”“税法六进”等活动，召开定点联系企业座谈会等20多次，共计受理政策咨询10余万次，营造了诚信纳税的良好氛围。推进注册税务师行业等级评定，推广涉税鉴证业务，健全协税护税组织，中介机构的服务延伸作用有效发挥。

4. 强化风险内控。①岗位风险控制机制不断完善。编写《岗位风险控制规范》，作为干部在岗尽责、防范风险的指南。建立风险动态布控和跟踪巡查机制，对一般纳税人认定、专用发票管理等56种高风险事项全面实施动态管理。开发了“岗位风险控制软件”，通过指纹登录、风险即时提醒、流程强制管理等技术手段，实现事前提醒、事中控制、事后考评功能，降低了操作随意性和无序性，有效防范了风险。②依法治税工作全面加强。严格重大案件审理，注意加强沟通，掌握第一手资料，切实提高重大案件审理水平。认真做好行政复议应诉工作，通过听证、调解，处理涉税争议，增进了税企和谐，提高了国税公信力。③税务稽查职能充分发挥。继续严厉打击发票违法犯罪活动，共查处发票违法犯罪案件132起，打掉假发票犯罪团伙19个，缴获涉案发票890多万份，抓获犯罪嫌疑人75名，极大地震慑了涉票违法犯罪行为。对上市公司、市级重点企业和房地产行业、金融行业、医药行业开展税收专项检查，经济税收秩序进一步规范。

5. 推进文化建设。①国税文化建设深入推进。以“3A”服务文化品牌为主导，深入开展“一局一品”活动。积极参与新农村建设，市局和4个县（市）局被评为“文明共建先进单位”。建设廉政文化教育基地，被市纪委确定为示范点。深入开展“执政为民、廉洁高效”集中教育活动，提升了国税行风形象。在保持“全国文明单位”的基础上，又获得“富民兴鲁劳动奖状”等荣誉称号。②队伍建设科学化水平提高。制定《基层局领导班子和领导干部综合考核评价办法》，实行综合考评，每季度在全系统排序通报，调动了基层领导干部积极性。加大领导干部交流力度，晋升2名基层局长，对12名班子副职进行交流调整，基层班子结构进一步优化，整体合力增强。全面推行岗位职责管理，制定《岗位职责说明书》，明确职责任务、政策依据、工作标准等12项指标，减少职责交叉，提高工作执行力。③教育培训工作全面加强。与清华大学、山东经济学院、扬州税务学院等系统内外院校合作，进行干部更新知识培训。根据业务需要，委托省税校举办了所得税知识培训班。充分利用系统内外教育资源，加强专职和兼职教师管理，选拔系统内20名业务骨干作为兼职教师。

6. 强化政务服务。①政务服务能力显著增强。发挥参谋助手作用，深入分析济南经济税收形势，撰写《济南市经济税收分析及财源建设建议》，得到市委、市政府主要领导的批示肯定。广泛调研，拓展第三方调查，实施科研课题140项，理论转化成果更加突出。成功举办2010年城市税收论坛，扩大了济南国税的影响。②管理规范化水平进一步提高。加强资产收支和新增配置预算管理，依法理财能力进一步提高。严格基建项目审批监管，建立影像资料库。强化机关固定资产管理，规范系统政府采购，提高资金使用效益。③信息化保障能力极大增强。推进绿色数据中心建设，将基层服务器全部迁移到市局虚拟平台运行，大幅提升了运转速度，方便了纳税人。顺利实施金税三期工程网络改造项目，顺利通过总局信息安全风险评估。推广移动存储介质管理系统客户端授权，强化移动介质的安全管理，信息安全系数大大提高。（王永亮）

【地税征管】 市地税局以实施新一轮基层建设为契机，加大工作力度，狠抓工作落实，各项工作均取得了新的成效。

1. 地税收入持续较快增长。全年全市地域共完成各项地税收入217.82亿元，同比增收42.10亿元，增长23.96%。其中，中央级收入完成35.45亿元，增长20.08%；省级收入完成31.61亿元，增长17.53%；市本级收入完成66.03亿元，增长22.08%；区县级收入完成84.72亿元，增长29.93%。2010年地税收入主要呈现以下特点：①各个税种普遍增长，地方小税贡献率提高。主体税种中，营业税、个人所得税、企业所得税分别增长26.29%、23.28%和16.32%。地方小税增长较快，在征管促收和政策性增收双重拉动下，印花税、土地使用税、土地增值税和车船税分别增长36.60%、44.52%、41.74%和33.22%，合计增收5.90亿元，占全部收入的比重为9.38%，比上年提高1.11个百分点。②第三产业发展迅速，税收结构进一步优化。全市第二、三产业地税收入分别完成59.83亿元和157.84亿元，分别增长18.43%和26.17%，第三产业占比达到72.46%，比上年提高1.27个百分点。③重点行业税收增长较快，支撑作用明显。房地产业、建筑业、金融业分别增长57.13%、28.92%和21.02%，3个行业合计增收28.91亿元，占全部增收额的68.66%。

2. 税收管理实现新加强。①强化重点税源监控。对重点税源企业进行分级监控，年纳税100万元以上企业2313户，全年完成税收165.45亿元，增长26.49%；对重大建设项目进行全方位监控，全市在建投资1000万以上的重大建设项目711个，完成税收56.99亿元，同比增长48.99%。②管好零散税源。以贯彻《山东省地方税收保障条例》为契机，积极拓展综合治税的深度和广度，全年采集涉税信息8.3万条，新增税款2.07亿元。建议市政府调整了土地使用税等级和范围，净增收2亿元。③强化税务稽查。全年稽查入库税款2.03亿元，其中查处100万元大要案16起，查补收入6855万元。

3. 执法服务实现新提高。①税收执法更加规范。推行标准化执法，规范行政处罚自由裁量权，强化执法责任制考核、预警通报、风险防范和内控机制。积极推行查前辅导、评估约谈、办税公开、微机定税等制度，着力提高纳税人遵从度。深入开展打击制售假发票违法犯罪活动，查获假发票及非法代开发票共计75.8万份，进一步规范了税收管理秩序。②纳税服务提速增效。利用税源管理专业化、集中办公的优势，探索国地税同地、科所与纳税服务中心同厅办公模式，探索设立“全职能窗口”，提高了办税效率。12366纳税服务热线设立“专家坐席”“局长服务日”，与市政府“12345”热线联动，启用“跟进式”短信咨询服务平台，全年接听咨询电话10.5万个，占全省地税系统（不含青岛）受话总量的65%以上。启用网上报税呼叫中心系统，提升网上报税运维能力和纳税人满意度。推广自助办税终端系统，进一步拓展服务领域，提高服务层次。③服务大局积极作为。紧紧围绕关于转方式调结构的一系列重大决策部署，围绕市委、市政府“拓展城市发展空间、打造现代产业体系”的总体思路，深入分析全市经济税源状况，为各级领导决策当好参谋助手，撰写的《关于提高地方小税占比的分析》等调研报告得到了市委、市政府主要领导的批示和肯定。充分发挥宏观调控、调节分配职能作用，积极落实结构性减税政策，为1327户企业减免税收4.55亿元。开展“走近纳税人”主题活动，先后召开税收咨询解答会120余场，帮助企业协调解决实际问题38个，解决税收方面的实际问题120多个，为企业发展提供了有力帮助。

（于光远）

【金融业概况】 1. 产业规模迅速壮大。全年全市金融业实现增加值288.3亿元，增长16.9%，占全市GDP的7.37%，是“十五”末的2.9倍，“十一五”期间年均增长24%。金融业经营效益稳步提升，其中银行业全年实现盈利126.6亿元，同比增加26.9亿元，增长27%。

2. 财税贡献日益突出。全年金融业实现税收收入55.46亿元，其中市及市以下级收入31.76亿元，占财政一般预算收入的11.94%，分别增长24.1%和21.2%，分别为“十五”末的2.4倍和2.1倍，“十一五”期间年均分别增长28%和25%。

3. 市场交易规模持续扩大。截至年末，金融机构本外币存款余额7602亿元，是“十五”末的2.2倍，“十一五”期间年均增长16.6%；本外币贷款余额7035亿元，是“十五”末的2.1倍，“十一五”期间年均增长16.1%。全年股票基金交易成交总量7865.7亿元，增长6.5%；国债现货交易量98.7亿元，增长57.8%。市域上市公司26家，股票28只，首发融资和再融资累计总额495.91亿元。保险业全年实现保费收入122.31亿元，同比增长29.34%，稳居全省（不含青岛）第1位，是“十五”末的2.9倍，“十一五”期间年均增长24%。

4. 金融机构加快入驻。全年先后有5家银行、6家证券公司营业部、4家保险公司、3家期货公司营业部开业，累计引进金融机构18家。另有7家证券公司营业部、5家保险公司在筹。截至年末，全市共有28家银行，3家资产管理公司，2家信托投资公司，1家财务公司，6家农村信用联社，60家保险公司，29家证券公司（44家营业部），14家期货经营机构，另有6家小额贷款公司，19家典当行，金融从业人员达5.2万余人。与“十五”期末相比，金融机构数量显著增加，种类更加丰富，金融组织体系更趋健全。

5. 区域性金融中心地位日益凸显。“十一五”期间，济南市金融业在市场体系、组织体系、监管体系、经营规模、服务功能等方面，在省内及周边地区形成了较大优势。与周边城市相比，金融资源总量、资金获取的便利性等均处于领先地位。各类金融业务已辐射全省17个地市及周边河南、河北、安徽等省份，成为全省乃至沪宁以北、京津以南、西安以东的黄河中下游地区金融业务规模最大、机构数量最多、业务种类最全、服务功能最强的城市，区域性金融中心功能逐步增强。

【政府金融工作】 1. 引进金融机构，健全金融体系。积极协调省、市、区各级领导和有关部门，主动走访各大金融监管部门，加强沟通联络。省市主要领导亲自率团拜会花旗、渣打等外资银行亚太区总部。协同省金融办、市中区政府及市有关部门拜访了三菱东京日联银行、日本瑞穗银行、渣打银行及香港地区东亚银行、台湾地区台湾银行和人保集团。随着引进力度的加大，各类金融机构纷纷入驻济南，全年累计引进金融机构18家。齐鲁银行跨区域发展再迈新步伐，继聊城、天津之后在青岛开设了第三家异地分行，并在济阳开设支行，实现了分支机构在济南各县（市）区的全覆盖。

2. 推进企业上市，培育上市后备资源。认真贯彻落实《济南市人民政府关于加快推进企业上市工作的意见》，对企业上市加以政策扶持和财政补贴；督促各县（市）区和高新区建立企业上市工作专职机构，出台企业上市扶持政策，并对各县（市）区企业上市工作进行了考评，兑现奖励和补助；全方位多角度挖掘后备上市企业，建立包括140余家企业在内的后备上市企业资源库。1月22日，积成电子在深圳证券交易所挂牌上市，全市区域内上市公司总数达到26家，股票28只。截至年底，全市有5家企业报备辅导，其中1家上报证监会待批，另有10余家企业与券商签订协议，有4家企业明确境外上市意向。高新区“新三板”的申报工作进展顺利，有7家企业完成券商内核报至中国证券协会，另有20家企业已与券商签订协议准备上报。

3. 促进银企合作，加大金融对经济的支持力度。会同人民银行营管部出台《关于金融业支持经济发展方式转变的实施意见》，引导驻济银行加大对济南市的信贷支持。与人民银行营管部联合举办“打造现代产业体系”银企合作暨信贷政策发布会，签约贷款总额1536.1亿元。鼓励支持企业开展多元化融资。积成电子首发融资5.5亿元，山东高速、银座股份等上市公司实施再融资计划，年内新增融资额达58.26亿元。桑乐太阳能、山东出版集团、世纪金榜等10余家企业引进战略投资或风险投资资金超6亿元。

4. 深入研判金融运行态势，为市委市政府科学决策提供依据。准确把握全市金融运行情况，深入研究宏观环境对全市经济金融发展的影响，有针对性地提出应对措施和建议，每季度分别形成金融运行分析报告，供市委市政府作为决策参考。针对全市金融运行的热点、难点问题，深入开展多项调研活动，主要包括金融业纳税情况调研、银行异地贷款情况调研、农村金融和民间投资情况调研、政府融资平台运营情况调研等，其中《关于激活我市民间投资缓解中小企业融资难的调研报告》在市委《每日信息》刊发，并上报国务院办公厅。

5. 加快成立小额贷款公司，发展农村新型金融机构。认真贯彻全省小额贷款公司会议精神，召开全市小额贷款公司试点工作会议，加强与各县市区政府的联系，及时提供指导帮助，加快推进小额贷款公司审核上报。年内先后有5家小额贷款公司获批筹建，其中4家开业运营，全市小额贷款公司总数达到7家（1家在筹）。推动成立全市首家村镇银行，由齐鲁银行发起设立村镇银行的挂钩计划，已获监管部门批准。

6. 规范整顿融资性担保公司，引导典当行业健康有序发展。下发《关于开展全市融资性担保公司规范整顿工作的通知》，多次召开各县（市）区融资性担保公司监管部门会议，对规范整顿工作进行全面部署安排。截至年末，已将山东天元担保有限公司、山东鑫海担保有限公司、翰华担保股份有限公司3家担保公司的规范整顿材料上报省金融办，其中天元担保获准继续开展融资性担保业务。推动典当行业稳健发展，制定《济南市典当行业年审和变更办法》，明确监管责任，规范新设典当行的初审上报程序，强化监管措施。

7. 认真编制发展规划，科学谋划全市金融业发展。与山东经济学院密切合作，在总结“十一五”金融业发展情况、分析“十二五”面临的形势、深入金融机构广泛调研的基础上，提出“十二五”金融业发展的指导思想、总体思路、目标任务及工作措施。先后组织召开多次座谈研讨会，并书面征求金融机构、金融监管机构以及金融专家、学者的意见建议，对初稿反复进行修改、补充、完善，于年底完稿报请市政府审批。

8. 做好“处非”维稳工作，确保金融安全和社会稳定。组织驻济金融机构开展矛盾纠纷集中排查工作，成立检察机关与金融机构联席会议制度，防范金融职务犯罪风险，规范金融创新活动，维护金融市场秩序。积极做好上级交办的处置非法集资案件。联合市公安局、工商局对部分地下炒金公司案件依法果断处置，合理处置部分上市公司的职工上访事件，查处嘉普投资、恒益信息等公司的非法证券活动，协调做好许路加及山东慈德通和投资担保公司涉嫌集资诈骗案的处理工作，协助安徽省妥善做好兴邦公司案件处置工作，全力做好山东汇森公司一案的协调工作和万里大造林集资群众的稳控工作，配合有关部门做好“1206”案件的处置工作。

【金融机构引进工作取得突破】 年内，金融机构引进工作取得突破性进展，先后有日照银行、天津银行、浙商银行、北京银行、莱商银行5家银行在济开设分行；东北证券、国信证券、安信证券、国盛证券、东吴证券、宏源证券6家证券公司营业部，海尔纽约人寿、英大泰和财险、浙商财险、招商信诺保险4家保险公司，国信期货、成都倍特、中国国际3家期货公司营业部开业；另有7家证券公司营业部、5家保险公司在筹。

【小额贷款公司试点步伐加快】 年内，小额贷款公司试点工作进展顺利，先后有历城区鲁商、高新区华企、章丘市恒通、市中区汇金4家小额贷款公司开业运营，总数达到6家；另有济阳金华小额贷款公司于12月获得批复筹建。截至年末，6家小额贷款公司累计贷款11.88亿元，其中“三农”贷款5.40亿元，中小企业贷款6.41亿元。全年实现营业收入3566.17万元，实现利润2810.56万元，缴纳税金1012.2万元。6家小额贷款公司在法律、法规规定的范围内开展业务，未发生一起非法集资、非法吸收公众存款、违规放高利贷和暴力催债现象，整体运行稳健。

【举办2010年银企合作推进会】 5月6日，2010年济南市“打造现代产业体系”银企合作暨信贷政策发布会在舜耕山庄召开，会议由济南市人民政府和人民银行济南分行主办，市金融办、人行济南分行营管部共同承办。市直各部门共提供项目494个，总投资1655亿元，需求贷款697亿元。驻济金融机构共与117家企业签订综合授信协议749.5亿元，88个重点建设项目单位签订项目贷款协议390.9亿元，与157家企业签订流动资金贷款协议395.7亿元。会上，部分金融机构与企业签约，签约总额约计230亿元。

【齐鲁银行分支机构实现济南辖区全覆盖】 8月31日，齐鲁银行济阳支行开业。至此，齐鲁银行实现分支机构济南辖区的全面覆盖。齐鲁银行是山东省成立的首家城市商业银行，也是山东省首家实现跨省经营、全国第四家实现与外资银行战略合作的城市商业银行，其前身是济南市商业银行。截至年末，齐鲁银行资产总额达到821.25亿元，各项存款余额656.93亿元，各项贷款余额421.53亿元，经营利润达到13.83亿元，全年累计上缴各类税金5.12亿元。

【首家村镇银行获批筹建】 11月15日，经山东银监局批准，章丘齐鲁村镇银行股份有限公司开始筹建。这是全市第一家获准筹建的村镇银行。章丘齐鲁村镇银行是由齐鲁银行股份有限公司、章丘东方冷库商贸有限公司、山东大汉建设机械有限公司等10个发起人共同发起设立的。机构住所设立在章丘市，主要为章丘市“三农”、个体工商户和中小企业提供金融服务。

驻济金融机构名录

银　行

国家开发银行山东省分行
中国农业发展银行山东省分行营业部
中国工商银行山东省分行营业部
中国农业银行山东省分行营业部
中国银行济南分行
中国建设银行山东省分行济南经营管理部
交通银行山东省分行
中信银行济南分行
中国光大银行济南分行
华夏银行济南分行
深圳发展银行济南分行
招商银行济南分行
上海浦东发展银行济南分行
兴业银行济南分行
中国民生银行济南分行
恒丰银行济南分行
渤海银行济南分行
浙商银行济南分行
齐鲁银行
威海市商业银行济南分行
青岛银行济南分行
日照银行济南分行
天津银行济南分行
北京银行济南分行
莱商银行济南分行
中国邮政储蓄银行济南分行
润丰农村合作银行
汇丰银行济南分行

农村信用社

历城区农村信用联社
章丘市农村信用联社
长清区农村信用联社
平阴县农村信用联社
济阳县农村信用联社
商河县农村信用联社

资产管理公司

中国信达资产管理股份有限公司山东省分公司
中国华融资产管理公司济南办事处
中国长城资产管理公司济南办事处

财务公司

中国重汽财务有限公司

信托投资公司

山东省国际信托有限公司
英大国际信托有限责任公司

证券公司及营业部

齐鲁证券有限公司（10家证券营业部）
广发证券股份有限公司山东分公司（2家证券营业部）
国泰君安股份有限公司山东分公司（2家证券营业部）
华泰证券股份有限公司（3家证券营业

部）
华海通证券股份有限公司（2家证券营业部）
中信建投证券有限责任公司（2家证券营业部）
安信证券股份有限公司济南泉城路证券营业部
渤海证券股份有限公司济南英雄山路证券营业部
长江证券股份有限公司济南花园路证券营业部
东北证券股份有限公司济南解放路证券营业部
东方证券股份有限公司济南经七路证券营业部
东吴证券股份有限公司济南纬十二路证券营业部
光大证券股份有限公司济南经十路证券营业部
国盛证券有限责任公司济南济安路证券营业部
国信证券股份有限公司济南泺源大街证券营业部
恒泰证券股份有限公司济南解放路证券营业部
宏源证券股份有限公司济南纬九路证券营业部
民生证券有限责任公司济南千佛山路证券营业部
山西证券股份有限公司济南华龙路证券营业部
西南证券股份有限公司济南大明湖路证券营业部
湘财证券有限责任公司济南经十一路证券营业部
兴业证券股份有限公司济南历山路证券营业部
银泰证券有限责任公司济南大纬二路证券营业部
招商证券股份有限公司济南泉城路证券营业部
中国建银投资证券有限责任公司济南历山路证券营业部
中国民族证券有限责任公司济南历山路证券营业部
中国银河证券股份有限公司济南经七路证券营业部
中信万通证券有限责任公司济南山大路证券营业部
众成证券经纪有限公司济南经七路证券营业部

保险公司（共60家）

中国人民财产保险股份有限公司济南市分公司
中国人寿保险公司济南市分公司
中国太平洋财产保险股份有限公司济南中心支公司
中国太平洋人寿保险股份有限公司济南中心支公司
中国平安财产保险股份有限公司山东分公司营业本部
中国平安人寿保险股份有限公司济南分公司
太平人寿保险有限公司山东分公司
太平保险有限公司山东分公司
泰康人寿保险股份有限公司济南分公司
天安保险股份有限公司山东省分公司营业部
新华人寿保险股份有限公司山东分公司济南联合营业区
永安财产保险股份有限公司山东分公司营业部
中国大地财产保险股份有限公司山东分公司营业部
中华联合财产保险公司济南中心支公司
民生人寿保险股份有限公司山东分公司
合众人寿保险股份有限公司山东分公司
安邦财产保险股份有限公司济南分公司
华安财产保险股份有限公司山东分公司
阳光财产保险股份有限公司山东省分公司营业本部
长城人寿保险股份有限公司山东分公司
中英人寿保险有限公司山东分公司
信诚人寿保险有限公司山东省分公司
海康人寿保险有限公司山东分公司
中荷人寿保险有限公司山东省分公司
中国人民健康保险股份有限公司山东分公司
嘉禾人寿保险股份有限公司山东分公司
安华农业保险股份有限公司济南中心支公司
永诚财产保险股份有限公司山东分公司营业部
中宏人寿保险有限公司山东分公司
都邦财产保险股份有限公司山东分公司
渤海财产保险股份有限公司山东分公司
平安养老保险股份有限公司山东分公司
民安保险（中国）有限公司山东分公司
恒安标准人寿保险公司山东分公司
华夏人寿保险股份有限公司山东分公司
生命人寿保险股份有限公司山东分公司
中国人保寿险股份有限公司山东分公司济南中心支公司
中银保险有限公司山东分公司
华泰人寿保险公司山东分公司
天平汽车保险公司公司山东分公司
信泰人寿保险股份有限公司山东分公司
国泰人寿保险有限责任公司山东分公司
国华人寿保险公司山东分公司
长安责任保险公司山东分公司
英大泰和人寿保险公司山东分公司
阳光人寿保险公司山东分公司
华泰财产保险股份有限公司山东分公司
中国人寿财产保险股份有限公司山东分公司
中德安联人寿保险有限公司山东分公司
中意人寿保险有限公司山东分公司
幸福人寿保险股份有限公司山东分公司
海尔纽约人寿保险有限公司山东分公司
招商信诺人寿保险有限公司山东分公司
浙商财产保险股份有限公司山东分公司
英大泰和财产保险股份有限公司山东分公司
泰山财产保险股份有限公司（在筹）
太平养老保险股份有限公司山东分公司（在筹）
百年人寿保险山东分公司（在筹）
中国人寿养老保险股份有限公司山东省分公司（在筹）
紫金财产保险股份有限公司山东分公司（在筹）

期货经营机构（共14家）

鲁证期货有限公司

鲁证期货有限公司济南营业部
英大期货有限公司济南营业部
江苏弘业期货经纪有限公司济南营业部
上海中财期货有限公司济南营业部
国信期货有限责任公司济南营业部
银河期货有限公司济南营业部
华元期货有限责任公司济南营业部
浙江新华期货经纪有限公司济南营业部
北京首创期货有限责任公司济南营业部
中信建投期货经纪有限公司济南营业部
浙江省永安期货经纪有限公司济南营业部
成都倍特期货经纪有限公司济南营业部
中国国际期货有限公司济南营业部

典当公司（共 19 家）

济南市万永典当有限责任公司
济南市银通典当有限责任公司
济南市将军典当有限责任公司
济南市邦联典当有限责任公司
济南市汇丰典当有限责任公司
济南市新融典当有限责任公司
章丘市诚信典当有限责任公司
济南市山塑典当有限责任公司
济南市鼎隆典当有限责任公司
济南市聚宝德典当有限责任公司
济南市普丰典当有限责任公司
济南市国信典当有限责任公司
济南市天银典当有限责任公司
济南市聚鑫典当有限责任公司
济南市银通典当有限责任公司天桥分公司
济南邦顺典当有限责任公司
济南银山典当有限公司
济南信邦典当有限责任公司
青岛市兴华典当有限责任公司济南分公司

小额贷款公司（共 6 家）

鑫海小额贷款有限公司
北辰小额贷款有限公司
鲁商小额贷款股份有限公司
华企小额贷款股份有限公司
恒通小额贷款股份有限公司
汇金小额贷款有限公司

（翟亚男）

【概况】 驻济银行业金融机构认真贯彻执行适度宽松的货币政策，稳定增加信贷投放，优化调整信贷结构，各项业务平稳发展。

1. 存款保持稳定增长。截至年末，全市本外币存款余额 7602 亿元，比年初增加 1179 亿元，增长 18.4%；人民币各项存款余额 7510 亿元，比年初增加 1147 亿元，增长 18%。其中，企业存款余额 2955 亿元，比年初增加 452 亿元；储蓄存款余额 2188 亿元，比年初增加 276 亿元。

2. 贷款增量达到历史次高水平。截至年末，全市金融机构本外币贷款余额 7035 亿元，比年初增加 834 亿元，增长 13.6%。其中，人民币贷款余额 6319 亿元，比年初增加 618 亿元，增长 11%。继 2009 年保增长背景下贷款高速增长之后，2010 年贷款增量达到历史次高水平。在信贷规模比上年偏紧的情况下，金融部门利用多种渠道和工具扩大融资，保持了对经济发展支持力度不减的态势，年末代理企业发行短期融资券余额 127 亿元、中期票据 170 亿元，分别比年初增加 97 亿元和 65 亿元；累计签发承兑汇票 2817 亿元，比年初增加 404 亿元。

3. 贷款投向结构进一步优化。驻济银行业金融机构着眼于支持经济可持续发展，提高经济增长动力，围绕全市经济发展重点调整信贷结构。全年向在建、续建项目和新建项目新增贷款分别为 182.8 亿元、75.7 亿元；分别向十大振兴产业、战略新型产业和服务业新增贷款 263 亿元、37 亿元和 173 亿元。

4. 银行业经营效益稳定增加。全年全市银行机构实现利润 126.6 亿元，同比增加 26.9 亿元，增长 26.9%。其中，国有商业银行、股份制商业银行、城市商业银行实现利润分别比上年增长 23.9%、39.4% 和 25.2%。 （翟亚男）

【中国人民银行济南分行营业管理部】 1. 贯彻落实适度宽松的货币政策。①加大“窗口指导”力度。准确把握、有效传导适度宽松货币政策与支持地方经济发展的结合点，制定实施《关于做好 2010 年货币信贷工作促进转变经济增长方式调整经济结构的指导意见》，提出有效传导适度宽松货币政策、支持全市经济“转方式、调结构”的 9 项工作措施。按季组织召开全市银行行长联席会议，共同研究落实货币信贷政策、支持地方经济发展的工作措施，促进货币政策、地方产业政策和银行业金融机构信贷经营策略的有效衔接。有效发挥再贴现工具对信贷资金的导向作用，修订《人民银行济南分行营业管理部商业汇票再贴现业务管理实施细则》，突出对中小企业、县域经济等经济发展薄弱环节的优先支持。全年运用人民银行资金为银行业金融机构累计办理再贴现 5.8 亿元，居全省前列。②创新货币政策传导手段。推行“绿色信贷”，组织驻济 28 家银行业金融机构共同签署《驻济南市银行业金融机构绿色信贷协议》，形成支持节能减排的金融协同机制。年内驻济银行业金融机构对高耗能、高污染和环境违法企业实施信贷退出累计达 95 亿元。制定实施《济南市金融机构综合评价办法》，进一步提高金融机构贯彻落实人民银行政策措施、支持地方经济发展方式转变的主动性。③推进银企合作。与市金融办联合召开济南市“打造现代产业体系”银企合作暨信贷政策发布会，组织驻济银行业金融机构与 117 家企业签订综合授信协议 749.5 亿元，与 88 个重点项目建设单位签订项目贷款协议 390.9 亿元，与 157 家企业签订流动资金贷款协议 395.7 亿元。积极探索金融支持“三农”发展新的着力点，联合济南市农业局在全省率先出台《济南市金融支持农民专业合作社发展指导意见》《济南市金融支持农民专业合作社发展试点方案》，并在章丘市率先启动金融支持农民专业合作社发展试点工作，走在全省前列。全年全市金融机构向农民专业合作社发放贷款达5600万元。

2. 积极开展金融服务创新。①改善农村支付环境。开展农村支付服务环境建设工作，建立领导协调机制，强化激励约束机制，搭建起央行主导、合力推进、互利共赢的高效平台。在部分乡镇建立全省第一批“三农”自助银行服务站，《大众日报》等新闻媒体对此进行了专题报道。农村地区支付服务环境建设工作取得阶段性成果，全市农村地区加入支付系统的网点达到93家，支付系统在农村地区的覆盖率不断提高。②推进非现金支付工具推广工作。以集中代收付系统为依托，进一步优化非现金支付手段。5月7日，济南市银行电子结算中心与济南东区供水有限公司正式签订“水费代收业务协议”，全面启动济南市“跨行通”业务，充分发挥了中央银行现代化支付系统在服务社会、方便群众方面的作用。③国库综合服务能力提升。积极拓展直接支付范围，全年新增老年人补贴等直接支付项目13项，累计办理15项、2159万元直接支付业务；积极协调财政、税务等部门，相继实现“残疾人就业保障金”等多项非税收入的直缴入库工作，直缴入库范围全面覆盖中央、省、市、区、乡镇五级，提高了非税收入征缴效率。拓展财税库行横向联网系统功能，成功实现全市车购税联网入库。④人民币管理和服务水平取得新提高。加强发行基金调拨，加大回笼券清分销毁力度，并成立山东省首批虚拟发行库，强化基层央行人民币流通管理职能。加大人民币反假力度，组织开展以“爱惜使用人民币 建设节约型社会”等为主题的反假货币宣传月、反假币知识进校园等32次集中宣传活动。⑤征信服务工作取得新进展。通过加大与政府部门的协调力度，社会信用体系建设取得突破性进展。6月，市政府办公厅下发《关于建立济南市社会信用体系建设联席会议制度的通知》，济南市社会信用体系建设联席会议制度正式建立。⑥跨境贸易人民币结算试点工作取得阶段性成果。通过与财政、商务、海关等政府部门联合召开工作推进会，开展“走进企业共促发展”百日推进活动等措施，形成央行推动、政府配合、银企联动的良好工作局面。全市人民币跨境结算量出现跨越式增长，结算范围扩展至香港、韩国等5个国家和地区，全年累计办理跨境贸易人民币结算业务45亿元，列全省第二。

3. 加强金融管理和金融稳定措施。制定实施《济南市银行业金融机构金融管理与服务指引》，加强银行业金融机构开业管理。加大对辖内银行业金融机构的现场检查力度，促进全市金融规范、有序运行。加强金融稳定体系建设，建立济南、泰安、聊城、德州、莱芜五地市人民银行金融稳定联席会议制度；建立县域金融稳定联系制度，指导县域人民银行与当地金融机构签署《县域维护金融稳定责任书》，形成县域人民银行、银行监管办、保险及证券机构共同参与的定期信息沟通、合力维护稳定的新机制。

（薛 景）

【中国工商银行山东省分行营业部】 截至2010年末，中国工商银行山东省分行营业部本外币各项存款余额1049.87亿元，较年初增加62亿元；各项贷款余额834.89亿元，较年初增加64.1亿元；实现拨备前利润22.01亿元。

1. 加大信贷支持力度，优化信贷业务结构。扩大对国家投资重点项目和符合国家产业政策重点行业、重点企业的贷款投放，保证中小企业、个人信贷等重点业务发展；促进新能源、资源综合利用、节能环保等领域的绿色信贷项目和现代服务业的发展，严格控制“两高一剩”以及低水平重复建设项目的贷款投放。年内，对公路、铁路、电力、城建、城市公共事业等行业优质客户的优质项目累计发放贷款113亿元。合理利用有限的资金规模，重点支持高信用等级客户，优先保证重点客户和重点项目的融资需求，全年新增AA-以上法人客户贷款91.5亿元，余额达到609.1亿元，占全部法人贷款的比例由93.4%提高到94.6%。持续加大小企业和个人贷款营销力度，累计发放小企业贷款32.5亿元，同比增加12.7亿元，小企业各项指标均创同期历史最好水平；累计发放个人贷款29.7亿元，同比增加10.24亿元，个人贷款余额突破70亿元。

2. 坚持依法合规经营，强化内控管理。坚持审慎稳健的经营方针，规范贷款发放与支付流程，严格把控信贷资金流向，增强贷款投放的计划性和精细化程度，避免季度之间、月度之间的异常波动，各项贷款适度均衡增长。年末，各项贷款（不含贴现）日均较年初增加61.7亿元，贷款投放均衡度42.4%，既保持了对实体经济的有效投入，又较好地贯彻了宏观调控政策和金融监管要求。按照省行开展整肃经营管理不良行为活动的统一部署，开展以治理假个贷、假数字、违规代办、自办、批量办卡、虚假按揭等问题为重点的整肃活动，有针对性地开展监督检查工作，重拳治理违规经营，严肃查处弄虚作假行为。开展员工行为动态分析排查，对员工涉黄、涉赌、涉毒、大额举债、违规经商、银行卡恶意套现等行为进行专项排查和治理。

3. 加快改革创新，完善体制机制。完成监督体系改革，建立与新监督流程相适应的业务运行监管体系和涵盖风险识别、确认等环节的风险管理流程，有效控制运营风险。在138家网点投产远程授权系统，实现集中远程授权，日平均处理远程授权业务达10804笔，授权业务每笔平均处理时间由55.46秒降低到42.43秒，降幅23.5%。将实时清算收发报、支付清算收发报、外汇汇款、网银落地指令、对公账户开销户等业务纳入集中处理，业务集中处理结算类交易占比由集中处理前的8.1%提升至73.7%，集约化和专业化处理能力逐步显现。

4. 加强队伍建设，转变工作作风。深入开展创先争优活动，规范设置基层党支部174个。全年组织各业务序列培训315期，参训人员75192人次，新培养高级专业人才60人，实现培训规模与质量的同步提升。持续推进“服务价值年”各项工作，针对支行和网点服务工作个案问题，实行“服务点评进支行”活动；充分发挥典型对品牌建设的引领作用，基本实现“一行一标杆”的目标，大观园支行营业室、市中支行营业室、泺源支行营业室被中银协评为“2010年度中国银行业文明规范服务千佳示范单位”，大观园支行营业室被总行授予“世博亚运金融服务先进集体”称号。

（冯　可）

【中国农业银行股份有限公司山东省分行营业部】 截至年底，中国农业银行股份有限公司山东省分行营业部各项存款余额799.38亿元，较年初增长88.43亿元，存量和增量在全省居第一位，增量在济南“四大银行”中居二位。各项贷款余额58305亿元，较年初增加27.89亿元，其中个人贷款余额77.08亿元，较年初增长26.58亿元，增量在济南同业和系统内均居第一位。不良资产占比0.33%，较年初下降0.23个百分点。实现中间业务收入24611万元，同比增加4811万元。完成国际结算量13.36亿美元，同比增加2.74亿美元。实现拨备后利润18.63亿元，同比增加4.03亿元，居全省农行系统第一位。

1. 业务发展。①对公业务。确定94家省行管理核心法人客户和188家营业部管理核心客户名单，建立以分管总经理或行长为首席客户经理的营销团队，重点营销华电国际、中建八局、黄金集团、山钢集团、山东高速等大客户。截至年底，核心法人客户存款达99.1亿元，较年初增加16.7亿元；贷款达293.9亿元，较年初增加34.8亿元。积极参与财政国库管理体制改革和住房公积金、住房维修基金的营销工作，拓展山东省农科院、山东省中医药研究院等8个财政资金专户，财政、社保两大系统存款余额达162.39亿元，较年初增长25.92亿元，全行住房“两金”存款余额达11.3亿元，较年初增加1.2亿元。积极参与省、市两级政府重点项目，在房地产开发贷款营销上实现突破。全年共营销房地产项目34个，拓展绿地集团、恒大集团、保利集团、华强等优质客户，累计发放项目贷款39.94亿元。与济南中小企业局、中小企业投融资中心等部门沟通联系，建立重点联系行制度，集中开展小企业产品推介会，加强对小企业贷款的服务、协调。年末，全行有信贷关系的小企业共85户，较年初增加7户，贷款余额4.25亿元，较年初下降1.2亿元。②个人业务。开展专题营销活动，带动重点业务产品的快速增长。年末，个人存款余额达到349.04亿元，较年初增加40.60亿元，理财产品销售25.56亿元。对个贷业务实行精细化管理，将16个支行个贷审查审批业务集中到个贷中心，出台8项工作制度、6项管理考核办法，逐步形成健全规范的个贷制度体系。年末，个人贷款余额达到77.08亿元，较年初增长25.68亿元，完成全年计划的210.18%。成立营业部财富管理中心，全面提升网点的营销服务功能，为优质个人客户提供全方位、个性化增值服务。年末，全辖共有个人贵宾客户6.7万户，较年初增加0.5万户，贵宾客户占比达到1.57%，较年初增加0.11%。③中间业务。开展“盛世金e顺促销活动”“1+N捆绑营销活动”等营销活动，扩大贷记卡、网银、手机银行等产品的客户群体，抓住大型商户开业契机，营销商户收单业务。年末，贷记卡发卡16.76万张，新增3.49万张；企业网银达44673户，新增1292户，个人网银达14.1万户，新增11.1万户；电话银行客户达19.96万户，新增9.77万户，转账电话客户2.68万个，新增0.56万个；特约商户1791户，新增377户。以重汽、浪潮、山钢等客户为重点，重点发展单证业务、国际贸易融资业务等高收益业务。全年实现国际结算量13.36亿美元，累计开证2.84亿美元，办理结售汇9.58亿美元。加快保险产品结构调整，加大员工培训力度，积极营销保险、基金等代理业务。全年代理保费收入6.19亿元，同比增长8753万元，手续费收入2483万元，同比增长475万元，两项指标均创同期历史新高；销售股票型基金2.72亿元。加大投行业务、企业年金、信托融资等新兴产品的营销力度，成功上线黄金股份、山钢集团等5个客户的现金管理系统，并获得可观收入。④服务“三农”。加大对县域龙头企业和重点项目的支持力度，重点支持山东水务投资有限公司、山东佳宝集团、济南圣泉集团有限公司等优势龙头企业；支持农村电网改造、公路建设、村村通自来水项目等农村基础设施建设；成功拓展新农合项目。创新服务“三农”的措施，累计布放POS机208台，安装转账电话5085部，上线企业网银751户，个人网银2.6万户，布放自助设备101台。积极发放惠农卡和农户小额贷款，重点支持产业化农业、生态农业、现代农业链条中的重点农户，支持农户种植业、养殖业的发展，全年累计发放惠农卡12.43万张，发放农户小额贷款8.88亿元。年末，4个县域支行各项存款103.78亿元，较年初增加14.30亿元；各项贷款37.09亿元，较年初增加14.09亿元。

2. 加大改革力度。①人力资源改革。不断加强领导班子建设，先后调整12个支行“一把手”和班子成员；组织后备干部选拔活动，从不同层面选取61名后备干部；加大干部交流力度，开展营业网点负责人后备力量的选拔工作。②组织架构改革。加强营销体系建设，连续举办9期法人业务培训班，普及法人业务、小企业业务的运作流程及规定要求。成立槐荫、天桥等5个支行个贷营销分中心，将29个网点升格为二级支行，成立营业部财富管理中心，提升经营层次和品牌竞争力。运营中心建设取得阶段性成果，建立集中作业中心和监管监控中心，稳步推动作业中心业务集中。实行独立审批人审批制度，深化个贷集中经营改革，推行贷审会专家审议制度，实行记名投票和网上审批作业，进一步提高审查审批效率。③网点营销。成立网点管理办公室，对70多个网点进行装修改造，在47个网点开展营销技能导入活动。搭建起以2家财富管理中心为龙头、30家理财中心为重点、百家转型网点为依托的金融服务网络，全面提升网点营销服务功能。④产品创新。开发省烟草公司资金监管系统与网银对接项目、移动营业款缴款稽核码联机查询程序等8个项目，先后向省行报送“理财一线通”“手机银行ATM取现”等21个产品研发创意，其中“出口融票通”被列入省行2010年新产品开发计划。

3. 风险管理。①完善风险管理体制。成立风险管理委员会，对重大事项进行审议。实行风险经理派驻制，在全辖选拔10名风险经理，异地派驻到支行工作，并由营业部统一指导和管理。全面落实风险报告制度，做好季度信用风险、操作风险分析报告、风险事项序时报告工作。②加强信用风险管理。优化信贷业务流程，推行独立审批人制度，开展重点业务审查提前介入和延伸支行现场审查，全年累计审查各类法人信贷业务767笔，投放各类贷款49238笔、金额265.7亿元。严格客户准入标准，选择优良客户。年底，优良客户贷款占比达98.98%，较年初提高4.96%。加强贷款在线监测和贷后监管，提高到期贷款收回率。制定《自律监管现场检查实施方案》，按季对存量贷款客户进行风险排查，发现和纠改信贷管理中存在的问题878笔，涉及信用金额206亿元。③严格控制操作风险。加强账管理系统、电子支付密码系统、会计内控管理系统、会计监控系统的推广应用，强化对各类风险的刚性约束。为自助设备、自助银行安装电视监控、震动探测报警器、求助报警按钮和烟感报警器，通过远程视频实时监控和现场检查，对全辖金库、营业网点、自助银行进行实时监查。将城区5个押运支行调整合并为2个押运支行，对全辖55名持管枪人员进行年度审查、考核，确保安全运营。加强外部风险管理，对网点保险兼业代理资格建立管理台账，有效防范代理风险。④加强案件防范。全面落实责任，逐级签订《党风廉政建设暨合规经营防范案件责任书》；聘请行风建设监督员和廉政建设监督联络员，强化社会监督和内部监督；狠抓思想教育，落实思想行为排查、岗位轮换和干部交流、强制休假、亲属回避等制度。⑤加强不良贷款清收。采取核查档案、收集债务关联人资料、实地查看、关联人访谈和市场调查等方式，上下协同、全力推进，不良资产清收工作成效显著。截至11月末，不良贷款余额1.88亿元，占比0.33%，较年初下降0.23个百分点，实现连续11年无案件和责任事故。 （侯培国）

【中国银行股份有限公司济南分行】 截至年末，中国银行股份有限公司济南分行人民币一般性存款余额462.7亿元，新增63.65亿元，市场份额6.16%；外币一般性存款余额2.35亿美元，市场份额17.03%，继续保持同业市场领先。人民币各项贷款余额288.6亿元，较年初新增61.8亿元，余额市场份额较年初提高0.59个百分点，提升幅度列当地同业第二；外币贷款余额2.27亿美元，余额市场份额占四大行比重29.78%。资产质量持续向好，不良授信余额2.6亿元，较年初减少5158万元；不良率0.86%，较年初下降0.41个百分点。实现盈利7.53亿元，较同期增加1.28亿元，增幅20.66%。

1. 业务发展取得突破。①大力争揽核心存款。公司业务加大对省、市财政部门、社保、公积金等行政事业单位的营销，把握企业网银升级等有利时机，积极推动优质集团客户的资金归集。个人业务统筹联动，成功取得部分重点授信客户及失地农民、失房居民拆迁补偿款等批量代发业务。②客户群建设稳步推进。积极转变营销方式，公司业务以大中客户为主，适度选择中小优质客户。个金业务加强重点项目营销管理，与市园林局联合发行园林卡，并以联合发行校园卡为突破口，与山东大学等多所驻济高校成功签署全面战略合作协议。③业务结构调整初见成效。公司授信重点投向交通运输、能源、社会民生等国家支持鼓励发展的行业和领域。全年新增授信80%以上投向积极增长类和选择增长类行业。优先支持资本占用低、综合收益高的中小企业，提高升息资产比重，年末中小企业客户授信余额达8.31亿元。做好个人贷款业务，丰富个人经营贷款类产品品种，年末消费贷款余额达到53.41亿元。④中间业务较快发展。全年国际结算业务量同比增长29%，市场份额24.21%，较年初提升4.07个百分点。其中跨境贸易人民币汇款业务量在省内系统和当地同业均位列第一。强化产品及服务创新，在济南和山东市场获得多项第一。持续做好对私国内结算、结售汇、基金代销等重点传统业务，全年个人国际结算收入、个人国内结算收入均位列系统内全省第一。

2. 扎实推进基础建设。①加快网点转型。完善网点转型考核机制，加强转型网点资源配置力度，增强网点人员数量和培训管理。加快自助设备和自助银行的投放，提高网点渠道服务水平。②整章建制，梳理业务流程。认真研究新旧系统差异，组织梳理业务规章与流程。持续优化授信审批流程，规范审批环节与操作时限，提高授信审批透明度和效率。

3. 确保安全稳健运营。①坚持“从严治行”和“依法合规”经营。组织开展“内控防案春季攻势”“内控和案防制度执行年”等活动。积极开展形式多样的内控风险教育，提高全员案防意识，全年实现“零案件、零事故”的内控目标。②坚持全流程、主动风险管理。加强信贷资产风险管控工作，全力推动贷款分类偏离度检查、融资平台贷款“解包还原”及增信整改工作。

4. 提升战略执行力。①加强人才队伍建设。进一步提高选人用人公信度，以培养专业化人才队伍为导向，大力开展员工业务素质培训。②以廉政建设促高效行风。加强对各项监督和廉洁自律制度的贯彻落实，督促党员干部加强党性修养。抓好员工合规警示教育，增强合规经营自觉性与执行力。结合创先争优活动，在全行开展效能监察活动，大力倡导务实高效的工作作风。

5. 塑造良好企业文化。牢固树立以人为本理念，充分发挥工、青、妇等团体作用，丰富员工文娱活动，增强凝聚力和向心力。积极履行社会责任，加强品牌形象宣传，先后被山东主流媒体评为“济南地区最具品牌增长力企业”“山东金融卓越品牌”等荣誉称号。

（孟杜鹃）

【中国建设银行股份有限公司山东省分行济南经营管理部】 截至年末，中国建设银行股份有限公司山东省分行济南地区全口径存款余额933.5亿元，一般性存款余额817亿元（其中企业存款余额471.5亿元，个人存款余额345.5亿元），同业存款余额116.4亿元。各项贷款余额463亿元，其中对公贷款余额400.8亿元，个人类贷款余额61.98亿元。五级分类不良贷款额7.5亿元，不良率1.62%。全年实现主营业务收入22.53亿元，其中中间业务毛收入4.7亿元，净利息收入18.15亿元，实现税前利润14.7亿元，净利润11.43亿元。

多措并举，稳步推进改革。围绕打造龙头目标，理清发展思路，制定三年发展规划，全面落实省行工作部署，突出“同业增份额、系统上位次”，开展“争份额、争移位”等营销竞赛活动；提升基础管理，强化风险控制和发展质量，积极贯彻落实省行“以垂直管理和平行作业为核心的风险管理组织体系”，全面实施大中型公司类客户平行作业，健全基层机构风险监督“三位一体”防控工作机制，建立精简高效的专、兼职柜面会计业务支持服务与督控团队；完善机制建设，确保有效激励约束和优化资源配置；建立有利于专业专注、特色化经营的分类管理和差别化的考核机制，强调当期努力与市场份额、业务增量与可持续发展基础，确保激励约束的有效性与敏感性、资源配置的科学性与针对性。

全方位提高员工素质，防范经营风险。科学合理安排培训项目，对网点负责人、会计主管、个人业务顾问、大堂经理进行培训；积极开展争先创优活动，开展党员群众“一帮一”“双培养”等活动，在团组织中开展“双先锋”创建活动；加强员工思想教育，主动防范风险，组织基层机构、网点员工全员签订《操作风险重点关注事项整改责任书》《操作风险重点关注事项自查责任书》，管理人员签订《党风廉政建设责任书》《安全生产责任书》，建立主动的风险防线。

（周　琦）

【交通银行山东省分行】 截至年底，交通银行山东省分行资产总额848.20亿元，比年初增加170.28亿元，增长25.12%。人民币各项存款余额802.86亿元，比年初增加166.20亿元，增长26.10%。人民币各项贷款余额588.88亿元，比年初增加78.18亿元，增长15.31%。全年实现经营利润10.65亿元，比上年增长29.65%。

1.制定并实施三年发展规划。深入挖掘2004年以来的山东省经济、金融以及市场、同业、客户和自身发展数据，制定《2011~2013年改革发展规划》，明确发展目标、路径和措施，于下半年全面实施，并陆续出台配套激励政策、管理机制。

2.夯实客户基础。实施客户名单式营销，筛选全省重点规模以上企业，销售收入及利税大户、进出口大户，上市企业，机关事业单位，以及区域战略规划、工业园、商会协会会员等，共收集、共享公司目标客户4.6万个，个人目标客户12.68万个。将客户指标纳入考核，客户数量新增与存款、利润共同作为经营单位考核的三项主体指标。客户营销活动日常化，全辖组织各种形式的客户活动30余场，参加活动客户达12300余人次。年末，全辖累计新开对公客户5430个，较上年增加396个。

3.集结营销资源。出台《省行领导高层营销工作安排》，党委成员带头搞营销，人人都有营销客户数量和频次的具体要求。积极落实总行发展问责制、风险责任制，完善干部考核和压力传导机制，出台《交通银行山东省分行发展问责暂行办法》，将存款、利润、客户数列为经营单位主要问责指标。出台经营单位综合考核，前台会计人员、公司和个金条线客户经理、机关人员考核，员工违规积分考核，客户服务管理考核，全员绩效考核等，初步建立较为完善的考核体系。绩效考核系统在全辖试运行，初步实现绩效考核到个人的技术支持。积极调配扩增销售人员。截至年末，公司、个金、零贷条线销售人员占比从6月末的14.03%提高到24.17%；机关人员占比从36%下降到30.01%；招聘外包式大堂经理215人，全部配置到各营业网点。

4.强化风险管控。实施授信存量客户和目标客户的全名单管理，落实国家宏观调控和总行信贷政策，增量贷款主要投向交通运输、石油化工、电力等区域经济的支柱行业和龙头行业，以及零售业务贷款，严控政府融资平台、产能过剩行业贷款。年末，全辖内部评级客户结构中，1~8级客户贷款余额占比97.69%，较年初上升2.25个百分点。试行会计条线化管理，强化操作风险管理。全辖会计条线人员的准入、退出、培训、考核，会计内控的管理、检查、监控等，全部由省分行会计部直接参与，保证会计管理的独立性。会计条线的“真委派”“真排查”“真轮调”“真强休”制度，得到有效落实。做好员工失范行为排查，强化案件风险管理。全辖共排查营业机构280个、总人数1125人，排查覆盖率达100%；查看各风险管理系统10.5万次；风险监督、监察室等共排查出业务方面问题880个，发出整改通知书2325期，并对检查发现问题及时进行督促整改。对排查发现的员工失范问题及时进行处理，共对1334人次进行违规积分，对两名派遣制员工给予退回派遣单位处理，对一名支行副行长给予免职处理。内控质量进一步提升，完成各类内部审计检查211项，省分行及6家省辖行评级全部达到B级。

5.优化组织架构和网点布局。按照总行板块与条线相结合的组织架构改革模式，重新进行领导分工。实行本部机构扁平化管理，取消中心支行，成立五大客户部，负责重点行业、重点客户的营销维护。在省行成立投资银行部，加大对投行业务的营销。加快优化网点布局，撤销低产低效网点15家，节省网点租赁费约495万元，将撤出人员充实到营销条线；新设百强县域支行7家、省辖行1家，年末，已开业的县域支行存款达到26.7亿元，占全辖存款新增额的16%。加快ATM投放，全年新增现金自助设备84台，建成省分行营业部自助服务区旗舰店。电子银行业务分流率达到45.77%，提高9.9%。（白　凌）

【中信银行济南分行】截至年底，中信银行济南分行本外币资产总额477.91亿元，比年初增加54.83亿元，增幅12.96%；本外币各项存款余额460.76亿元，较年初增加52.99亿元，增幅12.9%；本外币各项贷款余额285.75亿元，较年初增加33.91亿元，增幅13.46%；不良贷款余额27782万元，比年初减少27856万元，不良贷款率由年初的2.21%下降至0.97%，大幅降低1.24个百分点；实现账面税前利润合并人民币75867万元，较上年增长21225万元，增幅38.84%。

1.资金管理。开展清收与核销工作，提升资产质量，压缩退出低收益资产，提升定价水平。加大对机构类客户、非授信战略客户、系统类结算客户多层面联动、延伸性营销。年末，非授信存款日均余额125.96亿元，比年初增长26.29亿元，非授信日均余额在对公一般性存款中的占比达到43%，较上年增加2%。授信存款以创新产品为突破，合理利用授信资源，围绕核心战略客户做好上下游产业链的延伸，最大程度上争取客户的结算存款和保证金存款沉淀，进一步夯实负债业务基础。

2.零售业务。全年零售管理资产实现新增22.83亿元，储蓄存款时点余额新增超过10亿元，形成以个人理财、代发工资、三方存管等多种渠道共同促进零售业务发展的局面。以中高端客户为中心，进一步优化客户结构。全年贵宾客户总量维持在5000户以上，贵宾客户管理资产占全部管理资产比重不断提高，较年初增长5%。在保持理财业务优势的同时，积极发展基金、保险等业务，同时积极与信托公司合作，全年实现零售中间业务收入超过4000万元，同比翻番。优化个人贷款业务管理和运营体系，零售资产业务实现稳步发展。壮大零售队伍，提升队伍素质，全辖具备保险代理人资格的零售专职客户经理占比同比提高20%。

3.公司业务。打破部门和专业条块分割，整合业务资源，组建专业团队，加强总行、分行、支行对接和配合，为基层机构提供功能完备、运行流畅、作用明显的公司业务服务支撑平台。转变营销推动策略，建立“以市场为导向，以客户需求为中心，以产业链金融、资金资本、投资银行、现金管理、零售业务为组合，以网络化、层次化、纵横联动、上下互动为特色”的创新营销模式。促进盈利渠道多元化，推动公司银行业务发展模式，全年实现中间业务收入超过1亿元。

4.国际业务。找准产品市场定位，研究客户业务需求，发展国际业务产品和国内信用证业务，同时推出出口短期信用保险后融资、供应链融资、出口保理等产品。积极推动跨境人民币业务，全年共办理跨境贸易人民币结算业务超过6亿元。加强精细管理，完善业务操作规程，更新内控管理制度，推动业务合规经营。通过梳理贸易、非贸易、资本项下外汇政策和业务操作流程，推出多项政策办法，确保业务健康发展。完成进出口收付汇量近25亿美元，同比增长64%；实现国际业务中间业务收入近5000万元，同比增长67%；实现国际业务总收益近1亿元，同比增长117%。

5.风险控制。密切关注国家宏观调控动向，做好与总行及监管部门的沟通协调。科学制定信贷政策，做好重点授信领域的风险管理，合理引导信贷投放，把好授信审查质量关和收益关。优化授信审批流程，通过采取双人签批、表单式审批、专业信审会、分行信审会、传签审批制等多种审批通道，提高信审工作质效。开展风险排查活动，尽早发现并消除潜在问题，对政府融资平台贷款、保函业务、非钢材类存货质押业务、抵押贷款等业务实施专项检查。

6.财务管理。继续完善利率定价及日常管理体系，强化机制体制建设，确保资产负债管理有序推进。深化全面预算管理，调整预算考核指标体系，定期监控、分析和通报预算完成进度。引导分支机构加大负债营销力度，优化信贷资产结构，提升综合收益。加强对支行头寸报备的考核，做好流动性管理。

7.会计管理。从建章立制、补充细化操作流程入手，加强制度建设，规范业务操作，加强对重要岗位、敏感部位和关键点的检查，增加专项检查和突击检查频率，同时加大培训力度，提高会计人员业务水平，有效防范会计业务中的操作风险。（李　勇）

【中国光大银行股份有限公司济南分行】截至年末，中国光大银行股份有限公司济南分行资产总额229.98亿元，同比增加33.21亿元，增幅16.88%。各项存款余额196.31亿元，同比增加60.75亿元，增幅44.82%。其中，对公存款余额174.53亿元，同比增加57.58亿元，增幅49%；储蓄存款余额21.78亿元，同比增加3.17亿元，增幅17%。贷款余额150.83亿元，增加32.74亿元，增幅28%。贷款不良率1.25%，同比下降0.96%。税前账面利润3.65亿元，同比增加1.89亿元，增幅107%。账面中间业务净收入4961万元，同比增加941万元，增幅23.41%。

1.公司业务。调动客户经理业务拓展的积极性，扩大营销，进一步壮大基础客户群，对公业务实现快速良性发展，各主要对公业务指标超额完成，达到历史最好水平。坚持业务发展向模式化经营调整，重点提出山钢保兑仓、重汽集团上游开发的战略思路。积极规划创新业务产品发展，充分利用自身产品优势尤其是贸易融资、供应链融资和票据贴现、托管和现金管理业务产品等，为客户提供“一揽子”服务方案。开展综合营销、交叉营销，争取与重点客户形成多方面合作。年内，与山东钢铁集团签订保兑仓业务协议，并将重汽上游开发业务列入总行重点模式化工作范围，与中国重汽集团济南动力有限公司、商用车有限公司等11家单位签订票据托管业务协议。

2. 零售业务。组织全行储蓄竞赛、“积分计划”“亲友推荐”等活动，推动储蓄业务持续增长。在成立工程机械贷款中心基础上进一步开发重汽车辆按揭业务，优化整合流程，推进专业化分工，强化工程机械贷款这一优势产品的营销。逐步提升网点环境的改造建设，推进星级网点、旗舰网点建设，改造客户服务流程，提供高效、便捷、多样化的金融服务。

3. 合规建设：制定员工职业道德操守和行为准则，开展职业道德及合规教育工作，与全员签订职业操守行为准则、案件防范等“责任书”。开展业务风险排查，做好各项内、外部审计检查工作，加强风险预警管理。强化服务意识和技能培训，缩短流程，提高效率，提升风险合规响应的有效性和及时性。深入开展安全检查，重视安保队伍建设和技能培训，充分发挥远程监控系统作用，做到全年安全无事故。

4. 服务提升。推进“标杆营业网点”打造工作，做好网点硬件、服务设施的改造配置升级。建立客户服务标准和客户满意度调查体系，将支行和分行各部室服务质量考评纳入绩效考核体系，全面提升服务质量和效率。通过开展阳光服务“十项做法”“倾听计划”等活动，及时发现问题并改进。

5. 企业文化建设。加强队伍培训，提高员工的服务技能和业务技能，培养专家型人才。费用分配、绩效考核、任务指标下达、干部任免、大额财务支出等实行公开化、透明化操作。组织开展全行春节联欢晚会、“阳光服务”演讲比赛及篮球、羽毛球比赛等活动，扩大与员工的沟通交流，增进凝聚力和向心力。

（陆德军　郭　峰）

【华夏银行济南分行】 截至年末，华夏银行济南分行实现利润5.68亿元，同比增长120%。其中中间业务收入12625万元，同比增长37.5%；国际结算收入4645万元，同比增长49%。存款余额432.7亿元，同比增长29%。各项贷款余额345亿元，同比增长18%。全年完成国际结算量26.3亿美元，同比增长72%。累计清收各类问题贷款本息5.45亿元，不良贷款率比年初下降0.11%。

1. 公司业务。制定加快公司业务健康发展的指导意见，明确全年工作思路，优化考核评价机制。转变营销模式，改进客户综合服务方案，强化上下联动，在重点客户和行业客户开发方面取得突破。开展营销竞赛，先后开展“首季开门红”“季季上水平”等营销竞赛活动，取得良好效果。

2. 个人业务。个人储蓄业务增长较快，储蓄余额同比增长31%，储蓄日均同比增长19%，在系统内名列前茅。加强对工程机械贷款项目、楼盘按揭项目、优质客户综合消费贷款项目的营销，个贷业务实现快速增长。信用卡新增VIP客户高速增长，完成全年计划的253%，新增量和累计发卡量在系统内均为第一。服务水平有效提升，纬二路支行顺利通过2010年中国银行业协会“千佳服务示范单位”评选验收。渠道建设进展顺利，新建9家自助银行、新增设备36台，对5家依附式自助银行、3家离行式自助银行进行改造。个人业务快速健康发展，被总行评为“2010年度个人金融资产总量增长十佳分行”“2010年度华夏财富十佳分行”“2010年度个贷业务十佳分行”。

3. 国际业务。明确国际业务部产品营销、单证处理和外汇管理三大职能，强化营销引导作用。建立内部联动机制，实现本外币一体化联动营销。国际业务部与有关部门在优质客户开发、客户准入、营销方案设计等方面沟通协作，实现优势互补，对有贸易融资授信需求的客户，进一步深化服务。

加强对重点国际业务客户的上门营销，实现重点产品营销和服务精细化管理的有机结合。加强对重点授信客户、重点商品、重点业务的管理，防止不良贸易融资，有效化解风险。

4. 会计工作。开展会计专业“提高服务质量效率年”活动，全面提升服务环境、服务态度、服务质量和服务效率。开发并推广“账户台账系统”，实现企业账户信息及时查询，保障企业结算账户资料的完整性、有效性。简化16项会计业务流程，规范35个柜台业务处理环节，提高服务质量和效率。

5. 风险管理。采用当前国际银行业使用的先进评级技术，建立以违约概念为基础的信用评级模型和内外部评级结果映射关系，利用量化指标进行定性评价，提高评级质量与效率。密切关注节能减排、政府融资平台、房地产等宏观调控政策可能产生的政策风险，大力调整信贷资产结构。优化授信业务贷后管理流程，贷后管理部借助信贷管理系统进行在线抽查的同时，加大授信客户现场检查力度，提高风险识别、处置能力。加大不良贷款清收化解力度，全年未发生新增对公不良贷款。（尤元宝）

【招商银行济南分行】 截至年末，招商银行济南分行资产总额516亿元，新增91亿元，增幅21.5%；全折自营存款余额440亿元，新增72亿元，增幅20%；全折自营贷款余额464亿元，新增71亿元，增幅18%。年末不良贷款率0.69%，继续保持双降，资产质量持续优良。全年未发生重大案件和责任事故。年内再次被山东银监局评为良好银行，被总行授予“客户倍增计划突出贡献奖”“国际业务中间收益突出贡献奖”等多项称号，并被总行评为2010年零售银行业务综合发展十佳分行和服务管理十佳分行。

1. 业务发展。①拓展负债业务。批发银行业务建立考核和竞赛机制，调动员工营销积极性；狠抓重点资金和无贷户存款，吸收客户上市资金；加大财政性存款开发，以同业理财带动及利率政策调整，并通过国际业务产品的创新组合派生对公存款。零售银行业务强化大堂主管考核，加强厅堂人员营销培训，开展柜员服务评比，推广数据库营销，提高网点产能创造；联合券商开展针对大客户的联谊活动，依托服务优势吸引更多第三方存管客户；密切与代发单位合作关系，对理财产品、信用卡、网上银行等产品实施营销覆盖，零售客户总资产实现快速增长。②提升资产业务收益水平。批发银行业务强化客户经理定价意识，加强定价激励考核，开展多次营销竞赛，加大对中小企业业务拓展。个人资产业务重点加大个人商业用房贷款、个人经营性汽车贷款等非房贷业务的营销力度，资产结构日趋合理，资本回报率有较大提升。③传统与新兴中间业务协调发展。批发银行方面，充分利用融资租赁资源，发挥与政府机构及大企业集团的合作优势，有针对性地推广特色融资方案和产品。零售银行方面，强化考核导向，明确激励机制，开展营销竞赛和宣传活动；巩固信用卡优势，大力拓展客户；开展POS有奖消费，通过"非常系列""招行十年回馈"等活动，带动POS刷卡交易量提升。国际业务方面，重点推动高收益、低消耗产品和业务，全年实现中间业务收入3.27亿元，获得系统内"国际结算最佳进取奖""结售汇最佳进取奖""国际业务创新先锋奖"等奖项。

2. 合规建设。①加强合规管理体系建设。重点关注新政策、新业务、高风险业务和监管重点业务，建立合规管控基础数据库，对风险点加大监测力度，提高防控能力；做好制度评审及合同审查，有效防范法律风险。②加大条线管理。会计条线采取"三及时、一促进"措施，即及时下发新产品会计核算流程，及时下发修订制度重点解读，及时下发同业案件风险提示，促进结算管控水平的提高，重点做好对员工、制度和操作三个方面的管理工作，避免各类操作风险。零售条线采取常规检查和专项检查相结合的方式，对零售柜面管理中存在的问题进行检查验证，有效堵塞管理和操作漏洞。信贷条线积极探索"风险经理制"，实现风险经理与客户经理对部分复杂业务和中小企业信贷业务的协同作业；高度关注敏感行业，加强风险预警，严格控制房地产贷款风险；以新一代信用风险管理系统上线为契机，进一步理顺贷款发起、审批、发放及贷后各环节的衔接，确保业务开展的畅通高效。办公室条线将印章管理作为季度常规检查重点，全辖各分支机构印章管理状况良好。③发挥审计监督作用。首次利用非现场数据开展审计，提高审计的针对性和精准性；针对屡查屡犯问题开展重点整治，取得明显成效。

3. 树立良好品牌形象。以分行十周年行庆为契机，精心策划"赢响十年"系列活动。开展全方位立体化品牌建设，在纸媒、网络、电视、政府、银协各类平台刊发宣传稿件900多篇。优质服务再次得到肯定，济南分行和烟台分行2家营业部再次被评为"全国千佳规范化文明服务示范单位"，华龙路支行和解放路支行分别被评为济南市和济南市金融系统"微笑服务窗口"。

4. 回馈社会，关注民生。在扶贫、教育、环境保护、公共卫生等众多领域，积极参与帮扶救灾，各类捐款累计突破200万元。先后被山东省总工会授予"富民兴鲁劳动奖状"，被山东权威媒体授予"60年服务山东功勋品牌"称号。继续与对口扶贫单位云南武定、永仁两县开展"1+1"结对子活动并组织广大员工捐款捐物；积极响应当地"慈心一日捐"活动，为山东省莱芜市苗山镇共青希望小学捐助图书、书包以及各种体育、学习用品，并帮助学校创建图书室。

（康　玲）

【兴业银行济南分行】 截至年末，兴业银行济南分行资产总额达598亿元，较年初增加202亿元，增长51%；本外币各项存款余额530亿元，较年初增加197亿元，增长59%；本外币各项贷款余额352亿元，较年初增加60亿元，增长21%；实现考核利润10.3亿元，同比增加3.3亿元，增幅达47%；资产质量更加优化，不良贷款率为0.15%，较年初下降0.13%。

1. 省级管辖行建设。开启建设省级管辖行的探索与实践，并初步搭建起省、分、支三级管理的省级管辖行基础架构。①成功组建济南管理部。作为总行试点，7月济南管理部建成，完成内设部门设置及人员基础配备，搭建起统管济南的独立架构，并进行一系列改革。对内全面推进综合性支行改制，加强队伍建设；对外明确发展思路，强化"区域＋行业"的划分与营销。短短5个月，济南地区各项存款达260亿元，新增55亿元，市场份额提升0.36%。②全面推行"三定"方案。基本完成省、分、支三级机构的"定岗、定责、定编"工作，初步搭建起符合省级管辖行要求的管理框架和管理流程。各管理部门结合"三定"方案，重新梳理明确人员编制、科室设置、岗位设置及职责划分，改进管理办法和操作规程，持续规范对各地市行的监督检查及服务流程，基本形成标准化、制度化的管理体系。③完善地市行组织架构。加强地市行班子建设，基本完成班子配备，并进行统一的标准化分工；加快地市行风险管理部与信用审查部的分设，适时修改地市行风险管理部职责和管理流程，强化风险管理；初步完成地市行零售信贷分中心组建。

2. 公司业务。①资产业务。明确信贷资产结构调整的具体思路，确定信贷投放重点，先后营销兖矿、山钢等重点客户，成功突破鲁商集团等核心商业企业及上游客户，全面介入格力集团、361°国际有限公司、安踏（中国）有限公司等商贸企业，开启潍坊北部沿海盐化工企业、烟台港口控货业务和济宁煤炭经销商等区域特色业务。建立全省中小企业目标客户清单，成功续做220户，金额突破60亿元。②负债业务。按照省、市、区三级分层次营销目标客户，累计营销12个单位的住房公积金业务、3家单位的社保业务及区级事业单位77户的业务。重点攻关中央驻鲁企业、省市国资委直属企业、市县区纳税百强企业和上市拟上市公司。其中，济南地区纳税百强企业开户245户，实现存款85亿元；成功营销3家IPO上市和再融资客户的募集资金归集业务，揽存募集资金约5.8亿元。截至年末，全行纯负债客户达672户，纯负债存款余额达145亿元，较年初增加70亿元。③新兴业务。贸易金融快速发展。山钢、重汽等5个核心客户供应链融资额度获批，占兴业银行系统内已批核心客户数的41.7%，实现下柜97户，放款35亿元；完成国际结算43.8亿美元，结售汇8.7亿美元，实现中间业务收入4300万元。同业业务稳步增长。全年票据转贴现677亿元，实现考核利润4448万元；销售机构理财124亿元，实现中间业务收入1028万元；开启与恒丰银行的总对总全面合作，顺利上线柜面互通，银银平台上线5家，交易量突破4万笔。投行业务全面开花。全年发行中期票据42.4亿元，短期融资券10亿元，实现承销收入2575万元。

3. 零售业务。建立财富经理队伍，累计销售零售综合理财产品83亿元，同比增长257%。其中，贵金属交易达46.6亿元，同比增长560%；代理保险达4442万元，同比增长444%。重点拓展“兴业通”和个人经营贷款，全年“兴业通”发卡量达1.7万张，新增个人经营贷款8.7亿元，完成总行计划的174%。代理平台业务取得突破，中国电信、自来水、暖气费、城镇居民劳动保险金等代扣代付产品顺利上线。信用卡业务快速发展，信用卡有效卡达27.8万张，累计交易量38亿元。公私联动初见成效，全年新增月均代发工资客户数200户，月均代发金额2.6亿元，新增6440万元。

4. 机制建设。①优化资源配置。财务资源方面，营销费用重点向核心负债和中间业务收入等业务产品倾斜，并引入成本分摊机制，引导经营单位注重投入产出。信贷资源方面，引导经营单位通过商票保贴、银承、国内信用证等方式满足客户融资需求。②强化科学考核。制定针对地市行的考评办法，全面评价各地市行领导班子的经营管理成效，同时将地市行的财务资源配置能力纳入考核评价范围。全面调整对济南同城支行的管理考核，强调公司、零售业务营销的组织和推动，强化财务资源的考核分配及内外部检查等全面管理。

5. 内控管理和风险防范。健全内控制度体系，全年共制定规范性制度65项，梳理有效制度263项，废止49项。加大业务监督检查力度，组织综合性检查27次，网点检查覆盖面达100%；开展多次应急演练，确保系统的正常运行。认真完成“内控和案防制度执行年”四个阶段工作，开展全面自查自纠，落实问题整改、违规问责及制度后评价等工作。建立标准化的风险控制流程，提高风险管理效率和水平。全年共完成尽职调查621户，现场核保677户，现场双线贷后检查198户，检查敞口金额206亿元，并适时发布17份风险提示。对供应链融资、零售信贷、信托理财与资产转让等业务及授信审查审批、利率定价管理、档案管理等工作开展后评价，及时纠正发现的问题。加强新开办业务的风险监督与管理，指定专人监管同业、投行、贸易融资等业务的风险。根据监管部门和总行要求，完成政府融资平台贷款“解包还原”和“清查分类”工作，该行平台贷款均已追加担保或抵押物，绝大多数分类处置方式整改为公司类贷款。（逄　钢　布晨光）

【上海浦东发展银行济南分行】 截至年末，上海浦东发展银行济南分行总资产516.9亿元，较年初增加149.59亿元，增长40.73%；贷款余额350.49亿元，较年初增加83.26亿元，增长31.16%；一般性存款余额444.61亿元，较年初增加113.87亿元，增长34.43%；实现利润6.84亿元，同比增长23.91%。

1. 业务发展。①贷款投放。加大对省市重点建设项目、民生工程、战略性新兴产业、传统产业升级改造、中小企业的信贷支持力度，积极完善客户分层管理、分类营销体制，全面推行方案式营销、交叉营销、组合营销等方式，优化预审、尽职调查、审批等工作流程，较好地满足重点行业、重点客户的贷款需求。年末贷款余额350.49亿元，较年初增加83.26亿元，增长31.16%，贷款投放量和新增量居历年之首。②中小客户业务。加强渠道建设，与政府、金融机构、交易市场搭建各类合作平台十余个；梳理优化授信业务操作流程，通过简化模板、风险前置等措施，提高审查审批效率；坚持以核心企业为主导和以地域客户批量开发为主导的中小客户拓展策略，先后开发聊城钢管市场、泰安钢材大市场等集中性市场。年末，中小客户数340户，较年初新增293户，增幅623%，贷款余额17.21亿元，较年初增长14.36亿元，增幅为503%，新增量位居全行前列。③新业务拓展。加大对重点目标客户对公理财、贸易融资、中期票据业务的营销力度，强化培训和服务，促进创新型业务的快速发展，创造系统内多个第一。创新开发中信保项下买断型融资、结构性租赁保理融资、国内信用证项下融资转让、离岸出口押汇、应收账款池融资、“北汽福田”1+N供应链汽车金融融资等6个产品，为满足企业资金需求提供多样选择。

2. 内部管理。①强化运营支持。推进厅堂一体化建设，开展“微笑满厅堂，满意在浦发”等竞赛活动，提高员工操作标准化的整体水平；通过岗位轮换、强制休假、组织开展“飞行检查”等措施，进一步夯实运营内控基础；创新业务流程，上线存贷款账户迁移业务，并梳理包括贷款资金管理在内的业务流程10余个，为业务发展提供有力支撑。②强化风险保障。加大对重点行业、重点客户、重点业务的检查力度和频率，全年现场检查32户，完成信贷资金流向、政府融资平台等专项检查15项；通过分类排队、全面评价和定期督察，完成结构调整41户，涉及金额58.46亿元，超额完成调整计划。③强化案件防控。下发工作方案，签署目标责任书，组织风险领域案件排查，开展案防知识学习考核和建言献策活动；加强教育培训，开展“廉洁尽责宣传教育月”主题教育活动；组织两次安全保卫工作大检查，开展防抢演练和消防培训，优化升级技防设施等。全年未发生案件和重大安全事故。

3. 网点建设。积极推进机构规划、报批、筹建等工作，机构建设步入快速发展轨道。全年新开潍坊、临沂、济宁三家二级分行，邹平浦发村镇银行开业，东营分行获准筹建。

4. 企业文化建设。积极践行社会责任，组织开展“自行车城市总动员”大型公益活动，积极宣传低碳生活；组织员工赴敬老院、困难家庭慰问，送去关爱；组织“浦发银行之夜”等内容丰富、形式多样的公益宣传活动，树立良好的品牌形象。积极组织开展各种健康有益的文化活动，举办一年一度的迎新春文艺晚会，组织第三届职工运动会，举办“三八节服饰搭配讲座”等活动，丰富员工的文化生活。（燕　峰）

【中国民生银行济南分行】 截至年末，中国民生银行济南分行各项存款374.75亿元，新增133.7亿元，在民生银行全系统内排名第二；各项贷款余额265.3亿元，新增90.62亿元，新增贷款量居系统内第四；个贷余额49.56亿，增长近33亿；储蓄存款余额53.85亿元；中间业务收入1.3亿元，较上年翻一番；责任利润6亿多，比上年2.85亿元大幅增加。先后获“百姓最舒心银行”“最佳财富管理银行”“最具服务中小企业优势银行”“最佳贸易融资银行”“山东省金融服务卓越品牌”等多项称号。

1. 存款业务。积极响应总行“爱岗敬业尽职尽责”劳动竞赛，存款规模再上新台阶。济南全辖存款达到508亿元，成为济南地区首家存款、资产双双超过500亿的股份制银行，存款增量占到全市总增量的四分之一，占到股份制银行总增量的二分之一。积极搭建机构业务发展平台，成功获得省级国库集中支付代理资格、省、市两级财政非税收入代理资格、山东省财政厅公务卡业务资格，并直接带动财政类存款增长15亿元。充分发挥产品优势，运用交易融资等业务带动存款增长。全年分行存量交易融资客户72户，实现交易融资业务发生额65.5亿元，实现派生存款25.6亿元。

2. 信贷业务。密切跟踪山东省各项政策，重点支持基础设施建设项目；加强对行业和客户的细分，增加对优质客户的营销力度；以异地分支机构开业为契机，迅速抢占区域客户资源；对空闲授信额度在行内公开招标；对存量授信客户“贷后大检查”专项活动，密切跟踪重点关注客户，及时对客户结构进行调整，取得显著成效。年内，成功化解和规避几起险情，有效防范信贷风险，实现不良资产的持续双降。

3. 内部管理。加强制度建设，梳理现行业务流程及规章制度，及时废止、修改和完善一系列制度，理顺流程，扫清各种制度障碍。明确部门职能，理清岗位职责，实现分层次管理，建立高效的工作运行模式。开展增收节支活动，继续坚持费用投入向业务、向一线的原则，尽最大努力支持业务的快速发展。加强合规建设工作，被总行确定为“合规示范基地”四家试点行之一，两次组织资产客户集中大检查，并先后配合中国银监会、山东省银监局进行合规经营驻场检查；认真做好印章管理、办公秩序、行风行貌、异常行为监测、风控培训等相关管理工作，开展反腐倡廉警示教育、预防职务犯罪讲座等系列活动，员工的风险意识不断加强。截至年底，分行中小业务贷款、商贷通不良率均为0，对公大客户贷款不良率0.15%，远低于总行不良贷款水平，资产质量在省内银行业处于领先地位。山东银监局对分行经营管理状况的风险评估保持二级。

4. 队伍建设。引进优秀市场人才168人，管理营销力量得到充实。打造“齐鲁民生大讲堂”和“专心服务专心营销”公司业务等培训品牌，有效提升相关人员的业务素质；成立“民生50俱乐部”，为贡献突出的员工搭建良好的业务交流平台；建立管理人员后备人才库，建立梯形人才培养制度，为持续发展注入新鲜活力。（孙　霖）

【深圳发展银行济南分行】 截至年末，深圳发展银行济南分行存款规模为169.03亿元，较年初增加34.89亿元，增幅26.01%。其中，公司存款151.41亿元，较年初增加30.94亿元，增幅25.68%；储蓄存款17.62亿元，比年初增加3.95亿元，增幅28.94%。分行各项贷款（不含贴现）余额为112.72亿元，较年初增加23.22亿元，增幅25.94%。其中公司贷款（不含贴现）98.49亿元，较年初增加21.15亿元，增幅27.34%；个人贷款14.24亿元，较年初增加2.07亿元，增幅17.05%。

1. 公司业务。积极开展双主办业务，组织、推进以授信主办行带动成为企业结算主办行，明确银企关系定位，推动客户服务升级，全面提升公司业务结构。打造贸易融资优势品牌，多渠道、多手段加强营销宣传力度，积极组织参加政银企洽谈会、在辖内各地市举办离岸业务推介会20余场。截至年末，授信客户数645户，授信额度316亿元；其中，贸易融资客户数量194户，授信敞口56.12亿元，贸易融资授信户数和授信额度分别占授信总量的30.08%和17.76%，全年新增离岸客户108户。

2. 零售业务。组织多种营销活动，积极开拓市场。启动“网点飞跃”计划，以完善零售团队配置为基础、覆盖价值客户为核心、提高网点销售业绩和客户满意度为主要目的，倡导前线销售与服务新模式，在各网点建立起崭新的零售业务销售体系。加大经营性贷款开拓力度，及时调整经营性贷款的相关政策，加大对经营性贷款的支持力度，初步实现由低收益的房贷向高收益的个人经营贷转型。截至年末，零售中间业务收入425万，计划完成率147.36%。

3. 信贷资金安全。优化业务流程，围绕公司业务和中小企业业务进行研讨，提前部署客户服务升级计划，提升审查效率。支持业务创新，密切前后台沟通，主动适应市场变化，提高授信方案的合理性、实用性和创新性，在确保风险可控的前提下取得与他行的比较优势。成立零售信贷风险部，有效发挥服务市场、引导市场的作用，提高个贷业务风险防范水平。全年累计审批个贷业务3126笔，累计审批金额32.97亿元（含项目额度），累计审批出账1567笔，出账金额5亿元。做好不良资产清收工作，针对每笔不良资产的具体情况制定相应的清收策略，强化内控，细化管理，不良贷款余额由年初的0.33亿元下降到年末的0.28亿元。做好政府融资平台贷款清查。通过及时追加担保，积极开展“解包还原”工作，做到唯一基本覆盖类贷款5000万元的追加房地产抵押的增信，全额收回唯一高风险、关注类政府平台贷款990万元。截至年末，该类贷款余额由年初的20亿元减少到14亿元，户数由13家压缩到7家，且均为全覆盖中低风险类。

4. 内控管理。完善制度建设，加强合规审查。先后完成各部门提交的合规审查项目168项，提交业务咨询回复和工作建议377条，内容涉及组织架构、制度建设、操作流程、应急方案、新业务、新产品、合同文本等方方面面，有效发挥合规审查和咨询职能的作用。开展专项检查，加大监测力度。提高内部审计频率，扩大审计覆盖面，加强审计问题的整改督导，开展个人住房按揭贷款、信贷资金违规流入股市、操作风险、个人消费贷款、信用卡业务、票据业务等专项检查工作。加强培训教育，增强合规意识。开展“案防·合规”活动月、案防合规征文等活动，推动全员风险意识逐步提高。

5. 后台支持服务。实施积极人才战略，加快骨干队伍的培养，进一步完善对“领航计划”参与单位的考核细则，通过以老带新的方式，培养出一批合格的经营单位管理人员。加强系统流程管理，提升运营服务水平。建立规范化服务标准和统一的服务理念，建立服务主题现场会制度，调整网点营业大厅布局，优化服务环境，有效提升内外部客户服务水平，营业部获“2010年度中国银行业文明规范化服务千佳示范单位”、济南市“微笑服务”窗口等称号。建立后台运营与公司、零售、资金等条线的日常沟通机制，推动网点对公、零售营销转介工作的开展。截至年末，对公转介1165笔，零售转介40607笔。加强计划财务管理，开源节流并重。及时调整考核政策，提高预算执行效率，规范费用审批流程及开支，全面推动成本预算管理。加强行政后勤保障，进一步增强治安防范长效机制建设，提高技防、物防管理水平，全年安全运营。

6. 履行社会责任。开展“慈心一日捐”“泰山环保行”“爱心北川行”“捐书赠节能灯”等活动，不断强化“企业公民”意识。支持援建的北川安昌小学实验室、图书室于10月底启用。

（崔建伟　梁菲菲）

【齐鲁银行】 截至年末，齐鲁银行资产总额821.25亿元，同比增加203.9亿元，增长33.03%；各项存款余额656.93亿元，同比增加110.38亿元，增长20.20%；各项贷款余额421.53亿元，同比增加68.77亿元，增长19.49%；实现经营利润13.83亿元，同比增加3.20亿元，增长30.12%；不良贷款率1.12%，同比下降0.87个百分点；全年累计上缴各类税金5.12亿元。被省政府授予“山东省金融创新奖”，被市委授予“市级文明单位”“全市先进党委中心组”，被人民银行授予“2009年度反洗钱工作A级机构”，另获“新中国60年山东百家领袖品牌”“山东最具影响力金融企业”“2010年济南金融业最具品牌增长力企业”等称号。

1. 优化公司治理结构。完成成立以来的第6次增资扩股工作，资本金达到23.7亿元，是成立之初的9.5倍；顺利完成董事会、监事会换届，决策能力和审议水平持续提升；加强战略管理，制定2011～2013年新的三年发展规划；深化与澳洲联邦银行（CBA）的战略合作。

2. 推进转型改革。在市场营销、风险控制、运行管理、支持保障4个条线进行有益探索。进行管辖性支行试点探索；强化条线专业管理和考核，并进行准事业部制管理模式的探索；提升风险控制能力，强化操作风险管理。

3. 推进网点建设。第三家异地分行——青岛分行开业，天津北辰、华苑、津南支行，聊城高唐、开发区支行，济南商河、济阳支行相继开业，全行分支机构达到80家。围绕城市建设和新形成的经济聚集区，同步调整济南辖内6家机构地理位置，填补服务空白。

4. 加快结构调整。不断调整资产负债结构，全行各项指标均符合监管要求；持续加大存款营销，确保流动性充足；顺应监管要求，合理摆布贷款投放节奏，持续优化资产结构；持续优化盈利结构，走资本节约型发展道路。

5. 强化创新与市场联动。围绕核心客户群，搭建新平台，通过对商会、园区、社团、专业市场等开展综合批量营销、整体授信，实现错位发展；开发“诚信贷”小额信用贷款业务、“快易贷”等新产品，完善供应链金融产品体系；建立标杆银行跟踪研究机制，借鉴同业先进经验，及时跟进创新；实施品牌梳理策划项目，持续加大中小企业服务品牌的宣传；深化银企、银银、银政合作，推动业务快速发展。

6. 做好风险防控。对信贷制度、业务流程、合同文本、IT系统等进行调整，推动贷款新规的执行；强化贷后管理，切实防范信用风险；压降政府融资平台贷款，“解包还原”工作成效显著；密切关注和控制经营中的各类风险，及时预警，有效处置；强化不良资产处置力度，不良贷款余额、占比实现“双降”。

7. 启动流程银行建设。推进实施资金转移定价（FTP）系统和资产负债管理（ALM）建设，逐步推行全成本管理；成立科技运行中心、研发中心、运维中心，明晰工作职责；具备国内先进标准的资金交易室投入使用，搭建良好业务平台；实行信贷业务审批专业分工，提高审批水平；规范信贷档案管理，企业征信数据一致率居全国第1位，个人征信数据一致率居全国第2位；以信贷流程和柜面流程梳理为基点，启动流程银行建设。

8. 深化服务理念。搭建神秘访客监测、内部检查、客户满意度三位一体的服务监督、考核体系，持续规范服务标准；积极开展“银行业公众宣传教育日”活动，提升公众金融安全意识；加强节假日轮休期间规范服务管理，确保提供便捷服务；完善电子渠道建设，提升自助服务水平。（胡　静）

【山东省农村信用社联合社济南办事处】 截至年末，全市农村信用社各项存款余额444亿元，增加63.9亿元，增幅16.8%，市场占有率5.91%。各项贷款余额329.5亿元，当年净投放各类贷款40.4亿元，增幅达14%，市场占有率5.21%，存贷款规模稳居全市25家银行机构第5位。资产质量持续向好，不良贷款余额和占比持续双降。实现利润2.44亿元，年内上缴各项税金1.18亿元。省农信联社济南办事处被评为2009年度“省管企业文明单位”，润丰农村合作银行获山东省富民兴鲁劳动奖状，该行营业部获得省级文明单位称号。历城区农村信用联社营业部被评为济南市金融系统“微笑服务窗口”。

1. 支持区域经济发展。①发挥支农“主力军”作用，服务“三农”发展。推广实施“阳光信贷”工程，加大对“三农”的信贷支持，涉农贷款增长13.6亿元，实现增量不低于往年、增幅不低于各项贷款增幅水平的目标。开展以信用乡镇、信用村、信用农户评定为主要内容的信用工程建设，评选文明信用乡镇16个、信用村1593个、信用户37.8万户，给予信用农户利率优惠、贷款优先的便利，努力营造和谐、诚信的农村金融生态环境。贷款证贷款覆盖全市40%以上农户，农户贷款投放量占全市金融机构的80%以上，有力推动了新农村建设。以信用评定为基础，创新支农方式，推出村大联保体贷款、农民专业合作社贷款等产品，解决农民贷款难、担保难问题。采取“公司+基地+农户”模式，扶持涉农企业发展，转移农村富余劳动力，繁荣当地经济。②为中小企业和民营经济提供资金支持。引导城区机构细分市场，面向社区居民、中小企业、专业市场做好金融服务，年内投放中小企业贷款15.9亿元，支持中小企业182家。实施产品创新工程，将信用评定灵活运用于中小企业、专业市场和城市社区。针对市场需求推出中小企业信用联盟循环授信贷款、社团贷款等业务。润丰农村合作银行按照产品品牌化战略，推出“中小企业成长之路”“润丰幸福之家”“润丰创业之星”系列贷款及“润丰惠万家”社区居民贷款等产品。③扩大民生领域的信贷投入，积极履行社会责任。加大对弱势群体扶持力度，开展“青春建功新农村——百千万农村青年创业计划”和“信贷助推百万农村妇女创业行动”，发放贷款3.5亿元，支持农村青年、返乡农民工、农村创业妇女1.2万户，直接带动农村（社区）青年、下岗职工再就业12342人，转移富余劳动力5362人。参与全市“互帮互助携手共建社会主义新农村”活动，向共建对象提供致富技术、信息和资金支持，累计向146户村民提供信贷资金1334万元。

2. 提高服务质量。①实施网点规范化改造。调整和优化网点布局，完善网点服务功能，全市369个营业网点全部设立信贷专柜，推行“阳光信贷”服务，重要网点设置大堂经理，配置保安人员。按照建设精品网点的思路，逐步对重要营业网点开展规范化改造，增加排队叫号机、大屏幕电视、客户满意度评价系统、LED显示屏、室内灯箱和多功能服务终端等服务设施，设置VIP客户室和客户休息区，安装大屏幕电视、显示屏等便民设施，部分网点增设信贷超市，进一步提高服务水平。②加强规范化服务，提升柜面服务质量。开展“满意在农信”服务提升月活动和“微笑服务”活动，将服务前台作为展现良好形象的窗口，推行规范化服务、网点晨会制度，促进服务水平提升。③实施农村支付结算畅通工程。加强信息科技系统和支付结算网络建设，构建起遍布城乡、连通全国、便捷高效、安全畅通的支付结算体系。“齐鲁惠农一本通”将各类财政涉农补贴通过农信社直接支付到农民账户，发放数量已突破180万本，累计代发农村低保、粮食补贴等涉农补贴11亿元，代理业务量超过750万户次。全市农村信用社新发行“泰山卡”突破15万张，新发展特约商户428个，增设POS机507台，在乡镇（村）布设ATM等自助设备213台。为消除农村金融服务盲点，实施农民自助服务项目，安装农民自助服务终端75台。

3. 提升风险防控能力。开展“内控和案防制度执行年”活动，查找问题并积极整改。推进会计监督中心试点工作，长清农信联社会计监督中心成立并投入运行。发挥内部审计和会计的监督职能，全市累计投入审计人员668人次、1738个工作日，完成检查项目81个，提出整改意见614条。持续推进合规建设，开展合规知识教育，梳理规章制度，编印制度手册，组织全员开展《员工违规违纪行为处理办法》集中学习，举办高管人员合规培训班和“合规文化兴农信”演讲比赛，强化合规机制建设和合规意识培养。（王希恒　张莲蕙）

【概况】 1月22日，积成电子股份有限公司在深圳证券交易所成功挂牌上市，成为济南市本土成长起来的第一家上市软件企业。另外，山东高速发行短期融资券10亿元、银座股份定向增发12.13亿元、东港股份增发3.63亿元，重汽香港发行企业债券融资27亿元，全年新增融资额达到58.26亿元。

截至年底，全市区域内上市公司总数26家，股票28只，其中A股19只（沪市10只、深市9只）、B股3只（沪市1只、深市2只）、香港联交所5只、美国纳斯达克1只，累计融资总额折合人民币达到495.91亿元。上市公司总市值达到2480亿元人民币，有5家公司市值超过50亿（中润投资87.15亿、银座股份73.1亿、ST轻骑61.82亿、山航B61.2亿港币、石油济柴56.28亿），8家公司市值过百亿（山东黄金750.06亿、重汽香港231.92亿港币、华电国际220.73亿、山水水泥168.96亿港币、山东高速157.1亿、中国重汽115.9亿、九阳股份114.68亿、济南钢铁110.8亿）。

全市新增6家证券公司营业部和3家期货营业部，另有7家证券公司营业部在筹。截至年底，驻济证券公司达到29家、证券营业分支机构达到44家，期货经营机构达到14家。全年全市股票基金交易成交总量7865.7亿元，增长6.5%；国债现货交易量98.7亿元，增长57.8%。

【积成电子股份有限公司成功上市】 1月22日，积成电子股份有限公司在深圳证券交易所成功挂牌上市，成为济南市本土成长起来的第一家上市软件企业、IPO首发市盈率最高的上市公司、第一家享受首发上市政策奖励的公司（根据相关政策，积成电子成功上市将获得市、区两级共400万元的上市补助奖励）。公司股票代码002339，股票简称“积成电子”，股票发行价25元，发行数量2200万股，募集资金5.5亿元，上市首日开盘价33.50元，上涨34%。

（翟亚男）

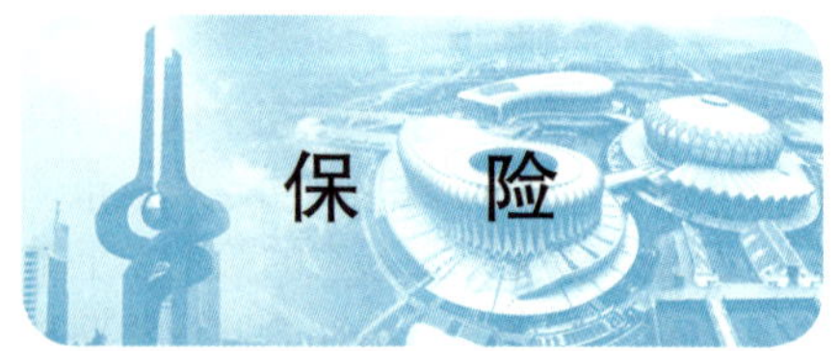

【概况】 全年全市保费收入首次超过百亿元，达到122.31亿元，同比增长29.34%，稳居全省（不含青岛）第1位。其中财险保费收入28.86亿元，同比增长30.06%，寿险保费收入93.45亿元，同比增长29.12%。

保险业全年共为全市承担了2.32万亿的风险责任。全年累计赔款与给付23.37亿元，同比增长0.93%。其中财产保险赔款支出10.93亿元，人身险给付12.29亿元。

全市共有保险公司主体60家，其中产险25家、寿险35家，合资保险公司12家。年内新开业保险公司4家，分别是海尔纽约人寿、英大泰和财险、浙商财险和招商信诺保险。（翟亚男）

【全省首家保险法人机构获批在济筹建】 4月28日，经中国保监会批准，同意由中国重型汽车集团有限公司、山东高速集团有限公司、山东省国际信托有限公司等16家公司共同发起筹建泰山财产保险股份有限公司，注册资本为人民币20.3亿元，注册地为济南市。公司的经营范围主要包括财产损失保险、责任保险、信用保险和保证保险、短期健康保险和意外伤害保险、国家法律、法规允许的保险资金运用业务、经保监会批准的其他业务。泰山财产保险公司是山东首家保险法人机构，实现了本土全国性保险机构零的突破。（翟亚男）

【济南市保险行业协会】 济南保险业全年共承保金额26915亿元，承保3712万人次，承保企事业单位9525家次；大力发展农业保险，承保种植业14.07万公顷、养殖业1.43万头（只），参保农户达40万户次。全市保费收入首次突破100亿元，除计划单列城市青岛外，济南市保费规模继续保持全省第一名。共上缴税金2.22亿元，通过承保交强险代征车船税6489万元。

在济南市保险协会的严格管理和积极协调下，济南新车保险承保秩序持续好转，统一规范的15个新车承保服务网点，为新车客户提供了“一站式”承保服务，全年共承保新车17万辆；由协会和济南交警共同管理的济南车险快速处理、快速理赔服务中心共受理、定损车辆6.4万台次；由山东保监局授权协会管理的济南市保险中介电子化考试中心，全年组织保险代理人基本资格考试284场，25039人次参考，16997人合格，通过率68%。全年受理信访投诉案件共53起，均在规定期限内完成调处工作，实现了客户、公司、监管机关和协会“四满意”。

1. 调整机构设置。年初重新整合成立客户服务、营销员管理、银邮代理业务、意外险、车险和非车险等6个专业自律委员会，每个委员会的主任委员均由协会副会长（公司总经理）担任，副主任委员均由协会常务理事（公司总经理）担任，其他委员均由各公司分管副总经理出任。

2. 召开自律协调会议。全年召开近20次各保险专业自律协调会议，制定出台8个包括非车财产保险、人身意外保险、学平险、银邮代理业务、营销员业内流动等专业在内的自律公约。对驻济各家保险公司开展机动车辆保险、银邮代理业务、保险营销员业内流动等经营管理工作，协会按照监管规定和行业自律公约，组织开展多次专项自律大检查活动，对11家存在经营管理问题的保险公司，依规依约进行处理和通报。

3. 提高车险理赔服务水平。与市交警支队联合在位于济南市区北部的济青高速公路零点处，建立济南车险快处快赔中心第三个服务点，并于9月份启用，进一步方便车险客户、满足济南车辆交通事故快处快赔需要。

4. 开展“四个率先”创建工作。自2009年开始，在全市保险业开展旨在率先在全省保险业实现“管理提升、秩序好转、业务发展、形象改善”的“四个率先”创建工作，对各公司创建工作，进行检查评比，共评出“四个率先”创建工作先进公司16家，先进部门、区县机构46个，优秀个人55名。

（丁 群）

【中国人民财产保险股份有限公司济南市分公司】 人保财险济南市分公司全年实现保费收入84815万元，同比增长13.71%；实收保费86206万元，同比增长11.95%；利润总额7007万元，同比增长26.75%；未决赔款准备金净额37892万元，本年提取12006万元，未决提取率51.32%，未决提取全年充足。为全市

3000多家企业、20多万户城乡居民、70万辆机动车提供财产保险服务，全年承担各类风险总额2110亿元，处理赔案14.31万件，支付赔款3.5亿元，其中，为广大农户支付农业赔款近2000万元，治安保险支付赔款100多万元；新增就业人员1100人，上缴各类税收1.1亿（含代缴车船税）。

1. 公司转型。①推进公司业务发展方式转型。牢固树立效益第一的观念，由外延式发展向内涵式发展转变，由片面追求数量转变为注重质量，坚持合规经营和有效益的持续发展，加快结构调整，将个人业务、直销业务、团队业务和政策性业务作为业务发展的主要增长点，大力发展电子商务。②推进盈利方式转型。提升承保效益，注重保单质量，保险经营回归承保主业；突出结构优化，强化内含价值，建立健全科学的业绩评价体系；强化风险识别与管控能力、减少理赔利益漏损，增强公司发展的内生动力。③推进经营管理方式转型。构建科学的管理体系，持续提升组织能力，降低运营成本，提高运营效率，实行精细化管控，人性化管理。④推进公司竞争方式转型。由单纯的价格竞争转为资源与能力基础上的综合实力竞争，由对抗竞争变为合作竞争，摒弃恶性竞争，杜绝内部竞争，向理性竞争转变。⑤推进公司服务方式转型。由单纯卖保险产品转为向客户提供全面风险管理，将保险文化融入到服务中。

2. 基础管理。①结构调整。建立定期市场分析制度，加强市场调研，加快结构调整，强化政策激励，优化资源配置，推动公司以增量调存量，以存量调结构，车险业务本着调大、调强、调优、调好的原则，推进车险创利模型。②销售队伍建设。推进营销举措，实施人才稳定引进及拓展战略，有效吸纳社会、同业优秀销售人员和销售团队；贯彻总公司《营销员管理暂行办法》，全面推广销售积分管理软件，以积分管理为依托，明确客户经理层级和晋升通道，健全销售人员退出与转换机制，打造制度化、透明化的职业发展平台；加大培训力度，加强销售讲师队伍建设，推广销售培训标准课程体系，着力提升销售技能与产能。③专业化团队建设。坚持“团队业务专业化、个人业务渠道化”，建立大客户市场分布图和信息维护机制，整合集中性业务经验和资源，打造黄金客户专业团队、大行业系统渠道维护团队、专管专营团队、产品线专业团队，大项目开拓专业团队、机关直属专业团队、综合销售团队，全年销售团队、专业团队、直销团队数量要达到160个。大力推行专管专营，杜绝“资源内耗”和“团队业务私有化”。④全方位销售网络构建。完善直销、电销、营销、中介、交叉销售渠道，根据细分市场的客户价值，确定相应的销售渠道、销售模式和销售政策。⑤推行分级、分段、分片、分线承包制，社区实行责任制，系统实行派驻制，大客户实行经理制，渠道实行维护制。

3. 效益管理。①车险管控。实施车险盈利强制管控，加大对关键指标的管控力度，全面推行预算、执行、监控三大环节相互衔接的“车险全流程闭环管控模型”。建立车险盈利分级模型、车险发展支持模型、盈利模型。按照成本倒逼的原则，严格车险承保定价管理，加强过程监控，切实优化车险风险结构。坚持总、省公司的各项承保政策，实行差异化资源配置和管控政策；对异地业务，尤其是跨省异地业务，严格审核报批；对“黑灰名单”业务，及时准确录入，严格把关；对超权限的报批业务，一律按照程序报批。加强对交叉业务的管控，设置交叉率管控明细表，每日更新，提高优质业务的续保能力，降低内部交叉比例，减少公司资源内耗。严控承保折扣率，增加单车保费充足率，提高单车抵御风险的能力。②理赔管理。降低案均赔款，查实案件数量，挤压案件水分。提高现场查勘率，减少理赔漏损，规避道德风险。实施分类、分级核损，提高专业化水平，建立理赔质量反馈承保管理机制，反向促进承保质量提升，利用远程核损系统和3G查勘终端提高智能化管控水平。整肃理赔队伍，实行理赔责任制、终身负责制、连带责任制，完善总经理理赔值班制。推行全辖赔付率考核，加大理赔质量考核，计件考核，把工质、工量、工效考核落到实处；推行阳光理赔，依法理赔，廉洁从业。全面推行赔款划卡支付，减少中间流通环节。③集约化管理。集中公司人力、物力、财力、管理等生产要素，进行统一配置，推动公司降低成本、高效管理。加大物力、财力管理的透明度，推行竞标、招标制度。成立监督、监控、事后评估机制。④财务管控。严格执行“财经纪律十五条禁令”，完成财务巡查；持续跟踪“无现金收付”工作；加强费用成本管控，实行精细化预算管理，强化利润形成环节的过程管控；办公性费用支出要严格按照程序；全面实现阳光财务，加大资源分配与效益指标挂钩力度；全力推行经营绩效考核、费用考核、经理收入考核、经理工程系列考核；推行公开、公平、公正、以业绩论英雄的费用配置模型和费用管控模型、创利模型、资源配置模型、业务发展的效益模型；增收节支，把有限的费用倾斜一线发展。

4. 风险防范。①建立全面风险管控体系。强化风险关键点和着力点的管控，建立风险管控责任人制度。②强化财务风险管控。完善财务人员派驻制，严格执行银行账户设立审批制度、银行对账制度和资金收支两条线管理，加强对资金流向和使用情况的跟踪监控。③强化经营风险管控。建立风险管控模型，坚决执行见费出单和无现金支付；加强应收保费管理，推行应收保费管理的终身制；按照“量力而行、规范经营、风险可控、支农惠农”的经营原则，积极稳妥地发展农险业务。④建立完善纪检监察制度，对违规经营的人和事严格追究责任。⑤加强数据质量管理。落实总公司“数据管理元年”要求，严格落实数据录入管理规定，保证数据源头的准确性；加强数据日清日结管理，确保公司各项数据的真实性、规范性、及时性和准确性。严格落实《数据管理责任状》。

⑥控制道德风险。完善理赔预警和监督机制，开展“理赔回头看”活动工作；建立赔案审批责任终身制，加强反欺诈工作，逐步建立反欺诈专业队伍。

（刘　瑶）

【中国人寿保险股份有限公司济南市分公司】 截至年底，中国人寿保险股份有限公司济南市分公司实现总保费（含集团）24.7亿元，其中股份保费24.04亿元。长险首年保费12.37亿元，长险首年期交保费4.62亿元，同比增长24.23%；十年期及以上首年期交保费9202.84万元；5~9年期首年期交保费1.55亿元，同比增长107.07%；短期险保费1.24亿元，同比增长11.1%。2010年底公司总体市场份额29.23%，牢牢占据行业发展领先地位。

1. 销售渠道建设。着力统筹寿险、团险和银保三大销售渠道，明确销售渠道职责定位，加强制度经营，扩充有效人力，持续优化销售队伍结构，扩大中高绩效群体占比，筑牢夯实发展根基。个险渠道持证人力、有效人力达到5548和3110人，较年初增加100人和1282人。实现寿险首年期交保费2.42亿元，其中5年期以上首年期交保费2.12亿元。银保渠道专管员和理财经理达到328人和488人，实现寿险首年保费9.65亿元，其中首年期交保费2.11亿元，同比增长41.72%。团险渠道销售队伍达到120人，实现规模保费2255.68万元。

2. 内部管控。推广实施内部控制标准工作方案，启动风险管理与内部控制系统建设，明确风险管理职责，完善风险管理流程，科学评估各类风险，风险管理由被动防范向主动控制转变。认真履行反洗钱法律义务和责任，做好反洗钱各项工作。深入开展“法律规章制度落实年”和“诚信我为先”活动，加强关键岗位员工教育和销售人员诚信合规教育力度。加强风险预警机制建设，对存在风险的部位和环节进行分析评估，有力防范和化解经营风险。

3. 品牌形象建设。精心策划品牌宣传，累计投入宣传资金307万元，组织在主流媒体刊发新闻稿件120余篇。在巩固主流新闻宣传阵地的基础上，实施“五个一”项目，即加大户外广告投放，打造一条灯箱街，投放一路公交线，安装一批显示屏，设置一组立柱牌，亮化一座办公楼。切实加强产品宣传模式创新，深入挖掘产品特点卖点，使公司成为潜在客户的“第一联想”。延伸客户服务的深度和广度，组织开展客户节送保险、“国寿深呼吸长清采摘活动”“国寿大讲堂”等“牵手国寿”系列客户服务活动。做好国寿“鹤卡”发放工作，使更多的客户凭借“鹤卡”享受国寿增值服务，全年累计发放18万张。

（张　展）

【中国太平洋财产保险股份有限公司济南中心支公司】 截至年底，中国太平洋财产保险股份有限公司济南中心支公司总体入账保费34478万元，同比增长39.86%。其中车险入账保费27328万元，同比增长34.23%；非车险入账保费7150万元，同比增长66.59%。全年支付赔款11536万元，代扣车船税1729万元，上缴营业税1900多万元，实现就业人数近300人。

1. 业务发展。①加强与上级公司及监管部门的协调和沟通，每月定期召开业务调度会议，针对上月的业务发展状况，分析当前市场形势，及时安排部署下月的工作重点。②在车险业务方面，提升车险精细化管理水平，完善车商渠道整合方案。全年4S店渠道业务（剔除在新车共保投保的业务）实现保费收入4400万元。加大电话销售力度，成立专业电销团队，探索利用先进的业务拓展手段，使电话销售成为新的业务增长点。③大力发展非车险业务。开展营销竞赛，激发员工积极性。维护与各系统业务单位、代理业务渠道的关系，充分利用与中介代理机构的良好合作关系，发展渠道非车险业务。加大对重大项目特别是招投标业务管控力度，公司直接参与，统一运作，提高工作效率和重大项目运作的成功率。全年保费超过5万元以上的项目续保率达到95%，特别是济钢集团、山水集团等重大项目，在市场竞争非常激烈的情况下成功续保。加强对新保大项目的公关力度，承保了济南铁路局货运险、光大代理工程机械财产险等重大项目。

2. 理赔管理。制定和完善理赔管理规章制度，如现场查勘实施细则、赔案流转及归档制度、理赔日常管理考核办法等，明确岗位职责，加大制度执行力度和考核力度，提高服务质量，落实服务承诺，使服务质量和服务效率都得到有效提高。加大小额赔款现场赔付力度和跟踪力度，提高小额赔案的结案速度，加强赔案的调查力度，同时，对赔案互查、督察、回访过程中发现的问题及时整改，并制定了相应的奖罚措施，加大对疑难及重大案件的复勘和回勘力度，加强核损环节管理，防范前端风险。开展查勘定损质量管控竞赛活动，赔案质量明显提高。

3. 财务管理。建立健全以综合成本、业务进度、经营质量等为主要经营指标的财务预算管理体系，充分发挥费用对业务发展、利润监控的杠杆作用。加大成本费用的管控力度，保障各项费用支付的合理性和真实性。着重从流程入手，从影响成本的各个因素出发，密切跟踪承保、理赔、预算管理、行政管理等各个环节，集聚成本管理的合力，实现标本兼治。开展厉行节约活动，从日常中的用电、用水、办公耗材等小事做起，严格控制行政费用，认真审核每笔开销，压缩经营成本。

4. 合规管理。加强基础管理工作，健全完善业务考核体系，规范各项业务流程，坚决杜绝违规行为。组织全体员工认真学习总分公司、山东保监局的有关合规经营文件及反洗钱相关要求，适时开展依法合规经营、反洗钱主题教育活动。密切关注监管动态，根据监管动向自觉地在公司内部开展自查自纠，各类风险隐患和薄弱环节得到及时防范和纠正。积极参与济南市保险行业协会自律公约签署、履行、检查、评议活动，并自觉带头履行自律公约，规范竞争行为。（刘海芳）

【中国太平洋人寿保险股份有限公司济南中心支公司】 截至年底，中国太平洋人寿保险股份有限公司济南中心支公司实现保费收入5.64亿元，同比增长21.1%，其中核心业务16772万元，同比增长44.6%。综合实力和市场规模稳居济南市场前三名，在山东分公司系统内位列第二名。

1. 业务发展。①个险业务。以四、五级机构的全面建设和达标为核心，以组织发展和人力的快速增长为主线，以城区突破为重点，以稳步提高专兼职讲师、组训和主管队伍的专业素质为抓手，强力推动业务发展。借助公司上市契机，3月单月保费突破600万元，顺利完成分公司下达的任务目标。大力推动组织建设，实现团队人力转换，第四季度累计增员300多人。②团险业务。确定以经营效益为中心的指导思想，继续保持“安贷宝”、乘意险、航意险独家经营局面，建工险、旅游险等其他渠道业务得到同步发展。意外险保费规模在济南市场占比达44.7%，继续稳居第一位。在稳固业务渠道的同时，不断创新经营实践，分红险业务取得突破，实现保费795.7万元。③银保业务。将工作重点放在渠道资源挖潜、城区业务突破、产品结构优化和绩优人力增长方面，通过各种经营措施的创新、实施和强化，实现整体业务的跨越性发展。在山东分公司举行的季度业务竞赛活动中，银保渠道以二、三季度第一赛区第一名的好成绩获得渠道赛区“乘风破浪奖”银杯。全年累计实现保费收入31357.7万元，年度达成率102.1%，位居全省第二位，提前完成分公司下达的年度任务指标。④续收业务。以13个月、25个月继续率指标的提升、达成为牵引，实施标准化团队建设，提高续期管理水平，超额完成续收业务指标。全年营销自定续收计划12258万元，实收保费12367万元，计划达成率101%，较分公司续期计划超额增收保费192万元。在山东分公司续期渠道一季度“开门红”业务竞赛活动中，续期条线荣获渠道“进步奖”。

2. 客户服务。秉承“一切以客户感受良好为标准”的服务理念，创新理赔服务模式，优化理赔服务流程，搭建网络信息平台，提高理赔服务水平。出台“理赔服务十大举措”，建立理赔快速反应机制、理赔透明服务机制、理赔重案处理机制、理赔品牌宣传机制、理赔监督协调机制等各项制度，为客户战胜疾病、克服困难提供重要保障。

3. 财务管理。以控制财务支出、找准经营基点为主线，充分发挥财务预算的控制、管理、分析职能，结合年、月度预算，每月对上月度业务预算执行情况、市场份额占比情况、财务预算执行情况进行详细分析，为业务发展提供重要参考依据。财务整体状况较上年取得根本性改善，在前三季度总公司经营等级评定中，济南中心支公司由甲B公司晋升为甲A公司。

4. 内控管理。完善制定61个内部管理规章制度，为日常内部管理和运行提供制度依托和保障；强化干部队伍建设，提高干部整体素质；加大对外宣传投入，提高公司的社会知名度，充分借助各种宣传平台和信息渠道，公司全年共发表各种新闻稿件近百篇，在市协会及分公司均位居前列。 （潘志勇）

【中国平安财产保险股份有限公司山东分公司】 中国平安财产保险股份有限公司山东分公司全年实现保费收入145541万元，同比增长68%，实现利润19082万，承保利润率为17.7%，各项指标达成优异，成功实现规模与品质双丰收。

1. 服务创新。应用先进技术，提高理赔效率。率先采用手机定损、远程视频定损、GPS定位等先进手段打造高科技移动综合理赔平台，极大地提高了查勘理赔工作效率，提升了服务水平，节省了客户理赔时间。细化服务流程，规范服务体系。坚持以“客户为中心”，将整个服务流程细化分为门店、送单、现场查勘、咨询投诉等九大客户接触点，建立客户接触点服务规范体系，并组织各项基础服务大奖赛以推动其落实。

2. 队伍建设。选拔年轻骨干到三、四级机构挂职锻炼，同时招募新人充实三、四级机构市场岗、综合管理岗等关键岗位，通过持续的人力配置，驱动三、四级机构快速发展。强化干部队伍的各项培训工作，邀请德鲁克学院讲师为中层干部讲授《创新与领导变革》，培养创新思维和变革能力，组织责任追究监管法律法规考试，三级机构召开各项关键会议案例培训及《做正确的事与正确的做事》心得分享。重视新员工的岗前培训，启动英才工程，举办管理型渠道英才班及后线英才班，为分公司长期发展储备优质人才。推进公司文化建设，打造学习型组织。组织分公司各部门每周进行内部学习活动，每月举办“群英大讲堂”，并通过邮件形式每周学习一则管理格言，全力打造浓厚学习氛围。

3. 四级机构发展。狠抓四级机构负责人行为过程管理，全辖推广包括电话礼仪、邮件礼仪、晨会检查、周志等四级机构负责人规定动作，基础管理动作落实到位率大幅提升。制定四级机构个人渠道各层级干部员工的规定动作，并进行相关人力配置，全面推进四级机构个人渠道的发展。组织“平安金鹰”四级机构负责人培训班和关键岗位技能提升培训，全面提升四级机构负责人管理水平及关键岗位人员的工作技能。

4. 车险经营。不断调整完善政策，提升车险定价、业务选择和拟定政策的能力，针对团车建立专业的风险查勘机制，在全国率先推进团车自动核保。完善预测管理，对业务平台、赔款、报案量等状态和走势日常严密监控，对未决管理进一步细化，确保持续健康。提升车行渠道存量业务的合作深度与新网点的拓展，重点利用总对总项目开拓新车行网点。

5. 合规管理。设立稽核监察部负责事后稽核，办公室设有法律合规室，负责事前和事中合规审核，由总经理室成员带队分组针对重点机构、重点领域开展专项常规审计。推进四级机构零现金管理制度和赔款直接支付客户制度，强

化对三、四级机构的垂直管理，重点抓执行力建设，强化对保监局和总分公司各种规章制度的贯彻落实。（陶 鹏）

【中国平安人寿保险股份有限公司济南分公司】 中国平安人寿保险股份有限公司济南分公司全年实现保费收入16.7亿元，同比增长32%，市场占有率达到21%。其中，个险总保费收入16.5亿元，连续两年稳居市场第一。

1.推进结构调整。在保费规模稳步增长的同时，注重发展内涵价值高的业务，坚持效益导向，个险期缴保费占比达到91.6%，保障型业务得到大幅提升，公司业务结构也更加合理。

2.改善保单品质。全年累计13个月保费继续率达90.9%，25个月保费继续率达95.1%，续期保费收入达19.0亿元，较上年增长29.7%，客户综合服务满意度92.43%，理赔客户服务满意度93.6%，均处于业内领先水平。

3.提高客服水平。不断升级客户服务模式，电子化渠道更加畅通，推出"保单E服务"，让广大客户足不出户便能进行包括保单基本资料查询、保单还款、投资账户转换等20余项保单自助服务。9月在行业中率先提出"超期理赔支付利息"的承诺，对超过30日结案的个人寿险理赔案件，公司将支付超期利息。全年10日内理赔结案率达到96.3%；豁免保险费1073万元，较上年同期增长8.6%；死伤医疗给付9736万元，较上年同期增长30.1%。2005～2010年累计赔款支出36209万元。

4.首推移动展业新模式。将现代科技和保险销售结合，首推金领移动展业新模式，将无纸化、电子化的低碳环保理念付诸实践，在国内乃至国际人寿保险销售领域均处于领先地位。

5.积极履行社会责任。与中国青少年基金会联手，出资30万元在菏泽单县兴建希望小学；积极倡导绿色低碳生活理念，组织大型公益健康跑活动，约6000名客户参加；为期4个月的以"绿色承诺平安启航"为主题的平安第15届客服节成功举办健康讲座、少儿才艺大赛、知识竞赛、社区活动、世博夏令营等主题活动，将绿色承诺传递给千家万户。继续开展精英大学生励志计划，全市有50余篇评论参评，其中有5篇获奖，在高校中产生较大反响。（张力韦）

【太平人寿保险有限公司山东分公司本部】 截至年底，太平人寿山东分公司本部期末有效承保金额125.7亿元，较上年同期增长50%；实现原保费收入2.84亿元，同比增长89.7%，其中新单保费1.67亿元，同比增长132.64%；寿险保费收入2.51亿元，同比增长106%；健康险保费收入2837万元，同比增长17%；意外险保费收入437万元，同比增长11%。

1.推动内涵式发展。各业务条线以推动和落实核心业务价值为导向，积极发展传统保障型产品和10年期及以上长期期缴产品，全年分公司本部长期健康险、意外险、定期寿险的保费收入分别为1958万元、437万元、120万元，分别较上年同期增长15.6%、11%、12%；10年期及以上新单期缴保费收入5339万元，占全部新单期缴业务收入的82.5%。分红寿险保费收入2.43亿元，较上年同期增长123%，在总保费中的占比85.6%；各项业务的新单期缴保费合计6723万元，较上年同期增长56%，新单期缴率40%。个人渠道业务保费收入1.39亿元，较上年同期增长44.95%，在总规模保费收入中占比48.9%。

2.业务品质管理。进一步完善品质管理制度和办法，针对银险开展大单犹豫期回访及面访，强化新契约前端风险管控，提高业务品质；针对个险开展低继续率、诚信档案人员承保前回访、成立大单客户服务小组，下发《交单同步交费》《个险代签名管理规定》《个险犹豫期退保管理规定》等；理赔方面下发《关于规范二核不续保案件及拒赔案件告知流程的通知》《关于理赔案件即时受理日清日结的通知》，规范案件通知流程，确保新《保险法》要求的落实。个险累计13个月、25个月继续率为92.8%、95.9%，银保13个月、25个月继续率为92%、94.8%，均较上年同期有所提升。退保率3.3%，较上年有所下降。

3.客服管理。在继承传统服务项目的基础上，不断推陈出新，为各运营柜面配发二代身份证阅读器并定制太平版身份证鉴别软件，防范假冒付费风险的同时，方便客户身份证件的复印等；成立VIP客户俱乐部，为高端客户提升附加值服务；开展"客户服务季——让您的保单有个温暖的家"活动，核对客户的通信方式及邮寄地址，提高为客户发送分红通知书、续保提示等的邮寄成功率。

4.服务地方经济。截至年末，公司期末有效承保客户数26万余人，较上年同期增长37%，期末有效保单件数74134件，较上年同期增长26%。各项赔款给付共计2096万元，其中赔款支出800万元，较上年增长15%。为259人次提供就业岗位，其中内勤岗位22人次，外勤及个险代理人237人次。

5.服务"新农村"建设。着力推动县域业务开拓，在保障和改善民生同时，在长清、章丘等地的县域保费收入分别为456万元和757万元，较上年同期分别增长31%和49%。（王海霞）

责任编校 张 阳

【概况】 2010年，济南铁路地区运输站段干部职工坚持安全生产、客货运输和基建施工两手抓、两不误。安全生产上，济南西车站在抓好接发列车、调车作业安全的同时，重点盯控高铁施工安全关键，保证了行车和施工安全；济南、济南西机务段加强机车的保养维修，确保机车出库牵引“零故障”；济南车辆段切实做好动车的精检细修，保持动车组完好“出征”；济南电务段强化信号设备安全管理，防止由于设备不良出现红光带。在旅客运输中，大力抓好旅客春运和暑运工作，加强旅客售票和送票上门服务，动车组列车做到趟趟满员不超员，对探亲、旅游、世博、打工、学生等重点客流采取加开临客和加挂客车等措施，重点确保，优先开行。年内，济南火车站发送旅客1456万人，比上年增加142.5万人，同比增长10.8%。在货运方面，坚持“大客户”战略，对济南钢铁集团、中石化济南炼油厂、埠村煤矿等重点工矿企业的到发物资优先运输，不仅提高了铁路货物运输总量，而且支持了工矿企业的扩能生产。济南车务段针对严寒冬季精煤、矿粉容易冻结难卸的实际，成立站、企突卸工作机构，实行“黄、橙、红”三色警戒等级管理，分别制定突卸预案，开展卸车包保，落实到人，防止待卸车积压，通过抓卸车，保证了装车。

【春运】 济南火车站客运部门在春运中，严把“四关”：严把设备设施运行关。对查危仪、电梯、售票微机、消防设施、照明、防火防爆等设备设施进行了一次拉网式检查；严把危险品检查关。对旅客携带的大包、小包检查一个不漏，旅客安检一人不少，严防危险品进站上车；严把应急处理关。制定车站春运应急处置预案，防止列车超员；严把计划售票关。客运部门抽调人力，到山东大学、山东师范大学等大专院校向师生售票，方便学生乘车回家。充分挖掘动车运输潜力，旅客爆满时及时进行客车加挂583辆，开行临时旅客列车127列，共发送旅客1513002人，比上年春运增长11.8%。

【抗震救灾物资运输】 4月18日19时，济南西站接到济南铁路局调度通知，挂有到达青海玉树抗震救灾物资的电货抢86242Y次列车，列车在站停留时间仅有25分钟，时间紧，任务重，车站接车、货检人员提前出动，车站联系济南西机务段牵引机车提前出库和济南西车辆段列检进行双班检车，确保了抗震救灾货物列车提前开出。4月20日，济南站接到8000件救灾棉衣要在第二天上午发往玉树灾区的任务后，立即启动救灾物资运输紧急预案。21日上午发货单位将救灾物资送到站后，从装运、调车作业到救灾物资车辆快速编入抢52206次货物列车，整个过程用时不到90分钟，为抢险救灾物资及时运出赢得宝贵时间。

【济南机务段推进客车单司机值乘改革】 济南机务段客车一直为双司机值乘，10月29日，根据济南铁路局要求，济南—徐州间14对旅客列车实行单班司机值乘，在总结经验的基础上，于11月20日又有8对旅客列车实行单司机值乘。至此，济南—徐州间22对旅客列车全部实行了单司机值乘。客车单司机值乘改革不仅加大了劳动强度，而且增加了安全风险。为此，段对单班值乘司机进行了全面体检和技能培训考试，经综合考核合格后方准上车单班值乘。通过乘务改革，既提高了劳动效率，又保证了行车安全。

【京沪高铁西客站工程进展顺利】 截至年底，累计完成投资147179万元。①站场工程：基床表层级配碎石填筑13.74万方，铺设道岔45组，站台墙浇注5100米，站线铺轨6公里，站台填土14.5万方。②站房工程：主体工程全部完成；安装工程中给排水、消防、采暖、通风等管道完成过半；装修工程中高架候车室工作量完成80%，南北立面玻璃幕墙龙骨完成，主站房部分外墙装饰完成，屋面工程A、E两端完成，B、D段完成压型板，内装部分和吊顶及墙面装饰龙骨完成，采暖地面防水和保护层完成，站台无柱雨棚完成。③联络线工程：路基土石方和桥涵主体全部完工，架梁759孔，换铺长钢轨37.5公里，桥面完成工作量的90%。④济南站改工程：地区车场以南京沪三线、四线开通，中咽喉信号楼工程完工，客整小1股线路、信号、电牵改造完成。

【京沪高铁济南黄河特大桥建成】 京沪高铁黄河特大桥位于山东省济南市境内，全长5143.4米，包括主桥、北引桥和南引桥。特大桥距上游济（南）—德（州）高速公路杨庄大桥约3公里，距下游泺口黄河铁路特大桥约11公里。京沪高铁黄河特大桥主桥为4线高速铁路桥，主桥钢梁部分全长728米，结构形式为下承式、等高度、连续、刚性梁柔性拱。

京沪高铁济南黄河特大桥是北段重点、难点控制性工程之一，由中国铁道第一工程局集团承建。2008年8月10日开工建设，2010年4月14日合龙。

【京沪高铁济南段铺轨竣工】 见“经济综合与管理·发展和改革工作”分目

【德大铁路济南段开工】 见“经济综合与管理·发展和改革工作”分目

【邯济铁路双线与电气化开工建设】 为进一步发挥铁路路网整体功能效益，增强晋中南、冀南和胶东半岛铁路、港口运输能力，铁道部、山东省和河北省决定共同投资，对邯济铁路进行双线建设和电气化改造。山东省境内自馆陶站—焦斌站，涉及济南市境内段为桑梓店站—北园站。邯济铁路双线建设与电气化改造工程于2010年9月26日开工，建设单位为邯济铁路有限公司，施工单位为中国铁道第十六工程局和中国铁道电气化工程局。

邯济铁路跨京沪铁路特大桥工程于12月12日开工建设。该特大桥位于邯济铁路新扩能改造二线绕行地段，分别跨越既有京沪铁路和京福高速公路。铁路特大桥由3条半径分别为800米、700米、1200米的曲线构成，整体呈S型，全长4.94公里，共有155个墩台，桥孔跨为预应力钢筋混凝土梁结构，工程造价1.5亿元，由中国铁道第十工程局施工，工期两年。 （蒋汉生）

公路运输及城市客运

【概况】 至2010年末，全市有营业性公路客运车辆4598部、126268个客位，分别比上年增长9.8%、3%。其中，大型客车1959部、81131个客位，分别比上年增长59.66%、50.77%；中型客车1586部、40141个客位，分别比上年下降34.2%、40.4%。全年完成客运量1.28亿人次，客运周转量138.5亿人公里，分别比上年增长13.4%、下降4%。客车营运线路638条，其中省际线路147条，市际线路192条，县际线路174条，县内线路125条。

纳入交通部门管理的营运出租车8867部，全年完成客运量21622.8万人次，运营里程100955万公里。

营业性载货汽车100038部、364894个吨位，分别比上年增长8.25%、11.87%。其中，普通载货汽车80030部、324935个吨位，分别比上年增长26.6%、34.32%；专用载货汽车2017部、22862个吨位，分别比上年下降6.8%、增长3.2%；全年完成货运量13029万吨、货运周转量2315308万吨公里，分别比上年增长10.2%、12.0%。

全市公路通车里程（含村路）11611.4公里，比上年增长2.3%。公路密度为每百平方公里145.16公里，比上年增长4.6%。高速公路通车里程346.7公里，同比增长1.02%；一级公路通车里程440.7公里，比上年增长10.26%；二级公路1069.1公里，比去年减少3%。全市国、省道综合好路率达92.16%，比上年提高10.43%。

纳入行业管理的机动车维修业户1765家。其中，一类业户39家，二类业户601家，三类业户1125家。机动车驾驶培训机构49家。其中，一级21家，二级28家。

完成交通固定资产投资11.1亿元。其中，公路基础设施完成投资7.06亿元，公路场站基础设施完成投资2.96亿元，公路运输部门完成投资1.09亿元。

全市道路专业运输企业没有发生重特大安全责任事故，全市水上运输生产实现零死亡，交通行业安全生产保持了持续稳定的良好局面。

（康学兵　刘广生）

【济南建邦黄河大桥建成通车】 见“经济综合与管理·发展和改革工作”分目

【山东交运平阴客运中心投入使用】见“区县·平阴县”分目

【济商高速放线埋桩】 见“区县·商河县”分目

【城市公交】 截至年底，拥有公交营运车辆4009部，从业人员11100人，营运线路188条，运营线路总长3317.7公里，公交线网长度1051.5公里，全市万人拥有公交车标台数达到17.85标台。完成营运行驶里程18794万公里，较同期减少265万公里，降幅1.39%；完成客运量84446万人次，较同期增加4053.28万人次，增幅5.04%；全年开辟线路1条、临时区间线路2条，恢复线路1条，停运线路1条，优化整合线路45条，填补空白里程12.7公里，新增月票发售点1处。全年购置新车123辆（其中混合动力新能源车100辆），淘汰车辆83辆，大修车辆181辆，提升了车辆环保水平和技术状况。启用公交热线96190短号码，进一步方便市民识记和拨打。继续推行“星级管理、星级服务”制度，深入开展“温馨公交系乘客、微笑服务铸品牌”系列活动，一线驾驶员挂星率达87.1%，有158条线路达到星级线路标准，乘客满意率达94.76%，市公交总公司获“济南市二十佳文明服务窗口”称号。节能减排取得良好效果，全年综合节约能耗折合标准煤1785.2吨，减少碳排放4450.49吨。济南公交以强化服务推动创先争优，取得明显成效。2010年济南市公共交通总公司连续第四次获全国“安康杯”竞赛优胜企业称号，并获交通运输部“车、船、路、港千家企业低碳交通运输专项行动先进企业”“中国绿色公交卓越贡献奖”“全国公交行业信息化应用示范单位”“济南市信息化应用先进集体”“中华见义勇为基金会第一届至第五届全国十大见义勇为好司机评选表彰活动单位奖”“济南市城乡牵手、文明共建先进单位”“济南市建功立业先进集体”“济南市最具爱心企业”“济南市企业管理状态AAA级企业”等称号。

（康学兵　刘广生）

【城市客运出租】 截至年底，主城区出租汽车数量为8043辆，从业人员15000余名，经营企业36家，年营运行驶里程8.8亿公里，年客运量1.95亿人次。全年更新出租车553辆，彩色出租车数量达到了全部在运车辆的82%。投资近30万元，分别在火车站、飞机场设立出租车服务监督亭，实现了24小时监管。换发第二代出租汽车驾驶员电子资格证15101件。发放燃油补贴4300万元，减轻了出租车驾驶员的营运负担。成立由交通、公安两部门组成的联合执法队伍，集中开展客运出租市场清理整顿专项活动，打击非法营运车辆342辆，规范了客运出租汽车市场秩序。开展出租汽车行业“讲文明、树品牌、优质服务达标年”活动，提高服务质量，促进行业文明创建。举办“的士欢乐周”“迎新辞旧看电影”等活动，丰富了出租车从业人员的文化生活。

（康学兵　刘广生）

【概况】 2010年济南国际机场全年保障各种起降69130架次、安检旅客379.22万人次，同比增长8.7%和17.8%，比“十五”末增长98.39%和124.31%，年均增长14.1%和14.2%；客货吞吐量分别完成689.89万人次、7.02万吨，同比增长17.9%、24%，比“十五”末增长125.64%、104.07%，年均增长17.67%、15.33%；实现收入4.39亿元，同比增长20.7%，比“十五”末增长136%，年均增长18.74%；实现利润总额1.02亿元，比“十五”末扭亏增盈1.29亿元。

【“十一五”发展主要特点】 “十一五”时期，是济南国际机场转场运营、快速发展的五年，按照全省和上级民航组织的决策部署，保安全、抓服务、拓市场、增效益、促和谐，全力推进科学发展，积极应对金融危机和经济下滑对行业的冲击，济南国际机场保障能力明显提高，服务水平明显提升，综合实力明显增强，超额完成“十一五”规划确定的指标任务，为服务济南和全省经济社会发展作出了积极贡献。①安全服务保障能力持续提高，服务经济社会发展全局的能力大幅提升。始终以确保安全为第一目标，重防范、强基础，不断巩固和发展平稳的安全态势。积极争取各级政策扶持和资金支持，全方位加大机场生产运营和保障的软硬件建设。五年累计争取各方资金3.08亿元，自身投入1.3亿元，完成物流中心、医疗急救中心综合楼、食品车间、国际厅、锅炉房、停车场改造，购置大量生产设备，提高了保障能力；加大场道、围界、消防、助航灯光、机场净空、控制区道口等机场安全设施的改造提升，提高了安全裕度，顺利通过民航局航空保安审计和安全审计；完成了机场空域、终端区及航站楼的航班保障能力评估，进一步提升了机场客货运量增长空间。完成了指廊扩建工程前期准备工作，启动了物流园区项目建设，为“十二五”增强了发展后劲。在抗击汶川和玉树地震、舟曲泥石流等重特大自然灾害中迅速反应、积极保运，为抢险救灾作出了重要贡献。圆满完成北京奥运会、十一届全运会、上海世博会和广州亚运会等重大活动的运输和安全保障任务，保持了较高的社会满意度。2010年，在全市开展的文明城市创建工作中，济南国际机场以满分的好成绩在全市六区和八类窗口行业中排名第一。②航空运输网络进一步拓展，旅客安全便捷出行条件显著改善。随着国家经济社会事业发展、拉动内需政策和民航大众化战略的实施，航班航线大幅度增加。在济运营航空公司由“十五”末的10家增加到2010年底的21家，极大改善了济南航空市场结构。截至2010年底，济南国际机场平均每周出港航班734个，比“十五”末增加374班；航线139条，比“十五”末增加58条；通航城市和地区有55个，比“十五”末增加10个，航线网络达到了一定规模。设立了6家城市候机楼和12条客运专线，建立了机场客运站，引入联运陆路售票终端，实现了空中和地面交通的无缝衔接，为广大旅客出行提供了便利。提升打造了96888热线和机场网站，改造了航站楼标志标牌，推出电子商务技术，民航公众出行信息服务系统日益完善。先后被评为“山东省抗震救灾英雄集体”“省富民兴鲁劳动奖状”“安康杯”竞赛优胜企业、“十一运筹办工作先进集体”、全国“军交运输先进单位”、全省“安全生产先进单位”“安全‘双基’工作先进企业”“平安山东建设先进单位”等。先后获得“国际卫生机场”“全国文明机场”、全国机场“用户满意优质奖”。连续10年保持“省级文明单位”称号，连续11年实现“双零”安全年目标。5个基层单位被授予全国“巾帼文明岗”“女职工建功立业标兵岗”、全国“青年文明号”和省级“青年文明号”。

（张晓腾）

【概况】 2010年，济南市邮政局坚持融入济南经济发展和满足人民群众通信需求为目标，创新邮政经营发展思路，加快转变邮政经济发展方式，注重提升邮政经济运行质量，全面打造邮政服务形象，全面完成市委市政府部署的各项

工作任务和邮政企业年初制定的发展目标，邮政继续保持持续健康快速发展的良好势头。全市邮政业务总量累计完成4.11亿元，比去年增长15.7%。其中函件业务量完成13587.63万件，包裹业务量完成67.2万件，报刊订阅业务量完成12903.9万份，报刊零售业务量完成1260.77万份，速递业务量完成577.35万件，邮票业务量完成86.99万枚，邮资票品制作量完成76.5万册，邮政物流业务量完成4.67万吨，其中农资分销配送量完成4.31万吨。济南邮政获全国交通运输行业文明单位、全国邮政系统“四个一百”优秀组织单位、山东省厂务公开民主管理工作先进单位、山东省第八届消费者满意单位等称号。

1. 坚持履行普遍服务义务。始终把认真履行邮政普遍服务义务作为政治任务，突出软件和硬件两个环节，加强普遍服务基础能力建设，进一步提高了邮政对外服务水平和形象，为社会和人民群众提供了“迅速、准确、安全、方便”的邮政服务，保证了党政军机关政令畅通，满足了人民群众用邮需求。在省人大常委会调研组组织的贯彻实施《山东省邮政条例》检查活动中，济南邮政普遍服务工作得到充分肯定和高度好评。①邮政服务形象进一步提升。重点开展“微笑2010，满意在邮政”“微笑在邮政，满意伴您行”“示范窗口”创建达标、“树形象、塑品牌”等一系列活动，进一步增强邮政服务意识，提高邮政服务质量，邮政社会形象明显提升。2010年重点打造了以经二路邮电支局为代表的54处“示范窗口”，其中趵突泉邮电支局荣获全国邮政“示范窗口”；着力实施邮政窗口标准化和规范化建设，全面实行“6S”管理，实现了达标率达到100%的目标，同时通过参加《政务面对面》《行风热线》等电视台、电台专题栏目，组织社会监督员检查等方式，加大邮政服务社会监督检查力度，进一步优化了邮政服务环境，赢得社会广泛好评，社会满意度达90.05分，并且在全市优化发展环境民主评议工作中29个公共服务部门邮政获得88.69分,比2009年增加了2.25分，得分排名位居第9位，得分增幅排第4位。②邮政营业和投递服务设施进一步完善。对全市138处邮政营业网点的服务质量、服务能力、运营效益进行综合评估，在保证普遍服务水平不降低的前提下合理撤并迁址8处营业网点，提高了营业网点的综合服务能力；延伸投递服务区域，在济南市区南部望岳路附近增设1处投递部，满足了区域内用户普遍用邮需求。同时加快信报箱建设进程，在市建委等部门大力支持下督导住宅楼房开发商出资300余万元安装了2万个信报箱，缓解了小区居民通邮难问题。③内部生产环节服务支撑能力进一步增强。重点开展了“把关从我做起”邮件规格竞赛活动，严把邮件收寄关和验视关，尤其在世博会、亚运会举办期间，通过强化邮件收寄验视制度，加大安全检查力度，确保了邮件安全收寄万无一失。同时，严格保密制度，全年完成4.6万件机要邮件投递任务，继续保持质量全红。

2. 助力推动地方经济建设。①对接“文明城市”发展要求，济南市邮政局举办了市集邮协换届改选、第四届一框全国邮集展、孔子文化主题大展暨2010山东孔子邮品“双十”年度展等系列活动，并策划设计了《泉水泉韵泉城》《和谐中国魅力泉城》《天下第一泉》等富有齐鲁和济南特色题材的系列集邮品，有力宣传和推介了济南的特色文化品牌和旅游资源。同时，全力推进集邮文化进校区、进社区、进宾馆、进景点等活动，助力集邮文化繁荣和精神文明建设。②对接“三产富市”发展战略，发挥邮政全程全网优势、邮政金融网络优势以及邮政数据库商函资源优势，为中小企业搭建了产品推广、物流配送、资金运转等多方面平台和渠道，助力中小企业“腾飞”。市邮政局与市工商局、市广告协会联合举办“济南邮政媒体推介会”，通过邮政广告媒体发送商业信函15.5万封，帮助中小企业拓展市场、打开销路、促进发展。③对接“服务民生”的发展举措，充分发挥邮政行业优势，着力以服务政府、方便市民为抓手，助力打造“和谐济南”。2010年，开办社区便民服务站93个，积极开展水、电、话费等代收类服务，打造了邮政“缴费一站通”便民服务品牌；在中心区域建立山东省首家邮政航空客票服务中心旗舰店，并在各邮政局所设立订票服务台席，延伸了邮政服务渠道，为社会和市民拓宽了便利的订票服务之门；发挥邮政信息网优势，加强与济南交警车管所合作，先后建立了“车驾管信息服务中心”“车驾管业务代办服务站”“车管所网站”等信息化服务项目，实现了双方信息互通、资源共享，共同拓展了政府便民利民的新途径，为有车一族创造了快捷办理各项车管业务的良好服务环境；积极与市文广新局合作，承担了为近50万户居民数字电视整体平移的代收费服务，保证了数字电视整体平移工作有序、高效、顺利实施；开展校园和军营包裹上门收寄服务活动，受到学校师生和部队官兵赞扬，2010年仅收寄校园学生包裹就突破5.5万件；联合济南电台88.7频道“小桔灯”栏目组开展了大型图书展，为贫困学校捐助了价值3万元的图书；在省市“两会”召开期间，成立专门服务小组，分别在人大代表和政协委员入住宾馆设立临时邮局，提供全方位、高质量的现场邮政服务，得到广泛赞誉。

3. 深入开展服务“三农”工作。①完善“市—县—支局（乡镇）—三农服务站”四级邮政物流分销配送网络体系，进一步搭建了促进现代农业发展的农村公共服务平台，促进了社会主义新农村建设。2010年，新建“三农服务站”675个、分销业务代办点225处，同时建设邮政农资试验田约20公顷、大棚蔬菜实验基地约2公顷。②积极开展“送科技送文化下乡”活动，通过聘请农技专家田间授课、组织科技兴农文艺演出、举办科普知识讲座等形式，帮助农民朋友走科学种田、科技致富道路。开展科普知识讲座达558场次，涉及全市82个乡镇，2700多个行政村，参加人数达4万人次，同时举办送电影、送文化下乡活动1000余场次。③积极参与代理“新农保”服务工作。为发挥邮政金融网点优势，配合政府保证“新农保”发放及时到位，利用邮政储蓄网点开设的“新农保”个人账户累计达15.03万个，累计代发金额2841.17万元，通过邮政渠道把政府的惠民政策和亲切关怀方便、快捷、顺畅地传递给农民，受到政府和农民好评。④广泛宣传支农政策。发挥邮政直邮业务的传媒优势，大力宣传“家电下乡”支农政策，加强与商贸部门合作，借助邮政开办的直邮服务方式，通过印制“家电下乡”宣传手册和邮简，加大了政策宣传力度和深度。⑤认真落实政府“旅游下乡工程”。为全力助推政府“旅游下乡”便民利民工程，搭建城乡“双向物流”绿色通道，济南市邮政局立足打好“政治牌”“服务牌”和“宣传牌”，发挥邮政网络和品牌优势，全力配合政府部门开展“旅游下乡活动”，保持了扎实有效推进。着力围绕南部山区旅游、采摘资源，设立48个旅游下乡服务网点，1个旅游下乡服务中心，30个时令性采摘点，10个农家店接待点，共组织27批2000余人的城里人参与旅游下乡活动，给农民带来收入近73万元。邮政助推“旅游下乡工程”，取得了政府放心满意、农民得到实惠、企业给予认可的良好成效。⑥扎实启动地平线项目。地平线项目是中国邮政与美国地平线公司旨在打造农村现代商业连锁超市的合作项目。2010年，济南邮政作为山东唯一的试点启动单位，已有8家百全连锁超市开业并进入实质性运营阶段。此举进一步拓展了邮政服务三农领域的广度和深度。

4. 企业管理水平明显提升。①经营发展能力进一步增强。2010年邮政专职销售人员达到324人，其中销售骨干123人，在全省邮政前20名营销骨干业绩排名中占有10名席位。同时，经营发展成果连获殊荣，在中国邮政集团公司专项活动奖励中获得“2010邮政贺卡发展争先奖”和速递物流重点城市“百城创优奖”。②经济运行质量进一步提高。成立效益评估委员会，突出围绕开源节流、降本增效、网络优化等方面深入研究和开展改善企业资金运作课题和效益评估工作，全市邮政经济运行质量明显好转。完成市区138处网点效益评估和整改，开展全局213处网点和5048台设备固定资产清查；开展190个营业网点、570万件集邮票品的实地清查盘点。通过开展效益评估活动，加强审计监督工作，邮政效益评估工作取得成效，其中网点效益评估项目荣获山东省邮政公司审计项目一等奖、中国邮政集团公司优秀奖。③员工综合素质进一步提升。邮政员工综合素质和劳动技能得到明显提升。建立职工培训中心、职工技术协会，成立了由25名业务骨干、技术尖子、劳动能手组成的企业内部培养师队伍，组织各类培训班217期，全年投入教育培训经费近百万元，员工培训率达到100%，各层面员工的基础知识、劳动技能、服务形象均有明显改善和大幅提升。济南邮政员工在参加全省邮政组织的员工技能大赛活动中获得团体总分第1名。

【“旅游下乡工程”全面启动】“旅游下乡工程”是由山东省委、省政府列入“三农”工作支持范围和惠农扶农的民心工程，也是全省邮政部门继去年青岛现场会后在全省推出的发挥邮政优势、真诚服务“三农”的又一重点项目。市邮政局作为“旅游下乡工程”的先行试点和具体落实单位，精心组织，扎实推进。

1. 各级党委政府高度重视，为启动和推进“旅游下乡工程”提供良好环境。①副省长贾万志带领十几个省直部门的负责人出席5月31日的启动仪式，肯定了省委农工办、旅游、邮政三部门深入推进服务“三农”做法，要求各级政府、各部门密切配合，共同推进“送旅游下乡、促农产品进城”这一民心工程。②市邮政局在前期对济南所属县域重点旅游景区进行多次实地考察的基础上，经过综合分析和论证，最终将历城区邮政局作为“旅游下乡工程”试点单位。③历城区委区政府给予大力支持，为推进“旅游下乡工程”创造了良好环境。历城区政府专门下发《旅游下乡工程实施方案》，为“旅游下乡工程”顺利实施提供了保障。2. 邮政发挥资源优势，为促进城乡“双向”物流搭建绿色服务平台。立足让政府放心、让农民受益为出发点和落脚点，充分发挥邮政网络、品牌和信誉优势，积极为“农产品进城、城区旅游下乡”搭建畅通的绿色桥梁和服务平台。①完善项目实施流程，针对落实好、服务好、推进好“旅游下乡工程”制定实施方案，明确职责分工和运作流程，建立下乡服务活动推进配档表。②明确工程推进思路，即，第一个阶段为快速启动期，搭建好服务平台，确保“一下乡、两进城”（即旅游下乡、农产品进城、农民旅游进城）快速启动；第二个阶段为活动成长期，在全力搞好历城“试验田”的前提下，进一步拓展旅游下乡线路，丰富农产品进城渠道；第三个阶段为长效推动期，立足服务“三农”，增强“双向”物流综合功能。③建立多层面服务平台，根据农村种植产品季节特点，在市区设立48个旅游下乡服务网点，1处旅游下乡服务中心，并且把南部山区的各个邮政网点都作为“旅游下乡”的定点接待站，同时建立时令性的采摘基地，由起初的艾家生态村，扩展到青阳峪、岳阳村等30个采摘点，并把10个农家店作为接待点。3. 惠及农民方便客户，旅游下乡活动普遍赢得广泛好评。着力在服务和推进工作上下功夫，组织27批、2000余人次的采摘活动。帮助农民销售采摘樱桃、苹果、桃、杏等时令水果5756斤、新鲜蔬菜2300斤、咸鸭蛋81箱、八里峪花生油6000桶，给农民带来收入近73万元，不仅让农民得到了实惠，而且为农产品进城打开了通道。同时，邮政瞄准大行业和大部门，通过联合组织旅游下乡活动，帮助他们维系客户资源，并且通过集景点观光、果品采摘、品农家饭等下乡活动于一体，“服务打包”的方式，为景区带来人气，增加农民收入，促进了旅游业发展。

通过邮政助推政府“旅游下乡工

程”,得到政府肯定。农民朋友普遍称赞：“与邮政合作，服务真诚、到家、放心”，邮政帮助乡下人打开了农产品销路，带来了实惠。客户普遍反映：“邮政信誉好，服务好，渠道好，安全方便”，提供了维系客户的新颖方式。

【百全连锁超市山东首家直营店在章丘开业】 百全连锁超市是中国邮政集团公司与美国地平线田园贸易有限公司旨在打造农村现代商业连锁平台，繁荣农村商贸流通领域的合作项目（惯称为“地平线项目”）。市邮政局作为地平线项目全国三个“试点”城市之一及山东邮政唯一试点单位，10月23日，中国邮政—美国地平线百全连锁超市山东首家直营店在济南章丘高官寨镇开业，标志着地平线项目进入实质性运营阶段。中国邮政集团公司副总经理刘明光，中国地平线投资集团董事兼项目ＣＥＯ约翰·麦克道尔，省委农工办主任王泽厚、副市长巩宪群等有关领导出席高官寨百全连锁超市开业庆典。

高官寨百全连锁超市作为在山东开设的第一家直营店，是中国邮政利用点多面广、遍布城乡的网络资源优势和百年邮政的品牌资源优势，加强外方合作，积极引进外资，以农村连锁超市直营店形式，进一步拓展服务三农领域，增加服务三农的广度和深度，不断提高城乡公共服务水平，努力探索资源互享、强强联合、共赢发展路子的新举措。年内陆续有8个直营店在章丘建成开业，标志着邮政服务“三农”网络体系的规范化水平全面提升，对繁荣农村商贸流通领域，方便农民生产生活都将产生积极影响。

【成功举办集邮协会换届暨一框邮展】 5月8日，市集邮协会第五次会员代表大会暨济南第四届一框邮集全国邀请展拉开帷幕。副市长张宗祥到会祝贺并为邮展开幕和《泉水泉韵泉城》专题集邮册首发剪彩、揭幕。市委外宣办和各县（市）区政府分管领导、省集邮协会领导及会员代表、集邮爱好者与学生代表共700余人参加了本届邮协会议及邮展开幕活动。代表大会选举产生了第五届理事会，聘请张宗祥副市长为名誉会长，选举梁启辉为会长，审议通过了市邮协理事联谊办法、章程等决议。

来自全国18个省、市、自治区和山东省内15个城市的集邮工作者、集邮爱好者近200人参加了邮展活动。邮展展出195部邮集，内容含盖传统、邮政、专题、极限等11个类别，参展作品题材广泛、内容丰富、精品荟萃，体现了集邮的艺术价值、收藏价值和文化价值。

为传承和弘扬浓厚的泉文化，打造济南城市文化品牌，济南邮政专门设计制作了《泉水泉韵泉城》专题集邮册在邮展开幕仪式上亮相，受到参展单位和广大集邮爱好者青睐。同时，为丰富和活跃济南市校园文化，推动青少年素质教育工程，学生代表在邮展开幕式上发出《青少年参加集邮活动创建集邮文化先进城市》倡议。邮展还专门设立了青少年邮集展区，布设了10部青少年邮集和“我的邮票我设计”专区，为培养广大青少年集邮爱好和兴趣，普及校园集邮文化知识提供了良好的学习交流平台。

【成功举办孔子文化主题大展暨山东孔子邮品“双十”年度展活动】 为纪念孔子诞辰2561周年，突出齐鲁特色文化内涵，做好儒家文化与集邮文化结合文章，9月28日，市邮政局与中国孔子基金会交流与合作委员会联合举办“孔子文化主题大展暨2010山东孔子邮品‘双十’年度展”，副市长张宗祥出席活动。

该活动包括纪念孔子诞辰文艺演出、“孔子”系列题材和具有齐鲁文化特色的系列邮展等内容，从平面和立体两个层面展示孔子文化和儒学精华，向市民宣扬博大精深的儒家思想，弘扬中华传统文化，体现了齐鲁礼仪之邦的独特风采。

济南市邮政局还在活动现场为集邮爱好者设立交流活动专区，给广大集邮爱好者提供邮品交换、邮识交流的共享平台。我国数位著名邮票、邮品设计家也来到活动现场为集邮爱好者签名留念。同时，活动当天还启用了孔子诞辰2561周年邮资纪念戳，为集邮爱好者和广大市民提供加盖邮戳服务，满足广大集邮爱好者收集珍藏邮品的愿望和需求。市邮政局组织的“孔子文化座谈会”暨《集邮博览》复刊三周年纪念会，进一步丰富了集邮文化活动。

（陈军　刘莉）

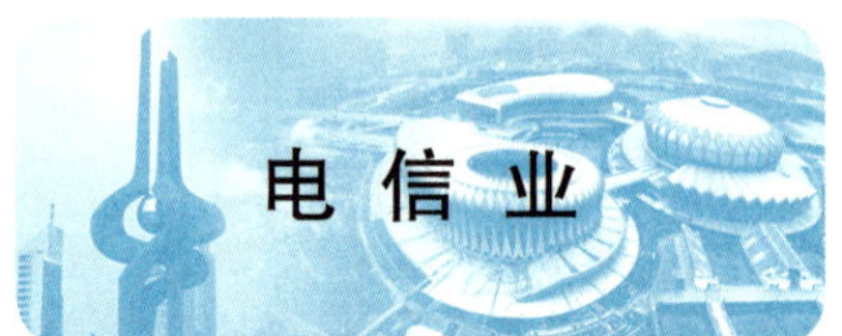

电信业

【中国联通济南市分公司】 中国联合网络有限公司济南市分公司，是济南地区规模最大的全业务通信运营商，主要经营固定通信、移动通信、国内及国际通信设施服务、数据通信、网络接入和电信增值、系统集成等业务，固话、宽带、手机用户总数超过450万。开通了全球应用最广泛、技术最成熟、传输速率最高的第三代移动通信网络—WCDMA，推出了全业务品牌“沃”。在市公司和各区、县分公司组建了3G专业化营销队伍，推出宽带限时装移修机和10010报装服务；加强了社会渠道建设，社会渠道发展3G业务占比达到50%；10010实现全业务受理，形成用户“足不出户办理通信业务”的新模式；移动网络建设优化工作深入开展，网络已覆盖市区、县城城区、济青高速、济莱高速、京沪高速、京沪动车、胶济动车以及省级以上重要旅游景点；实施了农村宽带提速工程；深入开展“超时限装移修机专项整治活动”；进一步深化属地化管理，促进资源向基层单位配置，企业运营效率明显提升；突出薪酬激励导向，向生产经营一线员工倾斜和向高贡献、高价值员工倾斜；全面推行走动式管理，加强了对基层单位的分析监控和总结指导，使公司决策更有依据、更有效率。市公司获得“第四批全国（文明）创建工作先进单位”“济南市安全生产先进单位”“济南市二十佳文明服务窗口”“2010年全国通信行业用户满意企业”和“山东省第八届消费者满意单位”等称号。

（逄永勤）

【借助3G技术，打造全国两会全媒体报道】为了更好地报道全国两会，为读者提供一流的两会新闻报道，济南联通联手齐鲁晚报·生活日报，借助3G技术，打造全国两会全媒体报道。

齐鲁晚报·生活日报为16位记者配备了3G版的iphone手机，除正常的两会深度、两会热点等新闻报道外，为使广大读者更形象、更直观、更及时的了解两会，济南联通与齐鲁晚报·生活日报联合推出了全国两会全媒体报道平台，利用3G技术在联通WAP门户“掌上泉城”（http://wap.jn.sd.cn）首页黄金位置上开设了“晚报两会”专区，读者可通过手机随时随地获得关于两会的最新报道。掌上两会报道平台的开通，不仅可以使读者第一时间了解到与两会有关的视频、音频、图像、文字等多种形式的滚动播报，还成了记者们的好帮手，由于该平台具备图文、视频新闻实时发布及短信、彩信发布功能，记者们使用iphone手机，在采访现场就可以编辑文稿、拍摄照片及录制视频，实时发送到平台上。

齐鲁晚报派驻北京的记者已经通过iphone手机和掌上两会报道平台完成了各种信息的传递工作。通过iphone手机拍摄的图片成功见报，通过iphone手机拍摄的视频短片也可以在线观看，使用联通3G手机的用户可以非常流畅地观看两会视频。利用3G技术，掌上两会为新闻报道发布带来了一片新天地。

（翁　瑾）

【3G时代公交信息化论坛在济南举行】3月13日，在工业和信息化部信息化推进司指导下，由中国电子商会主办、济南市公共交通总公司协办、中国联通山东省分公司等单位支持举办的“3G时代公交信息化论坛”在济南召开，来自全国30多个省的联通信息技术专家和公交行业单位领导共同就公交企业应用3G技术的成果进行总结研讨，推动3G通信技术在公交领域的广泛应用。

论坛着重对济南公交利用联通WCDMA——3G技术打造智能公交系统的经验进行了研讨论证。上年10月，济南公交建成启用了智能调度指挥中心、巡更系统、场站收袋监控中心等信息系统，并在近2000部公交车装上了联通“沃”3G视频监控设备，实现了调度中心、公共汽车甚至乘客之间的实时信息交换，强化了对公交车辆的科学管控调度能力，使车辆正点率、趟次率大幅度提高，极大地提升了公共交通服务水平。自系统启用至年底，济南公交车内扒窃案件下降了30%，乘客平均等车时间缩短至2.6分钟，综合营运能力大大提高，乘坐公交的市民有了更加安全、方便的保障。

台湾大学张学孔博士、同济大学董德存教授等业内专家在论坛上发表演讲，对济南公交与中国联通强强联合，创新公交领域应用3G通信技术的成果给予了充分肯定，专家一致呼吁加快项目的普及推广。

（逄永勤）

【济南联通新业务】1.3G套餐优化。在原有3G基本套餐A、B基础上新增基本套餐C和46元套餐，使联通“沃·3G”服务的客户群体更为广泛，由主推中高端客户，转变为可以满足不同层次、不同消费特点的客户需要。

2. 固话手机1+1。固话手机1+1是固话、手机的融合业务，实现了固话0月租，固话手机同享话费、一单缴费，真正做到了实惠、实用，让利和方便了客户，得到了广大客户的高度认可。

3. 统一账号宽带手机亲情卡。将宽带和手机两项优势业务采用打包优惠的方式推荐给用户，实现了手机号就是宽带账号、手机代缴宽带费、一号缴费、电话订购上门送卡服务。用户只需要购买一张联通手机卡，拨打10010即可开通宽带服务，可通过缴费卡、网上营业厅、联通6000多个缴费网点实现随时随地轻松缴费，摆脱了跑营业厅、宽带缴费难等问题，实现了足不出户装宽带、交费用。

4. 电话营业厅。用户拨打10010-3-6可受理宽带、固话、手机、组合优惠套餐、缴纳宽带费用等业务，而且电话营业厅将业务办理时间延长至晚11:00，使用户办理业务不受营业厅下班限制。电话营业厅在提供市民方便的同时，还提供了宽带新装、宽带移机、3G套餐新装、宽带缴费等业务优惠。方便、快捷、实惠，电话营业厅成为市民身边随处可见的联通营业厅。

5. 城管通。“城管通”是以手机为原型，供城市管理监督员现场发现并通过移动网络上报问题而研发的专用设备。数字化城市管理新模式依托统一的城管综合信息平台，建立相互独立、相互制约的城管监督中心和城管指挥中心，形成城管体制中的两个“轴心”。实行监督、指挥、执行适度分离，形成集中监督、统一指挥、实时传递、分工明确、责任到位、反应快速、处置及时、运转高效的城市管理长效机制，新的管理流程克服了原有流程没有监督以及速度缓慢的弊端，实现了信息的实时采集传递，彻底解决了信息获取滞后的问题，最大限度地减少了信息衰减。

6.PTT。“PTT”集群通信系统是基于中国联通WCDMA移动通信网络的全新语音服务业务。济南联通手机非智能网用户在本地一个按键就可以呼叫国内用户，可实现多方通话，具有无线调度、使用便捷、拨连速度快、语音清晰稳定、安全可靠、实时性强、资费优惠、一呼百应的优点；同时，客户可以通过平台短时间内完成需要大规模集会才能完成的任务传达，主要实现多方通话、集群调度、电话会议等功能。

（逄永勤）

【中国电信股份有限公司济南分公司】2010年，济南电信以落实“调结构、抓管理、促发展”为主线，努力推进全业务发展，在细分市场、行业应用、网络建设、客户服务等方面取得了一定成绩。被授予“全省厂务公开民主管理先进单位”称号，成为济南市仅有的17家获此殊荣的单位之一。获“通信行业级第七届企业管理现代化创新二等成果”等荣誉。被济南市人民政府授予“2008—2010年度先进企业”荣誉称号。

1. 聚焦客户，创新营销模式，取得突破。

①政企大客户市场不断突破。移动全球眼、办公OA、无线POS、Qchat等业务取得突破，进一步优化了优势业务销售管家、翼机通等业务的发展，先后签约了公路局、格力集团、农业银行等行业大客户，这些标志性客户的入网提升了中国电信的品牌知名度，起到了良好的带动效应。其中“济南公交车载3G视频监控项目”得到了济南市政府工业和信息化发展专项资金支持。

②中小企业、聚类市场取得一定进展。公司与济南市中小企业办公室合作开展11次培训，参训企业130多家，将客户信息录入营业系统，为以后打通业务建立基础。

③物流行业取得重大突破。济南分公司为加快落实山东省人民政府与集团公司签署的战略合作框架协议，抓住省政府下发《现代物流业振兴发展规划的通知》的有利商机，促成了省公司与交通运输协会签署了战略合作框架协议。在此基础上，济南分公司梳理全市3300余家物流企业和7万辆车主清单，确定目标名单制客户，积极组织上门点对点销售。

④校园会战取得阶段性胜利。在61家驻济高校开展了迎新促销活动。将业务与手机终端打包形成校园礼包，实现了终端与业务整体推进开发目标市场的目的。以项目扩展的方式，打造天翼校区，积极推进校园虚拟运营模式，实现规模入网，先后与圣约翰、杏林、凯文铁职等院校签订了翼机通合作协议。

2. 网络能力不断提升，对市场的支撑不断加强。

①网络覆盖实现跨越。济南公司新建设7100多个网络箱，新增12.3万多个宽带端口，10年新接入成熟小区798个，累计接入小区1369个，实现网络接入率达到62%；在无线网方面，10年共完成新建基站33处，740处EV-DO站的新建和升级，完成了120处新建室内分布系统，主要覆盖了室内的高档写字楼、酒店商场等，极大改善了无线网络覆盖。

②网络质量不断优化。无线系统接通率全年稳定在97.5%以上，呼叫建立成功率控制在99.5%以上，话务量从年初的5000Erl增长到11月份的8000Erl，增长幅度近60%。掉话率11月指标为0.27%，比年初下降了0.08个百分点。在高速公路、铁路沿线实现了3G信号全覆盖。先后规划了51个基站覆盖西客站及其安置区，14个基站覆盖高铁沿线。

3. 大力落实各项差异化服务措施，推进消费者满意建设。

中国电信济南分公司始终以提高服务质量为重点，以为用户切实解决焦点和热点问题为目标，以用户满意为出发点和落脚点，推进和谐济南、满意电信的建设。对外服务中，奉行“用户至上、用心服务”的服务理念，坚持以人为本，切实履行“首问负责制”，确保客户的问题和投诉，一点受理，全流程快速响应处理，谁接访谁负责反馈，不需要客户就同一问题打第二个电话再解决；坚持“预约上门安装”“市话详单查询”和“未经客户确定不开通收费类新业务”三项服务承诺，充分尊重了客户的时间，保障了客户的知情权和自主选择权。

为了让客户更好地体验到电信的优质服务，还落实了多项服务提升举措。主要有①服务快速化。从2007年开始，先后投入4000万元在市区县主要街道、小区增设集装拆移修和营业缴费为一体的服务网点近130个，更加贴近客户端服务，为广大用户办理业务、充值提供便捷服务，根据用户时间进行预约装机，资源到位区域1天内装机，平均装机时长为2天。②服务专业化。推出了“宽带专家服务”“大客户一站式”服务举措，免费为宽带用户清洗电脑、检测杀毒、上网培训和简单故障处理，为中小企业提供组网设计、系统集成、个性化方案定制等差异化服务，做客户的专业宽带服务顾问，为客户正常使用业务解除了所有后顾之忧。③服务电子化。开通网上和掌上营业厅，让客户足不出户通过上网或手机即可自助完成详单查询、缴费、业务申请变更等服务，最大限度让客户享受方便快捷服务。　（贺　峰）

【中国移动通信集团山东有限公司济南分公司】 2010年，中国移动通信集团山东有限公司济南分公司着力维护和谐发展环境，全力做好各项大型社会活动的移动通信保障工作，为全市的移动通信保障、人民安居生活和经济社会发展起到了良好的支撑和促进作用。公司继续保持省级文明单位称号，连续蝉联省消费者满意单位，被评为济南市微笑服务先进单位。

1. 移动业务健康快速发展。始终坚持以客户发展为中心，新业务不断推陈出新，在原有业务的基础上，又陆续推出全体育、考勤通、无线体育俱乐部、校园生活圈、考培通、地方手机报、短信加油站等新业务，充分满足了广大客户的个性化需求。尝试在军队、中小学等限制使用手机的市场推广插卡式公话，充分满足部队军人及校园中小学生客户的通信需求；在商贸批发市场、沿街门头市场、集团客户市场、家庭市场、农村市场开展针对性营销，不断创新产品、提升客户感知。

在行业应用发展方面，开展了标准化的信息化产品营销及渠道拓展，重点推广移动400、位置通、集团总机、企业彩报、集团彩铃、企业建站、移动OA、企信通8项重点产品。完成了以齐鲁证券“手机炒股机”、济南市路灯亮化工程、全省客运车辆调度、国税税信通等为代表等近30个省市重点项目，取得了经济效益和社会效益双丰收。积极进行水电燃气暖、五险一金等重点便民项目建设，行业应用项目取得快速发展。充分发挥了铁通专线、固话、长途及直联等优势，快速实现与铁通的融合办公，全业务综合接入实现了全面发展。路灯亮化工程获得全国公用事业系统科技进步银奖。

2. 整体服务水平再上新高。贯彻落实以“业务、价值、感情、服务”为重点的“四位一体”的集团客户维系体系和“十大关键时刻服务体系”，持续开展“大客户回报”系列活动，发挥高尔夫、羽毛球和乒乓球等VIP俱乐部优势，积极组织中高端客户参加各项活动，提升了客户满意度。

公司全体干部员工牢固树立“大服务”整体观念，紧紧围绕“客户满意”开展市场、网络等各项工作。紧盯短板，抓住重点，确保投诉处理质量，积极改善处理超时、投诉客户不满意等问题，有效降低了重复投诉和升级投诉，热点投诉明显改善。投诉处理时限由年初2.6个工作日的缩短到1.54个工作日，投诉处理满意度由年初的70%提升至90%左右。

采取各种措施持续提升营业厅服务满意度，八一营业厅被工业和信息化产业部、团中央命名为青年文明号。3名员工被授予济南市“百佳文明服务明星”荣誉称号。截至年底，营业厅服务满意度由年初的97.43%提升至97.97%，在省公司组织的主辅营业厅暗访中，获得两次第一，一次第二的好成绩；参加全省星级营业厅验收工作的5个营业厅中，五星级营业厅分获第一、第四的好成绩；四星级营业厅综合成绩也名列全省前茅。

3. 网络支撑能力持续增强。网络运行安全平稳，各项网络KPI指标省内领先，掉话率指标在全国省会城市中排名第二，TD网主要指标在全国省会城市中排名第一，在集团公司组织的2G网络第三方网络质量测试中，掉话率为零、接通率达到99%，远超集团满分标准，继续保持网络质量竞争优势。科技创新工作已连续3年在省内名列前茅，2010年共有15个项目通过集团公司成果认定。

（张　娟）

【移动新业务】 1. 全体育：全体育业务是让每个人在产品中感受到年轻。所关注的不仅仅是体育自身，而是运动的内涵，其内容不仅包含大型体育赛事，还涉及到所有的体育项目以及相关评述。包括观赏性十足的足球、赛车、搏击、职业冰球、汽车漂移、跑酷等等，以及相关的知识以及评论。业务分为短信和彩信两种形式。

2. 考勤通：考勤通业务是基于LBS基站定位技术，为企业管理者提供考察员工是否按时到岗的手段，并结合短信、彩信报表等方式，实现企业管理者可以随时随地进行人员精细化管理的目的。

3. 无线体育俱乐部：“无线体育俱乐部”业务是由有限公司推出的面向中国移动广大体育爱好者用户，结合信息产品和会员权益，为用户提供从远程关注、现场观看直至亲身参与体育的一站式完整用户体验的业务。重点围绕足球和篮球，提供综合彩信会刊、足球（欧洲5大联赛即时比分、半全场比分、赛果速递、单场分析推荐等足球信息）、篮球（篮球彩信会刊、赛果速递）三大类业务

4. 校园生活圈：“校园生活圈”是以彩信、短信等方式向学生提供与学习生活息息相关的本地化校园资讯与各类英语学习等内容的全新业务体系。让学生第一时间掌握校园内动态信息与英语学习信息，满足老师、学生、家长的信息、学习的需求，同时还可以享受指定商家的优惠。

5. 考培通：考培通是为满足学生、部分家长、社会白领等相关人员的信息服务需求，提供具有时效性、实用性、权威性和互动性的考试、培训、留学、就业创业及最新图书类信息的短信服务。

6. 地方手机报：为积极推进地方政府信息化建设，先后上线了《济阳手机报》《章丘手机报》《平阴手机报》《长清手机报》，立足本地，重点面向县政府、企业及民众推出，主要宣传县委、县政府的各项方针、政策，反映社会各届的工作动态和社情民意，发布各类有价值的彩信类业务。

7. 短信加油站：短信加油站是面向移动客户推出的一项内容型短信服务，旨在为客户提供精彩丰富的种子信息，集娱乐性、知识性、可传播性为一体，产品分为动感生活、市井坊间、欢乐生活帮、品味生活四个子栏目。

（张　娟）

【中国铁通济南分公司】 2010年，铁通济南分公司市场经营收入与上年基本持平，宽带装机同比增幅32.75%，固话同比增幅28.22%，投诉率同比下降71%。过去的一年，济南铁通认真落实铁通公司“123”工作思路，以全业务经营为契机加快业务拓展，以提高质量为重点强化网络支撑，以财务管理为核心提高运营水平，以内部改革为牵引增强发展动力，提高工作质量，加快创新步伐，各项工作取得切实成效，实现了业务发展、管理规范、队伍稳定的既定目标，济南铁通事业呈现出健康稳步发展的态势。

（樊晓杨）

【推行30分钟响应制度】 为持之以恒地改善服务质量，不断提高客户满意度，2010年济南铁通大力推行了30分钟响应制度，接到10050工单后，30分钟内联系用户，确认故障并安抚用户，避免了用户申告后无人联系、发生误解的可能。同时加强了对营业前台预约、客户经理改约、分局回单、10050回访等各环节管控，保证了预约服务守信用，安装修机不超时。 （樊晓杨）

【全力推进光网络建设】 顺应宽带业务发展潮流，济南铁通将光网络建设作为网络建设工作的主题。在光网络建设中，积极采用GPON技术，逐步减少LAN技术的应用，严格限制ADSL接入技术的应用。接入网络技术的转型带动了LAN/PON用户的增长，改善了用户可感知质量，储备了较多的潜在市场空间，为宽带业务的发展提供了支撑，为泉城市民提供了更为稳定优质的网络服务。

（樊晓杨）

责任编校　宣　涛

城乡建设·环境保护

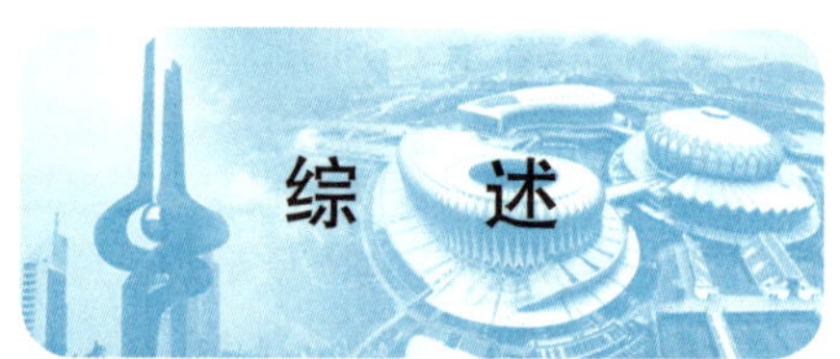

综 述

【城乡建设概况】 1. 建筑业。加大建筑业结构调整、建筑市场管理、市场准入清出机制建立、有形建筑市场和诚信体系建立、装饰市场监管、工程监理工作管理、工程造价市场管理等工作力度，全年完成建筑业总产值 893.3 亿元，实现建筑业增加值 285.1 亿元，实现利税 45 亿元，同比分别增长 14.5%、17.7% 和 14%。截至年底，全市建筑施工企业共有 1393 家（含外地进济企业 272 家），其中注册地在济的特级资质企业 3 家，年产值过 10 亿的企业 25 家。

2. 房地产业。实施重点区域带动战略，增加住房有效供给。调整住房供应结构，重点发展中低价位商品房和保障房，形成住房资源的合理配置。严格落实国家、省、市调控政策，强化房地产市场监管，下发《关于促进房地产市场平稳健康发展的通知》，开展房地产企业经营行为专项检查和在建在售商品房清理工作，出台规范预售商品房合同变更的规定，进一步完善房地产市场信息系统。全年房地产开发完成投资 480 亿元，施工面积 2230 万平方米，新开工面积 920 万平方米，销售面积 485 万平方米，分别增长 44.3%、4.8%、82.3% 和 10.3%。继续加快推进住宅产业化工作，成立济南住宅产业基地。

3. 农村住房建设和危房改造工作。通过调研和破除项目制约瓶颈、实施审批大提速、加大督查和考核力度、吸纳社会资金等措施，农房建设和危房改造实现由慢到快的赶超。全年完成农房建设开、竣工数达到 94791 户，超额完成全年任务的 18.6%。因地制宜定位城镇发展思路，在“城镇建设行动”中，精心策划组织，严格招投标与质量安全监管，第四批 8 个镇顺利实施 37 项建设项目，完成投资约 1.2 亿元。

4. 建筑节能工作。全年全市新建节能建筑 880 万平方米，实行项目设计施工验收全过程把关，加快太阳能光热系统推广应用，全年建筑工程可再生能源应用 276.01 万平方米。实施既有居住建筑供热计量及节能改造，累计完成改造面积 240.07 万平方米。推动和完善机关办公建筑和大型公共建筑能耗监管体系，初步建成济南市机关办公建筑和大型公共建筑能耗监测平台。严格执行新型墙体材料和建筑节能产品生产标准认定，关停、取缔 29 家不符合要求的企业。建设科技成果转化成绩明显。

5. 城市征收拆迁工作。研究征收拆迁工作中出现的新情况、新问题，完善政策措施，配合棚户区改造等重点工程，并按照“四合法、两到位”（拆迁项目、程序、主体、补偿标准合法，安置房源和补偿资金到位）的标准严格拆迁项目审查，规范年度拆迁安置计划、拆迁数据统计和档案管理、拆迁信息公开，建立最低套型面积保障查询系统，全面提高拆迁管理水平。全年共搬迁居民和单位 22000 户（个），拆除各类房屋 516 万平方米，其中动迁城市居民户数 16156 户，拆迁面积 91 万平方米。

6. 安全稳定工作。创新质量安全监管机制，完善安全生产目标考核体系，开展“住宅工程质量通病再治理”“安全生产年”安全文明工地创建等活动，加强对重点环节、重点部位、重点项目和重点企业的监督检查。全年全市较大及以上级别生产安全事故得到有效控制。加强建筑企业养老保障金收缴和拨付，落实企业劳动保障守法诚信制度、工资支付监控制度，开展竣工项目拖欠梳理工作，依法惩治拖欠民工工资的各类不良行为。开展“信访积案化解年”活动，落实领导干部信访接待日制度，全年共接待来访群众 284 批、1833 人次，其中集体访 55 批、1117 人次，收到并处理群众来信 90 件，受理济南建设网及省市网上信访 215 件。

7. 对口支援北川灾后恢复重建工作完成。配合对口支援北川工作，济南市对口支援北川灾后恢复重建工作全面完成。擂鼓镇和北川新县城项目援建任务完成，援建项目 13 个，完成总投资 8.9 亿元。其中，援建擂鼓镇项目 8 个，实际完成投资 2.8 亿元；援建新县城建设项目 5 个，实际完成投资总额 6.1 亿元。产业园区招商引资成效明显，引入 8 家企业投资建厂。农村永久性住房建设顺利完成，安置擂鼓镇受灾农民总户数 2846 户。人力智力支持工作效果良好，为北川提供了多方面技术支持。

8. 行政审批工作。按照“把济南打造成全省乃至全国审批环节最少、服务意识最强、办事效率最高的城市之一”的目标要求，将工程招标受理、质量监督注册、工程施工安全监督备案等 12 项行政审批事项办理时限全面提速并向社会公开承诺。

9. 创建全国无障碍建设城市工作。精心组织城市道路、公共建筑、交通设施、特殊设施、居住小区、居住建筑、信息交流无障碍建设，进一步提升城市形象、提高城市文明程度，得到国家四部委验收组的充分肯定。（杨 阳）

【勘察设计管理】 规范勘察设计市场和施工图审查行为，提高设计质量和水平，打造诚信行业，特别是在勘察和建筑工程设计招标投标、市政设计招标投标、施工图审查和审后监管、初步设计审查管理以及加大对违法违规行为的处罚力度等方面建立运转高效的管理体制。

开展市政工程设计招投标工作。出台规范性文件《关于市政工程设计招、投标的通知》，制定招投标实施方案、监管程序和相关工作措施。

依法开展工程初步设计审查工作。依据9月份省人大修订的《山东省建设工程勘察设计管理条例》，重点解决多年来与市发改委在工程初步设计及概算审查上的审批职能交叉问题。组织完成玉兴路、文化路改造和旅游北路、张庄路道路工程等10余项重点工程初步设计的审查、审批。

加大建筑工程设计招投标监管力度。重点加强对国有投资建设项目设计招投标的监管力度，年内开始在市公共资源交易中心公开招标。全年组织实施80余项重点项日的设计招标，依法处罚招标违规项目50项。

强化施工图审查和审后监管。根据全市施工图审查工作的总体需要，优化调整技术性审查和联审工作程序，强化建设行政主管部门对施工图审查的监管职能；建立完善对审图机构的检查考核办法；强化对城市建设配套费的严格把关。截至年底，办理施工图审查备案294项，审查建筑面积1804万平方米。配套费严格把关，当年实现配套费收缴额18.4亿元，创历史新高。全年移送处罚违反施工图审查规定项目25项。

改革现行施工图联审制度。严格实行政企分开，依法区分行政性审查和施工图技术性审查，通过调整，联审工作效率大幅提高。主动协调消防、市政等部门，将消防和中水设施的技术性审查统一纳入施工图技术性审查。全年施工图联审共受理各类建筑工程201项，总建筑面积为1310.6万平方米。年底前，联审改由市行政审批服务中心牵头实施。

加强勘察设计执业注册师管理。组织全市4173人参加2010年全国一、二级注册建筑师和其他注册师的考试。加强对注册师的执业注册管理，建立全市勘察设计各类执业注册师信息档案。

加强资质审批和市场管理。开展全市勘察设计市场专项检查和资质证书换发工作。通过检查，92家单位合格，9家单位被记有不良记录，11家单位资质延续未通过。办理勘察设计单位进、出市备案手续400余件。严把资质初审关，受理各行业设计资质申报58项。勘察设计资质初审由原20个工作日缩短至10个工作日。

开展行业争优创优工作。开展2010年度济南市优秀工程勘察设计评选工作，共评出一等奖12项、二等奖19项、三等奖27项。（邵志敏）

【村镇建设】 全市列入村镇统计范围的乡镇57个（其中建制镇51个，乡6个），共有行政村4429个，村镇人口579.59万人，全市全年镇（乡）建设总投资479619万元，其中住宅325714万元，公共建筑53702万元，生产性建筑100203万元，市政公用设施229874万元（含供水14437万元、道路桥梁179790万元、排水7053万元、防洪5986万元、园林绿化10649万元、环卫7006万元、燃气2788万元、集中供热2165万元）。

建管并重，完成“城镇建设行动”。严格建设程序，加强一线指导，规范基础档案整理，强化舆论宣传，各项城镇建设工作进展顺利，第四批8个镇的建设任务已完成。截至年底，硬化道路面积约18万平方米，铺设花砖约19万平方米，安装路灯1059盏，铺设排水管道约30公里，整修镇区河道2700余米，种植行道树9100余株，新增绿地面积约33万平方米，建设广场（公园）6个。

推进农村住房建设与危房改造工作。下发《关于加快推进农房建设有关问题的通知》，实行限时审批模式，加快审批工作速度。市财政在每年安排1亿元农房建设专项资金的基础上，又筹集5亿元扶持资金。各县（市）区投入配套资金约合10余亿元。向社会推介农房建设项目，共推出项目87个，涉及39个乡（镇、街道办）、223个村、24万余人。组织23家中央和省驻济及市属新闻媒体集中采访农房建设工作，共刊登稿件100余篇，编发工作简报51期。全市农房建设开、竣工数达到94791户，超额完成全年任务的18.6%。其中，启动整村迁建项目185个，涉及村庄258个，开、竣工已达80803户，占全年整村迁建任务的120.4%，总投资达140余亿元；分散建房已达13988户，完成全年计划的109%；改造危房15582户，完成全年计划的107.1%。各县（市）区农房建设开、竣工数均已完成或超额完成全年任务。

城乡携手互帮互助工作。市城乡建设委员会在城乡携手共建帮扶村——历城区金刚纂村设立现场工作办公室，制定帮扶工作计划，提出共建工作目标，完成本年度帮扶共建任务。年内修筑护坡300米，修建上山路径50米，进行山体绿化和道路整修，村庄面貌进一步改善。帮助村里扩建茶树菇种植大棚，建起2个冬暖大棚，种植规模达到70万袋，提高茶树菇种植产量和质量，创出品牌。帮助村里成立建筑劳务分包公司，免费对村民进行建筑技能培训。

做好城镇化监测评价工作。按照省建设厅、省统计局《关于开展2010年度全省城镇化统计监测工作的通知》要求，和市统计局共同牵头，开展基础调研，统计收集城镇化发展基础数据，完成2010年全市城镇化发展监测评价工作任务。

截至年底，全市乡镇实有住宅建筑

面积12975.88万平方米，本年竣工建筑面积418万平方米，人均住宅建筑面积35.18平方米；公共建筑年末实有建筑面积1627.64万平方米，本年竣工建筑面积52.9万平方米；生产性建筑年末实有建筑面积1726.53万平方米，本年竣工建筑面积108.46万平方米。乡镇道路长度7809.85公里（面积10669.97万平方米），新增道路长度559.68公里，人均道路面积22.77平方米；道路照明灯17522盏，桥梁983座，防洪堤299.12公里；供水管道11061.45公里，新增1028.66公里，公共供水设施152个，年供水总量12613.7万立方米，人均日生活用水量80.52升，用水普及率85.06%；排水管道3812.21公里，新增排水管道246.23公里；年污水处理总量168.1万吨；绿化覆盖面积3011万平方米，绿化覆盖率22.93%，绿地面积1574万平方米，绿地率11.64%，公园绿地面积527.9万平方米，人均公园绿地面积7.6平方米；生活垃圾年处理量2.863万吨，生活垃圾处理率为79.63%，环卫专用车辆设备248辆，公共厕所273座。（贾晓剑）

【建筑业管理】全年完成建筑业总产值893.3亿元，比上年增长14.5%；实现建筑业增加值285.1亿元，比上年增长17.7%。截至年底，全市建筑施工企业共有1393家（含外地进济企业272家），其中施工总承包企业有377家，占27.1%；专业承包企业779家，占55.9%；劳务分包企业237家，占17%，逐步形成结构合理、协调发展、优势互补的行业组织结构。企业素质进一步提升，注册地在济南的特级资质企业有3家，年产值超过10亿元的企业有25家，其中超过30亿元的有6家，超过50亿元的有3家，市场竞争力和产业集中度大幅提高。

1. 建筑市场监管。改革完善评标办法，加大"诚信标"权重，注重对投标单位"管理容量和履约能力"的考核，遏制部分施工企业不顾自身实力、盲目无序承接工程的行为。加强对政府投资工程招投标监管，规范招标代理机构市场行为，试点启动电子辅助评标工作。开展外地进济企业清理整顿专项行动，对存在违法违规行为的外地企业和注册人员加大查处力度，清理一批经营行为不规范、管理人员不到位、社会信誉差的企业。

2. 工程造价监管和建筑企业养老保障金管理。完善人工工资定额、消耗标准、工程价格动态调整机制，优化竣工结算备案管理工作，明确建筑工程"优质优价"实施标准。创新收缴机制，加大收缴、追缴和拨付力度，建筑企业养老保障金管理再上新台阶。全年累计收缴建筑企业养老保障金7.92亿元，同比增长80%；累计拨付建筑企业养老保障金3.59亿元，同比增长50%。

3. 有形建筑市场服务和装饰市场监管。完成电子辅助评标系统升级改造，健全交易服务平台功能和内部监督机制。进驻市公共资源交易中心，实现房屋建筑和市政工程招投标依法监管与公共资源交易中心统一服务平台的有效对接。全年全市进场交易项目达1223项，工程造价约400亿元，建筑面积达2630余万平方米。印发《关于进一步加强改建扩建及二次装修工程监督管理的通知》，规范装饰装修活动基本建设程序，严把公共建筑装饰装修招投标、审图、防火消防、施工安全和材料检测关。联合综合执法部门，查处装饰装修活动中存在的违法违规行为。

4. 维护农民工合法权益。出台《关于进一步做好建筑业农民工工资支付管理工作的通知》，落实农民工工资支付监控制度、建设单位劳务工资保证金制度和外地进济企业农民工工资预储制度，保证农民工工资按月足额支付。开展农民工工资支付情况专项排查活动，加大对重点监管对象的监管力度。全年共受理拖欠民工工资投诉案件140起，涉案人数6631人，涉案金额1819.7万元，同比分别下降55%、59%、50%；解决拖欠金额达1689.3万元，占全部投诉金额的93%。大力推广工地探亲房建设，严格落实高温限时停工制度，建立农民工健康档案，全面推行农民工意外伤害保险，丰富农民工业余文化生活，改善农民工生产、生活环境。

5. 监理市场监管和项目管理行业。印发《济南市外地工程监理企业进济监理管理办法》，实行单项工程备案和分支机构备案两种管理模式，推行标前资质资格核验制度，强力规范外地企业在济的从业行为。出台《济南市地方监理工程师从业能力管理办法》，在全市行政区域内建立监理从业人员"地方粮票"管理制度，缓解全国注册监理工程师数量与工程建设项目严重不相协调的矛盾。落实项目管理企业资格认定标准，严格资料审查和注册人员社保核查以及企业驻地实地核查制度，强化批前公示，资格认定工作进一步公开、公正、公平、规范。截至年底，全市已有20家项目管理企业通过资格认定。

6. 工程质量和安全生产管理。创新质量安全监管机制，落实工程各方主体责任。强化对工程建设各方责任主体质量安全行为监管，建立完善施工现场各方责任主体不良行为记录档案。深化施工图审后、竣工验收、质量保修等工程质量监督制度，严格执行安全生产许可制度、专项施工方案专家论证制度和起重机械登记备案管理制度，完善特种作业岗位工作制度和安全事故约谈以及质量安全责任追究制度。落实建设、勘察、设计、施工、监理等单位质量安全生产主体责任，建立健全各负其责、齐抓共管的工程质量安全责任约束机制。全年全市共发生建筑施工生产安全事故5起，死亡7人，全市建筑业亿元GDP生产安全事故死亡率为0.008，远远低于全市0.08的平均水平。

7. 工程建设质量安全监管。开展"住宅工程质量通病再治理"活动，以保证工程结构、使用安全和环境质量为重点，狠抓工程质量通病防治工作，不断提高住宅工程社会满意度。规范检测市场秩序，严格落实见证取样制度，加强预拌商品混凝土质量监督管理。继续开展"安全生产年”活动，加强日常安全生产动态监管和考核，对重点环节、重点部位、重点项目、重点企业加强监督检查，特别加大对高大模板、深基坑等重大危险源的监管力度，及时消除各类安全隐患。组织开展全市建筑工程安全生产专项整治工作，督促施工现场各方主体对安全生产常抓不懈。

8. 优质工程和安全文明工地创建活动。全年共创建省“泰山杯”奖工程33项（含装饰工程14项），全国建筑工程装饰奖6项，全国土木工程“詹天佑大奖”1项，国家优质工程奖2项，全国建筑工程“鲁班奖”6项，获奖工程数量居全省之首；成功创建省、市各类安全文明工地175个，再创历史新高。

（高树金）

【建筑节能与建设科技】全市县以上城市规划区内新建建筑全面执行居住建筑节能65%、公共建筑节能50%的标准，新建成节能建筑约880万平方米。截至年底，全市累计建成节能建筑3800余万平方米。落实国家墙材革新政策，建设工程禁止使用实心黏土砖。新型墙体材料得到普遍应用，全市新型墙材和建筑节能企业达154家，品种34个，年生产能力30亿块标砖。太阳能、浅表土壤源等可再生能源建筑应用取得新进展。市经信委、市城乡建设委等七部门制定《关于加快太阳能光热系统推广应用的实施意见》，规定12层以下新建住宅建筑和集中供应热水的公共建筑，必须统一安装太阳能热水系统，并与建筑工程同步规划、同步设计、同步施工、同步验收。截至年底，全市共实施太阳能热水系统与建筑一体化建设721万平方米，太阳能光电建筑应用34万平方米，浅层地热能应用52万平方米。全市有3个项目列入国家级太阳能光电建筑应用示范，1个项目获得绿色建筑评价标志，1个项目列入全省绿色建筑示范项目。

组织实施既有居住建筑供热计量及节能改造工作。在已颁布的《济南市既有居住建筑供热计量及节能改造实施方案》基础上，又编制出《既有居住建筑节能改造项目管理工作指南》，指导节能改造工作的有序开展；联合市财政局印发《济南市既有居住建筑供热计量及节能改造专项资金使用管理办法》，明确改造资金使用的具体条件、标准和程序，保障节能改造工作的顺利进行。通过采用各种形式进行宣传，根据建筑的不同年代、不同的墙体结构和采暖系统形式，在节能诊断基础上，指导业主合理确定改造方案，使通过改造的旧住宅保温性和采暖效果普遍得到提高。截至年底，全市累计完成改造面积240.07万平方米，超额完成省里下达的“十一五”改造任务。

推动和完善机关办公建筑和大型公共建筑能耗监管体系。开展全市民用建筑能耗统计工作，逐步建立健全全市建筑能耗统计管理体系，完成1887栋建筑的基础信息调查及能耗统计工作，其中对1220栋居住建筑、120栋大型公共建筑、430栋中小型公共建筑及117栋政府办公建筑进行全面的能耗统计；全面推动全市大型公共建筑能源审计工作，已完成审计34栋，占全市大型公共建筑统计总量的29%。初步建成济南市机关办公建筑和大型公共建筑能耗监测平台，龙奥大厦等22栋大型建筑已经纳入第一批建筑能耗监测试点。鼓励实施建筑用能运行节能改造，采用合同能源管理等模式，完成山东大厦等22栋大型公共建筑节能改造，节能效果均在20%以上。

建设科技工作取得新进展。出台《关于加快推进我市建设科技创新工作的意见》。组织申报并列入山东省建筑业新技术应用示范工程37项，全市获省级工法46项，省建筑业创新奖36项，推荐获得山东建设技术创新奖15项，获山东省建筑节能优秀示范工程1项、山东省计算机应用优秀成果1项。（李桂珍）

【房屋拆迁工作】全年全市共搬迁居民和单位22000户（个），拆除各类房屋516万平方米。其中城市居民房屋拆迁冻结42项，颁发拆迁许可证25个，动迁居民户数16156户，拆迁面积91万平方米，确认4500余户居民享受最低套型面积标准保障资格，处理房屋拆迁应急案件20余起，保证了城市建设项目的顺利进行。

依法规范审批拆迁项目。通过召开理论研讨会、形势分析会等多种形式的会议，邀请相关专家和拆迁一线的工作人员，对房屋拆迁面临的新情况、新问题进行对策研究。对每月超期临时安置补助费标准、无证房屋处理、被拆迁房屋面积认定、享受最低套型面积标准差价结算等问题进行明确规定，进一步完善和补充拆迁政策。针对一些省市重点工程、棚户区改造项目拆迁过程遇到的特殊问题，及时制订政策措施，保证建设项目的顺利实施。严格按照《行政许可法》、市《拆迁办法》等有关法律法规的规定进行拆迁管理，每个项目都通过公示或座谈的方式，听取被拆迁群众对拆迁补偿安置方案的意见，并按照拆迁项目合法、程序合法、主体合法、补偿标准合法，安置房源和补偿资金到位的标准严格审查拆迁项目。特别是在拆迁资金和安置房源关乎群众切身利益的方面进行严格审查，保证拆迁资金到位和安置房源落实，确保每个被拆迁居户依法得到补偿安置。

落实各项管理制度。以省市重点工程、基础设施和公共设施、棚户区项目改造为主，优先保证城市棚户区改造项目的思路，科学编报拆迁计划，并按规定的程序、内容、时间上报。落实政府信息公开制度，拆迁法律法规、拆迁冻结、拆迁许可、拆迁单位和拆迁评估单位资格、拆迁评估专家委员会等情况，都通过通知、公告等形式予以公布，拆迁工作公开透明。建立最低套型面积保障查询系统，每完成一个工程，都能及时把拆迁工程中享受最低套型面积标准保障的拆迁户录入数据库，使各有关单位共享拆迁信息资源，提高工作效率。落实拆迁数据统计和拆迁档案管理制度，全市房屋拆迁数据统计报表工作小组运转有效，拆迁数据填报准确、规范、及时。拆迁档案管理规范统一，档案的收集、登记、保管、利用符合要求，共整理各种拆迁档案450余卷宗，部分已移交至市城建档案馆管理。

化解各类拆迁纠纷。坚持按照分级负责、属地管理的原则，明确市管理部门和各拆迁单位的责任，建立“区级答复、市级复查”的拆迁案件处理机制。做好12345热线办理工作，共办理12345热线250余件，全部予以答复解决。

加强岗位培训。针对拆迁大项目多、零星项目多、区街办参与人多、人员分散等情况，按项目、分批次、视情况举办多期拆迁工作培训班，对参训人员进行拆迁法规、基本理论、疑难问题处理等方面的教育培训。（李明亮）

【房地产业概况】 全年房地产开发投资完成480亿元，同比增长44.3%；新开工面积920万平方米，同比增长82.3%；销售面积485万平方米，同比增长10.3%。出台全市房地产市场调控意见。出台《关于转发山东省人民政府保持全省房地产市场平稳健康发展的意见的通知》，就增加商品住房供应、加快保障房建设、完善市场监管机制、加强房地产用地管理、抑制投机性住房需求等5个方面提出具体要求，明确房地产市场调控的总体思路和工作目标。

开展在建在售商品房清理工作。针对部分开发企业未取得预售许可、变相收取定金、捂盘惜售、囤积房源、哄抬房价等违规问题，开展房地产开发企业经营行为专项检查和在建在售商品住房清理工作，对辖区内房地产开发项目进行全面清理。

适时出台楼市“禁炒令”。为有效遏制“假退房真转让”等变相炒房行为，出台《关于规范预售商品房买卖合同撤销及信息变更有关问题的通知》，规定除8类情形外，商品房在取得房产证前不得擅自转让。

严格市场信息披露制度。开展市区以及周边县（市）房地产投资情况的专题调研，每月对全市市场交易情况进行调度和分析，每季度编写济南市房地产市场形势分析报告。全年编制《济南市房地产市场信息》月报12期、《济南市房地产市场运行报告》4期，与新华社山东分社合作编制《房地产动态》5期。

健全市场预警处置机制。畅通群众举报渠道，主动公开2部电话接受群众投诉，同时完善市场巡查机制，做到隐患问题早发现、早预防、早处理。全年受理投诉举报400余起，现场解决问题185个，约谈21家企业主要负责人。

创新开发项目审批模式。坚持“网上审批”和“并联审批”相结合，实施专题会议审批制度和责任追究制度，做到每个项目层层把关，杜绝审批中出现违规现象。在此基础上，对涉及房地产业的审批事项全面提速，开发项目经营权的审批时限缩短2个工作日，预售许可的审批缩短3个工作日，资质的审批缩短10个工作日，对暂定资质的审批权下放到县（市）区，大大减少企业办事环节。

完善市场舆论监督机制。通过开展房地产开发管理年活动，启动群众放心购房工程，对于开发企业不良经营行为、部分违规楼盘进行曝光。同时，就市民关注的“如何放心购房”问题在省城各大媒体进行解答，提醒市民遵循“查看房源、验明五证、网上签约”三个基本步骤，防止合法权益受到侵害。

引导居民理性住房消费。完成济南市房地产中长期规划研究报告、济南房地产业“十二五”发展规划、济南市住房建设规划（2010~2012年），对未来楼市的蓝图进行规划，让市民了解近期、中期商品房开发的片区和分布，引导居民树立合理的住房消费观念，保障群众的知情权、参与权与监督权，形成有利于房地产市场稳定健康发展的社会氛围。（王大港）

【棚户区改造】 棚户区改造是济南市2010年继续承诺为民办的12件实事之一，工作目标任务是“完成全市二环路以内集中连片棚户区拆迁，加快零星片区改造步伐。全年完成拆迁建筑面积80万平方米，安置房建设竣工70万平方米、新开工80万平方米”。全年实际动迁官扎营、北大槐树、中山公园东等15个项目，拆迁建筑面积约86万平方米，完成年度目标任务的108%；中大槐树、经八纬一、北刘等9个项目，约83万平方米安置房已经开工建设，完成年度目标任务的104%；经一纬九、汽车厂东路、历山路文华园等8个项目，约79万平方米安置房建设竣工，完成年度目标任务的113%，圆满完成各项年度工作任务。

截至年底，全市已启动38个集中片区和34个零星片区的旧城棚户区改造工作，动迁居民约6万户、18.3万人，拆迁建筑面积430万平方米，安置房开工建设290万平方米、竣工130万平方米，约1.7万户居民具备回迁入住条件，累计完成投资120亿元。

1. 加大拆迁工作力度。以集中片区为重点，充分发挥各区的责任主体作用，坚持原则政策，依法依例补偿，尽最大努力解决群众的合法合理诉求，加快推进拆迁和收尾工作。按照市政府5月19日棚改专题会议精神要求，会同各区研究措施办法，加快解决已启动项目遗留问题。开展工程建设领域突出问题排查工作，组织对顺河等16个自建安置房项目进行自查排查、复查整改等工作，加快办理完善项目手续。落实优惠政策，组织各区对享受43平方米优惠政策的被拆迁户进行审查复核和整改工作，严防弄虚作假、隐报瞒报，纠偏改错，堵塞漏洞，确保将优惠政策真正落实到住房困难群众身上。

2. 高标准建设安置房。把加强质量管理贯穿工程建设始终，严格监督检查，加强对项目管理、监理和施工单位的评比考核，做好工程招投标、材料采购验收、建设施工等工作，确保工程质量。加强对重点环节和节点的控制，开展“工程综合考评”活动，每月考核评比，奖罚分明。推进相关城市规划道路、市政管网等配套设施建设，确保功能齐全完善，与安置房同步竣工交付使用。引导督促企业以加强现场管理为重点，对各参建单位的防汛措施、雨季施工计划进行重点检查，开展现场演练，冒雨夜查工地防汛情况，保障了安置房建设汛期顺利实施。全年未发生重大安全生产责任事故，在已完成主体验收的73个单位工程中，质量合格率100%。聚贤、茂新项目部分单位工程获得“省级安全文明示范工地”等称号。中大槐树等项目18个单位工程获得“市级安全文明示范工地”称号，汽车厂东路项目获得“市级渣土处理文明示范工地”称号。

3.打造棚改精品工程。以聚贤项目为试点，加大资金投入，优化提升功能品质，使棚户区改造实现由居住条件改善到居住环境改善、由安置到安居、由居住社区到和谐家园的提升。自5月1日至年底，聚贤片区已有1622户居民办理回迁入住手续，约占应回迁户数的85%，起到示范带动作用。在总结试点经验基础上，制定出台《棚户区改造回迁安置工作程序(试行)》。根据“政策扶持、属地管理、专业服务”原则，现场集中办公，最大程度方便群众，让回迁居民顺利入住棚改新区。

4.解决困难群众回迁难题。充分考虑低收入家庭的实际困难，按照切实照顾低收入家庭和确保政策严肃性、连续性的原则，经市政府常务会议审议通过，市旧城改造投融资管理中心等4部门于8月20日联合出台《关于解决棚户区改造低收入家庭差价款缴纳问题的意见》，提出了分期缴纳和租住房屋方式，有效解决了困难群众先行回迁入住问题。会同有关部门，严格程序条件，严格审核把关，确保优惠政策落实到困难群众身上。

5.资金保障和审计工作。按照“银行贷款为主、多种形式并存”的融资模式，争取金融机构支持。通过“借长还短、借新还旧”“解包还原、贷款自查”等办法合理调整融资结构，提高贷款质量。按照“审查、参与、控制”要求，完善内审内控制度。制定印发《安置房建设项目竣工结算复审暂行办法》等，充分发挥审计监督的预防预警作用，对资金使用实行跟踪审计和全程监控，确保支出合规、使用安全。

6.信访稳定工作。随着回迁安置工作的逐步展开，前期拆迁、后期管理等问题矛盾集中显现。就此，进一步充实信访工作力量，开设信访专网。为民排忧解难办实事，及时处理包括12345热线在内的群众函电和来访等事宜，做到教育疏导到位、问题解决到位、责任落实到位、依法处理到位。全年接复办理12345热线来电和转办件1160余件（次），接待群众来访430余批（次），办理信访（转办）件114件。

7.促进现代产业建设发展。发展金融商务、总部楼宇经济和贸易流通等要素性产业，加大招商引资力度，努力形成多元化投资格局。年内，普利门、中大槐树等12个项目实现挂牌出让。振兴街银座商贸、魏家庄金融商务、普利门现代服务业等一批城市综合体的规划建设，使区域结构得到优化提升，功能特色更加突出，有力促进了相关区域商业、金融、三产等现代服务业的发展

（魏　鑫）

【西区开发建设】 济南市西区投融资管理中心于2005年10月批准成立，为市政府直属的全额预算管理正局级事业单位，下设综合处、规划发展处、财务审计处、土地整理开发处、工程处、资产经营管理处6个职能处室。市西区建设投资有限公司于2005年12月注册成立，注册资本金1亿元，性质为国有独资公司，与西区投融资管理中心一套机构、两块牌子，作为西区开发建设工作的投融资平台。中心的主要职责是负责编制并组织实施西区建设的中、长期发展规划和年度计划；组织实施西区规划、建设和管理；负责建设资金的筹集、管理和使用；按照市政府批准的建设项目进行项目投资、合作和开发经营；受市国土主管部门的委托，负责西区建设用地的整理、储备和前期土地熟化；从事政府授权范围内的国有资产运营、管理，承担保值增值责任；按照上级政策规定，负责西区规划范围内相关费用的收缴和管理等。

按照市委市政府工作部署，先后承担了大学科技园、西客站、第七届园博会、全民健身中心、新体校等重点片区和重点项目建设任务。其中，第七届园博会、全民健身中心和新体校作为全市承办园博会和全运会的重点工程已完成建设任务。

2010年，西部新城开发建设工作全力推进，完成投资100多亿元，各项工作都取得显著成绩。①省会文化艺术中心工程。10月份开工，各项工作进展顺利，大剧院桩基工程、基础工程全部完成，已进入地下结构施工，完成工程投资1.94亿元。②西客站场站一体化工程。高架桥已完成80%箱梁浇筑；地铁6号线已完成负2层结构；东广场南、北综合体已完成东广场垫层、部分区域的防水、底板和负2层结构施工；全年完成投资2.43亿元。③安置区建设。西客站片区一期工程110万平方米，已有86万平方米竣工验收，工程质量优良率70%以上，超额完成质量目标，剩余工程全部主体封顶；西客站片区安置三区、安置一区二期工程和公共租赁住房约120万平方米进行开工前的准备工作；大学科技园三期工程进行拆迁工作。安置工程全年完成投资11.5亿元。④市政道路建设。开工西客站片区一期道路工程25公里，完成总工程量的80%；刘长山路西延长线部分路段开工建设；大学科技园7号路慢行一体化工程全部完成。全年完成投资3.5亿元。⑤河道整治。腊山河河道整治工程完成30%，拦河闸完成土方7000立方，部分园林景观、桥梁工程开工建设。全年完成投资1900万元。⑥厂源建设。日处理能力3万吨的污水处理厂一期工程已建成；热源厂一期工程基本建成；水、电、气等专业管线施工进展顺利。⑦济西湿地公园工程。项目被国家环保部初步确定为全民生态环保教育基地，已批准为省级湿地公园和国家级湿地公园，一期工程河道土方开挖已全部完成。全年完成投资400万元。

（潘齐齐）

【城建投融资管理】 市城建投融资管理中心（市城建投资公司）提升奥体文博片区建设水平、推进雪山片区城市综合体建设、打造古城改造新亮点、高标准实施地块开发和公共租赁住房建设，完成年度目标任务。全年实现各项收入 80 亿元，支出资金 75 亿元，其中工程建设支出 45 亿元，偿还到期贷款本息 30.49 亿元。中心被市总工会授予“济南市五一劳动奖状”,被市直机关工委评为“机关党员先锋号”先进集体。

1. 推进重点工程建设。奥体文博片区建设。加强土地的策划运作，实现土地出让总收入 50 亿元，超额完成年度目标任务。场馆政务区全部建成投入使用，消防站、供气加压站、市政道路等配套设施完成。A 地块已进驻省高院、省军区、省武警边防、省立医院等 14 家单位。龙洞片区中水站工程于 12 月 8 日全面完工，并启动运行，日处理污水能力 1.3 万立方，是全市规模最大的中水处理站。成城大厦项目 5 月完成主体结构封顶，12 月中旬顺利竣工，为被拆迁单位早日入住创造了条件，大大降低了拆迁成本。姚家安置房项目进行主体工程施工，四栋楼完成主体封顶；丁家安置房项目完成征地并实施地上物拆除。龙泉湖水库工程全部完成，并经受住了汛期的严峻考验。加快奥体场馆的竣工结算、资料收集和奖项申报工作。奥体中心“一场三馆”同时获中国建筑工程和土木工程最高奖——鲁班奖、詹天佑奖两大奖项，为济南市首次。

雪山片区项目。片区核心区城市规划、片区用地规划研究及控制性规划等设计方案修改完毕，片区冻结及调查摸底工作结束，对地上附着物进行丈量、统计、核准，并予以公示，完成数据汇总，并组织历城区指挥部、唐冶办事处、各村委会等相关单位对摸底调查结果进行现场核实。走访调查片区现状，及时形成影像资料，并以此为依据分析测算补偿，同时根据地上附着物统计明细，结合相关文件初步做出片区调查摸底汇总，测算出土地征收补偿成本。11 月 3 日，与历城区及章灵、安家四村签订《土地征收与旧村整合协议》，全面启动片区建设工作。分析投入和产出，精心策划，提出 2011 年土地出让计划及土地利用计划。

明府城片区古城改造。涉及的苗家巷地块完成搬迁任务，百花洲地块已签订补偿协议 278 户。会同有关部门就全面启动明府城保护改造工程进行研究，提出建设意见。会同市规划局进行百花洲、苗家巷地块修建性详规的设计方案征集，组织专家对 5 个设计方案进行评审，在其基础上进行完善深化，基本确定规划设计方案和建筑单体设计方案。成立明府城片区项目部并进驻现场开展工作，会同市土地部门对将军庙、芙蓉街两个历史文化街区进行冻结和调查摸底。全面启动县西巷武岳庙地块建设，完成县西巷遗留问题中保护性搬迁工作，完成武岳庙地块规划设计方案并经专家论证，完成环境影响评价和项目可行性研究、立项，组织专家对节水保泉方案进行论证，完成监理、造价咨询单位的招标工作。

市委党校新校区建设。拟定市委党校新校区建设代建合同，与市委党校共同组建工作班子，委托市测绘院完成对新校址的地形勘测，按照市国土局的要求，配合市、区两级土地部门做好土地征用前期工作，完成对新校址的地形勘测和规划总评，完成单体设计方案、项目管理、地质勘探、造价咨询单位的招标工作。12 月 3 日，举行项目奠基仪式。

西蒋峪片区公租房建设。完成规划策划工作，地块规划指标已批复；公租房项目及市政配套项目已申请立项，环评、可行性研究及规划设计的合同审核完毕；开始施工板房搭建及场平工作，2012 年 7 月竣工并交付使用。

2. 筹措建设资金。根据国家出台的规范政府融资平台的融资行为、防范政府债务风险的措施要求，规范前期融资行为，补办各项项目审批手续，对照规定逐笔排查，逐个项目梳理，落实实物抵押等贷款增信措施。拓宽渠道，盘活资产。全年出让土地 81.0667 公顷，实现土地出让收入 50 亿元。新增贷款 4.4 亿元，盘活资产经营性收入 2.4 亿元。把握企业债券发行审批政策的有利时机，对发债项目、债券市场、融资成本、发债数额、期限等讨论研究后，采用无担保方式发行 18 亿元债券直接融资，各项工作进展顺利。吸收社会资金投入前期土地熟化，同时探讨 BT 方式，吸收有实力的企业垫资建设，缓解政府资金困难。加强安置房和资产的管理，加快推进安置房相关手续的办理。全年融资 80 亿元，支出资金 75 亿元，较好地保障了各项重点工程的资金需求。 （陈朝晖）

【小清河综合治理】 小清河综合治理二期工程于年初开工建设，已开工河道 12 公里，主要治理内容为河道拓宽工程、桥梁工程、道路工程、景观绿化工程四部分。其中河道工程包括清淤、扩挖，主河道由原来的 20 ~ 30 米拓宽至 50 ~ 60 米，工程总土方量约 300 万立方米；道路桥梁工程新建改建跨河桥梁 11 座、支流桥 4 座，新建道路总长 32.2 公里，面积 51.4 万平方米；管线迁建工程迁移并新建供水、燃气、电力等 9 种管线总计约 150 公里；景观绿化工程新建河道景观绿化 193.2 万平方米，打造京福高速至洪园节制闸 23 公里的水上旅游观光河道。

截至年底，二期工程共征收国有、集体土地 189.736 公顷，拆除建筑面积 29.17 万平方米；累计扩挖河道土方 86.2 万立方米，清挖淤泥 43.3 万立方米，砌筑岸墙 6.3 公里；滨河南路及滨河北路除部分受拆迁及南水北调施工影响外，基本实现通车，大金路桥、腊山河西路桥等 6 座桥梁主体结构全部完成，无影山北路桥实现临时通车；自来水、热力、燃气管线迁建全部完成，电力、污水、雨水管线迁建完成一半以上，清河北路综合管线完成 31.4 公里；累计建成 70 万平方米绿化地，形成 13.1 公里的园林景观长廊，五柳岛、板桥广场、盐仓旧址等主要景观节点逐步完善；优化完善沿河灯光亮化工程，全年安装庭院灯387个。

推进滨河新区规划策划研究及片区开发工作。完善滨河新区城市发展战略规划及中心区概念性规划、旅游规划和生态景观规划，基本完成“十二五”小清河地区发展规划、滨河新区功能定位与产业发展策划以及天桥区段村居安置区整合选址规划，对东沙、泺口片区安置房、公租房规划平面布局设计和户型设计进行深入研究；完成泺口、徐李、东沙等片区约500公顷土地的规划设计方案及规划指标的调整工作，开展板桥东地块、板桥南地块、新徐片区、大魏片区、王炉北辛、崔庙田庄等片区约300公顷土地的规划策划工作。完成北湖、泺口、华山、黄岗兴济河、赵庄5个片区的熟化立项、规划许可、拆迁冻结等手续办理及延期。完成标山片区的立项及大魏、新徐、小鲁庄和张马等片区的规划范围申请工作。推进泺口、华山等重点片区开发。泺口片区与上海绿地地产集团签订开发合作协议，东沙片区与当地区政府、村居签订合作协议，徐李片区与北大资源签订《徐李片区改造项目用地意向协议》，北湖片区已与北京龙湖置业有限公司签订《济南市滨河新区北湖南片区项目用地意向协议》和《济南市滨河新区北湖片区项目用地意向协议》。（奚　冉）

【概况】1.统筹规划水平全面提升。完成市委重大课题“全面提升城市统筹规划水平”调研工作，系统提出“统筹规划”的理念、原则和统筹区域与城乡、统筹空间拓展与功能完善、统筹新区开发与老城提升等“八个统筹”的对策措施。

2.规划体系建设。新一轮城市总体规划通过国务院部际联席会议审查，控制性详规整合工作全面启动。城市综合体、教育、卫生等专项规划，城中村改造引导规划、镇村体系规划、长清山区保护与发展规划方案等陆续完成，福利设施、城市色彩、园林绿地等规划取得阶段性成果。推进轨道交通、防洪供热等规划编制，开展大明湖—小清河通航、石济客专、新东站等规划研究，配合有关部门编竣“十二五”行业发展规划。

3.重点片区规划相继编竣。集中力量编制了100多项重点片区规划成果，完成老城区百花洲、苗家巷、普利门等片区的规划设计，编制西部新区核心区、站前综合体、济西生态湿地等规划方案，开展东部新区燕山文博、唐冶、汉峪等重点片区规划，编竣滨河新区功能定位与产业发展、核心区、华山片区等规划成果。主动加强与各投融资管理中心的配合，组建滨河新区等规划策划平台，邀请国际规划建筑大师保罗·安德鲁设计了“岱青海蓝”省会文化中心等标志性建筑，组织开展经十路东段、二环东路沿线等十几项城市设计，重点片区、重点地段的规划设计水平大大提高。

4.管理体制优化。实施“重心下移、关口前移”，调整优化内设机构职能，新组建4个直属分局，分别设立规划服务窗口，开展“驻区企业规划服务日”等活动，落实多项为辖区服务的具体措施。对已出台的管理制度进行系统梳理，制定《城市规划区村庄建设规划编制审批规定》等规范性文件，完成《城乡规划管理技术规定》草案。落实城市规划委员会、专家论证、城乡规划督察制度，开展建设用地性质容积率调整、建设领域突出问题专项治理，各项规划管理工作更加规范。

5.服务效能提升。优化规划决策、项目运转、督察督办机制，及时研究办理各类规划项目3000多件次。畅通绿色通道，大力度推进“双百工程”等重点项目的实施。严格执行一次告知、限时办结、追踪问效等制度，公布新的《服务指南》，优化完善提前介入、动态衔接、全程跟进的规划服务模式。注重依靠科技进步提高服务效能，“一张蓝图”规划管理信息系统正式运行，被列为住房和城乡建设部信息化示范项目，获得中国地理信息系统协会金奖。

6.阳光规划工作。大力推行政务公开，通过各种渠道发布规划信息4000多条，举办规划公示近500次，规划展馆、《泉城规划动态》、宣传栏和新闻媒体等宣传工作开展得有声有色。规划局网站再次获评优秀政务网站，政务信息工作得到市委、市政府表彰。做好人大代表建议、政协委员提案办理和规划信访工作，办结热线转办事项800多件次。以“优化发展环境、规划美丽泉城”为主题，召开服务对象恳谈会，组织参加“开放搞评议、广场听民声”等活动，市规划局在全市优化发展环境民主评议中的位次提升到第五位。

7.测绘工作。组织编竣基础测绘“十二五”规划，实现中心城1:500地形图和市区建设区域1:2000地形图全覆盖。主动加强与省国土厅等单位的衔接，及时启动基础地理信息公共平台建设，开展地理信息市场专项检查工作。开展城市基础测绘，搞好规划验线、规划竣工测量的技术服务，为规划中心工作提供有力技术支撑。

【《济南市城市总体规划(2006~2020)》通过审查】11月29日，国务院城市总体规划部际联席会议第四十四次会议在北京召开，会议审查通过了《济南市城市总体规划(2006~2020)》。济南市新一轮城市总体规划修编于2004年启动，2006年8月上报国务院。总规编制突出以人为本、城乡一体、生态保护、规模适度、空间管制、资源节约，初步确定“东拓、西进、南控、北跨、中疏”的空间战略和“新区开发、老城提升、两翼展开、整体推进”的发展思路，将济南市城市性质定位为山东省省会、著名的泉城和国家历史文化名城、环渤海地区南翼和黄河中下游地区的中心城市；在市域规划方面，提出加快市域产业布局调整，积极引导传统产业向中心城周围县(市)转移，在全市形成布局合理、分工明确、功能突出、优势互补的产业发展空间格局。市域产业发展规划实施两翼展开、跨河发展的总体战略，形成主城区产业聚集区和沿交通走廊向东、向西、向北的3条产业聚集带；将构筑“一心三轴十六群”的城镇空间组织结构，即以济南中心城市为核心，形成3条城镇聚合轴，组建16个城镇组群。其中，3条城镇聚合轴是以中心城市为中心，与产业空间布局相适应，向东、向西、向北形成沿济青、济郑和济盐产业聚集带的3条城镇聚合轴；16个城镇组群是规划形成16个城镇组群，每一组群以中心镇或次中心城市为中心，带动组群内其他城镇的共同发展。部际联席会议认为该规划符合《中华人民共和国城乡规划法》等法律法规和国家有关方针政策，在编制过程中，加强对涉及城市发展全局性、综合性、战略性问题的研究和论证，可操作性较强，符合济南市的实际发展需要。

【《轨道交通规划》编竣】 组织编制完成轨道交通线网规划初步方案，综合交通规划、公共交通规划修编和《轨道交通与其他交通方式衔接规划》《轨道交通建设用地控制性详细规划》和《沿线土地利用控制性详细规划》的编制工作。委托日本中央复建工程咨询株式会社（南京希芙凯规划设计咨询有限公司）和南京市城市与交通规划设计研究院，对《轨道交通线网规划》《轨道交通建设对泉水的影响研究报告》等规划成果进行审核评价，8月形成《咨询报告（中间报告）》。邀请住建部、同济大学、铁道部第三勘察设计院等部门的11位国内知名专家召开专家咨询会，对《济南市轨道交通规划咨询报告（中间报告）》进行咨询论证，并根据专家意见组织承编单位对轨道交通规划方案进行了修改完善。

【《济南市城市综合体规划》编竣】 8月，《济南市城市综合体规划》编竣。该规划依据城市的总体发展目标和布局，突出产业发展，统筹设施配套和环境建设，注重体现文化元素和市民生活需求，对城市综合体的价值、功能及相关规划建设问题进行深入研究，确定了齐鲁外包城、华强电子商城、万达广场等16个城市综合体项目，总用地40平方公里，可开发建筑面积达到7000万平方米。

【《中心城城中村改造引导规划》编竣】 12月10日，《济南市中心城城中村改造引导规划》编竣，并通过市规委专家委员会评审论证。规划以城市总体规划、控制性详规等上位规划为依据，按照“四个转变、三个带动、五个统一”的指导思想和基本思路，提出将现有城中村整合为50个成片改造项目和5个重点建设片区，建设106个集中居住社区，对于实现城中村在居住环境、经济发展、社会管理等方面与城市发展更好地融合具有重要意义。

“四个转变”即以构建和谐社会、推动城乡可持续发展为目标，在观念和思路上实现由单纯改造城中村向推动城市化进程、单纯村（居）分散改造向推动区域整体协调发展、单纯的安置村民向推动综合性社区建设、单纯房地产开发向推动城市功能产业统筹发展的转变。“三个带动”即突出重点区域和重要功能片区的带动作用，突出城市综合体和重点工程的带动作用，突出铁路、轨道交通、主要道路等重大基础设施建设的带动作用。“五个统一”即统一思想，政府主导；统一组织，明确主体；统一规划，成片改造；统一政策，保障民生；统一标准，整体配套。

【《省会文化艺术中心规划方案》编竣】 省会文化艺术中心是2013年第十届中国艺术节主场馆所在地，为打造一流文化艺术中心，市规划局会同西区投融资管理中心等有关部门开展大量规划编研工作，经综合考虑和多方论证，最终确定选址为西客站核心景观轴和腊山景观带两条城市发展带的重要节点上。开展文化中心规划设计方案征集，经专家评审论证、向省市汇报，最终选定由国际著名建筑师安德鲁设计的文化中心概念设计方案。组织相关规划设计、策划咨询单位对西客站核心区规划及城市设计成果进行深化完善。

山东省会文化艺术中心位于山东省济南市西部新城的核心区，距京沪高铁济南西客站主站房1.3公里，占地面积32公顷，总建筑面积62.5万平方米，总投资56.5亿元，包括大剧院、图书馆、美术馆、群众艺术馆以及剧团、书城、影城等文化事业和文化产业配套项目。大剧院综合体约7.5万平方米（含1500座音乐厅、1800座歌剧厅、500座多功能厅及排练厅和其他辅助功能），以“岱青海蓝”为设计理念，坚持环保、节能、可持续发展的原则，采用8大类、21项新技术、新工艺、新设备、新材料。

【规划局直属分局成立】 4月，市规划局在派出管理处的基础上，成立4个直属分局：直属第一、二分局合署办公，主要负责市中、历下、槐荫、天桥四区建设项目的批后管理工作；直属第三、四分局实行分块管理，分别负责受理和承办历城、长清辖区内建设用地、建设工程规划审查审批和批后管理各类事项。6月，直属分局开始受理业务。

【基础地理信息公共服务平台建设工作正式启动】 6月26日，济南市正式启动基础地理信息公共服务平台建设。平台建设约需3年时间，年内启动调研、招标、软硬件采购和数据管理平台建设，2011年完成服务平台开发和资源整理建库工作，同时启动1～2个示范工程，2012完成运行维护和发布系统建设。

（市规划局）

市政公用事业

【概况】 全年完成17条市政道路建设改造、10条市政道路整修任务，新增路灯5442盏，路灯总量达87977盏；完成

7条河道、200公里雨水管道清淤疏浚和27处低洼积水点排水改造，圆满完成城市防汛任务；完成济西应急供水一期工程和28个供水低压片区管网升级改造，户表计量改造5万余户，全年完成水质督察取样监测2515件次，水质综合合格率达99.95%；全年节水3000万立方米，万元GDP新水量降至13.5立方米，工业用水重复利用率94.5%；新建水质净化四厂并投入运营，污水处理能力日增加3万吨，新建中水站5座，年处理污水量、城市污水处理率分别达到2.2亿吨和85%以上；全年新增管道燃气民用户8万户，完成燃气危旧管网改造104公里、14.2万只煤气表更换和42座液化石油气瓶组站并网工作，城市管道燃气气化率达63%；新建、扩建和改造热源厂9座，新增集中供热面积800万平方米，回收及改造自管换热站191个，集中供热普及率达到50.8%；市政公用系统生产安全形势持续稳定，未发生安全责任事故，圆满完成各项目标任务。

【城市道路建设】 全年开工、续建市政道路17条，年内完成6条，分别为黑虎泉西路（解放阁至趵突泉北路）、趵突泉南路（文化西路至经七路）、浆水泉路南延（旅游路至浆水泉西路）、玉函路南段（七里山路至土屋路）、聚贤西街（北坛南街至馆驿街）、济安街及少年路西延（顺河街至经一路）。荆山东路、文化东西路、玉兴路、旅游北路、无影山路中段、舜德路、按察司街、北坦南街、茂新街、北刘南街、影壁后街等11条道路的建设有序推进。

【城市路灯建设】 完成黑西路、文化东、西路、阳光舜城等34条道路路灯建设任务。全年新增路灯5442盏，变压器35台，截至年底，全市路灯总数已达87977盏，变压器576台，线路总长度1972.8公里。建立24小时抢修机制，路灯平均“三率”达到亮灯率99.94%、好灯率99.98%、事故处理及时率100%。推广可调式镇流器和新光源，加大路灯节能源头控制，在美里路、黑西路等主次干道采用LED路灯照明，同时结合数字化路灯系统建设，在新改建路灯工程中同步实施单灯控制。路灯节能工作在国家住建部节能减排检查中得到肯定。

【市政设施维护管理】 完成闵子骞路、矿院路、千佛山西路等10条道路整修工程；累计完成道路维护面积19.66万平方米。清挖检查井3880次，疏浚管沟48.3公里，整治市政雨污水井盖井箅927个，加装设置防护网1000个，安装限高栏33处。共收录475座桥梁的运行数据，完成全市447座大中小型桥梁的监控。完成475座桥梁等级评估工作、493座桥梁检测工作；完成2座桥梁荷载试验；对4座桥梁进行维修加固。安装顺河高架路防噪墙905米。完成旅游路隧道整修工作，维修更换隧道消防水泵7台；安装隧道警示牌28块；更换灭火器150个、消防水带88条、消防箱32处；保养维护发电机4台，更换隧道内照明灯具1000余盏。新建4座人行过街天桥。对31条道路实施杆线入地，拔除废弃线杆1880根，新建多孔管沟145.9公里，线缆入地145.3公里，整治线缆172公里；强化市政工程文明施工管理，加大巡查力度，施工工地围挡率、工程弃土清运和场地洒水压尘达标率均在95%以上。牵头各单位完成市政设施管网普查总长度约730公里。

【城市防汛】 修订完善《济南市城市防汛应急预案》，提升完善市城市防汛指挥调度系统，实现气象、水文数据接入；完善防汛视频监控系统，监控点扩充至200余个，实现对市区主要河道、立交桥等低洼位置、排水泵站的实时监控；加强部门联动，实现与数字城管、公安交警、气象部门的信息共享。根据气象部门发布的暴雨预警信息和实际降雨情况，启动《济南市城市防汛应急预案》3次，其中三级（黄色）预警应急响应1次，四级（蓝色）预警应急响应2次；做好防汛抢险物资的检查、补充和储备工作。市、区共储备遇水膨胀袋6800条、编织袋19000条、救生艇15艘、大型水泵5台、便携式水泵69台；针对降雨中易造成道路行洪和低洼地区局部积水较大的问题，购置大功率应急排水泵车7辆；加大宣传教育力度，建立完善市民自救互救体系。组织开展城市防汛知识宣传进社区、学校、公共场所、建筑工地的宣传周活动，发放《市民汛期安全实用手册》30余万册、张贴《城市防汛知识挂图》3万余套，拓展宣传手段和方式，制作《城市防汛知识动漫宣传片》。在进入主汛期的6月1日，通过手机短信向社会各界30万手机用户发布防汛安全信息，提高市民防灾减灾意识。

【城市排水及河道截污整治】 重点对柳行河、黄台南路边沟、马家庄西沟等河道实施综合整治，提升了城市防汛能力，健全了污水收集体系。对花园路等25处道路积水点实施排水改造工程，通过完善区域排水系统，缓解城区道路及低洼地区汛期积水问题。组织对大明湖、柳行头河两大污水系统调研和方案论证，完成主城区污水全收集可研报告；深化雨水设施、河道等排水设施的长效管理机制，规范城市排水行为，保障城市排水设施安全、稳定运行；数字市政排水系统初具规模，完成主城区范围内300平方公里排水设施普查，形成普查成果，启动城市排水信息化平台建设。

【城市污水处理】 市区污水排放总量2.41亿吨，处理污水2.22亿吨，日处理污水68.5万吨，出水水质全部达到GB18918-A标准，市区城市污水处理率达到85%以上。6月份，光大水务四厂正式运营，处理水量约在2.5万立方米/日。按照集中与分散处理相结合的原则，先后建成分散式污水处理站8座，污水处理规模合计5.7万吨/日。济南所属县（市）实现每座县城一座污水处理厂的目标，污水处理规模19万吨/日（长清2.5万吨/日、章丘5万吨/日、平阴4万吨/日、商河2万吨/日、历城仲宫0.5

万吨/日、高新区3万吨/日），污水处理标准章丘、平阴、商河污水处理厂执行一级B排放标准，其余均执行一级A标准。截至年底，结合道路治理、道路整修，共改造和新建排水管网260余公里，雨污水管网总长度已达2100公里（其中污水管道1200公里），覆盖面积达300余平方公里，90%以上的城市污水得以收集，日均向光大水务一、二、三、四厂输送污水60余万吨。在2010年国家住房和城乡建设部对全国36个大中城市的污水处理工作的年度考评中，济南市获第一名。

【城市供水】 全年全市城市公共供水总量23883万立方米，售水量16817万立方米，供水总量比上年增加596万立方米。投资5000万元完成济西应急供水管网建设工程，新增10万吨日供水能力，解决南部用水短缺问题。对16条主干线和60条支线道路供水管线升级改造，提高管网保障率。投资8075万元改造完成28个低压片区，解决35万市民吃水难题。投资300万元建成解放桥加压站，投资1350万元完成七贤、板桥两个加压站改造任务。济南市成为黄河下游地区承担国家饮用水安全保障技术研究和工程示范任务的牵头城市，参与了国家、省、市三级供水水质预警监控网络的示范工程建设，投资1.68亿元实施玉清、鹊华两个水厂深度处理工艺改造工程，改造后水厂出水水质达到直饮水要求。

【城市节水】 全面实行计划用水管理，工业用水重复利用率达94.5%，城市节水总量3000万立方米；新建中水工程19个；城市计划用水率98%以上；征收超计划加价水费550万元。推进节水器具的开发利用工作，全年共检查二次供水设施446家。组织开展全国第十九个城市节水宣传周活动，加强节水宣传，配合中央电视台《绿色空间》拍摄《城市与节水》专题片。

【城市燃气】 新增管道燃气民用户8万户，全市城市燃气居民用户达98万户（含管道居民用户63万户），城市燃气气化率98%，管道燃气气化率63%。全年供应天然气2亿立方米，焦炉煤气4700万立方米。改造燃气危旧管网104公里，更换超期煤气表14.2万只，完成液化石油气瓶组站并网42座。

【城市供热】 全市集中供热面积达到6213万平方米，集中供热普及率达50.8%。继续推进供热基础设施建设，浆水泉热源厂及管网工程、莲花山热源厂1台70兆瓦热水锅炉、北郊热源厂扩建1台70兆瓦热水锅炉、金鸡岭热源厂扩建1台70兆瓦热水锅炉以及丁字山热源厂扩建1台58兆瓦热水锅炉项目，均在年内竣工投运；西客站热源厂主厂房、锅炉房本体等主要设施完成，与道路建设同步敷设外管网；东部城区“汽改水”管网改造项目完成37公里，11月初投入运行。开展供热计量改革工作，在已安装热量表的新建建筑中选取100万居民住宅和200万公共建筑进行供热计量试点收费，并进行数据收集分析。加大供热企业及自管换热站整合力度。实施东新热电和开元、德南、乐山锅炉房整合工作，将东新热电整合到济南热力有限公司，将德南、乐山锅炉房移交到济南热电有限公司，回收自管换热站191个。强制拆除10吨以下锅炉340台，其中供热锅炉118台，配合环保部门替代小型锅炉42台，供热企业投入8500万元，完成9台锅炉的脱硫升级改造任务，节约标煤5000吨，减排二氧化硫680吨。在采暖季继续实行供热调试期制度，从11月8日开始，全市供热企业均启动锅炉，管网和换热站相继投入热态调试运行。出台《济南市居民住宅供热室温检测及退费规定》，要求供热单位接到用户室温检测申请，2小时内主动联系用户并预约测温时间，节假日不休息；将全额退费温度标准提高到14度；测量一次，室温不达标，按两天计算退费。加强自管换热站管理，市市政公用局、城乡建设委、住房保障管理局、物价局四部门联合出台《关于进一步加强我市自管换热站管理的通知》，成立自管站供热联合检查小组，在供热前、供热后、供热运行期间等不同时段加强检查，查处违法经营、克扣热量等行为。

【科技创新工作】 光大水务（济南）有限公司《城市污泥压滤干化、生物脱臭及制备生物菌肥集成技术研究》被列为济南市2010年科学技术发展计划第七批项目（高新技术产业化重大专项），《济南城市防汛预警决策支持系统》等9项成果通过市科技主管部门组织的科技成果鉴定。市政公用系统有4项成果获2010年度省、市科技进步奖。其中，济南市供排水监测中心《臭氧化浮滤池净化工艺研究》获山东省科学技术进步奖二等奖，《城市供水预警监控与净化处理集成技术研究与示范工程》获济南市技术发明奖二等奖，济南市市政工程设计院有限责任公司《活性污泥法计算机模拟研究与应用》和济南热电有限公司《循环流化床锅炉炉内脱硫研究及应用》获济南市科技进步奖三等奖。

【数字市政建设】 启动数字市政系统“118”（即1个监测监管中心、1个资源管理平台和8个业务系统）工程。数字市政建设指在城市运行、管理中充分利用地理信息系统等技术，对城市的基础设施、运行状况等信息采集、整合和充分利用，实现动态监控和辅助决策服务等管理。市政公用监控监管中心初具规模，完成城市防汛调度指挥系统升级改造并投入使用，城市供水、供气、供热、排水、路灯等市政公用设施普查工作加紧实施，完成主城区试点范围内19平方公里的市政设施普查工作。

【行业发展研究与战略合作】 形成《关于加快推进市政公用事业改革与发展的调研报告》，被国家住房城乡建设部转发。出台《关于加快推进市政公用事业科学发展的意见》，编制市政公用事业年度发展报告，为推动行业发展提出了建设性思路和对策。加强地下管廊、步行与自行车系统建设的研究探索与实践，形成关于加强全市共同进行管廊建设的意见，成为全国城市步行与自行车交通系统示范项目建设城市；与中国物联网研究发展中心、山东泰华电信公司共同推进国家级“感知市政”物联网应用示范项目，与哈尔滨工业大学签订战略合作协议，加强在城市道桥、饮用水及污水处理、燃气和供热等领域开展多形式、高层次的产学研合作。

【安全生产管理】 建立“党委领导、政府监管、行业管理、企业负责、社会监督”的安全生产工作格局，全年召开系统安全会议22次，下发安全文件32份；严格落实安全生产责任制，逐级签订安全目标责任书。以开展“安全生产基层基础工作落实年”为主线，开展4次集中行动、百日安全大检查活动和设施普查评估活动，在燃气、供水、供热、市政建设、路灯、道桥、排水等重点行业领域开展专项整治行动，排查消除各类隐患7600余处；实施重大危险源监控，对水厂、加压站、天然气门站、储配站、液化气储罐厂（站）等市政设施要害部位，严格落实人防、技防、物防措施，覆盖率达100%。严格落实新建、改建、扩建工程安全设施“三同时”制度；加大安全生产投入，足额提取使用安全生产费用。强化安全教育培训工作，组织举办3期安全管理人员培训班、2次安全应急知识讲座和1次安全生产工作研讨会，依法加强对从业人员特别是农民工的安全教育培训，定期开展安全警示教育。大力开展安全宣传活动，组织安全生产服务队进社区、居民小区、单位宿舍安全宣传、咨询和义务维修等服务活动。加强应急管理工作，修订完善各级各类应急预案，完成《济南市城市燃气突发事件应急预案》由部门预案到市级专项预案的升级申报工作；整合局系统生产经营单位的专业抢险队伍，组建一支千人组成的市政公用系统综合应急抢险救援队伍，实行统一组织、统一建设、统一装备、统一指挥、统一协调的“五统一”工作机制；组织开展燃气泄漏、爆炸，氯气泄漏，人员中毒、窒息，各种市政管线爆裂，水、气、热供应中断等应急演练活动110次，参加演练人员3500余人次，参加演练的车辆111台次，各种装备器材1033件套。圆满完成安全生产年度目标任务，确保全系统安全生产形势平稳，市政公用局被市政府评为2010年度全市安全生产先进单位。

【行业监管】 完善特许经营制度，完成对山东济华、济南港华燃气公司特许经营授权工作。完成济南城建集团和济南泉城水务公司组建工作，企业发展活力不断增强，市场竞争力、社会效益产值均有大幅提升。加强市政工程质量安全监督管理，全年监督工程103项，开展专项检查27次，下发工程质量整改通知单37份，有效预防了质量安全事故的发生。加强河道、排水设施管理，推行《济南市城区河道日常管理量化考核实施办法》《济南市城市排水设施清淤疏浚管理工作量化考核实施办法》，提高各区河道、排水管理和养护水平。加强道路桥梁管理考核力度，制订《济南市城市道路桥梁管理考核办法（试行）》，加强对各区道路桥梁管理工作的检查考核，保障了城市道路桥梁设施完好和安全运行。加大供排水水质监测力度，全年完成水质督察取样监测2515件次，城市公共供水水源、出厂水及管网水质督察样品581件次，城市污水、中水及排水样品检测1723批次。联合市城管执法部门，对液化石油气市场进行检查治理，规范了市场秩序。

【行风建设】 在连续3年开展公共服务“基础年”“改善年”“提升年”系列活动的基础上，重点开展“标准化年”主题活动。向社会公开承诺的市政公用行业100件为民办实事项目全部完成。成立千人志愿者队伍，组织开展便民服务万余人次，解决实际问题13214件；市民满意度逐年提高，市政公用行业总体服务综合满意率达到86.4%，84%的被调查者感受到济南市市政公用行业的发展变化和服务改善。开展市政公用系统服务明星、志愿者“双十佳”评选活动，取得良好社会反响；联合山东大学，率先在国内市政公用行业制定供水、供气、供热、12319热线、市政道路建设、设施维护、排水、路灯服务标准，并颁布试行，形成覆盖全行业的规范化服务标准体系；坚持局长办公会每月专题研究热点、焦点和难点问题制度，市民反映的一大批供水水压低、户表改造质量、路灯不亮、供气供热开户难等问题得到落实和解决；加强与12345热线、12319热线和各新闻媒体的联动，坚持局长热线、市民与媒体体验日活动常态化。发挥12319热线品牌带动作用，实施水、气、热等公用企业服务热线优化升级，窗口单位客户服务功能更加完备。12319热线全年共接听电话154377个，转办12345热线工单23930件，处结率、满意率均达到99.5%以上；探索联合审批、跟踪服务模式，提高审批效能，全年受理各类办件1827项次，办结率100%；注重主动服务、一线服务，建立20个社区服务共建示范联系点，局机关、窗口单位、街道办事处、居委会“四位一体”服务机制初步建立，市民诉求渠道进一步畅通。

（刘　健　国兴华）

住房保障和房产管理

【概况】 全市住房保障工作稳步推进，房产管理工作全面加强。

1. 住房保障工作。初步构建起以实物配租为重点、集资建房和棚改安置房同步推进、租金补贴和租金核减“托底”、公共租赁住房为主要发展方向的住房保障工作格局。推进廉租住房项目建设，天和新居和天保新居735套廉租住房交付使用，天成新居和八里桥新居1019

套廉租住房在建，清河新居和裕辛苑小区完成立项、规划等前期手续。采取配建与收购方式，多途径筹措房源，给予1493户家庭实物配租保障，超额49%完成市政府为民办实事的任务。按照“随申请、随审核、随发放”原则，向4262户家庭发放租金补贴1841万元，发放户数同比增长17%，实现“应保尽保”。坚持审核分配环节的公开公正，严格设置保障家庭准入、退出机制以及动态监管体系，坚持三级联审和两级公示制度，启用住房保障电子审核系统，保证住房保障资格审查的准确性和高效率。年内在廉租住房分配时，对摇号分组进行完善，采取全程电脑摇号，邀请市民代表、公证处和省市媒体参与，保证摇号选房过程的公正、透明。廉租住房设计施工突出体现“以人为本”理念，做到“面积不大功能全、占地不多环境美、造价不高品质优”。廉租住房工程运作中建立全程监控体系，变事后监督为事前规划、事中控制和跟踪审计，保证民生工程为“阳光工程”。在保障性住房后期管理中实施物业管理，并考虑到保障对象的特殊性，分层次减免物业服务费；在已建成使用的廉租住房小区强化便民服务，增设便民服务设施，让住户住得安全舒心。全力推进公共租赁住房工作。制定出台《关于开展公共租赁住房试点工作的意见》及4件配套规范性文件，编制保障性住房“十二五”发展规划，确定到2015年底，全市新建保障性住房10万套；建立高效的政府保障资金筹集拨付机制，已拨付公共租赁住房前期启动资金1.47亿元；建立保障性安居工程定期通报制度和协调机制，加快推进公共租赁住房项目建设步伐；启动首批6个公共租赁住房项目，总建筑面积100万平方米，1.4万套，其中，西蒋峪片区和沁园新居进入施工准备阶段。指导企业新建集资建房4730套，约35万平方米，有效解决了企业职工的住房困难。指导各县（市）做好住房保障工作，三县一市均开展廉租住房建设或配租工作，全年发放补贴649户，完成实物配租10户。

2. 住房制度改革。加强住房制度改革政策调研，按照“因企制宜、方式多样、方案自选、自主决策、稳步实施”的原则，指导企业制定切实可行的房改方案。做好房改售房审核审批工作，全年审核房改售房资料2959户，办理房改退房手续2465户，为省直、铁路、电力等单批方案单位联网2675户，出具房改购房情况查询证明8169户。筹备召开三次住房公积金管理委员会会议，完成各项决定事项的督办工作。住房公积金归集51.79亿元，发放个人贷款45.35亿元。严格房改售房资金审批管理，年内归集房改售房资金3233万元；为10家单位办理产权登记证明41件，冻结售房资金639.79万元；为401家单位2423户购房家庭划转共用部位、公用设施设备维修基金3207.16万元，为2465户家庭办理房改退款298.92万元。加大房改遗留问题及信访反映问题的处理力度，妥善处理了一批企业的房改遗留问题和194户家庭房改信息勘误工作，最大限度地保障了购房家庭的合法权益。加大对县（市）区住房制度改革的指导力度，推进各县（市）区住房公积金制度建立和住房货币化改革的落实。

3. 房地产交易与权属登记管理。召开全市房产交易与权属登记工作会议，印发《关于进一步规范房屋登记工作加强行风建设的实施意见》，制定房屋登记业务操作规范，有效化解房屋登记风险。运用先进信息管理技术，构建安全、高效、全新的房屋权属登记系统，覆盖市内7个区和商河县的房屋登记业务，实现数据共享和审核流程全透明。建立市区房屋基础信息数据库，基本做到“以图管房，以图管证”，保证房屋登记发证的安全，市区实现房屋登记以发证为核心向以登记簿记载为核心的重大转变。组织开展预警预报系统和个人住房信息系统建设，为落实国家对房地产业的宏观调控政策和协税护税发挥了重要作用。市房屋产权登记中心顺利通过全国房地产交易与权属登记规范化管理先进单位验收，研发的房产管理信息系统获“2010年中国地理信息产业优秀工程金奖”。完善房地产经纪机构资格备案、房地产评估机构资质许可和年度检查制度，开展存量房网上交易和资金监管工作，建立全市房地产中介机构信用档案系统，组织“放心中介”服务承诺活动，推广济南市房地产经纪行业自律公约，开展房地产中介机构清理整顿和年度检查工作，努力营造放心住房消费环境。房产测绘工作进一步规范。与市规划局联合印发《关于进一步加强房产测绘管理有关事项的通知》，完善全市房产测绘资质许可审核程序。加强各测绘机构测绘成果的管理，统一市区房产测绘及面积计算管理软件，市区房产测绘机构可以基于同一软件平台对外出具房产测绘成果报告。开展房产地理信息系统的研发工作，完成房产测绘数据库的整体建库以及济南市1:500基础地形图数据整理入库工作。创新服务方式，推出10项服务措施6大便民活动，实现市区内房产交易与权属登记的网上审核及资料传递，整合审批环节，缩短审批时限，提高了办证效率。实现市局直接受理业务（需外查除外）由5个工作日缩短到3个工作日内办结，区局受理业务（需外查除外）由10个工作日缩短到5个工作日内办结；实行“双休日”正常上班、延时服务、站立服务；在长清区、高新区设立办事处，两区群众可就近办理房屋登记手续；为特殊困难群体开通“绿色通道”，实行上门受理和发证。全市共办理房屋登记31.7万套，登记面积3363.3万平方米，同比增长30%、36.1%；其中，办理房产交易登记17.3万套，交易面积1936.8万平方米，交易金额521.3亿元。

4. 物业管理工作。推进全市物业管理政策建设。起草《济南市人民政府关于加强物业管理工作的意见》《关于住宅小区停车位使用管理的意见》等文件，印发《济南市住宅专项维修资金管理办法》，并于7月1日实施。加强住宅专项维修资金监管。为管好用好住宅专项维修资金，经市编委批准，成立市住房维修资金管理中心；根据工作实际，制定已售公房和商品房维修资金支用程序、应急支用程序及资金管理的相关政策，明确资金管理各项业务流程和岗位职责，重新开发商品房维修资金管理系统，并完成数据迁移，为维修资金规范化管理，提高服务效率打好基础。全年归集维修资金3.65亿元，为居民办理支用维修资金手续376笔，维修资金累计已达26.28亿元。充分利用信息管理技术，提高服务效率。依托物业管理协会网络，自主研发全市物业管理行业综合管理平台，资质申报、物业招标备案、服务合同备案等8项工作实行网上申报办结，初步建立全市物业服务行业数据库和企业信用档案，实现多方位的综合查询和统计。履行行业监管和服务职能，完成全市三级资质物业企业的资质换证，对部分物业企业下达整改通知；组织39个新建住宅小区前期物业管理招标；会同市政公用局成立小区供热自管站联合检查组，对小区自管站运行情况进行全面检查，及时协调处理小区供热工作中存在的问题；创新行业评优措施，变专家组考评为考察组暗访、明察、与业主交流和社会监督相结合，防止评优工作走过场。截至年底，全市物业服务企业共有443个，管理面积6520万平方米，从业人员达到3.06万人。指导各区房管系统及管修处、房建集团发挥房屋维修热线的品牌作用和管房修房的优势，创新房屋维修机制，初步建立起与居民生活需求相适应的房屋维修网络；健全完善直管公房普查、保修、质量回访制度，做好危旧直管公房维修和安全防汛工作，全年完成危旧房维修2.65万平方米。执行安全生产各项规章制度，落实好“安全生产基层基础年”活动的各项要求，全局继续保持安全生产无事故的好局面。

5. 依法行政和房政管理。加大房管立法工作力度，健全完善规章制度，建立长效机制。先后完善出台《行政审批服务事项窗口办理暂行办法》等10余件规范性政策文件，有力规范了行政审批和服务行为。坚持“立、改、废”相结合，完成地方性法规、政府规章、规范性文件的清理工作。组织开展依法行政培训教育活动，共举办各种内容的学习讲座和教育培训26场，受教育职工达2700多人（次）。改进和完善房管审批服务分中心建设，实行房管分中心工作人员专人负责制、行政审批业务和投诉统一受理制度，规范行政审批事项、审批要件标准和工作纪律。在直管公房租金大幅减少的情况下，继续推行直管公房非住宅房租核减优惠政策，年内为困难企业减负160余万元。加强直管公房经营管理，规范直管公房经营行为。完成2009年度对直管公房受托经营各项指标任务完成情况的年度考核，组织开展直管公房经营管理现状问题的调研，研究制定《关于规范直管公房经营管理行为的通知》，严格规范直管公房非住宅租金核减的程序、标准。全年直管公房实现房租收入2279.56万元，保持上年同期水平。年内共接管直管公房1处、建筑面积460.52平方米；撤管直管公房291处、建筑面积38221平方米；新增直管公房专项资金1297.85万元，直管公房资产总值实现保值增值。做好全市房屋概况年报统计、分析和上报工作，按时保质完成全市棚户区改造、道路整治和重点建设工程共45个项目、7416户被拆迁户及其他住房情况的核查任务。

6. 生产经营。市住房保障和房产管理局房地产开发、房产测绘、物业服务、房屋维修等工作取得进展，获得较好的经济效益和社会效益。管修处紧紧围绕“破难题、保稳定、促发展”总体思路，解放思想，自主创新，巩固四大支柱产业，提升专业化水平，生产经营稳步推进；房地产开发新开工6.88万平方米，竣工6.24万平方米，销售3.71万平方米；物业服务实现总收入2507.57万元，同比增长19.04%；房管经营与房屋维修实现总收入1508.1万元；建筑施工完成产值3010万元，其中承揽社会工程2360万元。房建集团坚持以戎居工程建设为中心，房地产开发开工4.5万平方米，竣工3万平方米，销售1.58万平方米，协议款额1.41亿元，所属单位实现收入895.3万元。登记中心规范办事流程，改进服务举措，加快登记发证，实现经济效益和社会效益的双丰收。房产测绘院狠抓队伍建设、注重技术创新、强化为民服务，努力实现由粗放式管理向精细化管理转变，由加强硬件配置向软件提升转变，由单纯经营型向综合服务型转变，生产经营稳步提升，被评为“山东省文明单位”。经济适用房开发服务中心完成廉租住房项目建设管理、住房保障对象的资格审核、分配、后期管理和房改等相关服务保障任务，获得山东省富民兴鲁劳动奖状和济南市五一劳动奖状等荣誉。拆迁办承揽和实施拆迁工程，缓解了生存危机，保持单位基本稳定。

（李　岳）

【住宅建设】 截至年底，济南市市区（不含长清区）各类房屋建筑建筑面积10813.50万平方米，其中，住宅建筑面积6934.60万平方米。年内市区拆除房屋建筑面积164.18万平方米，其中，住宅82万平方米。2010年城市居民人均住宅建筑面积29.70平方米。（李　岳）

【全市首个廉租住房小区投入使用】 1月23日，全市首个政府组织建设的廉租住房小区——天和新居投入使用，并开始办理入住手续，348户住房困难家庭喜迁新居。天和新居项目于2008年10月开始施工，工程455天整体交付使用，工程质量验收一次性通过，施工期间未出现安全事故。（李　岳）

【启动公共租赁住房安居工程】 8月31日，由市住房保障管理局负责组织实施的济南市保障性安居工程（公共租赁住房）项目集中启动仪式在高新区沁园新居项目现场举行。同时启动的公共租赁住房项目共有6个，除沁园新居外，分别为文庄新居、雅居花苑、龙泉花园、清雅居、乐天居，分布在市内4个行政区域内，总建筑面积近140万平方米，总投资约56亿，建成后将提供公共租赁住房2.3万套。（李　岳）

【完成廉租住房实物配租选房工作】 截至11月11日，全市廉租住房实物配租选房工作顺利完成，提供的1493套房源全部选定。这标志着市委、市政府向市民承诺的“为民办实事”中住房保障工作“向社会提供不低于1000套廉租住房实物配租住房”任务目标超额完成。廉租住房实物配租是最直接、最有效解决低收入家庭住房困难的住房保障方式，自2007年实施实物配租保障以来，房源的提供数量逐年成倍递增，截至2010年底，已累计配租廉租住房3028套。

（李 岳）

【“济南房测”服务品牌正式发布】 11月15日，“济南房测”品牌发布会暨服务系统启动仪式在山东大厦隆重举行，这是我国房产测绘行业推出的第一个品牌服务系统。它通过在线咨询、服务热线、减免费用等方式，为市民提供房产测绘方面的便捷服务。 （李 岳）

【济南市物业管理信息系统上线运行】 经过近3个月试运行调试，济南市物业管理信息系统于12月8日正式上线运行。该系统以市区两级物业主管部门、各物业服务企业、房地产开发企业、业主委员会为用户主体，以物业管理区域为数据单位，构建了物业管理网上办事体系和全市物业行业信息数据库。用户单位通过市住房保障和房产管理局门户网站或济南市物业协会网站登录该系统即可办理物业服务企业资质审批、异地物业服务企业分支机构备案、物业管理区域划分、物业招投标备案、前期物业协议选聘核准、物业服务合同网上签订、前期物业管理备案、业主大会备案等9项业务。 （李 岳）

【住房公积金管理】 全年全辖住房公积金归集额完成578297.5万元，比上年同期增长22.69％。全辖公积金支取287071.2万元，比上年同期增长26.45％。全辖住房公积金个人购房贷款完成527933万元，比上年同期增长22.14%，共为15518户职工家庭解决购房资金需求。截至年底，全辖住房公积金个贷率为64.34%，比上年末提高10.6个百分点。全辖实现住房公积金增值收益23743.83万元。

1. 优化服务。开展便民服务活动，加强服务窗口建设，优化服务环境、明细服务标准，提高服务效率，拓宽服务内容，增加业务咨询台，增设审批窗口，工余时间为单位上门服务，服务大厅被授予机关党员先锋号。加大政务公开。坚持正面宣传，准确把握公积金政策新闻点和社会关注热点，突出宣传重点，并做好政策解释工作，为支持保障性住房建设、差别化公积金贷款等住房公积金新政的顺利实施建立了良好的舆论环境。坚持全面公开，拓宽宣传渠道，建立网站、媒体、服务窗口相结合的立体政务公开平台。优化客服热线、正式咨询热线，服务的专业化和精细化水平明显提高。

2. 扩面增缴稳步推进。分行业重点突破。继续以规模以上民营企业为制度扩面的重点，在广播电视行业、医疗机构及教学机构中进行深入调查，督促20家医疗单位为4000多名职工建立住房公积金制度，部分乡镇为6300名教师建立公积金制度，实现全市72个乡镇财政统发工资单位公积金制度的全覆盖。加大检查维护职工利益。拓宽职工对违反公积金制度行为的投诉渠道，完善群众接访制度，加强对投诉件类型及违反制度原因的分析，有效提高了执法检查工作的针对性和处理的时效性。全年接待群众来访155人次，受理投诉登记案件109件、济南市12345市民服务热线56件。受理18家破产、改制企业住房公积金的清算。投诉案件做到及时受理、及时调查、及时反馈、及时办结，有效维护了职工利益，全年有785个单位新建立了住房公积金制度，新增缴存职工39813人。归集业务稳步发展。住房公积金归集业务按照“整体提升、部分跟进”的原则，对单位公积金缴交业务分类处理，规范住房公积金缴存基数，统一住房公积金缴存比例，自7月1日起住房公积金缴存比例调整为单位和职工各为12%。截至年底，已办理864家单位的缴存基数、缴存比例调整和补缴工作。

3. 贷款发放快速增长。探索住房公积金在解决职工基本住房问题方面的作用，成功申办利用住房公积金贷款支持保障性住房建设试点城市资格，为全市棚户区改造安置房建设提供贷款资金支持，为棚户区改造回迁房的453户职工发放公积金贷款7035万元，同比增长2.5倍。 （徐雁飞）

园林绿化

【概况】 以建设生态园林城市为目标，紧紧围绕办好园博会闭幕式，抓好重点工程建设的中心工作，圆满完成年度各项目标任务。城市建成区绿化覆盖率、绿地率、人均公共绿地面积，分别达到37%、33.6%和10.2平方米。

1. 重点工程建设。①第七届园博会闭幕。先后完成园区环境整治、重要景观提升，以及70个城市展园的管理交接工作。5月8日，第七届园博会落下帷幕。②为民办实事工程顺利完成。森林公园建设拆迁征地6.86公顷，拆除建筑面积1.8万平方米，12月26日实现免费开放试运营。百花公园先后完成西门、道路、灯光、喷泉、片林等改造提升任务，新增健身器材、儿童游乐设施，安装文化雕塑，栽植乔灌木4.5万株，完成建设投资3000万元，9月30日如期竣工，向社会免费开放。③护城河全线通航。环城公园环境提升及东护城河通航工程，完成建筑拆除、桥梁新建改建、船闸建设、河岸加固、管线铺设、园路广场铺装、苗木栽植、建筑修缮改造、小品翻新、雕塑安装、灯光亮化工作，建成全国第一家以天然泉水为水源的公益泉水浴场。12月29日，护城河与大明湖航线全线贯通。

2. 城市绿化美化。开展“公园绿地

建设年”活动，全年全市投入绿化资金11亿元，新建、改建区级公园、街头游园、社区公园29处，提升道路绿化25条，新建绿地330.15万平方米（其中，新建公共绿地105.87万平方米），布置花卉1560余万盆。城市绿化养护管理工作细化考核标准，强化巡查、检查力度，及时进行考核反馈和督导整改，开展创建“精细化管理示范路”等活动,实现“后全运时代”绿化管养水平不下降的目标。通过完善防控网络，狠抓预防，美国白蛾等病虫害疫情得到有效控制。

3.园区建设管理。各公园、风景区以首届“泉城园林文化月”和各项“创城”活动为契机，从硬件设施、服务管理、游园活动等多个方面，努力提升建设管理水平。全年共完成环境整治和建设维护项目58个，栽植调整各类苗木近80万株，拆除有碍观瞻的建筑约1万平方米,举办各类主题游园活动140多项。在“全国文明指数测评”工作中，作为必测单位，公园、风景区以一流的园容园貌迎接测评工作，为济南市“文明指数”位次的大幅提高和争创“全国文明城市”作出了应有贡献。

4.名泉保护。针对上半年降雨量偏少，保泉形势严峻的情况，及时分析保泉形势，提供保泉建议，向上级报送保泉情况30余次。加强保泉巡查、检查力度，坚持昼夜值班，及时采取应对措施，协调有关部门在普利门、泉城路等水源地实施应急回灌补源486.2万立方米，实施人工增雨30余次。调整采水布局，压缩用水计划指标，把供水管网中地表水与地下水的比例牢牢控制在9∶1；通过封井保泉，分时段对市区泉群控流，全年减采地下水1000多万立方米；通过加大节水保泉宣传，进一步增强社会各界节水保泉意识，泉水实现持续喷涌7周年，9月23日，趵突泉水位突破30米，创下45年来最高水位记录。

5.政策法规等工作。完成《济南市城市园林绿化十二五发展规划》和《济南市城市绿地系统规划(2010~2020年)》的编制，为城市园林绿化可持续发展明确了方向、目标与任务。修改整合有关园林绿化法规，形成《济南市城市绿化条例》和《济南市名泉保护条例》(修改意见稿)，报市人大常委会审批；初步拟定《济南市风景名胜区管理条例》草案，为依法建绿、护绿、保泉等工作奠定了基础。加强行政审批工作，受理树木伐移、绿地占用审批事项55件，接受咨询300多人次。开展“安全生产基层基础年”“安全生产月”等各项活动，完善规章制度，加强督导检查，有效防止了各类安全事故和治安案件的发生，连续11年实现近郊山林无重大火灾。全面加强经营项目规范、营业执照管理、物价监督、通游年票发行和企业改革改制等工作，对4家公司进行清算注销，与中国银行济南分行联合推出“长城济南园林主题信用卡”，实现游园年票的全年滚动销售与自动识别。完成“济南园林十二五期间科技发展规划”，成立济南园林科研专家组，加强科技管理、科研立项和成果申报工作，其中1项成果获市科技进步二等奖，2项成果获市科技进步三等奖,9项成果获山东建设技术创新奖。

【第七届园博会闭幕】 按照“隆重、节俭、安全”的办会要求，先后完成园区环境整治以及重要景观提升工作，完成70个城市展园的管理交接；围绕宣传园博文化这一主题在市园林局所属公园、风景区举办“首届泉城园林文化月”活动，开展各类文化游园活动100多项。5月7日，园博事业可持续发展座谈会召开。5月8日，第七届园博会闭幕式及颁奖典礼盛大举行，历时237天的第七届园博会在创造了参展范围、展园面积、植物种类、节能环保等多项新纪录后，完成各项展会任务，圆满落下帷幕。展会期间，园区累计接待游客约120万人次，创造直接经济效益2483万元，提升了西部新区的生态人居环境和建设投资环境，成为带动济南市文化旅游产业发展的新兴资源。

【园博园中心广场获国家建设工程质量最高奖——鲁班奖】 见“区县·长清区”分目

【济南森林公园建成开放】 济南森林公园建设并向社会免费开放，是济南市政府承诺的2010年为民办12件实事之一。济南森林公园位于济南市槐荫区，南邻张庄路，北邻济南市卫校北校区，东邻兴济河，西邻二环西路，公园总体规划

5月8日，第七届园博会闭幕式及颁奖典礼举行。图为园博会会旗交接仪式现场。

（市园林局供稿）

占地 69.5 公顷。2 月初，成立济南市森林公园工程建设指挥部，本着“生态建园、科技建园、文化建园”的理念，精心组织，有序推进公园建设。完成拆迁征地 6.86 公顷，拆除建筑面积 1.8 万平方米，新建大门 2 处、主题建筑 2 座，安装雕塑 17 组，建造桥梁 10 座、广场 11 处，栽植各类植物 169 种、44 万株，草坪地被 40 多万平方米，完成建设投资 1.2 亿元，12 月 26 日，免费向社会开放。（参见“区县·槐荫区”分目）

【百花公园完成环境改造提升并免费开放】 百花公园环境改造提升并向社会免费开放，是济南市政府承诺的 2010 年为民办 12 件实事之一。百花公园环境改造提升工程 4 月 17 日开工，先后完成西门改造、主环路铺装、灯光亮化、音乐喷泉、片林以及湿地景观建设等改造提升任务，拆除建筑 1905 平方米，铺装广场、道路 3.2 万平方米，开辟沙石广场 6600 平方米，改造建筑 1200 平方米，新增健身器材 50 余套、儿童游乐设施 9 组，安装文化雕塑 7 组，太阳能路灯 150 盏，栽植乔灌木 4.5 万株，新增绿地 1 万平方米，完成建设投资 3000 万元。9 月 30 日如期竣工，向社会免费开放。

【护城河实现全线通航】 环城公园环境提升及东护城河通航工程，是泉城特色标志区建设的重要组成部分和护城河通航的关键环节，项目总投资 3.8 亿元，其中拆迁 1.3 亿元，建设 2.5 亿元。工程于 2009 年 12 月 16 日开工，完成工程投资 1.5 亿元，拆除各类建筑 1 万多平方米，新建、改造桥梁 5 座，建设船闸、节制闸、防洪闸各一座；加固河岸 1500 米，迁移改造各类管线 4500 米，铺装园路、广场 1.3 万平方米，安装假山石 9000 多吨；栽植乔灌木、常绿及水生植物 20 万株，地被植物 70 万株；修缮改造原有建筑 7 处、翻新园林小品 20 多处，安装石刻、雕塑 20 余处，景观灯 3 万多盏，建成全国第一家以天然泉水为水源的公益泉水浴场。2010 年 12 月 29 日，护城河与大明湖航线全线贯通，形成了长 6.9 公里、环绕明府城的泉水游览景观带，船游泉城成为现实。

【《城市绿地系统规划（2010~2020）》通过专家评审】 11 月 13 日，市规划局、市园林局邀请北京、上海、杭州、南京及省内的专家，对《济南市城市绿地系统规划（2010~2020 年）》进行评审。该规划为市规划局、园林局共同组织编制，按照保护济南市独特自然景观、传承悠久历史文化的要求，结合“山、泉、湖、河、城”的山水城市特色，对全市绿地格局进行科学规划、合理调整，对公园绿地、生产绿地、防护绿地、附属绿地及其他绿地分别提出建设发展要求。专家对济南新的绿地规划给予肯定，并提出意见和建议。《济南市城市绿地系统规划》（2010~2020 年）获得原则性通过。

（王　波）

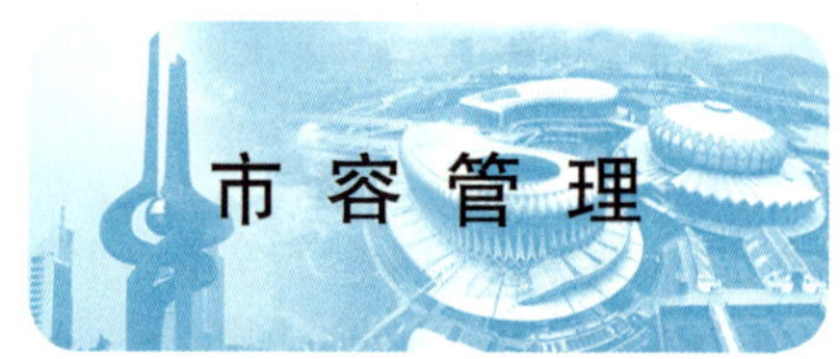

市容管理

【概况】“服务、管理、执法”三位一体的城管新格局初步形成，城市管理水平全面提升。

1. 开展“十大行动　百件实事”活动。围绕全市中心任务和提升省会城市形象，围绕为老百姓办好事、办实事，市城管局开展“十大行动，百件实事”活动。“十大行动”包括依法整治违法违章建设、广告牌匾与夜景亮化、建筑渣土、户外经营、生活废弃物处置、环境卫生全覆盖、城乡环境综合整治、数字化城管体系建设、城市管理社会动员、城管队伍行风建设。“百件实事”包括 20 个惠民城管项目和 80 项为民城管措施。年内共拆除违法违章建设 5488 处，89 万余平方米，取缔清理户外经营各类违章行为 13.6 万余处，整治、拆除全市各类破旧零乱广告牌匾 3200 处，全市累计处置建筑渣土 3100 万立方米，建筑渣土处置源头监管率达到 99.6%，建筑渣土规范处置率达到 96.9%；推进环境卫生网格化管理，把全市 89 个办事处环卫所划分为 402 个网格，实行全方位考核，城区内环境卫生管理覆盖率达到 100%；实现全市日均 3000 吨生活垃圾无害化、减量化、资源化处理，第二生活垃圾综合处理厂工程建设顺利推进；开展《济南市村镇生活垃圾收集设施设备研制及标准化收运模式的试点研究》课题调研，总结实施生活垃圾收集收运城乡一体化带来的社会环境积极效应，并于 5 月顺利通过市科技局组织的专家鉴定；巩固提升千佛山西路、建新南路等 11 条道路的整治成果，重点加强铁路沿线的综合整治，硬化道路 1.1 万平方米，粉刷墙体 16.8 万平方米，拆除建筑 6.59 万平方米，清理垃圾 10 万立方米；全市数字化城管平台主动发现案件 6.68 万件，占全市立案总数的 70.26%；热线受理案件 2.82 万件，占全市立案总数的 29.74%，较上年同期减少 4892 件，同比减少 32.02%；组织开展“城管十进”“每周四市民垃圾减排日”活动，形成全民城管的浓厚氛围；开展行风建设行动，组织开展“执政为民、廉洁高效”和“微笑服务、满意城管”等主题教育活动，定期接听政务监督热线和参与《政务面对面》，主动开通多条城管热线，定期开展城市管理社会满意度调查，推行网上公告、网上办事、网上办案，增强城市管理透明度和公信力；编制推出“西瓜地图”“便民自行车修理点地图”“便民报摊地图”“便民早餐点地图”“便民摊点地图”“公厕地图”“化粪池地图”“扬尘地图”，在全国城管系统中形成独有的济南“地图思维”。

2. 加强城管队伍建设。教育广大城管干部职工树立“民生为先、守土有责”“出了门就是上班”“主动上门、微笑服务”的理念；培育“行动快、效果好、有回音”“先处理、再协调、后规范”“单项工作争第一、整体工作创一流”的城管作风；确立“好班子、好队伍、好思路、好氛围”“高品质、高能力、高修养”“完成、完好、完美”的城管工作标准，为做好城市管理工作奠定了坚实的思想基础、作风基础和理论基础。加强基层规范化中队建设，年内15个基层中队达到规范化建设一级中队标准，26个基层执法中队通过验收，达到规范化中队建设标准。市机械化清扫大队获山东省“富民兴鲁劳动奖状”、保洁员马洪亮被评为“全国劳动模范”，市生活废弃物处理中心被评为省级文明单位，市城肥清运管理一处110联动办公室被评为山东省建设系统“工人先锋号”，市城市管理行政执法局（城市管理行政执法总队）督查大队二中队被评为济南市三八红旗集体，市城管执法局直属大队志愿服务队被评为“第七届山东省青年志愿服务先进集体”，市城管局（城管执法局）被确定为2011年度省级“青少年维权岗”创建单位。

3. 调整机构和管理职能。①济南市城市管理局正式挂牌成立。2009年12月28日，组建济南市城市管理局，将原市市容环境卫生管理局的职责、原市建设委员会的城市管理职责整合划入市城市管理局，市城市管理行政执法局（市城市管理行政执法总队）与其合署。2010年1月15日，济南市城市管理局正式挂牌成立。主要承担市容市貌环境卫生管理，组织制定全市户外广告设置规划，城区户外广告设置审批，规范建筑垃圾管理秩序，市区环卫设施建设，拆迁监督管理，市级数字化城市管理系统的规划、建设、运行，城市管理资金管理使用等10项职责；济南市城市管理行政执法局（市城市管理行政执法总队）主要负责行使市容环境卫生管理、城市规划管理、城市绿化管理、市政公用管理、城市环境保护管理、工商行政管理、人防管理、房产管理、建筑管理、开发拆迁管理有关法律、法规和规章规定的行政处罚权等13项职责。②济南市城市管理行政执法局直属支队成立。经批准，撤销济南市城市管理行政执法总队督查大队和济南市城市管理行政执法局（济南市城市管理行政执法总队）直属大队，设立济南市城市管理行政执法局（济南市城市管理行政执法总队）直属支队，为济南市城市管理行政执法局（济南市城市管理行政执法总队）所属副局级事业单位。主要职责：受市城市管理行政执法局（市城市管理行政执法总队）委托，查处案情重大和其他需要直接查处的违法案件，承担应急执法任务，处置突发事件等。③济南市数字化城市管理中心成立。作为济南市城市管理局（济南市城市管理行政执法局）所属副局级事业单位，主要负责组织全市数字化城市管理信息系统的建设、维护和管理，实施全市数字化城市管理的技术标准和运行规范、数字化城市管理部件、事件等信息的采集、受理、转办、督办及应急处置等工作。

4. 开展以“构建人民满意的城管品牌”为主题的解放思想大讨论活动。2月7日，济南市城管系统围绕确立城市管理总的指导思想、发展目标、城管理念和什么是人民满意的城管品牌，如何站在全国、全省的大局中定位济南城管工作等一系列重要问题，组织广大干部职工进行广泛讨论；围绕提升城市管理水平开展“大交流、大谏言、大谈心、大调研、大拜访、大动员、大培训、大座谈、大延伸、大练兵”等十大活动；围绕加强城市管理总结了城管工作中必须高度重视的“社会动员、全域全时、属地管理、关口前移、疏堵并举、设备武装、设施承载、行风建设、法规支撑、典型引导”等十大规律。通过全局上下共同思考，提出了为人民管理城市的指导思想，用三年时间构建人民满意的城管品牌的目标，打造“洁、靓、谐”城市形象的共同愿景。（冯　蕾　李海燕）

【广告与夜景亮化整治】按照济南市机构改革方案要求，原济南市建设委员会城市管理处户外广告与夜景亮化管理职能划归济南市城市管理局，成立广告与夜景亮化管理处。年内组织完成市区4座新建过街天桥广告设置拍卖，收取户外广告有偿使用费2420万元，拆除各类破旧零乱广告牌匾1171处，规范提升613处，查处违规广告牌匾41处，并完成“全国公民道德论坛”“非遗博览会”等11次省、市重大活动的公益广告宣传和景观照明亮灯保障工作；建立景观照明设施定期巡查机制，制定“每月一总结，每月一通报，每月一讲评，每月一奖补”机制；启动绕城高速以内主要道路两侧楼体、立交桥（高架桥）、山体、河道、广场、绿地等7项景观照明整治，打造出一批城市景观照明精品工程。

（周西龙）

【《济南市户外广告设置管理条例》颁布实施】《济南市户外广告设置管理条例》于9月28日经济南市第十四届人民代表大会常务委员会第二十三次会议审议通过，并于11月25日经山东省第十一届人民代表大会常务委员会第二十次会议批准，于2011年3月1日起实施。与旧法相比，新法在管理上更为全面细致，处罚上也更为合理。新增3条禁设户外广告设施情形，即利用交通安全设施、交通标志的，利用行道树或者损毁绿地的，利用危险建（构）筑物及其他危险设施的。新增部门协作联动机制。户外广告设置管理相关部门应当建立协作联动机制，互相告知有关管理信息，及时会商监管协作中遇到的重要事项，实现户外广告设置管理的规范、高效。规范户外广告设置审批规定。对于设置大型户外广告设施的，要求提交具备相应资质的专业设计机构出具的结构设计图、施工说明书和施工结构图。明确户外广告设施载体的取得方式。属于公共所有的，其载体使用权应当通过招标、拍卖的方式取得，属于非公共所有的，其载体使用权可以通过协议、招标、拍卖等方式取得。明确户外广告设置时间。户外广告设置者应当自核发户外广告设置许可证之日起三个月内设置户外广告设施；逾期未设置的，其许可即行失效，由市城市管理行政主管部门予以注销。明确设置者民事赔偿责任。户外广告设置者未按照户外广告设施设置技术规范等规定设置、维护户外广告设施，致使发生户外广告设施倒塌、坠落、漏电等现象，造成他人人身损害或者财产损失的，应当依法承担民事赔偿责任。明确广告技术规范、安全标准。应遵循国家、省《户外广告设施钢结构技术规程》《户外广告设施检验规范》等的技术规范和安全标准，确保户外广告、商业牌匾的设置与维护符合相关规定。同时，新条例还对户外广告受理许可时限、设置期限、广告版面闲置逾期以及广告破损、污迹不修复、未及时维修、更新、擅设户外广告的处罚等作了修改。（冯　蕾）

【实施环境卫生全覆盖】 大力推行惠民保洁工作法，实行夜间洒水冲刷、白天保洁捡拾的作业方式。延伸保洁作业范围，花坛绿地、河道岸坡、停车场、集贸市场、施工工地、学校、医院、景区、广场、商场等重点部位，全部达到相关作业标准。实施“垃圾不落地”工程，逐步撤除重点部位、重点区域、污染严重的地上垃圾大箱，由电动垃圾收集车转运至沿路收集的压缩车中，实现垃圾的一站式收集、清运。加强城市保洁基层队伍建设，建立专职支路街巷保洁员队伍、生活垃圾收集队伍、环卫设施保洁管理队伍，年内全市53个环卫所建设成为“达标环卫所”。建立健全日常考核机制，实行环卫所“一日两普查、一日再抽查”，区城管局“一日一抽查，一周一普查”，市城管局“一周一抽查，一月一普查”“周考评、月通报”考核制度；实施“六定”（定人、定时、定岗、定责、定标准、定奖惩）管理考评体系，实现区城管局、街道办事处及环卫所网格管理员的三级联动管理模式。推进环卫下乡工程，全市近郊镇（办）全部完成生活垃圾的统一收集、统一运转、统一处理，年内新成立15个环卫所，投放垃圾桶4000个，配备挂桶式垃圾收集车18部，逐步形成“村收集、镇管理、区中转、市处理”的垃圾收运模式，促进近郊镇环境卫生管理城乡一体的格局逐步形成。（张炜炜）

【免费清疏开放式小区楼房化粪池】 对辖区各居委会所属的居民家厕、旱厕进行摸查，精确掌握辖区内化粪池的分布、数量、使用情况等具体信息；建立简便易行的“化粪池管理档案”，实行责任人巡查制度，实现了冒溢前进行疏通的目标。对已纳入服务范围的居民宅院，实行预约服务，对孤寡老人实行定期帮助服务，并重点落实棚户改造区内的家庭厕所免费清疏工作。逐步将条件成熟的城乡结合部、城中村的家庭厕所、公共厕所纳入规范管理服务范围，年内已接管白马山、刘庄、红庙、张庄、柳云地段。制定“便民服务十点规范”等工作标准，向市民发放粪便清除服务监督卡、便民联系告知卡等，将便民服务热线向社会公布，24小时内解决市民来电。年内完成280个开放式小区的3.7万处楼房化粪池免费清疏工作，共出动车辆2.6万车次，无偿清运粪水约3万吨，收到社会各界锦旗200面。（张炜炜）

【环卫设施设备建设】 研究制定《关于加强环卫设施建设管理的意见》和《关于加强环卫专用车辆和设备管理的意见》。坚持高起点规划、高标准设计、高质量建设，力争用三年时间，实现城区范围内环卫设施布局合理、数量充足、功能齐全、运行正常、整洁美观，满足群众的使用需要。全年新（改）建垃圾转运站23座、公厕30座，新设置果皮箱2030个，更换357个，维修1100个。新建保洁员公寓5处，面积1184平方米，改建17处，面积1804平方米。加强环卫专用车辆的运行安全，预防车辆事故的发生。年内设施完好运行率90%以上，新增各种环卫专用车辆121辆，重汽集团捐赠多功能除雪车10辆，购置垃圾收集压缩设备13部。（王　艳）

【济南市第二生活垃圾综合处理厂建设】 济南市第二生活垃圾综合处理厂采取焚烧发电和卫生填埋两种方式对生活垃圾进行无害化处理，设计日处理能力2500吨，总投资约12.3亿元。焚烧发电项目设计规模为2000吨/日（年处理量66.67万吨），占地5公顷，位于济阳县孙耿镇香火高家村南侧，总投资为9.62亿元，其中焚烧发电厂8.9亿元，采用BOT方式投资建设运行，已完成包括土地证在内的所有手续，土建工程主体结构全部封顶，完成1号、2号锅炉水压试验，网架、汽机、电气、自控、烟气净化、渗滤液处理等安装工程全面开工。卫生填埋场于10月12日开工建设，占地31.6公顷，设计服务年限为20年，一期工程总投资为2.6465亿元。该场用于垃圾焚烧后的飞灰和部分炉渣填埋，同时负责新增和焚烧设备维修期间生活垃圾的填埋，建成后日平均卫生填埋垃圾562吨、炉渣277.5吨、飞灰78吨。年内已完成注浆桩1060棵，占总工程量的41.24%，土方开挖1.6万立方米，场区围墙砌筑完成370米，场区毛石挡墙砌筑完成893米，机修车间、配电室、传达室的主体结构和地磅房、消防泵房等配套设施基本完成。（王　艳）

【建筑渣土整治】 按照“抓两头、控途中”的总体思路和“市区联动、综合整治、属地管理、区负总责”的原则开展建筑渣土整治工作。抓好建筑渣土规范处置标准的细化落实，推广应用建筑渣土运输管理系统和车辆自动冲洗设备。坚持三项考核制度，严格落实了“一日一考核、一周一汇总、半月一通报、一月一讲评”制度，依据考核情况，对各区、运输单位和处置工地进行排序。实行建筑渣土运输车辆总量控制制度，年内全市经审核准入的建筑渣土运输单位共72家，运输车辆1777辆。落实“举报有奖、应急快速处置、倒查追究和红牌停工”4项管理制度。市、区同步成立应急机动队，落实24小时值班制度，发动社会力量参与建筑渣土综合整治，解决建筑渣土处置运输全时段监管问题。实行建筑渣土运输车辆驾驶员岗前培训制度，年内共组织培训班15次，培训渣土车驾驶员2092人，培训率100%，考试合格率99%。对建筑渣土运输单位及车辆实行年度复核，对复核后的渣土车尾箱左上角均加挂城建放大号牌，解决运输车辆抢闯红灯抓拍难等问题。同时，市、区各有关部门将对未通过年度复核的运输单位及车辆进行严厉查处。年内，渣土处置工地规范化率由48%提升到96.9%，市民热线投诉率同比下降54%，全国30余个城市前来交流学习。（高济军）

【依法整治违法违章建设】 明确四类责任主体，由市依法整治违法违章建设领导小组对全市违法违章建设整治工作进行指导协调、监督考核；各区人民政府建立健全巡查制度，制止违法违章建设行为，组织拆除违法违章建筑；市区有关执法部门协助、督促各区制止、拆除违法违章建设；街道办事处（镇）具体承担考核指标，及时发现并劝导制止辖区违法违章建设行为。建立市、区、街三级联动机制，市领导小组研究制定建立巡查制，各区制定区域巡查责任制，明确各街办（镇）的属地管理责任和执法中队的执法查处责任；各区城管执法局严格落实网格化管理措施，及时上报违法违章建筑；各街办（镇）与执法中队严格落实属地管理责任，坚持做到及时发现、及时上报、及时拆除。全面实施绩效考核办法，8月20日，召开全市依法整治违法违章建设绩效考核首次新闻通报会，对市内7区、83个受考核的街道办（镇）7月份依法整治违法违章建设绩效考核结果及综合排名进行统一公布。实施绩效考核以来，违法违章建设由最初月增千余处下降到月增24处，考核得分由最初的-1055分提高到80分，全市违法违章建筑数量大幅减少。

（宋振飞）

【户外经营整治】 年内共出动执法人员、协管员22.9万余人次，车辆5.4万余台次，受理来信来访等1.2万件次。整治重要道路164条、重要片区30个、窗口部位510个、支路、街巷2728条、社区1015个，化解妨碍执法99件。查处自发形成的早（夜）市、摊点群、固定商摊9052处，店外经营9796处，流动商贩、机动车流动清洗点3.1万余处，违章占用道路等从事商业宣传等活动5841处，查处占道经营露天烧烤2396处，引导入室经营2114处，查处非法销售燃气瓶灌装点3586处，拆除乱搭乱建299处，规范管理便民临时服务摊点1万余处，规范管理临时便民经营场所3799处，清除乱贴乱写乱画7万余处，清理沿街散发小广告行为1.4万余处，在建便民菜市场78处，规范设置管理临时便民经营场所2283处。全市基本达到重点整治范围内无各类户外经营违法行为、次干道（支路）等无擅自经营违法行为，市容市貌明显改观。（辛雪薇）

【编制“西瓜地图”】 5月，济南市城市管理行政执法局通过调研，在全市合理设置455处应季西瓜临时销售点，编制并公示、发放《应季西瓜临时销售点示意图》（简称西瓜地图）和《周边瓜农进城售瓜服务指南》，瓜农和市民按图索骥即可找到应季西瓜临时销售点，同时，增加日常巡查频次，加强对临时销售点管理，并免收卫生费。“西瓜地图”的推出，受到社会各界的一致好评，中央电视台给予多次报道，并成为中国城市环境卫生协会2010年度环卫行业“十大新闻”。

（马 堂）

【数字化城管体系建设】 数字化城管系统于2008年10月建成并投入试运行，2010年3月，根据济南市政府机构改革方案，济南市数字化城管工作由市城乡建设委移交至新组建的市城管局，2010年7月，按照“大城管、大服务”的思路，市城管局以现有数字化城管系统为依托，将数字化城管、环卫110、16039城管执法热线进行整合，实现“三台合一”，初步形成以主动发现为主，被动发现为辅，主、被动发现相结合的工作体制，建立立案、分派、处置、回复、核查、结案、综合考评等7个处理环节的操作流程，逐步建立内部管理制度和数字化城管行业标准规范，完善软硬件设施及基础地理数据库、单元网格建设，以“地图思维”为主题，稳步推进城管系统“电子地图”信息系统建设工作。

（王春生 于永敏）

【向社会公开征集洒水曲】 4月6～25日，济南市城市管理局开展向社会公开征集洒水曲活动，共收到投票1391票，经评选，《泉水叮咚响》《爱的纪念》《蓝色多瑙河》、班得瑞的作品入选。四首乐曲以环境音乐为主，旋律简单、流畅、轻柔、优雅，拉近城管与市民距离，同时，调整洒水作业时间，洒水作业在凌晨1点半到6点半路上行人稀少时进行，夏天增加12点到14点洒水时间。

（冯 蕾）

【“百姓城管队”成立】 10月10日，济南市城市管理局联合新闻媒体，倡议组成的首批百姓义务城管队成立，以“爱护城市广场、提升泉城形象”为主题，在泉城广场开展公益活动。“百姓城管队”成立后，以“我爱我泉城”为主题，以市民群众为主体，以开展城管公益活动为目的，坚持每周日不间断组织活动，先后在全市范围组织开展“百姓城管大讲堂”“百姓城管体验”“百姓城管进社区、进广场、进商场、进景区”“万人上街大扫除”“百姓城管扫雪除冰”等40余次活动，累计参与人数6万余人。百姓城管队已发展企事业、社会团体队43支，学生队12支，热心市民队15支，社区队65支。开通“我爱我泉城·百姓城管热线”，每天收到百姓反映各类问题近百件，并一一给予反馈和回复，做到件件有落实，事事有回音。（冯 蕾）

环境保护

【概况】 治污减排力度不断加大，生态文明建设积极推进，环境质量明显改善，较好地完成各项目标任务，部分指标实现历史性突破：主要污染物排放量逐年下降，提前超额完成“十一五”污染减排任务；环境空气质量在2009年达到国家大型赛事活动标准基础上，2010年又上新台阶，改善率同比达12.7%，连续两年居全省前列，三项主要污染物可吸入颗粒物、二氧化硫、二氧化氮年均浓度分别下降4.5%、2.9%和9.7%；地下水水质保持良好，地表水环境质量持续好转，小清河、徒骇河、漯河出境断面化学需氧量、氨氮浓度均达到省控标准，实现恢复常见鱼类生长的目标，特别是小清河水质达到有监测数据以来历史最好水平；声环境质量总体状况良好，市区交通噪声、区域环境噪声均达到国家标准要求。

1. 污染减排工作。市委、市政府先后出台加强节能减排、生态市建设工作的意见，并将污染减排指标纳入济南市科学发展综合考核评价体系，作为干部奖惩、评价领导班子政绩和干部使用管理的重要依据。将污染减排和生态市建设指标任务逐级分解到各责任单位，层层签订责任书，分级抓落实，尤其对全市污染减排责任书实行“一年一签署、一月一通报、一季一调度、半年一核查、全年总考核”制度。推进结构减排、工程减排、管理减排，实现主要污染物排放量的逐年持续下降。“十一五”期间，全市共完成减排项目136个，实现COD削减量3.01万吨，二氧化硫削减量4.44万吨，在全部消化新增污染物排放量的基础上，实现存量的足额削减，超额完成省政府下达的“十一五”污染减排任务。对照生态省建设省市长目标责任书2010年度目标任务，济南市有28项指标基本达到考核要求。

2. 大气污染防治。实施管理、监测、监察联动，落实24小时值班制度，依托在线监控网络，对115家重点污染源实施严控措施。对重点污染源派驻环境监察员，对瞬时超标行为第一时间调查处理、第一时间督促整改。实施污染治理再提高工程，对48家单位下达清洁生产审核计划，督促9家单位的10个大气污染治理项目按期完成限期治理任务。取缔273台小燃煤炉具、低空排烟设施和小烟囱，取缔率达96.1%。建立健全扬尘污染联合防控机制，成立由市长任组长的市扬尘污染防治工作领导小组，环保、城管等有关部门定期开展联合检查，检查结果纳入市城管委综合考核和生态市建设工作指标体系。推进扬尘污染防治分类挂牌动态管理，对市区内各类施工工地实行授绿牌、挂黄牌、亮红牌，挂牌管理率达89.5%。联合市建委开展环境监理制度试点，在5家建筑施工工地进行试点，探索从源头解决扬尘污染问题。加大督查检查力度，对7906家（次）各类扬尘污染源进行现场检查，通报并督促整改589家（次）。初步建成机动车排气污染监控系统，完成7家检验机构建设和5家资质认可申请工作。建立外地车辆转入环保核查制度，审核外地转入车800多辆；对42家单位的907辆机动车进行监督抽测，依法查处125辆；在市区8条主要交通干线安装道路车流量检测站，配合完成机动车以旧换新工作，鉴定黄标车4386辆。组织开展“少一缕黑烟，多一分健康”机动车冒黑烟有奖举报百日活动，接收市民举报6140辆，依法查实1567辆，发放奖金15.67万元，激发了广大市民参与环保工作的积极性。

3. 水污染防治。为实现重点河流恢复常见鱼类生长的目标，全市先后投入30多亿元建成投用12个污水处理厂、6个中水处理站及配套管网，污水集中处理能力达到每天70余万吨并在全省率先达到一级A排放标准。先后启动实施小清河综合治理一期、二期和护城河、东西泺河等10余条河道截污整治工程，对东部城区小汉峪沟、赵王河等9条小清河支流和排污口分别采取治污、控污和应急截流措施。原来大部分直排市区河道的污水被收集到城市污水处理厂和中水处理站处理，大大提高全市污水收集率。在重点河流水质达标整治工作中，环保部门充分发挥综合协调、监督管理职能，先后对小清河、徒骇河、漯河沿岸所有入河支流及排污口情况进行摸底调查，并根据调查情况和部门职责分工制定治污控污方案。同时，从新建项目环评、已建项目隐患排查、环保执法监察等多方面入手，全方位加强对重点河流断面、城市污水处理厂以及重点排污企业的监管；出台进一步加严小清河流域水质排放标准、重点河流水质达标应急措施以及贯彻省财政厅、环保厅关于小清河流域上下游协议生态补偿暂行办法的实施意见；督促全市重点排水企业全部建立生物指示池和事故应急池，加强对生活垃圾处理厂渗滤液处理的监管，严厉查处山东汇丰生物工程有限公司违法向河道倾倒危险废物案、山东绿霸化工股份有限公司济南唐王分公司恶意偷排剧毒废液案，综合运用经济、法律、行政手段，推动重点河流水质达标工作进程。

4. 环境应急防控。落实“市、县（市）区、企业”三级监管责任制，投入680万元建成全过程应急管理的市环境应急指挥中心，出台济南市环境安全防控体系实施意见，组织编制《济南市突发环境事件应急预案》等多项预案，先后妥善处理南部山区成品油管道泄漏等一批突发环境事件。组织开展9次环境安全隐患排查，集中整治威胁群众健康的环境安全隐患问题。全面加强危险废物与辐射环境安全监管。组织全市161家危险废物产生单位、248家放射源使用及射线装置使用单位开展申报登记工作，建立济南市放射源台账。严把危险废物跨市转移审批和辐射安全许可证管理，对全市28家放射源涉源单位开展拉网式专项检查，在166家单位开展危险废物规范化管理工作，验收产生量10吨以上的单位34家。加快推进小清河有害污泥无害化处置进度，督促济钢安全处置进口含砷铁矿2.3万吨，协调济钢等部门无害化处置裕兴化工厂废弃铬渣30余万吨，督促开展铬渣堆存场地污染土壤修复前期工作。加强医疗废物产生、处置、运输全过程监控，市区集中处置率达到100%。

5. 环境影响评价。建立规划环评与项目环评联动机制，高新开发区等10个省级以上开发区全部完成区域环评并通过审批，环保、发改等部门联合出台推进规划环评的工作意见。执行环境影响评价和“三同时”制度，坚持“先算后审再批”，从决策源头防止生产力布局、资源配置不合理造成的环境问题，有效遏制“两高一资”、产能过剩和简单重复建设。“十一五”期间，共初审建设项目1958个，审批建设项目1462个，验收项目235个，拒批项目35个。8项环保行政许可事项全部进市行政审批服务中心办理，提高审批效率，将建设项目环境影响报告书、报告表、登记表的审批时限分别由法定60日、30日、15日缩短到15日、7日和3日，环保验收由法定30日提速到10日内办结，并取消建设项目环境评估费用。

6. 农村环境保护。先后开展10个国家级、9个省级、55个市级农村环保专项资金项目，把乡镇污水处理、规模化畜禽养殖场污染防治等列入项目工程，推动环保资金向农村倾斜。设立市级专项资金6160万元，对生态示范创建单位给予奖励，创建20个省级、2个国家级环境优美乡镇和500个市级、1个国家级生态村，建成4个省级以上生态示范区和1个省级自然保护区。章丘市开展生态市建设工作，并通过环保模范城市省级复核，商河县顺利通过省级生态示范区验收。开展规模化畜禽养殖场检查，现场检查规模化养殖场140家。落实秸秆禁烧责任制，市、县（区）、乡镇（办事处）、村、户逐级细化分解任务，将责任落实到人、到地块。强化现场执法监察，实行市区联动、驻区防控、昼夜值守，出动人员13.5万人次执行现场执法监察任务，连续3年实现“不着一把火、不冒一股烟”和国家卫星零监测的秸秆禁烧目标。

7. 环境法制建设。先后颁布实施《济南市扬尘污染防治管理规定》《济南市机动车排气污染防治条例》等地方性法规、规章，启动《济南市大气污染防治条例》修订工作。特别是《济南市机动车排气污染防治条例》，在群众举报、责任界定、信息共享、联合执法等监管措施、制度方面做了明确规定，并在机构设置、冒黑烟查处方面实现地方专项立法新突破。落实绿色信贷政策，共向银行移送各类信息12批次603项。畅通投诉渠道，推动12369环保服务热线实现由“打得通”向“办得好、办得快”转变。“十一五”期间共接听12369环保服务热线举报与咨询电话10.4万个，全系统受理来信、电、访2.3万件，案件处理率100%、回复回访率100%。联合环保、经信、安监等部门，相继以重金属、危险废物、辐射污染防治以及饮用水源地保护、扬尘污染、污水处理、垃圾处置、偷排超排等为重点，开展整治违法排污企业、保障群众健康环保专项行动，先后组织开展12次集中专项行动检查，共计检查企业1300余家（次），对102家单位进行通报批评，对43家单位进行挂牌督办，对48家单位进行立案处罚。

8. 环境监测工作。围绕“说得清污染源状况、说得清环境质量现状及其变化趋势、说得清潜在环境风险”的目标，加强环境监测工作。环境自动监控能力大大提高，先后建成1个市级、11个县（区）级环境监控中心，全市16个环境空气质量自动监测子站、3个河流水质自动监测站、3个城市主要饮用水源地水质自动监测站、8家机动车尾气自动检测线、40家重点烟气污染源的67套自动监测设备、50家重点废水污染源和12个城镇污水处理厂的73套自动监测设备全部纳入环境监控中心，并与省环保厅联网运行，具备了全天候环境监控能力。“十一五”期间共取得监测数据1400万个，同比增加169%。

9. 环境宣传教育。在各级媒体设立环保宣传专栏，组织环保移动宣传服务站巡回宣传活动173场（次），接受教育的群众达20余万人。开展泉城环保世纪行、环保一条街、纪念“6·5”世界环境日、环保下乡、低碳生活设计大赛、环保公益广告等一系列活动。深化绿色系列创建工作，创建市级绿色家庭100户、评选112名环保小卫士。

10. 环境科技与对外交流合作。推进环境问题前沿领域研究，组织开展城市大气颗粒物污染防治关键技术及典型工程示范项目等重点科技项目研究工作。“十一五”期间，组织立项各级环保科研课题22个，争取市级以上科技补助资金940余万元，获市级以上科技奖励22项次。对外环保合作交流工作力度不断加大，启动美国能源基金会环保项目，实现保护臭氧层履约工作阶段性目标，承办中、日、韩三国环保研讨会。

（李计珍）

责任编校　张　阳

教育

综述

【教育事业概况】 全市各级各类学生的入学率、巩固率、升学率均保持在全省领先水平，学生综合素质和创新实践能力不断提高，在全国、全省学科竞赛和各类素质技能展示中获奖位次和获奖人数均位居全省前列。《教育蓝皮书：中国教育发展报告》公布的中国主要城市公众教育满意度调查中，济南市的教育满意度总体评价和多项指标蝉联第一。

1. 机制引领，素质教育全面推进。坚持并完善学校发展性综合评价办法，引导学校主动、自觉地实施素质教育。积极构建"有效德育"管理体系，启动"中小学生基本行为规范建设年"活动，深入开展以敬业和诚信为重点的职业学校学生职业道德教育和文明教育，加强大学生思想政治教育，加大德育课程建设管理及实施力度，全年共组织62000名学生到社会实践基地参加综合实践活动，努力构建和完善学校、家庭、社会有机结合的教育体系，实现德育工作的系列性、实效性和渗透性。在全国未成年人思想道德建设工作测评中济南市获得第六名的成绩。丰富地方和校本课程以及社团活动内容，促进学生身心健康，提高审美素养。规范办学行为，深化课程改革，提高课堂教学效率，进一步提升教学质量。

全面实施初中学生综合素质评价制度，努力构建以素质教育为核心，形成性、水平性和选拔性评价为一体的学生学业质量综合评价体系。加大对普通高中学业水平考试、学分和学生综合素质评价的管理力度，注重选修课程的开发、建设和管理，满足不同学生发展的需要，引导学校面向全体学生，培养合格学生。学业水平测试合格率达到91.79%，位居全省第一。扎实有效地推进高中阶段招生改革，普通高中学校计划内招生人数达到80%左右，同时继续深化指标生制度改革，充分发挥普通高中招生评价制度的导向作用，所有高中学校招收择校生的比例都严格控制在当年计划内招生人数的30%以下。基础教育教学水平和教育质量进一步提高，普通高考录取率达到85.6%，其中本科录取率达到45.03%。

2. 科学统筹，教育均衡取得进展。①加大投入力度，努力实现物力资源配置均衡。深入推进义务教育经费保障机制改革，在全面落实免除城市义务教育阶段杂费，农村义务教育阶段杂费、教科书费、寄宿生住宿费和家庭经济困难寄宿生生活费补助政策的基础上，又免除农村义务教育阶段学生作业本费，提高城市义务教育阶段生均公用经费标准，实现城乡义务教育公用经费拨款标准的统一，确保学校持续稳定发展。实施中小学校舍安全工程，截至10月底，全市累计开工项目638个，校舍建筑面积65.63万平方米，累计投资5.18亿元，占五年规划总投资的29.83%。实施农村学校配置标准化工程，截至11月底，全面完成632所农村中小学教学仪器配备任务，90%的农村中小学达到国家基本以上配备标准。全市所有中小学初步实现装备网络化、规范化管理。实施农村中小学"211工程"，完成改造项目395个，解决学生喝热水、吃热饭、取暖等生活设施的配套问题，消除旱厕的安全隐患。继续实施学校下山、共享优质教育工程，完成项目15处，新增校舍1.3万平方米，完成投资1471万元。②推进和完善教师合理流动机制，努力实现人力资源配置均衡。以第七批山东省特级教师评选为契机，通过政策倾斜，引导和鼓励优秀教师由城镇学校向农村学校、由热点学校向非热点学校、由超编学校向空编学校合理流动，积极探索特级教师和名优教师跨学校、跨地区开展任教、支教、指导青年教师、开展学术讲座等交流活动，实现名优教师资源共享，逐步缩小城乡之间、校际之间、区域之间教师队伍差距。继续开展城乡义务教育阶段教师交流，全市共交流教师6011人，占义务教育阶段专任教师总数的16.7%。③关注弱势群体子女，努力实现接受教育权利与机会的平等。形成全覆盖的学生资助体系，确保每一名学生不因家庭经济困难而失学。全年全市共发放学生资助金13094.05万元，惠及65087名学生。保障进城务工人员子女接受义务教育享受市民待遇。新增进城务工人员子女定点学校2所，使定点学校总数达到40所。全市进城务工人员子女接受义务教育的入学率为100%，济南市进城务工人员留守子女入学率为100%。特殊教育和民族教育得到长足发展，市教育局被评为山东省民族教育工作先进集体。

3. 协调发展，各类教育整体提升。①学前教育取得新的进展。坚持在发展中规范、在规范中发展的原则，对注册幼儿园实行动态管理、分类指导、堵疏结合，加大对违背教育规律和儿童身心发展规律办园行为的查处力度，纠正违规办园行为。幼儿园标准化建设初见成效。重视学前教育师资培训工作，保教保育质量不断提高。②职业教育在发展规模和人才培养质量上有了提高。进一步加强基础能力建设，科学定位职业学校专业布局，巩固扩大多形式、多层次的校企合作办学成果，深化工学结合的办学模式及教学模式改革。提升师资队伍专业化水平，深入开展“技师进校园，教师进企业”活动，共有187名教师走进企业，66名技师走进学校。强化职业技能培训，在山东省职业院校技能大赛中，济南市奖牌总数蝉联全省第一名，有9人在全国职业院校技能大赛中获奖。职业学校学生就业率达95%以上。③市属高校建设取得新的突破。济南师范新校区建设一期工程基本完成。5所市属职业院校通过国家高职高专人才培养工作水平评估。完成对接“济南大学对口服务济南行动计划”的有关工作。④成人教育体系不断完善。完成农村劳动力转移培训3.5万余人，农业实用技术培训13.6万余人。公益培训进社区开办免费培训项目86个，4.6万人受益。济南市被评为全国社区教育先进城市，历城区、天桥区成为全国社区教育示范区。⑤民办学校办学行为进一步规范。开展对非法办学行为的集中整治行动，查处无证办学、违规招生、违规刊发招生广告等非法办学行为为51起，督促限期整改39家，责令停止办学、取缔12家。

4. 强化管理，塑造济南教育良好形象。①全面完成为民办实事承诺事项。投入2790万元为全市进城务工人员子女定点学校建设数字探究实验室，配齐教学多媒体设备，改善定点学校办学条件。在实现全市盲童集中免费就读的基础上，对全市131名聋童实行集中全免费就读。改造80处义务教育阶段学校旱厕，全部达到卫生、环保、安全的标准。对公办中职学校农村家庭经济困难学生和涉农专业学生实行免学费政策，农村家庭经济困难学生免学费的比例占在校生总数的5%以上。将20所学校内固定的体育设施和场地，免费向社会开放。②进一步提升师德师能。围绕师德教风建设，组织“禁言禁行”“励言励行”大讨论，开展“优秀师德案例”征集和评选活动，启动“教职工读书工程”，促进职工不断转变教育观念。围绕师能提升，构建以“教好教会”为评价目标的师训模式，提高教师培训效益。暑期组织全市12260名中学教师参加新课程远程研修，选派1500多名中小学骨干教师参加各类国家级培训，组织98名农村乡镇以下小学英语骨干教师、400名农村中小学教师参加专业培训，实施班主任全员培训和新教师试用期培训。③高度重视学校安全稳定工作。以应急管理机制和师生心理监护机制建设为抓手，采取超常规措施，健全完善集人防、物防、技防为一体的校园安全防控体系，加强校园安全保卫工作。开展多种形式的学生安全教育和学生安全避险与自救演练，强化隐患排查治理，形成学校、学生、家长、社区四位一体的校园安全管理网络。加大校园周边治理力度，建立学校（幼儿园）周边环境综合治理工作长效机制，力保全市学校及幼儿园持续安全稳定，得到教育部和省市督查组的充分肯定。积极开展传染病和甲型H1N1流感等疾病防控工作，提高青少年学生健康水平。④切实加强教育督导和对外交流。坚持督政与督学相结合，不断健全和完善教育督导体系，创新督导工作机制，以示范县（市）区和示范乡镇创建为抓手，切实加强专项督导，深入开展中小学办学水平督导评估，推动各级政府更好地履行教育职责，落实教育优先发展的战略地位。加强教育对外交流，人员往来和各项交流更加频繁，汉语推广工作力度进一步加大。⑤科学绘制济南教育发展蓝图。研究拟定《济南市中长期教育改革和发展规划纲要（2010~2020）》（草案）和《济南市十二五教育发展规划》（草案），为教育事业可持续发展奠定坚实的基础。

【来济复学的98名北川学子结业典礼在历城职专举行】 4月30日，来自北川职业高中的98名学子结业典礼在历城职专报告厅举行。北川学子完成全部学业任务，其中，49人已经走上工作岗位，43人参加学校的毕业实习，等待学校安排就业，6人自愿返回家乡支援家乡建设。

【听障学生集中就读工作完成】 听障学生集中就读工作是2010年济南市政府为民承诺的12件实事之一，即在济南市视障学生免费集中就读的基础上，实现全听障学生免费集中就读，让听障学生接受优质的教育。5月14日，商河县17名听障学生进入济南特教中心就读，拉开全市听障学生集中就读工作的序幕。新学期集中就读工作在上学期试点的基础上全面展开。8月31日，济阳、长清、历城、平阴4所特殊教育学校的52名听障学生进入济南特教中心就读。10月11日，章丘特殊教育学校的47名听障学生全部转入济南特教中心就读。

【补助学校取暖经费确保学生过“暖冬”】 市教育局、市财政局共拨付学校冬季取暖补助经费800万元，专项用于全市中小学校冬季取暖工作，让辖区内学校就读学生能暖暖和和地学习生活。针对入冬以来气温较往年偏低时间偏长的实际，在正常拨付取暖经费的基础上，又给10个县（市）区追加取暖特别补助各50万元。

【维护校园及周边治安秩序】 为维护学校和幼儿园及周边良好的治安秩序，7月，市公安局、市教育局提出10项工作措施。①建立校园安全保卫工作联席会议制度。②全市各级各类学校、幼儿园必须建立健全安全保卫组织，完善各项安全保卫工作制度。③各级政府和办学主体要安排资金用于校园安全保卫。

④教育部门和学校要摸清校园周边高危人员和各类矛盾底数。⑤教育部门和学校、幼儿园要经常性地对学校内部可能出现安全隐患的工作和部位进行深入细致地排查。⑥公安机关要配合教育部门加强校园周边治安巡逻。⑦公安机关对发生在学校、幼儿园及周边，侵害师生人身、财产权利及扰乱教育教学秩序的刑事和治安案件，要及时受理、出警、处置，建立破案责任制。⑧公安派出所要继续选派优秀民警担任本辖区学校法制辅导员或法制副校长，建立“一校一警”联络员制度。⑨公安交警部门要大力整治学校、幼儿园周边道路交通秩序，合理规划和设置各类交通标志及交通安全设施，加强校车及接送学生车辆的安全检查。⑩公安消防部门要加强对学校、幼儿园消防工作的监督检查。（参见“治安·司法”栏目“公安”分目〖“金盾护学”行动确保校园绝对安全〗）

【发放学生资助金 12764 万元】 全年全市发放学生资助金 12764 万元，惠及学生 63287 人。其中，高等职业学校困难学生奖助学金和服义务兵役贷款代偿及代补资金 5474.30 万元，资助 17521 人；中等职业学校学生助学金及免学费资金 4244.71 万元，资助 34395 人；普通高中助学金 720 万元，资助约 7200 人；统计发放生源地信用助学贷款 2297 余万元，惠及学生 4171 余人；支付高校生源地国家助学贷款风险补偿金 7.79 万元，财政贴息 20.24 万元。

【农村中小学“两项工程”】 截至 11 月，济南市农村中小学教育仪器更新工程和特殊教育学校教学仪器配备工程实际筹集资金 9884.3 万元，通过政府招标共采购教学仪器 22 万余件。全面完成 632 所农村中小学教学仪器配备任务，90% 的农村中小学理科仪器达到国家基本以上配备标准。8 处特殊教育学校安装先进的感统教室、无线调频助听系统、康复系统及语言障碍诊治仪，除商河外，特教学校均达到规范化学校办学标准。

【帮助解决外来务工人员子女入学】 截至 11 月底，济南市为帮助解决外来务工人员子女入学，先后在市区外来务工人员居住较为集中的区域确立 38 所定点学校，共计招收外来务工子女 27970 人，占城区在读中小学生总人数的 14%。其中，小学 22846 人，初中 5124 人，分别占城区小学和初中学生总人数的 16.6%、8.9%。定点学校中，外来务工子女占在校生总数的平均比例达到 52.6%。全市外来务工子女接受义务教育的入学率为 100%，外出务工人员留守子女入学率 100%。市财政每年拨付 300 万元的专项资金用于定点学校建设，基本满足了外来务工人员子女接受义务教育的需求。

【新建改建小区配套建设中小学工作情况】 11 月，市教育局会同建委、国土、财政、规划等部门，对市内 22 个居住区规划配建的 55 个学校情况进行摸底调查，并协调相关单位对推进居住区配建学校工作进行研究，向市政府提交《关于济南市新建住宅小区中小学配套建设有关问题的汇报》，以解决部分住宅区适龄儿童入学及办学管理难的问题；先后 4 次向相关 13 个单位征求意见，代政府拟定《济南市人民政府关于开展居住区配套教育设施遗留问题专项整治的通知》《济南市人民政府关于规范新建居住区教育设施配套问题的通知》，并经第 54 次市长办公会议通过，待城市基础设施配套费相关征收办法出台后，将按程序以市政府名义制发。市政府于 12 月发布《关于规范城区新建居住区教育设施配套建设有关问题的通知》，明确提出新建居住区规划配套教育设施用地由市政府无偿划拨给教育主管部门使用，并鼓励开发商代建配套教育设施。

【建立学校食堂监督管理日检制度】 根据食堂管理的相关规定，在学校食堂日检制度的基础上，市教育局又制定《济南市学校食堂专项检查表》(试行)和《济南市学校食堂日检记录表》(试行)，建立学校食堂监督管理日监制度。《济南市学校食堂专项检查表》检查项目主要包括食品卫生许可证、卫生管理、人员管理、原料采购贮存、加工过程、食品留样要求、餐饮具清洗消毒保洁、环境卫生、问题处理等 9 大项；《济南市学校食堂日检记录表》的检查项目主要包括准备区域是否干净、整洁，工作人员个人卫生以及身体和精神状况，电器设施是否能正常运行，厨房餐厅卫生是否符合要求，食品加工是否规范，消防器材、灭四害设施和防火、防盗、防投毒设施是否完备等。

（马新东　高洪波　孙开花）

【济南市教育满意度蝉联第一】 3 月 2 日，21 世纪教育研究院与社会科学文献出版社联合发布《教育蓝皮书：中国教育发展报告》，并揭晓“2009 年度中国主要城市公众教育满意度调查”结果。在接受调查的 30 个直辖市及省会城市中，教育满意度平均分值济南市蝉联第一，在中小学推行素质教育的成效、教育公平问题上，位列第一。

【制定学校幼儿园防范暴力侵害事件应急处置预案】 为加强全市学校幼儿园防范暴力侵害工作，5 月 25 日，市教育局制订《济南市学校幼儿园防范暴力侵害事件应急处置预案》。根据预案，市教育局成立以主要负责人为总指挥的防范暴力侵害事件应急处置指挥部。学校幼儿园成立以校长为负责人的现场指挥部，下设应急保护组、人员救护组、疏散引导组、通讯联络组、沟通协调组、媒体应对组等应急处理小组。学校幼儿园要采取有针对性的预防措施，扎实开展师生法制和安全教育、严格门卫管理制度、及时掌握学校周边地区存在的不稳定因素、加强警校共建等预警预防工作。及时上报可能引发暴力侵害事件的预警信息。

【初中学生学业水平考试开始实施】 6月12日，2010年初中学业水平考试开考。这是济南市深入推进素质教育，用学业水平考试取代传统中考的第一年。报名总人数118307人，共设11个考区，226个考点，4063个考场。12～14日为初三学生学业水平考试，报考人数为55204人，其中报考普通高中学校42951人，报考职业学校9784人，报考普通中专2469人。15日为初二学生学业水平考试，报考人数为63103人。初三学生学业水平考试分数于6月30日前由招生学校通知考生本人，初中学校不得统计和公布学生成绩。初二学生学业水平考试分数于新学年开学后通知学生本人。

【出台幼儿园教职工职业道德规范及实施细则】 9月，《济南市幼儿园教职工职业道德规范》及《实施细则》正式出台，对幼儿园教职工职业道德作了明确详细的规定。教职工职业道德主要包括8项内容：①爱国守法，依法执教。②爱岗敬业，忠于职守。③尊重幼儿，关爱幼儿。④教书育人，锐意创新。⑤为人师表，以身作则。⑥尊重家长，热情服务。⑦关心集体，顾全大局。⑧勤学好问，虚心进取。《实施细则》中明确规定幼儿教师在行为培养、教育活动、生活活动、个别教育、家长工作、自身修养方面应该做到和不应该做的40个方面。

（马新东　高洪波　孙开花）

【免收中职学校农村家庭经济困难学生和涉农专业学生学费】 3月26日，市财政局、市发改委、市教育局、市人社局四部门联合发文，从2009年秋季学期起，济南市对中职学校农村家庭经济困难学生和涉农专业学生免学费。

【济南市在省职业院校技能大赛中取得好成绩】 4月17日，山东省职业院校技能大赛在潍坊落下帷幕，本次技能大赛分中职组和高职组两部分，中职组设有计算机应用技术、电工电子、数控技术、烹饪、汽车运用与维修、服装设计制作与模特表演、现代物流技术、建筑工程技术、美容美发等9个专业类别的31个比赛项目。高职组设有数控技术、模具设计与制造、电子技术、计算机网络、汽车维修技术5个专业类别的5个比赛项目。济南市代表队获得团体二等奖，总分第二名的成绩，奖牌总数连续两年蝉联全省第一名。

（马新东　高洪波　孙开花）

成人教育及民办教育

【《济南市社区教育暂行办法》实施】 4月，《济南市社区教育暂行办法》颁布，获得教育部的认可。暂行办法中，为促进社区教育发展规定如下：①区（县、市）可以设立社区教育委员会或相应的统筹、领导、协调机构，具体负责本行政区域内社区教育的组织实施。②规定区（县、市）、街道（乡镇）、居（村）应从本区域实际出发，自筹资金或者利用社区相关教育资源，设立或者合作设立社区教育培训机构。③各级各类学校及相关教育资源单位应积极发挥自身优势，提供适宜条件，面向社区市民开放。④鼓励支持各级各类学校、行业和企业教育培训机构与街道、社区联办社区教育培训机构，承担社区教育培训任务。⑤鼓励支持民办学校和其他社会力量面向社区办学，积极参与社区教育。⑥鼓励支持选派公办教育机构工作人员和教师，以挂职锻炼、轮岗交流、竞聘上岗等适宜形式，到街道（乡镇）、居（村）从事社区教育工作。⑦鼓励支持各级各类学校、相关单位人员以及社区内的离退休人员和其他适宜人员积极参与社区教育，形成社区教育志愿者队伍。

【市中区56万居民获赠学习网卡和账号】 5月20日，市中区向全区56万居民赠送学习网卡和账号，让全区居民享受足不出户的网络学习。同时，还向全区居民免费发放《市中社区教育系列读本》，让市民通过学习，提高自身素质和生活质量。

（马新东　高洪波　孙开花）

教育教学改革与素质教育

【济南槐荫中学获世界青少年金属地掷球公开赛三个世界冠军】 4月9～11日，在澳大利亚举行的世界青少年金属地掷球公开赛上，济南槐荫中学的郑文志获连续抛击冠军，杨兆新获准确抛击冠军，该校与西安体院队组成的国家队获团体冠军。

【济南市在全省中小学电脑机器人比赛中获一等奖总数第一名】 4月23～25日，在山东省“海信杯”中小学电脑机器人竞赛上。济南市选手获9个一等奖，其中获2个冠军、3个亚军和4个第三名，占一等奖总数的27%，获一等奖总数居全省各地市首位。

【平阴县青少年活动中心落成】 见“区县·平阴县”分目

【济南市学校合唱团在国际及全国合唱活动中获奖】 7月15～26日，济南市槐荫区青少年宫小白鸽合唱团在绍兴举办的第六届世界合唱比赛中获银奖。8月3～7日，市教育局艺术教育委员会组织济南市部分学校合唱团赴北京参加由中国合唱协会、中国教育学会联合主办的“希望之歌”中国少儿歌曲推广暨第二届魅力校园合唱汇演活动。经五路小学“小百灵合唱团”、实验初中“卓越合唱团”、纬二路小学“紫藤合唱团”获得1金2银的成绩。

【市中区未成年人素质教育基地动工】 11月，市中区未成年人素质教育基地奠基开工。项目位于济南市十六里河办事处大涧沟村，规划依托地势分教学区、运动区、科技活动区、生活区、拓展训练区、种植养殖区等6大功能区域。项目总占地面积36.63公顷，总建筑面积10.86万平方米，主要建设教学楼、科技展览馆、后勤服务楼、学生公寓、食堂及体育馆、游泳馆、体育场等。项目计划总投资4亿元左右，3年内分期建成。

（马新东　高洪波　孙开花）

高等教育

【山东大学学生获2010全国电子创新设计赛特等奖】 7月27～29日，"毕昇杯"全国电子创新设计竞赛决赛在北京理工大学举行。山东大学组队参赛，来自机械工程学院、软件学院和控制学院的学生逯建伟、崔云鹏、陈永鹏团队的《自动化立体仓库》获大学组全国竞赛唯一"ARM奖"特等奖。

本次大赛历时7个多月，全国报名团队600余支，经过组委会初审，60余支队伍进入总决赛。经过专家组专家的评比、作品演示和学生答辩，共评出特等奖4项，一等奖15项。其中，逯建伟、崔云鹏、陈永鹏团队的《自动化立体仓库》使用先进的Coretex-M3嵌入式开发板，并配合自主设计编写的上位机控制软件，完整演示仓储物流的自动化控制过程。

（王　洋）

【山东师范大学承担的科技部863计划项目通过验收】 11月6日，科技部863计划海洋技术领域办公室在山东师范大学召开国家"十一五"863计划海洋技术领域重点项目"海洋滩涂耐盐植物开发及集成应用技术研究"验收会。山东师范大学为项目牵头单位，生命科学学院院长王宝山为项目首席科学家。

项目于2007年立项，历时3年，利用常规育种、细胞工程和转基因技术等筛选培育多种具有重大潜在经济价值的耐盐能源、药用、饲料、绿化和蔬菜等耐盐植物。在新品种选育、滩涂施肥灌溉技术与新型耕种制度、滩涂土壤水盐平衡安全调控模式等方面取得成果，并进行规模化应用示范，为发展我国黄河三角洲及苏北等滩涂重盐碱地区高效生态农业提供了优良的耐盐植物资源。项目共申请国家发明专利30余项，发表相关论文140余篇。

（王　洋）

【济南职业学院新增一个省级特色专业建设点】 5月7日，山东省教育厅下发通知，公布2010年度山东省品牌特色专业建设点名单，济南职业学院由电子工程系副教授王平主持的"应用电子技术"专业名列其中，这是继2009年"机电一体化技术"专业成为省级特色专业建设点之后的又一成果。应用电子技术专业是学院重点建设专业之一，2007年确立为学院首批品牌专业建设点，并于2005年2月和2009年6月两次获得省级教学成果三等奖。2009年，又启动"基于工作过程课程体系改革"的课题研究与探索实践，加大了专业建设和教学改革的力度，全面提升了专业办学水平。

（马新东　高洪波　孙开花）

【济南大学初等教育学院在济南师范学校成立】 9月17日，济南大学初等教育学院揭牌仪式在济南师范学校新校区举行。按照《济南市人民政府办公厅关于对接济南大学服务济南行动计划的意见》，济南师范学校依托济南大学成立初等教育学院，承担济南市及至全省的小学和幼儿教师培养培训任务。9月19日，济南大学初等教育学院英语教育和美术教育的学生到校报到。

（马新东　高洪波　孙开花）

驻济普通高等院校一览

（按字母顺序排列）

济南大学
济南工程职业技术学院
济南铁道职业技术学院
济南幼儿师范高等专科学校
济南职业学院
齐鲁师范学院
山东财政学院
山东城市建设职业学院
山东传媒职业学院
山东大学
山东电力高等专科学院
山东电子职业技术学院
山东工艺美术学院
山东技师学院
山东建筑大学
山东交通学院
山东经济学院
山东警察学院
山东凯文科技职业学院
山东劳动职业技术学院
山东力明科技职业学院
山东旅游职业学院
山东女子学院
山东青年政治学院
山东轻工业学院
山东商业职业技术学院
山东省工会管理干部学院
山东省经济管理干部学院
山东省农业管理干部学院
山东圣翰财贸职业学院
山东师范大学
山东司法警官职业学院
山东体育学院
山东外事翻译职业学院
山东现代职业学院
山东协和职业技术学院
山东杏林科技职业学院
山东艺术学院
山东英才学院
山东政法学院
山东中医药大学

责任编校　王　洋

科　学

科技综述

【概况】“十一五”以来，济南市连续5年兑现奖励资金累计超过2.7亿元，共承担国家、省各类科技计划项目1100项，获得国家、山东省经费支持超过7.5亿元。重大创新成果竞相涌现，获得国家、省级奖励1012项，专利申请量、授权量和发明专利申请量、授权量4项指标连续4年保持全省第一。全市高新技术产业产值达到2063.96亿元，5年间先后跨上1千亿、2千亿两个台阶，占规模以上工业产值比重达到41.54%，较“十五”末增长11.42个百分点。5年来新增企业研发机构、名牌、商标、国家标准分别占总量的比例都在70%以上。

济南市先后被科技部、国家发改委授予国家（首批）创新型试点城市、中国软件名城创建试点城市、全国科技进步先进城市称号，还被批准为综合性国家高新技术产业基地。全年重点开展以下5个方面的工作：

1. 大力营造良好创新环境，创新型城市建设保持良好发展势头。出台《关于创建国家创新型城市的意见》和《关于创建中国软件名城的意见》，制定《济南市创建国家创新型城市若干政策》《济南市创建中国软件名城若干政策》《济南市创建国家创新型城市发展规划（2010~2015）》，调整充实市创新委员会。落实税收优惠政策，共减免2008年度和2009年度高新技术企业所得税6.7亿元，企业研究开发费合计扣除9.5亿元。企业创品牌的积极性高涨，全年新认定中国驰名商标5个、总数达27个，新认定山东省著名商标35个、总数达219个，新认定地理标志集体商标9个、出口国商标注册6个，新评山东名牌产品17个、总数达146个，中国名牌达17个，新制定国家（行业）标准8项、总数达53项，新增国家标准化委员会分会1个（总数2个）。强化知识产权保护，开展打击侵犯知识产权和制售假冒伪劣商品专项行动。

2. 深入推动创新主体建设，企业自主创新能力显著提高。全年新认定国家级企业技术中心2家，省级企业技术中心7家，市级以上企业技术中心达204家（其中国家级13家、省级48家）；新认定省级工程技术中心24家，市级以上工程技术研究中心151家（其中国家级2家，省级107家）。国家级特色产业（成果转化）基地总数达9家，新增省级软件工程技术研究中心6家，总数达25家。争取国家、省重点项目171项，资金近3亿元。取得重要科技成果420余项，有5项成果获国家科技进步二等奖，220项成果获省级科技进步奖。全市专利申请量15519件，授权量9593件。其中发明专利申请量3432件，授权量1260件。在全国15个副省级城市中，万人专利申请量、万人发明专利授权量分别居第5位、第4位。新增省级创新型企业17家、产业技术创新战略联盟7家、市级创新型企业25家。

3. 聚焦战略性新兴产业和优势产业，产业升级步伐加快。全年新增高新技术企业59家，总数达293家，占全省总量的20.3%，连续3年总量全省第一。以高新区创业服务中心为核心的山东省生物高技术产业基地和以力诺集团为依托的山东省新能源高技术产业基地被认定为山东省首批高技术产业基地。济南高新区在56个国家高新区综合评价中，综合排名跃升至第11位。济南市成为全国第8个综合性国家高技术产业基地，进入国家高技术产业发展的前列。

4. 完善农业与社会科技支撑体系，民生科技不断加强。实施“十百千”农业科技示范工程，引进和推广新品种、新技术，示范户先进实用技术到位率达到89%。启动科技特派员工作，选派科技特派员总量达100名，示范推广粮食、蔬菜、林果、畜禽、花卉等新品种95个，种植、养殖、加工等新技术36项，帮助企业攻克技术难题15项。大力开展星火科技工作，新争取国家和省星火项目17项，济南市被列为山东省12396星火科技信息服务示范城市。加快社会领域科技进步。济南机场周边烟尘污染防治综合治理重大专项通过验收，国家科技重大专项“黄河下游地区饮用水安全保障技术研究与综合示范”项目顺利实施。国家“十城市千辆”节能与新能源汽车进入普及推广阶段。

5. 搭建创新平台，创新资源进一步优化整合。国家科技部“十一五”重大科技专项国家创新药物孵化基地落户济南市，29万平方米的国家新药公共服务平台开工建设。总投资6亿元的国家超级计算中心通过专家论证评审。济南市主持或参与国家级产业技术创新战略联盟5家，主持或参与省级联盟7家。先后促成建立产学研基地8个，累计促成建立产学研基地66个。投资600多万元、面积达1500平方米的济南科技服务中心正式投入运行，筹备召开第五届信博会暨第六届科交会，签订投资合作项目70个，总投资额269.8亿元，比上届增长46%，项目平均投资额达3.9亿元，是上届的6倍。

（李月明 何庆春 刘全祥 张明燕）

【入选首批国家创新型试点城市】 1月10日，在全国科技工作会议上，济南市被科技部授予首批国家创新型试点城市。为深入实施自主创新战略，大力推进创新型国家建设，国家科技部决定在全国范围内选择一批科技实力雄厚、创新特色鲜明、示范作用较强的城市作为全国创新型城市建设的试点。经过严格考核和层层筛选，济南等20个城市（区）成为首批国家创新型试点城市（区）。济南市还同时入选国家发改委授予的首批16个国家创新型试点城市。

（刘全祥 陈京娜）

【召开科技奖励暨创建国家创新型城市动员大会】 2月24日，济南市召开科技奖励暨创建国家创新型城市动员大会。会上，市委、市政府对创建国家创新型城市和中国软件名城工作进行全面动员部署。颁布出台《关于创建国家创新型城市的意见》《关于创建中国软件名城的意见》《济南市创建国家创新型城市若干政策》《济南市创建中国软件名城若干政策》《济南市创建国家创新型城市发展规划（2010~2015年）》等一系列政策文件。表彰奖励在科技创新和创新型城市建设工作中作出突出贡献的单位和个人，奖励资金5332万元，景新海获得市科学技术最高奖，获得奖金50万元。这是济南市连续第四年对创新型城市建设进行政策性奖励，累计兑现奖励资金超过2.2亿元。

（刘全祥 陈京娜）

【济南市被认定为国家综合性高技术产业基地和首批国家科技成果转化服务示范基地】 11月16日，在第12届中国国际高新技术成果交易会上，济南市被国家发改委认定为国家综合性高技术产业基地，成为继北京、天津、上海、深圳、西安、长株潭、武汉之后，全国第8个国家综合性高技术产业基地。同月，国家科学技术奖励工作办公室正式批复同意济南市建立首批国家科技成果转化服务（济南）示范基地。

（郑艺颖 李 婷）

【举办第五届信博会暨第六届科交会】 9月3～5日，第五届中国（济南）国际信息技术博览会暨第六届中国·济南高校、科研院所科技成果和专利技术展示交易会在济南国际会展中心举办。本届展会的主题是“信息引领未来”。境内外657家企业参展，其中世界500强企业达12家，超过历届规模。会展期间共签订投资合作项目70个，总投资额269.75亿元，比上届增长46%。项目平均投资额3.9亿元，是上届的6倍。

（于小琳）

【国家级重大新药创制平台和国家超级计算济南中心建设取得实质性进展】 11月7日，国家“十一五”16个重大科技专项之一的“重大新药创制”项目的国家综合性新药研发技术大平台和国家创新药物孵化基地在济南高新区举行开工奠基仪式。“一平台、一基地”规划总建筑面积29万平方米，总投资12亿元。12月7日，“国家超级计算济南中心建设方案暨神威蓝光千万亿次高效能计算机系统研制实施方案”在济南通过科技部专家论证。继天津、深圳、长沙之后，济南市将建成全国第四家国家超级计算中心。项目总投资6亿元，建设周期2年，建成后可以为山东省和济南市应用基础科学研究和重大科学工程中的关键问题提供重要技术支撑。 （王东 李婷）

【高新技术产业产值突破2千亿元】 “十一五”期间，济南市高新技术产业保持快速发展，全市规模以上高新技术产业产值平均增速保持在30%以上，占规模以上工业总产值的比重持续增长。2007年全市规模以上工业高新技术产业产值达1151.18亿元，首次突破千亿元。截至2010年底，全市规模以上工业高新技术产业产值达到2063.96亿元，5年间先后跨上1千亿、2千亿两个台阶，占规模以上工业总产值比重达到41%以上，超额实现40%的目标。 （纪 元）

【全年技术合同交易额首次突破20亿元】 “十一五”期间，济南市技术市场交易活动保持良好发展势头，技术合同成交额逐年增长，平均增速保持在20%以上。全年技术合同交易额达21亿元，首次突破20亿元大关，较“十五”末增长2.4倍。技术合同成交额的不断提高，标志着济南市自主创新能力的增强和技术市场交易的活跃，也说明济南市新技术、新成果向现实生产力的转化步伐加快。

（刘 昱）

【组织实施首批科技特派员工作】 3月，济南市科技特派员工作全面启动。科技特派员工作是党委和政府围绕解决“三农”问题选派优秀专业技术人员深入农村一线从事科技服务的一项重要工作。济南市科技特派员总量达100名，已示范推广粮食、蔬菜、林果等新品种95个，种养殖及加工等新技术36项，帮助企业攻克技术难题15项，举办各类培训班100余场，培训农民6000多人次，成为推动农业科技成果转化、推广，加快社会主义新农村建设的重要抓手。

（王 东）

【济南科技服务中心建成启用】 7月2日，济南科技服务中心建成启用。中心是市科技局为有效整合科技系统服务资源，加强科技公共服务管理而建设的面向社会公众提供科技服务事项的场所。中心面积达1500平方米，设立11个服务窗口，涵盖市级科技管理服务的54项内容，并开通信息网络服务系统和项目申报管理系统。中心启用以来，开展科技项目申报监理服务628项，受理知识产权、大型仪器共享、技术合同登记等相关事宜1.2万余人（件）次。中心的建成，实现了科技管理工作“一个窗口受理、一站式服务”的目标。

（贾思军）

【提高科学技术发明奖奖励标准鼓励支持自主创新】 为充分发挥济南市科学技术奖的激励引导作用，增强企业自主创新能力、突出奖励发明创造科技成果，加快推进济南市国家创新型城市建设步伐，经市政府批准，从2010年开始，大幅度调整提高市技术发明奖的奖励标准，一等奖、二等奖、三等奖的奖金分别从8万元、5万元、2万元，提高到20万元、10万元、5万元。（王文锋）

【科技活动周】 5月15日，济南市暨历城区科技活动周在历城区柳埠镇开幕。本届科技活动周是第10届，继续以“携手建设创新型国家”为主题，在全国开展一系列丰富多彩的群众性科技活动。

本届济南市科技活动周更加注重整合社会资源，调动和增强全社会科普力量，开拓资源整合渠道，着力搭建科普资源共建共享平台。围绕主题举办一系列科普活动，主要包括第七届济南市青少年电脑机器人竞赛、科技人才展播活动、“流动科技馆”送科技下乡活动等11项大型活动。一周期间全市各县(市)区，各有关企业、事业单位，有20万人参与这些群众性科普活动，在全社会逐步形成人人关注科技发展，人人参与科技创新，人人享有科普资源，人人共享科技创新和科普成果的良好社会氛围。

（宋洪韵）

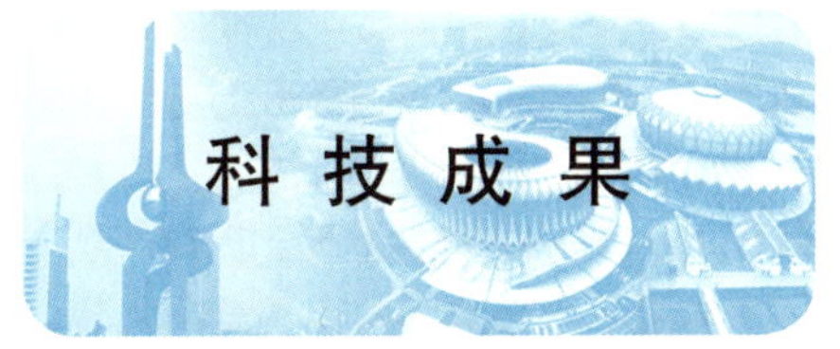

【高功率808纳米非对称无铝应变量子阱激光器】 完成单位：山东华光光电子有限公司。项目简介：该项目属于半导体光电子技术领域。半导体激光器是利用电子在各能带之间的跃迁，通过受激辐射光放大产生光的一种器件，它具有效率高、体积小、重量轻、结构简单、能将电能直接转换为激光能、功率转换效率高（已达10%以上、最大可达50%）等优点。808nm的大功率半导体激光器是应用最广泛的器件之一，市场潜力巨大。该项目为863计划子课题，主要技术指标：波长：808nm±3nm；阈值电流：<700毫安（mA）；工作电流：<6安（A）(5瓦时）；工作电压：5瓦（W）；通过技术研发，最终形成拥有自主知识产权的科研成果，并规模化生产。在研究过程中，采用自主设计的非对称限制结构等多项创新技术，研制出5瓦大功率808nm激光器，有效地提高了激光器的转换效率，提高了最大输出功率；通过改进器件的制作功率，提高了器件制作的合格率和可靠性。解决的技术问题有：①无铝应变量子阱的应用，提高了激光器的参数性能。②非对称结构的采用，降低了内吸收，提高了激光器的参数性能。③腔面膜的优化，改用三氧化二铝体系，提高了抗损伤阈值、一致性和可靠性。④非吸收窗口区的应用，提高了COD值。⑤镀膜光纤的使用，减少了光学整形中的能量损耗和光谱变形，提高了器件的性能和可靠性，降低了成本，产品的利润率可达470%。项目产品已经实现批量生产，用于激光显示、医疗及红外照明等领域，打破了美、日、欧长期垄断的局面。

【新型智能豆浆机】 完成单位：九阳股份有限公司。项目简介：豆浆机存在工作周期长、噪音高、容量范围小、清洗困难、能耗高等问题，制约小家电行业的发展。为解决上述问题九阳股份有限公司结合15年豆浆机行业经验，自主研发并取得新型智能豆浆机科技成果，使豆浆机产品迅速得到推广应用。项目采用扰流曲面体粉碎、浮动式电机安装技术和双级密封结构，提高了机器控制系统的灵活性；通过隐藏式温度传感器技术感控测温，大幅提高机器工作效率及工作质量，有效节约了能源。产品结构新颖，造型独特，清洗简便，无清洗死角；噪音可以较现有技术降低5～10分贝；多功能智能化，不仅可以用于制作纯豆浆、五谷豆浆、果蔬豆浆、米糊等传统豆浆，可用于各类食品加工、制作果汁冷饮、全自动清洗等；具有操作简单，无需装拆网罩，一机多用，快捷便利、节能环保等特点。该产品获得10项专利，其中发明专利2项。

【城市供水预警监控与净化处理集成技术研究与示范工程】 完成单位：济南市供排水监测中心、济南市供排水监测中心、济南泓泉制水有限公司、济南市卧虎山水库管理处。项目简介：该项目是2008年度济南市科技攻关计划重点项目，为济南市保障第十一届全运会饮用水安全而实施的重大水质改善民生工程。项目评估了基于南部山区水库水质、水量的水源安全性，研究了供水全过程氮磷、藻类及其代谢产物、有机污染物迁移转化规律及其毒理学特征；研究构建了集常规指标、生物综合毒性和应急监测等多层次网络化水源水质预警监控体系；开发了高效去除有机物、藻类及其代谢产物的气浮、活性过滤等工艺，对比筛选了强化混凝、活性炭吸附、化学氧化、气浮、强化消毒等应急处理技术；实现了多层次水质预警监控对净化处理的即时动态支持，形成了基于水源水质预警监控的气浮—活性过滤—应急处理技术体系。研究成果为水源的合理取水和水质预警监控、水厂工艺改造提供了技术依据。项目成果具有如下创新点：“从源头到龙头”供水全过程水质问题识别与污染特性剖析；研究构建了集成生物、理化、荧光、红外、GPRS等多项监测技术相互配合相互印证的水源水质预警监控系统；开发了基于水源水质特性分析的气浮—活性过滤—应急处理组合工艺。多层次互动式水源水质预警监控系统已在济南市分水岭水厂应用，分层取水技术已在卧虎山水库应用，气浮—活性过滤—应急处理组合工艺已成功应用于南郊水厂工艺升级改造。其中，多层次互动式水源水质预警监控系统在济南市保障全运会饮用水安全中发挥了重要作用。该项目成果的推广应用能够建立水质预警监控体系，实现对水质净化处理的即时动态支持，对保障城市供水安全，提高城镇居民饮水质量意义重大，社会经济效益显著。

【AWCL-100 塑料门窗同步焊接高速换角清理自动线】 完成单位：济南德佳机器控股有限公司。项目简介：项目的主要技术创新点是通过优化设计，应用带自动转角定位装置的角缝清理机专利技术和双机械手输送成窗的技术，实现工件转入与转出的分步协调进行，应用可快速变换焊缝的焊机机头定位装置、角焊接同步进给装置等专利技术、自主研发的塑料门窗 CIMS（集成制造系统软件）进行计算机集中控制，实现柔性制造的先进工艺模式，使生产效率提高 3 倍，并显著提高了塑窗焊接产品的质量，自动线总体技术达到国际先进水平。该项目把多项专利技术集成为一体，在塑窗角缝清理工位中应用了三项专利技术，在塑窗焊接成型工位中应用了五项专利技术，是环保节能型塑料门窗的先进技术设备，取得了良好的经济和社会效益，具有广阔的推广应用前景。

【浪潮加固笔记本电脑】 完成单位：山东超越数控电子有限公司。项目简介：浪潮加固笔记本电脑是一款高性能、高适用性、高可靠性、高安全的产品。主要关键技术及创新点：①采用浪潮自主设计的主板，该主板功耗低，集成度高，选用工业级器件，确保机器核心部件的可靠性。②进行防水设计，要求机器能够在水下 1 米长时间工作。③整机采用低温等加固技术，达到宽温工作，温度范围 -25℃ ~ 55℃，抗振动、抗冲击、防盐雾、防霉菌等恶劣环境的要求。④整机进行电磁兼容和防信息泄漏设计，在印制板、接地与搭接、屏蔽、滤波等方面进行严格设计。产品设计合理，技术先进，性能可靠，采用自主知识产权的电路板，具有抗震、抗跌落、防水、防电磁干扰等优点，适合在野外、车载、船载、机载等恶劣环境下使用，可广泛应用于交通、能源、石油、建筑、测绘、地质、公安、军事等领域，有广阔的市场应用前景。该产品在国内市场尤其是在工业控制以及特殊行业领域占有率高，得到广大用户的认可。2009 年浪潮加固笔记本电脑销售 3000 余台，实现销售收入 7500 万元，经济效益显著。

【车架纵梁柔性制造成套生产线的研制】 完成单位：济南铸造锻压机械研究所有限公司。项目简介：该项目属于先进制造技术领域。针对目前汽车纵梁材料的抗拉强度高（510-800Mpa），回弹波动大的特点以及先进工艺的要求，重点研究与开发了车架纵梁成形工艺的优化技术、模具柔性设计和抗磨损结构设计技术、车架纵梁柔性冲孔的自动编程技术、成形过程物料输送的系统规划与设计技术、车架纵梁 4 主机数控三面冲设计技术、U 型纵梁液压切断技术、生产线运行的成套自动化技术等。该成套生产线与传统工艺流程相比，具有较高的生产柔性，并且在节材、高精度、高可靠性、高生产率和环保等方面具有更大的优势。项目技术成果集成创新度高，拥有完全自主知识产权。已申请国家专利 16 项（其中发明专利 5 项），已获实用新型专利授权 9 项，并申报企业产品标准获批两项。实现新增产值 17502 万元，新增利税 1827 万元，创收外汇 105 万美元，增收节支 2210 万元，并保证了 500 余亿元的重型卡车销售市场，产品可以替代进口，经济、社会和环境效益十分显著。

【高性能刀片服务器研发与应用】 完成单位：浪潮集团有限公司。项目简介：浪潮集团针对现有服务器由于工业标准的普及，导致部署密度无法提升，单机功耗难以降低，管理方式单一无法满足客户日益增长的需求问题开展了技术攻关研究。该项目在基于开放式刀片服务器架构标准的基础上，采用 Intel IA 架构处理器和基于开放式和模块化设计、高计算部署密度设计、一体化设计的散热和供电系统、低功耗系统设计、主被动结合的全系统管理架构等具有国际先进水平的技术，开发出高可用、高性能刀片服务器平台，配套服务器远程管理，高密度低功耗节能系统，能够满足电信、金融、教育、公安、电力、互联网等行业的需求。高性能刀片服务器不但具备超越机架式服务器的部署密度优势，同时具备了塔式服务器的易用性和可管理性，在国内市场销售额超过 27 亿元。

【服务器操作系统安全加固系统（SSR）】 完成单位：浪潮集团有限公司。项目简介：该项目是基于先进 ROST 技术理论研发成功的新一代安全产品，其设计和开发参考《信息安全技术操作系统安全技术要求》和《信息安全技术服务器安全技术要求》对操作系统的要求，通过对服务器商用操作系统的内核进行加固，实现对文件、目录、进程、注册表和服务等的强制访问控制，操作系统管理员的权限分立和强认证，综合对文件和服务的完整性检测、防缓冲区溢出等功能，同时提升多种商用操作系统的抗攻击能力和安全等级。主要创新表现在：①基于 ROST 技术的操作系统内核加固；②基于策略的强制访问控制；③权限分立及双因子用户鉴别；④同时支持多种主流服务器商用操作系统；⑤兼容同一操作系统的不同版本主要技术指标：内核级文件访问控制、内核注册表访问控制（Windows）、内核级进程保护、内核级缓冲区溢出防御（Unix/Linux）、应用级服务访问控制（Windows）、应用级文件完整性检测。项目 10 项发明专利被受理。项目产品市场需求度高，具有国内市场竞争优势，产品技术和性能指标先进，填补了我国在多种主流服务器商用操作系统同时安全加固的空白。

【船体结构钢板 A-FH 级系列产品的开发与认证】 完成单位：济钢集团有限公司。项目简介：该项目采用转炉—精炼—真空处理—控轧控冷（TMCP）工艺，在国内首次采用 270mm 的板坯，成功生产出要求 -60℃低温（时效变形）冲击、厚度为 60mm 的高强度船用钢板，同时满足中、美、德、英等九国船级社要求，成为我国船用钢板品种最多、规格最齐全，认证船级社最多、适应市场能力最强的钢铁企业之一。项目研究过程中，形成了特有的连铸轻压下及二冷动态配水集成技术，掌握了轧制过程粗轧、精轧各道次压下量（率）与钢板厚度方向组织、性能均质化技术，并对低温韧性及低温时效韧性的影响机理进行了研究，总结出的经验公式在实践中得到了验证。采用以上述关键技术生产的 60mm 厚 FH40 高强度船板，厚度中心部位的低温 -60℃冲击吸收功达到 300J 以上，经过时效变形后 -60℃的冲击吸收功达 200J 以上。

【济南奥体中心弦支穹顶结构和复杂相贯节点的实验应用与创新】 完成单位：济南市城市建设投资有限公司等。项目简介：济南奥体中心体育馆、体育场为第十一届全运会的主要场馆，是山东省重点工程。项目主要技术创新点：①首次采用肋环型弦支穹顶和构造钢拉杆；②首次系统提出大型体育场馆上下部结构整体分析的计算理论和方法，首次实现大型体育场上下部整体结构振动台试验研究；③首次系统提出考虑基础有限约束刚度、混凝土收缩徐变效应、模拟施工使用全过程的超长结构温度应力的计算理论与方法，得到了合理设置混凝土后浇带、低温合拢等关键施工技术措施。项目建成世界上最大跨度 122 米体育馆新型肋环型弦支穹顶结构及悬挑 5 3 米、长度 330 米体育场无缝结构，保证了第十一届全运会的成功举办。并成功推广应用于杭州、太原、南昌等十余个大型体育场馆。主要研究成果被国标《建筑抗震设计规范（2009 年报批稿）》所采用，发表相关学术论文 19 篇。同时体育馆主体结构用钢量 1000 吨，为国内大跨度空间结构用钢量最低水平。体育场主体结构用钢量 6500 吨，为国内同规模体育场用钢量的 1/2 左右（南京奥体中心体育场主体结构用钢量 15000 吨，沈阳奥体中心体育场主体结构用钢量 13000 吨），大大地节约了资源。

【进境危险性杂草发生危害规律及综合控制技术研究应用】 完成单位：中华人民共和国济南出入境检验检疫局。项目简介：项目系统研究了检疫性杂草种子口岸截获规律、快速鉴定技术、进口粮运输储存加工的有效监管措施、主要种类发生危害传播规律和控制措施等，并在全省开展进境检疫性杂草发生分布调查。①首次制定进口粮中截获杂草和检疫性种类名录，建立截获杂草种子标本库，调查发现外来新记录杂草 13 种，为检验检疫进口粮杂草鉴定和治理工作提供重要的基础数据和技术资料；②首次研究燕麦近似种分子生物学快速鉴定技术，填补国内同类研究空白；③首次研究摸清不同国家不同种类不同年度进口粮携带检疫性杂草的规律，划定可能发生检疫性杂草的区域及杂草种类，对指导口岸检疫、植物检疫田间普查有重要意义；④首次研究黄顶菊、加拿大一枝黄花、银胶菊 3 种新发生的检疫危险性杂草的发生规律和控制技术，并制定地方标准；⑤对山东口岸已截获并发生的、已截获无发生的和无截获新发生的 28 种检疫危险性杂草进行风险评估及管理措施的研究与应用，制定山东地方标准《进口粮谷检疫性杂草监督管理规范》。3 年来共从进口粮中截获检疫性杂草 17 种，阻截具节山羊草等 14 种检疫性杂草传入，批次截获率提高 10% ~ 25%，可控制检疫性杂草发生扩散面积 180 多万公顷，挽回经济损失约 10 亿元。对指导口岸检疫、提高检出率，对进口粮运输、储存和加工等进行有效检疫监管；有效地防止检疫性和危险性杂草种子发生扩散，对保护农林业生产安全和人类健康有重大意义。

【CD8+T 细胞在 1 型糖尿病发病中的作用】 完成单位：济南市中心医院。项目简介：该研究以 NOD 鼠和基因工程构建的 NOD 背景的转基因鼠为动物模型，利用过继转移的方法评价静止的 β 细胞特异性 CD8+T 细胞被激活的位置及其对抗原的识别，探讨 CD8+T 细胞如何在 1 型糖尿病的疾病过程中发生作用的。结果发现：①幼年 NOD 鼠的脾细胞含有 β 细胞特异性 T 细胞，数量有限，致糖尿病能力随 NOD 鼠年龄的增长而增加；② β 细胞上共刺激分子 CD80 的表达不影响 CD4+T 细胞的致糖尿病作用；③ β 细胞上共刺激分子 CD80 的表达加速了 CD8+T 细胞介导的胰岛炎的发生，并且在淋巴细胞浸润胰岛过程中对静止的 CD8+T 细胞发挥了共刺激作用；④胰岛炎的启动需要 CD8+T 细胞与胰岛 β 细胞的直接作用；⑤ β 细胞特异性的 CD8+T 细胞在胰岛内与自身抗原相遇。该研究结果对 1 型糖尿病的发病机制有了新认识，明确了 CD8+T 细胞在 1 型糖尿病中的作用，为从免疫调节的角度治疗 1 型糖尿病提供了新思路，从而达到有效的预防和治疗 1 型糖尿病，为攻克自身免疫性糖尿病迈出坚实的一步。研究成果经在山东省立医院、山东大学第二医院、山东省千佛山医院、山东中医药大学第二附属医院、济南市中心医院等单位推广应用，获得很好的社会效益及经济效益，有 3 篇论文被 SCI 收录，2 篇论文在国家级杂志上发表。

（郑艺颖　王文锋）

2010年度济南市科技奖获奖项目

奖励级别	奖励等次	项目名称	完成单位（个人）
国家科技进步奖（5项）		鲁农Ⅰ号猪配套系、鲁烟白猪新品种培育与应用	山东省农业科学院畜牧兽医研究所、山东省莱芜猪原种猪场、莱州市畜牧兽医站、山东银宝食品有限公司
		多层陶瓷电容器用钛酸钡基介电陶瓷材料的产业化关键技术及应用	山东大学、山东国瓷功能材料有限公司、广东风华高新科技股份有限公司
		快速热循环高光注塑成型技术开发及其产业化	山东大学、海信集团有限公司
		永久性沥青路面结构设计理论与方法、关键技术及工程应用	山东省交通厅公路局、山东省交通科学研究所、山东省公路建设（集团）有限公司、滨州市公路管理局、山东省公路工程技术研究中心有限公司、长安大学
		游离脂肪酸、乙醇在2型糖尿病发生机制中的作用及临床干预	山东省立医院、上海交通大学医学院附属瑞金医院
省科技进步奖（46项）	最高奖（1人）	王恩东	浪潮集团有限公司
	一等奖（3项）	第三代头孢活性酯的生产新技术	济南大学、山东金城医药化工股份公司
		双龙门大扭矩机械主轴五轴联动数控机床关键技术及设备	济南二机床集团有限公司
		车架纵梁柔性制造成套生产线的研制	济南铸造锻压机械研究所有限公司
	二等奖（14项）	海量图像数据存储与处理系统	山东山大鸥玛软件有限公司、山东大学
		Ti/Al_2O_3体系复合材料的制备、性能及其开发应用	济南大学
		交流1100kV复合空心支柱绝缘子	山东电力研究院、山东彼岸电力科技有限公司
		臭氧化浮滤池净化工艺研究	济南市供排水监测中心、山东省给水处理工程技术研究中心
		济南奥体中心弦支穹顶结构和复杂相贯节点的实验应用与创新	济南市城市建设投资有限公司、中建国际（深圳）设计顾问有限公司
		空内冷330MW汽轮发电机新产品创新研制	山东济南发电设备厂
		高效环保型小浴比溢流染色机技术与应用	济南大学、济南元首针织股份有限公司
		浓相气力输送工业粉体的适应性研究及设备开发	济南大学、山东省章丘鼓风机股份有限公司
		Sn-Zn基无铅钎焊材料的研究与开发	山东大学、济南圣元机械工程有限公司
		山东进境检疫性杂草截获发生危害规律及控制技术研究	中华人民共和国济南出入境检验检疫局、山东省植物保护总站、山东出入境检验检疫局检验检疫技术中心
		自然养猪法创新研究与示范推广	山东省畜牧总站、山东省农业科学院畜牧兽医研究所、山东农业大学、山东明发兽药股份有限公司

续表 1

奖励级别	奖励等次	项目名称	完成单位（个人）
		功能性发酵乳的研制与产业化开发	山东省农业科学院畜牧兽医研究所、山东省农业科学院高新技术中心、山东兴牛乳业有限公司
		糖胃安对糖尿病胃轻瘫临床干预及对 5-HT2A、NK1 受体和 Obestatin 表达作用研究	山东中医药大学附属医院、济南市第四人民医院、中国重型汽车集团有限公司医院
		新型非典型抗精神分裂症药物利培酮的研制及产业化	齐鲁制药有限公司
	三等奖（22 项）	（略）	
技术发明奖（6 项）	一等奖（1 项）	“光生态”新型棚膜的研制及其在农作物种植中的应用	唐波（山东师范大学）、宋修华（山东三塑集团有限公司）、陈德展（山东师范大学）、崔官伟（山东师范大学）、徐志民（山东三塑集团有限公司）、刘文阁（山东师范大学）
	二等奖（1 项）	3- 羟基丁酮生产菌种的选育及发酵条件的研究	刘建军（山东省食品发酵工业研究设计院）、赵祥颖（山东省食品发酵工业研究设计院）、张家祥（山东省食品发酵工业研究设计院）、田延军（山东省食品发酵工业研究设计院）、王爱春（济南九州富得香料有限责任公司）、韩延雷（山东省食品发酵工业研究设计院）
	三等奖（4 项）	（略）	
市科学技术奖（120 项）	最高奖（1 人）	王旭宁（九阳股份有限公司）	
技术发明奖（5 项）	一等奖（1 项）	高功率 808nm 非对称无铝应变量子阱激光器	夏伟等
	二等奖（2 项）	新型智能豆浆机	王旭宁等
		城市供水预警监控与净化处理集成技术研究与示范工程	贾瑞宝等
	三等奖（2 项）	（略）	
科技进步奖（39 项）	一等奖（7 项）	车架纵梁柔性制造成套生产线的研制	济南铸造锻压机械研究所有限公司
		高性能刀片服务器研发与应用	浪潮集团有限公司
		服务器操作系统安全加固系统（SSR）	浪潮集团有限公司
		船体结构钢板 A-FH 级系列产品的开发与认证	济钢集团有限公司
		济南奥体中心弦支穹顶结构和复杂相贯节点的实验应用与创新	济南市城市建设投资有限公司、中建国际（深圳）设计顾问有限公司、浙江大学、山东同圆设计集团有限公司

续表 2

奖励级别	奖励等次	项目名称	完成单位（个人）
		进境危险性杂草发生危害规律及综合控制技术研究应用	中华人民共和国济南出入境检验检疫局、山东省植物保护总站、山东出入境检验检疫局检验检疫技术中心
		CD8+T 细胞在 1 型糖尿病发病中的作用	济南市中心医院
	二等奖（32 项）	全运会地理信息专题服务系统	济南市勘察测绘研究院
		LHB 系列高效、节能、环保振动筛	济南中燃科技发展有限公司
		低发射膜系太阳集热管	山东力诺新材料有限公司
		FZQ2200 型附着自升塔式起重机	山东丰汇设备技术有限公司
		纯碱干燥煅烧成套装置的研发及产业化	山东天力干燥设备有限公司
		ZZ30A000L/R 盘式制动器总成	中国重型汽车集团有限公司
		全球导航卫星系统（GNSS）高精度单点定位系统	山东正元地理信息工程有限责任公司
		济南科技文献公共服务平台建设	济南市科学技术信息研究所
		基于农副产品安全追溯的电子交易平台	济南恒大视讯科技有限公司
		超高亮度红色发光二极管外延材料及管芯制备	山东华光光电子有限公司
		电网运行安全集中监控系统	山东康威通信技术有限公司
		新型除草剂稻思达的合成与中试研究	济南富万家农化有限公司
		生物质能清洁转化关键技术研究与综合应用	山东百川同创能源有限公司、山东大学
		主要特色农产品质量监控及生态生产技术研究与应用	济南市农业质量检测中心
		新型土壤处理剂与处理技术的研究与开发	山东圣泰农业科技开发有限公司
		观赏草在节约型园林建设中的应用研究	济南花卉苗木开发中心、山东建筑大学
		硫酸头孢喹肟及其系列产品的研制开发	齐鲁动物保健品有限公司
		济南市知识产权战略研究	济南市人民政府研究室、济南市知识产权局
		基于水环境与服务价值的水资源价值与价格研究	济南市水利局、山东大学
		颈脊髓损伤并发低钠血症中水代谢的实验研究	济南市中心医院
		高生物安全 endostatin 真核表达载体联合重组干扰素 $-\alpha$ 治疗卵巢癌的实验研究	济南市中心医院、山东大学医学院
		体内反转录病毒介导的 SFlt-1 抑制骨肉瘤生长以及远处转移的实验研究	济南市中心医院
		内皮抑素和 e/V 比值在中枢神经系统缺血再灌注损伤中的作用	济南市中心医院

续表 3

奖励级别	奖励等次	项目名称	完成单位（个人）
		Racl 与大肠癌侵袭转移的研究	济南市第三人民医院
		脐血干细胞移植治疗新生儿脑损伤疾病的研究	济南市儿童医院
		不同用药途径与用药组合对剖宫产妇 PCA 效果的临床研究	济南市第四人民医院
		中药蜡疗结合针刀治疗腰椎间盘突出症的临床研究	章丘市中医医院、章丘市人民医院
		黄芪并川芎嗪注射液治疗糖尿病脑功能减退症及其机制研究	济南市第四人民医院、山东大学齐鲁医院
		固定矫治器对牙龈健康的影响及伴放线放线杆菌的基因多态性研究	济南市口腔医院、山东省医学科学院
		大鼠正畸牙移动过程中龈沟液金属基质蛋白酶的含量表达及意义	济南市中心医院
		颞骨薄层横断层解剖与多层螺旋 CT 图像对照研究	济南市第三人民医院
		四类药物治疗皮肤疾病的循证评价研究	济南市皮肤病防治院
	三等奖（75 项）	（略）	

（郑艺颖　王文锋）

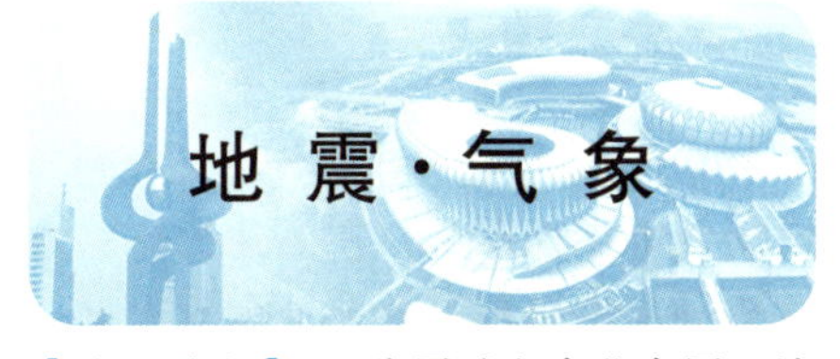

【防震减灾】 1. 防震减灾事业发展环境进一步优化。在全球进入地震活跃期的背景下，就严峻的地震形势和济南市防震减灾实际情况，多次向市委、市政府作专题汇报，并取得支持；召开全市防震减灾工作大会，总结工作、部署任务，市政府印发《关于进一步加强防震减灾工作的意见》，完成《济南市防震减灾条例》的立法调研、文稿起草和意见会签等工作，市政府、市人大先后将《济南市防震减灾条例》纳入 2011 年度立法确保类计划；组织编写《济南市防震减灾“十二五”规划》。

2.“十一五”防震减灾重点项目建设全面完成。在长清大学城选址建设长清地震台，配置测震、强震和地磁、体应变、钻孔应力等监测设施，完成主体工程建设，“十一五”防震减灾重点项目任务全面完成；建设市中、天桥、历下 3 个强震台，实现县（市）区强震台全覆盖；建成济阳、章丘、平阴 3 个地震虚拟台网，使 3 个县（市）共享济南辖区及周边 28 个测震台站监测数据。全市形成由 8 个测震台、11 个强震台、12 个数字化前兆观测站和遍布全市的 128 个宏观观测点组成的地震监测台网，达到有效监测济南市及周边 1.5 级以上地震并实现 5 分钟内速报的能力。

3. 震情监测水平和宏观异常捕捉能力明显提升。坚持 24 小时震情值班和震情会商制度，全年共处置震情及爆破信息 400 余次，开展 60 余次震情会商，组织半年及年度地震趋势会商会，及时编写震情会商报告和预测意见，上报市政府和省地震局；在全省地震观测资料评比中，市地震局信息网络获第一名，测震、地下流体获得二等奖，信息网络在全国评比中获第三名。

4. 城市综合震害防御能力显著增强。以大型住宅小区、棚户区改造、医院、学校、商业设施等民生工程和铁路、公路、桥梁等基础设施建设为执法监控重点，全年共开展执法 200 多次，受理审批项目 100 余项，76 个重大建设项目依法开展地震安全性评价，并按照安评结果抗震设防，安评率达 96% 以上；协同有关部门开展对既有建筑物，特别是学校、医院、棚户区等人员密集场所建筑物的抗震性能鉴定，提出抗震加固防范措施；推进章丘市率先完成县级地震小区划工作，为城镇建设提供防震减灾科学依据；在原有基础上，启动省级农村民居地震安全示范二期工程和 4 个市级地震安全农居示范工程建设，培训农村建筑工匠，提供防震设计图纸，推动示范工作开展；进一步推进地震安全示范社区建设，全市有国家级地震安全示范社区 1 个、省级 6 个、市级 11 个。

5. 地震应急救援体系建设扎实有效。建立了“纵向到底，横向到边”，覆盖各级政府、涉灾部门和基层单位的地震应急预案体系，全市汇编备案520部地震应急预案；全年开展市、县及社区、医院、企业等不同层面的地震应急演练20多次，地震应急演练内容被纳入中小学校安全教育课程，全市中小学校每学期都开展1次地震应急演练；与市发改委、市民政局、市安监局组成联合检查组，开展地震应急检查，查找问题，督促整改；利用公园、广场、绿地、体育场馆、学校操场等新建200余处规模不等的地震应急避难场所，全市累计建设地震应急避难场所700多处；加强地震紧急救援队、志愿者队建设和实战培训，提高专业化水平，并将63支应急救援队、11支地震应急志愿者队伍、3365名专业救援人员、45辆大型机车、286辆应急救援车辆纳入地震应急救援信息数据库统一管理。济南市被授予全省地震应急预案管理信息系统试点城市，3个县（市）区被命名为全省首批地震应急预案管理示范县（市）区，章丘市三涧溪村地震应急示范点经验在全省推广。

6. 社会公众防震减灾意识和自救互救能力明显提高。在防灾减灾日、大地震纪念日、科技活动周期间，市、县两级组织广场宣传、举办防震减灾大型图片展30余次，开展“进社区、进学校、进农村、进企业、进机关”防震减灾宣传教育活动100多次，发放宣传材料10万份；全年建成省级地震科普示范学校11所、市级地震科普示范学校10所，各级示范学校已累计达87所；组织5000多人次参观防震减灾科普教育基地；实现对12322防震减灾热线与12345市民热线对接联动，在玉树地震、周口地震期间，通过热线平息地震谣言、解除市民恐慌、维护了社会稳定。（郑卫国）

【气象概况】 全年共人工增雨防雹作业18次，发射火箭弹1902枚、高炮弹280发，增加降雨13755万吨，增加效益31510万元。基础业务质量稳定提高，其中，24小时晴雨预报准确率（TS评分）89.40%，大雨（雪）以上降水预报准确率23.1%；测报三项错情率0.2‰；高空探测报表无错情；农气错情率0.08‰。在全省业务竞赛中，取得了测报第6名、预报第4名、高空第2名的成绩。加强与科研部门、高等院校的业务联系，邀请上级业务部门和各大院校的学者、专家讲学授课30余次。加强气象科学研究与科技成果的转化与应用，全市申请在研国家重点实验室课题1项，在研省气象局课题2项，发表科技论文18篇，其中核心期刊7篇。济南气象网站改版后新增了业务咨询和气象论坛等互动栏目以及交通气象、实时雨量统计等功能，提高了网上服务能力。（毛晓平）

【提升公共气象服务水平】 突出及时性，满足决策服务需求。对“2·28”暴雪、“4·26”大风、“6·17”雷电大风冰雹以及“8·19”暴雨为代表的强降雨过程，都及时发布重要天气预报与预警信号，为市委、市政府组织抗灾救灾提供准确的决策依据。突出实效性，提高公众服务水平。为“12345市民热线”提供气象信息，《泉城新气象》电视节目改版后，更贴近生活、贴近百姓，在增强权威性和可视性的同时，与市政公用事业局、园林局以及农业、林业等农口部门联合，共同打造公共服务平台。通过手机短信息平台、电子屏幕等发布低温、寒潮、霜冻的重要天气预报57期，高温、雷电、暴雪、道路结冰等气象灾害预警信号60次。制作春运、节假日和中、高考气象服务专报35期。突出针对性，保证专项服务的质量。完成全国双拥模范城会议、全国秋季糖酒会等重大活动气象保障服务。在“三农”服务中，共制作农气旬（月）报48期、土壤墒情监测信息43期、麦收期气象服务专报23期。此外，制作济南公交气象服务专报10期，森林火险等级预报146期，美国白蛾防治服务专报44期，供暖气象服务专报8期。（毛晓平）

【加强防灾减灾和应对气候变化工作】 实施“济南气象灾害预测预警服务系统”项目，推进气象防灾减灾工作。通过市政府应急办下发《关于做好汛期气象灾害预警信号发布工作的通知》，明确有关单位的职责与任务。协调市普法办下发《学习宣传贯彻〈气象灾害防御条例〉的通知》，并将《气象灾害防御条例》列入全市“五五”普法计划。在“3·23”世界气象日、泉城广场、商河县许商大集，业务人员现场讲解气象防灾减灾知识。（毛晓平）

【多方式解决气象服务“最后一公里”问题】 让气象服务进社区、进农村，平阴县建立了347人的气象防灾减灾信息员队伍。在6个县（市）区安装5个气象预警信息发布终端（大喇叭），提高气象预警信息发布的能力与时效。（毛晓平）

【提高气象为交通和“三农”服务能力】 为确保交通气象服务及时准确，与交警等部门联合，在高速公路、立交桥等重要路段共设立6个观测站，实时监测路面温度、能见度、道路结冰等情况。经过调查、论证，在章丘、平阴、商河等县（市）区在大棚内建设3个农业小气候观测站，实时监测棚内温度、湿度、地温和土壤墒情的变化，以便采取相应的管理措施。（毛晓平）

【深化行业管理】 先后与安监、公安等部门联合下发了《加强防雷防静电安全管理的通知》《加强防雷安全检测的通知》等文件。10月18日，《济南市建设项目施工图联合审查办法（试行）》实施，此《办法》的实施将气象防雷第一次正式纳入济南市行政审批服务流程中，推动了联合图审的规范性。济南防雷分中心成立后，配合省局防雷中心，严把防雷图纸设计技术评价和竣工验收服务关，接件率和审核率大大提高。定期对水、气、电以及餐厅、机房等进行安全隐患排查。

（毛晓平）

【济南市科学技术协会】 全市10个县（市）区均建有科协组织，市、县两级科协共有工作人员131人。市科协所属的市级学会、协会、研究会61个（市科协作为业务主管部门的61个），会员22000人；企业科协158个（其中民营企业和新兴经济组织科协117个），会员28943人；全市已建立各级老科协组织2个，其中市级1个，县（市）区级1个。各类农村专业技术协会1178个，会员30万人。

1.服务经济社会发展，开展决策咨询。完成“十二五”规划前期课题研究——“济南市低碳经济发展战略研究”和济南市“十二五”节能规划、循环经济发展规划的编制工作。参与市委2项重大课题调研工作，完成《济南市“十二五”发展战略课题研究报告》《济南构建高端高质高效现代产业体系研究报告》。围绕学科建设和行业发展组织开展4项课题研究（纺织工程学会——《济南服装产业发展战略研究》、地理学会——《济南市未成年人环境道德建设对策研究》、家禽业协会——《济南市家禽业的发展与对策研究》、化学化工学会——《济南市化工行业发展对策研究》）。共组织110位国内外专家学者参与决策咨询和学术交流，在市委《每日信息》《济南政研》刊发《专家学者为济南市打造现代产业体系建言献策》《低碳经济发展趋势与对策》《关于加快我市服装产业发展的几点建议》《我市未成年人环境道德建设的现状及建议》。实施科普惠农兴村计划，4个农技协、2个基地、2个科普带头人获得中国科协表彰。1个县、1个农技协、1个基地、1个科普带头人获省科协表彰，获得奖补资金159万元。12个农技协、5个基地、8个带头人获得市科协表彰，奖励计算机17台。推广科技成果项目150项；举办各类科技培训班592次，培训人数18800多人。建设4家院士专家工作站。成功引进中国工程院院士李圭白、顾国彪领衔的科研团队在市供排水监测中心和济南轨道交通装备有限责任公司建立院士工作站，院士顾国彪被市政府聘为科技发展顾问。在山东朝能福瑞达生物科技有限公司和济南玫德铸造有限公司建立专家工作站。普及技术创新方法，培训科技人员1100余人次。开展“讲、比”活动，62家企业的15297名科技人员参与，评选表彰了十大杰出工程师团队、十佳科技创新项目，优秀科技创新项目150项，采用合理化建议4001条，科技立项979项、产生经济效益30多亿元。济南轻骑获全国“讲、比”活动先进集体。中国重汽的王泽军和济钢集团的陈昌华获全国“讲、比”活动优秀组织者。中国重汽科协、轨道交通科协被评为省十佳企业科协。

2.服务科技创新，开展学术交流。共举办学术研讨会、报告会100余次，参加科技人员7200多人次。第七届济南市青年科学家论坛以“推进济南产业转型升级，打造高端高质高效现代产业体系”为主题，组织山东大学、省科学院、济钢集团等驻济高校、科研院所、企业的专家学者建言献策。“科技大视野——低碳经济学术报告会”邀请英国牛津大学博士赵吉敏做学术交流。举办济南市水利“十二五”专项规划论证会、气象“十二五”专项规划论证会、环境保护“十二五”规划专家论证会、“低碳与纺织品设计”“21世纪试验技术与试验机研讨会”“风电装备发展与未来”“心理健康进社区”等重点学术活动21项。实施飞翔计划，资助济南医学会会员陈昀参加第52届美国血液学会年会。

3.服务全民科学素质提高。举办主题科普活动17次，青少年科技竞赛8次，科普讲座1760场，科普展览51场，编写出版科普读物500册，挂图24000张，积极推动科普示范县（市）区创建工作，市中区、历下区和历城区被中国科协列为2011～2015年度全国科普示范县（市）区创建单位。市中区被中国科协确定为全国“社区科普益民计划”试点单位，章丘市成为全省科学城市创建工作试点城市。历城区将科普工作纳入全区科学发展目标考核体系。新增科普教育基地20个。新建农村科普村村通宣传栏420米。市、县两级农村科普专家服务团专家授课420场，培训农民3.6万人。6个县（市）区电视台播放《科普大篷车》专题片52期。在全国青少年科技创新大赛中获一等奖1项、二等奖10项，6名学生获得保送资格，章丘四中183名学生获得自主招生资格，省实验中学高三学生李维汉因获机器人比赛大奖而获得美国马里兰大学本硕博连读的资格和全额奖学金265万元。在澳大利亚举办的第十二届国际机器人奥林匹克竞赛中夺得2枚金牌、3枚银牌、4枚铜牌。组织“流动科技馆进校园”55次，放映科普电影30场，5.6万名学生参与科技体验活动。实施大学生创新创业行动，举办第八届齐鲁大学生计算机软件及外语大赛、第三届齐鲁大学生服装设计大赛、第二届齐鲁动漫创意大赛、首届齐鲁大学生工业设计大赛、中国济南大学生创业计划和商业创意竞赛等5项赛事，共有76所高校、8100余名学生参加，15家企业全程参与。

4.服务科技工作者，做好高层次人才引进和国际交流。组团赴东京、大阪、首尔举办引才推介会，设立“济南海外（大阪）人才联络处”，与中国驻日韩使领馆和7个社会团体建立了协作关系。建立高层次人才库，已入库登记82人。协调组织来济考察对接、评审答辩、项目签约10批20人次，4名留日创业人员成为济南市第三批引进“百”层次人才和“泉城特聘专家”，1名留日创新人员落户山东大学医学院。广泛开展国际交流，举办“中日水环境技术研讨会”，邀请2名日本水环境问题专家来济交流，对济南市加强水环境保护提出了对策建议。组团参加世界科技城市联盟大会。组织“第八届青年科技奖”“第六届优秀科技工作者”评选工作，表彰青年科技奖70人。加大宣传力度，在济南电视台、《济南日报》等媒体报道科技工作者在服务“转方式、调结构”工作大局中的突出贡献。制作《科技之子》专题片4期，在济南电视台新闻频道播出，其中，《科技之子——金融数学家彭实戈》获济南市第三届党员干部现代远程教育优秀课件三等奖，《热心环保的义务宣讲员》获全市党建电视新闻展播三等奖。举荐优秀科技工作者，市供排水监测中心主任贾瑞宝被评为“全国优秀科技工作者”，济钢集团副总工程师孙卫华成为第二届山东省十大杰出工程师，济南二机床高级工程师王伟被评为第二届山东省优秀工程师。

（施泉玉）

【济南市社会科学界联合会】 济南市社会科学界联合会是以组织开展社会科学理论研究为主要任务的学术性群众团体，是济南市社科类学会、协会、研究会的业务主管部门。主要职责是组织开展理论研究、社科普及、社科评奖和学会管理等工作。市社科联所属学会、协会、研究会共45个，分政治、经济、哲学、文史、法学等5大科类，共有会员约2.7万人。

1. 加强理论研究，积极开展有效的决策服务。为推动社会科学理论与实际的结合，与省会城市经济社会发展实现更好地对接，社科联积极探索建立学术年会制度。召开主题为“关注济南·服务发展”学术年会，分“城市综合体建设与济南城市发展”“低碳生活方式与健康城市发展”2个专题进行。来自省、市社科界的专家学者立足济南发展实际，围绕城市综合体建设与完善济南城市功能，济南发展低碳经济必要性、政府在低碳经济中的重要作用等内容进行了深入探讨和交流。年会期间，还邀请到济南城乡规划编制研究中心有关人员为专家学者介绍了济南市城市规划建设基本情况，增强了理论研究更好地服务社会实践的针对性和有效性。年会共收到《创新城市与城市品位》《顺应城市化发展趋势，加快济南都市化发展》等论文数十篇，提出一系列具有思想性、学术性、独创性的理论观点。在集中办好学术年会的同时，组织开展“推进学习型党组织建设”座谈会、“学习贯彻十七届五中全会精神”理论研讨会、“小清河历史文化与保护开发课题调研”；撰写党建课题《关于建设学习型党组织的几点思考》，获得市直机关优秀调研论文。完成《济南市社会科学普及工作对策研究》《济南城市综合体建设对策研究》等5项社科规划课题，其中3项被评为优秀课题。

2. 提升全民素质，积极打造理论普及公益品牌。创新社科普及周活动形式。社科普及周以“提升人文素养，推动科学发展”为主题，省、市、县三级联动，所属学会、科研院所、驻济高校广泛参与。这次科普周以开幕式和基层社区行两大板块活动为主，开展“关注民生，服务发展”等一系列专题活动。开幕式活动板块包括“构建学习型社会，推动文化强市”主题展、“高端专家话发展”、专家义务咨询服务、图书展览等活动。基层社区活动板块中则充分发挥社科普及示范社区功能优势，组织举办了“社科专家基层行”、文化展演、居民论坛等群众活动，用群众喜闻乐见的形式、通俗易懂的讲解传播社科理论知识。全市共举办现场咨询服务、公益讲座等活动80余项，直接参与人数2万多人次。

提升人文济南讲坛层次。2010年创新讲坛运作模式，在原有高端讲座的基础上开设“名家专场”，邀请中央政治局集体学习主讲人、中国社科院亚太所所长李向阳围绕当前国家经济发展战略作了“转方式、调结构，推动科学发展”主题报告，加深了公众对国内宏观经济形势和国家政策的理解和把握。全年“人文济南讲坛”先后共举办10多场讲座，一批社科专家走出书斋，到干部群众中去，深入浅出地讲解党的理论和政策，宣传市委市政府的战略部署。参与人文济南活动的公众越来越多，层次和影响力有了提升，逐步成为济南新的文化品牌和社科普及的新阵地。

3. 强化规范管理，推进学会健康发展。不断加强与学会的协调沟通，坚持寓管理于服务，以服务促发展，主要完成3方面的工作：①加强社团规范化建设。严格程序，完成了10个直属学会年检工作，协助有关部门完成了社团“小金库”检查。按照有关法规和制度，审批新成立济南舜文化研究会，注销1家学会，指导统计、教育、传统文化3个学会换届。②加强社团党建工作。根据全市社会组织党建工作的总体要求和部署，8月成立学会党支部，不断扩大党组织覆盖面和工作覆盖面，学会组织建设有了新发展。③举办学会（社团）负责人培训班。通过专题报告、典型发言、经验交流和考察研究等形式，研讨新形势下学会规范化管理和建设规律，促进学会规范化管理建设上新水平。全年各学会组织各种类型的研讨会、座谈会、学术报告会50余场次，完成各类课题20多项，在全国大中城市社科联会议中，济南市税务学会被评为全国标兵学会，市图书馆学会、市教育学会、市城市经济研究会、市卫生经济学会4家学会被评为全国先进学会。

4. 注重完善评奖机制，推选出了一批优秀成果。年内进行的济南市第25次社科优秀成果奖评选，共收到参评成果137项。经过初评和终评，最终评选出优秀成果80项。其中一等奖8项，二等奖22项，三等奖50项。这次评奖进一步完善了评奖机制。①修改《评选办法》。结合济南实际，借鉴山东省的经验做法，对原评奖办法进行了修改，已由市委、市政府办公厅联合下发。②提高奖励标准。新《评选办法》大幅提高获奖成果的奖励标准，其中一等奖专著10000元，论文5000元；二等奖专著5000元，论

济南市第二十五次社会科学优秀成果奖获奖成果

获奖等级	作品	作者	
一等奖（8 项）	《内需主导型经济发展战略问题研究》	济南市委党校	孔祥敏
	《金融危机背景下新能源产业的扶持政策研究》	济南市委党校	吴学军
	《铁骑冲破万重关——中国重汽集团科学发展之路》	济南社科院	韩圣喜
	《公司治理中的伦理治理研究》	济南大学	马　力
	《承接服务业国际转移加快发展现代服务业研究》	济南市委党校	翟芳玲
	《工人阶级历史主动性的制约因素与中国工会的历史使命》	济南市委党校	张吉清
	《以科学发展观为指导，提升改革开放新境界》	济南市委党校	宋玉国
	《< 统计评价学 > 基本框架体系研究》	济南大学	朱孔来
二等奖（22 项）	《家庭、社会与购买力》	济南供电公司	崔健伟
	《后现代主义认识论批判研究》	济南大学	杜以芬
	《成功走向职场——职业发展与就业指导》	济南职业学院	杨明　高静
	《加快济南省会城市群经济圈建设研究》	济南市委党校	冯　雷
	《论中国现代自由体诗与西方现代文化之关系》	济南大学	李　雁
	《提升国家文化软实力的四个层面》	济南市委党校	王旭玲　蔡建波
	《论中国特色社会主义理论对民主实现形式的创新和发展》	济南大学	夏晓丽
	《公共产品识别：基于本源属性还是现实属性》	济南市经济学会	马恩涛
	《继续解放思想的现实切入点：科学发展与社会和谐》	济南市委党校	刘晓钟
	《走向复合式治理——济南城市化进程中的社区治理新趋势》	济南大学	马兆明
	《报业集团发展新媒体的几点思考》	济南日报	周长凤
	《马克思的自然力与生产力内在关联性研究》	济南大学	温莲香
	《文化外交及其在当代对外关系中的独特价值》	济南市外办	李　敏
	《行为金融理论视角下的投资者行为分析》	济南大学	冯素玲
	《老年人社区照顾的本土化实践及反思》	济南大学	李宗华　李伟峰
	《大力加强财源建设努力提高财政保障能力》	济南市财政局	王　毅
	《济南文化创意产业发展路径分析》	济南大学	张振鹏　王　玲
	《神话·民族志·自传》	济南大学	王　卓
	《以改革创新精神加强和改进新形势下理论武装工作》	济南市委政研室	林博斌
	《济南企业自主创新能力及其制约因素分析》	济南社科院	马黎明
	《科学发展观与马克思学派社会经济分析大思路》	济南社科院	崔　巍
	《科学发展观视野下高校学报编辑部的建设与发展》	济南职业学院	汝艳红
三等奖（50 项）	（略）		

（苑　红）

文3000元；三等奖专著3000元，论文1500元。奖励标准的提高对济南市社科事业的发展起到一定的引领和示范作用。③在评奖程序上，进行相应的调整，充实评委。本次评选主要从市理论人才库、市社科专家咨询团、高校科研院所以及实际工作部门的专家和领导中遴选评委，扩大参与的覆盖面提升评委的层次。评委实行轮换制，除主任委员、副主任委员因评奖组织工作需要外，初评委不再担任终评委。各评审小组相互隔离、独立评审，减少非公正因素，确保评奖结果的公平。（苑　红）

【济南社会科学院】济南社会科学院内设发展研究中心、经济研究所、社会问题研究所、文史哲研究所4个专业研究机构。科研人员26人，高级职称专业技术人员13人，享受国务院特殊津贴专家1人，市级专业技术拔尖人才3人，市级青年学术带头人2人。

1. 在科研方面，实施重大课题带动战略，形成重大课题、重点课题、一般课题齐头并进的科研发展新格局，坚持“立足济南、研究济南、宣传济南、服务济南”的工作定位，以科研为中心，以改革为动力，以人才为支撑，以科研品牌为依托的办院方针。为了更好地实践这一方针，市社科院确定实施重大课题带动战略，围绕全市中心工作精选几个重大课题，实行联合攻关，打造精品，以重大课题研究带动全院科研整体水平的提高，形成重大课题、重点课题、一般课题齐头并进、交相辉映的应用对策研究格局。在全国社科院联席会被评为“全国优秀城市社科院”。

紧紧围绕市委、市政府中心工作，认真开展重大课题研究。①经过深入调研，缜密论证，确定《济南市“十二五”文化产业发展规划》（市委宣传部委托课题）《济南筹办第十届中国艺术节研究》《济南区域性金融中心建设与金融创新发展研究》《济南历史文化研究丛书之一：济水与济南》等4项重大课题。为将这4项重大课题落到实处，加强组织领导，实行院长牵头负责制，每位院领导领衔1个重大课题；制定《院重大课题激励办法》，对重大课题实行重点扶持资助；加大调研力度，先后到深圳、杭州、南京、西安、成都、长沙等先进城市学习经验，积极争取省、市20多家金融管理部门和金融机构关于区域性金融创新发展的意见，深入县市区、企业、园区调研，获取第一手资料。②以济南经济社会发展中的重大问题为主攻方向，科学设置院重点课题14项，其中重点课题6项、一般课题8项，涵盖了经济、政治、文化、社会、民生等方面亟待破解的难题。高质量完成省、市社科规划课题。完成省社科规划课题3项、市社科规划课题6项、市软科学课题2项。③基础理论研究课题扎实推进，成果显著。全年全院科研人员共出版《齐地历史与济南文化》等专著4部，在省级以上刊物发表论文51篇、内刊30余篇；获得省社科优秀成果奖三等奖1项，市社科优秀成果奖一、二、三等奖各1项，市软科学优秀成果二等奖1项。

2. 科研组织工作，围绕中心服务大局，充分发挥智库作用，发挥为市委、市政府决策服务和全市文明建设服务“智囊团”“思想库”的作用，组织科研人员通过多种渠道、多种形式，为社会科学发展和全市中心工作建言献策献计出力。6月和11月，与市委宣传部、市委党校、市社科联、济南大学联合主办“城市综合体建设与济南城市发展”研讨会，重点从如何建设城市综合体完善城市发展规划功能等方面进行了深入研讨。承办“低碳经济与健康城市发展”研讨会，为济南城市综合体建设、低碳城市发展提出了一系列具有理论创新意义和实践应用价值的观点和建议。7月，牵头成立了“济南市舜文化研究会”，推进济南市舜文化研究。10月，协办“中国近现代城市开放——周馥与济南自开商埠后的城市发展”国际学术研讨会，为城市转型发展进务实之言。

支持科研人员参加高层次论坛或研讨会，扩大学术交流。全年科研人员参加各层次学术交流达41人次，其中《全面理解把握中国特色社会主义的科学内涵和基本特征》《不断深化对中国特色社会主义文化发展地位作用的认识》两篇论文在省科学社会主义学会、省政治学研究会年会上分别为大会发言和书面交流材料。

支持科研人员参与部门调研活动，以其研究成果为市领导提供决策服务。《新形势下社会福利机构服务模式探索——济南社会福利院调研报告》《济南建设健康城市研究》2篇调研报告，得到市委、市政府领导的肯定性批示，并转发给相关部门。参加市委研究室组织的“加快构建城乡统筹发展新格局”“发展现代都市农业”调研，完成的研究报告分别在《中国新农村·内参》和《济南日报》发表。作为市人才工作领导小组成员之一，积极参与济南市中长期人才发展规划、专业技术人才中长期发展规划、社科理论人才中长期发展规划的编制工作，完成了相关章节的撰写任务。

积极承担部门委托重大课题。受市政协委托，主持省政协重大文化工程——《山东区域文化通览·济南卷》的编纂工作。受章丘市委托，进行《中国暨章丘芹菜文化》研究课题，为鲍芹商标顺利通过中国地理环境标志作出了贡献。

3. 科研管理工作，加强对所属的科研所规范化管理，使科研管理组织健全、制度完备、功能到位。加强与各科研所的沟通与联系，积极组织研究人员做好各级课题的申报工作，结合当前形势从现实出发有针对性地指导选题，协调关系争取立项，监督跟踪课题质量，保质保量地完成课题。通过举办理论研讨、社会调查、学习交流等重点工作逐步培育科研人员的理论创新能力。（梁永贤）

责任编校　王　洋

文化

文化事业综述

【概况】2010 年是济南市文化广电新闻出版局开局之年。面对三局合一后的新形势、新任务、新挑战，市文广新系统广大干部职工以市委、市政府提出的“转方式，调结构，促增长，惠民生，保稳定”的各项工作为总要求，以全国首届非物质文化遗产博览会和第十届中国艺术节在济南举办为契机，进一步解放思想，提升境界，凝聚力量，迎难而上，努力在新起点保持新状态，以新境界履行新责任，用新作为推动新发展，以新形象展现新风貌，圆满完成各项工作任务，推动了济南市文化广电新闻出版事业的发展。

1. 迅速实现三局合一后机关工作的大融合。1 月 23 日，济南市文化广电新闻出版局正式挂牌成立。三局合一后，全局面临机构、编制、人员、工作等方面的重新调整融合，既要完成原文化、广电、新闻出版、文物保护等繁重的工作，又要完成举办首届中国非物质文化遗产博览会、启动筹备“十艺节”等重大任务，任务非常艰巨。面对困难和问题，提出“思想不松劲、工作不断线、标准不降低、效能不弱化”的要求，夯实打牢了工作基础。“三定方案”确定后，根据工作实际，重新确定局领导职责分工，制定机关处室配备原则和方案，调整充实工作人员，在短时间内实现机构、人员、工作等各方面的大融合，不仅圆满完成了各项业务工作，而且举办首届非遗博览会、正式启动“十艺节”筹备等工作，经受住了严峻考验，向市委、市政府和全市人民交上了一份合格的答卷。

2. 成功举办首届中国非遗博览会。由文化部、山东省政府联合主办，文化部非物质文化遗产司、中国非物质文化遗产保护中心、济南市政府与山东省文化厅共同承办的首届中国非物质文化遗产博览会于 10 月 15 日至 18 日举办。中共中央政治局委员、国务委员刘延东发来贺信。省委书记、省人大常委会主任姜异康，省委副书记、省长姜大明致信祝贺。第十届全国人大常委会副委员长热地宣布博览会开幕。本届博览会以“保护传承、合理利用”为主题，精心组织策划了开幕式、博览展示、交易签约、项目展演、高层论坛、非遗进校园、闭幕式等七大主题活动，呈现出“保护与生产相结合、展示与交易相结合、博览与展演相结合”三大特色及四大亮点：①展会规模大，参展项目多。博览会共吸引全国各省（市、区）、新疆建设兵团、港澳台地区和省内各市组团参展，共有参展项目 622 个，其中国家级 408 项，省级 214 项，国家级传承人 193 人，省级传承人 84 人。以传统美术、传统手工技艺、传统饮食医药等领域为重点，涵盖了多个非遗门类品种。②交易踊跃，洽谈成交额大。博览会现场交易火爆，大多数非遗产品全部售罄。非遗产品销售总额累计 1196 万元，现场签约多达 2.25 亿元。据统计，博览会期间共达成合作意向签约项目 505 个，协议签约总额达 432 亿元。③活动内容丰富，创新设立奖项。博览会期间，全国 28 个优秀非遗剧（节）目在 8 个剧场展演 18 场，广西彩调《刘三姐》、河北梆子《钟馗》、安徽黄梅戏《女驸马》、河南优秀非遗曲艺专场等全国不同地区、不同民族风情的精彩演出让泉城市民大饱眼福。举办非遗高层论坛，邀请 6 名国内知名专家进行深入研讨。开展主题鲜明、特色突出的非遗进校园展示活动。首次设立全国非遗展会奖项，评选出博览会“展品奖”金奖 37 名，银奖 84 名，铜奖 69 名。④社会影响广泛，群众受益。博览会受到社会各界的广泛关注，群众参与热情高涨，展会现场气氛热烈。据不完全统计，累计观众达 65 万多人次，220 家新闻媒体、780 多名记者参与报道，共刊发播报各类报道近 10.06 万条。各项主题活动的举办营造出一届隆重热烈、特色鲜明、平安吉祥、惠及大众的文化艺术盛会。

3. “十艺节”相关筹备工作全面启动。第十届中国艺术节将于 2013 年在济南举办。为此，组织了相关人员赴广州考察学习“九艺节”筹办情况，实地参观其设施建设和运营情况，听取其筹办的经验介绍，观摩重点剧目和开幕式演出。就筹备情况向市政府常务会议和市领导作了专题汇报。7 月 23 日，市政府召开“十艺节”济南筹委会第一次全体大会，宣布筹委会和场馆建设领导小组人员名单，通过《第十届中国艺术节济南市总体方案（讨论稿）》。提出“十艺节”期间艺术创作生产专项资金设立议案，起草《济南市艺术创作生产专项资金使用与管理暂行办法》（征求意见稿），拟定艺术创作和群众文化创作生产规划，确定总体目标，各类艺术创作取得阶段性成果。10 月 22 日，包括“三馆”建设在内的省会文化艺术中心工程正式开工。

4. 公共文化服务体系建设稳步推进。确定《十二五文化发展规划》，配合完成《济南市文化设施专项规划》。全市信息资源共享工程进展顺利。10 个县（市）区中 9 个基本建有文化馆，8 个基本建有图书馆，部分县（市）区正积极筹建图书馆和文化馆新馆。乡镇综合文化站建设“以奖代补”承诺全部兑现。市政府常务会议通过基层公共文化设施建设“以奖代补”优惠政策，通过“以奖代补”方式支持县级以下公共文化设施建设。组织召开全市农家书屋工程建设工作会议，承担的 1800 家农家书屋建设任务基本完成，为农家书屋购置图书 763 种、185.5 万册，音像制品 800 种、14.48 万盘（盒），订购全年期刊 4.3 万册，报纸 9.36 万份，定制农家书屋标志牌 1800 块、制度牌 5400 块。全市基本建成农家书屋 3400 家，占全市建设总数的 74%，天桥区、市中区、槐荫区、历下区、高新区提前完成农家书屋建设任务。积极开展非物质文化遗产保护利用工作，市群众艺术馆、市非物质文化遗产保护中心多次组织“非物质文化遗产进校园”、济南市非物质文化遗产公益讲座、济南市非物质文化遗产知识竞赛等活动。组织包括济南剪纸、面塑、皮影、鲁绣等非遗项目公益传习班，社会各界市民 300 余名参加免费培训。公布济南市三批市级非物质文化遗产项目 49 项。

5. 文化服务能力进一步提升。①艺术创作生产成绩显著。围绕迎办“十艺节”，先后召开艺术创作生产工作会及院团长会议、剧（节）目创作研讨会，组织创演魔术主题晚会《粉墨·魔影》、幽默杂技剧《畅游》、文化旅游剧《明湖曲韵》、话剧《画皮》等剧（节）目。完成 10 台剧（节）目创作生产立项审核工作，确定重点加工提升儿童剧《我和我的影子》、京剧《辛弃疾》、京剧意象杂技剧《粉墨》、吕剧《阳光大姐》、曲艺剧《泉城人家》等 6 台剧目。启动小话剧剧场演出，累计演出 20 场，收入约 7 万元；明湖居演出 218 场，观众近 2 万人，收入 65 万余元。组织文艺院团进农村、社区文艺演出 200 余场。艺术创作生产获省级以上奖项 59 项，国家级以上 20 项。其中，济南艺术创作研究院在中国戏剧文学学会主办的首届全国戏剧文化奖（第七届中国戏剧文学奖）评选中获大型剧本、小型剧本和戏剧论文奖等 11 项奖项，获奖数量居全国前列；杂技剧《粉墨》、儿童剧《我和我的影子》、吕剧《龙泉梦》等 6 部作品入选济南市第八届精神文明建设“文艺精品工程”奖；市曲艺团 1 人获第七届中国曲艺“牡丹奖”。②品牌文化活动影响广泛。“泉城大舞台”系列文艺演出活动做到“天天有曲艺，周周有杂技”。市歌舞剧院驱车数千公里赴陕西、青海演出，拓展演出市场；市杂技团《粉墨》演出近 500 场，观众 35 万人；市京剧院“京剧艺术进高校”“京剧艺术进校园”活动深受好评；市吕剧院、市儿童艺术剧院外地演出市场不断拓展。艺术院团完成演出近 2000 场，收入 800 多万元，观众 80 余万人次。市图书馆接待读者 80 万人次，外借文献 65 万册次，举办活动 125 次 10 万余人参加。市群众艺术馆开展的“新市民、新课堂”公益培训活动，开设 15 个艺术门类的 38 个班次，培训学员 1500 余名。济南画院参加省级以上美展 20 余人次，为部队、灾区等捐画 200 余幅。济南美术馆、市博物馆、市文物店等举办展览 70 余场，观众 16 万余人次。组织举办“首届齐鲁民间艺术展演”“第九届济南市花灯艺术大赛”“新春乐泉城民族音乐会”“首届济南少儿机器人大奖赛”“泉城戏曲票友演唱会”“济南市少儿书画摄影展览”“公共文化走进新农村”“书韵泉城·2010 年济南市换书节”“齐鲁动漫博览会”“迎非遗博览会、展齐鲁文化魅力”主题广场文化“四个一百”工程创建等活动 5000 余场次，为首届非遗产博览会的举办营造了喜庆的社会氛围。③圆满完成重大文艺演出任务。组织协调市属艺术院团完成 赴上海世博会山东演出周的文艺演出、济南市高层次人才迎春茶话会文艺演出、济南市各界人士迎春茶话会文艺演出、省纪委理论中心组读书会文艺演出、第七届中国公民道德论坛文艺演出、第三届山东文化产业博览会文艺演出、全省转方式调结构现场观摩会文艺演出、鲁台经贸文化交流周暨 2010 山东台湾名品博览会文艺演出、中国山东第六届海内外高端人才交流暨技术项目洽谈会文艺演出等重大文艺演出任务。组织的第七届中国国际园林花卉博览会开、闭幕式演出精彩成功，被评为先进集体。获“谁不说俺家乡好”山东地方文艺电视大赛优秀组织奖。

6. 文化体制改革取得实质进展。局属院团转企改制稳步推进，济南市杂技团有限责任公司被授予全省文化体制改革和文化产业发展先进单位。推动鲁商集团、济南日报报业集团、济南市曲艺团共同出资组建“济南明湖居演艺有限公司”。市影剧公司所属 6 家影剧院事改企相关工作顺利进行，确定“明确事业单位性质，同时改为企业”的工作思路。

7. 对外文化交流不断增强。完成《中国对外文化交流年鉴》（2010）和《对港澳台文化交流年鉴》（2010）组稿及《对台文化交流情况汇报》工作。做好对外及对港澳台地区文化交流团组的审核及申报工作。开展多层次、多形式、多渠道的对外及对港澳台文化交流活动，先后组团赴日本、西班牙、葡萄牙、法国、捷克等国以及香港等地区进行文化艺术交流演出，增强双方互信与了解，扩大了共识，提升了济南知名度和影响力。

（王勇慧）

【济南市文化广电新闻出版局正式挂牌成立】 1 月 23 日，根据市委、市政府关于政府机构改革的统一部署，济南市文化广电新闻出版局正式挂牌成立，与其合署办公的市文化市场综合行政执法局同时挂牌。（王勇慧）

【文化市场管理】 全年共批准新设连锁网吧 54 家、游艺娱乐场所 15 家、歌舞娱乐场所 37 家、营业性演出团体 17 家；受理变更经营事项的网吧 68 家、游艺娱乐场所 8 家、歌舞娱乐场所 1 家；向省文化厅转报营业性演出请示 4 项。截至年底，全市共有文化经营单位 1440 家，其中歌舞娱乐场 147 家、游艺娱乐场所 82 家、互联网上网服务营业场所 1146 家（其中连锁网吧 388 家）、营业性演出团体 65 家。（闫笑笑）

【文化市场年审及统计】 完成全市 1538 家文化经营单位的年审换证和登记备案工作，并取消 33 家不合格或无场所单位的经营资格；对 1670 家文化市场经营单位基本情况进行统计，据统计，2010 年度全市文化市场从业人员共 9849 人、资产总计 11.31 亿元、营业总收入 5.73 亿元，营业利润和利润总额分别达 2.29 亿元和 1.36 亿元。（闫笑笑）

【文化产业进一步繁荣】 完成 2009 年和 2010 年 1~3 季度文化产业统计网上直报工作；开展 2010 年全市文化产业项目及重点项目季报工作，报送重点项目 92 个，投资总额 210.44 亿元，融资总额近 74 亿元，在全省 17 市中名列前茅；推荐济南海水科技有限公司申报认定国家动漫企业；推荐的山东世纪金榜书业有限公司入选山东文化企业 10 强；组织 17 个文化产业项目申报文化产业发展资金；评选表彰出全市文化产业示范单位、全市“十佳”文化企业、全市文化产业先进工作者、全市文化产业统计工作先进个人；开展对接济南大学服务济南行动计划相关工作。（柏　振）

【济南市文化企业受到省委、省政府表彰】 7 月 27 日，全省文化体制改革和文化产业振兴大会召开，由市文化广电新闻出版局推荐的山东世纪金榜书业有限公司被评为 “全省文化企业十强”；济南市杂技团有限公司被评为山东文化体制改革和文化产业发展先进单位。（柏　振）

【济南市杂技团有限责任公司等 8 家企业受到市委、市政府表彰】 11 月 26 日，济南市召开全市文化产业发展大会，由市文化广电新闻出版局推荐的济南市杂技团有限责任公司、山东世纪金榜书业有限公司、山东海澜天韵集团有限公司、山东星火国际传媒集团有限公司、东港安全印刷股份有限公司、济南出版有限责任公司、山东银座文化产业发展有限公司、山东鲁信文化传媒投资有限公司等 8 家企业被评为“济南市二十佳文化企业”，受到市委、市政府的表彰。（柏　振）

【济南海水科技有限公司被正式认定为国家动漫企业】 12 月 26 日，文化部、财政部、国家税务总局联合下发通知，公布通过认定的动漫企业名单，济南海水科技有限公司被正式认定为国家动漫企业。（柏　振）

【评选表彰文化产业示范单位、文化产业发展先进单位】 市文广新局积极开展“争先树优”活动，运用激励机制调动全市文化企业发展文化产业的积极性。经过认真评定，共评出济南市英雄山人防商城等 8 家企业为文化产业示范单位和山东齐鲁动漫基地有限公司等 10 家企业为文化产业发展先进单位。（柏　振）

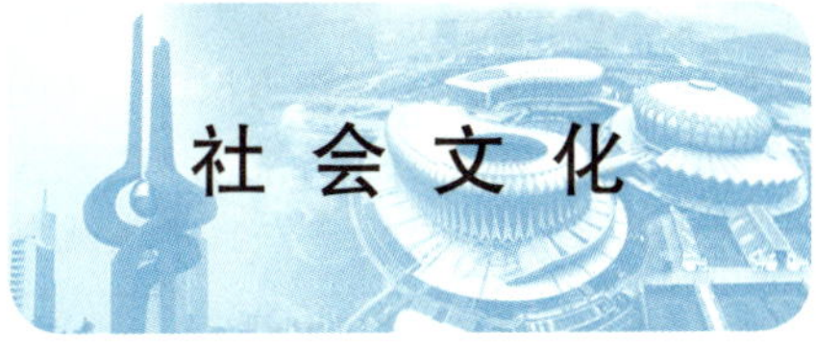

【欢庆新春——首届齐鲁民间艺术展演】 春节期间，市文广新局与第七届中国（国际）园林花卉博览会组委会等共同在园博园主办“欢庆新春——首届齐鲁民间艺术展演”。来自济南 10 县（市）区的 40 支演出队伍、1500 余个名民间艺人以精湛的艺术技巧和饱满的精神状态，向广大泉城市民和众多外地游客奉献了 4 台精彩纷呈的民俗艺术演出，展现了泉城人民奋发有为、昂扬向上精神风貌，营造了新春佳节欢快喜庆、吉祥和谐的文化氛围。（于涟涟）

【第九届济南市花灯艺术大赛】 元宵期间，市文广新局与山东商报共同主办第九届济南市花灯艺术大赛，数千支制作精美、造型别致的花灯（灯组），为广大群众增添了浓厚的节日氛围。（于涟涟）

【新春乐——泉城民族音乐会】 1 月 30 日，市文广新局与山东省文化厅联合主办的“新春乐——泉城民族音乐会”在铁路文化宫成功举办。音乐会以济南民族管弦乐团为基本阵容，综合了专业及业余优秀演职人员，集中展示了群众文化活动的阵容和水平。（于涟涟）

【济南市首届少儿机器人大奖赛】 2 月 6 日，市文广新局举办济南市首届少儿机器人大奖赛。大赛设有 6 个项目，20 个队获金牌，33 个队获银牌，50 个队获铜牌，参赛选手的年龄从 5 岁到 16 岁。（于涟涟）

【公益演出进农村、社区】 2 月，市文广新局组织市属艺术院团优秀演职员赴平阴县平阴镇参加全市“文化科技卫生”三下乡集中日活动。全年共组织市属 6 家艺术院团、济南市豫剧团、章丘市文工团积极开展公益演出进社区、进农村活动，完成 350 余场，观众近 100 万人次。（魏洪强）

【“书韵泉城 · 2010 年济南换书节”活动】 4 月 10 日，市图书馆组织举办“书韵泉城 · 2010 年济南换书节”活动，吸引 3000 余名读者参加，交换图书码洋 5 万余元。（于涟涟）

【济南市第三届赏石博览会】 4 月 17~26 日，市文广新局与济南赏石协会成功举办济南市第三届赏石博览会，来自全国的赏石专家，广大石友和石商齐聚泉城，为省城广大市民和赏石爱好者提供一次难得的观摩、交流、收藏的机会。（于涟涟）

【“重汽杯”济南市第四届“读书人”摄影作品展暨颁奖仪式】 4 月 22 日，市图书馆举行“重汽杯”济南市第四届“读书人”摄影作品展暨颁奖仪式。此次活动共收到省内外摄影作品700余幅，评出一、二、三等奖、优秀奖和入选作品63幅。（于涟涟）

【“泉城之春”戏曲票友演唱会系列演出活动】 4月至12月，市群众艺术馆举办“泉城之春”戏曲票友演唱会系列演出活动。该馆“群星艺术团”京剧票友队、吕剧票友队每周五与泉城戏迷票友在趵突泉公园白雪楼演出，全年累计演出近50场，观众累计近2万人次。

（于涟涟）

【济南市第三批非物质文化遗产项目专家论证会】 5月，组织召开济南市第三批非物质文化遗产项目专家论证会。由省、市专家学者组成的评审团对济南各县（市）区的87个非物质文化遗产项目进行评审和论证，项目内容涉及音乐、戏曲、舞蹈、工艺美术、文学、民间艺术、民俗等多种门类及多重领域。经过专家评审，确定49项作为第三批市级非物质文化遗产推荐项目名录。（于涟涟）

【山东快书《肉夹馍》获少儿才艺大赛金奖】 5月，市文广新局推荐、市曲艺团指导的少年群口山东快书《肉夹馍》，在中央电视台举办的少儿才艺大赛中获金奖。（于涟涟）

【市文广新局开展“四个一百”工程创建活动】 5月下旬，组织开展“四个一百”工程创建活动，即：各县（市）区组织100场非物质文化遗产的展示及文艺演出、组织100场电影放映、组织100场公益辅导讲座、组织100位书画家进社区、广场开展活动。活动累计各类文化活动5000余场次，用艺术的形式向群众展示近年来在两个文明的建设中涌现出的新人、新事、新面貌和社会发展中取得的重大成就，展示非物质文化遗产保护成果。（于涟涟）

【济南市青少年才艺大赛】 6月5～30日，与济南市关心下一代工作委员会共同举办济南市青少年才艺大赛。参赛项目包括声乐、舞蹈、器乐、表演、书法、摄影六类。大赛有近千名青少年参加，进一步推动了社会文化事业及青少年艺术教育和素质教育的发展，提高泉城青少年的文化艺术修养。（于涟涟）

【“迎非遗博览会”非物质文化遗产知识竞赛】 7月22日，为迎接首届中国非物质遗传博览会在济召开，宣传非物质文化遗产知识，市文广新局与济南日报联合举办“迎非遗博览会”非物质文化遗产知识竞赛，有2000多人参与。9月17日，举行了非遗知识竞赛抽奖仪式，有40多名参与者获得奖项。（于涟涟）

【“迎非遗博览会”济南市民俗文化展演】 9月12日，为配合首届中国非物质文化遗产博览会的召开，在泉城广场举办了“迎非遗博览会”济南市民俗文化展演。来自全市的120个民俗文化项目和“非遗”项目、150余位民俗艺术家及非遗传承人参加了活动，他们以现场表演、现场制作、现场展示等形式，充分宣传了非物质文化遗产及民俗文化艺术。（于涟涟）

【推荐传统技艺大师】 9月，根据《关于开展首批山东省传统技艺大师评选工作的通知》的要求，积极组织传统技艺大师的评审、推荐工作。推荐传统技艺大师16人。（于涟涟）

【第三批市级非物质文化遗产推荐项目名录公布】 10月19日，《济南市人民政府市政府关于公布第三批市级非物质文化遗产名录的通知》公布，批准第三批市级非物质文化遗产推荐项目名录49项。至此，济南市三批市级非物质文化遗产项目达141项。（于涟涟）

【参加山东省第二届农村文化艺术节】 12月，组织各县市区报送节目参加山东省第二届农村文化艺术节，获得优秀组织奖、一等奖三个、二等奖三个、三等奖八个、优秀奖四个。（于涟涟）

【第二届“济南京剧十大名票”评选】 11月25日，市群众艺术馆组织举办第二届“济南京剧十大名票”评选活动。12月29日在北洋大戏院举办颁奖演出现场揭晓“十大名票”“十佳名票”称号及“最佳扮相”“最佳表演”奖。

（于涟涟）

【RFID（阿法迪）图书馆智能管理系统落户济南市图书馆】 11月，RFID（阿法迪）无线射频识别技术即远望谷RFID（阿法迪）图书馆智能管理系统落户市图书馆。标志着市图书馆在通往智能化、现代化图书馆的道路上迈出了坚实、可喜的一步。（于涟涟）

【“新市民·新课堂”公益性（免费）艺术辅导培训活动】 市群众艺术馆组织开展“新市民·新课堂”公益性（免费）艺术辅导培训活动。开设声乐、舞蹈、表演、器乐、美术、书法、非物质文化遗产传习及化妆等8大培训门类，30个小项课程。全年分两期，60余个班次，1400余人参加培训，受到了市民的欢迎和社会赞誉。（于涟涟）

文学艺术

【概况】 1. 围绕中心、服务大局，精心组织开展一系列有声有势有特色的主题文艺活动，努力营造良好文化氛围。①围绕“抗震救灾”活动，组织开展“情系灾区、奉献爱心”大型书画创作笔会3次，累计捐款11万多元，捐赠书画作品300多幅，创作文学作品20多篇，充分体现了广大文艺工作者高度的社会责任感和历史使命感。②围绕全市中心工作，组织举办赵梅笛钢琴独奏音乐会和钢琴组曲《泉》研讨会，“翰墨泉城”春、秋两季书画名家大展，“齐鲁情——书法名家书历代名人咏泰山”作品展，第七届中国公民道德论坛书法展，首届中国非遗博览会文艺创作精品展，“中华民族复兴赋——各民族书法作品展”，“纪念辛弃疾诞辰870周年朗诵会”，杨炳云书法作品展，汉方陶艺老济南展，“英雄山文化市场杯”书画名家展，京剧剧本《老残游记》、散文集《书法之美》研讨会，“丹青颂清廉”和“庆三八”书画笔会以及“唱响中国”系列主题活动等等，均产生良好社会反响。③组织开展惠民文艺活动，深入乡村、社区、厂矿、企业、部队和学校开展“书画进万家”“民俗艺术”进社区、“艺术讲坛”进高校、“艺术进厂矿”“走进民政关注民生”“文艺家进校园”“文艺家走进长清”等一系列文化活动。④承办第三届山东国际大众艺术节，组织开展一系列丰富多彩、颇具特色的群众文化活动，深受社会各界好评。围绕加强文艺阵地建设，建立济南市少年文学创作基地、济南市书法教育基地、济南市民俗文化活动基地、济南市民俗文化教育基地、济南首家陶艺文化教育基地、长岛基地等10多个基地，相继成立济南市楹联艺术家协会、济南文艺评论家协会、济南市美协油画水粉画艺委会、济南市音协古筝艺委会、海右印社，拓展了文艺活动阵地，丰富了文艺活动内容，提升了文联形象。⑥与舜网联合开通“泉城文艺网”，并注重发挥《当代小说》《济南文联》阵地作用，宣传文艺政策，推介文艺精品，交流文艺信息，培养文艺新人，活跃文艺评论。⑦围绕对外文化交流，组织接待韩国水原书法交流访问团，成功主办第八届中韩书法交流展，组织中韩书画家开展社会考察、文化研讨、公益笔会等活动。同时，还接待韩国大邱文化交流访问团，达成新的交流合作意向，拓宽了宣传中华文化、齐鲁文化、泉城文化“走出去”的渠道。⑧围绕强化职能发挥作用，结合文艺之家建设和基层组织建设广泛开展调研活动。市文联主席邹卫平带领机关干部先后深入到10个县(市)区文联进行调研，全面了解和掌握基层情况，并形成了为迎接“十艺节”加强文化基础设施建设和关于筹建“泉城文艺之家”的专题报告。

各文艺家协会积极组织开展各类文艺展评演活动。如：市作协的“书架进校园”“中秋之夜”诗会及文学作品研讨会；市美协的首届创作研修班、顾问作品展及成立30周年会员作品展；市书协的“书法家进万家”和“首届济南书法篆刻临摹展”及“书法家走进百年制锦市”慈善捐赠活动；市摄协的“魅力泉城”作品大赛；市音协的大型音乐会、演唱会和歌曲进校园以及“首届钢琴文化展演”；市舞协的“社区大联欢”“青少年舞蹈比赛”及“中老年舞蹈大赛”；市剧协的“校园科普剧本”评选、“济南青少年艺术周”及“亲子剧节”活动；市曲协的《明湖曲韵》系列专场、《齐风鲁韵》精品曲艺专场及“文明风尚进社区”公益演出；市视协的《名士济南》拍摄制作；市民协的民俗艺术进社区、进校园和民俗艺术展示活动；市杂协的《粉墨2》系列专场展演；市楹联协会的“楹联润园林”活动和“首届济南市楹联书法作品展”等活动，均产生良好的社会反响。各基层文联结合自身实际，积极开展具有地方特色的文艺活动。如：历城区文联的“相约幸福柳”广场文艺晚会和“省城后花园”旅游摄影大赛及“廉政文化”书画摄影展；章丘市文联的“李清照文化周”和“中国书法家”走进章丘文艺采风及“迎新春”书画展；平阴县文联召开四次县文代会，举办电视连续剧《玫瑰园里的老少爷们儿》研讨会、“喜迎中国玫瑰艺术节·展玫乡风采”书画展览拍卖活动；历下区文联的“两花一柳”系列歌曲传唱和历下欢歌”广场演出及“历下踏歌”群众歌舞大赛；长清区文联的“园博园”系列采风和广场文艺展演及“我爱长清”征文活动；济阳县文联的“迎春书画展”和“济北开发区成立15周年”摄影展及“反腐倡廉”书画展；商河县文联的“颂鼓乡·庆七一”书画摄影展和“走进明达建材”及“书画进力诺”采风创作活动；市中区文联的“多彩市中”大型广场文艺演出和“丹青书反腐·笔墨画倡廉”书画展及“书画进社区”活动；槐荫区文联的“魅力槐荫”大型群众文化活动和“走进省会文化中心”文艺采风及“走进西部新城”摄影大赛；天桥区文联的“中韩书法交流笔会”和“和谐之歌”大型群众歌舞晚会及“金秋十月”书画展；市政法文体联的书画进基层和文艺展演等活动，这些活动，为丰富基层群众文化生活，营造团结奋进、昂扬向上、欢乐祥和的和谐氛围作出积极贡献。

2. 强化精品和人才意识，努力推出优秀作品和优秀人才。有10部文艺作品获山东省第三届“泰山文艺奖”，其中，文化旅游剧《齐风鲁韵揽胜篇》和杂技《高台》获一等奖，京剧《辛弃疾》、风光摄影《济南奥体之夜》、山东快书《孙二娘开店》、小提琴幻想曲《问天》获二等奖，国画《日月千古颂》、人物摄影《古城遗风》、杂技《顶功技巧》获三等奖，商河鼓子秧歌《欢腾的鼓乡》获作品表演(单项)奖。长篇小说《蝶舞》、长篇传记文学《小凤仙传奇》等10多部作品获第八届济南市精神文明建设“文艺精品工程”奖；短篇小说《水妮子的火》获全国公安文学奖大奖，《纸环》获第九届上海文学奖；组诗《我的观音山》获全国诗歌征文二等奖；诗集《夜晚之心》获全国鲁藜诗歌奖；舞蹈《韩国舞曲》《泉边的孩子》分获山东省首届青少年舞蹈大赛一、二等奖；儿童剧《我和我的影子》获中国话剧金狮奖。电视连续剧《玫瑰园里的老少爷们》《不离不弃》《保姆妈妈》《真情母子》，长篇小说《年日如草》《庚子风云》《老九》《鲜花盛开的草帽》《义和庄》《丁香季》《桃花流水》，报告文学《大地为鉴》，散文集《爱你生命的每一天》，散文诗集《商河百脉》，影视剧本《百年匪王》《大脚姥姥》《鱼哭了水知道》《响水村》《七年之痒》《西域东来》《皇姨》，人偶童话剧《白雪公主》《假话国历险记》，歌曲《全民全运　和谐中国》《微笑花》《我爱你，泉城的垂杨柳》等一批富有特色的精神文化产品深受好评。积极组织艺术家参加各类研讨、座谈和考察活动。组织协调各协会开展展演活动，为培养和推出人才创造发展环境。积极完善文艺人才库建设，加强文艺人才信息管理，提升人才资源效益。市文联被山东省文联评为全省文联系统先进单位，被山东省文联评为山东省第三届国际大众艺术节优秀组织奖；罗晓静获第六届中国曲艺最高奖——牡丹表演奖，2 人入选首届齐鲁文化英才，1 人被评为全省文联系统先进个人，引进文艺人才 1 人，特聘体制外文艺人才 6 人，一大批市级会员加入省级协会和国家级协会。魏新在央视《百家讲坛》栏目讲述“东汉开国”,并成为该栏目最年轻“坛主”。

3. 组织首届“泉城文艺奖”评选。首届“泉城文艺奖”的评选，按照“公开公正、平等竞争、综合平衡、宁缺毋滥”的原则，市文联作为评委会办公室，精心组织、严格程序、强化责任、扎实推进。在众多参评作品中，经评委会办公室初步审核确定 213 件作品参加“文学创作奖”和“艺术作品奖”初评，其中有 80 件作品通过了初评。通过终评，郭文秋、刘礼、孙丽 3 人获艺术突出贡献奖；《梅庄旧事》等 21 件作品获“文学创作奖”；电视纪录片《天下泉城》等 58 件作品获“艺术作品奖”，其中一等奖 5 件、二等奖 25 件、三等奖 28 件。在评奖的同时，还开展征集泉城文艺奖“标识”和“奖杯”的活动，达到了宣传、扩大评奖影响力的目的。通过评奖，评出一批思想性、艺术性、观赏性俱佳的优秀作品，推出一批优秀文艺人才，达到了引导和激励创作，繁荣发展文艺事业的目的。

（李付生）

【召开济南市文学艺术界联合会第五次代表大会】 济南市文学艺术界联合会第五次代表大会于 11 月 29 日至 12 月 1 日在济南舜耕山庄召开。省委常委、市委书记焉荣竹出席大会开幕式并讲话，市委副书记、市长张建国，市人大常委会主任徐华东，市委常委、秘书长孙晓刚，市委常委、组织部部长徐学武，市委常委、市纪委书记王成波，市委常委、宣传部部长谭延伟，市委常委、济南警备区政委晋争鸣，市人大常委会副主任牟陆阳，市政协副主席王世敦，市里的老同志吴泽浩出席大会；省文联党组书记、副主席于钦彦，省作协副主席王兆山应邀出席大会开幕式。中国文联向济南市文联第五次代表大会发来贺信，全国有 89 个省、市文联也发来贺信或贺电表示祝贺。全市各文艺门类和县市区文联、宣传文化单位的 280 名代表出席大会。市总工会、团市委、市妇联、市科协、市社科联、市侨联、市工商联、市残联等群众团体的嘉宾应邀出席大会。大会听取、审议并通过济南市文联第四届委员会工作报告；修改并通过《济南市文学艺术界联合会章程》；选举产生济南市文联第五届委员会，邹卫平当选主席，丁济生、王振范、韦辛夷、邓宝金、沈承俊、张柯、马利、孙凤文、丁小秋、刘玉栋、杜华、慈建国当选副主席。市五次文代会是济南市文联历史上规模最大的一次大会。通过这次会议，新形势下文联工作的指导思想、方针原则、目标任务更加明确，广大干部职工对开创文联工作新局面的信心更加坚定，为在新形势下开创全市文艺事业新局面奠定了坚实的基础。 （李付生）

【省市文艺家走进长清】 1 月 27 日，山东省文联与济南市文联联合组织开展“送欢乐、下基层”活动。省文联主席潘鲁生，市文联党组书记、市书协主席杨炳云，省美协副主席徐永生，省书协副主席燕守谷和吴苓、陈威光、张国英、安学森、宿振福、李福增、田庆山、吴建军、韩英伟、吴毅民、周群、李庆杰等 50 多位省市书画家到长清区文昌街道东铺社区开展采风创作慰问活动，书画家们现场创作书画作品和春联 100 多幅，全部赠送给社区劳模和群众。国家一级演员、省音协副主席刘金华，中国曲艺“牡丹奖”得主阴军，北路山东琴书传承人姚忠贤、杨珀，京剧名家李保良、陈长庆等为社区居民奉献了精彩文艺节目。

（李付生）

【济南作家钱海燕再获佳绩】 1 月 28 日，钱海燕作品《小女贼在惦记》获“第四届中国原创手机动漫游戏大赛——最佳手机漫画奖”。此次大赛是由文化部、工业和信息部、共青团中央、湖南省人民政府、中国移动通信集团公司主办的全国性专业赛事。钱海燕是《当代小说》编辑部专业作家，共出版“小女贼”系列、“淑女教唆书”系列、《历史的脸谱》（与余秋雨合著）、《小北极熊 Nono》等 20 余部作品。 （李付生）

【齐鲁风筝精品展在日本巡展】 2 月 23 日，由市文联、市文广新局和日本日中友好会馆共同举办的“春信—山东风筝精品展”在东京日中友好会馆美术馆落下帷幕。市文联主席邹卫平为团长的文化交流访问团一行 3 人出席活动。此次展览共展出 170 多件大小不一、形状各异的风筝展品，作品立意清新，精品荟萃，活动多样，主题突出，“水族”有鱼虾龟蟹，“飞虫”有蝴蝶蜻蜓；龙头蜈蚣悬空腾升，虎形风筝威势俯下；还有金鱼、蝙蝠、雄鹰、恐龙等。展览吸引了包括前日本驻华大使、日中友好会馆代理会长谷野作太郎、日中友好会馆村上立躬理事长等 3000 多位观众。展览期间，中日两国风筝爱好者近百人聚集于神奈川八景岛海滨公园，放飞了几十只形态各异、大小不等的风筝。 （李付生）

【童话剧《白雪公主》搬上舞台】 由济南市儿童艺术剧院排演的童话剧《白雪公主》于 2010 年元旦在宝贝剧场进行了首场演出。该剧根据格林童话故事改编，首次采用五种木偶表演方式，拓展了演出样式，受到泉城孩子们的追捧。

（魏洪强）

【市杂技团赴国外演出】 2 月 18 日，应西班牙青田同乡会和葡萄牙中华总商会邀请，济南市杂技团张超、杨婷婷、于芯源 3 名演员随山东省侨联组派的“亲情中华”艺术团，赴西班牙、葡萄牙两国进行慰问演出。 （张 宸）

【童话剧《假话国历险记》亮相宝贝剧场】2月，由济南市儿童艺术剧院创作演出的童话剧《假话国历险记》亮相宝贝剧场。该剧通过丰富多彩的剧情，让孩子们体味到真实的可贵，并向小朋友们传达了无论假话、虚伪的势力有多么大，最终都会被真实与善良所打败。（魏洪强）

【大明湖明湖居建成投入使用】作为大明湖改扩建工程的重要配套工程，恢复建成的新明湖居位于大明湖中段，钟楼寺钟楼遗址北侧，是一座具有老济南特色的二层仿古建筑，总建筑面积1800平方米。新明湖居由济南市曲艺团管理使用，主要演出富有泉城地域特色的精品曲艺节目，于4月28日举行启用仪式，累计演出281场，接待各地观众近3万人次，成为一处集文艺演出、休闲娱乐、旅游观光、展示济南传统文化特色的园林文化演艺场所。（魏洪强）

【曲艺主题晚会《明湖曲韵》】由济南市曲艺团创作、排演的曲艺主题晚会《明湖曲韵》五一前夕在大明湖明湖居上演。该主题晚会以《老残游记》为创作背景，以展现泉城历史文化为主题，以济南独特风情、灵动山水、悠久历史、淳朴民风为主调，以具有浓郁泉城特色的济南曲艺、戏曲为主要表现形式，通过多媒体等现代手段进行打造、包装，突出晚会的观赏性、地域性、娱乐性、互动性，使游客领略原汁原味的济南风情，向海内外游客宣传济南历史文化。（魏洪强）

【实验话剧《画皮》亮相宝贝剧场】由济南市儿童艺术剧院排演的实验话剧《画皮》于4月29日在宝贝剧场上演，启动了济南小剧场话剧市场。该剧用爆笑的形式演绎了一个严肃的婚恋话题，强大的演员阵容、激烈的戏剧冲突、恰到好处的本土化幽默，让泉城的观众体会到了小剧场话剧的独特魅力。（魏洪强）

【幽默杂技剧《畅游》“五一”期间搬上舞台】由济南市杂技团创作演出的幽默杂技剧《畅游》于“五一”期间搬上舞台。该剧着眼家庭娱乐视角打造了一场别具风味的“泉城式幽默”盛宴，达到全场互动、轻松娱乐的效果。这种晚会形式是济南市杂技团着眼济南演出市场的“量身定制”，是继《粉墨》《粉墨魔影》后的新尝试。（魏洪强）

【市儿童艺术剧院赴日本参加国际会议】8月5日，应日本儿童演剧协会会长、社团法人内木文英的邀请，济南市儿童艺术剧院院长丁小秋代表国际儿童青少年戏剧协会中国中心参加在日本大阪举办的“2010年亚洲儿童青少年演剧国际会议”。会议主要议题：①亚洲各国青少年戏剧现状和发展。②贫困地区青少年应如何接受戏剧教育。③确定2011年亚洲会议举办国。（张 宸）

【参加《秦汉—罗马文明展》意大利米兰撤展工作团工作】9月7日，市文化广电新闻出版局副局长、市文物局局长崔大庸参加由国家文物局文物交流中心组织的《秦汉—罗马文明展》意大利米兰撤展工作团，赴米兰王宫博物馆开展撤展、点交文物工作。此次展览被选中的展品中有洛庄汉墓出土的编钟和编磬，这也是洛庄汉墓的出土文物第一次出省和出国，提升了济南的美誉度。（张 宸）

【市杂技团赴香港演出】9月16日，市杂技团崔孝华、韩春婷随中国文联艺术团赴香港参加由中国文联、香港中华文化城有限公司联合主办的第11届《香江明月夜》大型中秋文艺晚会。（张 宸）

【济南市曲艺团罗晓静获中国曲艺牡丹奖】10月，在第六届中国曲艺牡丹奖评选中，济南市曲艺团山东琴书演员罗晓静获中国曲艺最高奖——牡丹奖表演奖。至此，济南市曲艺团已有五人获中国曲艺牡丹奖，该团也成为全国为数不多的获牡丹奖数量最多的地方曲艺团体之一。（魏洪强）

【济南市杂技团在第八届全国杂技比赛中再获佳绩】12月3～8日，由文化部、广东省政府主办的第八届全国杂技比赛在广州举行。市杂技团孔海涛主演的杂技《红色记忆——转台高椅》获杂技类银奖，这也是该节目继在摩纳哥蒙特卡洛第十七届国际青少年杂技节上获“金K奖”第一名和“蒙特卡洛公主杯”、俄罗斯第六届世界青少年国际马戏大赛金像奖之后获得的又一重要奖项；张超表演的魔术《手之密语》获魔术类铜奖。（魏洪强）

【济南市文化产业交流团访问台湾】12月18日，为进一步加强与台湾文化领域的交流，推进两地文化产业合作，应台湾中华艺术协会的邀请，济南市副市长巩宪群率领济南市文化产业交流团访问台湾。交流团参加济南台北旅游包机首航活动，拜访台北遗兰院等传统文化艺术机构，考察台湾传统文化艺术的传承和推广情况，探讨中华传统文化艺术发掘、保护、传承及发展问题等。（张 宸）

【济南儿艺获两项话剧金狮奖】12月24日，济南市儿童艺术剧院获2010年度全国戏剧文化奖、话剧金狮奖两项大奖。其中，儿童剧《我和我的影子》获话剧金狮奖剧目奖，韩鲁获话剧金狮奖舞台美术奖。至此，济南市儿童艺术剧院已先后有6人（王耀、祖绮颖、胡心灵、丁小秋、张富民、韩鲁）获话剧金狮奖，成为国内为数不多的获金狮奖数量最多的儿童艺术剧院之一。（魏洪强）

【新编京剧《辛弃疾》二度应邀参加全国京剧优秀剧目展演】12月26～27日，济南市京剧院应邀参加2010年全国京剧优秀剧目展演活动，在中国评剧大剧院演出两场，受到了首都观众和专家的好评。这也是该剧继2008年参加全国京剧优秀剧目展演活动后再度应邀晋京演出。（魏洪强）

【中国济南第二届亲子剧节】11月20日至12月12日，由市委宣传部、市文化广电新闻出版局等单位主办，市儿童艺术剧院等单位承办的“中国济南第二届亲子剧节”成功举办。中国儿童艺术剧院、上海木偶剧团、天津儿童艺术剧院、山东省话剧院、青岛市话剧院等国内顶级专业艺术院团，分别在宝贝剧场、历山剧院、山东省科技馆演出了 14 场精彩纷呈的儿童艺术作品，加强了业内艺术院团间的交流，活跃了济南市儿童剧演出市场，推动了济南市儿童剧整体创作水平的提高。（魏洪强）

【济南作家高克芳《七年之痒Ⅱ》出版】 高克芳长篇小说《七年之痒Ⅱ》，作为凤凰出版传媒集团推荐的重点书目，由其旗下的江苏文艺出版社推出。高克芳的小说多以婚恋题材为主，聚焦中国人情感中的敏感地带，笔法婉约细腻、沉静舒缓，在网络上下拥有大批拥趸，被粉丝誉为“中国婚恋代言第一人”。已出版《相见，不如怀念》《七年之痒》《亲人爱人》《嫁接婚姻》《纸婚时代》等，其中《七年之痒》已投拍成电视剧。

（李付生）

【市文联建立“济南文艺人才专家库”】 为推进经济文化强市建设步伐，培养一大批创新型复合型外向型文艺人才，形成文化建设的强大合力，市文联建立了“济南文艺人才专家库”。专家库按文艺门类设置，文学、美术、书法、摄影四个门类专家库人数在 30~40 人之间，其他门类专家库人数在 25 人左右。专家库由驻济（包括中央、省、部队、院团驻济单位）的老中青优秀文艺家（参照 3:4:3 的比例）组成。“济南文艺人才专家库”由市文联协会工作部建档、存档；专家库实行动态管理，市文联每年对入选专家进行一次评议，根据评议结果，进行合理调整。

（李付生）

【省市书画家为玉树灾区奉献爱心】 4 月 14 日，青海玉树地区发生的强地震，牵动着泉城广大文艺工作者的心。灾情发生后，市文联及时发出倡议，号召全市文艺界行动起来，向灾区人民伸出援助之手，奉献爱心，4 月 17 日上午，组织举办“大爱无疆——济南文艺界情系玉树灾区”抗震救灾书画笔会。省市知名书画家 30 多人，参加了在济南文艺家之家组织的书画笔会捐赠活动，现场创作书画作品近百幅，价值约 10 多万元，全部用于购置灾区急需的物资。

4 月 20 日，市文联、市美协、市书协和山东省书画学会联合举办的“情系玉树—书画名家赈灾捐赠大型现场笔会”在山东艺术设计学院举行。省市知名书画家 80 多人参加，向山东省红十字会捐赠书画作品 500 余幅。

4 月 21 日，由山东省文联、山东省红十字会、济南市文联共同举办的“情系玉树——省市文联抗震救灾书画捐助笔会”在济南文艺家之家举行。省市知名书画家 30 多人现场创作书画作品百余幅，并将全部义卖善款捐赠给灾区。

（李付生）

【瑞士籍华裔钢琴家赵梅笛音乐会】 4 月 20 日，由市文联、市体育局、市侨联、济南时报主办，市青少年宫、皇亭体育馆承办的“‘迎世博，颂泉城’赵梅笛钢琴独奏音乐会”在市青少年宫上演。著名瑞士籍华裔少女钢琴家赵梅笛演奏了贝多芬、舒曼、肖邦、李斯特的多首世界名曲，还演奏了专为泉城而创作的钢琴组曲——《泉》，这也是首个咏颂泉城、赞美泉水的钢琴音乐作品。

（李付生）

【作家、音乐家走进校园】 4 月 23 日，由市文联、团市委主办，济南锦苑学校承办的“好作品献给青少年——济南市作家、音乐家进校园活动”在锦苑学校举行。这次活动，市作协共捐赠了 1200 余册书籍，市青少年宫捐赠了 100 本歌曲新作，同时还在锦苑学校设立了“作家书架”。

教师节前夕，由市文联、市作协主办的“好作品献给青少年——济南市作家进校园”活动在济阳县济北小学举行。此次活动，市作协共捐赠了 500 余册书籍，同时作为该项活动的延伸，还在该校设立“作家书架”。

11 月 25 日，由市文联和市青少年宫联合组织的作家、音乐家走进校园活动在济南市阳光 100 小学举行。市作协、市青少年宫为学校捐赠书籍上千册，并在学校图书馆设立“作家书架”。活动中学生们演唱了孙建军新创歌曲《金色的童年》；朗诵了诗人宇向《月亮》、陈忠《护城河的秋天》、逄金一《撒野的斑马线》等诗歌作品；市青少年宫青年艺术家们和学校长笛、舞蹈等社团的学生表演了精彩的文艺节目。（李付生）

【曲水亭社区“民俗文化”放异彩】 5 月 8 日，社区民俗文化培训班在大明湖街道曲水亭社区居委会举行。自 2009 年 10 月创办以来，社区内外已有上百名民俗文化爱好者参加培训，其中既有下岗失业人员、育龄妇女，也不乏待业大中专毕业生。培训班设有剪纸、面塑、布艺、手工编织、刻瓷、刻竹等多个专业，每周举办一次，已成为该社区的品牌活动。市文联、市民协和曲水亭社区将以此为契机，共同打造曲水亭社区“民俗文化一条街”，弘扬传承中华民俗文化。

9 月 18 日，由市文联、市民间文艺家协会和大明湖街道办事处共同举办的“爱让中秋月更圆”第二届曲水亭民俗艺术节在曲水亭社区举行。面塑、泥塑、剪纸、中国结、鼓乐队、山东快板等数十项非物质文化遗产项目悉数登台亮相。

（李付生）

【日本京剧院院长吴汝俊受聘市文联艺术顾问】 5 月 10 日，市文联在龙奥大厦举行仪式，特聘旅日京剧表演艺术家吴汝俊先生为市文联艺术顾问，并颁发聘书。吴汝俊先生出生于京剧世家，1984 年毕业于中国戏曲学院，现任日本京剧院院长，是唯一一位活跃在国际舞台上的京剧男旦演员。自 2001 年起，先后自编自导自演《贵妃东渡》《宋氏三姐妹》《孟母三迁》等数部京剧大戏，轰动海内外，被誉为“吴氏新京剧”。（李付生）

【商河鼓子秧歌获第二届中国秧歌节大奖】 5 月 23 日，由市文联、市舞协选送参赛的商河鼓子秧歌队获第二届中国秧歌节最佳风采奖。另由济南市舞蹈家孙丽编导的胶州大秧歌《秧歌神韵》荣获最佳风采奖。两年一届的中国秧歌节自2008年5月在胶州市举办以来，已引起国内外舞蹈界的广泛关注。鼓子秧歌已连续两届获奖。（李付生）

【济南海右印社揭牌暨社员篆刻展】6月8日，由市文联、市书协和济南海右印社联合举办的“海右印社揭牌暨社员篆刻展”在济南美术馆开幕。海右印社坚持以“印学研究、篆刻创作兼及书画”为立社宗旨，以推动金石学的复兴、篆刻与书画艺术的繁荣为己任，是省市篆刻艺术爱好者交流学习、共同提高技艺的艺术平台。（李付生）

【中韩书法交流活动】为进一步加强韩中两国文化艺术交流，密切与韩国水原市的友好城市关系，韩国水原市书法家总联合会会长金炳学、副会长车基东，受韩国水原市政府委派，1月19日来济南进行文化交流，并就继续开展中韩书画交流活动签订了新的协议。7年来，在两地文艺界的共同努力下，已成功举办了7届中韩书法交流展，同时相继组织了书画艺术研讨会和书画作品捐赠及参观考察等系列文化交流活动。

由市文联、市书协和韩国水原市书艺家总联合会共同举办的第八届中韩书法交流展，于6月12日在山东省图书馆举行。韩国水原市书法交流访问团团长金炳学、韩国书法博物馆馆长梁泽东等一行12人出席开幕式，并与济南市书法界举行书法交流活动。交流展共展出中韩两国100多位书法家的精品力作。（李付生）

【京剧《老残游记》剧本研讨会召开】7月14日，市文联召开京剧《老残游记》剧本作品研讨会，来自省内外的专家、学者及剧作家20多人与会。京剧《老残游记》剧本由市文联国家一级作家严民及其女儿、济南艺术创作研究院创作员莫非历时半年时间联袂创作完成。与会专家学者从不同的角度，对剧本尊重原著、主题提炼和继承古典文学精华，尤其是为突出济南地方特色而创作出的精美唱段唱词，给予较高评价；也对取舍原著许多枝蔓情节，对人物进行大胆整合，突出了戏剧矛盾冲突，给予充分肯定。还围绕如何把原著作者刘鹗的经历融进剧中主人公“老残”的艺术形象中去，展开热烈的讨论。（李付生）

【刘照如小说集《鲜花盛开的草帽》出版发行】刘照如小说集《鲜花盛开的草帽》，由新疆美术摄影出版社出版。该作品集主要收录刘照如近几年创作的农村题材小说，如获齐鲁文学最佳短篇小说奖的《鲜花盛开的草帽》、获泰山文艺奖的《在那桃花盛开的地方》等。9月19日，由新疆美术摄影出版社、新疆电子音像出版社主办的《鲜花盛开的草帽》作品研讨会在北京鲁迅文学院举行。中国作家出版集团管委会副主任、《中国作家》主编艾克拜尔·米吉提，鲁迅文学院常务副院长白描，副院长成曾樾、施战军，新疆美术摄影出版社、新疆电子音像出版社社长于文胜，部分作家评论家以及来自新疆两家出版社的有关人士和签约作家，鲁迅文学院部分教师和第十四届高研班部分学员参加了此次活动。与会者从叙事技巧、写作手法、艺术特色等不同侧面对该作进行了研讨，并对作者今后的写作提出了中肯的建议。刘照如，系《当代小说》执行主编，著有小说集《目击者》、散文集《献给疼痛》等多部，作品散见于《人民文学》《青年文学》《天涯》等杂志，并入选多种选集。（李付生）

【首届“泉城文艺奖”评选】8月17日，由市泉城文艺奖评审委员会办公室和市文联召开的首届“泉城文艺奖”评选工作会议在大明湖明湖居举行。“泉城文艺奖”评选正式启动。12月22日在龙奥大厦召开首届泉城文艺奖终评会议。《梅庄旧事》等21件作品获文学创作奖；电视纪录片《天下泉城》等58件作品获艺术作品奖，其中一等奖5件、二等奖25件、三等奖28件；郭文秋、刘礼、孙丽3人获艺术突出贡献奖。“泉城文艺奖”是2008年经济南市委、市政府批准设立的全市文学艺术界最高综合性文艺奖。该奖项共设文学创作奖、艺术作品奖、艺术突出贡献奖等奖项，由市泉城文艺奖评审委员会代表市委、市政府对参选作品进行评选，并向获奖者颁发奖杯、证书和奖金。（李付生）

【遥墙·中秋之夜诗会举行】9月19日晚，由济南市作家协会、济南经济广播电台与都市女报主办的“遥墙·中秋之夜”诗会在辛弃疾故里遥墙荷柳风情园举行。省市50多位知名诗人汇聚在万亩荷塘边，吟诵“月”的诗篇。诗会上，从李白的《月下独酌》到辛弃疾的《满江红·中秋寄远》，从桑恒昌的《中秋月》到韩东的《明月降临》，还有苏轼、李清照、海子、狄金森等诗人的诗作，用凝练的词句对“月”进行了深切关照，月亮被赋予了高远、润洁、柔和、清幽等审美内涵。许多诗人还即兴创作朗诵了自己的作品。（李付生）

【泉城首家“民俗文化教育基地”挂牌】9月26日，由省文博会组委会、市文联、市教育局、市民协、济南剪纸艺术院主办的山东省少儿剪纸艺术大赛颁奖暨省城首家“民俗文化教育基地”挂牌仪式，在胜利大街小学举行。该校民俗文化活动丰富多彩，并成立“红剪刀”小组，由专业剪纸教师进行艺术指导，创作、剪制了大量优秀剪纸作品。2009年全运会期间，国家领导人亲临该校参观了“红剪刀”学员们的现场演示，并接受了学员们的剪纸作品。本次大赛，胜利大街小学师生创作了大量艺术性很高的剪纸作品，有多项作品获奖。会上，济南市文联授予该小学“民俗文化教育基地”称号。（李付生）

【“汉方陶艺老济南展”亮相超然楼】由首届非物质文化遗产博览会济南组委

会、市委宣传部、市文联共同主办的“汉方陶艺老济南展”，于10月13日在济南大明湖超然楼举行。此次展览为期半年，主要以陶艺雕塑的形式表现了百年前济南的历史文化、风俗习惯、风景古迹、人文景观等。展览作品创作历时1年多，其中形态各异人物近1000个，道具500余件，宛若陶艺版的“泉城上河图”。

（李付生）

【长篇小说《洋片人生》出版】 由济南作家杨树和出身摔跤世家的谭强合著的长篇小说《洋片人生》由济南出版社出版发行。该书以济南沦陷期间，有“神钩子”之称的跤坛名将谭树森团结济南各路武林好汉，联合大观园里说书的、唱戏的、说相声的、演杂耍的草根英雄们，运用他们各自擅长的技艺，以独特的方式方法，与日寇展开巧妙周旋和殊死搏斗的故事为经，以谭树森与杂技女演员金凤凰生死不渝的爱情苦恋为纬，展开波澜壮阔的历史画卷，情节跌宕起伏，引人入胜。该书的与众不同之处还在于，不仅揭露了日本侵略者的扩张野心，列举了日寇折磨和杀害无数中国人的历史铁证，还同时用相当的篇幅塑造了日本民众中那些在中国人的感化下，经过痛苦的磨难，最终幡然悔悟而走到中国人民行列中的反日志士的形象，从而揭示了正义与非正义之间必然的成败结局。（李付生）

【首届中国非物质文化遗产博览会文艺创作精品展举行】 为迎接首届非物质文化遗产博览会在济南召开，由非遗博览会济南筹委会、市委宣传部、市文联共同主办，市美协、市书协、市摄协、市民协和海右印社承办的“齐风鲁韵”济南市非遗博览会文艺创作精品展，于10月13日在市美术馆开幕。展览共展出美术、书法、篆刻、摄影、民间工艺作品150余件。本次展览，旨在调动社会各界力量，形成关注非遗、宣传非遗、保护非遗和传承非遗的社会合力，让非遗清涤蒙尘，重新焕发出璀璨光芒。

（李付生）

【“翰墨泉城”名家书画邀请展】 由济南市文联、济南时报联手主办的“翰墨泉城”名家书画邀请展10月15日在济南房产大厦举行启动仪式。现场书画家们举行书画笔会，创作了一批精彩作品，尤其是书画家们合创的《松荫访友图》和《竹林对弈图》两幅八尺大画，更是酣畅淋漓，饱含激情。10月29~31日在济南舜耕国际会展中心举行了“翰墨泉城”名家书画邀请展，此次展览是第十四届现代生活方式展的一部分，共展出书画作品100多幅，受到社会各界广泛好评。（李付生）

【刘真骅获“省十大感动齐鲁老人”称号】 10月16日，山东省庆祝老人节暨全省模范老人表彰大会在济南召开。市文联退休干部、二级作家刘真骅获省老龄委“山东省十大感动齐鲁老人”称号，并作为“引领时尚的阳光老人”参与省银龄爱心志愿团的组织工作。刘真骅是《铁道游击队》作者刘知侠的夫人，退休后创作了大量文学作品，许多作品被搬上了银幕和荧屏。2004年10月，69岁的刘真骅在全国首届“银龄美”比赛中，以优雅的气质、端庄的仪表和深厚的文化底蕴，从6000多名选手中脱颖而出，获得“中国老年形象大使”称号。为青岛市“七彩华龄”心理咨询聊天室主持人、青岛电视台“七彩华龄”栏目嘉宾主持。（李付生）

【第三届山东国际大众艺术节系列活动】 10月11日，第三届山东国际大众艺术节“多彩生活——市中区大型广场文艺演出”在济南市妇女儿童活动中心拉开序幕。演出荟萃了歌舞曲艺类节目16个，是对市中区文艺队伍水平的一次检阅，也是对市中区近年来文化建设成果的展示。

第三届山东国际大众艺术节“相约幸福柳”——济南历城广场文艺晚会于10月13日晚7时在历城区王舍人办事处“幸福柳”旁的万象新天广场举行。本次演出既有农民自编、自导、自演，用歌舞、戏剧、曲艺等形式表现农村文化、农民风貌、艺术追求的各类节目，又有省市著名艺术家献演的集艺术性、观赏性、示范性、互动性于一体的综合文艺演出。

10月14日晚，第三届山东国际大众艺术节“和谐之歌——济南天桥大型群众歌舞晚会”上演。晚会在大合唱《红旗飘飘》中拉开序幕，男生独唱《母亲》、歌伴舞《京剧与服饰·梨花颂》赢得了现场观众热烈的掌声，唢呐独奏《欢庆锣鼓》则逗得观众笑声不断，晚会在大合唱《江山》中达到高潮。参演者有社区居民、企业员工、人民教师，还有街道办事处的工作人员，演员们用精湛的技艺和充满激情的活力表演，为大家奉献了一道丰盛的艺术大餐。

10月15日上午，“历下踏歌”大赛在历下区甸柳一居社区广场拉开帷幕，来自历下区各街道办事处和驻地单位的14支群众合唱团1000余名演员参加。此次大赛指定在全区广泛传唱的《微笑花》《廉洁花》《我爱你，泉城的垂杨柳》三首歌曲作为比赛加分作品，使比赛更加多姿多彩，充满激情。

10月19日晚，“第三届山东国际大众艺术节——魅力槐荫”大型群众文化活动在华联广场拉开帷幕。演出在一曲《欢聚一堂》中开幕，陆续推出了民乐演奏、独唱、京剧等10多个节目。京剧、吕剧、曲剧、豫剧等戏剧大联唱再现了非物质文化遗产的魅力；魔术表演引来市民的阵阵喝彩；体现槐荫特色的京腔京韵《槐荫颂》成为本台演出的亮点，展现了槐荫独特的地理、人文风貌，反映了近年来槐荫“百年商埠换新装，笑看西部创辉煌”的巨大变化；“红梅杯”金奖获得者李霄雯演唱的一曲《山路十八弯》将整个活动推向高潮。

“第三届山东国际大众艺术节——绿色家园”济南长清大型群众文化活动于10月21日晚7时在长清体育馆广场举行。文艺展演上，观众欣赏到《朝阳沟选段》、变脸表演、水袖表演《古典神韵》等传统剧目，以及反映长清日新月异变化的《长清之歌》《长清之赞》等富有时代气息的节目共计15个。此次展演的演员来自社区、企业、学校等各行各业，充分展现长清浓郁的地方特色和各界群众多姿多彩的文化生活。

（李付生）

【简墨散文集《书法之美》研讨会举行】 11月4日，由市文联、市作协、山东文人书画院、都市女报共同主办的简墨散文集《书法之美》研讨会举行。来自省内文学界和书法界的众多专家学者与会。《书法之美》是一本以文学的眼光和笔法品读中国古代书法大家的佳作。简墨，济南女作家、女书法家，系中国散文学会会员、山东文人书画院委员，已出版《清水洗尘》《京昆之美》《书法之美》等散文集6部，书画作品10余次入选国内外展事。（李付生）

【刘玉栋长篇小说《年日如草》在《十月》上发表】 8月5日，济南作家刘玉栋最新长篇小说《年日如草》发表在《十月》长篇小说版第3期。这是一部直面中国城市化进程的小说，讲述在社会的巨大变革中，个人所普遍经历的挣扎，讲述爱与孤独，伤痛与理解，责任与负累，家庭与历史，以及一种文化上的迷茫的小说。写了一个家庭和一个人在喜忧与沉浮间，在挣扎与失败间，慢慢地适应着他们原本陌生的城市生活，以及他们在这种生活中做出的寻找心灵慰藉的努力。《年日如草》是一部写“变”的小说，也是写给“常”的悼词。小说里魂守乡土的奶奶、葬身机器中的师傅、被大雨吞噬的母亲身上都体现了一种对“常”的守望，他们质拙诚笃的人生态度中所带出的乡土的热气，却耗散在城市日新月异的变动中。（李付生）

【王方晨小说《水妮子的火》获大奖】 王方晨小说《水妮子的火》于11月16日在昆明揭晓的全国公安文学大奖赛中获中短篇小说三等奖。公安文学大奖赛由全国公安文学艺术联合会、中国人民公安出版社主办。短篇小说《水妮子的火》讲述了消防士兵生活中的情与爱。王方晨是中国作协会员、《当代小说》副主编、一级作家，已发表中短篇小说100多部（篇），计400余万字，曾获《中国作家》优秀短篇小说奖、《解放军文艺》军旅优秀作品奖、齐鲁文学奖等多个奖项。（李付生）

【“历代名人咏山东”名家书展启动】 11月18日，由省委宣传部、省政协科教文卫体委员会、省社科联、大众报业集团主办，市委宣传部、市文联、市社联协办的“齐鲁情——书法名家书历代名人咏山东”书法展览系列活动新闻发布会在山东大厦举行，全国政协常委、省政协副主席王新陆，市人大常委会主任徐华东等出席新闻发布会，约30多位中央驻济及省市媒体记者参加此次活动。“齐鲁情——书法名家书历代名人咏山东”书法展系列活动以山东的“名山、名水、名人”为主线，将在2013年山东承办的第十届中国艺术节之前分三次逐年展出，并在艺术节期间整体推出。首展“巍巍岱宗，雄峙天地——书法名家书历代名人咏山东”于12月11日在新落成的山东省博物馆展出，展览共精选40余首历代名人咏泰山的诗词歌赋，这些诗词歌赋集中、形象、深刻地展示和反应了泰山文化的博大精深。其中10余副巨幅书法作品，更与泰山博大精深的文化相得益彰，给人以震撼，给人以美的享受。同时还举行“巍巍岱宗，雄峙天地——书法名家书历代名人咏山东”邮票珍藏册首发式。（李付生）

【钢琴天才郎朗泉城献艺】 12月17日，由市文联等单位主办的“2011济南郎朗钢琴新年音乐会金葵花之夜”在济南奥体中心东荷体育馆举行。这也是这位钢琴巨星首次在泉城举办的个人音乐会，也是同一档期华北地区规模最大、档次最高的钢琴演艺活动。郎朗是当今世界顶尖的钢琴家之一，他几乎囊括了所有世界顶级的钢琴界荣誉，如伯恩斯坦大奖、维多利亚大奖、门德尔松大奖、留声机奖、回声机奖、德国金鸡奖等。演出期间，郎朗被山东师范大学聘任为荣誉教授。（李付生）

【举办纪念辛弃疾诞辰870周年朗诵会】 在伟大爱国词人辛弃疾诞辰870周年之际，由市委宣传部、市文联、中国李清照辛弃疾学会主办，市作协、都市女报、济南经济广播电台承办的“金戈铁马千古豪情——纪念辛弃疾诞辰870周年朗诵会”，在大明湖明湖居举行。省市知名学者、作家、诗人及市诗歌教学示范基地、济南汇文实验学校师生代表，驻济部分新闻媒体记者共60余人参加了朗诵会。辛弃疾以他的爱国形象和壮志难酬的坎坷经历登上词坛，拓展了一代呼啸生风、气势豪迈的英雄形象。他把爱国抱负和满腔忧愤倾注于词作，形成了雄奇豪壮、苍凉沉郁的风格，因而被后人称为“金戈铁马的大词豪”。

（李付生）

【电视连续剧《玫瑰园里的老少爷们儿》研讨会举行】 参见“政党·政协·人民团体”栏目“中共济南市委员会”分目〖电视剧《玫瑰园里的老少爷们》在央视播出〗

【济南文艺评论家协会成立】 12月31日，济南文艺评论家协会成立大会在翰林大酒店举行。会议审议通过《济南文艺评论家协会章程》，选举产生第一届理事会和主席团，邹卫平当选主席。济南文艺评论家协会是济南市文学艺术界联合会的团体会员，是联系全市广大文艺评论工作者的桥梁和纽带。协会主要任务是开展文艺评论活动，研究和分析文艺现象和文艺动态，表彰奖励文艺评论优秀成果和个人，促进和加强文艺评论的对外交流和合作，加强文艺评论理论研究，维护文艺评论工作者的合法权益等。（李付生）

【市文联评选出2010年文艺界十件大事】 1. 首届泉城文艺奖评选结果揭晓；2. 济南市文联第五次代表大会召开；3. 济南文艺家举行“情系玉树”抗震救灾系

列捐赠活动；4. 济南市有 10 件作品获第三届“泰山文艺奖”；5.“翰墨泉城”书画大展等系列活动成为济南文化品牌；6. 第八届中韩书法交流活动举办；7. 商河鼓子秧歌在第二届中国秧歌节获奖；8. 济南文艺评论家协会成立；9. 纪念辛弃疾诞辰 870 周年系列活动举办；10. 举办“文艺家进校园（社区）”系列活动。

（李付生）

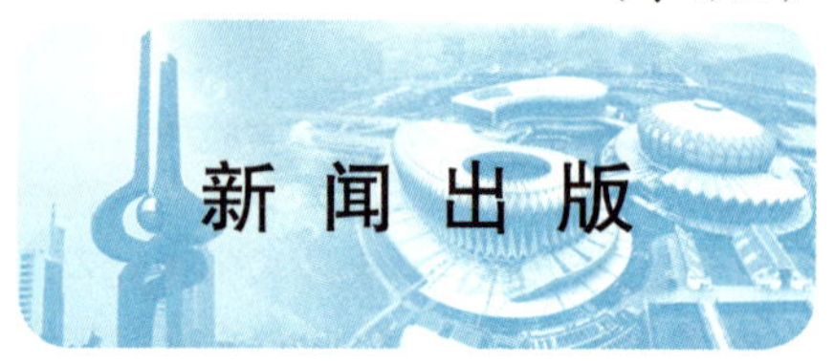

【新闻出版及版权管理】 加大对新闻出版业的扶持力度，充分发挥企业与政府之间联系桥梁纽带作用。完成 16 家包装装潢、12 家其他印刷品、2 家专项包装新建印刷企业审批工作；完成 26 家印刷企业主要登记事项变更工作；对新建和主要事项变更的 107 家印刷企业负责人进行法规培训；认真落实图书、期刊印刷委托书备案管理。在全市印刷复制业开展“发展、创新、诚信”双十佳企业评选活动；全年接受省局委托审批一次性内部资料出版物 10 种；初审转报连续性内部资料出版物 6 种；完成 23 个连续性内部资料出版物的准印证换发工作；完成英雄山文化市场 164 个图书零售网点年度审验工作，初审转报全市图书批发单位 4 个，音像制品批发单位 2 个。

版权保护工作扎实深入。开展非物质文化遗产保护月和加入绿书签行动为内容的系列活动，为 33 件现代黑陶等作品进行免费登记。

（高正威 司建军）

【“扫黄打非”专项行动】 全年共部署安排和组织开展“扫黄打非”专项查缴行动 13 次，完成“扫黄打非”月报和专项行动报告等工作。据统计，全年查缴各类非法和盗版出版物 17.8 万余册（盘），关闭不良网站 384 个，删除不良短信 6096 余条，捣毁制售非法和盗版出版物地下窝点 13 个，取缔游商和无证摊点 370 余个。

（闫笑笑）

【“科学发展，改革创新”十佳印刷企业评选活动】 为引导印刷企业转变发展观念，创新发展模式，拓宽发展空间，加快发展速度，努力向规模化、专业化、特色化方向发展。市文化广电新闻出版局联合市印刷行业协会在全市印刷企业中开展争创“科学发展、改革创新”十佳企业活动。济南日报社印刷厂、济南继东彩艺印刷有限公司、济南鲁兴包装有限公司、济南铁路印刷厂、济南希尔康印务有限公司、东港安全印刷股份有限公司、济南新先锋彩印有限公司、济南泉华包装制品有限公司、山东鲁信天一印务有限公司、济南泉永印务有限公司获评十佳企业。

（张 炜）

【济南印刷企业参加山东省第二届职业技能大赛获丰收】 为提高济南市印刷企业员工整体素质，新闻出版管理处根据国家印刷行业标准和济南印刷企业的实际状况，联合济南市印刷行业组织选派部分选手参加了第二届山东省印刷行业（华光精工杯）职业技能大赛。其中山东世纪金榜书业有限公司李冉获平版制版工一等奖，济南日报报业集团邢锐、王怀周获平版制版工报轮组二等奖，山东世纪金榜书业有限公司刘士娥、济南日报报业集团魏建文和陈志刚获平版制版工三等奖，济南市凯平公司曹艳萍获平版制版工优秀奖，济南市文化广电新闻出版局、济南市印刷行业协会获优秀组织奖。

（张 炜）

【建农家书屋 3400 家】 自 2007 年在全市组织实施农家书屋工程以来，济南市农家书屋建设扎实推进，截至 2010 年 10 月，已建成农家书屋 3400 家，占建设总数的 74%。把农家书屋作为加强农村精神文明建设，推进“和谐村庄”创建的重要阵地，引导广大农民读书用书学科技，追求健康文明的生活方式。利用农家书屋的社会影响，深入持久地开展形式多样的全民读书活动，如举办读书竞赛、读书讲座等活动，调动农民读书积极性。组织有条件的乡镇每年有计划地对农家书屋配备的图书进行定期调换、流转，保持常换常新。采取多种形式培训、指导农家书屋的管理人员，帮助他们掌握最基本的图书管理技能，完善图书借阅、管理等规章制度，不断提高农家书屋建设管理水平。

（司建军）

【《走向世界·天下泉城》首发式举行】 见“政党·政协·人民团体”栏目“中共济南市委员会”分目

【济南出版社】 2010 年，济南出版社正式开始公司化运作，以济南出版有限责任公司的名义全面开展工作，坚持正确的出版方向，严格遵守出版工作规定，以打造品牌、适应竞争为目标，积极调整结构，在选题策划、扩大发行等方面取得了新的进展。

1. 深化内部改革，健全企业管理制度。作为济南市第一家转企改制的文化单位，探索转企改制的思路，建立实施企业化管理制度，逐步从事业单位转变为市场主体。公司根据改革发展需要，对原有的出版业务类、行政类、财务管理类等规章制度进行全面梳理，按照企业管理制度的要求进行修改、完善，补充建立新的企业管理规章，从制度层面上解决制约出版社发展的问题；出台企业“三定方案”，按工作需要重新设置部门和岗位，实行部门定编、员工定岗、定责，中层干部竞争上岗，员工双向选择制度；打破原有的事业工资模式，按岗位制定了新的企业工资标准和晋升制度，按岗付酬，按业绩晋升；按企业管理的要求重新修订《岗位目标责任制》，完善新的任务目标和考核标准、考核办法，更有效地发挥岗位目标责任制的竞争激励作用，实现多出好书、多出人才的目标。

2. 实施图书品牌战略，拓展图书出版品种。公司根据市场需求调整图书出版结构，在选题数量、图书质量、扩大发行等方面均有新突破。公司全年共发稿及出版新书 425 册，再版图书 290 册，

10余种图书获得省级以上优秀图书奖13项，另有《文化中国·永恒的话题》《我观党史》《论现代公有制》、《中国古代名物大典》获得纪念新中国成立60周年"山东省出版成就奖优秀出版物奖"。公司重点推出党史类的《领导干部"三新"文库（10册）》，社科文化类的《学府往事系列》丛书《中国美学三十年》和《文心雕龙辞典》，生活保健类的《时尚家庭生活宝典》《周末改膳好时光》等。重点推出了《济南历史文化读本》丛书。该从书经过近两年的策划，邀请了30多位专家反复论证、认真研究，首期推出20种。该丛书作为宣传弘扬济南优秀传统、普及济南历史文化知识的大众读本，将济南的风景胜地、历史名人、遗迹考古、民风民俗等分别发掘整理，约请知名作家和有关专家撰写出版。

传统优势出版项目上实现了新突破。公司教材教辅中心利用实地和网络调查的方式，对济南的小学、初中、高中进行了随机调查问卷，获取大量有价值的反馈意见，为教辅的进一步修订、完善提供了借鉴；相继开发出数学、物理、化学、生物、英语等学科的音频教辅，扩大了教辅出版的种类；利用教材教辅中心的网站及时将教材教辅的最新动态呈现给读者，并为参加中高考的学生提供一些有价值的参考信息。

在图书发行方面，无论是发行总码洋、发行总利润还是发行图书的品种、数量，较上年都有了较大幅度的增长。公司全年累计完成销售收入4632万元，一般图书的发行总量超过50万册，发行总码洋近1000万元；教材教辅类图书发行达1175万册，总发行码洋8002万。公司今年首度进行畅销书的出版尝试，与山东电视生活频道联合出版《阿速有妙招》一书，通过与电视台联合搞签售

济南出版社2010年图书获奖情况一览表

书　名	作　者	责任编辑	获奖情况	获奖时间
文化中国：永恒的话题	乔　力 丁少伦主编	赵志坚　王　菁　冀瑞雪 贾英敏　韩宝娟　宋书强 张所建　李叙凤　张雪丽 侯　琪　胡瑞成　刘永凌 朱向泓　吴敬华　何　冰	纪念新中国成立60周年"山东省出版成就奖优秀出版物奖"	2009年12月
我观党史	石仲泉著	刘永凌	纪念新中国成立60周年"山东省出版成就奖优秀出版物奖"	2009年12月
论现代公有制	王珏主编	丁少伦	纪念新中国成立60周年"山东省出版成就奖优秀出版物奖"	2009年12月
中国古代名物大典	华夫主编	闫昭典　侯　琪	纪念新中国成立60周年"山东省出版成就奖优秀出版物奖"	2009年12月
济南走出个季羡林	张柯著	朱孔宝　张　静	第二十四届华东地区优秀哲学社会科学图书评选一等奖 第二十三届全国城市出版社优秀图书二等奖	2010年1月
张尔岐诗文选	张华松著	赵钟云	第二十四届华东地区优秀哲学社会科学图书评选一等奖	2010年1月
天下泉城——航拍济南	济南市委宣传部	戴梅海	第二十三届全国城市出版社优秀图书一等奖	2010年1月
济南历代名家诗文选	李永祥等著	王　菁　韩宝娟　宋书强 侯　琪　戴永夏	第二十四届华东地区优秀哲学社会科学图书评选二等奖 第二十三届全国城市出版社优秀图书二等奖	2010年1月
和谐管理之道		戴梅海	第二十四届华东地区优秀哲学社会科学图书评选二等奖	2010年1月
"老济南"系列图书	赵晓林等著	王　菁　韩宝娟　宋书强 张伟卿	第二十四届华东地区优秀哲学社会科学图书评选二等奖 第二十三届全国城市出版社优秀图书二等奖	2010年1月
张养浩评传	马继业著	张所建	第二十四届华东地区优秀哲学社会科学图书评选二等奖 第二十三届全国城市出版社优秀图书二等奖	2010年1月
尘埃尚未落定 ——闲说历史	郑连根著	张雪丽　吴敬华	第二十四届华东地区优秀哲学社会科学图书评选二等奖	2010年1月
社会习俗变迁与近代中国	耿光连著	朱孔宝　张伟卿	第二十三届全国城市出版社优秀图书二等奖	2010年1月
心灵物语	纪广洋主编	侯文英	2009年度山东省优秀图书、音像电子出版物装帧艺术奖	2009年12月
中学时代	刘元锋主编	刘元锋	第二届山东省期刊优秀编辑奖	2009年12月

活动，半年即销售4万余册，连续加印5次，码洋超过100万，取得了巨大的社会效益和经济效益，也为出版社探索出了一条与媒体互动打造畅销书的新路子。

3. 探索资本市场运作方式，增强企业抗风险能力。通过合理运用市场手段，引进战略投资者，实现投资主体多元化，增强了整体实力和抗风险能力。年初搬进新的经营办公楼，办公条件大大改善，解决了多年缺少图书纸张仓库、院落停车困难、工作周围环境嘈杂的老问题，既达到了产业规模扩张的目的，又激发了员工的凝聚力、自豪感和工作的积极性、创造性。

4. 积极参与社会捐助活动，不忘回报社会。全年共向社会各界捐赠图书6800余册（套），价值20多万元。其中，2月2日在“三下乡”活动中，捐赠平阴镇图书1601册，价值31690元；4月19日在市委文明办开展的“书香泉城”全民阅读暨终身学习宣传周启动仪式上，捐赠图书360册，价值11034元；5月21日向玉树地震灾区捐赠图书276册，值8912元；8月1日为庆祝“八一”建军节，向驻地某部捐赠图书344册套，价值10280元；8月26日在省新华书店组织开展的支援“贫困地区学校图书馆”活动捐赠图书690册，价值12146元。5月28日在济南市精神文明建设委员会办公室组织的济南市“城乡牵手，文明共建”行动中，与平阴县孔村镇孙庄村签订共建协议，制定3年共建帮扶规划。

（张元立）

【济南日报报业集团】 济南日报报业集团紧紧围绕全市中心工作，不断提高把握导向、服务大局的水平，完成了新闻宣传和事业发展的各项任务，顺利实现了预期的经营管理目标。

1. 把好政治关，突出主旋律，新闻宣传工作再创佳绩。①重点报道成效显著。圆满完成了三级“两会”宣传报道任务，济南日报、济南时报、都市女报都精心组织策划了上海世博会、南非世界杯、信博会、文博会系列报道。紧紧围绕全市中心工作，扎实做好“转方式、调结构、促发展”专题宣传。市委九届八次全会召开后，济南日报、济南时报推出“转方式、调结构，连线百姓生活”等系列评论、专题报道，从不同侧面反映了济南转方式、调结构中的新亮点、新变化。济南日报继续开展了“我为《政府工作报告》建言献策”“影响济南”年度经济人物评选活动，集中开展了关于商河加快发展、打造济南首位经济等专题报道。关注城市建设跨越提升，积极做好城市管理和发展宣传报道。济南时报联合槐荫区委、区政府举行“西部新城展”活动，2万多名市民参观了西客站片区以及西部新城规划，拓宽了市民了解西部发展的渠道。紧紧围绕“维护省城稳定、发展省会经济、建设美丽泉城”的总体思路，切实做好关于“十一五”成就和“十二五”规划的报道。济南日报相继推出了“辉煌‘十一五’——从百姓生活看变化”栏目和“‘辉煌十一五’——精彩济南”栏目，回眸“十一五”期间经济社会各方面取得的成就。为科学谋划“十二五”时期发展蓝图，提高“十二五”规划编制过程的社会参与度和透明度，增强规划的科学性和可操作性，济南日报还与市委宣传部、市发展改革委联合举办了“我为‘十二五’规划建言献策”有奖征文活动。深入做好“执政为民、廉洁勤政”和“创先争优”活动的宣传报道工作。济南日报在一版开设“执政为民当先锋、廉洁高效惠民生”专栏。省委宣传部新闻阅评员认为，济南日报对“执政为民、廉洁勤政”集中教育活动的宣传，时间长、声势大，积极利用先进典型的示范作用，及时发表综述文章进行阶段总结、推出评论引导扩大教育成效，使整个宣传贴近实际，惠及民生，树立了政府的良好形象，拉近了机关与基层、领导与群众的关系。在“创先争优”活动报道中，开设了“争创机关党员先锋号”及“积极创先争优，争做泉城先锋”栏目，先后刊发了《先锋号为重汽腾飞插上翅膀》《济南计生十项举措便民惠民》《向高村的“向高经验”》等近百篇稿件，为全市“创先争优、争做泉城先锋”活动深入开展营造了浓厚的舆论氛围。②以公益活动促品牌建设。3月21日，由济南时报启动的2009年度济南市首届“城市面孔”十大人物评选活动成功举办，辛安（欣向泉）、山崎宏等获选的“城市面孔”十大人物，以其在各自领域中取得的优异成绩而备受关注。截至12月，泉城义工已达到10万多人，“圆你一个梦想——泉城义工天使行动”贯穿全年。在9月份举行的第七届中国公民道德论坛上，泉城义工得到了与会代表的高度评价。为促进高校毕业生就业，都市女报和山东省人才服务中心启动了首届网络招聘周，1012家单位提供了16386个岗位，吸引求职者11万多人。重阳节期间，当代健康报与山东省中医针推整骨学校联合举办老年健康知识讲座及健康进社区义诊系列活动，受到了社区居民的热烈欢迎。③网络宣传紧扣主题，舜网影响力进一步提升。对舜网首页和新闻频道进行改版，改版后突出时政类新闻，内容和网页给人感觉耳目一新，形成一个成熟的重点新闻网站格局，受到中央外宣办网络局领导的肯定和省委宣传部、省网络文化办领导的表扬。山东作为文化大省、经济大省，没有一家网站在省外设有分站、频道。舜网论坛率先在国内53个主要城市开设分论坛。舜网论坛日发帖量超11万帖，同时在线人数3万以上，日点击量达450万，是山东第一家走出去的网站。④通过多种形式发挥舆论监督作用，体现媒体的社会责任。全年济南日报共编发内参10期，有6期获市领导批示。其中3月编发的内参《公交线路何时重返火车站》，得到市领导批示，要求济南日报进行公开报道。济南日报连续刊发了《济南公交车为何进不了火车站广场》等报道和相关评论，引起相关部门高度重视，最终促成多条公交线路相继恢复在火车站广场的运行。⑤加强新闻宣传工作创新力度。2009年12月18日，济南时报在全省媒体中首家开通“QQ编读互动系统”，截至2010年11月，参加时报编读互动的Q友已达到3万多人。2010年8月，人口导报承办了省计生委纪念《公开信》发表30周年计划生育有奖知识竞赛活动，大力宣传了人口计划生育知识，得到省计生委领导的充分肯定，取得了良好的社会效应。

全年集团各媒体有百余篇作品获得省级及以上新闻奖项，其中济南日报记者曹雷采写、牛继兴编辑的通讯《九年爱心接力跑赢死神》获中国新闻奖三等奖。济南日报被市委、市政府评为“对口支援北川灾后重建工作先进集体”，1名同志被评为先进个人。济南日报被市委、市政府表彰为“第七届园博会筹办工作先进集体”，1人被评为先进个人并记三等功，2人被评为先进个人。济南日报政教新闻中心被省委组织部、省委宣传部评为“全省深入学习实践科学发展观活动宣传工作先进集体”，1人被评为先进个人。济南时报总编辑、泉城义工志愿服务联络站负责人李国强入选由中国社工协会评选的“2009年度中国社工人物”。在第十一届记者节表彰大会上，“党报热线”“孙华调查”等10个栏目获得“十佳报纸栏目”称号，5人荣膺济南市“十佳新闻工作者”称号。都市女报文化部副主任魏新成为迄今为止走上央视“百家讲坛”的最年轻主讲人。

2.强化管理，拓展经营，集团发展硬实力稳步提高。

克服媒体竞争不断加剧、市场监管力度加大等不利因素，通过采取实行二级单位经营责任制，加强经营管理方式创新力度等措施，确保了全年经营目标任务的圆满完成。①强化活动策划，拉动广告收入增长。通过引入书画展等新的展会内容，新一届现代生活方式展档次进一步提升。广告部门积极整合广告资源，采用推出“双头版”等方式，大力开拓综合、商业等新兴部门的经营渠道，整体广告收入保持稳步增长。②强化印刷质量管理，全年早报率达到96%。济南日报、济南时报荣获山东省优质产品奖，济南日报荣获全国印刷质量优质报称号，济南时报荣获山东省报纸行业精品报称号，都市女报、当代健康报、人口导报被评为山东省报纸印刷质量优质报。全年节约新闻纸上百吨。③报纸发行量稳步提高。各报期均发行数都超集团年度经营目标任务书中的任务数，发行三产创收利润同比增长31%。④进一步拓宽经营渠道。积极开拓外报印刷加工市场，承印外报50余种，收入较去年有大幅度提高。集团与水业集团合作的泉娃桶装饮用水项目，销售量已稳居济南市场份额前两位。⑤在国内率先推出区县手机报平台。在做好济南手机报基础上，提出向区县发展的思路，不仅为舜网拓宽了发展空间，而且为党在新时期基层宣传工作利用新媒体探索出了一条路子。已与河口区、邹城市、垦利县、昌邑市、济阳县等20余家区县合作，手机报用户已突破30万。⑥推出舜网团电子商务平台。探索电子商务盈利模式，推出舜网团，借助自主开发的“交易宝”以及支付宝、网银在线、易宝、财富通等第三方支付平台，通过市场代理等方式开展业务。计划下一步推出网上商城，开展网络销售。　（王小宁）

【济南日报】 济南日报坚持正确的舆论导向，加大新闻宣传，完成多项重大宣传报道任务，充分发挥党报在政治宣传方面的重要作用。

济南日报有影响、有分量的宣传报道战役较多，如“两会”报道、“我为《政府工作报告》建言献策活动”报道、“影响济南”年度经济人物评选、城管系统解放思想大讨论系列报道、拓展城市发展空间系列报道、济南公交进不了火车站系列报道、关于商河加快发展特别报道、“执政为民，廉洁高效”教育活动报道、打造济南首位经济系列报道、“转方式、调结构、促发展”系列报道以及文博会特别报道等。

“两会”宣传报道是年初新闻报道工作的重头戏，而且时间紧、要求高，济南日报按照要求在重要版面刊发近200篇稿件，有动态消息，有人物访谈，有政策解读，没有出现任何政治差错及其他差错，受到了各有关部门的一致好评，营造了浓厚的舆论氛围。济南日报还参与省“两会”报道，写出《707件提案助推山东经济文化强省建设》《多份提案聚焦食品药品饮用水安全》等独家报道。全国“两会”开幕后，该报采用“两会连线”形式，集中报道进京参加全国“两会”的驻济、驻鲁代表委员的参政议政履职情况，显示了日报的高度关注，并向读者及时传递信息。

“十一五”时期是我国“黄金发展期”和“矛盾凸显期”共同出现的5年，是新农村建设扎实推进并取得喜人成果的5年，是在国际金融风暴下逆风飞扬创造发展奇迹的5年。市委、市政府团结带领全市人民，紧紧围绕“维护省城稳定、发展省会经济、建设美丽泉城”的总体思路，攻坚破难，锐意进取，使“十一五”规划确定的各项目标任务圆满完成，经济社会各领域取得令人瞩目的重大成就。该报从10月18日起开辟“辉煌‘十一五’——从百姓生活看变化”栏目，从10月21日起推出系列报道“辉煌‘十一五’——精彩济南”栏目，回眸“十一五”期间济南市经济社会各方面取得的成就。为科学谋划“十二五”时期发展蓝图，提高“十二五”规划编制过程的社会参与度和透明度，增强规划的科学性和可操作性，使规划更能集中民智、体现民意、贴近民生。期间，该报还举办“我为‘十二五’规划建言献策”有奖征文活动、2009“影响济南”年度经济人物评选活动，策划推出“21世纪城市发展论坛”。

加快转变经济发展方式、调整优化经济结构，既是经济领域一场深度变革的开启，又是给环境与社会带来全新变化的开始。中共济南市委九届八次全会就加快转变经济发展方式进行安排部署、提出明确要求，指出加快经济发展方式转变，既是一项刻不容缓的紧迫工作，又是一项长期艰巨的战略任务，既是经济领域的一场深刻变革，又是思想领域、社会领域的一次深刻革命。济南日报从7月5日起推出系列评论，深入学习贯彻市委九届八次全会精神，推动加快经济发展方式转变，扎实做好当前各项工作；自7月14日起推出“转方式、调结构，连线百姓生活”栏目，从百姓生活的不同侧面反映济南转方式、调结构中的新亮点、新变化。中共济南市委、济南市人民政府《关于加快经济发展方式转变的实施意见》出台后，日报从8月11日起对《意见》进行详细解读；刊发了《打好转变经济方式攻坚战持久战》等10篇系列评论员文章。这组评论思路清晰、中心突出，紧紧围绕市委市政府的决策部署，对济南实现转方式、调结构的任务目标进行全方位论述。

十一运会成功举办之后，济南建设发展的步子怎么迈？面对新的挑战，日报从4月12日起推出拓展城市发展空间系列述评，对这一战略决策进行深入解读。2月8日，该报刊发长篇通讯《为城市管理人民，还是为人民管理城市——市城管系统启动解放思想大讨论构建人民满意城管品牌》，省委常委、市委书记焉荣竹在报纸上作出批示：“市城管系统开展的解放思想大讨论具有十分重要的意义。意义在于不仅是形式，而且有丰富、具体的内容，贴近群众、贴近实际。请办公厅将其经验做法转发各县（市）区，市直各部门借鉴。也希望各级各部门结合新的形势任务，春节后扎实开展一次解放思想大讨论活动。”城管系统经过100天的解放思想大讨论活动，掀起了创建人民满意的城管品牌活动高潮，日报自4月27日起与相关单位联系举办了“打造‘洁靓谐’省会形象”有奖征文。

“执政为民、廉洁勤政”集中教育活动是上半年开展的重大活动，持续时间长、涉及面广、学习内容丰富，济南日报大力宣传这一活动，报道了活动的进展、成果、典型经验等，引起良好的反响。在一版开设“执政为民当先锋、廉洁高效惠民生”专栏，于5月16日、17日和6月4日发表了《换位体验：群众冷暖在心中》《提速增效：跨越发展惠民生》《完善机制：着眼未来求创新》3篇综述，并配发了《突出实践特色务求取得实效》《在解决实际问题上取得新成效》《坚持改革创新拿出长效机制》3篇评论员文章。同时集中宣传教育活动中涌现出来的先进经验，充分发挥典型的示范带动作用，如5月19日《石窝窝变成金窝窝》报道了长清区万德镇石都庄支部书记王舜平带领乡亲们创业的历程、6月8日《让服务对象满意而归》报道了市工商局长清分局黄河工商所热心服务业户的事迹等。省委宣传部新闻阅评员认为，济南日报对“执政为民、廉洁勤政”集中教育活动的宣传，时间长、声势大，积极利用先进典型的示范作用，及时发表综述文章进行阶段总结、推出评论引导扩大教育成效，使整个宣传贴近实际，惠及民生，树立了政府的良好形象，拉近了机关与基层、领导与群众的关系，营造了建设和谐社会的浓厚氛围。

自济南市12345市民服务热线开通，济南日报党报热线就与12345紧密联动，济南日报社会新闻中心记者及时跟进，做了大量宣传。尤其是12345开通两周年之际，采写的通讯《听城市脉搏 知百姓心声》及配发的评论员文章《群众工作的新创举》，以及采写的市民为12345建言献策等在头版头条发表后，在社会上产生了较大反响。济南日报还编发内参10期，有6期获市领导批示。从2009年9月开始，火车站广场禁止公交车进入，市民反应强烈。3月，日报编发《公交线路何时重返火车站》的内参，市政府主要领导要求济南日报进行公开报道。经过精心策划与实地调查，日报于4月12、13、14日连续刊发《济南公交车为何进不了火车站广场》《交通拥挤阻碍了公交车进站》《济铁将与公交商议解决方案》等报道和相关评论，省城其他媒体纷纷跟进，引起相关部门高度重视。从4月30日起，3、9、11、18、43、K51等6条公交线路恢复在火车站广场的运行，其他线路随后陆续恢复在火车站广场的运行。5月6日，省委宣传部《新闻阅评》第14期以《济南日报为民办事赢得读者好评》为题，对该报“公交进不了火车站广场”连续报道给予高度评价。

济南日报文体新闻中心作为党报方阵的一员，以相当的版面容量和报道力度，深度关注包括文化产业、演出市场、文物保护、民间艺术、传统曲艺、文史钩沉、文化人物等等在内的济南本土文化生态，同时致力于在记者调研的基础上对文化济南的建设指出问题提出建议，藉以推动济南地域文化的复兴与发展，相继推出一系列较有影响的文化专题，如《济南，如何靠“文化”搏天下》《文化济南，呼唤“老残茶馆”》《济南庙会何时“热闹”如京城》《上新街片区期待变身“文化名片”》《名人雕塑：济南渴望艺术之眼》《月光之夜，一个济南人的低碳创意》《魏家庄：或将重新定位汉代济南》《文保单位：怎样变成济南“活宝贝”》《大辛庄：应为商王朝东方中心》《官扎营，不应忘却的济南记忆》《济南动漫：原创力迸发背后》《地名文化：期待济南探出新路》《2015，全球顶尖史学家齐聚济南——第22届国际历史科学大会落户山东大学记》《居安思危，济南亟需做好泉文章》《济南：跨越百年的现代化接力》《影像亚洲：影响之外的济南思考》《文化齐鲁激情跃向历史新高》《铁路大厂，济南百年工业文明地标》《文保新规，欲破两大保护困扰》等，受到有关部门、领导及社会各界的关注，而且不少报道对建设文化济南起到了积极地推动作用。

济南日报在紧紧围绕市委、市政府中心工作中不仅较好地完成了新闻宣传报道任务，在全国及省级等众多新闻奖项评选中也获得较好成绩。社会新闻中心主任牛继兴策划编辑、记者曹雷采写的通讯《九年爱心接力跑赢死神——三任公安局长和一位见义勇为农民的故事》获得中国新闻作品最高奖——第二十届中国新闻奖三等奖。系列报道《丰田凯美瑞刹车门事件》作品获山东新闻奖一等奖，《我市将出台新政确保棚改回迁居民住得起》获2009年度山东省新闻奖一等奖，《刘洋：一言难尽的跨国诉讼》获中国报纸副刊作品年赛二等奖，《大明湖人文特刊》获中国地市报新闻奖二等奖。在“海尔杯”全国副省级城市党报短新闻竞赛中，作品《山东87名见义勇为英雄每月领取资助金》获一等奖，作品《市委任用干部实行常委会票决制》获三等奖。在济南市庆祝2010年记者节大会上，济南日报“党报热线”“声音”被市委宣传部、市记协授予2010年度“济南市十佳报纸栏目”称号。

（王小宁）

【济南时报】 济南时报始终坚持正确的舆论导向，把媒体的责任意识放在首位，贴近群众、服务大局，遵循新闻传播规律，不断增强报道的创新性、贴近性、服务性和可读性。并围绕全市重点工作，集中精力策划好、报道好各项重大宣传报道任务，担当起主流媒体舆论引导与服务的作用。

围绕全市的重点工作，济南时报开辟专版、专栏，精心构造版式，集中精力策划好、报道好各项重点宣传任务。2010年，进入后全运时代的济南又迎来一个加速发展阶段，政府职能部门调整进行大部制改革、市政建设实施标准化服务、棚改回迁、西客站规划建设等大事接踵而至。围绕“转方式、调结构、促增长、惠民生、保稳定”等发展重点，济南时报在全市“两会”期间，抓出了很多亮点报道，配合各种高端访谈栏目，使报道有内容、有分量。此外，济南时报还较好地完成了第七届中国公民道德论坛、信博会、糖酒会、海洽会等会议、会展报道，以及“迎文明指数测评　展泉城文明风采”“微笑服务风采录”等典型宣传报道。配合城市建设新动向，济南时报策划推出“西部新城展”，邀请市民参观新城的规划展览，该策划贴近生活，服务性强，拓宽了市民了解西部发展的渠道。泉水复涌7周年之际，时报推出特刊“七年之涌”，除了新闻记录，还推出了定位鲜明的特刊，通过“名人”写“名泉”，增加了报道的层次感，特别是它的文化层次。“我城——我和城市的成长故事”等主题征文、“十一请到济南来看泉”等专题策划，在读者中都引起了较好反响。体育新闻除了继续巩固赛事报道的特色优势，在全民健身运动方面有新动作，策划推出济南市规模最大的羽毛球业余联赛，提升报纸在济南羽毛球爱好者心目中的影响力。借2009年“泉城红歌大赛”热势，济南时报参与策划主办了“唱响泉城”济南市消夏广场大家唱活动和第二届泉城十大京剧名票评选活动，通过参与性强的群众文化活动，同时借力于相关文化部门的人员硬件条件，使活动成功举办，实现双赢。

本着“上为政府分忧，下为百姓解难”的新闻操作理念，济南时报的舆论监督报道在体现报纸影响力和为民解忧的行动力方面，取得一些成绩。“桑梓店高王小学新建校舍闲置事件系列报道”“公交车进不了火车站事件系列报道”“持暂住证进不了黄河免费景区系列报道”“持暂住证无法免费入公园晨晚练系列报道”“火车站出租车拒载事件报道”等，取得不错的社会效果和宣传效果，一些报道见报后，有关方面及时更正了工作中存在的问题，报道给老百姓带来了实惠。

提升公益活动策划水平，以泉城义工的“城市名片”效应为基础，展示负责任、敢担当的媒体形象，不断增强报纸在市民中的美誉度。泉城义工已达到10万多人。泉城义工继续高扬服务社会、回报社会的奉献精神，“城市名片”效应继续扩大。

“圆你一个梦想——泉城义工天使行动”在2010年第一天启动，活动贯穿全年。4月1日，济南时报泉城义工志愿服务联络站联合市文明办、市公安局交警支队，向全体市民及驾驶员发出倡议“关爱生命　文明出行”倡议，并成立由百余名泉城义工组成的文明交通宣讲团。7月18日，泉城义工泉城广场服务岗在泉标北侧正式亮相。泉城义工正式进驻泉城广场，便民服务岗、广场环保队、广场巡逻队、广场合唱团等多个活动组织，利用双休日及节假日为市民及游人提供主题服务。9月20~21日，中宣部在济南举行第七届中国公民道德论坛，泉城义工作为济南的道德文明成果之一在大明湖景区向参加论坛的代表和市民们进行展示。在此次论坛上，中央文明办专职副主任王世明，济南市委副书记、市长张建国等在发言中对泉城义工给予了高度评价。

泉城义工的公益形象受到各方面关注。由山东省委宣传部汇编、山东人民出版社出版发行的《山东宣传思想文化工作案例选编》，以一个章节专门介绍泉城义工经验。“泉城义工”作为精神文明品牌，在2010年第二次写入市政府工作报告。11月2日，光明日报头版头条刊发文章《道德建设：济南市文明之基》，称泉城义工、阳光大姐、济南公交等新典型已得到社会各界充分肯定，济南公民道德建设公益品牌始终熠熠生辉。

除了泉城义工，济南时报开展的“雪中送炭”等活动也已经初具品牌规模。“雪中送炭”自2004年开展以来，已经连续举办了7个年头，救助的特困家庭近6000户。广播体操的回归，“热”了网络之后“热”到了生活中，时报及时策划了“10点动起来”，得到不少企业事业单位的回应，市总工会对此予以明确支持，社会效应明显。

4月14日，青海省玉树发生强烈地震。15日，时报特派记者、泉城义工殷玉国、李永明赶赴青海省玉树地震灾区采访，把灾区抗震救灾的不屈精神及时传递给泉城读者。4月23日晚，由济南时报与山东省吕剧院联手举办的“向玉树地震灾区伸出援手”大型义演活动在百花剧院举行，现场共募集捐款近11万元，展示了时报作为主流媒体的公益形象和社会责任意识。

6月，时报特派记者飞赴南非采访第19届世界杯足球赛。为报道好这次重大赛事，时报编辑部内部挖潜，整合各方面力量，以业务素质突出的编辑记者组成的报道队伍，为读者奉献了35期的精彩专题报道。这次战役性报道，不单单关注赛场，还有赛场外有意思的人和事，多点“开花”，让读者了解到一个更为多彩的南非。11月，第16届亚运会在广州举行，时报派出三名记者，推出特刊《亚运号》。为迎接中国“十艺节”，济南时报从今年春季起与济南市文联共同策划举办了两届“翰墨泉城”名家书画大展，并将这一重要文化活动与成功举办过10多届的现代生活方式展联袂举行，大大提升了书画展的社会影响力。这一活动被列入济南市文联为迎接“十艺节”重点打造的文化品牌之一。

济南时报策划的“时报理财周”活动，以“手把手”的方式，“帮读者赚钱，帮读者花钱”的操作思路，改变了财经报道的“晦涩”，使之与读者离得更近，更有指导性和服务性。济南时报参与了新浪网、南方周末、新京报、南方都市报等全国十几家主流媒体共同参与的“中国幸福指数调查”活动，在济南的调查也引起本地读者的关注，同时举办“资助驻济高校贫困大学生回家过年”公益活动，取得较好的社会反响。

报纸的特色也是报纸的价值和影响力。除了本地一些监督类报道被外地媒体转载之外，副刊版面有近百篇稿件被《读者》《青年文摘》《意林》《杂文选刊》《散文选刊》等杂志转载，扩大了报纸在本土之外的影响力。时报举行首个“网上开放日”活动，此次“网上开放日”，是时报精心策划的与读者零距离接触的互动交流活动。2010年由济南时报启动的2009年度济南市首届“城市面孔”十大人物评选活动，在舜耕山庄举行颁奖典礼，辛安（欣向泉）、山崎宏等获选“城市面孔”十大人物。获选“城市面孔”十大人物的“帅哥交警”张斌，引起中央媒体关注，新华社以《平凡岗位演绎不平凡人生》为题，对其进行了报道。

时报总编辑、泉城义工志愿服务联络站负责人李国强当选“2009年度中国社工人物”。

时报本地评论栏目《五龙谭》、深度报道栏目《孙华调查》，被市委宣传部、市新闻工作者协会评为“济南市十佳报纸栏目”。记者黄智义被评选为济南市“十佳新闻工作者”。

在2010年举行的山东新闻奖、中国晚报协会赵超构新闻奖、中国地市报新闻奖等各类奖项评选中，济南时报编辑记者采写的《被冒名顶替的21年，还能挽回吗》《就是你，不要逃避责任》《13岁入编制，24岁就内退》《雪莲计划》等30余件作品分获一、二、三等奖。

（王小宁）

【都市女报】 都市女报整体工作呈现出平稳上升趋势。主要体现在四个方面：一是全年广告任务超额完成；二是报纸质量有所提高；三是加大了报纸的征订力度，使得报纸发行量稳中有升；四是优雅文化传播公司的经营与品牌推广取得新成绩，超额完成全年经营指标。

在提高报纸质量方面，突出报纸特色是进一步拓展女报赢利空间、扩大品牌知名度的核心。围绕这一核心，编辑部主要在三个方面加强了团队建设：一是提出了网络时代报纸版面编辑策略，组织了涵盖整个编辑部的编辑能力培训工作；二是采取各种措施，减少一般性差错，杜绝重大差错；三是开通了企业QQ，进一步加强了与读者的互动。女报编辑部在办报实践中不断调整报道思路，增加女报新闻版面的可读性并取得了一定成效。随着女报报道思路的拓宽，各部门和版面编辑对各类新闻的把握能力有了明显提高。女报新闻板块的国内国际新闻IP流量上榜率较高，女性特色较前更为鲜明。与此同时，女报还保持传统优势，版面冲击力依然走在本地各纸媒前列。在文化娱乐报道方面，文娱新闻的自写稿有了明显增加，结合图书出版、电影戏剧等文化产业的发展，紧紧围绕读者的精神文化生活做文章，以各种丰富多彩的活动展开报道。女报的时尚专刊板块对版面进行合理调整，强化成熟版面的优势，扩大健康周刊，增加养生版，并结合专刊版面栏目化这一国内报纸专刊比较流行的做法，在对过去的栏目进行精细化操作的同时，结合当前出现的微博热，在人才版上初设“上班族的微博”，刊登白领微博，反映她们在职场中的喜怒哀乐，较有可读性和趣味性。女报推出不少有影响的作品。如济南淘宝创业人物系列报道、追问地沟油、温总理女翻译是咱济南人、揭秘济宁弃婴事件、济南高温生活系列报道、赴美生子“生”出隐形产业链、山建工学生自杀免责报道等。女报报道的中小学“学霸”问题、学生作业变成家长“作业”问题、乙肝歧视问题、甲流疫苗分配问题等被市政协委员、济南市作协副主席于艾香写成提案提交市政协代表大会。另外全年有影响的策划也不少，引起社会的一定关注。比如最美女司机策划、教师节策划——教师家庭是如何教育孩子的、暑期活动免费体验公益月、孩子安全训练营等等。从报道内容上看，报道方向更加多元化，女性特色更加明显，采访写作更加成熟。

都市女报还组织一系列较有影响的活动。年初，女报优雅文化传播公司与济南市话剧院和济南世博演艺经纪有限公司合作，共同投资推出济南市首部小剧场话剧《画皮》，受到各级领导的高度重视和观众的好评。该剧于5月份开演，共演出30多场，为济南的城市文化添彩，也有效地推广了女报报纸品牌。7月初，女报优雅文化传播公司在省体育中心体育馆举办的大型室内相亲会，受到济南市民的热情追捧，仅一天时间，实际参会人数就超过了万人。

1月9日，女报携手山东福胶集团，在山东大学趵突泉校区举行“校园义卖”活动；5月30日由女报与济南市家庭教育指导中心共同推出公益活动“济南市儿童安全训练营”；为促进高校毕业生就业，女报和山东省人才服务中心特启动了首届网络招聘周。同时，女报还组织三八妇女节女诗人诗歌朗诵会、女性讲堂系列活动，世博园征文，女性电影月、共植幸福树、女性“低碳饮食”厨艺大赛、金葵花少儿钢琴大赛等一系列活动，有效提升了女报的品牌形象。

10月，都市女报文化部副主任魏新在中央电视台百家讲坛节目中录制的21集《东汉开国》正式播出，取得不错的反响。

4 月，都市女报被“2010 品牌中国女性高峰论坛”评为“2010 最受女性喜爱的十大报纸”，伊言堂和舒心热线两个栏目被评为济南市十佳报纸栏目，文化部记者王靖获济南市十佳新闻工作者称号。从全年的报纸发行情况来看，都市女报的发行量基本保证稳中有升，创造了历史最高水平。（王小宁）

【当代健康报】当代健康报顺应形势变化，锐意改革，继续推进由单一经营新闻传播快速向多角度、全方位的模式转变，为实现跨越式发展的宏伟目标打下坚实基础。

加强宏观规划，进行战略布局。当代健康报采取请进来走出去的方式，联合大河健康报、健康时报等强势健康类传媒，为建立“全国健康类报纸联盟”进行详细研究，初步达成在全国范围内组建“全国健康类报纸联盟”的意向。同时，为尽快发展壮大，进行科学论证，提出分三步走的战略规划，为十二五期间大发展谋篇布局。

贴近群众需求，更实用更好看。在新闻宣传方面，当代健康报经过认真调研和反复论证，对报纸版面设置作了较大的调整，在办报内容、人群覆盖和版式风格上更适合以中老年读者为主、服务百姓家庭健康的报纸定位，进一步确立做“中国人的家庭医生”的理念。调整版面，增加“医家谈病”“健康读吧”等版，整合“为您搭桥”“伊甸乐园”版，版面风格在简洁明快的基础上经过调整日趋时尚。新闻部、专刊部加大工作力度，扩大选稿范围，继续突出权威性、时效性、服务性和可读性，用更加平实、精炼的新闻语言准确地把健康信息传达给广大读者，报纸质量取得了很大提高，推出一批有影响的报道。其中，《是非功过张悟本》就是在全国媒体都在炮轰“神医”张悟本的时候，本着科学冷静的态度，对张悟本进行了实事求是、切中肯綮的评价，提出对待养生要保持清醒和正确的认识、客观的态度，引起读者的广泛关注。当代健康报通过鼓励原创，精彩文章不断涌现，被新华每日电讯、搜狐、新浪等知名媒体转载达百余篇。当代健康报为了办出精品报，勇于向自我错误开刀，在“交流天地”版开辟“读者捉错”栏目，让读者为报纸纠错，在降低报纸出错率的同时，增加了互动。

加大发行力度，挖掘潜在客户。当代健康报与省新闻出版局多次洽谈，在发行上寻求支持，省新闻出版局最终将报纸列入农村书屋目录，为报纸培养了大批潜在订户。同时，当代健康报与山东省新华书店集团在发行方面的合作初见成效。新华书店集团以红头文件形式下达指导性计划，在全省 17 地市新华书店系统发行当代健康报，扩大了报纸影响。加大省内发行，通过和莱芜市有关领导洽谈，争取对方支持，为莱芜市市级领导以及市属部门负责人订阅报纸。

广告协办创新高，活动增强影响力。当代健康报的广告收入大约在 208 万左右，在开发巩固优质广告客户和高端协办医疗单位上取得了可喜的进步。借助策划推出的“健康出行”旅游专版，为全国的中老年朋友提供更权威的旅游信息资讯，深受广大读者欢迎，也为报纸广告创收开拓了一条新路，改善广告结构。还联合济南市健康教育所共同开设“西王健康大讲堂”，定期邀请医疗、营养专家在济南市少年宫为广大中老年读者授课。当代健康报与海晏堂海参养生俱乐部共同举办《答问卷，赢海参》活动，受到欢迎。

倡导团队精神，提高综合素质。当代健康报利用连续 10 年的每周五评报会等形式，敞开心扉，集思广益，开门办报。通过干群交流，新老员工“传帮带”，弘扬拼搏奉献精神，凝聚力、向心力进一步加强，形成了团结协作、干事创业的精神风貌。当代健康报好作品和先进个人不断涌现，得到省市各级的肯定和表彰。在山东省地市报好专栏好专版评选中，当代健康报获一金一银两铜的殊荣。“精彩推荐”版获金奖，“健康絮语”栏目获得银奖。3 月 26 日，山东省新闻奖晚报生活类报纸复评中，当代健康报的《中国人也该重视健康》获得言论类二等奖，《孤独症患儿父母更孤独》获得通讯类二等奖。济南市记者节表彰大会上，记者陈璐获济南“十佳记者”称号；姜延珍编辑的“桑榆感悟”栏目获济南“十佳栏目”称号。（王小宁）

【人口导报】2010 年，是人口导报扩版的第四年。报社各项事业和工作走上了良性发展的轨道，呈现出前所未有的良好发展势头。人口导报作为全省人口新闻宣传主渠道和主阵地的地位更加巩固，报纸质量有了新的提高，完成省人口计生委安排部署的各项宣传任务。2011 年度征订份数达到 20.7 万余份。报社其他各项工作管理有序，规范有力，促进了报社工作的全面健康发展。

导报精心组织，连续用十几期的头版重要位置报道了省委省政府主要领导姜异康、姜大明以及全省 17 市党政一把手对计划生育工作的重视，报道了他们把人口计划生育工作放在经济社会发展的重要基础地位的清醒认识，报道了各地党政领导为计划生育工作开展解决实际问题提出的新举措，在社会上准确、高调地传达了各级党委政府的声音。

审时度势、服务大局，及时组织多次重要报道，在全省形成有利于计划生育工作的舆论导向。2 月 8 日一版全版刊登《稳定低生育水平是统筹解决人口问题的首要任务——省人口计生委新闻发言人答记者问》；5 月 17 日一版全版刊登《必须坚持稳定低生育水平的首要任务——省人口计生委新闻发言人就〈公开信〉发表 30 周年答记者问》；9 月 20 日一版全版刊登《努力为建设经济文化强省营造良好的人口环境——写在〈公开信〉发表 30 周年之际》。旗帜鲜明地阐明了当前全省面临的人口形势和任务，在社会上引起了很好的反响。除了这三个重头文章外，还及时组织报道各地学习这些报道的活动。围绕全省计生工作会议的召开和《公开信》纪念活动，共配发社论和评论员文章 12 篇，并精心策划出版了一期纪念《公开信》发表 30

周年特刊。不仅锻炼了该报的采编队伍，更重要的是在全省树立了该报的良好形象，提升了该报在全省人口计生系统的品牌地位。

围绕稳定低生育水平的首要任务，该报把报道的重点放在计划生育宣传教育、基层基础、村民自治、依法行政、利益导向等工作上，强化“稳低一线”“婚育文明看乡村”等品牌栏目，报道济宁、临沂、菏泽、潍坊等人口大市做好稳定低生育水平的工作，报道济南、泰安、聊城、滨州等地强化婚育文明和村民自治建设的经验，报道青岛、烟台、威海、枣庄等地强化社区计生工作和计生利益机制建设的经验。很好地配合了全省的中心工作，起到较好的宣传效果。

据统计，全年该报共刊发工作类稿件（不含中缝）3500多篇，计220多万字，新闻图片600多幅，全年有十几篇新闻作品（版面）获得各类新闻奖项，其中“婚育文明看乡村”获济南市十佳栏目称号。

为进一步提高特约通讯员新闻业务水平，多次派出骨干记者赴全省各地进行新闻业务辅导。为鼓励先进，根据特约通讯员来稿、来信数量、用稿数量及质量，以及履行特约通讯员职责情况，评出了该报2010年度“十佳特约通讯员”，并在诸城发行会上予以表彰。这是该报评出的第三届“十佳特约通讯员”，在全省广大通讯员队伍中起到了积极的引导作用，引起了良好反响。（王小宁）

【舜网】 舜网在新闻宣传、网站建设、市场经营、技术保障等方面都有长足进步，受到网友和业界高度关注。

履行新闻宣传职责，突出互动特色。注重新闻宣传，对首页和各频道进行改版，改版后的舜网突出时政类新闻，首页设10个新闻版块和16个生活资讯类版块，形成一个成熟的重点新闻网站格局，进一步扩大了舜网作为地方门户网站的新闻量，提高了舜网在本地乃至全国的影响力，受到中央外宣办网络局的肯定和省委宣传部、省网络文化办的表扬。4月，制作2010上海世博会山东馆专题，运用图、文、视频等多种手段，充分发挥网络优势，及时全面报道上海世博会盛况，全面展示宣传山东馆。据不完全统计，该栏目访问量达3000余万人次。9月，为迎接第七届中国公民道德论坛，在省网络文化办的指导和支持下，举办“我身边的道德故事”主题活动。通过微博、论坛、邮箱等多种方式，广泛记录当代公民道德面貌。共征集微博留言2250余条，图片130余幅，页面点击量高达350万次。11月，推出“开门写报告”频道，邀请市民为政府工作报告建言献策，这是舜网第四次利用网络征求社会各界意见和建议。“开门写报告”频道访问量突破14万人次，市民提出2000余条意见。舜网论坛率先在省内17市和国内53城市开设分论坛，并开展“春雷行动”促进舜网论坛落地，在青岛、烟台等地主流报纸发布稿件20余篇推介，舜网论坛逐步走出山东迈向全国。舜网日访问页面800万，在济南以公务员、中小学教师以及40岁以下女性为主的群体中，舜网已成为主流媒体。

坚持技术为本，承担多项科研项目。舜网不断提高自主创新能力，研发了“舜网报刊图书电子商务平台”“C2C女性消费电子商务交易平台”“掌上山东3G信息服务平台”“E网通”等项目。其中“舜网SP短信软件V1.0”成功申报济南市科技局第三批自主创新产品，“掌上山东3G信息服务平台”成功申报2010济南市文化产业发展资金。

打造生活资讯门户，广告经营收入稳定增长。改版舜网房产、舜网汽车、舜网商场、舜网健康、舜网女性、舜网教育等资讯频道，初步形成生活资讯门户。开通济南业主论坛、汽车论坛、健康论坛等10余个围绕行业的专业性服务论坛，致力于打造济南生活服务消费社区。细分行业市场，市场人员队伍持续壮大，通过落地活动带动广告收入，先后组织策划“2010济南时尚达人选秀”“济南学校特色教育巡礼”“济南香港时尚购物展”“东方爱婴父母课堂系列讲座”“HELLO BABY宝宝游泳比赛”“寻找熊猫大侠”“江淮、三菱进口车试驾”等活动，与知名品牌合作，广告份额日渐扩大。

区县手机报试点成功，累计用户突破30万。舜网在国内率先推出区县手机报平台。在做好济南手机报基础上，提出向区县发展的思路，不仅为舜网拓宽了发展空间，而且为党在新时期基层宣传工作利用新媒体探索出一条路子。与河口区、邹城市、垦利县、昌邑市、济阳县等20余家区县合作，手机报用户已突破30万。

为各部门、企业提供建站、推广、优化等网络服务。先后建设府学文化网、泉城女性网、首届中国非物质文化遗产博览会网、山东省残疾人福利基金会网、济南市人民政府应急管理网、济阳新闻网等，配合市环保局开展“机动车冒黑烟有奖举报”，配合住房公积金审计项目问卷调查，配合联想集团进行产品推介宣传，取得了良好的社会效益和经济效益。

团购频道上线，电子商务初现雏形。8月，与济南时报合作，推出舜网招聘（zp.e23.cn），发布最新招聘、求职信息，为招聘者和求职者提供一站式专业化招聘服务，形成“线上＋线下”的联动跨媒体招聘平台。12月，推出舜网团，借助自主开发的“交易宝”以及支付宝、网银在线、易宝、财富通等第三方支付平台，依靠高人气的舜网论坛客户资源推广营销，通过市场代理等方式开展业务。

舜网网站发展迅速，获得了多项荣誉。1月，被市政府办公厅授予“我为《政府工作报告》建言献策”活动先进单位称号，被济南市信息产业局授予“优秀公益服务网站”和“文明办网先进单位”称号，被济南市社会治安综合治理委员会和济南市见义勇为基金会认定为“济南市见义勇为工作先进单位”。11月，舜网论坛被中共济南市委宣传部和济南市新闻工作者协会授予2010年济南市“十佳报纸栏目”称号。

舜网探索出了地方新闻网站发展之路，受到了业界的高度关注。先后有河北日报、泰州日报、宝鸡网、石家庄日报、湖南红网、襄樊日报、中原网、洛阳日报等10余家单位到舜网学习经验。

（王小宁）

广播电视

【概况】“三局合一”后，打破了广电几十年形成的管办结合，三位一体的管理体制（宣传、事业、管理三种职能于一体），真正实现了管办分离、政事分开，有利于广播电视行业主管部门进一步改进管理方式，建立职责明确、反映灵敏、运转有序、统一高效的宏观管理体系，切实履行好政策调节、市场监管、社会管理、公共服务的职能。加快了政府职能转变，强化了广播电视行政部门的管理职能，实现由办广播电视为主向管广播电视为主转变。

“三局合一”后市广播电视行政部门负责全市广播电视事业发展规划的监督实施；负责广播电视台（站、网）建立与撤并和频率频道名称变更的审核与报批工作；负责广播电视专用频段内的频率、频道、发射功率等技术参数变更的审核与报批；负责卫星电视广播地面接收设施及接收境外电视节目的有关审核报批工作；负责全市广播电视节目和电视剧制作单位建立与撤并的审核工作；负责信息网络视听节目（含IP电视、网络广播电视、手机视听节目）服务和公共视听载体播放节目的业务监管；负责移动电视业务及广播电视视频点播业务的管理；指导全市广播电视安全播出工作；负责或参与指导全市广播电视宣传和播出工作；会同有关部门监督管理全市广播电视广告播放活动；负责对从事广播电视节目制作的民办机构进行监管；指导、协调全市性重大广播电视活动。

为确保在新的管理体制下增强广播电视播出系统防范干扰破坏和应对突发事件的快速反应能力，根据管理职能、安全播出组织体系及县（市）区广播电视行政部门的现状等方面的变化，在广泛征求意见的基础上，组织制定《广播电视安全播出应急预案》，这是市文广新局成立以来制订的第一部广播电视规范性文件，操作性强、符合局情台情，同时也是三局合一后广播电视行业管理工作步入正常轨道的第一步，有利于在今后的工作中指导全市的广播电视安全播出工作。

对全市广播电视发射塔进行检查。根据播出机构广播电视发射塔的实际情况，要求全市广播电视行政部门认真贯彻落实好上级广播电视行政主管部门关于安全播出的有关要求，广播电视发射塔落实长效管理；规范和完善广播电视发射塔日常维护管理制度，选配专业技术能力强的人员参加巡查和技术维护；有条件的单位要配备专门的天线工；成立安全检查小组，研究制定检查和技术维护方案，聘请有资质的铁塔维护机构对广播电视发射塔按照检查项目表逐一进行细致检查并上报检查情况，保障全市广播电视安全有序播出。

（许长征　王　梓）

【济南广播电视台】1. 认真履行主流媒体职能，高质量完成新闻宣传任务。新闻宣传工作坚持围绕中心、服务大局，坚持正确舆论导向，把科学发展观和转方式、调结构这一重大政治主题，作为贯穿全年的宣传工作主线，着眼于加强舆论引导能力建设，着力推进新闻工作创新，不断改进宣传内容、形式和手段，建立完善重大主题活动组织策划、新闻节目常态化直播和重大新闻事件应急报道等工作机制，电台、电视台新闻频道自办新闻节目的时长大大增加，每天达到400分钟和209分钟；电视新闻直播时间进一步延长，每天达到155分钟，全年达到58400分钟，其中重大突发新闻事件直播260多次、780多分钟；策划组织的“转方式、调结构”“执政为民当先锋，廉洁高效惠民生”“积极创先争优，争做泉城先锋”“迎文明指数测评，建和谐美丽泉城”以及省市两会、文博会、非遗博览会、中国公民道德论坛等20多项重大主题宣传任务高水平、高质量完成，没有出现任何导向问题和政治差错，形成正面宣传强势和浓厚的科学发展氛围，有力配合了市委、市政府的中心工作，奠定了济南广电主流媒体地位。

2. 加大济南城市宣传力度，提升济南城市形象。制作播出采用数字电影摄影机拍摄、反映济南城市人文内涵的《天下泉城》姊妹篇《名士济南》，与“海峡之声电台”联合制作了广播和网络同步直播的特别节目《跨越海峡的牵手》，电视专题片《“我的济南老家”——季羡林》分别在境内外多家卫视台播出，有力提升了济南的知名度和美誉度。开机拍摄反映革命先驱王尽美的大型电视纪录片《沉浮谁主问苍茫》，分别与中国城市对外传播联盟、台湾东森电视、俏佳人传媒及美国ICN电视联播网等签署合作协议，为进一步宣传济南打下坚实基础。全年济南电台在中央电台、省电台分别发稿50多条和400多条，在中央电视台、省卫视台发稿60多条和460多条，提前完成全年对上发稿任务。

3. 创新节目，提升影响，品牌建设实现新的突破。面对中央台、省台和上星卫视台等强势媒体的激烈竞争，市广播电视台坚定不移推进品牌战略和创新战略，按照“三贴近”原则，不断提高广播电视节目质量、制作水准和创新能力，努力满足广大人民群众日益增长的精神文化需求，实现品牌影响和市场份额的双提升。据来自尼尔森和央视索福瑞两家权威调查机构的数据显示，济南电台平均市场份额突破70%，电视台平均市场份额达到28.91%，电台、电视台市场份额同时跃居全国省会台第一位。①品牌节目打造卓有成效、节目质量明显提升。电台对《金山夜话》等40多档节目进行了改版调整，其中收听份额同比增长超过10%的有20多档，《早安泉城》《政务监督热线》提升幅度分别达到90%和50%以上；推出《车行天下——一路领先》《红十字在行动》等9档新品牌节目，有3档节目市场份额进入前10名。电视台对《济南新闻》《今晚》等

19档节目进行改版提升，其中收视份额同比增长超过10%的有13档，先后推出《今晚不关机》《全家乐翻天》等8档新品牌节目，《今晚不关机》比开播前同时段收视翻了一番。②大型活动精彩纷呈、品牌影响不断扩大。先后策划组织省暨济南市公民道德宣传日展示、“先锋颂泉城情——全市庆七一大型歌咏比赛”“阳光下的花朵——全市庆六一直播晚会”、记者节宣誓、护城河通航、文化济南颁奖晚会、电视台新台标推广、两台节目推介和广告招商、广播电视观众节及跨年晚会、小桔灯读书行动、高考爱心车行动、首届广播主持人大赛、红歌会等50多项大型活动和主题晚会，得到各级领导、社会各界和广大市民的高度评价和广泛赞誉，济南广电的美誉度和社会影响力进一步提升。③精品生产成绩斐然、创新战略结出硕果。航拍电视片《天下泉城》、广播剧《天橙的味道》等7件作品分别获2010年度省市精神文明建设“文艺精品工程”奖。《中国重汽：结“洋亲”实现大跨越》等3件作品获得2009年度山东新闻奖一等奖；《有一说一》《泉水人家——葡萄架下的约会》等16件作品获得山东省第22届电视艺术牡丹奖一等奖。18件作品获得2009年度山东省广播电视奖评选一等奖，《方圆论坛》《以案说法》《幸福红歌会》《今晚我帮你》《有么说么故事会》等5个栏目分别获山东广播十佳栏目、电视十佳栏目称号。主持人胡霞选送的作品《山东真汉子》获“2009中国播音主持金话筒奖提名奖”。《有么说么》《有一说一》栏目被评为2010中国十大最具原创精神故事类电视栏目和娱乐类电视栏目。在“2010中国消费者理想品牌”评选中，Music 88.7再次获全国“广播十强”称号。

4.全面推进有线数字电视整体转换，不断提高网络公共服务能力。坚持高起点规划、高水平实施、高质量服务的要求，统筹兼顾、科学运作，仅用3个多月的时间，就完成数字电视运营支撑系统和媒资系统、网络电视台、互动电视平台、高清双向机顶盒等整体转换所需设备的招标采购、系统集成和安装调试，搭建全新的有线数字电视技术和运营平台。10月12日全市整体转换动员大会之后，先后组织1300多人参与的20多支整体转换队伍投入到现场整转工作，以每天6000户到8000户的整转速度高效推进，仅用3个多月的时间提前超额完成城区整转50万用户的目标，并同步完成覆盖30万用户的双向网改造和开通2.5万双向用户的任务，在全国率先实现电视、手机、电脑“三屏联动”和高清双向机顶盒收看央视网络电视（CNTV）节目的功能，网络信号传输质量和双向业务能力有了质的提高，网络公共服务能力显著增强。济南广电承担的市政府部署的三大民生工程，有线数字电视整体转换、农村有线电视“村村通”和“户户通”，全部提前、超额、高质量完成。

同时，坚持以人为本、和谐转换原则，通过加大宣传推广力度、向社会公开服务承诺、改造完善客户服务系统、加强人员培训、延长营业厅工作时间、对已整转用户100%电话回访等措施，进一步提高整体转换工作效率、服务质量和广大群众的认可率，确保整体转换工作顺利进行。根据统计，电话回访满意率保持在98%以上，已整转用户投诉率一直保持在1%以下，在全国已整转城市中投诉率水平最低。

5.推进技术创新，确保安全播出，技术保障能力大大提升。紧紧围绕保障安全播出、保障新节目打造、保障新业务拓展的要求，转变观念、增强服务、强化管理，完成70余次卫星直播车现场直播活动、1000多小时演播室直播节目，以及85场大型综艺节目和活动的录制工作；重建升级具有国内领先水平的广播直播机房录制播出系统，完成电视转播车卫星收录系统和新闻主演播室灯光系统的改造，引进3G电视直播技术平台，全台技术保障能力进一步增强；首次承担广州亚运会飞碟项目现场转播和公共信号制作任务，以出色的表现受到亚组委的好评。电台、电视台、网络中心全年累计播出和传输28万多小时，未发生任何责任事故，台内停播率为0秒/百小时，圆满实现安全优质播出目标。

6.创新思路，多元发展，经营创收工作再创佳绩。按照“调整广告结构、转变广告经营管理方式、实现经营创收持续增长”的要求，继续强化统一管理运营，压缩医疗和客座广告比例，扩大品牌广告份额，推进广告资源整合利用，两台广告创收能力大大提高。同时推出以构建广播电视宣传和广告平台为目标的平面媒体杂志《全新视听》，与深圳广电集团等19家媒体共同出资发起设立“华夏城视网络电视”，进一步加快移动电视和户外大屏建设，初步形成了多元化、立体化的经营格局，为全台经营创收工作实现多元发展奠定基础。全台实现经营收入比上一年增长21.8%，超额完成全年经营目标。

（温　健　杨吉奎）

【中英双语电视栏目《天下泉城》开播】见“政党·政协·人民团体”栏目“中共济南市委员会”分目

【拍录《“我的济南老家”——季羡林》】7月11日，由济南电视台拍摄录制的大型电视纪录片《“我的济南老家”——季羡林》于大师逝世1周年和诞辰99周年的日子在济南电视台进行集中播放。该片以季羡林先生诸多忆念故乡风土人情与师友乡亲的作品为线索，以第一人称的表现手法，诗情画意地展现了季羡林在济南14余年的生平事迹和受教育的经历，客观描述并深入阐释了其鲜为人知的心路历程，充分体现了一代大师爱家乡、爱祖国的赤诚情怀以及济南的环境和教育对其后来的成长所起的重要作用。该片还先后在中国教育电视台、香港亚太卫视以及北美地区的麒麟电视播出，引起良好反响，对于宣传济南、普及文化起到了一定作用。

（温　健　杨吉奎）

【完成广州亚运会飞碟项目电视转播任务】11月10～25日，济南电视台完成广州第十六届亚运会飞碟项目的电视转播工作。这是济南电视台转播团队继成功完成2009年全运会举重、自行车赛事转播之后，再次承担的国际水平的体育赛事转播任务。本次电视转播拍摄为数字高清电视格式，使用了76倍的高清镜头、摇控云台高清摄像机、8通道慢动作回放以及复杂的立体声声音制作设备，制作技术为国际先进水平。中央电视台及日本、韩国等多个亚洲国家使用了济南电视台制作的现场电视信号。

（温　健　杨吉奎）

【大型人文电视片《名士济南》摄制完成并连续播出】 12月22日，大型人文电视片《名士济南》在万达国际影城举行首映式。《名士济南》是继大型航拍电视片《天下泉城》之后，由市委宣传部、市委对外宣传办公室、济南广播电视台着力打造的又一部电视精品力作，是《天下泉城》的姊妹篇。作为一部人文版城市形象宣传片，从大舜说起，到先秦时的孔门弟子闵子骞、阴阳五行学派大师邹衍、神医扁鹊、一代英豪曹操等，再到唐代好汉秦琼、大诗人李白、杜甫等，以及宋、元、明、清和近代文坛巨匠，通过38位名士，对济南的历史和文化，济南的山和水给予全景式的展现。该片使用了数字电影摄影机，以地面拍摄为主，同时采用航拍、情景再现、三维动画等多种手段，以精美的电视艺术形式展现了济南深厚独特的人文内涵。从12月25日起，作为奉献给观众朋友的年度大礼，该片在济南电视台7大频道开始滚动播出。（温　健　杨吉奎）

【《沉浮谁主问苍茫》开机拍摄】 11月29日，大型政论电视纪录片《沉浮谁主问苍茫》在中国共产党创始人之一王尽美的母校济南师范学校举行开机仪式，这同时也奏响济南市纪念中国共产党成立90周年大型系列活动的序曲。济南，作为共产主义思想最活跃的地区之一，集中了王尽美、邓恩铭、王乐平、杨明斋等一大批传播共产主义思想的代表人物和中国共产党的创始人，涌现出一批我党早期的创始人和先驱者，在中国共产党建党历史上具有重要的地位和历史意义。《沉浮谁主问苍茫》共分为《铁志》《铁肩》《铁血》上中下三集，每集长度40分钟。该片将以王尽美革命的一生为主线，以邓恩铭、王乐平、杨明斋等我党建立之初在济南从事过革命活动的代表人物为辅线，以辛亥革命、五四运动、马克思主义在中国的早期传播、中国共产党的创立、中国早期的工人运动、农民运动等大的历史背景为衬托，站在历史的和客观的角度去审视和思考。在充分挖掘和依靠、尊重历史史实的基础上，合理构架故事，巧妙设计转折点和故事悬念，在故事展开上既环环相扣又有张有弛，各种历史元素在与故事的结合上采取实进虚出、虚进实出的方法处理，举重若轻。（温　健　杨吉奎）

【济南人民广播电台举办“大溪地杯”主持人大赛】 自2010年9月中旬开始，济南人民广播电台在全国范围内推出首届主持人大赛。大赛启动之后，社会各界反响热烈，吸引了近千名优秀选手踊跃报名。大赛历经初赛、复赛、决赛层层激烈角逐，通过新闻评述、才艺展示、主持实战、挑战“名嘴”等多项环节考验，全面考核选手的播音主持功底、文化修养、写作能力、应变能力。最终决出一等奖2名，二等奖6名，优秀奖12名。另外在复赛中才艺表现较为突出的3名选手获最佳才艺奖。

（温　健　杨吉奎）

【济南电台Music 88.7连续两届获“中国消费者理想品牌十强广播媒体”称号】 在“2010中国消费者理想品牌”大调查中，济南电台Music 88.7在全国36个中心城市的500余个广播频率中脱颖而出，第二次与中央电台中国之声等一起获“广播十强”称号，以明显优势名列第五位。

济南电台Music 88.7是济南地区第一个全天24小时播放流行音乐的类型化音乐频率，一直走在广播媒体改革的前沿。自2004年成立之初，Music 88.7就确立“整合营销传播，打造频率品牌”的品牌战略运作理念，从表现形式、内容定位、节目形态到运行管理、整合营销，全方位突出品牌的影响力和美誉度。而围绕目标受众，立足“做大活动”，以“社会公益活动”和“音乐、时尚活动”造势，是Music 88.7提升品牌影响的“杀手锏”，每年100多场各种类型、各种规模的活动，让济南的受众时时刻刻地听到、看到、感受到88.7的活力和张力。社会公益活动作为主线之一依托在线节目，贯穿全年始终，通过不同主题的活动内容，呼吁社会大众共同为困难群众、弱势群体解脱困境，提供帮助。2009年推出的“小桔灯爱心读书行动”为较贫困地区的30余所小学建起了爱心图书室，送去各类书籍近40万册，进一步提升了88.7关注公益的良好形象；音乐、时尚活动以“Music 88.7时尚车友会”和“橙色音乐风暴歌友会”为平台，融合和突出音乐、时尚元素，相继推出“中韩明星演唱会”“超女济南演唱会”等大型活动，邀请大陆、香港、台湾等地的知名歌手亮相泉城，成为流行乐坛必不可少的风向标，进一步树立了88.7时尚动感的先锋形象。

“2010中国消费者理想品牌大调查”活动是由中国商务广告协会和中国传媒大学主办，全国36所知名高校共同参与调查研究的，在国内各类调查活动中具有权威地位，调查活动范围是全国36个中心城市。“中国消费者理想品牌大调查”每两年进行一次，今年是第二次。该活动通过全面的消费者调查，把握中国市场的品牌消费与认知现状，为各级政府及有关部门更好地扶持自主品牌提供参考，为企业更好地参与品牌竞争提供借鉴。（温　健　杨吉奎）

【济南实现数字电视整体转换】 10月12日，济南召开全市有线数字电视整体转换动员大会，正式启动整体转换工作。此次数字电视整体转换中，济南广电网络采用国内最先进的数字电视技术，研发多种实用的双向互动业务，提出全媒体电视的概念，实现“三网融合、三屏业务联动”的融合应用模式；与央视国际进行战略合作，在国内首创用户通过机顶盒收看互联网电视的做法。整体转换期间，推出90套基本电视节目，在全国属于最多。可谓“有线数字电视，无限精彩世界”。另外，配置的机顶盒还具有高清播放器、高清录像机和电视相册的功能，可以播放家庭录像或照片，展示精彩片断。同时，依托稳定的高清有线数字电视系统，向用户提供了独具特色的“一线通”服务。该业务采用了先进的电视电缆传输数据信号的技术，只需在用户家中有线电视电缆末端加装上小巧的“一线通”终端，就可以尽情享受丰富多彩的有线数字电视双向互动业务，包括泉城视窗、网络资讯、电视网站、网上读报、电视杂志、天气预报、股市在线、在线营业厅、电视缴费、彩票投注等10项免费双向业务，以及中国互联网电视、视频点播、频道回看等收费双向业务体验，并可根据用户需求开通宽带上网。

截至年底，历下、市中、槐荫、天桥4区约50万有线电视用户全部看上以高清数字信号传输的数字电视节目。

（温　健　杨吉奎）

【电影事业稳步推进】 制定了《济南市“十二五”城镇数字影院发展规划》，对全市镇影院的发展进行科学的规划和布局，完成对光明、明星两个电影院和北洋大戏院维修改造的调研论证工作。强力推进公益电影进农村放映活动，组织召开全市农村电影工作会议。截至11月底，农村公益电影放映55864场，观众670万人次，经济收入近70万元。指导新农村院线公司对全市167套数字放映设备进行更新发放，启动“关爱农民工子女志愿服务百影行动”。

（于万勇　张启龙）

【农村电影放映工程超额完成年度目标任务】 全市全年共完成农村电影数字化放映55859场，观众达700万人次，经济收入近70万元，超额完成54864场的年度放映计划，实现了国家“十一五”末每个行政村每月放映一场电影的“2131工程”目标任务，为活跃农民群众文化生活、实现城乡电影公共服务均等化发挥了积极作用，取得良好的社会效益和经济效益。（于万勇　张启龙）

【制定《济南市“十二五”城镇数字影院发展规划》】 针对城镇数字影院建设滞后的现状，在广泛调研摸底、认真分析研究的基础上，制定《济南市“十二五”城镇数字影院发展规划》。《规划》对城镇数字影院的发展进行科学布局，拟充分利用电影产业快速发展的有利时机，采取政府扶持、市场化运作、社会化融资的方式，在市区、县（市）及有条件的乡镇新建、扩建、改建一批数字电影院。根据《规划》，2015年，全市城镇数字电影院增至35家，银幕达到220块。

（于万勇　张启龙）

【促进电影产业繁荣发展】 根据国家、省文件精神，结合济南实际，促进电影产业的繁荣发展，加强电影公共服务体系建设，市政府办公厅下发《济南市人民政府办公厅关于转发鲁政办发〔2010〕文件，促进电影产业繁荣发展的通知》，通知要求：一是明确产业发展目标，二是提升公共服务能力，三是加大对电影产业扶持力度，四是积极推进行业内部体制改革，五是切实加强组织领导。

（于万勇　张启龙）

【济南市首届社区电影节举办】 6月，由市委宣传部、市文广新局和生活日报社联合主办、济南新农村院线承办的济南市首届社区电影节在历下、市中、槐荫、天桥、历城5区举办，该活动历时4个月。活动期间，组织专业电影放映队走进全市20多个社区广场，共放映优秀国产影片60场，并采取多种形式与社区居民互动联欢，受到社区居民的欢迎。

（于万勇　张启龙）

【启动“关爱农民工子女志愿百影行动”】 11月9日，济南市“关爱农民工子女志愿百影行动”启动。此次活动由市委宣传部、团市委、市教育局、市文广新局、市志愿者协会联合发起，济南市电影公司和市志愿者指导中心联合承办，旨在深化关爱农民工子女志愿服务行动，促进中小学生素质教育，推动未成年人思想道德建设和校园文化建设，帮助中小学生特别是农民工子女在增长知识的同时融入城市。活动通过开展电影放映、电影文化宣传等形式，精选100场电影，组织专业放映队利用业余时间走进农民工子女定点学校免费放映，5万余名农民工子女从中受益。

（于万勇　张启龙）

档案事业

【概况】 全市各级档案部门紧紧围绕济南市“转方式、调结构、促增长、惠民生、保稳定”工作重心，加强档案业务基础建设，强化档案工作服务能力，为加快省会现代化建设作出了积极贡献。

民生档案工作走出新路子。全市社区卫生服务中心建档试点工作全面铺开，农村劳动力转移和新型农村合作医疗建档工作继续深化，家庭建档、农村居民健康建档覆盖面不断扩大。全市73个街道办、61个乡镇的劳动保障服务机构全部开展建档工作，共建立各门类档案65万余卷（册），受到市领导充分肯定。市档案局开展出生医学证明档案调研工作，指导有关医院加强了对6万余份出生医学证明档案的管理。市档案馆收集150余家单位涉及199项内容的民生档案，编辑完成《民生档案查阅指南》并在济南档案信息网上公布，全市民生档案数据中心建设初步完成。

档案信息开发利用取得新成果。市档案馆编辑出版《济南市重要政务活动档案辑录》，供市委、市政府主要领导工作查考；编写涉及林权制度改革等内容的《档案资政参考》4期，得到有关领导好评；在《济南文史》上开辟“济南档案”专栏，先后编发档案史料研究文章10篇，受到市政协委员欢迎。坚持电话预约查档服务和为特殊群体提供查档减免费服务，市档案馆全年共接待利用者

5400余人次，受理咨询电话4700余次，提供利用档案和现行文件6850卷（件）次。

重点项目档案工作扎实有效。加强对市政府确定的近3年100项重点建设工程和100项综合整治项目的建档指导，对其中140个符合条件的2010年重点建设项目进行了档案工作登记，归档各类项目档案14424卷（件）、图纸658718张（套）。市档案局联合市有关部门对54个已竣工重点建设项目档案进行验收，对大明湖扩建工程参建单位、棚户区改造和住宅片区项目档案工作加强指导，并深入万达广场等10余个项目现场进行了旧城改造和住宅小区建设档案工作指导与调研。

档案信息化建设进度加快。市档案馆数字化处理档案全文507万页、照片544幅，并对去年数字化处理的档案全文进行了抽查；进一步完善了数字档案馆综合管理系统，及时对“济南档案信息网”进行更新维护，保证网站内容的时效性和网站的正常运行。

档案资源建设取得新成效。市档案馆先后组织接收驻龙奥大厦市直部门、第十一届全运会组委会、泉城公证处等一批单位档案进馆,共计89945件（卷）；积极开展著名人物建档、民风民俗和重大活动档案资料征集、城市记忆工程等工作，征集拍摄全国糖酒会、棚户区改造工程等档案资料561件、照片6455幅、录像资料100分钟。截至年末，全市11个国家综合档案馆和2个专业档案馆馆藏总量达270万余卷（件）。

档案安全保密体系建设取得新进展。市档案馆与西安市档案馆签订重要馆藏档案数据异地备份合作协议，电子文件（档案）异地备份准备工作全部就绪；完善档案库房安全保护智能化管理系统功能，狠抓档案库房、数字化加工等各项管理制度落实，坚持对数字档案馆系统数据进行常规备份，确保档案实体和档案信息安全。

企业档案工作进一步加强。市档案局先后举办企事业档案人员培训班和县（市）区档案指导人员培训班，对《企业档案工作规范》进行重点培训；加强对破产企业档案工作的监督指导，主动与市国资委联系协调，对破产企业档案实行统一管理，已有8家企业的5万余卷档案整理移交至市控股公司企业档案管理中心。

农业农村档案工作进一步深化。市档案局在长清区开展了集体林权制度改革建档试点，并在此基础上印发工作意见，保证林改建档工作顺利进行。扩大农民合作经济组织建档规模，全市有140个农民专业合作经济组织建立档案37139卷(件)。农业产业化档案工作初见成效，10家龙头企业共建立档案1045卷(件)。无公害农产品建档工作稳步发展，71个生产基地、29个专业村、182个专业大户共建档17675卷（件）。新建农业科技档案6651卷5960件，57个农业科技档案信息站点实现与其他网络资源的链接。

机关档案工作进一步推进。市档案局全力做好市政府机构改革撤并单位档案处置工作，指导有关单位开展全国糖酒会、全国生物产业大会等重大活动档案材料的收集和归档。组织完成115个市直机关事业单位档案管理软件改版升级工作，机关档案信息化管理水平全面提升。档案管理年度考核、2009年度机关档案归档文件整理验收工作全面完成，取得预期效果。

【市档案局获全国档案法制宣传教育奖】“五五”普法期间，全市各级档案部门按照国家、省档案局和市委、市政府对“五五”普法工作的总体要求，制订普法规划、落实岗位责任、加大工作力度，积极开展各种学习宣传教育活动，为档案事业健康持续发展营造良好的法治环境，取得明显成效。12月2日，国家档案局在北京召开全国档案系统“五五”普法总结表彰会议，市档案局被授予全国“2006~2010年档案普法宣传教育阵地建设奖”。这是济南市获得的档案普法工作最高奖。

【济南、西安两市档案馆签署互为馆藏重要档案数据异地备份基地协议】 4月8日，市档案馆与西安市档案馆互为馆藏重要档案数据异地备份基地工作协议签字仪式在济南举行。市档案局（馆）副局（馆）长裴良、西安市档案局（馆）副局（馆）长任永欣代表双方签署两市互为馆藏重要档案数据异地备份基地工作协议书。市档案馆与西安市档案馆结对互为馆藏重要档案数据异地备份基地，是贯彻落实国家档案局提出的实施重要档案异地备份的要求，有效利用双方的档案保管条件，确保重要档案数据完整安全的一项重要举措，为双方进一步提高防灾备灾能力，切实加强档案安全保障体系建设，实施档案安全战略奠定良好基础。

【《济南市重要政务活动档案辑录》出版】 为贯彻市委、市政府进一步解放思想、提升境界、转变作风、加快推进省会现代化建设的要求，为今后工作查考、历史研究、经验借鉴提供参考，市档案局（馆）编辑的《济南市重要政务活动档案辑录（2007 ~ 2009年)》于2010年7月出版。该书以济南市重要政务活动为主线，以档案文件与新闻报道为基本素材，分为“重要文件讲话”和“新闻宣传报道”两大部分，共收录照片30张、重要文件39篇10万余字、新闻报道图片800余幅。真实记录近年来济南市委、市政府各项重大决策的研究、制定过程和重大活动的发生、发展情况，直观反映济南市在经济社会发展、保障改善民生、城市建设管理等方面取得的瞩目成就，有助于科学总结济南市近年来取得的成绩和经验，分析济南面临的形势和任务，对深入贯彻落实科学发展观，加快转变经济发展方式，推动济南各项事业又好又快发展具有重要参考价值。

【市档案馆加强民生档案数据中心建设】 为更好地服务民生，充分发挥档案在建设服务型政府、构建和谐社会方面的独特作用，市档案馆在对民生档案数据中心建设进行充分论证的基础上，与山东政通公司和北京东方飞扬公司合作完成民生档案软件系统和硬件设备的安装、调试工作，搭建起民生档案数据中心建设所需的平台环境。同时，根据市档案馆和10个县（市）区档案馆馆藏民生档案的基本情况，对民生档案数据结构进行设置，筛选整理、迁移挂接市民群众利用需求较多的知青、招工、婚姻等民生档案目录数据约30万余条、原文3万余页，使民生档案数据中心初具规模。随着中心数据量不断增加，覆盖面不断扩展，市民群众若要查阅有关本人的馆藏民生档案信息，无论是在市档案馆还是在各县（市）区档案馆都可以通过网络进行查阅。

（宋建青）

【概况】市文物局按照文物法律法规的相关规定，依法加强全市物质文化遗产的保护管理，积极组织开展文物保护管理、文物维修、文物普查、考古发掘、陈列展览等工作，并取得良好成绩。

文物管理。为加强对全市不可移动文物的保护管理，结合第三次全国文物普查工作进展情况，组织开展推荐第四批省级文物保护单位工作，共推荐闵子骞墓等共46处不可移动文物申报第四批省级文物保护单位。进一步推荐大遗址保护工作，指导历城区、章丘市文物行政部门开展《大辛庄遗址保护总体规划》和《城子崖遗址保护总体规划》的编制、修改工作，并分别组织召开了专家评审会。为文物保护单位树立保护标志，是《文物保护法》赋予各级文物部门的法定职责，也是加强保护管理工作的重要措施。为使挂牌、立标工作更加科学化、标准化，市文物局规范全市国家级、省级、市县级文物保护单位保护标志的样式、尺寸等，并本着先急后缓的原则，已完成30余处文物保护单位悬挂保护标志工作，其他文物保护单位的保护标志制作正在进行中。全面完成全市各级博物馆馆藏珍贵文物信息采集工作任务。大力推进全市文化部门归口管理的公共博物馆、纪念馆免费开放工作，指导已免费开放的各级博物馆提升展览内容、提高服务质量、加强宣传、扩大社会影响。按照《文物保护法》和《博物馆管理办法》的规定，对全市文物部门管理的博物馆、部分非国有博物馆进行了年度检查。组织开展“十二五”文物抢救保护规划编制工作，对全市市级以上文物保护保护濒危情况进行排查，本着先急后缓的原则，编制文物抢救保护规划及经费预算等，积极争取国家财政经费支持。指导各县（市）区文物行政主管部门和市直文博单位开展文物安全检查等，不断加强野外文物、馆藏文物安全工作。围绕“5·18”国际博物馆日、中国文化遗产日，开展多种形式的主题宣传活动，取得良好社会效益。

文物调查。济南市的第三次全国文物普查工作进展顺利。1月20号，召开济南市文物工作会议，安排部署第三次全国文物普查实地调查阶段验收工作。4月9日，省文物普查办公室专家组对章丘市第三次全国文物普查实地调查阶段工作进行了验收，并给予高度评价。截至6月下旬，全面完成全市10个县（市）区第三次全国文物普查实地调查阶段的审查、验收工作，全市第三次全国文物普查顺利转入数据整理、公布成果的第三阶段。另外，配合城市改造建设，市考古研究所先后对北园高架西延线工程拟占压区域、宽厚所街片区、黑西路改造区域、段店宜阳太妃墓等进行实地调查，为城市建设中的拆迁、规划建设提供依据。

考古发掘。配合工程先后对彭家庄汉墓、腊山分洪河宋墓、华强广场墓地、绿地新城元代墓以及魏家庄、开元广场、黑虎泉北路185号、章丘龙山孙家东南、大辛庄、刘家庄、贵和“天地广场”等遗址进行抢救性考古发掘，发掘面积8000多平方米，墓葬300余座，出土器物900余件套，其中商代至汉代的铜器百余件。魏家庄遗址出土了一大批汉代铁鼎，为研究济南地区冶铁技术提供了重要实物资料。刘家庄遗址是济南城区内保存时代最早、面积最大的商周遗址，首次出土了带铭文的铜器。在原小明湖位置清理、发现唐宋时期生活遗迹，纠正此处宋代以前为湖面的有关文献记载，为研究济南地区唐宋等时期的城市变迁、环境变化提供了珍贵资料。华强广场古墓群出土的宋代舟形墓和解放东路的明代夯筑、砖石结构墓，均为市区内首次发现，进一步丰富了济南地区发现的墓葬形制。大辛庄遗址的发掘，发现了大量规模大、等级高的贵族墓葬，出土多组带有铭文的青铜器，填补了历史的空白。

文物维修。修复府学文庙东西两庑的塑像、大成殿礼乐器，安装完成安保监控设备，完成文庙整体绿化工程，9月28日正式对社会开放。积极与省地震局等部门协调，继续开展“五·三惨案蔡公时殉难地”住户搬迁、维修前期准备等工作。在章丘市文物行政部门、文物所在地镇政府支持下，启动省级文物保护单位兴国寺的修缮保护工程并通过考古发掘明确整个寺院的格局及各建筑间的时代关系。华阳宫古建筑内遗存的500平方米古代壁画急需保护，在市财政的支持下，启动华阳宫古建筑群壁画修复一期工程，对部分壁画进行加固、除垢、杀菌、防护等。

馆藏文物保护。济南市博物馆按照年度工作计划，继续完善馆藏文物的规范管理工作。为配合财政部和国家文物局启动的“文物调查及数据库管理系统建设”项目，全年集中精力对馆藏一、二、三级的书法、绘画、青铜、瓷器、玉器、古墨、竹木牙雕、砚台8个类别共（1354个号）1791件珍贵文物按数据库要求进行相关的信息采集，数据采集质量较高，得到省文物局充分肯定。各县（市）区博物馆也按照要求积极开展馆藏珍贵文物数据库信息采集工作，按时保质保量完成了指标任务。该项工作的完成，标志着济南市各级博物馆珍贵文物数据库已正式建立，为下一步藏品的科学化管理、宣传利用、陈列展览、学术研究、书籍出版等各项业务工作打下基础。

文物陈列宣传。为深入贯彻落实科学发展观，积极弘扬主旋律，充分发挥爱国主义教育基地作用，济南市各级博物馆继续坚持对社会公众免费开放，配合各种活动举办形式多样的陈列展览。济南市博物馆为改善观众参观环境，提升服务水平，投资50万元对部分展厅和环廊进行装修改造，提升展示效果；在展厅休闲区安装大屏幕液晶电视，轮换播放介绍济南历史文化及普及文物知识的电视片，受到观众的好评；公开招聘两名专职讲解员，同时与山东师范大学历史研究生院联系，承担志愿讲解，为观众提供良好的参观环境和优良的服务。先后主办、承办《纪念济南市美术家协会成立30周年济南市美术家协会会员作品展》《珍品石缘·中华国石精品展》《山东文博书画名家迎春展》《日本国偶人展览》《世界遗产在中国图片展》《馆藏近现代书法作品展》《景德镇名家瓷器拍卖展销展》《石刻史书——宁夏年画》《济南市少儿书画摄影作品展》《中国·山东——首届钢琴展》《博物馆里的宝——瓷瓶遗珍》《簿子洋雕塑艺术五十年捐赠作品展》《全运会一周年书画篆刻百米长卷作品展》《秦始皇兵马俑大型科普展》《中国寿山石雕大师艺术精品展》等20余个展览，接待观众14万余人次。同时，济南市博物馆还进一步加大巡展力度，制作《博物馆里的宝——文物图片展》《世界遗产在中国图片展》等6个流动展览，送展到济南军区司令部某团、济南大学历史与文化产业学院、北园路街道办事处柳云社区、济南兴隆村敬老院等十几个学校、部队、社区，变等客上门为送展到家，共接待观众6万余人次，受到观众的热烈欢迎。长清区博物馆继续做好免费开放工作，在常年展出《双乳山出土文物精品展》《长清文物通史展》两个基本陈列的基础上，又举办《双乳山出土文物精品展》，进一步扩大宣传，全年共接待参观团体60多个，参观总量约计3万多人次。

历城区博物馆继续深入贯彻落实“三贴近”，坚持向社会免费开放，采取走出去、请进来的方式，开展多种形式的宣传、教育方式，做到免费开放不降低服务水平，并利用国际博物馆日和世界文化遗产日，走向社区、街道、农村集市宣传文物保护法，悬挂条幅，发放宣传材料5000余份。先后举办了《历城区出土文物展》《终军纪念展》《历城区第三次全国文物普查成果展》《张德新书画展》，与历城区仲宫镇镇政府共同策划举办“月亮湾杯摄影大赛”“庆七一摄影展”等，全年免费开放共接待观众35000余人次，其中青少年观众约15000人次，受到广大市民、农民及在校师生的好评。历城区辛弃疾纪念馆克服种种困难，与唐王镇教委、遥墙镇教委、董家镇教委共同举办“文物法宣传”“三普文物展”走进校园活动，积极联系周边中小学校学生来馆参观，并对学生进行小小讲解员培养，共培养出小小讲解员50余名，极大调动了同学们的爱国热情，培养了青少年的爱国情操。本年度共举办《辛弃疾生平展》《一代词宗壁画展》《义胆忠魂壁画展》《仿宋文物展》《书画展》《民俗展》《稼轩词书法艺术刻石展》《稼轩书画展》《建国60周年图片展》《历城区改革开放成就展》《爱国主义教育图片展》等14个展览，接待观众5万余人次，收到较好的社会效益。章丘市博物馆注重完善服务体系，提升服务质量，按照“免费不降服务”的原则，加大管理力度、提升服务水平、丰富展览内容、加强宣传教育等方面做了大量工作。在原《洛庄汉墓出土文物精品展》《危山汉墓出土文物精品展》的基础上，又新增加《章丘市第三次文物普查图片展》和《章丘市第三次全国文物普查采集标本展》，充实丰富了博物馆免费开放展览内容，受到章丘市民的热烈欢迎。城子崖遗址博物馆按照国家和省、市有关部署，于2009年起正式对公众实行免费开放，开展形式多样的社会教育活动，向公众提供高质量的服务。特别是以城子崖、西河、东平陵故城出土文物为主的精品展览，吸引包括山东大学、南京大学、山东师范大学、中国海洋大学及章丘中学、章丘四中等大中专、中小学师生3.2万人前来参观学习，使博物馆真正成为对学生进行爱国主义历史教育的重要课堂。

（于　苇　蓝秋霞）

【济南市第三次全国文物普查野外实地调查阶段验收工作结束】 第三次全国文物普查是一项为期5年的文化资源调查工程，济南市2008年启动普查工作，到2009年12月已全面完成野外实地调查阶段的普查任务。行政村覆盖率达到了100%，田野到达率超过了98%，共登录不可移动文物点1600余处。野外调查结束后，各县（市）区随后开展野外实地调查阶段的整理资料及验收准备工作。自2010年4月9日起在章丘市召开济南市第三次全国文物普查实地调查阶段验收试点工作会议，到6月25日历下区的验收会议，顺利完成全市10个县（市）区第三次全国文物普查实地调查阶段的审查、初验和验收工作，10个县（市）区实地调查阶段的工作均达到国家文物局三普办的要求，其中章丘市、历城区、济阳县、商河县、长清区和天桥区被省文物局三普办评为优秀等次。验收结束后，各县市区针对验收专家组提出的意见，结合国家文物局三普办对济南市实地调查阶段登录的不可移动文物提出的意见和全省文物普查工作会议及济南市文物普查工作会议精神，又进行多次数据勘误、校正，完善、补充大量照片及文字资料，极大地提高了普查数据质量。第三次文物普查工作已转入第三阶段的调查资料整理、汇总、数据库建设和公布普查成果阶段。（蓝秋霞）

【济南府学文庙向社会开放】 济南府学文庙为山东省级文物保护单位，创建于宋熙宁年间（1068~1077），金代因战争而遭到严重破坏，元末倾圮。明洪武二年（1369）重建，成化十九年（1483）拓建，后又经数代重修，到明朝末年，建筑布局已臻于完善。清代对文庙的修葺不断，但基本保持了明朝文庙的规模和建筑布局。据历城县志载，济南府学文庙“规制如鲁”（张起岩《济南路庙学新垣纪略》），即其形制、规模如曲阜孔庙。现存单檐庑殿顶的大成殿，建筑规模在同类现存国内古建筑当中名列前茅。

济南府学文庙修缮保护工程在省政府有关领导和驻济数位著名文史专家的关注下，在市委、市政府重视下，于2005年9月10日正式启动，2010年9月28日基本完工，搬迁、修缮等工程项目总投资4000余万元。该修缮保护工程总用地面积16500平方米，可规划净用地15900平方米，总建筑面积4134.8平方米。其中修缮的文物建筑面积845.4平方米，重新修复的建筑面积2730.4平方米，规划新建建筑面积559平方米（实际完成新建建筑面积为319.9平方米）。原规划搬迁安置居民、居委会、厕所、环卫局简易房等17处，现因种种原因尚有一户居民未迁出、尊经阁西侧场地未腾出。在济南府学文庙修缮保护工程当中，修缮的文物建筑有大成殿、更衣室、北大门、外泮池和影壁；重新修复的建筑由南往北有棂星门、中规中距亭、忠英坊、毓秀坊、屏门、牺牲室、铁牛亭、东西掖门、戟门、东西廊庑、东西御碑亭、四座斋室、明伦堂、尊经阁、北大门等；配合管理新建建筑由南往北为南票房、保安室、卫生间、办公室、北票房、管理室等。其他配套项目主要有大成殿和东西廊庑内的塑像、出土石碑的加固修复竖立、院内原水系的清理疏通、古桥和内泮池的修复、院内场地消防、安防监控、绿化、地面硬化、围墙等。经过为期5年的维修，济南府学文庙基本恢复原有规模，具备向社会开放的条件。9月28日，举行向社会开放仪式。

（陈　宾）

【大遗址保护工程正式启动】 以大遗址保护工程带动区域经济社会发展是国家文物局确立的“十一五”期间加强文物保护并使文物惠及民生的重要措施之一，也是“十二五”期间重点推动、实施的重大文物保护工程。2006年12月国家文物局印发了《关于印发〈“十一五期间大遗址保护总体规划〉的通知”，全面部署了大遗址保护工作的开展。济南市历城区的大辛庄遗址、章丘市的城子崖遗址被列入“‘十一五’期间大遗址保护总体规划”中。2008年以来，历城区、章丘市政府先后成立大遗址保护工作领导小组。积极开展大遗址保护及编制保护总体规划的调研、准备等工作。经过努力，2009年国家文物局批准大辛庄遗址、城子崖遗址保护总体规划编制工作立项。历城区、章丘市文物部门立即按照文物法律法规的规定，邀请资质单位开展两处大遗址的保护总体规划前期调研、收集资料、编制工作。《大辛庄遗址保护总体规划》《城子崖遗址保护总体规划》通过了省文物局专家评审，已上报国家文物局审批。

（于　茸）

【济南市完成馆藏珍贵文物数据采集工作】 为摸清全国馆藏文物家底，了解和掌握馆藏文物的基本情况，2001年财政部和国家文物局联合启动文物调查及数据库管理系统建设项目。按照国家文物局和省文物局的统一部署，济南市2009年5月正式启动该项目。成立济南市文物调查及数据库管理系统建设项目领导小组，确定了总体目标、工作任务、组织管理、实施范围、工作内容与原则。各级博物馆也积极开展工作，在2009年10底完成全市105件/套馆藏一级文物数据采集的基础上，继续克服经费不足、专业人员匮乏等困难，认真开展二、三级文物的数据采集工作。截至2010年10月底，各级博物馆严格按照《馆藏文物著录规范》《馆藏文物影像拍摄规范》等标准规范要求，又努力完成全市2551件/套二、三级馆藏珍贵文物的数据采集工作。济南市全面完成2656件/套馆藏珍贵文物的数据采集工作，实现全市馆藏珍贵文物的数字化管理。所有数据已报国家文物局数据中心审核入库。

（蓝秋霞）

【济南市首家国有行业专题博物馆获批准设立】 经依法报请省文物局批准，2010年底山东省邮电博物馆正式设立，位于济南市经三路77号，这是济南市首家国有行业专题博物馆。山东省邮电博物馆馆址始建于1918年7月，为20世纪典型的砖木结构德式建筑。该建筑由天津外国建筑事务所设计师查理及康文赛设计，原为山东邮务长住宅，现中国联通山东分公司在此保护性修缮后作为博物馆馆舍使用。山东省邮电博物馆现收藏邮电、通讯类文物200余件，照片400余幅。作为专题性的博物馆，其承担着对内担负新员工教育培训、企业文化传统教育，对外展示山东省邮电通信的起源与发展、宣传和普及邮电通信知识的功能，同时兼作青少年科普教育基地和联通公司接待重要客户的活动场所。观众可以通过展区里的烽火台及邮驿视频、摩尔斯电码收发报互动体验、LED等了解古代和近代邮电通信发展的历史，同时通过位置服务、视频监控、物联网、智慧城市等感受现代通信技术的新成果。

（蓝秋霞）

【济南大辛庄遗址发掘收获丰厚】 为进一步了解大辛庄遗址文化内涵，经国家文物局批准，6月底至12月，济南市考古研究所与山东大学考古系联合组成考古队，对济南大辛庄遗址进行为期6个多月的发掘。此次发掘面积约1000平方米，共发掘商代灰坑50余个、灰沟13条、窑址2座、房址4座以及各时期的墓葬90余座。其中，商代墓葬分布集中，排列有序。部分墓葬中出土了一批精美铜器，个别铜器带有族徽铭文。

商代墓葬按时间延续大致可分为两类：第一类墓葬时代约为商代后期，墓向多在190°~220°之间，出土青铜礼器组合以觚、爵为主，兵器组合包括戈、矛、刀等，陶器组合为鬲、豆、簋或鬲、豆、罐等，墓底多铺有一层朱砂，均有腰坑，盛行殉狗。时代多为大辛庄第六、七期，即殷墟第三、四期。例如，225号墓葬（M225）为长方形土坑竖穴墓，墓向214°。墓壁较直，墓室长3.3米、宽1.86

米、深4.2米。有殉狗10条，殉狗层面距离墓口约2.38米，南北各2条，东西各3条，伴随殉狗出土铜铃3件。葬具为一棺一椁，棺长2.32米、宽1.06米，椁长2.82米、宽1.12米。棺板髹有朱漆。墓底铺有一层朱砂。墓室底部有一长方形腰坑，长0.9米、宽0.38米、深0.3米。墓内随葬品共有23件，有青铜器、玉器、石器、陶器等。棺椁内有两具人骨，皆保存较差，根据人骨及棺板痕迹判断，东侧人骨位于棺内，西侧人骨位于棺椁之间。随葬器物全部集中于东部人骨一侧，西侧人骨周围未见有随葬器物，推测应为殉人。两具人骨葬式均为仰身直肢。在随葬青铜礼器中，觯和小鼎铸造精美，纹饰复杂，表现了极高的工艺水平。小鼎的口部内侧和其中一件铜爵的鋬下铸有“索刂”字铭文，其性质应为族徽。

第二类墓葬时代较第一类墓葬早，墓圹较大，虽大多早期被盗掘，随葬物品保存较少，但从残存的随葬物品中仍能看出其当时应属高规格墓葬。例如，216号墓葬（M216）为土坑竖穴墓，墓向217°。墓室长3.8米、宽2.2米、残深2.8米。墓内殉狗6具。墓底一周有熟土二层台，二层台上摆放殉人8具，其中南端1具，北端2具，东侧2具，西侧3具。殉人骨骼头部及脚踝部皆有明显砍斫痕迹。在西侧殉人身下发现有整齐排列的11个铜泡。该墓早期被盗，墓内未见随葬品，盗洞位于墓室中部，直径约1.5米。在盗洞中有大量被扰乱的金箔碎片和绿松石碎片。从殉人及残留的金箔、绿松石碎片来看，此墓应属于商代前期后段较高规模墓葬。

此次考古发掘收获甚丰，以M225、M216为代表的一组商代贵族墓葬的发现，充分说明商代时期大辛庄遗址在商王朝对东土的经略中占有极其重要的地位。“索刂”是商代末年征战东夷的途经之地，带有“索刂”字铭文的青铜器以前曾在鲁南的兖州出土，此次在地处鲁北的大辛庄遗址发现，对于研究商代末年征战东夷的地点及路线，提供了新的实物与文字资料，极大地促进商代考古与历史研究。（王兴华　刘秀玲）

【魏家庄万达广场发掘取得重要成果】2009~2010年夏，经批准，配合济南万达广场建设工程，济南市考古研究所对魏家庄建设区域进行考古勘探，并对所发现的古代墓葬、窑址等遗迹进行考古发掘。这次发掘共清理古代墓葬168座（其中汉代墓葬122座，唐宋元墓葬24座，明清墓葬22座）、古井10口、窑址14座、灰坑4个。出土了银器、铜器、铁器、陶器、瓷器、石器、玉器等各类文物600余件（套）。

此次发掘的墓葬，以汉代墓葬数量最多，遍布发掘区域，埋藏较深，多在距地表4米以下，深的可达7米，墓向多为南北向，有的成对排列，形制以长方形土坑竖穴墓和土坑竖穴砖椁墓为主。唐、宋、元、明、清墓葬埋藏相对较浅，多在距地表4米左右。宋元墓葬以带墓道的圆形墓为主；明清墓葬以土洞墓为主。出土的文物器型包括银饰、铜鼎、铜壶、铜卮、铜盉、铜盆、铜博山炉、铜铺手、铜镜、铜簪、铜耳环、铜带钩、铜印章、铜席镇、铜勺、铁炉、铁鼎、铁釜、铁剑、陶俑、陶壶、陶罐、瓷枕、瓷罐、石板、玉剑彘、玉含、玉璧、泥球等。

魏家庄万达广场的考古发掘，是济南市区范围内发现墓葬数量多、发掘出土完整文物种类丰富的一次考古发掘，具有多重考古学研究意义。济南在汉代的治所位于现在章丘的平陵城，而此次在魏家庄万达广场一次性发现数量众多的汉代贵族墓，无疑为重新定位济南在汉代时期的地位和作用提供了重要实物资料。大量汉代铁器的出土，不仅对考察铁器和冶铁业的发展进程是不可或缺的，而且对探讨铁器在社会生活中的应用及其社会意义和文化意义都至为重要。（房　振　郭俊峰）

【济南市开元广场遗址发现唐宋时期沟渠、古道】开元广场遗址位于济南市古城区西部、大明湖西南门的对面，西侧紧邻护城河。为配合城市基本建设，济南市考古研究所于5月6～26日对该遗址进行抢救发掘，发掘面积500平方米，发现多处唐宋时期遗迹等。该遗址主要以唐宋时期文化堆积为主，共发现清理唐宋时期灰坑1处、沟渠4处、古道1条，出土10余件完整和可复原陶器。遗址的文化层共分为四层，以2010号探方（T2010）为例，第一层为现代建筑垃圾，厚度2.2米，时代为新中国成立后；第二层为深黑色淤泥层，厚度3.0米，距现地表2.2米，里面包含有大量的黑色颗粒、动物外壳如河蚌壳、螺壳等，出土大量的灰陶瓦片和少量瓷片，在淤泥层中还采集到数件豆柄、豆盘等，时代为元代至民国时期；第三层为宋代文化层，厚度0.5米，距现地表5.2米，上部因受淤泥层渗透呈黑色，出土少量的灰陶瓦片、瓷片、“开元通宝”钱币等，发现灰坑、水沟、古道等遗迹。第四层为唐代文化层，厚度0.5米，距现地表5.7米，出土少量的灰陶瓦片和瓷片；第四层以下为黄褐色粘土，仅发现有极少量汉代绳纹灰陶片。

遗址内发现的4条水沟均为宋代遗迹，距现代地表5.3米。其中3条水沟为南北向，1条水沟为东西向砖砌沟渠。南北向水沟深度均1米左右，宽度1米左右，出土大量的陶片和少量瓷片。东西向砖砌沟渠，长3.6米、高0.2米、宽0.5米，由3层砖砌筑，底层以砖平铺。与南北向水沟垂直，西端平面与南北向水沟大致相平，西高东低，落差0.15米，系由西向东引水。发现的1条古代道路呈南北走向，距现地表6.2米、宽2.1米。分为2层，下层中间发现两条平行相距0.5米的古代车辙，深0.1米、宽0.2米，推断为交通工具长期碾压形成。

本次考古发掘的4条宋代沟渠，证明了该区域在宋代时期即有泉水丰沛、处处遍流的景象，砖砌的沟渠系人工水利工程。在宋代文化层之上发现宋至民国时期的淤泥堆积层，估计初期形成过程中与本地区曾发生水灾有关。发现的唐至宋时期的道路，在唐代即已形成，一直延续使用到宋代，道路的平面与沟渠的平面基本一致，方向均为南北向，可以断定道路就是水面旁边的主要交通道路。上述遗迹、遗物的发现，为济南地区宋代即有丰沛泉水提供了直接证据，为研究济南地区唐、宋等历史时期的城市变迁、环境变化提供了原始资料。

（仝艳锋）

【华强广场建设工地发现古墓葬】 华强广场古墓葬群位于山大路与解放路交接处，受济南市文物局委派，济南市考古研究所于3月26日至4月12日对华强广场建设区域进行了抢救性发掘。共发掘汉、唐、宋、清时期古墓葬15座、古井1座，出土陶器、瓷器、铜器、铁器、贝饰、镇墓瓦等随葬品30余件，为研究同类墓葬形制的衍变及相关时代经济社会状况提供了实物资料。

汉代墓葬发现2座，其中4号墓（M4）为砖室墓，平面形状为“刀把形”，墓向280°，由墓道、甬道和墓室三部分组成。唐代晚期墓葬发现2座，其中，2号墓（M2）为砖室墓，由墓道、墓门和墓室组成，墓道位于墓室南侧，平面梯形，有台阶上下，墓门上部已被破坏，只留门槛上部和底部，墓室平面为圆形，直径3.3米，穹窿顶，墓底铺砖；墓室周壁上用青砖砌有连枝灯、椅、桌、碗、壶、高足木箱等影作，随葬品有白釉蓝彩执壶、开元通宝及乾元重宝。宋代墓葬发现8座，其中，1号墓（M1）为竖穴墓道砖室墓，墓向180°，由墓道和墓室组成；墓道位于墓室的南部，墓室平面形状为舟形，墓主人头向南，仰身直肢，随葬器物放置在墓主人的脚处，因墓葬早年被盗，只发现一件器盖和一枚贝壳，贝壳的背面涂彩，置于墓主脚部。清代墓葬发现1座编号为5号墓（M5），墓葬形制为土洞墓，方向190°，由墓道和墓室两部分构成。墓道位于墓室南端，平面呈梯形，底部呈南高北低的坡状，长3.78米、宽0.88~1.48米、残深1.6~1.8米，墓室平面呈圆角长方形，底长2.66、宽1.5米。墓室内置一棺，棺呈梯形，长2米、宽0.4~0.6米、厚0.05米，墓主葬式为仰身直肢，随葬品6件，墓室和墓道之间有大小不一的砖封门。

（王兴华）

责任编校　宣　涛

卫生·体育

卫生事业综述

【概况】 截至年底，全市共有医疗机构5186所，其中二级以上医院75所，妇幼保健机构12所（省1所、市1所、县区10所），疾病预防控制机构12所（省1所、市1所、县区10所），卫生监督机构12所（省1所、市1所、县区10所），采供血机构3所，专科疾病防治院（所、站）9所，社区卫生服务机构252所，乡镇卫生院75所，村卫生室2366所。共有医疗床位3.2万张，卫生技术人员39366人。每千人口拥有床位5.3张，卫生技术人员6.5人。年内济南市急救中心、中共济南市卫生局机关委员会被授予全国医药卫生系统先进集体称号；房泽国、李宗宝、刘宝金、马丽霞、马衍辉被授予全国医药卫生系统先进个人称号。市第四人民医院杜文建获得“全国先进工作者”称号。市儿童医院丁明杰医师获中国医师奖。市儿童医院院长马丽霞被授予“全国优秀医院院长”称号，市第二人民医院院长张华、市第三人民医院院长李宗宝、市口腔医院院长李肇元被授予2010年度“山东省优秀医院院长”称号。

1. 农村卫生工作。①标准化村卫生室验收工作全面完成，2059.5万元达标补助经费已拨付。②乡镇卫生院“能力提升行动计划”全面启动，各县（市）区均制定出实施方案。首届乡镇卫生院护士技能竞赛成功举办。商河县与省立医院签订了为期3年培训150名卫生技术人员的协议，首批35名卫技人员培训已经完成。③乡村医生执业资格考试顺利完成，1450人参加考试，合格1026人。

2. 社区卫生工作。①“社区卫生服务内涵建设提升年”活动深入开展。新建社区卫生服务机构32所（6所中心，26所站）。组织编写《全科医学基础》丛书，制定《社区卫生机构医院感染管理规范》。开展星级城市社区卫生服务机构创建活动，全市11所机构获首届省星级城市社区卫生服务机构称号（全省50所）。②社区卫生信息化建设强力推进。历下区在全省率先建成省社区卫生信息协同系统，天桥区、市中区、槐荫区等区级社区卫生信息平台搭建完成。全市共录入居民电子健康档案202万份。③强化医保衔接。与相关单位联合下发《关于完善城镇职工基本医疗保险门诊规定病种管理有关问题的通知》。新增医保定点、医保门规社区卫生服务机构30所和28所。

3. “卫生强基”工程。①农村卫生对口帮扶工作。响应市委、市政府支持商河大发展的重大决策，9家市属和2家县属医疗机构对口帮扶商河县12家乡镇卫生院，落实帮扶措施20项，帮扶资金及设施设备总额达70余万元。②社区卫生对口帮扶工作。54所市级以上大中型医院和疾控、妇幼、精神卫生等预防保健机构定点帮扶123所社区卫生服务机构，派驻医师181人，推广适宜技术118项，带教社区卫生技术人员471人次。③基层卫生人员培训提高行动。针对乡镇卫生院、县级医疗机构、社区卫生服务机构卫生技术人员、管理人员、乡村医生等的5项培训提高计划创新开展。④新增中央投资基层医疗卫生服务体系建设项目12个。其中县级医院1个，乡镇卫生院1个，村卫生室8个，社区卫生服务中心2个。

4. 新农合工作。①参合率实现历史性突破，达99.98%，实现全覆盖目标。②保障水平逐步提高。人均筹资130元，高新区164.90元。补偿封顶线达农民人均纯收入的6倍以上，其中济阳县、历城区、商河县6万元，高新区8万元。统筹地区政策范围内住院补偿比平均65.19%，受益率137.79%。③管理水平不断提高。新增市级定点医疗机构13家。济阳县、长清区、历城区与市四院、五院、三院的市级即时结报试点，市中区、槐荫区、商河县省级即时结报试点顺利实施。开展新农合基金专项审计2次。④开展提高农村儿童重大疾病医疗保障水平试点工作。试点县商河县开展儿童先心病手术10例，新农合补偿18.1万元。⑤立法工作稳步推进。拟定《济南市新型农村合作医疗管理办法》并提交市法制办。⑥信息化建设快速推开。统一更换了省新农合管理系统，商河县、天桥区、高新区已正式启用。商河县大力推行“一卡通”，实现县域内网络化即时结报。⑦积极探索新农合支付方式改革。商河县、济阳县分别为省、市试点，实施方案已制定。

5. 重大和基本公共卫生服务项目。新农合筹资标准达到人均130元。农村居民健康档案建档率达90.26%，同时积极推进电子健康档案建档工作，天桥区电子健康档案建档率达100%。完成

36383名15岁以下儿童乙肝疫苗补种任务（年度目标为3万人）。完成农村适龄妇女宫颈癌检查417241人，乳腺癌检查436035人（年度任务均为35万人），确诊宫颈癌94例，乳腺癌122例，均得到及时治疗。章丘市作为省农村妇女宫颈癌检查试点县（市）区，宫颈癌检查完成率居全省第一位。天桥区提前一年半完成“两癌”检查任务。完成贫困白内障患者复明手术1317例（年度目标为1000例）。其他公共卫生服务项目进展顺利。①基本公共卫生服务项目：城镇居民健康档案建档率96.82%，电子健康档案建档率超过省任务指标28个百分点，达到63.34%。0~3岁儿童系统管理率、孕产妇保健系统管理率分别为94.57%、96.23%。农村、城市老年人健康管理率分别为73.45%和96.15%。农村、城市重件精神病患者管理率分别为91.62%和93.94%；农村高血压、糖尿病管理率分别为69.25%、65.83%，城市分别为94.61%、94.71%。②重大公共卫生服务项目：在全省率先完成12000座中央补助地方农村改厕任务，无害化卫生厕所完成率达100%。全市农村孕产妇住院分娩补助项目完成36006人，完成年度任务的100.07%。孕前和孕早期妇女免费补服叶酸预防新生儿先天性神经管疾病项目发放药品41246人148069瓶，完成率达111.67%。③妇幼卫生工作。进一步加强母婴保健执法监管力度，强化《出生医学证明》证件管理。三级预防措施不断强化，出生人口素质进一步提高。孕产妇死亡率10.57/10万、婴儿死亡率4.53‰，均达到历史最低水平。妇幼卫生信息网络建设得到加强，实现“母婴三证”、孕产妇和0~3岁儿童系统保健、重大公共卫生妇幼项目监管等妇幼卫生相关信息的网络化管理。④卫生应急工作。体系建设进一步强化，对多项预案进行调整完善，强化应急队伍的培训演练，组队参加全国灾害医疗卫生救援培训，开展省市联合防汛卫生应急演练和应急值守演练。强化重大节日和汛期卫生应急值班工作，市卫生局被评为应急信息报送工作先进单位，各类突发事件均得到及时处置。第一时间组建完成玉树地震医疗卫生救援队并备齐应急救援装备和物资，随时待命。会同章丘市、历城区卫生局及相关医疗单位，完成北川22名医疗卫生人员在济进修任务。

6.疾病预防控制工作。①手足口病、甲型H1N1流感等重点传染病防控有力。明确防控重点，积极组织培训，严格预检分诊，救治水平不断提高。②艾滋病、结核病等重大传染病防控成果进一步巩固。全面启动了全市全球基金艾滋病防治项目，加强重点人群的监测、检测和高危行为干预。加强结核病防控，全面完成《中国结核病防治规划（2001~2010）》目标任务。麻风病防控稳步推进。卫生部党组书记、副部长张茅出席“世界防治麻风病日”宣传慰问活动并对济南市麻风病防治工作给予高度评价。③免疫规划工作管理成果巩固发展。新一轮扩大国家免疫规划项目全面实施。常规基础免疫预防工作不断强化，开展预防接种安全大检查，确保接种安全。组织开展麻疹及脊灰疫苗强化免疫活动。8月龄~6岁儿童麻疹疫苗接种率为98.39%，7~14岁查漏补种接种率为99.03%，0~4岁脊灰疫苗强化免疫接种率为97.08%。卫生部、省卫生厅督导组给予充分肯定。④重点地方病防控工作稳步推进，以优异成绩通过全省地方病防治考评组的考评。市传染病医院获全国疾病预防控制工作优秀示范单位称号。

7.食品安全综合协调与卫生监督工作。①完成食品安全监管职能划转。食品安全综合协调职能划入市卫生局，增设食品安全综合协调处，承担市食品安全委员会办公室日常工作。明确市卫生局牵头建立食品安全综合协调机制，负责食品安全综合监督，承担食品安全综合协调、组织查处食品安全重大事故的职责。强化食品安全风险监测和评估能力建设。开展问题乳粉、地沟油和餐厨废弃物、违法添加非食用物质和滥用食品添加剂专项整治。稳妥处置食品安全突发事件。②职业病防治不断强化。济阳县、商河县3家医疗机构通过职业检查资质审批。充分利用《职业病防治法》宣传周等进行宣传，配合开展好打击非法用工专项整治。③医疗市场监管力度不断加大。对区县16家二级以上人民医院、中医院和局直20家医疗机构进行综合执法检查，规范执业行为。召开打击非法行医经验交流会，推广天桥区先进经验。开展打击非法行医专项整治，检查医疗机构1718家，查处聘用非卫生技术人员的34家，暂停执业5家，吊销许可证1家，移送公安1件；开展医疗美容专项整治，检查431家，取缔6家，立案19起；开展非法医疗广告专项整治，下发不良执业记分通知书25份，检查违法违规发布医疗广告的医疗机构40余户次，立案79起。④做好行政处罚事项和地方性法规的梳理。暂缓或停止实施处罚事项49项，增加50项。完成3项地方政府规章的立法调研，对3件地方法规提出清理意见。⑤开展生活饮用水量化分级管理。确定A级单位15家，B级31家，C级7家，量化分级率100%。卫生监督工作在全省年度专项考核中名列首位。

8.爱国卫生工作。①大力开展第22个全国爱国卫生月活动。推进城乡环境综合整治，15万余人次参加义务劳动，动用车辆2000台次，清理卫生死角3000余处。②全面启动“健康济南”行动。印发《健康济南行动方案》，确定用3年时间，通过健康社区、健康学校、健康加油站等的建设打造健康济南品牌。历下区、市中区、槐荫区、天桥区、历城区、平阴县积极开展试点工作并取得阶段性成果。③农村改水改厕工作稳步推进。积极做好农村水质监测工作，全面完成历城区、长清区、平阴县45个监测点、180个水样的中央补助济南农村安全饮水水质监测工作。农村改厕工作扎实推进。完成农村改厕任务24000座，卫生厕所普及率达80.22%，较2009年提高2.42个百分点。④做好病媒生物防治工作，组织开展专业技术人员培训。集中进行灭鼠、灭蚊蝇、灭蟑活动，继续保持全国灭鼠、灭蝇、灭蟑螂先进城市成果。

9. 卫生资源配置工作。按照“东部做优、西部做大、北部做强、中部做精”的卫生资源配置战略，组织编制《济南市医疗卫生专项规划》。在西部城区，规划建设市第九人民医院，已经省卫生厅批复。济阳县济北医院一期工程竣工启用，加挂市七院牌子。加大向专科和基层卫生服务机构的倾斜力度，市儿童医院、妇幼保健院综合楼相继投入使用。整合城区眼科医院、口腔医院等专科医院资源，拟建设市五官科医院。积极推进精神卫生防治资源有效整合，已完成精神卫生防治机构资源调研。

10. 公立医院运行机制改革工作和医疗质量管理工作。①深入推进公立医院运行机制改革。市中心医院、四院等13家医院开展了临床路径管理试点，进展顺利；平阴县人民医院、市儿童医院等12家医院启动了电子病历试点，其中平阴县人民医院是全省唯一的全国电子病历试点县级医院。市中心、二院、妇幼等15家医院开展预约诊疗服务。市中心、一院整体护理试点进展顺利。②严格医疗服务要素准入，做好护士、医师考试及注册工作。组织参加医疗机构设置审批培训班，开展健康体检中心、血液透析室的登记注册。③强化医疗管理。新增5个医学专业质控中心。开展医院评价暨文明诚信医院创建活动。举办外科、护理、医院感染管理、药学等基本技能竞赛。制定消毒供应中心、血液透析室评估标准并组织验收，分别有16家、21家达标。规范输血科建设，开展临床输血安全检查，爱心献血屋投入使用。成功承办第三届全国急救中心急救技能大赛，获团体一等奖。积极推进急救车担架工配备工作。④开展优质护理服务示范工程创建活动，确定省级重点联系医院7所、试点病房22个，市级7所、51个。市五院心内科被评为全国“优质护理服务示范工程”先进科室。⑤加强临床药事管理。强化麻醉药品和一类精神药品管理，抓好不良反应监测，市卫生局获省药品不良反应监测先进集体称号。⑥探索医疗纠纷第三方调解机制。起草《济南市医疗纠纷处置办法》报市法制办。联合市公安局印发《关于维护医疗机构正常医疗秩序的通告》。济南市创建平安医院、构建和谐医患关系工作得到国家医疗纠纷调处工作联合调研组的充分肯定。

11. 国家基本药物制度工作。增设基本用药管理处。自3月15日起，历下区、市中区、槐荫区、天桥区和章丘市辖区内105所政府办基层医疗卫生服务机构先行实施基本药物制度。截至年底，整体运行平稳。药价平均降幅35%，群众受益明显。各级财政共投入补偿资金5089万元。综合配套改革稳步推进。先行实施的乡镇卫生院核编定岗工作已经完成，绩效考核体系初步建立。

12. 中医药工作。①完成《济南市人民政府关于扶持和促进中医药事业发展的意见》会签稿。②深入开展中医医院管理年活动。对28家二级以上综合（专科）医院进行专项检查，得到国家和省督导组高度评价。市二院、四院成为全省首批综合医院中医药工作示范单位。③积极争取中医药建设项目。争取省中医药服务能力提升工程优势、特色专科建设项目6个，配套资金1254.37万元。加强预防保健服务体系建设，市中医、中心医院、章丘市中医医院成为全省首批中医药预防保健中心。市传染病医院成为全国中医药防治传染病重点研究室建设单位。历城区中医医院心血管病专科成为全国基层中医特色专科建设单位。④人才培养不断强化。2人列入全国优秀中医临床人才研修项目，2人确定为省中医临床技术骨干和学术带头人。组织实施乡村医生中医专业中专学历教育项目，注册学籍的乡村医生1783人。中医经典著作学习考试顺利完成，3年累计2283名中医执业医师参加，取得中医药继续教育学分证书9132份。⑤强化基层中医药工作。开展具有中医药特色的乡镇卫生院、村卫生室和社区卫生服务机构创建工作。⑥加强对中医坐堂医的管理。做好国家级试点工作，市卫生局在全国民间医药暨民营中医医疗工作座谈会上作典型发言。⑦成功举办省暨济南市中医中药中国行·文化科普宣传周活动。

13. 科教外事工作。①科技成果取得新突破。获得市科技进步一等奖1项、二等奖13项、三等奖22项，分别占全市奖项总数的14.3%、40.6%和29.3%。②科研立项、创新团队建设再传捷报。获国家自然科学基金立项4项、省级科研立项8项、市厅级科研项目立项26项。市中心医院“肿瘤分子机制研究”团队，入选首批济南青年科技明星创新团队计划。③医学实验室检测取得重大发现。由市中心医院医学实验诊断中心遗传学实验室发现的一例异常染色体核型被确认为世界首报核型。④高层次人才培养创新推进。“泉城卫生科技明星”人才培养工程启动，首届10名“泉城卫生科技明星”评出。⑤高层论坛成功举办。中国肝病学发展论坛、省社区护理新发展高层论坛、国际脊柱外科学术论坛、泰山心脏病学会议等高层次学术论坛成功举办，系统科技影响力不断提升。⑥医学教育工作扎实开展。乡村医生大规模在岗培训全面启动。“继续医学教育社区行”深入开展，覆盖8个县（市）区，培训医务人员近1000人。举办社区全科医学培训5期，培训1206人。⑦对外交流合作加强。成功举办鲁台医药健康产业对接恳谈会，达到预期目的并获好评。派出团组15批44人，分赴美国、德国、英国等地进行学术访问交流或专业技术培训。

【为民办实事】 市政府承诺为民办12件实事中，市卫生局承担提高新农合筹资保障标准，开展健康档案建档工程，实施15岁以下儿童补种乙肝疫苗项目，实施农村妇女乳腺癌和宫颈癌检查及贫困白内障患者复明工程等4件。截至年底，4件实事均提前超额完成年度目标。新农合筹资标准达到人均130元（年度目标为120元），农村居民健康档案建档率达 90.26%（年度目标为 60%），完成 36383 名 15 岁以下儿童乙肝疫苗补种任务（年度目标为 3 万人），完成农村适龄妇女宫颈癌检查 417241 人，乳腺癌检查 436035 人（年度目标均为 35 万人），完成贫困白内障患者复明手术 1317 例（年度目标为 1000 例）。

【医改五项重点任务】 根据国家和省、市要求，2009~2011 年重点抓好深化医药卫生体制改革的五项重点任务：加快推进基本医疗保障制度建设，初步建立国家基本药物制度，健全基层医疗卫生服务体系，促进基本公共卫生服务逐步均等化，推进公立医院改革试点。市卫生局加强领导，强化措施，五项重点任务不断深入推进。

不断提高新农合制度建设水平。全市新农合制度覆盖面进一步扩大，筹资水平和保障进一步提高。乡镇、村覆盖率保持在 100%，参合率 99.98%；年人均筹资高新区达到 164.90 元，其他县（市）区为 130 元；补偿封顶线达到农民人均纯收入的 6 倍以上，统筹地区（县域）新农合政策范围内住院补偿比平均达 65.19%，补偿人次 446.03 万，受益率达 137.79%。经办管理水平不断提高，开展全市新农合基金的管理和使用情况专项审计，规范资金监管，新农合基金当年使用率为 101%，累计结余 20%。新增新农合市级定点医疗机构 13 家，顺利开展新农合即时结算工作。开展提高农村儿童重大疾病医疗保障水平试点工作，试点县商河县已开展儿童先心病手术 10 例，新农合补偿 18.1 万元。

扩大实施国家基本药物制度。3 月 15 日起，历下区、市中区、槐荫区、天桥区和章丘市辖区内 105 所政府办基层医疗卫生服务机构先行实施基本药物制度。药价平均降幅为 35%，群众受益明显。截至年底，各级财政按照“先预拨、后结算”的方式，共计投入补偿资金 5089.29 万元。同时，综合配套改革稳步推进，先行实施的乡镇卫生院核编定岗工作已经完成，绩效考核体系初步建立。

完善基层医疗卫生服务体系。农村卫生工作方面：2009 年中央规划支持的 20 所乡镇卫生院主体工程建设和市规划支持的 2366 所村卫生室建设任务全部完成，标准化村卫生室验收工作全面完成，2059.5 万元达标补助经费已拨付。乡镇卫生院“能力提升行动计划”全面启动，首届乡镇卫生院护士技能竞赛成功举办，75 所乡镇卫生院院长培训全部完成，涉及 8803 名乡村医生的大规模在岗培训工作全面启动。乡村医生执业资格考试顺利完成，1450 人参加考试，合格 1026 人。开展中医进农村和适宜技术推广。全市乡镇卫生院中医科、中药房建设达标率达到 97%，配备中医诊疗器具率达到 92%。面向农村推广 10 项卫生适宜技术，以县为单位中医适宜技术覆盖率保持在 100%，乡镇覆盖率保持在 100%，村覆盖率达到 95%。社区卫生工作方面：“社区卫生服务内涵建设提升年”活动深入开展。新建社区卫生服务机构 32 所（6 个中心，26 个站）。2009 年中央财政规划支持的 3 所社区卫生中心完成主体工程建设。2010 年市规划支持的 32 所社区卫生服务机构建设改造任务全部完成。“继续医学教育社区行”活动在 8 个县（市）区举办了 8 场 19 讲专题讲座，培训社区医务人员近 1000 人。举办社区卫生技术骨干培训 3 期 435 人、岗位培训 2 期 771 人。面向社区推广卫生适宜技术 10 项。组织编写《全科医学基础》丛书，制定《社区卫生机构医院感染管理规范》。开展省星级城市社区卫生服务机构创建活动，11 所获首届省星级城市社区卫生服务机构称号（全省 50 所）。社区卫生信息化建设强力推进，历下区在全省率先建成省社区卫生信息协同系统，天桥、市中等区级社区卫生信息平台已搭建完成。全市共录入居民电子健康档案 186.6 万份。强化医保衔接，新增医保定点、医保门规社区卫生服务机构 30 所和 28 所。

促进基本公共卫生服务逐步均等化。九项基本公共卫生服务项目方面：截至年底，城镇居民健康档案建档率达 96.82%，电子健康档案建档率达到 63.34%；农民健康档案建档率达 90.26%。0~3 岁儿童系统管理率为 94.57%；孕产妇保健系统管理率为 96.23%；农村老年人健康管理率为 73.45%，城市老年人健康管理率为 96.15%。免疫预防接种率达 98%。强化慢性病高危人群健康指导。农村重性精神病患者管理率为 91.62%，城市重性精神病患者管理率为 93.94%；农村高血压、糖尿病管理率分别为 69.25%、65.83%，城市村高血压、糖尿病管理率分别为 94.61%、94.71%。六项重大公共卫生服务项目方面：15 岁以下人群乙肝疫苗第一批补种率为 100%，第二批第一针完成 75278 人，完成率 100%；第二针完成 39093 人，完成率 100%。无害化卫生厕所完成率达到 100%，建设完成国家项目 12000 座，地方项目 12000 座。全市农村孕产妇住院分娩补助项目完成 36006 人，占年度任务的 100.07%。孕前和孕早期妇女免费补服叶酸预防新生儿先天性神经管疾病项目完成率达 111.67%，发放药品 41246 人 148069 瓶。完成农村适龄妇女宫颈癌检查 417241 人，乳腺癌检查 436035 人，分别占年度任务的 119.10% 和 124.46%。确诊宫颈癌 94 例，乳腺癌 122 例，均得到及时治疗。为贫困白内障患者免费实施复明手术 1317 例，超额完成省下达的目标任务（1200 例）。

推进公立医院改革。市级医院中，中心医院、四院等 6 所医院积极开展临床路径试点工作，试点病种达到了 52 个。儿童医院、妇幼保健院等医院电子病历试点正在全面推进。市口腔医、中心医院等 9 所医院开展包括电话预约、网络预约、现场预约等方式的预约诊疗服务，预约诊疗 81307 人次。13 所医院全部开展了“优质护理示范工程”创建活动，建成省级示范病房 10 个、市级示范病房 35 个。各县（市）区公立医院改革实现重点突破。章丘市、平阴县大力实施县域内医疗卫生资源优化配置，平阴、长清、济阳等县级医院信息化建设初见成效，章丘、济阳等县级医院临床路径试点率先启动。

【食品安全监管职能交接】 4月6日，根据济南市人民政府办公厅《关于印发济南市卫生局主要职责内设机构和人员编制规定的通知》，将餐饮服务许可，餐饮服务环节食品安全监管和保健食品、化妆品卫生监督管理职责，划给市食品药品监督管理局，划入市食品药品监督管理局的食品安全综合协调、组织查处食品安全重大事故的职责，增加组织实施药品法典和国家基本药物制度的职责。局内增设食品安全综合协调处、基本用药管理处。同时，按照“人随职能走”的原则，将市卫生局卫生监督所13名食品卫生监督员划转到市食品药品稽察支队。6月22日，市卫生局与市食药局进行食品安全监管职能交接，标志着济南市食品安全职能划转工作顺利完成。

【国家权威机构确认市中心医院发现一例世界首报异常染色体核型】 5月8日，经中国唯一的遗传学权威机构、遗传学国家重点实验室中南大学湘雅医学院遗传实验室鉴定确认，由市中心医院医学实验诊断中心遗传学实验室发现的一例异常染色体核型为世界首报核型。

（苏道远）

体育事业综述

【概况】 全民健身服务体系日益完善，参赛亚运会实现重大历史性突破，体育产业发展领跑全省，机关党风廉政建设成效显著，为提高人民健康素质、构建和谐社会、促进省会城市经济社会又好又快发展作出了突出贡献。获“全国2010年全民健身活动优秀组织奖”“全省群众体育先进单位”“2010年度体育彩票工作突出贡献奖”和“第十六届亚运会突出贡献奖”。

1. 群众体育蓬勃发展，全民健身服务体系和体育设施日益完善。以建立全民健身公共服务体系为重点，深入学习贯彻《全民健身条例》，不断增强人民体质，群众体育工作取得新进展。①贯彻《全民体育条例》卓有成效。济南代表队在山东省首届健身气功交流展示大会获得六字诀“一等奖”、五禽戏“二等奖”和“体育道德风尚奖”。全市有5个单位、5人获省人力资源和社会保障厅、省体育局表彰，获“全省体育系统群众体育先进单位”“全省体育系统群众体育先进个人”，其中：2人获二等功、3人获三等功。有10个单位、10个健身站点和10人获得省体育局表彰，获“全省群众体育先进单位”“全省优秀健身活动站点”“全省群众体育先进个人”。1个单位获“国家级2010年全民健身活动优秀组织奖”，3个单位获“国家级2010年全民健身活动先进单位”；3个单位获“省级2010年全民健身活动优秀组织奖”，3个单位获“省级2010年全民健身活动先进单位”。组队参加省第二届老年人运动会的所有项目，获金牌57枚，银牌23枚，铜牌17枚。②群众体育活动精彩纷呈。以深入贯彻落实《全民健身条例》为抓手，大力倡导“科学健身、文明健身”理念，举办济南市元旦全民健身活动、全民健身月活动、全民健身记录挑战赛、全民健身路径大赛、安利纽崔莱健康跑暨济南市全民健身系列活动、全民健身日、庆祝全运会成功举办一周年、“体彩杯”山东省第二届万人象棋比赛“群康杯”济南赛区选拔赛、“黑骏马杯”济南市第五届健美健身锦标赛暨康比特阳光教练魅力秀（华北赛区）选拔赛、济南市第五届乒乓球等级联赛等一系列有影响、规模大、创意新、群众喜闻乐见的系列活动。长清区和济阳县成立了以分管区长为主任的健身月活动组委会，历下、章丘、济阳、商河举办了综合性的全民运动会，运动会的覆盖率和参与度再创新高。形成全市动员、全民参与的全民健身热潮。全市共举办较大规模全民健身活动100余次，参与人数达60万人次。强化广大群众科学强身意识，积极、健康、文明的生活方式得到进一步优化，有力地促进了全市精神文明建设。③全民健身设施建设进一步加快。调研、规划全市全民设施建设，汇总上报省局一批全民健身设施建设项目。其中市级体育公园1个，区级全民健身中心5个、体育公园5个，乡镇（街道）、村（社区）工程82个。体育设施建设基本实现全覆盖。国家支持济南市全民健身中心100万元，省局支持济南市体育公园、2个县（区）级全民健身中心、10个街道乡镇工程、5个社区工程185万元已全部到位。完成300个村的省级全民健身工程建设，济南市体育公园（森林公园）设施安装已经完成并投入使用，槐荫区全民健身中心5月份开工建设，长清区全民健身中心升级改造进展顺利，平阴县全民健身中心投入使用。天桥区投入建设资金215余万元，安装各类室内外健身器材1373件。据不完全统计，全市各级全民健身设施建设总投资达到1.7亿元。认真抓好全民健身设施维护，对市区1000余条健身路径、1万多件全民健身器材进行全面保养、维修。其中，天桥区、槐荫区、市中区总计投入42万元，维修全民健身设施、器材3332件，确保广大人民群众的健身安全。④群众体育组织不断完善。推进社会体育指导员管理工作信息化建设，建立《社会体育指导员管理系统》数据库，完成了9551人的信息统计、登记和年度注册登记工作。依托山东大学、山东经济学院、济南大学等高校，开展社会体育指导员专业培训，全年共培训社会体育指导员1559人。其中：一级567人，二级805人，三级167人。推荐10人参加国家级社会体育指导员培训。全年新成立体育民间组织5家，9家社团顺利完成换届工作，全市体育民间组织的年检合格率达到95%。全市5084个行政村（居）中4996个行政村（居）已成立老年体协组织，市、县（市）区、乡镇（街道办事处）、行政村（居）四级老年体协组织网络基本形成。⑤国民体质监测工作进展顺利。面向10个县（市）区全面开展体质监测工作，在24个市级体质监测点完成监测任务 3600 人，各区县完成体质监测 17300 余人，监测数据整理和上报工作已圆满完成，市民体质合格率达 89.7%。

2. 竞技体育整体实力显著提升，竞赛成绩实现重大历史性突破。济南市运动员在国际大赛中共获金牌 32 枚，银牌 9 枚，铜牌 11 枚；在全国比赛中获金牌 37 枚，银牌 20 枚，铜牌 19 枚。①完成第 16 届亚运会和第 22 届省运会参赛任务。共有 15 名运动员参加了第 16 届亚运会田径、游泳、射击、乒乓球、自行车等 9 个大项、22 个小项的比赛，共获金牌 11 枚、铜牌 6 枚，金牌和奖牌总数双列全省第一的成绩，为济南争得了荣誉。在山东省第 22 届运动会上，获得青少年组 159.25 枚金牌，112 银牌，125.5 枚铜牌，奖牌总数 396.75 枚的成绩，金牌、总分综合成绩均列全省前二位。②“体教结合”工作有序推进。充分借鉴青岛、潍坊、淄博等地体教结合先进经验，大力实施“百所业训网点工程”，投入 110 万元重点扶持 119 所小学、103 所初中、39 所高中的体教结合业训网点建设，基本覆盖全市所有县市区，在训人数达 5000 余人。以“阳光体育、快乐足球”为主题的首届济南市“市长杯”青少年校园足球联赛，实现了小学、初中、高中三个组别比赛的有机衔接，涵盖了全市 10 个县（市）区及高新技术产业开发区，全市 66 所中小学、82 支代表队的 1300 多名运动员参加了 600 余场次的比赛，创济南市足球联赛历史之最。积极做好优秀运动员输送工作，本周期共向上级训练单位输送运动员 149 名，超额完成了年度输送任务指标。③强化教练员、裁判员岗位培训，做好等级裁判员、运动员的审批、审报工作。努力提高教练员队伍素质，逐步建立教练员学历教育、资格认证和岗位培训制度。全年组织教练员参加国家级培训 16 人次，省级培训 37 人次，执教水平明显提升。按照《济南市裁判员管理办法》，建立健全裁判员培训、晋升、选派和处罚制度，不断提高裁判员的业务水平和职业道德。全年共审批二级裁判员 206 人，推荐晋升国家级、一级裁判员培训 36 人，执法省级以上比赛 160 人次。严格申报、审批、归档程序，全年审批二级运动员 62 人，审报一级以上运动员 11 人。

3. 体育产业稳步发展，体育彩票销售再创新高。①体育彩票销量持续领跑全省。全年体彩销售量 9.08 亿元，实现年增长率 23.65%。10 个县（市）区销量全部超过千万元，其中，历下、市中、天桥、槐荫、历城区销量超过亿元，取得新的历史性突破。体彩市场占有率继续保持全省第一，是山东省唯一市场占有率超过 50% 的城市。在全省率先成立市体彩工作领导小组，进一步加强与各职能部门间的沟通协调，合力推进体彩工作，全年新增站点 102 个。进一步修订完善《济南市 2010 年体彩销售考核奖励办法》，使之更加科学化，极大地调动各个方面的积极性。不断强化体彩公益性宣传，在城区主要繁华区域增设宣传牌 20 余处，组织体彩公益爱心助学活动 10 次，收到了很好的效果。②体育场馆赛后运营成效显著。确立了由被动“场馆经营”变主动“经营场馆”的基本思路，在体育健身市场、体育竞赛市场、体育表演市场及体育经营市场等方面进行大胆探索，场馆资源和商业设施的利用率稳步提升。组织承办大型赛事及商业活动 50 余场次，商业租赁面积近 6 万平米，签约经营商家 62 家，商业设施利用率达到 85%。济南奥体中心、济南市全民健身中心和皇亭体育馆全年共实现经营收入 5100 余万元。超额完成了市委、市政府确定的任务目标，创造了良好的经济效益和社会效益，为夯实体育产业多元化、规范化、社会化的管理体系和运行机制打下坚实基础。③体育市场监管不断加强。对全市 55 处高危险性体育项目经营场所进行安全检查，及时消除安全隐患，确保消费者权益和健身安全。夏季检查经营性游泳场所 43 处，提出整改意见 20 余项，为全面提高游泳场所规范经营和安全管理水平、做好后续公共体育设施规划设计工作奠定基础。

【召开 2010 年济南市体育彩票工作会议】 1 月 29 日，济南市体育彩票工作会议在舜耕山庄召开。副市长邹世平，市政府副秘书长张伟，市政府办公厅巡视员卢新泉，省体彩中心主任蒋强，济南市体育局局长初伟等出席会议，各县（市）区分管县（市）区长，体育（文体、教体）局局长、分管局长，体彩专管员，市体彩中心全体工作人员参加了会议。会议由市体育局局长初伟主持。济南市副市长邹世平鼓励全市体彩工作者再接再厉，促进体彩事业快速腾飞。会议对 2009 年度先进单位进行表彰，历下区、天桥区、市中区获济南市先进单位称号。

（逄淑友）

群众体育

【元旦全民健身跑泉城开跑】 1 月 1 日，由市政府主办，市体育局、市体育训练基地承办，中国体育彩票冠名支持的“体彩杯”2010 年济南市元旦全民健身系列活动在泉城广场举行。上午 9 时，长跑队伍由泉城广场泉标南侧出发，向西经泺源大街、趵突泉公园东门、泉城路、黑虎泉北路、黑虎泉西路、南门桥、省科技馆回到出发点，全程 4.6 公里。活动现场还举行全民项目展演、健身互动游戏、健身俱乐部展示、免费健身体验、免费体质检测等，每一个项目都吸引了众多市民参与，尽情享受了一顿丰盛的健身“大餐”。

【山东省第二届老年人运动会“亚林杯”台球赛开赛】 3 月 11 日，由山东省老年人体育协会主办、济南市老年人体育协会承办的山东省第二届老年人运动会“亚林杯”台球赛在省军区接兵站举行。来自全省 16 市、4 大企业的 21 支代表队近 200 名老年朋友齐聚一堂，相互切磋球艺，增强交流，增进友谊。经过 4 天、130 余场比赛的激烈角逐，最终决出斯诺克团体金奖 5 名、银奖 5 名，铜奖 6 名；

普尔8团体金奖7名、银奖7名、铜奖6名；体育道德风尚奖8名。

【“体彩杯”2010年济南市全民健身月活动暨全民健身纪录挑战赛正式启动】 5月8日，由市体育局和济南时报联合举办的第二届“体彩杯”2010年济南市全民健身月活动暨全民健身纪录挑战赛在大明湖正义广场正式启动。本次活动将举行16场选拔赛，全市各区县都将有机会参与到挑战中来，各场选拔赛的冠军将参加10月份举行的全市总决赛，争夺“年度霸主”和“全民健身形象大使”殊荣。经过两小时的争夺，第二届全民运动纪录挑战赛首批7个项目的冠军产生。张磊以2.81米的成绩摘得立定跳远冠军；臧盛昌1分钟做了79个俯卧撑，成为该项目冠军；踢毽子项目冠军是闫德友，一分钟踢了96下；五米折返跑冠军花落38岁的公司职员王学辉，成绩是28.42秒；60岁的毕玉顺，一分钟跳绳229次，成为该项目冠军；王式跃以3.24米的成绩成为助跑摸高项目的冠军；张海涛一分钟投篮41次，成为该项目冠军。

【2010安利纽崔莱健康跑起跑仪式在济南奥体中心举行】 6月27日，“2010安利纽崔莱健康跑暨济南市全民健身系列活动”在济南奥体中心举行。15000名市民在奥运冠军、著名跳水运动员王峰的带领下，进行了健康跑活动。市人大常委会副主任牟陆阳、副市长邹世平、市政协副主席王世敦等参加起跑仪式。15000人的健康跑队伍从奥体中心体育场西门出发，途经奥体西路、经十东路、龙奥北路，最后返回体育场南门。活动现场还举办了妙趣横生的运动游戏、健康咨询以及健康测试等活动。

【“体彩杯”2010年济南市健身路径大赛精彩上演】 7月17日，由济南市体育局主办，济南市体育训练基地、济南市体育彩票管理中心承办的“体彩杯”2010年济南市健身路径大赛总决赛在槐荫广场举行，来自全市10个县（市）区的近300名选手同台竞技，共同角逐10个项目的总冠军，济阳县、章丘市、商河县代表队分别获得团体前三名，杆石桥街道、西周社区、小梁庄社区等10个社区被评为健身路径“十佳社区”。本次比赛预赛安排在4～7月的周末，分为社区公开选拔、县（市）区复赛、全市总决赛三个阶段，选取百姓身边的漫步机、双杠、健骑机、手攀云梯等健身路径比赛器材，目的是更好地发动和指导市民科学、合理的利用健身路径强身健体。整个活动中吸引了200余个社区（村）、近4万名群众参与了选拔赛。

【济南市第十一届龙舟大赛】 7月25日，由市体育局、市园林局联合举办的大明湖龙舟赛在大明湖风景名胜区举行。通过两轮的激烈角逐，红叶谷、鹊华居、贵和皇冠假日酒店分获混合组冠亚季军，大明燕鲍翅府、金新城集团、港华燃气公司分获男子组冠亚季军。龙舟赛自1996年开始，已经成为泉城最著名的旅游品牌和传统体育活动之一。

【全民健身日大型庆祝活动在泉城广场举行】 8月8日，由市政府主办、市体育局和历下区政府承办的“体彩杯”2010年济南市全民健身日庆祝活动在泉城广场举行。活动现场举行了大型群众体育表演，在全市征集的部分“运动高手”在舞台上表演单手俯卧撑、花样跳绳、顶杆空竹等各类“绝活”。同时，已经十分罕见的传统体育项目石锁石担表演也出现在活动现场。活动现场还举行“体彩杯”2010年济南市全民运动纪录挑战赛，一分钟俯卧撑、一分钟跳绳、一分钟踢毽子、立定跳远、助跑摸高、一分钟投篮、5米折返跑等7个市民喜闻乐见的健身活动的展示表演，极大地带动了市民的健身热情，再次掀起了全市全民健身的新高潮。活动当日，各县（市）区都分别举行了形式多样的健身活动，奥体中心、全民健身中心等市属体育设施和部分区县健身设施免费向市民开放，全天共接待近2万市民参与体验。

【山东省暨济南市纪念第十一届全运会成功举办一周年全民健身健步走活动仪式】 10月16日，山东省暨济南市纪念第十一届全运会成功举办一周年全民健身健步走活动仪式在济南奥体中心举行，副省长黄胜、副市长邹世平参加活动。来自省、市机关单位和全市各界群众5000多人沿着济南奥体中心外场健步行进。同时，还进行了健身秧歌、太极拂尘、抖空竹、太极拳等展示表演，组织了对市民免费的体质监测，开展了跳绳、踢毽子、投篮、俯卧撑、立定跳远、5米折返跑、助跑摸高等参与互动活动。另外，全市百城千村4种健身气功展示活动同步上演，来自10个县（市）区的300名运动员分别进行健身气功易筋经、五禽戏、六字诀、八段锦展示活动。槐荫、天桥、历下、长清区以及章丘市获得优秀表演奖，市中、历城区、商河、济阳、平阴县获得优秀组织奖。

【济南槐荫中学获世界青少年金属地掷球公开赛三个冠军】 见“教育·教育教学改革与素质教育”分目

（逄淑友）

【举行体育训练工作会暨22届省运会任务指标签字仪式】 1月26日，市体育系统举行2010年济南市体育局训练工作会暨22届省运会任务指标签字仪式，认真总结备战“省运会”情况，安排部署22届省运会周期的比赛和输送任务，深入扎实地做好22届省运会备战训练工作。会上，市体育局负责人作了动员讲话，并与各县（市）区体育（文体、教体）负责人和各直属训练单位负责人签订责

任书。

济南选手国际国内大赛成绩

比赛项目	时间	运动员姓名	成绩
第 50 届世界乒乓球锦标赛（女子团体）	5 月 23 ~28 日	李晓霞	第二名
游泳日本公开赛（50 米仰泳）	2 月 27 日	高畅	第一名
游泳日本公开赛（100 米仰泳）		高畅	第一名
游泳日本公开赛（800米自游泳）	2 月 28 日	谭淼	第二名
2010 年全国游泳冠军赛（50 米仰泳）	4 月 22~26 日	高畅	第一名
2010 年全国游泳冠军赛（100 米仰泳）		高畅	第一名
2010 年全国春季赛艇锦标赛（男子轻量级双人单桨）	5 月 11~14 日	赵景滨	第一名
全国赛艇青年锦标赛（男子轻量级双双 2000 米）	5 月 29 日~6 月 3 日	侯振伟 邵乐乐	第一名
全国赛艇青年锦标赛（女子四双 2000 米）		齐爽	第一名
环地中海游泳赛第三站法国卡内站游泳比赛（50 米仰泳）	6 月 1 日	高畅	第二名
2010 全国少年乒乓球比赛（北方赛区）	7 月 3 ~9 日	崔雪聪	第一名
2010 年中国水上运动会（50 米仰泳）	8 月 29 日~9 月 3 日	高畅	第一名
2010 年短池世界杯比赛（50 米仰泳）	10 月 12~13 日	高畅	第一名
2010 年短池世界杯比赛（100 米仰泳）		高畅	第一名
2010 年短池世界杯比赛（2000 米女子 8 人单桨）		张学敏 齐爽	第一名
2010 年乒乓球职业巡回赛（女子双打）	10 月 20~24 日	李晓霞	第一名

【首届“市长杯”校园足球联赛开幕】 4 月 9 日，以“阳光体育、快乐足球”为主题的济南市首届“市长杯”青少年校园足球联赛开幕式在泉城中学举行，市委副书记、市长张建国和国家体育总局足球运动管理中心副主任薛立共同为本届联赛开球。市人大常委会副主任牟陆阳、市政协副主席胡占平、市体育局局长初伟出席开幕式。开幕式上，济南市 600 余名学生表演了大型健身操。100 多名学生进行了足球技能展示。

【济南奥体中心冰场举行启动仪式】 5 月 11 日，济南奥体中心冰场启动仪式暨“二建·融基之夜”冬奥健儿大型冰上表演在济南奥体中心体育馆盛大举行。近万名热情观众参加启动仪式，兴致勃勃地观看冬奥健儿冰上项目的精彩表演。副市长邹世平、国家体育总局冬季运动管理中心副主任任洪国、市政协秘书长朱新海、市政府副秘书长张伟、市委宣传部常务副部长凌安中、市体育局局长初伟以及省市体育局有关处室、单位的领导出席了启动仪式。中国花样滑冰队总教练姚滨、中国短道速滑队总教练李琰也出席了启动仪式，并对冬奥健儿冰上表演进行现场指导、讲解。

【“元首针织”杯 2010 年全国青年游泳锦标赛暨亚运会选拔赛开幕式、“国家游泳队济南奥体中心训练基地”挂牌仪式在奥体中心举行】 6 月 17 日，“元首针织杯”2010 年全国青年游泳锦标赛暨亚运会选拔赛开幕式在济南奥林匹克体育中心游泳馆举行，奥体中心游泳馆同时被国家体育总局游泳运动管理中心授牌任命为“国家游泳队济南奥体中心训练基地”。这是济南奥体中心第一个被任命为国家训练基地的场馆。国家体育总局游泳运动管理中心主任李桦、副主任尚修堂，省体育局局长张洪涛，市政府副市长邹世平，省体育局副局长王毅，市政府副秘书长张伟，市体育局局长初伟，济南元首针织股份有限公司董事长温增利，市体育局副局长张庸，济南奥林匹克体育中心主任张忠明及各省、市体育系统的负责人、各参赛代表队领队、教练员、运动员参加活动。

【“后全运时代”济南选手连夺大赛金牌】 全运会后济南籍国手连夺大赛金牌，让世人看到了济南运动员实力的提升。3 月 28 日结束的 2010 年女子摔跤世界杯团体锦标赛上，才入选国家女子自由式摔跤队的平阴姑娘刘凤鸣在 59 公斤级的比赛中以 4：0 的成绩夺冠。5 月，刘凤鸣又在亚洲摔跤锦标赛上勇夺女子 59 公斤级金牌。李越宏两夺射击世界杯金牌。济南体校射击队培养的 21 岁射击运动员李越宏，连续夺得射击世界杯悉尼站和北京站男子 25 米手枪速射的金牌，成为国家队一颗闪亮的新星。1 月，济南选手张淼在自行车世界杯北京站上与队友联手夺得团体竞速赛冠军，另外还获得男子 1 公里个人计时赛冠军；4 月的自行车亚锦赛上又夺得个人 1 公里计时赛、个人争先赛和团体竞速赛三枚金牌。18 岁的济南姑娘方雪在第一届青少年奥运会国内选拔赛中名列女子 10 米气手枪总成绩第一。

【济南市"市长杯"青少年校园足球联赛 1999~2000 年龄组比赛拉开帷幕】 7 月 5 日,以"我爱世界杯,我爱校园足球"为主题的济南市"市长杯"青少年校园足球联赛 1999~2000 年龄组比赛在济南汇文实验学校拉开帷幕。这次比赛是济南市"市长杯"青少年校园足球联赛系列的重要组成部分，有来自市区各小学的 14 支男子足球队和 11 支女子足球队参加比赛。比赛为期 9 天，分为足球技能测试和七人制足球比赛两种形式。足球技能测试包括一分钟颠球、过杆和运球转身三项内容，主要是考核小球员的足球基本功。在此基础上，通过足球比赛考察小球员在比赛中综合运用足球技术的能力，从而全面考量学生的足球综合素质。选拔出来的小球员将由济南市业余体育学校的专业足球教练员进行培养。

【全国田径锦标赛暨亚运选拔赛在奥体中心举行】 全国田径锦标赛暨亚运选拔赛于 8 月 5~8 日在"西柳"体育场举行，来自全国 40 多个省、区、市和解放军的 1000 余名参赛选手在此争夺广州亚运会的参赛资格。这是济南奥体中心体育场继全运会之后迎来的首场赛事。

【济南女子拳击队首获省运会金牌】 8 月 11 日。济南选手庞静静在山东省第 22 届运动会女子拳击女子 60 公斤级比赛决赛中，以 13：5 的压倒性优势战胜淄博选手崔成云获得冠军，这是济南女子拳击队首次在省运会上获得金牌。另一名代表济南参赛的选手李霄亚获得了铜牌。

【全国网球青少年团体锦标赛开赛】"山东航空"杯 2010 年全国网球青少年团体锦标赛于 8 月 30 日至 9 月 6 日在济南奥林匹克体育中心网球馆开幕。本次比赛是我国网球青少年运动的最高水平赛事，来自全国共 39 个代表队的近 200 名选手将在奥体中心网球馆进行激烈角逐。本次比赛由国家体育总局网球运动管理中心主办，山东省小球运动管理中心及济南市体育局承办，山东航空公司冠名赞助商协办。

山东省第二十二届运动会成绩一览表

比赛项目	时间	运动员姓名	成绩
女子柔道（48 公斤级）	7 月 1 日	张瑞	第一名
女子柔道（63 公斤级）	7 月 2 日	曹廷廷	第一名
男子柔道（60 公斤级）	7 月 6 日	巴达日胡	第一名
男子柔道（100 公斤级）	7 月 8 日	王奇	第一名
女子自行车 2 公里个人追逐赛	7 月 10 日	孟凡童	第一名
女子自行车 40 公里个人计时赛	7 月 17 日	赵静	第一名
自行车女子山地个人计时赛	7 月 19 日	赵静	第一名
自行车女子山地个人越野赛	7 月 20 日	尹国一	第一名
自行车山地个人计时赛	7 月 24 日	姚平	第一名
女子 BMX 小轮车团体赛	7 月 24 日	张凤、姚平 王昕、孟凡童	第一名
男子古典式 46 公斤级	7 月 13 日	潘志腾	第一名
男子古典式 50 公斤级	7 月 13 日	朱平乐	第一名
男子古典式 69 公斤级	7 月 14 日	崔耀	第一名
女子枪术	7 月 14 日	张茜	第一名
男子太极拳太极剑	7 月 15 日	贾志文	第一名
女子规定拳	7 月 17 日	王冰	第一名
网球（甲组）男子双打	7 月 22 日	田京京、杨小镭	第一名
网球（甲组）男子单打	7 月 23 日	田京京	第一名
网球（乙组）男子单打	7 月 24 日	周栩帆	第一名
网球（乙组）女子单打	7 月 24 日	吴思晗	第一名
网球（乙组）女子双打	7 月 25 日	吴思晗	第一名
网球混合双打	7 月 25 日	周栩帆、吴思晗	第一名
网球男子双打	7 月 25 日	周栩帆 温楚天	第一名
网球女子双打	7 月 25 日	吴思晗 谭诚	第一名
女子重剑个人赛	7 月 27 日	陈聪聪	第一名
武术散打男子 77.5 公斤级	7 月 28 日	王福龙	第一名
武术散打男子 87.5 公斤级	7 月 28 日	韩祥达	第一名
武术散打男子 56 公斤级	7 月 28 日	张方振	第一名
武术散打男子 60 公斤级	7 月 28 日	冯杰	第一名
武术散打男子 70 公斤级	7 月 28 日	王玉虎	第一名
武术散打男子 90 公斤级	7 月 28 日	王长昊	第一名
武术散打女子 52 公斤级	7 月 28 日	房传梅	第一名
艺术体操团体赛	8 月 2 日	张含樱、刘青青 赵萌、王亚南	第一名
艺术体操个人全能	8 月 3 日	黄阳	第一名
艺术体操集体全能	8 月 3 日	黄阳、张含樱 刘青青、王晓悦 赵萌、王亚南	第一名

比赛项目	时间	运动员姓名	成绩
蹦床女子团体	8月8日	潘梦茹、翟羽佳 王淑滢、许孟惠 赵雪蓉	第一名
蹦床女子单人	8月9日	张学萌	第一名
蹦床女子同步	8月9日	刘瑞仙、张学萌	第一名
女子沙排	8月10日	王林、张冰冰	第一名
女子拳击60公斤级	8月11日	庞静静	第一名
体操男子团体	8月16日	杨彬、吴逸豪 陈旭东、陈鹏	第一名
男子体操（鞍马）	8月18日	杨彬	第一名
摔跤男子自由式55公斤级	8月23日	杨继宁	第一名
摔跤男子自由式60公斤级		田真光	第一名
摔跤男子自由式66公斤级		孔德帅	第一名
摔跤男子自由式54公斤级		徐帅	第一名
摔跤男子自由式74公斤级		岳耀全	第一名
摔跤男子自由式63公斤级(乙组)	8月24日	王鲁宾	第一名
摔跤男子自由式69公斤级(乙组)		李帅	第一名
摔跤男子自由式76公斤级(乙组)		于吉磊	第一名
摔跤男子自由式85公斤级(乙组)		张春雨	第一名
摔跤女子自由式40公斤级(乙组)	8月28日	周成成	第一名
摔跤女子自由式43公斤级(乙组)		马倩倩	第一名
摔跤女子自由式49公斤级(乙组)		韩丽	第一名
跳水（儿童乙组）女子5米跳台	9月1日	刘金花	第一名
跳水（儿童乙组）男子个人全能	9月1日	张超	第一名
跳水少年组女子10米跳台	9月2日	丁宁	第一名
跳水少年组男子10米跳台	9月2日	宋乐平	第一名
跳水少年组男子3米板	9月3日	宋乐平	第一名
跳水（儿童乙组）女子个人全能	9月3日	刘金花	第一名
举重女子58公斤级	9月16日	陈圆	第一名
男子乙组跆拳道80公斤级	9月17日	沈建伟	第一名
男子乙组跆拳道72公斤级	9月18日	梁天赐	第一名
乒乓球女子双打（男女丙组）	9月19日	李安琪 崔雪聪	第一名
乒乓球男女混合双打	9月19日	李安琪、魏世皓	第一名
乒乓球男子单打	9月20日	路金鑫	第一名
单人划艇5000米、1000米	9月20日	郭圣伟	第一名
单人划艇500米	9月20日	李贺	第一名
单人划艇1000米	9月20日	禚亦	第一名
2000米双人划艇（男乙）	9月20日	段志鹏、卫成元	第一名
6000米双人划艇（男乙）	9月20日	付天浩	第一名
2000米单人划艇（女乙）	9月20日	毛巧云	第一名
2000米双人划艇（女乙）	9月20日	杜亚平、李敏	第一名
女子射击10米气手枪	9月20日	刘艳	第一名
女子射击10米气手枪（乙组）	9月20日	毛益民	第一名
女子团体射击10米气手枪(乙组)	9月20日	毛益民、宋艺玄、叶蔚琳	第一名
男子射击10米气步枪	9月21日	刘大鹏	第一名
男子射击50米步枪3种姿势	9月23日	刘大鹏	第一名

比赛项目	时间	运动员姓名	成绩
男子射击 10 米气手枪（乙组）	9 月 22 日	张臻昊	第一名
男子射击 50 米步枪三种姿势（乙组）	9 月 22 日	吕炳瑞、王海童 于梦珂	第一名
女子（乙组）射击 25 米手枪	9 月 22 日	毛益民	第一名
女子团体（乙组）射击 25 米手枪速射	9 月 22 日	毛益民、魏湘瀛 叶蔚琳	第一名
游泳男子 200 米自由泳（乙组）	9 月 20 日	程功	第一名
游泳男子 800 米自由泳（乙组）	9 月 23 日	程功	第一名
游泳女子 200 米自由泳（乙组）	9 月 23 日	辛鑫	第一名
游泳女子 100 米仰泳（乙组）	9 月 21 日	王冰	第一名
游泳女子 200 米仰泳（乙组）	9 月 22 日	王冰	第一名
游泳男子 200 米自由泳	9 月 23 日	徐亚宁	第一名
游泳女子 800 米自由泳	9 月 23 日	辛鑫	第一名
射箭男子个人奥林匹克淘汰赛	9 月 21	郭恩臣	第一名
射箭女子团体	9 月 23 日	张潇曲、文旋 尹文静	第一名
男子举重 56 公斤级	9 月 21 日	黄振华	第一名
男子举重 62 公斤级	9 月 21 日	王猛	第一名
女子 5000 米竞走	9 月 22 日	刘欢	第一名
女子 10000 米竞走	9 月 24 日	刘欢	第一名
女子 200 米、400 米	9 月 24 日	陈琳	第一名
男子撑杆跳	9 月 22 日	薛长锐	第一名
男子链球	9 月 22 日	王昊	第一名
空手道男子 65 公斤	9 月 24 日	胡贻军	第一名
赛艇男子（乙组）公开级 2000 米单人双浆	9 月 24 日	董志	第一名
赛艇男子（乙组）公开级 2000 米四人双浆	9 月 24 日	王从明、陈晨 何逵星、葛瑞	第一名
女子公开级 2000 米双人单浆	9 月 24 日	刘丽、刘梦羽	第一名
女子公开级 2000 米双人单浆	9 月 24 日	周静、齐爽	第一名
赛艇女子公开级 2000 米双人双浆	9 月 24 日	岳文雪、季珊珊	第一名
皮划艇女子公开级 2000 米四人单浆	9 月 24 日	刘金超、周静 王美莎、逯婷婷	第一名
男子公开级 2000 米双人单浆	9 月 25 日	闫腾 许辉珊	第一名
男子公开级 2000 米双人双浆	9 月 25 日	董志、陈晨	第一名
男子轻量级 2000 米单人双浆	9 月 25 日	藏少勋	第一名
女子公开级 2000 米四人单浆	9 月 25 日	刘 丽、刘梦羽 姚广雯、李荣晓	第一名
女子公开级 2000 米单人双浆	9 月 25 日	岳文雪	第一名
赛艇女子公开级 2000 米四人双浆	9 月 25 日	季珊珊、刘金超、齐 爽、 逯婷婷	第一名
赛艇甲组男子公开级 2000 米双人单浆	9 月 25 日	皮玉玺、李梦语	第一名
赛艇甲组男子公开级 2000 米四人双桨	9 月 25 日	赵龙杰、皮玉玺、李梦宇、 王家海	第一名
赛艇女子公开级 2000 米	9 月 26 日	张学敏	第一名
赛艇男子乙组男子公开级 2000 米	9 月 26 日	宋金	第一名

【中国乒超联赛女团半决赛在皇亭体育馆开赛】 9月8日，由中国乒乓球协会、中央电视台体育频道主办的2010年361° 中国乒乓球俱乐部超级联赛女子团体半决赛在济南皇亭体育馆拉开大幕。山东鲁能女乒迎战辽宁鞍山城投房产队，首场半决赛，山东鲁能女队主场以3∶1战胜辽宁女队。

【济南健儿参赛亚运会实现历史性重大突破】 第16届亚运会历时16天，于11月27日在广州闭幕。本届亚运会共设了42个竞赛项目，其中有28个奥运会项目、14个群体项目。共有45个国家和地区的1.2万名运动员参赛。中国健儿共获金牌199枚，银牌119枚，铜牌98枚，高居奖牌榜首。山东省有100人入选中国代表团，其中运动员84人、教练员16人，共获金牌39枚，银牌8枚，铜牌14枚，在全国各省、市、区中名列前茅。济南市有14名运动员入选中国代表团，参加了游泳、田径、乒乓球、自行车、举重、羽毛球、射击、足球、武术散打9个大项22个小项的角逐。其中，济南市的张磊、张淼、高畅、李越宏、马晋、李晓霞、张勇等选手在比赛中不畏强手，顽强拼搏，共获金牌11枚，铜牌6枚，金牌总数比上届翻了一番，占全省金牌总数的28%，位居山东省各参赛地市第一位。济南健儿超额完成赛前确定的争创历史最好成绩的参赛目标，继第十一届全运会之后，再次实现济南竞技体育新的历史性重大突破，为祖国争了光，为山东添了彩，为济南争得了荣誉，书写了新的辉煌。

11月14日，第16届亚运会自行车男子团体竞速赛在广州自行车轮滑中心举行，选手张磊、张淼获得团体冠军。

11月15日，李越宏在广州奥体射击馆举行的亚运会男子25米手枪速射个人赛和团体赛中获得冠军；高畅在广州奥体游泳馆举行的女子50米仰泳决赛中获得金牌。马晋获得羽毛球女子团体决赛冠军、混合双打季军。

11月16日，广州亚运会自行车男子争先赛在广州自行车轮滑中心举行，张磊获得金牌；李晓霞在广州体育馆举行的乒乓球团体决赛中获得金牌。王杰获自行车男子团体追逐赛季军。

11月17日，张勇在第16届广州亚运会男子武术70公斤级比赛中获得金牌；张磊获得自行车男子争先赛冠军；高畅获得女子100米仰泳季军。

11月18日，在广州飞碟中心举行的亚运会男子双向飞碟团体赛中，唐帅获得季军。

11月19日，李晓霞在第16届亚会乒乓球女双决赛中获金牌；杨哲获得亚运会男子举重105公斤级金牌。

11月20日，李晓霞获第16届广州亚运会获乒乓球女子单打冠军。

11月26日，陈琳获第16届广州亚运会田径女子4×400米接力季军。

（逄淑友）

责任编校　宣　涛

人口与计划生育

【概况】全市人口计生工作紧紧围绕全市“转方式、调结构、促增长、惠民生、保稳定”的工作大局，以稳定低生育水平和统筹解决人口问题为核心，抓基层，打基础，真抓实干，开拓进取，各项工作都有了新的进展。全市全年共出生人口64817人，比上年同期增加7747人。出生率10.74‰，自然增长率为3.25‰，合法生育率92.9%，出生人口性别比112.3:100。女性初婚49633人，同比减少11462人。

开展大调研，树立实事求是的工作作风。为全面掌握全市人口计生工作情况，市人口计生委组成4个调研大队，分别由委领导班子成员带队到11个县（市）区开展调查研究，采取不下通知、不打招呼、随机抽查的办法，走村入户摸实情、摸实底、查找薄弱环节。通过调研，全市计生系统迅速掀起了下基层、转作风、办实事、求实效的热潮。特别是针对群众反映的《计划生育服务手册》办理难的问题，及时采取了首问负责、定期通报、纳入考核等三项措施，收到明显效果，受到群众和社会的广泛赞誉。

开展大讨论，统一全市上下的思想认识。在开展大调研的基础上，全委上下围绕如何对济南的人口计生工作定位、如何认识当前的形势、如何确定今后的工作目标和发展思路，开展“省会城市大发展，计生工作怎么办”的大讨论，并举办全市人口计生干部研讨班、“处长论坛”等活动。通过学习讨论，大家进一步统一思想，提高认识，决心以省会的标准和境界，不断提升人口计生工作的水平和层次，以服务全市“转方式、调结构、促增长、惠民生、保稳定”的工作大局。

开展大清查，摸清全市人口计生工作底数。自8月13日开始，结合第六次全国人口普查，在全市开展人口基础信息清理核查工作。各级公安、卫生、统计等部门与人口计生部门紧密配合，创造了公安计生合署办公、公安、卫生、计生三方信息网上比对、县乡村三级对核查报表“双签名”、流入地和流出地同时上报“双保险”等工作经验，有力促进了核查活动的有效进行。

开展大宣传，为人口计生工作营造良好的领导氛围和舆论氛围。以纪念中共中央《关于控制我国人口增长问题致全体共产党员、共青团员的公开信》发表30周年为契机，计生系统举办第三届泉城人口文化节，开展“人口文化乡村行”系列宣传活动，实现宣传工作向基层村（居）的转移和渗透。9月25日，市委、市政府召开了纪念《公开信》发表30周年座谈会。济南日报刊发市委副书记、市长张建国纪念《公开信》发表30周年的访谈文章，并在头版头条刊载了《抓人口计生工作就是抓发展促增长——济南30年少生266万人》的新闻报导。市电台、电视台对纪念活动集中进行了报道。

【稳定人口计生机构队伍】10月18日，市委办公厅、市政府办公厅下发《关于在全市乡镇机构改革中稳定基层人口和计划生育队伍的通知》，要求各级在全市深化乡镇机构改革中，认真贯彻落实中央和省、市委要求，妥善处理深化机构改革和落实计划生育基本国策的关系，统筹兼顾，科学实施，确保基层人口计生机构队伍稳定，确保基层计划生育服务机构的资产、设备不流失，确保基层计划生育管理服务工作不断档、不失序。保持和稳定乡镇计划生育“五职责任人”体系，坚持“一把手”负总责和“一票否决”制度，确保机构改革后对人口和计划生育工作领导到位、责任到位、工作到位。继续保留乡镇人口和计划生育办公室，行政人员不少于2人；将乡镇计生服务站作为乡（镇）单独设立的财政拨款事业单位，不削弱工作力量，并按规定落实工作人员工资和社会保障待遇。加强村级和城市社区计划生育干部队伍建设，村级计生专职主任要按照“年轻化、知识化、女性化”的标准，实施竞争上岗，择优录用，实行乡聘、村用、县备案制度，落实工作报酬，原则上不低于村支部书记报酬的80%，并提倡以直通车形式发放。城市社区要配备适合工作需要的流动人口计划生育专兼职工作队伍，确保社区计生事业有人管事、有钱办事、照章理事。利用乡镇机构改革的时机，进一步加强基层人口计生干部队伍建设，为人口和计划生育事业健康发展提供组织保障。

【开展人口基础信息清理核查活动】为切实掌握基层人口计生工作现状，摸清人口基础信息底数，准确判断人口形势，为领导决策提供科学依据，自 8 月 13 日开始，结合第六次全国人口普查，在全市开展人口基础信息清理核查工作。这次清理核查专项活动，主要以核查出生人口统计上报信息、人口出生错报漏报信息、未纳入管理的已婚育龄妇女、流动人口信息等为重点。

本着扎扎实实工作、实事求是报数的工作理念，为清理清查工作提出明确要求：①切实保证清理核查数据真实准确。各县（市）区清理核查后上报的“合法生育率”和“出生人口性别比”指标，不公开发布，不作为全市人口责任目标考核的依据；②从严查处继续瞒报漏报行为。清理核查结束后，凡又被群众举报并查实的人口出生瞒报、漏报、错报行为，均按照人口和计划生育目标管理考核计分办法实施个案扣分，瞒报漏报情况严重的，落实计划生育“一票否决”制度；③从宽处理清理核查中如实上报的违法生育人员。对清理核查中如实上报的违法生育人员依法从轻处理。

经过两个月的努力，这项工作取得显著成效：全市共清理上报 9510 人，其中违法生育 7802 人，占 82%；纠正育龄妇女信息 12471 人，补录育龄妇女信息 1205 人，已婚育龄妇女补漏 7270 人。全年累计对 6724 名违法生育者实施社会抚养费征收，共上缴社会抚养费 1.6 亿多元。特别是 8 月份人口出生清理核查活动开展以来，上缴社会抚养费 1.28 亿元，占征收总金额的 80%。

【流动人口计划生育基本公共服务均等化试点工作启动】 国家人口计生委、中央综治办、财政部、人力资源社会保障部确定，从 10 月开始在全国 49 个城市开展为期两年的流动人口计划生育基本公共服务均等化试点工作，济南市为试点城市之一。市委、市政府于 11 月 25 日下发《济南市创新流动人口服务管理体制，推进流动人口计划生育基本公共服务均等化试点工作实施方案》；12 月 2 日，市人口和计划生育领导小组召开扩大会议，全面启动了流动人口计划生育基本公共服务均等化试点工作。试点的总体目标：①到 2012 年底，服务管理覆盖全员流动人口，流动人口与户籍人口计划生育基本公共服务差距明显缩小；②加快流动人口市民化进程，基本建立“运转高效、保障有力”的运行机制；③加大人、财、物的投入力度和加强制度建设，初步建立适应城镇化、促进城乡一体化发展的流动人口服务管理新体制。主要任务：①全面推进流动人口计划生育基本公共服务均等化，包括宣传倡导服务、计划生育技术服务、优生优育服务、生殖健康服务、奖励优待服务；②强化相关职能部门的工作配合，初步建立流动人口工作统筹管理、综合决策、齐抓共管机制，解决制约流动人口公共服务均等化重点难点问题；③将流动人口纳入城市社区服务管理，合理配备计划生育工作人员、协管员和信息员，依托社区综合工作平台，实现流动人口服务管理基本覆盖和“一站式”管理；④建立健全流动人口综合服务管理信息系统，实现全员流动人口信息采集更新和动态管理信息的跨部门、跨系统、跨区域共享。

【历城区国家首批免费孕前优生健康检查试点工作进展顺利】 4 月，根据国家人口计生委、财政部联合出台《开展国家免费孕前优生健康检查项目试点工作的通知》，全国 18 个省（区、市）、100 个县（市、区）开展试点工作。作为济南市唯一一个试点区，历城区认真落实国家、省有关精神，科学安排，精心组织，投入到位，保障有力，免费项目试点工作健康开展。共发放宣传品 5 万余份，举办孕前优生培训班 52 期，参加孕前健康教育人数 2186 人，585 人参加健康检查。根据健康检查结果，进行诊断评估，作出最后结论，并录入微机，上传至国家人口计生委，接受指导和监督。11 月 25 日，国家人口计生委科技司副司长王巧梅一行来历城区就国家免费孕前优生健康检查项目试点工作进行专项检查评估，对历城区试点工作开展情况给予了高度评价。

（李　莉）

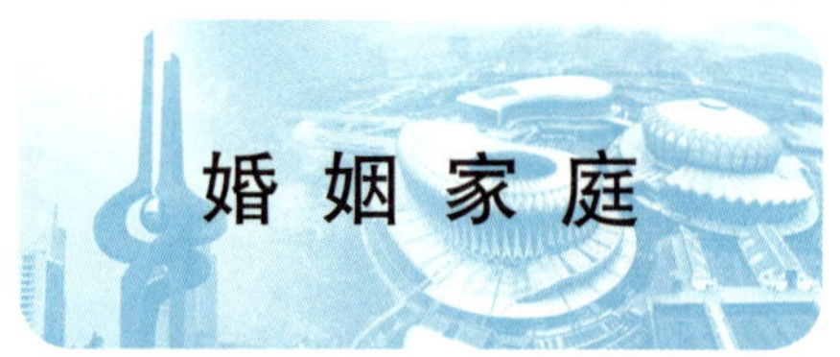

【婚姻登记】 深入推进婚姻登记规范化建设，全市所有婚姻登记机关全部达到全国婚姻登记规范标准。在婚姻登记工作中实行预约服务，开展微笑服务，在全市开展星级婚姻登记处和星级婚姻登记员评比活动，被省民政厅在全省推广，并被民政部纳入 2011 年全国婚姻登记标准化建设范围。依法办理婚姻登记 67472 对，其中结婚登记 55735 对、离婚登记 11737 对、预约登记 3150 对。倡导文明婚风，10 月 10 日，为 102 对来自全国各地的新人举办“十全十美·百合之缘”大型公益集体婚礼。

【收养登记】 扎实做好私自收养登记收尾工作，与公安等部门协调为 350 余户私自收养子女办理了收养登记。

【殡葬管理】 3 月 15 日，山东省暨济南市殡葬系统举行“优质服务月”活动启动仪式。通过文明、诚信、优质的服务，提升殡葬服务水平，增加社会认同感和满意度。为 1000 多名城乡低保家庭成员和无丧葬补助的优抚对象减免基本丧葬费用 120 多万元。在济南殡仪馆、莲花山殡仪馆全面推行“清单式”服务，实现当事人明明白白消费。11 月 19 日，济南殡仪馆被评为全国殡葬工作先进单位。推进农村殡葬改革，推广济阳县农村公益性骨灰堂建设做法，全市农村共建骨灰堂 44 处，安放骨灰 31000 余个，退林还耕土地 53 余公顷，节约丧葬费用 1000 多万元。在清明节祭奠高峰期，大力宣传鲜花祭奠、错时祭扫，全市接待祭奠群众 85 万人，无一事故发生、无一投诉发生。

（陈尚军）

劳动就业

【就业与再就业】 全市城镇新增就业再就业14.99万人，其中，安置下岗失业人员就业7.1万人。转移农业富余劳动力17.29万人次，城镇登记失业率3.84%，低于控制目标0.16个百分点。实施“援企稳岗”的优惠政策，为企业减负5.84亿元，稳定就业岗位12.5万余个。扎实开展高校毕业生就业促进行动，指导帮助2.6万名本市生源应届非师范类高校毕业生实现就业。建立健全困难群体就业帮扶机制，共援助就业困难人员2.11万人，确保零就业家庭的动态消零。

1. 落实扶持政策，促进和稳定就业。全年制定促进就业的规范性文件15个，培训补贴、社保补贴、岗位补贴、小额担保贷款、创业促就业等政策措施更加完善。就业扶持体系进一步健全，扶持范围覆盖城乡就业困难人员、新成长劳动力、失业人员、农业富余劳动力、高校毕业生、复退军人、残疾人、被征地农民等各类群体。继续实施减轻企业负担稳定就业局势的有关措施，适当提高岗位补贴和社保补贴的标准。全年通过降低“两项费率”为企业和职工减负2.49亿元，落实“两项补贴”资金2.98亿元，缓缴社会保险费3750万元，稳定就业岗位12.5万个，共为企业和职工减负5.84亿元。

2. 推进创城建设，促进创业带动就业。完善全市创业扶持政策体系。深化创业助推活动，落实创业两项补贴163.35万元，认定各级创业孵化基地75个，加强“一网两库”建设，入库创业项目247个、聘请创业指导专家135名。认真做好小额担保贷款工作。妇女创业的贷款额度提高到8万元，贴息范围进一步扩大，担保基金持续增加。全年发放小额担保贷款385人(次)2040.5万元。

3. 科学规范实施培训，推进素质就业。按照城乡培训政策“普惠制”原则，将所有农民工纳入就业培训体系和质量评估体系，实行培训专业、培训等级、补贴标准城乡一致。严格审核认定定点培训机构，定期进行检查考核，确保培训质量。全市定点培训机构85家，增设了专项能力培训，培训专业由35个增加到103个。

4. 整合就业资源，推进高校毕业生就业。推广槐荫区“金桥筑基”工程的经验做法，依托全市街道(乡镇)劳动保障服务中心成立130个高校毕业生就业服务中心，实现服务平台的统一。制订《高校毕业生就业见习基地管理办法》，为26个单位412名毕业生支出就业见习补贴95万多元。将“三支一扶”大学生在服务期间工作、生活补贴标准提高到每人每月1500元。购买高校毕业生公益性岗位，127名高校毕业生从事就业服务协理员工作。帮助937名特困家庭高校毕业生实现就业。首家大学生创业孵化基地在济阳县六福国际商业广场成立。该基地设计商铺236家，已进驻商户183家，其中大学生创业人员有149人，占创业人员总数的81.4%。

5. 促进农业富余劳动力转移就业。组织开展“春风行动”，举办专场招聘会56场，组织2099家企业参会招聘，提供就业岗位11.8万。活动期间，有16万余名农民工入场求职，5.12万人与用人单位达成就业意向。建立重点建设项目就业影响评估跟踪制度。截至年底，省市县三级重点建设项目234个，累计拉动就业11.05万人，其中农村劳动力7.1万人，占总拉动就业人数的64.2%。完善农民工技能培训工作措施，深化和延伸农民工培训，实现“培训一人、就业一人，就业一人、培训一人”的工作要求。

6. 强化信息网络建设。探索依托和应用现代化信息服务技术开展就业服务，基本实现就业服务全程信息化管理。通过开展“就业直通车”服务品牌创建活动，积极构建就业服务新体制。依托公共就业服务机构，全面推行免费就业失业登记、职业介绍、职业指导等就业服务。坚持开展就业服务系列活动，实施“就业援助月”“春风行动”“民营企业招聘周”“高校毕业生就业服务月”“高校毕业生就业服务周”等专项系列活动，动员社会各方面力量，突出做好就业困难人员、农村富余劳动力和高校毕业生等重点人群的就业服务工作，促进各类群体实现就业。

【劳动关系】 加强对企业工资分配的宏观调控，及时发布企业工资指导线、人工成本状况和劳动力市场工资指导价位，促进企业职工工资合理较快增长。以开展“春暖行动”和“小企业劳动合同制度实施专项行动”为抓手，重点推进中小企业、私营企业和农民工劳动合同制度实施，各类用人单位劳动合同签订率普遍提高。加强基层调解组织和仲裁实体化机构基本建设，建立街道(乡镇)劳动人事争议调解组织135个，调整设立市劳动人事争议仲裁委员会，成立市劳动人事争议仲裁院。全年受理劳动人事争议案件3788件，结案率99%。推进劳动保障监察“两网化”建设，为全市第四级网格配备760名劳动保障监察协管员，在网格内开展用人单位基本信息采集。开展举报投诉专查和专项行动，清欠农民工工资3966万元，取缔非法职业介绍机构182家。开辟信访“绿色维权通道”，深入基层一线查找矛盾和问题，受理群众来信来访3729件起，同比下降17.5%。按照执法服务促发展、维护权益保稳定的要求，初步建立劳动监察、劳动人事争议调解仲裁和信访互为补充、相互促进的劳动维权体系，实现了职工得实惠，企业得发展，社会得稳定。

下发《关于明确劳动保障监察管辖范围的通知》，明确市、县区人力资源和社会保障部门关于劳动保障监察工作的管辖范围、管辖标准和法律责任，理顺劳动保障监察执法关系，实现执法重心下移。实行劳动监察联席会议制度，建立起各负其责、配套联动的劳动监察执法新机制。

（王　东）

【社会保险】 全市城镇基本养老（含机关事业）、基本医疗、失业、工伤和生育保险参保人数分别为149万、254.5万、91.6万、129.2万和72.3万，基金征缴总额达到114亿元，同比增长11.5%。再次提高企业退休人员养老金，月人均增长157元，达到1520元，取暖补贴标准由24元提高到1100元。新农保试点工作扎实推进，新启动章丘市和济阳县的试点工作，全市参保人数82万，领取基础养老金的农村老年人22.5万人。

加大社保基金监管力度，出台基金监督管理办法，组织开展专项稽核行动，有力维护了基金安全。全年共稽核用人单位10680家，涉及参保职工人数26万人，查出应参保未参保职工1779人，已参保未足额缴费职工51994人。共稽核出少报、漏报缴费工资基数2.03亿元，应补缴社会保险费5479万元，已收回社会保险费4999万元，回收率达到91%。

开展医疗保险违规问题专项清理整顿活动。对13家三级甲等医保定点医院实行住院医疗费用总额预付结算办法，遏制分解住院、过度医疗等违规现象，提高了基金使用效益。关闭破产集体企业64362名退休人员及困难集体企业6868名退休人员全部纳入城镇职工医保覆盖范围。全年城镇职工医疗保险基金征缴收入25.3亿元，支出22.8亿元。

7月1日起，提高失业保险金发放标准。历下区、市中区、槐荫区、天桥区、历城区等5区由原来的每人420元/月调整为510元/月，章丘市、长清区、平阴县、济阳县、商河县等5县（市）由原来的370元调整为450元/月。开展扩大失业保险基金支付范围试点工作，通过摸底和测算，确定试点项目和基金预算，明确项目支出标准、条件和程序，确保基金合理使用和使用安全。全年扩大失业保险基金支出5640余万元，用于社会保险、岗位补贴和基层公共就业服务平台建设。

工伤保险基金征缴收入1.88亿元，支出1.52亿元，当期结余3600万元，累计结余2.53亿元。农民工参保54万人。《济南市有雇工个体工商户参加工伤保险暂行办法》自8月1日起实施，除公务员和参照公务员的事业单位以外，全部纳入工伤保险社会统筹。

生育保险基金征缴1.45亿元，支出1.75亿元，当期倒挂3000万元，累计结余1.24亿元。全年有21838人次享受到各类生育保险待遇。（王　东）

【减灾救济】 全年济南市遭受了洪涝、风雹、低温冷冻等自然灾害，特别是洪涝灾害，给部分县（市）区造成了巨大损失，全市受灾人口达49万人，农作物受灾面积108549公顷，倒塌房屋7109间，损坏房屋5932间，直接经济损失近7.6亿元。全年发放救灾款1574.78万元，救济3.42万人，恢复重建房屋4374间。5月8日，省暨济南市联合在泉城广场举办"防灾减灾图片展"，以丰富的图片向广大市民宣传防灾减灾知识，提高防灾减灾意识。同时，在市中区开展了社区地震应急演练，多部门协调配合模拟地震发生时最短时间内启动应急机制，提高社区群众避灾自救能力。市中区四里村街道信义庄社区、市中区杆石桥街道启明里社区、市中区七里山街道七东社区、历下区燕山街道燕子山社区、历下区建筑新村街道解放路社区被民政部命名为"全国综合减灾示范社区"。8月31日，省民政厅举办全省防灾减灾知识竞赛，济南市获二等奖。10月28~29日，举办基层灾害信息员培训班，全部通过鉴定，获得全国统一的《灾害信息员职业证书》。完成支援玉树、舟曲灾区救灾任务，分别募集款物619万元和480多万元。（陈尚军）

【农村五保供养】 从1月1日起，五保集中供养标准由每人每年不低于2700元提高到2800元，分散供养标准由每人每年1700元提高到1800元。截至年底，共有五保老人12292人。其中集中供养9316人，分散供养2976人，乡镇敬老院79处，床位数达到12012张，基本实现五保对象"愿进全进"的目标。在全市开展星级五保供养服务机构评定活动，强化敬老院规范化管理。济阳县民政局被评为全国农村五保供养工作先进单位，平阴县孔村镇敬老院被评为全国模范敬老院，章丘市民政局社会民政科宁继珍同志被评为全国农村五保供养工作先进个人。（陈尚军）

【城乡最低生活保障】 从1月起，市内五区和高新区城市低保标准由330元提高到360元，全市城市低保标准在280~360元之间，平均标准由2009年的301元提高到330元；全市城市低保月保障达到2.7万户、5.9万人，人数同比增长4%，全年累计发放保障金及各种补贴1.63亿元，月人均补助水平226元。农村低保最低标准由年人均不低于1200元提高到1320元，全市农村低保标准在1320~1950元，平均标准由2009年的1389元提高到1541元。农村低保月保障达到4.6万户、7.9万人，人数同比增长8%；全年累计发放保障金及各种补贴7435万元，月人均补助水平81元。（陈尚军）

【专项救助】 联合市财政局先后建立完善城乡低保分类施保、大学新生教育救助、城乡居民临时救助等专项救助制度，为9222户低保家庭发放分类施保金349万元，对城乡低保家庭中343名大学本科新生，按照每人4000元标准进行救助，共发放136.8万元；对789户遭受意外事故等突发性事件的困难家庭，发放临时救助金230万元；对13620名困难群众发放医疗救助金1662万元；对2.7万户城市低保家庭，发放取暖补贴973万元；对城乡低保家庭、农村五保供养对象、优抚对象及建国前老党员，发放一次性价格临时补贴2163万元。2010年元旦春节期间，全市筹集送温暖救助资

金 4988.6 万元，救助城乡各类困难群众 79260 户。（陈尚军）

【福利彩票发行】深入贯彻落实《彩票管理条例》，加强投注站规范化建设和管理。积极开展“福彩百千助学”活动，全年共投入 100 万元对全市 1000 名贫困高三学生每人资助 1000 元。全年销售各种福利彩票 8.24 亿元，同比增长 35%。（陈尚军）

【慈善事业】全年市、县慈善总会共募集善款 8948.3 万元，支出善款 6273.8 万元，用于社会互助活动。大力开展“情暖万家”、“康复助医”、“朝阳助学”、“爱心助残”、“夕阳扶老”等 5 大救助工程，救助各类困难群众 17 万人（次）。连续 7 年开展“雪中送炭”活动，救助每户困难家庭半吨煤，累计拨出善款近 184.8 万，为 5931 户贫困家庭解决“燃煤之急”。（陈尚军）

【社会福利工作】①继续推进居家养老服务工作。出台《济南市居家养老服务工作意见》，对服务对象的确定、服务内容和方式、服务人员的工资和支付、申办程序及管理、经费的来源和管理等都作了修订，列入了财政预算，建立起居家养老工作长效机制。社会化养老和居家养老服务普惠程度进一步提高，全市已有 1868 名老人享受到优惠政策。2010 年，财政共投入居家养老服务资金 438 万元。②完善孤儿福利保障制度。联合财政部门制订出台《关于建立孤儿福利保障制度的意见》，建立孤儿保障城乡并重和自然增长机制，对社会散居孤儿、机构集中供养孤儿分别按照每人每月 600 元和 1000 元的标准进行保障，实现城乡孤儿救助一体化。全市共保障孤儿 839 名，发放保障金 749 万元。继续开展孤残儿童免费医疗项目。对社会福利院孤残儿童继续实施“残疾孤儿手术康复明天计划”，截至 11 月底，具备手术适应症的 21 名残疾孤儿全部完成手术，累计手术 278 人；对城乡低保家庭中患有先天性心脏病的未成年人实施免费手术 29 例，累计手术 101 例。③着力抓好福利企业稳定工作。针对福利企业部分退休职工因要求提高津贴补贴、取暖费等问题，在认真做好解释、政策宣传等工作的同时，努力为他们解决实际问题。对部分有家庭困难的职工，及时给予救济、救助，并帮助有特殊困难的家庭解决住房、子女就业等问题。（陈尚军）

【概况】济南市红十字会于 2003 年 7 月单独设置，由济南市卫生局管理改为市政府领导联系，列入群众团体机关序列，单位级别正局级，经费由市财政全额拨款，工作人员参照实行国家公务员管理。2005 年 9 月，济南市红十字会领导班子正式成立，党组织关系隶属济南市卫生局党委，济南市红十字会设立党总支。截至年底，济南市红十字会领导职数为会长 1 人（市政府领导兼任），常务副会长 1 人，副会长 2 人，秘书长 1 人，机关人员编制 26 人。内部机构设办公室、赈灾与救济处和事业发展处，下设济南市红十字会救灾备灾中心，为正处级差额事业单位。济南市红十字会现有基层组织 353 个，团体会员 852 个，成人会员 81617 人，红十字青少年 324767 人，红十字志愿者 8.2 万人。

济南市红十字会的主要职责包括：①依据《中国红十字会自然灾害和突发事件救助规则》开展救灾工作，依法组织开展捐助、救护和救助活动；②开展人道领域的社会公益服务活动和卫生救护、防病常识的宣传普及，进行初级卫生救护培训。开展非血缘关系骨髓移植供者的动员、宣传工作；③组织红十字青少年开展弘扬人道主义精神活动，开展有益于青少年身心健康的活动；④开展艾滋病预防及吸毒危害的宣传教育工作；⑤参与输血献血工作，推动无偿献血事业发展；⑥组织会员、志愿工作者开展社会服务活动；⑦积极做好遗体捐献的宣传登记和日常管理工作；⑧开展红十字会查人转信工作，协助政府开展对台工作，与境外红十字会和组织进行友好往来，开展人道领域的合作与交流，争取援助；⑨根据中国红十字总会和山东省红十字会的部署，参加国际和国内的人道主义救援工作；⑩依据国际红十字会和红新月会运动的基本原则，完成市政府委托的其他事项。

济南市红十字会先后获“全国社区红十字服务示范市”、“全国红十字卫生救护培训先进集体”、“第十一届全运会筹办工作先进集体”、“全省地震应急救援演练先进单位”、“全省红十字会系统先进集体”、“全省红十字会系统信息宣传工作先进单位”、“印度洋海啸灾区募捐工作突出贡献奖”、“济南市助残康复先进集体”、“济南市志愿服务工作先进集体”等称号。

2010 年 10 月 13 日，经济南市机构编制委员会批准，济南市红十字会机关人员编制由 14 名增至 26 名（含工勤人员 2 名）；增配秘书长 1 名（正处级）；赈灾业务处更名为赈灾与救济处，增设事业发展处，核增处长 1 名、副处长 1 名；济南市红十字会事业发展中心更名为济南市红十字会救灾备灾中心。

【《红十字在行动》电台节目开播】3 月 6 日，由市红十字会和济南广播电视台联合开办的大型公益节目《红十字在行动》，在济南人民广播电台新闻频道正式开播。《红十字在行动》节目以红十字知识、志愿者活动、救助与被救助的感人故事为主要内容，记录泉城人民动人事迹；以发现爱、记录爱、传承爱、发扬爱为主线，凝聚泉城人的爱心，建起爱的桥梁，每周六中午 11 时 30 分在济南新闻广播播出，全年共播出 41 期，这是全省唯一一档致力于弘扬红十字精神、倡导互助互爱的公益救助电台节目。

【西南旱灾援助】3 月 24 日，针对西南旱灾地区的旱情，市红十字会积极响应中国红十字会总会号召，启动救灾应急预案，开展向西南旱灾地区紧急募捐活动，设立专门办公室，安排人员24小时值班，向社会发出紧急募捐呼吁，积极为灾区捐款，帮助灾区人民渡过难关。3月27日，市红十字会将爱心企业捐赠的105吨瓶装矿泉水，通过陆路运输直发昆明，在昆明市红十字会的安排下，分发给石林彝族自治县实验中学和陆美邑中心小学。济南市红十字会、济南市人民广播电台还联合昆明市红十字会、昆明市人民广播电台，开展为昆明缺水山村援建"春泉水窖"活动，以改善旱灾当地群众的饮用水建设。济南市红十字会分别于4月9日和4月28日，分两次向昆明市红十字会调拨旱灾捐款共30万元，其中15万元用于水窖建设。

【青海玉树地震援助】 4月14日，青海玉树地震发生后，市红十字会积极响应中国红十字会抗震救灾号召，立即启动应急预案，呼吁社会各界积极捐款捐物，为灾区群众奉献爱心。同时要求各县（市）区红十字会组织开展多种形式的募捐活动，做好募捐数字统计及上报工作。市红十字会联合济南市工商业联合会、济南电视台生活频道等，开展"援助玉树地震灾区"募捐活动。5月27日和7月9日，市红十字会按照省民政厅《关于加快支援青海玉树地震灾区抗震救灾捐款汇缴工作的紧急通知》和中国红十字会总会《关于青海玉树地震捐款汇缴收尾工作的通知》的要求，分两次将全市红十字会系统青海玉树震灾募捐款656.79万元，上交至山东省红十字会，由上级部门统一调拨到灾区，支持青海玉树灾后恢复重建工作。

【甘肃舟曲特大泥石流灾害援助】 8月8日，甘肃舟曲发生特大泥石流灾害后，市红十字会迅速响应中国红十字会的号召，紧急呼吁泉城人民奉献爱心援助灾区同胞，同时与当地红十字会取得联系，密切关注灾情变化。8月23日，市红十字会将首笔甘肃舟曲救灾款12万元，汇往甘肃省甘南藏族自治州红十字会，用于改善泥石流灾区孩子学习和生活条件。8月24日，市红十字会组织开展"情系舟曲爱心捐款"活动，全体人员共捐款6120元，所捐款项专门用于舟曲受灾群众救助和灾后重建工作。9月8日，市红十字会按程序将甘肃舟曲救灾募捐款余额57.42万元全部汇到山东省红十字会，用于舟曲灾区重建。至此，济南市红十字会甘肃舟曲特大泥石流灾害募集款69.42万元，全部调出用于舟曲灾区重建。

（苏　毅）

【居民收入】 济南市居民收支稳步增长，生活水平进一步提高。根据对全市600户居民家庭的抽样调查资料显示，城市居民人均可支配收入为25321.06元，比上年增长11.4%，扣除价格因素，实际增长9.1%。居民人均家庭总收入27723.78元，同比增长12%。工资性收入仍是城镇居民收入主要来源。居民人均工资性收入20946.01元，同比增长16.2%，占家庭人均总收入的75.6%，继续占据居民收入构成的主导地位，是居民收入稳步增长的最大推力，拉动可支配收入增长12.8个百分点。其中，人均工资及补贴收入20613.24元，增长17.4%。经营净收入快速增长。随着经济形势的进一步好转，以及各级政府对个体私营经济扶持力度的不断加大，个体经济市场主体继续保持良好的增长态势，居民经营净收入呈现较快增长的趋势。城市居民人均经营净收入1907.57元，同比增长38.9%，占家庭人均总收入的6.9%，拉动可支配收入增长2.4个百分点，是居民收入的一个重要来源。财产性收入增长迅速，是居民收入新的增长点。调查资料显示，济南市居民人均财产性收入214.27元，同比增长54.6%。其中，人均利息收入为20.31元，增长109.8%；人均股息与红利收入21.66元，增长72.9%；出租房屋收入117.6元，增长67%。高低收入户差距有所缩小。调查资料显示，最高10%的收入户与最低10%的收入户收入之比为5.78：1，比上年下降了0.95个百分点，贫富差距有所缓解，这与全市相继采取提高低保标准、加大对困难企业和困难群众的帮扶力度等措施是密不可分的。

据农村住户抽样调查（下同），农村居民人均纯收入达到8903.3元，比上年增加1098.4元，增长14.1%，比上年提高5.4个百分点。从农村居民人均纯收入的构成看，农村居民收入增长呈现以下特点：一是工资性收入快速增长。随着经济形势的逐步好转，农村居民打工收入相比去年迅速增长，农村居民人均工资性收入达到4125.0元，增长18.4%。二是家庭经营收入稳定增长。农村居民人均家庭经营收入3913.9元，增长7.7%。三是非生产性收入大幅增长。农村居民人均财产性收入561.0元，增长35.1%；人均转移性收入303.4元，增长12.1%。

【居民消费】 随着居民收入水平的提高，居民消费性支出不断增加。城市居民人均消费性支出15973.32元，同比增长8.2%，扣除物价因素，实际增长6%。八大类消费性支出中，除医疗保健支出外，均呈现增长态势。人均食品支出5051.18元，同比增长4.4%，恩格尔系数为31.6%，比上年同期下降1.2个百分点。其中，粮油类支出553.76元，下降7.2%；蔬菜类支出291元，增长9.5%。居民人均在外饮食支出1452.32元，增长17.9%。人均衣着消费支出1882.44元，同比增长26.8%，占消费支出的比重为11.8%。成衣类消费增长迅速，其中，服装支出为1381.18元，增长30.4%；鞋类支出为419.45元，增长18.2%；其他衣着用品支出为55.98元，增长9%；衣着加工服务支出为9.1元，增长11%。人均居住支出1666.28元，同比增长11.3%，占消费支出的比重为10.4%。其中，人

2010年济南市居民生活消费比重

单位：%

项目	城市		农村	
	2010年	比上年±%	2010年	比上年±%
消费性支出	100.0	---	100.0	---
食品	31.6	-1.1	33.6	-2.0
衣着商品	11.8	1.7	5.3	-0.4
家庭设备用品及服务	7.2	-0.2	6.2	0.4
医疗保健	7.4	-1.0	10.3	1.7
交通与通讯	16.6	0.1	18.2	2.4
娱乐教育文化服务	11.9	0.1	7.7	-0.3
居住	10.4	0.3	17.5	-2.0
杂项商品及服务	3.1	0.1	1.2	0.1

2010年济南市居民家庭耐用消费品百户拥有量

项目	单位	城市		农村	
		2010年	比上年±%	2010年	比上年±%
摩托车	辆	13.33	-7.0	84.92	0.1
家用汽车	辆	22.67	38.8	10.52	33.1
洗衣机	台	93.17	1.8	79.25	6.0
电冰箱	台	96.67	1.8	83.37	9.1
彩色电视机	台	115.5	1.8	120.02	0.9
影碟机	台	---	---	64.76	-9.0
家用电脑	台	81	18.2	28.29	21.4
组合音响	套	16.17	4.3	-	-
照相机	架	54	21.3	14.02	16.1
空调器	台	121.5	15.4	35.81	27.7
淋浴热水器	台	82	7.4	54.59	14.0
排油烟机	台	---	---	22.06	13.3
电话（自费）	部	46.33	-9.7	79.69	-1.3
移动电话	部	179.67	17.8	152.67	9.5

均住房支出619.28元，增长2.6%；人均水电燃料及其他支出947.15元，增长15.4%；人均居住服务费支出99.85元，增长37.3%。人均家庭设备用品及服务支出为1144.36元，增长5.3%，占消费支出的比重为7.2%。其中，家庭耐用消费品支出583.16元，增长8.9%；床上用品支出62.38元，增长6.7%；日用杂品支出为387.4元，增长2.1%；家具材料支出34.9元，增长95.7%。人均交通和通信支出2645.78元，同比增长8.6%，占消费支出的比重为16.6%。其中，人均交通支出1944.33元，增长4%；人均通信支出701.45元，增长15.8%。人均交通支出中，人均家庭交通工具支出1270.35元，增长3.1%；人均车辆用燃料及零配件支出299.02元，增长26.6%；人均交通工具服务支出150.25元，下降6%；人均交通费支出224.7元，下降7%。人均通信支出中，人均通信工具支出161.31元，增长16.1%；人均通信服务支出540.14元，增长26.4%。人均教育文化娱乐服务支出1898.05元，同比增长9.5%，占消费支出的比重为11.9%。其中，人均文化娱乐用品支出562.1元，增长4.1%；人均文化娱乐服务支出537.84元，增长19.3%；人均教育支出798.11元，增长7.4%。居民家庭平均每百户拥有接入互联网的计算机达到60.5台，同比增长22.2%。接入互联网的移动电话达到11.83台，增长39.2%；接入有线电视网络的电视机93.83台，增长2.4%。居民人均上网费96.65元，增长60.5%；人均通过互联网购买商品或服务支出14.44元。

随着农村居民收入的不断增加，以及生活成本的不断提高，农村居民生活消费支出明显增加。农村居民人均生活消费支出达到5406.6元，增长14.2%。其中：食品消费支出人均1818.3元，增长7.8%；农村居民恩格尔系数33.6%，下降2.0个百分点。衣着支出人均288.5元，增长6.7%；居住支出人均945.3元，增长2.3%；家庭设备、用品及服务支出人均335.0元，增长22.6%；医疗保健支出人均556.1元，增长37.2%；交通和通讯人均支出982.8元，增长31.6%；文化教育、娱乐用品及服务人均支出416.8元，增长10.3%；其他商品和服务人均支出62.8元，增长29.4%。

【居住条件】 城市居民人均住宅建筑面积29.7平方米，增加0.3平方米；农村居民人均生活用房面积40.2平方米，增加0.8平方米。

（房建　于涛）

老龄事业

【概况】 老龄工作以“一切为了老人，用我们的爱心和孝心托起老年人幸福的晚年”为宗旨，以“老龄事业合力推进年”活动为主线，以开展“执政为民、廉洁高效”集中教育活动为契机，不断提升思想境界，转变工作作风，提高工作效率，为老年人办实事、办好事，为构建和谐济南作出积极的贡献。

“老龄事业合力推进年”主题系列活动取得丰硕成果。通过新闻媒体向社会公开承诺的80项活动全部完成。其中，泉映晚霞志愿服务团已招募团员1万余名，为1000名优秀老年志愿者每人订阅一份《老年生活报》；发动社会各界与10000名高龄困难老年人结对帮扶，建立帮扶档案，确保这项惠老工作更加规范化、制度化；高龄老人生活补贴发放按时到位。全年共发放23005人，发放金额413万余元；"银龄安康"工程为老年人提供保障。全年全市投保人数达到30万人，保费达390万元；农村老年活动基地建设成效显著。市老龄办自筹资金100余万元，在全市农村建设了270处农村老年活动基地；"敬老月"活动精彩纷呈。召开庆祝"老人节"暨表彰大会，命名表彰"泉城十大敬老楷模"、"十名老有所为先进个人"、"十名优秀老年志愿者"和"十名健康长寿模范老人"；联合市规划局等有关部门制定《济南市福利服务设施专项规划》。主题系列活动的开展，不仅使老年人得到了实惠，提高了他们的生活生命质量，而且在全社会营造了尊老敬老爱老的浓厚氛围，受到了社会各界和广大老年人的赞誉。

济南市执行《中国老龄事业发展"十一五"规划》取得显著成效。4月23日，全国老龄办等8部门联合检查组来济南检查评估《中国老龄事业发展"十一五"规划》执行情况。检查组实地检查为老服务设施、老年活动场所建设情况，并召开座谈会。省老龄办主任张雪燕，副市长、市老龄委主任齐建中，省老龄办副主任刘爱民等出席座谈会。会上汇报了全市执行《中国老龄事业发展"十一五"规划》情况，全国老龄办副主任阎青春表示，"十一五"规划执行期间，济南市老龄工作取得了长足进步，实现了新的跨越，走在了全国前列。并对做好今后老龄工作提出了三点建议：做好战略研究、加快建设养老社会服务体系和积极参与推进"三创建"活动。会同有关部门对老龄事业"十一五"规划的落实情况进行了检查，对编制"十二五"规划进行调研，在充分研究论证的基础上完成《济南市老龄事业发展"十二五"规划》草稿的起草工作。

不断加大老龄宣传工作力度。市老龄办不断加大对老龄宣传工作的投入，全市老龄宣传工作开展得有声有色，在全社会形成尊老敬老的浓厚氛围。共出版《济南日报》专版24期，编发简报112期，为济南新闻广播"夕阳红"栏目供稿近260篇。在巩固好现有"两报、两台、两网"宣传阵地的基础上，不断开辟新的宣传阵地。"泉城老龄"作为全省17地市中率先设置的地方老龄新闻专题栏目，5月9日开始在山东电视公共频道《银龄金秋》"老龄新闻"板块中播出，为向全省传递济南市老龄工作经验做法、展示泉城老年人昂扬向上的精神风貌提供了更广阔的平台。5月份举办全市老龄干部培训班，邀请专家教授授课，并赴兄弟城市考察调研，开阔眼界，学习交流老龄工作先进经验。联合市文广新局在市图书馆共同举办"老年电脑免费培训班"，共150多名老年人接受了电脑知识培训。

农村为老服务试点取得阶段性成果。上年开始在章丘市和济阳县各选取10个村进行了农村为老服务试点工作。试点服务的对象是农村70岁以上的老人，特别是独居、孤寡老人和五保老人。服务方式主要是以服务员白天上门巡查服务为主、夜间志愿者救助帮扶为辅，确保每天至少到家中探望老人一次。针对农村老年人居住分散、多数无电话的实际情况，有的村两委发动党员干部和有爱心的村民就近与服务对象结成帮扶对子，并安装了爱心门铃，一旦有情况及时上门为老年人提供救助。有的村还与乡镇、社区医疗服务机构建立联动机制，以解决老年人的应急需求。也有的村依托敬老院、福利院的服务设施及人员拓展服务范围。服务内容主要以精神关爱为主、生活照料为辅，及时了解反映老人的需求和困难，及时发现老年人家中的意外情况及突发疾病救助等。

【"老年维权热线"开通五周年座谈会】 5月26日，召开济南市"老年维权热线"开通五周年座谈会。市政府特邀咨询丁瑞云、市里的老领导邢玉墀和省老龄办副主任刘爱民出席座谈会。座谈会介绍了"老年维权热线"开通五周年以来的工作情况，栾重生、朱敏等老年人代表结合各自经历为继续做好"老年维权热线"提出意见和建议，12345市民服务热线及法律咨询热线的负责人、市直部门和各县（市）区老龄办的相关负责人就如何做好老年维权工作展开经验交流。"老年维权热线"自开通以来，平均每天接听电话10余人次，共接听电话2万余人次，接访1500人次，处置满意率都在99%以上，受到老年人的普遍好评。7月2日起"老年维权热线"与12345市民服务热线实现联动，为进一步做好全市老年人权益保障工作搭建了更广阔的平台。

【百对模范老人金婚庆典】 10月12日，济南市百对金婚模范老人庆典活动在泉城广场举行。伴着温馨浪漫的婚礼进行曲，一对对恩爱老夫妻手挽手步入庆典现场。"泉映晚霞"合唱团吟唱着"最美不过夕阳红"的旋律，用最美的歌声表达着他们对老人们的祝福。庆典现场，儿女为金婚老人们行礼，充分体现了"谁言寸草心，报得三春晖"的感恩之情，积极传承中华民族"孝敬父母、感恩反哺"的优良美德。参加庆典的百对金婚模范老人当中，婚龄最长的已经72年。市政府特邀咨询张泽出席活动并主婚。省老龄办巡视员高慧、市政协副主席王可敏等领导担任证婚人。庆典上为百对金婚模范老人颁发了金婚照、金婚证书及礼品，庆典活动前市老龄办工作人员协调照相馆，带领摄影师深入办镇、村居，为获得"百对金婚模范老人"荣誉的老人拍摄了金婚纪念照。

【第四届"泉映晚霞"鹊桥会】 9月16日，由市老龄办、市文明办、市园林局、市妇联、济南电视台都市频道联合主办，由日月坛爱情俱乐部、中山公园共同承办济南市第四届"泉映晚霞"鹊桥会在中山公园举行，500余名老年人来到现场参加活动。与前三届相比，参加本次"泉映晚霞"鹊桥会的老年人思想更加活跃，也更加善于表现与展示自己。在绣球传情、抛接水球等环节，不少参与活动的老年人现场就交流起情况，互留电话，更有老年人将自己的编号和电话号码写在纸上拿到胸前展示，当场做起了广告；还有不少老年人主动要求上台展示才艺，现代舞、朗诵、太极拳……都是有模有样。

【五年主题系列活动研讨会】 9月17日，市老龄委五年主题系列活动研讨会召开。全国老龄办副主任曹炳良、省老龄办巡视员高慧、副市长齐建中出席会议并讲话，市委常委、总工会主席王以才，市政协副主席胡占平，市老领导张福山、房立等出席会议。会上市老龄办主任于敏详细介绍了五年主题系列活动的开展情况。朱冬梅等四位论文作者代表进行现场交流。2006年以来，市老龄委以“一切为了老人，用我们的爱心和孝心托起老年人的幸福”为宗旨，在全市相继开展了“老年人权益保障年”、“爱老奉献年”、“助老服务年”、“共建和谐老龄年”和“老龄事业合力推进年”主题系列活动，每年通过新闻媒体公开承诺为全市老年人办80件实事，据不完全统计，5年来全市各级老龄部门共为老年人办实事、解难事4000余件，并且做到“件件抓落实，事事有回音”，在全市各界引起了强烈反响。

【第三届老年才艺大赛】 7月22日，由省市老龄办主办，市老艺术家协会和“泉映晚霞”艺术团承办的济南市“泉映晚霞”第三届老年才艺大赛在金海岸顺风大剧院开幕。本次大赛的节目由济南市各县(市)区老龄办、全省各大企业、基层社区以及各老年文艺团体层层选拔推荐，共有16支老年文艺代表队的500余位老人参加，年龄最大的80多岁。比赛内容丰富多彩，包括歌舞、器乐、戏曲、相声、小品等68个节目，这些节目大多是老年人自创、自编、自演。舞台上老年人身着盛装载歌载舞，个个精神抖擞，满怀热情，展示了老年人特有的魅力和激情。他们真诚投入的精彩演出赢得了现场观众的阵阵掌声。会场外设有老年人手工艺品展区，展出了根雕、风筝、刺绣等精美的手工制作。

【百岁老人】 截至年底，全市有百岁老人243人。其中男性29名，女性214名；文化程度大学2人，大专1人，高中5人，初中8人，小学27人，其余为文盲；年龄最大者为商河的郑徐氏，1900年出生，110岁。

（戚克春　邓旭燕　关文胜）

残疾人事业

【概况】 市残联全面贯彻落实《中共中央、国务院关于促进残疾人事业发展的

2010年度济南市百岁老人统计表

姓名	性别	出生日期	文化程度	职业	家庭住址	姓名	性别	出生日期	文化程度	职业	家庭住址
苑秋圃	女	1902.08.25	文盲	居民	历下区燕子山小区东区10-2-201	温　静	女	1909.02.18	文盲	居民	历下区棋盘东街9号1-2-102
郭玉美	女	1904.07.20	文盲	居民	历下区燕子山西路中印付花园5-2-201	姜之恒	男	1909.03.06	高中	居民	历下区明湖小区东区三区14-3-102
王殿芳	女	1905.01.08	文盲	居民	历下区历山北路汇源华庭小区10-2-101	梁尚志	男	1909.04.20	大学	居民	历下区山师北街9号23-1-101
陈玉英	女	1906.04.03	文盲	居民	历下区和平路新村42-2-102	刘春奇	女	1909.07.03	文盲	居民	历下区文化西路44号东村12-4-402
钟秀英	女	1906.11.21	文盲	居民	历下区燕子山西路77号2-2-102	魏光兰	女	1909.08.14	文盲	居民	历下区燕子山小区东路6号5-4-203
张永贵	女	1906.11.23	文盲	居民	历下区东仓小区13-6-102	黄锡杰	男	1909.10.30	小学	居民	历下区历山路19-2-102
周原玉	女	1907.06.02	小学	居民	历下区文化东路25号9-5-302	刘祥玲	女	1909.11.24	文盲	居民	历下区小园庄42号1-6-103
王君玉	男	1907.11.11	初中	居民	历下区青后小区一区4-9-102	展玉兰	女	1909.11.25	文盲	居民	历下区文化西路东村300号院324号
苗洪芳	女	1907.11.18	文盲	居民	历下区济钢二工业区27-1-102	王景明	女	1909.12.24	高中	居民	历下区文化西路44号西村16-4-402
阚金凤	女	1907.12.23	文盲	居民	历下区和平路新村50号1-113	李桑氏	女	1910.02.21	初中	居民	历下区燕子山小区东区12-2-301
修凤止	女	1908.01.15	文盲	居民	历下区经十路73号20-2-201	林玉秀	女	1910.03.16	文盲	居民	历下区建筑新村南路27号1-4-102
赵鸿儒	男	1908.06.14	高中	居民	历下区芙蓉街58号	于德卿	女	1910.05.02	文盲	居民	历下区开元山庄西区建管局8-1-102
孟昭孚	男	1908.11.24	高中	居民	历下区文化西路44号东村7-1-203	韩疏影	女	1910.05.22	大专	居民	历下区文化东路113号19-2-202
陈心莹	女	1908.12.17	初中	居民	历下区刷律巷55号	陈方彬	男	1910.05.25	初中	居民	历下区棋盘小区二区10-2-101
冯乐进	男	1908.12.19	高中	居民	历下区经十路15号司法厅宿舍7-2-101	尹士荣	女	1910.10.12	文盲	居民	历下区羊头峪西沟14号2-5-402
徐淑泉	女	1909.01.08	文盲	居民	历下区明湖东四区1-1-103	孙富英	女	1910.11.11	文盲	居民	历下区历山路129号2-2-201
张寿云	女	1909.01.17	小学	居民	历下区贷宗街30号	蒋张氏	女	1910.11.18	文盲	居民	历下区文化西路44号西村8-1-101

续表 1

姓名	性别	出生日期	文化程度	职业	家庭住址	姓名	性别	出生日期	文化程度	职业	家庭住址
张月英	女	1910.12.03	文盲	居民	历下区燕子山路 39-1 号 2-1-402	席风春	女	1907.09.14	文盲	居民	槐荫区中光明街 2 号 201（在北京居住）
赵　琨	女	1910.12.12	文盲	居民	历下区泉城路 73 号政协 3 号楼 001 号	李明聪	女	1905.11.29	文盲	居民	槐荫区经七路 588 号 6-1-202
何言氏	女	1903.03.06	文盲	居民	市中区党家庄 6455 工厂 6-3-103	章贞基	女	1909.06.23	小学	居民	槐荫区经六路 247-3-2-202
李张氏	女	1906.07.15	文盲	居民	市中区马鞍山路 58 号 3-1-101	刘廷秀	女	1902.11.20	文盲	居民	槐荫区古城村 507 号
武美芝	女	1907.01.22	文盲	居民	市中区王官庄四区 26-4-104	张秀兰	女	1904.02.05	文盲	居民	槐荫区大杨庄 16 号楼
郭洪贞	女	1907.06.30	文盲	居民	市中区经七路 73 号 1 号楼 4-401	李金延	女	1910.02.03	文盲	居民	槐荫区于庄村
孟宪陶	男	1907.08.06	初中	居民	市中区张安新村 294 号	李长芝	女	1905.10.08	文盲	居民	槐荫区槐村街 46 号
汤袁氏	女	1907.08.20	文盲	居民	市中区二七新村六区 10-1-102	徐秀兰	女	1910.06.15	文盲	居民	槐荫区槐村街 7-1-3-302
梁淑卿	女	1907.11.06	文盲	居民	市中区徐家花园 14 号 3-2-302	侍开元	男	1910.01.25	高小	居民	槐荫区道德北街 71 号 2-101
李秀兰	女	1908.04.02	文盲	居民	市中区人民商场十段东楼 403-404 号	李素梅	女	1910.12.08	文盲	居民	槐荫区经二路 346 号北楼东 201
马秀贤	女	1908.06.18	文盲	居民	市中区纬一路 11 号	杜华珍	女	1909.02.01	小学	居民	天桥区北园边庄小区 17-1-103
窦孟生	女	1908.08.19	小学	居民	市中区建国小经六路 38 号 104	王玉兰	女	1906.04.19	无	居民	天桥区北园金荷苑小区 7-2-502
山崎宏	男	1908.11.25	文盲	居民	市中区七里山北村 12-2-303	王香莲	女	1907.10.10	无	居民	天桥区湖畔苑小区 4-2-502
谢殿芬	女	1909.02.21	文盲	居民	市中区乐山南区 5-5-402	黎秀德	女	1908.01.10	初中	居民	天桥区舜清苑 116 — 2 — 101
张玉峰	女	1909.09.12	文盲	居民	市中区青年西路 23 号 303	苏衍钧	男	1909.04.30	初中	居民	天桥区交校路 10 号 5 号楼 2 — 504
韩丙香	女	1909.12.04	文盲	居民	市中区经三路 106 号	赵风云	女	1910.10.27	小学	居民	天桥区无影山路 123 号 1 号楼 2 — 504
李华庭	男	1909.12.28	文盲	居民	市中区纬四路 11 号	张树芝	女	1910.12.01	小学	居民	天桥区济齐路 11 号 1 号楼 2 单元 102 号
单鸣皋	男	1910.02.11	大本	居民	市中区舜玉北区 15 号楼 2 单元 101 号	赵玉莲	女	1910.03.04	文盲	居民	天桥区三圣街 15 号 101
姜应凤	女	1910.09.20	小学	居民	市中区小纬四路 9-1-502	宋景芳	女	1907.01.18	高小	居民	天桥区周公祠街 7 号 1-101
党吴氏	女	1910.09.21	文盲	居民	市中区党家街道办事处土屋村	冯云清	女	1910.11.13	初中	居民	天桥区制锦市街 5-1 号 4 单元 201
张延明	男	1910.09.11	小学	居民	市中区人民商场一段 34 号	赵桂香	女	1910.09.10	文盲	居民	天桥区铜元局后街 7 号 1-3-401
张江氏	女	1910.12.04	文盲	居民	市中区党家街道办事处土屋村	陈文波	女	1908.04.30	文盲	居民	历城区祝甸上海花园
牛绍英	男	1910.12.08	小学	居民	市中区二七新村一区 16 号 1 单元 102 号	张秀芳	女	1910.04.25	文盲	居民	天桥区水晶小区 12 号楼 2 单元 101 号
马张氏	女	1907.01.09	文盲	居民	市中区二七中街 36-1-2-401	翟　新	女	1910.10.08	文盲	居民	天桥区工人新村南村西区 41 号楼 5 单元 101 号
张　境	女	1910.02.25	文盲	居民	市中区普安里 14 号	夏元英	女	1907.05.10	文盲	居民	天桥区工人新村南村西区 37 号楼 5 单元 202 号
刘李氏	女	1907.11.15	文盲	居民	槐荫区明里村 5 号	石成兰	女	1907.02.18	文盲	居民	天桥区黄岗庄 2 号楼 5 单元 201 号
李庆英	女	1904.10.14	文盲	居民	槐荫区八里桥村 48 号	燕左氏	女	1910.07.16	文盲	居民	天桥区大桥镇焦家村
李静轩	男	1906.11.26	小学	居民	槐荫区道德北街 194 号 2-202	关玉如	女	1910.12.04	小学	居民	天桥区济南裕兴化工厂宿舍 4-2-101
张秀英	女	1910.12.17	文盲	居民	槐荫区营市东街 28-3-103	张坤范	女	1910.11.22	文盲	居民	天桥区泺口泺南一街 19 号
程闫氏	女	1907.04.11	文盲	居民	槐荫区老屯铁路小区 20-3-201	杨百俊	女	1910.10.17	文盲	居民	天桥区官扎营中街 71 号
张荷运	女	1909.07.21	文盲	居民	槐荫区匡山小区 2-3-301	孙玉珍	女	1910.08.13	文盲	居民	天桥区利民后街 28 号
吴炳勤	女	1909.11.15	文盲	居民	槐荫区五里沟西街 41 号	赵学芹	女	1908.05.16	文盲	居民	历城区港沟镇田庄村 115 号
段学礼	女	1910.12.03	小学	居民	槐荫区经四路 475 号	李汝贞	女	1907.08.20	文盲	居民	历城区花园路 84-1 号
郑贵鱼	女	1910.09.27	文盲	居民	槐荫区五里沟东街 32 号	赵汝英	女	1906.11.29	文盲	居民	历城区绣川乡四角嘴村
毕镜寰	女	1908.07.20	高中	居民	槐荫区经七路隆新里 1 号	杜凤芳	女	1906.02.19	文盲	居民	历城区仲宫镇左而村

续表 2

姓名	性别	出生日期	文化程度	职业	家庭住址
杨风太	男	1907.06.26	文盲	居民	历城区柳埠镇东坡村二区 9 号
陈廷英	女	1903.05.18	文盲	居民	历城区柳埠镇小蔡峪村 29 号
马连玉	女	1904.07.16	文盲	居民	历城区港沟镇坞西村 112 号
马赵氏	女	1908.10.10	文盲	居民	历城区遥墙镇马家村 225 号
张兴英	女	1909.10.22	文盲	居民	历城区唐王镇韩家庄东村一区
张秀英	女	1909.05.07	文盲	居民	历城区华山镇山北陈庄 3 号
苏刘氏	女	1909.12.01	文盲	居民	历城区董家镇苏新村 69 号
赵书英	女	1909.08.06	文盲	居民	历城区遥墙镇大李家 195 号
李克华	女	1909.11.09	文盲	居民	历城区遥墙镇王家庄 188 号
李芳洲	男	1909.04.26	文盲	居民	历城区华山镇程家庄 139 号
樊凤兰	女	1910.02.25	文盲	居民	历城区王舍人镇王舍人庄 1094 号
时法英	女	1910.03.20	文盲	居民	历城区遥墙镇遥墙村二区 74 号
宋吉英	女	1910.05.30	文盲	居民	历城区仲宫镇西董家庄 74 号
吴生阶	男	1910.02.28	文盲	居民	历城区西营镇枣林 114 号
苏乐孔	男	1910.07.10	文盲	居民	历城区柳埠镇北峪村 2 号
张吕氏	女	1910.10.18	文盲	居民	历城区董家镇王新村 63 号
王元文	女	1910.10.29	文盲	居民	历城区港沟镇两河 187 号
张江氏	女	1910.11.11	文盲	居民	历城区王舍人镇西梁王二村 298 号
江秉淑	女	1910.11.11	文盲	居民	历城区唐王镇老僧口村二区 198 号
张兴英	女	1910.12.16	文盲	居民	历城区柳埠镇吴家沟村
赵书芬	女	1910.12.10	文盲	居民	历城区王舍人镇曲家村 545 号
郭富玉	女	1910.04.13	文盲	居民	历城区仲宫镇高而办事处出泉沟村
张立芳	女	1910.02.04	文盲	居民	长清区归德镇董洼村
张开兰	女	1910.10.16	文盲	居民	长清区归德镇山贾庄村
解玉兰	女	1910.04.03	文盲	居民	长清区平安街道藤屯村
徐述春	女	1908.11.11	文盲	居民	长清区马山镇崮头村
魏承文	男	1908.01.04	文盲	居民	长清区孝里镇南黄崖村
郭增兰	女	1902.06.29	文盲	居民	长清区孝里镇北凤凰村
杨仁兰	女	1906.02.13	文盲	居民	长清区万德镇上营村
张兴海	男	1908.10.10	文盲	居民	长清区万德镇灵岩村
赵善兰	女	1909.11.24	文盲	居民	长清区归德镇归北村 82 号
王振英	女	1909.09.25	文盲	居民	长清区归德镇西张村
张振兰	女	1908.08.09	文盲	居民	长清区文昌街道三龙庄村
史明兰	女	1909.01.12	文盲	居民	长清区张夏镇井字村
张凡兰	女	1909.09.20	文盲	居民	长清区张夏镇焦台村
郭光香	女	1910.05.13	文盲	居民	长清区马山镇大崖村
王传梅	女	1909.09.04	文盲	居民	长清区马山镇大崖村
夏鸿芸	女	1906.11.06	文盲	居民	章丘市圣井街道毕家坡村
王家乙	女	1909.09.09	小学	居民	章丘市圣井街道山后寨村
徐维俊	女	1910.10.19	小学	居民	章丘市圣井街道张官庄村
惠世全	女	1910.04.08	文盲	居民	章丘市农业局
张永芳	女	1910.06.13	文盲	居民	章丘市宁家埠镇明家村
李李氏	女	1901.06.25	小学	居民	章丘市宁家埠镇袁辛村
麻怀兰	女	1910.12.05	文盲	居民	章丘市宁家埠镇支宋村
王玉珍	女	1909.11.21	文盲	居民	章丘市明水街道明四居
景家安	男	1910.09.17	小学	居民	章丘市官庄乡王官村
张李氏	女	1910.06.20	文盲	居民	章丘市官庄乡法家峪村
王传玉	女	1909.12.31	小学	居民	章丘市官庄乡亮家坡村
李淑芬	女	1910.04.10	文盲	居民	章丘市官庄乡孟家峪村
张康氏	女	1910.08.19	文盲	居民	章丘市官庄乡栗家峪村
马云秀	女	1909.03.12	文盲	居民	章丘市文祖镇西窑头村
杨玉兰	女	1908.12.07	文盲	居民	章丘市绣惠镇三星村
姜秀英	女	1908.02.01	文盲	居民	章丘市相公庄镇郝庄二村
齐如云	女	1910.07.06	小学	居民	章丘市相公庄镇十九郎村
鲁刘氏	女	1909.01.18	小学	居民	章丘市相公庄镇大康村
张永秀	女	1909.02.24	文盲	居民	章丘市埠村街道翟家庄村
李秀孔	女	1910.10.15	小学	居民	章丘市龙山街道东曹官庄村
孙秀英	女	1909.08.28	文盲	居民	章丘市龙山街道城角头村
程秀英	女	1910.12.09	文盲	居民	章丘市高官寨镇胥家村
胡兆美	女	1909.09.09	文盲	居民	章丘市高官寨镇张家村
郭宝英	女	1910.02.04	文盲	居民	章丘市双山街道杨胡村
靳　氏	女	1909.07.15	文盲	居民	章丘市垛庄镇西庵村
高俊英	女	1909.06.21	文盲	居民	章丘市普集镇孟白村村
张淑清	女	1909.12.12	文盲	居民	章丘市普集镇池子头村
张连清	女	1910.11.02	文盲	居民	章丘市普集镇传李村
张君英	女	1902.09.14	文盲	居民	章丘市普集镇北孙村
朱怀珍	女	1910.12.11	文盲	居民	章丘市辛寨乡辛西村
彭道芝	女	1903.06.05	文盲	居民	章丘市枣园镇曹庄村
穆玉英	女	1910.11.06	文盲	居民	章丘市刁镇王四村
杨思美	女	1907.09.27	小学	居民	章丘市水寨镇赵百户村

续表 3

姓名	性别	出生日期	文化程度	职业	家庭住址
李吉荣	女	1910.08.30	文盲	居民	平阴县东阿镇窑头村
孙凤兰	女	1908.12.21	小学	居民	平阴县东阿镇北市村
张郭氏	女	1910.02.02	文盲	居民	平阴县安城乡近镇村
臧衍秀	女	1910.09.26	文盲	居民	平阴县洪范池镇南崖村
韩丰美	女	1910.08.15	文盲	居民	平阴县孔村镇半边井村
张殿珍	女	1907.11.16	文盲	居民	平阴县孔村镇北毛峪村 267 号
郭王氏	女	1910.11.17	文盲	居民	平阴县孔村镇范皮村
田志英	女	1909.08.07	小学	居民	平阴县玫瑰镇丁口村
王张氏	女	1906.09.09	文盲	居民	平阴县玫瑰镇玫瑰街 64 号
陈兴英	女	1910.08.05	文盲	居民	平阴县玫瑰镇庞口村
孙吉莲	女	1909.11.23	文盲	居民	平阴县玫瑰镇彭庄村
陈汉英	女	1909.08.20	文盲	居民	平阴县玫瑰镇庄科村
李吉芳	女	1906.01.18	文盲	居民	平阴镇东桥口村 225 号
夏金香	女	1907.05.04	文盲	居民	平阴镇葛庄村 126 号
程守英	女	1910.06.24	文盲	居民	平阴镇田山村
王君英	女	1909.07.15	文盲	居民	平阴镇子顺北村
朱正兰	女	1902.11.22	文盲	居民	平阴镇子顺南村 74 号
孙秀英	女	1910.09.16	文盲	居民	平阴县孝直镇夏庄村
王廷英	女	1909.04.25	文盲	居民	平阴县孝直镇展小庄村
郑西兰	女	1910.10.29	文盲	居民	平阴县孝直镇张平村
孙杨氏	女	1901.11.02	文盲	居民	平阴县孝直镇后洼村
郭士英	女	1906.03.07	文盲	居民	济阳县回河镇徐家村 100 号
冯兴荣	女	1910.11.28	文盲	居民	济阳县回河镇闫家村 110 号
朱素清	女	1910.10.28	文盲	居民	济阳县回河镇店子村 240 号
王李氏	女	1910.06.18	文盲	居民	济阳县回河镇大王村 84 号
付修林	女	1910.12.01	文盲	居民	济阳县济阳镇前辛村 99 号
肖李氏	女	1907.10.30	文盲	居民	济阳县济阳镇萧家村 104 号
李玉英	女	1906.01.19	文盲	居民	济阳县济阳镇窝沟李村 235 号
张佃甲	男	1909.03.19	文盲	居民	济阳县济阳镇李官庄村 86 号
陈王氏	女	1910.05.20	文盲	居民	济阳县垛石镇小铁匠村 59 号
杨桂英	女	1909.03.10	文盲	居民	济阳县仁风镇蔡家村 125 号
许玉方	女	1909.04.11	文盲	居民	济阳县仁风镇王老虎村 24 号
王淑贞	女	1905.05.30	文盲	居民	济阳县仁风镇张秦村 122 号
徐刘氏	女	1905.09.09	文盲	居民	济阳县新市镇曹家村 34 号
崔志花	女	1907.03.10	文盲	居民	济阳县曲堤镇观音村 12 号
徐太英	女	1908.08.27	文盲	居民	济阳县曲堤镇鄢渡村 138 号
尹秀花	女	1910.04.01	文盲	居民	济阳县曲堤镇郑骆村
刘桂莲	女	1910.10.31	文盲	居民	济阳县济北开发区杨井居
谭红玉	女	1910.09.09	文盲	居民	济阳县曲堤镇毕集村
温兴芝	女	1910.03.06	文盲	居民	济阳县济阳街道办事处西阳村 9-1 号
魏登英	女	1910.08.10	文盲	居民	济阳县孙耿镇前张村
李本阶	男	1904.08.17	文盲	居民	商河县怀仁镇李楼村
郑徐氏	女	1900.12.26	文盲	居民	商河县审计局家属院
田光荣	女	1905.09.21	文盲	居民	商河县沙河乡东排村
刘桂花	女	1907.12.06	文盲	居民	商河县孙集乡相家村
金丰艮	男	1904.06.27	文盲	居民	商河县孙集乡金家村
翟兆兰	女	1907.07.08	文盲	居民	商河县沙河乡后邸家村
张纯敏	女	1908.07.13	文盲	居民	商河县白桥乡西杏村
李秀荣	女	1908.03.21	文盲	居民	商河县郑路镇靖家村
柳方氏	女	1908.07.18	文盲	居民	商河县玉皇庙镇柳官庄村
田肖氏	女	1908.07.21	文盲	居民	商河县怀仁镇洼李村
寇李氏	女	1909.02.18	文盲	居民	商河县贾庄镇寇家村
刘王氏	女	1909.08.15	文盲	居民	商河县张坊乡张坊村
侯敬娥	女	1908.10.5	文盲	居民	商河县许商办事处张徐村
车陈氏	女	1910.05.18	文盲	居民	商河县尹巷镇车家村
孙郭氏	女	1910.06.15	文盲	居民	商河县怀仁镇宋家村
曹丕荣	女	1910.08.06	文盲	居民	商河县玉皇庙镇安子庄东村
张玉贞	男	1910.05.02	文盲	居民	商河县郑路镇党家村
苏立法	男	1910.04.10	文盲	居民	商河县许商办事处汤家村
王仁美	女	1910.05.04	文盲	居民	商河县许商办事处李马虎村
李兰英	女	1910.02.01	文盲	居民	商河县许商办事处陈家村
高房氏	女	1910.10.16	文盲	居民	商河县电业局
吕兆华	女	1909.10.10	文盲	居民	高新区孙村办事处方家村
赵宗明	女	1909.11.21	文盲	居民	高新区巨野河办事处赵家鹊山村
郭为荣	女	1906.10.04	文盲	居民	高新区巨野河办事处李家窝村
李李氏	女	1910.11.02	文盲	居民	高新区巨野河办事处东徐马村
赵兴吾	女	1910.02.14	文盲	居民	高新区巨野河办事处东港沟村
赵恩兰	女	1910.03.09	文盲	居民	高新区舜华路办事处大汉峪村
王郭氏	女	1908.06.04	文盲	居民	高新区舜华路办事处牛旺庄

意见》和《中共济南市委、济南市人民政府关于加快推进残疾人事业全面发展的意见》，紧紧围绕残疾人社会保障体系和服务体系建设，认真实施残疾人“人人享有康复服务年”计划，推动残疾人康复、教育培训、就业扶贫、宣传文体、维权保障等各项工作快速发展，被市政府授予“振兴济南残疾人体育突出贡献奖”。

1. 认真实施“全覆盖培训工程”，健全完善基层残疾人组织建设。制定实施《关于进一步加强和规范基层残疾人组织建设的实施意见》，健全完善县（市）区、乡镇（街道）、村（居）基层残疾人组织建设。深化实施“三级管理、两级培训”，全市乡镇（街道）配备残疾人“一专两员”291人，90%以上的村（居）配备了残疾人专职委员。认真实施残疾人工作者“全覆盖培训工程”，举办残疾人工作者岗位教育培训班200期，培训10000余人次，特别是联合北京大学举办残疾人工作者素质能力高级研修班，进一步提高残疾人工作者的整体素质。残疾人协会日益活跃，以各类残疾人节日为载体，积极组织开展“自强之歌”征文、朗诵、跳棋、象棋比赛及残疾人才艺展示等形式多样的各类活动，成功举办了第二届“‘我的兄弟姐妹’红色集体婚礼”。规范残疾人证办理工作，确定山东大学齐鲁儿童医院等6家医院为“济南市市级《残疾人证》评定定点医院”。全市累计为9万余名残疾人办理了残疾人证。

2. 认真开展残疾人“人人享有康复服务”年活动，基本实现残疾人“人人享有康复服务”的目标。不断完善残疾人康复服务设施建设，大力推进残疾人康复指导站、康复站建设，全市建有残疾人康复指导站136个，康复站2394个，建站率达100%。筹资3360万元，购置建筑面积为4362平方米的市按摩医院新址，并改造升级为二级中医专科医院。认真组织实施15个康复救助项目，全年救助贫困残疾儿童635人，培训家长585人次；对2030名贫困精神病人实施免费服药、住院治疗；购买康复成果2000例；为肢体残疾人安装大、小腿假肢、矫形器111件，对116名贫困残疾人实施大病救助，培训盲人定向行走骨干150人次；筹资98万元，为近1.3万名残疾人配发了近2万件辅助器具。资助1.5万名农村贫困持证残疾人加入“新农合”。举办各类康复人员培训班60期，培训各类康复人才2150人次。认真开展全国、全省残疾人社区康复示范区创建活动，章丘市被评为“全国残疾人社区康复示范市”，济阳县被评为“全省残疾人社区康复示范县”。

3. 认真组织开展残疾人职业技能竞赛，实现培训、就业工作新突破。筹资30万元，对全市10处“我的兄弟姐妹”职业技能培训基地实行以奖代补。举办了第三届全市残疾人技能竞赛，全市12支代表队134名残疾人参加了5大类19个小项的比赛，天桥区、市中区、章丘市获得总分前三名，对获得各单项名次的优秀选手晋升一个技术等级。组队参加全省第四届残疾人技能大赛，取得了优异成绩。全年举办残疾人技能培训班167期，培训残疾人和残疾人工作者6421人次。建立完善残疾人创业服务体系，制定实施《济南市扶持残疾人个人或自愿组织起来经营管理办法》等残疾人就业扶持政策，鼓励残疾人个体从业、创业。加大残保金征收力度，全市全年征缴残保金8200万元，创历史新高，有力地促进了按比例安排残疾人就业；积极创建“残疾人充分就业社区”，面向社区开发并购买公益性岗位，促进残疾人社区就业；认真实施“长江高科技就业助残项目”，实现残疾人“白领”就业。开展了“春风行动．残疾人就业捐助月”和“送岗位下乡”活动，举办44场残疾人专场招聘会，全年多渠道安置2131名残疾人就业，完成全年任务目标的125%。

4. 认真做好贫困重度残疾人生活补贴发放工作，加大对贫困残疾人救助力度。认真落实《济南市贫困重度残疾人生活补贴发放管理办法》，加强对生活补贴发放工作动态管理，按照每人每月不低于50元标准，全年为近万名贫困重度残疾人发放生活补贴500余万元。加大托养服务机构建设与管理力度，规范完善5处市级、17处县（市）区级“我的兄弟姐妹”庇护所、照料站，实现庇护、照料残疾人971人次；筹资4000余万元，购置建筑面积4686平方米的济南市智力残疾人庇护所。加大对贫困残疾学生和残疾人家庭子女的救助力度，筹资近170万元，救助1059名贫困残疾学生及残疾人家庭子女，保障其不因贫困辍学，顺利完成学业。认真做好学龄前残疾儿童康复教育工作，在启明星儿童康复中心的基础上成立了公办启明星幼儿园，填补了智障儿童学龄前教育的空白。不断加大“我的兄弟姐妹”扶贫开发基地建设力度，规范完善95家“我的兄弟姐妹”扶贫开发基地；筹资50万元新建10处扶贫开发基地，辐射带动286户农村贫困残疾人家庭脱贫致富。投资60万元对20处扶贫开发基地实施了以奖代补，全市4处残疾人扶贫开发基地和职业技能培训基地被评为省级优秀基地。加大残疾人福利基金募集力度，协调组织上海增爱基金会与美国LDS慈善协会“健行中国”行动在济南捐赠活动，全年募集资金500余万元，筹资40万元建立“我的兄弟姐妹”专项救助基金，专项资助贫困残疾人。规范完善28家“我的兄弟姐妹”捐助便利店，全年救助贫困残疾人8000余人次。

5. 加大残疾人宣传文体工作力度，积极营造扶残助残的良好社会氛围。以市残联成立20周年为契机，围绕全市残疾人工作重点，广泛开展残疾人事业宣传活动，优化残疾人平等参与社会环境，举办庆祝第20次“全国助残日”暨“情系我的兄弟姐妹”爱心助残音乐会，组织筹办“庆祝中华人民共和国成立61周年暨济南市残疾人联合会成立20周年合唱比赛”，制作完成《风雨兼程20年》宣传画册及光盘。联合市委宣传部、市文明办和市新闻工作者协会，举办2009年度济南市残疾人事业好新闻评选活动，组织参加2009年度山东省残疾人事业好新闻评选，获一等奖1件，二等奖3件，三等奖1件。认真做好“情系我的兄弟姐妹”电视专栏与广播专题节目，分别制作播出电视专栏、广播专题节目49期。全年我市残疾人事业在中央媒体刊播近30篇次，在省级媒体刊播110余篇次，在市级媒体刊播260余篇次。大力开展群众性残疾人文体活动，积极做好残疾人运动员各类比赛的集训、参赛工作。组织“我的兄弟姐妹”艺术团全市巡回演出，全年巡回演出23场次。举办济南市残疾人田径运动会，组织参加全省第八届残疾人运动会，并取得优异成绩；在2010年亚残运会上，残疾人运动员崔娜获得盲人柔道女子63公斤级冠军，吕晓磊、赵裔卿分别获得乒乓球男子TT10级团体冠军、单打第二名，郑元超获得自行车男子C4级70公里公路赛第二名。

6. 加大残疾人政策法规调研力度，切实维护残疾人合法权益。认真开展《济南市残疾人权益保障条例》和《济南市残疾人就业办法》立法调研，编辑出版了《残疾人事业法规政策汇编》。坚持理事长轮流接访制度，开通24小时残疾人维权热线，扎实开展残疾人法律进村（居）活动，全年受理残疾人来信来访547件次，回复12345市民服务热线近100件，处结率及满意率均达98%以上。开通了全省首家无障碍网站，为盲人群体提供了一个与外界沟通交流的平台。认真实施城、乡残疾人家庭无障碍改造，完成了对城区210户、农村1334户残疾人家庭无障碍改造。协调公交部门为7100余名下肢残疾人和770名盲人办理、审验了免费公交卡。积极推进残疾人机动车驾驶培训工作，全市7名残疾人成功考取了驾驶执照。

【组织开展丰富多彩的残疾人节日庆祝活动】 1.“全国爱耳日”庆祝活动。3月3日是第十一个“全国爱耳日”，主题是“人工耳蜗——重建听的希望”。在历城区洪楼广场举行“济南市暨历城区庆祝第十一次“全国爱耳日”宣传咨询活动，向35名贫困残疾儿童颁发价值17.5万元的助听器；设立了宣传咨询台，组织近20家医疗、康复、科研、教育等机构以及人工耳蜗、助听器生产经营单位的专业技术人员提供咨询服务；发放宣传品4000余份，面向公众普及和宣传人工耳蜗知识，提供义诊、测听等服务。

2. “全国助残日”庆祝活动。5月16日是第二十个“全国助残日”，主题是“加大扶持与救助力度，帮扶农村贫困残疾人”。5月15日晚，市残联、山东电视台、市残疾人福利基金会联合举办“我的兄弟姐妹”爱心助残公益音乐会，长影集团乐团与济南我的兄弟姐妹艺术团联袂进行助残公益性演出，共募集资金320余万元，为14个爱心单位颁发了“我的兄弟姐妹爱心大使”牌匾，为8名农村贫困重度残疾人代表发放生活补贴。

3. “全国爱眼日”庆祝活动。6月6日是第十五个“全国爱眼日”，主题是“关注贫困人口眼健康，百万工程送光明”。6月5日，省、市卫生厅、残联等部门在槐荫广场联合举办第十五个“全国爱眼日”宣传活动，启动贫困白内障复明项目，省防盲治盲办公室、省立医院、山东大学齐鲁医院、山东省眼科医院、济南市中心医院、济南市第二人民医院等相关医疗单位的知名眼科专家参加爱眼护眼健康咨询和义诊咨询活动，为市民解答疑问，并发放各类宣传材料6300余份，现场为中老年人检查眼病2800多例，咨询服务3000余人。

4. “国际盲人节”庆祝活动。10月15日，是第二十七届“国际盲人节”，主题是：自强、创业、奉献。市残联在市按摩医院隆重举行了第二十七届“国际盲人节”庆祝活动，开通全省首家盲人信息无障碍网站，向盲人代表发放了盲杖；举办中国盲人按摩学会院长论坛，就如何促进盲人医疗按摩机构的发展进行探讨。

5. “国际残疾人日”庆祝活动。12月3日，是第十九个“国际残疾人日”，主题是：关爱帮扶农村贫困残疾人。市残联组织开展了丰富多彩的庆祝活动，举行启明星幼儿园揭牌仪式和济南市首届机动车残疾人驾驶员结业仪式，举办残疾人专场招聘会。各残疾人专门协会发挥各自的特色优势，广泛开展了各类活动，市肢体残疾人协会组织举办“自强之歌”征文朗诵比赛，市盲人协会组织举办象棋比赛，市聋人协会举办象棋和跳棋比赛。

（李宪波　左付朋）

【民族事务概况】 全市民族工作，坚持在围绕中心中定位，在服务大局中尽职，紧紧围绕全市“转方式、调结构、促增长、惠民生、保稳定”的中心任务，全面贯彻党和国家的民族政策和法律法规，深入贯彻落实科学发展观，大力开展民族团结进步创建活动，积极探索城市民族工作新模式，为维护团结稳定、和谐发展的大局作出积极贡献。

坚持开展民族团结宣传教育。认真贯彻中央、山东省委和济南市委《关于开展民族团结宣传教育的实施意见》，成立民族团结宣讲团，深入基层广泛开展了民族团结宣传教育活动。以“团结推动发展，创建促进和谐”为主题，组织开展了第十次全市民族团结进步宣传月活动，市及各县（市）区民族事务部门采取多种形式大力宣传党和国家的民族政策和民族团结进步事业取得的成绩，努力营造全市民族团结进步的和谐氛围。加强对青少年的民族团结教育，全市中小学增设了民族团结教育课程，开展聆听一堂课、参加一次班会、参与一次教育实践的“三个一”活动。民族学校举办以民族团结教育为主题的升旗仪式以及经典诗文朗诵会、征文竞赛、主题班会、专题讲座等系列活动，使各族青少年进一步树立正确的民族观和国家观，增强对中华民族大家庭的认同感和维护民族团结的责任感。积极筹备召开全市第六次民族团结进步表彰大会，认真开展民族团结进步模范评选推荐工作，深入开展民族团结进步创建活动。市及各县（市）区还通过举办迎春茶话会、走访慰问、宣讲辅导以及医疗、科技、文化“三下乡”等活动，有针对性地进行党的民族理论、民族政策和民族法律法规宣传教育，提高民族团结宣传教育的覆盖面和影响力。

大力推动少数民族经济和社会事业发展。年内完成济南市少数民族“十一五”发展规划目标，并认真做好少数民族事业“十二五”规划的编制工作。“十一五”期间，全市各级各有关部门积极引导帮助少数民族加快转变经济发展方式，使少数民族经济产业结构优化升级取得成效显著，二三产业得到较快发展，少数民族企业不断壮大，涌现了一批少数民族特色经济和优势产业，少数民族经济布局逐渐趋于合理。截至年底，全市民族村人均收入达到7890元，比2005年增长了3310元，年均增长11.5%，接近全市农村人均水平。全市民族村全部实现“村村通”柏油路，90%的民族村用上自来水，70%的民族村接入有线电视。全市少数民族经济实现大踏步发展，少数民族群众得到了很大实惠。全年市民族宗教局与各级各有关部门配合协调，争取省、市民族经济发展扶持资金350余万元，加大对欠发达民族村的帮扶力度。年内共帮助6个民族村修建联村道路5公里，帮助14个民族村硬化村内道路12余万平方米，帮助5个民族村实现自来水入户，帮助11个民族村进行电网升级改造，帮助民族村新发展农民专业合作社5个，新建蔬菜大棚200余个，植树造林约7公顷，发展养殖基地2处、使奶牛存栏量增加1000余头。积极引导、鼓励民族企业和民贸民品企业加快发展，先后辅助、支持5家民族企业实现了新扩建工程，使全市民族企业和民贸民品企业呈现出良好的发展势头。积极发挥济南市民族医院的“惠民医院”作用，继续实行对全市少数民族医疗费减免优惠，同时实行药品零差价销售，进一步降低少数民族群众医疗成本，让群众享受到更多的实惠。全市民族事务部门积极争取扶持资金，帮助3所民族学校改善校园环境。发挥少数民族劳动技能培训基地的作用，继续依托山东蓝翔技校为少数民族提供技能培训、职业指导和就业推荐。认真做好少数民族贫困救助工作，继续给予政策倾斜，解决部分少数民族困难群众生活问题。

努力维护社会和谐稳定的大局。继续深化基层法制建设，在民族村（社区）开展社会公德、职业道德、家庭美德、个人品德“四德工程”建设，指导市伊斯兰教协会在全市范围内开展“卧尔兹”巡回演讲，提高穆斯林群众的法律素质和思想道德水平。按照“属地管理”、“分级负责”的原则，健全完善县、乡、村矛盾纠纷排查工作组织网络，以及处置突发事件应急管理机制，制定了处置涉及民族因素突发性事件应急预案，落实领导责任制和部门负责制，定期和不定期开展了矛盾排查调处工作，切实提高预防和处置群体性事件的能力。市民族宗教局开通24小时热线服务电话，认真接待本地和外来少数民族群众咨询求助，帮助解决一些外来少数民族子女就学、生产经营等方面的问题，切实加强对少数民族流动人口的服务与管理工作。

【宗教事务概况】 深入贯彻《宗教事务条例》，积极开展创建和谐宗教活动场所和共建美好家园活动，推动宗教工作队伍建设，依法管理宗教事务，保持了宗教领域的和谐稳定。

推进宗教事务依法管理。认真贯彻纪念《宗教事务条例》颁布实施五周年电视电话会议精神，指导组织全市爱国宗教团体开展了多种形式的学习宣传活动。市民宗局会同市委统战部举办一期全市统战、宗教干部进修班，对县市区宗教工作干部、重点乡镇街办分管负责人进行《宗教事务条例》《宗教活动场所财务监督管理办法》《宗教教职人员资格认定办法》等法规培训。章丘、历城、平阴等县（市）区分别举办专题辅导培训，对各乡镇分管负责人和宗教活动场所负责人及信教群众进行《宗教事务条例》宣传教育，通过培训提高广大基层干部依法管理宗教事务的能力。贯彻落实全国全省关于规范宗教、旅游场所燃香活动会议精神，召开旅游、工商、质监、园林、宗教等相关部门联席会议，落实规范和监管措施，推动文明健康、规范有序的燃香活动。加强宗教团体自身建设。坚持宗教团体学习日制度，定期召开宗教界双月联席会，及时传达学习党的十七届五中全会精神、全国两会精神及各级宗教工作会议精神，学习贯彻党的方针政策和国家的法律、法规。年内举办全市宗教活动场所负责人培训班，各宗教活动场所主要负责人近200人参加培训，重点进行贯彻实施《宗教事务条例》、加强宗教活动场所规范化建设和教职人员素质建设等专题辅导。定期开展对宗教团体领导班子和工作人员的综合考评，通过对考评优秀的给予奖励，对考评落后的给予批评教育或诫勉谈话，促进宗教团体骨干队伍建设。组织开展宗教教职人员社会保障情况摸底调查，进行宗教教职人员资格认定和宗教活动场所财务监督管理试点工作，促进宗教事务规范化管理。

积极引导宗教与社会主义社会相适应。进一步探索宗教界适应社会、服务人群、共创和谐的新途径、新形式，以“共建美好家园”和创建“和谐宗教活动场所”活动为有效载体，各宗教发挥自身优势，积极参与社会公益慈善事业，坚持开展扶弱济贫、爱老敬老、助残助学等社会捐助活动。青海玉树地震发生后，市五大宗教以不同形式参与抗震救灾，踊跃向灾区捐款。各宗教团体在春节、儿童节、重阳节等节假日，组织开展了关爱孤寡老人、残疾儿童和特困家庭等慰问帮扶活动，产生良好的社会反响。

【编制“十二五”少数民族事业发展规划】 专门成立编制工作领导小组，并下设办公室，制定编制方案和进度安排，确定规划的指导思想和发展目标以及“十二五”期间着重抓好的四项工作：①着力转变经济发展方式，促进全市少数民族经济又好又快发展；②着力改善民生，促进少数民族社会事业协调发展；③加强民族政策的落实，努力促进民族团结与社会和谐；④进一步夯实基础，扎实做好民族方面的稳定工作。市民宗局还聘请部分专家、学者和相关部门领导组成专家团队，对编制工作进行具体指导和咨询论证。经过前期准备、调查研究和起草编撰三个阶段，11 月份济南市少数民族事业“十二五”规划编制工作基本完成。

【探索“三位一体”城市民族工作模式】 把城市民族工作的立足点和工作精力放到社区，不断探索社区民族工作的特点和规律，努力在提升社区服务水平、加强社区事务管理、建设长效工作机制等方面下工夫，“三位一体”建设和谐民族社区，推进城市民族工作，促进民族团结进步事业发展。①真情服务解决社区民生问题。拓宽社区服务渠道，以日常性、周期性、重点性为主建立少数民族困难群体救助服务体系；保障少数民族困难群体的基本生活。整合餐饮、医疗、养老、家政、文教、宗教、殡葬等社区资源，开展惠民利民特色服务。②加强管理，搭建社区服务平台。创设“邻里守望”特色民族品牌，开展丰富多彩的各族群众“共建共享”平安社区活动；发挥伊斯兰教协会作用，建立与外来穆斯林群众沟通联系的服务站和管理网络，帮助他们解决就业、就医、饮食、丧葬、子女入学等方面的困难。③建立长效工作机制提供坚实保障。从组织领导、工作网络、协调帮扶和宣传教育等方面建立健全了长效工作机制，确保和谐民族社区建设常抓不懈，抓出实效。

【开展民族团结进步创建活动】 深入学习贯彻全国民族团结进步创建活动经验交流会议精神，认真制定济南市《关于深入开展民族团结进步创建活动的实施意见》，进一步明确创建活动内容和要求。①广泛开展争优创先活动。在全市范围内深入开展民族团结进步模范县（市）区、模范乡镇（街道）、模范村（社区）、模范单位、模范个人以及和谐清真寺创建活动，着力培养一大批为民族团结进步事业作出突出贡献的模范，充分发挥示范带动作用，推动民族团结进步事业的发展。②大力表彰民族团结进步模范典型。定期召开民族团结进步表彰大会，通过多种形式，大力宣传先进典型的模范事迹，在全社会形成自觉促进民族团结进步的良好氛围。③加强民族团结宣传教育。通过不同形式，在社会各阶层广泛开展宣传教育，增强宣传教育的针对性和实效性。④组织开展各种形式的专题活动。继续开展民族团结宣传月活动，通过举办成就展、知识竞赛、文艺表演、演讲征文等形式，使民族团结进步创建活动丰富多彩、有声有色。⑤利用少数民族传统节日开展民族团结进步创建活动。促进各民族的交流、理解和团结，弘扬各民族优秀的传统文化，增强中华文化的生命力和创造力，提高中华民族的文化认同感和向心力。⑥充分发挥教育基地的作用。通过组织各族群众参观学习、举办专题报告、讲座等方式，开展爱国主义和民族团结进步教育。

【开展创建和谐宗教活动场所活动】 响应国家宗教局关于开展创建“和谐寺观教堂”活动的号召，并根据省宗教局《关于开展创建“和谐宗教活动场所”活动的实施意见》要求，认真组织开展创建和谐宗教活动场所活动。严格按照国家宗教局制订的《各教创建和谐寺观教堂标准》以及省宗教局制订的考核标准，从爱国爱教、知法守法、团结稳定、活动规范、教风端正、管理有序、安全整洁、服务社会的八个方面，对各宗教团体和宗教活动场所进行考核，并通过异地交叉、随机抽查、现场打分、检查评比的形式，对宗教活动场所创建工作进行了验收，并召开全市创建和谐宗教活动场所活动经验交流会，评选表彰省级和谐宗教活动场所 46 个、市级和谐宗教活动场所 94 个。通过一年的实践，创建和谐宗教活动场所活动已经成为推动解决当前新形势下宗教工作重点难点问题的一个有效抓手，成为依法管理宗教事务的有效载体和引导宗教与社会主义社会相适应、推动各宗教和谐发展的有效途径。

济南市爱国宗教团体

济南市天主教爱国会第九届委员会

主　任　郭传真

济南市基督教三自爱国运动委员会第八届委员会

主　任　张宏伟

济南市基督教协会第五届委员会

会　长　张宏伟

济南市伊斯兰教协会第五届委员会

会　长　杨松岳

济南市佛教协会第三届理事会

会　长　觉　映

（赵　焕　潘晓坤）

责任编校　宣　涛

区 县

历下区

【概况】 春秋战国时属齐国，因在历山之下而得名。1955 年 9 月始称历下区。历下区位于济南市区东南部，面积 100.89 平方公里。下设 13 个街道办事处，辖 73 个社区居委会、19 个行政村。全区共 16.81 万户，总人口 54.22 万人。男女性别比例为 100.15∶100，人口出生率 10.3‰，人口自然增长率 5.46‰，生育率 97.3%。有回族、满族、蒙古族、朝鲜族、土家族、壮族等 40 个少数民族，少数民族人口 10666 人。全年完成地区生产总值（按在地统计口径）678.2 亿元，按可比价格计算，比上年增长 12.1%。其中，第二产业增加值 116.6 亿元，增长 6.4%；第三产业增加值 561.6 亿元，增长 13.4%。二、三产业比例为 17.2∶82.8。

中共区委

书 记 孟祥桓[*] 雷天太

副书记 雷天太[*] 张海波 宋胜玉

常 委 孟祥桓[*] 雷天太 张海波 宋胜玉 傅金峰 韩宏伟（女） 李光忠 王其广 孙兆玉 曹 辛 邓向东 尹希友

区人大常委会

主 任 孟祥桓

副主任 王继贵 张德祥 张念江 吕建中（女） 牟可兵 王晓军

区人民政府

区 长 雷天太

副区长 李光忠 王其广 华 巍 聂 军 尹红梅（女） 何济庆

政协区委员会

主 席 赵广忠

副主席 杨曙明 王如生 姚桂芳（女） 安利国 刘 岩

中共区纪委

书 记 傅金峰

区人民法院

院 长 孙兆远

区人民检察院

检察长 宋新龙

区人民武装部

部 长 郝卫国

政 委 尹希友

工 业 工业经济运行质量不断提高。规模以上工业企业 66 个，增加值 68.3 亿元，增长 2.76%；产品销售收入 296.9 亿元，同比增长 17.45%。工业利税 52.3 亿元。规模以上工业企业中，工业总产值和产品销售收入比上年同期增长的分别有 36 家和 39 家，增幅在 20% 以上的分别有 18 家和 17 家。其中，中石化资产管理济南分公司、济南康雅薄膜有限公司、晶恒电子、华鲁实业公司、华创科技、恒大视讯等企业两项指标的增幅均超过 20%。销售收入超过亿元的企业 16 家，共实现工业产品销售收入 286.1 亿元，占规模以上工业总量的 96.3%。

贸易财政金融 全区社会消费品零售总额累计完成 374.1 亿元，同比增长 19.3%；限额以上企业达到 304 家，完成社零额 268.2 亿元，占全区社零额的 71.7%。其中：批零贸易业 169 家，累计完成 250.19 亿元，占全区社零额的 66.88%；住宿餐饮业 135 家，累计完成 18.01 亿元，占全区社零额的 4.82%。社区肉菜店建设全面展开，共建成 32 家社区肉菜店 8 个标准化肉菜市场全部建设完成并通过市局验收。全区家电以旧换新五大类商品累计销售总量达 44 万台，销售金额 17 亿元，回收总量 60 万台。新批外资项目 16 个，实际利用外资 1.438 亿美元，占区年度计划的 239.7%；外贸出口完成 40067 万美元，同比增长 31.2%。为企业申请并发放外贸发展专项资金 152 万元。挖掘新增载体 8 家，其中 7 家实现了出口。财政收支平稳增长，实现财政总收入 47.18 亿元，增长 42.16%，其中地方财政收入 30.01 亿元，增长 44.3%。税收总收入 130.97 亿元，增长 29.8%。制定优惠政策，扩大招商引资，促进各行税收健康发展，其中房地产业实现税收 14.6 亿元。

建设环保 深化对驻区重大建设项目的服务。全社会完成固定资产投资总额 188.5 亿元，增长 15.8%。对全区 151 个千万元以上建设项目每月进行走访和调研。年底竣工项目 23

项，全年新开工项目 22 项。对辖区柳行河、玉绣河、全福河、东泺河、大辛河 5 条河流加强日常巡查。取缔 1 吨以上 10 吨以下燃煤锅炉 27 台，取缔小立式炉具 32 台，取缔和改造小燃煤炉具 260 台，实现二氧化硫减排 35 吨，超额完成年度减排任务。污水集中处理率达到 100%，无害化垃圾处理率达到 100%。城市空气质量良好率达到 85.3%，水环境功能区达标率 100%，道路交通声环境质量在较好以上。全区绿化美化水平再上新台阶，共新建绿地 28 万平方米，改造绿地 30 万平方米，栽植各类乔灌木 13 万株，绿篱 32 万株，种植、摆放各类花卉 640 万余盆，修剪绿篱 40 万平方米，清理垃圾、渣土 5000 立方米，回填种植土 9000 立方米，铺装透水砖 8700 平方米，喷洒药剂溶液 8000 余吨。完成 3 座小区、5 条街巷绿化建设，全区 8 家办事处完成 10 处 500 平米社区游园建设。累计新建、改造车行道 11.2 万平方米，人行道 3.5 万平方米，建设完善污水、雨水、电力、燃气、热力等各类地下管线 2.77 万米。清挖雨污水检查井 5.3 万座，疏浚地下排水管线 32 万米，清理化粪池 1600 余座、化粪池检查井 4680 座。

教科文卫体 各级专业技术职务人员 28340 人。有各级各类学校 60 所，其中，中学 28 所，小学 32 所，在校生 68642 人，毕业生 15193 人，教职工 5149 人，专任教师 4026 人。义务教育适龄儿童入学率 100%，小学毕业生升学率 100%。创建省级规范学校 26 所，市级规范化学校 12 所，省市级规范化学校占全区学校总数的近 90%，所有学校均达到了规范办学。现有市级以上语言文字规范化示范校 16 所，其中省级语言文字规范化示范校 5 所；市级以上绿色学校 32 所，其中省级绿色学校 9 所，占全区学校总数的近 70%。各类规范化学校的创建工作，进一步推动了全区各学校的均衡、优质、品牌发展。2010 年度被评为济南市唯一一个“山东省推进义务教育均衡发展工作先进区”。在第 25 届山东省青少年科技创新大赛中，历下区获得一等奖 6 项，二等奖 4 项，三等奖 3 项。6 所学校批准为省百所“创新教育实验学校”。被团省委、省教育厅评为“山东省少先队工作红旗单位”。在中国·北京第二十五届头脑创新思维竞赛中，获全国大赛一等奖，被评为全国优秀科学教育实验区、全国家长学校教育实验区。

着力整合区域创新资源，科技进步显著。全区高新技术产业产值达 116.6 亿元，同比增长 12.83%，占规模以上工业总产值比重 41.91%，比年初提高 2.03 个百分点，完成年初制定的目标任务。专利申请总量 3295 件，其中发明专利 1250 件，专利授权量 2397 件，其中发明专利授权 634 件，四项指标均居全省各县（市）区第一。中创、桑乐、正元地理 3 家企业被评为省级创新型企业；14 家企业申报省、市级工程技术中心，其中 3 家达到省级标准，11 家达到市级标准；7 家企业通过高新技术企业认定；17 个产品被认定为市自主创新产品，认定数量占全市认定总量的 28.3%。辖区企业申报市级以上科技计划项目 160 多项，有 89 个项目获得国家、省、市科技计划支持，争取资金 2030 万元，带动企业研发投入 4.5 亿元。其中，科技部立项 10 项，资金支持 275 万元，项目数量为历年之最。文化市场健康、有序、规范发展。区属单位有文化馆 1 处，文化站 11 处，区级图书馆 1 处，图书馆由国家三级图书馆晋级为国家二级图书馆，新购 20 万元图书，馆藏图书达到了 12 万册。共接待读者 16000 余人，借阅图书 48000 册次，新增读者 900 余人。成功举办民俗花灯节和消夏晚会。消夏晚会历时百日深入社区、军营、学校、乡村等演出 30 余场，参与群众达 3000 余人。举办“放歌历下”历下区首届群众歌手大奖赛，来自 13 个办事处所辖社区内的 600 余名群众参加比赛，大奖赛带动了全区群众参与文化活动的积极性，提升了群众的精神文化水平。全年接待旅游者 1308 万人次，实现旅游总收入 120 亿元，分别增长 18% 和 20%。全区旅游产业实现了新的跨越。

投资 100 万元，在全省率先建立区级社区卫生综合管理信息平台，在全区 44 个社区卫生机构启用了社区卫生基本医疗管理系统，电子档案建档率达到 83.9%，近 45.83 万名居民开始享有从生命起点到终点的全程健康管理，实现了居民健康信息资源的区域共享，成为全省社区卫生工作的亮点工程。历下医院成为济南市东部又一医疗卫生服务综合体。经济南市卫生局批准，正式挂牌济南市第八人民医院。全区有卫生机构 454 所，其中医院、社区卫生院 79 所，卫生疾病预防控制中心 2 个，卫生监督所 2 所，妇幼保健机构 2 所。各类卫生机构共有床位 8497 张，卫生技术人员 10325 人，其中医师 4688 人，护士 3655 人。共有社区卫生服务机构 45 所（中心 6 所、站 39 所）。40 所为医保定点医疗机构，31 所为门规定点医疗机构，覆盖了城区 13 个街道办事处、81 个居委会。适龄儿童接种率达到 90% 以上。为 8 月龄至 6 岁儿童接种麻疹疫苗 3 万余人次，为 0 ~ 4 岁接种脊灰疫苗 2 万余人次。以“阳光、运动、健康”为服务宗旨，深入开展群众体育运动，启动全民健身月活动，成功举办历下区第七届全民运动会；组织开展了“庆元旦大型全民健身展示活动”“济南市历下区区直机关第二届运动会”“历下区第二届残疾人运动会”等 30 多项丰富多彩的群体活动；新建健身路径 30 多条，建设社区健身苑 5 处。营造了历下“全民全运”的良好社会氛围。有区级体育场馆 1 处，各类体育场、馆、池和非标准场地 89 个。2010 年度被评为山东省群众体育先进单位。

人民生活 年末全区从业人员 23.1 万人，人均工资 4.3 万元；在岗职工人数 22.22 万人，平均工资 4.4 万元；全区实现城镇新增就业 19911 人；新增农村劳动力转移就业 1168 人；高校离校后未就业的毕业生实现就业 4997 人；困难群体实现就业 3219 人；城镇登记失业率 1.96%，参保单位达到 9886 家，参保 21.04 万人；扩面 29827 人，完成目标任务的 271.2%；净增 15901 人，完成目标任务的 214.2%；实际征缴养老保险费 78370.39 万元。城镇居民医保参保续保人数达 106316 人。全年被征地农民养老保险参保 1047 人，领取人数达到 938 人，实现即征即保。姚家办事处荆山村于7月底举行了首次养老金领取发放仪式，取得了很好的宣传效果。提高了低保标准，由330元提高到360元，向34236户次、77502人次发放最低生活保障金1653.3万元。共计支出善款（物）527.82万元，救助困难群众9277人。4月、8月分别开展了玉树、舟曲赈灾捐赠活动，共筹集赈灾捐款108.12万元。全区累计募集善款（物）649.12万元。被济南慈善总会评为“慈心一日捐”活动先进组织单位，被济南市民政局评为济南市先进社会组织。

【城市功能形象跨越提升】 奥体中心“一场三馆”、省博物馆、省档案馆、省立医院东院区等一批大型城市公益性设施投入使用，东区发展更具活力；大明湖扩建、府学文庙修缮全面完成，护城河实现全线通航，泉城特色更加鲜明；新建改造主次干道140条，整治河道7条，浆水泉热源厂建成使用、新增供热面积150万平方米，道路通行、供水供热和防洪截污能力显著增强。发展载体扩量增容。中润世纪城、喜来登酒店、黄金时代广场等建筑体量大、富有浓郁现代气息的大型商务项目投入使用；鲁商国奥城、恒隆广场、华强广场、传媒大厦等一批城市综合体和地标性建筑加快建设，搁置多年的齐鲁宾馆、中银大厦、新开元广场、永安大厦成功盘活利用。突出治堵、治乱、治脏、治污，同步实施绿化、美化、净化、亮化，依法拆除违章建筑100万平方米，新建改造绿地311万平方米，治理破损山体308万平方米，洪山公园建成使用，开放式居民小区、背街小巷得到全面整治，新建副食品市场19处、便民店32家，居民生活环境改善。

【“十一五”历下区孵化器建设显成效】 截至年底，全区共建设科技企业孵化器5家，其中国家级1家（济南历下软件创业服务中心）；国家级大学科技园1家（山东大学国家级大学科技园），总孵化面积达6万平方米。累计孵化企业400多家，企业毕业认定120余家，承担各级各类科技项目80余项，实现技工贸总收入30亿元，利税3.2亿元。

（邹　娟）

市中区

【概况】 市中区因地处济南市主城区中南部而得名。全区总面积280.3平方公里。辖17个街道办事处、101个居委会、77个行政村。全区共有19.33万户，总人口57.13万人，男女性别比例为96.46:100。人口出生率10.4‰，人口自然增长率4‰。有回族、满族、藏族等36个少数民族。全区生产总值完成498.3亿元，比上年增长15.3%。其中第一、二、三次产业分别完成3亿元、100亿元、395亿元，同比分别持平、增长23.2%和13.5%。一、二、三产业比例为0.6:20.07:79.33。

中共区委

书　记　雷　杰（女）

副书记　苏维泉　王铁志*　王　壮*　孟庆斌

常　委　雷　杰（女）　苏维泉　孟庆斌　王铁志*　王　壮*　梁英为　姜守明　姚怀祥　孙常建　于　红（女）　任晓策　王福军　王盛元

区人大常委会

主　任　李聚春（女）

副主任　荣　光　李　莹（女）　杨　杰　徐广玉　刘贤江

区人民政府

区　长　苏维泉

副区长　梁英为　于　红（女）　刘梦海　钱　城　谢兆村　蒋济东

政协区委员会

主　席　高金同

副主席　贺文萍（女）　潘　华　黄　伟　刘　宪（女）　徐长远　张元玺*

中共区纪委

书　记　姜守明

区人民法院

院　长　解雅洁（女）

区人民检察院

检察长　于联军*　刘　春

区人民武装部

部　长　祁由恒

政　委　王福军

工　业　全区规模以上工业企业67家，实现工业增加值71.3亿元，比上年增长27.3%；实现销售收入514.5亿元，增长39.2%；实现利税28.5亿元，增长14.4%。实现利润20.5亿元，增长24.7%。规模以上工业企业67家。实现进出口总额85422万美元，增长7.9%。其中出口76272万美元，增长17%。完成技改项目29项，完成技改工作量11.12亿元。高新技术产值473.3亿元，占工业总产值的96.1%。高新技术创业服务中心新增企业5家，进驻企业68家。总资产1333万元，固定资产1279万元。新发展个体工商户3480户，累计1.05万户；新发展私营企业920家，累计6539家；新增注册资金15.76亿元，累计注册资金48.8亿元。

农业及农村经济　农业增加值1.58亿元，实有耕地面积0.542万公顷，农作物播种面积0.535万公顷，粮食总产量4.5万吨，增长4.7%；油料总产0.03万吨，增长12.2%；蔬菜种植面积200公顷，蔬菜总产0.8万吨，减少9.9%；水果总产0.3万吨；肉类总产0.7万吨，奶总产1.9万吨，禽蛋总产1.9万吨。全区建有养殖小区7处。禽畜规模化饲养率达到86%。区农科园发展食用菌大棚22个，示范大棚达到35个。造林绿化成效显著，完成治山整地9000公顷，整鱼鳞坑99万个，退耕还果166公顷，新增林果面积133公顷，种植各种名优果树1.05万株。公路林网化建设15公里，栽植树木29000株。完成造林面积666公顷。全区森林覆盖面积达到28.6%。

贸易财政金融 社会消费品零售总额254.1亿元，同比增长19.3%。三产增加值占生产总值的比重达79.3%。引进项目485个，其中投资过亿元的项目有46个。市外资金197.9亿元，比上年增长31.4%。实现出口创汇7.6亿美元，增长17%；合同利用外资1241.2万美元。新批外商投资企业10家，实际利用外资11850.8万美元，增长92%。实现地方财政收入23.2亿元，按可比口径增长26.8%。辖区金融业实现增加值100亿元，同比增长18.5%，占全市金融业增加值的34.7%；金融业实现区域税收22.94亿元，同比增长22.2%，占全市的41.4%。截至年底，辖区共有金融机构206家，其中银行业113家，证券期货业18家，保险业50家，其他25家。

建设环保 完成全社会固定资产投资193.8亿元，增长18.8%。资质三级及以上建筑企业104家，完成建筑业总产值95.5亿元，增长23.8%。房地产开发完成投资108.6亿元，房屋建筑竣工面积196.5万平方米。绿化荒山600公顷，城市绿化覆盖率44.1%，人均占有公共绿地面积16.3平方米。城市基础设施建设投资4020万元，增长18.5%。整治街巷82条，居民小区10个，完成民族大街、林祥南街、仁爱街、杨庄路的道路翻建整治工作，共铺设沥青混凝土14300平方米，铺设花砖3500平方米，立沿石2110米，敷设雨污水管线1980米，新设雨水井47座，雨水箅45座，粉刷墙体2959平方米。对经七路、建设路、舜耕路等47条道路进行整治，累计铣刨、修补道路面积39000平方米。对岔路街、玉函路等20余条道路进行了无障碍设施建设，共铺设花砖3599平方米，立沿石750米，新设护栏340米，粉刷墙体1600平方米。对七里山小区、岔路街小区、玉函南区等10个小区进行整治，累计铺设沥青混凝土32000平方米，铺设花砖35650平方米，立沿石9580米，更换井口井盖140个，起垫井口320座，粉刷墙体5200平方米。主次干道保洁率达100%。清理垃圾死角6000余方，日清运垃圾650吨，全年清运垃圾24万余吨；拆除各类违章建筑1011处（间），203582平方米；取缔占道经营22180起。自来水普及率、入户率分别达到100%、96%。环境空气质量良好天数223天，城市空气质量良好率达到61.05%，比上年提高3.75个百分点。

教科文卫体 有普通高等院校2所。中等专业学校1所，在校生0.108万人。普通初中16所，在校生1.578万人。小学50所，在校生3.575万人。特殊教育学校1所，在校生67人。幼儿园94处，在园幼儿16756人，教职工1932人。适龄儿童入学率100%，小学在校生巩固率、按时毕业率均为100%，初中在校生巩固率99.7%，初中生合格毕业率100%。全年投资6323.8万元用于校舍建设及教学设备购置。组织学生开展各类应急预案演练130余次，参加演练人数90270余人次。全年实施省市级科技项目34个，其中，获得省科技奖励5项，获得市科技奖励10项。专利申请量2514件，授权专利1677件。有文化馆（站）18处，图书馆（室）84处，藏书量18万册。有各种艺术表演团体200余个，群众艺术馆、文化馆2处，公共图书馆1处，档案馆3处。各类卫生机构531处，其中医院、卫生院42处；卫生技术人员8400人，其中执业医师及执业助理医师3024人，注册护士3735人；床位4503张。

人民生活 年末在岗职工134127人，年平均工资53052元，比上年增长8.6%。农民人均纯收入10028.3元，比上年增长14%。社会保障体系进一步健全，完成社会养老保险扩面20899人。机关事业单位参加社会养老保险13943人，保费收入10983万元，收缴率100%。企业参加社会养老保险138227人，实际缴费人员100957人，保费收入23429.17万元，收缴率95.6%。全区城镇基本养老、医疗、失业、工伤和生育保险参保人数分别达到19.38万人、22.93万人、9.63万人、10.94万人和9.63万人，比上年底分别增加1.73万人、1.76万人、0.7万人、1.71万人和1.11万人。社会保险基金总收入22928.62万元，增加805.95万元；支出21830.59万元，增加2432.53万元。安置就业10151人（次）。全区城乡最低生活保障救助150166人，其中，城镇低保124486人，农村低保25680人。农村低保标准为每人每年1950元，与上年持平，发放低保救助金312.3万元。企业退休人员社区管理与服务工作稳步发展，进社区人数已达55426人。参加新型农村合作医疗农民90431人。村居及以上老年公寓17处，集中供养五保对象115人。慈善超市5处，发放爱心救助金233.96万元，救济物品折合人民币83.5万元。

（于继东 李 伟）

【城管工作新模式带来新成效】 市中区城管局改革城市垃圾管理方式，按照“入地、建站、进屋”的新要求，实施撤“箱”建“站”工程，共撤除重点道路、重点区域露天垃圾箱14处，新建、改建垃圾压缩中转站4座，公厕1座；加快清运设备更新，投资1700余万元购置大型压缩式垃圾收集车17部，电动作业车50部，标准化垃圾桶6000个。生活垃圾实施动态收集，垃圾清运由定点散装改为垃圾桶→电动车→压缩运输车作业方式，达到无泄漏作业标准，加快了垃圾中转速度，减少了作业过程的污染。实施城乡环卫管理一体化，在城郊六个街道办事处分别成立环卫所，并投资1100万元购置清运车辆、建造中转站，实行定点定时收集，逐村清运。坚持执法与服务相结合，通过抓源头和道路巡查，共检查车辆4100余台次，处罚200余部，清运渣土9000余立方米；在辖区200个社区（居委会）建立城管信息采集点，及时处理居民群众反映的问题。区城管局被评为“省级文明单位”。

（申 娜）

【教育投入、教学改革走在全省前列】 推进义务教育经费保障机制改革，惠及家庭经济困难学生。辖区农村学校人均公用经费达到省教育示范区标准，2009 年，减免城乡学生杂费和农村学生课本费、作业本费、补助农村寄宿生住宿费等共 1566.57 万元，发放生源地贷款 38.48 万元。2010 年上半年共减免杂费 780.34 万元，减免农村学生课本费、作业本费 76 万元。实施教育系统干部教师的统筹配置，开展城区副校长支校及城乡教育主任“携手行动”，选派农村校长到城区学校挂职，骨干教师“学术支教”和音美教师专题培训，选拔优秀毕业生到农村学校任教，农村学校师资水平得到提高。全年投入资金 6323.8 万元，用于校舍提升，维修和教学设备的更新。把课堂教学作为教学研究重点，总结推广 20 种“有效课堂”教学模式，学生“减负增效”明显。学生学业水平考试成绩优异。开展青少年科技创新和综合实践活动，促进学生全面发展，有 1500 余项学生作品获国家专利。2009 ~ 2010 年，在市级以上青少年科技创新、电脑机器人竞赛中共获 8 金 5 银、3 个特等奖和 106 个一等奖；在各类艺术活动中，1150 人获全国中小学美术书法比赛一等奖，340 人获全国少年才艺大赛一等奖。全系统有 433 名教师被确定为国家、省、市级骨干教师，500 人先后获市级以上政府授予的荣誉称号。区教育局获“省级文明单位”称号。（郭隆刚）

【金融商务优势凸显】 现代服务业占服务业的比重达到 56.2%，比“十五”末提高 4.2 个百分点。金融业加快聚集，全市第一家外资银行——汇丰银行济南分行和北京、上海、天津三大直辖市商业银行等 44 家金融机构相继落户，辖区银行、保险机构总部分别占全市的 63.3% 和 47.4%，济南金融商务中心区的影响力、辐射力日益凸显；房地产业快速发展，累计完成投资 362.3 亿元，对地方财政一般预算收入的贡献率为 24.6%。传统服务业规模档次明显提升，新增商业商贸设施 128 万平方米，经营面积 5000 平方米以上的商场、超市 10 家，星级、钻级以上酒店 29 家。（于继东 李 伟）

【陡沟文明村建设上新台阶】 陡沟村位于市中区西南部，人口 2100 人，耕地面积 140 公顷。陡沟村依托区位优势，壮大集体经济，村集体收入 500 万元，人均收入 1 万余元。村集体大力发展公益服务事业，投资 460 万元，建成占地 6000 余平方米的文化大院，建成老年人活动室、图书室、党员教育活动室、青少年活动室等共计 360 平方米。各类服务设施都有专人管理，早晚及农闲时间对村民开放。以文化大院为平台，开展“消夏文艺晚会”“中秋长桌宴”、评选“好婆婆、好媳妇”等文明创建活动。全村 55 岁以上的老人享受每月 100~130 元不等的养老金，70 以上的老年人过生日，村集体送蛋糕和红包；每年为专科以上金榜题名的学生发放 2000 余元的奖学金，幼童免费入托。陡沟村重视信息化建设。全村电脑拥有量 285 台，百户拥有量 51 台，宽带覆盖率达 100%。投入 260 万元，建立 120 平方米的电子便民服务站，配置电脑 16 台，构建起互联网和局域网合一的教育培训体系，开设便民服务、党员服务、社会服务、计划生育、法律咨询 5 个服务窗口，30 余个服务项目。利用电子阅览室和信息服务站，定期开展特色种植、养殖培训，推广新品种种植等相关技术，形成以“陡沟葡萄”为品牌的特色产业。同时，利用互联网发布农产品销售信息，网上年销售额达 190 余万元。获“2010 年全国先进农村综合信息服务站”和“省级文明单位”称号。（范殿才）

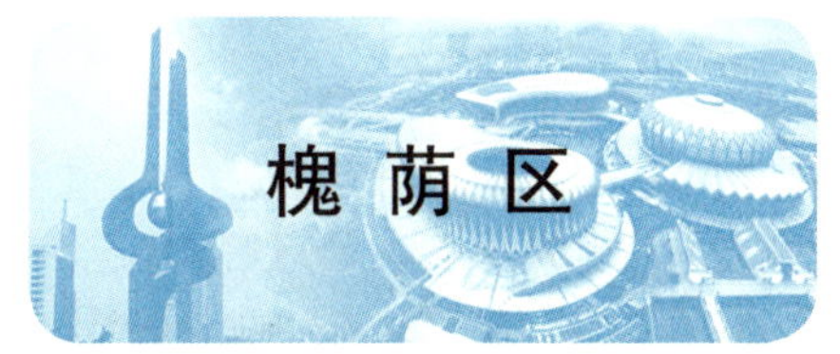

槐荫区

【概况】 槐荫区位于济南市区西部，1955 年，将以槐树命名的街巷较多的第六区改称为槐荫区。面积 151.48 平方公里，辖 12 个街道办事处、2 个镇，65 个居委会，93 个行政村。人口 38.07 万人，男女性别比 96.9 : 100，人口出生率为 12.54‰，自然增长率为 5.55‰。有回、满等 25 个少数民族，少数民族人口 1.48 万人。完成地区生产总值 238.9 亿元，按可比价格计算，比上年增长 12.6%；其中，第一、二、三产业增加值分别为 3.2 亿元、69.2 亿元、166.6 亿元，分别比上年增长 2.1%、7.7% 和 15%。三次产业比例为 1.3 : 29 : 69.7。完成固定资产投资 230.8 亿元，比上年增长 47.8%。

中共区委

书　记　杨　峰

副书记　田庆盈　郑金松*　孟宪伟

常　委　杨　峰　田庆盈　郑金松*　李坚强*　孟宪伟　王　诚　陈贯鹏　周　敬（女）　李国纲　吴峻崎　吴　力　何　彬*　王传良　边祥为

区人大常委会

主　任　时延盈

副主任　于汝彬　赵玉杰　刘福荣（女）　展庆林　王荣山

区人民政府

区　长　田庆盈

副区长　李坚强*　孟宪伟　吴　力　印　东（女）　满　斌　孟祥晶　李培杰

政协区委员会

主　席　徐承鲁

副主席　刘光亮　高晓峻　姜　甦　马厚强　吕红艳（女）　李庆甲

中共区纪委

书　记　王　诚

区人民法院

院　长　张新华

区人民检察院
检察长 王保新* 张笑剑（代）
区人民武装部
部 长 石 军
政 委 何 彬* 王传良

工 业 全年实现工业增加值39.3亿元，比上年增长4.5%。完成工业投资19亿元。规模以上工业企业达到128家（其中过亿元企业9家），规模以上企业资产162.7亿元，从业人员21497人；实现增加值37.7亿元，比上年增长9.8%；实现销售收入150.1亿元，比上年增长15.5%；实现利税19亿元，比上年增长19.7%；利润13亿元，比上年增长18.7%。全区创新研发投入过亿元，高新技术企业实现产值98.8亿元，占规模以上工业总产值的66.7%。新峨嵋异地迁建项目生产车间建设完成，九阳生产基地与配送中心项目的配件中心、物流中心及8条生产线全部投入使用，北药中信医药物流中心项目开工。济南槐荫工业园财税收入突破亿元。槐荫工业科技园累计实现投资5.3亿元，有5家企业正式投产。

农业及农村经济 实现农业总产值4.49亿元，比上年增长7.9%。农业增加值3.2亿元，比上年增长2.1%。农、林、牧、渔、服务业增加值分别为20410万元、706万元、6777万元、3604万元、160万元。耕地面积2870.8公顷；农作物播种面积4872公顷，其中，粮食作物播种面积4302公顷，经济作物播种面积570公顷。粮食总产量2.63万吨，蔬菜总产量2.05万吨，水果总产量0.02万吨；肉类产量0.21万吨，禽蛋产量0.1万吨，奶类产量1.61万吨，水产品产量为0.34万吨。猪、牛、羊年出栏总数为27512头。农业机械总动力9.8万千瓦。形成了大米、莲藕、圆葱、韭菜和沿黄渔业五大农产品品牌，重点建设了5000亩（约333公顷）吴家堡绿之风大米水稻基地，其核心示范区130亩（约8.7公顷）水稻已通过有机认证，“西郊盖韭”已申报“非物质文化遗产”，润泽莲藕以保鲜藕为主的系列产品，形成三大系列十几个品种。新增1家省级龙头企业、3家市级农业龙头企业，市级以上农业龙头企业16家；农民农业合作经济组织34家。大力发展城郊型、都市型农业，突出“优质品牌、休闲观光和生态循环”三大特色，建成开心农场采摘园、黄河湾生态园、现代农业科技示范园3家园区。小麦秸秆综合利用率达到96%以上，逐步形成“秸秆—畜牧养殖—沼肥—绿色农业”的循环效益链。丰农、盛农等圆葱出口企业，出口量达到13000吨，创汇400万美元，带动种植农户3000余户。发放粮食补贴353.94万元，补贴农业机械166台，补贴金额达到89.863万元。

贸易财政 社会消费品零售总额233亿元，比上年增长19.5%。全区限额以上贸易企业206家，比上年净增20家，限额以上企业完成社会消费品零售总额189亿元，占全区社会消费品零售总额的81%。其中，批发零售贸易业169家，完成零售额186.8亿元，比上年增长28.9%，住宿餐饮业37家，完成零售额2.2亿元，比上年增长9.5%，消费拉动经济增长能力明显增强。在发展提升传统服务业整体水平的同时，金融、证券、文化等现代服务业加快发展，兴业银行、恒丰银行、东吴证券、西部证券等金融机构以及交运集团、绿地地产、恒大西区置业等总部经济入驻辖区。现代服务业完成增加值59.3亿元，占全区服务业增加值比重的35.6%。全区招商引资完成82.1亿元，全年引进过千万元项目12个，过亿元项目3个。合同利用外资36215.6万美元，实际利用外资6445.4万美元，比上年增长57.6%；实现出口创汇1.45亿美元，比上年增长44.5%；全区有出口实绩企业79家，以轨道交通、九阳小家电、银丰硅制品等为代表的生产企业成为全区出口的主要力量。实现财政总收入32.7亿元，比上年增长29.06%；地方财政一般预算收入10.3亿元，比上年增长28.5%。增值税、营业税、企业所得税、个人所得税四大主体税种实现收入58158万元，占税收收入的61.6%，比上年增长27.1%。财政总支出13.7亿元，比上年增长35.3%。

建设环保 完成建筑业总产值901887.7万元，增长14.78%；建筑业增加值29.9亿元，资质三级及以上建筑企业58家。房地产开发完成投资57.9亿元。自2009年7月西客站拆迁征地以来，片区共拆迁2.1万户、7万多人，420多万平方米；完成土地收储43宗，提供可建设用地1.3万亩（约867公顷）。张庄军用机场全面搬迁，长期制约槐荫发展的净空限制全部解除，为西部新城区的大建设奠定了坚实的基础。西客站片区内规划的四条主干道“两纵两横”路网系统已基本成型，站前广场超大规模城市综合体建设顺利推进，东西向城市发展轴和南北向腊山河生态景观轴建设全面展开；高铁正线已全线贯通，站房一体化工程主体封顶。旧城改造完成拆迁面积20万平方米；振兴街三角地、中大南、省委党校西等片区回迁安置楼基本完工；段店村、后屯村等城中村改造项目启动。总投资210亿元的银座中心、佳悦酒店、绿地卢浮宫、阳光100国际新城四期、凯旋新城东区、路港商业广场等18个商业地产项目快速推进。投资2.8亿元，对济南森林公园进行全面改造升级，并免费向市民开放。全区新增绿地面积32万平方米，新栽植各类乔灌木96.5万余株，城市绿化覆盖率41.5%，人均公共绿地9.6平方米；投入道路整治资金1500万元，城市道路面积达到414.2万平方米。全区城市基础设施建设完成投资9290万元，村镇建设（包含西客站片区工程）完成投资13.21亿元。生活垃圾密闭化运输率100%。投资260万元，用于污染物总量减排，完成减排项目9个，全区良好以上天数比2009年提高3.65%。

教科文卫体 有各级各类学校60处，在校生37768人，毕业生7693人，教职工3040人，专任教师2613人；其中普通中学11处，在校生9923人，专任教师878人；小学47处，在校生25827人，专任教师1600人。特殊教育学校1处，在校生102人。幼儿园101所，在园幼儿15395人。全区小学、初中在校生巩固率分别为100%、99.97%。有专业技术人员8700人。投入300万元，为60所中小学、幼儿园配备了174名专业保安，强化校园安保。申请专利2103件，发明专利160件，济南第二十中学被确定为济南市青少年知识产权创新实践基地。有院士工作站1家，省级重点实验室1家、省级工程技术研究中心3家、市级工程技术研究中心6家，5个产品被认定为济南市自主创新产品，省级自主创新型企业2家，市级自主创新型企业4家，高新技术企业14家。第十届中国艺术节主会场——省会文化艺术中心落户辖区并全面开工建设；国家非物质文化遗产博览园定址西部新城。建筑面积1.6万平方米的区体育文化活动中心6月1日破土动工,主体工程进展顺利；新建南辛社区健身苑（室内建筑面积1000平方米）并免费对外开放。继续举办“新城之光”大型元宵灯会和“槐荫之夏”广场文化活动。全区有各种艺术表演团体90个，文化馆1处，公共图书馆1处，档案馆1处，农家书屋30个。全区有各类健身场馆7处，健身路径1633条，遍及全区270处；国民体质监测站点2处；3处国家级青少年体育培训基地，村居健身场所覆盖率达100%。全区有各类卫生机构394处，其中医院、卫生院19处，疾病预防控制机构2所，妇幼保健机构1所。床位4985个；卫生技术人员5731人，其中执业医师、执业助理医师2914人，注册护士2256人。有36家社区卫生机构并全部达标，其中3家为省级星级卫生社区机构；适龄儿童免费补种乙肝疫苗补种率100%。68个村卫生室达到标准化建设；落实基本公共卫生服务，全部农村已婚妇女共计29338名免费进行“两癌”筛查，为1433名符合条件的农村妇女免费发放叶酸3625瓶，落实农村孕产妇分娩补助1227人。

人民生活 城镇在岗职工89874人，年平均工资38210元；人均城镇消费支出15321.2元。农民人均纯收入10692.8元，比上年增长17.7%。农村家庭人均生活费支出4397元，住房40平方米。继续实施“金桥筑基工程”，帮助1663名高校毕业生实现就业，就业率93%；全年安置城镇就业8685人，其中安置下岗失业人员3694人，安置就业困难人员1187人，转移农村富余劳动力7500人；城镇登记失业率控制在4%以内。全区城镇职工养老、医疗、失业、工伤、生育五险参保人数分别达到14.2万人、15.4万人、7万人、8.2万人和7万人，社会保险基金总收入5.42亿元。农村社会养老保险参保农民9200人，新型农村合作医疗参合人数63088人、参合率达99.9%。全年最低生活保障救助13.44万人，其中，城镇低保11.69万人，农村低保1.7万人，农村特困救济500人。全区农村五保供养对象107人，其中集中供养75人。有敬老院1处，入住70人，床位104张；老年公寓12处，入住462人，床位764张；养老日托站3处；老年人活动中心23处。全年用于民生建设的投入2.6亿元，占上一年财政收入的三分之一。

【省会文化艺术中心落户槐荫】 10月22日，第十届中国艺术节主场馆——省会文化艺术中心在西客站片区破土动工。该中心预计投资30亿元，占地约20公顷，建设规模约15万平方米，包括6万平方米的大剧院、4万平方米的图书馆、1.5万平方米的美术院、1.5万平方米的群众艺术馆及2万平方米的公共配套设施。以“岱青海蓝”为设计理念，由法国著名设计大师保罗·安德鲁主持设计。艺术中心的建设对提升西部新城文化品位和文化氛围、塑造良好人文环境发挥重要作用，对带动西部新城全面协调可持续发展起到重要带动性作用。

【创城市管理服务品牌】 全面实施城市管理工作由突击整治向长效管理、由槐荫标准向省会标准、由执法管理向服务管理、由区管为主向区办共管、由重点区域向全面覆盖、由单打独斗向协同作战“六转变”思路和要求，构筑服务、管理与执法“三位一体”的城市管理新模式。成立区城市综合管理委员会，科学合理界定和划分区、办镇、村居三级城市管理职责和权限。设立城市维护基金。区财政自2009年开始每年划拨500万元作为城市管理专项维护基金，专款购置市民服务应急抢修车、高压疏通车等专业设备，专项用于解决热线诉求路不平、灯不亮、下水道堵塞、化粪池污水外溢、井盖缺失等市民反映的热点难点问题；办（镇）也设立相应的为民服务基金。加强服务平台建设。12345整合数字化城管中心、12319公共服务热线、区长公开电话等多个公共服务热线电话资源，强化城市管理公共服务平台建设，有效延伸城管服务内容。成立热线巡查队伍，配备巡查车辆、对讲机、图片传输等专业设备，变“被动”受理为“主动”管理。推行城市管理网格化管理。建立完善了环境卫生网格化管理并在全市推广，落实惠民保洁作业要求，环境卫生整治在全市率先达到环卫管理无盲区的目标。

【济南森林公园建成开放】 济南森林公园位于槐荫区张庄路，东邻兴济河，西至二环西路，北抵济西路。其前身是西郊苗圃，是专业育苗基地，具有30多年的历史，曾是山东最大的综合性苗木生产基地。1996年9月，西郊苗圃部分用地开工改建为西郊森林公园。2010年3月，森林公园开始进行综合性扩建，累计建设投资1.3亿元，历经9个月，于12月26日向市民免费开放。公园占地69.5公顷，其中绿化面积约60.1公顷，水系面积约4.8公顷，成为集生态、休闲、娱乐、健身于一体、市区最大的综合性公园。

【“四区、三带、二园”进行产业布局】 “四区”，即西客站片区、西市场商贸区、阳光新路商务区和张庄路茶叶特色街区。西客站片区精心打造现代服务业产业集群和集聚区。西市场商贸区着力构建商业文化精品街。阳光新路商务区重点打造西部商业金街和济南西部最大的时尚休闲购物娱乐中心。张庄路茶文化特色商贸街区积极打造集茶叶批发零售、品茗休闲于一体的茶文化体验特色街区。“三带”即黄河森林休闲度假带、玉符河湿地休闲旅游带、腊山公园休闲娱乐带。黄河森林休闲度假带以美里湖公园为中心,高标准开发各具特色的“农家乐”项目。玉符河湿地休闲旅游带通过对玉符河流域的治理,构建济南市西部新景区。腊山公园休闲娱乐带发展特色商贸、餐饮娱乐、生态居住、文化旅游休闲等服务产业。“二园”即现代物流园、汽车经济园。现代物流园充分利用紧邻京福高速公路和京沪高速铁路及铁路济南编组站的优势,实现胶济产业带与京津唐城市群、长江三角洲城市群沿线产业带的产业对接。汽车经济园以经十路、二环西路沿线为发展重点,以润华汽车服务园、匡山汽车大世界等为龙头,积极建设集整车销售、汽车改装、配件经营及汽车文化、信息、俱乐部多功能为一体的汽车核心市场和集散地。

(杨　军)

【概况】天桥区因辖区内建有横跨胶济、津浦铁路的天桥而得名。位于济南市区北部,跨黄河两岸,面积249平方公里,辖13个街道办事处,120个居民委员会。辖大桥、桑梓店2个镇,120个行政村。全区总人口503764人。人口出生率10.6‰,自然增长率3.05‰。有少数民族28个,17534人。全年实现生产总值228.34亿元,按可比价格计算,比上年增长12.1%。其中,第一产业增加值3亿元,增长0.4%;第二产业增加值59.94亿元,增长6.8%;第三产业增加值165.4亿元,增长14.4%。三次产业比例为1.3:26.3:72.4。全社会固定资产投资119.51亿元,增长1.6%。地方财政一般预算收入10.12亿元,增长18.5%。

中共区委
书　记　张　辉
副书记　王建军　国承彦(女)
常　委　张　辉　王建军　国承彦(女)　刘建忠
潘传利　陈　勇　亓　伟　郅　良　樊　瑞
滕志超　巨同恩*　冉　舸
区人大常委会
主　任　张培友
副主任　童世敏(女)　郇起鸿　贾柏林　崔然贵　张光格
区人民政府
区　长　王建军
副区长　陈　勇　亓　伟　韩　伟　刘　科
李大春　李　建　王　芳(女)
政协区委员会
主　席　舒孝堂
副主席　郭继清　章九玲(女)　姚桂琴(女)
刘建良　郑　刚　荣兰祥
中共区纪委
书　记　潘传利
区人民法院
院　长　李明东
区人民检察院
检察长　韩　清
区人民武装部
部　长　李　杰
政　委　巨同恩*　冉　舸

工　业　全年实现工业增加值20亿元,比上年增长2.1%。规模以上工业企业134家,实现增加值16.27亿元,增长9.9%;实现主营业务收入75.93亿元,增长9.8%;实现利税4.56亿元,增长16.8%;实现利润2.23亿元,增长12.2%。资质三级及以上建筑企业68家,完成建筑业总产值138.6亿元,增长37.6%;实现利税4.2亿元,下降11.1%。济南化工产业园区新增用地5.3平方公里,园区面积达到10平方公里,加挂“济南新材料产业基地”的牌子,为新材料产业发展提供了有效载体。园区规模以上工业企业达到21家,其中投产10家。药山科技园加大招商引资力度,澳门名嘉集团山东总部、山大鲁发碳纤维研发中心、台湾中迪LED、天鹅棉麻机械等项目落户园区,园区规模以上工业企业达到73家,得利集团纸制品生产基地、山东氟材料技术中心、雨润集团等项目取得积极进展。整合提升园区企业16家,山东蓝翔高级技工学校“蓝翔”商标获中国驰名商标称号,填补了天桥区无全国驰名商标的空白;山东天鹅棉麻机械有限公司的“天鹅”商标成为第一个获得国际注册的商标。

农业及农村经济　完成农业产值4.57亿元,同比增长4.4%,粮食总产量7.44万吨,同比增长5.7%,农民人均纯收入达到9917元,同比增长16.4%。加强农村流通体系建设,建成24家农家店。全区市级农业龙头企业达到13家,区级农业龙头企业达到12家,济南利民种禽有限公司被国家农业部认定为“标准化养殖示范基地”。抓好农业合作社建设,全区市级农民专业合作社5家,农民专业合作社40余家,合作社社员3000余户。安排专项资金200万元,用于扶持都市型农业发展,策划编制了《天桥区都市农业发展规划》。加快都市型农业园区和特色产业基地建设,鹊山都市农业观光示范园、鹊华烟雨都市农业示范园等4家园区被列为市级都市农业园区,有机水稻、有机莲藕、有机蔬菜等特色农产品基地初具规模。引进山东高端蓝莓生物技术股份有限公司,种植蓝莓133公顷,着力打造全国最大的集蓝莓种植、苗木组培、产品深加工于一体的生态旅游观光园。完成467公顷土地沙化治理项目和引黄干渠清淤工作,启动齐济河部分河段清淤整治工程。加快农村公路修建,全区农村公路里程达到220公里。完成自来水厂扩建工程,解决了济南化工产业园区和黄河北群众用水问题。推广“三沼”综合利用技术，新建户用沼气池100个。

贸易服务业 全年实现社会消费品零售总额189.76亿元，比上年增长18%。其中出口50611万美元，增长45.9%。合同外资额2745.5万美元，下降50%；实际利用外资9333.7万美元，增长105.2%。银座现代家居博览中心、红星美凯龙家居广场等一批高档次商场化家居市场建成并投入使用，北园大街沿线形成了长4公里百万平方米的家居市场群，成为江北最大的家居市场。突出抓好对北园大街沿线家居行业的引导和发展，成立家居行业协会，努力打造“家居之都”。对餐饮、娱乐、商贸等传统产业进行改造提升，全区规范化专业市场达到75处。中国人寿财产保险济南中心支公司、安徽华安证券山东分公司、广西国海证券公司、江西国盛证券公司、山东鲁盐连锁有限公司落户天桥区。举办房地产项目招商推介会，推出41个可开发地块，全年房地产项目投资50.7亿元，商品房开工建设153万平方米，土地挂牌约269公顷，出让约57公顷，商品房销售34.2万平方米。全区现代服务业占服务业的41%，同比提高2个百分点。

建设环保 积极推广应用节能环保新技术，开工建设节能改造项目6个。扬尘污染防治效果明显，全区空气质量良好以上天数达到140天。严格落实节能减排工作责任制，全面完成“十一五”节能减排各项约束性指标。小清河综合治理二期工程进展顺利，扎实做好征地拆迁、工程保障等各项工作，完成拆迁10万平方米。大力推进片区开发建设，泺口片区已挂牌，徐李、北湖、东沙片区已启动拆迁，滨河新区开发进入实质性阶段，宜居宜业宜游的城市副中心轮廓初步显现。与山东黄金集团签订了合作开发框架协议，项目运作取得实质性突破。已完成地热资源勘察，项目用电计划正式列入省市“十二五”用电规划，龙湖规划深化研究顺利进行。建邦黄河大桥建成通车，有效改善了跨河交通问题。列入计划的17个棚改片区全面启动，累计完成拆迁1.9万户、100万平方米，开工建设安置房80万平方米，顺河、茂新、聚贤3个片区居民回迁2682户，占总回迁量的92.32%，馆驿街西片区回迁540户，完成回迁量的46.47%。全市最大的棚改项目官扎营、宝华片区取得积极进展，宝华片区完成拆迁并开工建设，官扎营片区完成拆迁量的90.8%。启动29个“城中村”改造项目，完成安置房建设14143户。完成15740户农村危旧住房改造建设任务。投资1000余万元，新增环卫车辆12台，全区各类环卫车辆达到95辆；新建下沉式垃圾转运站6座，垃圾转运站台达到34座；改造一类公厕11座，一类公厕数量达到35座，居全市第一位；投放、更换果皮箱500余个，在全市率先消除城区主次干道大垃圾箱和垃圾楼，生活垃圾密闭收集率达到100%。深入开展“无视觉污染”街居创建活动，96个社区通过考核验收。投资1.05亿元，对无影山路、济齐路等5条主要道路进行了改造，新建、改扩建、整修道路125条，养护道路面积25万平方米，道路通行能力显著提升。投资1200万元，对堤口路、明湖西（北）路、顺河西街等主干道进行绿化提升，栽植花卉苗木270余万株，全区人均绿地面积达到10.2平方米，绿化覆盖率达到39.2%，绿化养护管理考核全市第一。投资1.3亿元，对柳行河、兴济河和万盛大沟进行综合治理，完成工商河清淤疏浚、河道引水和夜景亮化工程，河道行洪能力不断提高，景观效果进一步提升。加大违法违章建设整治力度，拆除各类违法违章建设1813处，面积16.3万平方米。加强土地监管，严查违法用地，被评为“山东省土地执法模范区”，获奖励用地指标约13公顷。深入开展“黑摩的”百日专项整治行动，累计查扣非法营运“黑摩的”4200余辆次，销毁1100余辆，“黑摩的”现象得到有效遏制，全区主次干道特别是“两站”窗口部位交通秩序明显好转。

教科文卫体 有各类学校58所。中等职业学校1所，在校生665人。初中14所（含15中、50中2所市直），在校生11372人。小学42所（含济师附小1所市直），在校生30789人。特殊教育学校1所，在校生103人。启动实施学校标准化建设，对5所城区学校和3所农村学校进行了硬件提升，对17所学校4.8万平方米教学楼进行了抗震加固。着力提升教育管理水平，启动实施了名校长、名教师、名班主任、名教研员、名学校“五名工程”，首批培养人选155人。大力推行特色教育，济南第十三中学成为全国首所“孔子文化主题校园”。全区高新技术产业产值占规模以上工业总产值的比重达到45.14%，同比提高3.57个百分点，新认定高新技术企业达到11家，省、市级工程技术研究中心达到6家。科研工作成绩显著，获省科技进步三等奖1项，市科技进步一等奖1项、三等奖1项。知识产权工作扎实推进，专利申请1961件，授权专利675件，列全省各县区前十名。组织全区企业申报各类科技项目38项，批准立项19项，其中有2家企业项目获国家科技部立项资金支持，为企业争取科技资金600余万元。举办各类节庆、文化活动300多场次，公益讲座100场，电影放映1200场，组织开展了百名书画家进社区活动，在全市率先完成“农家书屋”建设任务。区文化馆年服务达到5万多人次，区图书馆全年接待市民群众6万多人次，被评为“国家二级图书馆”。各类文化产业经营单位达到633家，从业人员11000多人，已建和在建文化产业项目6个，计划总投资达150多亿元。加大文化遗产保护力度，“泺口醋的酿造技艺”“金牛山的传说”“社火”脸谱、“秦琼的传说”4个项目被列入市级非遗目录。泺口服装城商贸中心和齐鲁鞋城品牌港被批准为山东省首批金牌旅游购物商店，百里黄河风景区被确定为国家3A级旅游景区。有卫生机构420所，其中，医院、卫生院37所，疾病预防控制机构1所，妇幼保健机构1所。各类卫生机构共有床位2948张，卫生技术人员4323人，其中，执业医师及执业助理医师1617人，注册护士1299人。有体育馆1座。参加广州亚运会共获金牌2枚。安装各类室内外健身器材1370件，健身路径实现村居社区全覆盖。两镇健身苑建成并投入使用，全区健身苑达到 14 处，覆盖率达到 93%。积极开展特色社区体育活动，建设社区篮球场 56 处，举办了全区首届社区篮球赛，承办了全国第七届女子初中篮球锦标赛。

人民生活　城镇居民人均可支配收入 23897 元，比上年增长 11.3%；人均消费性支出 12708 元，增长 7.3%。城镇在岗职工年平均工资 3.79 万元，增长 11.1%。农村居民人均纯收入 9918 元，增长 16.4%。安置城镇就业人员 1.68 万人，完成年计划的 187%，零就业家庭保持了"动态消零"成果。城乡低保保障 7.9 万户次，18 万人次，发放保障金 4178 万元。在全省率先启动新型农村社会养老保险工作，45 岁以上人员参保率达到 99%，领取养老金人数达 1.08 万人。城镇居民医疗保险参保率达到 98%，新农合参合率达到 99.3%。深入开展"打击非法行医，净化医疗市场"百日专项行动，取缔无证诊所 200 余家，基层医疗市场秩序进一步规范，全市打击非法行医经验交流会在天桥区召开。

【《天桥年鉴（2004~2009）》出版发行】 由天桥区人民政府主办，天桥区史志办主编的《天桥年鉴（2004~2009）》，于 2010 年 6 月 29 出版发行。《天桥年鉴（2004~2009）》是创刊以来的第六部年鉴，共 80 万字，彩色照片 180 幅。全书设特载、大事记、区情概览、政党人民团体、政权政务、法制军事、经济综合与管理、财政税务审计金融、城乡建设、教育科技、文化卫生体育、社会生活、街道（镇）、新闻人物、附录等 15 个栏目，随文附有图、表。该书全面、系统、翔实地介绍天桥区 2004~2009 年政治、经济、文化、社会等方面的基本面貌和社会主义建设中出现的新情况、新问题、新进展。2010 年 11 月，《天桥年鉴（2004 ~ 2009）》获全国地方志系统第二届年鉴评奖县区级地方综合年鉴三等奖，是济南市唯一获奖的区、县级年鉴。

【建成天桥区方志馆】 天桥区方志馆设立于区文体中心图书馆内，8 月开馆，是集收藏、借阅、展览、资料开发和服务于一体的公益文化场所。方志馆借助图书馆先进设备和自动化管理系统平台，资源实现共享互补，工作日实行免费开放，开展借阅、参考咨询、数据库检索、文献传递及各类活动。三级志书、年鉴、地情文献资料融入社会大文化，发挥志书资政、存史、育人功能，为全区经济社会发展和和谐社会建设服务。

【成立首家区县级讲师团】 7 月 22 日，天桥区成立了全省首家区县级讲师团，并举办成立大会。市委常委、宣传部部长谭延伟，省委讲师团团长迟云为天桥区委讲师团授牌，区委书记张辉，区委常委、宣传部部长郅良等领导为讲师团成员颁发了聘书。区委讲师团通过广泛的基层调研和"征集"宣讲课题活动，按照群众需求精心设计了"基层宣讲课单"，确定了"理论与政策""形势与任务""道德与文明""科技与法制""热点与难点"等 5 个主题讲坛，内容涉及政府工作、经济形势、本土文化、司法民生、形势政策、理论知识、文明礼仪等 44 个理论宣讲专题，来自机关干部、党校老师以及社区先进分子的 33 人成为首批讲师团成员。区委讲师团按照基层群众的需求深入社区、深入机关、深入学校、深入农村广泛开展宣讲，截至年底，区委讲师团已开展各类宣讲百余场，培训党员群众近千人次。

（黄云　吕娜）

历城区

【概况】 西汉景帝四年（前 153 年）设历城县，因处历山（千佛山）下而得名，1987 年撤县建历城区。位于济南市区东、南部，面积 1298.57 平方公里。年末辖 15 个街道办事处（包括济南市高新区代管的孙村街道办事处和巨野河街道办事处），6 个镇，47 个社区居民委员会，655 个行政村。全区共 29.13 万户，人口 92.20 万人，男女性别比例 100.3 : 100，人口出生率 12.4‰，自然增长率 4.92‰。有回族、满族、蒙古族、朝鲜族等 44 个少数民族，人口 6846 人。地区生产总值 601.3 亿元，其中第一、二、三产业增加值分别为 32.3 亿元、322.3 亿元、246.6 亿元。

中共区委

书　记　李胜利

副书记　吴承丙　刘传勇　李季孝

常　委　李胜利　吴承丙　刘传勇　李季孝　孙　斌　杨玉军　孙德顺　阴　波　朱云生*　路建玲（女）　李国祥　黄晓广　高振宏*　罗　矗

区人大常委会

主　任　李胜利

副主任　马荣亮　王永和　王志平　郑学胜　王富莲（女）　王连平

区人民政府

区　长　吴承丙

副区长　孙　斌　杨玉军　李季孝*　袁长奎　宫玉玲（女）　黄晓广*　寇少杰　周培成

政协区委员会

主　席　谭传友

副主席　王志刚　王兆文　邢介安　贺光幸　李庆奎　王钢城

中共区纪委

书　记　阴　波

区人民法院

院　长　郑　玉（女）*　刘长立

区人民检察院

检察长　亓　浩

区人民武装部

部　长　罗　矗*　赵　超

政　委　高振宏*　罗　矗

工　业　完成工业总产值1025.76亿元。规模以上工业企业340个，从业人员6.61万人，完成增加值270亿元，实现销售收入957.3亿元，实现利税78.6亿元，利润41.46亿元，经济效益综合指数314.06%，资产保值增值率117.49%，资产贡献率65.23%，增加值率26%，产品销售率99.14%，成本费用利润率4.65%，全员劳动生产率408617元/人，流动资产周转率2.53次。

农业及农村经济　农业增加值32.3亿元，其中农、林、牧、渔业增加值分别为23.1亿元、0.92亿元、7.42亿元、0.34亿元。耕地面积2.99万公顷。有效灌溉面积2.2万公顷。农作物播种面积6.3万公顷，其中粮食作物播种面积4.7万公顷，经济作物播种面积1.6万公顷。粮食总产量26.01万吨。猪、牛、羊年出栏数分别为37.8万头、4.3万头、12.4万只。肉、蛋、奶、水产品产量分别为4.76万吨、5.91万吨、10.45万吨、0.53万吨。农业机械总动力60万千瓦。农田水利完成投资额1.25亿元，实现工程量230万立方米。

贸易财政金融旅游　社会消费品零售总额232.5亿元，其中批发零售贸易业零售额185.2亿元，餐饮业零售额47.3亿元。出口总值8.8亿美元。实际利用外资1.35亿美元。地方财政收入20.56亿元，地方财政支出27.1亿元。旅游业年内接待游客670万人次，增长15.5%；实现旅游收入22.6亿元，比上年增长24.86%。

交通邮电　公路总长度1880.2公里，其中国家高速公路107.2公里、国道126.8公里、省道86.2公里、县乡村道路1560公里。交通车辆21193辆，其中运输车辆18804辆。货运量2955万吨，货运周转量139550万吨公里。邮政业务总量1792.3万元，电信业务总量35747万元。年末固定电话用户9.9万户，移动电话53.3万户，国际互联网11.1万户。

建设环保　完成固定资产投资348.3亿元。房地产开发投资64.4亿元。房屋建筑竣工面积179万平方米，其中住宅竣工面积107.6万平方米。建筑业总产值134.5亿元，实现利税10.07亿元。环境保护污染防治总投资额0.27亿元。绿化覆盖率37%，人均占有公共绿地面积10.2平方米。道路整修养护面积426万平方米。

教科文卫体　各级各类专业技术职务人员6158人，其中高级专业技术职务692人，中级专业技术职务2756人。有各级各类学校286所，在校生117061人，教职工8007人，专任教师7421人。其中，中等专业学校4所，在校生6350人，专任教师279人；普通中学27所，在校生39380人，专任教师2866人；小学97所，在校生49274人，专任教师2966人；聋哑学校1所，在校生98人，专职教师24人。幼儿园146所，在园幼儿21959人，专任教师1286人；成人教育学校11所，专任教师55人。3岁以上幼儿入园率85%，适龄儿童入学率100%，小学毕业生升学率100%，小学在校生巩固率100%，初中在校生巩固率99.67%，初中毕业生升学率92.19%，高中毕业生升学率99.5%。文化馆（站）22处，影剧院2处，图书馆2处，藏书量450千册。医院、卫生院37处；卫生技术人员2084人；床位2271个。体育场馆1处。

人民生活　年末有在岗职工180061人，年平均工资41137元，城镇登记失业率3.9%。农民人均纯收入9652元。农村居民家庭人均生活费支出7399元，其中食品2097元、衣着333元、居住1234元、家庭设备用品及服务378元、文教娱乐用品及服务484元、交通设备和通讯设备支出1777元、医疗设备及支出990元、其他商品及服务支出107元。企业参加社会养老保险165284人，保费收入6.4亿元；机关事业单位参加社会养老保险20903人，保费收入1.1亿元；农村参加社会养老保险4.05万人。村居以上福利院17处，敬老院10处，集中供养五保对象1256人，农村参加合作医疗49万人。

【历城区划调整】4月20日，经山东省人民政府同意，历城区撤销华山镇，设立华山、荷花路街道办事处；撤销王舍人镇，设立王舍人、鲍山街道办事处；撤销港沟镇，设立唐冶、港沟街道办事处；撤销遥墙镇，设立遥墙、临港街道办事处；撤销郭店镇，设立郭店街道办事处。

【被全国普法办公室表彰为全国法治创建活动先进单位】2月，历城区被确定为全市法治区创建示范区以来，印发了《关于开展法治区创建工作的实施意见》和《法制历城考核细则》，成立创建机构，创建各类法治创建典型单位150个。印发各类文件13份，召开各类调度会13次，把法治区创建工作列入了科学发展考评奖励内容。涌现出了七里堡茶城“法治文化宣传教育基地”、陈西村“民主法治示范村”等在全省、全国知名的法治建设典型单位。11月，历城区被全国普法办公室表彰为全国法治县（市、区）创建活动先进单位。

【闵子骞路整修工程竣工通车】6月18日，闵子骞路整修工程开工，南起解放路北至花园路，全长2054米，红线宽度25米，为城市次干道，按照设计方案，保持现状道路平面及道路中心线不变。铺设雨水管道2001米，污水管道2007米，热力管道2027米，自来水管道2014米，煤气管道1130米，弱电管道2044米，高压电力管道1384米，安装立岩石3537米，加固检查井344座，安砌树池395座，安装路灯灯杆123根，铺设人行道花砖16500平方米，铺设车行道24620平方米。10月18日竣工通车，工程总投资约3900万元。

（龚吉元　张吉强）

【概况】 长清因境内齐长城和清水而得名。隋开皇十四年（594 年）始置长清县。2001 年，撤县设区。长清区位于济南市西南部，面积 1178 平方公里，辖 4 个街道办事处、6 个镇，623 个行政村（居委会）。全区共 16.5 万户，总人口 56.03 万人，男女性别比例为 100.4:100，人口出生率 10.07‰，自然增长率 2.18‰。有回、蒙古、苗、壮、满、土、藏、朝鲜、维吾尔、布依等 34 个少数民族，少数民族人口 6021 人。完成生产总值 238.2 亿元，比上年增长 13.2%，其中一、二、三产业增加值分别达到 29.8 亿元、131.3 亿元、77.1 亿元，分别增长 5.3%、12.2%、18.2%。人均地区生产总值 42381 元，比上年增长 13.4%。

中共区委
书　记　覃俊文
副书记　张洪武　毛华铭*　王勤光
常　委　覃俊文　张洪武　毛华铭*　王勤光　李广贤
　　　　庞　涛　刘延文　徐　宾　葛殿起　刘明霞（女）
　　　　赵金民　王　伟*　付少柱　张应坤*（挂）
　　　　何天立（挂）
区人大常委会
主　任　刘太义
副主任　司云平　时华勤（女）　孟庆华　褚兴达　韩明清
区人民政府
区　长　张洪武
副区长　庞　涛　刘延文　房玉萍（女）　张　彦　李本文
　　　　韩　军
政协区委员会
主　席　周宝华
副主席　张昭森　井永平　赵贵华　王圣才　张　勇
　　　　郭卫东　赵　洁（女）
中共区纪委
书　记　李广贤*　徐　宾
区人民法院
院　长　赵其魁
区人民检察院
检察长　张　生
区人民武装部
部　长　付少柱*　李守刚
政　委　王　伟*　付少柱

工　业　全区工业增加值 110.5 亿元，比上年增长 12.5%。规模以上企业 226 家，企业总资产 281.9 亿元，从业人员 45037 人，完成增加值 109.8 亿元，比上年增长 18.8%，销售收入 416.9 亿元，比上年增长 22.4%，实现利税 48.1 亿元，比上年增长 8.8%，利润 26.4 亿元，比上年增长 22.6%，产品销售率 93.9%。引进千万元以上项目 46 个。税收过千万元的企业达 24 家，比上年增加 5 家。济南经济开发区进一步做大做强，济南变压器集团等项目顺利投产，石油济柴二期、捷迈工业园二期等项目开工建设，实现主营业务收入 133 亿元，占全区工业经济的比重达 31.9%。实现高新技术产值 115 亿元，高新技术产值占规模以上工业总产值的比重达 25.2%。市级以上高新技术企业达 77 家，高新技术产品 220 个。拥有中国名牌“佳宝液态奶”、中国驰名商标“驰动及图”，省市名牌、著名商标 58 个。建筑业稳定发展，国家一级资质企业达 7 家，获“鲁班奖”1 个，实现“鲁班奖”零的突破，获“泉城杯”工程 8 个，“泰山杯”工程 4 个，完成建筑业产值 53.1 亿元。

农业及农村经济　农业总产值 43.7 亿元，比上年增长 13.1%。农业机械总动力 47 万千瓦。有效灌溉面积 2.3 万公顷，农作物播种面积 6.9 万公顷，其中粮食作物播种面积 5.4 万公顷，经济作物播种面积 1.5 万公顷，粮食总产量 32.8 万吨，比上年减少 4.2%。肉、蛋、奶、菜产量分别达到 3.5 万吨、3.2 万吨、3.3 万吨、70.7 万吨，全区猪、大牲畜、羊、家禽年存栏量分别为 7.2 万头、24.8 万头、26.3 万只、300 万只。现代农业扎实推进，制定实施都市型农业发展规划，发展农业精品园 20 个，品牌基地 5 个，全区农业龙头企业达 158 家，农民专业合作社 510 家，其中市级示范社 25 家，省级示范社 8 家，无公害、绿色、有机农产品品牌 109 个，马山栝蒌、张夏玉杏被确定为国家地理标志产品。实施土地开发整理项目 31 个，新增耕地 800 公顷。大力实施荒山绿化、绿色通道、退耕还果工程，新增林地约 9300 公顷，森林覆盖率达 37%。推进生态家园富民工程，建成“一池三改”户 4000 户，安装太阳能热水器 2000 台。

贸易财政金融　社会消费品零售总额 83.9 亿元，增长 18%，其中批发零售贸易业 65.3 亿元，餐饮业 18.6 亿元。个体私营经济注册资金 51.5 亿元，个体工商户、私营业户分别发展到 11030 户、1843 户。民营经济健康发展，实现增加值 147 亿元。现代服务业快速发展，山东数娱广场建成启用，入住企业 30 余家，其中山东高速济南投资有限公司注册资金达 10 亿元，园区产业集聚效应逐步显现，被认定为国家火炬计划产业基地、国家动漫产业发展基地、山东省国际服务外包示范基地。园博园被评为国家 4A 级景区，济西湿地、五峰山旅游度假区起步区建设正式启动。全年接待游客 450 万人次，实现旅游总收入 24.2 亿元，分别增长 17.8%、23.8%。出口创汇达 10765 万美元，实际利用外资 2025 万美元，累计实际利用外资 50997 万美元。全区大地域财政预算内收入 15.6 亿元，同比增长 30%；其中地方财政收入 5.2 亿元，增长 21.4%。税收总收入 12.1 亿元，增长 17.9%。

交通邮电　全区通车总里程 1444 公里，其中高速公路

41.5 公里，国省道 114.5 公里。货运量 236 万吨，货运周转量 15565 万吨公里，客运量 523 万人，客运周转量 15276 万人公里。全年完成邮政业务收入 2243 万元，减少 16.9%；电信业务收入 9982 万元，增长 28.8%。电话 12.4 万部。

建设环保 完成全社会固定资产投资 136.5 亿元，其中第一产业 9.7 亿元，第二产业 55.3 亿元，第三产业 71.5 亿元。城市建成区面积拓展至 80 平方公里，编制完成城市总体规划、南部山区保护与发展规划和镇村体系规划，实现规划合格覆盖。汇富苑、长兴苑、常春藤等高品质住宅小区相继建成，滨河片区、恒大片区、第三安置区等住宅小区有序推进，旧城改造、城中村、园中村改造全面铺开。投资 3860 万元，完成清河街及水鸣街翻修改造工程，新安装清河街路灯 65 基，水鸣街东段路灯 26 基。铺设供排水、供气、供热管网 210 公里，新增天然气用户 1.6 万户，新增供热面积 40 万平方米。污水集中处理率达到 60%，工业废水排放达标率达到 100%，饮用水源水质达标率保持 100%. 城市空气质量改善率 4%。

教科文卫体 大学科技园有高等院校 10 所，在校师生 15 万人。全区各级专业技术职务人员 4889 人，其中高级专业技术职务 502 人，中级专业技术职务 2126 人。有各级各类学校 107 所，在校生 61717 人，教职工 4868 人，专任教师 4740 人，其中中等专业学校 1 所，在校生 930 人（均为业余班），专任教师 55 人；普通中学 19 所，在校生 28890 人，专任教师 2195 人；职业学校 1 所，在校生 400 人，专任教师 92 人；小学 86 所，在校生 32827 人，专任教师 2186 人。幼儿园 217 所，在园幼儿 9780 人，专任教师 643 人（含公办教师 79 人）。学前 3 年幼儿入园率 85.5%，适龄儿童入学率 98.9%，小学生在校生巩固率 100%，初中在校生巩固率 99%，初中毕业生升学率 75%。截至年底，化解农村义务教育阶段债务 5393 万元，切实减轻了学校的债务负担。课堂教学改革全面展开，长清五中的“反串互动”教学模式，已成为省内外知名的教学改革成功典型，省内外已有 5000 余人次来学校观摩学习。全区 90% 的街道、镇成为市级教育示范乡镇。各类卫生机构 18 个，其中医院 13 个，卫生技术人员 1434 人，床位 1003 个。全区农民参合率 99.08%，行政村覆盖率达 100%。建设标准化卫生室 351 处。拥有专业艺术表演团体 1 个，群众性文化馆 1 个，公共图书馆 1 个，馆藏量达 8 万册（件）；档案馆 1 个，馆藏量达 4.97 万册（卷）。全区皮划艇基地为市队输送人才 20 余人，有 1 人在“全国青年赛艇锦标赛”上夺得金牌 1 枚。

人民生活 年末有在岗职工 93358 人，年平均工资 24765 元。全区共安置城镇就业 4107 人，农村劳动力转移就业 26126 人，城镇登记失业率控制在 3.43%。企业养老保险参保人数 26524 人，征缴企业基本养老保险费 14387 万元。机关事业单位养老保险参保人员 14200 人，收缴养老保险费 1.16 亿元。失业保险参保人员 28698 人，收缴失业保险费 882.86 万元。城镇职工医疗保险参保 16562 人，农村养老保险参保人员 58214 人。城镇居民人均可支配收入 18423 元，人均消费支出 10511 元，其中食品 4047 元、衣着 1309 元、居住 702 元、家庭设备用品及服务 685 元、医疗保健 628 元、交通和通讯 1369 元、文教娱乐用品支出 1418 元、其他商品服务支出 353 元。农民人均纯收入 8868 元，人均消费支出 4491 元，其中食品 1749 元、衣着 270 元、居住 642 元、家庭设备用品消费 459 元、医疗保健 384 元、交通和通讯 514 元、文教娱乐用品支出 433 元、其他商品服务支出 40 元。城区人均居住面积 37.2 平方米，农村人均居住面积 36.8 平方米。

【建设宜居宜业品质长清】 作为西部新城重要组成部分，长清区承东启西、辐射南北，是加快省会都市圈联动发展的交通枢纽和桥头堡。长清山清水秀，风景名胜众多，第七届中国国际园林花卉博览会的成功举办和园博园落地生根，更显著提升了长清生态品质，已成为社会公认的“宜居”之地。长清区具有区位、资源、交通、科教、文化创意等多种优势，机械装备、压力容器、电子信息、服务外包等省级品牌形成集聚效应，成为客商投资“宜业”沃土。长清区委、区政府抓住撤县设区、大学科技园建设、济南经济开发区体制机制理顺三次重要机遇后，又抓住建设西部新城契机，积极推进城市进程，拉动新区提升，引领省会“西进”。“新城动力”已成为“宜居宜业品质长清”建设的潜动力和牵引力。品质长清是环境、是生态、是城市化工业化快速进位。从环境立区到生态立区，从山水长清到品质长清，一步一个脚印，城市化、工业化并蒂花开。2010 年，长清区制定了“科学务实、奋发有为、爬坡上行、加快发展”的总基调，加大资金投入，加快项目建设，推进城市“提质扩容”，围绕构筑西部城市综合体和商业综合体，实施东部拓展，强化北部对接，瞄准“宜居宜业品质长清”这一目标，着力打造现代化省会新区。长清区策划推出了 31 个重点项目，总投资超过 400 亿元，包括长清黄河大桥、无害化垃圾处理场、三等甲级医院、高标准中小学、轨道交通、刘长山路延长线、济菏高速出口等城市基础设施项目，奥特莱斯、名嘉广场等商服项目，山东数娱大厦、服务外包产业园等文化创意项目，济西湿地、五峰山度假区等旅游项目，长清生态优势得到发挥，山水长清、生态长清、品质长清成为区域发展的渐进特色，为宜居宜业者提供了一个身心放松、十足创业的魅力之城、未来之城、希望之城。

【都市现代农业成为长清农业强区的新引擎】 长清区是一个农业大区，立足区位和产业优势，以设施农业为突破口，大力发展都市现代农业，在做精产品、叫响品牌、扩大规模、完善功能和健全机制上下功夫，极大地拓宽了农民的致富渠道，都市现代农业成为长清农业强区的新引擎。2009 年底，长清区制定《济南市长清区现代都市农业发展规划（2010~2014）》，规划了长清区都市现代农业“一区、一带、三线、七十个都市现代农业示范园区”的“1137”都市现代农业的发展蓝图。“一区”即围绕园博园、大学科技园区，在济南经济开发区、农业高新区、长清城区、崮云湖、五峰山旅游区及其周围着力培植都市现代农业区。“一带”即沿长清境内黄河沿岸着力打造滨河都市农业风情带。“三线”即突出抓好国道104线、国道220线、省道104线都市农业休闲景观区。围绕“一区、一带、三线”着力打造70个示范园区。针对省会市场需求，长清区突出农业采摘、旅游观光、休闲度假、商务办公、农家乐等新兴产业发展，不断推进产业升级。其中万德镇拔山村开辟了以民俗风情、生态观光、绿色采摘、农家接待为内容的特色农村旅游，发展民俗农家院80余家，被命名为省级旅游示范村。培育龙头企业，发挥典型示范带头作用。全区推荐申报省级农业产业化重点龙头企业2家，市级龙头企业31家，农民专业合作组织463家，其中省级农民专业合作社示范社8家。全区拥有年销售收入500万元以上的农产品加工龙头企业40多家。建成济南市现代农业科技示范园、济南平安农业科技生态园、穆柯寨现代都市农业示范园等农业示范区20多个。实施名牌战略，加大“三品一标”的认证力度，认证总数达109个，成功打响了“金西李”山药、“灵岩”绿茶、“齐鲁华新”爱宕梨、“乒乓球”鸡蛋，“马山栝蒌”“张夏玉杏”等30余个名牌产品。其中“齐鲁华新”爱宕梨成为2008年北京奥运会推荐产品，“灵岩”绿茶成为第十一届全运会指定产品，“乒乓球”鸡蛋成为山东省唯一进入2010年上海世博会的蛋类产品。加大技术创新力度，推广应用小麦高产栽培、玉米高产栽培、育苗嫁接等农业新技术新成果30多项。

【园博园中心广场获国家建设工程质量最高奖——鲁班奖】 园博园中心广场（和谐广场）占地18.3万平方米，由下沉式演艺广场、大型中央音乐喷泉、光廊、百家姓构筑物、碧波水渠、曲水平台、树列水池等亲水平台组成。该工程于2008年11月1日破土动工，由山东平安建设集团承建，2009年8月31日建成并投入使用。山东平安建设集团参战施工人员发扬“铁军”精神，精心组织，科学施工，严把质量关，克服工程难度大、工期紧等难点，圆满完成了工程任务。园博园中心广场工程先后获得“济南市优质结构杯”“泉城杯”“装饰泉城杯”“泰山杯”“新中国成立60周年山东省精品建设工程”奖之后，该工程又摘取了国家建设工程质量最高奖——鲁班奖。山东平安建设集团被评为第七届国际园林花卉博览会先进集体和第七届园博会筹办工作先进集体。园博园工程伊始，集团就明确争创“鲁班奖”工程的质量目标，实施精细化管理，全面落实创精品工程措施。工程自投入使用以来，承办了多项大型展览活动，专家、学者、国内外来宾对其新颖的建筑风格、完善的各项设施、精湛的建筑作品均给予了高度评价。工程自开工建设，总量15万立方米挖填土方，采用计算机建立数据模型控制，实现场地1.5万平方米强夯土方处理，改良粉土、粉细砂，实现节能减排。2.2万平方米聚乙烯高级土工防渗膜，形成有效防水抗渗体系，提高水循环利用率；水池内部装饰采用高级玻璃马赛克，美观精致。场内交通组织合理，分区明确，主要交通道路、休闲广场、室内地面均采用大理石镶贴，图案设计新颖。中心广场附属建筑属于框架结构，梁、板、柱浇筑混凝土，截面几何尺寸整齐，表面平整光洁。砌体结构沙浆饱满，灰缝均匀。装饰外观精良，看台座椅整齐牢固，地下室、屋面、卫生间无渗漏，幕墙、门窗节能环保。广场内8000余盏节能彩灯设计和景区大型声光音乐喷泉，省内唯一；512台水泵、5台水质循环处理站，保证景观水量、水质要求；10公里园林道路，名贵苗木绿化，雕塑、小品和谐自然，营造了优美的休闲环境。工程项目推广应用了建设部10项新技术，并且在采用新型能源、清洁能源和环保材料方面取得重大突破。104米光廊构筑物，230米弧形回廊，245米文化墙，70米高声光音乐喷泉，赋予现代文化气息；223种规格，153种苗木，60余种奇石，34件雕塑作品，2.5万平方米水景，9万平方米石材铺装地面，构成独特园林景观。

（边绍林）

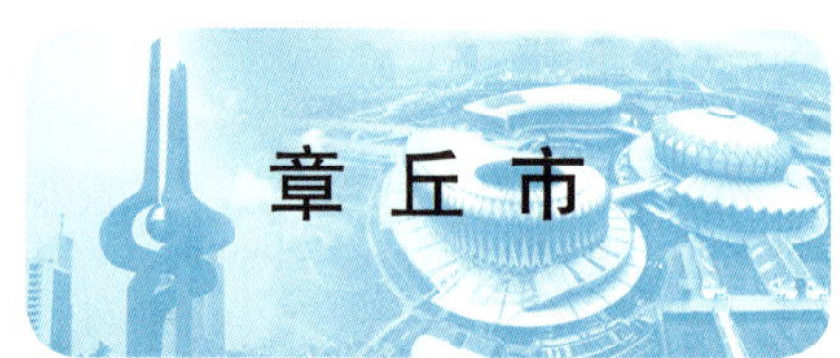

章丘市

【概况】 章丘因章丘山（女郎山）而得名。位于济南东部，是山东省会济南的副中心城市，面积1855平方公里。辖13个镇、1个乡和6个街道办事处，908个行政村。年末全市共30.41万户，年末总人口101.51万人，比上年增长0.33%。全市人口出生率9.1‰，人口自然增长率0.45‰。男女性别比例为98.11∶100。国民经济保持了平稳较快增长，全年完成生产总值500.6亿元，同比增长14.0%；其中第一、二、三产业增加值分别为54.2亿元、286.3亿元、160.1亿元，同比分别增长6.0%、15.5%、14.0%；三次产业结构为10.8:57.2:32.0。人均生产总值49392元，增长13.5%。全市地域财政总收入48.7亿元，比上年增长24.0%。其中地方财政一般预算收入25.7亿元，增长24.8%。位列2010年中国中小城市科学发展百强第38位。

中共市委

书　记　毕筱奇

副书记　江　林　孙君涛*　王道忠

常　委　毕筱奇　江　林　孙君涛*　王道忠　时怀江　李文秀（女）　孙常建*　窦　虎　王继民　孟学峰　刘　科*　庞金良　亓　峰　车积成　杨高峰

市人大常委会

主　任　李玉新

副主任　李万百　董宝峰　徐家红（女）　高瑞莹　孟庆杰

市人民政府

市　长　江林

副市长　王道忠* 李文秀（女） 庞金良　王继民　白秋生　齐怀栋　赵立元　王　斌

政协市委员会

主　席　岳庆林

副主席　郭现和　张国华　马建新　赵　敏　牛余和　孟庆珍（女）

中共市纪委

书　记　窦　虎

市人民法院

院　长　沈　迎

市人民检察院

检察长　辛全龙

市人民武装部

部　长　张焕利

政　委　车积成

工　业　年末，全市规模以上工业企业501家，实现增加值238.3亿元，增长17.2%，实现销售收入901.4亿元，比上年增长20.0%；利税88.9亿元，增长17.3%；利润52.8亿元，增长18.1%。全市销售收入过亿元企业达到163家，其中重汽属地244亿元，圣泉集团过50亿元，山东晋煤明水化工过30亿元，海尔电机、供电公司等4家企业过20亿元，山东晋煤日月化工、银鹭食品等5家企业过10亿元；全市实现利税过千万以上工业企业231家，其中重汽属地利税过10亿元，圣泉集团过5亿元，鼓风机股份有限公司、东风煤炭集团、山东晋煤明水化工、银鹭食品、娃哈哈利税过亿元。四大主导产业实现销售收入703.8亿元，比上年增长21.9%，高于全市1.9个百分点，增长额为126.3亿元，占全市净增总量的86.6%；四大主导产业销售收入占全市比重达78.1%，同比提高1.7个百分点。其中交通装备业实现销售收入295.9亿元，增长40.9%，占全市比重32.8%；机械制造业实现销售收入236.6亿元，增长11.3%，占全市比重26.2%；精细化工业实现销售收入134.9亿元，增长45.1%，占全市比重15.0%；食品饮料业实现销售收入36.4亿元，增长42.3%，占全市比重4.0%。实施工业项目219项，其中新开工项目163项。累计完成投资150亿元，同比增长19.9%。其中实施技术改造项目129项，完成投资85.6亿元，占工业投资的57%。济南联合制罐、重汽园林机械等157个项目竣工投产，形成了一批新的经济增长点。

农　业　全年农林牧渔业实现总产值93.6亿元，比上年增长15.22%。粮食总产量达到67.9万吨，比上年增长2.9%；棉花总产0.96万吨，增长20.3%；油料总产0.78万吨，下降19.5%；水果总产6.5万吨，增长1.6%；蔬菜总产172.6万吨，增长1.7%；水产品总产1.1万吨，增长1.9%。肉类总产10.4万吨，禽蛋总产14.3万吨，奶类总产6.1万吨。全年完成造林面积3067公顷，森林覆盖率达到28%。被评为“全国粮食生产先进县(市)”“中国果菜十强县市”和“中国绿色果菜之乡”。建设了绿祥韭菜特色品牌基地、鲍家芹菜特色品牌基地、高官寨官庄甜瓜特色品牌基地、相公庄小康都市农业示范园、龙源农业生态园、圣井吴辛农业循环经济示范园。重点建设提升绣惠大葱、龙山小米两处基地。“三品”认证新增54个，达到202个，明水香米、龙山小米通过农业部农产品地理标志登记认定。全市农机总动力117万千瓦，增长2.8%。大中型拖拉机4520台，联合收获机2197台。机耕作业面积、机播、机收分别达到9万公顷、约9.5万公顷、约9.9万公顷，分别比上年增长0.9%、9.4%、10.8%，小麦生产实现全过程机械化，玉米机收率75.6%。实施农田水利工程300项，累计完成投资6.86亿元。其中南水北调东湖水库和明渠段工程征迁进行展顺利，垛庄、杏林水库等中小型水库除险加固工程全面竣工。116个村实现户户通自来水。

建设环保　实施“西进、北延、中部提升”城市发展战略，城市规划区面积扩展到185平方公里，建成区面积拓展到65平方公里。城镇化率43%。启动农村住房建设项目36个，实施整村迁建6588户，竣工1547户。完成建筑业总产值71.9亿元，增长11.5%；房屋建筑施工面积159.5万平方米，增长21.5%。有资质等级的建筑企业62家，平均从业人员4.3万人，比上年增长23.0%。完成污水处理量1645万吨，日均处理污水4.52万吨，城区污水处理率95%以上；中水回用达到215万吨。全年种植各类苗木125.8万株，建成区绿化面积54.77万平方米，完成投资2141.3万元，绿化覆盖率、绿地率和人均公共绿地面积分别达到41.01%、37.97%和13.99平方米。市区道路交通噪声平均等效声级67.5分贝，低于评价标准（70分贝）。市区区域环境噪声昼间平均等效声级55.8分贝，夜间平均等效声级44.7分贝，均低于（GB3096-1993）《城市区域环境噪声标准》Ⅱ类标准。可吸入颗粒物年均值为0.068毫克/立方米，二氧化硫年均值为0.043毫克/立方米，二氧化氮年均值0.033毫克/立方米，达到《环境空气质量标准》二级标准。

交通邮电　公路旅客运输量和周转量605万人、25393万人公里，分别比上年增长9.91%和7.12%；公路货物运输量和周转量1991万吨、92465万吨公里，分别增长12.32%和14.18%。全市营运车辆保有量达21510辆，其中营运性载货汽车11768辆，营业性载客汽车766辆，客运班线136条；纳入行业管理的出租车303辆，公交车133辆，公交线路9条253公里，公交站点479个。全年完成邮政业务总量7798万元，比上年增长17.8%。年末固定电话用户20.7万户，比上年下降10.0%。

贸易旅游　全年实现社会消费品零售总额184.9亿元，比上年增长18.2%。其中，城镇社会消费品实现零售额83.3亿元，增长18.6%；乡村社会消费品实现零售额101.6亿元，增长18.0%。限额以上批发和零售业、住宿和餐饮业单位115家，实现零售额22.6亿元，增长55.5%。实现进出口总额34536万美元，增长53.6%，其中出口29785万美元，增长42.6%。实际利用外资18503万美元，比上年下降50.9%。合同利用外资14726万美元，增长438.1%。主要旅游景点有百脉泉公园、清照词园、朱家峪旅游区、锦屏山旅游区、圣井危山旅游区、七星台旅游度假区、白云湖公园、济南植物园、龙山城子崖遗址博物馆、胡山森林公园、眼明泉公园、海山湖旅游区、阎家峪旅游区、三王峪旅游区。全年接待国内外游客640万人次，增长3.5%。实现旅游总收入26亿元，增长8.3%。

教科文卫体 年末各类学校183所，在校生达14.8万人。中等职业、技工学校11所，在校生1.9万人。普通高中5所，在校生1.8万人。初中30所，在校生4.2万人。小学136所，在校生6.9万人。特殊教育学校1所，在校生168人。申报各类科技计划项目81项，列入省计划8项、济南市计划38项，获得无偿支持资金711万元。8个项目获得省、市科技进步奖励。首次评选了章丘市专利奖，申报专利989项。新增中国驰名商标2个，山东省著名商标6个，济南市著名商标7个。全市拥有工程技术研究中心省级4家、济南市级6家，企业技术中心国家级1家，省级7家、济南市级24家。有艺术表演团体1个，群众艺术馆、文化馆1处，公共图书馆2处，档案馆1处。全市已确立非遗项目国家级1项，省级4项，济南市级26项，章丘市级33项。完成40个村级文化大院和490个农家书屋的建设任务。全市共有网吧109家（单体网吧41家，连锁网吧68家），客户终端发展到6900台；歌舞娱乐场所8家，电子游艺3家。各类卫生机构共有床位4587张，卫生技术人员4434人。全年完成诊疗246万人次，较上年增长14%。收住院病人7.4万人次，增长10.8%。实际占有63万床日，增长15%。医疗单位病床使用率为71.9%，增长11个百分点。有体育学校1所，市级体育馆2座，全年参加济南市级以上体育比赛共获奖牌183枚，其中金牌54枚。

社会生活 城镇居民人均可支配收入16906元，比上年增长12.6%；人均消费性支出11083元，增长11.8%；年末城镇居民人均住房使用面积33.85平方米，农村居民人均生活用房面积42.78平方米。在岗职工年平均工资33532元，增长9.24%。农村居民人均纯收入10138元，增长10.3%；人均生活消费支出5970元，增长12.9%。全年城镇就业5296人，其中下岗失业人员再就业2005人，“4050”就业困难人员就业501人。农村富余劳动力转移就业11449人。年末城镇登记失业率2.6%。基本养老保险完成扩面9503人，全年净增缴费人员4721人；全市参保企业778户，总参保人数8.2万人，其中企业参保5.7万人。养老保险费征缴额3.4亿元。城镇职工医疗保险累计新增参保单位95家，新增参保职工11737人，参保总人数达到8.6万人，参保率达到92%。城镇居民新增2986人，参保人数总计4.3万人。工伤保险参保企业663户，参保职工5.4万人，参保率100%。参加新型农村合作医疗农民80.7万人，参合率达99.7%。

【获“国家园林城市”称号】 5月28日，国际风景园林师联合会（IFLA）第47届世界大会在江苏苏州召开，章丘市获“国家园林城市”称号。章丘市始终按照“属地管理、条块结合、以块为主”的原则，实行园林局抓面、建管局抓泉、林业局抓山、开发区抓园、办事处抓片、部门抓点的“六位一体”绿化模式，形成了全民共建的工作格局。注重特色塑造。创建过程中重自然，顺应山水自然资源，巧妙结合城市规划，着力塑造“山、泉、河、湖、城”的城市特色形象。重人文，充分挖掘历史文化资源，将龙山文化、清照文化、泉水文化充分融入绿化建设中，打造绿化精品工程，丰富绿地内涵，提升城市品位和形象。

【获“中国果菜十强县市”称号】 11月25～27日，在海南省海口市举行第八届中国果菜产业发展论坛暨果菜产业发展经验交流大会上，经中国果菜专家委员会考评组实地考评和审核，章丘市被命名为“中国果菜十强县市”和“中国绿色果菜之乡”，成为济南市首个获此称号的县（市）区。近年来，章丘市始终坚持走品牌农业之路，强化产业化经营，形成了章丘大葱、鲍家芹菜、绿祥韭菜、高官寨官庄甜瓜等一批特色明显、优势突出，对农民增收拉动力强的区域性主导产业和优势特色产品。全市果菜种植面积3.6万公顷，其中瓜菜2.7万公顷，产量170万吨；果树0.9万公顷，产量6.3万吨。果菜良种覆盖率达到80%以上，设施果菜0.67万公顷，建成大葱、核桃、甜瓜、西瓜等30处特色果菜生产基地。制定推行了30项果菜产品生产标准和技术规程。拥有较大规模的果菜产品加工企业37家，年加工销售各类果菜产品70万吨。发展果菜产业合作社120多家，会员10万余人。果菜产业实现年总收入25亿元，农民人均增收1800余元。

【实现城乡教育均衡发展】 章丘市把教育提升作为实施改善民生的重中之重，全市以实现“城乡教育一体化”为目标，积极探索实践，给农村学校带来一连串变化，城乡孩子享受到了同等教育。自2009年起，全市投资1000万元对办学条件相对薄弱的23所农村学校进行改造，新建校舍面积2.3万平方米。同时，还对121所农村中小学教学仪器设备进行更新配套，为37所农村中小学配置多媒体，为25所农村中小学配置卫星接收设备，完善了农村远程教育网络。2010年按照“由以城带乡向城乡一体转变”的要求，实施福泰小学新建、实验中学扩建等7项重点工程建设，7项重点工程的实施，进一步提升城市教育的品位，增加优质教育资源的总量。全市通过加大投入，真正实现了城乡教育均衡发展。

（王　波）

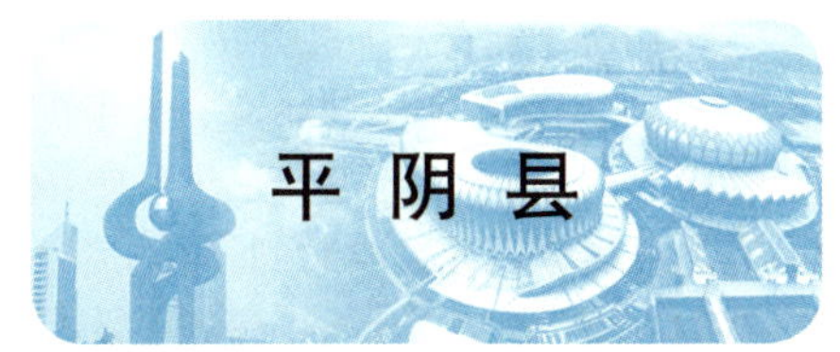

【概况】 平阴因地处古东原之阴而得名。位于济南市西南部，面积827平方公里，辖6个镇、1个乡，14个居民委员会、337个行政村。有居民13.41万户，人口37.27万人，其中非农业人口10.19万人。男女性别比为100.3∶100，人口出生率9.30‰，人口自然增长率-1.73‰。有少数民族人口640人(2000年人口普查数)。完成地区生产总值167.90亿元，按可比价格计算，比上年增长12.9%。其中，第一、二、三产业增加值分别为21.34亿元、109.95亿元、36.62亿元，分别比上年增长5.6%、14.0%、13.6%。三次产业比例为12.7∶65.5∶21.8。

中共县委

书　记　孙积港* 朱红方

副书记　朱红方* 刘程华* 朱云生　刘吉利

常　委　孙积港* 朱红方　刘程华* 朱云生　刘吉利
　　刘业朝　胡茂法　李嘉存　陈　红（女） 李成革
　　焦卫星　武善欣　王成刚* 刘雁冰* 杜卫东

县人大常委会

主　任　王敬德

副主任　贾传习　付　丽（女） 周传新　杨万桐　尹　杰

县人民政府

县　长　朱红方* 朱云生

副县长　刘业朝　李嘉存　刘雁冰* 赵淑忠　宋广炎
　　焦卫星* 陈淑平（女） 翟　军

政协县委员会

主　席　吴英文

副主席　丁吉修　孟庆华　刘玉霞（女） 刘广申　宫建泉
　　崔召龙

中共县纪委

书　记　刘吉利* 焦卫星

县人民法院

院　长　孙永一

县人民检察院

检察长　耿宝金

县人民武装部

部　长　杜卫东* 刘忠和

政　委　王成刚* 杜卫东

工　业　实现工业增加值103.53亿元，比上年增长13.8%。完成工业投资64.07亿元，增长42.3%。规模以上工业企业产品销售率98.1%，比上年提高0.5个百分点。工业经济效益综合指数294.8%，比上年增加6.2个百分点。机械装备、水泥建材、医药化工、食品加工四大产业实现销售收入263.91亿元、利润25.79亿元、利税36.69亿元，分别增长17.9%、24.6%和13.2%，分别占全县规模以上工业的87.1%、86.1%和85.3%。规模以上工业企业164家，实现增加值100.85亿元，比上年增长17.3%；实现产品销售收入302.99亿元，增长17.7%；实现利税43.02亿元，增长12.1%；实现利润29.96亿元，增长24.0%。济南玫德玛钢股份有限公司、济南伊利乳业有限责任公司、山水集团平阴山水水泥有限公司等30家重点工业企业全年实现销售收入125.21亿元、利润16.39亿元、利税21.89亿元，分别占全县规模以上工业销售收入、利润和利税的41.3%、54.7%和50.9%，分别增长33.2%、43.5%和35.2%。规模以上高新技术产业企业21家，实现产值72.23亿元，比上年增长36.1%，实现利税6.02亿元，比上年增长3.5%。利润4.40亿元，增长11.9%。

农业及农村经济　农、林、牧、渔业实现总产值40.15亿元，比上年增长6.3%；农、林、牧、渔业增加值21.34亿元，比上年增长5.6%。粮食播种面积39011公顷，比上年增长2.2%；总产22.75万吨，比上年增长4.5%。棉花3669公顷，比上年下降2.7%；总产0.43万吨，比上年下降5.0%。油料2973公顷，比上年增长0.5%；总产1.08万吨，比上年增长2.0%；蔬菜7690公顷，比上年增长2.1%；总产51.55万吨，比上年增长3.6%。水果总产11.70万吨，比上年增长1.2%。玫瑰花面积839公顷，总产907吨。肉类产量4.21万吨，禽蛋产量3.06万吨，奶类产量3.16万吨。水产品产量1970吨。农业机械总动力43.2万千瓦，比上年增长2.9%。规模以上农业龙头企业达60家，农业经济合作组织280个，绿色无公害农产品品牌71个，有机品牌13个，绿色品牌2个，农产品地理标志3个，标准化种植面积2.27万公顷。新发展油用观赏玫瑰130公顷，设施蔬菜330公顷，绿环托佩克种猪场被列为国家标准化示范工程，退耕还果450公顷，玫瑰湖湿地公园通过国家批复。实施禾宝新上饮片生产线、民享科技培训中心、贴息贷款扶持等产业化项目，龙头企业走上集群式发展轨道。以技术、资金、机具等生产要素为纽带，推广土地托管合作社经验，土地流转1730公顷。完成中低产田改造230公顷，综合整理土地2000公顷，粮食基础能力建设项目开发治理耕地800公顷，建设应急抗旱工程12处。

商贸旅游　社会消费品零售总额48.38亿元，比上年增长14.5%。实现出口创汇35.42亿美元，比上年增长58.3%。其中，三资企业出口2.41亿美元，比上年增长46.8%；内资企业出口11.31亿美元，比上年增长90.1%。引进内资28.53亿元，比上年增长15.9%；新批外资项目1家，实际利用外资902.1万美元。全社会完成固定资产投资104.17亿元，增长28.6%，其中第一产业投资10.77亿元，比上年增长33.7%；第二产业投资65.06亿元，增长34.6%；第三产业投资28.34亿元，增长15.1%。主要旅游景点有：玫瑰园、翠屏山、云翠山、大寨山、洪范泉群、于林、圣母山农业观光园、玫瑰湖湿地公园等。全年接待国内外游客 20 万人次，实现旅游总收入 2200 万元。

财政金融保险 实现地域财政收入 14.64 亿元，比上年增长 18.5%，其中地方财政一般预算收入 4.90 亿元，比上年增长 16.8%。地方财政支出 13.26 亿元，比上年增长 28.0%，其中地方财政一般预算支出 10.75 亿元，比上年增长 32.2%。完成税收 11.58 亿元，比上年增长 24.4%。年末，金融机构各项存款余额 77.39 亿元，比年初增加 7.19 亿元，比上年增长 10.2%；其中，城乡居民年末储蓄存款余额 48.70 亿元，比年初增加 5.82 亿元，同比增长 13.6%。金融机构各项贷款余额 41.54 亿元，比年初增加 7.18 亿元，同比增长 20.9%。

交通邮电 公路通车里程 1164.3 公里，比上年增加 23.7 公里。公路旅客运输量和周转量 141.1 万人、6420.26 万人公里，分别比上年增长 6.9% 和 8.3%；公路货物运输量和周转量 265 万吨、30266 万吨 / 公里，分别下降 46.1% 和 36.0%。全县行政村通沥青（水泥）路率 100%，总里程 1031 公里。完成邮政业务总量 2073 万元，下降 3.3%。年末，每百户城镇居民家庭拥有住宅电话 60 部、移动电话 186 部，每百户农民家庭拥有住宅电话 84 部、移动电话 109 部。

建设环保 完成建筑业增加值 6.42 亿元，比上年增长 17.3%。新资质等级建筑企业 31 家，完成产值 8.11 亿元，增加值 2.23 亿元，利税 0.39 亿元，分别增长 20.8%、15.4%、11.4%。房屋建筑施工面积 123.34 万平方米，增长 27.7%；房屋竣工面积 43.88 万平方米，增长 6.4%。完成房地产开发投资 4.27 亿元，增长 18.9%，其中住宅投资完成 3.73 亿元。城乡重点项目建设稳步实施，锦东新区建设步伐加快，农林服务中心投入使用，锦水商城、福源小区、老供电局片、农机局片、欣佳园、玫香园、瑰丽园等片区改造工程部分住宅入住。启动建设 18 处新型农村社区，开工面积 74.8 万平方米，峻工面积 12.6 万平方米。完成环境污染治理项目 12 个，完成投资额 1620 万元，县城累计建成烟尘控制区面积 15.0 平方公里，环境噪声达标面积 10.1 平方公里，城市环境空气主要污染物可吸入颗粒物、二氧化硫、二氧化氮年日均值分别为 0.077 毫克 / 立方米、0.034 毫克 / 立方米、0.027 毫克 / 立方米，均达到国家控制标准。

教科文卫体 有各级各类学校 67 所，在校生 4.34 万人，比上年下降 3%；教职工 3746 人，其中专职教师 3263 人。义务教育阶段在校生 1.22 万人，普通高中在校生 0.67 万人。小学生在校人数 2.13 万人。适龄儿童入学率 100%。职教中心被评为“国家级重点职业学校”。加快教育资源整合步伐，走教育均衡发展之路，将安城中学、体育中学合并至平阴四中；平阴三中与平阴一中整合，全县仅保留平阴一中 1 处高中。组织实施各类科技计划 34 项，取得成果 24 项，其中 14 项达到国内先进以上水平，2 个项目获得 2010 年济南市科技进步三等奖。申请专利 320 件，授权专利 255 件，被评为“全国科技进步先进县”。广播人口覆盖率和电视人口覆盖率分别为 98% 和 99%。参加农村合作医疗人数 26.4 万人，财政补助资金由每年每人 80 元提高到 110 元。拥有卫生机构 76 处，其中医院 9 所，病床 1136 张；各类卫生技术人员 1383 人，其中执业医生 452 人。新建 4 处社区卫生服务站，县乡村三级医疗卫生服务网络进一步完善。有县级体育活动场地 17 处。举办各类运动会 40 项次，参加竞赛的运动员达 2 万人次。参加市级以上体育比赛共获奖牌 127 枚，其中金牌 61 枚。

人民生活 年末，全县从业人员 21.53 万人，比上年增长 1.3%。转移农村劳动力 1.75 万人，安置城镇就业 3670 人，安置下岗失业人员再就业 1364 人。企业养老保险参保人数 3.91 万人，征缴企业基本养老保险费 1.60 亿元。农村养老保险参保人数 10.1 万人，收缴保险金 148 万元。城镇职工基本医疗保险参保人数 51699 人，参加失业保险人数 32840 人，收缴保险金 1207.1 万元。城乡最低生活保障救助 9595 人，其中，城镇 1640 人，农村 7955 人。年末，非私营单位在岗职工人数 5.0 万人，比上年增长 4.0%；在岗职工平均工资 21885 元，比上年增长 15.5%。城镇居民人均可支配收入 13400 元，比上年增长 9.6%；人均消费性支出 8514 元，比上年增长 2.6%；人均住房建筑面积 33.1 平方米。农民人均纯收入 7324 元，增长 10%；人均生活消费支出 3967 元，比上年增长 7.2%；人均居住面积 35.8 平方米。

【开展“干事创业、跨越发展”活动】 8 月 31 日，全县“干事创业、跨越发展”主题教育活动正式启动。活动为期一个月，分为宣传发动、查摆问题和整改提高三阶段，建立了重大项目、重点项目、重要事项指挥部推进机制，并以指挥部为平台，强力推进“一城四区”建设，东部打造成现代工业新区，西部建设宜业生态新区，南部打造有产业支撑的高档复合体，北部借助 220 国道拓宽改线打造新兴产业带，中部打造综合功能区。9 月 30 日，“干事创业、跨越发展”百日会战动员大会召开。应时成立 13 个指挥部，要求在 100 天的时间里按规定目标完成事关平阴发展的五大工程、群众关注的百件实事。12 月，“平阴县服务业投资项目签约仪式”举行，集中展示了百日会战活动成果。山东龙岗旅游集团旅游开发项目、新生活家居广场项目、山东建工基础设施建设项目等 16 个项目签约，涉及旅游、商贸、科研、现代物流、文化、房地产开发、基础设施建设等多个行业与领域，总投资 28 亿元。

【《玫瑰园里的老少爷们儿》在央视播出】 见“政党·政协·人民团体”栏目“中共济南市委员会”分目

【村居民政助理制度在全市推广】 2009 年，平阴县在全市率先建立村（居）民政助理员制度，由民政部门从对村（居）工作热心的群众中统一选拔，协助民政部门做好本村的优抚安置、救灾救济、五保供养、城乡低保等工作。制度实施以来，共接待咨询、来访 5683 次，入户 4152 次，处理矛盾纠纷 435 起，为群众代办相关业务123次，县、乡两级上访率降低45%，使民政工作实现了“小事不出村，大事不出镇”的目标，成为全县保障和改善民生的重要举措。4月21日，平阴县“村居民政助理制”服务品牌推介会举行。《大众日报》《济南日报》、山东电视台、齐鲁电视台等新闻媒体对推介会进行了报道。12月16日，济南市民政局召开村居民政强基工程推进会，要求在借鉴平阴县民政助理员制度经验的基础上，全面完成民政助理员的选聘工作。

【山东交运平阴客运中心投入使用】 12月19日，山东交运平阴客运中心正式启用。该中心位于平阴县城锦东新区、济菏高速公路出口处，2008年7月开工建设，2010年11月竣工，主要从事道路客运、物流、汽车维修等业务。占地面积3.33万平方米，建筑面积4775平方米，配有安全视频监控、GPS车辆监控、售票监控等智能监控系统，全部实行微机售票和条码检票。拥有7个售票窗口，6个检票口，28个发车位，具备日发500个班次、日发送旅客10000人次的发送能力，班车发送范围覆盖全省各地市，辐射北京、天津、河北、河南、江苏、浙江等省市。该中心是济南市城乡客运一体化重点建设的汽车客运站，是省会济南衔接鲁西南地区的重要枢纽和济菏高速公路沿线的重要节点客运站，也是山东交运集团规划新建的第一个县级客运站。

【济南市首个风电项目在平阴县奠基】 8月6日，大唐平阴风电场一期工程奠基仪式举行。大唐平阴风电场规划容量200兆瓦，拟分四期建设，计划总投资约合人民币20亿元。该工程是济南市首个获准并开工建设的风电项目，位于平阴县安城乡，风场东西长6.4公里，南北长7.8公里，用地约3.0公顷，风能资源好，接近3级风况，适于并网型风力发电，工程建设规模为49.5兆瓦，拟安装33台1500千瓦风力发电机组。大唐平阴风电二期项目于2010年12月31日经省发改委核准，标志着投资5亿元的洪范池镇风电项目正式启动。

【平阴县青少年活动中心落成】 6月26日，平阴县青少年活动中心落成并揭牌。活动中心于2009年10月初破土动工，位于县城城区，总占地面积16076.8平方米，建筑面积4988平方米，室外活动面积3736平方米，综合活动区2730平方米，绿地面积6407平方米，总投资1800多万元，由综合体育馆、多功能培训楼和平阴一中东校区艺术楼三部分组成，是全县唯一一所集娱乐、学习、智力开发、能力培养、健身、休闲于一体的青少年校外综合性活动场所，可容纳2000多人同时开展活动。

【济南二机床铸造有限公司建成投产】 11月25日，济南二机床铸造有限公司在平阴建成投产。该公司于2009年10月19日开工建设，2010年10月19日进入试生产。投入资金3亿余元，占地24公顷，总建筑面积6.4万平方米，包括新建铸造、维修、清理、机加工等多个车间以及办公、生活配套设施。项目投产后，可实现年销售收入4亿元，利税4000万元，安置劳动力500余人。

【平阴县第一部村志——《孝直村志》出版发行】 该志由县史志办公室指导、孝直村主持编纂，2008年上半年正式启动，2010年11月出版发行，是平阴县首部村志。资料上限自该村有文献资料记载起，下限至2009年底，共13编，53章，150节，40多万字，全彩印刷，图文并茂，详实记录了孝直村经济、政治、文化、社会等方面的发展历程，真实再现了孝直村由贫穷落后走向全国文明村的发展脚步。

（李秀芝　于瑞东　张　红）

【概况】 金太宗天会七年（1129年）置县，因其处于古济水之北，故名济阳县。位于济南市东北部，面积1076平方公里，辖8个镇、2个街道办事处，46个居民委员会（其中6个社区居民委员会），814个行政村。全县有居民16.11万户，人口55.24万人，其中非农业人口9.96万人。男女性别比为101.2：100，人口出生率13.57‰，人口自然增长率3.16‰。有回、蒙古、藏、朝鲜、维吾尔等24个少数民族。完成地区生产总值187.17亿元，同比增长14.73%（按可比价格，下同）。其中，第一、二、三产业增加值分别为35.43亿元、109.06亿元和42.69亿元，同比增长分别为5.4%、14.4%和23.8%。三次产业比例为18.93：58.26：22.81。人均地区生产总值34016元，同比增长27.04%。

中共县委
书　记　张新文
副书记　张海波　赵东升
常　委　张新文　张海波　赵东升　文东河　杜爱君（女）
叶维平　王洪忠　刘佩禄　孙战宇　冉　舸*
刘建章　郭象峥（援藏）　孙长利
县人大常委会
主　任　张新文
副主任　王兆泉　丁德花（女）　王　华（女）　姜荣昌
周登胜
县人民政府
县　长　张海波
副县长　文东河　王洪忠　杨玉美（女）　孙良才　任道胜
高继锋

政协县委员会

主　席　骆合清

副主席　王尔迎　杜学增　郭协勇　张学兰（女）　阎传金
　　　　卢士平

中共县纪委

书　记　刘建章

县人民法院

院　长　张江涛

县人民检察院

检察长　吴　强

县人民武装部

部　长　曲春生

政　委　冉　舸*　孙长利

工　业　实现工业增加值97.04亿元，同比增长13.4%。完成工业投资84.71亿元。规模以上工业企业287家，实现增加值95.5亿元，同比增长18.5%；实现产品销售收入355.45亿元，同比增长17.88%；实现利税42.55亿元，同比增长23.76%；实现利润27.1亿元，同比增长25.17%。高新技术产业企业77家，实现产值68.44亿元，同比增长32.02%。引进各类项目303个，其中过亿元项目47个，帝华集团、元首集团等过5亿元项目13个。旺旺食品、达利食品等一批骨干企业进一步发展壮大。

农业及农村经济　农、林、牧、渔业实现总产值70.82亿元，同比增长21%；农、林、牧、渔业增加值35.43亿元，同比增长15.75%。粮食播种面积77107公顷，同比增长1.62%；总产52.08吨，同比增长0.82%。棉花4967.7公顷，同比下降3.06%；总产0.56万吨，下降12.34%。油料3511.5公顷，同比下降1.4%；总产1.74万吨，同比下降0.3%。水果总产5.37万吨，同比增长2.09%。蔬菜21294.7公顷，同比增长1.34%；总产117.95万吨，同比增长4.8%。肉类产量5.42万吨，禽蛋产量4.52万吨，奶类产量3.78万吨，水产品总产8593吨。全县农业机械总动力107.9万千瓦，同比增长10.1%。规模以上农业龙头企业达35家，绿色无公害农产品品牌3个，有机品牌5个。人工造林面积1057公顷，同比增长44.2%。

贸易财政金融　社会消费品零售总额57.8亿元，同比增长18%。有城乡商品交易市场62处。实现出口总值7173万美元，同比增长59.3%。新批外资企业6个，合同利用外资额9690万美元；实际利用外资6497万美元，同比增长78.2%。全社会完成固定资产投资135.87亿元，同比增长29.3%，其中城镇及以上单位完成投资80.88亿元，同比增长26.5%。实现地域财政收入12.51亿元，同比增长19.7%，其中地方财政一般预算收入6.24亿元，同比增长24.5%。地方财政一般预算支出13.04亿元，同比增长34.17%。完成税收10.8亿元，同比增长17.7%。年末，金融机构本外币各项存款余额64.52亿元，比年初增加15.11亿元，同比增长30.58%；其中城乡居民储蓄存款余额44.6亿元，比年初增加7.72亿元，同比增长20.93%。金融机构本外币各项贷款余额28.31亿元，比年初增加4.68亿元，同比增长19.81%。

交通邮电　公路通车里程1810.28公里，其中高等级公路通车里程166.3公里。全年客运量364.3万人，同比增长54.04%；货运量115.7万吨，同比增长15.01%。完成邮电业务总量1267.5万元，同比减少17%。年末，本地固定电话用户12.8万户，同比减少2.2%，移动电话用户13.3万户，同比增长8.6%。宽带网用户1.2万户，同比增长19.6%。

建设环保　年末完成建筑业增加值12.02亿元，同比增长26.28%。新增资质等级建筑企业6家，房屋建筑施工面积196.87万平方米，同比增长7.37%。按照"整体提升、重点突出"的思路，新城区拉框架，增绿量，老城区重改造，提形象。本着"稳步发展，量力而行"的原则，以建设"功能完善、特色突出、环境优美、经济繁荣"的宜居、宜商、宜游的园林城市为目标，共开工建设以旧城改造、道路畅通、生态建设、精细管理、素质提升为内容的三大工程26个项目。分为新建工程、改建工程和养护工程三大工程。新建工程：新元大街东段配套工程、正安路南北延工程、工业北路建设工程、澄波湖路排水沟工程、龙海路北延工程、黄河大街与正安路绿化节点工程，进一步拉大城市框架体系，加快城市化进程；改建工程：安顺街、正安路、龙海路、纬二路、经三路等完善改造工程，纬四路绿化提升、背街小巷配套提升工程和开发区道路绿化提升工程；养护工程：城区道路、排水设施、绿化、路灯设施养护，政务中心广场与济北公园管理。自来水供水能力达到2万吨/日，供热面积90余万平方米，公交营运车辆达到16标台，垃圾无害化处理率达100%。有污水处理厂1座，城市生活污水处理率达到90%。

教科文卫体　有职业中专1所，在校生2895人。普通高中2所，在校生8495人。普通初中13所，在校生18054人。小学26所，在校生34515人。适龄儿童入学率100%。特殊教育学校1所，在校生102人。全县新认定高新技术企业4家，全县专利申请237项，同比增长11.27%。获省级著名商标3个，市级2个；市级著名品牌1个。实施各类科技计划项目21项。公共图书馆1处，群众艺术馆、文化馆9处，档案馆1处。广播、电视人口覆盖率均达到100%。参加农村合作医疗人数达46.38万人，同比增长3.01%，财政补助资金由每年每人100元提高到130元。有卫生机构14处，其中，医院、卫生院11个，卫生防疫防治机构2所，妇幼保健机构1所。各类卫生机构共有床位926张，卫生技术人员1378人。新建2处社区卫生服务站，县乡村三级医疗卫生服务网络进一步完善。有县级体育活动场地26处。举办各类运动会28次，参加竞赛的运动员达1.86万人次。参加市级以上体育比赛共获奖牌43枚，其中金牌13枚，银牌10枚。

人民生活　年末，全县从业人员37.03万人，同比增长

0.8%。转移农村劳动力2.66万人。安置就业再就业3371人，其中下岗失业人员再就业1178人。企业养老保险参保人数2.6万人，征缴企业基本养老保险费8905.1万元。农村养老保险参保人数800人，收缴保险金35.1万元。城镇职工基本医疗保险参保人数27950人，参加失业保险人数5501人，收缴保险金177.2万元，享受失业保险待遇人数427人。城乡最低生活保障救助14810人，其中，城镇3230人，农村11580人。推行城镇非就业居民医保制度，新增参保2.37万人。年末，非私营单位在岗职工人数47004人，比上年增加881人，在岗职工平均工资19613元，同比增长6.16%。城镇居民人均可支配收入14618元，同比增长11%；人均消费性支出为9558.28元，同比增长12.6%。农民人均纯收入7948元，同比增长17.2%；人均生活消费支出4692元，同比增长24.99%。

（刘光华　肖端良）

【被评为全国农村五保供养工作先进单位】 济阳县把五保供养工作作为全县的民心工程，纳入经济社会发展总体规划，以加快敬老院建设为切入点，坚持高起点规划、高水平建设、高标准管理、高质量服务，使全县农村五保供养水平显著提高，农村五保对象集中供养率75.2%，高于全省平均水平。为加快农村敬老院建设，县财政列入1300万元的预算作为奖补资金，激励农村9处敬老院建设和提升。全县9处敬老院共投入资金5000多万元，新建改建房屋2120间，增设床位2675张。全县敬老院全部达到功能分区合理、设施配套齐全，院区园林化、房间宾馆化、管理人性化的标准，实现了“六通”“三统一”的硬件配套。所有院区绿化面积大、娱乐设施全、活动场地宽，房间集中供暖效果好，敬老院建设的档次和规模达到省内一流水准。全县9处敬老院被省民政厅分别授予“省一级五保供养服务机构”“模范五保供养服务机构”和“全省民政系统行风建设示范单位”称号。（刘光华　肖端良）

【获农业部“无公害标志使用先进县”称号】 县农业局狠抓农产品“三品一标”认证及标志使用工作，截至年底，组织认证无公害农产品总数达到20个、绿色食品18个、有机食品4个、地理标志1个，标志使用企业12家。农产品“三品一标”认证及标志使用不但保证了全县农产品的质量安全，促进了农业增效、农民增收，也使全县农产品知名度不断提升，奠定了济阳县瓜菜大县的地位。（刘光华　肖端良）

【被确定为省级“新农保”试点县】 经山东省人民政府办公厅批复，济阳县被确定为省级新型农村社会养老保险（简称“新农保”）试点县，自10月1日起实行。凡年满16周岁（在校生除外）未参加城镇职工基本养老保险的农民均可参加“新农保”。年满60周岁、符合相关条件的农民不缴费可领取基本养老金。济阳县个人年缴费标准分为100元、200元、300元、400元、500元、1000元、1500元、2000元8个档次，参保人按年度自选档次缴费。10月1日起，全县60周岁以上人员计77498人，每月开始领取55元的基本养老金。（董成杰）

【《孙耿镇志》出版发行】 该志开始编修于2008年，总字数44万字，全书20编，连同“大事记”“附录”共27部分。时间上限起自孙耿建置，下限至2008年，全面系统、客观真实地记载了孙耿发展的历史过程，是一部集资政、教化、存史为一体的重要历史文献。（刘光华　肖端良）

商河县

【概况】 因有滴河水流经取名滴河县，1086年改为商河县。位于济南市东北部，面积1162平方公里，辖6镇、5乡、1个办事处，948个行政村，15个居委会。62.04万人，男女性别比102.25:100，人口出生率13.16‰，人口自然增长率0.96‰。有回族等17个少数民族，人口11450人。国内生产总值97.6亿元，比上年增长12.7%，其中第一、二、三产业增加值分别为31.9亿元、36.9亿元、28.8亿元，分别比上年增长3.6%、12.9、23.2%。三次产业比重32.7∶37.8∶29.5。人均国内生产总值15761元，比上年增长12.1%。

中共县委
书　记　李宽端
副书记　姜　涛　邵登功
常　委　李宽端　姜　涛　邵登功　李俊英（女）*　陶加强　李方金　张　军　路来良　任立新　牛力强　高连东　吴忠胜　郭志强

县人大常委会
主　任　信德增
副主任　王成宝　刘学军　于广福　吕丙翠（女）　徐金忠

县人民政府
县　长　姜　涛
副县长　陶加强　李方金　郭志强　魏时光　赵　胜*　王　科　韩　英（女）　李冬利

政协县委员会
主　席　王兴怀
副主席　满长山　张立森　贾生高　王在朋　任道庆　康建华（女）

中共县纪委
书　记　李俊英（女）*　牛力强

县人民法院
院　长　白　龙

县人民检察院

检察长 曲立春

县人民武装部

部　长 陈广斌

政　委 吴忠胜

工　业 全县工业增加值完成30.4亿元，同比增长18.2%。规模以上工业企业156家，过亿元企业10家，规模以上工业实现主营业销售收入85.87亿元，增长35.09%；实现利税6.75亿元，增长75.03%；实现利润3.39亿元。经济效益综合指数217.77%。比上年提高12.5个百分点。资产贡献率15.19%，产品销售率4.81%，全员劳动生产率173734元/人，流动资金周转3.13次。

农业及农村经济 全年农牧渔业实现总产值63.32亿元，比上年增长13.0%，农业增加值31.9亿元，增长3.6%，其中农、林、牧、渔业增加值分别为21.7亿元、0.67亿元、6.96亿元、0.82亿元。耕地面积6.91万公顷。农作物播种面积13.53万公顷，其中粮食作物播种面积10.67万公顷，经济作物播种面积2.76万公顷。粮食总产量73.39万吨，棉花总产0.83万吨，蔬菜总产87.21万吨，肉类总产8.15万吨，禽蛋总产3.35万吨，奶类总产0.54万吨。水产品总产0.92万吨。农业机械总动力87.40万千瓦。全年完成造林2800公顷，其中用材林和防护林2600公顷，经济林221公顷，全县林木覆盖率达到31%。全县农村自来水普及率达到100%。

贸易财政金融 社会消费品零售总额40.57亿元，比上年增长18%。市场建设实现新突破，全县各类市场发展到99处，其中专业市场11处，集贸市场88处。新发展个体工商户1956户，累计达到10233户；新增民营企业190家，累计达到676家。批准设立外资企业8家，拥有自营出口权的企业45家，有出口实绩的企业18家，全年实现外贸进出口总额5832万美元，增长27.9%，合同外资额2823万美元，增长25%，实际利用外资1483.6万美元，增长28.1%。地方财政一般预算收入实现3.5亿元，比上年增长29.4%。年末全社会金融机构各项存款余额58.92亿元，年末各项贷款余额34.0亿元，分别比年初增长28.1%和28.4%。

交通邮电 省道248线、省道316线改建一新，德大铁路开工建设，制约商河发展的交通问题逐步破解。全年新修乡村公路61.8公里，全县公路通车总里程达2035.782公里，全县948个行政村全部通上了沥青路。拥有大型车1430辆，小型车17021辆，交通运输车辆5162辆。年货运量330万吨，年客运量140万人次，旅客周转量11200万人公里。邮电业务总量13634万元，其中邮政业务收入1472万元，电信业务收入4399万元。固定电话达到81269，移动电话用户274192户，互联网用户24299户。

建设环保 完成全社会固定资产投资36.51亿元，比上年增长39.47%。城区管道天然气安装工程新增用户3695户，总户数达到8195户，实现安全供气2000万立方米。全县建筑业总产值7.1亿元，实现利税19945万元。环境保护总投资2270万元，工业废水排放达标率97.55%，工业烟尘达标率99%。城区主要道路保洁率达到100%，绿化覆盖率37.87%，人均占有公共绿地面积12.51平方米。

教科文卫体 全县有各级各类学校100所，其中小学76所，普通中学21所，教师进修学校、职业中专、聋哑学校各1所。共有在校生68691人，其中小学41785人，初中16989人，高中7999人，教职工5914人，其中专任教师4466人。成人教育机构1处，专任教师21人。幼儿园214所，在园幼儿15162人，在任教师701人。适龄儿童入学率100%。小学、初中在校生巩固率分别为100%和98%，初中、高中毕业升学率分别为90%和55.31%。全县小学、初中、高中专任教师学历达标率分别达到94.89%、94.59%、99.22%。共组织各类科技计划18项，其中国家级2项、省级2项、市级14项。推广科技成果16项，其中2项获得市科技进步奖。专利申请量137件。有公共图书馆、文化馆、档案馆各1处。全县共有文体活动站点12处。

有各类卫生机构16所，其中医院、卫生院14所、卫生防疫防治机构1所，妇幼保健机构1所。各类卫生机构共有床位1043张，卫生技术人员1322人，乡村卫生室256个，乡村医生927人。有标准体育场1处，参加市级以上比赛共获奖牌34枚，其中金牌14枚、银牌6枚、铜牌14枚。

人民生活 年末在岗职工人数39901人，年平均工资20852元。农民人均纯收入6951元，农村居民人均生活消费支出4610元。城乡居民人均储蓄额6286.9元。城镇职工基本医疗保险参保人数28103人。有敬老院12处，集中供养五保对象1619人。

【商河温泉国际开工】 11月25日，商河温泉国际项目奠基。商河温泉国际规划范围403公顷，分为温泉度假、商务办公、文化休闲、健康养生等六大功能区。规划定位为国家4A级以上旅游景区，也是省、市重点服务业建设项目。首先开工的主要有会议中心和温泉度假村两部分，其中：温泉国际会议中心占地6.3公顷，建筑面积67000平方米；温泉度假村占地12.6公顷，建筑面积47000平方米；员工宿舍等附属设施31000平方米，共计145000平方米。其余部分将陆续展开。

【打造生态宜居城市】 商河县围绕“生态立县、工业强县”的发展思路，突出“绿色、温泉”特色，实施通水、绿化造林、环境综合整治、净化空气四大工程，努力打造生态宜居城市。

通水工程。商河县全面实施农村通自来水“村村通”工程，农村自来水入村率达到95%，饮用水合格率达92%。清源湖水库和清源水厂的正式通水，居民喝上了甘甜清冽的黄河水。

绿化造林工程。按照制订的“三年绿化商河”的规划，商河县以培育和壮大林业资源为基础，以提高生态、经济和社会效益为中心，新栽树木350万株，成片造林达1407公顷。

环境综合整治工程。对城区存在的占道经营、车辆乱停乱放、噪声污染、“伸舌头”广告牌匾、建筑垃圾、卫生死角等问题进行了环境综合整治管理，城区环境面貌焕然一新。

净化空气工程。商河县积极推动县热源厂的建设步伐。县热源厂建成后，满足了280多万平方米区域的集中供热，改善了城市大气环境质量，提高了城市基础设施水平。

【创建国家森林城市取得阶段性成效】 城镇绿化提升工程。县城区完成18条街道绿化改造、3条河道景观整治、3处大型休闲公园、26处小型健身广场和绿化节点建设，52个单位完成拆墙透绿，深度绿化城区33万平方米，县城区绿化覆盖率达到37.87%，绿地率35.27%；乡镇驻地、产业园、开发区新建绿地27万平方米，已有349个村庄周围建起了30米以上的封闭环村林带。风沙治理工程。共完成重点风沙区造林800公顷，新建农田林网1333公顷，完善农田林网4167公顷。水系生态绿化工程。完成4条县属河道两岸绿化带建设，水系绿化1533公顷，绿化河道200公里。湿地恢复与保护工程。大沙河湿地保护项目区上半年通过省专家组论证审批为省级湿地公园。绿色通道工程。绿化各级道路180公里，新造林333公顷。森林公园建设工程。187公顷市级玉园湖森林公园基本完成。现代林业示范园区建设工程。林业科技示范园成为全县经济林建设和树种更新良种良芽提供基地，怀仁镇大沙河经济林带示范园71公顷果树园区建设完成。林业产业化推进工程。新建经济林213公顷，新增花卉苗木种植面积100公顷，发展以中草药、食用菌为主的林下种植面积480公顷，发展以养兔、养鸡、养狐狸为主的林下养殖面积27公顷。

【现代农业发展】 郑路镇展旺蔬菜旗下展旺牌黄瓜和展旺牌芹菜都属于国家无公害产品，并通过“绿色食品”认证，年产12万吨蔬菜直供北京、上海、天津等20余个大中城市，打响了“展旺”品牌。作为长江以北最大的黑皮冬瓜生产基地，玉皇庙黑皮冬瓜特色品牌示范基地达到了“有品牌、有中介、有市场、有龙头、有检测、有网站、有农资专营店、有技术支撑、有制度、有核心示范区”的“十有”标准，步入“标准化、产业化、科技化、信息化”良性发展轨道。位于贾庄镇政府驻地的济南乡村绿洲都市农业园区通过推行“园区加基地、合作社带农户”的发展模式，催生了苗木合作社26家，带动周边3275户农民，发展苗木种植，人均年增收3000元以上，形成农民和企业的新型利益联结机制，实现了互利共赢。初步形成了以粮、棉、菜、果、畜、水为主体的6大片区，以大蒜、彩椒、冬瓜、设施蔬菜、黄金梨、浅水藕、畜牧养殖为示范带动的7个标准化生产基地，以农业科技示范园和乡村绿洲为龙头的2个园区。

【集中供热正式启用】 4月29日，商河县集中供热项目启动。一期工程总投资1.2亿元，包括建设一个热源厂，铺设供热主干管网10公里、二次网20公里，安装58兆瓦（80吨）高温链条热水锅炉1台，新建换热站11个等。一年半的工期7个月完工，锅炉本体安装90天完工，30天建设11座换热站。集中供热覆盖区域120万平方米，替代锅炉25台，按照项目全部建成后集中供热420万平方米的预期目标，年可减少二氧化硫排放1.2万吨、二氧化碳4.5万吨，除尘效率达到99.5%以上，年节约用煤也在6万吨左右。11月20日，商河县集中供热正式启用。

【济商高速放线埋桩】 10月26日，济商高速公路放线埋桩。济乐高速公路是山东高速公路网"五纵四横一环八连"中的重要连线，起点位于乐陵市鲁冀界的漳卫新河，途经乐陵市、商河县、临邑县、济阳县，终点在济阳县崔寨西接青银高速公路。主线全长114.987公里，路基宽度34.5米，设计速度为120公里/小时，双向六车道。济乐高速公路项目概算投资75.42亿元，其中商河段约为22亿元，总工期3年，预计2013年底建成通车。商河境内主线全长32.536公里，途经殷巷镇、怀仁镇、张坊乡、贾庄镇、玉皇庙镇，设服务区、监控管理中心各1处，连接线2条。连接线设计速度为80公里/小时，路基宽度为15米，路面宽度为12米，其中商河连接线长6.2公里，商河开发区连接线长5.8公里。

【德龙烟铁路济南段开建】 德龙烟铁路起自德州德城区黄河涯镇，止于烟台，分德大铁路、大莱龙铁路和龙烟铁路三段。德大铁路规划为时速均在160公里及以上的预留双线电气化铁路，建设工期为2010年至2012年，经陵县、临邑，在商河县怀仁镇进入济南，穿越殷巷镇、韩庙乡进入阳信县，在商河县境内正线长度约30公里，设车站2个。

（陈丽梅　于进东）

责任编校　宣　涛

人物

先模人物

姜和信 男，44岁，中共党员，济钢焦化厂电工高级技师，PLC控制专家、山东省首席技师，2010年4月被评为全国劳动模范和先进工作者。他爱岗敬业、勤奋钻研，先后获得济钢电工技术比武冠军4次、亚军2次，并获得1995年全国冶金系统青年岗位能手技能大赛电工第二名。他编写的《干熄焦电气故障案例教程》，在生产实践中发挥了积极作用。1998年以来，他全过程参与了国家发改委重点节能示范项目济钢70吨、150吨、100吨干熄焦工程电气系统的设计与安装调试，并全面负责投产后的运行管理与维护工作，为干熄焦技术首次实现国产化和济钢依靠国产化干熄焦技术顺利实现焦炭全干熄发挥了无可替代的作用。先后完成提升机安全冗余控制系统、数字式自动放焦装置及电气设备动态采分仪等几十项技术创新改造项目，大大提高了设备运行的安全稳定性，提高了劳动生产率，改善了操作环境，减轻了劳动强度，年可创直接经济效益800余万元。2005年3月，研制成功熄焦车数字式对位装置，并获得国家实用新型专利。2008年7月，创造了用自行研制的“电气设备动态采分仪”检查电气故障的先进操作法。先后被评为济南市十大杰出青年岗位能手、山东省技术能手、山东省有突出贡献的技师、山东省十大杰出职工、山东省首席技师、全国冶金系统青年岗位能手、济南市劳动模范、山东省劳动模范，并获全国五一劳动奖章。

王德元 男，39岁，中共党员，章丘市园林局园林绿化施工队队长，2010年4月被评为全国劳动模范和先进工作者。他热爱本职工作，用自己的辛勤劳动使家园变绿、城市变美了。在百脉泉景区建设中，为保护泉水特色，打造精品工程，他在施工中严格把关，一棵树苗、一块铺装板材，不合格的坚决取缔。工程紧张时，他吃住在工地，每天奔波于广场每个角落，没有节假日，没有时间照顾家庭，经过两年的奋战，一座崭新的泉水文化公园呈现给社会，也为市民提供了休闲游玩的好场所。通过他的辛勤劳动，章丘的园林绿化发生了巨大变化，也率先被评为山东省园林绿化城市和全国旅游城市。在园林绿化景观打造过程中，他不断学习，积极探索施工中的专业技巧，根据每块石头的特点和每棵苗木的形状，结合最佳观赏角度，合理搭配，展现最美的一面。由他负责施工的百脉泉广场、学苑绿地等工程，成为其他省市同行参观学习的样板工程，同时他把自己的一些工作经验和体会发表在《山东园林》上，与大家学习交流。先后被评为济南市青年学术技术带头人、山东省劳动模范等，并获济南市五一劳动奖章。

葛国庆 男，52岁，中共党员，济南市天桥区北园街道杨庄社区党委书记，2010年4月被评为全国劳动模范和先进工作者。20多年来，他带领群众抓改革促发展，艰苦奋斗干事创业，使杨庄社区发生了翻天覆地的变化，社区形成11个工业企业、22个商业企业和1个工业园区、2个商贸大厦的发展格局，大大提高了集体经济收入。2001年杨庄社区率先跨入山东省村居综合实力100强行列，2009年全社区净资产达2.1亿元、年收入8.5亿元、实现利税1803万元，社区居民年均收入9800元。随着集体经济的不断壮大，社区先后投资建起22座水、电齐全的居民楼，让居民全部从平房搬进楼房，实现了住有所居。对社区中的16条主要干道进行整修，搭建12个垃圾台，建起2个街心花园，并设立专职保洁、治安队伍，常年为群众服务。启动居民楼楼顶“平改坡”工程，为居民解决冬冷夏热的问题。杨庄社区人均住房面积100平方米，社区内60岁以上的老人都享有养老金，在职人员全部加入社会养老保险和医疗保险，对本社区的孩子实行免费教育和奖学金制度。杨庄社区连续十年被评为市级、省级文明单位，他也先后被评为济南市劳动模范、山东省劳动模范。

王　芳 女，39岁，中共党员，济南市地方税务局12366服务热线主任科员，2010年4月被评为全国劳动模范和先进工作者。她勤奋好学、刻苦钻研，短时间内掌握了编程、数据库等最新的计算机技术，牵头开发了济南地税网上报税、电话报税等软件系统，为单位节省了大笔研发经费。2007年参加了全省地税系统数据大集中核心环节的研发、测试，极大提升了税收征管的科技含量，成为地税技术革新的带头人。她大胆创新，勇挑重担，攻克一个个技术难题，实现了济南电子报税从无到有的跨越式发展。积极提议并承办“短信提醒服务”“网上报税推广”工作，并分别被市政府确定为2007年和2008年的“创城百件实事”之一，工作成效得到社会各界的一致认可。她爱岗敬业，拼劲十足，工作兢兢业业、任劳任怨，充分发挥党员模范带头作用。在技术攻坚关键阶段，直到临产前两天才离开微机机房。她先后被评为济南市先进工作者、山东省财贸金融系统女职工建功立业标兵、山东省先进工作者。

杜文建　女，49岁，中共党员，济南市第四人民医院社区卫生服务管理科主任，2010年4月被评为全国劳动模范和先进工作者。在她的工作生涯里，曾经开创了多个第一。1984年，21岁的她就成为济南市第四人民医院最年轻的护士长。在济南市卫生系统中，她是第一个护理专业的拔尖人才，第一个护理专业最年轻的主任护师，第一个护理专业的优秀科技工作者。2001年，杜文建通过竞争上岗走上社区卫生服务工作的岗位。10年来，她甘于奉献、勇于创新，积极带领社区一班人，以方便、及时、周到、亲切、有效的人性化服务，赢得了社区居民和社会的广泛赞誉，被人们称为社区居民的“健康守护神”。中央电视台等众多媒体多次采访报道她的事迹，几年来，接待全国、省、市领导的视察50余次，接待外国友人和全国各地的参观学习70余次，收到表扬信157封，锦旗27面。她默默工作，勤奋钻研，开展科研5项，发表国家级论文10余篇，主编著作2部。由于她思维创新、管理规范、工作用心、追求卓越，社区卫生服务工作取得突出成绩，成为全国社区卫生服务工作的排头兵。先后被评为全国医德标兵、山东省先进工作者、山东省十佳女职工建功立业标兵、全省卫生系统“巾帼建功岗位明星”、济南市第二届“泉城巾帼十杰”、济南市优秀科技工作者、创建全国社区卫生服务示范区活动先进个人，并获全国五一劳动奖章。

孙宝国　男，52岁，中共党员，济南市房管局公房管修处“建国热线”服务中心主任， 2010年4月被评为全国劳动模范和先进工作者。他注重加强内部管理，通过工作作风整顿等活动增强员工时间观念、思想意识及综合素质，通过各工种技能培训提高员工操作水平和职业技能，同时制定房屋报修制度、维修回访制度、值班制度、质量保证制度、维修服务承诺制度等。每逢遇到苦活、累活，他发扬劳模带头精神，关键时刻带头干。他勤于钻研，最大限度地为单位、为住户节省资金，主动修旧利废，每次安装、下料时合理搭配，使整管的材料利用率达到99%。他在工作之余不断充电，业务水平不断提高，在单位和上级部门历次组织的比武大赛中名列第一。他根据多年实践经验总结的多项生活常识、小窍门被编入“110社会联动便民手册”里，推广给广大居民。他先后被评为济南市劳动模范、山东省劳动模范、全国建设行业技术能手，并获全国五一劳动奖章。

周亚男　男，45岁，中共党员，华能济南黄台发电有限公司副总工程师，2010年4月被评为全国劳动模范和先进工作者。他于1992年担任黄台电厂汽机公司本体班班长，工作中做到腿勤、嘴勤、脑子勤，奔波在生产现场与班组之间，虚心学习，反复实践，很快成为技术能手，1996年，创造性地完成两台30万机组大修，在全国电业史上创造了检修新纪录。1997～2003年，他先后担任汽机车间副主任、主任兼书记，狠抓队伍建设和车间技术管理工作。2004～2007年，他先后担任黄台电厂检修公司副总经理、总经理等职，他带领职工克服项目多、骨干少、路途远、资金紧张等不利因素，使检修市场发展成为黄台电厂继主业、多产后又一赖以生存的支柱产业。2008年，他担任黄台电厂副总工程师，组织全体检修职工全面完成检修、改造项目。他坚持深入现场、深入班组，解决现场实际问题，主持过多项技改、节能项目，使设备检修后健康水平大幅度提高，能耗大幅度降低，为全厂节能降耗、扭亏增盈作出贡献。2009年，黄台电厂实现扭亏增盈，摘掉了连续5年亏损的帽子。黄台电厂先后被评为山东省节能先进企业、华能节能先进单位，是山东公司唯一获此称号的企业。他也被评为山东电力先进生产者、山东省劳动模范，获全国五一劳动奖章。

杨道平　男，53岁，中共党员，济南供电公司副总经理，2010年4月被评为全国劳动模范和先进工作者。自2003年任济南供电公司副总经理以来，他致力于加快电网建设，2006年以来新建扩建改造110千伏级以上变电站46座，新增变电容量387.3万千伏安，为全市经济社会发展提供了坚强的电力保障。在分管的农电工作中，积极落实国家统筹城乡一体化发展战略部署，组织实施新农村电气化建设，近年来共建成2个电气化县、20个电气化乡镇和745个电气化村。他坚持依法治企，积极推进实施集约化发展、精益化管理、标准化建设，实现了国有资产保值增值，公司年度业绩考核成绩多年名列国家电网公司系统前列。他坚持讲政治、顾大局，在济南市“7·18”抗洪抢险、南方雨雪冰灾、汶川大地震等灾害事件发生时，深入一线，带领公司干部职工扎实工作，顽强拼搏，出色组织完成抗灾救灾任务。在2009年第十一届全运会保电工作中，建成5座变电站为电源支撑的坚强网络，提前18天完成开（闭）幕式及广播电视转播中心独立供电系统建设任务，为公司实现全运保电“零差错、零失误、万无一失”目标作出积极贡献，全运保电工作受到省委、省政府通报表彰。他于1984年被全国水电部评为劳动模范。

孙久涛　男，42岁，中共党员，济南市公安局保安管理处处长，2010 年 4 月被评为全国劳动模范和先进工作者。他带领全市保安队伍以创建“平安和谐济南”为目标，运用“人防、技防、押运”三种手段，以构建人防和技防相互结合、静态守护与动态巡逻互为补充、社会效能和经济效益相互统一的特色保安防控体系为主线，实现了全市保安系统“五个大幅度提升”：队伍规模大幅度提升，全市正规保安从业人员由原来的数千人发展到近 20000 人；服务业务范围和数量大幅度提升，全市人防客户 2500 余家，技防服务点 10000 余个，押运客户覆盖济南整个市区并已逐步向周边城市辐射；安保能力大幅度提升，年均抓获各类违法犯罪嫌疑人 3000 余名，参与各类大型活动安全保卫 5 万余人次，在维护社会安定有序、服务群众等方面发挥了不可替代的作用；保安声誉大幅度提升，济南保安成为全国唯一同时享有“全国五一劳动奖状”“全国青年文明号”“全国首届十佳保安公司”等称号的队伍；行业管理规范化水平大幅度提升，初步实现了行业管理机制科学有力、保安服务市场规范有序、保安服务队伍正规统一、安全服务模式创新高效、保安服务行业规模发展的工作成效。他先后获山东省富民兴鲁劳动奖章、全国五一劳动奖章，被评为山东省先进工作者等。

薛兴海　男，48 岁，中共党员，济南市公共交通总公司党委书记、经理，2010 年 4 月被评为全国劳动模范和先进工作者。围绕企业经营发展，他科学谋划，大胆创新，有力推进了济南市公共交通事业的发展。他推行“让乘客满意、让政府放心、让员工快乐、为社会奉献”企业核心价值观，全面推行“星级管理、星级服务”制度，企业各项经营管理指标均有大幅提升。他注重企业科技发展，大力推进公交信息化建设。他认真贯彻节能减排战略，大力发展绿色公交，为节能减排和环保事业作出贡献。在第十一届全运会举办期间，济南公交圆满完成交通保障任务。他积极推进 BRT 项目建设，形成国内首个快速公交网络，快速公交建设“济南模式”引起国内外广泛关注。在他的带领和努力下，济南公交先后被评为全国城市公共交通文明企业、中国城市公交节能减排优秀企业、中国城市公交科技创新优秀企业、省级文明单位等，连续三年获全国安康杯竞赛优胜企业称号，连续三年蝉联全国见义勇为好司机先进单位称号。他先后被评为山东省劳动模范、第十四届山东省优秀青年企业家、济南市劳动模范、济南市第九届优秀企业家、第九届泉城杰出青年经理（厂长）、改革开放 30 年济南优秀企业家，获山东省富民兴鲁劳动奖章。

刘继杰　男，52 岁，中共党员，济南市长清区新西李山药专业合作社社长，2010 年 4 月被评为全国劳动模范和先进工作者。他积极筹建新型农村合作经济组织，为农民致富找出路，于 2006 年 12 月发起成立济南市第一家农村专业合作社——济南市长清区新西李山药专业合作社，并被选举为社长、理事会会长。他一边带领大家学习种植技术，一边探寻市场规律，按照“五统一”（统一规划、统一购买树苗、统一耕种施肥、统一技术服务、统一包装销售）的经营方式，依托专业合作社走专业化、规模化、标准化发展道路，推动了合作社经济发展。到 2009 年底，入社农户已达 1356 户，带动了 40680 户农户致富；固定资产达 6300 万元；山药基地面积 200 公顷，其他无公害瓜果蔬菜面积 100 公顷；社员人均纯收入 13176 元，比全区人均纯收入高出 63%。村民致富后，他带领村民建立多功能文体活动中心，组建农民书画院、农村书屋、远程教育中心和电子阅览室等，基本实现“文化西李、商贸西李、生态西李”的建设目标。他先后被评为全国双带标兵、济南市劳动模范、山东省劳动模范等。

殷庆昌　男，52 岁，中共党员，济南市平阴县供电公司总经理，2010 年 4 月被评为全国劳动模范和先进工作者。他把电网建设改造作为实践“三个代表”的具体体现，积极争取并投入两亿元，解决了平阴县超负荷、卡脖子供电等问题，合理调整供电布局，缩短供电半径，县城实现了双电源可靠供电，减轻农民负担 2000 万元。他全面贯彻落实农电发展战略，实施电力“彩虹工程”，公司连年获行风评议第一名，被评为“人民满意单位”。他坚持改革、不断创新，倡导建设“精益企业”，公司人力资源、财务、计划、物资招投标、企业文化等管理工作成效显著，形成的规章制度和经验做法多次受到各级领导专家的高度评价。其中，推行的物资招投标管理累计为企业节支 2600 万元。他主持撰写的《在岗次动态管理中实现人力资源的开发与升级》《以“自控”为核心的安全文化建设》分别获第五届、第七届山东省企业经营管理创新成果奖。公司自 1990 年起保持省级文明单位，先后获市“五一”劳动奖状、山东电力集团公司先进县供电企业、山东电力集团公司综合管理标杆单位、省富民兴鲁劳动奖状、国家电网公司一流县供电企业等称号。他先后被市委、市政府记个人二等功，被评为市优秀共产党员、市职业道德十佳标兵、市优秀企业家、山东电力农电优秀领导干部、省职业道德先进个人、山东省劳动模范等，获省富民兴鲁劳动奖章。

马洪亮　男，42 岁，济南大地机械化保洁有限公司保洁员，2010 年 4 月被评为全国劳动模范和先进工作者。他于 2001 年 4 月从济宁邹县田黄镇来到济南打工，2004 年 6 月转入济南市机械化清扫大队所属的济南大地机械化保洁有限公司，承担大纬二路道路保洁工作。他多年从事道路保洁工作，对工作兢兢业业，认真负责，任劳任怨，无私奉献，为泉城的文明建设作出了贡献。在保洁工作中，他不怕苦、不怕累、不怕脏，爱岗敬业，忠于职守，认真执行保洁规章制度，严守作业时间，每天早 4 点半准时上岗。冬季清雪，他不到 3 点就来到路段，用铁锨和扫帚清理积雪。为保证大纬二路的路面卫生质量，他认真执行“一日两推扫、全日守岗拣扫”的作业程序，承担的路段在普扫过程中不但清扫彻底、干净，而且不发生二次污染，不产生扬尘，在每次卫生检查中，都达到“五净五无”的卫生保洁标准，深受领导和社会各界的好评。他干保洁员近10年，仅拾到的手机、存折、银行卡等就有70余起，价值60余万元。他虽然是一名进城务工的农民，但他用自己的双手和汗水，用他那颗金子般的心，发扬了“舍得一人脏，换来万人洁”行业奉献精神，为城管环卫事业和济南的城市建设作出了应有的贡献。先后被评为济南市劳动模范、山东省劳动模范，并获全国五一劳动奖章。

（卢召民　吕　燕）

伊觉非 （1922.10 ~ 2010.6.22）男，中国人民政治协商会议济南市委员会原副主席，山东博兴人。1939年10月参加革命工作，同年11月加入中国共产党。抗日战争时期，先后任博兴县三区、七区青救会会长，博兴县青救会宣传委员，广博蒲三边青救会会长，中共广博蒲三边工委委员兼青救会会长，中共蒲台县龙居区委书记；解放战争时期，曾任中共蒲台县县委委员兼组织部部长，中共蒲台县县委委员兼宣传部部长，中共垦利地委调研室调研组长、组织部党务组长；建国后，曾任中共惠民地委党校组教科长，中共博兴县县委委员兼组织部部长、县委副书记，中共中央山东分局工业部秘书组长，中共山东省委工业部办公室副主任，中共济南市委工业交通工作部副部长，中共济南市委交通工作部部长，中共济南市天桥区委书记，济南市交通局核心小组成员、局革委会副主任，济南市冶金工业局副局长、局长兼核心小组副组长、组长，中共济南市委党校党委书记、校长，中共济南市委宣传部部长，中共济南市委统战部部长，政协济南市第七届委员会副主席兼秘书长等职。曾任中共济南市第二届委员会候补委员、委员，中共济南市第三届委员会委员；先后当选山东省第二次党代会代表，济南市第四、五、六次党代会代表。1990年10月离休。2010年6月22日于济南病逝。

（王　炜）

济南市2010年山东省富民兴鲁劳动奖章获得者
（47名）

于　伟　卢爱章　朱国军　边占霞（女）
赵翠琴（女）　辛虹霓　闫　鲁　何在洪　田学强
张　惠（女）　王　刚　王　义　季　宏　纪　续
周学军　徐怀远　王忠伟　冯庆金　杜　明
徐加珍（女）　刘红日　李冬梅（女）　王桂春（女）
王品木　盛振文　周　君（女）　付春钢　马汉平
赵殿德　赵树祥　王　晖　任泉远　钱洪艳（女）
李宗宝　郝洪波（女）　张英俊　韦志海　刘玉鑫
黄淑玲（女）　崔　波　高志伟　魏洪军　郭　涛
李胜军　王　彬　李长元　唐一林

（市总工会）

2010年济南市五一劳动奖章获得者
（200名）

张怀胜　侯德军　宋玉国　崔建刚　路洪全　张忠良
李瑞华　马书彤　刘成雷　杨维静　邬　杰　李朋亮
张之荣（女）　张利峰　王新元　徐洪坦
孙春霞（女）　杨　枫（女）　李劲松　郭　勇
李　滨　江宗良　黄爱军　王心舸　张子荣（女）
陈庆华（女）　李云鹏　张　凯　姚智方　黎　军
程良东　蒋　玲（女）　王万喜　田　臣　侯振国
李富斌　司庆发　张宗旺　郭炳海　孙胜萍（女）
任明法　郭卫东　姬忠霞（女）　车明圣　孙世东
金振亮　周厚超　苏永伦　曹　杰　赵　勇　王明金
顾永康　司马国飞　张　会　赵红丽（女）　杨文新
刘丽丽（女）　李振兵　周　虎　张　亮
丁印娜（女）　张　朴　张　健（女）　李　伟
陈清泉　王　辉　张兴娣（女）　杨钢军
王秀芬（女）　杨春美（女）　刘　莹（女）
邱四新　王　凯　石善西　李开玉　甄书芝（女）
高传伟　曹慧子（女）　代清波　焦守文　程　果
王宏伟（女）　高建国　李新军　郭风雷（女）
田建林　吴　颖（女）　李明军　靳宗兵　高绍龙
林文武　李　侠（女）　李文涛　黄玉龙　王忠海
宋文信　周广生　谢拥军（女）　李法友　位堂杰
万春玲（女）　尹旭梅（女）　林广田　李　刚
侯树忠　张　猛　陈　霞（女）　凌　川　杜　援
刘　亮　石海川　孙　杰　宋　菊（女）　杨　斌
石建平　张玉光　李　军（女）　葛广玉　王笃强

杨秀禄 王承彪 仲伟政 刘 刚 陈守迎 孙长征
杨殿明 侯宇岷 刘绍旺 任立民 聂晓炜 刘 剑
刘书旺 李淑荣（女） 李全德 刘加河 李守亮
耿金碧（女） 冯黎明 常光志 韩宝石
彭志文（女） 苏吉成 魏 超 刘明杰 韩兴争
陈益昌 李如珍 陈 伟 李兴贵 张昭华 李太恭
苗荣华 王兴忠 孙法河 郭向平（女） 周 军
宋 毅 曹 伟 李金娣（女） 纪立孟 周文东
高 伟 刘 莹（女） 李贵生 赵 刚 王 军
秦 宁 樊留生 常家勇 朱克强 江 玲（女）
宋 钰（女） 张 斌 徐 军 任宗福 彭洪涛
姜向东 吕元理 李曰兵 张常平 刘 静（女）
李胜伟 王桥军 崔爱民 李培钢 刘明辰 孟昭中
王晓东 米宽庆 李海鹰 隆中华 纪 艳 解胜利
张 杰 赵德岭 王建国 韩 洁（女） 亓明新
丁国春 郭京红（女）

（市总工会）

第十八届泉城十大杰出青年

马 晋（女） 王宏杰 王德勇 毛 蕾（女） 杜雁飞（女）
李元超 闵 伟 张 薏（女） 曹慧子（女） 董先锐

（王 宪）

济南市杰出青年岗位操作能手
（10人）

秦 佳（女） 展如才 郭 磊 李 丽（女） 周 勇
孙媛媛（女） 王玉静（女） 张春明 郭 伟 杨冬冬（女）

（王 宪）

济南市杰出青年技术创新能手
（10人）

高 华 高 山 宋武昌 韩道汶 李辛鹏 刘 毓（女）
王 凯 颜世涛 徐长海 边祥勇

（王 宪）

60年济南妇女杰出人物
（30人）

王洪英 盖玉凤 沈百贞 曲淑姿 郑凤荣 郭文秋
马 琳 董凡玉 赵红卫 邓宝金 王静侠 李淑敏
王翠华 张海迪 隋国华 吴 倩 邵丽云 齐亚珍
田宝明 刘振华 江秀花 周慧敏 孟红伟 张业爱
杨 文 黄淑玲 卓长立 袁小冬 高淑贞 李 冲

（吕晓琳）

济南市“三八”红旗手标兵
（30人）

王书清 林 芳 刘云香 赵培林 苗玉玲 王本珍
王晶华 祝晓丽 刘献芸 李秀凤 牟 宏 付 英
杨秋玲 李海珍 王春荣 徐立娟 王 梅 鲁 蔚
王玉芹 盖 敏 仇汝芳 段晓雁 徐师荣 刘 红
周建春 孙贻逊 武朝菊 郭立华 周 洁 徐超丽

（吕晓琳）

责任编校 张 阳

济南市企业民主管理条例

（2009年11月20日济南市第十四届人民代表大会常务委员会第十五次会议审议通过　2010年3月31日山东省第十一届人民代表大会常务委员会第十六次会议批准）

第一章　总则

第一条　为加强企业民主管理，保障职工依法行使民主权利，维护职工的合法权益，构建和谐劳动关系，促进企业科学发展，根据宪法和有关法律、法规，结合本市实际，制定本条例。

第二条　本市行政区域内企业民主管理活动适用本条例。

第三条　企业应当依法建立民主管理制度。

企业实行民主管理的基本形式是职工代表大会。

企业还可以通过厂务公开、平等协商、职工董事、职工监事等与企业相适应的制度依法实行民主管理。

第四条　企业实行民主管理，应当坚持有利于维护职工合法权益、有利于企业和谐和可持续发展的原则，坚持公开、公平、公正的原则。

企业应当保障职工参与企业民主管理，保障职工依法享有知情权、参与权、表达权和监督权，为职工参与民主管理提供条件。

第五条　企业职工应当依法行使民主权利，参与企业民主管理活动，遵守企业规章制度，支持企业依法经营和管理。

第六条　市、县（市、区）人民政府及有关部门，应当按照各自职责支持企业实行民主管理，依法对企业实行民主管理情况进行监督检查。

市、县（市、区）人民政府可以召开会议或者采取适当方式，向同级工会通报与企业民主管理工作有关的行政措施，研究解决工会反映的职工对于民主管理方面的意见和要求。

第七条　市、县（市、区）总工会应当支持、指导企业职工依法参与民主管理，并依法对企业开展民主管理情况进行监督。

企业工会应当组织职工依法参与本企业的民主管理，维护职工民主管理的权利。

第二章　职工代表大会

第一节　组织制度

第八条　企业应当建立和健全职工代表大会制度或者职工大会制度。

职工大会的职权与职工代表大会相同，组织制度、会议程序等规定参照职工代表大会的规定执行。

第九条　职工代表大会是企业职工行使民主管理权力的机构。

职工代表大会按照民主集中制原则行使职权。

第十条　职工人数在100人以上的企业应当建立职工代表大会；不足100人的企业应当建立职工大会。

职工代表大会代表名额按照下列标准确定：

100人以上不足1000人的企业，职工代表人数按照20人至50人确定；1000人以上不足10000人的企业，职工代表人数按照50人至100人确定；10000人以上的企业，职工代表人数不少于100人。

第十一条　设立分公司、分厂的企业可以分级建立职工代表大会或者职工大会。

企业职工代表大会的职工代表应当由企业领导机关和分公司、分厂按照一定比例选举产生。

第十二条　职工代表大会每届任期3年或者5年，具体任期由职工代表大会决定。

企业每年至少召开一次职工代表大会。

职工代表大会闭会期间遇有重大事项，经企业管理机构、企业工会或者1/3以上职工代表提议，应当召开职工代表大会临时会议。

第十三条　职工代表大会每次会议，应当有2/3以上的职工代表出席方可召开。

会议的议题应当由企业工会在会议召开15日前以书面形式送达职工代表，并由职工代表向职工征求意见。

第十四条 职工代表大会在职权范围内作出的决议、决定，对企业和企业职工具有约束力。

职工代表大会的决议、决定应当自通过之日起 7 日内，由企业工会向本单位全体职工公布，公布时限不得少于 3 日。

职工代表大会决议、决定的执行和落实情况应当向下一次职工代表大会报告。

第十五条 职工代表大会选举和通过相关重大事项时，应当获得全体职工代表的过半数通过。

选举或者对重大事项的表决，应当采用无记名投票的方式分项表决，表决的结果应当当场公布。

第十六条 法律、法规规定应当提交职工代表大会审议、通过、决定的事项，而未按照法定程序提交的，企业就该事项做出的决定无效。

职工代表大会通过的决议、决定需要修改或者撤销的，应当提交职工代表大会按照法定程序重新审议、表决。

职工代表大会审议、通过、决定的事项，不得违反法律、法规的规定。

第十七条 职工代表大会会议由职工代表选举产生的主席团主持。主席团成员应当在职工代表中选举产生。

主席团成员应当有一线职工、技术人员、管理人员和企业负责人，具体人数企业可以根据具体情况确定。法律、法规另有规定的从其规定。

主席团成员应当按照不少于职工代表人数的 10% 确定，但最少不少于 5 人，最多不超过 30 人。主席团成员人数应当是单数。

第十八条 职工代表大会根据需要可以设立若干职工代表团（组）和若干专门委员会（小组），负责办理职工代表大会交办的事项。

第十九条 职工代表大会可以建立职工代表大会团（组）长联席会议制度。职工代表大会团（组）长联席会议由职工代表大会代表团（组）长和专门委员会（小组）负责人组成。

在职工代表大会闭会期间，由企业工会负责召集职工代表大会代表团（组）长和专门委员会（小组）负责人举行职工代表大会团（组）长联席会议，协商处理需要临时解决的重要问题，并提请下一次职工代表大会确认。企业工会根据会议内容可以邀请企业负责人或者其他有关人员参加。

第二十条 职工代表大会团（组）长联席会议根据职工代表大会的授权，负责确定推荐劳动模范和先进工作者人选，并向下一次职工代表大会报告并予以确认。

第二十一条 职工代表大会对依照本条例第十九条、第二十条规定研究处理、通过的事项具有最终审定权。

第二节 职权

第二十二条 国有企业、国有控股企业职工代表大会行使下列职权：

（一）听取和审议企业的经营方针，发展规划，年度计划，企业财务会计报告，重大投资计划，职工培训计划，业务招待费使用情况以及履行集体合同等情况的报告，并提出意见和建议；

（二）审议企业提出的工资调整方案，奖金分配方案，劳动安全卫生和女职工劳动保护措施，企业改革、改制方案，企业重组、兼并、破产以及重要的规章制度；

（三）审议通过或者否决集体合同草案、工资集体协议草案；

（四）审议决定职工福利基金、困难职工救助办法以及有关职工生活福利的重大事项；

（五）评议、监督企业高级和中级管理人员，提出奖惩建议；

（六）选举、罢免职工董事、职工监事和参加平等协商的职工方代表；

（七）依照法律、法规规定，或者经企业与企业工会协商确定需要由职工代表大会行使的其他职权。

国有企业、国有控股企业提出的职工裁员分流方案，按照国家有关规定执行。

第二十三条 集体企业职工代表大会的职权、常设机构的设立以及年度会次等，按照城镇集体所有制企业条例、乡村集体所有制企业条例等法律、法规的规定行使。

第二十四条 本条例第二十二条、第二十三条规定以外的其他企业职工代表大会行使下列职权：

（一）听取企业关于经营管理情况、职工社会保险费缴纳情况、企业制定规章制度情况以及履行集体合同等情况的报告，并提出意见和建议；

（二）依照法律、法规规定，审议通过或者否决集体合同草案、工资集体协议草案、劳动安全卫生措施计划、女职工权益保护方案、涉及职工利益的重要规章制度；

（三）监督企业实施劳动法律、法规和履行集体合同的情况；

（四）选举、罢免职工监事以及平等协商的职工方代表；

（五）依照法律、法规规定，或者经企业与企业工会协商确定需要由职工代表大会行使的其他职权。

第三节 职工代表

第二十五条 职工代表应当由职工民主选举产生。

职工代表实行常任制，可以连选连任，任期与职工代表大会届期相同。

第二十六条 选举职工代表，应当以班组（科、室）、工段或者分厂（车间）为选举单位，并由选举单位全体职工 2/3 以上参加直接选举方为有效，被选举人应当获得所在选举单位全体职工过半数赞成票方可当选。但设立分公司、分厂的企业职工代表大会的职工代表可以由分公司、分厂的职工代表大会间接选举产生。

职工代表的选举，还可以通过竞选的方式进行。竞选方案由企业工会提出，并与企业管理机构协商确定。

第二十七条 职工代表中一线职工、技术人员的比例应当不少于70%。

女职工代表比例一般不低于本单位女职工占全体职工人数的比例。

第二十八条 职工代表享有下列权利：

（一）参加职工代表大会，在职工代表大会上有选举权、被选举权和表决权；

（二）对涉及职工权益的事项有知情权；

（三）有权参加职工代表大会及其工作机构组织的活动，闭会期间对企业执行职工代表大会决议、决定和落实提案情况进行监督；

（四）参加职工代表大会或者经企业同意组织的有关活动，工资和其他福利待遇不受影响。

第二十九条 职工代表应当履行下列义务：

（一）遵守法律、法规、企业的规章制度，保守企业的商业和技术秘密，做好本职工作；

（二）听取和反映所在选举单位职工对企业生产经营、管理以及涉及职工切身利益等方面的意见、建议和要求；

（三）每年向所在选举单位职工述职，接受职工的评议和监督；

（四）执行职工代表大会的决议，完成职工代表大会交付的任务；

（五）法律、法规规定的其他义务。

第三十条 职工代表依法行使职权，任何组织和个人不得限制、阻挠和打击报复。

职工代表在任职期间内非因法定事由，企业不得与其解除劳动合同。

第三十一条 职工代表对所在选举单位的职工负责，其所在选举单位的职工有权监督和罢免本选举单位的职工代表。

职工代表依法终止或者解除与本单位劳动关系，其代表资格自行终止。

职工代表出现缺额时，由原选举单位按规定补选。

第四节 职工代表大会与工会

第三十二条 企业工会是职工代表大会的工作机构，负责职工代表大会的日常工作，并履行下列职责：

（一）制定职工代表选举和罢免办法，组织职工选举职工代表，负责将职工代表大会代表名单在本选举单位内进行公示；

（二）负责职工代表大会会议的筹备工作和组织工作，征集代表提案，提出职工代表大会的议题、议程和日程建议；

（三）主持召开职工代表大会代表团（组）长和专门委员会（小组）负责人联席会议；

（四）组织专门委员会（小组）进行调查研究，向职工代表大会提出建议，检查督促职工代表大会决议的执行情况，发动职工落实职工代表大会决议；

（五）受理职工的申诉和征集职工的建议，维护职工的合法权益；

（六）宣传有关民主管理的法律、法规和政策，增强职工参与民主管理的意识，提高职工素质和参与能力；

（七）法律、法规规定的其他事项。

第三十三条 企业召开职工代表大会，由企业工会提前20日将本次职工代表大会筹备方案报上一级工会预审，上一级工会应当自收到筹备方案之日起3日内提出指导意见。3日内未提出的，视为同意。企业工会应当自职工代表大会闭会后7日内，将本次职工代表大会的会议资料报上一级工会备案。

第五节 区域、行业职工代表大会

第三十四条 乡镇、街道、村、社区、开发区、科技园区、工业园区等同一区域，或者同一行业以及在性质相近的几个行业内规模较小、职工人数较少而又比较集中的企业，可以联合建立区域或者行业职工代表大会。

第三十五条 区域、行业职工代表大会以由小型企业工会协商联合建立，或者由乡镇、街道、村、社区、开发区、科技园区、工业园区等地区工会负责组织和建立。

第三十六条 区域、行业职工代表大会通过开展民主管理活动，解决本区域或者行业涉及职工利益的共性问题。

第三十七条 区域、行业职工代表大会的组织制度可以参照本章第一节有关企业职工代表大会的规定执行。

第三章 厂务公开

第三十八条 企业实行厂务公开应当遵守法律、法规以及国家和省其他有关规定，坚持实事求是、及时准确、注重实效、有利于企业发展和维护职工合法权益的原则。

实行厂务公开应当保守国家秘密和企业的商业秘密。

第三十九条 国有企业和国有控股企业、集体企业实行厂务公开，除公开本条例第二十二条、第二十三条职权规定的内容外，还应当公开下列事项：

（一）企业投资和生产经营重大决策方案，重大技术改造方案等重大决策事项；

（二）年度生产经营目标及完成情况，经济担保，大额资金使用和大额资产处置情况，工程建设项目的招标和投标，大宗物资采购供应，产品销售和盈亏情况，承包租赁合同执行情况，企业内部经济责任制落实情况等生产经营管理重要事项；

（三）劳动法律法规的执行，劳动合同的签订和履行，职工提薪晋级、奖罚与福利，职工养老、医疗、工伤、失业、生育等社会保障基金缴纳情况，职工招聘，专业技术职称的评聘，评优选先的条件、数量和结果，职工购房、售房的政策和住房公积金管理以及企业公积金和公益金的使用方案等涉及职工切身利益的重大事项；

（四）企业中层领导人员、重要岗位人员的选聘和任用情况，企业业务招待费用使用情况，企业领导人员工资（年薪）、奖金、兼职、补贴、住房、用车、通讯工具使用情况，出国出境费用支出情况，以及与企业管理机构组成人员廉洁自律有关的重要事项。

第四十条 本条例第三十九条规定以外的企业实行厂务公开，除公开本条例第二十四条职权规定的内容外，还应当公开下列事项：

（一）辞退、处分职工的情况和理由；

（二）评选劳动模范和优秀职工的条件、名额和结果。

第四十一条 企业可以通过下列形式实行厂务公开：

（一）召开职工代表大会；

（二）向职工董事、职工监事报告或者通报；

（三）召开厂情发布会通报；

（四）一般性事项可以采取设立厂务公开栏，或者通过企业内部信息网络、广播、电视、报刊、板报等形式公开通报；

（五）便于职工知晓的其他形式。

第四十二条 企业应当按照国家有关规定，设立厂务公开领导机构和工作机构。

企业的法定代表人或者主要负责人，是厂务公开的责任人。

第四十三条 厂务公开应当按照下列程序进行：

（一）厂务公开责任人组织提出厂务公开方案；

（二）厂务公开领导机构审查和通过公开方案；

（三）厂务公开领导机构按照方案确定的具体内容、时间、范围和形式进行公开；

（四）厂务公开领导机构对公开情况实施监督，并组织收集职工的意见和建议；

（五）厂务公开领导机构应当自收到职工意见和建议之日起三十日内向职工反馈。

第四十四条 企业应当向职工代表大会通报厂务公开实施情况。

第四章 平等协商

第四十五条 企业与企业职工一方应当建立平等协商制度。签订集体合同必须经过平等协商。

第四十六条 企业职工一方与企业通过平等协商，可以就劳动报酬、工作时间、休息休假、劳动安全卫生、保险福利等事项订立集体合同。

第四十七条 集体合同草案应当提交职工代表大会或者职工大会讨论通过。

第四十八条 集体合同的订立、变更、解除和终止等应当依照有关法律、法规的规定办理。

第四十九条 企业违反集体合同，侵犯职工劳动权益的，工会可以依法要求企业承担责任；因履行集体合同发生争议，经协商解决不成的，工会可以依法申请仲裁、提起诉讼。

第五章 职工董事、职工监事

第五十条 公司制企业的董事会、监事会，应当依照公司法规定，设立职工董事和职工监事。

第五十一条 担任职工董事、职工监事应当符合公司法规定的任职条件。

第五十二条 职工董事、职工监事由公司职工通过职工代表大会、职工大会等形式民主选举产生。

第五十三条 职工董事、职工监事的变更、罢免，应当通过职工代表大会、职工大会等形式依照法定程序进行。

第五十四条 职工董事、职工监事与董事会、监事会中的其他董事、监事享有同等权利，履行同等义务。

公司董事会、监事会应当为职工董事、职工监事开展工作提供必要的条件。

第六章 监督检查

第五十五条 市、县（市、区）总工会可以建立企业民主管理监督检查工作机制，协助市、县（市、区）人民政府做好企业民主管理监督检查工作。

第五十六条 任何单位和个人对违反本条例的行为，均有权向政府有关部门和市、县（市、区）总工会举报。

第五十七条 市、县（市、区）总工会可以建立有关企业民主管理情况的档案。市、县（市、区）总工会依法对企业实行民主管理情况进行监督时，企业应当如实提供相关资料和说明。

第五十八条 市、县（市、区）总工会在监督检查时，发现企业侵犯职工民主管理权利的行为，可以依法要求企业限期改正；对逾期不改正的，可以向同级人民政府提出工作建议，同级人民政府协调有关部门依法予以处理。

第五十九条 企业工会与企业法定代表人因民主管理事项产生争议的，双方应当协商解决；协商不成的，可以提请市、县（市、区）总工会或者政府有关部门协调解决。

第六十条 市、县（市、区）人民政府劳动和社会保障行政部门应当会同同级工会和企业方面代表，建立劳动关系三方协商机制，共同研究解决劳动关系方面的重大问题。

第六十一条 市、县（市、区）人民政府和同级工会对在企业民主管理工作中作出突出贡献的单位和个人，应当给予表彰和奖励。

第七章 法律责任

第六十二条 企业及其法定代表人、经营管理者等违反本条例规定，有下列情形之一的，县级以上人民政府以及有关部门应当依法处理：

（一）拒不建立或者实行民主管理制度的；

（二）不按照规定召开职工代表大会或者实行厂务公开的；

（三）应当提交职工代表大会审议、通过、决定、选举的事项而不提交的；

（四）拒不执行职工代表大会决定的；

（五）拒绝职工董事、职工监事依法参加董事会、监事会，或者以其他方式妨碍职工董事、职工监事行使职权的；

（六）打击报复职工代表、职工董事、职工监事的；

（七）其他违反本条例规定的行为。

第六十三条 企业法定代表人、经营管理者违反本条例规定，以暴力、威胁等手段妨碍、阻挠职工行使民主管理权利，或者打击报复职工代表、职工董事、职工监事的，依照治安管理处罚法的规定处罚；构成犯罪的，依法追究刑事责任。

第六十四条 企业违反法律、法规和本条例的规定，解除依法行使职权的职工代表、职工董事、职工监事和工会工作人员劳动合同的，由县级以上人民政府劳动和社会保障行政部门责令改正；造成损失的，依法承担赔偿责任。

第六十五条 县级以上人民政府及其有关部门的工作人员，在对企业民主管理工作实施监督的过程中滥用职权、玩忽职守、徇私舞弊的，由同级人民政府或者有关部门依法给予行政处分；构成犯罪的，依法追究刑事责任。

第六十六条 工会工作人员违反本条例规定，妨碍职工行使民主管理权利，使职工合法权益遭受损害的，由同级工会或者上级工会责令改正，或者予以处分。

第八章 附则

第六十七条 建立职工代表大会制度或者职工大会制度的事业单位参照本条例执行。

第六十八条 本条例自2010年5月1日起施行。

济南市粮食流通管理办法

（2010年11月15日济南市人民政府发布）

第一章 总则

第一条 为加强粮食流通监督管理，保障粮食安全，维护市场秩序，保护经营者和消费者的合法权益，根据国务院《粮食流通管理条例》及有关法律、法规，制定本办法。

第二条 在本市行政区域内从事粮食收购、销售、加工、储存、运输、进出口等经营活动（以下统称粮食经营活动），应当遵守本办法。

本办法所称粮食是指小麦、玉米、稻谷、杂粮及其成品粮。

第三条 粮食经营活动应当遵循自愿、公平、诚实信用的原则，不得损害粮食生产者、消费者的合法权益，不得损害国家利益和社会公共利益。

第四条 市粮食行政管理部门负责本市粮食流通的行政管理、行业指导和监督检查，并具体负责市中区、历下区、槐荫区、天桥区和高新开发区粮食流通的监督管理。

历城区、长清区、章丘市、平阴县、济阳县、商河县粮食行政管理部门负责本区域粮食流通的行政管理和监督检查，并接受市粮食行政管理部门的业务指导。发展改革、工商行政管理、质量监督、卫生、财政、物价等行政管理部门应当按照各自职责，做好粮食流通相关工作。

第五条 各县（市）、区人民政府应当将粮食流通监督检查经费纳入本级财政预算。

第二章 经营管理

第六条 粮食经营者是指从事粮食收购、销售、储存、运输、加工、转化、进出口等经营活动的法人、其他经济组织和个体工商户。

第七条 从事粮食收购活动应当具备下列条件：

（一）法人和其他经济组织自有资金20万元以上，个体工商户自有资金5万元以上；

（二）法人和其他经济组织拥有或者租有20万公斤以上、个体工商户拥有或者租有5万公斤以上的符合国家粮食存储标准和技术规范要求的有效仓容；

（三）具备水分测定仪、容重器、天平、磅秤等粮食质量检验、化验仪器和计量器具；

（四）法律、法规规定的其他条件。

第八条 收购粮食实行收购资格许可制度。

第九条 申请粮食收购资格，应当依照《山东省粮食收购管理办法》的规定向粮食行政管理部门提交材料。取得《粮食收购许可证》后，应当依法办理工商登记。

第十条 《粮食收购许可证》实行年检制度。发证机关应当每年对《粮食收购许可证》持有者的经营条件、许可事项等内容进行检查。

第十一条 《粮食收购许可证》的有效期为3年。《粮食收购许可证》有效期内，被许可人需要变更许可事项的，应当向作出行政许可决定的粮食行政管理部门提出申请。符合条件的，粮食行政管理部门依法予以变更。《粮食收购许可证》有效期满，需要继续使用的，应当在有效期满30日前向作出行政许可决定的粮食行政管理部门提出申请。粮食行政管理部门应当在《粮食收购许可证》有效期满前作出决定。准予继续使用的，编号不变，重新核发《粮食收购许可证》;不予准许的，书面说明理由，并收回《粮食收购许可证》正、副本；逾期未作出决定的，视为准予使用。

第十二条 任何单位和个人不得伪造、涂改、倒卖、转让、出租、出借《粮食收购许可证》。

第十三条 从事粮食收购活动的经营者应当遵守下列规定：

（一）在粮食收购场所明示粮食收购许可证；

（二）在收购场所醒目位置公示收购粮食的品种、质量标准和收购价格；

（三）执行国家粮食质量标准，按质论价；

（四）使用经法定计量检定机构检定合格的计量器具；

（五）对收购的粮食及时整理，霉变及病虫害超过标准的应单独存放，并按规定处理。带有检疫对象的粮食应当按国家有关规定处理；

（六）定期向收购地的县级以上粮食行政管理部门报告粮食收购数量等情况；

（七）接受县级以上人民政府委托收购政策性粮食；

（八）法律、法规、规章规定的其他事项。

第十四条 从事粮食批发、零售的经营者办理工商登记后，应当向粮食行政管理部门报送以下书面材料：

（一）营业执照；

（二）经营产品目录；

（三）经营场所产权证明或有效租赁证明；

（四）产品进货来源；

（五）法律法规规定的其他材料。

从事粮食批发业务的经营者还应当提交检验和保管专业人员的资格证书和产品销售去向的相关资料。

第十五条 粮库周围不得有有毒有害气体、粉末等污染源；储存粮食使用的仓储设施应当符合粮食储存有关标准和技术规范要求；不得将粮食与可能对粮食产生污染的有害物质混存。

第十六条 粮食经营者应当严格按照国家规定的标准、技术规范对储存的粮食进行消毒、杀虫、灭鼠处理，不得使用国家禁止使用的化学药剂或者超量使用化学药剂。

霉变、病虫害或药剂残留量超过国家标准的粮食应当单独存放，并按照国家规定进行处理。

第十七条 粮食经营者应当建立粮食销售出库质量检验制度。正常储存年限内的粮食出库，由经营者检验，并出具质量检验报告；超过正常储存年限的，应当由有资质的粮食质量检验机构出具质量检验报告。

从事粮食收购、储存的经营者向从事粮食销售、加工和转化的经营者出售粮食时，应当提供粮食质量检验报告。

第十八条 加工和销售粮食产品，应当严格执行国家标准。不得加工、销售掺杂使假、以次充好的粮食产品。

从事粮食加工和成品粮销售的人员应当取得健康合格证明。

第十九条 粮食运输应当严格执行国家的技术规范，不得使用被污染的运输工具或者包装材料。

第二十条 从事粮食收购、批发、加工、销售的经营者，应当遵守政府规定的粮食经营最低和最高库存量标准，保持适当的库存量。

第二十一条 从事粮食经营活动的经营者，应当建立粮食经营台帐，并向所在地粮食行政管理部门定期报送粮食收购、销售、储存、加工和转化用粮等基本数据和相关情况。

粮食经营者保留粮食经营台账的期限不得少于3年。

第二十二条 县级以上粮食行政管理部门应当定期形成统计报表，并逐级上报。

第三章 储备应急

第二十三条 粮食应急工作应当遵循科学监测、预防为主、反应及时和处置得力的原则。

第二十四条 市粮食行政管理部门应当会同相关职能部门加强对粮食市场的调控，保持全市粮食供求总量基本平衡和价格基本稳定。

第二十五条 历城区、长清区、章丘市、平阴县、济阳县、商河县人民政府应当按照产区保持3个月销量、销区保持6个月销量的标准建立地方粮食储备，并保持一定数量的小包装成品粮储备。

第二十六条 地方粮食储备计划实行指令性管理，由同级人民政府下达。

地方储备粮承储企业应当确保地方储备粮数量真实、质量良好和储存安全。

任何单位和个人不得擅自动用储备粮。

第二十七条 历城区、长清区、章丘市、平阴县、济阳县、商河县人民政府应当建立健全粮食风险基金制度。粮食风险基金主要用于对种粮农民直接补贴、支持粮食储备和稳定粮食市场等。

市、县（区）财政部门依法对粮食风险基金的使用情况进行监督管理。

第二十八条 粮食行政管理部门应当会同工商行政管理、质量监督、卫生、物价等部门对粮食供求形势进行监测和预警分析，并适时发布粮食消费、价格、质量等信息。

第二十九条 各级粮食行政管理部门应当确定本辖区粮食应急储备、加工和供应企业，承担应急储备和非常时期的应急加工、供应任务。

第三十条 各级粮食部门应当制定粮食应急预案，报同级人民政府批准。

市级粮食应急预案的启动，由市发展改革、粮食以及财政部门提出建议，报市人民政府批准后实施；县级粮食应急预案的启动，由本级人民政府按照规定的程序决定，并向市人民政府报告。

第四章 监督检查

第三十一条 粮食行政管理部门应当通过定期、专项、抽查等方法对下列事项进行监督检查：

（一）粮食经营者执行国家粮食流通统计制度的情况；

（二）粮食经营者上市销售粮食质量状况；

（三）粮食仓储设施、销售设施是否符合相关条件；

（四）粮食储存企业粮食销售出库质量检验制度执行情况；

（五）地方储备粮的数量、质量、储存安全以及轮换计划执行情况；规章制度、标准与规范执行情况；地方储备粮承储企业的承储资格情况；

（六）法律、法规、规章规定的其他事项。

第三十二条 粮食行政管理部门应当与工商行政管理、质量监督、卫生、物价等行政管理部门建立粮食监督检查工作联系制度等协调机制，做好粮食流通监督检查相关工作，定期交流通报信息。

第三十三条 粮食流通监督检查人员依法履行职责，被检查者应当予以配合。任何单位和个人不得拒绝、阻挠、干涉。

第五章 法律责任

第三十四条 违反本办法规定，有下列行为之一的，由粮食行政管理部门责令改正，予以警告；逾期不改正的，对个体工商户处200元以上1000元以下罚款，法人和其他经济组织处2000元以上3万元以下罚款：

（一）未取得《粮食收购许可证》或在《粮食收购许可证》过期后仍从事粮食收购活动的；

（二）未在粮食收购场所明示《粮食收购许可证》的；

（三）伪造、涂改、倒卖、转让、出租、出借《粮食收购许可证》的；

（四）从事粮食收购的经营者未定期向收购地县级以上粮食行政管理部门报告粮食收购数量等情况的。

第三十五条 违反本办法规定，有下列行为之一的，由粮食行政管理部门责令其限期改正，予以警告；逾期不改的，对个体工商户可以处200元以上1000元以下罚款，法人和其他经济组织可以处2000元以上3万元以下罚款：

（一）正常储存年限内出库的粮食，经营者未进行质量检验或未出具质量检验报告的；

（二）粮食与可能对粮食产生污染的物品混存的；

（三）未按国家规定的标准和技术规范对仓储设施进行消毒、防治粮食虫害和霉菌、灭鼠的；

（四）霉变及病虫害超过国家标准的粮食未单独存放的；

（五）药剂残留量超过国家标准的粮食未单独封存的；

（六）使用被污染的运输工具或者包装材料运输粮食的。

第三十六条 从事粮食批发、零售的经营者未按本办法第十四条规定向粮食行政管理部门报送书面材料的，由粮食行政管理部门责令限期改正；逾期未改正的，对个体工商户可以处200元以上1000元以下罚款，法人和其他经济组织可以处2000元以上3万元以下罚款。

第三十七条 经营者未按本办法第十三条第一款第（二）项规定在收购场所醒目位置公示收购粮食的品种、质量标准、计价单位和收购价格的，由价格主管部门责令其限期改正，没收违法所得，并处5000元以下罚款。

第六章 附则

第三十八条 本办法下列用语的含义是：粮食零售经营者，是指超市和以粮食及其制成品销售为主要业务的法人或个体工商户。

第三十九条 本市行政区域内大豆、油料、食用植物油的经营活动和监督管理工作，适用本办法除第七条至第十条及第十七条、第十八条以外的规定。

军粮、转基因粮食的管理，依照国家和省政府的相关规定执行。

第四十条 本办法中涉及“以上”的含本数、涉及“以下”的不含本数。涉及粮食价值的，已达成交易的按交易值计算，其他按库存成本价计算。

第四十一条 本办法自2011年1月1日起实施。

2010年济南市人大常委会公布的地方性法规目录

法规名称	公布时间
济南市企业民主管理条例	3月31日
济南市户外广告设置管理条例	11月25日
济南市人民代表大会常务委员会关于废止《济南市私营企业管理规定》等两件地方性法规的决定	11月25日
济南市人民代表大会常务委员会关于修改《济南市城镇企业职工基本养老保险条例》等23件地方性法规的决定	11月25日

2010年济南市人民政府发布的政府规章目录

规章名称	发布时间
济南市人民政府关于废止《济南市人民政府关于地方法规制定程序的规定》等13件政府规章的决定	4月28日
济南市土地征收管理办法	7月28日
济南市人民政府关于公布市级行政处罚事项梳理和规范结果的决定	10月28日
济南市粮食流通管理办法	11月15日
济南市人民政府关于废止《济南市行政执法暂行规定》等17件政府规章的决定	12月17日

2010年中共济南市委文件选目

文件名称	文 号
中共济南市委、济南市人民政府关于加大统筹城乡发展力度、加快现代农业产业体系建设的意见	济发〔2010〕1号
中共济南市委、济南市人民政府贯彻落实《中共山东省委、山东省人民政府关于大力推进新型城镇化的意见》的实施意见	济发〔2010〕2号
中共济南市委关于印发《中国共产党济南市代表大会代表任期制实施细则（试行）》的通知	济发〔2010〕3号
中共济南市委、济南市人民政府关于创建国家创新型城市的意见	济发〔2010〕5号
中共济南市委、济南市人民政府关于创建中国软件名城的意见	济发〔2010〕6号
中共济南市委、济南市人民政府关于创建国家森林城市、建设森林泉城的意见	济发〔2010〕7号
中共济南市委关于在全市开展“执政为民、廉洁高效”集中教育活动的意见	济发〔2010〕8号
中共济南市委关于认真学习贯彻《中国共产党党员领导干部廉洁从政若干准则》的通知	济发〔2010〕10号
中共济南市委、济南市人民政府印发《关于2010年全市党风廉政建设和反腐败工作任务分工意见》的通知	济发〔2010〕11号
中共济南市委、济南市人民政府关于加强城市管理工作的若干意见	济发〔2010〕12号
中共济南市委关于建立健全推进基层党建工作长效机制巩固和拓展学习实践科学发展观活动成果的实施意见	济发〔2010〕13号
中共济南市委关于加强新形势下党建带群团建设工作的意见	济发〔2010〕14号
中共济南市委、济南市人民政府关于健全科学发展考核评价体系，做好2010年考核评价工作的意见	济发〔2010〕15号
中共济南市委关于印发《中共济南市委巡视工作实施办法（试行）》的通知	济发〔2010〕16号
中共济南市委、济南市人民政府印发《关于开展反腐倡廉“制度创新年”活动的实施方案》的通知	济发〔2010〕17号
中共济南市委、济南市人民政府关于加快经济发展方式转变的实施意见	济发〔2010〕18号
中共济南市委、济南市人民政府关于印发《济南市中长期人才发展规划纲要（2010~2020）》的通知	济发〔2010〕19号
中共济南市委、济南市人民政府关于进一步加强生态市建设工作的意见	济发〔2010〕20号
中共济南市委关于认真学习贯彻党的十七届五中全会的通知	济发〔2010〕22号
中共济南市委、济南市人民政府关于印发《济南市创新流动人口服务管理体制推进流动人口计划生育基本公共服务均等化试点工作实施方案》的通知	济发〔2010〕23号
中共济南市委关于制定济南市国民经济和社会发展第十二个五年规划的建议	济发〔2010〕24号

中共济南市委、济南市人民政府关于做好新形势下群众工作的意见	济发〔2010〕25号
中共济南市委、济南市人民政府关于表彰平安济南建设先进集体和先进工作者的通报	济普发〔2010〕5号
中共济南市委、济南市人民政府关于表彰人民满意政法单位和人民满意政法干警的通报	济普发〔2010〕6号
中共济南市委、济南市人民政府关于表彰全市农民增收先进乡镇的通报	济普发〔2010〕11号
中共济南市委、济南市人民政府关于2009年度全市科技进步暨创新型城市建设工作的表彰决定	济普发〔2010〕13号
中共济南市委、济南市人民政府关于2009年度人口和计划生育目标管理考核情况的通报	济普发〔2010〕16号
中共济南市委、济南市人民政府关于表彰2009年度科学发展综合考核先进单位的决定	济普发〔2010〕20号
中共济南市委、济南市人民政府关于命名表彰第二批“泉城学者”的决定	济普发〔2010〕24号
中共济南市委、济南市人民政府关于表彰济南市对口支援北川（擂鼓镇）灾后恢复重建工作先进集体和先进个人的决定	济普发〔2010〕44号
中共济南市委、济南市人民政府关于命名表彰首批“济南企业英才”的决定	济普发〔2010〕46号
中共济南市委、济南市人民政府关于表彰全市信访工作先进单位和先进个人的通报	济普发〔2010〕48号
中共济南市委、济南市人民政府关于表彰第七届园博会筹办工作先进集体和先进个人的决定	济普发〔2010〕49号

2010年中共济南市委办公厅文件选目

文件名称	文 号
中共济南市委办公厅、济南市人民政府办公厅关于印发《济南市实施“百千万海内外人才引进工程”的意见》的通知	济办发〔2010〕2号
中共济南市委办公厅、济南市人民政府办公厅印发《关于贯彻落实姜异康书记重要讲话精神，深化城市规划建设发展工作责任分工方案》的通知	济办发〔2010〕3号
中共济南市委办公厅、济南市人民政府办公厅转发市发改委等9部门《关于加强全市水系生态建设的实施意见》的通知	济办发〔2010〕6号
中共济南市委办公厅、济南市人民政府办公厅关于在全市继续开展“项目推进年”活动的通知	济办发〔2010〕7号
中共济南市委办公厅转发《市委组织部、市委宣传部关于在全市基层党组织和党员中深入开展创先争优、争做泉城先锋活动的实施意见》的通知	济办发〔2010〕10号
中共济南市委办公厅印发《关于推进全市学习型党组织建设的实施意见》的通知	济办发〔2010〕11号
中共济南市委办公厅、济南市人民政府办公厅印发《关于办理政协建议案的工作程序》的通知	济办发〔2010〕13号
中共济南市委办公厅关于印发《中共济南市委常委会任用干部票决制办法（试行）》的通知	济办发〔2010〕15号
中共济南市委办公厅、济南市人民政府办公厅印发《〈中共济南市委、济南市人民政府关于加快经济发展方式转变的实施意见〉分工落实方案》的通知	济办发〔2010〕17号
中共济南市委办公厅、济南市人民政府办公厅关于印发《济南市人才工作目标责任制考核实施意见（试行）》的通知	济办发〔2010〕20号
中共济南市委办公厅、济南市人民政府办公厅关于印发《济南市2010年度科学发展综合考核实施细则》的通知	济办发〔2010〕21号
中共济南市委办公厅、济南市人民政府办公厅印发《关于加快文化产业振兴发展的意见》的通知	济办发〔2010〕22号
中共济南市委办公厅、济南市人民政府办公厅转发《市委市直机关工委关于进一步深化创建“机关党员先锋号”的实施意见》的通知	济厅字〔2010〕2号
中共济南市委办公厅关于转发《市委督查室2010年督查工作意见》的通知	济厅字〔2010〕19号
中共济南市委办公厅、济南市人民政府办公厅转发《市委农办关于2010年全市“三农”重点工作考核方案》的通知	济厅字〔2010〕20号
中共济南市委办公厅、济南市人民政府办公厅关于印发《“济南企业英才”选拔管理暂行办法》的通知	济厅字〔2010〕22号
中共济南市委办公厅、济南市人民政府办公厅关于印发《构筑惩治预防体系打造廉洁高效济南市直单位任务分工推进时间表》的通知	济厅字〔2010〕25号
中共济南市委办公厅、济南市人民政府办公厅关于做好济南市重大事项社会稳定风险评估化解备案工作的通知	济厅字〔2010〕26号
中共济南市委办公厅关于深入学习贯彻《党政领导干部选拔任用工作责任追究办法（试行）》等四项监督制度的通知	济厅字〔2010〕28号
中共济南市委办公厅、济南市人民政府办公厅转发《市纪委、市监察局关于严格禁止领导干部大办婚丧喜庆事宜和借机敛财的暂行规定》的通知	济厅字〔2010〕29号

中共济南市委办公厅、济南市人民政府办公厅关于将双拥工作列入科学发展综合考核指标体系的通知	济厅字〔2010〕32号
中共济南市委办公厅、济南市人民政府办公厅关于印发《2010~2012年度〈人口和计划生育目标管理责任书〉执行情况考核方案》的通知	济厅字〔2010〕34号
中共济南市委办公厅、济南市人民政府办公厅转发《市公安局、市教育局关于济南市维护校园及周边治安秩序十项措施》的通知	济厅字〔2010〕35号
中共济南市委办公厅、济南市人民政府办公厅关于印发《全市人口出生清理核查工作方案》的通知	济厅字〔2010〕40号
中共济南市委办公厅、济南市人民政府办公厅关于开展2010年全市优化发展环境民主评议工作的意见	济厅字〔2010〕41号
中共济南市委办公厅、济南市人民政府办公厅关于深入实施领导干部定期接待群众来访等三项制度的通知	济厅字〔2010〕42号
中共济南市委办公厅、济南市人民政府办公厅转发《济南市公安局加快推进执法规范化建设三年规划（2010~2012）等工作规划的通知	济厅字〔2010〕43号
中共济南市委办公厅、济南市人民政府办公厅关于印发《济南市2010年军队转业干部安置工作实施意见》的通知	济厅字〔2010〕45号
中共济南市委办公厅、济南市人民政府办公厅关于印发《章丘市乡镇机构改革方案》的通知	济厅字〔2010〕49号
中共济南市委办公厅、济南市人民政府办公厅关于印发《平阴县乡镇机构改革方案》的通知	济厅字〔2010〕50号
中共济南市委办公厅、济南市人民政府办公厅关于印发《济阳县乡镇机构改革方案》的通知	济厅字〔2010〕51号
中共济南市委办公厅、济南市人民政府办公厅关于印发《商河县乡镇机构改革方案》的通知	济厅字〔2010〕52号
中共济南市委办公厅、济南市人民政府办公厅关于印发《济南市槐荫区乡镇机构改革方案》的通知	济厅字〔2010〕53号
中共济南市委办公厅、济南市人民政府办公厅关于印发《济南市天桥区乡镇机构改革方案》的通知	济厅字〔2010〕54号
中共济南市委办公厅、济南市人民政府办公厅关于印发《济南市历城区乡镇机构改革方案》的通知	济厅字〔2010〕55号
中共济南市委办公厅、济南市人民政府办公厅关于印发《济南市长清区乡镇机构改革方案》的通知	济厅字〔2010〕56号
中共济南市委办公厅关于印发《市委决策研究专家智库工作方案》的通知	济厅字〔2010〕58号
中共济南市委办公厅、济南市人民政府办公厅印发《关于在全市开展廉政风险防范管理工作的实施意见（试行）》的通知	济厅字〔2010〕62号
中共济南市委办公厅、济南市人民政府办公厅、济南市人力资源和社会保障局关于表彰全市信访工作先进个人的通报	济厅字〔2010〕63号
中共济南市委办公厅、济南市人民政府办公厅关于贯彻落实《中共中央关于加强人民政协工作意见》总结检查情况的通报	济厅字〔2010〕65号

2010年济南市人民政府文件选目

文件名称	文号
济南市人民政府关于全面推进集体林权制度改革的实施意见	济政发〔2010〕2号
济南市人民政府关于印发济南市创建国家创新型城市发展规划（2010~2015）的通知	济政发〔2010〕4号
济南市人民政府关于印发济南市创建中国软件名城若干政策的通知	济政发〔2010〕5号
济南市人民政府关于印发济南市创建国家创新型城市若干政策的通知	济政发〔2010〕6号
济南市人民政府关于印发济南市城市森林建设总体规划纲要的通知	济政发〔2010〕7号
济南市人民政府关于印发济南市城市规划区村庄建设规划编制审批规定的通知	济政发〔2010〕9号
济南市人民政府关于印发济南市人才居住证实施暂行办法的通知	济政发〔2010〕12号
济南市人民政府关于印发济南市有雇工个体工商户参加工伤保险暂行办法的通知	济政发〔2010〕14号
济南市人民政府关于印发济南市市区宅基地审批管理规定的通知	济政发〔2010〕15号
济南市人民政府关于加快经济发展方式转变进一步促进财源建设的意见	济政发〔2010〕16号
济南市人民政府关于明确劳动保障监察管辖范围的通知	济政发〔2010〕20号
济南市人民政府关于进一步加强调查研究工作的意见	济政发〔2010〕21号
济南市人民政府转发省政府关于贯彻落实国发〔2010〕23号文件进一步加强企业安全生产工作的意见的通知	济政发〔2010〕22号
济南市人民政府关于印发济南市随军家属就业安置暂行办法的通知	济政发〔2010〕23号
济南市人民政府关于进一步加强和规范公共资源交易管理的意见	济政发〔2010〕24号

济南市人民政府关于取消和调整部分行政审批事项的通知	济政发〔2010〕26号
济南市人民政府关于进一步加强农产品质量安全工作的意见	济政发〔2010〕27号
济南市人民政府关于进一步加强防震减灾工作的意见	济政发〔2010〕28号
济南市人民政府关于转发省政府鲁政发〔2010〕75号文件进一步做好深化经济体制改革工作的通知	济政发〔2010〕29号
济南市人民政府转发省政府关于保持全省房地产市场稳定健康发展的意见的通知	济政发〔2010〕30号
济南市人民政府关于开展公共租赁住房试点工作的意见	济政发〔2010〕32号
济南市人民政府关于鼓励和支持民间投资促进民营经济发展的意见	济政发〔2010〕33号
济南市人民政府关于印发济南市农村公共供水管理暂行规定的通知	济政发〔2010〕34号
济南市人民政府印发关于加快服务业跨越发展的若干政策的通知	济政发〔2010〕36号
济南市人民政府关于深入推进国家商标战略实施示范城市建设的意见	济政发〔2010〕37号
济南市人民政府关于全面推进供销合作社改革发展的实施意见	济政发〔2010〕39号
济南市人民政府关于印发济南市战略性新兴产业发展规划（2010~2015）的通知	济政发〔2010〕40号
济南市人民政府关于加快战略性新兴产业发展的意见	济政发〔2010〕42号

2010年济南市人民政府办公厅文件选目

文件名称	文 号
济南市人民政府办公厅转发市监察局市法制办关于规范对企业行政执法检查行为的意见的通知	济政办发〔2010〕7号
济南市人民政府办公厅关于推行国家基本药物制度的通知	济政办发〔2010〕19号
济南市人民政府办公厅转发市城乡建设委关于进一步整顿和规范建筑市场秩序的意见的通知	济政办发〔2010〕20号
转发市经济和信息化委等部门关于加快太阳能光热系统推广应用的实施意见的通知	济政办发〔2010〕64号
济南市人民政府办公厅关于贯彻《山东省政府信息公开办法》的实施意见	济政办发〔2010〕68号
济南市人民政府办公厅关于转发市安监局等部门济南市较大道路交通事故责任调查处理工作意见（试行）的通知	济政办发〔2010〕69号
济南市人民政府办公厅关于印发济南市防汛应急预案的通知	济政办发〔2010〕76号
济南市人民政府办公厅印发关于进一步做好公文处理工作的若干规定的通知	济政办发〔2010〕77号
济南市人民政府办公厅关于印发济南市著名商标认定保护办法的通知	济政办发〔2010〕79号
济南市人民政府办公厅转发市经济和信息化委等部门关于推动全市建筑垃圾综合利用工作的实施意见的通知	济政办发〔2010〕81号
济南市人民政府办公厅关于推进有线数字电视整体转换工作的实施意见	济政办发〔2010〕83号
济南市人民政府办公厅关于加快发展现代渔业的意见	济政办发〔2010〕85号
济南市人民政府办公厅转发省政府办公厅关于进一步做好金融稳定工作促进金融业健康发展的意见的通知	济政办发〔2010〕86号
济南市人民政府办公厅关于进一步做好农民工培训工作的实施意见	济政办发〔2010〕87号
济南市人民政府办公厅转发省政府办公厅关于加强全省基层应急队伍建设的意见的通知	济政办发〔2010〕89号
济南市人民政府办公厅关于进一步加快水文事业发展的意见	济政办发〔2010〕90号
济南市人民政府办公厅关于促进台商投资与台资企业发展的意见	济政办发〔2010〕95号
济南市人民政府办公厅关于印发济南市打击侵犯知识产权和制售假冒伪劣商品专项行动实施方案的通知	济政办发〔2010〕96号
济南市人民政府办公厅关于进一步加强政府信息公开工作的意见	济政办发〔2010〕97号
济南市人民政府办公厅关于印发健康济南行动方案的通知	济政办发〔2010〕99号

2010年济南市国民经济和社会发展主要指标

年末户数、人口数（户籍人口）

地　区	户数（万户）	人口数（万人）	按性别分（万人）		出生人口（人）	死亡人口（人）	人口自然增长率（‰）
			男性	女性			
全市	190.65	604.08	301.28	302.80	67162	50380	2.78
市区	112.91	348.02	173.19	174.83	38758	24115	4.21
历下区	16.81	54.22	27.13	27.09	5596	2613	5.46
市中区	19.33	57.13	28.05	29.08	5943	3673	3.98
槐荫区	13.16	38.07	18.74	19.33	4774	2667	5.55
天桥区	17.98	50.38	25.02	25.35	5333	3802	3.05
历城区	29.13	92.20	46.17	46.03	11451	6924	4.92
长清区	16.50	56.03	28.07	27.95	5661	4436	2.18
平阴县	13.41	37.27	18.67	18.61	3465	4109	−1.73
济阳县	16.11	55.24	27.79	27.45	7465	5728	3.16
商河县	17.81	62.04	31.36	30.67	8150	7558	0.96
章丘市	30.41	101.51	50.27	51.24	9324	8870	0.45

规模以上工业主要经济指标

指　标	企业单位数（个）	其中：亏损企业数（个）	工业总产值（现价）（万元）	工业销售产值（现价）（万元）	工业增加值（生产法）（万元）	全部从业人员年平均人数（人）
总　计	2021	187	44856080	44279224	13130001	440765
按登记注册类型分						
内资企业	1796	152	40937334	40342354	12116462	385466
国有企业	66	14	4043840	4069262	2847529	41606
中央企业	21	4	2860755	2909045	2412981	15117
省属企业	16	4	344077	329444	161866	11766
市属企业	10	2	197523	192372	27828	5156
市以下	19	4	641485	638402	244854	9567
集体企业	67	8	679992	661307	192532	12413
省属企业	2		17203	15410	4623	251
市属企业	7	2	37451	37544	7610	1491
市以下	58	6	625337	608353	180299	10671
股份合作企业	13	1	101253	100174	21891	2116
联营企业	5		3860903	3861631	1206237	32160
国有联营企业	2		3829828	3831437	1198690	31739
集体联营企业	2		25850	25010	6158	253
其他联营企业	1		5225	5184	1389	168
有限责任公司	420	49	17018605	16912837	3806110	141561

续表 1

指　　标	企业单位数（个）	其中：亏损企业数（个）	工业总产值（现价）（万元）	工业销售产值（现价）（万元）	工业增加值（生产法）（万元）	全部从业人员年平均人数（人）
国有独资企业	11	1	7995426	7893914	1181632	36890
其他有限责任公司	409	48	9023179	9018923	2624479	104671
股份有限公司	77	8	3528926	3488107	882737	30312
私营企业	1136	70	11655532	11201302	3148551	124190
私营独资企业	261	6	3022864	2889469	797916	29569
私营合伙企业	14		157721	152875	47744	1601
私营有限责任公司	810	61	7347587	7072377	2005980	83250
私营股份有限公司	51	3	1127361	1086582	296911	9770
港澳台商投资	66	11	967347	939839	249834	15772
与港澳台商合资经营	35	6	463161	457540	136685	6781
与港澳台商合作经营	1		23554	22397	5382	1800
港澳台商独资	30	5	480633	459902	107767	7191
外商投资	159	24	2951399	2997031	763706	39527
中外合资经营	100	14	2080466	2105576	525274	25154
中外合作经营	5	1	100497	113765	25216	1366
外商独资	49	8	474803	477872	130981	7319
外商投资股份有限公司	5	1	295634	299818	82235	5688
按轻重工业分						
轻工业	635	75	8586342	8419937	2740508	119579
重工业	1386	112	36269738	35859287	10389493	321186
按企业规模分						
大型企业	22	2	18179161	18068081	4077972	119970
中型企业	179	18	9800784	9799803	4121043	130263
小型企业	1820	167	16876135	16411340	4930987	190532
按工业行业分						
煤炭开采和洗选业	8	1	220714	215192	181060	14389
石油和天然气开采业	3		49822	48581	27444	591
黑色金属矿采选业	2		69393	69373	9985	678
非金属矿采选业	19		144009	141946	41086	1868
农副食品加工业	93	7	737803	721635	194500	8283
食品制造业	77	9	1145904	1103264	260137	14068
饮料制造业	33	1	816533	792329	219772	11656
纺织业	64	6	789079	777829	220001	17367
服装及其他纤维制品制造业	27	7	168806	156780	43040	5339
皮革、毛皮、羽绒及其制品业	9	2	95345	92636	15238	1645
木材加工及竹、藤、棕、草制品业	24		156359	152220	35974	2398
家具制造业	17	1	62491	62553	15567	1340
造纸及纸制品业	29	4	452159	439457	151716	4195
印刷业和记录媒介的复制	43	9	223492	232467	75107	5657
文教体育用品制造业	14	1	139772	137147	27732	1860
石油加工、炼焦及核燃料加工业	10	1	2818870	2824016	636461	4251
化学原料及化学制品制造业	162	21	2827869	2712474	697771	30346
医药制造业	74	11	1136542	1089007	507071	16785
橡胶制品业	9	1	77552	74234	55361	819
塑料制品业	66	7	553254	538313	167221	6291
非金属矿物制品业	179	6	2669369	2643949	710732	30371
黑色金属冶炼及压延加工业	17		4451765	4464954	1347133	35749
有色金属冶炼及压延加工业	16	1	95990	94497	18805	1033
金属制品业	123	16	1467151	1418570	432253	17364
通用设备制造业	365	22	4746766	4618944	1347790	63358

续表 2

指　　标	企业单位数（个）	其中：亏损企业数（个）	工业总产值（现价）（万元）	工业销售产值（现价）（万元）	工业增加值（生产法）（万元）	全部从业人员年平均人数（人）
专用设备制造业	144	9	1188588	1148021	319177	21109
交通运输设备制造业	113	9	9789819	9710065	1425935	58455
电气机械及器材制造业	110	16	2262626	2230895	613583	21711
通信设备、计算机及其他电子设备制造	46	4	2051025	2121849	658564	13784
仪器仪表及文化、办公用机械制造业	65	5	339507	323976	94755	6042
工艺品及其他制造业	18		206721	205561	57051	2465
电力、蒸汽、热水的生产和供应业	20	6	1947271	1946981	1990264	12607
煤气生产和供应业	13	1	121847	120385	49925	2334
自来水的生产和供应业	7	3	92111	91314	33578	2490

主要农作物播种面积及产量

指　　标	2009 年	2010 年	指　　标	2009 年	2010 年
农作物总播种面积（万公顷）	61.85	62.09	薯　类	11.22	10.70
粮食作物	46.34	46.74	油料作物	6.07	5.88
谷　物			其中：花　生	5.75	5.59
小　麦	21.36	21.63	棉　花	3.19	2.94
稻　谷	0.88	0.87	蔬　菜	591.18	601.44
玉　米	20.52	20.85	果用瓜	86.28	82.24
谷　子	0.65	0.63	水果总产量（万吨）	46.23	47.44
高　粱	0.11	0.10	苹　果	24.85	24.74
其　他	0.01	0.01	梨	3.76	2.54
豆　类	1.19	1.14	葡　萄	2.27	2.17
薯　类	1.61	1.50	桃	5.98	8.69
油料作物	1.62	1.57	杏	2.67	3.12
其中：花　生	1.19	1.44	枣（鲜）	1.43	1.33
棉　花	2.67	2.55	柿　子（鲜）	2.76	2.58
		0	山　楂	1.39	1.09
蔬　菜	9.64	9.71	其　他	0.45	0.44
果用瓜	1.41	1.36	农作物单位面积产量（公斤/公顷）		
其他作物	0.10	0.11	粮食作物单位面积产量	6246	6192
果园种植面积（万公顷）	3.20	2.96	谷　物		
其中：苹　果	1.60	1.54	小　麦	5750	5838
梨	0.18	0.17	稻　谷	7473	7451
葡　萄	0.13	0.13	玉　米	6944	6708
桃	0.46	0.53	谷　子	3678	3737
农作物总产量（万吨）			高　粱	2526	2478
粮食作物产量	289.47	289.43	其　他	2886	3522
谷　物			豆　类	3075	3053
小　麦	122.81	126.32	薯　类	6954	7112
稻　谷	6.56	6.45	油料作物	3743	3749
玉　米	142.49	139.83	其中：花　生	3855	3872
谷　子	2.41	2.36	棉　花	1194	1154
高　粱	0.28	0.26	麻　类		
其　他	0.03	0.04	蔬　菜	61316	61931
豆　类	3.67	3.49	果用瓜	61059	60684

林、牧、渔业生产情况

指　标	单　位	2009年	2010年	指　标	单　位	2009年	2010年
林业生产				羊出栏数	万只	185.47	195.3
造林面积	公顷	9534	13589	肉类总产量	吨	376093	380751
迹地更新	公顷	167	63	其中：猪牛羊肉	吨	294963	297695
四旁植树	万株	1355	1363	猪肉	吨	217290	217940
本年育苗面积	公顷	5526	5929	牛肉	吨	56242	58768
幼林抚育面积	公顷	36252	33971	羊肉	吨	21431	20987
成林抚育	公顷	51869	54846	禽肉	吨	77624	79045
果品产量	吨	551827	568858	奶　类	吨	301309	311971
木材采伐量	立方米	106753	382256	其中：牛奶	吨	301262	311971
牧业生产				禽　蛋	吨	358824	360309
大牲畜存栏	万头	73.83	74.5	其中：鸡蛋	吨	344462	345032
其中：役畜	万头	3.30	2.5	渔业生产			
其中：牛	万头	73.65	74.4	水产品产量	吨	41362	42564
猪存栏	万头	199.33	201.4	捕　捞	吨	1867	1587
羊存栏	万只	137.67	141.5	养　殖	吨	39495	40977
家禽存栏	万只	3543.62	3639.7	养殖面积	公顷	6776	6782
猪出栏数	万头	289.67	300.3	养殖单产	公斤/公顷	6104	6276

全社会固定资产投资

单位：万元

指　标	2009年	2010年	指　标	2009年	2010年
全社会固定资产投资额	16553668	19874361	其他经济	558474	669657
按管理渠道分			按投资用途分		
城镇集体以上投资	11813551	12979273	第一产业	608114	680779
房地产开发投资	3325576	4845029	第二产业	5544985	6772774
农村投资	1414541	2050059	其中：工　业	5418334	6673469
按经济类型分			第三产业	10400569	12420808
国有经济	6271086	6703079	投资资金来源		
集体经济	2056015	2494164	国家资金	676599	776451
联营经济	2500		国内贷款	2521028	2467662
股份制经济	4122050	5449652	利用外资	232454	199589
外商投资经济	342484	566412	自筹资金	12449940	15555254
港澳台投资经济	617868	431658	其他资金	2399600	3354498
个体经济	2583191	3559739			

利用外资情况

指　标	2009年	2010年	指　标	2009年	2010年
利用外资合同数（个）	74	87	外商直接投资	115165	120903
对外借款	–	–	外商其他投资	–	–
外商直接投资	74	87	实际使用外资（万美元）	98062	104011
外商其他投资	–	–	对外借款	–	–
合同外资金额（万美元）	115165	120903	外商直接投资	98062	104011
对外借款	–	–	外商其他投资	–	–

海关进出口商品总值

单位：万美元

指标	2010年			2009年		
	进出口总额	出口	进口	进出口总额	出口	进口
总值	743776	404888	338888	565704	304706	260998
按贸易方式分						
一般贸易	553473	292033	261440	412095	192039	220056
援助物资	745	745	–	731	731	–
捐赠物资	17	17	–	–	–	–
补偿贸易	–	–	–	–	–	–
来料加工装配贸易	4443	2628	1815	3332	2338	994
进料加工贸易	68542	56058	12484	75437	56789	18648
对外承包工程出口货物	43852	43852	–	45052	45052	
投资设备	8870	–	8870	4508	–	4508
出料加工贸易	–	–	–	–	–	–
出口加工区进口设备	123	–	123	20	–	20
出口加工区仓储货物	10616	1494	9122	–	–	–
易货贸易	–	–	–	–	–	–
保税仓库进出境货物	20510	8054	12456	24361	7664	16697
来料加工装配进口设备	–	–	–	–	–	–
租赁贸易	32403	–	32403	–	–	–
其他贸易	182	7	175	168	93	75
按运输方式分						
江海运输	627057	364169	262888	477937	276146	201791
铁路运输	3933	3606	327	3171	2789	382
汽车运输	10679	7429	3250	4869	2589	2280
航空运输	54612	22336	32276	42141	17400	24741
邮运	3078	2862	216	1935	1831	104
其他	44417	4486	39931	35651	3951	31700
按企业性质分						
国有企业	291989	136821	155168	241842	124706	117136
集体企业	22851	17693	5158	16727	12015	4712
外商投资企业	229660	131488	98172	171938	97962	73976
中外合资	139254	73831	65423	115100	57458	57642
中外合作	4382	4238	144	3605	3419	186
外商独资	86024	53419	32605	53233	37084	16149
其他	199276	118886	80390	135197	70023	65174

邮电业务量

指标	单位	2009年	2010年	指标	单位	2009年	2010年
国内分类业务量				邮电局所	处	208	211
长途电话	万次	92892		国际及港澳分类业务量			
年末市内电话	万户	192	177.40	函件	万件	7.20	6.18
本地网电话通话量	万次	575369		包件	万件	1.20	1.36
年末农村电话	万户	45.00	35.90	特快专递	万件	15.40	
年末住宅电话	万户	138	137.50	国际电话	万次	95.30	
年末移动电话用户	万户	582.1	857.60	港澳电话	万次	31.20	
宽带网及互联网拨号注册电话	户	1009065	1173000	电话交换机总容量	万门	237.20	151.00
每百人互联网用户数	户/百人	16.73	19.42				

交通运输业基本情况

指　　标	2009年	2010年	指　　标	2009年	2010年
客运量总计（万人）	14640	16465	其中：高速公路	347	347
铁　路	3072	3327	中　级	491	421
公　路	11246	12758	低　级	0	0
民　航	322	379	无路面里程	33	0
旅客周转量（亿人公里）	518	562	民用航空		
铁　路	278	308	始发航线（条）	156	140
公　路	144	139	通航城市（个）	57	45
民　航	96	116	起飞架次（架次）	63602	69961
货运量总计（万吨）	20858	22946	民用车辆（辆）		
铁　路	9028	9913	民用汽车	659209	807378
公　路	11827	13029	私人汽车	541943	671567
民　航	3	3	载客汽车	490449	627849
货物周转量（亿吨公里）	1254	1365	其中：大型	10317	10928
铁　路	1046	1132	普通载货汽车	100173	117994
公　路	207	232	其中：大型	18052	22572
公路通车里程	11347	11611	摩托车	460987	421347
有路面里程	11314	11611	其他机动车	68587	61535
高级、次高级	10823	11191	载货挂车	5231	6382

财政收入分类

单位：万元

指　　标	全市合计	市本级			县区级
		小　计	市　直	开发区	
一般预算收入	2661314	1264100	1132980	131120	1397214
增值税	276756	138837	118935	19902	137919
营业税	787297	379173	338524	40649	408124
企业所得税	306362	152838	136882	15956	153524
个人所得税	87703	44589	39850	4739	43114
资源税	7725	82	0	82	7643
城市维护建设税	148037	84366	76435	7931	63671
房产税	75931	36340	33056	3284	39591
印花税	45899	8706	5282	3424	37193
城镇土地使用税	78214	35627	32410	3217	42587
土地增值税	57782	6481	236	6245	51301
车船税	22406	21414	21414	0	992
耕地占用税	54163	9584	0	9584	44579
契税	143044	54799	44448	10351	88245
专项收入	91544	56312	52560	3752	35232
行政事业性收费收入	257841	109288	107877	1411	148553
罚没收入	65442	41411	41406	5	24031
国有资本经营收入	−9401	−10835	−10835	0	1434
国有资源（资产）有偿使用收入	143552	91802	91214	588	51750
其他收入	21017	3286	3286	0	17731
政府性基金收入	3294581	2890537	2886403	4134	404044
其中：地方教育附加收入	25329	15614	14480	1134	9715

地方财政支出分类

单位：万元

指标	全市合计	市本级			县区级
		小计	市直	开发区	
一般预算支出	3368037	1487974	1249229	238745	1880063
一般公共服务	515135	194670	174964	19706	320465
国防	14905	14488	14396	92	417
公共安全	254466	190186	187422	2764	64280
教育	503295	122040	113018	9022	381255
科学技术	62138	40192	17538	22654	21946
文化体育与传媒	90523	71050	70828	222	19473
社会保障和就业	421660	210424	208400	2024	211236
医疗卫生	210791	82256	79998	2258	128535
环境保护	114270	69635	67755	1880	44635
城乡社区事务	527312	205773	119569	86204	321539
农林水事务	230275	61368	57707	3661	168907
交通运输	69719	56238	50468	5770	13481
资源勘探电力信息等事务	139125	95808	22275	73533	43317
商业服务业等事务	75975	21715	13620	8095	54260
粮油物资储备管理等事务	4889	2507	2507	0	2382
金融监管支出	1930	1910	1910	0	20
地震灾后恢复重建支出	279	279	279	0	0
国土资源气象等事务	48932	23494	22691	803	25438
住房保障支出	13979	7728	7728	0	6251
国债还本付息支出	1865	507	450	57	1358
其他支出	66574	15706	15706	0	50868
政府性基金支出	3229139	2679143	2367052	312091	549996
其中：教育	17996	3927	2922	1005	14069
城乡社区事务	3181651	2664611	2353801	310810	517040
农林水事务	2506	21	21	0	2485

教育事业基本情况

指标	2009年	2010年	指标	2009年	2010年
学校数（所）	1059	1025	普通中学	29.2	30.18
其中：高等教育	66	66	小学	39.06	38.4
中等教育	309	302	各类学校毕业生数（万人）	36.91	38.1
其中：中等职业学校	72	73	其中：高等教育	17.12	17.57
职业中专	24	23	中等教育	13.12	13.55
普通中学	218	209	中等职业学校	3.11	3.13
小学	672	645	普通中学	8.92	9.20
专任教师（人）	82940	83106	每一教师负担学生数（人）	17.2	17.4
其中：高等教育	29312	29526	其中：高等教育	21.58	21.76
中等教育	28191	28370	中等教育	11.69	14.72
其中：中等职业学校	4574	4511	中等职业学校	17.95	17.96
职业中专	1777	1801	普通中学	10.11	13.75
普通中学	21738	21943	小学	15.6	15.48
小学	25036	24801	平均每万人口在校学生（人）	2363	2395
在校学生（万人）	142.66	144.6	其中：大学生	1048	1064
其中：高等教育	63.26	64.25	中专生	182	191.7
中等教育	32.96	41.76	中学生	484	500
其中：中等职业学校	8.21	8.1	小学生	647	636
职业中专	3.2	2.9			

图书及出版事业

指　标	单　位	2009年	2010年	指　标	单　位	2009年	2010年
公共图书馆				报　纸	种	52	52
机构数	个	12	12	杂　志	种	152	158
从业人员	人	420	423	出版数量			
总藏量	千册(件)	9084	9412	图　书	万册，万份	23810	26603
建筑面积	千平方米	69.7	69.7	报　纸	万册，万份	156026	184706
其中：书　库	千平方米	24.0	24.0	杂　志	万册，万份	6697	6995
阅览室	千平方米	21.1	22.0	报纸出版总印张数			
阅览室席位数	千　个	4.5	4.4	总　计	万印张	899593	900483
书刊外借人次	万人次	98.0	101.2	综合报	万印张	705436	857132
书刊外借册数	万册次	192.2	203.9	专业报	万印张	194157	43351
出版事业				省级报	万印张	832232	847019
出版单位				综合报	万印张	647124	811675
图　书	个	15	15	专业报	万印张	185108	35344
报　纸	个	52	52	市级报	万印张	67361	53464
杂　志	个	152	152	综合报	万印张	58312	45456
出版种类				专业报	万印张	9049	8008
图　书	种	6370	6586				

文化事业机构和人员

指　标	2009年	2010年	指　标	2009年	2010年
机构数（个）			从业人员数（人）		
电影业	9	12	电影业	382	470
艺术业	24	29	艺术业	1697	1891
文物业	26	24	文物业	812	809
图书馆业	12	12	图书馆业	420	423
广播电视业	10	10	广播电视业	8546	8855
群众文化业	146	151	群众文化业	583	552
艺术教育业	1	1	艺术教育业	98	104
文艺科研业	2	2	文艺科研业	70	72
其他文化业	71	19	其他文化业	518	482
非文化产业	3	3	非文化产业	46	44

卫生事业机构及床位

指　标	2009年	2010年	指　标	2009年	2010年
各类卫生机构数（个）	5163	5086	医院	23631	24707
医院	199	196	社区卫生服务中心	743	1317
社区卫生服务中心	222	252	卫生院	5118	5137
卫生院	82	81	门诊部	47	77
门诊部	22	90	妇幼保健院（所、站）	614	618
急救中心（站）	1	1	专科疾病防治院（所、站）	91	91
采血供应机构	3	3	千人拥有量		
妇幼保健院（所、站）	12	11	平均每千人拥有病床（张）	5.12	5.29
专科疾病防治院（所、站）	8	8	每千人拥有卫生技术人员(人)	6.24	6.52
疾病预防控制中心（防疫站）	12	12	每千人拥有医生（人）	2.73	2.91
其他卫生机构	2	25	每千人拥有护士（人）	2.22	2.30
各类卫生机构病床数（张）	30920	31947			

体育事业

指标	单位	2009年	2010年	指标	单位	2009年	2010年
体育部门职工人数	人	656	696	其中：洲际 金牌	枚	12	17
其中：业余体育学校	人		247	银牌	枚	2	3
总计中：教练员	人	199	210	铜牌	枚		8
等级裁判员	人			其中：全国 金牌	枚	17	37
一级裁判员	人			银牌	枚	10	20
二级裁判员	人	30	206	铜牌	枚	12	19
三级裁判员	人		1178	其中：全省 金牌	枚	119	347
二级运动员发展人数	人	377	351	银牌	枚	10	112
少年儿童业余体校在校学生	人			铜牌	枚	12	126
业余体校	所	12	12	体育设施			
				体育场	个	8	12
运动员获奖牌数	枚	398	713	体育馆	个	10	9
其中：世界级 金牌	枚	6	15	游泳馆	个	2	5
银牌	枚	3	6	室内外游泳池	个	3	2
铜牌	枚	5	3	有固定看台的灯光球场	个	2	2

非私营法人单位从业人员人数与报酬

指标	从业人员年末人数（人）		从业人员平均人数（人）		从业人员平均报酬(元/人）	
	小计	其中：市区	小计	其中：市区	小计	其中：市区
总计	1278002	986058	1274781	983693	36833	39981
按企、事业和机关分						
企业单位	962511	752405	960749	751324	33414	35742
事业单位	208078	160586	206573	159473	50908	56080
机关单位	78715	56351	78454	56205	50288	57889
其他单位	27754	15772	28093	15779	13445	16844
按隶属关系分						
中央属单位	221600	219091	225807	223293	46875	47024
省属单位	240842	229911	238500	227301	50433	51135
市属单位	224383	211991	222174	209933	35187	35172
县及县以下单位	400997	192711	399262	193071	28784	31502
其他	190180	132354	189038	130095	26615	28748
按单位注册类型分						
内资	1201368	936139	1199731	934680	37031	40228
国有	565083	474562	568277	478170	43339	45541
集体	79232	36268	79390	36301	22593	21359
股份合作	16520	14167	16413	14045	25972	26665
国有联营	20447	20432	20597	20582	60227	60259
集体联营	2780	143	2759	145	26684	32317
国家与集体联营	230	107	230	107	17070	13738
其他联营	709	455	706	454	24585	23896
国有独资公司	36652	36565	36424	36337	41199	41240
其他有限责任公司	330733	230539	327751	227812	27025	28495
股份有限公司	115521	101019	113540	98975	46352	50427
其他内资	33461	21882	33644	21752	18502	20027
港澳台商投资	19508	11151	18954	10965	26007	26672
与港澳台商合资经营	11002	6833	10874	6674	28103	27784
与港澳台商合作经营	1960	1947	1956	1943	20278	20305
港澳台商独资	6209	2037	5787	2014	23898	28930

续表 1

指　　标	从业人员年末人数（人）		从业人员平均人数（人）		从业人员平均报酬(元／人)	
	小　计	其中：市　区	小　计	其中：市　区	小　计	其中：市　区
港澳台商投资股份有限公司	337	334	337	334	27855	27880
外商投资	57126	38768	56096	38048	36256	37766
中外合资经营	35285	22261	34544	21646	33836	32902
中外合作经营	3086	1995	3001	1944	33275	31990
外商独资	17084	12896	16949	12911	39912	44526
外商投资股份有限公司	1671	1616	1602	1547	55333	56663
按国民经济行业分						
农、林、牧、渔业	1138	628	1150	628	20486	25260
农业	130	107	130	107	20154	21785
林业	414	243	426	243	23477	30449
畜牧业	248	68	248	68	11718	7353
渔业	21	21	21	21	13762	13762
农、林、牧、渔业服务业	325	189	325	189	23825	28275
工业	345052	213591	343341	212044	31577	34160
采矿业	18512	2942	18415	2944	33593	34160
制造业	307600	197247	306236	195854	30673	33182
电力、燃气及水生产和供应业	18940	13402	18690	13246	44404	48614
建筑业	274208	214399	279463	219929	25416	26768
房屋和土木工程建筑业	231410	176894	234658	179853	25371	26881
建筑安装业	27670	22830	29675	25410	28121	29379
建筑装饰业	2415	2116	2319	2009	20317	20864
其他建筑业	12713	12559	12811	12657	20890	20860
交通运输、仓储及邮政业	88810	86493	88116	85799	46113	46542
铁路运输业	37313	37313	37120	37120	50251	50251
公路运输业	14394	13279	14290	13175	39278	40173
城市公共交通业	12073	11373	11847	11147	36648	36246
水上运输业	723	464	723	464	18351	19737
航空运输业	5888	5888	5719	5719	106337	106337
管道运输业	159	159	148	148	61486	61486
装卸搬动和其他运输服务业	4529	4529	4590	4590	45457	45457
仓储业	10399	10156	10401	10158	24998	25224
邮政业	3332	3332	3278	3278	31528	31528
信息传输、计算机服务和软件业	17279	17265	17378	17364	46241	46265
电信和其他信息传输服务业	7749	7749	8060	8060	53806	53806
计算机服务业	4871	4865	4827	4821	27836	27851
软件业	4659	4651	4491	4483	52447	52507
批发和零售业	70331	58501	69552	57968	24564	24949
批发业	34459	29603	34170	29455	27101	28035
零售业	35872	28898	35382	28513	22113	21762
住宿和餐饮业	25957	24453	25797	24305	21036	21029
住宿业	12344	12143	12304	12112	23634	23588
餐饮业	13613	12310	13493	12193	18667	18487
金融业	59376	59366	56830	56820	70856	70864
银行业	27677	27677	26800	26800	88340	88340
证券业	2311	2311	2132	2132	211127	211127
保险业	28561	28561	27031	27031	42112	42112
其他金融活动	827	817	867	857	81604	82285
房地产业	28285	26127	27775	25601	30145	30638
租赁和商务服务业	28445	27388	28280	27226	32177	32640
租赁业	693	683	680	670	27675	27843
商务服务业	27752	26705	27600	26556	32288	32761

续表 2

指　　标	从业人员年末人数（人）		从业人员平均人数（人）		从业人员平均报酬(元/人)	
	小　计	其中：市　区	小　计	其中：市　区	小　计	其中：市　区
科学研究、技术服务和地质勘查业	24955	24115	24542	23713	59983	60940
研究与试验发展	6159	6145	6036	6022	56388	56486
专业技术服务业	13407	12647	13047	12298	62571	64293
科技交流和推广服务业	2109	2043	2108	2042	51937	53051
地质勘查业	3280	3280	3351	3351	61445	61445
水利、环境和公共设施管理业	13248	10553	13316	10620	35534	38208
水利管理业	2082	1607	2081	1602	47409	50609
环境管理业	5921	4569	5762	4630	26570	29170
公共设施管理业	5245	4377	5473	4388	40457	43217
居民服务和其他服务业	11364	11101	11184	10922	23631	23591
居民服务业	4644	4463	4455	4275	19042	18660
其他服务业	6720	6638	6729	6647	26669	26762
教育	103482	76339	102804	75870	51129	56764
卫生、社会保障和社会福利业	46382	36333	45707	35744	52312	57576
卫生	43703	33751	43029	33164	52239	57865
社会保障业	1276	1204	1271	1198	57987	58599
社会福利业	1403	1378	1407	1382	49415	49768
文化、体育和娱乐业	16427	15803	16315	15692	61517	62683
新闻出版业	5047	4993	5014	4961	72213	72504
广播、电视、电影和音像业	4538	4225	4463	4150	69560	72579
文化艺术业	5065	4829	5061	4825	50988	51908
体育	1086	1070	1073	1057	55150	55343
娱乐业	691	686	704	699	19757	19708
公共管理和社会组织	123263	83603	123231	83448	42468	51202

城市不同收入层次居民家庭基本情况

指　标	单　位	平　均	最低 10%	其中：更低 5%	低 10%	较低 20%	中间 20%	较高 20%	高 10%	最高 10%	其中：更高 5%
调查户情况											
调查户数	户	600	60	30	60	120	120	120	60	60	30
家庭人口	人/户	2.85	3.14	3.27	3.10	2.90	2.97	2.79	2.60	2.37	2.43
有收入者人数	人/户	2.06	1.76	1.77	1.90	1.94	2.19	2.20	2.20	2.12	2.06
就业人口数	人/户	1.71	1.44	1.34	1.71	1.73	1.85	1.76	1.71	1.55	1.56
国有经济单位职工	人/户	1.12	0.39	0.37	1.07	0.92	1.32	1.33	1.39	1.23	1.23
城镇集体单位职工	人/户	0.11	0.23	0.20	0.13	0.13	0.11	0.11	0.07	0.03	0.03
其他经济单位职工	人/户	0.12	0.12	0.13	0.13	0.18	0.13	0.08	0.05	0.08	0.03
城镇个体经营者	人/户	0.12	0.22	0.23	0.05	0.14	0.14	0.08	0.12	0.13	0.13
城镇个体被雇	人/户	0.11	0.30	0.27	0.17	0.13	0.08	0.08	0.03		
离退休再就业人员	人/户	0.01							0.02	0.03	0.07
其他就业人员	人/户	0.12	0.18	0.13	0.17	0.23	0.08	0.08	0.03	0.03	0.07
离退休人数	人/户	0.32	0.18	0.17	0.13	0.20	0.30	0.43	0.49	0.57	0.50
其他有收入者	人/户	0.03	0.14	0.26	0.06	0.01	0.04	0.01			
无收入者人数	人/户	0.79	1.38	1.50	1.19	0.96	0.78	0.60	0.40	0.25	0.37
人均收入											
家庭总收入	元	27723.78	10500.40	8412.24	15832.47	20931.46	26390.41	33484.79	40255.11	58712.33	68063.15
可支配收入	元	25321.06	9495.54	7718.11	14082.63	18837.37	24155.99	30326.67	37264.42	54853.72	63442.84
借贷收入	元	9357.55	2664.03	2505.76	4856.17	6695.23	6537.26	17714.83	12529.52	14515.69	16072.50

续表 1

指　标	单　位	平　均	最低 10%	其中：更低 5%	低 10%	较低 20%	中间 20%	较高 20%	高 10%	最高 10%	其中：更高 5%
人均支出											
家庭总支出	元	21103.21	9262.10	7716.12	12394.14	17491.63	20013.63	30411.90	27564.41	30708.03	34858.19
消费支出	元	15973.32	7781.68	6652.78	10030.30	13446.02	16278.26	21067.39	19658.70	23958.33	26839.96
其中：食品	元	5051.18	3233.70	2947.70	3774.06	4998.24	5014.67	5696.29	6157.31	6613.75	6479.18
借贷支出	元	15102.18	4308.56	4275.64	7753.12	9311.94	11681.71	19911.74	23848.37	40818.39	46684.94
人均手存现金											
期初手存现金	元	918.07	735.94	664.77	891.04	879.99	962.80	945.02	725.23	1323.93	1408.02
期末手存现金	元	1871.68	1323.14	1311.83	1533.92	1732.73	2050.95	1904.69	2036.61	2669.04	3352.51

农村居民家庭基本情况

指　标	单　位	2009 年	2010 年	指　标	单　位	2009 年	2010 年
调查户数	户	960	960	平均每人年收入			
调查人口	人	3477	3463	总收入	元	10175.7	11494.6
户均基本情况				纯收入	元	7804.8	8903.3
常住人口	人	3.62	3.61	现金收入	元	9343.2	10565.6
其中：整半劳力	人	2.67	2.68	平均每人年支出			
常住人口外出劳动人数	人	0.52	0.44	总支出	元	7285.9	8085.8
每个劳动力负担人口	人	1.36	1.35	其中：家庭经营费用支出	元	1895.0	2153.0
劳动力文化程度				生活消费支出	元	4733.1	5406.6
文盲或半文盲	人	0.08	0.08	现金支出	元	6988.6	7783.2
小　学	人	0.40	0.39	其中：生产费用	元	2192.0	2268.4
初中程度	人	1.50	1.52	生活消费支出	元	4477.0	5152.9
高中程度	人	0.41	0.40	人均经营耕地	亩	1.3	1.4
中专程度	人	0.15	0.15	农民人均住房面积	平方米	39.4	40.2
大专以上	人	0.12	0.13	其中：砖木结构	平方米	26.5	28.4
				钢混结构	平方米	12.7	11.3
				人均拥有住房价值	元	20635.0	21286.6

物价指数

上年 =100

指　标	2009 年	2010 年	指　标	2009 年	2010 年
居民消费价格指数	100.33	102.10	食　品	100.90	104.61
食品	102.65	107.28	衣　着	99.86	104.10
烟酒及用品	101.61	104.28	一般日用品	98.09	101.58
衣着	94.78	95.66	耐用消费品	95.98	101.38
家庭设备用品及服务	101.09	99.72	原材料、燃料、动力购进价格指数	94.33	109.94
医疗保健和个人用品	103.80	103.40	燃料、动力类	94.25	117.03
交通和通信	96.10	97.94	黑色金属材料类	87.90	103.33
娱乐教育文化用品及服务	99.71	99.46	有色金属材料和电线类	81.34	107.96
居住	100.93	102.00	化工原料类	87.30	107.68
工业产品出厂价格指数	96.24	104.67	木材及纸浆类	91.34	107.06
生产资料	95.44	105.00	建筑材料及非金属矿类	112.55	101.85
采　掘	93.48	116.04	其他材料及非金属矿类	101.32	104.46
原　料	95.14	113.11	农副产品类	96.47	112.59
加　工	95.60	102.05	纺织原料类	96.35	98.41
生活资料	99.18	103.21			

2010年济南市重要商品和服务项目价格监测表（监测时间：2010年12月20日）

品种名称	规格等级	单位	商品牌号	价格（元）	备注
一、食品					
1. 面粉	标准粉，集市价	500克		1.55	
	特一粉，集市价	500克		2.05	
2. 粳米	标一，集市价	500克		2.30	
3. 籼米	标一，晚籼米	500克		1.70	
4. 鲜菜	应季大路菜				
青椒		500克		1.53	
黄瓜		500克		1.50	
西红柿		500克		2.30	
油菜（青菜）		500克		1.20	
茄子		500克		1.60	
5. 食用植物油					
菜籽油	一级散装	500克			
豆油	一级桶装 浸出	500克		65.97	
花生油	一级桶装 压榨	500克		95.00	
6. 猪肉	新鲜去骨后腿肉	500克		9.68	
7. 鸡蛋	新鲜完整	500克		4.37	
8. 鲜奶	普通袋装	500克		3.38	
二、日用消费品					
9. 彩色电视机	29寸纯平	台		1800	
10. 电冰箱	国产210~250立升	台		2620	
11. 空调	1.5匹冷暖	台		1999	
12. 洗衣机	全自动 滚筒式5公斤	台		1790	
13. 手机	彩屏无摄像头	台		538	
14. 汽车	经济型轿车	辆		70600	
汽车	中档轿车	辆		120000	

续表

品种名称	规格等级	单位	商品牌号	价格（元）	备注
汽车	高档轿车	辆		189800	
15. 药品	头孢唑啉钠，粉针，0.5 克	支		0.90	
	对乙酰氨基酚，片剂，500 毫克 ×10 片	盒		0.40	
	奥美拉唑，胶囊，20 毫克 ×7 粒	盒		5.80	
三、居住					
16. 居民公有住房租金	钢混成套住宅使用面积	平方米		2.90	
17. 普通商品房住宅	一类地段成套住宅建筑面积	平方米		6800.00	
	二类地段成套住宅建筑面积	平方米		5750.00	
	三类地段成套住宅建筑面积	平方米		5800.00	
18. 经济适用住宅	市区成套住宅建筑面积	平方米		2240.00	
19. 自来水	居民生活用水（含污水处理费）	立方米		3.15	
20. 电	民用 220V	度		0.550	
21. 液化石油气	民用议价	千克		7.60	
22. 管道燃气	民用	立方米		1.50	
四、服务					
23. 学杂费	初中普通中学杂费（一费制）	学期		0.00	
	高中普通中学学费	学期		500.00	
	大学理工科学费	学年		3600.00	
24. 托幼费	一级园中班日托	月		171.00	
25. 挂号费	三级甲等医院，普通门诊	次		1.00	
26. 住院费	三级甲等医院，普通 4 人间病房	床日		15.00	
27. 手术费	三级甲等医院，切除阑尾	例		1000.00	含低值医用耗材
28. 检查治疗费	三级甲等医院，尿常规检查	项		20.00	尿沉渣分析（尿常规五项已停）
29. 公共汽车车票	主要线路车票一张	张		1.00	
30. 市内电话费	本地网内通话费 3 分钟 / 次	次		0.22	
31. 旅游景点门票	本地主要旅游景点	张		40.00	
五、农业生产资料					
32. 尿素	含氮 46%，国产	吨		1760	
33. 三元复合肥	氮、磷、钾总含量＞40%，国产	吨		2400	
六、工业生产资料					
34. 钢材	螺纹钢，22mm，Q235	吨		4700	
	中厚板，10mm，Q235	吨		4850	
	热轧薄板，1mm，Q235A	吨		5150	
35. 烟煤	炼焦用洗精煤 9 级主焦	吨		1200	
36. 水泥	42.5 号普通硅酸盐，袋装	吨		400	
37. 木材	杉原木，14~18cm	立方米		2350	
38. 汽油	93 号车用无铅汽油	升		6.39	

济南市星级饭店名录

单　位	地　址	电　话	传　真	邮　编
索菲特银座大饭店　☆☆☆☆☆	泺源大街 66 号	86068888	86065666 商 86065584	250063
山东大厦　☆☆☆☆☆	马鞍山路 2—1 号	82958888	82958886	250002
济南贵和皇冠假日酒店　☆☆☆☆☆	天地坛街 3 号	86029999	商 86023333 总 86021158	250011
玉泉森信大酒店　☆☆☆☆	泺源大街 68 号	86938888	商 86934993 85108938	250011
山东中豪大酒店有限公司　☆☆☆☆	解放路 165 号	86968888	86968899	250013
丽天大酒店　☆☆☆☆	经一路 66 号	82688888	商 86050759	250001
贵都大酒店　☆☆☆☆	升平街 1 号	86900888	商 86900999	250001
贵友大酒店　☆☆☆☆	英雄山路 101 号	82980088	商 82980099 总 82702345	250002
新闻大厦　☆☆☆☆	泺源大街 6 号	86969999	商 86990366 总 86994746	250063
舜耕山庄　☆☆☆☆	舜耕路 28 号	82951818	商 82955288 总 82951100	250014
华能大厦　☆☆☆☆	泉城路 17 号	86096888	86099898 总 86092158	250011
金都大酒店　☆☆☆☆	英雄山路 155—1 号	86139000	商 86139700	250002
良友富临大酒店　☆☆☆☆	泺源大街 5 号	86956888	商 86956688 总 81625400	250011
黄台大酒店　☆☆☆☆	将军路 122 号	88966988	88660588	250100
济南吉华大厦　☆☆☆☆	英贤街 19 号	86906888	商 86169911 总 86073540	250012
济南汇宝大酒店　☆☆☆☆	经五纬二路 28 号	86051888	商 86050389	250001
山东银座泉城大酒店　☆☆☆☆	南门大街 2 号	86921911	商 86923187	250011
山东东方大厦　☆☆☆☆	经七路 263 号	85185667	商 86900118	250001
章丘市宏昌千禧龙大酒店　☆☆☆☆	章丘明水经济开发区	83319777 办 83324778	83319555	250200
山东天发舜和商务酒店　☆☆☆☆	堤口路 11 号	68800000 集团 61388888	商 68807777	250031
山东百川花园酒店　☆☆☆☆	经十路 3556 号	81920088	81920089	250200
章丘银座佳悦酒店　☆☆☆☆	双山大街与鲁宏大道交汇处	89937222	89937188	250200
济南明湖大酒店　☆☆☆	北园路 398 号	85956688	销售 85948888 商 85951634	250033
济南铁道大酒店　☆☆☆	火车站广场北侧	86329999	商 86012188 总 86012641	250001
金马大厦　☆☆☆	山大路 262—1 号	88936688	商 88931688	250014
润华世纪酒店　☆☆☆	纬二路 138 号	82901818	商 82901616	250001
丹顶鹤大酒店　☆☆☆	国际机场	88730777	85698767—5700	250107
舜德大厦　☆☆☆	千佛山南路 7 号	82960688	商 82959399	250014
山东民政大厦　☆☆☆	南新街 66 号	86153101	商 86153188	250012
山东学人大厦　☆☆☆	山大南路 27 号	88563388	商 88563358	250100
山东嘉和明珠大酒店　☆☆☆	解放路 12 号	88517777	88938818	250013
山东林业大厦　☆☆☆	花园路 302 号	86968686	商 86982194	250013
山东舜和商务酒店　☆☆☆	泺源大街 53—2 号	86138888	商 86151337	250011

续表

单 位	地 址	电 话	传 真	邮 编
山东鲁能大厦 ☆☆☆	经四路 185 号	86907888	82886621	250001
济南名优小吃城 ☆☆☆	经十一路 34 号	82079300	82078791	250002
英大国际高尔夫俱乐部 ☆☆☆	济南市槐荫区美里路 158 号	85986556	85660149	250118
舜凯大酒店 ☆☆☆	济南市北园大街 228 号	88669999	88606086	250001
山东电视大厦 ☆☆☆	济南市经十路 83 号	85851888 办 85852100	82956600	250012
山东国际饭店 ☆☆☆	济南市解放路 134 号	67868888	89606699	250013
山东学府大酒店 ☆☆☆	千佛山路 6 号	82953388	82953358	250061
山东学景大酒店 ☆☆☆	济南二环东路 7366 号	88523388	88523328	250014
济南明丰大酒店 ☆☆☆	章丘市双山路	83311588	83115968	250200
山东化工宾馆 ☆☆☆	经十路 234 号	87937838	商 87929288 总 87930361	250021
济南军悦大酒店 ☆☆☆	济南市山大路 254 号	81798888	81798888	250014
山东舜和天禧商务酒店 ☆☆☆	经十纬五 133 号	87068888	87065599	250014
济钢宾馆 ☆☆☆	工业北路 21 号	88868042	88862018	250101
济南华联大酒店 ☆☆☆	济南市经二路 571 号	82889888	82889998	250021
章丘市百脉泉大酒店 ☆☆☆	山东省章丘市百脉泉街	81299999 81298888	85833999	250020
冶金宾馆 ☆☆☆	燕山小区东路 11 号	83190388	83190287	250014
济南群康天雨大酒店 ☆☆☆	花园路 200 号	88030888	82672198	250100
济南泉西商务酒店有限公司 ☆☆☆	济南市经十西路 44 号	69925555	87983658	250022
济南宾馆 ☆☆☆	经四路 368 号	87935981	87035036	250001
山东黄金集团仕湾度假村有限公司 ☆☆☆	济南市长清区五峰山景区	87311115	87316816	250305
济南华滨环联实业有限公司大酒店 ☆☆☆	济南市历城区北园大街 48 号	88976678	88664272	250100
微山湖大饭店 ☆☆☆	济南市历城区山大路 138 号	88577777	86998889	250100
济南五岳餐饮娱乐有限公司☆☆☆	济南市二环东路 6060 号	82379999	82379999—6738	250100
山东省教育学术交流中心 ☆☆☆	济南市历下区历山路 49 号	82389667	82389626	250013
山东鸿腾三馆商务酒店有限公司会展中心分公司 ☆☆☆	高新区康虹路与颖秀北路交叉口	88685566	88889990	250101
吉尔宾馆 ☆☆☆	济南市辛西路 15 号	81302999 81302973	81302890	250022
山东鸿腾三馆商务酒店有限公司 ☆☆☆	山大北路 37 号	82319888	88013186	250000
章丘晟泽大饭店 ☆☆☆	章丘市明水经济开发区东昊工业园	81291888	81290288	250200
龙泉大酒店 ☆☆	黑虎泉西路 183 号	83191416	商 83191156	250011
济南市历城宾馆 ☆☆	花园路 142 号	82359777	88117518	250100
山东学林酒店 ☆☆	文化东路 80 号	82963388	82963358	250014
济南东方大酒店 ☆☆	张庄路 263 号	85979999	85973896	250023
济南炼油厂宾馆 ☆☆	济南炼油厂内	88834236	88834304	250101
东方航空大酒店 ☆☆	经十路 408 号	87966888	82883998 总 82883997	250022
灵岩宾馆 ☆☆	灵岩寺风景区	87468600	87468098	250309

续表

单位	地址	电话	传真	邮编
商河县银兴大酒店 ☆☆	商河县明辉路 151 号	84876555 84874888	84876877	251600
山东宝华企业集团培训中心 ☆☆	燕山小区西路 1 号	88932229	88932229	250014
济南市人大机关招待所 ☆☆	经五纬二路 66 号	86046888	86905371	250001
济南铁路局会议中心 ☆☆	济南市经一路 94 号	82427777	82424675	250001
济南国际机场宾馆 ☆☆	遥墙国际机场	88730888	88730888—2999	250107
济南科园大酒店 ☆☆	西外环济齐路 275 号	85997777	86308366	250118
莱钢济南大酒店 ☆☆	经六纬十二路 330 号	87062238	87901524	250022
济南石榴红大酒店 ☆☆	槐荫区北小辛庄 53 号	87197666	87971366	250021
章丘市文化中心宾馆 ☆☆	章丘市汇泉路 55 号	83228780	83212080	250020
济南贵煌维也纳大酒店 ☆☆	济南市市中区济微路 109 号	87959178	87103483	250022
济南铁路经营集团有限公司袁洪峪度假村 ☆☆	济南市历城区柳埠镇亓城 39 号	82843296	83843296	250013
山东省鲁粮商务酒店 ☆☆	济南市山大路 168 号	82357300	82357028	250013
山东省建设厅习习居接待处☆☆	纬三路 24 号	86057886	86057370	250001
山东泉西集团有限公司济南餐饮娱乐分公司 ☆☆	济南市经十西路 121 号	83153196	87983658	250022
舜祥商务酒店 ☆☆	济南市北园大街 655 号	81311111	81311188	250001
济南米香居餐饮有限公司 ☆☆	历下区文化东路 95 号	86976487	86569855	250014
济南天外桃源商务餐饮娱乐有限公司 ☆☆	济南美里湖开发区美里南路 1 号	85550396		250018
山东省青少年培训基地 ☆☆	济南市历城区柳埠镇大会村	82151366	82151366	250013
章丘市汇泉宾馆 ☆☆	章丘明水山泉路 23 号	83241999	83241999	250200
章丘市卫校宾馆 ☆☆	章丘明水唐王山路 23 号	83311999	83311999	250200
济南市历城区兴泉饭店花园路店 ☆☆	济南市历城区花园路 9 号	69958668	69950588	250100
金象山会议接待中心 ☆☆	济南市历城区仲宫镇商家	82813299	82813299	250100
济南市历城区鸿腾福乐聚大酒店 ☆☆	历城区华龙路 1110 号	83175581	83175580	250100
济南市历城区兴泉饭店农干院分店 ☆☆	历城区农干院院路 866 号	69957808		250100
山东好地方餐饮娱乐有限公司☆☆	济南市历下区历山路 148 号	81951699	82628811	250014
济南高新开发区鸿腾三馆商务酒店 ☆☆	济南市高新区工业南路徐家居委会南口	88889996	88881170	250101
济南市中彩虹宾馆 ☆☆	济南市经二路 236 号	87066726	82631066	250001
章丘市双山润泽大酒店 ☆☆	章丘市双山城东工业园东昌大道西首	83318868	83318878	250202
济南市中兴龙宾馆 ☆☆	济南市经二路 260 号	82631066	82631066	250001
济南庚辰宏升商务酒店 ☆☆	济南市历城区郭店镇西首	88285757	88281629	250109
济南桑园商务宾馆有限公司☆☆	济南历城区桑园路 13 号	83179251		250100
章丘市兆源商务宾馆 ☆☆	章丘西环路北段（铁路桥）181 号	83110888	83118666	250200
商河宾馆 ☆	商河商中路 333 号	84884002	84881920	251600

济南市主要景点名录

单位		地址	电话	传真	邮编
趵突泉公园	（AAAA）	趵突泉前街 91 号	86920439	86920680	250012
大明湖公园	（AAAA）	明湖路 271 号	86088900	86088902	250011
千佛山公园	（AAAA）	千佛山路 8 号	82662292	82662233	250014
灵岩寺	（AAAA）	长清区万德镇	87468097	87468098	250309
百脉泉公园	（AAAA）	章丘市明水办事处	83213421	83215272	250200
红叶谷生态文化旅游区	（AAAA）	历城区仲宫镇锦绣川办事处	82818666	82818666	250112
跑马岭野生动物世界	（AAAA）	历城区柳埠镇	82840836	82151277	250113
济南市植物园	（AAAA）	章丘市埠村镇	80950818	80950818	250200
九如山瀑布群风景区	（AAAA）	历城区西营镇	82826666	82821111	250111
济南国际园博园	（AAAA）	长清区大学科技园	87206868	86520397	250300
九顶塔民族欢乐园	（AAAA）	历城区柳埠镇	82157215	80981775	250113
金象山乐园	（AAAA）	历城区仲宫镇锦绣川办事处	88345999	82813299	250112
五峰山旅游区	（AAA）	长清区五峰山镇	87312233	87312233	250305
水帘峡风景区	（AAA）	历城区柳埠镇	82156166	82772468	250113
三王峪旅游区	（AAA）	章丘市曹范镇	83769066	83769066	250200
锦屏山旅游区	（AAA）	章丘市文祖镇	83730608	83730608	250205
百里黄河风景区	（AAA）	泺口环城路 166 号	85696601	85696025	250032
朱家峪旅游区	（AAA）	章丘市官庄乡	83806677	83808555	250217
七星台旅游区	（AAA）	章丘市埰庄镇	83784968	83784968	250218
安莉芳（山东）服装有限公司（省级工业旅游示范点	AAA）	章丘市明水开发区	80958866	80958800	

济南火车站旅客列车时刻表

自 2011 年 7 月 1 日零时起实行

车次	等级	区间	到时	开时	车次	等级	区间	到时	开时
K70/67	快速	青岛—福州	23:47	0:04	D6003	动车组	济南—青岛		8:30
K8261	快速	济南—威海		0:40	1114/1	快	汉口—青岛	8:40	8:52
T132	特快	上海—大连	0:45	0:53	5045	快	济南—济宁		8:53
5024/1	快	曹县—青岛	0:30	0:55	D6005	动车组	济南—青岛		9:12
K371	快速	太原—上海	1:05	1:14	K102	快速	温州—北京	9:07	9:19
1462	快	上海—北京	1:07	1:17	1085	快	济南—乌鲁木齐		9:20
K762/3	快速	徐州—烟台	1:15	1:27	D51	动车组	北京南—青岛	9:20	9:22
车次	等级	区间	到时	开时	D158	动车组	郑州—济南	17:49	
D54	动车组	青岛—北京南	13:13	13:15	D6016	动车组	青岛—济南	17:50	
D6011	动车组	济南—青岛		13:18	1470	快	徐州—哈尔滨	17:41	17:51
5012	快	东营—济南	13:30		K1073	快速	济南—长沙		18:08
G230/1	高速动车	上海虹桥—青岛	13:38	13:40	D157	动车组	济南—郑州		18:09
K8263	快速	济南—威海		13:50	1469	快	哈尔滨—徐州	18:02	18:17
D57	动车组	北京南—青岛	14:10	14:12	K8262	快速	威海—济南	18:12	
K174/1	快速	西宁西—青岛	14:32	14:42	G226/7	高速动车	上海虹桥—青岛	18:18	18:20
D6010	动车组	青岛—济南	14:39		1461	快	北京—上海	18:12	18:26
K8272/3	快速	日照—烟台	14:41	14:53	G196	高速动车	青岛—北京南	18:35	18:37
D56	动车组	青岛—北京南	15:06	15:08	D68	动车组	青岛—天津西	18:50	18:52

续表

车次	等级	区间	到时	开时	车次	等级	区间	到时	开时
D6015	动车组	济南一青岛		15:10	K172/3	快速	青岛一西宁西	18:43	18:56
K1138/5	快速	南宁一青岛	15:06	15:19	K772	快速	南通一济南	18:56	
K16	快速	重庆北一济南	15:13		T180	特快	广州一济南	19:09	
G193	高速动车	北京南一青岛	15:34	15:36	G236/3	高速动车	青岛一上海虹桥	19:16	19:18
T160/1	特快	广州东一青岛	15:26	15:44	T179	特快	济南一广州		19:20
K1026/7	快速	青岛一兰州	15:25	15:45	1282	快	深圳西一济南	19:50	
G194	高速动车	青岛一北京南	15:57	15:59	D61	动车组	北京南一青岛	19:51	19:53
K8274/1	快速	烟台一日照	15:45	16:00	D60	动车组	青岛一北京南	19:57	19:59
1415	快	哈尔滨一济南	16:00		G234/5	高速动车	上海虹桥一青岛	20:19	20:21
D67	动车组	天津西一青岛	16:23	16:25	K878/5	快速	东营一南京西	20:14	20:26
K348	快速	温州一沈阳北	16:21	16:31	K8282	快速	日照一济南	20:50	
K914/1	快速	青岛一西安	16:21	16:32	1450	快	日照一牡丹江	20:40	20:55
G228/5	高速动车	青岛一上海虹桥	16:33	16:35	1112/3	快	青岛一汉口	20:51	20:59
1416	快	菏泽一哈尔滨	16:02	16:14	D6022	动车组	青岛一济南	21:13	
K75	快速	长春一宁波东	16:42	16:55	K208/5	快速	青岛一成都	21:28	21:36
D6014	动车组	青岛一济南	16:45		1564/5	快	青岛一郑州	21:40	21:51
D59	动车组	北京南一青岛	17:01	17:03	K747	快速	北京一合肥	21:56	22:08
D58	动车组	青岛一北京南	17:09	17:11	K1136/7	快速	青岛一南宁	22:07	22:18
D6019	动车组	济南一青岛		17:12	K1130/1	快速	烟台一西安	22:25	22:41
1341	快	齐齐哈尔一杭州	16:56	17:19	K46	快速	福州一北京	22:54	23:02
K692/3	快速	合肥一青岛	17:10	17:20	D6024	动车组	青岛一济南	23:03	
K45	快速	北京一福州	17:17	17:27	1086	快	乌鲁木齐一济南	23:05	
K1184/1	快速	烟台一金华西	17:25	17:35	K52	快速	日照一北京	23:15	23:26
G195	高速动车	北京南一青岛	17:38	17:40	K516	快速	上海一长春	23:25	23:34
K344/1	快速	青岛一南昌	17:36	17:46	1449	快	牡丹江一日照	23:35	23:48

济南火车站东站旅客列车时刻表

自2011年7月1日零时起实行

车次	等级	区间	到时	开时	车次	等级	区间	到时	开时
K882	快速	青岛一太原	23:57	0:12	D6009	动车组	济南东一青岛		12:13
K285	快速	北京一烟台	0:30	0:51	D6008	动车组	青岛一济南东	13:59	
2246	快	烟台一石家庄北	0:30	0:56	D6013	动车组	济南东一青岛		14:26
K1391	快速	佳木斯一烟台	1:26	1:43	K970	快速	青岛一通化	14:53	15:02
2245	快	石家庄北一烟台	2:13	2:24	D6012	动车组	青岛一济南东	16:00	
K881	快速	太原一青岛	4:18	4:35	D6017	动车组	济南东一青岛		16:18
K411	快速	北京一威海	4:41	4:53	K710	快速	青岛一包头	18:15	18:37
K709	快速	包头一青岛	5:35	5:48	D6018	动车组	青岛一济南东	18:56	
K412	快速	威海一北京	5:42	6:00	D6021	动车组	济南东一青岛		19:32
K286	快速	烟台一北京	6:39	6:55	D6020	动车组	青岛一济南东	19:44	
K1053	快速	延吉一青岛	9:51	10:06	D6023	动车组	济南东一青岛		20:11
K701	快速	哈尔滨一青岛	10:08	10:20	K956	快速	青岛一丹东	22:36	22:44
K955	快速	丹东一青岛	10:22	10:32	K1054	快速	青岛一延吉	22:52	23:15
K969	快速	通化一青岛	11:34	11:46	K702	快速	青岛一哈尔滨	23:17	23:26
D6004	动车组	青岛一济南东	11:48		K1392	快速	烟台一佳木斯	23:33	23:53

济南火车站西站旅客列车时刻表

自2011年7月1日零时起实行

车次	区间	到时	开时	车次	区间	到时	开时
G51	济南西—杭州		7:00	D33	北京南—上海虹桥	12:04	12:20
D251	济南西—上海虹桥		7:05	G32	杭州—北京南	12:07	12:09
D232	济南西—北京南		7:10	G119	北京南—上海虹桥	12:08	12:10
D234	济南西—北京南		7:30	G121	北京南—上海虹桥	12:25	12:27
*D253	济南西—上海虹桥		7:30	D32	上海虹桥—北京南	12:31	12:33
D236	济南西—北京南		7:55	G15	北京南—上海虹桥	12:32	12:34
G182	济南西—北京南		8:10	G112	上海虹桥—北京南	12:41	12:43
D238	济南西—北京南		8:20	G35	北京南—杭州	12:45	12:47
G41	天津西—杭州	8:27	8:29	G114	上海虹桥—北京南	12:46	12:48
G101	北京南—上海虹桥	8:32	8:34	G212	上海虹桥—天津西	12:51	12:53
D41	天津西—上海虹桥	8:55	8:57	G123	北京南—上海虹桥	13:01	13:03
G103	北京南—上海虹桥	9:11	9:13	G116	上海虹桥—北京南	13:04	13:06
D212	徐州东—北京南	9:16	9:18	G125	北京南—上海虹桥	13:06	13:08
G11	北京南—上海虹桥	9:32	9:34	G118	上海虹桥—北京南	13:09	13:11
G202	南京南—北京南	9:35	9:37	G14	上海虹桥—北京南	13:21	13:23
G31	北京南—杭州	9:37	9:39	G127	北京南—上海虹桥	13:24	13:25
G105	北京南—上海虹桥	9:50	9:52	G211	天津西—上海虹桥	13:28	13:30
D301	北京南—福州	10:01	10:03	D242	济南西—天津西		13:34
*G204	南京南—北京南	10:03	10:05	G120	上海虹桥—北京南	13:41	13:43
G107	北京南—上海虹桥	10:10	10:12	G129	北京南—上海虹桥	13:48	13:50
G109	北京南—上海虹桥	10:15	10:18	G42	杭州—天津西	13:48	13:50
*G206	南京南—北京南	10:32	10:34	G122	上海虹桥—北京南	13:53	13:55
G102	上海虹桥—北京南	10:40	10:42	G131	北京南—上海虹桥	14:03	14:06
G111	北京南—上海虹桥	10:43	10:45	G124	上海虹桥—北京南	14:07	14:10
D31	北京南—上海虹桥	10:54	10:56	G133	北京南—上海虹桥	14:12	14:14
D216	南京南—北京南	10:55	11:28	G34	杭州—北京南	14:12	14:15
G104	上海虹桥—北京南	11:00	11:02	D35	北京南—上海虹桥	14:19	14:21
G113	北京南—上海虹桥	11:02	11:05	G16	上海虹桥—北京南	14:21	14:23
G106	上海虹桥—北京南	11:10	11:12	*G135	北京南—上海虹桥	14:29	14:31
G33	北京南—杭州	11:19	11:21	G126	上海虹桥—北京南	14:34	14:36
G12	上海虹桥—北京南	11:21	11:23	G137	北京南—上海虹桥	14:44	14:46
G13	北京南—上海虹桥	11:32	11:34	G128	上海虹桥—北京南	14:48	14:50

续表

车次	区间	到时	开时	车次	区间	到时	开时
G115	北京南—上海虹桥	11:37	11:39	G214	上海虹桥—天津西	14:53	14:55
G108	上海虹桥—北京南	11:40	11:42	G130	上海虹桥—北京南	15:04	15:06
G117	北京南—上海虹桥	11:42	11:44	G139	北京南—上海虹桥	15:09	15:11
G110	上海虹桥—北京南	11:47	11:49	D34	上海虹桥—北京南	15:14	15:16
G181	北京南—济南西	11:54		G132	上海虹桥—北京南	15:30	15:32
G213	天津西—上海虹桥	15:36	15:38	G161	北京南—上海虹桥	19:03	19:05
G37	北京南—杭州	15:42	15:44	D241	天津西—济南西	19:11	
G141	北京南—上海虹桥	15:48	15:50	G152	上海虹桥—北京南	19:14	19:16
G134	上海虹桥—北京南	16:00	16:02	G163	北京南—上海虹桥	19:18	19:20
G143	北京南—上海虹桥	16:01	16:03	G20	上海虹桥—北京南	19:21	19:23
G145	北京南—上海虹桥	16:15	16:17	G44	杭州—天津西	19:26	19:28
D36	上海虹桥—北京南	16:22	16:24	*D252	上海虹桥—济南西	19:33	
G138	上海虹桥—北京南	16:31	16:33	G154	上海虹桥—北京南	19:40	19:42
G17	北京南—上海虹桥	16:32	16:34	G165	北京南—上海虹桥	19:42	19:44
G147	北京南—上海虹桥	16:36	16:38	G156	上海虹桥—北京南	19:48	19:50
G140	上海虹桥—北京南	16:43	16:45	G201	北京南—南京南	19:54	19:56
G43	天津西—杭州	16:52	16:54	D302	福州—北京南	19:55	19:57
G36	杭州—北京南	16:55	16:57	G158	上海虹桥—北京南	20:03	20:06
G149	北京南—上海虹桥	16:57	16:59	*G203	北京南—南京南	20:11	20:13
G142	上海虹桥—北京南	17:09	17:11	G22	上海虹桥—北京南	20:21	20:23
G151	北京南—上海虹桥	17:09	17:11	*G205	北京南—南京南	20:24	20:26
G19	北京南—上海虹桥	17:32	17:34	D211	北京南—徐州东	20:36	20:38
G144	上海虹桥—北京南	17:33	17:36	D42	上海虹桥—天津西	20:36	20:38
G153	北京南—上海虹桥	17:48	17:50	G216	上海虹桥—天津西	20:48	20:50
G155	北京南—上海虹桥	17:53	17:55	G160	上海虹桥—北京南	20:54	20:56
G39	北京南—杭州	18:04	18:06	G162	上海虹桥—北京南	21:05	21:07
G38	杭州—北京南	18:07	18:10	G40	杭州—北京南	21:26	21:28
G157	北京南—上海虹桥	18:10	18:12	G164	上海虹桥—北京南	21:38	21:40
G18	上海虹桥—北京南	18:21	18:23	D231	北京南—济南西	21:41	
G146	上海虹桥—北京南	18:26	18:28	G166	上海虹桥—北京南	21:44	21:46
G21	北京南—上海虹桥	18:32	18:34	D233	北京南—济南西	22:11	
G215	天津西—上海虹桥	18:36	18:39	D235	北京南—济南西	22:31	
G148	上海虹桥—北京南	18:41	18:44	G52	杭州—济南西	22:37	
G159	北京南—上海虹桥	18:44	18:46	D237	北京南—济南西	22:50	
D215	北京南—南京南	18:58	19:11	D254	上海虹桥—济南西	23:23	

注：带*号的列车开行日期以调度命令为准。

济南国际机场2011夏秋航季航班时刻表

执行日：2011年4月至2011年10月

目的地	航班号	起飞时间	到达时间	机型	班期	票价
北京	SC1151	0755	0840	733	每天	
	SC1155	1120	1225	733	每天	630
	SC1157	1705	1800	733	每天	
	SC1159	2035	2125	733	每天	
上海虹桥	MU5532	0800	0920	320	每天	
	MU5538	1320	1455	320	每天	
	MU5540	1710	1835	320	每天	
	FM9248	1035	1145	738	每天	
	FM9236	2130	2255	738	每天	760
	SC1161	0740	0910	733	每天	
	SC1163	1220	1345	733	每天	
	SC1165	1515	1635	737	每天	
	SC1167	1940	2055	733	每天	
上海浦东	MU5542	1810	1935	320	每天	760
广州	SC1169	0810	1045	733	每天	
	SC1171	1720	1955	733	每天	
	MU5259	1225	1510	320	每天	
	ZH9486	1135	1415	320	每天	1590
	ZH9487	1610	2205	738	每天	
	CZ3510	1135	1415	319	每天	
	CZ3708	2105	2345	319	每天	
西安	JD5104	2125	2255	319	每天	
	SC4963	0730	0910	738	每天	
	SC4971	1555	1740	733	每天	
	SC4975	0755	0925	733	26	880
	SC4899	1035	1215	733	每天	
	SC4094	2020	2215	733	26	
	CZ6960	1625	1805	737	每天	
银川	SC4915	0910	1105	733	每天	
	SC4911	1310	1500	737	每天	1310
	HU7674	1635	1835	738	每天	
兰州	SC4965	0815	1130	733	每天	
	SC4927	0900	1040	738	每天(七月)	1310
	CZ6449	0925	1135	319	2457	
乌鲁木齐	SC4911	1310	1830	737	每天	
	SC4905	0840	1310	738	16	
	SC4927	0900	1415	738	每天(七月)	
	HU7674	1635	2215	738	每天(八月)	2380
	MF8231	0945	1405	738	每天(七月)	
	MU5455	1600	2025	319	每天	
	CZ6285	1115	1535	320	每天	
	CZ6960	1625	2240	737	每天	
喀什	SC4905	0840	1610	738	16	3610
呼和浩特	SC4981	1710	1850	733	每天	
	MF8189	1235	1410	737	每天(七月)	960
	GS6478	1915	2055	ERJ	每天(七月)	
	3U8929	1735	1920	319	每天	
太原	GS7476	1705	1810	ERJ	每天	540
武汉	SC4869	2030	2210	733	357	
	SC4933	0825	0940	CRJ	每天	
	CZ3272	1255	1445	733	每天	860
	CZ3622	1450	1625	738	每天	
	8L9940	1230	1355	737	每天	
	MF8562	2025	2150	757	每天	
长沙	HU7228	1340	1540	738	每天	
	SC4917	0800	0950	738	每天	
	SC4893	2000	2150	CRJ	1246	1190
	MF8572	2005	2200	738	每天	
	MF8052	1705	1905	738	每天	
	CZ3792	2100	2300	738	246	
郑州	SC4965	0815	0915	733	每天	
	SC4947	0905	1000	738	每天	530
	SC4961	1545	1645	733	每天	
成都	SC4901	0850	1115	738	每天	
	CA4528	1935	2205	319	每天	
	MU5449	1930	2200	320	23467	
	CZ6435	1740	2000	319	每天	1360
	CZ6441	1030	1305	319	每天	
	3U8812	1435	1700	321	每天	
	3U8844	2135	2355	320	每天	
	3U8818	1900	2310	319	13567	
绵阳	SC4961	1545	1855	733	每天	1300
重庆	SC1193	0730	0930	733	每天	
	SC1197	0845	1045	738	2357(七月)	
	SC1199	1400	1555	733	每天	
	SC4762	1900	2105	CRJ	每天	1100
	SC4943	1600	1805	738	每天	
	MU5471	1540	1740	319	每天	
	PN6712	2155	2355	319	每天	
	3U8930	2230	0040	319	每天	
昆明	SC1191	2000	2305	738	每天	
	SC4873	0900	1155	CRJ	每天	
	3U8948	1105	1355	320	每天	1880
	KY8018	1905	2200	737	每天	
	8L9940	1230	1635	737	每天	
	8L9950	2130	0020	737	每天	

续表

目的地	航班号	起飞时间	到达时间	机型	班期	票价	目的地	航班号	起飞时间	到达时间	机型	班期	票价
温州	SC4907	0805	0950	737	每天		深圳	SC1181	0745	1020	733	每天	
	SC4805	1155	1350	737	2467			SC1187	1125	1405	733	每天	
	SC4809	1155	1350	738	135	1000		CZ6488	2115	0005	320	每天	1700
	SC4834	1805	1955	738	1246			ZH9928	1750	2035	738	每天	
	SC4984	1805	1955	737	357			ZH9940	1215	1505	738	每天	
	GS6477	1355	1545	ERJ	每天(七月)		合肥	SC4919	1515	1610	CRJ	每天	
北海	SC4809	1155	1650	738	135	1980		SC4835	1200	1250	CRJ	每天	670
珠海	SC4805	1155	1705	737	2467	1600		SC4993	0855	1000	737	每天	
杭州	SC4951	0745	0925	738	每天		南昌	JD5146	1310	1445	319	每天	1180
	SC4974	1030	1155	738	每天			SC4941	1525	1700	733	每天	
	SC4987	1455	1630	738	每天	850	南京	SC4991	0745	0855	CRJ	每天	800
	MF8232	1935	2055	738	每天(七月)		泉州	MF8538	1105	1435	737	每天	1230
	MF8538	1105	1230	737	每天		沈阳	SC4833	1345	1520	738	1246	
宁波	SC4701	1420	1600	733	每天	1060		MF8073	1025	1155	737	每天	860
	SC4835	1200	1425	CRJ	每天			CZ3621	0955	1130	738	每天	
桂林	SC4951	0745	1225	738	每天		哈尔滨	SC4761	1320	1515	CRJ	每天	
	SC4941	1525	1920	733	每天	1690		KY8017	1310	1520	737	每天	
	JD5602	1150	1400	319	每天			MF8051	1040	1300	737	每天	1130
	JD5220	1850	2100	319	每天			CZ6286	2105	2320	320	每天	
南宁	SC4933	0825	1210	CRJ	每天			3U8843	1540	1745	320	每天	
	EU2250	2120	2350	319	每天	1840	大连	SC4921	2015	2120	737	每天	
	CZ3272	1255	1715	733	1357			SC4923	1410	1510	CRJ	每天	
	ZH9472	1810	2305	738	每天			SC4925	0815	0915	733	每天	
贵阳	SC4963	0730	1125	738	每天			3U8811	1055	1155	321	每天	
	SC4919	1515	1845	CRJ	每天	1630		8L9949	1700	1810	737	每天	910
	SC4943	1600	2000	738	每天			ZH9429	1420	1515	738	每天	
	CZ3792	2100	0105	737	246			CZ6436	2340	0050	319	每天	
厦门	SC4974	1030	1355	738	每天			CZ6450	1525	1630	319	2457	
	SC4877	0905	1105	738	每天			MF8041	1045	1140	737	每天	
	SC4793	0805	0955	733	每天		长春	3U8799	1255	1445	320	每天	
	SC4982	1855	2055	733	每天	1230		SC4983	1325	1515	737	357	
	MF8074	1505	1710	737	每天			SC4995	0820	1125	CRJ	1246	960
	MF8190	1720	1920	737	每天(七月)			CZ6487	1540	1725	320	每天	
	MF8562	2025	2355	757	每天			CZ6442	1655	1840	319	每天	
福州	SC4991	0750	1045	CRJ	每天		烟台	SC4900	1530	1620	733	每天	380
	SC4841	1350	1550	737	每天			SC4874	1620	1705	CRJ	每天	
	ZH9472	1810	2010	738	每天	1110	威海	GS7475	1350	1445	ERJ	每天	
	MF8572	2005	2355	738	每天			SC4995	0820	0920	CRJ	1246	460
	MF8042	1430	1630	737	每天			SC4985	0820	0920	CRJ	357	
海口	JD5652	1740	2110	319	每天		大庆	SC4985	0820	1145	CRJ	357	1380
	JD5220	1850	2310	319	每天	2030	临沂	3U8818	1900	1950	319	13567	350
	HU7228	1340	1815	738	每天		台北	SC4097	0825	1055	738	13	浮动
三亚	JD5146	1310	1750	319	每天		香港	MU5025	0810	1105	319	256	浮动
	SC4793	0805	1305	733	每天	2140	大阪	SC4093	1250	1530	733	26	浮动
	3U8800	1825	2200	320	每天		首尔	KE848	1540	1820	739	25	1100
深圳	HU7716	1230	1515	738	每天	1700		SC4095	0830	0945	738	47	
	SC1189	1815	2050	733	每天								

责任编校 宣 涛

索　　引

说明：

本索引为综合性主题索引，标示正文部分25个栏目的内容。索引标目按汉语拼音字母顺序，同音字按声调顺序，同音同声调者按笔画顺序排列。标目后数字为页码，字母a为左栏，b为中栏（两栏者为右栏），c为右栏。

H

J

K

L

M

N

Z

长清风采

长清区位于济南市的西南部，2001 年 6 月撤县设区。长清人杰地灵，物华天宝，历史悠久，名胜荟萃。辖区总面积 1178 平方公里，辖 4 个街道办事处、6 个镇，623 个行政村(居委会)，总人口 56 万人。

2010 年，长清区委、区政府深入贯彻科学发展观，以“转方式、调结构、促增长、惠民生”为中心任务，抢抓西部新城建设的战略机遇，强力推进项目建设，加快转变发展方式，三次产业实现全面协调发展；着力打造宜居、宜业、宜游城市新区，城市化进程不断加快；重视保障和改善民生，社会更加和谐稳定；一个功能突出、特色鲜明、宜居宜业的“品质长清、城市新区”凸显规模。全年完成生产总值 238.2 亿元，其中一、二、三产业增加值分别达到 29.8 亿元、131.3 亿元、77.1 亿元，完成全社会固定资产投资 136.5 亿元，完成全区大地域财政预算内收入 15.6 亿元，其中地方财政收入 5.2 亿元。

建设中的济西湿地

建设中的恒大绿洲

长清新城区一角

中国石油集团济柴动力总厂

长清湖

生态宜居魅力之城崮云湖

崮云湖

崮云湖街道办事处地处长清区东部，原名崮山镇，2003年撤镇设街道办事处，因辖区内风景秀丽的崮云湖而得名。崮云湖街道东倚泰山山脉，西接长清城区，北接市中区，是长清大学科技园和济南国际园博园的承载地。京沪铁路、京福高速公路、济菏高速公路、104国道纵贯南北，区位和交通条件十分优越。境内名胜古迹众多，唐王寨、玉皇山、衔草寺、玉珠泉等名胜古迹保存完好，崮云湖、长清湖风光旖旎，高尔夫球场已对外开放，是生态旅游和投资开发的理想场所。

近年来，崮云湖街道党工委、办事处充分发挥山青水秀、交通便捷、区位优越、智力支持等基础优势，牢牢抓住大学科技园和园博园建设的发展机遇，围绕做大城市框架、做强城市功能、做美城市形象，以重点建设项目为抓手，积极营造良好的生态环境，致力打造生态宜居文明城市。招商引资成效显著，山东黄金高尔夫球场、济南国际园博园及银座常春藤、康桥圣菲、紫薇阁、建邦唯园等众多高档房地产项目相继落户；山东数娱广场入驻服务外包、动漫游戏、软件技术等高科技企业50家，年产值过亿元；山东名嘉等大型企业集团整体迁入，总部经济效应开始显现；热源厂、商业街等大学科技园配套项目逐步完善。城市建设日新月异，山东师范大学、山东中医药大学等10所高院15万师生入驻，大学科技园初具规模；先后17个村庄近两万人整体搬迁入住乐天、丹凤两个安置小区，第三安置区建设暨崮云湖街道驻地改造工程正在顺利进行，城市功能日趋完善。崮云湖街道由一个小乡镇迅速蜕变成一片新城区，一个具有生态、旅游、高教、科研、文化产业“五区合一”功能的生态宜居魅力之城已具规模。

数娱广场

第一安置区——乐天小区

实力平安 魅力平安 和谐平安

平安街道办事处成立于2003年10月，其前身是平安店镇。平安街道办事处地处长清城区以北，西濒黄河，北与东北接槐荫区、市中区，处于承接济南新城西进建设的前沿，济南西客站隆起辐射带内，是济南经济开发区和农业高新技术开发区的承载地。境内经十西路、220国道、104国道纵贯南北，京福高速公路、京沪高速铁路和济菏高速公路穿境而过，引黄保泉重点工程玉清湖位于街道北端，具有得天独厚的区位优势。

近年来，街道党工委、办事处以济南经济开发区、济西湿地、园中村改造为主战场，大力推进重点项目建设，仅2010年辖区共引进项目30多个，包括济柴二期、济南变压电器、平安集团管桩等20余个重点项目，作为省市区重点工程的济西湿地已完成地上物清点补偿和搬迁村房屋丈量等准备工作，水系工程已完成70%；以“打好生态牌、突出特色经济”为主题，蔬菜、奶牛、花卉、苗木为主导的四大产业已颇具规模，拥有省级农业观光园2家，市级农业观光园3家，济南平安都市农业观光园建成开业；以敬老院、平安中心小学改造、新农合等各项惠民政策推行为重点，长清区最大的基层敬老院——济西敬老院已建成投入使用；平安街道实现了经济和社会各项事业又好又快发展，实力平安、魅力平安、和谐平安特色凸显。2010年，平安街道完成区级财政收入9175万元，曾先后荣获全国投资环境300佳乡镇、山东省优秀基层党组织、齐鲁乡镇之星、全省信访稳定工作先进单位、济南市工业十强街道等荣誉称号。

新建成的长清区最大的基层敬老院——济西敬老院

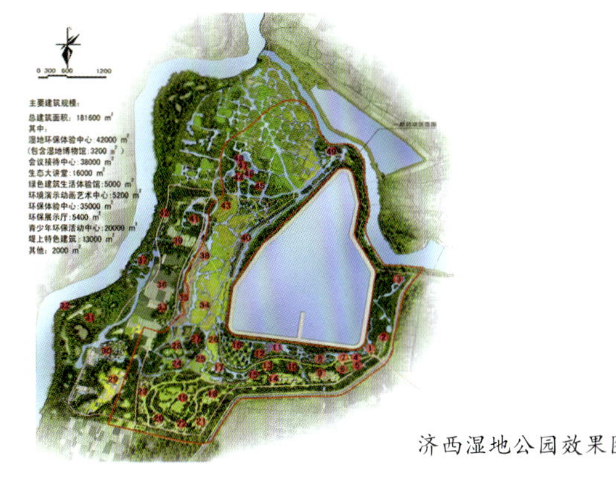

济西湿地公园效果图

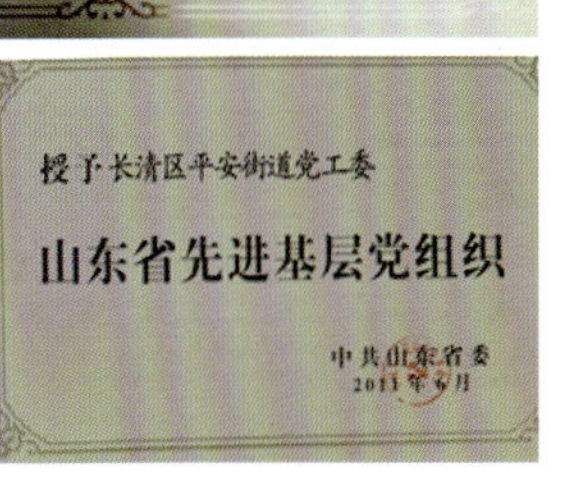

平安集团管桩生产车间

历下风采

2010年，历下区牢固树立科学发展观，按照“反骄破满，高点定位，跨越发展，再创佳绩”的总体要求，深入实施“以城市建设引领经济社会又好又快发展”的工作思路，国民经济保持了健康稳定的发展势头。城市形象明显提升。城市建设步伐加快。全年完成地区生产总值678.2亿元，比上年增长12.1%。其中，第二产业增加值116.6亿元，增长6.4%；第三产业增加值561.6亿元，增长13.4%。经济结构进一步优化，二、三产业比例为17.2：82.8。服务业的带动作用日益明显。完成服务业增加值536亿元，增长15%，占GDP的比重比上一年提高了1.5个百分点，对经济的贡献率达到93.36%，拉动GDP增长14.07个百分点。实现财政总收入47.18亿元，增长42.16%，其中地方财政收入30.01亿元，增长44.3%。税收总收入130.97亿元，增长29.8%。全区社会消费品零售总额累计完成374.1亿元，同比增

10月24日，历下区第七届全民运动会开幕式在济南奥体中心隆重举行

12月31日上午，鲁商广场银座玉函店开业典礼隆重举行

长19.3%；全社会完成固定资产投资总额188.5亿元，增长15.8%。完成11个地块612亩土地招拍挂任务，旧村改造累计征地1.87万亩，安置村民7415人，分配安置房屋4622套。加速推进了鲁邦银河广场、成城大厦、万豪中心等64个项目建设，恒隆广场、开元广场、泰府广场、苹果城等一批商业商务载体竣工投入运营。打造了经十路、历山路等12条无障碍设施示范路。完成了17栋楼体亮化工程，全区亮化率达到90%。健全了城市管理考评体系，完善了奖励激励机制，以城管绩效考核推动城市管理工作跨上了新台阶。2010年历下区被科技部、中央编办、人力资源社会保障部授予“全国科技进步考核先进县（市）区”称号；被全国老龄委授予“全国老龄工作先进单位”称号；获首批“全国社区教育示范区”、全市唯一“山东省推进义务教育均衡发展工作先进区”等荣誉称号。

芙蓉街

曲水畔的泉水人家

千佛山

大明湖新姿

市中风采

新型压缩车进行密闭处理

小型机扫弥补大型机扫与人工保洁的空白

整治后的舜耕路延长线

电动四轮六桶车对垃圾进行统一收集

七里山小区绿地

2010年，市中区服务业产值完成395亿元，现代服务业占服务业的比重达到56.2%,比“十五”末提高了4.2个百分点。北京、上海、天津三大直辖市商业银行等44家金融机构相继落户，辖区银行、保险机构总部分别占全市的63.3%和47.4%。完成全社会固定资产投资193.8亿元，增长18.8%。完成建筑业总产值95.5亿元，增长23.8%。房地产开发完成投资108.6亿元，房屋建筑竣工面积196.5万平方米。城市绿化覆盖率44.1%，人均占有公共绿地面积16.3平方米。城市基础设施建设投资4020万元，增长18.5%。整治街巷82条，居民小区10个。投入1700余万元，用于城市垃圾处理，辖区环卫水平进一步提升。

经七纬二景观绿地

馆驿街新区

麟祥街片区鸟瞰（已拆迁）

鲁能领秀城

槐荫风采

居民居住环境得到极大改善

居民居住环境得到极大改善

建设中的西客站站前广场

槐荫区位于济南的西部，南抱群山，北依黄河，地势平坦，资源丰富。2010年，槐荫区紧紧抓住高铁通车带来的重要发展机遇，大力实施“全面赶超、跨越发展，实现槐荫五年大变样”战略，积极作为，不断开拓，开创了现代化新槐荫建设的崭新局面。2010年，全区完成生产总值238.9亿元，其中，第一、二、三产业增加值分别为3.2亿元、69.2亿元、166.6亿元，完成固定资产投资230.8亿元，地方财政一般预算收入突破10亿元。坚持新区开发与老城提升同步推进，以大拆辽促进大建设，以大建设促进大发展，新城区发展框架全面拉开。全年完成拆迁1.7万户、420万平方米，完成土地收储43宗，提供可建设用地1.3万亩。张庄机场的正式搬迁，使槐荫区68%的土地得到释放。大项目拉动、大集团入驻开创了全区建设发展的新纪元。中国第十届艺术节主会场——省会文化艺术中心落户槐荫并全面开工建设，国家非物质文化遗产博览园确址槐荫，济西国家生态湿地公园、济南森林公园、西外环高架路、大学路等重大项目的全面实施，

西客站

为全区经济发展提供了新动力、新的支撑。城市建设管理迈上新台阶，城市面貌得到新的发展和提升。社会建设和民生保障进一步加强。全年用于民生建设的投入达2.6亿元，达到历史最高水平。形成了“新槐荫精神、新槐荫作风、新槐荫速度、新槐荫模式”的特色。

西客站安置区

居民居住环境得到极大改善

居民居住环境得到极大改善

森林公园一角

经十路

历城风采

区委书记李胜利（右四）调研第六次人口普查工作

区长吴承丙（左四）走访慰问公安干警

济南趵突泉酿酒有限责任公司

董家草莓文化节

历城区位于济南市的东南部，历史悠久，风光秀丽。自西汉初设县，素有“齐鲁首邑”之称。1987年撤县建历城区。

截至2010年底，全区总面积1298.57平方公里，人口91.27万人；辖15个街道办事处、6个镇。实现地区生产总值601.31亿元；地方财政收入20.56亿元；社会固定资产投资总额348.3亿元；实际利用外资1.35亿美元，出口总值8.8亿美元；全年城镇居民人均可支配收入23582元，农民人均纯收入9652元；全年社会消费品零售额232.5亿元；全区猪、牛、羊出栏量54.5万头（只），肉、蛋、奶产量达21.12万吨。2010年11月，历城区被全国普法办公室表彰为全国法治县（市、区）创建活动先进单位；2010年10月，历城区委、区政府被省委、省政府表彰为全省信访工作先进单位。

新建居民小区

中国光大银行落户历城

章丘风采

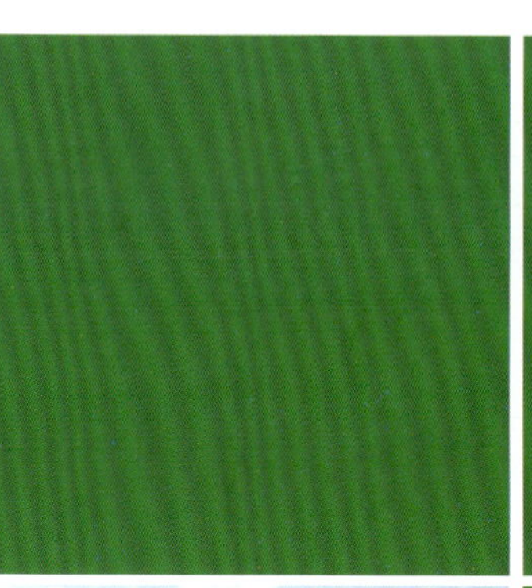

新建成的章丘市福泰小学

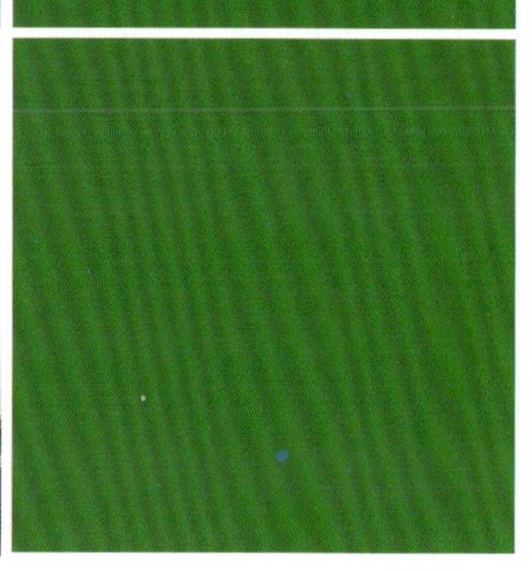

2010年，章丘市委、市政府按照建设富裕章丘、和谐章丘、幸福章丘的总体思路，团结带领全市人民抢抓机遇，积极作为，强力推进转方式、调结构、促增长、惠民生、保稳定各项工作，全市经济回升向好的态势不断巩固，城市规划建设管理水平全面提升，现代农业和社会主义新农村建设不断加快，在和谐共建中不断改善民生，各项建设取得了新的成绩。深入开展“项目推进年”“企业发展年”活动，

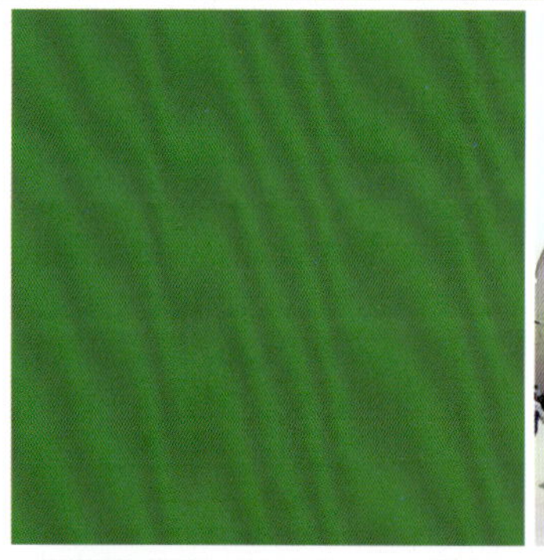

章丘实验中学扩建工程

政务区夜景

白云湖镇郑码社区

新增规模以上工业企业54家，总数达到501家，销售收入过亿企业达到163家，交通装备、机械制造、精细化工、食品饮料四大主导产业和骨干企业支撑作用进一步增强。不断拓宽招商领域，创新招商方式，新签约项目80个，合同投资额174亿元，其中过亿元项目37个。明水香米、龙山小米获得“中国农产品地理标志登记证书”，章丘大葱、辛寨鲍芹参展上海世博会，明水街道被评为“中国特色产业先进单位”，农业品牌效应更加显著。编制完成《农村住房建设和危房改造规划》，创新运作模式，筹集资金2亿元，启动农村住房建设项目36个，建设住宅楼130栋、6722户，总面积73万平方米。深入开展“城市管理年”活动，有效整合各种城市管理资源，完善数字化城管系统平台，初步构建起管理、执法与服务“三位一体”的城市管理新模式。

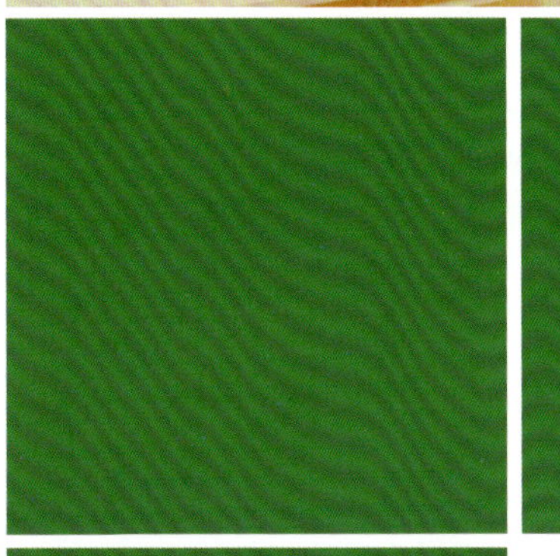

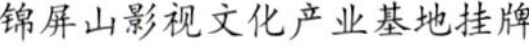
锦屏山影视文化产业基地挂牌

2010年，章丘市全年完成生产总值500.6亿元，地方财政收入28.9亿元（按济南口径25.73亿元），比去年分别增长14%和25.33%。在2010年度全国中小城市科学发展百强县市评选中，章丘市位列第38位。被命名为“中国果菜十强县市”“中国绿色果菜之乡”“中国铸造之乡”。

平阴风采

大唐风电落户平阴，全县引进世界500强企业达到3家

济南二机床铸造有限公司建成投产

2010年，平阴县紧紧围绕“拓展城市发展空间、打造现代产业体系”的总体要求，按照“不折腾、不争论、不懈怠、不迁就”的工作思路，积极转方式、调结构、促发展、惠民生、保稳定，在全县开展了“干事创业、跨越发展”活动，各项工作都取得了新的成绩。全年实现生产总值167.90亿元，按可比价格计算，比上年增长12.9%。其中，一、二、三产业增加值分别实现21.34亿元、109.95亿元、36.62亿元，增长5.6%、14%、13.6%；全社会固定资产投资104.17亿元，增长28.6%；实现财政总收入14.64亿元，增长18.5%；地方财政一般预算收入4.90亿元，增长16.8%；农村居民人均纯收入7324元，增长10%；城镇居民人均可支配收入13400元，比上年增长9.6%；社会消费品零售总额48.38亿元，比上年增长14.5%。

建设中的孔村镇中心社区

龙冈梦幻乐园项目建设开工仪式

城市片区改造工程

平阴县青少年活动中心

锦东新貌

中国（平阴）玫瑰旅游节开幕式

“低碳出行”公务自行车发放启动仪式

中共平阴历史陈列馆展览大厅

锦水河景观带

济阳

即将投产的旺旺A3牛奶生产线一角

济北开发区日新月异

济北经济开发区紧紧围绕“招商引资、项目安置、社会事业发展”等中心工作，创造性地开展工作。截至2010年底，累计投入基础设施建设资金28.5亿元,已经形成“七纵七横”的道路框架，实现了“九通一平”。依托食品饮料、纺织服装、医药化工、机械电子四大产业，形成了“山东（济北）台湾工业园”、“山东韩国工业园”、“山东华侨工业园”、“山东省电子信息产业园”一区四园的发展格局。入园项目累计达到了380家，其中规模以上企业103家。2010年规模以上工业总产值126亿元，增加值达到31.55亿元，同比增长24.6%；实现利润13.9亿元，同比增长22.37%;固定资产投入36.7亿元，同比增长28.49%，完成地方财政收入1.41亿元，同比增长40.6%。在全省145家省级开发区综合排名中位列第17位；开发区第一个合村并点工程于2010年8月全面开工，建设面积15万平方米，可安置居民3800余人，预计2011年10月份可实现入住。

省委常委、市委书记焉荣竹视察统一集团项目

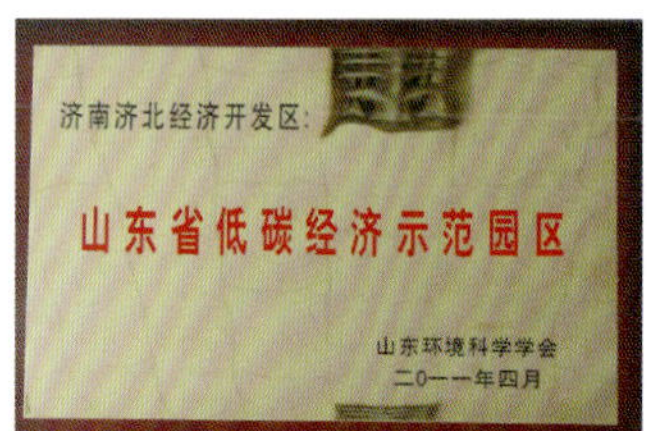

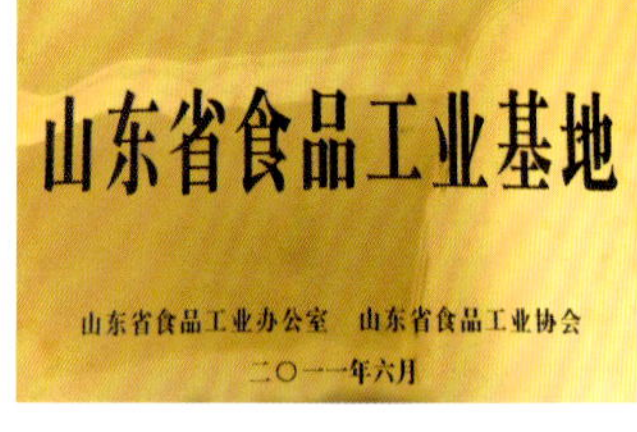

济北经济开发区先后获得“山东最佳投资园区”“山东省低炭经济示范园区”“省级科学发展示范园区”“省级文明单位”“全省对外开放先进园区”等荣誉称号。

风 采

山东大鲁阁织染工业有限公司外景

世界500强杜邦华佳公司

青银高速济阳公路大桥

安达刹车片生产车间

曲堤黄瓜

嘉元集团食用菌

富硒西瓜

樱桃西红柿

有机水稻

商　河

近年来，在市委、市政府的正确领导下，商河县坚持以科学发展观统领全局，紧紧抓住全市聚力帮扶商河的历史性机遇，围绕缩小思想观念、基础设施和人才队伍“三个差距”，立足长远打基础、求突破，坚定“环境立县、工业强县、富民惠民”理念，走“新型工业化、城市化同步推进，一二三产业融合发展、互动发展”的路子，积极改善民生，建设美丽乡村，着力突破县城、园区、龙头企业，加快特色产业、温泉经济、生态经济发展，经济社会呈现出跨越发展、科学发展的良好局面。

先后投资 8.1 亿元完成水厂、集中供热等城区基础设施重点项目建设，铺设污水管线 35 公里、污水收集率达到 90%。商中河、长青河、文昌河综合整治和人民公园、滨河公园、全民健身中心等重点项目建成使用，城市载体功能明显提升。实施“三年绿化商河”工程，林木覆盖率由 2006 年的 21.5% 提高到 34%。累计投资 3.3 亿元，新建职业中专、文昌实验学校、实验中学新校区，改造县二中和弘德中学，改造提升 8 所乡镇中学、32 所农村小学，教育硬件设施达到全省先进水平，高中阶段教育入学率提高到 95%。投资 2.7 亿元，高标准建成县人民医院、中医院病房楼；建设 12 个乡镇、街道办卫生院、256 处村级标准卫生室。新农合参合率达到 100%，新农保参保率 95% 以上，农村五保集中供养率达到 70%。农村自来水入村率、入户率达到 100% 和 95.8%。在全市率先推进城乡环卫一体化，全县 963 个农村实行和城区一样的环卫管理标准，建立健全集中收集、统一清运、无害处理的村镇生活垃圾集中处置体系。

生态商河人文亲和，绿色宜居，创业热土，2009 年被评为山东最佳投资城市。

平安商河和谐稳定，在济南市对各县市区党委、政府满意度的民意调查中，商河县连续四年均列首位。

11 月 25 日，商河温泉国际项目开工奠基

中共商河县委副书记、县长姜涛在齐鲁宏业集团调研

怀仁镇君子兰花卉基地

风 采

扇舞爱好者在人民公园表演

在公园里嬉戏的儿童

龙桑寺镇中学

孙集乡生产的胶背仿波斯地毯产品

天桥区官宝片区改造工程

官扎营、宝华片区是天桥区最大的棚户改造片区，也是我区开发建设的第一个城市综合体项目，项目总占地903亩，涉及拆迁居民8446户，收储土地193宗，拆迁建筑面积52.38万平方米。一期宝华片区于2008年12月24日实施动迁，由香港南益集团开发建设，2010年底拆迁完毕。二期工程官扎营片区于2010年4月1日开始动迁，已与山东中建房地产开发有限公司签订开发意向。

12月18日，天桥区与山东中建房地产开发有限公司签订改造项目

官扎营回迁安置房效果图

官扎营原貌

宝华安置房